1950-1980년대 한국 공업화의 기록
(수록연표: 1945-2000년)

한국의 중화학공업화 공업별 연구

전자공업

박영구 지음

도서출판 해남

이 저서는 2016년 정부(교육부)의 재원으로
한국연구재단의 지원을 받아 수행된 연구임
(NRF-2016S1A6A4A01017462)

Heavy and Chemical Industrialization in Korea: Electronics Industry

Young Yoo Park

이 책을

저자가 공부하는 모습을

이 세상에서 가장 좋아하셨던

아버님(朴泰錫, 1928년 8월 26일~2020년 12월 9일)에게

언제까지나 기억하겠다는 약속과 사랑의 마음을 담아 바칩니다.

이 글을 읽어 주시는 아름다운 분들에게

저자가 이제는 고인이 된 오원철 전 대통령 경제수석 겸 중화학공업화추진위원회기획단장을 만나 한국의 중화학공업화에 관한 얘기를 처음 들은 것이 1992년 여름이었으니 중화학공업화 연구에 만 28년이 지났다. 저자의 위치와 능력과 한 인간에게 주어진 시간으로서는 많이 힘들고 긴 시간이었다.

한국의 전자공업은 세계의 길에서 만나는 누구나 한국인이라고 밝히는 저자에게 한국의 상징으로 바로 말을 꺼내는 한국의 대표산업이다. 세계 제1의 메모리 반도체와 휴대전화, 고화질 대형 TV수상기로 대표되는 한국전자공업은 한국의 경제발전 기적을 상징하고 있고 나아가 여전히 한국경제의 오름과 내림을 이끄는 선도공업이다. 바로 그 한국 전자공업의 역사기록을 60을 훌쩍 넘어 초점을 맞추기 점점 어려워지는 눈으로 내는 감회는 새롭다.

이 번 책을 내면서도 기본적으로 연구 과정에서 처음부터 존재하였던 어려움과 고민은 작아지지 않았다. 새로운 자료와 증언을 얻기는 여전히 어려웠다. 당시 중화학공업화 관련 기관들은 중화학공업 관련 문서를 남기지 않았고 역대 정권들은 문서를 없앴으며 그나마 남아 있는 일부도 개인 혹은 단체의 비공개 자료로 남아 있는 것은 안타까운 일이었다. 더하여 소수의 자료들과 증언은 내용과 수치가 달라 연구 과정에서 끝없이 계속 고민의 시간을 강요받은 것도 여전하였다. 이런 사실을 계속 접하면서 저자는 그동안 우리가 얼마나 많은 사실을 한쪽과 일부의 생각으로 칠하고 가공한 그대로, 그리고 선험적으로 고착된 상태로 듣고 배우고 말하고 있었는가에 대해 아픔을 느꼈다. 저자는 하나뿐이어야 할 과거 사실이 왜 이렇게 다르게 존재하고 있는지 고민을 거듭하여야 하였고 자료와 증언마다 존재하는 수많은 가공과 진실의 길을 밟아 보고 다시 자료와 증언을 찾아보아야 하였다. 이 책에 기록된 내용은 책상 위에서 이론적으로 얻어진 것이 아니라 계속 찾아다니고 검토하고 비교하고 다시 찾아보며 그 '다른 것'의 이유에 시간과 고민을 쏟아 넣어 얻은 것이다.

'한국 현대경제 발전에 가장 큰 영향을 미친 것은 1970년대의 중화학공업화'라고 국내외적으로 분명하게 평가되고 있지만 중화학공업화에 초점을 맞춘 연구나 정리는 초라한 수준이었고 누군가 이를 하려는 시도는 어느 쪽으로부터도 인정을 받지 못하였다. 이런 이해되지 않는 현상의 원인은 단순한 것이었다. 그것은 박정희시대라면 무조건 거부하거나 찬양하는 극단이 연구의 세계에까지 억지를 내밀고 있기 때문이고 한국의 중화학공업화 과정에 대해서는 누구나 '더 연구할 것이 있나?' '다 아는 사실 아닌가?' 라고 조금의 망설임도 없이 말하는 개개인들의 이상한 믿음이 연구세계를 뒤덮고 있기 때문이었다. 이 끊임없이 지속된 단정과 배타적 태도, 비밀주의 때문에 연구 과정은 외롭고 지루하고 어려웠다.

이러한 현실은 이해할 수 없는 오늘을 만들어내었다. 그동안 한국의 경제발전에 관한 심층적이고 뛰어난 연구는 많다. 그러나 이런 속에서도 도저히 상식적으로 생각할 수 없는 지적, 즉 '한국현대사에 가장 중요한 사건이었던 한국의 중화학공업화 과정을 제대로 된 문서로, 형식을 갖추어 설명한 것은 놀랍게도 없다'거나 한국의 중화학공업화를 연구한다면 '그 결심을 한 연구자 개인이 전부 자료를 하나씩 직접 수집하여야 한다'는 선구자들의 독백과 독설을 저자는 절절히 공감하여야 하였다. 심지어 저자는 한국중화학공업화에 계속 등장하는 독일과 일본에 대해서도 참고할 내용이 부족해 저자가 직접 연구에 나서 정리하여야 하였다. 오늘날 한국경제, 한국 경쟁력의 뿌리가 된 그 중화학공업화 과정을 총괄적인 시각에서 자료를 수집하고 연구하고 있지 않다는 이 믿을 수 없는 사실이 바로 한국에 존재하고 있는 것이다. 이는 이 귀중한 경험을 공유해야 할 세계 모든 곳의 "우리"를 위해서도 바람직하지 못한 일이다.

그동안 저자에게 가르침을 준 선생님·선배·친구·후배들 그리고 가족들에게 저지른 나쁜 "무소식"에 대해 변명을 드려야 하겠다. 자료를 찾기 위해, 유명하지 않은 저자를 만나주지 않으려는 사람을 만나기 위해 가야 하는 거리와 시간은 멀고 길었다. 저자는 '잠을 늘려야 하고 일어나 걸어야 한다'는 가족들의 걱정을 들으면서도 잠을 줄여야 했다. 그럼에도 저자는 모자라는 시간 때문에 시간을 조금이라도 더 확보하기 위해 전화도 받지 않았고 어떤 모임에도 나가는 것을 중단하였다. 저자에게 연락하던 그 많던 단체들도 저자가 휴대전화를 가지고 있지 않다고 불평을 얘기하더니 결국 연락을 끊어 버렸다. 저자가 가진 달콤한 시간을 포기하면서, 이 연구를 시작한 것을 아파하면서, 저자를 아껴주었던 분들에게 죄송하지 않은 날이 없었다.

장기간의 연구와 정리 과정을 통하여 저자가 평생을 두고 연구하며 찾고 있었던 질문에 대한 답을 얻을 수 있었던 것은 고마운 일이었다. 그것은 우리의 자랑스러운 현대사에 알려진 칭송받는 영웅보다 역사의 진보에 보다 중요한 다수의 인물들이 말없이 존재하고 있었다는 사실이다. 이들을 발견한 것이 연구자의 의무를 조금이나마 한 것 같아 다행이었다. 그분들과 駒形哲哉 교수, David J. Starkey 교수 등 도움을 준 많은 연구자들, 김광모 전 중화학공업추진위원회 기획단부단장님과 국가기록원의 문정숙님 등 도움을 주신 분들, 고인이 된 김정렴 전 대통령비서실장님 등 어려운 상황 속에서도 증언을 주신 많은 분들, 출판사 해남 여러분 그리고 언제나 사랑하고 자랑스러운 어머님과 제자들에게 감사드린다.

2021년 4월

박영구 드림

차례

제1부 중화학공업화정책선언 이전 전자공업의 정책과 생산·투자계획, 1945~1972

제2부 중화학공업화정책선언 이후 전자공업의 발전계획과 정책

제3부 전자공업의 주요 정책들

제5부 전자공업의 발전과 성격

제6부 한국 전자공업의 전개 과정: 연표(1945~2000)와 자료

1

중화학공업화정책선언 이전 전자공업의 정책과 생산·투자계획, 1945~1972

CHAPTER 1

한국 전자공업의 초기 정책과 계획, 1945 ~ 1968

I. 전자공업의 성격과 선택

전자공업은 전자관이나 반도체소자 또는 이와 유사한 부품(능동부품)을 사용하여 전자운동의 특성을 응용한 기계기구(전자계산조직 포함) 및 이에 주로 사용되는 부품·재료를 제작(가공 포함) 조립하는 공업이다.[1] 구체적으로 전자공업은 〈표 1-1〉에서 보듯이 크게 기기와 부품으로 구분되고 기기는 다시 민생용기기(가정용 전자기기, consumer's equipment)와 산업용기기(industrial equipment)로 나뉘며, 부품(Part & Components)은 반도체소자·전자관 같은 능동부품과 저항기·콘덴서 등과 같은 회로부품, 스피커·이어폰·안테나 등과 같은 기능부품, 스위치·커넥터·릴레이 등과 같은 기구부품으로 나뉜다.[2] 전자공업이 발전하면서 전자공업 분류는 세분되어 전자재료, 부품, 기기, 그리고 시스템의 4분류도 사용되고 또 시대적 변화에 따라 컴퓨터산업의 비중 확대로 이를 따로 분류하여 가정용 전자기기, 산업용 전자기기, 전자부품, 컴퓨터의 4분류도[3] 이루어지고 있지만 통상적으로 전자공업은 앞서와 같이 기기와 부품, 보다 세분하여 민생용기기와 산업용기기, 부품의 3분류를 사용한다.

전자공업 대상은 당연히 전자공업의 발전에 따라 신제품이 추가되었다. 상공부장관은 1981년 1월 12일 상공부공고 제81-3호로 「전자공업진흥법」 제3조의 규정에 의거 기존 상

---

1 상공부(전자, 1982), p. 3.

2 이는 전자 관련 기업과 단체의 보편적 분류이고 여러 기관들이 업무 목적상 분류를 달리하기도 한다. 공업진흥청장(전제, 1977. 3. 15)은 전선동·변압기·전동기·전열기구·냉장고 등을 전기제품, 시청기기·음향기기·계측기기·통신기기 등 미소전류를 이용하는 제품을 전자제품으로 유권 해석하였다. 통상 전기전자공업이라고 하면 전기기계와 전자공업으로 나누어진다. 국무총리기획조정실(중건5, 1977), p. 135와 같이 중전기기를 전자공업에 넣기도 하지만 일반적이지 않다. 한국과학기술연구소(우철, 1973. 6)가 전기기계에 가정용기계, 산업용기계, 통신기기, 전기기기, 전지, 배선기구 등을 모두 포함하는 등 1970년대 초까지도 여전히 전기전자공업과 전기기계 혹은 전기기기공업을 동일시하여 전자공업을 전기기기 혹은 전기기계의 한 부분으로 포함하기도 하였다.

3 전국경제인연합회(한경연, 1981).

〈표 1-1〉 전자공업의 범위

	범위내용		
전자 제품	가정용 기기	라디오수신기	일반용, 자동차용
		TV수상기	흑백TV, 컬러TV
		음향기기	자기녹음기, 튜너, 확성기, 스피커시스템, 전축
		전자레인지	–
	산업용 기기	통신기기	유선통신기기, 무선통신기기
		방송기기	라디오용기기, TV용기기
		전자계산기	중앙연산장치, 주변장치, 단말장치
		전자응용기기	전자의료기기, 전자계측기
		무선응용장치	레이더, 항법장치
	부품	능동부품	전자관, 반도체소자, 집적회로
		회로부품	저항기(resister), 콘덴서(condenser), 發振器, 導波管
		기능부품	스피커, 자기(磁氣)테이프, 안테나
		기구부품	스위치, 릴레이, 커넥터, PCB(인쇄회로기판)

자료: 한국개발연구원(중화전, 1981), pp. 23~25.

공부공고 제76-18호를 폐기하고 새로이 전자기기를 공고하였다. 1981년 공고된 전자기기는, (1) 반도체, (2) 화상녹화재생기, (3) 컴퓨터 및 주변단말기기, (4) 유선통신기기, (5) 전자계측기기, (6) 자기헤드, (7) 음향기기, (8) 녹음기 주행기구, (9) 폰 카트리지, (10) 스피커, (11) 소형 모터, (12) 컬러TV, (13) 컬러브라운관, (14) 컬러브라운관 유리, (15) FBT 및 요크(Yoke), (16) 자기테이프, (17) 저항기, (18) 커패시터, (19) 스위치 및 커넥터, (20) 레드(lead)프레임, (21) 액정표시기, (22) 워터(Water), (23) 자성재료, (24) 고밀도 인쇄회로기판이었다.[4]

이러한 전자공업은 사용 생산요소 면에서 보면 노동집약적이어서 선진 일부 지역에서는 경공업으로까지 분류되고 있다. 그러나 이는 발전 단계에서 초기 단계 구분에 따른 것이고 전자공업은 자본·기술집약적이며 동시에 노동집약적 성격을 가지고 있다. 노동집약성이 강한 것은 다른 분야와 달리 전자공업에서는 그 공정이 자동화할 수 없는 부분이 많기 때문인데,[5] 이런 특성으로 전자공업은 지식정보 보수와 임금 비중이 상대적으로 높다. 또한 사용 자원으로 보면 자원을 적게 사용하는 자원절약형 산업이며 또한 에너지 저소비 산업이고 에너지 소비가 적으므로 공해 배출 역시 적다. 그러나 생산단위당 제품가격은 높아 전자공업은 부가가치율, 경제성이 높은데 실제로 한국은행의 1980년 기업경영 분석에 의한 부가가치율을 구해 보면, 전자공업은 28.3%로 석유화학 24.0%, 철강공업 21.0%, 기계공업 26.7%, 섬유공업 20.1%, 금

4 〈관보〉(1981. 1. 14), 제8740호.
5 국무총리기획조정실(중오, 1973), p. 107.

속공업 22.9% 등 제조업 전체 평균 20.7%보다 높았다.[6] 또한 전자공업은 구성요소에서 화학, 금속, 기계공업이 50% 이상을 차지하는 것에서 보듯이 후방연관효과도 크지만, 특히 정밀기계, 우주항공, 석유화학, 의료 등 거의 모든 첨단 부분으로의 전방연관효과 및 기술파급효과가 크므로 기술우위의 경쟁력을 갖춘 고도 선진 국가를 이루기 위해서는 전자공업 발전이 필요하다.

나아가 전자공업은 발전도상국의 초기 공업으로 적절한 산업이다. 초정밀 단계에 도달하지 않은 전자공업은 발전도상국에 부족한 자본사용량이 적어 역시 발전도상국의 초기 공업으로 필요한 석유화학공업의 1/5~1/10 수준이었다. 여기에 전자공업은 그 생산량과 기술수준이 반드시 비례하지 않으면서[7] 단계별로 나누어지는 전자공업의 특성상 상품 선택에 따라 발전도상국도 고난도 기술 없이도 생산을 늘려 나갈 수 있다. 더구나 전자제품의 다수가 소형 경량이어서 국제 간 이동 편이성이 높고 운송비용도 적다. 이에 따라 전자공업은 기술수준과 부존자원에 따른 요소가격의 차이에 따라 국제 분업이 잘 형성되면서 발전하고 있어 발전 속도가 빠른 발전도상국 수출에 유리하다. 결국 전자공업은 에너지 자원을 포함한 부존자원이 부족하고 자본과 기술이 뒤져 있는 세계 시장 후발진입국이면서도 교육받은 숙련노동자가 풍부하고 수출을 지향해야 하는 후발공업국 한국에게는 최적이면서 필수적인 공업이었다.

이러한 전자공업의 산업적 특징으로 한국은 1960년대부터 전자공업 육성을 내세웠고 1970년대에도 중화학공업으로서의 성격 면에서 회의가 있었지만 중화학공업화정책 과정에서 생산, 수출 대표 공업으로 전자공업을 지정하였으며,[8] 이후 전자공업은 오늘날까지 한국 경쟁력을 대표하는 제1산업으로 자리 잡아 왔다.

Ⅱ. 한국 전자공업의 시작과 정책 도입[9]

한국에서 전자통신 제도의 시작은 1885년 9월 모스부호를 이용하여 서울과 인천 간 통신선을 설치하고 담당기관 한성전보총국을 출범시킨 것이다. 1896년 궁내부 전화와 1902년 서울-제물포 전화가 개통되었다. 1927년 2월 16일 국립중앙방송국 경성방송국이 방송을 시작하였는데 이는 세계 전체로 보아도 6번째로 앞선 것이었다. 1935년에는 나진우체국에 스트로저(strowger)식 자동교환기용 다이얼 전화기가 설치되었다.

6 상공부(전자, 1982), p. 6.
7 국무총리기획조정실(중건7, 1979. 10), p. 148.
8 김광모 전 경제비서관 및 중화학공업추진위원회기획단부단장 증언(2010. 2. 9).
9 목적과 구성, 초점이 다르지만 본서에서 나오는 라디오와 컬러TV 관련 일부 내용은 저자의 논문 박영구(신라, 2018), 박영구(컬러, 2019)의 일부 내용과 겹치거나 혹은 수정·보완한 것이다.

해방 이후 일본에서 진공관을 구할 수 없게 되어 라디오가 폐기되자 1946년 「조선방송협회」 기술부가 진공관 재생제조에 성공하였다.[10] 1948년 상공부 전기국이 정부 수립으로 출범하였고 1949년 3월 3일 체신부 전무국 무선시험실과 상공부 전기국 전기시험소가 통합되어 체신부 중앙전기시험소가 발족하였다.[11]

1954년 민간방송국 중앙기독교방송국이 설립되었다. TV로는 1956년 5월 12일 미국 회사 「라디오 코퍼레이션 오브 아메리카」(*Radio Corporation of America: RCA*) 한국지사가 TV방송국을 개국(HLKZ)하고 6월 16일 한국 최초 TV방송을 시작하였다.[12] 이는 일본, 홍콩, 인도에 이어 아시아에서 4번째, 세계로 보아도 15번째로, 미국 정부 CIA가 중요한 역할을 한 것이었지만[13] 당시 한국의 경제수준을 고려할 때 매우 빠른 것이었다. 이어 1957년 주한미군에 의한 TV방송국 AFKN이 개설되었다. 그러나 이때까지도 해방된 한국은 가장 단순하고 초기적인 전자공업 제조품인 라디오도 생산하지 못하고 있었다. 전자기술에 대한 낙후로 정부 부문 전자 관련 기사까지 미국이나 UN의 파견 도움을 받아야 하였고[14] 유엔군 등 한국에 파견된 국제기구의 전자부품도 미국 등 해외에서 들여와야만 하였다.[15] 한국의 주요 원거리 통신망도 ICA 등 해외의 도움으로 운용되고 있었다.[16]

1958년 10월 1일 「금성사」(*Goldstar*)가 창립되었고 1959년 11월 15일 「금성사」는 드디어 한국 국산 전자제품 시작을 알리는 국산 전자제품 1호 진공관 라디오 A-501을 생산·공급하였다. 국산 라디오 1호의 생산은 한국 현대산업사에 매우 중요하고 복합적인 의의를 가진 것이었다. 이 국산 라디오 1호의 생산으로 인하여 "우리도 전자제품을 만들 수 있다"는 전 국민의 사고가 시작되었으며, "나도 만들어 보자"라는 기업들의 진입과 생산 활동이 자극되었고, "도와주면 더 잘 되겠다"라는 정부 인식과 정책이 출발할 수 있었다. 한국 현대의 산업, 기업, 정책과 관련된 모든 것의 시작이 된 셈이다.

이와 함께 한국에서는 전자공업 발전상 중대한 의미를 가지는 1958~1959년의 첫 국제 교환기 입찰이 있었다. 미국 국제협력국 ICA의 전쟁복구비 지원자금으로 한국 정부가 자동전화기 회선 1만 5,000회선을 설치하는 것이었는데, 일본 *NEC* 등 3개사(스트로저식), 스웨덴 「에릭슨」과 미국 *ITT* 등 5개사(크로스바식), 서독 「지멘스·할스케」사(EMD식) 등 4개국 9개사가 입찰에 참가하여 회선당 88.93달러를 제출한 「지멘스·할스케」 EMD식이 선정되었다.[17] 가격은

10 〈동아일보〉(1946. 3. 7).
11 과학기술처(과기감, 1981), pp. 177~178.
12 〈동아일보〉(1956. 6. 17); 〈경향신문〉(1956. 12. 16).
13 전자산업 50년사 편찬위원회(2009), p. 51.
14 Acting UNC Economic Coordinator(Nov. 6, 1958).
15 CINCREP Seoul, International Cooperation Administration(RB, 1955. 9. 1); Western Union(1958. 6. 27).
16 CINCREP Seoul, International Cooperation Administration(RT, 1958. 11. 20).
17 자동교환기는 기계식과 전자식이 있으며 기계식은 비공통제어식과 공통제어식으로 나누어지고 비공통제어식은 스트로저(strowger)식, EMD(Edelmetal Motor Drehwhler)식이 있으며 공통제어식에는 크로스바(cross bar)식 등이 있다. 후에 발명된

*NEC*의 스트로저식 75.16달러보다 높았지만 고장발생률이 낮고 접속 속도가 빠르다는 성능을 인정받았기 때문이었는데, 당시 일본으로부터 벗어나려는 한국의 노력과 악화되고 있던 한일 관계도 정부 결정에 영향을 미쳤다. 체신부는 「금성사」와 「지멘스·할스케」의 50 : 50 지분투자만을 허용하고자 하였고 「금성사」는 합작제조를, 「지멘스·할스케」는 기술제공만을 주장하였다. 최종적으로 「금성사」는 「지멘스·할스케」의 차관과 기술도입을 성사시켜 1964년부터 EMD 교환기 생산에 나섰고 이로써 한국의 자동교환기 체제는 1977년 ITT식 전자교환기가 도입될 때까지 「금성사」 중심의 EMD식과, *NEC*와 기술제휴한 「동양정밀」(OPC) 중심의 스트로저식의 병행 체제로 유지되었다. 주도권을 빼앗긴 「대한전선」은 1971년 *ITT*와 합작으로 크로스바 교환기를 한국전자전람회에 출품하며 재도전을 시도하였지만 시장주도권에 근접하는 데에는 역부족이었다.

1959년은 한국만이 아니라 세계적으로도 전자공업에서 커다란 전환을 시작한 해이었다. 미국에서 「텍사스인스트루먼트」, 「훼어차일드」에[18] 의해 반도체 집적회로 시대가 시작되어 세계는 바야흐로 반도체 시대를 열고 있었다.

이러한 1959년의 전환을 배경으로 1960년 1월 5일 경무대에서 열린 첫 국무회의에서 이승만 대통령은 국산 라디오를 대량 생산할 수 있도록 정부가 협조해야 하며 라디오 부속품까지도 순 국산으로 충족시키도록 해야 한다고 지시를 내렸다.[19] 1960년 신문에서는 전자공학, 전자계산기, 전자냉장고, 전자도로, 브라운관전자총 등의 "전자" 용어가 인용·사용되기 시작하였고[20] 한국인 최초로 원자력발전과 전자계산기 부문의 공학박사가 배출되었다.[21] 또한 1960년 국립공업연구소가 응용물리연구소를 전자공업연구실로 개편함으로써 정부기관에서 처음으로 전자공업이라는 명칭을 사용하였다.[22]

국산 라디오 개발에 이어 「금성사」는 1960년 2월 국산 선풍기 1호 「D-301」을 생산하고 3월에 트랜지스터라디오 6석 TP-601 개발로 트랜지스터 시대를 열었다.[23] 1960년 5월 26일 상공부에서 개최된 제10차 무역위원회는 수출입 제한을 대폭 완화하였으나[24] 라디오, 전축 등 84개 품목을 일본 제품과 경쟁할 수 없는 보호제품으로 하는 대일구매금수조치(對日購買禁輸措置)를 유지하였다.[25]

전자식은 반전자식(공간분할식)과 전전자식(시분할식)으로 나뉜다. 대통령비서실(전자교, 1976. 8. 14).

18 *Fairchild, Fairchild Semikor, Fairchild Semiconductor*는 여러 한글 명칭이 사용되었고 문서 발신자명에서도 「훼어차일드 쎄미코어」 등으로 나오지만 문서 발신자명을 제외하고는 가장 최근 문서에 사용된 것을 기준으로 「훼어차일드」, 「훼어차일드 쎄미콘닥터」, 「훼어차일드 쎄미코어」로 통일한다.

19 〈동아일보〉(1960. 1. 5).

20 〈경향신문〉(1960. 11. 2); 〈동아일보〉(1960. 12. 4).

21 〈동아일보〉(1960. 11. 24).

22 이희종 전 한국전기공업진흥회회장 증언(2011), pp. 98~99.

23 구자학 전 금성사 사장 증언(1987), p. 375.

24 〈경향신문〉(1960. 5. 27).

25 〈경향신문〉(1960. 5. 28).

그러나 일본을 이용하고자 하였던 상공부는 불과 1달 뒤인 1960년 6월 29일 대일통상 정상화를 위한 83개 품목의 대일구매금수조치 철폐를 공고하였고 국내 경제계는 이들 품목의 대부분이 사치성 소비재라고 즉각 반발하였는데, 이 품목에는 선풍기, 전기냉장고, 라디오, 전축 등이 포함되었다.[26] 급변한 정부의 결정 뒤에는 일본 전자업계의 한국 시장 진출을 위한 집요한 노력이 있었고 1960년 정권교체가 일어나자 일본의 노력은 더욱 증가하였다. 결국 1960년 11월 25일 제13차 무역위원회가 수정 채택한 1961년도 상반기 무역계획안은 트랜지스터라디오를 수출입 품목으로 신설하였고,[27] 12월 1일 상공부장관은 선풍기, 전축, 레코드플레이어, 라디오를 수입품목으로 발표하였다.[28]

이런 가운데 1960년 첫 국내 전화기 생산도 이루어졌는데[29] 아직 전자기기 생산 경험이 부족하던 시기이어서 체신부가 12월에 「금성사」, 「미광산업(美光産業)」, 「한국통신기회사」에 자석전화기 1,000대를 주문하면서 "사양을 일제 4호기에 준한다"라고 정하여 납품 과정에서 문제가 발생할 정도로 체계가 미숙하였다.[30] 또한 「금성사」는 일본 「日立」사와 기술제휴로 1961년 선풍기 모터를 개발하여 생산에 들어갔는데 선풍기 모터의 개발은 1960년대 중반 냉장고 등 가전기기 시대의 기초가 되었다.[31] 이로써 라디오 생산 11만 대를 중심으로 한국의 전자제품 생산품목 수는 4개로 되었다.[32]

처음 만들어진 국산 제품들은 시장에서 품질에 대한 우려로 환영받지 못하였다. 이헌조 LG전자 고문의 증언에 의하면 "국산 라디오를 내놓았고 하루 종일 청계천 일대의 전파사를 돌아다녔지만 상인들은 국산 라디오를 어디에 쓰겠냐며 머리를 가로저었다."[33] 1961년 아세아 라디오 백화점 담당자는 "국산 라디오가 나왔기는 하나 현재도 성능이 비교적 나쁜 반면에 값이 비싸다"라고 언급하고 있었다.[34] 문제는 외제 라디오이었다.

외제 전자제품은 1960년대 초 소득과 신분의 상징이었고 동시에 국민을 나누는 물건이었다. 정부는 이의 억제를 통해 다수 국민들의 마음을 얻는 정치적 효과를 누리면서 동시에 국산 생산을 장려하고자 하였다. 1960년 12월 국회를 통과한 세법개정안은 물품세를 상향하면서 전자제품을 사치재로 분류하여 라디오 4구(球) 이하는 20%, 선풍기는 50%, 냉장기는 50%로 세율을 대폭 인상하면서도 국산 제품은 낮은 세율을 적용하여 국산 선풍기는 20%로 하고, 특히 대중의 소비욕구가 컸던 국산 라디오는 5%로 하였다.[35] 외제 전자제품을 주 대상으로 하

---

26 〈경향신문〉(1960. 6. 30).
27 〈동아일보〉(1960. 11. 26); 〈경향신문〉(1960. 11. 26).
28 〈경향신문〉(1960. 12. 1).
29 한국정밀기기센터(전자편람, 1970).
30 〈경향신문〉(1962. 5. 27).
31 이희종 전 한국전기공업진흥회회장 증언(2011), p. 96.
32 국립영화제작소(한전, 1974), CEN0003925.
33 *Sciencetimes* (June 25, 2018).
34 〈동아일보〉(1961. 5. 1).

여 사치재로 고율 물품세를 매기되 국산, 특히 국산 라디오는 낮게 물품세를 매겨 국민 불만을 해소하면서 동시에 국산 소비를 유도하는 두 마리 토끼를 모두 잡으려고 한 것이다.

정부는 물품세율에 차이를 두는 것과 함께 국산 전자제품의 수요를 촉진시키기 위하여 1961년 5월 8일 국산 가능 라디오 부품의 수입금지 내용 공개에 이어 1961년 5월 10일 「특정외래품판매금지법」을 법률 제616호로 제정 · 시행하였고 후속조치로 12월 19일 법률 제850호로 「관세법 및 특정외래품판매금지법에 의한 몰수품 및 국고귀속물품에 관한 임시조치법」을 제정 · 시행하였다. 「특정외래품판매금지법」은 1961년 7월과 1963년 3월 일부 개정 후 1982년 12월 31일 법률 제3616호로 폐지될 때까지 유지되었다.[36] 또한 정부는 1961년 12월 27일 기업의 경제적 기회균등과 자주적 경제활동을 보호 유도한다는 취지로 「중소기업협동조합법」을 법률 제866호로 제정 · 공포하여 성장을 시작한 한국 전자공업계에 제도적 도움을 주었다. 1965년 12월 30일 법률 제1737호로 제정 · 시행된 「농어촌전화(電化)촉진법」 역시 가전제품의 수요 촉진을 유도하였다. 체신부 전무국 역시 1960년대 전화기, 교환기 등 국산 전자제품의 수요 창출에 중심적인 역할을 수행하였다.[37] 이러한 정부의 제도적 지원은 국내 기업들이 외국제를 단기간에 대체하여 성장하는 주요한 기초가 되었다.

1960년의 4.19와 1961년의 5.16, 그리고 1961년 MBC 라디오와 KBS 서울텔레비전방송국 개국 등은 잠재적인 전자기기의 수요를 대폭 현실화시켰다. 공보처는 5.16 이후 1962년 일본과 미국으로부터 각각 2차에 걸쳐 TV수상기 1만 2,000대를 수입하여 보급하였지만 서울 일부 특수층 기호만 충당하게 되자[38] 「금성사」에 생산을 권고하였다.[39] 전자기기의 수요확대와 정부 권고에 맞추어 「금성사」는 전자제품 생산시설을 늘려 나갔는데 〈그림 1-1〉에서 보듯이 당시는 여전히 컨베이어 시스템이 도입되지 않은 작업 방식을 채택하고 있었다. 「금성사」는 시설확장과 근대화를 위해 민간차관을 서독에서 구하였고 1962년 정부는 이를 승인하였다. 독일에서의 이 장기차관은 당시 선진국들이 요구하던 정부보증도 없었을 뿐만 아니라 보증 자체를 요구하지 않았던 무보증 5~10년 분할상환, 이자율 6%의 매우 호의적인 조건의 차관이었다.

독일이 한국에 대해 호의적이었던 것은, 공업발전 가능성 평가능력이 뛰어났던 독일이 객관적으로 한국의 전자공업 미래를 낙관하였기 때문이고 또 전쟁 피해와 분단국으로서의 한국에 대해 동감과 동정심을 느끼고 있었기 때문이었다. 나아가 초대 이승만 대통령의 영부인인 프란체스카(Francesca Donner Rhee) 여사가 오스트리아 국적으로 독일과의 관계 개선에 여러 역할을 하여 이미 한국전쟁 당시부터 독일은 한국에 대해 친근감을 갖고 있었다. 그래서 독일은

35 〈동아일보〉(1960. 12. 8).
36 법제처 국가법령정보센터(2018. 7. 17).
37 전자산업 50년사 편찬위원회(2009), p. 59.
38 〈경향신문〉(1966. 8. 1).
39 이희종 전 한국전기공업진흥회회장 증언(2011), p. 105.

〈그림 1-1〉 초기 라디오 공장 작업 모습(금성사, 1962)

자료: 공보처 홍보국(122, 1962. 3. 2).

「금성사」 민간차관 외에도 「지멘스」의 교환기와 전화기 생산을 위한 마르크 차관 등 여러 번에 걸쳐 정부차관과 민간차관, 기술협력을 제공하였고, 1967년 독일 뤼프케 대통령의 방한과 「금성사」 부산 온천동 공장 방문도 이루어졌다. 독일의 이런 시각과 행동은 일본, 미국이나 다른 유럽 국가에 비해 한국민 자체에 대한 신뢰와 공감을 바탕으로 한 선구적인 것이었고 한국 현대사의 초기 발전에 의미 있는 중요한 도움을 준 것이었다. 이러한 사실은 현재 독일과 한국 모두에서 거의 거론되고 있지 않고 있으며, 오히려 초기 한국 경제발전 서술에서는 끊임없는 견제를 하였던 미국과 일본의 긍정적 역할이 과대하게 언급되고 있다.

1962년 10월 1일 제20차 외자도입촉진위원회는 「한영(韓永)공업」이 「웨스팅하우스」와 체결한 전기기기 제조 및 공장건설을 위한 기술도입을 승인하였다.[40] 한국은 당시 후발공업국으로서 절대적인 공급병목 상태에 있었기에 정부의 입장은 자본도입과 기술도입의 확대였으며 그래서 당시 정부의 심의기관도 외자도입촉진위원회이었다.[41] 또한 공급 확대를 위한 진입 확대

40 〈동아일보〉(1962. 10. 1).

41 외자도입촉진위원회는 1966년 외자도입심의위원회로 변경되었다. 일부 시기 외자도입심의회도 병용되었다. 1960~1966년, 즉 제1차부터 제78차까지의 외자도입촉진위원회 기록은 '회의록'이라는 제목으로 제4차, 제20차 회의록이 남아 있고 나머지는 각 회의안건에 회의록과 회의 결과 보고가 같이 묶여 있다. 5, 6, 17, 23~31, 33~38, 43, 47, 52, 61, 70, 72, 73, 75~78차 회의록은 누락되어 있으나 회의 결과 보고를 통해 회의내용을 파악할 수 있다. 1966년부터 1969년 외자도입심의위원회 안건 기록은 1차부터 38차까지 남아 있으며, 5차, 7~13차, 15차, 16차, 20차가 누락되어 있다. 회의록은 40차까지 존재하나 일부 회의록은 안건철에 같이 편철되어 있다. 1969년부터 1974년까지의 회의안건과 기록은 제105차까지 있으나,

와 경쟁제고를 위해서 「금성사」에 당시 전선업체들이 반대하던 케이블공장 건설을 허용하고 대신 「대한전선」에 라디오, TV, 냉장고 등 「금성사」의 독점적인 가전사업을 허용하였다.

정부는 1960년대 초 라디오, 선풍기, 전화기가 생산되면서 이들 전자제품의 수출 가능성을 타진하고 있었다. 이에 따라 1962년 상공부가 동남아시아통상사절단을 파견하면서 한국 전자공업의 수출정책이 시작되었다. 이와 함께 정부가 대대적으로 전자공업의 본격적 수요를 창출한 1962년 「통신사업 5개년계획」으로 한국 전자공업의 육성정책도 출발하였다. 이 계획은 전화시설 확충, 900여 우체국 신설, 전기통신 시험 및 관리품목의 확대, 통신기술훈련소의 신설에 중점을 두고 정부예산, AID, 정부보유외환자금(KFX), 서독 정부 차관 등 합계 157억 원 사업비로 1962~1966년간 기존 12만 3,000회선의 가입전화 시설을 31만 5,000여 선으로 증가시키는 것이었다.[42] 이 「통신사업 5개년계획」은 그 추진 과정에서 기계식 자동교환기, 전화기 등 정부 수요를 폭발시켰으며 이에 따라 전자공업 기업들의 신규 사업 진출과 사업 확대가 지속적으로 이루어졌다. 「통신사업 5개년계획」과 함께 대량 생산에 들어간 전화기 조립으로 전자산업이 수입대체산업으로 부상하였고,[43] 1962년 「금성사」는 전화기 6만 2,000대를 생산하였으며[44] 「한국통신기산업(주)」은 SSB(單側波帶) 무선송수신기를 개발·제작하였다.[45] 1966년 1차 사업이 종료된 이후 「통신사업 5개년계획」은 5년씩 4차 사업까지 총 20년 동안 계속되어 1981년에 종료되었는데 이를 통해 한국 통신기자재산업의 성장도 이루어졌다.

정부의 수요 창출 노력은 다른 전자제품에서도 이루어졌다. 당시 문제가 되는 것은 내수 한계와 함께 품질이 더 좋은 외제 라디오의 밀수입이었다. 1959년부터 이미 생산에 나선 금성 라디오는 밀수품과의 경쟁에서 뒤떨어져 있었다. 민간기업의 긴박함과 함께 정부 입장에서도 밀수 라디오는 그 자체로 여러 문제가 있었다. 외제 라디오는 전력부족 하에서 전력을 많이 쓰는 제품으로서 당시 심각한 전력 문제를 악화시키고 있었고, 나아가 5.16 이후 군사정부는 집권 홍보를 위해 국민들을 설득할 라디오가 필요하였지만 다수의 농촌지역 농민들은 비싼 밀수 라디오를 선택할 수 없었다. 이에 1962년 7월 14일 공보부는 「농어촌 라디오 보내기 운동」을 전개하면서[46] 동시에 강력한 밀수 단속을 지속적으로 펼쳐 나갔다. 국산 라디오 보급에 더하여 4.19, 5.16의 영향으로 라디오 수요가 급증하였고 여기에 5.16 후 기업과 정부의 이해일치와 적극적인 정부의 노력, 언론의 동조로 라디오 수요의 급등이 나타났다. 1960년 40여만 대이었던 보유 라디오 수는 1961년 9월 89만 3,000대로 급등하였고 1962년 말에는 134만 대로 늘어났다.[47] 라디오 수요의 증대는 바로 전자제품의 수요를 자극시켰다. 국무회의는

1~10차, 12~16차, 18~20차, 25~28차, 31~32차, 36차, 39~40차가 누락되어 있다. 국가기록원(국기, 2019. 2. 6).

42 〈경향신문〉(1962. 1. 30).

43 김광모 전 중화학공업추진위원회기획단부단장(김중전, 2004. 9. 23).

44 국립영화제작소(한전, 1974).

45 한국통신기산업주식회사(1970).

46 〈동아일보〉(1962. 7. 15).

1962년 12월 31일 방송국 신설 허가안을 통과시켜[48] 전자공업의 추가적이고 가속적인 수요 증대를 도왔다.

내수가 확장되고 있었지만 여전히 국민소득 수준상 라디오 수요는 한계가 있었다. 이에 「금성사」는 1962년부터 라디오 수상기 수출에 나서 홍콩에서 라디오 200대 시험 구입 주문을 받았고 1962년 11월 28일 「금성사」의 62대 라디오가 594달러에 미국 「아이젠버그」사로 첫 수출되었다. 국내 판매가 3,300원을 생각하면 출혈 수출이었지만 당시 외환 문제로 수출을 적극 지지하던 정부는 1달러 130원의 환율에 달러당 25원의 장려금까지 지급하였고,[49] 「금성사」는 이런 보조 위에 수출에 나섰다. 동시에 1962년 초 문공부는 정책 광고를 위해 TV수상기 2만대를 수입 공급하면서 「금성사」에 라디오를 넘어서는 TV수상기 생산에 나설 것을 권고하였고, 「금성사」 역시 수요와 정책지원을 기대하고 준비하고 있었기에 흑백TV수상기 국산화를 위한 기술팀을 일본 「日立製作所」에 파견하고 온천동 공장에 TV수상기 생산시설을 갖추기 시작하였다.

1960년대 초 아직 전자공업의 수준은 조립이 중심인 단계에 머물러 있었지만 정부가 초기 진입 단계에서 이렇게 적극적인 수요 창출 역할을 수행한 점은 산업정책상 큰 의의를 갖는 것이었다.

해를 넘기면서 정부의 정책은 보다 구체적으로 되어 갔다. 1963년 7월 24일 박충훈 상공부장관은 상공부고시 제933호로 상공시책자문위원회 아래에 전기공업심의부문위원회를 두는 규칙을 공포하였다.[50] 9월 24일 중소기업심의위원회가 상공부에서 개최되어 업종분류에서 전기공업·기계공업·조선공업을 독립시킨 중소기업협동조합법시행령 개정안 수정안을 의결하였다.[51] 그리고 11월 28일 마침내 상공부는 광공차관보 하의 공업제2국에 전기기기공업과(電氣機器工業課) 약칭 전기(電機)공업과를 신설하여[52] 1963년 12월 11일 각의는 정부부처 개편을 심의 의결하고[53] 12월 16일 각령 제1710호로 공포하여 12월 17일부터 시행하였다. 이때 공업제1국에 경공업과·중소기업과·경화학과·중화학과·섬유과·염관리과를 두고 공업제2국에 중공업과·전기공업과·기계과·금속과·조선과를 두었다.[54]

정부의 전기·전자공업정책이 본격화되는 가운데 1963년 11월 「금성사」는 「日立製作所」와의 기술제휴로 적산전력계를 국내 첫 생산하였다.[55] 위험 속에서도 독일 차관의 체결 성공 등

47 전자산업 50년사 편찬위원회(2009), pp. 60~61.
48 내각사무처장(각송6210, 1962. 12. 31).
49 육성으로 듣는 경제기적 편찬위원회(코3, 2015), p. 365.
50 〈관보〉(1963. 7. 24), 제3498호.
51 〈경향신문〉(1963. 9. 25).
52 한국행정연구원 행정DB(2015. 3. 13).
53 〈동아일보〉(1963. 12. 12).
54 〈관보〉(1963. 12. 16), 제3615호.
55 구자학 전 금성사 사장 증언(1987), p. 376.

계속된 「금성사」의 성공은 다른 전자공업기업체들의 진입과 확장을 자극하였다. 전자공업은 1963년 생산공장 27개, 수출공장 2개, 전자공업 종업원 6,000명, 라디오 수출 2만 3,000대의 발전을 이루었다.[56]

새로운 전자공업에 대한 기술이 요구되면서 1964년 제일전자기술학교 등 전자공업에 특화된 교육기관의 설립 신청과 인가도 이루어졌고[57] 「금성사」, 「한국통신기산업」의 기술도입 계약 등[58] 기술도입도 이루어졌다. 1964년 11월 27일부터 첫 민간 유일 TV방송사인 동양TV(TBC)가 시험방송을 시작하였고 국영 KBS에 앞서 12월부터는 부산에서도 TV방송을 내보냈다.[59] 1964년 말에는 라디오, 전축과 관련 부품을 생산하는 업체가 41개에 이르렀고 미군에 의해 한국의 마이크로웨이브 통신망도 설치되기 시작하였으며, 한국의 전자공업 생산액이 1963년 806만 3,000달러에서 1,027만 6,000달러로 1,000만 달러를 넘어섰고 수출도 1963년 4만 7,000달러에서 92만 6,000달러로 상승하였다.[60] 세계적으로도 전자공업의 발전은 빨라지고 있었고 1964년 미국에서는 *IBM*이 대형 컴퓨터 IBM360 판매를 시작하였다.

이미 1963년 TV수상기 생산시설을 갖춘 「금성사」는 상공부의 장려와 달리 그 다음 해 1964년이 지나도록 TV수상기 생산 인가를 얻지 못하고 있었다. 학자들은 외환위기를 거론하였고 사회 지도층과 언론은 TV 생산은 나쁜 전력 사정을 더욱 악화시키고 부품수입 증대로 감당하지 못할 차관을 확대시킬 것이라며 비판하였다. 신문들은 주 수입원인 광고를 잠식할 TV수상기 보급을 견제하며 TV가 일부 상류층의 사치품이라는 비판을 계속하였다. 정부는 여론의 눈치를 보며 부품수입 허가를 내주지 않고 있었다.

1965년 1월 19일 상공부는 1965년도 수출진흥종합시책을 성안하였다. 그 내용은, (1) 단일변동환율제 실시, (2) 수출산업의 육성, (3) 금융세제상의 지원대책, (4) 경제외교 강화로[61] 사실상의 모든 수출정책이 동원되었다. 수출을 뒷받침할 전자공업의 발전, 환경도 가시적으로 이루어지고 있었다. 1965년 4월 「금성사」가 최초의 냉장고 GR-120을 생산하는 등 한국은 1965년 전축 1만 1,000대 생산을 포함하여 전자제품 생산품목을 확대해 나갔다. 이와 함께 1965년에 「금성사」는 「TV수상기(텔레비전)의 국산화 계획과 전기제품 수출대책에 관련한(관한) 건의서」를 정부에 제출하였고 1965년 9월 「日立製作所」 기술도입계약 체결 및 설비도입에 나섰다. 정부에 대한 압박이었고 설비가 들어옴으로써 이제 정부가 허가를 더 미룰 수 있는 여지가 없었다.

정부는 수출을 확대하기 위해 100% 수출조건으로 1965년 9월 22일 첫 전자공업 외국인합

---

56 국립영화제작소(한전, 1974).
57 전라북도 교육위원회 교육감(제기1, 1964. 2. 28).
58 한국통신기산업주식회사(1970).
59 〈경향신문〉(1964. 11. 30).
60 한국정밀기기센터(전자편람, 1970).
61 중화학공업추진위원회기획단(한공발4, 1978), p. 146.

작사 「중앙상역(주)」을 인가하였다. 「중앙상역」은 미국 *Royal Pac Corp.*이 60% 지분으로 합작한 투자금 8만 8,000달러의 기업으로 라디오와 TV수상기 생산을 설립 목적으로 하였다.[62] 마침 공보부는 TV 보급 3개년계획을 세우고 TV수상기 총수를 10만 대로 늘린다는 방침을 세웠다.[63] 수출과 공보부 정책 협조라는 명분이 분명해지자 마침내 1965년 12월 30일 상공부장관은 「텔레비전수상기 부속품의 수입요령」을 공고하여 1966년 하반기부터 TV수상기 생산을 가능하게 허용하였다. TV수상기 부속품의 수입사전승인은 1965년 1월 1일부터 1966년 6월 30일까지의 가득액 40% 이상 되는 라디오, 트랜지스터 등 전기기기 및 동 부속품의 수출액 범위 내로 그 한도를 정하였고, 수입신청자의 자격은 1965년 1월 1일 이후 가득액 40% 이상 되는 동 계열제품을 수출한 자로서 TV수상기 생산시설을 보유한 자 및 시설보유자와 수입대행계약을 체결한 자로 국한시켰다.[64] 역시 수출을 촉진하기 위한 조치이었지만 이는 세계 시장 진입을 위해 집중화를 통하여 대기업의 생산규모를 키우려는 의도도 포함된 것이었다. 실제로 이 기준에 의하면 TV수상기 부속품을 수입하여 TV수상기를 생산할 수 있는 국내 기업체는 「금성사」와 「삼양전기(三洋電氣)」뿐이었다. 이처럼 정부가 정한 기준 때문에 당시 TV수상기는 "공보부가 금성사를 통해 조립, 추첨 판매하는" 것으로 언론에 보도되고 있었다.[65] 1960~1965년의 이 시기는 여전히 전자제품의 생산증가가 연 10~12%로 당시 주요 산업보다 낮았고[66] 또한 주로 「금성사」 단일 기업이 주도한 역사이었지만, 라디오·선풍기·전화기·전축·냉장고 등 한국 가전기기공업과 정책의 탄생기라는 역사적 의의를 갖는다.[67]

가전기기의 생산 확대에 이어 1965년 한국은 일부 전자부품을 생산하기 시작하였다. 전자부품 생산은 미국계 다국적 기업들이 산업의 식량으로 불리는 반도체 부품 조립과 관련하여 한국에 진출하면서 본격화되었다. 1965년 12월 3일 미국 「코미」(*Komy Corporation*)는 한국에 합작회사 「고미산업(高美産業)」을 설립하여 트랜지스터 조립 생산에 나섰다. 1965년 12월 29일 제67회 외자도입촉진위원회는 한국 2번째 합작회사 「고미산업」의 투자사업 의결로 트랜지스터, 진공관, 브라운관 생산을 위한 외자도입을 승인하였는데 외자도입에 의한 첫 부품공장은 게르마늄 트랜지스터 600만 개, 실리콘 트랜지스터 280만 개 생산 예정의 트랜지스터 부품생산 공장이었다.[68] 1965년 전자부품을 생산하는 「정풍물산(正豊物産)」이 창립되는 등[69] 1965년

62 한국정밀기기센터(전자편람, 1970).
63 〈경향신문〉(1966. 8. 1).
64 〈경향신문〉(1966. 1. 1).
65 〈동아일보〉(1966. 8. 27).
66 국무총리기획조정실(중건3, 1975. 10), p. 149.
67 1977년 상공부는 한국의 전자공업 발전을 1964년까지의 초창기, 1965~1969년 기반구축기, 1970~1976년 성장기, 그리고 1977년 이후 고도화기로 분류한 바 있다. 1981년 일본 아시아경제연구소는 「금성사」가 진공관 라디오를 생산한 1959~1965년을 민생용 전자기기의 조립가공기, 외자도입법이 제정된 1966~1977년을 외자에 의한 전자부품의 조립가공·수출기, 1978년 이후를 국내 자본에 의한 민생용 전기기기의 조립가공·수출기로 구분하였다. 경제제2(전7, 1977); アジア經濟研究所編(發電, 1981).
68 경제기획국장 우윤희(전부, 1966. 4. 25).

한국의 전자공업은 사업체 수 40여 사, 수출 180만 달러 정도로 늘어났고[70] 전자제품 생산품목 수는 14개가 되어 1961년 4개에서 대폭 늘어났으며 이 중 수출품목이 3개가 되었다.[71]

1966년 1월 28일 국무회의는 체신부장관 소속 하의 「중앙전기통신시험소」를 「전기통신연구소」로 개칭하고 그 기능을 강화하기로 한 「전기통신연구소직제안」을 의결하였다. 또한 체신부 전파관리국 안에 전파이용 분야의 급격한 증가에 따라 관련 연구, 개발 및 실용화와 전파기술의 개척 발전을 위한 제반 기능을 강화하기 위하여 「전파연구소」를 따로 설치하는 내용의 「전파관리국직제 중 개정의 건」을 의결하였다.[72]

1966년 5월 3일 제58회 국무회의는 TV수상기 고시가격제도를 의결하여 상공부장관이 고시가격을 지정하게 되었고 이 제도는 1973년 1월 폐지될 때까지 운용되었다.[73] 이는 물가안정이라는 목표와 함께 전자공업 업체들로 하여금 수출을 지향하도록 유도하는 목적을 갖고 있었다. 반면 공보부는 TV 보급 확대를 위해 대전, 대구, 전주, 광주, 부산에 중계소 설치를 추진하면서 8월 15일을 TV수상기 보급일로 정하였으나 상공부 등 타 부처와의 이견 및 공보부 산하단체인 방송문화협회와 제조사인 「금성사」 간 판매권 쟁탈전으로 이를 연기하였고, 최종적으로 공보부의 양보로 「금성사」의 9월 판매가 추진되었다. 보급형도 17인치와 19인치로 의견이 나뉘었으나 19인치로 단일화하기로 하였으며 가격은 고시가격제에 의해 6만 3,500원으로 결정되었고 공보부는 수요경쟁이 심할 것이므로 추첨제를 도입하기로 결정하였다.[74] 1966년 10월 18일 정부는 전기용품의 기술기준을 정하여 상공부령 제173호로 전기용품 기술기준령을 공포, 시행하였다.[75]

미국 기업의 입장에서 볼 때 한국은 부존 생산요소, 미국과의 관련, 그리고 이에 따른 정부의 정책적 지원 등 모든 면에서 미국 전자부품 생산에 적합한 지역이었다. 이에 1965년 「코미」에 이어 1966년 「모토로라」(*Motorola*), 「시그네틱스」(*Signetics*), 「훼어차일드」(*Fairchild*) 등이 한국에 자회사를 세우고 반도체 조립을 위해 진출하였다.[76] 1966년 한국에서 트랜지스터 생산이 시작되었고,[77] 이후 한국의 전자공업 생산은 급증하여 1966년부터는 연평균 45% 이상의 성장률을 기록함으로써 이전 1960~1965년의 연 성장률 10~12%와 뚜렷이 대비되었다.[78] 1966년 7월 28일[79] 전량 수출조건으로 인가가 결정된 외국인투자업체 「한국시그네틱스(주)」의 예

69 상공부장관(전제업, 1980. 8. 20).
70 한국산업은행조사부(80전, 1981), p. 249.
71 국립영화제작소(한전, 1974).
72 〈경향신문〉(1968. 1. 28).
73 한국전자공업협동조합(전조2, 1987), pp. 117, 153.
74 〈경향신문〉(1966. 8. 1).
75 법제처 국가법령정보센터(2018. 7. 17).
76 한국무역협회(장전, 1976. 10), p. 33.
77 한국정밀기기센터(전자편람, 1970).
78 국무총리기획조정실(중건3, 1975. 10), p. 149.
79 인가일과 「한국시그네틱스」 설립일은 7월 29일이다. 한국시그네틱스주식회사 대표이사(대긴, 1974. 2. 12).

에서 보듯이[80] 이들은 한국을 조립가공국으로 이용하고자 하고 있었고, 이러한 이유로 1960년대 한국 전자공업의 주도자로 등장한 것은 미국의 반도체회사들이었다.

한국의 첫 번째 전자공업 100% 직접투자회사 신청자인 「훼어차일드 쎄미콘닥터」(*Fairchild Semiconductor Ltd.*) 전자부품공장 건설사업에 대해 경제기획국장은 검토의견에서, "(1) 현재 국산이 없고, (2) 실리콘 트랜지스터 및 다이오드로 기존 게르마늄 트랜지스터보다 성능이 우수하고 수요 대체품이며, (3) 전자공업 발전 및 수출에 의한 외화획득에 기여하는 바가 클 것임. 단 이미 「고미산업」의 생산 임박으로 내수는 초과 생산되므로 내수용 사업타당성은 없음"이라고 의견을 내었다.[81] 미국 반도체회사의 국내 진입 가치가 크다고 판단한 한국 정부는 100% 직접투자까지 인정하였다. 1966년 4월 28일 제73차 외자도입촉진위원회 의결을 거쳐 4월 29일 「훼어차일드」 전자공업용 부분품 공장 건설을 위한 외국인투자 인가가 이루어졌다.[82] 정부는 「훼어차일드 쎄미코어(*Fairchild Semikor*) 주식회사」의 투자인가에서 "본 사업에 의한 제품은 수출을 원칙으로 하되 시판의 경우에는 경제기획원장관의 허가를 얻어야 한다"라고 규정함으로써 수출을 우선으로 하되 외국인투자의 계속적인 투자유인을 제시하였다. 실제로 1966년 5월 30일 「훼어차일드 쎄미코어」는 경제기획원으로부터 최초로 시판허가를 받았다.[83] 모회사인[84] 「훼어차일드 카메라 앤 인스투르먼트」(*Fairchild Camera and Instrument Corporation*)는 이러한 경제기획원에 감사의 뜻을 전해오기도 하였다.[85]

이후 「훼어차일드 쎄미코어」의 투자내용 변경 요청이 이루어졌는데 투자액이 증액되고 투자시기가 1967년 6월까지에서 1968년 6월까지로 연장되었으며, 첫 생산계획도 1967년 1월까지 실리콘 트랜지스터 및 다이오드 월 140만 개에서 1967년 6월까지 월 500만 개로 확대되었다. 판매계획 역시 수출확대 포함 1966년 300만 개, 1967년 2,800만 개에서 1967년 4,971만 개로 증량되었다. 상공부는 변경에 대한 검토의견에서 "변경은 허용하되 국내 시판의 허용은 규격 및 수량을 제한하여 상공부의 사전승인을 얻도록 하고 도입 시설재는 명세를 상공부 재검토 받도록 조치하라"는 의견을 내었다. 이에 경제기획원은 「훼어차일드」가 국내 시판에 대한 사전보장 없이는 투자를 재고하겠다고 버티고 있어 이미 허가한 국내 시판 제한은 곤란하므로 이를 제외하고 상공부 의견을 반영한 외자도입심의위원회 의결대로 인가할 것을 1966년 11월에 결정하였다.[86]

반도체 외에도 1966년 12월 경제기획원장관은 미국의 「오크일렉트로네틱스」(*OAK Electro/*

80 경제기획원(전가, 1972. 10. 25).
81 경제기획국장 우윤희(전부, 1966. 4. 25).
82 경제기획원 민간차관과(전부분, 1966. 7. 18).
83 경제기획원(전시, 1968. 7. 1).
84 훼어차일드 쎄미코어 주식회사 대표이사(1970. 8. 8).
85 Fairchild Camera and Instrument Corporation, NY(June 17, 1968).
86 경제기획원 민간차관과(전부, 1966. 11. 24).

Netics Corp.)가 전자공업용 부속품 공장을 건설하기 위한 투자액 270만 4,000달러의 외국인투자 인가 신청을 외자도입심의위원회에 제출하였다. 경제기획원장관은 TV 및 FM 수신기 부분품의 국내 제작으로 국내 전자기술의 발전을 기할 수 있고 수출산업으로 국제수지 개선에 기여하고 노동집약적 산업으로 1,500명의 고용 증대에 기여할 수 있다는 점, 그리고 관계 기관의 검토 결과 타당성이 인정되었다는 이유로 이의 인가를 제안하였다. 검토 과정에서 부가된 인가조건은, (1) 제품전량 수출해야 함, (2) 도입될 152만 4,000달러의 시설재는 상공부장관의 검토를 거쳐 경제기획원장관의 승인을 얻되 국산 대체 가능 품목이 있을 시에는 그 금액만큼 투자도입 외국 통화에 추가함, (3) 원자재는 60만 달러만 도입해야 함 등이었다.[87] 이러한 정부 요구에 「오크일렉트로네틱스」는 부정적 반응을 보였고 이후 위험투자보증계약 등이 이루어져 한국 현지법인이 출범하였지만[88] 결국 「오크일렉트로네틱스」는 1년 만에 한국에서 철수하였다. 양측 간 갈등이 계속되었던 것이다.

기술이 낙후되어 있었으므로 이 시기 전자제품의 생산은 대부분 자본재 수입에 의존할 수밖에 없었다. 아직 경험과 기술, 정보력을 가지고 있지 못한 기업들을 대신하여 정부는 도입자본재에 대한 내용, 도입조건 등 제반 계약내용을 일일이 검증하고 관리·감독하는 기능을 맡았고 불리한 조건에 희생되지 않도록 계약을 정부 차원으로 올림으로써 대응하고자 하였다. 1966년 「동양정밀공업(주)」이 어업용 통신기 및 전자장치 제조공장 건설을 위한 자본재 도입을 위해 「三井物産(株)」과의 자본재 도입 계약($500,000)을 체결하고 인가를 신청하자 경제기획원은 그 사업타당성을 인정하되 다음의 조건하에서 인가하고자 하였다.

1. 한은 L/G 개설 이전에 도입품목의 성능 및 품질을 보장할 수 있는 규정을 계약에 삽입토록 하고 경제기획원장관의 승인을 받아야 한다.
2. 분쟁 중재기관 및 적용 법률은 제3국의 중재기관 및 법률을 적용하도록 계약을 수정하여 한은 L/G 개설 이전에 경제기획원장관의 승인을 받아야 한다.
3. 원리금 상환은 분할 상환하여 미상환액의 전액 혹은 일부를 상환일 이전에 상환할 수 없으며 모든 거래는 한국은행을 통하여 결재한다.
4. 한은 L/G 개설 이전에 도입품목 및 가격의 타당성에 대하여 상공부장관의 검토를 거쳐 경제기획원장관의 승인을 받아야 한다.
5. 계약상의 이자 기산 시점과 선적 시점 및 기간의 명시 등 계약을 보완한 후 경제기획원장관의 승인을 받아야 한다.
6. 지불보증 양식은 한국은행 소정 양식으로 발급한다.
7. 계약의 내용 및 조건에 변경이 있을 때에는 경제기획원장관의 승인을 받아야 하며 본 계약조건은 한일 양국 정부가 합의 결정한 조건에 따라 수정되어야 한다.

---

87 경제기획원장관(전공부, 1966. 12).
88 DFPE/IGD, AID/Washington(June 5, 1967).

경제기획원장관(어용, 1966. 12).

그러면서도 이중 검토와 안전을 위한 최종 장치로 외자도입법에 의거 이를 외자도입심의위원회에 상정하도록 하였다. 나아가 기업들이 무분별한 외자도입을 억제하도록 유도하기 위하여 L/G 개설 이전에 도입외자 총액의 3%, B/L 인도 이전에 5%를 지급보증은행에 예치하도록 의무화하기도 하였고 외자도입법 제33조에 준하여 주식을 공개하도록 강제하기도 하였다.[89]

1966년까지 한국에 초기 진출한 외국인투자 사업의 내용은 〈표 1-2〉와 같다.

1966년 8월 1일 「금성사」는 국산 진공관 TV수상기 1호인 「VD-191」 100대를 부산 온천동 공장에서 출하하였는데 진공관 12개와 다이오드 5개를 채택한 19인치 최초의 흑백TV수상기이었다. VD-191에서 V는 진공관(Vacuum), D는 탁상형(Desk Type), 19는 19인치, 1은 첫 번째

〈표 1-2〉 한국에 초기 진출한 외국인투자 사업(1967년 3월 3일 현재)

사업별	기업체	외국 투자가	금액 (천 달러)	투자비율 (내국인 : 외국인)	생산능력		추진 상황
					주생산품	생산능력	
전자제품 공장	中央商易 (주)	美 Koyalpae Corporation	88	397 : 603	녹음기, FM수신기 TV수상기, 전축	연 107,000대	1. 1965. 9. 29 인가 2. 물자도입 중
전자 공업용 부분품	高美産業 (주)	美 Komy Corporation	276	75 : 25	게르마늄 트랜지스터, 실리콘 트랜지스터, 진공관, JO 브라운관	연 4,766,800개	1. 1965. 12. 3 인가 2. 물자도입 중 3. 일부 제품 생산 개시
전자 공업용 부분품	–	美 Semiconductor	2,145	0 : 100	실리콘, 트랜지스터, 다이오드	월 8,000,000개	1. 1966. 4. 29 인가 2. 1966. 11. 30 투자 내용 변경인가 3. 1966. 11. 22 기계 도입
집적회로 공장	–	美 Signetics Corporation	1,679	0 : 100	집적회로	월 750,000개	1. 1966. 7. 29 인가 2. 허가조건 이행 중 3. 1967. 5. 30 준공
전자 공업용 부속품	–	美 OAK Electro Netics Corp.	2,704	0 : 100	TV, 튜너 등	연 100,000개	1966. 12. 23 인가
전자 부분품	한국마이크로전자공업 Co.	美 US KM Corp.	224	51 : 49	집적회로 등	연 1,800만 개	1966. 12. 30 인가

자료: 경제과학심의회의 위원 최규남· 위원 김기형(1967. 3. 3).

89 경제기획원장관(전부3, 1968).

〈그림 1-2〉 1966년 생산된 한국 최초 19인치 흑백TV수상기(VD-191)

자료: LG전자(2015. 12. 8).

모델을 의미하였다. 최초의 한국 TV수상기 모양은 〈그림 1-2〉와 같다. 「금성사」는 가정용으로 4개의 다리가 달린 상태로 시장에 내놓았지만 이는 탈부착이 가능하도록 되어 있었다.

사회 위화감 조성과 사치라고 사회 지도층과 신문은 TV수상기 판매를 비판하고 있었고 이를 의식하여 정부는 일시불 외에 5개월, 10개월 할부로 판매하도록 하였다.[90] 〈그림 1-3〉과 같이 주요 신문 1면의 공개청약 안내에서 보듯이 첫 국산 TV수상기 판매 방식은 오늘날의 주택청약처럼 신청자가 주민등록증, TV 불소지 증명서, 신청서, 신청적립금을 지정 은행에 제출하되 월별·지역별로 신청하도록 하고 월별로 당첨자를 추첨하였다.[91]

「금성사」의 흑백TV수상기는 1966년에만도 1만 대 생산에 이르렀고 이후 1968년 600대 수출에 나섰다.[92] 내수시장에도 그렇지만 수출에 나설 수 있었던 것은 가격을 낮출 수 있었기 때문이었다. 당시 한국은 TV수상기 생산을 위해 부품을 일본 등에서 수입하여야 하였으므로 원료비가 높았고, 또 정부가 수입 억제를 위해 수입관세 평균 30%에 재무부고시 특관세 30%를 부과하고 있어 부품비는 더욱 높아졌으며, 외국 제품의 사용억제를 위해 기계 등 완제품에 물품세 30%까지 부과하고 있었다. 그 결과 「금성사」가 처음 생산한 19인치 국산 TV수상기의 가격에서 관세와 물품세 등 공과금의 비중이 약 50%를 차지하였다.[93] 「금성사」는 국산 TV수

90 〈경향신문〉(1966. 8. 8).
91 〈동아일보〉(1966. 8. 27).
92 국립영화제작소(한전, 1974).
93 이희종 전 한국전기공업진흥회회장 증언(2011), p. 106.

〈그림 1-3〉 국산 TV수상기 청약 안내(1966)

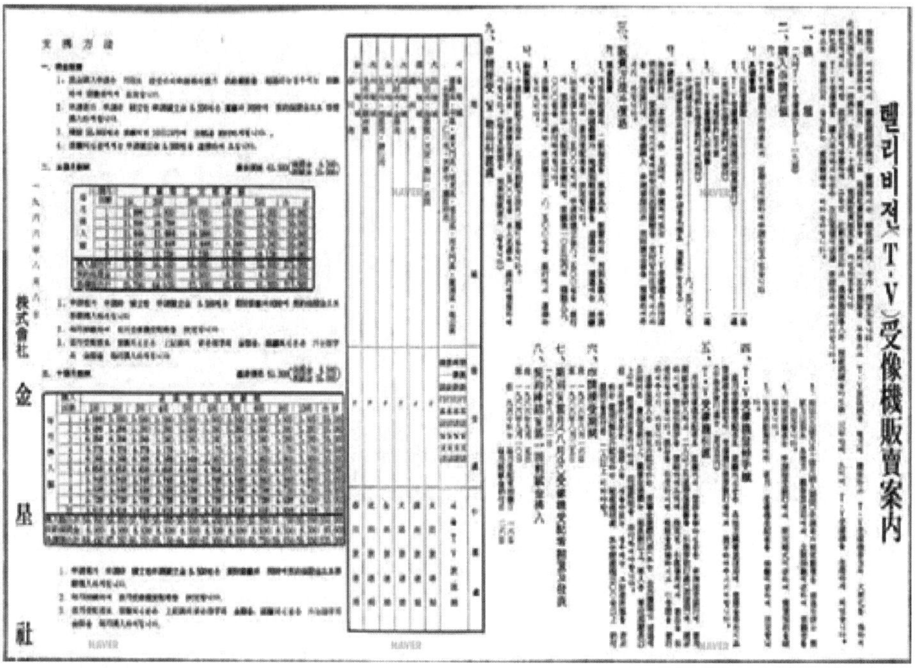

텔리비젼(T·V)受像機販賣案內

株式會社 金星社

자료: 〈경향신문〉(1966. 8. 8), 1면.

상기의 생산과 수출을 위해 정부에 특단의 조치를 취해 줄 것을 건의하였다. 전자공업의 발전을 위해 이러한 건의는 당연한 것이었으므로 상공부와 재무부는 별다른 이의 없이 개선작업에 착수하여 TV수상기용 부품도입 관련 관세를 인하 조정해 주었다. 업자들의 주장은 전자공업은 "수출전략산업이므로 특관세에 특혜가 있어야 한다"는 것이었다.94 이를 통해 「금성사」는 첫 국산 TV수상기를 미국제는 물론 일본제보다 낮은 가격으로 책정하는 것이 가능하였다. 이러한 노력으로 1968년 한국은 전자공업 제품 수출 1,950만 달러를 달성하여 일약 세계 전자공업 수출액의 0.5%를 차지하게 되었다.95

이미 1962년 국제무역박람회 참가 이후 전자공업의 필요성을 역설하고 있었던 이만희(李晩熙)가 1966년 2월 25일 상공부 전기공업과장에 취임하였다. 이만희 과장은 전기공업과의 업무를 전기공업계(電機工業係)와 통신공업계로 분리하고 통신공업계의 가전 부문을 전자공업이라고 행정 부문에서 처음 지칭하면서 전자공업을 강화하였으며,96 전자공업을 특화산업으로 지정할

94 재무부(외특, 1970).

95 한국산업은행조사부(한산, 1979), 상, p. 389.

96 〈관보〉(1966. 7. 11), 제4394호.

것을 건의하였다.97 이로써 전자공업은 공업제2국→전기공업과→전기공업계/통신공업계의 행정체계를 갖추게 되었다. 이만희 과장은 전자공업 육성기반 구축 작업에 착수하여 전자공업 육성방안을 작성하였는데 주요 내용은 다섯까지로, '(1) 손쉽게 개발할 수 있는 품목 발굴과 국제 경쟁력 있는 품목 조사, (2) 통신공업 일부를 떼어내 전자공업의 영역 확대, (3) 외국산에 대해 강력한 수입제한조치 발동으로 가능한 품목의 국산화 유도, (4) 업계 발전을 위해 전자공업협동조합의 창립 추진, (5) 정부 차원의 전자공업진흥 5개년계획 수립'이었다.98 이 방안에 따라 이만희 과장은 전자공업 1971년 수출목표 1억 달러의 「전자공업진흥 5개년계획안」을 작성하여 박충훈(朴忠勳) 상공부장관의 결재까지 받았다.99 전자공업을 본격적인 수출전략산업으로 육성한다는 의미에서 「전자제품수출 5개년계획」으로도 불린 이 계획안은 라디오, TV수상기 등 가전제품 수출목표를 「금성사」, 「동남전기」 등 21개 업체에 할당하여 각종 인센티브를 주면서 목표달성을 독려하는 방식을 제안한 것이었다.

외자도입의 양적 확대에 초점을 둔 「외자도입촉진법」, 「차관에 대한 지불보증에 관한 법률」 및 「장기결제방식에 의한 자본재 도입에 관한 특별조치법」 등 3개 법을 통합한 「외자도입법」이 1966년 8월 3일 법률 제1802호로 제정 공포되고 그 시행령이 9월 공포되었다. 이 법은 외국인투자에 대한 제한을 완화하여 외국인의 무제한 투자 허용과 과실송금을 보장함으로써 외국인투자 유치의 확대를 도모하고 동시에 차관에 대한 정부의 지급보증을 제한하여 무분별한 차관도입을 억제하고자 하였다. 이 「외자도입법」에 의해 전자공업이 수출전략산업화 하게 되었다.

1966년 8월 13일 한국 전자·요업공업의 태두로 명명되며 미국에서 연구를 하고 있던 「에어리덕션」의 김기형(金基衡) 박사가 대통령의 격려전문과 특별초청으로 일시 귀국하였다. 김기형 박사는 대통령을 만난 자리와 강연회에서 한국에 필요한 공업화 순서 요소로 '국가·국민 필요성, 적정 규모, 고용증대, 수출 가능성, 수입대체 가능성, 고단위 가격'을 제시하고 이에 적합한 업종이 전자와 요업이라고 밝혔다.100 이는 대통령의 전자공업 관심을 대폭 높이는 계기가 되었다. 실제로 1967년 1월 17일 대통령은 연두교서에서 "5개년계획의 투자순위에 따라 제철, 기계, 야금, 정유, 석유화학, 자동차공업 등 기간산업 건설을 적극 추진할 것이며 전자공업과 도자기공업 개발에도 힘쓸 것입니다"라고 밝혀,101 직접 전자공업과 도자기공업을 추가 언급하였다. 1966년 한국과학기술연구소와 미국 바텔기념연구소가 공동으로 실시한 16개 분야

---

97 이만희가 전자공업에 관심을 가진 것은 1962년 3월 리비아에서 열린 국제무역박람회에 한국 측 대표로 참석했다가 그곳에서 출품된 전자공업 제품을 보고 난 후이었다. 귀국 후부터 상공부에서 꾸준히 전자공업의 필요성을 설득하였다.

98 서현진 전자신문 편집국 부장(2001), p. 120.

99 중화학공업추진위원회기획단(한공발3, 1979), pp. 310~311.

100 〈경향신문〉(1966. 7. 28); 〈경향신문〉(1966. 8. 13); 〈동아일보〉(1966. 8. 13); 〈매일경제신문〉(1966. 8. 15); 〈경향신문〉(1966. 8. 20); 〈매일경제신문〉(1966. 8. 24).

101 〈매일경제신문〉(1967. 1. 17).

산업실태조사 결과 역시 한국의 전자공업은 성장 전망이 매우 밝다고 제안하였다.[102] 김기형 박사는 이후 영구 귀국하여 10월 17일 청와대에서 대통령으로부터 경제과학심의위원으로 임명되었다.[103]

1966년 11월 17일 상공부장관은 「상공부공고 제4036호」를 공고하였는데 그 내용은 TV수상기 부속품의 수입사전승인은 1965년 1월 1일부터 1966년 12월 31일까지의 수출가득률 40% 이상 되는 동 계열 전자제품 TV, 라디오, 전기기타, 녹음기, 기타 전자기기 및 부속품의 수출범위 내로 한다는 것이었다.[104] 계속하여 수출 촉진과 세계 시장 진입을 위한 대기업의 규모 확대를 동시에 유도하려는 정책의도가 반영된 것이었지만 여전히 수출가득률 40% 이상 조건을 충족시키는 것은 1~2개사뿐이고, 이는 다른 중소 전자업자들의 TV수상기 제조 불가를 가져올 수 있다는 비판이 제기되었다. 전자업체들은 "특정 회사의 독점을 보장해 주는 공고에 지나지 않는다고 맹렬히 상공부에 항의하였으나 이미 공고가 시행된 뒤라 어쩔 수 없다는 답변만 들었고 그래서 격렬한 불만이 전자조합 창립의 동기를 촉발시켰다."[105] 그러나 상공부는 TV수상기 생산을 장려하고 있다며 '이런 정부의 방침에 힘입어 11월 24일 현재 생산이 이루어지고 있는 2개사 「금성사」와 「중앙상역(中央商易)」에 각각 2만 대 분, 100대 분, 합계 2만 100대 분의 TV수상기 부속품 수입을 허가하였고, 1967년부터는 「동남전기」와 「삼양전기(三洋電氣)」가 TV 생산 공장 완공 단계에 있으며 「동신전기(東信電氣)」도 시설을 보완하고 있어 1967년에는 5개 국내 기업이 TV를 생산·보급하게 될 것'이라고 밝혔다.[106]

이만희 과장이 작성한 「전자공업진흥 5개년계획안」을 기초로 1966년 12월 5일 박충훈 상공부장관은 기자들에게 전자공업을 수출산업으로 전환하고 수출특화산업으로 추가 지정하여 육성함으로써 1970년에 수출 1억 달러를 달성하겠다고 밝혔다.[107] 자신이 결재한 「전자공업진흥 5개년계획안」의 1971년 목표를 더 앞당기고 싶은 의욕까지 나타낸 것이다. 상공부장관은 구체적인 전자공업 육성방안으로 전자공업센터 설치 등 전자공업육성 5개년계획을 수립하고 있고 외국 전자기술 습득을 위해 미국 6개 전자공업회사에 사업인가를 주었으며 그중 「훼어차일드」 등 3개사가 단독회사, 3개사가 합작투자를 하기로 결정되어 이미 총 700만 달러를 투자했다고 말하였다. 또 전자공업의 국산화를 위하여 전자공업협동조합을 설립하고 재정자금, 대일청구권자금 등을 우선 배정하여 중점 육성하는 한편, 금후 단독투자를 피하고 합작투자를 권장하겠다고 밝혔다. 박장관은 현재 신규로 9개 업체가 전자공업으로 전환 예정이고 전자공업 육성으로 트랜지스터, 라디오, TV수상기, 직접회로 등이 중점 육성되어 수출될 것이라며

102 한국과학기술연구원(K30, 1998), p. 209.
103 〈매일경제신문〉(1966. 10. 18).
104 〈관보〉(1966. 11. 21), 제4504호.
105 박청명 전 한국TC전자 사장(1987), pp. 433~434.
106 〈경향신문〉(1966. 11. 25).
107 〈매일경제신문〉(1966. 12. 5); 〈동아일보〉(1966. 12. 5); 〈조선일보〉(1966. 12. 6).

전자공업 제품을 1966년에는 270만 달러, 그리고 1967년에는 1,500만 달러 수출할 것이라고 전망하였다.

상공부장관이 전자공업 부문 수출 1억 달러 목표를 제시하고 전자공업을 수출특화산업으로 지정한다는 것은 중요한 의의를 가지는 것이었다. 왜냐하면 정부가 1차 경제개발5개년계획의 내용을 검토하여 1차 때와 달리 나름대로 정밀하게 작성한 1967년부터의 제2차 5개년계획의 계획 사업에서도 여전히 전자공업에 대한 투자계획이 누락되고 있었기 때문이다. 구자학(具滋學) 전 「금성사」 사장은 이날 발표에 대해 "정부가 전자공업에 관심을 나타내는 최초의 공식 발표"라고 평가하면서, 이에 기업들의 수출사업이 더 한층 활발하게 되었다고 증언하고 있다.[108] 나아가 상공부가 "전자공업을 수출산업으로 전환하고 수출특화산업으로 추가 지정하여 육성"하겠다고 공식적으로 밝힌 것은 상공부가 전면에 나서 육성품목을 지정하면서 주무부처로서의 위치를 분명히 하겠다는 것이었다. 또한 상공부장관이 유독 기술습득을 언급한 것 역시 의미가 큰 것이었다. 당연히 당시 한국의 노동력은 우수하고 풍부하였지만 전자공업이 초기 도입산업이었던 만큼, 전자공업의 기술습득이 핵심 문제이었기 때문이다. 한국에 투자를 하였던 해외 자본들도 이 점을 알고 있었기에 한국인 직원들에게 기술교육을 시켰고 이는 기술도입의 중요한 역할을 하여 한국이 가진 초기 병목을 해결해 주는 역할을 하고 있었다. 한 예로 한국에 생산 공장을 지은 「모토로라」는 1967년 미국 본사에서 한국의 기술연수생을 받아 교육을 시켰고 기술연수생은 귀국 후 기술을 전파하였으며 심지어 「모토로라」 위탁 생산업체 2곳에 대한 기술지도도 하였다.[109]

1966년 전자공업 등록업체 수는 1965년의 41개에서 다시 53개 업체로 늘어났다.[110]

Ⅲ. 전자공업 육성방향의 모색

상공부가 작성 중이라고 밝힌 「전자공업육성 5개년계획」의 기본 내용은 다음과 같은 중요한 내용을 담고 있었다.

「전자공업육성 5개년계획」의 개요(1967)

1. 전자제품 수출국으로서의 기반 조성을 위한 조립공장의 생산력 증대(개체, 확장, 신설)와 부품공장의 계열화
2. 수출전환업체 및 특화산업체의 우선 지정과 재정, 금융지원 강화

108 구자학 전 금성사 사장 증언(1987), p. 376.
109 육성으로 듣는 경제기적 편찬위원회(코3, 2015), p. 375.
110 한국산업은행조사부(한산, 1976), Ⅰ, pp. 303, 308.

3. 원자재의 수입대체와 부분품으로서의 수출 촉진을 위한 제품의 다양화
4. 국제 경쟁력 강화를 위한 품질향상 및 기술개발
5. 해외 시장의 다변화를 위한 해외 시장 조사활동의 강화

경제과학심의회의 위원 최규남·위원 김기형(1967. 3. 3).

정부의 정책 관심이 높아지면서 외국인투자가 확대되고 활발해졌다. 1967년 1월 경제기획원은 최근 2개월 동안 외국인 단독투자 혹은 합작투자를 희망해 온 업종이 20여 개에 이르고 있다면서, 여기에는 유도탄 및 TV수상기 부품, 전자계산기, 반도체 등이 포함되어 있다고 밝혔다.[111] 구체적으로 이미 인가된 「코미」, 「시그네틱스」, 「훼어차일드」 등 6사 외에도 「제너럴 일렉트릭」, 「웨스팅하우스」, 「모토로라」 등 미국 주요 전자공업체들이 중간제품이나 부품 제조를 위해 직접투자를 하겠다는 뜻을 한국 정부에 표명하고 있었다.[112] 한국의 공장입지 적합도가 해외 투자를 능동적으로 유인하고 있었는데, 경제기획원에 의하면 한국의 정치적 안정과 더불어 투자 분위기 조성, 지식수준이 높은 풍부한 노동력과 저임금 때문에 기대되는 높은 수익 전망으로 투자 확대가 나타나고 있었다.[113] 정부는 이러한 해외 기업들의 진출 희망 분위기에 편승하여 1967년 전자공업 부문의 대미 수출이 1,000만 달러를 상회하고 3년 안으로 1억 달러를 돌파할 것으로 기대하였다.[114]

한국 민간 부문의 대응도 빨라졌다. 우선 해결해야 할 문제는 해외 자본 유치를 위해 이루어지고 있었던 국내 기업의 역차별을 해소하는 것이었다. 사실 그 이후에도 그러하였지만 1960년대 국내 기업들은 각종 혜택을 받는 외국인투자기업에 상응하는 균형 잡힌 국내 기업 지원정책을 받고 있지 못하였다. 그 결과 단독투자 혹은 합작투자의 외국인투자 사업으로 1966년에만도 6건, 700만 달러의 외자도입이 진행되었지만 국내 전자기업의 외자도입사업은 「금성사」 125만 달러의 EMD 교환기시설 확장사업과 「동양정밀」 50만 달러 어로용 전자시설 사업 단 2건뿐이었다.[115] 외국인투자 사업과 차별적이지 않은 재정, 금융, 무역 및 외자상의 균형정책을 담보할 전자공업육성법이나 기구, 정책이 필요하였고 이를 요구하기 위한 기업들의 결집이 나타났다.

1967년 1월 12일 상공회의소에서 「한국전자공업협동조합」이 창립되어[116] 전자공업이라는 명칭이 민간 부문에서 일반화되기 시작하였고, 이 해 전자공업 명칭이 처음 들어간 「한진전자공업(주)」이 창립되어[117] 회사명에도 전자공업이라는 용어가 사용되기 시작하였다. 5월 30일

111 〈매일경제신문〉(1967. 1. 28).
112 〈동아일보〉(1967. 1. 19).
113 〈매일경제신문〉(1967. 1. 28).
114 〈경향신문〉(1967. 1. 19).
115 경제과학심의회의 위원 최규남·위원 김기형(1967. 3. 3).
116 〈매일경제신문〉(1967. 1. 14).
117 이희종 전 한국전기공업진흥회회장 증언(2011), p. 99.

한국전자공업협동조합은 「금성사」, 「삼양전기」 등 35개 조합원 및 가입예정 기업이 참석한 1차 임시총회에서 전자공업센터 설립, 연구개발위원회 구성, 원자재 공동구입과 제품국산화에 주력한다는 내용의 전자공업 육성책을 의결하고 「전자공업진흥임시조치법」과 「전자공업진흥임시조치법시행령」 초안을 채택하여 정부에 제출하기로 하였다.[118] 일본의 전자공업계는 「소니」 전신인 「동경통신공업사」가 1955년 세계 2번째로 트랜지스터라디오 개발에 성공하고 1960년대 들어 세계 전자업계의 선두그룹으로 나서는 성공을 거두고 있었는데, 이는 한국에 분명한 자극과 함께 일본이 하였다면 우리도 가능할 것이라는 도전심, 벤치마킹 목표를 주었다. 이는 이후 한국의 발전에 중요한 요소가 되었다.

1967년 3월 3일, 정부 요청으로 귀국한 김기형 박사는 최규남(崔奎南)과 공동명의로 〈전자공업육성방안〉을 제6회 경제과학심의회의에 제출하여 8일 심의 가결 후 3월 9일 대통령에 제출하여 서명을 받았다.[119] 이 내용은 3월 20일 대통령 명으로 경제과학심의회의 사무국장에 의해 국무총리 및 정부 각 부처에 시달되었다.[120] 〈전자공업육성방안〉의 건의내용은 다음과 같다.

【전자공업육성방안(1967)】

건의

전자공업은 한국 여건에 부합되는 수출전략산업으로 유망하므로 외국인의 투자유치에만 만족할 것이 아니라 국가 근대화 및 공업 입국을 위한 국내 산업으로 적극 육성되어야 한다.

1. 국내 전자공업을 발전시키기 위해서는 재정, 금융, 무역, 세제 및 외자배정 등에 있어서 강력한 국내 공업조성정책이 병행되어 외국인투자 사업과 경쟁할 수 있도록 육성되어야 한다.
   가. 전자공업(부분품 및 기기조립 공히)을 특화산업으로 지정하여 재정차관(특히, 대일청구권) 또는 외화대부제에 의한 유리한 외자를 배정한다.
   나. 「전자공업육성자금」을 설정하고 재정자금에 의한 우선적인 투융자를 실시한다.
   다. 수입 부분품의 국산화와 관련하여 원자재의 감면세를 적용할 수 있도록 Local L/C제의 운영을 효율화한다.
   라. 외국인투자 사업은 계속 기본 방침대로 적극 유치하되 장기적 견지에서 국내 산업과 경합되지 않도록 국내 시장에 대한 판매공급, 용역제공, 허용생산품목 및 투자비율 등에 있어서 신중을 기하도록 한다.
2. 전자공업은 기술혁신에 따른 생산공정 및 산업시설의 개체 속도가 급속한 공업 분야가 많으므로 투하자본의 감가기간은 단축하도록 규정하며 또한 초기 단계의 불리한 여건을 십분 고려하여 계열화 육성의 모델산업으로 발전시켜야 한다(외국인투자 사업 포함).
   가. 생산품종별로 전문화시키며 나아가 계열화를 적극 조성하기 위하여는 육성자금의 공급을

118 〈매일경제신문〉(1967. 5. 31); 〈매일경제신문〉(1967. 7. 1); 〈매일경제신문〉(1967. 7. 2).
119 경제과학심의회의 사무국장 金貞武(1967. 3. 9).
120 대통령 명에 의하여 경제과학심의회의 사무국장(1967. 3. 20).

건실한 모기업과 관련하여 지원하는 제도를 발전시킨다.

나. 과잉시설을 미연에 방지하며 초기 자본 단계를 절약하기 위하여 일 2교대 혹은 3교대 작업을 전제로 하는 시설투자가 이룩되도록 유도한다.

다. IC(집적회로)화 추세에 유의한 부분품 공장을 발전시키는 한편, 기히 개발된 부속품 공장 기술의 도입, 새로운 기술의 연구개발 및 활용을 위한 대책을 수립, 실시한다.

라. 상기한(1항, 2항) 제반 정책수단의 제도적 구현을 용이케 하기 위하여 「전자공업육성법」을 시급히 제정한다.

3. 전자공업은 특히 과학기술의 힘의 배경이 절대적인 요소로 작용하는 「기술산업」이므로 개별 기업체들이 감당할 수 없는 연구개발, 기술향상 기타 지원업무를 담당 지도하는 전담기관이 필요하다. 이를 위하여

가. 이미 발족한 「요업센터」와 유사한 기능의 「전자공업센터」를 정부투자에 의하여 설치하고 재단법인체(비영리)로 운영하되 설립 추진체를 적당한 국영기업체 중에서 선정한다.

나. 문교부의 각 이공계 대학의 시설확충비를 전자공학 부문의 연구시설 및 실습시설 보강에 우선권을 부여한다.

4. 제2차 5개년계획의 계획사업에서부터 누락된 본 전자공업과 같은 여타 공업 분야를 개발하여 이를 수출산업으로 육성하는 데 중점적으로 지원할 것이며 필요하다면 5개년 기본계획을 보완 조정한다.

경제과학심의회의 위원 최규남 · 위원 김기형(1967. 3. 3).

김기형 박사가 제안한 내용은 전자공업을 외국인투자 사업과 경쟁할 수 있도록 총력적 정책 지원을 통해 육성하여야 하며 전자공업을 계열화 육성의 모델산업으로 발전시키고 「전자공업육성법」을 시급히 제정하며 또한 전자공업 지원업무를 담당 · 지도하는 전담기관이 필요하다는 것이었다. 이러한 시작 방식은 일본식과 미국식을 혼합한 것이었다. 초대 과학기술처장관으로 임명된 김기형 장관은 과학기술처 발족 1개월 후인 1967년 5월 23일, 10~15년이 소요된 선진국보다 빠른 7년 내에 전자계산기를 개발하고자 도입 체제를 연내에 완비하겠다고 밝혔다.[121] 과학기술처는 EDPS(Electronic Data Processing System), 즉 전자계산기 개발 및 활용을 위한 7개년계획 작성에 나섰다.[122]

1967년 7월 10일 중소기업자금 융자 대상업체 지정에서 1차로 전자 부문 31개사가 지정되었다. 이날 상공부는 외자도입법에 의해 단독 혹은 합작투자 인가를 받은 전자산업체의 수출입 절차를 간소화하였다.[123] 박충훈 상공부장관은 상공부고시 제3143호로 무상수탁가공무역(無償受託加工貿易) 중 전자공업 제품(원자재 포함)의 수출입 허가 절차를 고시하고 바로 시행하였는데, 관세법에 의한 보세가공설영(設營)특허를 받은 자가 외자기업체에 투자한 외국인 본 · 지

121 〈매일경제신문〉(1967. 5. 23).
122 〈매일경제신문〉(1967. 5. 26).
123 한국전자공업협동조합(전조3, 1997), p. 54.

사와의 거래를 할 경우 수출입허가신청서, 경제기획원장관 확인 수출입물품명세서, 외국인 명의 구매요구서 혹은 계약서 사본, 보세공장설영특허증 사본만으로 상공부장관에게 허가를 신청하여 수출입이 가능하도록 하였다.[124] 이후에도 정부는 외국인투자 수출업체의 수출입 업무를 일원화 내지 간소화하기 위한 기업 건의를 적극 수용하는 등 수출증대 노력을 계속하였다.[125]

1967년 8월 충남 청양군 구봉광산 지하 125m 갱에 광부 양창선 씨(당시 36세)가 갇히는 사고가 발생하였다. 양창선 씨는 15일 9시간 만에 구출되었는데 이 사고는 체신부에서 보도편의를 위해 직통전화를 가설할 정도로[126] 전 국민의 관심을 불러일으켰고 전국적인 라디오 열풍을 일으켰다.

1967년 이병철 삼성회장은 일본의 「산요전자」를 방문하여 일본의 전자공업에 대해 여러 가지를 볼 기회를 가졌는데 「산요전자」의 부지가 40만 평에 이르는 것을 보고 일단 수원에 45만 평의 땅을 매입하였다. 이때 이병철 회장이 전자공업 진입 결심을 하였던 것은 분명하다. 1968년 6월 이병철은 전자산업인가신청서를 정부에 제출하고 박대통령에게 전자산업의 장래성을 설명하며 수출주력산업으로의 육성을 건의하였다.

1967년 8월 대통령은 1961년 11월 미국 방문 시 콜롬비아대에서 연설을 청취하고 1965년 5월 19일 뉴욕시장 초청 만찬에서 다시 만난 콜롬비아대 전자컴퓨터공학과 김완희(金玩熙) 교수에게 초청장을 발송하였다. 박충훈 상공부장관 명의의 초청장이었지만 뉴욕 주재 총영사관 서기관이 찾아와 대통령이 초청한 것이라고 직접 알렸다. 9월 4일 한국에 도착한 김완희 교수는 상공부장관의 설명을 듣고 이철승 차관과 4일간 「금성사」 등 전자공업 현장을 돌아본 후 9월 16일 오전 10시부터 12시 30분까지 청와대에서 상공부장관, 신범식 대변인, 한준석 비서관이 참석한 가운데 박대통령에게 〈전자공업진흥을 위한 건의서〉를 보고하였다. 김완희는 대만의 전자공업 성공 예를 들어 1971년 전자공업 1억 달러 수출을 제시하면서[127] 내수 규모로 공장 존립, 산업계열화, 전문화, 국산화가 난망함과 외국인기업에 대응할 수 있는 대기업이 없음을 지적하고 「전자공업진흥법」 제정과 전자공업육성자금 확보(조기 방출), 전자산업진흥원 설립을 건의하였는데 내용은 다음과 같았다.

【김완희 박사의 전자공업진흥을 위한 건의서(1967. 9. 16)】

……

6. 건의사항

가. 목표

124 〈관보〉(1967. 7. 10), 제4693호.
125 경제기획원장관(외전, 1971. 11. 29).
126 〈조선일보〉(1967. 9. 4).
127 육성으로 듣는 경제기적 편찬위원회(코3, 2015), p. 376.

제2차 5개년계획 최종년인 71년에 다음 사항을 달성할 것을 목표로 함.

(1) 전자공업 발전의 제1단계인 가정용 및 지상통신용 전자기기 부품의 국산화, 생산체계를 완수함.

(2) 전자공업 발전의 제2단계의 진입에 있어 핵심요소인 반도체소자 집적회로의 연구, 개발과 제조를 완수함.

(3) 내국인 제조업체(합작투자 포함)로서 전자제품(가정용 전자기기 및 부품과 특히 부품 중 반도체소자 집적회로)의 연간 수출 1억 불을 달성하도록 적극 보호 육성함(전생산고 1억 5,000만 불 기대).

(4) 국방용 전자기기 중 무선통신기기의 공급력을 확보함.

나. 건의사항

상기 목표를 달성하기 위하여 다음 사항을 건의합니다.

(1) 전자공업진흥법의 제정

내용

① 진흥 대상 품목(기기, 부품, 재료)의 지정
② 지정품목에 대한 계획생산 수급 체제의 확립
③ 계획생산 체제를 위한 자금지원(융자)
④ 검사제도 및 설비의 현대화(자금지원)
⑤ 연구 및 개발비 지원(융자 및 보조금) (기술개발비의 면세)
⑥ 연구 및 개발 기관에 대한 보조금 지원
⑦ 지정품목에 대한 면세 및 감세
⑧ 제조설비에 대한 감가상각
⑨ 기술자의 양성
⑩ 국산화 및 산업계열화의 조성
⑪ 수출의 장려
⑫ 자금지원 시 담보조건 완화
⑬ 전자공업진흥심의회

(2) 전자공업육성자금 확보(조기 방출)

시설자금, 운영자금(원자재 및 제품의 비축자금), 신기종 개발자금의 융자와 연구개발비 등

(3) 전자산업진흥원 설치

한국전자공업협동조합(전조2, 1987), pp. 47~49.

대통령은 김완희 교수에게 전자공업 육성을 도와달라고 부탁하였다. 김완희 박사는 대통령에게 미국에 돌아가 작업을 하겠다고 말하면서 20만 달러 용역을 제안하였다.

김완희 교수는 미국으로 떠나기 전 19일 상공부에서 기자회견을 갖고 한국은 기후, 노동력의 질과 양에 있어서 전자공업을 충분히 발전시킬 수 있는 훌륭한 소지가 있음에도 전자공업이 발전하지 못하고 있는 것은 정부지원 시책이 부족하기 때문이라고 밝혔다. 따라서 이 분

야 육성발전을 위해 조속히 「전자공업진흥법」을 제정하여 세제, 금융 기타 행정 면의 지원시책을 강화해 주는 한편, 전자공업센터를 설치해 연구개발에 나서야 한다고 강조하였다. 김완희는 가정용품 생산, 전자계산기 제조 및 통신 개발, 그리고 일상생활화 등 3단계로 구분되는 전자공업 발전 단계에서 한국은 1단계 문턱에서 벽에 막혀 있으며 이 벽을 타개하기 위해 정부의 보다 적극적인 지원과 대기업의 전자공업에의 참여가 필요하다고 주장하였다.[128]

이날 기자회견을 함께 한 박충훈 상공부장관은 전자공업진흥법을 곧 제정하겠다면서 1971년도 전자공업은 생산 1억 5,000만 달러를 시현하고 1억 달러 상당을 수출할 계획이며, 이를 위해 세금감면과 재정금융의 지원 확대 등 정부지원 방안을 마련 중에 있다고 밝혔다. 또한 상공부장관은 1967년부터 시작된 제2차 경제개발5개년계획에서 주요 전략산업으로 석유화학과 제철 부문만 책정되어 있으나 여기에 전자공업을 추가 책정하였다고도 밝혔다.[129] 이후 정부는 제2차 경제개발5개년계획 중 전자공업을 수출전략산업으로 지정하고 전자공업에 대해 제철, 석유화학공업과 함께 기간공업 부문으로 적극적인 육성정책을 실행하였다.[130]

1967년 5월 23일 과학기술처장관의 전자계산기 개발과 활용 7개년계획 작성 발표와 6월 24일 경제기획원의 IBM 컴퓨터 가동 시작을[131] 계기로 전자계산조직에 대한 정책 관심이 높아졌다. 9월 19일 제66회 국무회의는 안건 1012호로 전자계산조직개발조정위원회 규정을 수정·의결하였고,[132] 9월 27일에는 전자계산조직의 개발 활용에 관한 중요 사항을 심의하기 위하여 과학기술처에 전자계산조직개발조정위원회를 두도록 한 전자계산조직개발조정위원회 규정이 대통령령 제3230호로 제정·공포되어 시행되었다.[133] 한국 컴퓨터산업 정책과 발전계획의 출발점이었던 전자계산조직개발조정위원회의 기능과 구성은 다음과 같이 정하여졌다.

제2조(기능) 위원회는 다음 각호의 사항을 심의한다.

1. 전자계산조직 개발 활용의 종합계획 수립에 관한 사항
2. 전자계산조직 도입의 사전검토에 관한 사항
3. 전자계산조직 개발비의 조성과 그 배분에 관한 사항
4. 전자계산조직 시설에 관한 사항
5. 전자계산조직에 대한 교육훈련 실시에 관한 사항
6. 전자계산조직의 보급에 관한 사항
7. 기타 전자계산조직에 관하여 과학기술처장관이 필요하다고 인정하여 부의하는 사항

제3조(구성)

---

128 〈매일경제신문〉(1967. 9. 19); 〈동아일보〉(1967. 9. 19).
129 〈경향신문〉(1967. 9. 19).
130 한국산업은행조사부(80전, 1981), p. 250.
131 〈경향신문〉(1967. 6. 24).
132 총무처(국무133128, 1967. 9. 22).
133 법제처 국가법령정보센터(2017. 3. 14).

① 위원회는 위원장 1인과 위원 16인 이내로 구성한다.
② 위원장은 과학기술처차관이 된다.
③ 위원은 과학기술처진흥국장·경제기획원조사통계국장·상공부공업제2국장·문교부과학교육국장·총무처행정관리국장과 전자계산조직에 관하여 학식과 경험이 풍부한 자 중에서 과학기술처장관이 위촉하는 자가 된다.

법제처 국가법령정보센터(2017. 3. 14).

한국에서의 전자공업 발전이 민간 부문과 정부 부문에서 강조되고 미국 기업의 잇따른 한국 진입이 이루어지자 눈치를 보던 일본 역시 한국 시장 진입 속도를 올렸고 합작투자로 기업 설립을 모색하여 나갔다. 1967년 9월 20일부터 9월 24일까지 일본 전자부품업계 일행 14명이 방한하여 부품업계 상호 간 제휴를 논의하였다. 한국전자공업협동조합 역시 일본과의 제휴에 관심이 높았기에 10월 3일부터 10월 18일까지 일본에서 열린 「67 일본 Electronics Show」 참관과 함께 업계의 시찰단을 파견하였는데, 이는 최초의 대일 공동시찰단이었다.[134] 해외의 높은 관심을 확인한 전자공업기업들은 다시 1968년 3월 18일부터 20일간 전자조합이사장 구정회 「금성사」 사장을 단장으로 한 방미전자공업시찰단을 파견하였고, 방문을 끝낸 후 이들은 "전자부품공업은 점차 후진국으로 옮겨 가는 경향이 있다고 지적하고 국내 업계는 관심을 가져야 할 것"이라고 피력하였다.[135] 미국과 일본 업체들의 물밑 경쟁이 이루어질 정도로 한국의 전자제품 생산 환경은 양호한 것이었다. 미국은 전후 미국의 한국에 대한 영향력과 한국민들의 일본과의 역사적 감정을 이용하고자 하였고 이를 이용하였다. 그래서 전기전자 부문은 일본 진출이 가장 활발하였고 일본의 경쟁력이 가장 높은 산업 분야의 하나이었지만 1968년 11월까지 한국에 직접 및 합작 투자한 12개 업체 가운데 11개 업체가 미국 업체였고 1개사만이 일본 그것도 재일교포 투자이었다.[136]

1967년 정부는 물품세법 개정안에서 TV수상기의 물품세를 30%에서 50%로 인상하고 새로이 전기세탁기, 전기모포, 전기청소기, 전기난방기, 녹음기, 녹음기용레코드, 전화기, 계산기, 타자기, 환등기 등을 물품세 과세 대상으로 추가하였다.[137] 1967년 11월 21일 국회를 통과한[138] 물품세법 개정안은 새로운 세원을 확보하고 과소비를 억제하면서 국민 간 위화감 조성을 배제한다는 것이 명시적 목적이었지만 내수를 억제하여 전자제품의 수출을 유도하고자 하는 중요한 목적을 갖고 있었다. 이러한 내수 억제와 수출 촉진은 이후 한국 전자공업의 정책 논쟁 대상으로 계속되면서도 정책적으로 이어졌다.

134 한국전자공업협동조합(전조2, 1987), pp. 53~54.
135 한국전자공업협동조합(전조2, 1987), pp. 55~56.
136 한국전자공업진흥회(전2사, 1981), p. 27.
137 〈매일경제신문〉(1967. 11. 29).
138 〈경향신문〉(1967. 11. 21).

1967년 11월 20일 상공부는 9월 16일의 대통령 지시에 따라 전자공업진흥을 위한 조사보고를 김완희 교수에게 위촉하였다.[139] 김완희 박사는 미국 용역 외에 한국 KIST에 한국의 실정을 조사해 달라고 용역을 주었다. KIST는 1968년 1월 25일부터 2월 29일에 걸쳐 국내 전자산업 실태를 조사하여 보고서 *Korea Electronics Industry and Related Fields*를 김완희 박사에게 제출하였다.[140] 1968년 1월 「전자공업센터 설립계획안 – 국가의 기초산업과 수출산업으로서의 전자공업 중점육성책의 근거」 보고서가 작성되었다. 1968년 3월 7일 김완희 박사는 중간보고를 위해 미국 전자공업 전문가와 다시 한국을 방문하여 3월 13일 청와대에서 대통령을 만났다.[141]

1968년 1월 11일 상공부는 「금성사」, 「동남전기(東南電機)」 외에 「삼양전기(三洋電氣, 내셔널)」·「천우사(天友社, 필코)」·「동신(東信)금속」 등 TV수상기 부문 업체 자유경쟁 환경이 조성되었다고 보고 TV수상기 협정가격제(사전판매가격승인제)를 철폐할 방침이라고 밝혔다.[142] 2월 28일 상공부는 조선·전자·자동차공업 육성을 위한 외화 1,000만 달러 및 내자 34억 원의 장기저리융자를 개시하여[143] 이들 공업에 대한 육성 의지를 보였다. 그러나 당시 한국은 전자공업제품을 사용할 가장 기본적인 조건인 전력사정조차 여의치 않았다. 충분하지 못한 전력은 생산 부문에 투입되어야 하였고 따라서 전력사정을 악화시킬 외제 전자제품은 사치재라는 명분과 함께 비판받고 있었다. 1968년 4월 15일 김정렴(金正濂) 상공부장관이 “절전을 위해 수입자동승인품목인 에어컨과 전기세탁기를 수입제한품목으로 돌려 수입을 제한하겠다”고 발표한 것은 당시 상황과 인식을 그대로 보여 주는 것이다.[144] 이러한 상황을 역이용하여 「금성사」는 1968년 3월 국내 최초 에어컨 ‘GA-111’을 생산하여[145] 5월 29일 GE와 공동제작, 공동보장을 내걸고 에어컨을 29일부터 조흥은행 종각지점과 상업은행 본점에서 4분할 할부 청약 선착순으로 접수하여 발매한다고 신문광고를 냈다.[146] 그러나 국산일지라도 전력을 많이 소비하는 에어컨은 사치재라는 비판이 다시 일어났다. 「금성사」는 일단 7월 20일 400대 약 6만 달러 분의 에어컨을 미 8군에 납품하였다.[147]

---

139 국무위원 김정렴 상공부장관(전예, 1968. 9), p. 1.
140 한국과학기술연구원(K30, 1998), p. 210.
141 문화공보부(박전, 1968. 3. 13).
142 〈매일경제신문〉(1968. 1. 12).
143 중화학공업추진위원회기획단(한공발4, 1978), p. 247.
144 〈경향신문〉(1968. 4. 15).
145 LG전자(H5, 2018. 8. 8).
146 〈동아일보〉(1968. 5. 30).
147 〈매일경제신문〉(1968. 7. 29).

Ⅳ. 전자공업 정책과 계획의 작성

1968년 6월 4일 상공부는 전자공업진흥법을 성안하였다. 김완희 박사는 국내외 200여 명 전문가의 협조를 얻어 약 8개월에 걸쳐 영문 총 5권, 1,000페이지의 전자공업육성 조사보고서를 1968년 6월 28일 완성하였다.[148] 7월 2일 전자공업 적극 육성방침을 발표한 상공부는 "김완희가 7월 10일에 전자공업진흥센터 설립에 관한 조사내용을 상공부에 보고하고 7월 17일에 전자공업진흥책을 토의한 후 25일에 최종방안을 마련하여 8월 초에 대통령에게 보고를 할 것"이라고 밝혔다.[149] 1968년 7월 15일 김완희 박사가 작성한 전자공업진흥을 위한 조사보고가 상공부에 접수되었다. 1968년 7월 김윤기 경제담당무임소장관이 기계공업 육성대책을 경제장관회의에 상정하면서 문제점의 하나로 전자기기의 국산화 미비를 지적하고 연도별 국산화를 강력하게 추진해야 한다고 제안하였다.[150]

1968년 7월 19일 외자도입심의위원회는 「대한전선」에서 신청한 350만 달러의 각종 전기기구공장시설 차관심의에서 에어컨, 냉장고, TV수상기 등 사치성 물자 제작 시설 및 원자재 도입을 수출 전망이 확실하다는 상공부 확인을 받은 후 허가하기로 조건부 인가하였다. 7월 25일 경제기획원은 비판 여론 속에서 에어컨, 냉장고, TV수상기 부분품 도입을 위한 차관을 보류하기로 하였다고 발표하고 경제기획원은 앞으로도 이와 같은 사치성 차관은 허가하지 않을 방침이라고 밝혔다. 외심위에서 허가된 전기기구공장 차관은 「금성사」 200만 달러, 「대한전선」 350만 달러 2건이었는데 금성사 차관계획에는 에어컨, 냉장고, TV수상기 관련이 들어있지 않고 「대한전선」 계획안에만 관련 55만 7,000달러가 포함되어 있었다.[151] 전자공업의 발전을 위해서는 내수가 절대 필요하였지만 정부는 일단 명분과 여론을 우선으로 하면서 이 해결책은 8월로 넘어갔다. 여전히 한국의 전자공업정책은 모든 것이 처음인 단계에 서 있었고 해결해야 할 기본적인 사회간접자본시설 문제까지 남겨져 있었다.

1968년 7월 31일 상공부는 1969년을 기점으로 하는 전자제품개발 5개년계획을 포함한 전자공업진흥책을 성안하였고 이어 8월 1일 상공부는 전자공업센터 설립구상을 발표하였다.[152] 1968년 8월 1일 오전 9시부터 3시간 30분간 청와대 대통령 서재에서 김완희 박사는 〈전자공업진흥을 위한 조사보고서〉를 대통령에게 총 81면으로 요약 보고하였다. 그 내용은 신제품 개발과 해외 시장 개척 등을 행할 전자산업진흥원 설립 등 1967년 9월 16일 보고된 내용을 기초로 한 것으로 주요 내용은 다음과 같다. 괄호 안의 페이지 번호는 보고된 원본 요약 보고서

148 김완희(1999), pp. 20~21.
149 〈매일경제신문〉(1968. 7. 6).
150 국무위원 김윤기 경제담당무임소장관(1968. 7).
151 〈경향신문〉(1968. 7. 26); 〈동아일보〉(1968. 7. 26).
152 중화학공업추진위원회기획단(한공발4, 1978), pp. 261~262.

의 면수이다.

【〈전자공업진흥을 위한 조사보고서〉 주요 사항(1968년 8월 1일 대통령 보고)】

1. 전자제품 수요 급증. 1968년 예상수요는 450억 달러(p. 17).
2. 각국별 산업개발정책(pp. 23~32).
   · 대만: 내외국인투자 진흥에 관한 법 제정(1960년 제정, 1966년 개정)
   · 인도: 전자공업위원회 설치(1963), 정부와 외자합작업체 설립, 국영연구소
   · 일본: 전자공업진흥임시조치법(1957년 제정, 1964년 7년 연장)
   · 아일랜드: 면세법 제정(1959년 제정, 1965년 개정) – 1980년까지 면세
   · 푸에르토리코: 면세법 제정(1947년 제정, 1963년 재제정)
   · 미국: 연구산업단지
3. 한국에서의 개발순서
   (1) 개발순서(p. 43)
      1단계(2년간): 기본 전자부품 개발
      2단계(2년간): 민생용 전자기기 개발
      3단계: 탁상용 전자계산기, 공업용 전자기기, 군사용 전자기기 개발
   (2) 전자제품 개발 5개년계획(안): 1969~1973(pp. 44~45, 73~76).
4. 전자공업진흥을 위한 건의사항(pp. 47~57).
   (1) 공업 개발을 위한 일반시책: 세제상의 감면조치, 자금의 지원 등
   (2) 전자공업진흥을 위한 특별법의 제정
   (3) 기술교육의 향상과 고급기술자 및 기능공의 양성
   (4) 해외 기술자의 활용과 유치: 센터 담당
   (5) 기술정보 활동: 센터 담당
   (6) 외국 기술도입의 관리: 센터 담당
   (7) 품질관리와 검사의 철저: 센터 담당
   (8) 시장개척과 수출진흥: 센터 담당
   (9) 방위산업으로서의 전자공업 개발: 센터 담당
   (10) 기타
5. 전자공업진흥센터 설립을 위한 구체적 방안(pp. 59~71).

공학박사 김완희(전대통령보고, 1968. 8. 1).

보고를 들은 대통령은 다음과 같이 지시각서(회의각서 제20호)를 내렸다.

【대통령 지시사항】

1. 전자공업 육성을 위한 기본 방향을 조속히 작성할 것.
2. 전자공업 육성을 위한 특별법을 제정하여 세제상의 혜택을 주되 "한시면세제"를 활용할 것.
3. 상공부 산하 외청 연구기관을 통합할 것.

4. 전자공업센터 설립은, (가) 과학기술연구소 이용, (나) 국립공업연구소와 표준국 및 계량국을 통합한 기관을 이용, (다) 민간기업과 합작, (라) 외국에 센터를 만들고 국내에 소규모로 만드는 방안 등을 감안할 것.

경제제1(회각2, 1968. 8. 1).

상공부장관은 관련 내용과 관계부처 협조사항을 보고하기 위해 9월 12일 경제장관회의에 관련 내용을 안건으로 제출하였다.153 이때 대통령 지시각서와 전자공업진흥을 위한 조사보고서 요약, 전자공업진흥법안을 같이 제출하였고 경제장관회의는 「전자공업진흥법」을 의결하였다. 상공부장관이 정리하여 경제장관회의에 올린 관계부처의 협조사항은 아래 〈표 1-3〉과 같다. 상공부 보고 내용은 「전자공업진흥 8개년계획」으로 연결되어 1969년 발표되었다.

상공부는 전자공업진흥기구를 설치하는 김완희 안에 대해 반대하고 새로운 기관 설립보다 기존 기관을 이용하는 안을 제출하였다. 김완희는 자신의 뜻이 제대로 관철되지 않자 미국으로 돌아갈 결심을 알렸지만 그럼에도 상공부안이 채택되었다.154 이후 전자공업은 상공부가 전담하게 되었다. 상공부는 전자공업진흥기본계획을 마련하고 전자공업센터 설립계획 대신 한국정밀기기센터 등 기존 3개 조직을 전자공업진흥 담당기관으로 선정하고 전자공업육성 조기

〈표 1-3〉 상공부장관이 정리하여 경제장관회의에 올린 관계부처의 협조사항

김완희 건의사항	협조사항	관계부처	비고
전자공업진흥법 제정	1. 법의 제정 2. 조세의 감면	법제처, 재무부	1968년 9월 정기국회 제출
전자공업체 세제감면	조세관계법의 개정	재무부, 법제처	1968년 8월 14일 이전
전자공학 기술자 확보	공과대학 전자공학과의 정원 증원	문교부	
공업진흥을 위한 종합기구 설치	1. 정부조직법 중 개정 2. 종합기구에 대한 직제	총무처	
전자공업진흥기구	기존 관련 기관의 활용 1. 연구 및 개발(과학기술연구소) 2. 품질관리(국립공업연구소, 한국정밀기기센터) 3. 기술훈련(한국정밀기기센터)	과학기술처	

자료: 국무위원 김정렴 상공부장관(전예, 1968. 9), pp. 12~13.

153 국무위원 김정렴 상공부장관(전예, 1968. 9).

154 김완희에 대한 평가는 현재 많은 찬사와 또 다른 혹평이 존재한다. 오원철 전 대통령경제수석은 그 역할을 평가절하하면서 박대통령도 "별 싱거운 사람" 등으로 그러했다고 증언해 주었다. 강기동 박사의 평가도 권력층 유대를 과시하고 권위적이었다는 등으로 나타나고 있다.

조성자금 5억 원을 지원하여 1969년에 3,800만 달러의 전자제품을 수출할 계획을 작성하였다.[155] 1968년 수출목표는 2,100만 달러이었다.

전자공업의 발전과 사치품 비판 국민감정 간의 갈등 해결책으로 정부는 1968년 8월 24일 가정용 냉장고, 전기세탁기, 에어컨 등 전기기기류에 대해 완제품 수입은 금지하고 부분품의 수입만 할 수 있게 하는 수입요령을 공고하였다. 부분품도 전기기기류 수출실적 50% 한도 내에서 생산시설 보유자에게만 허가하도록 하였다.[156]

1968년 9월 2일부터 9월 7일까지 제1회 국제전자공업세미나가 한국과학기술연구소, 대한전자공학회 주최로 열렸다. 전자공업을 정책적으로 육성하고자 하였던 정부는 전자공업 발전과 이를 위한 기업계의 참여를 촉진시키고 나아가 국민감정과 충돌을 일으키고 있는 전자공업 발전의 의의와 당위성을 국민들에게 알리기 위해, 참가 학자들이 7회에 걸쳐 전국을 순회 강연하도록 하였고 또 이들 해외 학자들을 한국으로 유치하고자 하였다.[157] 인재 유치와 함께 외국 자본의 유치도 계속 추구되었다. 경제기획원은 외국인투자기업이 관세법에 규정한 보세공장에서 물품을 제조하는 경우 재무부의 확인을 거쳐[158] 원료 및 제품의 국내 시판이 가능하도록 다음과 같이 관련 기업 「훼어차일드 쎄미코어」에 통보하였다.

【외국인투자기업의 전자제품 통관(국내 시판)】

1. 보세공장에서 생산된 제품을 국내 시판할 경우
   보세공장에서 국내 수입을 목적으로 하는 물품의 제조는 원칙적으로 허용될 수 없으나 국내 산업에 악영향이 없고 국민경제상 필요한 경우에는 재무부의 승인을 받으면 세관장이 허용할 수 있음.
   수출용 원자재로 국내에 사용되는 것은 관세가 면제되며 수입신고와 면세신청 등은 매입자 명의로 하여야 할 것이며 국내 사용을 위한 수입통관은 투자기업체가 자기책임으로 행하고 소정 관세를 납부하여야 하는바 관세 수속은 통관업자가 행하여야 함.
2. 보세공장 내의 동일시설 공정에서 국내 판매 및 수출품 동시 생산 허용할 수 있으며 현지 세관 당국과 협의하면 가능할 것임.

경제기획원(외국전, 1968. 9. 17).

1967년 3월 20일 대통령 명으로 국무총리 및 정부 각 부처에 시달된 〈전자공업육성방안〉에서의 "라. 외국인투자 사업은 계속 기본 방침대로 적극 유치하되 장기적 견지에서 국내 산업과 경합되지 않도록 국내 시장에 대한 판매공급, 용역제공, 허용 생산품목 및 투자비율 등에 있어서 신중을 기하도록 한다"는 원칙을 유지하되 예외가 인정되고 있는 것이다.

---

155 〈매일경제신문〉(1968. 11. 15).
156 〈경향신문〉(1968. 8. 24).
157 한국전자공업협동조합(전조2, 1987), p. 69.
158 재무부장관(외국6, 1968. 9. 10).

이에 1968년 9월 30일 한국전자공업협동조합은 외국인 단독투자업체의 국내 시판 제한 건의를 정부에 제출하였다.[159] 그러나 다시 「모토로라 코리아 주식회사」(*Motolora, Korea Ltd.*)가 11월 6일 상공부로부터 전자부품의 국내 시판 허가를 얻었다. 국내 판매량은 국내 시판이 허가된 6종으로 제한하되 전년도 수출량의 10% 범위 내로 하고 국내 시판량에 대한 관세 및 물품세를 납부하여야 한다는 조건하에서 이루어진 허가이었다.[160] 「훼어차일드 쎄미코어」에 이어 2번째로 "변칙" 국내 시판이 허용되자 이는 정부의 전자공업진흥 대명제와도 상반되며 나아가 반도체에 대한 신규 투자를 계획하고 있던 「삼성물산」, 「한진상사」, 「금성사」, 「대한전선」, 「민성(民星)전자」, 「아남산업」, 「고려전자」, 「뉴코리아전자」, 「서울통상」, 「다보(多寶)전자」, 「우주전자」 등 20여 개 업체의 투자위축을 가져올 것이라는 비판이 제기되었지만, 정부는 국내 수요를 위한 수입의 외화 절약과 국내 조달이라는 이점을 들면서 이를 허용하였다.[161] 1968년 12월 대통령비서실은 상공부장관에게 외국인투자 전자기업체 조사를 지시하였다.[162]

1968년 12월 28일 「전자공업진흥법」이 제정되었다. 그동안 1967년 전자공업기업들이 전자공업진흥임시조치법안과 동 시행령안을 채택하고 정부에 제정을 건의하는 등 기업들의 요구가 계속 있었지만, 정부 내에서는 1967년 3월에 공포된 「기계공업진흥법」이 있다는 이유로 제정 반대가 더 컸었다. 전자공업이 이제 시작 단계이고 전자공업이 정확히 분화되지 않았던 상황에서 중요 정책결정권자들은 전자공업도 조선공업도 모두 기계공업의 일부로 취급하고 있었던 것이다. 그러나 정책입안자 다수가 점차 독립된 전자공업의 중요성을 깨닫게 되었고 이에 이의 발전을 법률적으로 뒷받침할 전자공업진흥법을 제정한 것이다.

한국의 전자공업 정책은 이렇게 시작되고 있었지만 1968년 당시 한국 정부는 여전히 세계 전자공업의 정보에 무지하여 성장 부문과 사양 부문에 대한 정보조차 기업들에게 제공하지 못하고 있었고, 심지어 특허권 도입 없이 반도체 생산에 나섰던 「뉴코리아전자」 사업을 한국의 신사업으로 적극 지원할 정도이었다. 물론 이는 전자공업에만 한정된 것이 아니었다.

제도와 법률 등 정책적인 상부 구조가 조금씩 정비되어 나가는 가운데 1968년 한국의 전자공업 생산은 국민총생산의 1%를 차지하게 되었고,[163] 나아가 수출 1,950만 달러를 달성하여 총수출액의 4.3%를 차지하게 되었다(〈표 1-4〉 참조).

159 한국전자공업협동조합(전조2, 1987), p. 70.
160 경제기획원장관(전품016, 1968. 11. 6).
161 〈매일경제신문〉(1968. 11. 1).
162 상공부장관(전수출, 1969. 3. 20).
163 국제경제연구원(전산, 1979), p. 11.

〈표 1-4〉 1968년 한국 전자공업의 위치

구분	지표		위치 값
국내 산업상 위치	생산	전자공업 생산액	56.1백만 달러
		전자공업 생산액/제조업 생산액	4.8%
	수출	전자공업 수출액	19.5백만 달러
		전자공업 수출액/총수출액	4.3%
세계 산업상 위치	한국 전자공업 생산액/세계 전자공업 생산액		0.2%
	한국 전자공업 수출액/세계 전자공업 수출액		0.5%

자료: 한국정밀기기센터(전자편람, 1970); 경제기획원(주경지표, 1978); 한국산업은행조사부(한산, 1979).

CHAPTER 2

중화학공업화정책선언 이전 한국 전자공업의 정책과 계획, 1969~1972

Ⅰ. 전자공업지원제도의 정비

1969년 1월 14일 대통령 연두순시에서 상공부는 1976년까지의 전자공업진흥 8개년계획(전자공업진흥기본계획) 내용을 제시하였다. 당초 5개년계획으로 추진되었으나 3차 경제개발5개년계획 기간과 일치하도록 8개년계획으로 수정한 것이다.[1] 상공부는 대통령 연두순시 보고에서 주요 공업제품의 국산화 계획도 제시하였는데 1970년 공작기계 100%, 직기 100%, 1971년 승용차 60%, 버스 80%, 상선 85%를 제시하면서 전자공업의 대명사이었던 TV수상기에 대해서는 1969년 65%, 1971년 85%를 제시하였다.[2] 당시 한국의 전자공업은 국산화가 오히려 뒤처져 있었던 새로운 공업이었고 빠른 추격을 위한 새로운 정책이 필요한 공업이었다. 대통령비서실이 대통령에게 보고한 바에 따르면 상공부의 전자공업진흥기본계획의 계획지침은 국산화가 용이한 품목, 소비량이 큰 품목, 전자공업의 기초적인 제품 및 부품부터 개발하도록 하는 것이었다.[3] 1969년 1월 17일 법제처장은 「전자공업진흥법」을 1월 30일까지 공포하기 위해 공포안을 국무회의에 상정하였다.[4]

전자공업진흥법의 제정과 함께 1969년 1월 10일과 11일 「한국마이크로전자공업」, 「한국통신기공업」, 「금성사」, 「아리랑무선사」, 「대한전선」, 「천우전기」 등 26개사가 모여 전자공업 수출증진 대책회의를 열고 업계의 정책요망 사항을 작성하였다. 작성된 정책요망 사항과 가필된 담당부처는 당시 전자공업 현실과 정책의 문제점을 그대로 보여 주고 있는데 이를 정리하면 〈표 2-1〉과 같다.

1 대통령비서실(보전기9대통령 결재문서, 1969. 1. 16).
2 〈경향신문〉(1969. 1. 14).
3 대통령비서실(보전기9대통령 결재문서, 1969. 1. 16).
4 법제처장(국무13311전, 1969. 1. 17).

〈표 2-1〉 전자공업계의 요망사항과 가필된 지정 부처

요망사항	가필 지정 부처
1. 선적 중의 도난사고 발생 빈발	지도
2. 수출용 라디오 등은 귀중품 취급하여 보통요금의 2배 운임을 받고 있어 수출적자를 크게 하는 요소로 되어 있으므로 수송운임 인하 요망	교통부
3. 수출용 생산용 수입원자재의 기준 소요량 대폭 인상으로 원자재 부족, 선적기일 연장, 작업진도 부진, 결손보완 비용지출 과다 등 폐단 개선	상공부
4. Local L/C 발급 시 하청업자에게 제조자 증명을 첨부 주문하는바 제조자 증명 첨부는 L/C를 받은 이상 필요 없는 것으로 사료	상공부
5. 선적기일 관계로 Local L/C 발급 없이 시중 구입한 원자재의 추후 감면대책의 강구를 요청	관세
6. Local L/C 받은 업체가 다시 Local L/C를 발급해 주는 제2의 하청업체에도 조세감면 혜택 공여 요망	관세
7. 원 L/C에 의하지 않으면 Local L/C 발급이 불가능한 바 하청업체 자체는 원자재 비축이 어려워 도저히 납품이 기일 내 되지 않고 있으므로 약서 베이스에 의한 Local L/C 발급이 가능한 제도신설이 요청됨.	상공부
8. 라디오 수출용 원자재 비축은 전년 실적의 50%까지 허용하나 대응 수출기간은 90~135일이므로 180일 이상으로 연장 요청(수입금융 관련)	상공부
9. 수출금융은 L/C 베이스에 의한 가득 범위 내에서밖에 사용치 못 하는 바 신용장 기한이 짧은 경우는 전혀 혜택을 볼 수 없음. 전년도 실적 베이스에 의한 수출금융지원이 요청됨.	이재국
10. 선 수입 후 수출 시 중소기업자는 수출실적이 적어 막대한 관세담보를 설정하여야 하는 바 자본제약으로 외국에서 많은 요청이 있어도 수출할 수 없음. 관세담보만 면제되면 중소업체는 수출 배가를 이룰 수 있으니 조속 조처 요망(조합보증으로 관세담보 설정 면제 방안도 있음.)	관세
11. 관세담보 해제 시 1할가량은 찾지 못하는 실정임.	관세
12. 관세담보 설정 시 전자제품은 원자재가 다양하며 세율이 각각 다르므로 담보액 산출만도 1일이 소요되어 시급한 해결책이 강구되어야 함.	관세
13. 보세가공 원자재의 통관은 입항세관과 반입지세관에서 각각 통관료를 부담하여 이중부담이 되고 있으므로 시정을 요망	지도
14. 연 수출가득액이 10만 불 이상이거나 6개월 이내 선적 수출계약 체결이 50만 불 이상인 신규 무역업자 등록 자격기준이 높아 영세업체는 대행수출로 수출 위축. 조합 무역부를 정부에서 인정 필요	상공부
15. 신용장 내도 후 원자재 수입절차에 소요되는 기일이 15~20일. 정부기구를 수출입 위주로 개편해 주어야 하겠음.	상공부
16. buyer offer 발급에 발급지 한국대사관 경유 등의 절차로 인하여 시간지연은 고사하고 한국에 대한 발급기피를 조장	상공부
17. 수출검사에서 지방소재업체는 감사에만 15~20일이 걸려 지장 막심. 표시허가를 받은 상품만이라도 검사면제 요청	상공부
18. 전자부품 면세반출에서 면세절차 복잡으로 납품지연 빈번. 즉시 반출 허가 요망	세제국

자료: 한국전자공업협동조합 이사장 구정회(1969. 2. 4).

〈표 2-1〉에서 보듯이 당시 정책과 제도는 현장을 반영하지 못하고 있었다. 이에 정부는 지원제도 정비에 나섰다. 1969년 1월 상공부는 전자공업진흥 및 전자제품 수출 촉진을 위한 자유무역지대의 설정방안까지 검토하였다.[5] 1969년 1월 30일 경제각의는 전자공업진흥을 위해 대통령비서실의 지시로 만들어진 '외국인투자 전자기업체의 육성 및 유치를 위한 조사와 대책 자료'를 승인 의결하였고 이에 따라 정부는 구체적인 시책을 강구하였다.[6] 외국인투자가 먼저 중시되었던 것은 1968년 수출에서 외국인 단독투자기업이 차지하는 비중이 70.0%가 되는 등 외국인투자기업의 역할이 중요하였기 때문이었다.[7] 이후에도 정부의 지원제도 정비 노력은 이어졌다.

1969년 1월 18일 한국전자공업협동조합은 「전자전기제품군납추진위원회」를 「금성사」 등 7개사로 구성하고 주월 군납 등 전자제품 군납품을 추진하였다. 정부 역시 베트남전 참전에 따른 권리를 주장하며 이 기회를 정책적으로 이용하려고 하였고 이후 1975년 4월까지 2,000만 달러 이상을 군납하였다.[8] 베트남으로의 전자제품 수출은 정부정책을 민간기업이 이용한 것으로 한국 전자제품의 부족한 내수시장을 보완하고 수출을 점검하는 역할을 하였다.

나아가 1969년 1월 정부는 선도적으로 전자계산조직(EDPS) 종합개발계획안을 수립하여 2월 3일 확정하였다. 1969년부터 3년간의 이 계획은 공공기관 및 기업의 전자계산조직 도입과 운영 합리화를 위해 일관성 있는 개발정책을 추진하는 데 목적을 두었는데,[9] 사실 공공기관들이 외국 컴퓨터 도입을 준비하고 있어 외화유출이 우려되고 있었던 것이 계획 작성의 주요한 이유가 되었다.[10] 1969년 1월 27일 상공부는 기계공업심의회를 열고 기계공업 육성과 국산화 촉진을 위해 지정한 22개 특정 기계공업 업종 중 통신기계기구의 범위를 통신기계기구 업종 전반으로 확대하여 기계공업육성자금에 의한 금융지원 등 여러 혜택을 받을 수 있도록 하였다.[11] 이는 전자공업의 발전을 반영하고자 하는 것이었다.

1969년 1월 28일 마침내 「전자공업진흥법」(법률 제2098호)이 공포되었다(2장 부록 참조). 일본의 「전자공업진흥임시조치법」(1957)을 참조한 것이지만 이로써 한국의 전자공업은 계속 문제가 되었던 지원정책의 부재, 역차별 정책을 해소하는 계기를 만들게 되었다. 전자공업진흥법은 상공부장관이 제조기술 개발, 전문화·계열화 및 양산화, 성능·품질의 개선과 생산비 저하 중 하나라도 촉구할 필요가 있는 전자제품을 지정하도록 하였고 따라서 상공부는 전자공업 육성의 주관부서로서 타 부서에 우선하는 권한을 가지는 법적 근거를 갖게 되었다. 나아가 상공부

5 중화학공업추진위원회기획단(한공발4, 1978), p. 284.
6 상공부장관(전수출, 1969. 3. 20).
7 경제기획원(경백, 1971), pp. 101~102.
8 한국전자공업협동조합(전조2, 1987), pp. 113~114.
9 〈경향신문〉(1969. 1. 25).
10 행정안전부(2017. 9), p. 31.
11 〈매일경제신문〉(1969. 1. 28).

〈표 2-2〉 전자공업진흥법의 제정 과정과 주요 관련 내용

연월일		관련 내용
1967	3. 8	경제과학심의회의, 전자공업진흥법 제정 건의를 담은 〈전자공업육성방안〉을 가결
	5. 30	한국전자공업협동조합, 「전자공업진흥임시조치법」 초안을 채택하여 정부에 제출하기로 함.
	9. 16	김완희, 〈전자공업진흥을 위한 건의〉 대통령 보고에서 전자공업진흥법 제정 건의
1968	9. 12	경제장관회의, 전자공업진흥법 의결
	12. 28	전자공업진흥법 제정
1969	1. 28	전자공업진흥법(법률 제2098호) 공포
	3. 24	상공부, 전자공업진흥법에 의거 「전자공업진흥 8개년계획」 보고
	4. 12	상공부, 전자공업진흥법에 따라 전자공업진흥기관 지정
	5. 1	상공부장관, 전자공업진흥법 7조에 의거 전자공업 등록사항 고시
	5. 20	전자공업심의회, 전자공업진흥법에 따라 1차 회의 개최
1970	4. 22	상공부장관, 1971년부터 전자공업진흥법에 의한 특별육성자금을 기계공업육성자금과 별도로 마련한다고 발표
1976	5. 29	경제기획원, 산업진흥법과 육성법을 통합한 투자장려법 시안 마련
1981	4. 13	전자공업진흥법, 대폭 개정됨.
1986	7. 1	「공업발전법」으로 통합됨.

자료: 상공부(새공, 1985. 10) 등 19장 자료.

는 이 법에 의해 전자공업진흥기본계획 작성 권한을 가지고 육성 대상 품목과 기술·수출 진흥기관을 지정할 수 있으며 전자공업단지와 전자공업심의회를 설치할 수 있게 되었다. 전자공업진흥법 제정 과정과 이후 1986년 7월 1일 공업발전법으로 통합될 때까지의 주요 관련 내용을 정리하면 〈표 2-2〉와 같다.

한국에서 전자공업 발전을 위한 새로운 환경조성과 지원제도 마련을 위한 정책적인 노력이 이루어지자 이를 이용하고자 하는 일본의 노력도 확대되었다. 1969년 1월 19일 일본전자공업진흥협회 동남아지역 전자공업화 기초 조사단이 방한하여 10일간 활동하였다. 일본 기업들은 한국인들의 반일 감정을 의식하여 1969년 6월 「도시바(東芝)」가 재일기업가 곽태석과 합작계약을 맺는 등 재일교포 기업인을 이용하는 방법도 사용하였다.

상공부가 1969년 「전자공업진흥법」 4조에 의해 발표한 「전자공업진흥 8개년계획」(1969~1976)의 주요 내용은 〈표 2-3〉과 같았다.

「전자공업진흥 8개년계획」은 전자공업에 필수적인 전자기기 54개 품목과 전자부품 29개 품목, 전자재료 12개 품목, 총 95개 품목을 중점개발하고자 하였다. 개발방법은 단계를 나누어 우선 단기적으로 1971년까지 3년간 TV수상기, 트랜지스터 등 62개 품목을 개발하고 다시

〈표 2-3〉 「전자공업진흥 8개년계획」 1차 보고 주요 내용(1969. 3. 24)

구분	주요 내용
진흥목표	1. 전자기기 54품목, 전자부품 29품목, 전자재료 12품목, 계 95품목 개발 2. 1단계 1971년 1억 달러, 2단계 1973년 2억 달러, 3단계 1976년 4억 달러 수출 3. 제조업체 124억 원, 진흥기관 16억 원, 계 140억 원 진흥기금 투입
진흥방안	1. 전자제품 개발 단계 및 품목의 지정과 산업개발 체제의 확립 2. 수출전략산업으로의 개발 3. 전자공업진흥 활동 강화 4. 전자공업진흥자금의 조성
주요 세부 내용	1. 전자제품 개발 단계 및 품목 지정 (1) 단기: 1969~1971년 3년간 62개 품목 (2) 장기: 1972~1976년 5년간 33개 품목 개발 2. 산업개발 체제 확립: 제조기술의 개발 연구, 양산 체제의 확립, 생산의 합리화 확립 3. 산업계열화(전문화) 조성

자료: 한국전자공업협동조합(전조2, 1987), pp. 73~74, 78~82.

1976년까지 5년간 소형탁상전자계산기, 녹음기 등 33개 품목을 개발하는 것이었다.[12] 이 계획은 한국정밀기기센터(FIC)가 주도하였는데[13] 오원철은 자신 및 상공부 관리들이 작성하였고 정밀기기센터 및 전자공업협동조합과 품목선정을 토의하였다고 밝히고 있다.[14]

상공부는 전자공업진흥 8개년계획을 수립하면서 1969년 4,200만 달러, 1971년 1억 달러, 1976년 4억 달러 수출목표를 책정하고, 특히 상향된 1969년도 전자공업 수출목표 4,200만 달러 달성을 위해 전자제품 수출입 업계의 건의사항을 검토하였다. 그리고 상공부장관은 1969년 3월 20일, 재무부장관 등 관련 부처에 공문을 보내 전자제품 수출입 업계의 애로 및 건의사항 관련 각 소관업무에 대해 3월 29일까지 현황과 시정방안을 제출해 달라고 요청하였다. 상공부장관은 수집한 자료에 의거 4월 중순에 관계기관 실무자회의를 개최한다는 점도 첨언하였다.[15]

이에 각 부처 장관들은 시정방안을 작성하였고 재무부장관 역시 부내 부처별로 이 내용을 전송하여 처리의견을 취합하였다.[16] 이 중 기업들의 건의가 많았던 세관국이 4월 19일 재무부장관에게 제출한 처리의견을 정리하면 〈표 2-4〉와 같다. 부문별 조치사항을 취합한 재무부장관은 건의 기관에도 이를 회보하였는데 재무부가 4월 23일 대한무역진흥공사 사장에게 회보한 전자제품 수출촉진협의회의 건의사항에 대한 조치의견은 〈표 2-5〉와 같다. 이외에도 재무부는

12 〈경향신문〉(1969. 3. 27).
13 서현진 전자신문 편집국 부장(2001), p. 173.
14 오원철 전중화학공업추진위원회기획단장(한경3, 1996), pp. 332~335.
15 상공부장관(전수출, 1969. 3. 20).
16 재무부장관(전수, 1969. 4. 1).

〈표 2-4〉 재무부 세관국의 현장 건의사항 처리의견(1969. 4. 19)

애로점 및 요망	현황	시정방안(대책)
1. 선적 중 도난사고 방지	-	1. 자체 도난방지대책 확립 2. 관계 부처와의 협조 의뢰(교통부, 내무부)
5. 로컬 L/C 발급 없이 국내에서 조달한 원자재의 추후 감면 대책	국내에서 조달한 원자재가 관세를 납부하는 물품일 때는 관세법에 의거 관세환급 및 대치면세가 되고 있음.	없음
6. 제2의 Local L/C 수익자에게도 조세감면 혜택을 줄 것	수출용 원자재에 대하여는 수출업자 및 제1 L/C 수익자이든 제2수익자이든 외화증서 발급확약서 제도에 의하는 경우 과세면제 되고 있음.	없음
10. 중소기업체도 수출용 원자재에 대한 담보를 면제토록 할 것	수출용 원자재는 관세법에 의해 담보를 제공해야 하나 상공부고시 제3013호로 무역업자 색별차등제 실시로 제 담보 면제요령 정하여 실시 중	수입물품에 대한 관세채권의 확보는 대물세인 관세의 본질상 부득이한 것이므로 담보면제 범위 추가 확대 불가
11. 수출용 원자재의 담보해제 시 일부 해제를 받지 못하니 이를 시정해 줄 것	1. 현행법상 수출용 원자재의 당해 원자재로서 제조가공한 물품이 수출된 때에는 전액담보해제 가능함. 2. 소요량 증명기관에서 책정된 소요량 외 수입된 원자재 담보해제는 불가능함.	수출신용장 및 수출계약서에 의한 적정량의 원자재 수입 승인이 요망됨.
12. 전자제품의 원자재가 다양하고 세율이 달라 담보액 산출에 많은 시간(1일)이 소요되므로 신속처리 요청	관세담보액 산출 과정 1. 수입신고 2. 수입물품검사 3. 과세가격 및 세번 확정 4. 세액 조정 및 담보 제공	수입원자재 중 가장 많은 물품의 세율에 의거 담보액을 산출하고 우선 면허 전 반출을 승인케 한다.

자료: 재무부(전수33, 1969. 4. 19).

〈표 2-5〉 전자제품 수출촉진협의회의 건의사항 재무부 조치의견

문제점	조치의견
1. 관세담보제도 (2) 보세지역 설영특허에 의한 관세담보 면제책	가. 전자제품을 제조하는 장소를 관세법에서 규정한 보세공장으로 설영특허를 받고 보세공장에서 제조가공하는 경우에는 원자재에 대한 담보를 제공 안 해도 가함. 나. 보세공장용 원자재가 아닌 일반수출용 원자재 담보면제는 재무부 면제요령 범위를 확대할 수 없음.
4. Local L/C 요식절차 간소화: 중소업체에 대한 관세담보상 혜택	1항 나와 같음. (보세공장용 원자재가 아닌 일반수출용 원자재 담보면제는 재무부 면제요령 범위를 확대할 수 없음.)
6. 국내 생산 불능품목 및 부품 소재 특관세 면제	현행법상 수출용 원자재에 대하여는 관세와 함께 특관세도 면세되고 있음.

자료: 재무부(전자출, 1969. 4. 23).

전자제품 원자재의 면허 전 반출 허용을 요청한 한국전자공업협동조합에게 '긴급성을 수입지 세관에서 판단하여 결정하되 수입되는 전자제품 원자재 중 가장 비중이 큰 품목의 세율에 의하여 산출된 가담보액을 받은 후 우선 반출을 허용하고 사후에 정상세액을 산출하여 정상적인 담보절차를 이행할 것'을 회보하였다.[17]

1969년 4월 8일 제38차 외자도입심의위원회는 투자비율 100%의 외국인투자사 「시그네틱스 코리아(*Signetics Korea*) 주식회사」가 기존 시설을 배가하기 위해 신청한 외국인투자 증액 및 자본재 도입계약을 인가하였고 경제기획원장관은 4월 14일 이를 상공부장관과 재무부장관, 한국은행 총재, 한국외환 은행장에게 통보하였다.[18] 이 건은 경제기획원이 '지정 자본재에 대해서는 도입 이전에 상공부고시 제5119호에 의거 상공부장관의 추천을 받아야 한다'는 인가조건으로 외자도입심의위원회에 상정한 것이었는데 경제기획원장관은 「시그네틱스 코리아」가 시설확충 시 648만 6,000달러의 수출 기대효과와 약 1,000명 이상의 고용효과를 기대할 수 있으며 상공부의 타당성 검토를 거쳤다고 밝혔다.[19]

한국의 「전자공업진흥법」은 진흥기관을 정부가 둘 수 있다는 규정이 없는 일본의 「전자공업진흥임시조치법」과 달리 법안에 "상공부장관은 필요한 때에는 적당하다고 인정되는 기관 또는 단체로 하여금 전항의 규정에 의한 업무를 대행하게 할 수 있다"고 정하여 전자공업진흥기관을 둘 수 있도록 하였다. 이에 따라 1969년 4월 12일 상공부는 상공부공고 제5264호로 국립공업연구소(NIRI), 한국과학기술연구소(KIST), 한국정밀기기센터(FIC) 3개 기관을 전자공업진흥기관으로 지정하여 이들 지정 진흥기관으로 하여금 기술개발과 품질관리, 해외 시장 개척 등의 업무를 담당하게 하였다.[20] 진흥기관은 당장 심각한 현장의 기술자와 기능공 부족 문제부터 대응하여야 하였다. 당시 기술인력 부족으로 기술인력 양성소가 여기저기 급조되고 있었고 심지어 대학들까지 부설 전자학교를 만들어 운용함으로써 입학 후 공식 학위가 없는 과정이라는 것을 알게 된 재학생들이 동맹휴학을 하는 등의 사회 문제까지 나타나고 있었다.[21] 3개 진흥기관이 나누어 맡은 전자공업 관련 담당업무를 진흥기관별로 정리하면 〈표 2-6〉과 같았다.

전자공업정책의 효율성 제고를 위해 정부는 기업 파악에 나섰다. 1969년 5월 1일 상공부장관은 전자공업진흥법 제7조의 규정에 의거 상공부고시 제4443호, 〈전자공업등록사항 고시〉로 1969년 4월 30일 현재 전자공업에 종사하는 기업은 모두 등록하도록 하고 5월 1일 이후 전자공업을 영위하는 업체는 시설완공일로부터 30일 이내에 등록하도록 하였다.[22] 이에 따라 등록된 업체 「서진전자부품공업」, 「오리온전기」, 「동아전자공업」, 「대한전선」 등 119개 업체

17 재무부(전수, 1969. 4. 24).
18 경제기획원장관(전투, 1969. 4. 14).
19 경제기획원장관(전투도, 1969. 4).
20 〈관보〉(1969. 4. 15), 제5222호.
21 〈중앙일보〉(1969. 5. 17).
22 〈관보〉(1969. 5. 1), 제5236호.

〈표 2-6〉 전자공업진흥기관별 담당업무

진흥기관	담당업무
한국정밀기기센터	1. 고급전자기술자 및 기능공의 훈련 2. 기술정보 활동 및 기술도입 안내 3. 품질관리 지도 4. 해외 시장 조사 및 수출진흥 활동 5. 기업의 조성 및 진흥
국립공업연구소	1. 전자기술의 개발 2. 품질검사 및 지도
한국과학기술연구소	1. 제조기술의 개발연구 및 지도 2. 특수 분야의 (가) 품질관리지도, (나) 기술훈련, (다) 기술정보

자료: 〈관보〉(1969. 4. 15), 제5222호.

를 일단 1969년 7월 28일 상공부장관은 상공부공고 제5432호로 공고하였다.[23] 이후 상공부공고 제5489호, 〈전자공업등록업체추가〉와 상공부공고 제5611호, 〈전자공업등록업체추가공고〉 등으로 상공부는 미등록 전자공업기업체의 등록을 독려하였고[24] 1970년, 1971년에도 상공부공고 제5990호, 상공부공고 제6057호, 상공부공고 제6065호 등으로 계속 기업체들이 등록하도록 하고 공고하였다.[25] 기업 파악을 위한 노력으로 상공부는 기업등록 의무화만이 아니라 1971년 8월 10일 상공부공고 제6482호로 1970년 10월 1일부터 1971년 8월 2일까지의 추가등록업체 공고와 함께 소재지, 생산품목, 자본금, 대표자, 사업체명 변경 28개 업체와 등록취소업체 8개 업체를 공고하는 등의 기업변화 파악에도 주의를 기울였다.[26]

전자공업진흥법의 시행에 따라 1969년 5월 20일 전자공업심의회 1차 회의가 상공부에서 개최되었다. 심의회는 위원장에 이철승(李喆承) 상공부차관을 선출하고 전자공업 지원이 현재 기계공업에 포함되어 금융자금 지원으로 이루어지던 것을 재정자금 지원으로 전환하도록 건의할 것을 결정하였다.[27]

1969년 6월 오원철 상공부 기획관리실장이 대통령에게 김완희 보고서 검토지시에 따른 후속보고를 하였다. 보고내용은 상공부가 작성한 「전자공업진흥 8개년계획」의 2단계 계획으로, 1단계 1969~1971년의 3개년 계획에서는 김완희 박사가 제시한 대로 1971년에 1억 달러를 수출하고 이어 2단계 5개년 계획에서는 1976년에 4억 달러 수출을 목표로 하여 전자공업 수출

23 〈관보〉(1969. 7. 29), 제5309호.
24 〈관보〉(1969. 9. 6), 제5342호; 〈관보〉(1969. 12. 20), 제5427호.
25 〈관보〉(1970. 10. 1), 제5664호; 〈관보〉(1970. 11. 26), 제5709호; 〈관보〉(1970. 11. 27), 제5710호; 〈관보〉(1971. 11. 30), 제6015호.
26 〈관보〉(1971. 8. 11), 제5921호.
27 〈매일경제신문〉(1969. 5. 21).

을 1968년 1,944만 달러에서 1976년 4억 달러로 증대시킨다는 계획이었다. 4억 달러 수출목표에 고무된 박대통령은 배석한 김학렬 경제기획원장관에게 자금충당 가능성을 물었고 거절할 수 없었던 상황을 느낀 김학렬 부총리는 상공부안대로 조치하겠다고 대답하였다. 이렇게 하여 당시로서는 장기계획이었던 8개년 계획에 사용할 140억 원의 재원이 마련되게 되었다.[28]

이런 결정 과정은 정부조직 기구상 문제가 있는 것이었고, 특히 140억 원이라는 막대한 예산이 소요되는 것이라는 점에서 더욱 그러하였다. 김학렬 부총리는 박대통령과 사적인 술자리를 가질 만큼 서로 신뢰하는 입장이었지만 이런 결정 과정은 총괄부서인 경제기획원으로 하여금 분명히 불만을 가지도록 하는 원인이 되고 있었다. 오원철도 증언하고 있듯이 당연히 필요예산과 기획은 상공부가 경제기획원과 사전에 상의해야 함에도 상공부가 바로 대통령으로 하여금 지시하도록 유도했다고 볼 수밖에 없는 상황이 일어난 것이다.[29] 실제로 정상적인 행정절차 과정을 거쳤다면 경제기획원에서 제어가 있었을 상황이었으며 따라서 김학렬 부총리와 오원철, 상공부의 사이는 미묘하게 되어 갔다. 어쨌든 결과적으로 이렇게 하여 상공부, 대통령, 부총리의 합작품으로 「전자공업진흥 8개년계획」의 2단계 계획이 만들어졌고 이날 1969년 6월 19일의 보고와 결정으로 한국 전자공업에 대한 주도권은 이후 상공부로 실질적으로 넘어갔다.

상공부는 6월 19일 대통령에게 허가받은 「전자공업진흥 8개년계획(1969~1976)」을 「전자공업진흥기본계획」으로 확정하여 이를 상공부공고 제5369호로 공고하였다. 공고된 「전자공업진흥기본계획」의 골자는 51개의 제조기술 개발촉구 품목과 65개의 전문화·계열화 및 양산화와 성능·품질 개선 품목, 생산비 저하 품목을 진흥시켜 1976년에 4억 달러 수출을 달성한다는 것으로, 이를 위해 1969년은 기계공업육성자금을 사용하고 1970~1976년 7년간은 전자공업육성자금 140억 원을 확보하기로 하였다.[30] 구체적인 내용은 다음과 같다.

【전자공업진흥기본계획(상공부공고 제5369호, 1969. 6. 19)】

1. 계획기간: 1969~1976(8개 연간)
2. 진흥목표

28 오원철 전 중화학공업추진위원회기획단장(한경7, 1999), pp. 145~146, 151.
29 오원철 전 상공부 기획관리실장 증언(1993. 10), 서울 신도림동.
30 〈매일경제신문〉(1969. 6. 19); 〈경향신문〉(1969. 6. 19).

<table>
<tr><th>구분</th><th colspan="4">내용</th></tr>
<tr><td rowspan="2">가.
지정품목의
개발촉구</td><td colspan="2">1. 제조기술의 개발촉구 품목(상공부공고 제5367호에 의한 지정품목)</td><td colspan="2">전자기기: 18개 품목
전자부품: 21개 품목
전자재료: 12개 품목
계 51개 품목</td></tr>
<tr><td colspan="2">2. 전문화·계열화 및 양산화와 성능 및 품질의 개선, 생산비의 저하 등 촉구품목(상공부공고 제5368호에 의한 지정품목)</td><td colspan="2">전자기기: 24개 품목
전자부품: 29개 품목
전자재료: 12개 품목
계 65개 품목</td></tr>
<tr><td rowspan="3">나.
수출목표의
달성</td><td>1971</td><td colspan="3">1억 달러</td></tr>
<tr><td>1973</td><td colspan="3">2억 달러</td></tr>
<tr><td>1975</td><td colspan="3">4억 달러</td></tr>
<tr><td rowspan="3">다.
국산화율의
향상</td><td></td><td>민생용</td><td>산업용</td><td>부품 및 재료</td></tr>
<tr><td>1970</td><td>85% 이상</td><td>70% 이상</td><td>60% 이상</td></tr>
<tr><td>1976</td><td>95% 이상</td><td>85% 이상</td><td>80% 이상</td></tr>
<tr><td>라.
진흥자금의
조성</td><td colspan="4">1) 대 제조업체 124억 원
2) 대 진흥기관 16억 원
합계 140억 원</td></tr>
</table>

3. 진흥방안

가. 산업개발 체제의 확립

(1) 산업개발 구분과 개발방침

제조기술의 개발연구, 양산 체제의 확립, 생산의 합리화 확립

(2) 산업계열화(전문화) 조성

전자기기, 전기부품 및 재료제조의 전문화 촉진

전자기기군, 부품군, 재료군 간의 계열화 촉진

기업체 간의 공동사업 추진

나. 수출전략산업으로서의 개발

(1) 외국인투자(직접 및 간접) 및 국제 분업의 적극 유치

(2) 외자도입의 중점적 지원과 기술도입의 촉진

(3) 국제 경쟁력의 강화

다. 국산화율 향상

(1) 수입대체

(2) 신규 개발품에 대한 면세 및 시장 확장

(3) 자체 기술 확립

라. 전자공업진흥 활동의 강화

(1) 진흥기관의 목표

담당진흥사업	목표
기술의 개발 연구	51개 품목
품질검사 및 지도	65개 품목
기술정보 활동 및 기술지도	65개 품목
전자기술자 및 기술공의 훈련	20,000명
기업의 조성과 진흥	500개 업체
해외 시장 조사 및 수출 진흥	1970년 4억 달러

(2) 산학협동

(3) 전자공업 분야 협동단체의 육성 및 지원

(4) 전자기술의 생활화 및 전자기술교육의 강화

마. 전자공업진흥자금의 조성

(1) 자금확보 방안

(가) 보조금

(나) 재정자금: 1969년 기계공업육성자금에서 지원
1970년 이후 전자공업육성자금으로 지원

(2) 지원방안

지원자금명	지원범위	지원구분	지원 대상
진흥활동 및 개발연구자금	제조기술의 개발 → 시제품 제작	보조 및 융자	전자공업진흥기관 및 개발담당자
양산체제화 자금	설비보완과 원자재 및 제품 비축	융자	제조자 및 협동단체
생산합리화 자금	품질관리설비 보완과 원자재 공동구입	융자	협동단체
산학협동자금	제조자, 학계, 연구계 간의 협동사업	보조 및 융자	제조업체 및 학계 등 연구기관

(3) 소요자금

	전자공업육성자금 (재정자금)	전자공업진흥자금 (보조금)	계
1969	800,000,000	215,180,000	1,015,180,000
1970~1976	11,600,000,000	1,384,820,000	12,984,820,000
계	12,400,000,000	1,600,000,000	14,000,000,000

본 공고는 공고한 날로부터 시행

〈관보〉(1969. 6. 21), 5279호.

전자공업진흥기본계획 공고는 전자공업 지원을 위한 제도를 정비하고 공식적으로 계획화하는 것이었다. 이날 1969년 6월 19일 상공부장관은 「전자공업진흥법」 제3조 1항 1호의 규정에 의거 상공부공고 제5367호로 제조기술의 개발을 촉구해야 할 전자품목으로 전자부품 21개 품목, 민생용 전자기기 6개 품목, 산업용 전자기기 6개 품목, 전기계측기기 6개 품목, 전자재료 12개 품목을 지정 공고하였다. 또 같은 날 상공부장관은 「전자공업진흥법」 제3조 1항 2호와 3호의 규정에 의거 상공부공고 제5368호로 전문화, 계열화 및 양산화와 성능 및 품질의 개선과 생산비의 저하를 촉구해야 할 전자품목으로 전자부품 29개 품목, 민생용 전자기기 8개 품목, 산업용 전자기기 10개 품목, 전기계측기기 6개 품목, 전자재료 12개 품목을 지정 공고하였다.[31] 이로써 정부의 외국인투자 인가에서 도입자본재에 대한 국산대체 가능품목의 제외는 더 강화되었고 이에 "도입자본재는 전체 투자액의 15.7%밖에 안 되며" 합작회사의 "제품 전량은 수출되는 점"을 감안해 달라는 자본재 도입 인가 요청 사례도 나타났다.[32]

전자공업진흥기본계획 공고 이후 전자공업의 집중 육성이 시작되었으며 전자공업진흥기본계획에 고무되어 이병철 회장은 6월 26일 신문기고로 전자공업 진입 의지를 공개하였다. 1969년 8월 전자공업 발전에 대한 자문을 위해 김완희가 다시 일시 귀국하였다.[33] 8월 8일 민영 한국문화방송(MBC)이 TV방송국을 개국함으로써 3대 텔레비전 방송망 시대를 열어 본격적인 TV 시대, 내수시장의 확대 가능성을 넓혔다. 정부는 EDPS 개발조정위원회 심의와 제44차 외자도입심의위원회 의결을 거쳐 1969년 10월 29일 「한국유니백주식회사」와 미국 *Univac* 간의 전자계산조직기계 도입을 위한 35만 달러의 자본재 도입 계약을 인가하였다.[34]

그러나 전자공업의 현실은 아직 낮은 수준이었고 정부는 당장 1970년부터 계획목표를 낮추어야 하였으며 1971년까지 전자공업진흥기본계획의 목표를 달성하지 못했다. 상공부는 1970년 1월 7일 1970년도 전기기기류 국산화 계획을 확정하였는데 수출용은 최고 70%선, 내수용은 최고 90%선까지 국산화하기로 목표를 정정하였다.[35] 이어 1월 9일 상공부는 1970년도 전자공업진흥시행계획을 확정하였는데 이는 1970년 전자제품 수출목표를 9,200만 달러로 하되 목표 국산화율을 가정용 전자기기 70%, 산업용 전자기기 50%, 부품 및 재료 30%로 하였다.[36] 1971년 목표 미달에 이어 1972년 수출액 역시 1억 4,200만 달러로 목표 1억 5,000만 달러에 미달하였다.

1973년 중화학공업화정책선언 이전 정책목표는 선언적 의미가 강하였다. 1973년 1월 12일 중화학공업화정책선언 이후 중화학공업화가 본격화되면서 전자부문 수출이 급등해 1973년 목표 2억 달러를 훨씬 돌파한 3억 6,900만 달러 수출을 달성하였고 최종연도 1976년 전자공업 수출액은 10억 3,700만 달러 달성으로 1976년 4억 달러 목표의 2.59배를 달성하였다. 결국

31 〈관보〉(1969. 6. 21), 5279호.
32 남성흥업주식회사 대표이사(1969. 11. 5).
33 경제기획원장관(국안일, 1969. 8. 27).
34 경제기획원장관(전기용, 1970. 4).
35 중화학공업추진위원회기획단(한공발4, 1978. 12), p. 318.
36 〈경향신문〉(1970. 1. 9).

1969년의 「전자공업진흥 8개년계획」, 즉 전자공업진흥기본계획은 당시 큰 비판을 받았지만 1973년 이후 오히려 목표를 크게 초과달성하면서 목표는 더욱 상향되어 나갔다. 이런 의미에서 1973년 1월의 중화학공업화정책선언이 갖는 역사적 의미는 큰 것이었다. 상공부는 중화학공업화정책선언 이후 1974년 1월 9일 전자공업진흥기본계획을 전면 보완, 개정, 확대하여 계획기간을 1974~1981년으로 하고 목표, 방안을 재설정하여 1981년 25억 달러 수출의 전자공업진흥기본계획으로 재편성하였다.[37]

Ⅱ. 경쟁과 진입, 수출 지향

1969년 1월 13일 「삼성전자공업(주)」이 수권자본금 6억 원으로 정식 발족하였다. 2월 1일 「대한전기」에 이어 「삼양전기」에서 텔레비전수상기를 생산, 발매함에 따라 생산이 예고된 「천우사」와 함께 한국의 TV 생산업체는 8개사로 늘어나게 되었다.[38] 그러나 「삼양전기」는 과도한 출혈 경쟁으로 상업은행의 관리기업체로 되었다.[39]

한국의 전자공업 생산이 확대되고 전자공업에 대한 제도적 대응이 이루어질수록 일본의 한국 진출 노력이 커지고 있었다. 1969년 11월 1일 일본전자기계공업회(EIA-J) 16인이 방한하여 한국 실태조사 등을 명분으로 활동하는 등 일본 측의 한국 접촉은 1969년 이후 커져 갔고 미국 반도체업자들은 이들 일본 기업에 의해 구축되어 동남아시아로 제조처를 옮겨 갔다.[40] 1969년 5월 방한한 미국 「훼어차일드」 사장 호건이 "한국 전자공업의 전망이 밝다"라고 밝히는 등 한국에 대한 미국의 투자 의향은 계속 있었지만, 한국에서의 유리한 정치구조에도 불구하고 거래경로의 역사적 의존성과 지정학적 편이성, 무엇보다 일본 기업의 편익제공 공세를 미국 기업들은 감당할 수 없었다.

한국은 수출을 독려하면서 일본에의 심한 의존을 벗어나는 수출다변화에도 나섰다. 상공부에 의해 전자공업진흥기관으로 지명된 한국정밀기기센터는 1969년 11월 1일부터 1970년도 수출목표액 1억 달러를 달성하기 위한 수출독려반을 편성하였다. 수출독려반은 업체의 수출 관련 내용을 조사하여 상공부에 보고하기로 하였는데 조사 대상 업체는 외국인투자기업체·반도체업체(제1반), 가전기기·스피커업체(제2반), 콘덴서업체(제3반), 보세가공업체(제4반), 소형트랜스업체(제5반)의 총 39개 업체이었다.[41] 1969년 11월 24일 한국 전자업계는 대만 제1회 전자제

37 〈관보〉(1974. 1. 10), 제6645호.
38 〈매일경제신문〉(1969. 2. 1).
39 〈경향신문〉(1969. 2. 22).
40 한국무역협회(장전, 1976), p. 34.
41 〈매일경제신문〉(1969. 11. 6).

품전시회 참관에 나섰고 이보다 앞서 11월 2일, 「한국정밀기기센터」는 기술도입과 수출시장 개척 조사를 위해 간사 외 12명 업계 대표로 전자공업기술조사단을 구성하여 1개월간 미국, 영국, 프랑스, 이탈리아, 싱가포르, 일본 등의 세계 시장 시찰에 나섰다. 1970년 8월에는 제1차 전자제품 해외 시장 개척을 위한 전문 세일즈단이 미주, 중남미, 유럽, 동남아, 일본 등을 방문하였다.[42] 이승원(李承元) 전 「금강(金岡)전자공업사」 사장이 "폐사의 시장다변화에 널리 활용된 것은, 첫째 서독 뮌헨에서 2년마다 열리는 엘렉트로니카 전자부품전에의 출품 참가, 둘째 한국무역협회에서 파견하는 세일즈맨으로 이는 결실 있는 수출다변화의 길잡이였다"라고 밝혔듯이[43] 한국의 해외 조사단, 세일즈단 파견은 일본 의존을 벗어나 시장다변화를 이루려는 노력이었다.

수출확대·수출다변화를 위해 대외활동과 함께 대내에서도 1969년 11월 18일 「한국정밀기기센터」 주최 제1회 한국전자전람회가 국립공보관에서 8일간의 일정으로 열렸다. 이는 「전자공업진흥법」 발효 이후 정부가 보여 준 의욕적인 전자공업육성정책을 점검하는 자리이었는데 내국인업체 80여 개 회사가 라디오, TV, 녹음기 등을 출품하였고 8개의 외국인업체가 참여하였다.[44] 이후 1970년은 장소 문제로 정밀도 경진대회만 개최되었지만 한국정밀기기센터는 상공부 주관, 외무부·문화공보부·체신부·과학기술처 등의 후원, 한국과학기술연구소·한국전자공업공단·한국전자공업협동조합·대한전자공학회·한국무역진흥공사·한국전자제품수출조합 등의 협찬을 받으면서[45] 〈표 2-7〉에서 보듯이 1978년까지 9회의 한국전자전람회를 개최하였다. 「한국정밀기기센터」는 1966년 4월 13일에 창립되어 1969년 전자공업진흥기관(상공부공고 제5624호), 1970년 취약산업(도금 분야) 육성기관(상공부고시 제8753호), 1971년 정밀화사업지정기관(정밀화촉진사업업무지침) 및 품질관리법에 의한 전기용품 공인검사기관(상공부공고 제6149호) 역할을 수행하고 있는 공공기관이었다.[46]

1969년 5월 20일 삼성과 일본 「三洋電機」는 합작회사 「삼성산요전기」의 설립의정서와 그 부속문서에 최종 합의하고 수권자본금 1,200만 달러를 삼성이 50%, 「三洋電機」가 40%, 「住友商事」가 10%씩 불입하기로 결정하였다. 「삼성전자공업」은 전자공업에의 진입 확대를 위해 「삼성전자」를 지주회사 형태로 하여 그 밑에 「삼성산요」와 「삼성NEC」의 2개 한일합작회사를 두는 조직개편을 밝히고 이에 따른 인사이동을 공개하였다.[47] 삼성의 합작 방식은 일본 기업들의 합작 방식 유행을 따른 것인데 일본에서는 「후루가와전기」와 「지멘스」가 합작하여 「후지전기」를, 「도쿄전기」와 *GE*가 합작하여 「도시바」를 설립하였고 「일본전기」도 *GE*와 합작하고

42 한국전자공업협동조합(전조2, 1987), pp. 93~97.
43 이승원 전 금강전자공업사 사장(1987), p. 374.
44 〈매일경제신문〉(1969. 11. 18).
45 재단법인 한국정밀기기센터 이사장(제4, 1973. 6. 5).
46 상공부장관(공공, 1972. 12. 14).
47 〈경향신문〉(1969. 5. 31).

〈표 2-7〉 「한국정밀기기센터(FIC)」 주최 한국전자전람회(1969~1978)

	명칭, 장소, 일자, 출품 및 참가업체, 전시목적, 관련 내용
제1회	1. 국립공보관, 1969. 11. 18~11. 25 2. 국내 71개 업체와 외국 8개 업체 참가 3. 전자기기 39종 901점, 부품 33종 19,880점 출품 4. 「전자공업진흥법」 발효 이후 전자공업육성정책 점검 목적
제2회	1. 동대문 종합상가, 1971. 7. 16~7. 29 2. 국내 102개 업체와 외국 44개 업체 참가 3. 전자기기 53종 1,700점, 부품 52종 140,000점 출품 4. 약 50만 달러 거래 상담
제3회	1. 덕수궁 석조전 서관, 1972. 9. 27~10. 4 2. 금성사 등 국내 71개 업체와 「모토로라」 등 외국 17개 업체 참가 3. 전자기기 88종 2,158점, 부품 71종 42,842점, 정밀도 50종 169점 출품 4. 약 1,000만 달러 거래 상담 5. 최초 국내 컬러TV 시제품 등장
제4회	1. 경복궁 특별전시장, 1973. 10. 10~10. 17 2. 「대한전선」 등 국내 116개 업체와 외국 미국·독일·프랑스 등 7개국 39개 업체 총 155개 업체 참가 5만 여점 출품 3. 전자수출 25억 달러 목표달성을 위한 대외 선전 목적
제5회	1. 덕수궁 현대미술관, 1974. 11. 26~12. 3 2. 국내 150개 업체와 외국 36개국 47개 업체 참가 3. 266개 품목, 4만 1,600점 출품 4. 외국인 1,000여 명 포함 총 7만 5,000명 방문
제6회	1. 장충공원, 1975. 10. 8~10. 15 2. 국내 133개 업체와 외국 19개 업체, 합계 152개 업체 참가 3. 수출 촉진, 투자의욕 고취, 비교전시를 통한 품질향상 목적
제7회	1. 여의도 기계공업진흥회관, 1976. 10. 16~10. 23 2. 국내 123개 업체와 외국 30개 업체, 합계 153개 업체 참가
제8회	1. 여의도 기계공업진흥회관, 1977. 10. 18~10. 25 2. 제8회 정밀도 경진대회/제7회 전자제품 신모델 및 카탈로그 경진대회 공동 전시 3. 국내 185개 업체와 외국 미국·일본·서독·홍콩·오스트리아·싱가포르 6개국 59개 업체 참여 4. 전자기기 115종 3,200점, 전자부품 200종 40,000점 출품
제9회	1. 여의도 기계공업진흥회관, 1978. 10. 12~10. 19 2. 제9회 정밀도 경진대회 동시 전시 3. 외국 기업 79개 업체 포함 총 277개 업체 참여 4. 산업용기기 80여 종 포함 총 53,855점 출품으로 3억 달러 상담

자료: 〈매일경제신문〉(1969. 11. 18); 공보처 홍보국(제2, 1971. 7. 16); 문화공보부(제3, 1972. 9. 27); 〈동아일보〉(1972. 9. 27); 한국정밀기기센터(73, 1973); 문화공보부(대뉴, 1973. 10. 13), 제953호; 〈매일경제신문〉(1974. 11. 20); 〈경향신문〉(1974. 11. 26); 〈매일경제신문〉(1974. 12. 4); 대한민국국회사무처(제94, 1975. 9. 26), 상공 제1차, p. 63; 문화공보부(제6, 1975. 10. 8); 문화공보부(대뉴, 1976. 10. 16), 제1105호; 〈매일경제신문〉(1976. 10. 16); 상공부(제8, 1977); 문화공보부(대뉴, 1977. 10. 21), 제1157호; 문화공보부(제9, 1978); 〈매일경제신문〉(1978. 10. 12).

있었다.

1969년 6월 13일 「삼성산요전기」는 합작투자사설립인가 신청서를 제출하였다. 「삼성산요전기」는 내수시장의 한계를 알고 있었기에 합작투자사 설립인가 신청서에 85% 수출을 명시하였다. 즉, 라디오와 TV를 생산해 국내 시장에는 15%만 공급하겠다는 것이었다. 그러나 「금성사」는 「삼성산요전기」가 제출한 생산량의 85% 수출은 강제규정이 없다고 반박하였다. 소위 삼성의 일본 합작을 통한 전자산업 진입 언론 논쟁이 시작되었다.

1969년 6월 26일 금성계열의 〈국제신보〉가 국내 과잉 생산을 초래할 「삼성산요전기」 합작투자를 정부가 인가하지 않아야 한다는 사설을 실었다. 「동아일보」 역시 6월 26일 "삼성전자 인가부당" 기사명과 "공협 59개 업체, 정부에 반대 진정"이란 소제목 하에 당시 전자업계의 입장과 주장을 다음과 같이 보도하였다.

> 국내 전자업계는 이 합작공장을 「매판조립산업」이라고 규정하고 「삼성이 정부인가를 쉽게 얻어내기 위해 제품 85% 수출이라는 허황된 구호를 내걸고 있다」고 지적했다. 전자업계는 소비 억제, 저축 증대라는 관점에서 세제, 수입, 월부 면에서 정책적인 제한을 가하고 있는 텔레비전 등 전자제품을 다시 생산에 면세 등 특혜요소가 많은 외국 자본 합작을 인가하는 것은 모순이라고 주장했다. 이들은 또 삼성전자를 통한 일본 전자자본이 들어오면 「내쇼날」이나 「소니」의 한국 진출 시장 침투 역시 막을 수 없게 된다고 경고하고 과잉시설에 의한 출혈 경쟁을 계속하고 있는 국내 계열산업의 보호라는 관점에서도 삼성전자의 인가가 부당하다고 정부에 건의했다.
>
> 〈동아일보〉(1969. 6. 26).

당시 일본 전자기업들의 한국 진입이 걱정되는 것은 상당한 이유가 있었다. 일본은 한국을 이용하여 마찰을 빚고 있는 미국 시장을 공략하고자 하였고 미국 기업 역시 한국을 하청생산지로 이용하려고 하고 있었다. 그러나 기본적으로 이들의 인식은 한국의 본격적인 중화학공업화를 억제하고 반대하는 것이었다.

삼성은 6월 26일과 27일 양일에 걸쳐 삼성계열의 〈중앙일보〉에 삼성 진입 반대를 반박하는 이병철 회장의 '전자공업의 오늘과 내일'을 실어 90% 수출내용을 강조하였다. 삼성의 주장과 이를 반대하는 논리의 충돌은 시장에 큰 관심을 일으켰고 6월 28일 〈조선일보〉와 〈서울신문〉이 〈국제신보〉의 논지를 지지하는 「삼성」 진입 반대 입장의 기사를 게재하였다. 국내 시장 불안이 그 이유이었다.

1969년 6월 30일 「한국전자공업협동조합」은 16차 이사회에서 대통령경제비서실, 경제기획원장관, 상공부장관에게 보낼 〈진정서: 삼성전자와 일본 三洋電機 간 합작투자에 관한 건〉을 「삼화콘덴서」 외 57개 회원사 명의로 채택하여 삼성합작투자사의 내수시장 진입 반대와 삼성 주장인 수출 가능성 철저 검토를 주장하였다. 나아가 7월 1일 한국전자공업협동조합은 〈경향신문〉, 〈동아일보〉 1면 등 일간지에 〈삼성, 三洋(일본) 합작투자사업에 대한 반대 진정〉 광고를 실었다. 다음에서 보듯이 진정서와 반대 진정 광고는 "매판산업," "매판적인 사업계획" 등의 용어를 사용하는 등 상당히 격렬한 것이었다.

【진정서: 삼성전자와 일본 三洋電機 간 합작투자에 관한 건】
(수신자: 대통령경제비서실, 경제기획원장관, 상공부장관)

1. 진정의 사유

……

1) 수출산업을 빙자한 외국 자본 유입의 위험성
가) 대대적인 국내 전용의 위험성
나) 외국 투자 업종으로서의 부적합성
다) 기존 국내 자본 업체에 미치는 영향
① 시설과잉
② 경쟁상의 불리: 조세정책 면, 자금 면
③ 중소계열화 업체의 도산
2) 국내 시장에 대한 외국인 자본의 지배권 확립
3) 도입시설의 매판산업적 성격
4) 현금차관격인 물자도입

2. 진정의 내용

……

첫째, 외국인 합자(合資)기업이란 각도에서 내수용 판매를 불허하여 수출전용으로 하여 주실 것
둘째, 시운전용이란 명분하의 각종 원료는 반드시 역수출전용으로 하여 국내 시장 유입의 길을 방지하여 주실 것
셋째, 수출전용사업 전제로서도 외자의 효율적 운영을 이루기 위하여 수출 가능성에 관한 철저한 검토와 아울러 기존 계열화 업체를 최대한 활용하는 조처를 하여 주실 것

삼화콘덴서공업(주) 외 57개 한국전자공업협동조합 조합원 일동

한국전자공업협동조합(전조2, 1987), pp. 84~87.

【주요 일간지 게재 〈삼성, 三洋(일본) 합작투자사업에 대한 반대 진정〉 광고】

……

(一) 대규모 외자합자사업은 이미 중소기업이 개발한 TV, 라디오 등이 신 분야 개척을 위하여 필요한 것이지 삼성의 기존 업계 제압 목적에 허가되어서는 안 됩니다.

……

(二) 삼성이 국내에 판매하겠다는 15%는 정부가 이 이상의 수요를 억제하고자 하는 현재의 수요량 전부에 해당됩니다.

……

(三) 삼성이 수출하겠다는 85%에 대하여 합작선인 일본의 三洋電機나 다른 수출선의 보장이 없습니다.

……

(四) 삼성이 진정 우리나라의 전자공업의 발전에 기여하겠다면 거액의 일본 자본으로 기히 국내 공업계가 피땀 흘려 개발한 품목의 대규모 조립시설을 도입하여 기존 업계 전부를 부실기업체로 만드는 매판적인 사업계획을 포기하고 새로운 품목의 개발을 꾀하여 과거의 오명을 씻도록 정부 당국의 적절한 지도가 있어야 하겠습니다.

1969. 6.

한국전자공업협동조합 산하 59업체 일동 근백

〈경향신문〉(1969. 7. 1); 〈동아일보〉(1969. 7. 1).

「한국전자공업협동조합」은 7월 3일에도 〈매일경제신문〉 1면에 반대 진정 광고를 실으면서 〈중소기업 분야를 침식하는 대단위 공장건설 조정 건의〉라는 「삼성산요」 반대 진정서를 청와대, 국무총리, 경제기획원장관, 상공부장관 앞으로 제출하였다. 진입 논쟁, 산업조직정책 논쟁을 넘어선 한국 현대산업사에서 복합적·포괄적 의미를 가진 논쟁과 대립이 언론의 참가 하에 이루어진 것이다. 당시 한국의 전자공업은 아직 초보적, 진입 단계이었고 내수시장은 활성화되어 있지 못하였다. 또한 한국에의 재진출 기회를 노리고 있는 일본 기업 진입도 주목되는 것이었다.

논쟁 초기에는 국내 업체, 국내 중소계열화 업체의 도산 우려가 부각되면서 삼성의 진입, 특히 일본과의 합작에 의한 진입에 부정적 인식이 우세하였다. 사태가 불리해지자 삼성 측은 생산제품의 85% 수출 주장을 바꾸어 100% 수출을 내걸었다. "보장이 없다"는 기존 기업들의 반대가 있었지만 100% 수출한다는 삼성의 입장에 삼성의 진입을 반대할 명분은 급속히 약화되었다. 심지어 100% 수출 주장에 수출지향을 추구하던 정부 내에서부터 동조가 늘어났다. 7월 7일 김정렴 상공부장관은 「삼성산요」가 15% 내수판매 조건을 내세우고 있으나 이를 합작조건으로 인정할 수 없으며 만약 전량 수출조건이라면 상공부로서는 승인할 생각이라고 밝혔다.[48] 7월 14일 상공부는 공문 「상공부 이전 1333-1799호」로 7월 3일 반대 진정에 대해 전자공업육성정책에 반영하겠다고만 답변하였다.[49] 그리고 8월 11일 사실상의 결정권을 갖고 있던 상공부가 100% 수출조건으로 기술검토 결과를 외자당국에 넘겼다.[50] 1969년 8월 30일 외자도입심의위원회는 100% 수출한다는 조건으로 「삼성전자」, 일본 「三洋電機」,[51] 「住友商事」 합작 전자부분품 및 전자기기 제조사의 설립을 인가하였다.[52] 9월 22일 정부는 「삼성산요전기」 설립을 공식 허가하였다. 9월 24일 「三洋電機株式會社」는 「삼성전자공업주식회사」와 제휴하여

48 〈동아일보〉(1969. 7. 7); 〈조선일보〉(1969. 7. 8).

49 한국전자공업협동조합(전조2, 1987), p. 83.

50 〈동아일보〉(1969. 8. 12).

51 「三洋電機」는 松下 그룹의 마쓰시타 고노스케(松下幸之助)의 처남이 「마쓰시타」에서 분리해 창립한 회사로 사실상 「마쓰시타」와 같은 뿌리이다.

52 〈동아일보〉(1969. 9. 1).

라디오 및 텔레비전 세트를 조립 생산하는 합작회사 「삼성산요전기」를 설립하는데 대한 일본 정부의 허가를 얻었다고 발표하였다. 「三洋電機」는 발표에서 「住友商事」가 참여할 것이며 자본금은 우선 470만 달러(일본 17억 엔)가 될 것이라고 밝혔다.[53] 「삼성산요전기」는 12월 4일 자본금 5,000만 달러로 출범하였다. 다수의 예상대로 「삼성산요」는 이후(1972년) 한국 시장 판매를 시작하였다. 삼성의 전자공업 진입을 둘러싼 이 논쟁과 결과는 한국 진입정책에 중요한 사례로 남게 되었다.

삼성은 「삼성산요전기」의 문제가 해결되자 이어 1969년 9월 22일 「삼성NEC」의 합작투자 신청서를 제출하였다. 삼성 : 일본NEC : 스미토모상사가 50 : 40 : 10의 지분으로 진공관 및 브라운관을 생산한다는 것이었다. 이미 전례가 만들어졌고 그 전례대로 100% 수출조건으로 인가가 이루어져 1970년 1월 20일 「삼성NEC」가 정식 출범하였다.

구미공업단지 전자부분은 재일실업가 곽태석(郭泰石)이 「東京芝浦電気(東芝, 도시바)」와 합작하여 1969년 설립한 「한국도시바」의 입주로 시작되었다. 9월 5일 일본 「東京芝浦電気(東芝)」는 지분참여 70%의 합작회사 「한국도시바」를 설립했다고 발표하였는데, 경북 선산구미에서 1970년 중순부터 실리콘 트랜지스터를 월 400만 개를 생산하여 전량 일본에 수입할 계획이라고 밝혔다.[54] 「삼성전자」-「三洋電機」의 예에서 보듯이 1969년 한국 정부는 50% 한국인 출자원칙을 지키려고 하고 있었기에[55] 일본 측의 70% 출자를 인정한 것은 이례적인 것이었고 〈日本經濟新聞〉 역시 매우 이례의 케이스라고 보도할 정도이었다.[56] 더구나 30% 지분으로 사장에 취임한 곽태석은 한국 국적을 가진 재일교포이었으므로 「외자도입법」상으로 100% 해외 투자 기업이었다. 9월 9일 「한국도시바(주)」가 정식 등기를 마치고 본격적인 공장건설에 들어갔다.[57]

1969년 8월 김정렴 상공부장관은 제8차 수출진흥확대회의를 마치고 한일각료회의 결과를 언급하면서, 노동집약적인 산업으로 계속 성장하고 있는 전자공업·주물·선박·합성수지 등 5개 분야에서 10개 품목을 보세가공품목으로 추가할 것을 일본에 요청하여 연말까지 검토를 끝낼 것을 다짐받았으며 한일 무역역조가 더 심화되지 않을 것이라고 밝혔다.[58]

수출을 위한 총력적인 노력이 이루어지는 가운데 전자공업의 발전이 강조되었고 이 고리 속에서 다시 전자공업정책에서 수출이 강조되었다. 여전히 낮은 경쟁력 수준 하에서 안정적인 해외 시장 확보와 수출이 용이한 해외 기업의 직접투자가 정책적으로 장려되었고 그 결과 1969년 한국의 전자공업 내 수출순위를 보면 〈표 2-8〉에서 보듯이 1~5위까지 모두 외국인 단독투자 기업체가 차지하고 있었다. 나아가 정부는 100% 단독투자에서만이 아니라 합작기업에

53 〈매일경제신문〉(1969. 9. 25).
54 〈매일경제신문〉(1969. 9. 8); 고려대학교 아세아문제연구소 일본연구실 편(자료집2, 1977).
55 경제기획원장관(전부15, 1971. 5. 7).
56 〈日本經濟新聞〉(1969. 9. 6).
57 〈매일경제신문〉(1969. 9. 20).
58 〈매일경제신문〉(1969. 8. 30).

서도 가능한 "전자공업의 조속한 육성개발과 수출증대를 위하여 기히 전량 수출조건부로" 합작투자업체를 인가하고 있었다.59 이에 따라 1960년대 전량 수출조건부로 인가된 외국인 합작투자 8개 전자업체는 〈표 2-9〉와 같다.

〈표 2-8〉 1969년 한국의 전자공업 업체별 수출순위와 1968~1969년 수출실적

		수출품목	수출실적(달러)	
			1968	1969
1	모토로라*	트랜지스터집적회로	6,284,255	12,315,169
2	훼어차일드 쎄미코어*	트랜지스터	2,285,387	5,821,495
3	시그네틱스*	집적회로	3,449,019	5,760,805
4	콘트롤데이터*	메모리 플레인	2,105,090	4,115,911
5	아이맥*	집적회로	516,713	3,090,144
6	오리온전자	라디오, TV	716,750	1,733,043
7	남성흥업	라디오	641,817	1,328,101
8	마벨코리아	라디오	119,250	1,243,684
9	금성사	라디오, TV	1,057,819	1,153,691
10	AMK*	마그네틱헤드	108,308	662,346

주: 1) * 외국인 단독투자기업임.
2) 1970년 상공부 조사로 집계 차이가 있음.
자료: 한국정밀기기센터(전자편람, 1970).

〈표 2-9〉 1960년대 전량 수출조건부로 인가된 외국인 합작투자 전자업체

	외국인투자액 (천 달러)	내국인투자 비율 (%)	인가 연월일
중앙상역(주)	88	40	1965. 6. 24
킹전자(주)	175	20	1968. 7. 22
민성(民星)전자(주)	145	65	1969. 7. 22
한국도시바(주)	1,400	30	1969. 7. 24
태일-일리노이전자(주)	50	50	1969. 8. 13
삼성-산요전기공업(주)	6,000	50	1969. 9. 4
크라운전자공업(주)	460	60	1969. 11. 2
삼성-엔이씨(주)	3,500	50	1969. 12. 19

주: 「크라운전자공업(주)」은 「남성흥업」이 사명을 바꾼 것임.
자료: 경제기획원장관(전부15, 1971. 5. 7).

59 〈관보〉(1972. 1. 29), 제6064호.

그러나 수출을 촉진하기 위해 이용되었던 100% 수출조건부 외국인투자 인가는 오히려 외국인투자를 억제하고 결과적으로 수출을 억제한다는 비판이 제기되었다. 이에 정부는 「훼어차일드 쎄미코어」,[60] 「모토로라 코리아(주)」의 일부 국내 시판 허용 등[61] 예외적으로만 인정하였던 외국인투자기업의 전자제품 국내 판매를 조금 더 확대하고자 하였다. 수출액에 좀 더 초점을 맞추기 위해 1969년 9월 10일 경제기획원은 「모토로라 코리아」의 국내 판매를 전년도 수출량 10%에서 "전년도 수출액의 10% 범위 내로 한다"로 변경 승인하였다.[62] 수출을 늘리기 위한 1968년 12월 대통령비서실의 지시, 1969년 1월 30일 경제각의 의결, 1969년 전자공업진흥기본계획 등과 함께 이러한 정부의 국내 시판 확대 고려는 외국인투자를 확대시켰다. 1969년 외국인투자 인가는 8건으로 1968년 4건에 비해 2배로 늘어났고 투자인가금액도 1,168만 9,000달러로 1,000만 달러를 넘었다.[63]

1969년 11월 12일 상공부장관은 〈제1회 한국전자전람회에 출품한 품목의 수입요령〉을 상공부공고 제5560호로 공고하였다. 상공부는 1969년 11월 16일부터 11월 25일까지 열린 제1회 한국전자전람회 출품품목 중 현행 수출입 기별 공고상 수입자동승인제품을 정상결제 방법으로 수입할 경우 외국환은행장이 수입 승인하고 기타의 수입은 상공부장관의 허가를 받아 수입할 수 있도록 하였다.[64] 한국전자전람회는 한국 내의 전자공업진흥 및 수출 자극, 전 국민의 관심 제고와 함께 해외 참가업체들에게는 한국에의 수출기회를 제공하는 것이 되고 있었다. 물론 정부는 이를 체화된 선진기술 도입과 수출증대의 수단으로 이용하고자 하고 있었다. 이런 이유로 이후에도 상공부공고 제6593호 등 상공부의 〈한국전자전람회에 출품한 품목의 수입요령〉 공고가 이어졌고[65] 외국 기업체들의 적극적인 한국전자전람회 참가가 계속되었다.

1960년대 정부정책의 중심은 수출지향으로 전환되었다. 외국인투자기업의 전자제품 국내 판매 승인기준에서도 그러하였지만 수입 역시 수출제고를 위한 수단으로 이용되었다. 1969년 11월 17일 상공부는 상공부공고 제5573호를 공고하여, 제한조치된 TV수상기 부분품의 수입(SITC No. 724.1)은 수출가득액 범위 내에서 수입 추천하고 수출가득액이 있는 자로서 생산시설을 보유하지 못한 자는 생산시설 보유자에게 수출가득액을 양보할 수 있도록 하였다.[66] 심지어 수출을 위해 전자공업 기업들은 낮은 기술수준 하에서 수출수요 측의 요구에 맞추기 위하여 외제설비를 도입함으로써 1960년대 말 전자공업체들의 생산설비 중 한국제 설비의 비중은 12.1%에 불과하였다.[67]

---

60 경제기획원(전시, 1968. 7. 1).
61 모토로라 코리아 주식회사 대표이사(외국1, 1969. 12. 22).
62 경제기획원장관(전허9, 1969. 9. 10).
63 한국정밀기기센터(전자편람, 1970), p. 16.
64 〈관보〉(1969. 11. 12), 제5394호.
65 〈관보〉(1971. 10. 19), 제5979호.
66 〈관보〉(1969. 11. 18), 제5399호.
67 한국정밀기기센터(전자편람, 1970), p. 23.

〈그림 2-1〉 1969년 말 전자공업의 성과와 위치 (단위: %)

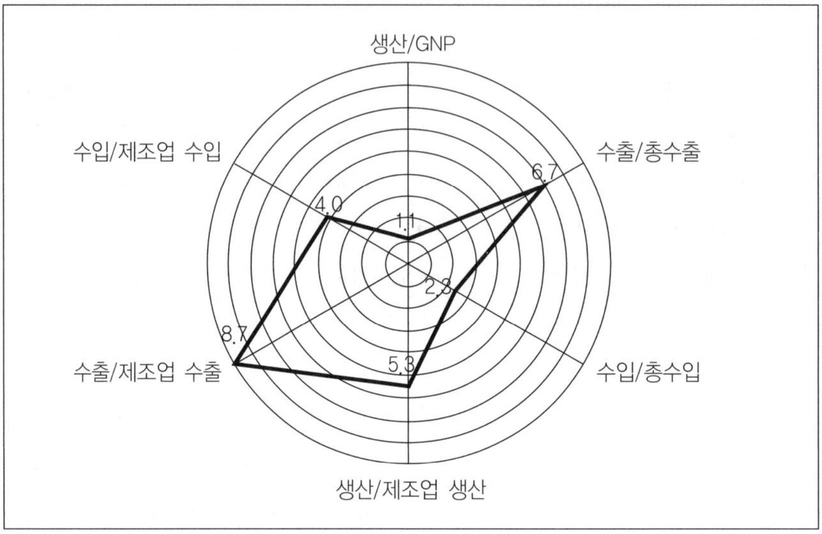

자료: 한국은행(한국소, 1978); 한국은행(경제통, 1978); 한국정밀기기센터(한자, 1978); 한국은행(통조, 1978); 국제경제연구원(전산, 1979).

수출지향정책으로 전환된 1960년대를 끝내면서 1969년 말 전자공업이 이룬 성과와 위치는 〈그림 2-1〉과 같았다. 전자공업의 수출 비중이 6.7%로 수입 비중 2.3%에 비해 월등히 높아 전자공업이 정부의 국제수지정책의 주요 공업으로 부각되고 있었고 또 성공하고 있었음을 알 수 있다. 1969년 앰프 300대 수출 등의 성과가 계속 이어지면서[68] 1965년에 180만 달러에 불과했던 전자제품의 수출은 1969년에는 23배나 증가한 4,200만 달러에 달하였다.[69]

1969년 말 등록되어 있는 전자공업체는 〈표 2-10〉의 정리에서 보듯이 내국인기업체 134개사, 합작업체 6개사, 외국인 단독투자 기업체 5개사 등 총 145개사로 늘어났다. 그러나 투자규모별로 보면 1억 원 이상 사업체는 14개사로 9.7%에 불과하였고 10억 원 이상 사업체는 내국인 회사 3개사, 외국인 회사 1개사로 총 4개사에 불과하였다.

1965년부터 단독투자 또는 합작투자 형식으로 인가를 받은 외국인투자기업체는 1969년까지 외국인 단독투자사 9개사, 합작사 12개사, 합계 21개사에 달하였고 인가투자금액은 총 2,239만 5,000달러이었다. 단독투자사 9개사를 인가일과 함께 보면 「훼어차일드 쎄미코어」(1966. 4. 30), 「시그네틱스코리아」(1966. 7. 29), 「모토로라」(1967. 3. 21), *IBM* (1967. 3. 21),

68 국립영화제작소(한전, 1974).

69 김광모 전 중화학공업추진위원회기획단 부단장(김중전, 2004. 9. 23).

〈표 2-10〉 투자규모별, 투자주체별 전자공업 사업체 수(1969)

	내국인 회사	합작회사	외국인 회사	합계
20억 원 이상	0	0	1	1
10억 원 이상~20억 원 미만	3	0	0	3
5억 원 이상~10억 원 미만	0	0	0	0
1억 원 이상~5억 원 미만	7	1	2	10
8천만 원 이상~1억 원 미만	3	0	1	4
6천만 원 이상~8천만 원 미만	4	0	0	4
4천만 원 이상~6천만 원 미만	11	1	0	12
1천만 원 이상~4천만 원 미만	62	4	1	67
500만 원 이상~1천만 원 미만	26	0	0	26
500만 원 미만	18	0	0	18
합계	134	6	5	145

자료: 한국정밀기기센터(전자편람, 1970).

Control Data Korea (1967. 6. 17), *AMC* (1968. 2. 6), 「한국 *Doran Co.*」(1968. 6. 12), *IMEC* (1968. 7. 19), 「세정공업」(1969. 11. 3)이었고 합작사는 〈표 2-9〉의 8개사 포함, 「고미산업」(1965. 12. 29), 「한국마이크로」(1966. 12. 3), 「세방전자」(1967. 8. 3), 「한국UNIVAC」(1969. 10. 29)의 12개사이었다.[70]

Ⅲ. 빠른 추격을 위한 정책 도입

1970년 1월 1일 수출자유지역설치법이 공포되어 바로 시행에 들어갔다. 1970년 1월 31일 대통령은 「한국전자공업협동조합」 이사장 등 주요 단체에 친서를 보내 "가장 기본이 되는 것은 완전자립경제 달성이며 이의 첩경은 수출증대이다"라고 말하였다.[71] 국민소득 수준상 한국의 내수가 여전히 부족한 상황에서 전자공업의 발전을 위해서는 수출이 필수적이었다.

정부는 수출확대를 위해 업계를 계속 자극하고 기업단체를 이용하였다. 정부지원을 등에 업고 전자기업들은 수출증대를 위해 해외 전자전시회에 적극 참가하여 1970년 3월 23일부터 26일까지의 미국 뉴욕 IEEE 전자전에 1개 부스를 설치한 데 이어 4월 10일부터 4월 20일까지의 동경 晴海 일본 전자전과 8월 25일부터 28일까지의 미국 로스앤젤레스 WESCON '70에도

70 한국정밀기기센터(전자편람, 1970), pp. 16~22.
71 한국전자공업협동조합(전조2, 1987), pp. 110~111. 편지 전문이 남아 있다.

부스를 설치하였다.[72] 1970년 세계 최대 전자공업 생산과 수요시장이었던 미국과 일본의 전자 전시회에 출품하였다는 것은 한국의 적극적인 전자공업 발전 의지와 대외지향적 정책, 전략을 보여 주는 것이었다. 이를 감지한 일본 기업들은 1970년 초부터 미국계 기업을 제치고 대한 진출을 대폭 늘렸다. 이와 함께 정부는 수출확대를 위해 수출물품 제조용으로 직접 소요되는 원자재 및 수출물품에 대하여 물품세법 제11조 및 동법 제17조의 규정에 의하여 물품세를 면세하였다.[73] 당시 물품세는 엄격하게 부과되고 있어 국방부가 필요로 하는 대간첩작전 전자장비 수입이라도 물품세 미납의 경우 장비 통관이 이루어지 않는 사례도 있었다.[74] 1970년 2월 23일 상공부는 상공부공고 제5703호로 전기기구류(라디오 및 기타 전자제품)를 포함하는 「수출특화산업 육성자금 운영요강에 의한 70년도 융자 대상 업체 선정 및 중점지원 요령」을 공고하였다.[75]

1970년 3월 5일 경제기획원에서 열린 월간경제동향 회의에서 경제기획원은 외자유치를 위해 외국인투자 수출기업의 국내 일부 시판 확대, 내국인기업의 주식인수 등이 필요하다고 대통령에게 보고하였다.[76] 이는 최종 목표인 수출증대를 위해서 필요한 것이었는데 당장 경쟁국인 대만, 태국, 싱가포르 등 동남아국가들이 투자유인정책을 쓰고 있고 특히 대만은 20~50%의 시판을 허용하고 있었다.[77] 쟁점은 국내 시판의 경우 수출용으로 면제된 관세, 특관세를 어떻게 할 것인가라는 것이었다. 관련 업자들은, (1) 수출전략산업이므로 특관세 배려가 있어야 하고, (2) 외화가격의 국제 조사는 3개월이나 소요되는 부당한 일이며, (3) 공장도가격을 도매가격으로 인정하고, (4) 수출용 원자재로 사용되므로 원가인하를 위하여 특관세 비과세를 하여야 하며, (5) 관수용으로도 다량 사용되므로 예산절약을 위해서도 특관세 비과세를 하여야 하고, (6) 국민경제상 긴요한 물품이므로 비과세 하여야 한다고 주장하였다.[78] 이미 「모토로라 코리아」 등 관련 기업들은 재무부장관에게 "특관세 부과에 따른 모순점을 통찰하시어 동 특관세가 면제되도록 요청"하고 있었다.[79] 이들은 경제기획원장관에게도 인가한 국내 시판 허가증의 조건, "관세는 납부하여야 한다"를 "일반관세는 납부하되 특관세는 면제한다"로 조건을 변경해 달라고 요청하였다.[80]

재무부는 현행 실시하고 있는 대로 시가대수(市價對數)에 의하여 특관세를 부과하는 방식, 원가계산을 하는 방식, 시판가격에 관세 및 정상비용을 합한 금액에 7%를 가산한 가격을 도

72 한국전자공업협동조합(전조2, 1987), pp. 118~119.
73 재무부 세제국장(전제, 1970. 9. 26).
74 육군제2636부대장(1970. 9. 18).
75 〈관보〉(1970. 2. 24), 제5480호.
76 〈매일경제신문〉(1970. 3. 5).
77 〈동아일보〉(1970. 3. 5).
78 재무부(외특, 1970).
79 모토로라 코리아 주식회사 대표이사(외국1, 1969. 12. 22).
80 모토로라 코리아 주식회사 대표이사(외가, 1969. 12).

매가격으로 하고 국제과에서 평가한 외화가격을 기준으로 하는 방식, 특관세를 비과세 하는 방식의 4가지 방식을 모두 검토하였다.[81] 경제기획원, 재무부 등 조세 관련 부서의 기본적인 입장은 세수 유지와 과세형평상 면제된 관세, 특관세는 부과되어야 한다는 것이었다. 결국 1970년 5월 22일 외국인투자기업체의 국내 시판 전자제품에 대한 관세, 특관세 부과를 위한 과세가격 및 도매가격 결정 문제로 재무부 외국인투자 담당관이 주관하고 「모토로라 코리아」와 「훼어차일드 쎄미코어」가 참석하는 업자 회의가 경제기획원 재무부주재관실에서 열렸다.[82] 8월에는 시판용에 대한 외화가격 인정을 위한 절차도 진행되었다.[83] 이를 위해 정부는 관련 기업에게 제품의 국제가격 제출을 요청하였고 기업은 해당국 영사를 통해 해외 판매가격을 조사 제출하였다.[84] 합작투자업체의 국내 시판 허용은 8월 24일 제8차 수출진흥위원회 청와대확대회의에서도 상공부장관에 의해 종합대책의 하나로 다시 보고되었다.[85]

1970년 2월 21일 상공부공고 제5698호를 통하여 세라믹 콘덴서, 인쇄회로기판, 라디오, TV수상기 등 36개 품목의 통신기계기구(전자공업 부문) 개발계획이 공고되었다.[86] 1970년 4월 22일 이낙선(李洛善) 상공부장관은 1971년부터 「전자공업진흥법」에 의한 특별육성자금을 기계공업육성자금과 별도로 마련한다고 발표하였다. 전자공업의 중요성이 커짐에 따라 정책적으로 분리, 독립되고 있는 것이다. 이날 상공부는 전자공업단지 조성을 밝혔다.[87]

전자공업육성정책은 일차적으로 수출과 연결되어 논의되고 이루어졌다. 1970년 4월 22일 한국전자공업협동조합 주최 조찬회에서 이낙선 상공부장관은 전자공업수출조합의 설립 필요성을 제기하고 전자조합에 병설할 것을 사실상 지시하였다. 이에 따라 7월 28일 발기인대회를 거쳐 8월 12일 「한국전자제품수출조합」이 발족하였다. 수출조합에는 「금성사」, 「대한전선」, 「삼성전자」, 「동양정밀」 등 주요 기업들이 회원으로 참가하였다. 수출조합의 발족으로 「한국전자공업협동조합」과 FIC가 나누어 관장하던 전자제품 수출 업무가 단일화되었고 9월 29일 상공부장관은 이를 공식 인가하였다.[88]

1970년 4월 24일 오원철 광공업차관보는 전자공업경영자세미나에서 전자공업을 수출산업 위주로 육성하여 1975년 5억 달러 수출이 가능하도록 적극 지원하겠다는 방침을 밝혔다.[89] 이날 상공부는 TV 및 튜너 등 전자제품의 국산화를 촉진하기 위하여 기계공업자금 2억 원을 들여 6개 전자공업 시범공장을 건설한다고 밝혔다.[90] 6월 5일 상공부는 70년도 전자공업진흥을

81 재무부(외특, 1970).
82 재무부 경제기획원 주재관(국시, 1970. 5. 21).
83 훼어챠일드 쎄미코어 주식회사 대표이사(1970. 8. 8).
84 Fairchild Semiconductor(HK) Ltd.(DS, July 10, 1970).
85 상공부(전제대, 1970. 8. 24).
86 한국정밀기기센터(전자편람, 1970), pp. 188~190.
87 〈조선일보〉(1970. 4. 23).
88 한국전자공업협동조합(전조2, 1987), pp. 103~106.
89 〈매일경제신문〉(1970. 4. 25).

위한 금융지원의 범위를 결정하였는데 제조기술 개발 31개 품목, 품질개선 30개 품목 그리고 제조업체와 진흥기관에 각각 9억 원과 2억 3,000만 원을 지원하는 것이었다.[91] 6월 20일 상공부는 제3차 경제개발5개년계획 기간 중 전자공업 생산의 70%를 수출하여 4억 달러 수출을 달성한다는 하향된 수출목표와 1976년까지 전자기기 80%를 국산화한다는 계획을 밝혔다.[92] 오원철과 함께 근무하였던 김광모 전 중화학공업추진위원회기획단 부단장의 증언에 의하면 오원철은 수출목표를 높여 잡고 있었고[93] 이는 대통령의 신임을 얻는 이유의 하나로 작용하였다.

1970년 8월 24일 제8차 수출진흥위원회 청와대 확대회의에서 상공부장관은 대통령에게 다음과 같이 전자제품 수출증대 대책을 보고하였다.

【상공부장관의 청와대 보고 전자제품 수출증대 대책(1970. 8. 24)】

1. 종합대책
   (1) 전자공업수출단지 조성
      (가) 제1차 대상 단지
         구미공업단지 내 미입주지역
         1. 소요대지: 150,000평
         2. 조성방안(입주 여건의 개선)
            가. 원자재 비축제 실시
               1. 보세창고 설치
               2. 소요자금 지원
            나. 진흥기관의 지소 설치
               1. 기술 및 품질관리 지도
               2. 디자인 개발 지도
            다. 행정절차의 간소화
               관계기관의 상주제 실시
   (2) 외국인투자 유치의 적극화 및 합작투자 여건의 개선
      (가) 투자유치의 적극화
         1. 진흥기관 해외 사무소 업무 강화
         2. 투자유치 안내서 작성 배포(1970. 9)
      (나) 합작투자 여건의 개선
         1. 합작투자업체에 대한 내수판매 허용
            국산이 없는 품목: 일정비율 내수판매 허용
            국산이 있는 품목: 연 100% 수출조건을 내국인 주식지분의 일정비율 내수판매 허용

---

90 〈매일경제신문〉(1970. 4. 24).
91 중화학공업추진위원회기획단(한공발4, 1978. 12), p. 331.
92 〈매일경제신문〉(1970. 6. 20).
93 김광모 전 경제제2비서실 비서관 및 중화학공업추진위원회기획단 부단장 증언(2010. 2. 9; 2013. 4. 5).

(다) 합작투자업체 현황

1. 업체 수: 22개(미국계 11, 일본계 9, 교포계 2개)

2. 생산품목: 라디오, TV, 녹음기, 앰프, 전자계산기, 트랜지스터류, 집적회로, 고정저항기, 고정축전기, 스피커, 진공관, 튜너, TV브라운관, 편행코일, 후라이백트랜스

(3) 부품의 국산화와 내수용 및 수출용 제품의 국산화율 평준화

(가) 제조설비 및 제조용 기초원자재에 대한 조세감면안 검토

(나) 국산 부품 및 원자재 사용 의무화

(다) 부품전문공장 지정 및 자금 지원(투자유치)

(4) 수출전략사업으로의 육성

(가) 시한부 면세제도 실시 검토

(나) 전자공업체의 기업 체질을 수출전략 체제로 개조 추진
내수(민수+관수) 생산은 수출업체로 한정

(다) 내수용 전자부품 대기업의 수출촉구를 위한 TV 부품 수입제한 공고

(라) 수출경쟁력 배양을 위한 국내 수요 개발책으로 수출 가능 상품의 내수판매 분에 대한 물품세 인하 검토

2. 수출조합 결성

(1) 대상업체: 금성사 등 47개 업체

(2) 창립총회: 1970. 8. 12.

3. 수출개척단 파견

(1) 구성: 대한전선 등 16개 업체 16명

(2) 지역: 일본, 홍콩, 미국, 남미, 구주

(3) 기간: 1970. 9. 1~9. 30.

상공부(전제대, 1970. 8. 24).

상공부는 제3차 5개년계획기간 중 전자공업의 수출 전망이 밝다고 보고 이 기간 전자공업 중점개발 방침을 세웠고[94] 당장 9월 11일 상공부장관은 재무부에 “전자제품 수출증대를 위하여 전자제품 제조용 설비 및 기초원자재에 대한 조세감면조치”를 다음과 같이 요청하였다.[95]

1. 전자제품 제조용 설비에 대한 조세 감면

(1) 전자공업용 시설에 대하여 관세, 특관세 및 물품세가 면제되도록 조치하여 주시기 바람.

(2) 전기시설명세서는 상공부공고 제5369호로 공고한 1976년까지 개발하기로 한 65개 품목 중 70년에 개발 착수할 36개 품목의 제조용 시설임.

(3) 전기 36개 품목 이외의 개발품목 29개 품목에 대한 제조용 시설명세는 조사 작성 중이므로

94 〈동아일보〉(1970. 8. 31).

95 상공부장관(전제수, 1970. 9. 11).

사후 송부하겠음.

(4) 전자공업은 다양하므로 시설명세의 획일화는 불가능한 실정이므로 당부 추천 또는 확인시설 에 대하여 조세 감면하는 것이 타당할 것으로 사료됨.

2. 전자제품 제조용 기초원자재에 대한 조세감면

(1) 1차로 별첨과 같이 전자제품 제조용 기초원자재에 대하여 관세, 특관세 및 물품세가 감면되도록 조치하여 주시기 바람.

상공부장관(전제수, 1970. 9. 11).

이러한 상공부장관의 요청은 상공부와 재무부의 입장 차이에 따른 현장에서의 적용 문제 마찰에 따른 것이었다. 이에 재무부 관세국장은 세제국에 현황을 문의하였고 역시 세제국장은 이미 수출물품 제조용 설비 중에는 물품세 과세해당물품이 없으며 수출물품 제조용 원자재 및 수출물품에는 물품세가 면세되고 있다는 원론적인 회신을 보내왔다.[96]

정부는 전자공업의 발전을 지원하면서 가장 큰 적인 외제 선호를 낮추어야 하였다. 이에 일찍부터 수입자본재가 국내 제작이 가능하다면 수입을 억제하는 정책을 실행하고 있었다. 심지어는 「동양정밀공업주식회사」가 AID 품목인 전자측정기기를 KFX 자금으로 해외에서 도입하고자 신청한 것에 대해 상공부가 "기술의 관련성 등을 고려하여 수입을 허가하는 것이 타당하다"고 의견을 제시했음에도,[97] 경제기획원은 "현재로서는 국내 제작이 불가능하고 일본 이외의 타국에서는 생산치 않고 있다는 사유가 언급되어 있지 않다"며 상공부의 요청에 합의할 수 없다고 회신하였다.[98]

전자공업 진입과 생산, 수출이 확대되면서 기술, 기능 문제가 전면으로 부상하였다. 1970년 9월 한국과학기술연구소와 미국전기전자공학회 주최의 서울 국제전기전자학술회의가 한국과학기술연구소에서 개최되었다.[99] 이는 순수학술회의라기보다는 한국의 전자공업이 직면하고 있는 기술 문제를 해결하고자 하는 노력과 정책의 일환이었으며, 이에 1970년 8월 18일 제62회 국무회의에 국제전기전자학술회의 개최경비 지출을 위한 1970년도 일반회계예비비지출(학술회의 개최경비)건이 안건 1297호로 상정되어 의결되었다.[100] 1970년 7월 25일과 26일 양일간 과학세계사와 전자기술사가 주최하는 「제1회 전자기기 조립 및 수리경연대회」도 열렸다. 초등부, 중등부, 고등부, 일반부로 나뉘어 250명의 선수가 참가한 이 대회에서 특히 일반부의 텔레비전 고장수리 경쟁은 전 국민의 인기를 끌면서 전자공업 기술, 기능에 대한 국민 호응을 대폭 높이는 역할을 하였다.[101] 정부는 당시 전 국민이 모이던 장소에서 의무적으로 방영되던

96 재무부 세제국장(전제, 1970. 9. 26).
97 상공부장관(AI, 1970. 6. 17).
98 경제기획원(AID, 1970. 7. 2).
99 문화공보부(서국, 1970. 9. 2).
100 총무처(국무13311709, 1970. 8. 20).
101 〈경향신문〉(1970. 7. 28).

〈대한뉴스〉를 통해 〈우리 기술로 만든 전자 오르겐〉 등을 보도하고[102] 또 이러한 전자공업 관련 대회 등을 적극 홍보함으로써 전자공업에 대한 국민 관심을 높이는 노력을 기울였다. 정부는 11월 2일부터 15일까지 아시아 최초로 열린 제19회 치바 국제기능올림픽에서 한국이 주조, 판금 등에서 금메달을, 라디오/TV 수리 등에서 은메달을 수상하여 종합 2위를 하였다는 것을[103] 대대적으로 광고하였다. 이러한 노력은 성공을 거두고 있었고 1971년 이후 컴퓨터학원 설립 승인신청이 증가하였다.

1970년 11월 23일 이낙선 상공부장관은 전자공업의 수출증대(1976년 4억 달러)와 합작투자 유치를 적극화하기 위해, (1) 28개 합작투자업체의 일정비율 내수판매 허용, (2) 내수용 전자제품에 대한 물품세 인하, (3) 부품제조용 원자재의 특관세 면세 등 종합대책을 마련하여 실시할 방침이라고 밝혔다.[104] 당시 내수용 전자공업 제품은 국민 위화감을 조장할 수 있는 물건으로 간주되어 소비를 억제한다는 명분에다가 재무부의 세수확대 목적으로 고율의 물품세가 부과되고 있었고 이는 전자공업의 경쟁력 강화정책, 육성정책과 충돌되고 있었다. 전자제품에 대한 높은 물품세 때문에 이에 대한 생산자 문의가 계속되고 있었다.[105] 여기에 수출 가능 상품의 내수판매분에 대한 물품세율 인하도 계속적인 상공부와 기업들의 요청에도 불구하고 세제국은 "다른 과세물품과의 과세권형상 곤란하다"는 기본 입장을 고수하고 있었다.[106] 이에 11월 23일 청와대 제11차 수출진흥확대회의에서도 전자제품의 「수출경쟁력 배양을 위한 국내 수요 개발책으로 수출 가능 품목의 내수판매 분에 대한 물품세 인하검토」가 보고되었다.[107]

전자공업진흥법과 정책적 육성방안 등으로 전자공업 지원이 체계화되고 있었지만 1970년까지도 기업들은 도입 기술을 토착화, 현지화하고 이를 독자적인 기술개발, 국산화로 연결시키지 못하고 있었다. 여전히 기술도입 그것도 조립기술 위주의 기술도입에 의존한 저단계의 생산이 이루어지고 있었다. 1970년 「한국통신기산업(주)」이 계약기간 3년의 기술도입을 2년 연장 신청하자 11월 9일 상공부장관은 아직 기술습득이 어렵다고 보고 기간연장 필요 의견을 경제기획원장관에게 내었고 경제기획원장관은 연장을 인가할 수밖에 없었다.[108]

1970년 12월 14일 상공부는 1971~1972년간 7개 전자부품공장 건설계획(전자 관계 산업 육성 시책)을 발표하였다. 이는 내자 136억 원, 외자 2,000만 달러를 투입하여 29종의 전자부품을 생산하는 계획이었다.[109] 1970년 한국이 생산하는 전자제품 생산품목 수는 121개가 되었다. 1961년 4개 품목에서 117개가 늘어난 것이다. 동시에 수출품목 수는 26개가 되어 1965년 3개

102 문화공보부(대뉴, 1970), 제765호; 문화공보부(대뉴, 1970), 제787호.
103 〈매일경제신문〉(1970. 11. 18); 〈매일경제신문〉(1970. 11. 19).
104 〈매일경제신문〉(1970. 11. 24).
105 재무부장관(물과, 1970. 3. 6); 재무부(전자발, 1970. 3. 19).
106 재무부 세제국장(전제, 1970. 9. 26).
107 한국정밀기기센터(전품, 1970. 12), 서론.
108 상공부장관(선무, 1970. 11. 9); 경제기획원장관(기계, 1970. 11. 23).
109 〈매일경제신문〉(1970. 12. 15).

에서 대폭 증가하였다. 주요 전자제품인 녹음기를 6만 대 생산하였고 이 중 98.3%인 5만 9,000대를 수출하였다.[110] 〈표 2-11〉에서 보듯이 전자제품의 수출은 5,496만 달러로 1969년에 비해 31.1% 증가하였다. 그러나 수출구성을 보면 민생용기기의 수출이 897만 달러로 16.3%, 전자부품 수출이 456만 달러로 83.1%를 차지하고 산업용기기는 0.6%에 불과하였다. 전자제품의 투자구분별 수출구성을 보면 외국인 단독투자업체가 59.8%, 합작투자업체가 15.2%로 이들이 75.0%를 차지하고 있었다. 내국인업체의 수출 내 비중은 1968년 21.5%에서 1969년 22.8%, 1970년 25.0%로 점차 높아졌지만 여전히 낮았다.

전자공업은 1964~1970년간 연평균 생산 51%, 수출 102%의 대폭적인 성장을 이루었으며, 특히 1970년의 수출은 생산액의 51.8%에 이르렀다.[111] 1970년 12월 10일 한국전자제품수출조합은 이사회를 열고 1971년도 라디오, TV, 녹음기, 전자계산기, 자동교환기, 전축, 트랜지스터, 집적회로, 마그네틱헤드, LSI, 측정기, 저항기, 스피커 등 전자제품 수출목표를 9,531만 5,000달러로 확정하였다.[112]

〈표 2-11〉 주요 전자제품 생산, 수출 실적, 수출구성(1969~1970)

생산, 수출 실적과 증가율

생산실적 및 국산화율 (천 대, %)	연산능력	생산실적		1970	
		1969	1970	증감률	국산화율
선풍기	390.5	184.0	201.0	9.2	99.5
냉장고	–	11.6	28.0	141.7	85
TV	347.1	67.5	121.3	79.7	–

유별 수출실적 (천 달러, %)	1968	1969	1970		증가율
		(A)	금액(B)	구성비	B/A
민생용기기	3,503	7,123	8,972	16.3	26.0
산업용기기	–	93	352	0.6	278.5
전자부품	18,772	34,720	45,641	83.1	31.5
합계	22,275	41,936	54,964	100.0	31.1
기계류 수출 내 비중	94.4	80.6	82.1	–	–

투자구분별 수출구성 (%)	1967	1968	1969	1970
내국인투자업체	34.4	21.5	22.8	25.0
외국인투자업체	61.4	70.0	76.0	59.8
합작투자업체	4.2	8.5	1.2	15.2
합계	100.0	100.0	100.0	100.0

자료: 경제기획원(경백, 1971), pp. 101~102.

110 국립영화제작소(한전, 1974).
111 경제기획원(경백, 1971), pp. 306~307.
112 〈매일경제신문〉(1970. 12. 12).

1971년 1월 11일 대통령은 연두기자회견에서 "역점을 둘 전략수출은 전자공업"이라고 밝혔다.[113] 전자공업의 규모 확대와 경쟁력 제고를 위해 1971년 1월 29일 상공부는 합작투자기업의 국내 판매 승인을 허가하기로 결정하였다. 1971년 3월 18일 상공부는 상공부고시 제6445호 〈합작투자업체 내수판매요령〉으로 오래 동안 계속 논쟁이 되어 왔던 합작업체의 내수판매를 고시하였다. 상공부는 설정기준에 도달한 전자공업 부문 외국인투자기업체가 국내 판매를 희망하는 경우 경제기획원장관의 인가조건 수정을 받아 국내 판매가 가능하도록 하였다. 이에 따라 경제기획원장관은 개별 인가조건 변경신청서의 접수 및 수정인가의 절차를 간소화하기 위하여 전량 수출조건부로 기 인가된 27개 합작투자업체의 인가조건을 "1971년 3월 18일 상공부고시 제6445호의 요령에 따른다"라고 일괄 수정 허가하였다.[114] 내수판매 허용은 1971년 3월 22일 제3차 수출진흥확대회의에서도 보고되었고 5월 12일에도 정부는 27개 외국인 합작투자 전자업체에 대한 국내 시판 허용을 확인하였다.[115]

정부의 외국인투자 유치 확대와 수출확대 의지를 간파한 일본 기업들의 한국 진입 노력은 1971년 들어와 보다 구체적이고 강력해졌다. 1월부터 일본 日韓經濟協會는 한국의 금융·투자 환경을 조사하기 위해 자본협력환경조사단을 2월 8일부터 6일간 파견한다고 밝혔다.[116] 방한한 일본의 「對韓資本協力環境調査團」은 한국의 정부 관계자들과 간담회를 가졌는데, 이때 한국 정부가 일본인 투자와 관련하여 밝힌 내용은 다음과 같다.

> 전자공업의 근대화와 수출력을 배양하기 위해 총투자자본 6,000만 달러의 29개 전자기기공장건설을 계획하고 있다.
> 총투하자본 내 정부의 기계공업육성자금으로부터 2,000만 달러를 지출한다.
> 일본으로부터의 투자를 권유하기 위해 곧 일본에 가서 전자공업회의 회원들에게 설명할 예정이다.
> 신청자격으로서 다음 조건을 구비하여야 한다.
> (1) 전자공업진흥법에 의하여 등록한 기업체일 것
> (2) 자가시설을 확장할 기업
> (3) 외국인과 합작투자로 신규 공장을 건설할 경우는 외국인의 주식지분은 50% 이내일 것
> (4) 합작기업체의 자본금은 총투자의 30% 이상일 것
> ……
> 정부의 로컬펀드 20억 원 범위 내에서 차관을 인정한다.
>
> 日韓經濟委員會·日韓經濟協會(對韓, 1971. 2), pp. 37~38.

정부가 일본 조사단에 전자공업의 구체적 예를 들어 설명한 것인데, 이는 일본 측의 관심

113 〈매일경제신문〉(1971. 1. 11).
114 경제기획원장관(전부15, 1971. 5. 7).
115 중화학공업추진위원회기획단(한공발4, 1978), p. 364.
116 〈매일경제신문〉(1971. 1. 18).

이 전자공업 부분에 높았고 정부 역시 전자공업 육성에 대해 강한 의지가 있었으며 이를 보여주고 싶었기 때문이었다. 이러한 정부의 의지와 노력으로 1971년 4월 16일 제26회 국무회의는 통신시설 확장을 위한 독일 재정차관협정 체결을 의결하였고[117] 6월 15일 제40회 국무회의는 통신시설 확장을 위한 독일 부흥은행(Kreditanstalt für Wiederaufbau: KfW) 차관협정 체결을 의결하였다.[118]

1971년 2월 1일 상공부는 1970년부터 착공하여 1972년 말까지 완공하기로 되어 있는 저항기, TV튜너, TV브라운관, 실리콘적층판, 트랜지스터 등 7개 부품 분야 29개 품목의 전자부품 전문개발공장에 따른 건설실수요자 지정원칙 및 자금지원요령을 발표하였다.[119] 상공부는 이를 위해 내자 20억 원 등 83억 원을 지원하기로 하였다.[120] 그리고 상공부는 1971년 4월 23일 상공부고시 제6711호(〈임시특관세법시행령 제1조 제1항 제6호의 규정에 의한 중요 전자부품의 가격지정에 관한 건〉)로 고정저항기, 가변저항기, 고정축전기, 스피커, 소형트랜스 및 코일, PCB, 스위치 및 소켓, 건전지, 트랜지스터, 포트안테나, 송수화갑의 11개 주요 부품에 대한 임시특관세 면제를 고시하였다. 상공부는 해당 부품에 최고 판매도매가격을 지정하면서 이를 당해 부품을 생산하는 각 업체별 평균 공장도 가격에 10%를 가산한 금액에서 관세청장이 조사 통보한 특관세 상당액을 공제한 금액으로 하고 가격변동 요인이 발생하였을 때에는 재조정할 수 있도록 하였다.[121] 정부의 중요 전자부품 특관세 면제는 전자공업의 원가절감 및 육성을 위한 것으로 비정상의 정상화를 시작하는 의미를 갖는 것이었다.

상공부는 1971년 3월 합작기업 국내 판매 허용을 고시한 후 5월 26일 국세청에 이를 통보하였고 7월 22일 관세청은 전자합작기업의 국내 시판분에 대해 관세 등 조세를 징수하도록 지시하였다.[122] 이 과정에서 1971년 6월 14일 상공부장관은 전자공업 합작업체의 국내 판매요령 중 일부 개정을 상공부고시 제6871호로 고시하였다. 상공부는 이 고시에서 국내 판매를 품목별 (수출실적량×수출가득률×내국인주식지분율)에서 (수출실적량×수출가득률×내국인주식지분율×일정비율)로 하여 정책목표가 더 잘 반영될 수 있도록 하였고, 이를 1971년 1월 1일부터 소급하여 시행하도록 하였다.[123] 한편, 경제기획원은 전량 수출조건의 외국인투자기업의 국내 판매를 허용하면서 관세 및 물품세를 납부하는 조건으로 승인하여[124] 수출보다 국내 판매를 추구하는 도덕적 해이가 일어나지 않도록 주의를 기울였다.

전자제품에 대한 높은 물품세는 1970년 11월 상공부장관에 의해 거론되고 제11차 수출진

117 총무처 의정과(통재, 1971. 4. 16).
118 총무처 의정과(통시, 1971. 6. 15).
119 〈매일경제신문〉(1971. 2. 1).
120 〈동아일보〉(1971. 2. 1).
121 〈관보〉(1971. 4. 30), 제5836호.
122 〈매일경제신문〉(1972. 7. 22).
123 〈관보〉(1971. 6. 17), 제5876호.
124 경제기획원(전가, 1972. 10. 25).

흥확대회의에서 보고될 정도로 계속 지적되고 있었다. 이에 상공부에 의해 전자공업진흥기관으로 지정된 한국정밀기기센터는 1971년 1월 28일 재무부장관에게 전자제품 물품세에 대한 연구, 〈전자제품에 관한 세제 건의-TV를 중심으로 한 물품세〉를[125] 첨부하여 물품세 조정 건의서를 제출하였다.[126] 재무부는 다른 과세물품과의 과세형평 면에서 신중히 검토되어야 할 사항으로 앞으로 세제개선 참고로 쓰겠다고 회신해[127] 사실상 조정 의사가 없음을 밝혔다. 물품세 인하 요구가 받아들여지지 않자 상공부장관은 경쟁국들의 사례를 객관적으로 보여주기 위해 외무부에 협조공문을 보내 일본과 대만의 물품세를 조사해 달라고 요청하였다. 주중대사관과 주일대사관이 보내 온 자료의 해당국 물품세 현황은 〈표 2-12〉와 같았다.

1971년 3월 23일 상공부장관은 재무부장관에게 일본, 대만의 물품세에 대한 외무부의 회신내용을 송부하면서 "조속한 시일 내에 물품세가 인하되도록 협조하여 주시기 바랍니다"라고 요청하였다. 상공부장관은 일본의 물품세는 TV수상기 15%, 라디오 보통 5%(스테레오 15%), 전

〈표 2-12〉 대만, 일본의 전자제품 물품세 현황

			물품세율		
대만			1962. 8	1965. 5	1970. 1
	TV(수상기)		없음	10%	10%
	라디오		없음	없음	없음
	전축		없음	없음	없음
	녹화기		없음	없음	없음
	앰프		없음	없음	없음
	냉장고		없음	15%	15%
	에어컨		없음	15%	15%
	선풍기		없음	없음	10%
일본			1959	1962/1966	1971년 현재
	TV	흑백	소 20%, 대 30%	소 20%, 대 30%/ 소 15%, 대 20%	–
		컬러	소 20%, 대 30%	1959~1965년 10% (1968~1970년 없음)	(1970~1971년 5%) 10%
	라디오		10%	–	보통 5%, 스테레오 15%
	전축		30%	20%/15%	–
	녹화기		없음	없음	없음
	앰프		5%	보통 5%/스테레오 15%	보통 5%, 스테레오 15%

자료: 주중대사대리(1971. 2. 8); 주일대사(전제, 1971. 2. 2).

125 한국정밀기기센터(전품, 1970. 12).

126 한국정밀기기센터소장(전제, 1971. 1. 28).

127 재무부(전자품, 1971. 2. 8).

축 15%, 녹화기 0%, 앰프 보통 5%(스테레오 15%)이고 대만은 TV 10% 외 라디오, 스테레오, 전축, 녹화기, 앰프 모두 물품세가 없다고 적었다.[128] 이에 대해 재무부장관은 회신을 통해 다시 다른 과세물품과의 과세형평 면에서 광범위하게 검토되어야 할 사항으로 세제개선 자료에 참고하겠다고만 밝혀 부정적 뜻을 재차 나타내었다.[129] 경제기획원, 재무부의 생각과 상공부의 생각은 달랐다.

1971년 5월 31일 수출진흥확대회의에서 상공부는 부진한 전자제품 수출 진흥을 위해 상반기 중 29개 부품공장 건설업체 지정을 끝내고 5월 20일 설립을 허가한 한국전자공단 설립을 서두르는 한편, 구주시장 개척을 위해 구주지역 5개 도시에 한국수출진흥주식회사 지사를 설치할 계획이라고 밝혔다.[130] 6월 상공부는 1976년까지 전자제품 수출을 4억 달러로 올리기 위해 구미공업단지 내에 세울 전자공업단지 조성 보조 9억 4,400만 원을 1972년 예산에 반영해 줄 것을 예산당국에 요구하였다.[131] 상공부는 전자공업에 대한 관심을 높이기 위하여 한국전자전람회에 대통령이 참가하도록 유도하여 1971년부터 매년 대통령의 참석이 이루어졌다.[132] 1971년 11월 29일 청와대에서 열린 제10차 수출진흥확대회의에서 상공부는 대만에 대한 외국인투자의 감소, 일본의 대미전자제품 수출 자율규제 가능성 등으로 한국 전자공업의 전망이 밝아지고 있다면서 구미전자공업단지 조성계획을 밝혔다. 상공부의 계획은 1976년까지 전자제품 수출을 4억 달러로 올리기 위해 구미공업단지 내 18만 평 부지에 외국인투자가들을 적극 유치하도록 1972년 5월까지 6억 3,500만 원을 투입하겠다는 것으로, 상공부는 투자여건을 개선하고 29개 부분품 공장을 계획기간 내에 완성할 생각이었다.[133] 100% 외국인투자회사이었던 「훼어차일드 쎄미코어」가 1969년 540만 달러, 1970년 507만 2,810달러를 수출하는 등 외국인투자기업들의 수출 역할은 컸다.[134]

전자공업을 강화하려는 노력은 상공부 직제개편에도 그대로 반영되었다. 1971년 6월 17일 정부는 대통령령 제5669호로 상공부 직제 중 개정령을 공포하고 이날부터 시행에 들어갔는데 제15조 제1항 중 "국장 밑에 중공업계획담당관을 둔다"를 "국장 밑에 중공업계획담당관 및 전자공업담당관을 둔다"로 바꾸고 전자공업담당관 관련 제15조 제9항을 다음과 같이 신설하였다.

> ……
>
> 9. 전자공업담당관은 다음 사항에 대하여 국장을 보좌한다.
>   (1) 전자공업의 장기종합계획의 수립 및 추진

128 상공부장관(전제기, 1971. 3. 23).
129 재무부(전자기, 1971. 4. 1).
130 〈매일경제신문〉(1971. 5. 31).
131 〈매일경제신문〉(1971. 6. 18).
132 송태욱 전 전자정보인협회회장 증언(2011), pp. 71~76.
133 〈매일경제신문〉(1971. 11. 30).
134 경제기획원장관(전품, 1971).

(2) 전자공업의 기술진흥 및 품질향상
(3) 전자공장의 건설 촉진 및 지도·육성
(4) 전자공업단지 조성 추진
(5) 전자공업 투자 촉진을 위한 기술 상담
……

〈관보〉(1971. 6. 17), 제5876호.

1971년 10월 12일 중앙전자계산소가 유니백(UNIVAC) 1106형을 설치하고 업무를 개시하였다. 전자공업의 발전, 정부정책의 강화와 함께 사회적으로도 전자공업 지향에 대한 운동과 공감대가 확대되고 있었다. 1971년 11월 2일부터 4일까지 국립과학관과 한국정밀기기센터가 전국민의 전자공업 관심 앙양과 수출확대를 위한 전자제품 생산저력인구 배양 목적을 내걸고 제3회 전국 라디오조립 경연대회를 열었다.[135] 한국전자계산학회는 8월 2일부터 28일까지 하기 컴퓨터프로그래밍 무료강좌를 열었다.

1971년 3월 미국 국방예산 감축에 미도입 차관 579,907.20달러를 감액하였던[136] 「훼어차일드 쎄미콘닥터(주)」(*Fairchild Semiconductor Ltd.*) 이사회는 8월 14일 「훼어차일드 쎄미코어」에 추가 투자를 위한 설비와 기계구입비 495,813달러를 지출할 것을 결의하였고, 이에 따라 「훼어챠일드 쎄미코어」는 대표이사 Charles H. Smith의 결의내용 증명서를 첨부하여 한국 정부에 증액투자 인가를 요청하였다.[137] 1971년 10월 25일 제61차 외자도입심의위원회는 이미 1970년 3월 13일자로 증액투자를 인가한 바 있는 「훼어차일드 쎄미코어」(기투자액 456,840달러, 차관액 1,217,092달러)가 신청한 292,000달러의 외국인 증액투자(투자비율 100%)를 의결하였고 26일 경제기획원장관은 이를 인가하여 재무부장관과 상공부장관 등 관련 기관에 통보하였다. 경제기획원장관은 인가조건으로 "생산제품은 전량 수출하여야 한다," "외자도입법 제13조를 위배하였을 때에는 도입 당시 면제된 자본재의 관세 및 물품세를 추징한다" 등을 포함시켰다.[138] 이로써 「훼어차일드 쎄미코어」사의 100% 단독투자 합계액은 748,800달러가 되었는데 이번에 증액된 투자액은 국제수요 증대로 신규 개발된 고성능 집적회로의 일종인 CERDIP과 전기장효과트랜지스터 등을 생산하는 필요부대시설재를 도입하기 위한 것이었다.

「훼어차일드 쎄미코어」의 증액투자 인가 과정에서 경제기획원장관은 상공부의 적정 검토의견을 받고 연간 436만 달러의 외화가득 효과와 1,500명 이상의 고용효과, 그리고 동 사업으로 인한 기술향상 등이 기대된다고 밝혔다.[139] 상공부는 경제기획원장관에게 소요외자가 타당

135 〈매일경제신문〉(1971. 7. 31).
136 경제기획원(전부, 1971. 3. 11).
137 Smith, Charles H., Representative Director(1971. 8. 16).
138 경제기획원장관(전품사, 1971. 10. 26).
139 경제기획원장관(전품사6, 1971. 10).

하고 생산 공정 및 기술성, 국내외 시장성, 원료조달계획에서 문제점이 없으며 따라서 투자인정과 함께 제품의 90% 이상을 수출하도록 종합의견을 내었는데,[140] 「훼어차일드 쎄미코어」측이 제품 전량을 수출하겠다고 수정 제의하여 와 그렇게 결정되었다.[141] 상공부는 도입자본재 명세서를 제출받아 한 품목 한 품목 검토하였는데 상공부가 도입 불가 품목으로 판정한 것은 그 대금을 현금으로 도입하여 국내 조달하도록 하였다. 심지어 불명 품목 및 중고품에 대하여는 "도입 이전에 재검토를 요함"으로 하였고 "도입가"라고 하여도 명세확인이 어려운 품목에 대해서는 "도입 전 명세확인 요함"으로 하는 등 상공부는 철저한 검토를 수행하였다. 도입불가 품목은 퓨즈 컷아웃, 투광 조명등, 과부하 계전기 등 전기 관련 부품이 많았는데 국내조달 가능한 것이었다.[142]

전자제품의 높은 물품세에 대한 비판이 계속되고 상공부 및 관련 기관의 인하 요구도 계속되자 결국 정부와 여당은 1971년 8월 24일 확정한 새해 세제개혁안에서 그동안 사치품으로 여겨 고세율이 적용되었던 TV, 녹음기 등 전자제품과 석유류의 물품세를 내리겠다고 밝혔다.[143] 수출에 인센티브를 주자는 상공부의 요구에 따라 처음 고려된 세율은 20인치 이상 대형 TV는 65%에서 30%로, 19인치 이하 소형 TV는 50%에서 25%로 인하하는 등의 당시로서는 비교적 대폭적인 인하이었다.[144] 1971년 11월 9일 재무부는 전자제품 세율 인하를 위해 상공부장관에게 전자제품 국산화 비율, 전자제품 1969~1971년 연도별 수출실적과 1971~1976년 연도별 수출계획, TV 19인치와 23인치에 대한 대당 가격 및 외화소요액을 알려 줄 것을 요청하였다.[145] 재무부는 국산화 비율을 회사별로 적고 구체적인 회사별 주소와 명칭별 국산화 비율 그리고 국산화되고 있는 부품의 명칭까지 제출해 줄 것을 요청하였고 수출도 TV 19인치, TV 23인치, 축음기, 녹음기 물품별로 대당 반출가격, 기타 비용, 국산 원자재비, 수입 원자재비 등 세부 내용까지 양식에 맞추어 제출해 줄 것을 요구하였다. 국회 재무위를 통과하여 최종 확정된 세법개정안은 원래 정부안도 사실 여전히 높은 물품세이었지만, 특정 업체에 대한 특혜라는 비판을 수용함으로써 더욱더 후퇴되어[146] 물품세는 TV의 경우 50~65%에서 35~50%로, 축음기는 50%에서 40% 등으로 소폭 인하하는 데 그쳤다(〈표 2-13〉 참조).

1971년 11월 17일 국방과학연구소(ADD)는 대통령의 긴급명령에 따라 청와대 경제제2비서실의 지시를 받으며 「번개사업」이라는 암호명으로 방위산업 국산화 작업에 착수하였는데 이는 전자공업에 대한 관심을 더욱 높여 주었다. 1971년 12월 31일 상공부장관은 전자기기 등의 검

140 상공부장관(외국, 1971. 10. 21).
141 경제기획원장관(전품사6, 1971. 10), 심의자료.
142 상공부장관(외국, 1971. 10. 21).
143 〈경향신문〉(1971. 8. 31); 〈동아일보〉(1971. 8. 30).
144 〈매일경제신문〉(1971. 9. 2).
145 재무부(전제, 1971. 11. 9).
146 〈경향신문〉(1971. 12. 1); 〈경향신문〉(1971. 12. 9).

〈표 2-13〉 물품세 인하 가전제품(1972. 1. 1) (단위: %)

	개정 이전	개정 이후
TV(대형)	65	50
TV(소형, 19인치 이하)	50	35
축음기	50	40
녹음기용 테이프	50	40
냉방기기	–	20

자료: 〈매일경제신문〉(1971. 12. 9).

사시설 기준 및 검사기준에 관한 규정 중 일부 개정을 상공부령 제362호로 공고하였다. 여기에서 전자기기에 주로 사용하는 부품과 재료에 콘스피커와 방송청취용 수신기를 추가하였다.[147] 이러한 품목 추가는 발전하는 전자공업의 현실을 반영하는 조치이었고 이후에도 계속 이루어졌다.

1962년부터 1971년까지 이루어진 1, 2차 경제개발5개년계획에서 전자공업의 연평균 성장률은 88.9%라는 높은 성장률을 이루었다.[148] 또한 1966년부터 1971년까지 이루어진 제2차 통신사업5개년계획은 전화 보급을 대폭 확대시켜 전화가입자 수를 1966년 27만 7,756명에서 56만 3,129명으로 배증시켰고, 1971년 3월 교환원 연결 없이 직접 통화 가능한 서울-부산 간 DDD 방식 전화의 개통도 가져왔으며, 1970년 금산 위성통신지구국 개통까지 가져왔다.[149] 이 과정을 통해 1971년 전자공업 수출액은 8,860만 달러에 달해 전자공업은 수출산업으로서의 기반을 굳히고 있었다.[150] 1971년 한국은 탁상용 전자계산기를 600대 생산하여 이를 100% 수출하였다.[151] 한국전자공업협동조합은 1971년 한국의 전자공업은 전자부품 재료수입을 1/3로 줄이는 성과를 거두었다고 밝혔다.[152]

정부는 1972년부터 시작되는 제3차 경제개발5개년계획을 작성하면서 전자공업 수출목표를 1976년 4억 5,200만 달러로 정하였다. 3차 경제개발5개년 기간 중 전자공업에 대해 정부가 정한 방침은 다음과 같았다.

> 3차 경제개발5개년 기간 중에는 제품의 국산화율을 높이고 수출산업으로 육성하기 위하여 라디오, 텔레비전 등 가정용기기 8개 품목, 탁상용 계산기 등 산업용기기 16개 품목과 집적회로, 트랜지스

147 〈관보〉(1972. 1. 4), 제6042호.
148 大韓民國經濟企劃院(日本, 1973. 5), p. 41.
149 전자산업 50년사 편찬위원회(2009), p. 158.
150 경제기획원(경백, 1972), p. 316.
151 국립영화제작소(한전, 1974).
152 〈매일경제신문〉(1972. 1. 8).

터 등 주요 부품 41개 품목의 개발을 촉진토록 한다.
이를 위하여 원자재 비축제의 실시, 지원시설의 공동이용 및 제품의 규격화와 품질검사를 강화하고 외자 및 선진기술의 도입을 촉진한다.
그리고 생산규모 확대에 의한 국제 경쟁력을 강화하기 위해 국내 수요를 늘릴 수 있도록 세율을 조정하고 신제품의 개발, 기술향상을 위하여 한국정밀기기센터 등 전자공업진흥기관의 활용을 강화한다.

경제기획원(경백, 1971), p. 307.

3차 경제개발5개년계획 전자공업 수출목표 1976년 4억 5,200만 달러는 1974년에 이미 5억 1,800만 달러 수출실적으로 단축 초과 달성되었다.[153]

Ⅳ. 장기 계획과 정책 전환

1972년 1월 9일 상공부는 1972년 전자공업진흥시책을 마련하였다. 시책은 부품공업 개발, 외국인투자 적극 유치, 기술개발 촉진을 기본목표로 주요 부품의 국내 생산 및 공급 촉진을 위해 28개 부품공장을 연내 완공하겠다는 것이었다.[154] 상공부는 특히 3차 계획기간 중에는 국산화 비율을 높이고 수출산업으로 육성키 위해 가정용기기 8개 품목, 산업용기기 16개 품목과 41개 부품의 개발을 촉진할 것이며 "생산규모의 확대에 의한 국제 경쟁력 강화를 위하여 국내 수요를 높일 수 있도록 물품세 인하 등 세금을 낮추고 신제품 기술개발을 위해 한국과학기술연구소, 한국정밀기기센터 등 전자공업진흥기관의 활용을 강화"할 것이라고 밝혔다.[155] 정부는 수입부품의 특관세 면제, 물품세율 인하와 "TV 보급을 확대하기 위하여 값이 오르는 것을 예방하자"는 1965년의 각의의결을 근거로 상공부령으로 TV수상기 값을 규제하였다.[156]

3차 경제개발5개년계획이 본격 가동되면서 정부정책이나 기업에 있어 수출의 중요도는 점점 높아졌다. 1972년 1월 21일 상공부장관은 상공부고시 제8263호로 〈수출특화산업 및 수출전략산업〉을 고시하였다. 여기에서 상공부는 수출전략산업에 전자제품, 선박, 철도차량, 철강 및 금속제품, 자전거 및 부품, 재봉기, 합성수지제품 등을 포함하였고 상공부장관은 이들 산업을 우선 지원한다고 밝혔다.[157]

계속된 수출 강조 위에서 1972년 1월 29일 상공부장관은 상공부고시 제8288호 〈합작업체

153 경제기획원(경백, 1975), p. 400.
154 한국기계공업진흥회(한기진20, 1989), p. 777.
155 최종명 상공부기획관리실장(1972. 3), p. 22.
156 〈매일경제신문〉(1973. 5. 8).
157 〈관보〉(1972. 1. 21), 제6057호.

가 생산한 전자기기 등의 국내 판매 요령 개정〉을 고시하였다. 이는 이전 상공부고시 제6445호 및 동 제6879호(합작업체가 생산한 전자기기 등의 국내 판매 요령)를 개정 고시한 것이다. 그 주요 내용인 판매자격 조건, 판매허용 한도, 판매허용 계산 방식, 부품 및 재료공업 육성개발 내용은 다음과 같다.

> 제2조(판매자격 조건) 합작업체가 전자기기 등을 수출하여 다음의 유별 수출책임액을 달성하면 해당 유별 품목에 대하여 국내 판매를 할 수 있는 자격을 갖는다.
> A류 품목(국내 생산이 없는 품목): 50만 불 이상
> B류 품목(국내 생산은 있으나 수출실적이 없는 품목): 100만 불 이상
> C류 품목(국내 생산이 있고 수출도 되고 있는 품목): 200만 불 이상
> 제3조(판매허용 한도)
> A류 품목: 국내 시장 수요량의 100%까지
> B류 품목: 국내 시장 수요량의 30%까지
> C류 품목: 국내 시장 수요량의 20%까지
> 제4조(판매허용 계산 방식) 유별 한도량 범위 내에서 상공부장관이 수시판매량을 승인한다.
> 품목별 수출실적량×수출가득률×국내인주식지분율×일정비율
> 일정비율=5(실시연도 동기 누계 직접수출 실적의 월평균 실적/3(전년도 동기 누계 직접수출 실적의 월평균 실적))에 따른다.
> 제5조(전자부품 및 재료공업의 육성개발) 1. 상공부장관이 전자부품 및 재료 등의 조속한 육성개발을 위하여 해당 품목을 생산하는 합작업체에 대하여 수급사정을 감안하여 다음 한도 내에서 국내 판매를 허용할 수 있다.
> A류 품목: 국내 시장 수요량의 100%까지
> B류 품목: 국내 시장 수요량의 50%까지
> C류 품목: 국내 시장 수요량의 30%까지
> 부칙 상공부고시 제6445호 및 동 제6879호는 폐지한다.
>
> 〈관보〉(1972. 1. 29), 제6064호.

상공부가 정한 승인 수시판매량은 품목별 수출실적량과 수출가득률 그리고 직접수출 실적의 증가 정도 등 수출과 수출증가 노력을 우선시한 것이었다. 합작기업들의 국내 판매 허용조치는 수출을 촉진하기 위한 동기 유발이 큰 목적이었지만 동시에 1971년 국내 「삼성사」, 「천일사」 등에서 앰프 및 TV 조립용으로 집적회로(IC)를 약 24만 개 수입하는 등[158] 한국에서 생산 수출한 부품을 역수입하는 사태가 나타나고 있었기 때문이었다. 전자계산기, TV, 라디오, 테이프레코더, 전자우주항공, 선박 등 다방면에서 사용되는 기초부품인 IC만 하여도 상공부에 의하면 국내 생산 증대에도 불구하고 향후 1972년 29만 5,000개, 1974년 42만 5,000개, 1976

158 경제기획원(전가, 1972. 10. 25).

년 68만 3,000개 수입 등 계속 수입이 증대될 것으로 예측되고 있었다.[159] 이런 가운데 청와대 경호실로부터 전국 5대 도시 연결 무선통신망에 사용할 교환기를 포함한 이동통신망을 개발하라는 「메모콜 프로젝트」가 KIST에 시달되어 1972년 2월부터 개발이 시작되었고 1년 후 기기는 만들어졌지만 사용 실패로 끝났다.[160]

1972년 2월 28일 상공부는 탁상전화기·브라운관 등 61개 품목을 국산 가능 기재로 추가 선정하고 1,549개 품목의 수입 억제를 결정하였다.[161] 1972년 4월 24일 중앙청에서 열린 제4차 수출진흥확대회의에서 국무총리는 동구권 수출증대를 위해 계속 노력하라고 지시하였고[162] 전자제품의 해외 수출 전망이 보고되었다.[163]

수출과 함께 공산품 가격 인하, 물품세율 인하, 외제 유입 억제로 내수 역시 급증하면서 가전업체들은 에어컨, 냉장고 등에서 공급능력 부족을 겪게 되었다. 에어컨 제조업체 「금성사」가 주요 부품수입원인 *GE*에게 부품을 발주하는 기간이 최소 10개월이 걸리는 등 해외 부품에의 의존으로 공급능력 배가가 불가능한 상황이 이어졌다.[164] 실제로 부품공급 차질로 1970~1972년 전자공업의 가동률은 낮았고 1972년 전체 전자공업 가동률은 38.1%에 불과하였다. 부문별 가동률을 보면 가정용기기 25.9%, 산업용기기 50.5%, 전자부품 52.6%로 특히 수요가 급증한 가정용기기에서 핵심부품의 공급 곤란이라는 구조적 한계로 가동률이 낮은 모순이 나타났고, 산업용기기도 세분해 보면 부품의 해외 의존도가 높았던 자동차용라디오가 10.8%, 전자응용장치가 7.3% 등으로 가동률이 매우 낮았다.[165] 이는 한국 전자공업이 해결해야 할 근본 병목의 문제이었다. 1973년 이후 중화학공업화정책을 통해 이 문제를 조금씩 해결해 나가면서 비로소 가동률이 높아진 것은 중화학공업화정책선언이 가지는 의미를 분명히 보여 주는 것이다.

1972년 8월 31일 상공부는 제3차 경제개발5개년계획기간 중 전자제품 수출증대 조치를 발표하였다. 그 내용은 21개 전자제품 부품공장을 새로 건설하고 기초 원자재에 관세를 면제하는 조치를 취한다는 것이었다.[166] 국제 경쟁력은 물론이고 가득률 높은 효율적인 수출을 위해서 부품국산화는 필수적인 과제이었다. 김광모 전 중화학공업추진위원회기획단 부단장의 증언에 의하면 세계적인 부품 공급망이 갖추어진 현재와 달리 당시 수입부품은 비쌌고 생산비 내 수입부품비의 비중은 매우 높았다.[167] 9월 27일 중앙청 제8차 수출진흥확대회의에서 대통

159 경제기획원장관(전건, 1972. 10).
160 박항구 전 하이닉스반도체 부사장 증언(2011), pp. 246~248.
161 중화학공업추진위원회기획단(한공발4, 1978), p. 392.
162 〈매일경제신문〉(1972. 4. 25).
163 문화공보부(대뉴, 1972), 제877호.
164 〈매일경제신문〉(1973. 5. 23).
165 한국산업은행조사부(한산, 1973), Ⅰ, p. 321.
166 한국기계공업진흥회(한기진20, 1989), p. 778.
167 김광모 전 중화학공업추진위원회기획단 부단장 증언(2020. 1. 18).

령은 수출상품 개발 유공자로 소형전탁전자계산기를 개발한 한국과학기술연구소 연구실장, 고전형 전화기를 개발한 동양정밀 생산부장, 다목적 음향효과 장치를 개발한 「동남전기(東南電機)」 개발과장과 정밀도경진대회 최우수상 「금성사」 등을 표창하였다. 대통령은 정밀도경진대회 입상자들이 만든 제품을 앞으로 생길 공업박물관에 영구 보관하라고 지시하였다.[168] 이어 대통령은 서울 덕수궁에서 1972년 9월 27일부터 10월 4일까지 열리는 제3회 한국전자전람회(KES)를 참관하였다. 역시 9월 27일 한국전자전람회에 참석한 이낙선 상공부장관은 컬러TV 국산화 정책을 밝혔다. 이는 1972년 현재 20%인 국산화율을 1973년 50%, 1974년 70%로 올리겠다는 것이었다. 컬러TV는 흑백TV보다 부품수요가 2.5배이었고 컬러브라운관, DY, FBT 등의 전용부품이 필요한 것이었다.[169]

1972년 10월 상공부는 「한국시그네틱스」의 전자부품 IC 전량 수출조건 변경신청에 대해 현재 동사의 제품인 집적회로가 내국인업체에서 내수용으로 개발되지 않고 있으므로 「모토로라 코리아(주)」, 「훼어차일드 쎄미코어(주)」, 「한국도시바(주)」의 시판허용률과 같이 전년 수출실적(동일품목)분의 10% 범위 내에서 시판허용을 인정한다는 내용을 경제기획원에 회시하였다.[170] 상공부는 국내 판매가격을 수출가격으로 공급함을 조건으로 하여 내수판매에서 초과이윤을 추구하지 못하도록 하였고 동시에 국내 업체들의 비용 상승도 억제하고자 하였다. 1972년 12월 2일 상공부장관은 1월의 상공부고시 제8288호를 폐지하고 〈외국인과 합작투자한 업체가 생산한 전자제품의 국내 판매에 관한 요령〉를 상공부고시 제9431호로 고시하였다. 여기에서 제2조를 다음과 같이 변경하였다.

【외국인과 합작투자한 업체가 생산한 전자제품의 국내 판매에 관한 요령(상공부고시 제9431호)】

제2조

1. 내국 주식지분율 50% 이상 합작업체가 생산하는 민생용 전자기기는 수출실적의 내국인 주식지분율에 해당하는 양의 범위 내에서 국내 판매 허용. 산업용 전자기기와 전자부품 및 재료는 제한 없이 국내 판매 가능
2. 내국인 주식지분율이 50% 미만인 합작업체가 생산하는 전자제품은 수출실적의 내국인 주식지분율에 해당하는 양의 50% 범위 내에서 국내 판매를 허용

〈관보〉(1972. 12. 5), 제6320호.

이는 상공부가 전자공업 합작기업체 제품의 국내 시판을 완화한 것이다. 상공부는 그 목적을 "전자공업의 건전한 육성과 수출증대를 도모하기 위하여"라고 밝히고 있는데, 이는 1월의 상공부고시 제8288호에서 밝힌 목적, "전자공업의 조속한 육성개발"을 "건전한 육성"으로 바꾼

168 〈경향신문〉(1973. 9. 27); 〈동아일보〉(1973. 9. 27).
169 중화학공업추진위원회기획단(한공발3, 1979), pp. 443~444.
170 경제기획원(전가, 1972. 10. 25).

것으로 한 걸음 나아간 것이다. 또한 내국인 지분율의 기준을 50%로 한 것은 이를 적극적으로 유도하고자 하는 것이었다. 1973년 중화학공업화정책선언 이후 내국인 지분율 50% 이상 규정은 한국 중화학공업화정책의 기본원칙으로 채택되었다.

1972년 8.3조치, 경제의 안정과 성장에 관한 긴급명령 제49조 제4항의 규정에 의해 8월 25일 대통령령 제6327호로 산업합리화심의회규정이 공포되었고[171] 10월 21일 태완선 경제기획원장관은 전자기기제조업을 포함한 산업합리화 업종 59개 업종을 발표하였다.[172] 이에 따라 4호 산업에 속하는 전자공업과 구미공업단지에 배당된 산업합리화 자금이 1972년부터 책정되었다.[173] 1972년 12월 30일, 상공부장관은 상공부공고 제7286호로 "경제의 안정과 성장에 관한 긴급명령 제53조 제1항 제1호의 규정에 의하여 전자공업에 지원하는 합리화 자금의 지원요령을 공고"하여 이날부터 바로 시행하였다. 그 내용은 〈표 2-14〉와 같다. 이 공고의 목적은 수출 촉진, 기술개발 촉진, 전자공업단지 집중지원에 있었고 특히 부품의 대상은 전문계열화 및 기술개발사업에 한정하였다. 지원이율은 연 8%이었다. 전자공업 지원 합리화 자금 지원요령 공고에 이어 1973년 1월 4일 전자공업 부문 산업합리화 방안이 수립되었다. 수출실적 200만 달러 이상 전자기기업체, 전자공단 및 부품전문 생산업체를 위해 30억 원의 산업합리화 자금이 우선 지원되었다.[174]

1972년 부품공급과 국산화 등으로 장기적인 수출증가가 중시되면서 이루어진 1972년 전자공업 수출은 1억 4,200만 달러로 생산의 68.4%로 커졌다. 1969년 이 비율은 52.5%이었다. 더구나 전자공업 생산이 1972년 2억 달러를 돌파하여 2억 750만 달러에 달하면서 이룬 성과이었다. 전자공업 수출이 전체 수출에서 차지하는 비중도 1966년 1.4%에서 8%로 급등하였고 등록 전자공업 업체 수도 1966년의 53개 업체에서 1972년 217개 업체로 늘어났다.[175] 1960년대 후반 1970년대 초 전자공업의 생산, 수출, 수입 추이를 정리하면 〈표 2-15〉와 같다.

1972년 전자공업 매출 4대 기업의 매출액과 수출액은 〈그림 2-2〉와 같다. 1972년 전자공업 매출은 한국 기업으로서 금성계열이 15.0%, 삼성계열이 5%를 차지하고 있었고 수출은 금성계열이 6%, 삼성계열이 7%를 차지하고 있었다.[176]

가정용기기, 산업용기기, 부품별 주요 전자제품의 1968년과 1972년 생산변화를 정리하면 〈표 2-16〉과 같다. 생산 비중이 압도적으로 높았던 집적회로의 비중은 1968년 21.5%에서 1972년 23.9%로 더 높아지고 있었다. 가정용기기의 경우 라디오의 비중이 대폭 줄고 녹음기와 TV의 비중이 3.7%와 15.7%로 늘었다. 산업용기기의 경우 전화기의 비중이 줄고 이 비중

---

171 〈관보〉(1972. 8. 25), 제6238호.

172 〈경향신문〉(1972. 10. 21); 〈매일경제신문〉(1972. 10. 25).

173 한국산업은행 외자금융부장(1972. 10. 30), 산업합리화 자금운용계획 및 집행실적.

174 국무총리기획조정실(중오, 1973), p. 194.

175 한국산업은행조사부(한산, 1976), Ⅰ, p. 289.

176 Bloom, Martin(1992), p. 38.

〈표 2-14〉 상공부공고, 전자공업 지원 합리화 자금 지원요령(1972. 12. 30)

<table>
<tr><th colspan="2">구분</th><th colspan="2">지원조건 및 내용</th></tr>
<tr><td rowspan="2">대상 요건</td><td>기기 부문</td><td colspan="2">1. 시설투자의 적정화 및 기술개발사업에 한함
2. 전자제품 수출업체만 해당
3. 수출용 전자기기의 생산확대를 추진하고자 하는 업체(100% 외국인투자업체 제외)
4. 신규 수출상품 개발을 추진하고자 하는 업체(합작 및 100% 외국인투자업체 제외)</td></tr>
<tr><td>부품 부문</td><td colspan="2">1. 전문계열화 및 기술개발사업에 한함
2. 전자공업단지 확장사업(재단법인 한국전자공업공단)
3. 전자부품 전문공장 건설 지정업체 및 특별지원 대상 업체로서 전문화 생산체제를 확대 추진코자 하는 업체
4. 기타 전자부품 수출업체(외국인투자업체 제외)
5. 기술개발 추진 업체(합작 및 100% 외국인투자업체 제외)</td></tr>
<tr><td rowspan="4">융자 조건</td><td>용도</td><td colspan="2">1. 시설자금 2. 운전자금</td></tr>
<tr><td>이자</td><td colspan="2">연 8%</td></tr>
<tr><td rowspan="2">융자 기간</td><td>시설자금</td><td>8년 이내(3년 거치 5년 상환)</td></tr>
<tr><td>운전자금</td><td>3년 이내(1년 거치 2년 상환)</td></tr>
<tr><td rowspan="2">지원 한도</td><td>기기 부문</td><td colspan="2">신청일 기준 1년간 수출실적을 감안하여 기기부문은 A(수출실적 $200만 이상), B($100~200만 미만), C($20~100만 미만)로 분류하여 각 100백만 원, 70백만 원, 40백만 원 한도로 지원</td></tr>
<tr><td>부품 부문</td><td colspan="2">신청일 기준 1년간 수출실적을 감안하여 부품부문은 A(전자공업공단), B(수출실적 100만 불 이상), C(50~100만 불 미만), D(10~50만 불 미만)로 분류하여 각각 전액, 70백만 원, 50백만 원, 30백만 원 한도로 지원</td></tr>
<tr><td colspan="2">유효기간</td><td colspan="2">융자추천일로부터 90일간</td></tr>
</table>

자료: 〈관보〉(1972. 12. 30), 제6340호.

〈표 2-15〉 전자공업 수급 추이

(단위: 백만 달러, %)

	총수요	생산	수입	수출	내수	수출/생산
1965	16.0	10.5	5.5	1.8	14.2	17.1
1966	32.2	21.8	10.4	3.6	28.6	16.5
1967	56.0	36.8	19.2	6.8	49.2	18.5
1968	95.9	56.1	39.8	19.5	76.4	34.8
1969	122.6	79.8	42.8	41.9	80.7	52.5
1970	188.5	106	82.5	54.9	133.6	51.8
1971	261.8	138	124	88.6	173.2	64.2
1972	384.5	207.5	177	142	242.5	68.4

자료: 한국정밀기기센터(한자, 1978); 한국산업은행(개대, 1977); 한국전자공업진흥회(전자편, 1977, 1980); 한국전자공업진흥회(전전, 1981, 1983, 1989).

〈그림 2-2〉 1972년 전자공업 매출 상위 4대 기업 매출액과 수출액

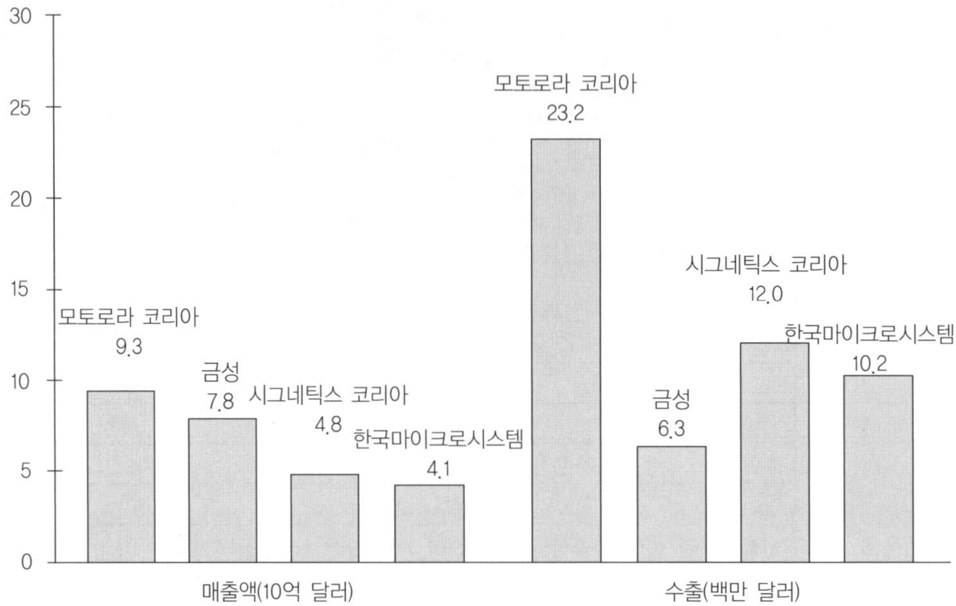

자료: Bloom, Martin(1992), p. 38.

을 신규 생산되고 있는 트랜시버와 계산기가 0.2%, 1.0%를 새로이 차지하였다. 부품에서는 집적회로에 이어 트랜지스터의 비중이 12.8%로 여전히 높았고 수상관(受像管)과 축전기의 비중이 각각 2.1%, 3.1%로 높아졌다.

1972년 11월 8일 상공부는 중화학공업 제품의 수출증대에 역점을 두어 1980년 100억 달러 수출의 장기수출계획을 확정하였다.177 대통령 경제제2비서실은 대통령에게 보고하기 위하여 한국 중화학공업화정책의 기본이 된 〈공업구조개편론〉을 작성하고 이 마스터플랜에 따라 상공부, 관련 업계와 함께 세부 추진계획, 중화학공업 업종별 육성계획 시안을 1972년 11월부터 1973년 1월에 걸쳐 작성하였다.178 여기에서 상공부의 100억 달러 수출구조 시안(1972. 12. 9)과 공산품 수출계획 그리고 「전자공업장기육성방안」(1973. 1)이 만들어졌다.179 상공부의 100억 불 수출구조 시안 관련 공산품 수출계획은 〈표 2-17〉과 같았다. 1980년 중화학공업과 경공업의 수출 비중은 60.5 : 39.5로 계획되었고, 특히 상공부는 1980년 100억 달러 수출구조 달성을 위해 전자공업이 중심이 된 전기기계류가 선도적 역할을 하여야 한다고 생각하고 있었다.

177 중화학공업추진위원회기획단(한공발4, 1978), p. 412.
178 김광모 전 중화학공업추진위원회기획단 부단장(한17, 2017), p. 143.
179 김광모 전 중화학공업추진위원회기획단 부단장(김중화선, 2004. 1. 28).

〈표 2-16〉 주요 전자제품 생산변화 (단위: 천 달러, %)

	제품명	1968		1972	
		금액	구성비	금액	구성비
가정용 기기	라디오	6,044	13.8	12,432	6.0
	흑백TV	6,537	14.9	32,997	15.7
	카세트녹음기	–	–	7,710	3.7
	전축	319	0.7	521	0.3
	앰프	–	–	1,456	–
	기타	–	–	184	–
	소계	12,900	29.4	55,300	26.6
산업용 기기	전화기	1,110	2.5	2,543	1.2
	교환기	2,903	6.6	13,462	6.5
	트랜시버	–	–	475	0.2
	전탁(電卓)	–	–	2,125	1.0
	인터폰	–	–	16	–
	기타	2,687	6.1	6,679	–
	소계	6,700	15.3	25,300	12.2
부품	수상관	94	0.2	4,415	2.1
	다이오드	5	–	339	0.2
	트랜지스터	5,469	12.5	26,567	12.8
	저항기	931	2.1	2,658	1.3
	축전기	843	1.9	6,428	3.1
	집적회로	9,439	21.5	49,648	23.9
	스피커	1,301	3.0	4,221	2.0
	스위치	77	0.2	456	0.2
	TV튜너	–	–	2,881	1.4
	기억소자	2,255	5.1	8,202	4.0
	계수표시방전관	–	–	928	0.4
	기타	3,886	8.9	20,257	9.8
	소계	24,300	55.4	127,000	61.2
합계		43,800	100.0	207,600	100.0

자료: 한국정밀기기센터(한자, 1978); 한국산업은행(개대, 1977).

〈표 2-17〉 상공부의 100억 달러 수출 공산품 수출계획(1972. 12. 9) (단위: 백만 달러)

	1973		1978		1980	
	금액	비중	금액	비중	금액	비중
1. 중화학공업제품	650	31.3	3,270	52.5	5,630	60.5
가. 화학제품	85	(4.1)	303	(4.9)	445	(4.8)
나. 금속제품	150	(7.2)	570	(9.1)	930	(10.0)
다. 일반기계류	22	(1.1)	202	(3.2)	450	(4.8)
라. 전기기계류	323	(15.5)	1,450	(23.3)	2,400	(25.8)
마. 운반용 기계류	70	(3.4)	745	(12.0)	1,405	(15.1)
2. 경공업제품	1,430	68.7	2,960	47.5	3,670	39.5

자료: 대통령비서실(중선, 1973. 1. 30), p. 67.

부록

1. 보론

삼성의 전자공업 진입

1969년 6월 13일 삼성이 일본 기업과 합작으로 「삼성산요전기」를 설립하고 생산의 80%를 수출하겠다는 합작투자 설립 인가 신청서를 제출하자 업계에서는 당시 한국의 소비와 수출능력을 생각할 때 과잉 생산이 우려된다는 의견이 등장하였다. 이에 삼성의 이병철 회장은 〈전자공업의 오늘과 내일〉이라는 글을 삼성계열인 〈중앙일보〉에 6월 26일과 27일에 걸쳐 싣고 '2년 후 연간 생산고 7,000만 달러를 이루면서 생산의 90%를 수출할 것이며 전자공업은 국내외 모든 기존 기업들과 계열화 또는 상부상조하면서 발전해 나가야만 신분야와 신균형의 확산적인 동시 발전을 가져올 수 있다'고 주장하였다. 한편, 금성계열이었던 〈국제신보〉는 6월 26일, '삼성산요전기 합작투자 인가 않도록' 해야 한다는 사설을 싣고 「삼성산요전기」가 진입할 경우 '기존 업체는 타격으로 성장 아닌 위축을 초래할 것이며 삼성전자가 15%만 내수로 돌려도 이 공장이 생산할 스피커, 콘덴서, 라디오, TV 등은 국내 수요를 상회하여 국내 기존 업체들은 과당경쟁으로 허덕일 것'이라고 주장하였다. 하루가 지나자 6월 28일 〈조선일보〉와 〈서울신문〉에서는 〈국제신보〉의 주장을 지지하는 「삼성산요전기」 진입 반대 입장의 기사를 게재하였다.[180]

언론 논쟁에 이어 6월 30일에는 한국전자공업협동조합이 청와대에 보낼 '삼성전자와 일본 산요전기 간 합작투자에 관한 진정서'를 「금성사」, 「삼화콘덴서」 등 57개 회원사 명의로 채택하였고 7월 1일에는 〈경향신문〉, 〈동아일보〉 1면에 '삼성, 산요 합작투자사업에 대한 반대 진정' 광고를 게재하였다.

삼성은 절대 과잉이 되지 않도록 생산물을 수출로 돌린다는 점을 계속 강조하였고 결국 1969년 9월 여전히 과잉 공급에 대한 비판이 존재하는 가운데 정부는 100% 수출한다는 조건으로 「삼성산요전기」의 설립을 허가하였다. 12월 4일에는 「삼성 NEC」도 100% 수출한다는 조건으로 설립이 인가되었다. 그러나 현실적으로 국내 시장을 가지지 못한 수출은 한계가 있는 것이었기에 삼성은 진입 후 내수판매를 추구하였다. 이런 예는 이미 1960년대 「두산(斗山)」의 코카콜라 인가에서도 있었다. 「두산」은 칠성(七星)음료에 OB 콜라로 대항했으나 역부족이자 주한미군에 납품할 수 있는 코카콜라를 생산하기로 하고 1966년 5월 「한양(漢陽)식품」을 설립

180 현재 공식, 비공식 많은 기록에서 1968년으로 기록되어 있다.

하면서 100% 군납 및 수출로 인가를 받았다. 그러나 「두산」은 코카콜라 인가를 받자 1968년 6월 내수판매에 나섰고 칠성은 붕괴되었다. 칠성의 「한미(韓美)식품」은 「해태」가, 칠성사이다는 「롯데」가, 그리고 코카콜라 진출에 맞서 칠성음료가 도입한 펩시콜라는 「진로」가 가져갔고 「진로」가 가져갔던 펩시는 다시 「롯데」로 넘어갔었다.

대기업이 수출을 약속하고도 내수시장으로 눈을 돌리는 것은 기본적으로 수출경쟁력이 초기에 약하기 때문이다. 또 수출경쟁력을 높이기 위해서도 내수를 통한 생산확대로 규모의 경제와 안정성을 확보해야 한다. 그러나 설사 수출이 가능하다고 하더라도 원천적으로 관세 및 운송비용 차이에 따라 내수시장의 수익률이 높기 때문에[181] 항상 기업들은 내수시장으로 진입하고자 하는 성질을 갖는다. 따라서 처음부터 수출을 100% 조건으로 진입하거나 이렇게 정부에게 약속을 하는 것은 이윤극대화를 추구하는 기업의 원초적인 성격을 스스로 부정하는 이율배반적 논리가 된다.

2. 자료

최초의 전자공업진흥법[시행 1969. 2. 28] [법률 제2098호, 1969. 1. 28 제정]

제1조(목적) 이 법은 전자공업을 진흥함으로써 산업의 설비 및 기술의 근대화와 국민 경제의 발전에 기여하게 함을 목적으로 한다.

제2조(정의) ① 이 법에서 전자공업이라 함은 전자기기 등을 제조하는 사업을 말한다.

② 이 법에서 "전자기기 등"이라 함은 전자기기(전자관·반도체소자 기타 이에 유사한 부품을 사용하여 전자운동의 특성을 응용하는 기계기구를 말한다. 이하 같다) 및 전자기기에 주로 사용되는 부품과 재료를 말한다.

제3조(전자기기 등의 지정) 상공부장관은 다음 각호의 1에 해당하는 사항을 특히 촉구할 필요가 있는 전자기기 등을 지정하고 이를 공고하여야 한다.

1. 제조기술의 개발
2. 전문화·계열화 및 양산화
3. 성능 및 품질의 개선과 생산비의 저하

제4조(전자공업진흥기본계획) ① 상공부장관은 전조의 규정에 의한 전자기기 등을 제조하는 전자공업을 육성하기 위하여 전자공업진흥기본계획(이하 "기본계획"이라 한다)을 작성하고 이를 공고하여야 한다.

② 전항의 규정에 의한 기본계획에는 다음 각호의 사항을 정하여야 한다.

---

181 Richard M. Auty(1994), p. 2.

1. 개발 대상 품목의 지정 및 개발 목표연도의 설정
2. 성능 및 품질의 개선과 생산비의 저하
3. 전문화, 계열화 및 양산화
4. 기술도입과 기술훈련 및 지도
5. 전자공업시설의 개선
6. 전자공업단지 조성 및 운영
7. 전자공업육성자금 조성 및 운용
8. 기타 필요한 사항

제5조(시행계획) 상공부장관은 전조의 규정에 의한 기본계획을 실시하기 위하여 매년 시행계획을 작성하고 이를 공고하여야 한다.

제6조(계획의 변경) 상공부장관은 전자공업의 기술 및 생산조건 등의 변경에 따라 필요한 때에는 전 2조의 계획을 변경할 수 있다.

제7조(등록) 전자공업을 영위하는 자는 상공부령이 정하는 바에 따라 등록하여야 한다.

제8조(품질검사) ① 성능 및 품질보장이 필요한 전자기기 등으로서 상공부장관이 정하는 기준의 검사시설을 갖추지 아니한 자가 제조한 것은 검사기관의 품질검사를 받아야 한다.

② 전항의 규정에 의한 검사기관·검사시설 및 검사기준 기타 검사에 관하여 필요한 사항은 상공부령으로 정한다.

③ 상공부장관은 제1항의 규정에 의한 검사에 합격되지 못한 전자기기 등에 대하여는 그 품질보장에 필요한 개선사항을 당해 전자공업을 영위하는 자에게 명할 수 있다.

제9조(자금의 조성) 정부는 전자공업의 육성을 위한 장기저리의 재정적 원조를 하기 위하여 재정자금에 의한 전자공업육성자금을 조성하여야 한다.

제10조(기술개발등) ① 상공부장관은 제4조의 규정에 의한 기본계획에 따라 기술개발·기술훈련 및 지도와 해외 시장 개척 등에 필요한 시책을 강구하여야 한다.

② 상공부장관은 필요한 때에는 적당하다고 인정되는 기관 또는 단체로 하여금 전항의 규정에 의한 업무를 대행하게 할 수 있다.

③ 상공부장관은 전항의 규정에 의하여 업무를 대행하는 기관 또는 단체에 대하여는 예산의 범위 안에서 보조금을 교부한다.

제11조(전자공업단지의 조성) ① 상공부장관은 전자기기 등의 수출을 촉진하기 위하여 필요한 때에는 전자공업단지를 조성할 수 있다.

② 전항의 규정에 의한 전자공업단지의 조성·운영에 관하여는 수출산업공업단지개발조성법을 준용한다.

제12조(전자공업심의회) ① 전자공업의 육성에 관한 상공부장관의 자문에 응하게 하기 위

하여 상공부에 전자공업심의회(이하 "심의회"라 한다)를 둔다.

② 심의회는 위원장 1인과 15인 이내의 위원으로 구성한다.

③ 심의회의 조직과 운영에 관한 사항은 대통령령으로 정한다.

④ 심의회는 다음 각호의 사항을 조사 심의한다.

1. 제3조의 규정에 의한 전자기기 등의 지정에 관한 사항
2. 제4조 내지 제6조의 규정에 의한 기본계획 및 시행계획의 수립과 변경에 관한 사항
3. 제8조의 규정에 의한 품질검사에 관한 사항
4. 기타 상공부장관이 부의하는 사항

제13조(보고) 상공부장관은 전자공업을 영위하는 자 또는 제10조의 규정에 의하여 업무를 행하는 기관 또는 단체에 대하여 필요한 보고를 명할 수 있다.

제14조(위임) 상공부장관은 이 법에 의한 권한의 일부를 대통령령이 정하는 바에 의하여 서울특별시장·부산시장 또는 도지사에게 위임할 수 있다.

제15조(시행령) 이 법 시행에 관하여 필요한 사항은 대통령령으로 정한다.

제16조(벌칙) 제13조의 규정에 의한 보고를 하지 아니하거나 허위로 보고한 자는 10만 원 이하의 벌금에 처한다.

부칙 〈법률 제2098호, 1969. 1. 28〉

이 법은 공포 후 30일이 경과한 날로부터 시행한다.

2

중화학공업화정책선언 이후 전자공업의 발전계획과 정책

CHAPTER 3

중화학공업화정책선언과 전자공업의 발전계획과 정책

I. 중화학공업화정책선언과 전자공업계획

1973년 1월 상공부가 작성한 중화학공업 업종별 육성계획 시안으로 「기계소재공장건설안 및 철강재수출계획」, 「정밀기계공업육성방안」, 「비철금속제련단지계획」과 함께 「전자공업장기육성방안」이 만들어졌다.[1] 「전자공업장기육성방안」은 처음으로 1980년도 전자공업 25억 달러 수출목표를 설정하였는데 그 중심내용은 〈표 3-1〉과 같다.

1980년 총 100억 달러 수출목표는 당시 그대로의 체제와 사고로서는 국내외 누가 보아도 불가능한 목표이었고 따라서 이 불가능한 목표를 설정하고 이를 달성하기 위해 만든 「전자공업장기육성방안」은 그야말로 생각할 수 있는 모든 이상적인 내용과 정책, 그리고 실사례들을 동원하였다. 목표연도 1980년의 한국 전자공업 모델, 한국 전자공업의 개발방침, 공장 및 단지 건설의 당면과제를 제시하였고 전자공업 육성 기본방침으로, (1) 수출확대, (2) 기술향상, (3) 투자 촉진, (4) 코스트다운 및 체질개선, (5) 육성 가속화, (6) 토착화를 설정하였다. 전자공업의 구조완성 계획도(〈그림 3-1〉 참조)와 구미공업단지 구획도(확장구획과 전자부품공급기지의 위치도)도 제시하였다. 따라서 당연히 이는 이후 모든 중화학공업화정책, 전자공업정책에서의 수단과 사고, 그리고 목표의 원천지, 기준으로서의 역할을 하였다. 상공부는 목표연도 1980년 전자공업 구조를 기기 66%, 부품 34%로 바꾸어 현재의 기기 : 부품 = 38 : 62의 기형적 부품하청 생산지 구조를 혁파하고자 하였다.[2]

1973년 1월 4일 상공부는 1973년도 전자제품 수출목표를 전년도 2배가 넘는 3억 달러로 책정하고 업체별로 수출액을 받아 정리하였다. 그 결과 한국인업체 28%인 8,500만 달러, 외국인업체 50%인 1억 4,900만 달러 수출이 정하여졌다.[3]

---

1 김광모 전 중화학공업추진위원회기획단 부단장(청비, 2015), p. 65.
2 상공부(전자장, 1973. 1), p. 4.

〈표 3-1〉 상공부의 「전자공업장기육성방안」 주요 내용(백만 달러, 1973. 1)

<table>
<tr><th></th><th colspan="4">내용</th></tr>
<tr><td rowspan="13">당면
과제</td><td rowspan="7">1. 목표
연도의
한국
전자
공업
모델</td><td colspan="2">1. 생산</td><td>1980년 기기 : 부품 = 66 : 34</td></tr>
<tr><td colspan="2">2. 수출</td><td>1980년 내수 : 수출 = 22 : 78</td></tr>
<tr><td colspan="2">3. 신규 제품개발</td><td>개발 대상: 민생용 4개, 산업용 6개</td></tr>
<tr><td colspan="2">4. 전자부품·원자재 개발
및 전문단지 조성</td><td>개발 대상: 전자부품 55개, 전자재료 10개, 관련 공업제품 9개</td></tr>
<tr><td colspan="2">5. 수출확대</td><td>1980년 미국 35%, 일본 30%, 서구 15%, 동남아 5%, 기타 15%의 25억 달러</td></tr>
<tr><td colspan="2">6. 내외국인 투자기업의
균형적 발전</td><td>1980년 수출 주체
내국인 : 합작 : 외국인 = 40 : 50 : 10</td></tr>
<tr><td colspan="2">7. 생산 및 수출 목표</td><td>1980년 생산 3,187백만 달러, 78% 수출</td></tr>
<tr><td rowspan="2">2. 개발
방침</td><td>개발방향</td><td colspan="2">1. 민생용 전자기기공업은 수출전략산업으로 육성
2. 산업용 기기공업은 수입대체산업으로 육성
3. 전자부품공업은 균형적인 개발 촉진으로 수출확대 및 수입대체산업으로 육성
4. 전자재료공업 및 연관공업은 수입대체산업으로 육성</td></tr>
<tr><td>시장투자
확대</td><td colspan="2">1. 수출시장 확대를 위하여 외국인과의 합작 촉진
2. 내수시장 확대를 위하여 수요창출 및 가격인하</td></tr>
<tr><td rowspan="2">3. 공장 및
단지
건설</td><td>공장</td><td colspan="2">84개 품목, 232개 공장 개발</td></tr>
<tr><td>전자공업
단지 확장</td><td colspan="2">면적: 1,661천 평
조성기간: 1973. 1~6. 30(부대시설은 9월 말까지)
사업 주체: 재단법인 한국 전자공업공단
총사업비: 4,836백만 원</td></tr>
<tr style="display:none"><td></td></tr>
<tr style="display:none"><td></td></tr>
<tr><td rowspan="6">육성
기본
방침</td><td colspan="2">1. 수출확대</td><td colspan="2">내수시장 확대, 절차 간소화, 부품 및 재료 전문공장 건설</td></tr>
<tr><td colspan="2">2. 기술향상</td><td colspan="2">품질향상·검사 강화, 고급품화·뉴디자인 개발, 기술인력 확보</td></tr>
<tr><td colspan="2">3. 투자 촉진</td><td colspan="2">외국인투자 유치, 합작투자 조세감면 확대, 조세감면, 경영훈련</td></tr>
<tr><td colspan="2">4. 코스트다운 및 체질
개선</td><td colspan="2">대량생산 체제, 생산설비 자동화, 설비투자 절감, 3교대 작업, 공정관리교육 실시, 산업합리화 자금 중점지원</td></tr>
<tr><td colspan="2">5. 육성 가속화</td><td colspan="2">전자공업단지 확장 및 부품공급기지, 특수산업 지정 및 지원 강화, 진흥기관 및 민간단체 통합 및 기능 강화</td></tr>
<tr><td colspan="2">6. 토착화</td><td colspan="2">산학협동 강화, 두뇌 유치 및 양성, 80년대 기간산업화</td></tr>
<tr><td colspan="5">전자공업의 구조완성 계획도(작성)</td></tr>
<tr><td colspan="5">구미공업단지 구획도: 확장구획과 전자부품공급기지의 위치도(작성)</td></tr>
</table>

자료: 상공부(전자장, 1973. 1).

3 〈중앙일보〉(1973. 1. 4).

〈그림 3-1〉 전자공업의 구조완성 계획도

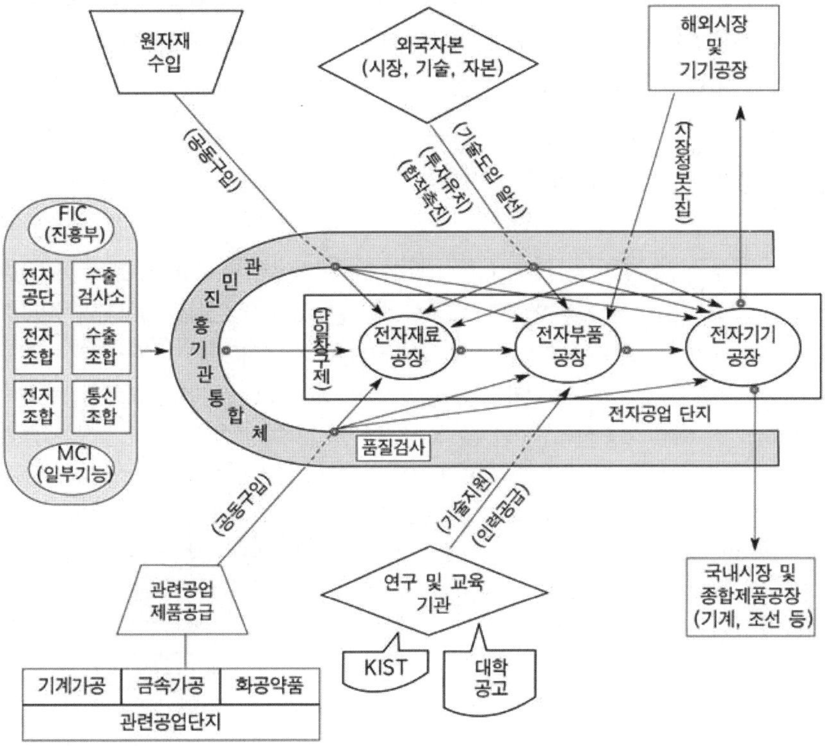

자료: 상공부(전자장, 1973. 1), p. 4.

1973년 1월 7일 구미전자공업단지 확장계획이 수립되었다. 정부는 전자공업의 계열화, 전문화를 기하고 투자환경 조성 및 유치를 위해 구미전자공업단지를 현재의 15만 9,000평에서 200만 평으로 확장하고자 하였다.[4] 1월 8일 상공부는 자동차 · TV · 냉장고 · 에어컨 · 선풍기 · 전기세탁기 물품세율을 20~30% 인하하여 가격을 10~40% 인하함으로써 국내 소비를 늘리고 수출 경쟁력을 높이도록 할 계획이라고 밝혔는데, 재무부는 바로 상공부의 물품세율 20~30% 인하 발표를 부인할 정도로 파격적인 것이었다.[5] 이와 함께 1973년 1월 상공부는 1980년 수출 100억 달러 달성을 위한 장기공장건설계획을 밝혔다. 여기에서 상공부는 전자공업에 2,400억 원을 투입하여 100여 개의 전자기기 및 부품공장을 새로 건설하고자 하였다.[6]

4 한국개발연구원(한반, 1995), p. 312.
5 〈경향신문〉(1973. 1. 8); 〈동아일보〉(1973. 1. 8).
6 전자공업 외에 상공부가 밝힌 장기공장건설계획 주요 내용은 다음과 같다. 내외자 9,800억 원을 투입하여 조강 규모 연산 500만 톤의 제2종합제철을 새로 건설하고 7월 준공예정인 103만 톤의 종합제철을 1976년까지 260만 톤, 1979년까지 600만 톤 규모로 확장시킨다. 조선능력은 1,500억 원을 투입하여 1972년 연산 19만 톤에서 1976년 150만 톤, 1980년 460만 톤으로

이러한 관련 내용의 준비 하에 1973년 1월 12일 중화학공업화정책선언이 이루어졌다. 대통령은 연두기자회견에서 "이제부터 중화학공업 육성의 시책에 중점을 두는" 중화학공업화정책선언을 하면서 전자공업과 관련하여서는 "'대단위전자부속품생산단지'를 지금 추진하고 있고 마산에 있는 수출자유지역과 같은 단지를 앞으로 2~3개 더 만들 계획"이라고 밝혔다.[7] 선언에서 전자공업이 정책적인 계획 업종에 포함된 이유는 김광모 전 대통령비서관 겸 중화학공업추진위원회기획단부단장의 증언에 의하면 다음과 같다.

> 전자공업이 여타 중화학공업 업종과 성격이 다르지만 전자공업을 중화학공업화 업종에 포함시켜 중점 육성시킨 이유는 다음과 같은 전자공업의 특성에 근거하였다. 첫째, 자본절약산업이라는 것이다. 즉, 동액의 부가가치 제품을 생산하기 위하여 타 산업에 비하여 투자액을 적게 필요로 한다. 둘째, 에너지 및 자원의 소모가 적은 자원절약산업이다. 셋째, 일부 분야는 노동집약산업이다. 넷째, 기술혁신이 가장 빠른 기술집약산업인 동시에 관련 산업기술의 파급효과가 높은 기술첨단산업이다. 이러한 전자공업의 특성으로 보아 자본과 자원이 빈약하고 양질의 풍부한 노동력을 보유한 우리나라에 가장 적합한 산업으로 육성하고자 중화학공업화정책에 포함시켰다. 이리하여 산업정책면에서 투자효율의 극대화를 기하고 고용효과를 증대시키고자 하였다. 또한 태동하기 시작한 방위산업에 전자공업 기술이 절대적으로 필요하였으므로 자주국방 태세를 강화하기 위해서도 전자공업의 육성은 필수적이었다.
>
> 김광모 전 중화학공업추진위원회기획단 부단장(김중전, 2004. 9. 23).

정부를 대표하는 국무총리기획조정실 역시 다음과 같이 밝혔다.

> 중화학공업 건설계획의 하나로 정부가 전자공업을 육성하고자 하는 것은 다음의 몇 가지 이유에서이다. 첫째, 시장성이 매우 양호하다는 것이다. 한국정밀기기센타의 통계에 의하면 국제수요는 연평균 10%씩 증가하고 있다. …… 둘째, 전자공업은 비교적 노동집약적인 산업이며 우리나라는 풍부한 인력자원을 갖고 있다는 것이다. 더구나 …… 선진국에서는 노임의 상승과 노동인구의 부족 등으로 …… 고도기술제품 중심으로 전자제품을 생산하고 있다.
>
> 국무총리기획조정실(중오, 1973), pp. 93~94.

중화학공업화추진위원회 역시 전자공업에 대해 "전자공업은 …… 70년대의 주도산업으로서 생산, 수출은 물론 고용 증대와 기술진보 등 경제성장에 크게 기여하게 될 것이다"라고 밝혔다.[8] 전자공업은 정부만이 아니라 대내외에서 생산요소 및 부존자원상 한국이 가장 비교우

23배 증가시킨다. 이밖에 자동차공업은 현재의 「GM코리아」, 「현대」, 「아세아」, 「기아」의 4원화 체제를 그대로 유지하면서 시설규모를 국제단위화하여 1980년까지 연산 50만 대 규모로 확장한다. 시멘트는 1972년 연산 763만 톤에서 1980년 1,700만 톤으로, 비료는 128만 톤에서 250만 톤 규모로 배가시킨다. 〈매일경제신문〉(1973. 1. 8).

7 대통령비서실(박연3, 1974).

8 중화학공업추진위원회(우해, 1973), p. 51.

위가 있다고 확신한 부분이었다. 그래서 전자공업은 이후 다국적 기업이 한국의 비교우위를 인정하고 가장 많이 참여하였고 차관도입도 다른 분야보다 많았으며 그래서 중화학공업화정책에서 정부정책 개입이 적었던 분야가 되었다.

중화학공업화정책선언에 맞추어 중화학공업화가 본격 가동되는 가운데 1973년 1월 16일 상공부 직제개정, 대통령령 제6460호에 의해 전자공업과가 공식으로 만들어졌다. 이때 기계과가 기계공업국으로 되면서 밑에 산업기계과를 신설하고 이전 전기공업과(電氣工業課)가 전기공업과(電機工業課), 전자공업과로 세분되면서 기계공업국 밑에 설치되었다. 이전에는 1971년 6월 27일 만들어진 공업2국 전자공업담당관이 전자공업을 담당하고 있었는데 전자공업과가 신설, 확대 개편된 것이다.

중화학공업화정책선언과 함께 이미 대통령비서실의 1년간의 작업으로 1972년 작성되어 대통령에게 보고되었던 〈공업구조개편론〉이 수정되어 공개되었다. 상공부의 초기 제안 값 위에서 한국중화학공업화의 기초를 만들면서 대통령비서실은 전자공업의 수출목표를 더욱 올려 "전자공업을 수출 전략업종으로 육성하여 수출 25억 불을 달성하려면 부품 및 제품의 신장과 신제품의 추가가 있어야 한다. 즉, 현재 부품의 단순조립에서 부품 및 소재를 완전 자급하고 부품을 수출하는 선진제국이 되어야 하며 새로운 고급제품의 생산을 가져와야 한다"라고 밝혔다.[9] 수출 25억 달러는 "수출 100억 불, 1인당 GNP 1,000불을 목표로" 하여 "본 목표를 10개년에 달성"하도록 계획서를 작성한다는 장기중화학공업화정책 목표의 수출목표액 1/4에 해당하는 것이었다.

이와 함께 대통령비서실은 수정 공개한 1973년 1월 30일의 〈중화학공업화정책선언에 따른 공업구조개편론〉에서 전자공업 육성방안을 다음과 같이 제시하였다.

【전자공업 육성방안】

1) 생산구조
  가) 기기와 부품의 생산구조를 균형화한다.
  나) 부품의 제품화 수출을 확대한다.
  다) 부품 수출을 적극 추진한다.
2) 수출구조
  가) 생산의 75% 이상을 수출한다.
  나) 국내 시장 확대로 수출저변을 확고화한다.
3) 신제품 개발
  가) 컬러TV 및 녹화기 등 신규 수출상품을 개발한다.
  나) 전자계산기, 각종 측정기 및 전자자동장치 등 수입대체 제품을 개발하여 수출한다.
4) 원자재 공급

9 대통령비서실(중선, 1973. 1. 30), p. 49.

가) 전자부품 및 전자재료의 90% 이상을 생산한다.
나) 관련 공업제품을 100% 개발한다.
다) 원자재의 해외 의존도를 95% 이상 탈피한다.

5) 종합전자기지를 설정한다.
가) 구미공업단지의 종합전자부품기지화(200만 평)
나) 구미종합기지의 확장
다) 종합전자기지와 지방공업단지 관련 공업, 종합기지와의 결합화

대통령비서실(중선, 1973. 1. 30), p. 50.

당시 〈중화학공업화정책선언에 따른 공업구조개편론〉을 작성한 김광모 전 대통령비서관의 증언에 의하면, 전자공업에 있어서 제품생산은 향상되고 있었으나 부품은 대부분을 수입에 의존하고 있어 부품의 국산화가 시급한 실정이었고 그래서 전자공업에 대한 중화학공업화정책 역점은 기본적으로 부품공장 건설에 두었다.[10] 특히, 1971년 닉슨 대통령의 금태환정지선언 이후 미일 무역마찰에 따른 일본의 평가절상은 일본 부품에 대한 의존도가 높았던 한국에 원가 상승을 가져와 부품 국산화를 더욱 절실하게 만들고 있었다.

1973년 중화학공업화정책선언과 함께 관련 정책들이 후속으로 발표되었다.

우선 첫 주안점은 중화학공업화정책선언이 수출 100억 달러 달성을 위한 정책선언이었던 만큼 역시 수출이었다.

1973년 1월 30일 이낙선 상공부장관은 수출진흥확대회의에서 제철 · 조선 · 전자 · 섬유공업 등 10개 주요 수출전략산업의 1973년 시설투자계획을 확정하였다. 여기에서 상공부장관은 전자제품 생산능력을 2억 7,800만 달러에서 6억 9,100만 달러로 확장하겠다고 밝히고 수출산업 기반 확충을 위해 중공업 분야에 1,136억 원을 투자할 것이라고 대통령에게 보고하였다.[11] 1월 31일 상공부장관은 금년도 수출사업을 위한 외자지원 1억 9,000만 달러 중 1억 3,000만 달러를 확보하여 전자공업제품, 자전거 및 부품, 면직물, 합성수지제품, 타이어 및 튜브, 철강제품, 도자기 및 타일 등 16개 업종을 중점지원하기로 하고 1월 29일부터 2월 10일까지 대출신청을 받아 지원한다고 밝혔다. 대출조건은 기존 5년 상환에서 3년 거치 5년 상환으로 개선되고 금리도 연리 10%에서 6.5%로 개선되었다.[12] 2월 6일 비상국무회의는 물품세법 개정안을 의결함으로써 냉장고 · 에어컨 · 전기세탁기 · 전기청소기 · 전기모포 등의 전자제품 물품세율을 65~80%에서 50%로 인하하였다.[13] 전자제품 물품세율 인하는 국내 수요확대로 양산 체제를

10 김광모 전 중화학공업추진위원회기획단 부단장(김중전, 2004. 9. 23).

11 내용은 다음과 같다. (1) 내외자 정부지원 1,100억 원, 자체자금 2,400억 원 등 총 3,511억 원 투입, (2) 연 생산능력 확장 ① 철강: 93만 톤에서 235만 톤으로 확장, ② 조선: 25만 톤에서 110만 톤으로 확장, ③ 합성수지제품: 200톤에서 236톤으로 확대, ④ 전자제품: 2억 7,800만 달러에서 6억 9,100만 달러로 확장, ⑤ 타이어: 1,100만 본에서 1,350만 본으로 확충, (3) 10개 품목의 1973년 수출을 총목표 23억 5,000만 달러의 77.4%인 18억 1,900만 달러로 계획. 〈중앙일보〉(1973. 1. 30); 〈경향신문〉(1973. 1. 30).

12 〈매일경제신문〉(1973. 1. 31).

갖추어 수출을 촉진한다는 것으로 상공부가 오래전부터 주장해 온 것이었고 중화학공업화정책의 진행원칙을 규정한 대통령비서실의 〈중화학공업화정책선언에 따른 공업구조개편론〉에서도 전자공업 육성방안으로 분명히 한 것이었다.[14]

중화학공업화정책선언이 수출에 정책초점을 맞추고 전자공업의 모든 목표가 수출을 지향함에 따라 1973년 2월 한국 전자공업협동조합과 한국전자제품수출조합 역시 수출 촉진을 위해 단일이사회를 구성하였다. 그리고 1973년 6월 미국 국제전자제품박람회 CES(Consumer Electronics Show)에 한국은 처음으로 완제품 전자기기로 참가하였다.[15]

1973년 3월 29일 국무회의에 제출된 경제기획원장관의 1974년도 예산편성지침(안)은 1974년 경제정책 중점의 하나로 "중화학공업을 집중적으로 건설하여 수출을 신장하고"라고 밝히고, 특히 예산편성지침 중 중화학공업의 개발 촉진에서 '기계 및 전자공업을 개발하며 수출전략산업으로 육성한다'라고 명시하였다.[16]

수출증대를 위한 구체적인 생산능력 확충계획도 작성되었다.

중화학공업화정책선언 직후 상공부는 이전 계획을 수정하여 중화학공업화 장기공장건설계획을 작성하였다.[17] 장기적인 수출과 생산능력 증대를 목표로 한 이 계획을 정리하면 〈표 3-2〉와 같다. 장기공장건설계획에서의 전자공업 수출은 1980년 제조업 수출의 26.9%(총 106.1억 달러 수출의 23.2%)를 차지하도록 계획되었다. 전자공업의 이 비중은 수송기계의 2.6%, 화학의 9.9%, 철강 6.6%, 기계 8.9%는 물론이고 심지어 섬유의 24.0%보다도 높은 것이었다.[18] 1973~1980년 투자 대비 1980년 수출액의 수출투자 효율로 보아도 투자 비중 17.0%의 전자공업은 1.20으로 산업기계 0.30, 수송기계(조선 제외) 0.87, 철강제품 0.31, 비철금속 0.61, 석유화학 0.08에 비해 높았다. 생산액/투자액으로 본 생산투자 효과, 즉 총투자효과를 구해도 전자공업은 산업기계, 수송기계(조선 제외), 철강제품, 비철금속, 석유화학보다 높았다.[19]

이러한 계획에 대해 상공부는 국내 전자공업의 해외 의존도를 최대한 줄이고 기기류의 조립업체와 부품업체 간의 전문화 및 계열화를 통한 수출산업으로서의 체제를 갖추기 위해 구미전자공업단지에 1976년까지 300개의 공장을 유치하고자 하였다.[20] 1973년 3월 29일 구미공업단지 행정관리 주체 일원화 및 현장종결 행정 체제가 수립되었다. 주요 내용은 한국 전자공업공단 관장단지와 경상북도 관장단지를 통합하여 구미공업단지로 단일화하고 현 한국 전자공업

13 〈동아일보〉(1973. 2. 8).
14 대통령비서실(중선, 1973. 1. 30), p. 50.
15 한국 전자공업협동조합(전조2, 1987), pp. 103~106, 118~119.
16 국무위원 태완선 부총리 겸 경제기획원장관(14예, 1973. 3. 29); 경제기획원장관(국안4예, 1973. 3).
17 자료는 작성책임자이었던 고 김재관 전 상공부차관보가 보관하고 있었다.
18 상공부(중화, 1973. 3. 20), pp. 10, 16.
19 상공부(중화, 1973. 3. 20), p. 18.
20 한국산업은행조사부(한산, 1973), Ⅰ, p. 320.

〈표 3-2〉 중화학공업화 장기공장건설 세부계획(상공부, 1973. 3)

	공업		수출액(천 달러)	생산능력(백만 원)
1980년 목표 수출·생산능력	기계	산업기계	230,000	410,800
		일반 및 정밀기계	272,627	437,634
		전기기계	320,000	415,200
		소계	821,627	1,263,634
	전자	전자제품	2,471,200	2,394,130
	조선	조선부품	999,900	540,000
	수송	수송기계	235,250	235,250
	금속	철강제품	605,800	1,142,240
		비철금속	195,980	285,284
		소계	801,780	1,427,524
	정유	정유부문	140,000	439,541
	화학	석유화학	66,072	351,335
		유기화학	594,800	660,660
		무기화학	252,000	283,300
		소계	912,972	1,295,295
	섬유		2,203,536	2,778,657
	기타		528,000	154,150
	합계		9,184,272	10,528,181

	공업		내자	외자	총투자액	비중
총투자 규모 (1973 ↓ 1980, 1,000달러)	기계	산업기계	287,980	475,820	763,800	6.3
		일반 및 정밀기계	125,070	125,230	250,300	2.2
		전기기계	99,200	230,750	329,950	2.7
		소계	512,250	831,800	1,344,050	11.2
	전자	전자제품	1,248,010	804,851	2,052,861	17.1
	조선	조선부품	135,000	215,000	350,000	3.0
	수송	수송기계	85,870	185,099	270,969	2.2
	금속	철강제품	756,560	1,420,251	2,176,811	18.1
		비철금속	118,760	196,088	314,848	2.6
		소계	875,320	1,616,339	2,491,659	20.7
	정유	정유부문	100,500	224,500	325,000	2.7
	화학	석유화학	238,470	553,495	791,965	6.7
		유기화학	258,390	387,298	645,688	5.4
		무기화학	253,060	348,980	602,040	5.0
		소계	749,920	1,289,773	2,039,693	17.1
	섬유·기타		1,150,780	1,974,712	3,125,492	26.0
	합계		4,857,630	7,227,574	12,085,204	100

자료: 상공부(중화, 1973. 3. 20), p. 10.

공단을 '수출산업개발공단'으로 개편 추진하며 단일화된 구미공업단지의 행정관리는 공업단지관리청이 관장하고 현지에 공업단지관리청의 관리사무소를 설치, 관계 행정업무를 위임받아

현장종결 행정을 실시한다는 것이었다.[21]

지속적인 투자유치 역시 추구되었다. 중화학공업화정책선언과 함께 국내에서만이 아니라 해외에서의 한국에 대한 관심도 커졌다. 1973년 1월 일본의 대표기업이며 이미 세계 정상급의 전자기업으로 자리 잡은 「내셔널」과 「소니」가 한국 진출을 결정하였다.[22] 1973년 2월 12일에는 일본 「도시바전기」 회장이 이낙선 상공부장관을 방문하고 도시바계열의 한국 투자 방안을 협의하였다.[23] 1973년 세계적인 호경기 덕분으로 일본의 기업체들이 부품 분야에도 대거 진출하고자 하였다.[24] 3월 14일 상공부는 미국의 *ITT*, *TRW* 등 7개 전자회사의 한국 진출이 확정되어 1973년 내에 한국에 진출할 것이고,[25] 3개 회사가 대한 진출을 검토 중이라며 다음과 같이 밝혔다.

> *ITT*는 100% 직접투자로 집적회로를 생산할 예정이고 「코닝글라스」는 「삼성전자」와 50 : 50의 합작비율로 TV브라운관용 초자관을 생산하고 「오웬스일리노이스」사는 「한국유리」와, *TRW*는 「영진공업」과 합작, 각각 TV브라운관과 집적회로를 생산하려고 한다. 또 「훼어차일드」가 100% 직접투자로, 「오크일렉트로닉스」와 「제너럴타임」이 각각 합작투자로 한국 진출을 확정지었으며 이밖에도 *RCA*, *GTE*, *GI*(제너럴인스트루먼트) 등 3개 업체가 한국 진출을 검토 중이다. 투자규모가 250만 달러로 확정된 *ITT*의 경우 고용효과가 800~1,000명, 연간 수출은 1,000만 달러에 이를 전망이라며 이들 투자를 위해 미국 상무성 전자담당 특별보좌관 토머스 코레스 씨가 14일 내한하여 관계 당국자들과 구체안을 협의하는 한편, 15일부터는 업자들과의 세미나를 가질 예정이다.
>
> 〈동아일보〉(1973. 3. 14).

상공부는 *ITT*사를 예로 들어 이들 외국인투자기업의 고용과 수출증진 효과가 높을 것이라며 관계자들이 계속 한국을 방문하고 있다고 밝혔다. 1973년 4월 네덜란드 「필립스」사 역시 합작투자로 한국에 진출하고자 본사 중역 J · 와인즈를 파견하여 주요 전자부품 공장건설을 위한 입지조사와 아울러 합작투자 조건 등 다각적인 교섭에 나섰다.[26] 투자유치와 함께 1973년 3월 14일 경제기획원은 민간기업 육성을 위해 산업은행 · 중소기업은행 · 한국개발금융회사 등과 공동으로 7,913만 8,000달러 전화차관 도입을 추진 중이라고 발표하였다.[27]

중화학공업화정책과 외자유치가 추진되면서 이의 실현을 위한 기술과 인력 개발은 필수적인 것이었는데 상공부 출신이 포진한 청와대는 일찍부터 이에 주목할 수 있었다. 3월 20일 문교부장관은 기계 · 전자교원 양성을 위하여 부산대 공과대학에 기계공업교육과를 신설하는 「국

---

21 한국개발연구원(한반, 1995), p. 312.
22 〈중앙일보〉(1973. 1. 27).
23 〈중앙일보〉(1973. 2. 13).
24 김광모 전 중화학공업추진위원회기획단 부단장(김중전, 2004. 9. 23).
25 〈중앙일보〉(1973. 3. 14).
26 〈중앙일보〉(1973. 4. 13).
27 〈중앙일보〉(1973. 3. 14).

립학교설치령중개정안」을 국무회의에 제출하고[28] 부산대학교 기계공업교육과 30명의 신설학과 정원을 책정하였다.[29]

라디오와 TV의 보급확대는 정부정책을 보다 효율적으로 광고하려는 의도와 함께 정책적으로 추진되었다. 대통령이 농어촌전화사업 계획수립을 직접 결재하고 지시하는 등[30] 농어촌 전기보급사업도 이런 정책의 일환이었다. 남덕우 재무부장관은 전기제품에 대한 물품세 인하분만큼 기업들이 조속한 시일 안에 값을 내리지 않을 때는 물품세 인하를 환원시키겠다고 경고하기도 하였다.[31] 이러한 라디오, TV 보급확대와 전력망 확대는 전자공업 발전에 대한 공감대를 계속 넓혀 주었다.

정부는 TV수상기 보급확대를 위해 가격규제와 인하 그리고 중계탑 설치, 지방방송국 설치 등의 노력을 하였다. 1973년 3월 한국과학기술연구소 정선호 박사팀은 흑백TV의 판매가 급속히 증가하기 시작하자 새마을 보급형 TV의 생산계획을 상공부에 제출하였다. 보급형이었기에 대당 35,000원의 저렴한 가격이 책정되었는데 생산업체들이 수익이 없다고 외면하여 사장되었다.[32] 그러나 수요확대를 위한 제품출하 노력은 주목할 만한 것이었다. 정부는 기존에 이미 수입부품의 특관세 면제와 가격고시제로 가격을 낮춘 데다 다시 물품세를 낮추어 가격인하를 더욱 추진하였고 1973년 4월 13일에는 TV수상기 소매가 3% 인하 등 추가적 가격인하를 유도하였다. 당시 기업이나 국민들에게 관심이 높았던 TV수상기 가격고시는 특관세법(동법 시행령 1조 1호 6항)에 법적 근거를 두고 상공부 공업제2국에서 시행해 오다가 특관세법이 폐지되자 1965년 각의 의결에 의거하여 상공부령으로 계속 이루어졌다.[33] 1973년 7월 12일 정부는 농어촌전기화 사업자금 배정내용을 발표하였다.[34]

1973년 4월 10일 제42회 국무회의는 대단위 다목적 통신망 구성을 위해 미국수출입은행(EXIM) 차관으로 통신시설장비 2식과 UHF-TV 송신장비 2대를 도입하기로 의결하였다.[35] TCOM 통신시설 도입은 1972년 12월 2일 대통령이 재가하고 진행한 사업으로 청와대와 정부에 포진한 당시 군 출신 인사들은 통신망 구축사업에 큰 관심을 갖고 심혈을 기울였고 이는 전자공업 발전에 자극제로 작용하였다. 1973년 5월 10일 TCOM 도입을 위한 미국 EXIM 차관 도입이 체결되었는데 정부는 예비비로 이자 및 수수료를 지출하면서까지[36] 이를 서둘렀다.

1973년 4월 19일 대통령비서실은 중화학공업화정책선언 이후 추진된 중화학공업화정책의

28 법제처장(국국학, 1973. 3. 20); 문교부장관(국설, 1973. 3. 20).
29 법제처장(국대학, 1973. 3. 20); 문교부장관(대학, 1973. 3. 20).
30 정무비서실(농어, 1973. 5).
31 〈경향신문〉(1973. 2. 8).
32 한국 전자공업협동조합(전조2, 1987), p. 59.
33 〈매일경제신문〉(1973. 5. 8).
34 〈조선일보〉(1973. 7. 13).
35 대통령비서실(예T3대통령 결재문서, 1973. 4. 19).
36 대통령비서실(예973대통령 결재문서, 1973. 10. 15).

효율적인 추진을 위해 국무총리, 경제기획원장관, 내무부장관, 국방부장관, 문교부장관, 상공부장관, 건설부장관 등 중화학공업화정책 관련 부처장들에게 중화학공업화정책의 몇 가지 기본 지침을 철저히 시행하도록 하는 대통령 지시를 발송하였다. 1월의 중화학공업화정책선언 이후 1월과 2월, 3월이 지나고 있었지만 정부 내에서조차 그 실행에 대해 여러 혼선이 있었고 회의도 컸다. 이에 중화학공업화정책을 입안하고 있던 대통령비서실 제2경제수석비서관실이 4월 16일 대통령 서명을 받아 〈그림 3-2〉에서 보듯이 발신자 "의명", 즉 대통령 명으로 중화학공업화정책의 통일적인 기본을 정하여 지시한 것이다. 대외비로 분류된 대통령 지시는 중화학공업화 전체에 대한 지시와 조선공업, 구미전자공업단지, 금오(金烏)공고에 대한 지시를 담고 있었다.

대통령 지시는 전체적으로 "입지조사, 입지계획, 건설공장 일람표, 배치계획 작성 등을 실시하여 일정표를 작성하고 긴급순위를 정하여 추진할 것. 상기 일정표는 상부의 재가를 받을 것"과 "중화학공업추진위원회는 추진 원칙과 일정표 작성이 끝난 후 내용 하나하나에 대한 문제를 검토하여 실무적으로 추진해 나갈 것"을 지시한 것이었다. 지시는 (1) 공업기지 건설에서

〈그림 3-2〉 대통령의 〈중화학공업화정책에 따른 지시〉(1973. 4. 19)

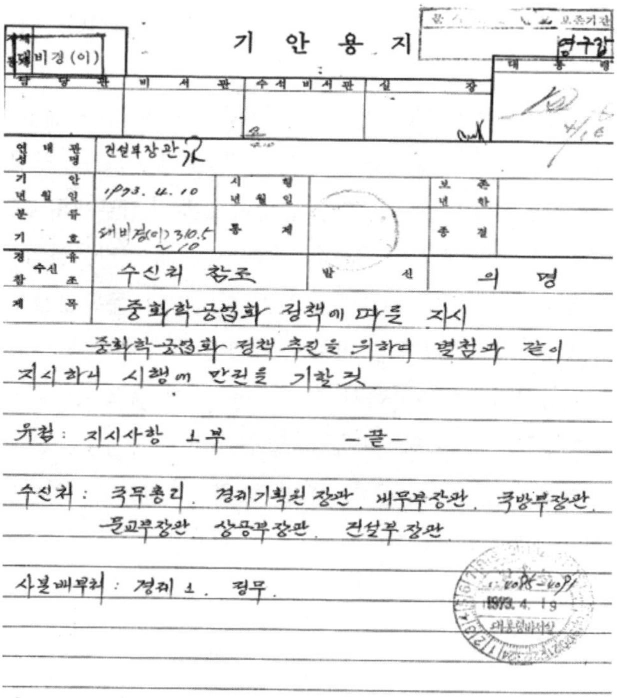

기 안 용 지

비경(이)

보존기간: 영구

담당관	비서관	수석비서관	실장	대통령

협조	건설부장관				
기안 년월일	1973. 4. 10	시행 년월일		보존 년한	
분류 기호	대비경(이) 310.5 ~10	통제		종결	
경유 수신 참조	수신처 참조	발신	의명		
제목	중화학공업화 정책에 따른 지시				

중화학공업화 정책 추진을 위하여 별첨과 같이 지시하니 시행에 만전을 기할 것

유첨: 지시사항 1부 -끝-

수신처: 국무총리, 경제기획원장관, 내무부장관, 국방부장관, 문교부장관, 상공부장관, 건설부장관

사본배부처: 경제1, 정무.

1973. 4. 19

자료: 대통령비서실(중지3대통령 결재문서, 1973. 4. 10).

발생하는 갈등을 최소화하기 위한 사전적 조치와 사후적 조치를 제시하고, (2) 정책 실행에서는 긴급순위를 정하여 공업별, 단계적으로 추진하라는 정책실행 방법, 그리고 (3) 정책은 전문부서별로 나누되 행정계통의 통일성을 추구하라는 행정지침, 나아가 (4) 실행에서 군이 협조할 것과 가장 중요한 병목 문제이었던 기능공 양성에 대한 지침까지를 포함하였다.[37]

Ⅱ. 구체화되는 육성계획과 정책

1973년 4월 중화학공업추진위원회는 전자공업 수출목표 및 투자계획의 기본전제를 밝혔다.

【전자공업 수출목표 및 투자계획의 기본전제】

1. 민생용 전자기기 및 전자부품 제조 부문은 수출전략산업으로 육성한다.
2. 산업용 전자기기 및 전자재료 제조 부문은 수입대체산업으로 육성한다.
3. 외국인투자를 적극 유치하여 합작투자에 의거 공장을 건설한다.
4. 부품 및 원자재를 90% 이상 개발하며 해외 의존을 탈피한다.
5. 전자계산기 및 자동제어장치의 국산화 기초를 구축한다.

중화학공업추진위원회(우해, 1973), p. 129.

구체적으로 100억 달러 수출과 25억 달러 전자제품 수출이라는 높아진 수출목표달성을 위해 중화학공업추진위원회가 작성한 전자공업의 1973~1980년 연도별 공장건설계획을 정리하면 〈표 3-3〉과 같다. 이 계획은 8월의 과학기술처 발행자료에서 정부계획으로 사용되었다.[38]

중화학공업추진위원회는 전자부품공장 40개 품목 462개 공장, 산업용기기공장 24개 품목 79개 공장, 민생용기기공장 13개 품목 202개 공장, 기타 18개 품목 22개 공장 등, 총 95개 품목에 대해 총 765개의 공장을 건설한다는 계획을 세웠다. 이는 1969년 발표된 전자공업진흥 8개년계획(1969~1976)의 전자기기 54개 품목과 전자부품 29개 품목 등 95개 품목을 중점개발하는 것에[39] 비해 필요하였던 전자부품 비중을 늘린 것에 특징이 있다. 이를 위한 투자는 1973~1980년간 내자 4,992억 원, 외자 8억 200만 달러, 합계 8,345억 7,100만 원으로 연도별 투자계획은 〈표 3-4〉와 같았다.

전자공업의 투자유도를 위해 1973년 5월 18일 정부는 전자, 완구 우선 지원의 외자융자요령을 공고하였다.[40] 5월 21일 상공부장관은 상공부공고 제7442호로 전자공업에 지원하는 합리

37 대통령비서실(중지3대통령 결재문서, 1973. 4. 10).
38 과학기술처(중공장, 1973. 8), pp. 37~39.
39 한국 전자공업협동조합(전조2, 1987), pp. 73~74.
40 〈조선일보〉(1973. 5. 19).

〈표 3-3〉 전자공업 연도별 공장건설계획(1973년 4월)

구분	품목 수	공장건설계획								
		1973	1974	1975	1976	1977	1978	1979	1980	계
민생용기기공장	13	10	12	12	17	16	26	46	63	202
산업용기기공장	24	9	19	4	12	7	22	3	3	79
전자부품공장	40	45	56	36	53	51	66	71	84	462
관련 공업 부품공장	11	–	–	1	5	3	4	3	2	18
전자재료공장	7	–	–	–	4	–	–	–	–	4
합계	95	64	87	53	91	77	118	123	152	765

注: 품목 수 합계가 93개로 나와 있으나 95개이며 과학기술처(중공장, 1973) 등에서 95개 품목으로 수정되어 있음.
자료: 중화학공업추진위원회(우해, 1973), p. 130.

〈표 3-4〉 전자공업 연도별 공장건설 투자계획(1973년 4월)

	내자	외자		합계
	백만 원	백만 원	천 달러	백만 원
1973	27,542	18,382	46,500	45,924
1974	25,681	17,156	42,776	42,837
1975	34,533	23,023	58,204	57,556
1976	52,146	34,862	73,397	87,008
1977	59,834	41,144	92,195	100,978
1978	74,833	49,896	120,594	124,729
1979	96,438	64,290	156,006	160,728
1980	128,195	86,616	205,199	214,811
누계	499,202	335,369	801,999	834,571

자료: 중화학공업추진위원회(우해, 1973), p. 130.

화 자금의 지원요령을 수정 공고하였다. 공고에서 상공부장관은 상공부공고 7286호(전자공업에 지원하는 합리화 자금의 지원요령)의 유효기간을 융자추천일로부터 90일간에서 1973년 7월 15일(융자확정 기준)까지로 바꾸었다.41

1973년 5월 24일 서기원(徐基源) 경제기획원대변인은 정부대표로 산업구조 개편과 고도화, 80년대 초의 개발목표 달성을 위한 구체적인 중화학공업건설계획을 발표하였다. 이 내용은 태완선(太完善) 경제기획원장관 등 민관합동경제사절단이 미국의 대한투자심포지엄에서도 제시하

41 〈관보〉(1973. 5. 21), 제6455호.

였는데 정부는 철강·화학·비철금속·기계·조선·전자 등 6개 부문을 선도산업으로 하여 중화학공업 건설 계열화를 확대 추진하는 방향으로 추진할 것이며 전자기지로 경북 구미를 선정하였다고 밝혔다. 기지 선정은 산업부문 간 연관효과를 높이고 기능 노동력의 확보가 가능하며 공해 대상지의 한정과 공해집중 방지 등 투자효율성을 극대화하는 데 중점을 두고 이루어졌다. 전자공업 주요 계획에서 경제기획원은 지금까지 해외 의존도가 높았던 부품 및 소재의 국산화를 적극 추진하는 동시에 가정용 전자기기 부분은 수출전략산업으로, 산업용 전자기기는 수입대체산업으로 구분하여 개발하고 수출시장의 확대를 위해 합작투자를 촉진하겠다는 계획을 제시하였다.[42] 이는 초기 전자공업 발전의 원칙이 되었다.

정부는 이날 전자공업공장 건설 대상 품목으로 일반라디오·자동차용라디오·흑백TV수상기 등 가정용 전자기구 13개 품목, 전화기·자동전화교환기·수동전화교환기 등 산업용 전자기기 24개 품목, 고정저항기·가변저항기·고정축전기 등 전자부품 40개 품목, 영구자석·페라이트마그네트 등 전자재료 7개 품목, 기타 연(鉛)·강심동(鋼芯銅)누리석(錫)도금선·특수코일 등 관련 공업제품 11개 품목을 발표하였는데, 총 95개 품목의 구분별 품목명은 〈표 3-5〉와 같다. 이는

〈표 3-5〉 전자공업 공장건설 대상 품목(95개 품목)

구분	대상 품목
가정용 전자기구 (13개 품목)	1. 일반라디오 2. 자동차용라디오 3. 흑백TV수상기 4. 녹음기 5. 전축 6. 앰프 7. 녹음테이프플레이어 8. 레코드플레이어 9. 스피커시스템 10. 컬러TV수상기 11. 보청기 12. 녹화기 13. 전자레인지
산업용 전자기기 (24개 품목)	1. 전화기 2. 자동전화교환기 3. 수동전화교환기 4. 간이교환전화장치 5. 인터폰 6. 전신장치 7. 반송통신장치 8. 방송장치 9. 무선송신기 10. 트랜시버 11. 탁상용전자계산기 12. 회로시험기 13. 레이더장치 14. X선장치 15. 어군탐지기 16. 초음파전자장치 17. 중형전자계산기 18. 고주파장치 19. 의료용측정기장치 20. 계수표시측정기 21. 오시로스코프 22. 회로소자측정기 23. 신호발생기 24. 자동제어장치
전자부품 (40개 품목)	1. 고정저항기 2. 가변저항기 3. 고정축전기 4. 가변축전기 5. 중간주파변성기 6. 입출력주파변성기 7. TV용편향코일 8. 수신용전자관 9. 계수표시관 10. 흑백TV브라운관 11. 트랜지스터 12. 다이오드 13. 집적회로 14. 스피커 15. 이어폰 16. 송수화갑(匣) 17. 스위치 18. 릴레이 19. 기억소플러그·잭 20. TV튜너 21. 인쇄회로기판 22. 수정진동자 23. 기억소자 24. 건전지 25. 안테나 26. 자기헤드 27. 훼어라이트코어 28. 전자총 29. 헤더 30. 송신관 31. 마이크로웨이브관 32. 정류관 33. 컬러TV브라운관 34. 정류소자 35. 서미스터 36. 마이크로폰 37. 픽업 38. 소형모터 39. 커넥터 40. 자기녹음테이프
전자재료 (7개 품목)	1. 영구자석 2. 훼어라이트마그네트 3. 절연지 4. 실리콘적층판 5. 티탄산바륨 6. 플라스틱휠립 7. 알루미늄박
관련 공업제품 (11개 품목)	1. 연 2. 강심동피복석도금선 3. 특수코일 4. 규소강판 5. 브라운관유리밸브 6. 금형재료 7. 연도금동선 8. 자기소자 9. 인청동판 10. 황동봉·대(帶) 11. 알루미늄봉·대

자료: 大韓民國經濟企劃院(日本, 1973. 5); 〈매일경제신문〉(1973. 10. 31).

42 〈조선일보〉(1973. 5. 25); 〈중앙일보〉(1973. 5. 24).

중화학공업추진위원회가 발표한 전자공업 연도별 공장건설계획과 동일하다. 한국의 전기·전자 관련 기업체 90%가 영세 규모이어서43 전면적인 새로운 공장건설이 요구되고 있었다.

5월 정부 발표는 중화학공업추진위원회 4월 발표 자료와 차이가 크게 없다. 기본적으로 5월 발표안을 작성한 상공부가 청와대 측 중화학공업추진위원회기획단과 공감하며 작업을 진행하고 있었기 때문이었다. 이는 상공부가 작성한 안이라고 밝힌 자료와의 대조에서도 확인된다.

이러한 공장건설과 투자, 그리고 관련 부품의 생산을 통해 정부는 1980년 전자제품 생산 46억 달러, 수출 25억(24억 9,120만) 달러를 달성하려고 하였다. 구체적인 연도별 생산과 수출 계획은 〈표 3-6〉과 같다.

중화학공업화정책의 목표와 계획들이 발표되면서 정부의 이러한 목표와 계획이 과대 설정되었다는 비판과 나아가 안정적인 발전을 위해 성장목표를 낮추어야 한다는 비판이 국내외에서 제기되었다. 그러나 상공부와 청와대는 1980년 전자공업 25억 달러 수출을 최우선 목표로 두고 이를 달성하고자 하였다. 이에 비판에 따라 〈표 3-7〉에서 보듯이 생산목표를 1976년 10억 4,800만 달러, 1980년 31억 8,700만 달러로 낮추되 내수를 동시에 대폭 줄여 수출목표를 1976년 8억 5,000만 달러, 1980년 25억 달러로 유지하는 수급계획을 작성하였다. 이는 1972년 68.4%에 머물던 수출/생산 비율을 1980년 78.4%까지 높인 것이었다.

정부의 중화학공업화계획이 계속 발표되면서 이와 함께 본격적인 투자유치가 추구되었다. 1973년 6월 4일 상공부 이광덕 기계공업국장과 박승찬 금성사사장을 대표로 민관혼성의 전자공업투자유치단 26명이 미국, 일본 방문에 나섰다. 미국을 방문하고 귀국길에 일본을 1주일

〈표 3-6〉 전자제품 생산과 공급계획 (단위: 천 달러)

	생산	수출	내수
1971	138,000	88,600	49,400
1972	179,600	142,000	37,600
1973	482,778	293,885	188,893
1974	700,784	440,921	259,863
1975	1,050,100	592,303	457,797
1976	1,435,968	847,741	588,227
1977	1,897,968	1,103,445	789,523
1978	1,547,328	1,453,691	1,093,637
1979	3,360,335	1,903,465	1,456,870
1980	4,636,680	2,491,200	2,145,480

자료: 大韓民國經濟企劃院(日本, 1973. 5), p. 44.

43 〈조선일보〉(1973. 7. 28).

〈표 3-7〉 상공부의 전자공업 수급계획 (단위: 백만 달러)

	1972		1976		1980	
	금액	%	금액	%	금액	%
생산	207.6	100.0	1,048	100.0	3,187	100.0
내수	65.5	31.6	198	18.9	687	21.6
수출	142.1	68.4	850	81.1	2,500	78.4

주: 오산을 수정함.
자료: 한국산업은행조사부(한산, 1973), Ⅰ, p. 314.

들리는 형식으로, 이런 형식은 당시 자주 이용되었다. 1973년 6월 14일 유치단은 미국 월도프·아스토리아호텔에서 미국 전자기업 대표 및 교포전자학자 90여 명을 초대하여 간담회를 가졌고, 이어 6월 15일 투자유치단이 뉴욕 모임을 가졌는데 미국 160개 전자회사들이 대한투자에 관심을 보였다.[44]

이러한 정부의 투자유치 노력에 따라 미국의 「텍사스인스트루먼트」(*IT*), *ITT*, 「캐논」, 「디지털이퀴프먼트」(*DEC*), 「제너럴인스트루먼트」(*GI*), 서독의 「바커케미트로닉스」 등 세계 유명기업들까지 한국을 찾아 구미공단을 돌아보며 투자를 협의하였다.[45] 또한 1973년 6월 18일부터 6월 26일까지 일본의 山口英治 일한경제협회전무이사·일한경제위원회사무국장을 단장으로 한 「機械工業等韓國産業長期開發計劃調査團」이 방한하였다.[46] 일본 조사단의 목적은 한국에서 공식 발표된 중화학공업화정책계획에 따라 이를 조사하고 일본 측 민간협력의 방침과 체제를 확립하려는 것이었다. 일본 조사단은 남쪽 임해지대에 중화학공업 6개 입지를 추구하는 것은 효과적이라며 한국 전자공업은 이미 TV 등 성공하고 있는 업종으로 크게 발전이 기대되고 입지, 계획 내용에 가장 불안이 없는 업종이라고 밝혔다.[47] 일본의 한국 전자공업에 대한 관심은 높아서 "전자는 노동집약산업으로서 한국에 최적이다"라든가[48] "현재 전자공업은 대부분 수출에 의존하고 있고 앞으로도 이 경향은 계속될 것이다" 등의 발언이 쏟아졌다.[49] 이후 1973년 7월 5일 「삼형전자」는 일본 「제일무선」과 한국 카세트조립공장 합작사를 설립하는 데 합의하는 등[50] 일본 투자유입이 확대되었다.

이와 함께 중화학공업화계획이 분명해지면서 관련 단체와 기업들의 호응과 대응도 확대되었다. 상공부 지정 전자공업진흥기관이었던 한국정밀기기센터는 1973년 제4회 한국전자전람회

44 〈중앙일보〉(1973. 6. 15); 〈중앙일보〉(1973. 6. 16).
45 성의경 전 일간내외경제기자·신산업경영원장(1987), p. 359.
46 機械工業等韓國産業長期開發計劃調査團團長山口英治(1973. 9).
47 日韓經濟協會(協會報, 1973), No. 58, p. 11.
48 K 機械工業等韓國産業長期開發計劃調査團員(1973. 6), p. 10.
49 A 機械工業等韓國産業長期開發計劃調査團員(1973. 6), p. 10.
50 〈조선일보〉(1973. 7. 6).

를 개최하며 개최목적이 "80년대 전자제품 25억 불 수출목표 달성에 기반을 구축"하는 것이라고 분명히 하였고, 참가자 안내서에도 "80년대 전자제품의 수출목표인 25억 불을 달성하기 위한 첫 기반의 해"라는 점을 강조하였다.[51] 이를 위해 해외 참가업체를 늘리기 위한 노력이 이루어져 전년 제3회 한국전자전람회에는 「금성사」 등 56개 국내 기업과 미국 「모토로라」 등 19개 외국 기업체가 참가하였지만 1973년 참가업체는 국내 116개 업체와 미국, 독일, 프랑스 등 7개국 39개 업체로 대폭 확대되었다.[52] 해외 업체 참가를 늘리기 위해 전자전람회 개최일도 세계적 관심이 높았던 일본전자전람회 폐막 일정에 맞추어 개최하는 것으로 고정하였는데 한국만이 아니라 대만, 홍콩, 싱가포르 등도 한국처럼 날짜를 일본전자전람회 앞뒤로 맞추고 있었다.[53] 장소도 한국의 상징적 의미가 강한 경복궁으로 지정하여, 중간에 개수공사로 시립남산도서관으로 변경하는 돌발사태가 있었지만[54] 다시 경복궁으로 환원하여 개최하였다. 이미 1969년 시작된 한국전자전람회는 1970년대에도 수출시장 확대 및 바이어 유치, 국내외 자본유치, 국내 상호간 교역과 전문화·계열화 촉진, 국산품 애용정신 고취, 국내 전자제품의 해외 경쟁능력 배양 등의 복합적 목적으로 계속되었다.[55]

중화학공업추진위원회기획단은 1973년 6월 「중화학공업육성계획」 발표를 통해 육성 전자공업사업에 1973년부터 1981년까지 내자 5억 9,900만 달러, 외자 5억 9,300만 달러, 합계 11억 9,200만 달러, 육성 중화학공업사업 투자액의 12.4%를 투자하겠다고 밝혔다.[56] 6월 중화학공업추진위원회기획단과 12월 국무총리기획조정실이 밝힌 전자공업 육성방향과 발전방향은 다음과 같았다.

【중화학공업추진위원회기획단의 전자공업 육성방향(1973. 6)】

1. 수입 의존도가 높은 재료 및 부품공업을 중점적으로 육성하여 소재의 국내 공급 체제를 확립
2. 부품의 계속적 수출과 더불어 민생용 전자기기를 중심으로 한 조립제품의 수출을 확대
3. 수입대체산업으로서 산업용기기를 개발육성
4. 선진기술을 도입하여 개량 토착화시킴과 아울러 기술의 연구개발에 보다 많은 노력을 경주
5. 국내 기업규모의 영세성, 기술수준의 낙후, 시장의 협소 등 취약점을 고려하여 합작투자를 장려

중화학공업추진위원회기획단(중화공, 1973. 6), p. 72.

【국무총리기획조정실의 전자공업 발전방향(1973)】

1. 전자공업 인력의 확대

---

51 재단법인 한국정밀기기센터 이사장(제4, 1973. 6. 5); 한국정밀기기센터(한전전, 1973).
52 문화공보부(제3, 1972. 9. 27); 〈동아일보〉(1972. 9. 27); 문화공보부(대뉴, 1973. 10. 13), 제953호.
53 송태욱 전 전자정보인협회회장 증언(2011), p. 69.
54 재단법인 한국정밀기기센터 이사장(제4, 1973. 6. 5).
55 한국정밀기기센터(73, 1973).
56 중화학공업추진위원회기획단(중화공, 1973. 6), pp. 15, 72.

2. 기술집약적 산업으로의 전환
3. 기술연구 개발 체제의 정비
4. 컬러TV와 전자계산기 등의 보급확대
5. 노동력 공급을 고려한 단지 선정
6. 전자공업 기술의 토착화

국무총리기획조정실(중오, 1973), pp. 103~108.

중화학공업추진위원회기획단은 이전 계획별로 목표시기가 다르던 것을 경제개발5개년계획에 맞추어 1981년을 종점연도로 통일하였고 이후 정부기관들 역시 이를 따라하였다.

중화학공업화 정책목표와 계획이 확정됨에 따라 이를 이론적으로 도와 줄 유신정책심의회(의) 조사연구위원회가 철강, 조선, 기계, 전자, 비철금속, 화학, 사회간접자본, 자원개발의 8개 분야로 나뉘어 1973년 7월 발족되었다. 이들은 중화학공업추진위원회기획단, 상공부, 건설부 등 관계부처에서 요청한 연구과제를 연구하여 보고서를 제출하였다. 전자공업조사연구위원회는 서울공대 이종각(李鍾珏) 교수 외 7인으로 이루어졌다.

중화학공업화정책선언과 뒤이은 상반기 4, 5, 6월의 정책, 건설계획 발표가 이어지면서 국내 대기업들의 전자공업 진입과 제품범위 확대가 나타났다. 7월에는 「금성사」가 구미공업단지를 중심으로 한 전자공업 공장건설계획에 따라 연말까지 전자공장을 구미로 이전한다고 발표하였다.[57] 아직 컬러TV의 국내 방영이 허용되지 않았고 또 방송 허용까지 상당기간 시간이 필요하다는 주장이 있었지만 상공부는 한국 전자공업 수출액을 대폭 늘려 줄 컬러TV수상기의 생산을 권유하고 나섰고 대통령의 중화학공업화정책선언에 고무된 기업들은 이에 동조하여 그야말로 "재계 실력자들 투자참여 붐"이 나타나고 있었다. 1973년 8월에는 이미 컬러TV수상기 생산을 확정짓고 공장건설에 착수한 기업이 「아남(亞南산업)」, 「화신(和信)산업」, 「새한정밀」이 있었고 「대한전선」, 「크라운전자」, 「금성사」, 「동남전자」, 「삼성전자」가 외국 기업과 기술계약을 맺었거나 자본도입을 추진 중이었다. 또 「천일사(天一社)」와 「한국마벨」이 전자제품 생산 의지를 밝혔고 심지어 「대우실업」, 「대한농산」, 그리고 비공개로 몇몇 재벌기업들이 새로이 전자공업에 진입하겠다는 입장을 밝히고 있었다.[58]

정부와 중화학공업추진위원회는 해외 시장 및 전자공업육성자본을 확보하기 위해서 외국인투자 유치를 적극화하되 내외자 각각 50%를 원칙으로 하고 제품은 수출 52%, 내수 48%를 목표로 하였다.[59] 외국인투자 지분 50% 규정은 초기에 계속 언급되었는데 전자공업 투자유치의 장애요인으로 비판을 받으며 국내외에서 논쟁을 불러일으켰다. 한편, 중화학공업화정책선언 이후 상공부는 "내수품에 대하여 물품세를 인하하는 동시에 컬러TV의 방영 등으로 국내 수요

57 〈조선일보〉(1973. 7. 28).
58 〈매일경제신문〉(1973. 8. 20).
59 중화학공업추진위원회기획단(한공발2, 1979), p. 271; 국무총리기획조정실(중오, 1973), p. 99.

의 증가를 꾀하여 수출기반을 확고히" 하고자 하였고 발전전략에도 "컬러TV와 전자계산기의 보급확대"를 넣었다.[60] 그러나 이것 역시 실행에서 대통령을 포함한 정치인들의 과소비 비판과 국민 간 갈등 노출 우려 등 정치논리와 충돌하면서 계속 논쟁을 불러일으켰다.

1973년 9월 체신부는 9월 16일부터 시외자동전화가 서울–인천 간으로 확대되고 연내에 대구, 안양까지 확대될 것이라고 발표하였다.[61] 정책적으로 추진된 자동전화의 확대도 전자공업 관련 사업과 관심을 자극하였다. 1973년 10월 1일 상공부는 장기 전자공업육성계획에 따라 1980년 전자제품 수출 25억 달러를 달성하기 위해 1980년까지 45종의[62] 신규 전자제품을 개발하여 양산할 계획이라고 밝혔다.[63] 상공부가 이 시점에서 1981년이 아닌 1980년 수출목표 25억 달러를 말한 것은 국내외 비판에 꺼내지는 못하고 있었지만 1981년 수출목표를 더 올리고 싶은 의욕이 있었기 때문이었다.

Ⅲ. 장기화, 단계화하는 수정계획

상공부는 1980년까지의 「장기전자공업공장건설계획」을 수정하여[64] 1973년 9월 25일, 1981년까지 계획기간을 연장한 「장기전자공장건설계획」을 확정 발표하였다. 이는 전자공업을 수출전략산업으로 계속 육성함을 분명히 하면서 1981년까지 94개 품목 767개 공장에 대해 11억 9,200만 달러를 투자하여[65] 부품 및 원자재를 80% 이상 자급하도록 계획한 것이다.[66] 즉, 「장기전자공장건설계획」은 중화학공업추진위원회기획단이 4월에 발표한 건설공장 수를 2개만 늘린 것이지만, 4월 발표 계획이 1978~1980년에 393개의 공장건설을 집중시킨 것과 달리 경제개발5개년계획 기간 1981년까지로 기간을 맞추면서 공장건설을 분산시키고 부품자급률을 대폭 올리는 것에 초점을 맞춘 것이다.

상공부는 구미공업단지 외에 제2전자공업단지도 건설하여 767개의 공장 중 300개 공장은 기존 구미공단에, 나머지 467개 공장은 제2전자공단에 유치하고자 하였다. 그리고 생산품목 수를 94개 품목으로 하여 이를 컬러TV·컬러브라운관 등 37개 품목 148개 공장을 건설할 중

---

60 국무총리기획조정실(중오, 1973), pp. 99, 106~107.

61 〈매일경제신문〉(1973. 9. 6).

62 이는 현재 50여 종에서 1981년에 95종으로 확대한다는 전자공업육성계획(1973)과 동일한 것이다.

63 〈동아일보〉(1973. 10. 1).

64 처음 「장기전자공업공장건설계획」은, (1) 1973년부터 1980년까지 내외자 20억 8,600만 달러를 투입하여, (2) 민생용기기 202개 공장, 산업용기기 79개 공장, 전자부품 462개 공장, 전자재료 6개 공장, 관련 공업부분품 18개 공장, 합계 767개 공장을 신설 혹은 증설하되 300개는 구미전자공업단지에 건설하고, (3) 이를 통해 95종의 제품을 생산하고 1980년 수출을 8.4배인 24억 9,120만 달러로 하는 계획이었다. 〈동아일보〉(1973. 9. 25); 〈매일경제신문〉(1973. 9. 25).

65 국무총리기획조정실(중오, 1973), p. 195.

66 중화학공업추진위원회기획단(한공발2, 1979), p. 270.

점개발 품목, 녹음기·녹음테이프 등 51개 품목 599개 공장을 건설할 육성품목, 그리고 컬러 VCR 등 6품목 20개 공장을 건설할 전략개발품목의 3분야로 나누어 우선순위에 따라 개발하기로 하였다.67

장기전자공장건설계획의 구체적인 공장건설 투자계획을 1981년까지 연도별로 정리하면 〈표 3-8〉과 같다.68

〈표 3-8〉에서 보듯이 장기전자공장건설계획은 1970년대에 부품공장을 기기공장에 비해 많이 건설하고 이에 기초하여 1980년대에는 기기공장의 건설이 많아지도록 계획한 것이다.69 1973년 4월의 중화학공업추진위원회 계획은 1980년까지 건설공장 중 부품공장의 비율이 전자재료공장 포함 63.3%이었지만 9월의 장기전자공장건설계획에서는 1980년까지 건설공장 중 부품공장의 비중이 72.4%로 높아졌다. 이러한 사실은 이미 1973년 4월 중화학공업추진위원회가 부품공장의 비중을 늘린 것에 이어 또 다시 부품공장의 비중을 늘리고 있는 것을 보여 주는 것이다. 1973년 10월 4일, 대통령 역시 국회 새해 예산안 시정연설에서 이를 강조하며 다음과 같이 수출전략을 밝혔다.

> 정부는 1974년에 구미공업단지 내에 주로 전자부품공장을 건설하여 현재의 제품조립 위주에서 부품을 국내에서 생산하여 부품 및 제품을 동시에 수출할 수 있도록 하겠으며 전자공업의 수출전략화의 기반을 확충해 나가겠습니다. …… 80년대 초까지는 전자부문 767개의 공장을 비롯하여 기계부문에서는 322개 공장을 집중 육성할 것이며 이로써 전자 및 기계부문에서 각각 25억 달러 및 16억 달러의 수출이 가능하게 될 것입니다.
>
> 대통령비서실(박연8상, 1976), p. 147.

한국 공업화, 중화학공업화의 특징은 조립기기 공업에서 출발해 점차 후방연관적인 부품

〈표 3-8〉 장기전자공장건설계획의 연차별 공장건설계획(1973년 9월) (단위: 개)

	1973	1974	1975	1976	1977	1978	1979	1980	1981	계
기기공장	19	8	8	19	23	28	32	50	53	240
부품공장	45	79	75	72	59	55	54	52	36	527
합계	64	87	83	91	82	83	86	102	89	767

자료: 중화학공업추진위원회기획단(한공발2, 1979), p. 270.

67 〈매일경제신문〉(1973. 11. 3).

68 국무총리기획조정실(중오, 1973), p. 101에서 일부 수치가 다르지만 역으로 합으로 맞추면 중화학공업추진위원회기획단 자료가 맞음을 알 수 있다.

69 한국무역연구소(1974), p. 439.

공업의 비중을 늘려나가는 영국형 형태를 취한 것이었다.[70] 오원철 전 대통령 경제제2수석비서관은 이러한 방식을 "역미라미드형"이라고 불렀고 김광모 전 대통령비서관 역시 "전자공업에 있어서도 기계공업 육성과 마찬가지의 육성정책을 폈습니다. 우선 제품의 조립부터 시작하여 이를 수출전략화하고 이들의 부품요소와 부품을 국산화하는 것이었습니다"라고 증언하였다.[71] 그런 가운데에도 1973년 중화학공업화정책선언 직후 부품·재료공업의 발전을 강화하려는 자각이 있었고 또 추구되고 있었지만 시간이 지나면서 수출액 우선에 밀려 이러한 노력은 약화되었다. 김광모 전 대통령비서관의 증언에 의하면 당시 부품가는 비쌌기 때문에 자급, 국산화가 필요하였고 계획되었다고 한다.[72]

1973년 10월 16일 국무회의는 중화학공업의 기간산업 및 농민저축에 대해 법인세, 영업세 등 제세를 감면키로 한 조세감면규제법 개정안을 의결하였다.[73] 정부는 구미공업단지에 입주하게 될 전자공업 부문 공장건설 대상 품목을 전자공업, 연관공업, 병설공업으로 나누어 총 109개 품목을 지정하였다. 10월 31일 공단관리청이 밝힌 내용을 보면 5월 중화학공업건설계획 발표에서 처음 지정된 95개 품목에서 연관공업 자기소자(磁氣素子) 1개를 빼고 세계적으로 수요가 급등하고 있는[74] 전자시계를 1개 추가한 후 여기에 병설공업으로 전기기기 마이크로 모터 등 9개, 정밀기기 공구류 등 5개 품목, 합계 14개 품목을 포함시켜 총 109개의 품목을 지정한 것이다.[75] 이어 11월 3일 상공부는 1974년에 시행할 중화학개발계획을 수립하였는데 여기에서 중점육성 대상으로 전자공업을 지정하고 대상 품목에 컬러TV 등을 포함시켰다.[76]

정부의 전자공업 육성 노력과 함께 수출확대를 위한 외국인투자 장려정책과 전자제품의 수출입 편이성, 그리고 한국의 뛰어난 인력군에 유인되어 한국으로의 외국인투자 신청이 급등하였다. 국무총리기획조정실은 1973년 외국인투자 신청이 2일에 1건 정도로 쇄도하고 있는 실정이라고 밝혔는데,[77] 특히 일본의 한국 진출 노력이 커졌다. 이미 「東芝」, 「日本電氣」가 한국에 진출하여 집적회로(IC) 및 개별 반도체소자를 생산하였으나 큰 진전을 보지 못하고 있던 일본은 1973년의 중화학공업화정책선언과 외국인투자 유치 노력을 적극적으로 이용하고자 했다. 1973년 부품생산을 위한 「샤프」 진입과 함께 한일합작의 「한국롯데파이오니아(주)」, 「화신소니(주)」, 「한국나쇼날전기(주)」 등이 대규모 전자공장 건설에 나섰고 「새한정밀」은 일본 「코파루」사와 51 대 49의 비율로 자본금 1억 원의 「새한코파루」를 설립하여 1974년부터 전자시계, 라디오의 부품인 무브먼트의 생산을 시작한다고 밝혔다.[78]

---

70 오원철 전 청와대 경제제2수석비서관 증언(2006. 5. 25).
71 김광모 전 중화학공업추진위원회기획단 부단장(김박, 2002. 1. 29).
72 김광모 전 대통령 경제제2비서실 비서관 증언(2020. 1. 18).
73 〈경향신문〉(1973. 10. 17).
74 〈매일경제신문〉(1973. 7. 3); 〈매일경제신문〉(1973. 10. 23).
75 〈매일경제신문〉(1973. 10. 31).
76 중화학공업추진위원회기획단(한공발4, 1978), pp. 448~449.
77 국무총리기획조정실(중오, 1973), p. 96.

〈표 3-9〉 경제기획원 장기전망의 전자제품 수급 (단위: 백만 달러)

	1972(A)	1976(B)	1981(C)	B/A	C/A
수요	207	1,427	4,970	6.9	24.0
내수	65	588	2,229	9.0	34.3
수출	142	848	2,740	6.0	19.3
시설능력	286	1,975	6,461	6.9	22.6

자료: 경제기획원(우장, 1973. 12), p. 52.

그러나 한국 측의 기대와 달리 일본의 진출은 계속하여 영세자본이 많았고 목적 또한 순수한 노동가공이 중심이었다. 이러한 한일 양국 의도상의 차이, 충돌은 결국 석유파동이 오면서 파국을 가져오게 되었다.

경제기획원은 중화학공업화정책선언으로 새로운 생산·투자계획이 필요하고 또 만들어지고 있었으므로 기존의 경제개발5개년계획을 전면 수정하여 1981년까지의 장기전망을 작성하였다. 경제기획원은 전자공업제품의 1981년 내수가 22억 2,900만 달러가 되고 시설능력 역시 1981년 64억 6,100만 달러로 대폭 늘어나며 수출은 1976년 8억 4,800만 달러, 1981년 27억 4,000만 달러 수준으로 크게 확대될 것이라고 밝혔다(〈표 3-9〉 참조). 경제기획원이 이렇게 1981년 수출목표를 높게 설정한 것은 전망작업을 처음 시작하던 1973년 중반에는 1980년 25억 달러 수출목표가 정부 내에 공유되고 있어 목표연도를 1981년으로 늘리면서 이보다 높게 책정하였기 때문이며, 경제기획원이 공격적인 목표를 제시하고자 했던 것은 아니었다. 경제기획원의 장기전망 작업은 12월에 최종 자료로 나왔지만 이미 1973년 중반에 시작되어 8월에 중간보고가 이루어졌고[79] 10월의 『경제백서』에서도 공개되고 있었다.[80]

이러한 장기전망과 목표를 달성하기 위해 경제기획원은 현재의 구미공업단지를 중심으로 187만 평 규모의 전자공업기지를 조성하고 지금까지 수입 의존도가 높았던 소재 및 관련 공업제품과 트랜지스터, 집적회로 등 전자부품을 개발하여 국산 공급토록 할 것이며 텔레비전, 녹음기 등 가정용기기는 수출전략산업으로, 중형전자계산기, 레이더장치 등 산업용 전자기기는 수출 및 수입대체산업으로 개발하겠다고 밝혔다. 또한 수출시장의 확대를 위하여 외자 및 고도기술 도입을 촉진할 것이며 외국인투자 환경 조성 및 기술인력 확보 등 지원정책을 강화할 것을 분명히 하였다.[81]

정부는 중화학공업화정책, 전자공업 육성 의지를 분명히 하였고 이를 위한 정책적 노력과

78 〈중앙일보〉(1973. 11. 9).
79 〈매일경제신문〉(1973. 8. 20).
80 경제기획원(경백, 1973), p. 15.
81 경제기획원(우장, 1973. 12), pp. 52~53.

함께 대국민 홍보를 포함하여 전자산업 붐 조성에도 열심이었다. 1973년 9월 16일 트랜지스터를 발명한 노벨상 수상자인 미국 브라틴 박사가 방한하였고[82] 실제로 기업, 가정에서 1973년 전자제품 붐이 일어나고 있었다.

전체적인 육성계획을 수정, 심화시키고 있던 정부는 장기적으로 전자공업을 분야별로 나누어 단계적으로 육성할 계획을 세웠다. 이에 따라 우선 1970년대 전반기까지는 수출전략상품으로 가정용기기인 컬러TV와 VCR 등을 중점개발하고 1970년대 후반에는 산업용 부품과 기기를 개발하는 동시에 전자재료와 부품의 해외 의존을 탈피하고 가정용기기의 고급품 개발을 추진하여 수출시장의 확대를 기하고자 하였다.[83] 이를 구체적으로 정리하면 〈그림 3-3〉과 같다. 국무총리기획조정실은 12월 발간자료에서 전자공업 수출이 1981년 25억 달러가 되어 총 100억 달러 수출의 1/4을 차지할 것이며 1972~1981년간 전자공업 수출이 20배가 증대될 것이라고 밝혔다.[84] 수출목표 25억 달러는 이전의 1980년이 아니라 1981년 수출목표로 되었는데 이 목표는 이후 약간의 수정도 있었지만 기본적으로 유지되었다.

〈그림 3-3〉 전자공업 시기별 제품개발 및 생산 확대 방침(1973)

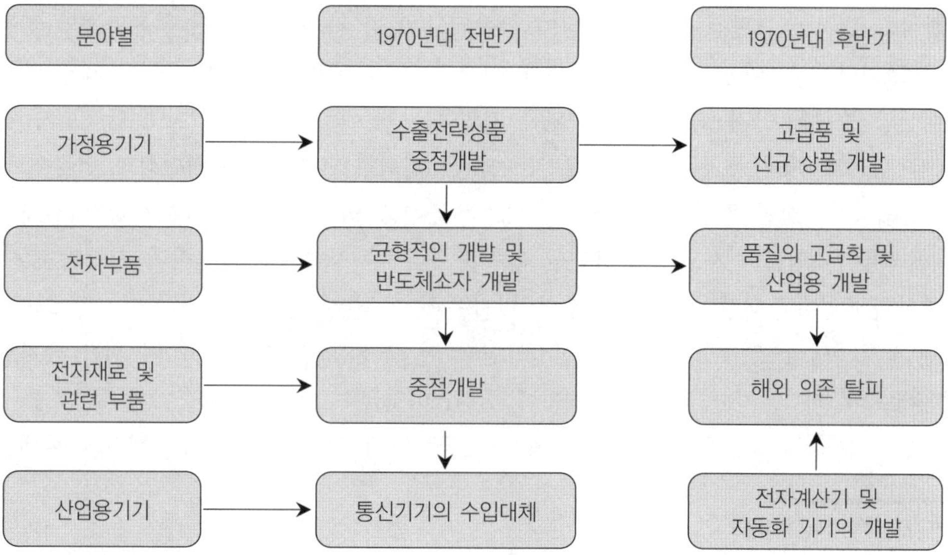

자료: 국무총리기획조정실(중오, 1973), p. 100.

82 〈중앙일보〉(1973. 9. 14).
83 중화학공업추진위원회기획단(한공발2, 1979), p. 271.
84 국무총리기획조정실(중오, 1973), pp. 9, 95.

전자공업 발전계획이 발표되고 이에 따른 정책이 실행되면서 정책실행자인 공무원들의 이해, 정부조직상의 대응, 정부의 수요창출 등 선도적 역할이 중요하게 되었다. 이에 공무원 임용 및 경력평정에서 컴퓨터 관련 교육을 반영하던[85] 정부는 공무원 전자계산조직 교육기관 지정, 재지정을 계속하면서[86] 실효성을 높이기 위해 지정기간 2년을 1년으로 단축하기도 하고[87] 또한 전자계산조직개발조정위원회를 개최하여 전자계산조직 대체 도입계획과 도입조정 업무 간소화 방안 등을 논의하였다.[88] 1974년 3월 국무총리는 행정업무 처리의 EDPS화를 더욱 효과적으로 촉진하기 위하여 과학기술처 소속 중앙전자계산소를 행정관리 통합업무를 관장하는 총무처장관 소속으로 이관하도록 결정하고 이를 대통령에게 보고하였다.[89] 정부는 전자계산조직 도입, 활용에 먼저 나선 것이고[90] 이러한 정부 노력은 한국 전자공업의 초기 발전에 자극제로 작용하였다.

Ⅳ. 석유파동과 전자공업정책의 변화

한국의 전자공업 발전에 대한 열망이 확산되고 있는 가운데 1973년 석유파동의 영향이 한국에도 닥쳤다. 석유파동은 기업들의 비용 상승과 함께 세계적인 수요 감소를 가져와 스태그플레이션의 충격을 안겨 주었고 결국 외국 기업들은 한국의 외자 50% 이내 합작투자 참여 원칙 등을 핑계로 대폭 투자를 줄였고 투자 논의를 철회하였다. 한국무역협회의 언급대로 "하필 중화학공업화정책선언과 함께 가열찬 목표를 세운 1973년, 전자공업의 세계적인 침체가 있었고 이에 외국 기업들의 새로운 공장건설 신청은 전무"한 상황으로 급변하기 시작한 것이다.[91]

중화학공업화정책선언 이래 정부의 외자유치 노력은 일관된 것이었다. 정부는 1973~1981년 총투자액 13조 1,200억 원을 산정하면서 이 중 88%인 11조 5,520억 원을 내자로 계획하였음에도,[92] 시장, 기술의 필요성 때문에 철강, 비철금속, 조선, 전자, 기계, 화학 등 6대 중화학공업 부문의 투자재원 외자 비중은 60.2%로[93] 높게 설정하였다. "수출시장의 확대를 위하

---

85 과학기술처·총무처장관(1972. 2. 29).

86 총무처장관(공전1, 1973. 9. 17); 〈관보〉(1973. 9. 20); 총무처장관(공전2, 1973. 11. 26); 〈관보〉(1973. 11. 26); 총무처장관(공전9, 1974. 5. 14).

87 공무원 전자계산조직 교육기관 「부산콤퓨터학원」은 재지정되면서 2년에서 1년으로 지정되었다. 〈관보〉(1974. 5. 16), 제6751호.

88 과학기술처(741, 1974. 2. 1).

89 국무총리행정조정실(중계, 1974. 3).

90 국무총리(중계, 1974. 3. 26).

91 한국무역협회(장전, 1976. 10), p. 114.

92 국무총리기획조정실(중오, 1973), p. 12.

93 경제기획원이나 한국개발연구원은 중화학공업 투자의 외자 의존도를 40.1%(4차 경제개발5개년계획은 44.1%)로 줄이고자 하였지만 역시 총투자재원의 외자 의존도 12%(4차 계획 25.4%)에 비해 높게 책정하였다. 사공일 · 유훈 · 박영철 · L. P. Jones(1974), p. 77; 대한민국정부(제4경, 1976), pp. 162~163.

여 외자 및 고도의 기술도입을 촉진할 것이며 외국인투자 환경 조성 및 기술인력의 확보 등 지원정책을 강화할 것이다"는 원칙도 발표하였다.[94] 해외 자본 유치가 절실했던 기계공업의 경우 기계공업 육성을 위한 실수요자 선정원칙에서 기존 업체 중점지원 대상자로 "합작으로 사실상 기술도입이 된 자"를 포함하기도 하였다.[95]

심지어 한국의 장기적인 비교우위를 자신하고 있던 전자공업의 경우 정부는 외국인투자 유치의 촉진을 위해 3년 이내에 50%로 내린다는 조건으로 외국인 합작지분 비율을 70%까지 인정하고 나아가 기술도입이 요구되는 특수품목 제조업체에 대해서는 100% 외국인투자까지 허용할 계획을 세웠다.[96] 정부는 중화학공업화정책을 통해 기본적으로 '외국인투자의 경우 외국인 지분 50% 이내'를 원칙으로 하고 있었지만, 이미 1973년 8월 29일 상공부는 제7차 수출진흥확대회의에서 국내 전자공업 육성시책에 따른 외국인투자 유치를 위해 100% 단독 외국인투자를 허용하겠다고 보고한 바가 있었고,[97] 1974년 1월의 전자공업진흥기본계획은 외국인투자 유치를 위해 "특수품목 또는 기업은 단독투자를 허용"하는 것으로 이를 확인하였다.[98] 외국인 100% 단독투자 허용 문제로 상공부와 외자를 관리하는 경제기획원 간의 의견충돌이 있었지만,[99] 기본적으로 필요하다면 100% 투자까지 허용하는 쪽으로 정부 논의는 계속되었다. 그 결과 1970년대 전자공업의 경우는 "외국인투자를 적극 유치하여 합작투자에 의거 공장을 건설한다"는[100] 기본전제와 함께 여러 조건 하에서 자본 개방도가 높게 허용되었다.[101]

이런 점에서 석유파동 후 전자공업에서 외국인투자 논의 철회의 "결정적인 요인은 100% 단독출자를 원하고 있는데 반하여 한국 정부에서는 50% 이내라야 한다는 고정관념을 되풀이"[102] 했기 때문이라는 주장은 사실 특정 시점, 특정 기업의 문제이었다고 볼 수 있다. 전체적으로 볼 때 석유파동 이후 외국인투자 논의가 철회되고 있었던 것은 외국 자본들의 과도한 이기적 요구와 석유파동에 따른 손익계산이 작용하였기 때문이었다. 한국 정부가 전자공업에서 외자 비중 50% 원칙을 사수한 경우는 해당 외자기업들이 기술이전 등에서 비협조적이었고 100% 단독투자를 허용할 특별한 이유가 없었음에도 오히려 세금, 구매, 입지 등에서 요구조건이 비합리적이었기 때문이었다. 외자기업들이 투자 논의 철회 이유로 자본참여 제한을 들은 것은 그들의 과도한 요구와 책임회피, 석유파동 충격에 따른 투자 철회를 변명하기 위한 것이 대다수이었다.

---

94 경제기획원(우장, 1973), p. 53.
95 상공부장관(기계, 1973. 10. 11).
96 국무총리기획조정실(중오, 1973), p. 102.
97 〈중앙일보〉(1973. 8. 29).
98 〈관보〉(1974. 1. 10), 제6645호.
99 송태욱 전 전자정보인협회회장 증언(2011), p. 60.
100 중화학공업추진위원회(우해, 1973), p. 129.
101 상공부(수확, 1973. 8. 28); 〈중앙일보〉(1973. 8. 29).
102 성의경 전 일간내외경제기자·신산업경영원장(1987), p. 359.

1973년 석유파동은 막 시작한 중화학공업화정책에 타격을 미쳤다. 다급해진 정부는 12월 1일부터 어떤 수출품 제조회사라도 미관세로 도입한 수출전용 제조설비에 대한 관세를 소급 납부하면 생산된 제품의 국내 판매를 허용하겠다고 밝혔다.[103] 1973년 12월 26일 정부는 석유파동에 따른 국내외 환경변화로 중화학공업의 부분적 조정을 검토 중이라고 밝혔다. 그 내용은 1981년 목표연도를 조금 늦추고 6개 주도부문 사업 추진 방향을 재조정한다는 것이었다. 그런데 이날 정부는 전자공업에 대해서는 "에너지 의존도가 낮고 선진국의 노동력 부족으로 한국의 대외경쟁력에 유리하므로 원자재 확보사정을 보아 가며 최대한 확장할 계획"이라고 밝혔다.[104] 중화학공업화정책선언으로 각종 계획과 정책이 입안, 발표되었던 1973년 전자공업의 생산, 수출 성과가 높았기에 전자공업은 위기에서 대안으로 제시되기까지 이르렀던 것이다. 이에 일부 기업들이 석유파동과 에너지 위기에서 상대적으로 유리하게 주어진 전자공업 진입과 확장 기회를 이용하고자 전자공업 업종을 추가하고 구미전자단지 내 시설을 전자공장으로 이용하는 신청서를 제출하는 등[105] 발 빠른 대응을 보였다.

동시에 정부는 석유파동으로 외국 자본들의 소극적 자세가 나타나자 외자 의존적인 구조에서 국내 기업 중심으로 전자공업 구조를 개편하는 방향을 고려하였다. 한편으로 정부는 석유파동에서 자기이익 우선의 제로섬게임을 추구하는 외국인투자를 보면서 외국인투자보다 외채를 선호하는 시각을 갖게 되었다. 석유파동은 예상하지 못하였던 외부충격으로 다가왔지만 이런 점에서 석유파동은 한국의 중화학공업화가 다른 후발공업국과 달리 덜 외세 의존적이고 그리고 장기적으로 성공적인 방향을 선택하는 계기가 되었다. 석유파동은 그 자체로 인한 계획 순연 등 타격과 함께 한국의 중화학공업화의 기본방향에 중대한 영향을 미쳤다.

1973년 전자공업제품 생산액은 4억 6,300만 달러로 〈표 3-10〉에서 보듯이 전년 대비 122.6% 성장하였다. 특히, 수출액은 3억 6,900만 달러로 총수출액의 11%로 성장하였는데,[106] 이는 1972년에 비해 159.9% 증가라는 전례 없는 놀라운 성장률을 이룩한 것이었다. 그리고 1973년 드디어 전자공업의 수출은 수입 2억 7,600만 달러를 초과하여 상품수지 흑자를 실현하였다.

전자공업은 1973년 생산공장 351개, 수출공장 145개, 종업원 8만 6,000명으로 성장하였고 생산품목은 156개, 그중 1/3, 51개가 수출품목이었다.[107] 1973년 한국 전자공업의 주요 전자제품 생산과 수출 성과를 정리하면 〈표 3-11〉과 같다.

---

103 강진구 전 삼성전자사장(1996), p. 45.
104 〈경향신문〉(1973. 12. 26).
105 상공부장관(수산, 1974. 7. 18).
106 한국산업은행조사부(80전, 1981), p. 249.
107 국립영화제작소(한전, 1974).

〈표 3-10〉 전자공업 생산, 수출, 수입 (단위: 백만 달러)

	1971	1972	1973	1974
생산	138	208	463	815
수출	89	142	369	518
수입	124	179	276	447

자료: 한국무역협회(장전, 1976. 10), p. 33.

〈표 3-11〉 1973년 주요 전자제품의 생산과 수출

제품명	생산	수출
라디오	371만 8,000대	354만 8,000대
흑백TV	82만 8,000대	44만 8,000대
녹음기	151만 4,000대	215만 2,000대
전축	6만 6,000대	na
탁상용 전자계산기	17만 3,000대	10만 6,000대
교환기	8만 5,000대	na
전화기	17만 7,000대	na
앰프	na	64만 5,000대

자료: 국립영화제작소(한전, 1974).

1974년 1월 상공부는 전자공업진흥기본계획을 확정하였다. 목표연도를 1981년으로 하여 1981년 생산 47억 달러, 수출 25억 달러를 정한 전자공업진흥기본계획은 1월 9일 상공부공고 7607호로 공고되어 1969년 상공부공고 제5369호를 개정하며 이날부터 시행되었다. 개정된 전자공업진흥기본계획의 내용을 정리하면 〈표 3-12〉와 같다.

전자공업진흥기본계획의 진흥방안이 제기한 '내외수 시장의 확대 및 균형화 – 가. 내수시장의 확대'는 1973년 1월 상공부가 제2비서실에 보고한 「전자공업장기육성방안」의 "국내시장 확대로 수출저변을 확고화"한다는 틀을 이은 것으로 적절하고 선구적인 것이었다. 이날 1974년 1월 9일 동시에 상공부장관은 전자공업진흥법 제5조에 의해 상공부공고 7608호로 전자공업진흥시행계획을 공고·시행하였는데 그 내용을 정리하면 〈표 3-13〉과 같다. 발표된 전자공업진흥기본계획과 전자공업진흥시행계획은 이미 1969년 전자공업진흥기본계획(전자공업진흥8개년계획) 등으로 작성되어 오던 것이지만,[108] 1973년 들어와 중화학공업화정책선언으로 전면 보

108 1976년까지 140억 원을 투입하여 51개 기술개발 촉구품목과 65개 전문화·계열화 및 양산화와 성능 및 품질의 개선, 생산비의 저하 등 촉구품목을 진흥시켜 1976년 4억 달러를 수출한다는 계획이었다. 〈조선일보〉(1969. 6. 21); 〈관보〉(1969. 6.

〈표 3-12〉 전자공업진흥기본계획(1974~1981)

	전자공업진흥기본계획 내용
1. 진흥목표	(1) 전자제품의 수출극대화: 생산(1981) 47억 불, 수출(1981) 25억 불 (2) 부품 및 주요 재료의 자급화 (3) 생산 및 유통구조의 정상화 (4) 기술집약적 두뇌산업화
2. 진흥방안	(1) 개발지원시책의 강화 가. 중점 진흥품목의 지정 및 공장건설 촉진 나. 자금 및 세제지원 강화 (2) 전자공업 기지건설 가. 구미전자공업단지 내 공장건설 촉진 나. 수출자유지역 내 공장건설 규제 (3) 외국인투자 유치 가. 합작투자 원칙 나. 내국인 주식지분율 제고 다. 특수품목 또는 기업은 단독투자 허용 (4) 부품 및 재료의 국산화 촉진 가. 전문화, 계열화 촉진 나. 유통구조의 개선 (5) 품질제고 및 원가절감 가. 품질보증제도의 강화 나. 생산설비의 자동화 (6) 내외 수요시장의 확대 및 균형화 가. 내수시장의 확대 (7) 기술의 축적 가. 자주기술개발 촉진 나. 개발기술의 기업화 촉진 다. 해외교포 기술자의 흡수 활용 (8) 전자공업진흥기관 및 민간단체의 총력화: 통합정비 및 기능 강화

자료: 〈관보〉(1974. 1. 10), 제6645호.

완되면서 육성계획이 만들어지고 또 1년간의 시행을 거치면서 목표, 방안 등이 재설정되어 1974년 다시 작성된 것이다.

전자공업진흥시행계획은 전자제품 수출확대, 전자공업 기지건설 촉진, 부품의 자급화, 기술개발로 목표를 재설정하였고 구체적인 개발방안으로 개발지원 시책의 강화, 전자공업기지 건설 촉진, 외국인투자의 적극 유치, 부품의 자급화 촉진, 품질제고와 원가절감, 내외 수요시장의 확대 및 균형화, 기술의 축적, 전자공업진흥기구의 강화 등을 제시하였다. 구체적인 세부 진흥방안으로 외국인투자 유치를 위해서는 합작투자 촉진, 해외교포 투자 촉진(내국인투자와 동일 대우), 구미지역 투자유치단 파견, 투자유치 활동의 조직화가 제시되었고 부품의 자급화 촉

21), 5279호.

〈표 3-13〉 상공부공고 제7608호, 전자공업진흥 시행계획

	전자공업진흥 시행계획 내용
1. 진흥목표	(1) 전자제품의 수출확대 (2) 전자공업 기지건설 촉진 (3) 부품의 자급화 촉진 (4) 신규 상품 및 기술개발 촉진
2. 진흥방안	(1) 개발지원시책의 강화 가. 중점 진흥품목의 공장건설 촉진 나. 자금 및 세제지원의 강화 (2) 전자공업 기지건설 촉진 가. 구미전자공업단지 내 공장건설 촉진 나. 수출자유지역 및 기타 지역 내 전자공장건설 규제 (3) 외국인투자 유치 가. 합작투자 촉진 나. 해외교포 투자 촉진(내국인투자와 동일 대우) 다. 구미지역 투자유치단 파견 라. 투자유치 활동의 조직화 (4) 부품의 자급화 촉진 가. 부품공장의 건설 촉진 나. 국산 부품의 사용 및 공급 촉진 다. 원자재 정보의 상호 교류 촉진 (5) 품질향상 및 원가절감 가. 품질보증제도의 강화 나. 품질검사기관의 검사기능 강화 다. 품질관리교육 강화 및 평가 실시 라. 원가절감 운동 전개 마. 생산설비의 자동화 추진 (6) 내외 수요시장의 확대 및 균형화 가. 업체별 수출책임제 강화 나. 수출과 시판과의 링크제 강화 다. 해외 전람회 적극 참가 라. 음성업체의 정비 (7) 기술의 축적 가. 기업체 연구개발 체제 확립 나. 산학협동 강화 다. 해외교포 기술자의 흡수 활용 체제 확립 라. 최신기술과 특허정보의 신속도입 및 활용화 추진 마. 전자공업도서관 설치 (8) 전자공업진흥기구의 강화

주: 밑줄 친 부분이 기본계획과 다른 것임.
자료: 〈관보〉(1974. 1. 10), 제6645호.

진을 위해서는 부품공장의 건설 촉진, 국산 부품의 사용 및 공급 촉진, 원자재 정보의 상호 교류 촉진이 제시되었다.

전자공업진흥기본계획(1974)에 의한 구체적인 연도별 부문별 생산계획은 〈표 3-14〉와 같

〈표 3-14〉 전자공업진흥기본계획에 의한 연도별 부문별 생산계획 (단위: 10억 원)

	가정용기기	산업용기기	전자부품·재료	계
1971	12.4	6.8	32.0	51.2
1972	22.1	10.1	50.8	83.0
1973	55.3	16.3	91.6	163.2
1974	93.6	25.3	132.9	251.8
1975	142.6	36.6	179.2	358.4
1976	214.2	51.0	224.4	489.6
1977	313.1	76.5	278.3	667.9
1978	449.5	103.0	346.5	899.0
1979	616.6	135.6	431.7	1,183.7
1980	816.7	172.7	518.3	1,507.7
1981	1,028.1	228.5	571.2	1,827.8
1973~1981	3,729.7	845.5	2,774.1	7,349.3

자료: 국무총리기획조정실(중조, 1974. 5), p. 160.

〈표 3-15〉 전자공업육성계획(1974)에 의한 시설투자계획

<table>
<tr><th></th><th>규모, 계획</th><th>기간</th><th colspan="3">소요자금</th></tr>
<tr><td rowspan="3">내용</td><td rowspan="3">1. 현재 320개 전자공장에서 기기공장 240개, 부품공장 527개, 총 767개 공장 신 건설: 1981년 1,000개 전자공장 가동
2. 생산전자품목 현재 50여 종에서 1981년에 95종으로 확대</td><td rowspan="3">건설기간
(1973~
1981)</td><td>내자</td><td>5,721억 원
(전체 60%)</td><td rowspan="2">자기자금
30% 이상,
정부지원 및
차관
70% 이하</td></tr>
<tr><td>외자</td><td>3,816억 원
(9억 5,300만 달러)</td></tr>
<tr><td>계</td><td colspan="2">9,537억 원</td></tr>
</table>

자료: 한국무역연구소(1974), pp. 438~440.

다. 상공부는 1981년에 가정용기기를 1조 281억 원(56.2%), 산업용기기를 2,285억 원(12.5%), 전자부품·재료를 5,712억 원(31.3%) 생산하고자 하였다.

상공부는 전자공업진흥기본계획을 기초로 전자공업육성계획을 작성하였다. 상공부는 1973~1981년간 전자공업에 내자 5,721억 원(60%), 외자 3,816억 원(953백만 달러), 총 9,537억 원을 투자하되 투자자들이 정부지원 및 차관을 제외하고 자기자금을 30% 이상 충당하도록 하여(〈표 3-15〉 참조) 1981년 수출 25억 달러, 생산 31억 8,700만 달러를 달성하고자 하였다.[109] 정부는 「장기전자공장건설계획」에서 설정한 대로 1981년까지 767개의 공장을 신규 건설하되 석유파동

109 한국무역연구소(1974), pp. 438~440.

을 고려하여 43억 달러의 전자제품 생산시설을 갖추도록 하고[110] 생산목표를 낮춘 것이다.

구미전자공업단지 내 공장건설 촉진과 수출자유지역 및 기타 지역 전자공장 건설 규제로 구미기지로의 전자공업 집중과 규모·범위의 경제가 정책적으로 추구되었다. 「금성사」는 한국 최대 전자업체이었지만 국제경쟁 단위로의 확장을 위해 부산공장을 이전 확장하여야 할 필요가 있었고 이 점이 경제기획원에 의해서 외자도입심의회에서도 지적되고 있었듯이[111] 기업과 정부는 수출경쟁력을 중시하였다.

1974년 중화학공업육성계획 2차 연도 중화학공업공장건설계획은 전자공업 "민생용기기 공장 6개, 산업용기기 공장 3개, 전자부품 및 관련 제품공장 9개 등 주요 공장 착공"을 계획하였다.[112] 1974년 1월 14일 정부는 전자, 산업기계, 정밀기계 분야에 우선 지원하는 기계공업자금 350억 원을 2월부터 방출한다고 발표하였다. 금융자금 150억 원을 시설자금 연 12%, 운전자금 연 15.5% 금리로, 국민투자기금 200억 원을 시설자금 연 10%, 운전자금 연 12%로 대출하는 내용으로 중소기계공업체에는 신용대출을 촉진하기로 하였다.[113]

같은 날 1974년 1월 14일 대통령은 석유파동에 따른 관세감면제도 개선 및 예산조정을 포함하는 「국민생활 안정을 위한 대통령 긴급조치」(긴급조치 3호), 1.14조치를 발표하였다. 1.14조치에 의해 부총리를 위원장으로 하는 「긴급조치대책위원회」가 구성되었고 긴급조치 발표 후 열린 대책위원회 회의는 중화학공업추진 계획도 물가가 안정될 때까지 늦추기로 결정하였다. 이외에도 저소득층을 대상으로 한 조세부담 경감 및 생필품의 가격안정, 고소득층에 대한 중과세, 근로조건 개선, 관세감면제도 개선 및 예산조정 그리고 TV, 냉장고, 녹음기 가격을 올려 소비를 억제하기로 하였다.[114]

대통령 긴급조치 3호가 발표되자 「한국시그네틱스(주)」는 "금번 대통령 긴급조치의 공포·시행으로 그동안 관세경감의 혜택을 받아 왔던 모든 수입물품에 대하여(원자재 제외) 관세를 지불해야 할 실정"이라며 다음과 같이 대통령 긴급조치에 따른 애로사항을 경제기획원장관에게 호소하였다.

1. 국내 전자공업에 대한 기업과 산업이 개발육성 되어 있지 않기 때문에 폐사와 같은 전자공업체들의 기계 및 부분품, 소모성 자재의 국내 조달은 현 시점에서 전혀 불가능한 실정이다.
2. 관계 법령의 개정으로 통관절차가 복잡하여 업무량이 2~3배 이상 과중되었고 이에 따라 통관 면허 시일이 신고 후 3~4일에서 1주 이상 걸리게 되었으며, 예를 들면 개정 전에는 세관수입신고 1건에 대해 송품장 등 9건의 서류 1매씩 작성되어 통관 면허되었으나 개정 후에 있어서는

110 국무총리기획조정실(중조, 1974. 5), p. 159.
111 경제기획원장관(전기제, 1974. 8).
112 日韓經濟協會(協會報, 1974), No. 61, p. 32.
113 〈매일경제신문〉(1974. 1. 14).
114 〈매일경제신문〉(1974. 1. 14); 〈매일경제신문〉(1974. 1. 15).

관할세관보관용, 관세청용, 정보조회를 위한 부산세관 통관용 등의 신고서류가 많아졌으며,

3. 관세경감의 혜택이 폐지됨으로써 폐사의 재정 면에서의 과대한 지불이 요구되고 이로 인하여 생산, 수출계획(3,500만 달러) 달성에 차질과 위축될 우려가 있습니다. 폐사의 1974년 생산계획량을 달성하기 위하여 도입해야 할 기계, 동부분품 및 소모성 자재에 대한 관세부담 예상액은 연간 440,420천 원으로 막대한 재정부담을 주게 될 것입니다.

한국시그네틱스주식회사 대표이사(대긴, 1974. 2. 12).

경제기획원장관은 재무부장관에게 외국인 100% 전자업체인 「한국시그네틱스」가 긴급조치 3호에 의해 수입 기자재 및 시설기계에 대한 관세를 부담할 경우, 전자공업의 개발 및 전자제품의 수출신장에도 상당한 차질을 초래하게 되므로 정부가 육성개발하고 있는 전자산업의 지원을 위하여 전자제품용 제조기계시설, 부분품 및 소모성 기자재는 관세가 감면되도록 조치하여 주고 통관절차도 간소화될 수 있도록 협조하여 줄 것을 요청하였다.[115]

석유파동은 외국, 특히 일본에도 영향을 주고 있었다. 1974년 1월 18일 「三菱電氣」는 한국을 생산거점으로 하여 전기기기를 일본에 역수입하겠다고 밝혔다.[116] 2월 6일 「富士通」도 50만 달러 전액 출자의 「화콤코리아」를 설립하고 전자계산기를 생산하여, 생산 전량을 일본 「富士通」으로 수출한다고 밝혔다.[117] 「다이에」사 역시 6월 합작사 「크라운전자공업」의 한국 14인치 컬러TV를 6월부터 수입한다고 발표하였다.[118] 한국 현지 시장이나 제3국 수출이 아닌 순수 일본으로의 역수입 목적이라는 점은 큰 주목을 받았는데 이는 일본이 석유파동의 영향을 생산비에서 완화하려는 이유 때문이었지만 한국 전자공업의 장점을 인정한 것이기도 하였다.

석유파동의 영향이 나타나면서 1974년 2월 4일 상공부는 대통령 연두순시에서 중화학공업을 에너지 절약형으로 수정하겠다면서도 전자·조선공업은 확충하겠다고 밝혔다.[119] 이에 경제기획원은 2월 4일 외국인투자에 관한 일반지침을 개정하여 2월 8일부터 적용한다고 발표하면서 외국인투자의 하한선 규제한도를 5만 달러에서 20만 달러로 상향할 때 전자공업은 10만 달러로 하여 전자공업의 외국인투자 확대 길을 계속 열어 놓고자 하였다.[120] 3월 21일 재무부는 전략수출산업인 전자공업에 대해 관세감면지원을 재개하기로 하고 관세분할납부 대상범위 확대, 탄력관세제도 관세인하품목 추가 등 1.14조치에 대한 보완조치를 마련하여 18일부터 소급 적용하였다.[121] 상황이 어려워지고 있음에도 관세가 수급조정과 경쟁력 강화를 위한 산업관세로 운용되지 못하고 단순한 보호관세와 재정관세로 운용되고 있다는 비판을 고려한 것이

115 경제기획원장관(전품조, 1974. 2. 18).
116 〈매일경제신문〉(1974. 1. 18).
117 〈매일경제신문〉(1974. 3. 23).
118 〈매일경제신문〉(1974. 6. 3).
119 〈동아일보〉(1974. 2. 4).
120 〈매일경제신문〉(1974. 2. 5).
121 전국경제인연합회(전2사, 1983), p. 653.

었다.

석유파동의 영향이 구체화되자 1974년 3월 24일, 대한상공회의소 주관 오점석(吳占石) 한국전자공업공단이사장을 단장으로 한 13명의 제3차 전자기계공업 투자유치조사단이 방일하였다. 이들은 2주간 체일하며 일본 주요 도시에서 투자유치 활동을 벌이고자 하였다.[122] 또한 3월 15일부터 3월 25일까지 제7차 대한국제경제협의체(IECOK) 참석단(단장 태완선 경제기획원장관)은 총회에 앞서 영국·서독·벨기에·프랑스 4개국 투자유치 순방을 하였다. 여기에서 독일의 「다이나마이트노벨」(*Dynamite Nobel*)사는 집적회로판의 제조를 위한 공장건설의 한국 투자를 현재 최종적으로 검토 중이라고 밝혔다.[123]

1974년 3월 28일 장예준(張禮準) 상공부장관은 세계적인 자원전쟁의 격화, 에너지파동 등 국내외의 어려운 여건에도 불구하고 중화학공업 건설을 계획대로 추진할 것이라고 다시 한 번 밝히고, 중화학공업 개발의 일 단계 계획을 일단 발표하였다. 상공부장관은 중화학공업 건설은 자원 및 에너지 절약형에 우선하여 추진해 나갈 것이라며 전자공업에 대해서는 총규모 320만 평의 구미공업단지를 지난 연말에 이미 완공하였고 오는 1981년까지 600개의 공장건설을 마칠 계획이라고 밝혔다.[124] KDI 역시 "산업연관효과와 기술의 파급효과가 큰 공작기계, 수출이 유망한 전자·조선 등 전략품목을 지정, 이를 집중 지원하여 기계공업 발전의 선도적 기능을 담당하게" 해야 한다고 주장하였다.[125] 1974년 당시 전자공업은 관련 산업이 낙후되어 있어 기술이나 부품을 해외에서 조달해야 할 산업이었고 따라서 정부는 전자공업 부문의 외자도입을 계속 적극 추진하고 있었다.[126] 더구나 석유파동으로 내국인기업들의 가동률은 1974년 47.1%, 합작투자기업은 50.7%로 낮았지만 100% 외국인투자기업의 가동률은 81.9%로 높았다.[127] 그럼에도 석유파동으로 투자가 주춤하자 전자공업에 대한 100% 단독투자 허용방침을 정부는 더욱 더 적극적으로 광고하였다. 이는 소유지분만이 아니라 한국 정부가 간섭하지 않는 독자회사 설립을 허용한다는 보다 적극적인 의사의 간접적 표시이었다.

한국 정부의 적극적 노력에 미국 *ITT*, 「제너럴인스트루먼트일렉트로닉」, 「텍사스인스트루먼트」, 「디지털이퀴프먼트」, 「인텔」, 「GTE펜실베니아」 6대 전자회사가 구미공단에 공장을 설치할 총액 약 2,000만 달러 규모의 대한투자 계획안을 한국 정부에 제출하였다. 이들은 컴퓨터·고성능증폭기·TV부품·반도체 등을 생산하여 수출하고 일부 한국 내 생산 불가품목에 대해서는 이미 정부가 허용한 대로 한국 내 판매도 계획하였다. 정부는 외국인 100% 단독투자를 허용하면서 이들 미국 회사에 300만 달러 이상 투자, 매년 1,000만 달러 이상 수출을 권고

122 〈매일경제신문〉(1974. 3. 23).
123 중화학공업추진위원회기획단(해출, 1974. 4. 2).
124 상공부(중정안, 1974. 3. 28); 〈경향신문〉(1974. 3. 28); 〈매일경제신문〉(1974. 3. 28); 〈중앙일보〉(1974. 3. 28).
125 사공일·유훈·박영철·Leroy P. Jones(1974), pp. 78~79.
126 한국무역연구소(1974), p. 460.
127 국제경제연구원(전산, 1979), p. 38.

하였다.[128]

1974년 6월 3일 경제장관회의는 외국인투자 업무개선조치 방안을 의결, 확정하였다. 주요 내용은 다음과 같은데 정부는 구미, 창원공업기지에 입주하는 전자 · 기계공업체에 대해서는 100% 단독투자 특례를 허용하고 또 전자·기계공업에 대해서는 내국인투자에 대해서도 세제상 지원조치를 강구한다고 분명히 하였다.

(1) 외국인투자 인가절차 간소화
  ① 기획원운영차관보를 위원장으로 하는 외국인투자 심사위원회를 신설하여 100만 달러 이하 외국인투자와 기술도입은 전결 처리, 100만 달러 이상은 외심위를 거쳐 부총리가, 500만 달러 이상 투자사업은 대통령 재가로 분류
  ② 사업검토기관 중복을 피하기 위해 주재관 제도를 보강
  ③ 100만 달러 이하 사업은 10일 이내, 1,000만 달러 이상 사업도 20일 이내 검토 마치기로 함.
(2) 인가 후 사후지원제도 도입 및 관리의 효율화
  기획원 운영차관보를 위원장으로 하는 지원대책위원회를 구성하여 활동
(3) 연차외자도입계획의 수립: 장기외자도입계획 및 연차별 시행계획을 수립하여 운용
(4) 100% 단독투자 특례 허용:
  ① 구미, 창원공업기지 입주하는 전자공업 및 기계공업
  ② 수출자유지역 입주 전 업종
  ③ 고도기술 및 경영으로 타국에서도 단독투자만 하는 다국적 기업
  ④ 투자선의 다변화에 기여하는 사업
  ⑤ 원금을 회수하지 않는 교포투자
(5) 전자공업 및 기계공업에 대해서 내국인투자에 대해서도 세제상 지원조치를 강구
(6) 공공성 민간차관은 내인가제도 확립

〈매일경제신문〉(1974. 6. 4).

1974년 부품공업의 발전 정체에 따라 전자공업의 수입유발적 형태와 이를 조장하는 수출지향정책이 문제가 되고 있었고 이는 국산화, 기술 문제와 연결되고 있었다. 외국인투자기업과 관련된 것이기도 하였지만 분명히 부품공업은 세계적인 석유파동의 영향 속에서도 1974년 가동률이 67.2%로 가정용기기 48.8%, 산업용기기 42.9%에 비해 높았지만 국산화가 지체되고 있었다.[129] 1974년 7월 23일부터 8월 23일까지 한국정밀기기센터는 1974년도 제1차 전자공업기술위원회를 개최하고 국산 개발 대책 및 기술협력 문제를 논의하였다.[130]

---

128 〈중앙일보〉(1974. 4. 10). 미국 6개 회사의 투자계획은 「제너럴인스트루먼트」 전자제품 400만 달러, 「디지털이퀴프먼트」 컴퓨터 400만 달러, *ITT* 전자상품 150만 달러, 「텍사스인스트루먼트」 전자제품 500만 달러, 「인텔」 전자제품 100만 달러, 「GTE펜실베이아」 TV부품 400만 달러이었다.

129 한국정밀기기센터(한자, 1978); 국제경제연구원(전산, 1979), p. 38.

〈표 3-16〉 상공부 공고 제7735호에 의한 수입확인 내용(1974년)

구분	수입확인 내용			
국내 공급 가능 확인 대상 품목	1. 전해축전기 2. 지(紙)축전기 3. 유침입(流浸入)축전기 4. 금속화지축전기 5. 저항기 6. 전자공업용 스위치, 소켓 접속기구류 7. 전자공업용 릴레이 8. C.R.T.(TV용) 9. TR용 · IC용 헤더 10. 축전기 11. 레코드플레이어 12. 자기식 음성재생기 13. 녹음기, 테이프데크(Tape Deck, 완제품)			
활용업체 수	45개 업체			
국내 공급불가 수입확인 실적	구분	수량(개)	금액(달러)	활용업체
	전자기기	1,002set	12,977	3개 업체
	전자부품	614,105pcs	62,951.59	42개 업체
	합계	615,107	75,928.59	45개 업체

자료: 한국 전자공업협동조합(전조2, 1987), p. 155.

1974년 8월 3일 상공부장관은 상공부공고 제7735호로 수입유발적 수출지향 체제를 개선하고 가득률 향상을 유도하는 한편, 국내 부품공업 시장을 확보, 지원하기 위해 한국 전자공업협동조합에 국내 생산이 불가능한 전자부품에 한하여 수입을 확인하도록 하는 제도를 시행하였다. 전자공업협동조합은 〈표 3-16〉의 13개 품목에 대해 국내 공급 및 사용을 권장하고 공급이 불가능한 부품은 세트생산업체가 차질이 없도록 수입하게 하였다. 이 업무는 1976년 전자공업협동조합과 전자공업진흥회의 통합으로 전자공업진흥회로 넘어갔다. 그러나 미국 등 해외 일부 유력 기업은 수입부품이 필요한 사유를 만들어 나가면서 한국에 부품을 계속 수출하였다.

1974년 9월 25일 물품세법 개정이 이루어져 1.14조치로 물품세가 대폭 인상된 물품 중에 전자 및 전기제품은 육성지원을 목적으로 물품세가 인하되었다. 흑백TV 대형은 70%에서 65%로, 흑백TV 소형은 50%에서 45%로, 전기냉장고와 그 부분품은 70%에서 65%로, 세탁기와 그 부분품은 70%에서 65%로, 전기청소기와 그 부분품은 75%에서 70%로, 전기오븐은 70%에서 65%로 물품세가 인하되었다.[131] 그러나 여전히 1.14조치 이전의 물품세로 인하되지 못한 수준이었고 또한 1975년 1월 1일부터 적용됨에 따라 오히려 TV, 냉장고 등 전자제품의 내수감소를 가져왔다.[132] 여기에 10월 23일 당시 야당이었던 신민당이 국회에 물품세 개정안을 제출하여 대형 TV, 전기냉장고, 전기세탁기, 전기청소기, 전기담요의 세율을 65%에서 다시 70%로 올리자고 주장하였다.[133] 이러한 사태는 당시의 전자공업 발전에 어떤 모순요소가 있었는지를

130 〈매일경제신문〉(1974. 7. 3).
131 〈경향신문〉(1974. 9. 25).
132 〈매일경제신문〉(1974. 9. 30).
133 〈경향신문〉(1974. 10. 23).

명백히 보여 주는 것으로 공업발전과 국민감정 간의 이러한 갈등은 1970년대 내내 해결되지 못한 문제이었다. 1974년 10월 25일 재무부령 제1054호로 재무부장관은 관세법 제28조 제1항 제1호 관세감면 대상 물품 지정에서 전자시계 등 40개를 추가 지정하고 국산 가능한 가열기 등 27개를 삭제하였다.[134] 특히, 재무부는 컬러TV브라운관 중유리, 알루미늄박, 인쇄회로중기판 등 전자기기의 원재료제조업에 대한 관세를 감면함으로써[135] 투자 촉진을 기하고자 하였다.

1974년 10월 4일 대통령은 1975년 시정방침연설에서 구미전자공단에 새로이 21개 전자공장을 가동하여 전자공업을 수출전략산업으로 육성하겠다면서 1974년 수출목표만 7억 8,000만 달러라고 언급하였다.[136] 석유파동은 예상하지 못하였던 큰 충격이었고 이에 석유파동에 따른 중화학공업화 비판을 고려하여 당연히 언급해야 할 1975년 수출목표는 밝히지 않았다. 중화학공업화정책을 주도하고 있던 대통령 경제제2비서실은 이러한 석유파동의 영향과 비판을 의식하여 건설 총공장 수는 유지하되 오히려 기존 45종 신규 전자제품 개발계획을 56품목 신규개발로 확대, 1981년 전자공업 목표를 양산화 102개 품목, 생산 47억 6,000만 달러로 올리고 영어 광고 영상도 만들었다.[137] 경제제2비서실, 즉 중화학공업추진위원회기획단은[138] 석유파동의 영향과 비판 속에서 공격적인 목표가 필요하다고 보았기 때문이다.[139] 12월 말 경제제2비서실은 중화학공업추진 계획을 점검하고 1974년 실적과 1975년 계획을 정리하였다. 여기에서 전자공업의 방침으로 1981년 수출 24억 달러, 102개 품목 완전개발, 767개 공장건설의 3가지를 들고 1975년 계획으로 8억 달러 수출, 75개 품목 개발, 완제품공장 11개, 부품·원자재공장 40개 건설을 제시하였다.[140] 1974년 12월 20일 상공부가 밝힌 1975년도 전자공업진흥계획이 1981년 수출목표 25억 달러를 고수하고 있고 1975년 6월 30일 상공부의 국회 보고에서 상공부가 1981년 수출목표로 24.71억 달러를 제시한 것에서[141] 알 수 있듯이 25억 달러를 포기한 것이 아니면서도 소수점 이하 버리기로 수출 24억 달러로 적은 것은 석유파동에 이은 비판이 컸음을 보여 준다.

1974년 12월 20일 상공부는 1975년도 전자공업진흥계획을 밝혔다. 계획은 전자제품 수출 25억 달러 달성을 위한 기반확충을 위해, (1) 신규 상품 개발지원, (2) 반도체공업 육성기반 조성, (3) 중점진흥품목의 공장건설 촉진, (4) 합작투자 촉진, (5) 부품자급화 촉진, (6) 국내외시장 확대 및 균형화를 추구하는 것이었다.[142] 또한 계획은 시책으로 육성 전자제품의 수출확

134 〈동아일보〉(1974. 10. 25).

135 〈매일경제신문〉(1974. 10. 17).

136 日韓經濟協會(協會報, 1974), No. 65, p. 4.

137 국립영화제작소(한전, 1974).

138 1974년 2월 22일 중화학공업추진위원회기획단 업무가 대통령 경제제1수석비서관실에서 제2수석비서관실로 이관되고 기획단장도 오원철 경제제2수석비서관이 맡도록 결정되었다.

139 오원철 전 청와대 경제제2수석비서관 증언(1993. 8. 30; 2005. 12. 23).

140 경제제2(중4, 1974. 12).

141 대한민국국회사무처(제93, 1975. 6. 30), 상공 제1차, pp. 14~15.

〈표 3-17〉 각국의 주요 전자제품 물품세(1975년 1월 1일 기준)

	한국	일본	대만	싱가포르	홍콩	미국
대형 TV	65	20	10	없음	없음	없음
소형 TV	45	35	10	없음	없음	없음
전축	55	15	없음	없음	없음	없음
녹음기	55	10	–	없음	없음	없음
녹음테이프	40	–	–	–	–	–

자료: 한국과학기술연구소(제4전, 1976. 7), p. 80.

대, 전자공업기지의 건설 촉진, 부품의 자급화, 신규 상품 및 기술개발에 중점을 두고 세제 및 자금 면에서 이를 뒷받침하기로 하였다. 이에 따라 TV, 녹음기에 대한 물품세 인하와 수입부품 관세인하도 추진하며 1975년에는 외화대부, 국민투자기금, 중소기업 자금에서 50억 원 이상의 자금을 확보하여 지원하기로 하였다.[143] 이날 12월 20일 상공부는 기술개발을 촉구해야 할 품목 93개, 전문화·계열화 및 양산화 해야 할 품목 102개도 지정하였다.[144]

물품세와 관세는 논쟁의 대상이 되고 있었다. 특히, 물품세는 대통령과 정치권이 소득분배와 전자제품 소비 차별화에 따른 국민 비판을 고려하여 〈표 3-17〉에서 보듯이 스스로 전자제품의 내수를 포기하고 나아가 국제 경쟁력을 약화시키는 수준으로 높았다.

물품세 인하와 함께 전자공업협동조합과 한국정밀기기센터가 지속적으로 건의하여 온 조세제도 개편이 이루어졌다. 정부는 조세감면규제법 개정법을 1974년 12월 26일 법률 제2735호로 공포하여 1974년 12월 7일부로 소급 시행하기로 하고 12월 24일 국무회의 의결을 거쳐 조세감면규제법 개정법 시행령을 확정하였다. 시행령은 1974년 12월 31일 대통령령 제7460호로 공포되어 1975년 1월 1일부터 시행되었다.[145] 정부는 중요산업의 조세특례에 해당하는 전자공업 범위를 다음과 같이 전자기기 20개 품목, 전자부품 39개 품목으로 규정하였다.

> 第12조(전자공업의 범위) "대통령령이 정하는 전자공업"이라 함은 별표3에 계기하는 품목에 해당하는 전자제품을 제조하는 사업을 말한다.
>
> [별표3] 전자공업품목 〈신설 1974·12·31〉
>
> 구분　　　품목
>
> 1. 전자기기　　　1. 녹음테이프플레이어

142 〈매일경제신문〉(1974. 12. 20).
143 〈중앙일보〉(1974. 12. 20).
144 〈매일경제신문〉(1974. 12. 20).
145 〈동아일보〉(1974. 12. 26).

	2. 탁상용전자계산기
	3. 컬러텔레비전수상기
	4. 전자시계(손목 및 회중시계에 한한다)
	5. 컬러녹화재생기
	6. 보청기
	7. 특수무전기
	8. 전자자동자료처리기계 및 그와 연결되는 단위기기
	9. 자동제어장치
	10. 계수표시측정기기
	11. 오실로스코우프
	12. 회로소자측정기
	13. 신호발생기
	14. 레이더장치
	15. 사진전송장치
	16. 의료용측정기
	17. 방사선응용기기
	18. 고주파응용기기
	19. 초음파응용기기
	20. 방위산업용 전자기기로서 재무부장관이 상공부장관 및 국방부장관과 협의하여 정한 품목
2. 전자부품 및 재료	1. 고정저항기
	2. 고정축전기
	3. 전자관
	4. 집적회로
	5. 트랜지스터
	6. 다이오드
	7. 써머스터
	8. 정류소자
	9. 흑백텔레비전수상기용 브라운관
	10. 컬러텔레비전수상기용 브라운관
	11. 표시방전관
	12. 페라이트코아
	13. 페라이트마그넷
	14. 수정발진소자
	15. 인공수정(발진소자용에 한한다)
	16. 발광다이오드표시단자
	17. 전자계산기용 자기헤드

18. 녹음기용 자기헤드
19. 전자계산기용 기억소자
20. 녹음기용 소형 모터(중량 1키로그램 이하)
21. 탁상용전자계산기용 키보드
22. 액정표시단자
23. 자기녹음테이프
24. 영구자석
25. 극소형전자부품
26. 특수축전기(주파수조정용에 한한다)
27. 특수건전지(은·수은·태양건전지에 한한다)
28. 알루미늄(알루미늄의 함유량이 100분의 99.99 이상)
29. 인쇄회로기판
30. 반도체 및 집적회로소자
31. 규소박판
32. 다정질규소
33. 펙케이지(반도체 및 집적회로용에 한한다)
34. 세금선(반도체소자 및 최소형회로용의 것에 한한다)
35. 전자총
36. 흑백텔레비전수상기 브라운관용 유리관 및 동유리
37. 컬러텔레비전수상기 브라운관용 유리
38. 전자급화공약품
39. 전자급가스

법제처 국가법령정보센터(2009. 5. 6).

이들 조세감면규제법상 중요산업 조세특례 품목에 대해 내국인(내국법인 포함)으로서 1975년 1월 1일 이후 신규 투자를 하거나 개발장려지구로 공장을 이전하는 경우 조세감면규제법 제4조의8(중요산업에 대한 조세특례)에 의해 다음의 세 가지 조세특례 중 하나를 선택하여 그 적용을 받을 수 있었다.

1. 당해 중요산업에서 발생한 소득에 대한 소득세 또는 법인세의 전액을, 그 다음 2년 내에 종료하는 사업연도에 있어서는 소득에 대한 소득세 또는 법인세의 50/100에 상당하는 세액을 감면한다.
2. 투자를 한 금액의 100분의 8(국산 자재와 기계를 사용한 경우에는 100분의 10)에 상당하는 세액을 사업연도의 소득세 또는 법인세에서 공제한다. 다만, 제15조와 외자도입법의 규정에 의한 감면은 내국인투자자의 소유주식 또는 지분의 비율을 곱하여 계산한 금액을 기준으로 하여 산출한 금액을 공제한다.

3. 건설 또는 시설된 사업용 고정자산에 대하여 소득세법 제43조 또는 법인세법 제16조 제12호의 규정에 의하여 계산한 감가상각 범위액의 100분의 100에 상당하는 금액을 감가상각비로 하여 각 사업연도의 소득금액 계산에 있어서 이를 필요경비 또는 손금으로 계상한다.

법제처 국가법령정보센터(2009. 5. 6).

관세감면은 관세법 제28조 제1항의 제1호에 의하여 재무부고시로 관세감면 품목과 대상 업종 지정이 이루어졌는데[146] 〈표 3-18〉의 전자공업이 대상이 되었다. 이들 전자공업은 시설 신설 혹은 일정 규모 이상의 증설 및 개체용으로 국내 제조가 어려운 시설, 기계류, 기초설비품, 건설용 재료 및 그 구조물과 이들을 국내에서 제작하기 위한 부분품 및 원재료 중에서 재무부장관이 고시하는 물품을 수입할 때에는 관세감면 70~100%를 받을 수 있었다. 1970년대 말 전자공업의 조세감면규제법 지원 대상은 11개 품목, 30개 부품 그리고 관세법 지원 대상은 20개 품목, 14개 재료이었다.[147]

이러한 전자공업 지원정책은 한국만의 것은 아니었다.

일본의 전자공업진흥시책은 1957년 7년 시한입법인 「전자공업진흥임시조치법(電振法)」(1957)의 제정으로 본격 시작되었다. 일본은 이 법을 특별 입법하여 제도적으로 재정·금융지원, 수입제한, 관세보호 등을 시행하여 전자공업을 육성 발전시켰다.[148] 이 법은 1964년 자동 연장되었고 1971년 機電法, 1978년 機情法으로 이어졌다. 일본은 전자공업의 고도화와 경쟁력 촉진을 위해 전자제품을 시험연구로 촉진시켜야 하는 분야, 공업생산화를 촉진시켜야 하는 분야, 생산합리화를 촉진시켜야 하는 분야로 법에 의하여 지정하고 각 분야별 기본계획, 실시계획, 고도화계획을 설정한 후 이 계획을 달성하기 위해 정부가 기술개발보조금의 우선지급과 일본개발은행 및 中小公庫에 의한 저리설비투자자금융자 등 융자, 보조금, 세제 그리고 기타 지원을 유기적으로 결합하여 지원하였다.[149] 일본 정부는 미국의 비판에 부딪치면서도 반도체 구매를 모두 국산품에 한정하였다. 일본의 지원은 세부적인 지원 실행계획까지 포함하여 정책의

146 〈관보〉(1974. 1. 14); 〈관보〉(1974. 2. 16); 〈관보〉(1974. 3. 4); 〈관보〉(1974. 4. 12); 〈관보〉(1974. 5. 10); 〈관보〉(1974. 7. 1).

147 중화학공업 전체의 지원 대상은 다음과 같다.

산업	조세감면 규제법	관세법
철강	연 10만 톤 이상 제철·제강 일관제철	연 20만 톤 이상 제철·제강·압연 일관제철
비철금속	연 3만 톤 동광, 연 1만 톤 연광	모든 제련, 정련
기계	22개 품목	일반기계 14개 품목 등
조선	3,000톤급 이상 도크조선대	1,000톤 이상 철동선(鐵銅船) 등
전자	11개 품목, 30개 부품	20개 품목, 14개 재료
화학	나프타분해공업, 석유화학유틸리티사업	7개 업종

자료: 한국 전자공업협동조합(전조2, 1987); 경제기획원(경백, 1981).

148 大島清(1978), p. 22.

149 한국산업은행조사부(80전, 1981), pp. 245, 276.

〈표 3-18〉 관세감면 대상 전자공업

구분	내용
전자기기제조업	1. 자동자료처리기계 및 그와 연결되는 단위기계 제조업 2. 무선전신전화송수기(민생용 제외) 제조업 3. 항행용 무선기기 제조업 4. 레이더 제조업 5. 무선원격제어기기(민생용 제외) 제조업 6. 관세율표 제8459호, 제8511호 해당 고주파 · 방사선 · 초음파 및 레이저응용기기 제조업 7. 컬러녹화재생기 제조업 8. 보청기 제조업 9. 휴대용 전자시계 제조업
전자기기부품 제조업	1. 전자관 제조업 2. 광전지 제조업 3. 반도체소자 제조업(가공웨이퍼 포함) 4. 압전기 결정소자 제조업 5. 자기기억소자 제조업 6. 발진소자 제조업 7. 서미스터 제조업 8. 초소형 전자회로 제조업 9. 액정표시기 제조업 10. 리이드프레임(반도체소자 및 초소형 전자회로용 것) 11. 자기헤드 제조업 12. 페라이트코어 제조업 13. 영구자석 제조업 14. 키보드 제조업 15. 소형전동기 제조업 16. 산화은전지 제조업 17. 테이프 데크 메커니즘(녹음·녹화 또는 자료기억용 것) 18. 편향코일 19. 스위치(2극 이상 한정하며 민생용 제외) 20. 커넥터(2극 이상 한정하며 민생용 제외) 21. 음반재생용 카이드릿지(무빙마그네트형) 제조업 22. 브라운관용 전자총 제조업
전자기기원재료 제조업	1. 세금선(반도체소자 및 초소형 전자회로용 것) 제조업 2. 세알루미늄선(반도체소자 및 초소형 전자회로용 것) 제조업 3. 고순도 규소봉 및 박판제조업 4. 인공수정 제조업 5. 전자관용 유리제조업 등 12개 제조업(세분류 34개 제조업)

자료: 국제경제연구원(전산, 1979), pp. 66~68.

불확실성을 없앰으로써 기업들이 합리적으로 그리고 능동적으로 시장에 진입하고 세계 시장에 대처할 수 있도록 하였다. 한국의 전자공업 발전 기본계획이나 실시계획, 관련 입법도 이러한 일본의 성공 전례에 영향을 받았다. 대만 역시 전자공업 10개년계획을 통해 정부 구매품은 모두 국산으로 해야 함은 물론 개발장려금의 지원, 규격 등에 대한 기술지도, 장기구매계약제도,

국산 고가구입 요청, 운전 및 기술지도 자금지원 등을 실행하였다.[150]

스스로 정부의 개입이 가장 적었다고 주장하고 있는 미국도 동일하였다. 미국이 1960년대 세계 제1의 전자공업국이 된 것은 정부 연구개발자금의 공급과 생산의 50%에 이르는 대량의 정부 구매를 실행하였기 때문이었다. 1970년대에도 정부지원이 계속되어 예컨대 1977년 미국 정부는 전자 관련 연구비 지원경비로 국방성 49억 달러, NASA 1억 달러 등 총 50억 달러를 계상하는 등 민간기업의 연구비를 대폭 지원함으로써 사실상 가장 중요한 지원인 금융의 대폭적 지원에 나섰다. 더하여 법인 컴퓨터 구입의 경우 취득액의 10%를 법인소득세에서 감면(투자감세제도)하고 일반조달청(GSA)이 국산품 우선 조달을 하여 6% 이내의 가격차인 경우 국산품을 구입하도록 하였다. 그 결과 정부 사용 컴퓨터는 100% 미국제이었다.[151]

한국에서 조세감면규제법이 시행되자 조세감면규제법상의 전자공업 혜택에 대한 기업의 문의가 이어졌다. 관련 부서에서 상공부장관이나 재무부장관에게 문의가 들어오면 최종적으로 재무부장관이 대답하는 것이 일반적인 대응 방식이었다.[152] 재무부는 문의 민원이 들어올 때마다 회신 지연을 통보하면서까지 개별 제품에 대한 까다로운 판정 검토를 하여야 하였고,[153] 상공부장관에게 전자공업의 범위를 문의하는 등의 도움을 받아가면서 회신하였는데, 라디오증폭기기, 자동차용무전기, 레코드플레이어, 휴대용전자시계 등 문의가 이어졌다.[154] 조세감면규제법상 중요산업 대상 품목은 전자부품 및 재료업종 17호에 키보드를 넣고 플라스틱 성형부분을 제외하는 등 전자공업의 발전을 반영하며 조정되었다.[155]

1970년대 생산 면에서의 조세감면은 이루어졌지만 소비 면에서의 세제개혁은 크게 진전되지 못하였다. 그 결과 1980년에도 한국은 소비자가 공장도가 100%, 특별소비세 40%, 특소세 30%의 방위세, 그리고 이상의 합에 부가가치세 10%를 부담하여 공장도가의 167.2%라는 높은 소비세율을 부담해야 하였다. 유럽은 생필품은 공장도가 100%, 부가가치세 15%로 공장도가의 115%, 사치품은 공장도가 100%, 부가가치세 30%로 공장도가의 130%를 부담하고 있었다.[156]

150 상공부(전자, 1982), pp. 182~183.
151 한국산업은행조사부(80전, 1981), p. 244.
152 재무부(전자공, 1975. 6. 20).
153 재무부(전자제, 1977. 11).
154 재무부 직세담당관(1976. 8. 16); 재무부(전자조, 1977. 11).
155 재무부장관(중목, 1980. 6. 24).
156 한국무역협회(가전, 1981), p. 30.

부록

조세감면규제법 제4조 8 중요산업에 대한 조세특례[157]
[1974. 12. 26 공포. 법률 제2735호. 1974. 12. 7 시행]

4조의8(중요산업에 대한 조세특례) ① 내국인(내국법인을 포함한다. 이하 같다)으로서 중요산업을 영위하기 위하여 투자하거나 공장시설을 이전하는 자는 다음 각호의 방법 중 하나만을 선택하여 그 적용을 받을 수 있다.

1. 대통령령이 정하는 사업개시일이 속하는 사업연도(소득세의 과세기간을 포함한다. 이하 같다)와 그 다음 사업연도 개시일로부터 3년 내에 종료하는 사업연도에 있어서는 당해 중요산업에서 발생한 소득(제2항 제10호의 사업을 영위하는 자에 대하여는 개발지구 안의 공장에서 발생한 소득에 한한다. 이하 같다)에 대한 소득세 또는 법인세의 전액을, 그 다음 2년 내에 종료하는 사업연도에 있어서는 당해 중요산업에서 발생한 소득에 대한 소득세 또는 법인세(제15조와 외자도입법의 규정에 의한 소득세 또는 법인세의 감면세액이 있을 때에는 그 금액을 공제한 세액으로 한다)의 100분의 50에 상당하는 세액을 감면한다.

2. 대통령령이 정하는 투자(중고품에 대한 투자를 제외한다)를 한 금액의 100분의 8(대통령령이 정하는 바에 의하여 국내에서 생산 또는 제조된 자재와 기계를 사용하여 투자를 한 경우에는 그 투자금액의 100분의 10)에 상당하는 세액을 그 투자 또는 공장이전을 완료한 날이 속하는 사업연도의 소득세 또는 법인세에서 공제한다. 다만, 제15조와 외자도입법의 규정에 의하여 소득세 또는 법인세를 감면하는 경우에는 그 투자금액에 당해 기업의 모든 주식 또는 지분에 대한 내국인투자자의 소유주식 또는 지분의 비율을 곱하여 계산한 금액을 기준으로 하여 산출한 금액을 공제한다.

3. 대통령령이 정하는 투자에 의하여 건설 또는 시설된 사업용 고정자산에 대하여 소득세법 제43조 또는 법인세법 제16조 제12호의 규정에 의하여 계산한 감가상각 범위액의 100분의 100에 상당하는 금액을 감가상각비로 하여 각 사업연도의 소득금액 계산에 있어서 이를 필요경비 또는 손금으로 계상한다.

② 제1항에서 "중요산업"이라 함은 다음 각호의 1에 해당하는 사업을 말한다.

1. 석유화학공업육성법의 규정에 의하여 등록한 자가 영위하는 나프타분해공업(접촉개질 및 방향족추출공업을 포함한다)과 석유화학공업단지 내에서 석유화학공업을 영위하는 자에게 전기·증기·용수 또는 정비용역을 공급하는 사업

157 법제처 국가법령정보센터(2016. 6. 2).

2. 조선공업진흥법의 규정에 의하여 등록한 자로서 적재중량 10만 톤급 이상의 선박건조용 독 또는 조선대를 소유한 자가 영위하는 조선공업
3. 기계공업진흥법의 규정에 의하여 등록한 자가 영위하는 대통령령이 정하는 기계공업
4. 전자공업진흥법의 규정에 의하여 등록한 자가 영위하는 대통령령이 정하는 전자공업
5. 철강공업육성법의 규정에 의하여 지정을 받은 자로서 조강기준 연간 10만 톤 이상을 각각 생산할 수 있는 제선시설과 제강시설을 함께 보유하는 자가 영위하는 철강공업
6. 비철금속제련사업법의 규정에 의하여 등록한 자가 영위하는 비철금속제련사업 중 동광·연광·아연광 및 이에 따르는 설물을 제련하는 사업
7. 광업법 제3조에 규정하는 광물 중 대통령령이 정하는 광물의 채굴 및 채광과 이에 부수되는 선광 및 제련사업
8. 대통령령이 정하는 발전사업(발전과 함께 송전과 배전을 겸하는 경우를 포함한다)
9. 비과단속법의 규정에 의하여 허가를 받은 자가 영위하는 대통령령이 정하는 화학비과제조업
10. 대통령령이 정하는 대도시 안에서 공장시설을 갖추고 대통령령이 정하는 업종에 해당하지 아니하는 사업을 영위하는 자가 지방공업개발법 제2조의 규정에 의하여 지정된 공업개발장려지구(이하 "개발지구"라 한다) 안으로 대통령령이 정하는 바에 의하여 그 공장시설을 전부 이전하여 개발지구 안에서 개시한 사업

③ 제1항의 규정의 적용을 받지 아니하는 자로서 대통령령이 정하는 산업을 영위하는 자에 대하여는 대통령령이 정하는 바에 의하여 계산한 금액을 특별감가상각비로 하여 각 사업연도의 소득금액 계산에 있어서 이를 필요경비 또는 손금에 산입할 수 있다.

④ 제1항 및 제3항의 규정의 적용을 받지 아니하는 자가 대통령령이 정하는 신기술을 기업화한 사업을 영위하기 위하여 그 사업의 고유목적에 직접 사용되는 주된 기계(이에 부수되는 기계를 포함한다) 또는 대통령령이 정하는 공해방지시설에 투자하는 경우에는 제1항 제2호의 규정을 준용한다.

⑤ 제1항의 규정은 당해 사업자가 그 투자 또는 이전을 개시한 때에 대통령령이 정하는 바에 의하여 투자계획서 또는 이전계획서를 정부에 제출하고 대통령령이 정하는 바에 의하여 투자를 완료하거나 사업을 개시한 경우에 한하여 이를 적용한다.

⑥ 제1항의 규정에 의하여 당해 사업자가 선택한 방법은 대통령령이 정하는 바에 의하여 이를 정부에 신고하여야 하며 신고된 방법은 이를 변경하지 못한다.

⑦ 제6항의 규정에 의한 신고를 하지 아니한 자에 대하여는 제1항의 규정을 적용하지 아니한다.

⑧ 제1항 제2호의 규정에 의하여 공제할 금액이 당해 사업연도의 소득세액 또는 법인세액

을 초과하는 경우에는 그 초과하는 부분의 금액은 당해 사업연도의 다음 사업연도 개시일로부터 4년 내에 종료하는 각 사업연도에 이월하여 그 이월된 각 사업연도의 소득세 또는 법인세에서 이를 공제한다.

⑨ 각 사업연도의 소득세 또는 법인세에서 공제할 금액으로서 제1항 제2호의 규정에 의하여 공제할 금액과 제8항의 규정에 의하여 이월된 미공제금액이 중복되는 경우에는 제8항의 규정에 의하여 이월된 미공제금액을 먼저 공제하고 그 이월된 미공제금액 간에 중복되는 경우에는 먼저 투자 또는 이전이 완료된 분에서 이월된 미공제금액을 먼저 공제한다.

⑩ 중요산업을 영위하는 자로서 제1항 제1호의 적용을 받고자 하는 자가 기타의 사업을 겸영하는 경우에는 중요산업과 기타의 사업을 대통령령이 정하는 바에 의하여 구분하여 경리하여야 한다.

⑪ 제2항 제10호의 사업이 동항 제1호 내지 제9호의 사업과 중복되는 경우에는 동항 제10호의 사업에 관하여는 제1항의 규정을 적용하지 아니한다.

⑫ 제2항 제10호의 사업을 영위하는 자로부터 제1항·제5조 제2항 제12호·제9조 제6항 또는 제10조 제2항 제13호의 규정에 의한 감면 공제 또는 상각기간이 경과되지 아니한 사업을 승계한 자는 그 잔여기간 중 종전의 사업자로 보고 당해 각 조항의 규정을 적용한다.

⑬ 제2항 제10호의 사업을 영위하는 자가 지방공업개발법 제6조의 규정에 의한 입지 지정이 해제된 때에는 그 해제된 날이 속하는 사업연도부터 제1항 및 제12항과 제5조 제2항 제12호·제9조 제6항 및 제10조 제2항 제13호의 규정은 이를 적용하지 아니한다.

[본조신설 1974·12·19]

CHAPTER 4

위기와 충돌, 변화하는 전자공업의 발전계획과 정책

I. 1970년대 중반의 장단기 계획

경제기획원은 『경제백서』에서 1975년의 계획을 밝혔다. 정부는 전자공업에서 구미전자공단의 21개 공장을 비롯하여 모두 51개 공장을 새로이 건설할 계획이며 1975년 중에는 8개 부품 및 원자재를 개발하고 반도체 및 집적회로소자, 탁상용 전자시계, 계수표시측정기, 고급 앰프 및 전축, 녹음테이프의 5개 신규 수출상품을 개발토록 할 계획이라고 알렸다.[1]

1975년 3월 13일 상공부는 1975년 상공시책을 국회에서 보고하였다. 7가지의 상공시책 중 4번째 중화학공업의 건설 촉진에서 전자공업에 대해 다음 〈표 4-1〉과 같은 1975년 상공시책을 밝혔다.

〈표 4-1〉 상공부 전자공업 1975년 상공시책

시책	전자공업건설촉진계획 내용
목표	수출 7.8억 달러 달성
	부품의 국산화 촉진
공장건설 촉진	구미전자공업기지: 21개
	기타: 30개
부품 및 원자재 개발 촉진	목표: 61개, 1975년 중: 8개(연말 누계 48개)
신규 수출상품의 개발	5개: 반도체 및 집적회로소자, 탁상용 전자시계, 계수표시측정기, 고급 앰프 및 전축, 녹음테이프

자료: 대한민국국회사무처(제91, 1975. 3. 13), 상공 제1차, p. 21.

1 경제기획원(경백, 1975), p. 137.

〈표 4-2〉 산업용기기공장 건설계획(1973~1981)

품명 / 연도	규모			공장 수	1973	1974	1975	1976	1977	1978	1979	1980	1981
	투자	생산	대지										
계(24개 품목)	백만 원	천 대	m^2	91(4)	15	3(1)	5(1)	6(2)	8	7	15	14	18
전화기	146	214	17,391	4	1	–	–	1	–	–	1	–	1
자동전화교환기	2,673	343	150,275	3	1	–	1	–	–	–	–	1	–
수동전화교환기	230	6	16,380	1	1	–	–	–	–	–	–	–	–
간이교환전화장치	419	86	20,040	2	1	–	–	–	–	–	1	–	–
인터폰	61	286	3,391	5	1	–	–	–	–	1	1	1	1
전신장치	173	3	7,380	6	1	–	–	–	1	1	1	1	1
반송통신장치	379	3	13,275	10	1	–	1	1	–	1	2	2	2
방송장치	85	0.286	6,570	10(1)	1	–	1(1)	–	1	1	1	3	2
무선송신기	1,294	7	50,100	6(1)	1	–	–	1(1)	–	–	2	1	1
트랜시버	384	929	23,025	4	1	–	–	–	1	–	1	–	1
탁상용전자계산기	2,936	214	72,060	5	1	–	–	–	1	1	–	1	1
회로시험기	41	214	4,140	4	1	–	–	–	1	–	1	1	–
레이더장치	960	3	6,750	2(1)	–	–	–	1(1)	–	–	–	–	1
X-선장치	507	1,429	5,040	3	–	–	–	1	–	1	–	–	1
어군탐지기	157	3	7,440	3	–	–	–	–	1	–	–	1	1
초음파전자장치	62	1.14	3,150	3	–	–	1	–	–	–	1	–	1
중형전자계산기	8,680	0.57	62,550	3	–	–	–	–	1	1	–	–	1
고주파전자장치	475	3.14	6,820	1(1)	–	1(1)	–	–	–	–	–	–	–
의료용측정기	319	10	31,980	1	–	–	–	–	–	1	–	–	–
계수표시측정기	94	214	7,980	5	–	–	1	–	–	–	1	1	1
오시로스코프	244	10.2	31,140	3	–	–	–	–	–	1	1	–	1
회로소자측정기	104	25	15,750	1	–	1	–	–	–	–	–	–	–
신호발생기	236	12	35,460	1	–	1	–	–	–	–	–	–	–
자동제어장치	380	42	33,300	5	–	–	–	1	1	–	1	1	1

주: ( ) 안은 구미공업단지 외 수치임.
자료: 국무총리기획조정실(중건2, 1975. 3), p. 257.

상공부의 1975년 상공시책은 계속적인 공장건설과 부품개발 그리고 수출 촉진으로 요약된다. 구체적인 공장건설계획으로 산업용기기공장 건설계획도 〈표 4-2〉와 같이 작성되었다. 1981년까지 24개 품목을 생산할 목표로 91개의 산업용기기공장을 건립할 계획이었다.

1975년 4월 1일부터 정부는 「수출용 원재료에 대한 관세 등 환급에 관한 특례법(관세환급특례법)」을 법률 제2675호(1974년 12월 12일 제정공포)로 시행하여 수출용 제품의 원자재에 대하여 면세하던 제도를 바꾸어 수입 시에 관세를 물고 제품수출 시에 관세를 돌려주도록 하였다.[2]

2 법제처 국가법령정보센터(2017. 6. 2).

다만 관세환급제도의 도입에 따라 수입 시 관세, 임시수입부가세와 내국소비세를 일시에 부담하는 수출업자들의 부담을 줄여주기 위해 정부는 징수유예 기간을 정하였는데 징수유예는 1978년 6월 30일까지 수입신고하는 물품에 한하되, 징수유예의 기간과 금액을 순차적으로 축소하도록 하였다. 그러나 이후 수출업계는 관세의 선(先)일괄징수에 따른 부담을 호소하며 징수유예 기간의 연장, 과세율 인하 및 정부의 금융지원을 요망하였다.[3] 1975년 6월 30일 중화학공업의 건설 촉진 시책에 대한 상공부의 국회 보고에 의하면 전자공업의 중점진흥품목 개발 목표는 1981년까지 102개로 원자재 61개(부품 45개, 재료 13개, 부자재 3개), 완제품 41개로 완제품은 민생용기기 16개, 산업용기기 25개이었다. 상공부는 이때 1975년 상공시책에서 1981년 기기 18.28억 달러, 부품 6.43억 달러 수출로 총 24.71억 달러 수출계획을 밝혔다.[4]

1975년 상공부는 상공부령 제449호로 전기기계기구 품질표시에 관한 규정을 폐지하였다.[5] 1975년 5월 19일부터 21일까지 열린 민간 한미경제협의회 제2차 합동회의에서 남덕우 부총리는 한국의 중화학공업은 먼저 조선, 기계, 전자·전기제품 등 노동집약적 부문에 집중될 것이라고 밝혔다. 상공부의 수출총력화 요청에 따라 대한무역협회는 1975~1985년간 해외 시장 전망, 유망품목 선정에 나섰고 이를 위해 「아더리틀(Arthur D. Little: ADL)」 연구소에 연구를 위촉하였다. ADL 조사단은 한국산업개발연구소(KID)와 협력하며 연구조사를 진행하였다.[6]

합작투자업체의 국내 판매에 대해서 1975년 1월 4일 상공부장관은 〈합작투자업체가 생산한 전자제품의 국내 판매에 관한 요령 개정〉을 상공부고시 제10579호로 고시하고 상공부고시 제9431호 중 일부를 개정하였다. 여기에서 "제한 없이 국내 판매를 허용한다"는 조항을 "3개월간의 판매계획량 범위 내에서 제한 없이 국내 판매를 허용한다"로 변경하였고 "인가한 사업계획서상의 수출계획을 특별한 사유 없이 이행하지 아니하였을 때에는 국내 판매 승인을 아니할 수 있다"를 신설하여 삽입하였다. 동시에 "구미수출산업공단 내에서 전자제품을 생산하는 합작업체로서 국내 판매를 하고자 하는 자에 대하여는 구미관리소장이 이를 승인한다"는 조항도 신설하였다.[7] 실제로 이 개정고시에 따라 「한국와이시안테나(주)」의 국내 시판 신청 시 상공부는 3개월 판매계획량을 승인하고자 경제기획원에 협의 요청하고[8] 경제기획원이 회신하는 과정이 이루어졌다.[9] 또한 공업단지 내 합작기업의 경우 구미공업단지관리소장이 국내 판매를 승인하고[10] 이를 상공부장관, 국세청장, 대구세관구미출장소장에게 통보함에 따라 이들 수신처는 다시 하급기관에 통보하는 절차가 이루어졌다.[11] 정부는 합작투자업체의 국내 판매가 국내

3 국무총리기획조정실(중건5, 1977), p. 159.
4 대한민국국회사무처(제93, 1975. 6. 30), 상공 제1차, pp. 14~15.
5 〈관보〉(1975. 9. 3), 제7139호.
6 한국무역협회(장전, 1976. 10), pp. 3, 11.
7 〈관보〉(1975. 1. 6), 제6940호.
8 상공부장관(합업, 1975. 1. 18).
9 경제기획원장관(합생, 1975. 1. 21).
10 구미공업단지관리소장(합산, 1977. 5. 23).

생산과 수급에 영향을 덜 미치도록 보다 정교하게 통제하면서도 동시에 구미수출산업공단 내 기업의 국내 판매에 대한 행정절차의 단순화를 이루고자 하였다.

외국인투자기업, 특히 지분 50%가 넘는 외국인기업의 전자제품 국내 판매가 한국 기업과 시장에 미치는 영향을 감시하고 줄이려는 노력은 계속되었다. 1975년 8월 29일 상공부장관은 상공부고시 제10633호 고시로 상공부고시 제6445호를 폐지하였고 대신 경제기획원고시 제75-4호, 〈전자제품생산 외국인투자기업의 국내 판매 승인요령〉이 고시되었다. 경제기획원은 "(1) 내국인 주식지분율이 50% 이상인 합작업체가 생산하는 민생용 전자기기는 수출실적의 내국인 주식지분율에 해당하는 양의 범위 내에서 국내 판매를 허용할 수 있으며 산업용 전자기기, 부품 및 재료의 국내 판매는 제한하지 아니한다. (2) 내국인 주식지분율이 50% 미만인 합작업체가 생산하는 전자제품은 수출실적의 내국인 주식지분율에 해당하는 양의 50% 범위 내에서 국내 판매를 허용할 수 있다"라고 고시하였다(4조). 즉, 국내 판매에서 50% 이상의 외국인투자에 더욱 제한을 가하는 것을 그대로 유지하면서 이미 예외조치가 규정되어 있음에도 "허용한다"라는 조항을 "허용할 수 있다"로 바꾸었다. 이를 위해 제7조에서 국내 판매승인 신청자는 신청 전 6개월간의 수출 또는 생산을 이행한 후 국내 판매 허가신청서를 경제기획원장관 또는 공업단지관리청장에게 제출하도록 하였다.[12] 이후 100% 수출전량의 외국인투자 인가 과정에서 경제기획원고시 제75-4호가 인용되었으며[13] 경제기획원고시 제75-4호를 기초로 외국인투자업체의 전자제품 국내 판매 승인절차가 계속 진행되었다.[14]

1975년 10월 4일 1976년도 예산안 제출 국회 시정연설에서 대통령은 전자공업에 대해 수출전략산업으로 계속 육성하고 선진국 최신기술 도입과 국내 기술개발 노력을 병행하겠다고 밝혔다.[15] 10월 7일 상공부는 「오림포스전자」·「대덕산업」·「한국반도체」 3사에 전자공업 국산화 개발 공로상을 수여하여[16] 기업들의 국산화, 연구개발을 장려하였다. 대통령은 10월 8일 이날부터 개최된 제6회 한국전자전람회를 둘러본 후 "국산화되지 않은 전자제품의 완전 국산화를 이룩할 수 있도록 정부는 과감한 정책적인 지원을 하라"고 지시하였다.[17]

1975년 10월 8일 오후 상공부는 전자제품 부품공장을 건설하여 전자산업 수입 의존도를 대폭 축소시키려는 전자부품 국산화 계획을 밝혔다.[18] 전자부품공업 육성을 지원하라는 대통령 지시에 의한 전자제품 국산화 촉진과 계열공장건설계획이라고 언론에 발표한 이 계획은, 1976년부터 1981년까지 내외자 4억 2,200만 달러(2,046억 원)를 투입하여 31개 부품공장을 세운

11 구미공업단지관리소장(합생, 1977. 5. 23); 국세청(합생, 1977. 6).
12 〈관보〉(1975. 8. 29), 제7135호.
13 경제기획원장관(전품1376, 1977. 6. 14).
14 경제기획원장관(전품71, 1978. 12. 1).
15 日韓經濟協會(協會報, 1975), No. 71, pp. 3~5.
16 〈매일경제신문〉(1975. 10. 7).
17 〈경향신문〉(1975. 10. 8).
18 중화학공업추진위원회기획단(한공발4, 1978), p. 508.

다는 것이었다. 31개 전자계열 공장의 부문별 내용은 반도체 부문 7개 품목, 전자손목시계 부문 4개 품목, 마이크로컴퓨터 부문 6개 품목, 컬러TV 부문 6개 품목, 녹음기 부문 4개 품목, 레코드플레이어 부문 4개 품목이었다. 상공부는 이를 위해 기존 전자업체의 1개 품목 개발 및 국내 대기업의 신규 품목 개발참여를 촉구하고자 하였다.[19]

이에 1975년 12월 1일 상공부장관은 〈31개 전자제품 생산업체 선정요령〉, 상공부공고 제7956호를 공고하였다. 상공부는 전자제품의 국산화 제고와 신규 품목 개발 촉진을 위해 1975년 12월 30일까지 선정 신청을 받는다며, (1) 다결정규소, (2) 단결정규소, (3) 웨이퍼, (4) 가공웨이퍼, (5) 세금선(금 또는 알루미늄), (6) 전자·가스(산소, 질소, 수소), (7) 리드프레임, (8) 액정표시기, (9) 수정발진소자, (10) 특수건전지(산화은건전지), (11) 인공수정, (12) 고밀도 인쇄회로기판(전자손목시계용), (13) 기억소자, (14) 고밀도집적회로, (15) 키보드, (16) CRT디스플레이, (17) 스위치 및 커넥터(산업용 전자기기용), (18) 섀도마스크, (19) 컬러TV용 브라운관, (20) 컬러TV용 브라운관용 유리, (21) 컬러TV용 후라이백트랜스, (22) 컬러TV용 편형코일, (23) 컬러TV용 튜너, (24) 데크메커니즘, (25) 자기헤드, (26) 자기녹음테이프, (27) 모터, (28) 녹음기(카세트 또는 오픈릴 스테레오용), (29) 카트리지, (30) 톤암(Tone Arm), (31) 레코드플레이어, 총 31개의 개발 대상 품목을 밝혔다.[20] 상공부는 1976~1981년간 1,300억 원을 투입하되 재원은 외자 50%, 정부지원 35%, 자기자금 15%로 하고 1976년 1월 안에 실수요자 선정을 완료한다고 밝혔다.[21] 가장 비중 높은 사업으로 꼽히던 컬러TV용 브라운관 공장 건설 실수요자 지명을 받기 위해 「금성사」, 「삼성전관」, 「오리온전기」 3사는 각각 「日立製作所」, NEC, 「東芝電機」와 자본 및 기술협력으로 국산화한다는 별도의 사업계획서를 상공부에 제출하였다.[22]

1975년 10월 31일 수출진흥확대회의에서 상공부는 1981년도 수출극대화와 기술기반 구축을 위한 〈전자공업육성전략〉에 관하여 보고하였다. 그리고 관세청장에게 "전자공업의 수출증대를 위해서는 신형모델의 샘플을 수입하여 자기모델을 개발 수출하여야 하므로 현행 전자제품 개발용 견본품의 통관수입 시 면세범위를 대폭 확대함이 요망"된다며 조속한 시일 내 반영될 수 있도록 협조를 부탁하였다.[23] 11월 1일 상공부는 1981년 수출목표 25억 달러 달성을 위한 「전자공업장기육성시책」을 수립하였고 정부는 11월 25일 1981년 전자부문 수출 25억 달러 달성을 위해 특별감가상각 대상을 102개로 확대하는 전자공업 부문 세제지원 강화를 결정하였다.[24] 석유파동으로 인한 후유증으로 1975년 세계 각국은 수입제한조치를 강화하고 있었고[25] 수출을 확대하고 있던 한국의 전자제품은 그 잠재적 대상이 되고 있었다.

---

19 〈경향신문〉(1975. 10. 9); 〈매일경제신문〉(1975. 10. 9); 〈중앙일보〉(1975. 10. 9).
20 〈관보〉(1975. 12. 2), 제7212호.
21 〈경향신문〉(1975. 12. 2).
22 〈매일경제신문〉(1976. 1. 12).
23 상공부장관(전육, 1975. 11. 21).
24 중화학공업추진위원회기획단(한공발4, 1978), pp. 511, 513.

1975년 12월 31일 중소기업계열화촉진법이 제정 공포되었다. 계열화가 필수적으로 요구되고 또 그 효과가 클 전자공업에서 그 긍정적 영향이 기대되었다.

Ⅱ. 위기와 새로운 시작

1970년대 중반 전자공업의 세계경제 환경은 〈표 4-3〉과 같이 변하고 있었다.

전후 강조되어 오던 자유무역 원칙과 1960년대 이후 나타난 남북격차의 해소를 위한 선언적 조치와 선진공업국의 후발공업국에 대한 일반특혜관세(GSP) 제공 등이 석유파동의 영향을 타고 1970년대 중반 점차 자원, 에너지 쟁탈전과 구득난 그리고 이어지는 가격폭등으로 나타났고 불황과 인플레이션의 급습 속에서 인접국빈곤화정책이 거리낌 없이 발휘되고 있었다. 이러한 어려움을 한국의 전자공업은 저임금에도 근면성과 뛰어난 기능을 가지고 긴 노동시간을 감내하는 노동자들 덕분에 버티고 있었지만 같은 장점으로 경쟁해 오는 대만, 싱가포르, 홍콩, 동남아시아 등으로 인해 점점 위기감을 느끼지 않을 수 없었다.

〈표 4-3〉 1970년대 전·후반기 세계경제 환경의 변화

시기	대내외 환경
1970년대 전반기	1. 꾸준한 물량의 팽창 2. 자금압박의 미경험 3. 1973년 10월 이후 유가 상승에도 불구하고 에너지 구입 용이와 국내 능력으로 인상요인 흡수 4. 자유무역원칙과 대만, 홍콩, 싱가포르와의 경합 심각성 없음 5. 관대한 선진국: 수출장벽 낮고 일반특혜관세제도(GSP) 공여
1970년대 중반 이후	1. 국내 시장의 한계: 기술축적의 미흡과 시장의 포화 2. 자원 품귀와 가격 앙등: 에너지가격과 크롬 · 니켈 · 마그네슘 등 3. 신보호무역주의의 대두와 국제통화의 불안정 4. 스태그플레이션에 의한 수요정체 5. 신경쟁국의 등장: 브라질, 멕시코, 중국 6. 국내 공해 환경 문제의 심각화와 대응: 투자비의 증가 7. 신제품의 미 출현

자료: 한국개발연구원(중화전, 1981), pp. 90~92.

25 영국은 TV브라운관 수입제한조치를 취하였고 TV 수입제한 검토에 들어갔다. 미국은 업계 요청에 따라 수입급증품목을 조사하기 시작하였다. 이탈리아는 8월부터 컬러TV 수입수량사전신고제를 적용하였고, 아르헨티나도 에어컨·냉장고 수입을 연말까지 정지시켰다. 브라질은 2,000여 개 품목에 대한 수입종가세율의 임시 인상을 단행하였고, 멕시코 역시 5,845개 품목의 수입세를 인상하였다. 대만도 냉장고를 수입금지하였고, 인도네시아는 전자기기 품목에 대한 수입 감시를 강화하였으며, 말레이시아는 가전품 275개 품목에 대한 사치품 비필수품 수입세를 인상하였다. 〈동아일보〉(1975. 12. 17).

〈그림 4-1〉 한국과 일본의 정책지원 분야 대상과 비중(1975)

<table>
<tr><th>국가</th><th colspan="7">대상 및 비중</th></tr>
<tr><td>한국</td><td colspan="4">수출
58%</td><td>중요산업
16%</td><td colspan="2">기타
26%</td></tr>
<tr><td>일본</td><td>산업합리화
16%</td><td>기술개발
20%</td><td>자원
5%</td><td colspan="3">투자 유도
49%</td><td>기타
10%</td></tr>
</table>

자료: 한국무역협회(가전, 1981. 12), p. 13.

이러한 위기는 세계 환경의 변화에 따른 것이지만 근본적으로 따져 보면 이는 한국의 전자공업이 처음부터 수출에 과도하게 집중되어 있었고 정책도 수출지원에 편중된 것이었기에 더욱 심각한 것이었다. 한국무역협회 조사를 통해 역시 전자제품 수출을 중시하던 일본과 한국의 정책지원 대상과 비중을 비교하여 보아도 〈그림 4-1〉에서 보듯이 이러한 점은 바로 드러난다.

그러나 한국은 위기 속에서도 전자공업에 매진할 수밖에 없었다. 다른 대안으로 전환할 수 없었던 것은 당시 다음과 같이 전자공업은 한국이 중점 육성할 타당성을 분명히 갖고 있었기 때문이었다.

1. 자본계수가 낮은 산업이다.
2. 비교적 소량의 물자를 소모한다.
3. 비교적 적은 에너지를 소모한다.
4. 노동집약적, 기술집약적 산업이다.
5. 전자제품은 수출이 용이하다.
6. 전자제품은 국가경제와 인류생활에 지대한 영향을 미친다.
7. 비교적 공해가 적은 산업이다.
8. 팽창하는 산업이다.

한국과학기술연구소(제4전, 1976. 7), pp. 22~34.

따라서 위기감이 확산되는 가운데에도 전자공업 육성은 계속 장려되었고 1976년 1월 5일 한국전자제품수출조합공고 제12호, 〈전자제품 수입한도액 확인요령〉도 공고되었다.[26] 1976년 2월 경제장관간담회는 전자공업 발전에 선도적 역할을 하여 줄 전자교환기 채택에 합의하였다. 〈그림 4-2〉에서 보듯이 전전자식교환기(TDX) 국내 개발을 추진하되 우선 과도기 공급 기

26 한국전자제품수출조합 이사장 박승찬(1976. 1. 5).

〈그림 4-2〉 한국의 연대별 교환기 진화 전략

연대	1960년대	1970년대	1980년대	1990년대
기종 / 지역	기계식	반전자식	전전자식	ISDN교환기
도시	ST EMD →	M10CN No.1A →	S1240 5ESS →	TDX-10
농어촌	ST EMD	→ →	AXE-10	TDX-1 TDX-10

주: 1) ISDN: 통합디지털통신망(Integrated Service Digital Network).
2) TDX: 시분할식교환기(Time Division Exchange).
자료: 체신부(전책, 1987).

종으로 반전자식 공급에 나서고 1980년대에는 본격적인 전전자식교환기를 도입하기로 하였다.[27] 자동교환기는 기계식에서 전자식으로 발전하였고 전자식은 반전자식과 전전자식으로 다시 나뉘는데 반전자식은 공간분할식, 전전자식은 시분할식(時分割式)이었다. 전자교환기는 통신로와 제어장치로 이루어지는데 반전자식의 경우 통신로는 스위치를 쓰고 제어장치만 반도체를 쓰는데 반해 전전자식은 통신로까지 반도체로 연결된다.[28] 따라서 전자교환기의 개발은 한국이 전방위로 전자시스템산업을 본격적으로 시작하는 것이었고 동시에 후방연관으로 전자교환기에는 반도체 등 핵심 전자공업 부품이 대량 투입되므로 전자공업의 발전을 전후방으로 견인하는 것이었다. 한마디로 전자교환기의 개발 과정은 한국을 세계적인 통신강국으로 만들 시발점과 계기가 되는 것이었고 실제로 그러하였다.

정부는 1976년 3월 1일부터 1980년대에 사용할 전전자식 통신망 기기의 국내 개발계획을 수립하는 국가적인 통신사업 조사연구사업을 시작하여 6월에는 대통령이 이를 위한 예비비 지출까지 결재하였다. 통신사업 조사연구사업의 내용은 다음과 같았다.

【통신사업 조사연구사업(1976. 3. 1 ⇒ 1976. 9. 30, 6개월간)】

1. 전자교환 방식의 개발형태
   가. 기계식: 현재 우리나라에서 사용 중인 방식임.
   나. 전자식: 전자조직을 활용한 신개발 방식임.
      (1) 반전자(공간분할)식: 미국, 일본 등에서 사용 중임.
      (2) 전전자(시분할)식: 미국 등 선진국에서 '76년부터 실용화됨.
2. 연구의 목적

27 체신부(전책, 1987).
28 대통령비서실(전자교, 1976. 8. 14).

가. 1980년대에 사용할 전전자식 통신망 기기의 국내 개발계획을 수립함.
나. 동 기기의 개발 시까지 사용할 전자교환 방식의 제시
3. 연구 담당기관: 한국과학기술연구소(KIST)
4. 연구기간: 1976. 3. 1~9. 30(6개월간)
5. 연구내용
가. 전전자식 통신망 기기 국내 개발계획 수립
(1) 기술동향, 배경 및 자료조사 계획
(2) 연구계획: 연구내용, 시간, 인원, 시설, 예산계획
(3) 생산운영계획: 생산기술, 생산시설, 요원훈련, 기술분배, 성능보장 계획
(4) 기대되는 경제적, 기술적 효과 분석
나. 개발품 적용 시까지 사용할 전화교환 방식의 제시
(1) 반전자식 교환기 채택의 타당성 검토
(2) 반전자식 도입방법의 대안 제시 및 비교
– 반전자식 통신망 기기의 도입방법: 합작투자, 기술매입
– 반전자식 통신망 기기의 도입조건: 도입시기 및 규모, 국산화율, 수출의무
– 통신사업 관리운영 체제: 기존 체제, 통신공사
(3) 수반조건 제시: 제도, 법, 운영관리, 인력훈련·확보, 기술개발, 재정계획 제시
6. 연구사업 추진방법
가. 국내 작업반(25명)의 기초조사 및 자료 분석
나. 외국 용역단 채용 및 전문가를 초빙하여 국내 작업반과 공동연구

대통령비서실(예통6대통령 결재문서, 1976. 6), 첨부.

1976년 3월 4일 경제각의는 조세감면규제법시행령 개정안을 통과시켰다. 개정안의 내용에서 전자공업 관련 내용은 지금까지 세분류해서 51개 품목을 감면해 주던 것을 중분류 39개로 바꾸어 조정하고 감면범위를 확대하기로 한 것이었다. 전자제품 중 새로 직접감면에 추가된 것은 스위치 및 커넥터, 섀도마스크, 컬러TV용 편향코일, 데크메커니즘, 카트리지 6개 품목이었다. 이들 신규로 추가된 품목들의 생산업자는 기존 해당 업체들과 같이 법인세 직접감면(3년간 전액면세 후 2년간 50% 감면), 투자공제, 특별감가상각(일반감가상각액의 배) 중 택일해서 혜택을 받을 수 있었다. 따라서 직접감면 대상으로 추가된 업종들은 중화학공업 육성이나 국산화를 촉진하기 위해 세제 면에서 적극 지원하겠다는 정부 의사가 반영된 업종이었다. 이밖에 직접감면 대상에서 빠진 기계류와 전자제품에 대해서도 일반감가상각보다 60%가 많은 특별상각을 인정하기로 하였으므로 전자공업은 어느 품목이든 세제상의 혜택을 받을 수 있게 되었다.[29]
1976년 3월 9일 국무회의는 전자기기 부품을 과세 대상에서 제외하기로 결정하였다.[30]

29 〈중앙일보〉(1976. 3. 5).
30 〈조선일보〉(1976. 3. 10).

1976년 3월 10일 상공부장관은 대통령의 1975년 10월 한국전자전람회에서의 지시를 반영한 상공부공고 제76-16호 「전자공업진흥기본계획」을 발표하였다. 「전자공업진흥장기계획(1976~1981)」으로도 불리는 이 기본계획은 3번째 기본계획, 즉 '제3차 기본계획'이었는데 기본목표는 다음과 같았다.

【상공부공고 「전자공업진흥기본계획」(1976. 3. 10) 기본목표】

1. 수출주도형의 계속 추구
2. 기술개발 촉진, 품질고급화, 국제 경쟁력 강화
3. 자체모델 개발, 디자인 혁신
4. 원가절감, 양산화, 규격통일화 촉진
5. 제조기술 향상, 공정개선, 기업합리화
6. 일관생산 체제 정립, 원자재 국산화 촉진
7. 연관 분야와의 공동개발 체제 확립
8. 신품종 개발
9. 세계 일류기술 도입

대한민국정부(행백, 1977), p. 216.

이 3차 기본계획은 1981년도 전자제품 수출목표 25억 달러를 달성하기 위한[31] 전략 및 중점개발 품목을 기존의 102개에서 56개 품목으로 축소 조정하여 국산화를 집중 지원하되 우선 반도체 등 31개 품목의 양산을 위해 실수요자를 3월 안에 선정하도록 하였다.[32] 상공부는 56개 중점개발 품목의 품목별 기본계획을 수립하도록 하고 수출주도형 산업을 계속 추구하여 이들 품목의 기술개발, 품질 고급화를 통한 국제 경쟁력 강화에 역점을 두었다. 상공부는 「전자공업진흥기본계획」을 발표하면서 3월 안에 컬러TV용 브라운관, 편향코일, 후라이백트랜스, 튜너, 브라운관유리 5개 주요 부품 공장건설 실수요자를 선정하여 1977년 말까지 완전한 컬러TV 생산체계를 갖추는 한편, 현재 외국산 부품으로 조립하고 있는 컬러TV 수출업체에 대해 50% 이상의 국산 부품 의무사용을 제도화하기로 했다고 밝혔다.[33]

1976년 3월 10일 이날 상공부는 전자공업진흥기본계획에 따른 1976년 전자공업시행계획도 같이 발표하였다. 그 내용은 다음과 같다.

1. 전자제품 수출진흥 위해 수출입 절차 대폭 간소화
2. 구미, 중동 등 8개 전시회 및 박람회 참가
3. 스위치 및 커넥터 등 직접세 감면 대상 품목 확대

31 〈동아일보〉(1976. 3. 11).
32 〈매일경제신문〉(1976. 3. 11); 〈조선일보〉(1976. 3. 12).
33 〈경향신문〉(1976. 3. 11).

4. 전자전기시험소 설치
5. 기술개발 촉진
6. 외국인투자 적극 유치하되 단순가공품목에 대한 투자를 제한하고 기술집약품목에 대한 투자 권장

〈매일경제신문〉(1976. 3. 11).

1976년까지 이어진 전자공업 기본계획은 전자공업의 "국산화를 뒷받침한 청사진이었다. 이 계획에 따라 개발품목이 지정되고 계열화와 전문화가 추진되고 단지조성과 자금이 조성될 수 있었다."[34] 그러나 계획과 자금지원이 이루어졌지만 사실 실현된 자금조성 성과는 미미하였다. 전자업체가 수혜 가능한 자금은 국민투자기금, 산업합리화 자금, 기계공업육성자금, 기술개발자금이 있으나 수혜실적을 보면 타 제조업에 비해 극히 저조하였다. 1969년 제정된 전자공업진흥법에 의한 재정자금지원은 1976년까지도 여전히 실현되지 못하고 있었다.[35] 이후에도 정부는 1970년대가 끝나도록 전자공업진흥법 제9조에 규정된 장기저리자금 재정자금에 의한 전자공업육성자금을 조성하지 않았다. 정부가 지원에 주로 사용한 것은 국민투자기금법에 의한 금융지원이었고 이는 엄밀히 말해 정부지원이 아니었다. 그러다가 1981년 4월 전자공업진흥법 개정으로 전자공업진흥기금이 만들어졌고 이는 우선 정부재정 출연으로 존속되다가 1986년 7월 1일부터 공업발전법에 따른 공업발전기금으로 흡수통합되었다.[36]

1976년 3월 16일 상공부가 보고한 중화학공업 건설촉진안은 1981년 전자공업의 생산능력을 3조 200억 원으로 정하였다.[37] 전자부품과 산업용기기가 중요하다고 강조되고 있었지만 실제로 1976~1981년 공장건설 투자계획을 보면 〈표 4-4〉에서 보듯이 여전히 대기업, 단기수출목표와 관련성이 큰 민생용 가전기기공장 건설에 투자계획이 집중되고 있었다.

정부는 전자공업의 발전에 따라 전자공업진흥정책에 적극 협력하고 자율적으로 시장효율을 높일 수 있는 민간기구가 필요하였고 이에 전자공업진흥회 설립을 추진하였다. 전자공업의 발전에 따라 기업 측에서도 필요성이 있었다. 1976년 4월 20일 전자공업진흥회가 출범하였고 상공부장관은 이를 전자공업진흥기관으로 지정하였다. 이날 4월 20일 상공부는 주요 정밀전자부품의 국산화를 위한 31개 전략개발품목에[38] 대한 79개 공장 60개사 실수요자를 선정하였다.[39]

1976년 경제기획원 용역을 맡은 KIST는 3월에 미국 *WE, ITT, GTE*, 서독 「지멘스」, 일본

---

34 배병휴 전 매일경제신문 주간(회고, 1987), p. 355.
35 한국산업은행(개대, 1977), p. 605.
36 한국 전자공업협동조합(전조2, 1987), p. 74.
37 대한민국국회사무처(제95, 1976. 3. 16), 상공 제1차, p. 16.
38 Planning Office, Heavy and Chemical Industry Promotion Council, Government of the Republic of Korea(HC, 1976), p. 82.
39 대한민국국회사무처(제96, 1976. 9. 27), 상공 제2차, pp. 34~35.

〈표 4-4〉 전자공업공장건설계획(1976~1981)

	공장 수(개)	투자액(백만 달러)
민생용 전자기기	147	558
산업용 전자기기	68	175
전자부품	254	276
합계	469	1,009

자료: 日本長期信用銀行調査部(1978. 4. 1).

「富士通」, *NEC* 등 6개 업체에 전자교환시스템 지명입찰 안내서를 보냈다. 1959년 기계식 입찰 이후 2번째의 국제입찰이었다. 6월 14일 국제입찰 접수마감일까지 *WE*만 빠지고 5개 업체가 응모하였다. KIST는 대일무역역조의 심화와 원천기술 도입 필요성으로 미국계 기업을 원하였으나 입찰가격이 일본 측만 회선당 230달러 선이었고 나머지는 모두 450달러를 넘어섰다. 갈등 속에서 결국 6월 말 혹은 7월 초에 매듭을 지으려던 계획은 순연되었다.[40] 6월 27일 경제장관회의는 다시 한 번 2월 전자교환기 채택내용을 확인하고 KIST에 기종선정 의뢰를 결정하였다.

1976년 8월 전자교환방식 ESS(Electronic Switching System)를 도입하되 기술만 들여온다는 원칙이 결정되었고 전담반을 중심으로 체신부차관 위원장의 체신부, 상공부, 경제기획원, 과학기술처 차관보 등으로 구성된 「전자교환기추진위원회」가 발족되어 13일 첫 모임을 가졌다.[41] 차관위원장과 위원회 참여 부처 구성은 당시 정부가 이 사업을 중시하였음을 보여 준다. 3월부터 9월까지 진행된 통신사업 조사연구사업 과정을 통해 KIST는 4월부터 8월까지 *ITT*, *GTE*, 지멘스, *NEC*, 「富士通」에 대한 경제성 검토를 수행하였다. 9월 1일 반전자식 교환방식 채택의 결정 재가가 이루어졌다.[42]

1976년 8월 24일 상공부는 제4차 경제개발5개년계획의 우선사업으로 결정한 기계공업의 투자유치를 위해 내년부터 1981년까지 5년간 시한부로 기존 및 신규 투자의 구분 없이 법인세 50%를 감면하고 시급한 과제인 기술향상을 위해 기계금속시험소·전기전자시험소·중전기시험소 3개 시험소를 1978년까지 설치하기로 하였다. 다음 날 8월 25일 발표된 재무부 세제개혁안은 전자 등에 대한 조세감면규제법의 금년 말 감면 적용시한을 1981년까지 연장, 감면적용하기로 하되 논쟁이 되고 있는 자원절약, 노동 및 기술집약 고부가가치산업인 전자제품 관세는 40~60% 고율과세하겠다고 밝혔다.[43]

40 중화학공업추진위원회기획단(한공발3, 1979), pp. 536~549. 본장 부록 참조.
41 〈매일경제신문〉(1976. 8. 14).
42 체신부(전책2, 1986).
43 〈경향신문〉(1976. 8. 25); 〈동아일보〉(1976. 8. 25).

Ⅲ. 전자공업육성계획과 비판, 충돌

1976년 9월 「금성통신」과 「동양정밀」은 정부정책을 등에 업고 컴퓨터 생산을 위한 「한국시스템산업(주)」을 50 : 50 공동출자의 자본금 1억 원으로 설립하였다. 이유는 ESS 국제입찰에서 국산화는 국내 기업이 맡아야 하고 그러려면 전자교환기의 핵심 부분인 제어장치 사용 컴퓨터 생산 준비가 되어 있어야 한다는 데 양사가 의견일치를 보았기 때문이다.44 사실 이렇게 적은 자본금으로 서둘러 회사를 설립한 것은 상공부의 요청으로 KIST가 작성한 전자공업 부문 4차 5개년계획안에 컴퓨터 생산을 국영화하기 위해 「한국시스템산업개발센터(가칭)」를 설립하고 컴퓨터는 물론 ESS까지 조립한다는 내용이 들어 있어 이에 대응하고자 하는 것이었다.45

1976년 9월 25일 상공부는 〈전자공업육성계획-반도체 및 컴퓨터 관련 산업〉을 경제장관간담회에 상정하였다. 경제장관간담회는 이를 통과시켰고 상공부장관은 9월 28일 바로 그 문서 위에 대통령의 서명을 받아 10월 5일 경제기획원장관, 재무부장관, 건설부장관에게 대통령 서명이 든 문서를 그대로 첨부 배포하여 이 육성계획이 순조롭게 수행될 수 있도록 요청하였다.46 〈전자공업육성계획-반도체 및 컴퓨터 관련 산업〉에 명시된 육성계획의 기본방향, 반도체 및 컴퓨터 관련 산업단지 개념도, 육성계획 소요자금계획, 건의사항은 다음과 같았다.

【1976년 9월 28일 대통령 결재 〈전자공업육성계획 - 반도체 및 컴퓨터 관련 산업〉】

1. 기본방향
   1) 반도체 및 컴퓨터 관련 산업은 1개 단지에 집중
      - 기술개발 및 정보교환: 연구소
      - 유틸리티 공용
      - 기술집약부품 집중화: 마스크공장(컴퓨터공장, 컴퓨터주변장치공장, 컴퓨터단말장치공장)
      - 부품의 상호교환: 조달 용이
   2) 각 공장이 공용하는 연구소, 유티릴티시설 및 마스크공장은 단지 중앙에 건설하고 공단(公團)을 중심으로 관련 공장을 입주시킴.
   3) 연구소, 유틸리티시설 및 마스크공장은 1개 법인(公團)으로 운영함. 연구소는 반도체와 컴퓨터 관련 연구개발을 담당한다.
      - 연구소는 정부출연
      - 유틸리티 및 마스크공장은 정부에서 출자(채산성 있는 공장으로 유지함.)
   4) 공단(公團) 및 주변 공장은 상호 연관성이 있으므로 동시 출발 입주시킴.
   5) 민간에 의한 공장건설은 다음과 같은 원칙으로 추진함.

44 〈경향신문〉(1976. 9. 14).
45 중화학공업추진위원회기획단(한공발3, 1979), pp. 560~561.
46 상공부장관(전업, 1976. 10. 5).

- 합작 시에도 내국인 주식지분율 50% 이상 권장
- 기술료의 자본전입 허용
- 만약 민간 희망자가 없을 시 정부에서 추진함.

6) 입주 민간업체에 대하여는 소요자금의 일부를 융자지원
   - 연구개발비 70%(IBRD차관 포함)
   - 시설비 30%

2. 반도체 및 컴퓨터 관련 산업 단지 개념도

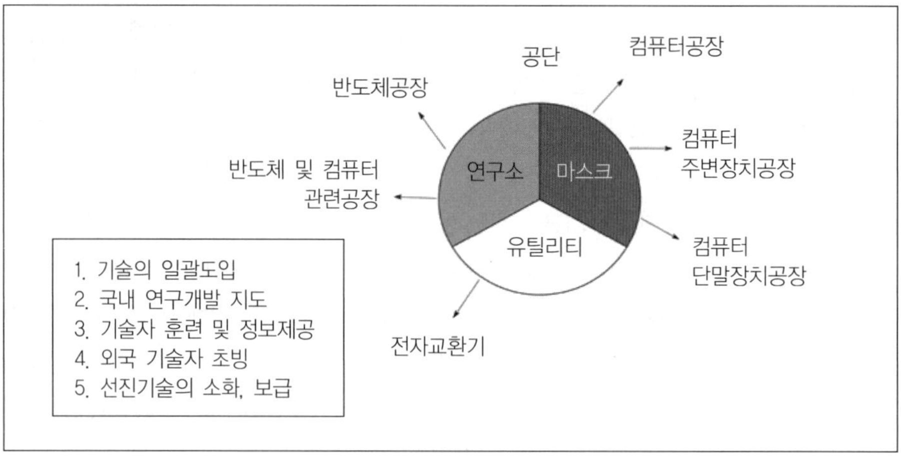

3. 육성계획 소요자금

<table>
<tr><td></td><td colspan="7">자금내역과 자금액</td></tr>
<tr><td rowspan="5">공단</td><td>구분</td><td colspan="2">정부출연·출자(백만 원)</td><td colspan="2">IBRD차관(천 달러)</td><td colspan="2">비고</td></tr>
<tr><td>연구소</td><td colspan="2">4,700</td><td colspan="2">8,000</td><td colspan="2">차관자금 정부상환</td></tr>
<tr><td>마스크공장</td><td colspan="2">200</td><td colspan="2">1,500</td><td colspan="2" rowspan="2">차관자금
공단 상환</td></tr>
<tr><td>유틸리티</td><td colspan="2">200</td><td colspan="2">1,500</td></tr>
<tr><td>계</td><td colspan="2">5,100</td><td colspan="2">11,000</td><td colspan="2">–</td></tr>
<tr><td rowspan="6">공장</td><td rowspan="3">구분</td><td colspan="2">연구개발비</td><td colspan="4">시설자금</td></tr>
<tr><td>IBRD차관</td><td>국민투자기금</td><td>내국인
(20%)</td><td>외국인
(20%)</td><td>차관
(30%)</td><td>국민투자
기금(30%)</td></tr>
<tr><td>천 달러</td><td>백만 원</td><td>백만 원</td><td>천 달러</td><td>천 달러</td><td>백만 원</td></tr>
<tr><td>반도체</td><td>5,000</td><td>7,000</td><td>6,000</td><td>12,000</td><td>18,000</td><td>9,000</td></tr>
<tr><td>컴퓨터 관련
제품</td><td>4,000</td><td>8,800</td><td>9,000</td><td>18,000</td><td>27,000</td><td>13,500</td></tr>
<tr><td>계</td><td>9,000</td><td>15,800</td><td>15,000</td><td>30,000</td><td>45,000</td><td>22,500</td></tr>
<tr><td rowspan="4">연
도
별</td><td>연도</td><td>1977</td><td>1978</td><td>1979</td><td>1980</td><td>1981</td><td>계</td></tr>
<tr><td>정부출연·출자
(백만 원)</td><td>2,000</td><td>1,000</td><td>700</td><td>700</td><td>700</td><td>5,100</td></tr>
<tr><td>IBRD차관
(천 달러)</td><td>5,000</td><td>5,000</td><td>4,000</td><td>3,000</td><td>3,000</td><td>20,000</td></tr>
<tr><td>국민투자기금
(백만 원)</td><td>8,000</td><td>8,000</td><td>8,000</td><td>7,300</td><td>7,000</td><td>38,300</td></tr>
</table>

4. 육성계획 건의

1) 소요자금 확보

2) IBRD차관 2,000만 달러 확보: 차관신청서는 KIST가 작성하고 상공부 및 과기처가 협조

3) 반도체 및 컴퓨터 관련 기술제휴 시 기술대가의 자본전입으로 허용 가능

4) 반도체 제조용 시설재는 수출입기별공고상 표시구분에 불구하고 수입허가하고 관세면제 및 특별상각을 허용한다.

대통령비서실(전자6대통령 결재문서, 1976. 9. 27).

1976년 〈전자공업육성계획-반도체 및 컴퓨터 관련 산업〉은 반도체 및 컴퓨터 관련 산업의 필요성으로 다음과 같이 4가지를 제시하였다.

- 전자기기는 반도체소자 1개로 기기기능을 발휘
- 반도체의 고밀도 집약화에 따라 타산업의 기술개발 촉진, 원가인하 및 상품의 고급화를 유도
- 반도체 및 컴퓨터 관련 산업이 육성될 때 기술집약화를 통한 선진공업국으로 접근
- 현시점에서 착수되지 않을 때는 개발육성이 어려움.

상공부(전자반, 1976. 9. 25).

당시 정부는 반도체의 중요성을 인식하고 있었고 당장 육성에 착수해야 하는 시점의 긴급성도 알고 있었다. 상공부는 〈전자공업육성계획-반도체 및 컴퓨터 관련 산업〉에 따른 반도체 및 컴퓨터 관련 산업 공장건설계획을 〈표 4-5〉와 같이 제시하였는데, 6억 달러를 투자하여 57개 품목의 151개 공장을 1981년까지 건설하기로 하였다.

〈표 4-5〉 대통령 보고 〈전자공업육성계획 - 반도체 및 컴퓨터 관련 산업〉 공장건설계획(1976. 9)

품목 (민생용기기 7, 산업용기기 9, 부품 41)		정부주도 품목	민간주도 품목	합계
		가공규소웨이퍼 외 8품목 (반도체 2, 컴퓨터 관련 제품 7)	녹음기 외 47품목	57품목
공장 수(개)		28	123	151
생산능력(백만 달러)		454	1,137	1,591
소요자금 (백만 달러)	시설	150	337	487
	연구개발	58	55	113
	계	208	392	600
고용(명)		8,480	22,680	31,160
효과 (백만 달러)	생산	363	910	1,273
	수출	236	592	828

자료: 상공부(전자반, 1976. 9. 25); 대통령비서실(전자6대통령 결재문서, 1976. 9. 27).

1976년 〈전자공업육성계획-반도체 및 컴퓨터 관련 산업〉은 정부주도 육성이 필요한 이유로, (1) 민간부문에서 사업착수 주저, (2) 정부 주도 시 민간인의 위험부담 감소를 들고 있는데,[47] 당시 여전하였던 기업들의 도덕적 해이를 알 수 있다. 1976년 10월 26일 정부는 1981년까지 중점육성하기로 한 57개 품목 중 정부주도로 건설하기로 한 반도체·컴퓨터 등 9개 품목의 생산공장을 외국인과 합작투자로 건설하면 내수시장을 완전 개방하기로 방침을 결정하였다.[48]

1976년 중화학공업추진위원회기획단은 한국의 전자공업 생산능력을 1976년 11.99억 달러, 1978년 17.61억 달러로 제시하였다.[49] 1976년 11월 29일 국회는 에어컨·냉장고·세탁기 40%, TV수상기·전축·녹음기 30%의 세율을 부과하는 특별소비세법과 중화학공업 등 중요 전략산업 감면지속의 조세감면규제법(개정)을 통과시켰다.[50] 1976년 말 국세청과 상공부는 전자식 금전등록기(ECR) 보급을 적극 장려하였다. 정부의 장려정책에 맞추어 「한국반도체」는 기억소자 등 전자요소를 생산하기로 하였고 「금성사」는 재미교포사 「코람」사에 개발을 의뢰하여 TI 마이크로프로세서 8080을 응용한 새 모델을 개발하였으며 「대한전선」은 계열사 「새한 코펠」을 이용한 프린터 개발에 나섰다.[51]

1970년대 후반으로 들어가면서 한국은 세계 시장에서의 마찰 확대 속에서도 전자공업 등 중화학공업화의 진행이라는 어려운 노력을 계속하고 있었다. 이런 노력을 더욱 어렵게 만드는 것은 미국을 중심으로 한 세계은행 등 대내외로부터의 비관적 시각이었다. 계속되는 미국으로부터의 안정화정책 권고와 과잉생산론이 곳곳에서 회의적 시각을 내보이고 있었다. 한국무역협회 의뢰로 작성된 보고서가 "단기적으로 최대의 과제는 경제를 최대한 안정시키는 일이다. …… GNP와 수출은 장기계획에 설정된 비율로 성장하는데도 어려움이 있을 것으로 …… 이러한 성장수준을 앞으로 지속하는 것은 불가능한 것이다"라고 단정하는 등[52] 회의와 비판이 이어졌다. 유학파를 중심으로 한 경제기획원 계통의 인사들과 연구소 인사들은 소수 공업, 소수 품목 선택과 집중, 안정을 강조하였고 청와대, 중화학공업추진위원회기획단은 최대한의 총력계획과 최고목표 설정을 주장함으로써 양측 간 갈등이 계속되었다.[53] 이런 가운데 정치인들은 표만을 의식한 자기주장만 내세우고 있었고 언론 역시 정부나 국민에게 선택의 문제를 객관적으로 제시하지 못하고 단편적 사실만을 과장, 전달하고 있었다. 결국 한국의 전자공업은 성장과 안정에 중요한 내수기반을 확립하고 연구개발을 중심으로 투자를 늘려 나가야 하는 절대과제가 있었음에도 여전히 이를 미루어 두고만 있었다.

---

47 대통령비서실(전자6대통령 결재문서, 1976. 9. 27).
48 중화학공업추진위원회기획단(한공발4, 1978), p. 549.
49 Planning Office, Heavy and Chemical Industry Promotion Council, Government of the Republic of Korea(HC, 1976), p. 143.
50 〈경향신문〉(1976. 11. 29); 〈매일경제신문〉(1976. 11. 29).
51 중화학공업추진위원회기획단(한공발3, 1979), p. 562.
52 한국무역협회(장전, 1976. 10), pp. 26, 32, 33.
53 김재관 전 상공부차관보 증언(2009. 12. 10).

Ⅳ. 4차 경제개발5개년계획 논의와 정책 문제점

포항제철 3기 착공식이 있던 1976년 8월 2일, 한국개발연구원에서 열린 경제정책협의회에 제출된 제4차 경제개발5개년계획 공업부문계획은 전자공업에서 반도체 등 57개 품목을 전략육성 품목으로 선정, 집중 육성하고 6,000만 달러의 제품개발기금을 운용한다고 밝혔다.[54] 3월 「전자공업진흥기본계획」에서의 전략 및 중점개발 품목 수보다 1개 품목이 늘어난 57개 전략품목은 제품의 수명주기와 비교우위를 고려하여 반도체 및 컴퓨터 관련 제품으로 선정되었다.[55] 정부는 제4차 경제개발계획 공업부문 정책에서 전자공업을 기계공업과 함께 핵심공업으로 선정하였는데 이는 한국의 부존자원상 비교우위가 높고 부가가치율이 높았기 때문이다.

1976년 9월 27일 상공부에 의해 4차 경제개발5개년계획안이 국회에 보고되었다. 이는 9월 25일 경제장관회의를 거쳐 확정되고[56] 28일 대통령이 결재한 〈전자공업육성계획-반도체 및 컴퓨터 관련 산업〉과 같은 내용을 기본적으로 공유하고 있어[57] 목표와 시책 등 주요 내용이 동일하다. 즉, 1976년 하반기 이후 전자공업육성계획은 반도체 및 컴퓨터 관련 산업에 초점이 맞추어져 작성되고 보고되어졌다. 9월 국회에 보고된 이 내용은 4차 경제개발5개년계획안 1차 확정안이었는데 경제개발5개년계획의 기획과 조정, 확정을 맡고 있던 경제기획원의 생각이 반영되어 불변가격으로 표시된 그 개요는 다음과 같았다.

【4차 경제개발5개년계획 전자공업 계획(1차 확정안, 1975년 불변가격, 1976. 9. 27)】

1. 목표
   81년도 수출목표 달성(17억 달러)
   부품의 국산화(반도체 등)
   고급정밀전자기기생산(mini Computer 등)
2. 생산 및 수출계획(백만 달러)[58]

연도	1975	1977	1978	1979	1980	1981
수요	1,414	2,074	2,425	2,798	3,185	3,560
생산	860	1,394	1,681	2,008	2,362	2,715
수출	582	950	1,135	1,327	1,523	1,700
수입	554	681	744	790	823	845
투자	–	94	106	119	134	147

54 〈경향신문〉(1976. 8. 3).
55 유신정우회(내한, 1978), p. 84.
56 〈매일경제신문〉(1976. 9. 30).
57 대통령비서실(전자6대통령 결재문서, 1976. 9. 27).
58 1975년 수입과 수요 수치는 후에 544와 1,404로 최종 정정되었다.

3. 시책

・노동집약 기술집약(국제하청 탈피)

반도체 및 컴퓨터 관련 제품의 국산화

(1) 국내 재력 있는 기업체의 투자 참여

(2) 10여 개의 반도체 표준공장 건설

건평 600평, 종업원 200명, 소요자금 7,000천 달러

(3) 반도체 단지(25만 평 가스 및 순수의 중앙공급연구소 설치) 및 컴퓨터단지 조성(35만 평)

・주요 정밀전자부품의 국산화

31개 전략개발품목에 대하여 1976. 4. 20. 79개 실수요자 선정

1976년 9월 30일까지 사업계획서 제출 의무화(컴퓨터는 12월 21일 한)

・자주연구개발 기반의 조성

반도체 및 컴퓨터단지에 연구소 설치

기술인력 양성 및 정보 제공

・기술혁신

세계 일류기술 도입

기술도입계약금 융자제도 실시(10만 달러 이상)

주요 제품 시작개발 보조금 지급

기업체의 연구개발 투자 촉진-대기업체의 자체 중앙연구소 설치 촉진

설계기술의 보급-설계조건, 설계기준, 시험방법 등에 대한 기준 제시

대한민국국회사무처(제96, 1976. 9. 27), 상공 제2차, pp. 34~35.

1975년 불변가격 1981년 수출 17억 달러, 생산 27억 1,500만 달러이면 경상가격으로 26억 7,200만 달러, 42억 6,700만 달러에 해당한다.59 석유파동과 국내외 비판으로 1974년 말, 1975년 6월에 1981년 전자공업 수출목표를 25억 달러 아래로 제시한 적도 있지만, 1975년부터 세계경기가 회복국면에 들어서면서 1976년 들어 상공부가 이전의 통상적인 기준이었던 25억 달러 수출보다 더 높은 가격을 제시하고 시책에서 "국내 재력 있는 기업체의 투자 참여"를 강조한 것이다. 그런데 수출과 달리 1981년 생산목표는 1974년 상공부와 대통령 경제제2비서실의 47억 달러, 47억 6,000만 달러보다 여전히 많이 낮은 목표 값이었다. 갑자기 불변가격을 제시한 것이나 생산목표를 낮게 책정한 것은 경제기획원의 의중이 작용한 것이다. 그러나 경제기획원의 우려와 달리 1976년 중순 세계경기 회복 영향은 분명하게 나타났고 1976년 말로 가면서 정부는 뒤늦게 다시 수출목표 값을 19억 4,000만 달러, 즉 경상가격 30억 4,900만 달러로 상향하였다.60

1976년 9월 1차 확정안의 제4차 경제개발5개년계획의 개발품목 관련 내용은 〈표 4-6〉과

59 유신정우회(내한, 1978), p. 84의 환산비율을 이용하여 환산하였다.

60 한국무역협회(무통, 1976. 11); 국무위원 남덕우 부총리 겸 경제기획원장관(제4, 1976. 12).

〈표 4-6〉 1976년 9월 확정안의 제4차 경제개발5개년계획 전자공업 개발품목

<table>
<tr><th></th><th>관련 내용</th></tr>
<tr><td>전체
개발품목</td><td>57개 품목=민생용기기 7개+산업용기기 9개+부품 41개
<table>
<tr><th rowspan="2">공장 수
(개)</th><th rowspan="2">생산능력
(백만 달러)</th><th colspan="3">소요자금(백만 달러)</th><th rowspan="2">고용
(명)</th><th colspan="2">효과(백만 달러)</th></tr>
<tr><th>시설</th><th>연구개발</th><th>계</th><th>생산</th><th>수출</th></tr>
<tr><td>151</td><td>1,591</td><td>487</td><td>113</td><td>600</td><td>31,160</td><td>1,273</td><td>828</td></tr>
</table></td></tr>
<tr><td>정부주도
개발육성
품목</td><td>반도체 2개 품목+컴퓨터 관련 제품 7개 품목
<table>
<tr><th rowspan="2">공장 수
(개)</th><th rowspan="2">생산능력
(백만 달러)</th><th colspan="3">소요자금(백만 달러)</th><th rowspan="2">고용
(명)</th><th colspan="2">효과(백만 달러)</th></tr>
<tr><th>시설</th><th>연구개발</th><th>계</th><th>생산</th><th>수출</th></tr>
<tr><td>28</td><td>454</td><td>150</td><td>58</td><td>208</td><td>8,480</td><td>363</td><td>236</td></tr>
</table></td></tr>
</table>

자료: 대한민국국회사무처(제96, 1976. 9. 27), 상공 제2차, pp. 34~35.

같다. 4차 경제개발5개년계획에서 기존의 단순조립을 벗어나 신규 성장 분야, 첨단 분야에 대한 관심이 높아지고 있었고 이에 따라 연구개발, 기술혁신이 강조되고 있었다. 연구개발에서 정부의 역할은 개발품목 수에서 15.8%(9/57), 생산능력에서 28.5%, 연구비에서 34.7%를 차지하고 있어 줄고 있다고는 하지만 여전히 크고 특히 질적으로 높게 책정되고 있음을 알 수 있다.

정부는 1976년 4차 경제개발5개년계획을 수립하면서 반도체 등 부품의 국산화와 미니컴퓨터 등 고급정밀전자기기의 생산을 강조하였고 정부주도 하의 개발육성 품목으로 미니·마이크로 프로세서, 컴퓨터 주변장치, 전송장치, 전자교환기, 컴퓨터단말기, 소프트웨어 등을 선택하였다. 정부는 구미 인동(仁同)지역에 60만 평의 새 공단을 세워 이들 품목의 생산업체를 입주시키고 연구소와 마스크공장, 유티릴티를 설치, 민간기업들로 하여금 이를 공동 활용하게 하는 한편, 입주업체에 대해서 시설비의 30%, 연구개발비의 70%를 지원하겠다고 밝혔다. 정부발표는 기업들을 자극하여 3월의 31개 부품공장 실수요자 쟁탈전에 이어 이번에는 57개 품목 실수요자 쟁탈전이 나타났다.[61] 그러나 진입경쟁에도 불구하고 4차 경제개발5개년계획 육성품목과 조세지원, 금융지원 간에는 괴리가 존재하고 있었다. 예컨대 수출전략품목임에도 가정용 전자기기의 경우 조세지원이 없었고 더하여 사업규모를 감안하지 않은 일률적인 국민투자기금 융자한도가 책정되었다.[62]

1976년 9월 30일 상공부는 9월 27일 국회 보고한 확정안을 제4차 경제개발5개년계획기간(1977~1981) 「전자공업육성계획」으로 대통령 결재를 거쳐 발표하였다. 그 핵심내용은 이미 상

61 중화학공업추진위원회기획단(한공발3, 1979), p. 560.
62 한국개발연구원(중화전, 1981), pp. 102~103.

공부가 밝힌 대로 1977년부터 5개년계획으로 내외자 6억 달러를 투입하여 57개 품목 151개 공장을 건설하되 반도체와 컴퓨터 관련 9개 품목은 정부주도로 집중개발 육성한다는 것을 포함하여 다음과 같았다.

【제4차 경제개발5개년계획기간(1977~1981) 「전자공업육성계획」(1976. 9. 30)】

1. 1981년까지 산업용 전자기기 및 부품 57개를 개발 생산키로 하고 6억 달러(시설 4억 8,700만 달러·연구개발 1억 1,300만 달러)를 투자한다. 이를 위해 151개 관련 공장을 건설 또는 육성하여 연간 15억 9,100만 달러의 생산능력을 갖춘다.
2. 반도체 2개 품목과 전자교환기 등 컴퓨터 관련 제품 7개 품목은 정부가 직접 자금을 지원, 개발을 주도하기로 하고 9개 정부주도 품목의 개발 생산을 위해 구미공단 내 60만 평의 대지에 2억 800만 달러(약 1,040억 원)를 들여 반도체(가공웨이퍼) 및 컴퓨터 관련 산업을 중심으로 한 28개 기본공장 및 관련 공장을 건설한다.
3. 정부주도 28개 공장에 대해서는 소요자금 30%를 지원하는 공장건설 자금은 국민투자기금에서 225억 원, 그리고 70%를 지원하는 업체연구소 개발비 역시 국민투자기금에서 158억 원을 지원하며 외자는 IBRD(세계은행)와 차관교섭 중이다.
4. 정부출연금은 우선 1977년도 예비비에서 20억 원, 국민투자기금에서 80억 원을 지원하고 재정차관 2,000만 달러는 KIST가 신청서를 작성, 상공부와 과학기술처가 공동으로 추진한다.

〈경향신문〉(1976. 9. 30); 〈매일경제신문〉(1976. 9. 30); 〈중앙일보〉(1976. 9. 30).

상공부는 정부주도 9개 품목을 생산할 28개 업체를 연말까지 선정하고 공장당 지원자금은 국민투자기금 포함 700만 달러에 달할 것이라고 밝혔다.[63]

1976년 10월 4일 대통령은 국회에 1977년 일반예산을 제출하면서 전자공업에 대해 조립에서 소재 및 부품생산으로 전환하고 노동집약적 공장에서 기술집약적 공장으로 발전시키며 국제 경쟁력을 강화하겠다고 밝혔다.[64] 11월 9일 정부는 전자공업진흥기본계획과 전자공업육성계획에 따른 반도체공단은 입지를 기존 구미공단에 인접한 60만 평으로 확정하여 내달 중순까지 기준시가를 고시하고 토지매입 절차를 끝낸 후 1977년 4월에 착공한다고 발표하였다. 정부는 공단조성비로 70억 원을 책정하여 1단계로 1977년 8억 원을 투입하여 기초시설을 완공한다는 계획이었다.[65] 정부의 정책방향과 지원정책 발표에 따라 1976년 11월 「삼성전자」는 「휴렛팩커드」사와 기술제휴로 미니컴퓨터 개발에 나섰다.

1976년 12월 28일 체신부는 전자교환기 국내 생산에 대해 본체 조립은 1개 업체가 맡고 부품생산은 계열화하여 1980~1984년간 단일기종 200만 회선을 도입하기로 결정하였다.[66] 이에

63 〈중앙일보〉(1976. 9. 30).
64 日韓經濟協會(協會報, 1977. 1. 1), No. 81, pp. 2~3.
65 〈매일경제신문〉(1976. 11. 9).
66 체신부(전책2, 1986).

따라 교환기 본체조립업체로 「한국전자통신(주)」이 한국산업은행 전액출자로 1977년에 설립되어 2월 15일 창립총회를 하였다.67

한국과학기술연구소는 〈제4차 경제개발5개년계획-전자부문계획〉을 작성하면서 당시 한국 전자공업의 발전 현황과 문제점을 다음과 같이 지적하였다.

【한국 전자공업의 발전 현황과 문제점】

1. 발전 현황
   1) 높은 성장률
   2) 국민경제상의 지위 향상
   3) 외화가득률의 저조
   4) 부가가치율의 저조
   5) 외국인 단독투자에 의한 생산과 수출 비중 높음
2. 문제점
   1) 기술 및 제품개발 활동의 부족
   2) 해외 판매 활동의 부족
   3) 관련 정책의 미비

한국과학기술연구소(제4전, 1976. 7), pp. 57~82.

관련 정책의 미비 중 1970년대 후반에도 여전히 논쟁으로 되고 있으면서 한국의 경쟁력에 직접 영향을 미치고 있었던 것은 두 가지이었다.

첫째, 물품세와 이를 대체한 특별소비세의 문제이었다.68 기본적으로 정부는 사치재 소비를 억제한다는 명목으로 가정용기기에 고율의 물품세 혹은 특별소비세를 부과하고 있었고 심지어 더 높이기도 하였다. 국회, 언론 등에서의 요구도 그러하였다. 그러나 가정용기기의 수출률이 75%이면 1억 원 상당의 국내 시장 확대가 4억 원의 생산 확대를 가능하게 한다는 점에서69 내수 억제는 전자공업의 발전에 치명적인 것이었다. 세계 전자공업 1위로 급성장한 일본이 내수를 적극 확대하여 성장하였다는 점에서 한국의 정책은 학습도 하지 못하는 모순적인 것이었다. 심지어 상류층까지도 물품세 혹은 특별소비세가 높아 밀수 외제가전을 사는 정도이었고 일반인들의 가전제품 접근은 제한적으로 되고 있었다.

정부 역시 이를 알고 있었기에 물품세 인하를 진행하였고 또 물품세를 폐지하고 1977년 7월부터 특별소비세를 도입할 때에도 냉장고·세탁기·에어컨의 세율을 65%에서 40%로, TV수상기·전축의 세율을 45~65%에서 30%로 인하하였다. 그러나 정부는 이 과정에서도 이들 품목

---

67 〈매일경제신문〉(1977. 2. 16).

68 물품세법은 1976년 12월 22일 공포된 법률 제2934호에 의해 1977년 7월 1일부터 타법 폐지되었다. 법제처 국가법령정보센터(2017. 2. 20).

69 한국과학기술연구소(제4전, 1976. 7), pp. 78~82.

에 특별소비세 외에 같이 새로 도입된 부가가치세 13%를 따로 붙이는 꼼수를 부렸다.[70] 특별소비세법은 1976년 11월 18개의 세법과 함께 국회를 통과하였는데 사치성 물품 및 그 행위와 소비에 대해 중과하는 내용으로 1976년 12월 22일 법률 제2935호로 제정 공포되어 1977년 7월 1일부터 시행되었다. 심지어 가스·전열이용기구의 경우 다음과 같이 "가정형의 것에 한한다"라고 한정까지 하면서 40%의 중과세를 매겼다.

【특별소비세법】

[시행 1977. 7. 1] [법률 제2935호, 1976. 12. 22 제정]

제1조 (과세 대상과 세율) …… ② 특별소비세를 부과할 물품과 그 세율은 다음과 같다.

……

제2조

1. 공기조절기와 동 관련 제품: 물품가격의 100분의 40
2. 냉장기(전기·가스·유류식의 것): 물품가격의 100분의 40
3. 전기세탁기(세탁물의 건조기를 포함한다): 물품가격의 100분의 40
4. 텔레비전수상기: 물품가격의 100분의 30
5. 전기음향기기: 물품가격의 100분의 30
6. 가스·전열이용기구(가정형의 것에 한한다): 물품가격의 100분의 40

법제처 국가법령정보센터(2017. 2. 20).

박정희 정부는 국민갈등조장과 사치 방지를 위해 사치성 물품의 소비를 억제하였다. 이에 따라 컬러TV 등 일부 전자공업 제품과 나아가 소프트웨어 발전과 제품다양화에 도움이 될 전자유기장 허가 역시 사치성이라는 이유로 금지되고 있었다. 여수 시민이 항구관광도시로서의 외국인 출입이 상당하다는 점 등을 들어 여수시에 전자유기장 허가를 출원하였으나 불허를 통보받았고, 이에 상급처인 전라남도지사에게 질의하였지만 역시 허가불가 통보를 받았으며 다시 상급처인 보건사회부에까지 질의하여 불허를 통보받는 일이 생기기도 하였다.[71]

내수억제의 결과는 높은 수출의존도와 이에 따른 근본적인 불안정이었다. 전자제품 수출비율은 〈그림 4-3〉에서 보듯이 중화학공업화정책선언이 이루어진 1973년 79.7%까지 치솟았고 이후 석유파동으로 낮아졌지만 다시 높아져 1976년 70%가 넘었다.

둘째, 역시 계속 논쟁이 되었던 관세와 관세 관련 문제이었다.

전자부품 관세율을 보면 한국은 35.39%로 일본의 10.37%, 미국의 6.80%는 물론 대만의 22.36%보다도 크게 높았다.[72] 물론 한국에서 수출을 위한 부품수입의 경우 관세를 면제받아

---

70 〈중앙일보〉(1976. 9. 25).

71 동아일보사 여수지사 지사장(1977. 4. 19); 전라남도지사(전장, 1977. 5).

72 한국과학기술연구소(제4전, 1976. 7), p. 80.

〈그림 4-3〉 전자제품의 수출비율(수출/생산) (단위: %)

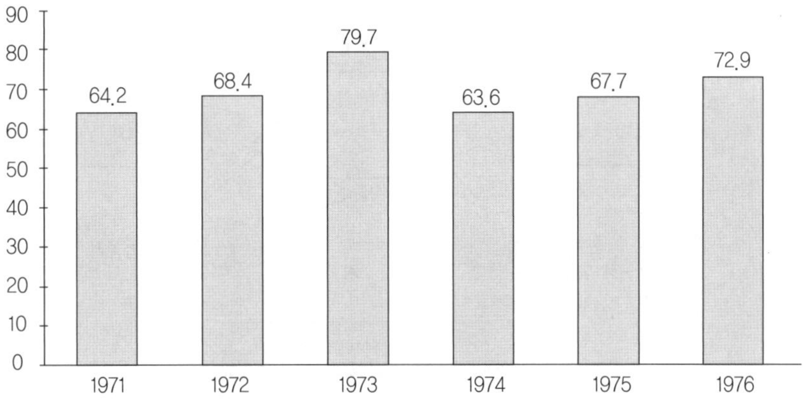

자료: 한국 전자공업진흥회(전자편, 1977~1983); 과학기술처(과기감, 1981).

환급받을 수 있었다. 그러나 관세도 그러하였지만 관세환급 역시 행정절차가 복잡하여[73] 기업들의 생산비 증가를 촉발시키고 있었고 그 결과 부품으로 생산한 기기보다 더 좋은 품질의 외제 완제품 기기를 구입하는 것이 싸다는 이야기도 돌았다. 이러한 문제점 때문에 1976년 12월 22일 일부 개정되어 법률 제2928호로 공포된 개정관세법이 1977년 3월 1일부터 시행되었다. 정부는 품목별 세율을 조정하여 20% 균일 세율로 점차 접근시키려고 하였지만 여전히 전자·기계·조선 등은 고율로 보호하고자 하였다.[74]

당시 소득분배와 소득수준 등의 상황을 고려하여야 한다고 하지만 일상 생활용품, 특히 주부가 사용하는 가전제품에 이러한 중과세를 부과하는 것은 전형적인 과세편의주의이었고 이는 전자공업의 발전과 안정화에 역행하는 것이었다.

전자공업이 가지고 있는 이상의 문제점을 정리하면 〈그림 4-4〉로 표현할 수 있다. 1970년대 후반 들어서도 한국 전자공업은 투자, 생산, 연구개발 등 모든 면에서 전략적인 선택을 위한 최소 적정 규모에도 미달하는 영세성이라는 근본 문제를 갖고 있었다. 1977년 전자공업 생산업체의 평균자본금은 58만 7,000달러, 내국인기업만으로는 45만 6,000달러에 불과하였고[75] 〈표 4-7〉에서 보듯이 자본금 1억 원 미만인 기업이 65.2%에 달하고 있었다. 영세성은 저생산성과 낮은 경쟁력을 가져왔고 나아가 높은 자본조달비용을 강제 받으며 기술 및 인력확보 곤란, 근로자 후생수준 저하 등 추가적인 여러 문제의 근원이 되고 있었다.

73 관세청(전대, 1976).
74 〈중앙일보〉(1976. 9. 25).
75 국제경제연구원(전산, 1979), pp. 71~72.

〈그림 4-4〉 전자공업 문제점의 상호 관련도

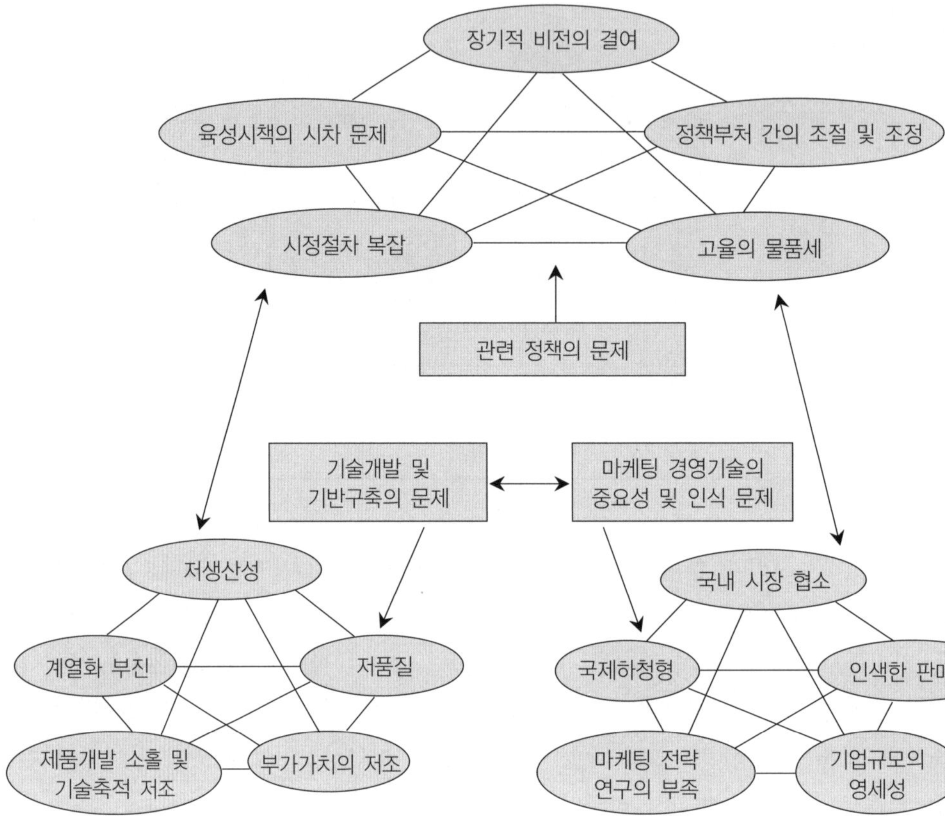

자료: 한국과학기술연구소(제4전, 1976. 7), p. 82.

전반적인 세계 시장의 혼란 속에서도 1976년까지 전자공업의 성장은 제조업 전체보다 월등히 앞서가고 있었다(〈그림 4-5〉 참조). 한국의 전자공업 선택은 적절하고 전략적으로 우수한 선택이었다. 그리고 이러한 선택이 성공하고 있었던 것은 책임감이 높으면서 배우려는 의지가 강하고 그러면서도 '경제발전을 위한 산업역군'이라는 표어 아래 낮은 임금에도 묵묵히 일하는 더 많은 기술인력들이 전자공업에 있었기 때문이었다(〈그림 4-6〉 참조).

〈표 4-7〉 전자공업체의 자본금별 기업체 분포(기업 수, 개, 1977년 말)

	총계	가정용기기	산업용기기	부품
20억 원 이상	17	8	3	6
15억 원~20억 원 미만	11	6	2	3
10억 원~15억 원 미만	26	9	4	13
5억 원~10억 원 미만	45	17	4	24
1억 원~5억 원 미만	145	34	23	88
5천만 원~1억 원 미만	148	35	16	97
1천만 원~5천만 원 미만	239	34	34	171
5백만 원~1천만 원 미만	55	2	4	49
5백만 원 미만	21	3	5	13
계	710	148	95	467

자료: 한국정밀기기센터(한자, 1978); 한국개발연구원(섬전, 1979).

〈그림 4-5〉 생산지수(1971=100)

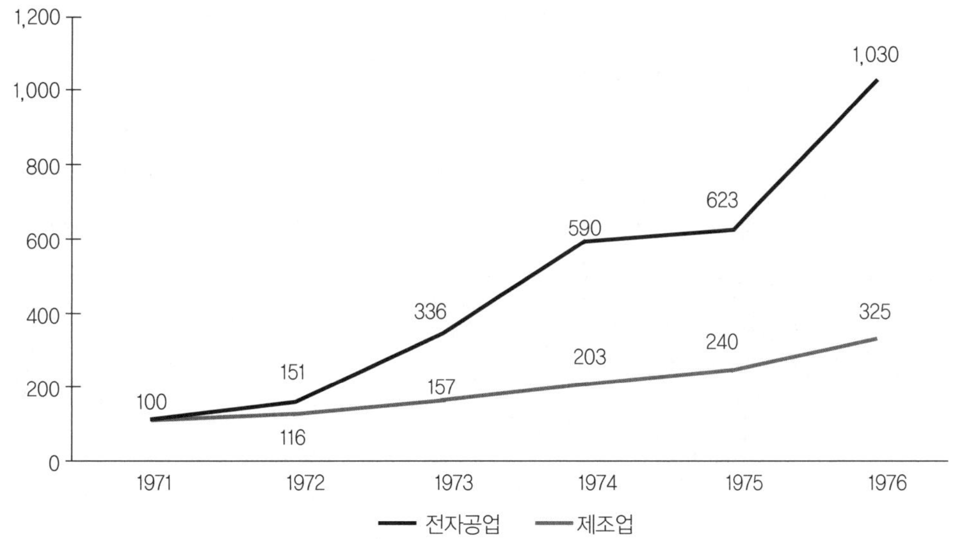

자료: 상공부(전자의, 1977).

〈그림 4-6〉 1976년 말 전자공업공장에서 조립작업 중인 기술인력들

자료: 문화공보부(전조, 1976. 12. 2).

부록

전자교환시스템의 발달 과정[76]

해방 후 일제강점기 때 보급된 스트로저교환기(ST) 조립생산이 1953년 발족한 「동양정밀공사」(*OPC*)에 의해 계속되고 있었다. 그러다가 1958~1959년 ICA 원조자금에 의한 국제교환기 입찰로 현대식 자동교환기가 등장하였다. 원조자금관리처 USOM이 진행한 이 국제입찰에는 일본 *NEC* 등 3개사(스트로저식), 스웨덴 「에릭슨」과 미국 *ITT* 등 5개사(크로스바식), 서독 「지멘스·할스케」사(EMD식) 등 4개국 9개사가 참가하였다. 이 입찰에서 예상을 깨고 「지멘스·할스케」사가 선정되었다.

5.16 후 1962년 서독 뤼프케 대통령이 한국을 방문했는데 이때 정부는 EMD식 교환기의 국내 생산을 유도하기 위해 뤼프케 대통령을 부산의 「금성사」 공장에 안내하였다. 당시 뤼프케 대통령은 「금성사」가 각종 금형 등 정밀공구를 갖춘 것에 대해 호감을 표했다. 그 후 「지멘스·할스케」 간부들이 여러 차례 한국을 방문했고 한국 정부도 EMD식 교환기 국산화 업체로 「금성사」를 지정하였다. EMD식은 스텝바이스텝으로 6~7자리 전화번호를 돌리면 모터스위치가 하나씩 돌아가 상대방을 연결해 주는 전형적인 로터리식이었는데 그만큼 정밀도를 요구했고 전자공업을 포함한 공업기술 전반에 미친 영향이 컸다. 실제로 「한국정밀기기센터」(*FIC*)에서 실시한 일곱 번의 정밀도 경진대회에서 「금성사」가 4번, 「금성통신」이 1번, 최고상인 정밀공업진흥탑을 수상했고, 이 같은 기술연마는 노동인력의 이동을 통해 국내 기업들에게 기술 향상의 자극을 주기도 하였다.

「금성사」가 교환기 생산 준비에 나서자 *OPC*는 그동안 ST 보수부품만을 생산하던 단계를 벗어나 1962년 ST 완제품을 체신부에 납품하기 시작하였다. 그러나 ST는 일제강점기 때 일본인에 의해 채택된 것이고 EMD식은 서독 기술이지만 미국인에 의해 도입된 것이어서 어느 쪽도 우리가 선택한 기술이 아니었다.

1972년 체신부는 ITU(국제전기통신연맹) 산하의 CCITT에 용역을 맡겨 한국은 비공통제어식 교환기 이후 크로스바교환기를 거치지 않고 전자식으로 곧장 넘어가는 것이 좋다는 결론을 얻었다. 체신부는 1980년대 초에는 전자교환기 보급이 가능할 것으로 생각하였다. 이에 따라 1972년 경제장관회의는 1976년 이후의 기계식교환기 추가 도입 건을 무효화시키고 대신 전자교환기를 도입해야 한다는 결정을 내렸는데 당시 전자교환기 기술은 미국, 독일, 일본만이 실용화한 통신기술이었다.[77]

---

76 중화학공업추진위원회기획단(한공발3, 1979), pp. 536~549를 토대로 수정, 보완하였다.

1973년 3월 2일 국무회의는 시내 전화시설 확장을 위한 2,000만 마르크, 송배전시설 도입을 위한 1,850만 마르크 등 총 4,850만 마르크(1,730만 달러)의 서독 재정차관 협정을 승인하였는데 이때 교환시설(EMD) 도입이 포함되었고 차관조건은 10년 거치, 20년 분할상환, 연금리 2%이었다. 1972~1973년 계속 미국 *ITT*(*International and Telegraph*)와 일본 *NEC*가 크로스바 도입을 요청하였으나 한국은 거절하였다. 특히, 1973년은 세계적인 호황으로 미국의 *DEC, GI, TI, ITT* 등의 업체가 한국에 진출을 모색하였고 이 중 일부는 국내 공단에 대지를 확보하는 업체까지 나타났다. 이때 *ITT* 계열의 「캐넌」은 한국 진출을 거의 매듭짓는 단계까지 갔다가 석유파동으로 이를 취소하였다. 한편, 국내에서는 KIST가 탁상용 액정시계를 개발하여 1973년 「한국전자전람회」에 선보였다.[78]

1974년 체신부장관으로 온 장승태(張承台)는 부임하자마자 전자교환기(ESS)를 민관합동으로 개발하기로 하고 연구소 설립계획을 구체화했다. 그러자 이에 대해 「삼성전자」, 「대한전선」 등이 반대하고 나섰다. 기존 기계식교환기가 회선당 단가가 250달러로 기존 업체들이 폭리를 취하고 있다고 비판해 왔던 KIST 역시 이러한 민관합동개발계획에 의할 경우 업체들이 개발이란 명목으로 ESS 도입을 지연시킬 것이라고 반대하고 나섰다.

이런 가운데에도 「금성통신」과 「동양정밀」은 체신부와의 민관합동개발계획을 서둘렀고 *GTE*(*General Telephone and Electrics*) 외에 미국 *ITT*도 1974년 10월 동아시아 담당 부사장이 방한해 「동양정밀」 등 국내 업체들과 적극 개발 교섭을 벌였다. 당시 「금성사」는 서독 「지멘스」와 합작하고 있어 다른 새로운 ESS를 선택할 수 없었다. 「금성사」의 윤욱현(尹煜鉉) 사장은 「지멘스」의 양해를 구하고자 했으나 불가능했고 그래서 윤사장은 금성사를 찾아온 *ITT*의 퍼디 부사장에게 현재는 합작투자가 불가능하나 앞으로는 가능성이 있을 것이라고 하면서 우선 *OPC*와 제휴하라고 권고하였다. *GTE*는 *OPC*와 제휴를 모색했지만 「동양정밀」 측은 *GTE*보다 *ITT*를 선택하였다. *OPC*와 *ITT*는 1974년 전자교환기 합작생산을 위한 양해각서에 서명하였다. 그러나 「동양정밀」의 합작안은 최종적으로 결국 수포로 돌아가고 말았다.

*GTE*는 공동프로젝트로 KIST에 상용화 개발 연구비를 제공하여, 이미 청와대 요청으로 1973년 개발한 PABX 시스템 「K1T-CCSS」를 1975년 EPABX(전자식사설구내교환기) 「KIST 500」으로 발전시켰다.[79] *GTE*는 1975년 8월 서울 주한미국대사관 내 UN 트레이드센터에서 전자교환시스템 EAX No. 1을 소개하고 대대적인 세미나를 개최함으로써 전자교환기에 대한 관심을 고조시켰다. *GTE*는 세미나가 끝난 자리에서 「삼성전자」와 합작으로 전자교환시스템을 한국에서 생산하겠다고 밝혔다.[80] 교환기 국산화를 추진하고 있던 「금성통신」과 「동양정밀」은 반발

---

77 전자산업 50년사 편찬위원회(2009), p. 218.
78 〈경향신문〉(1973. 10. 10).
79 전자신문사(컴파, 1995. 12. 11~1996. 12. 12), 13.
80 최형섭 전 상공부광무국장·KIST소장·과학기술처장관(최불, 1995), pp. 75~76.

하였고 *GTE* 기술도입 불가피성을 주장한 「삼성전자」와의 대립이 일어났다.[81] 그러나 삼성과 *GTE*의 합작은 국제입찰에서 패배하여 초점을 전전자교환기(TDM)로 바꾸면서 1977년으로 미루어졌다.[82]

체신부의 장승태 장관은 1975년 대통령 연두순시 때 전자교환기 민관합동개발계획을 보고하려 했으나 이 내용이 사전에 새어 나감으로써 정식 보고에서 제외하고 보고 후 점심식사 자리에서 대통령에게 계획을 설명했다. 대통령은 듣기만 했고 장장관은 이를 승인으로 간주하여 연구소 설립을 밀고 나갔다. 그러나 경제기획원의 남덕우 부총리와 김재익(金在益) 경제기획국장은 ESS 도입을 서두를 필요성이 있다고 생각해 1975년 국회에 올라온 민관합동의 전자교환연구소 설립안을 보류시키고 ESS 도입을 본격적으로 검토하였다. 부총리는 KIST의 의견을 구하였고 KIST의 정만영 부소장은 총리실과 부총리 앞에서 "국설용(局設用) 전자교환시스템의 국내 개발은 불가능하다"고 밝혔다. 평소 ESS를 국내에서 개발해야 한다고 주장한 정만영 부소장의 증언은 모든 논쟁을 중단시켰다.

1976년이 되자 경제기획원은 KIST에 용역을 맡겼다. 연구팀은 3월에 미국 *WE*, *ITT*, *GTE*, 서독 「지멘스」, 일본 「富士通」, *NEC* 등 6개 업체에 전자교환시스템 지명입찰 안내서를 보내고 4월에 입찰의 구체적인 조건을 제시하였다. 입찰조건은 한국 정부의 재량에 따를 것, 5년간 국내 생산단가를 제시할 것, KIST가 지정하는 기관에 기술을 전수할 것 등이었다. 6월 14일 국제입찰 접수를 끝냈을 때 *WE*만 빠지고 모두 참여하였다. 1959년 기계식 입찰 이후 2번째 국제입찰이었다. 입찰내용을 분석해 보니 일본의 *NEC*와 「富士通」만이 회선당 230달러 선이고 나머지는 모두 450달러를 넘어서는 것으로 나타났다. 당시 대일무역역조가 심각했으므로 이를 타개하기 위해 구미 원천기술을 도입해야 하고 전자공업의 부품산업 기반을 갖추기 위해서는 미국계 기업의 진출이 바람직하다는 생각들이 있어 KIST는 구미업체들이 낮은 가격을 제시하길 원했으나 그렇지 못했다. 그래서 6월 말 혹은 7월 초에 매듭을 지으려던 계획은 순연되었다.

국내 일부 전자공업계는 ESS를 도입할 경우 부품산업이 따라 들어올 것이며 그렇게 하려면 *ITT*가 유리하다고 생각하고 있었다. 그러나 정부나 입찰검토를 맡은 KIST의 생각은 달랐다. 이들은 ESS의 필요성을 부각시킨 업체가 *GTE*라고 생각해 *GTE*에 대해 친밀감을 갖고 있었고, 특히 KIST는 1974년부터 연구비를 대준 *GTE*에 대해 호감을 갖고 있었다. 정부는 계속 함구하고 있었지만 입찰내용은 하나 둘 알려지기 시작하였고 전담반이 제시한 조건의 비현실적인 내용들도 드러나기 시작하였다. 후일 朴元根 체신부장관이 술회했듯이 이 국제입찰은 '무책임한 기술인들에 의한 완전한 실패작이 되고 말았다'.

---

81 〈경향신문〉(1975. 8. 27).
82 〈매일경제신문〉(1977. 10. 24).

마침내 1976년 8월 ESS를 도입하되 기술만 들여온다는 원칙이 최종 재가가 났고 「전자교환기추진위원회」가 발족되어 추진위원회는 5개 기업체를 압축한 후 연말까지 *NEC*, 「富士通」, *ITT* 3개 업체를 후보로 좁혔다. *GTE*는 합작투자를 요구해 예선에서 제외되었고 「지멘스」 역시 기술이전만이라는 바뀐 조건에 소극적 태도로 돌아서 사실상 2기업은 스스로 탈락을 선택한 것이었다. 다시 남은 3업체 중 몇 차례의 수정입찰 후 1977년 3월 「富士通」와 *ITT*가 최종 후보로 올랐다.

미국과 일본 기업이 하나씩 남게 되자 이제는 외교적인 전쟁으로 발전하여 미국과 일본의 경제사절단이 계속 방한하였다. 결국 최종 낙찰자는 *ITT/BTM*이었다. *BTM*(*Bell Telephone Manufacturing Co.*)은 주계약자 *ITT*의 자회사이다. 최종 회선당 단가는 「富士通」가 유리했지만 *ITT/BTM*이 선정된 것은 부품국산화 이점이 가장 크기 때문이라는 명분이 붙었다. 최종기종을 선정하면서 추진위원회는 "생산을 전액 한국산업은행 출자로 설립하는 공영회사에 맡기겠으며 반도체 리드, 릴레이, PCB 등 부품을 3그룹으로 나누어 민간업체에 넘기겠다"고 밝혔다. 꼬박 2년 동안 정부 결정을 지켜보던 민간업체들은 배신감과 허무감을 느낄 수밖에 없었다.

CHAPTER 5

제4차 경제개발5개년계획과 1970년대 말기의 발전계획과 정책

I. 제4차 경제개발5개년계획에서의 전자공업정책

경제기획원은 1977~1981년간의 제4차 경제개발5개년계획의 기본정책 방향을 "공업구조 고도화를 위한 중화학공업의 육성은 투자재원 조달의 한계, 부존자원의 제약, 고용증대의 필요성 등을 감안하여 비교우위가 있는 기술 및 숙련노동집약적인 기계, 전자, 조선공업에 중점을 둘 것"이라고 정하였다.[1] 정부는 제4차 경제개발5개년계획에서 전자공업은 반도체를 비롯한 소재분야와 부품 및 산업용기기 개발, 최첨단기술의 한국형 특화상품 개발, 연구개발, 수출시장 개척에 집중할 것이라고 밝혔다.[2] 그리고 부문별 계획의 내용과 정책수단에서 전자공업에 대해 다음과 같은 계획을 수립하였다.

【제4차 경제개발5개년계획 전자공업 계획】

1. 전자공업 생산액은 1975년의 4,559억 원에서 1981년에는 1975년 가격으로 1조 9,976억 원이 되어 4.4배 증가
2. 전자공업 생산의 제조업 내 비중은 계획기간 5.0%에서 8.4%로 증가, 부가가치는 동기간 1,441억 원에서 6,452억으로 증가하여 제조업 내 비중이 5.6%에서 10.0%로 상향
3. 전자공업 수출은 계획기간 409백만 달러에서 1,940백만 달러로 4.6배 이상 증가
4. 전자공업을 조립 위주에서 부품생산으로 전환하고 품질을 고급화
5. 최첨단 기술의 수출특화상품을 개발하고 해외 판매활동을 강화하여 수출산업으로서 계속 육성
6. 제품의 수명주기와 비교우위를 고려한 반도체 및 컴퓨터 관련 제품 등 57개 전략품목을 선정 육성할 것이며 이와 관련하여 반도체 및 컴퓨터 공업단지를 조성
7. 선진기술의 도입과 기술개발을 촉진하기 위하여 반도체 및 컴퓨터 공업단지에 전자기술연구소

1 국무위원 남덕우 부총리 겸 경제기획원장관(제4, 1976. 12), p. 134.
2 상공부 중공업계획반·화학 및 경공업계획반(제41, 1976), p. 125.

를 건설하고 60백만 불의 제품개발기금을 조성하여 연구활동을 지원

국무위원 남덕우 부총리 겸 경제기획원장관(제4, 1976. 12), pp. 138~140, 296~297.

1975년 수치는 이후 다시 수정되지만 일단 당시 정부 수정값에 의한 이러한 내용의 4차 경제개발5개년계획을 주요 지표 목표로 정리하면 〈표 5-1〉과 같다.

최종 결정된 4차 경제개발5개년계획 전자공업 목표는 1981년 수출 19억 4,000만 달러(경상가격 30억 4,900만 달러), 생산 41억 2,730만 달러(경상가격 64억 8,610만 달러)이었다. 1976년 9월의 대통령 결재로 확정된 후에 다시 1975년 값이 수정되면서 대폭 상향된 것이다. 그런데 수정된 내용을 보면 수요가 불변가격 35억 6,000만 달러에서 50억 5,640만 달러로 대폭 상향된 것은 내수를 18억 6,000만 달러에서 31억 1,640만 달러로 큰 폭 올린 것에 주로 기인하고 수출은 17억 달러에서 19억 4,000만 달러로 상향된 것에 그친 것을 알 수 있다. 즉, 세계경제의 회복을 뒤늦게 분명히 확인한 위에 상공부와 경제기획원의 목표 값 상향 과정에서 경제기획원이 최종 관철시킨 것은 내수, 생산을 대폭 늘리되 수출은 상대적으로 적게 올린 것이었다. 당시 정부 수정값에 의하면 수입 의존도(수입/수요)는 1975년 36.6%에서 1981년 18.4%로 떨어지도록 되어 있었다.

〈표 5-1〉 제4차 경제개발5개년계획 전자공업 주요 지표 목표(1976년 12월 최종 확정 값, 1975년 가격, 백만 달러)

	주요 지표			
1975년과 목표연도 대비		1975(A)	1981(B)	배수(B/A)
	수요	1,486.1(1,414)	5,056.4(3,560)	3.4
	(내수)	1,077.1(892)	3,116.4(1,860)	2.9
	(수출)	409.0(582)	1,940.0(1,700)	4.7
	생산	942.1(860)	4,127.3(2,715)	4.4

			1977	1978	1979	1980	1981	합계
연도별 수급과 투자	공급	생산	1,999	2,396	2,872	3,443	4,127	14,837
		수입	682	737	796	860	929	4,004
	수요	내수	1,732	1,954	2,242	2,620	3,116	11,664
		수출	948	1,178	1,426	1,683	1,940	7,175
	투자	내자	68	77	87	98	108	438
		외자	56	63	71	80	88	358

주: 1) ( ) 안은 최종 수정 전 1976년 1차 확정 값임. 대한민국국회사무처(제96, 1976. 9. 27), 상공 제2차, p. 34.
2) 1975년 값은 수정된 값임.
3) 생산액 원화 환산액은 1975년 4,559억 원, 1981년 19,976억 원임.
자료: 경제기획원(제4계, 1976. 12); 대한민국정부(행백, 1977. 4); 국무총리 기획조정실(중건5, 1977).

4차 경제개발5개년계획의 전자공업 정책방향은 다음과 같이 정하여졌다.

【4차 경제개발5개년계획의 전자공업 정책방향】

1. 부가가치율을 81년까지 32.3%로 86년에는 37.0%로 올림.
2. 전자공업구조의 고도화 – 산업용기기의 중점개발
3. 반도체 및 컴퓨터 공업 집중육성 – 단지를 구미단지에 조성하여 반도체 공장의 전문화·계열화를 유도하며 동부문에서의 최첨단기술 수출특화 상품도 개발
4. 소형 컴퓨터 시스템 산업 육성에 주력하고 제품개발 투자의 지원과 민간기업들의 연구개발 투자를 촉진하고 중핵기술에 대한 국가주도의 연구개발을 시도함으로써 적극적인 기술개발을 중점적으로 펴나갈 방침
5. 수출시장 개척 및 판매활동을 강화

상공부 중공업계획반·화학 및 경공업계획반(제41, 1976), pp. 135~137.

4차 경제개발5개년계획 전자공업의 정책방향에서 우선 중점 강조된 것은 부가가치율 제고, 구조고도화, 최첨단공업 육성과 기술개발이었다. 사실 정부가 경제개발5개년 계획에서 과학기술정책을 본격적으로 강조하고 실행하기 시작한 것은 제4차 경제개발5개년계획부터이었다. 3차 경제개발5개년계획과 중화학공업화정책선언을 통해 1970년대 중반까지 한국의 전자공업은 빠른 성장을 이루었지만 그 과정에서 정부와 기업은 기술의 한계를 분명히 확인하였다. 또한 계속적인 고도성장을 이루기 위해서는 무엇보다 기술이 중요하다는 인식이 커졌다. 낙관적으로 생각했던 기술도입은 석유파동 등을 겪으면서 사실상 어렵다는 것도 확인하였다. 더 넓게 보아 고도성장의 반대급부로 경제의 대외 의존도 문제, 계층 간·부문 간·지역 간 불균형 문제가 지속적인 경제성장 저해 요인으로 배태되고 있음을 확인하였고, 이에 4차 경제개발5개년계획의 기본목표를 자력성장 구조 실현, 사회개발 촉진, 기술혁신과 능률향상으로 귀착시킨 것이다.[3] 결국 4차 경제개발5개년계획에서 과학기술정책이 부상하지 않을 수 없었던 것이다.

전자공업의 정책방향에서 또 하나 강조된 것은 필요하였던 전문화·계열화이었다. 정부는 4차 경제개발5개년계획 공업부문 정책목표에서 "중소기업의 건전한 육성과 지위향상을 위하여 중소기업 고유의 산업 분야를 확보하는 한편, 대기업과의 보완성을 제고하고 전문화·계열화를 촉진하여 중소기업의 존립기반을 강화하는 방향으로 추진할 것이며, 이를 위한 정책수단과 투자계획을 작성한다"고 밝혔다. 또한 공업정책 역점방향의 하나로 중화학공업 건설의 계열 체계를 확립하겠다는 점과 육성지원 시책의 하나로 전자공업 전문화·계열화 계획을 분명히 하였다.[4]

그러나 대기업은 자신의 이익에 따라 중소기업 조직까지 장악하였고 정책은 이를 제대로

3 전자신문사(컴파, 1995. 12. 11~1996. 12. 12), 25.

4 상공부 중공업계획반·화학 및 경공업계획반(제41, 1976), pp. 머리말, 24~35, 37, 40~41, 120~123, 148~149.

수정하지 못하였다. 결국 대기업과 정부의 합작품으로 계열화·전문화는 성과가 없었고 그 결과로써 부품공업 육성 역시 성공하지 못하고 있었다. 다음 증언은 당시의 상황과 그 이유를 보여 주고 있다.

> 협동조합도 유명 대기업이 지배했었다. 중소기업 조직이었지만 어느 조합이나 대기업이 조합장을 맡고 이사진을 구성할 수밖에 없었다. 조합운용을 위한 회비부담 능력을 따져 대기업에게 자리를 내어 준 것이나 다름없었던 것이다. …… 부품공업 육성책은 효과적이지 못했다. …… (70년대) 이 시기의 부품공업이란 엄청난 고통과 시련에도 불구하고 정책지원에서는 한 발 떨어져 왔다고 여겨진다. ……. 대기업은 일단 믿을 수 있고 중소기업은 믿기 어렵다는 성급한 결론이 대기업 중용책을 뒷받침해 왔음은 물론이다. ……. 그리고 한 걸음 더 나아가 부품공업이 성숙기를 맞으면 대기업이 월경해 오는 사례도 많이 생겨났다.
>
> 배병휴 전 매일경제신문주간(회고, 1987), p. 356.

4차 경제개발5개년계획의 공업 부문별 정책수단에서 전자공업의 정책수단은 사실상 제4차 경제개발5개년계획 전자공업 계획을 요약해 놓은 것으로, "(1) 기술집약도가 높은 산업용기기를 중점적으로 개발, (2) 최첨단 기술의 수출특화 상품을 개발하고 수출특화산업으로 계속 육성, (3) 제품수명이 길고 수요증가율이 높으며 국내 기술 수준으로 개발 가능한 반도체 관련 제품 등 57개 품목을 전략육성 품목으로 선정 집중 육성, (4) 6,000만 달러의 제품개발기금을 조성하여 반도체 및 컴퓨터 관련 품목의 제품개발을 적극 지원"하는 것이었다.[5]

4차 경제개발5개년계획에서 중점육성 대상으로 확정된 57개 품목을 중분류로 분류하면 〈표 5-2〉와 같다. 이는 1979년대 말까지 중점개발사업계획 57개 중점개발 품목으로 그대로 유지되었는데[6] 57개 품목 중 9개 품목은 정부개발, 48개 품목은 민간주도 품목이었다.[7]

최종 확정된 4차 경제개발계획기간 중 57개 중점육성 개발품목 공장건설계획은 1976년 9월 확정안의 제4차 경제개발5개년계획의 내용(제4장의 〈표 4-6〉 참조)과 같다. 완공된 151개 공장의 1981년 생산능력은 15억 9,100만 달러, 생산은 12억 7,300만 달러, 수출은 8억 2,300만 달러로 예측되었다. 이 목표내용 역시 1970년대 내내 그리고 1980년 초에도 중점개발사업계획 내용으로 유지되었다.

4차 경제개발5개년계획에서 수출의 전체 구조를 정리하면 〈표 5-3〉과 같다.

이러한 생산과 수출목표를 위한 투자는 내자 2,784억 원(72.2%), 외자 1,073억 원을 포함한 총 3,857억 원으로 계획되었고, 이 중 민간부문의 투자가 3,806억 원으로 전체 비중의 98.7%를 차지하도록 하여 민간주도로 전자공업 투자가 이루어지도록 하였다. 외자유치에 가장

---

5 상공부 중공업계획반·화학 및 경공업계획반(제41, 1976), pp. 37~38.
6 중화학공업추진위원회기획단(중화추현, 1980. 1), p. 146; 중화학공업추진위원회기획단(중화추현, 1980. 7), p. 176.
7 상공부 중공업계획반·화학 및 경공업계획반(제41, 1976), p. 142.

〈표 5-2〉 4차 경제개발5개년계획에서의 전자공업 57개 중점개발 품목

분류	수	부품
반도체류	2	가공규소 웨이퍼, 발광다이오드용 가공웨이퍼
컴퓨터류	5	미니·마이크로 컴퓨터, 마이크로프로세서, 컴퓨터 주변장치, 컴퓨터 단말기(CRT Display), 소프트웨어
통신기기류	3	전송장치, 전자교환기, 무선통신장치
음향기기류	11	녹음기, 레코드플레이어, 음성증폭기, Deck Mechanism, 마그네틱헤드, Mini/Micro Motor, Cartridge, Tone Arm, 자기테이프, 마이크로폰, 스피커
컬러TV류	6	컬러TV, CTV용 브라운관, CTV용 편향코일, CTV용 Tuner, CTV용 브라운관유리
전자계기류	5	전자시계, 녹화재생기, 전자레이저, 전자계측기
기타 부품	25	레이저, 고순도규소, 웨이퍼, 細金線, 리드프레임, 전자급개스, 액정표시기, 수정발진소자, 특수건전지, 인공수정, 고밀도집적회로, 기억소자, 고밀도인쇄회로기판, 키보드, 스위치·컨넥터, Shadow Mask, 자성재료, 저항체재료, 誘電體재료, 導電재료, 다층프린트 기판, 리플레이, Flexible 배선판, 濾波器, 자동차용 전자부품

자료: 중화학공업추진위원회기획단(중화추현, 1979. 1), p. 178.

〈표 5-3〉 4차 경제개발5개년계획 수출구조(당시 정부 수정값, FOB 기준, 1975년 가격, 백만 달러)

	1975		1981		1977~1981년 연평균증가율(%)
	금액	구성비	금액	구성비	
총수출	5,081	100.0	14,165	100.0	16.0
제조업제품	4,311	84.9	13,035	92.0	16.5
중화학공업	1,492	29.4	6,516	46.0	23.5
기계+전자+선박	836	16.5	4,265	30.1	23.3
기계	289	5.7	1,415	10.0	31.5
전자	409	8.0	1,940	13.7	21.9
선박	138	2.7	910	6.4	27.5
경공업	2,819	55.5	6,520	46.0	11.4

자료: 경제기획원(제4계, 1976. 12).

적극적이었던 전자공업에서 〈표 5-4〉에서 보듯이 중화학공업 전체 평균의 내자 비중 55.9%에 비해 내자 비중이 매우 높고 민간역할이 더 높았던 것은 1970년대 전자공업의 발전이 선도적으로 이루어지고 있었음을 보여 준다. 한편, 중화학공업 내 투자계획액 비중으로 보면 전자공업 부문이 11.8%로 이는 기계 27.4%, 철강공업 20.7%, 시멘트·화학펄프·기계제염 등 기타 화학 14.7%, 석유화학 14.4% 등에 비해 낮은 것이었지만 비철금속이나 조선공업의 3.54%, 2.6%에 비해 높았다.

〈표 5-4〉 4차 경제개발5개년계획(1977~1981) 중화학공업 투자액(투자지출 기준, 1975년 가격, 10억 원)

	전자공업	중화학	경공업
합계	385.7(11.8%)	3,273.1(100%)	1,814.6
내자	278.4	1,830.9	1,352.8
외자	107.3(221.6백만 달러)	1,442.2(44.1%)	461.8
민간	380.6	3,184.6(97.3%)	1,789.9

자료: 경제기획원(제4계, 1976. 12); 상공부중공업계획반·화학 및 경공업계획반(제41, 1976).

〈그림 5-1〉 제4차 경제개발5개년계획 전자공업 부문별 투자계획 (단위: %)

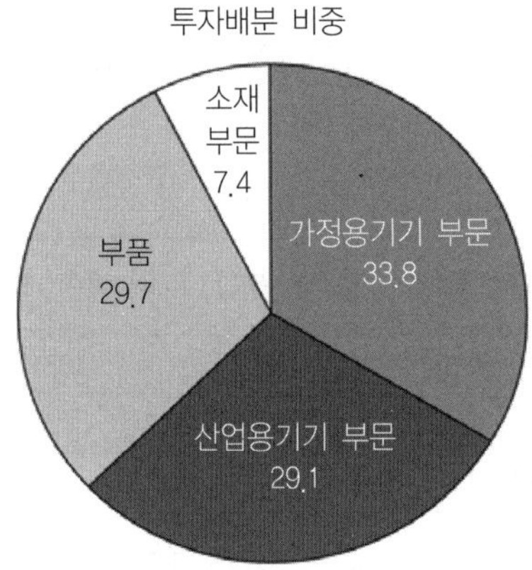

자료: 중화학공업추진위원회기획단(한공발1, 1979), pp. 612~613; 상공부 중공업계획반·화학 및 경공업계획반(제41, 1976), p. 141.

4차 경제개발5개년계획은 전자공업의 주요 사업으로 반도체 등 소재 및 부품과 산업용기기 개발, 최첨단기술의 한국형 특화상품 개발, 제품개발 연구활동 적극 지원, 수출시장 활동의 강화 등을 들었으며 이를 위한 주요 사업내용으로 반도체 및 컴퓨터공단 건설, 600만 달러 제품개발기금 설치 등을 제시하였다.[8] 구체적인 전자공업의 부문별 투자액 계획을 보면 〈그림 5-1〉에서 보듯이 4차 경제개발계획 기간 중 부품부문이 29.7%, 소재부문이 7.4%이었고 여전히 가정용기기 33.8%, 산업용기기 29.1%로 가정용기기의 투자 비중이 가장 높았다.

정부는 4차 경제개발5개년계획을 통해 전자공업에서 총 16만 2,400명의 고용이 창출될 것으로 보았다. 이 중 3만 500명의 이직충원을 제외한 13만 1,900명은 신규 고용 증대가 이루어

8 국무위원 남덕우 부총리 겸 경제기획원장관(제4, 1976. 12), pp. 388~389; 권일상 상공부공업기획국종합계획과장(1977. 1), p. 35.

질 것으로 기대하였다. 이렇게 되면 1981년에는 전자공업 부문 종업원이 31만 4,000명에 달하게 되는 것이었다.[9]

Ⅱ. 전자공업 발전계획과 정책의 전환

정부는 1977년부터 시작된 제4차 경제개발5개년계획에서, 특히 한국의 비교우위를 활용할 수 있는 기술 및 숙련 노동집약적 부문인 기계, 전자, 조선공업을 중점으로 육성하고자 하였다.[10] 상공부는 "전자공업은 조립위주에서 부품생산으로 전환하고 품질수준의 향상으로 인한 제품의 고급화를 추구하여 수출은 1975년 대비 1981년 약 5배 수준으로 증가할 것"이라고 밝혔다.[11] 그리고 실제로 1977년 정부는 반도체 및 컴퓨터 연관제품 등 전략품목을 육성하여 나갔다.[12]

1977년 1월 상공부는 당시 가장 주목받고 있던 전자식 전화교환기에 대해 생산공영제를 도입하겠다고 밝혔는데, 이는 모체공장을 조립공장으로 운용하고 문제가 되는 부품을 국내에서 생산하여 이를 모체공장에 공급하겠다는 것이었다.[13] 1977년 1월 10일 상공부는 전자식 전화교환기 생산공영화에 따라 국산화 대상 품목 반도체·컴퓨터·컴퓨터주변기기·인쇄회로기판·저항기 등 13개 전자교환기부품 생산업체의 선정 및 지원요령을 공고하였다. 상공부는 계열화업체로 지정받으려면 합작업체의 경우 내국인 지분율이 50% 이상이어야 하고 신규 건설업체는 1978년 9월까지 구미공단에 입주공장을 완공하여야 한다고 밝혔다.[14] 정부가 생산업체 선정 공고로 서두르고 나서자 기업들은 전자교환기 기종이 확정되기도 전에 시설명세서 등 사업계획서를 제출하라는 것은 맞지 않다며 공고의 개정을 요청하고 나섰다.[15] 상공부는 전자교환기 완제품 생산업체 공영화로 「구미전자통신기주식회사(가칭)」 설립계획을 밝혔는데, 「구미전자통신기」를 1979년 9월 완공하고 1980년부터 전자교환기를 조립, 생산하여 1984년까지 200만 회선을 공급한다는 계획이었다.[16] 1월 27일 상공부는 기술도입 및 개발 그리고 민간기업에서 제조한 부품들을 최종 조립, 생산하는 것을 목적으로 한 「한국전자통신기주식회사」를 100% 산업은행 출자로 2월 초에 설립한다고 발표하였다.[17]

---

9 경제기획원(제4계, 1976. 12); 중화학공업추진위원회기획단(한공발1, 1979), pp. 613~614.
10 상공부중공업계획반·화학 및 경공업계획반(제41, 1976), 머리말.
11 권일상 상공부공업기획국종합계획과장(1977. 1), p. 34.
12 국무총리 기획조정실(중건5, 1977. 11), 머리말.
13 〈매일경제신문〉(1977. 1. 11).
14 〈경향신문〉(1977. 1. 10); 〈동아일보〉(1977. 1. 10).
15 〈매일경제신문〉(1977. 1. 13).
16 〈매일경제신문〉(1977. 1. 13); 한국기계공업진흥회(한기진20, 1989), p. 788.
17 〈중앙일보〉(1977. 1. 27).

1977년 1월 12일 대통령은 연두기자회견에서 4차 경제개발5개년계획에 대해 언급하면서 “철강, 비철금속, 석유화학공업, 전자공업 이러한 분야의 시설을 계속 확장해서 국제수준으로 끌어올리고 여기에서 나오는 공업 원료로 자급 체제를 확립해 나갈 것을 계획하고 있습니다” 라고 밝혔다.[18] 또한 “금년부터는 반도체 개발과 57개에 달하는 전략적인 부품을 국산화하기 위해서 여러 개의 공장이 금년부터 구미공단을 위시하여 속속 착공될 예정으로 있습니다”라고 언급하였다.[19] 2월 7일 상공부는 제4차 경제개발계획기간 중 국산화할 중점육성 전자품목 57개 중 실수요자 선정을 마친 컬러TV 등 3개 품목을 제외한 실리콘가공웨이퍼·전자레인지·컬러TV용 브라운관·소형 컴퓨터 등 49개 분야 54개 전자공업 중점육성 품목 및 생산업체 선정·지원요령을 공고하였다. 상공부는 합작업체의 경우 내국인 지분 50% 이상 업체이어야 하며 세계 일류기술을 도입하고 국제 경쟁력이 있다고 인정되는 업체를 우선 지원하겠다고 밝혔다.[20] 상공부는 이미 1975년에 상공부공고 제7956호로 가선정한 31개 품목 지정업체는 신규 신청업체에 우선하여 선정한다고 덧붙이면서 역시 선정기업은 10개월 이내에 공장을 착공해야 하고 구미기지 입주를 원칙으로 한다고 밝혔다.[21] 2월 14일 상공부는 전자공업육성자금으로 국민투자기금에서 100억 원을, 그것도 1/4분기에 조기 집행하여 지원하기로 확정하였다.[22]

상공부는 1977년을 전환점으로 전자공업에서 부품국산화와 고급정밀전자기기 생산에 역점을 둠으로써 노동집약적인 단순조립형 생산 체제로부터 기술집약적인 생산으로의 전환을 시도하였다.[23] 1977년 6월 24일 상공부는 전자공업장기진흥계획에 따라 전자공업 중점육성 대상 민간주도 48개 품목 중 40개 품목의 전문생산업체를 3개월의 심사 결과 〈표 5-5〉와 같이 지정하여 이를 25일 공개하였다. 8개 품목은 개발 리스크가 크고 선진국 기술제휴도 어려워 신청기업이 없었다.

전문생산업체 지정에는 총 151개 업체(기기 54개, 부품 97개)가 신청하여 126개 업체(기기 48개, 부품 78개)가 선정되었는데 무조건부 선정이 59개 업체, 합작 및 기술도입, 품질 등에 대한 조건부 지정이 61개 업체이었다. 나머지 소형 컴퓨터를 신청한 「(주)금성사」, 「금성통신(주)」, 「대한전선(주)」, 「동양정밀공업(주)」, 「삼성전자공업(주)」, 「동양전산기술(주)」 6개 업체는 1978년 6월까지 기술도입 및 합작계약을 끝낸 후 별도 심사를 받아 지정 여부를 확정한다는 조건하에 가지정받았다. 지정에서 제외된 9개 품목 중 컬러TV브라운관의 경우 대한, 금성, 삼성, 금호 4개 업체가 800~1,000만 달러의 투자계획서를 제출하였지만 KIST에 용역을 주어 별도로 발표하기로 하였다.[24]

18 대통령비서실(박연7, 1978), p. 29.
19 대통령비서실(박연7, 1978), p. 37.
20 〈동아일보〉(1977. 2. 8).
21 〈매일경제신문〉(1977. 2. 8).
22 중화학공업추진위원회기획단(한공발4, 1978), p. 564.
23 국무총리기획조정실(제422산, 1979), p. 258.

〈표 5-5〉 전자공업 중점육성 품목(4차 경제개발5개년계획 민간주도 품목)별 생산 지정업체 및 지정조건(1977. 6)

품목	지정업체	지정조건
1. 실리콘가공웨이퍼	금성사, 한국반도체, 서통, 동양전산전술, 원진전자, 대한반도체	-
2. 소형 컴퓨터	금성사, 금성통신, 대한전선, 동양정밀, 삼성전자, 동양전산기술	1978년 6월 말까지 선진 일류 기술 도입
3. 컴퓨터주변장치 및 단말장치	동양정밀	Operator Console
	광림전자/금성전기	Teleprinter/한글프린터
	금성	CRT, Display
4. 전송장치	대한전선, 동양정밀, 금성통신, 광림전자	-
5. 소프트웨어	삼성전자, 금성통신, 대한통신, 동양정밀, 동양전산	세계 일류기술 도입
6. 스테레오 녹음기	덕수전자, 아신통상, 산성전자, 서울전기, 울트라전자	생산규모 연간 10만 대 이상으로 할 것
7. 음성증폭기	정풍물산, 아신통상, 삼성전자, 덕수전자	-
8. 녹화재생기	삼성전자, 금호전자, 동성상사	-
9. 전자레인지	삼성전자, 삼평전기, 마포산업	-
10. 전자계측기	광주전자, 동성상사, 금성통신	-
11. 무선통신장치	광진전자, 동양정밀, 금성전기, 광림전자	-
12. 고순도규소	삼척산업	-
13. 세금선	희성금속	기본계획설비*
14. 리드프레임	뉴코리아 전자, 희성금속	-
15. 수정발진소자	화경산업	-
16. P.C.B.원판	럭키, 풍양사	-
17. P.C.B.	한국중명/금성전기	Multi-layer사용/시계용
	한독산업, 대성전자, 건화상사, 동양전산기술, 대덕산업, 동양정밀	-
18. 고밀도 집적회로	삼성전관	-
19. 키 보오드	금성통신, 동소전자	기본계획설비*
20. 스치 및 커넥터	동양정밀, 금성통신, 대한통신, 대덕산업	-
21. 데크메카니즘	천일사전자, 협진전자, 신영전자, 서울전기, 새한코팔, 대우전자, 금호전자	기본계획설비*
22. 자기헤드	대한아폴로일렉트로닉스, 동국물산, 흥아전자	기본계획설비*
23. 자성재료	삼화전자, 용원산업	연성
	태평양금속	경성
24. 저항체재료	한국고전무선제작소	-
25. 유선재료	선경화학, 삼화콘덴서	Polyester film 산화티타닌계 유선재료
26. 도전재료	삼영알미늄, 이경전자	-
27. 플렉시블배선판	팔금공업	-
28. 스피커	삼성전자	-
29. 액정표시기	서통, 한국전자표시, 태평양코러스, 뉴코리아전자	-
30. 여파기	광진전자공업, 금성전기	-
31. 소형 모터	성신, 신일전자, 금호전자, 대림산업, 정풍물산	-
32. 자기테이프	수원전자	-
33. 레코드플레이어	대우전자, 신일정밀, 정풍물산	기본계획설비*
34. 특수건전지	서통	-
35. CTV용 브라운관 유리	삼성코닝	용해시설구비
36. CTV용 편향코일	대한전선, 삼성전자파츠, 금호실업	기본계획설비*
37. CTV용 튜너	삼성전자파츠, 금성알프스전자, 동성전자, 금호실업	기본계획설비*
38. CTV용 FBT	삼성전자파츠, 대한전선, 금호실업	기본계획설비*
39. 관수형 전탁	삼성전자, 풍국전자	-
40. 릴레이	동양정밀, 금성통신, 대한통신, 신한계장	-

注: * 기본계획설비는 기본계획에 적합한 설비를 갖출 것이라는 조건임.
자료: 〈매일경제신문〉(1977. 6. 25); 한국 전자공업협동조합(전조2, 1987), pp. 165~167.

24 〈경향신문〉(1977. 6. 25); 〈매일경제신문〉(1977. 6. 25).

정부는 이들 지정업체에 공장건설과 생산활동의 원활을 기하기 위해 국민투자기금 등으로 건설소요자금 및 운전자금 지원, 정부 연구소의 우선 활용 및 기술지도 실시, 각종 상공지원 행정의 우선 실시 등의 지원을 한다고 밝혔다. 그러나 고수준기술 도입의 어려움, 국내 시장 수요의 불안정 및 내수정책의 부재, 정부지원 시책의 상호 보완관계 부족으로 계획대로 공장 건설이 이루어지지 못했고 나아가 지정기업체의 사업계획 역시 치밀하지 못한데다가 이들 지정업체들이 이후 1980년대 주도적 역할을 하지도 못하여 중점육성 대상 민간주도 전문생산업체 지정사업은 실패하였다.[25] 특히, 컴퓨터 부문은 정부가 1976년부터 전자공업 부문 중점육성 품목으로 선정한 후 1977년 공고를 통해 6개 업체를 소형 컴퓨터 생산업체로 가지정하고 한국형 컴퓨터의 개발을 추진하여 왔으나 관련 정책의 불합리, 막대한 자금소요, 기술낙후 등으로 발전이 정체되다가 결국은 기대와는 반대로 이들 업체들은 선진공업국 기업들의 국내 대리점으로 전락하고 말았다.[26]

내수시장의 성장과 수출시장의 안정성을 가져다 줄 컬러TV 방송을 상공부는 1974년부터 주장했으나, 1970년대 대통령의 눈치를 보던 문화공보부는 빈부격차를 고려하여 방영이 불가하다고 밝히고 있었고 결단을 내려줄 수 있었던 대통령은 국민 정서를 이유로 계속 컬러TV를 거부하고 있었다. 그러나 선진공업국은 물론이고 이미 아시아에서도 대만이 1969년부터 컬러TV를 방영하고 있었고 필리핀, 태국 등도 1974년에 컬러TV를 방영하고 있었다.[27] 공업국가 중에서 컬러TV가 방영되지 못하고 있는 국가는 한국뿐이라는 비판이 이어졌다. 컬러TV 방영이 금지됨으로써 수신도 해보지 못한 채 공장 테스트만으로 수출하는 무모한 일이 현실에서 벌어졌고 이에 수출업자들은 미국 등 선진국가가 아닌 발전도상국을 일부러 선택해 수출하면서, "물건이 도착하거든 포장을 뜯어서 일단 현지방송을 시청해 본 후 외국 제품과 별 다른 차이가 없으면 판매하고 문제가 있으면 팔지 말라"는 지시를 하는 코미디극 같은 일도 벌어졌다.[28] 현실과 정치적 판단, 효율성과 명분 사이에서 정부는 우왕좌왕하고 있었지만 대통령을 중심으로 한 군 출신 실세들은 컬러TV 방영 불가를 밀고 나갔다. 그러나 이미 상공부는 기업들에게 컬러TV의 생산 체제를 갖추도록 독려하고 있었고 1970년대 중반 이를 필연적인 것으로 설명하고 있어 갈등이 계속되고 있었다.

컬러TV와 관련 제품의 수익성은 높았고 이에 높은 수익성을 기대한 기업들의 컬러TV 관련 시장 진입경쟁은 커지고 있었다. 문제는 내수가 금지된 데 따른 과잉생산 등 수급조절과 수출물량의 분산이었다. 상공부는 규모 분산에 따른 국제 경쟁력 약화를 우려하였고 이에 브라운관 공동공장 건설을 제안하고 나섰다. 그러나 「삼성전자」가 단독 브라운관공장 건설에 나

---

25 한국 전자공업협동조합(전조2, 1987), pp. 164~165.
26 전국경제인연합회(한경연, 1980), p. 514.
27 중화학공업추진위원회기획단(한공발3, 1979), p. 444.
28 강진구 전 삼성전자사장(1996), pp. 106~108.

섬으로써 공동건설안은 붕괴되었는데 1977년 정부의 기업통제력은 한계를 드러내고 있었다. 대기업들은 중화학공업화정책을 통해 급속도로 성장하였고 1977년경에는 정보와 교섭력에서 정부를 앞지르고 있었다. 상황이 복잡해지고 정부 통제력이 약화되자 1977년 6월 25일 컬러 TV 관련 과잉시설에 대한 우려를 담은 〈컬러TV브라운관 생산추진 실태〉 첩보가 대통령에게 다음과 같이 보고되었다.

> 상공부에서 컬러TV 수출과 국산화 촉진책으로 연간 30~40만 대 생산규모의 브라운관공장 건립계획을 수립하여 「삼성전자」, 「금성」, 「대한전선」, 「금호전자」 4사 공동공장 건설을 유도하기 위해 6월 10일 타당성 조사를 과학기술연구소에 의뢰하였는데, 1976년 12월 이후 「금성」, 「삼성」, 「天友」, 「대한전선」, 「새한정밀」 등이 조립생산(국산화 40%)을 개시함으로써 총 7개 업체 생산능력이 41만 2,000대 달함. 77년도 13만 대 수출(1,800만 달러) 대비 브라운관 국산화계획이 추진되고 있는데 「삼성전자」가 상공부의 공동공장 건설계획을 외면하고 연산 50만 본(브라운관) 단독공장을 세울 것을 도모하자 공동건설에 동의하였던 「금성사」, 「대한전선」도 10만 본 규모의 공장을 건설하겠다고 주장, 국산화 추진에 혼선이 야기되고 있음. 국내외 수요를 감안한 과잉시설 억제 등 합리적 대책이 요망됨.
>
> 〈첩보 보고: 컬러TV브라운관 생산추진 실태〉, 대통령 서명문서(1977. 6. 25).

사안의 중대성을 인지한 대통령은 이 첩보문에 서명하여 가필로 경제2비서실에서 검토하도록 지시하였다.[29] 확인에 나선 비서실은 상공부가 9월 말에 최종 건의안을 올리겠다고 알려왔다고 다시 대통령에게 보고하였다.[30]

1977년 8월 상공부는 8월 무역진흥확대회의 보고에서 1977년 전자공업 연말 수출이 12억 5,000만 달러로 계획 14억 2,000만 달러에 미달할 것이지만 현재 실적이 5억 8,800만 달러로 전년 동기 대비 27% 증가하고 있고 신용장이 전년 동기 대비 24% 증가하고 있다고 보고하였다.[31] 상공부는 〈전자공업의 고도화 방안〉을 작성하고 이를 1977년 9월 무역진흥확대회의에서 보고하였다. 보고된 방안은 〈표 5-6〉과 같다. 상공부는 1981년 전자공업 수출목표를 4차 경제개발5개년계획 최종 확정안에서 상향한 수치에 맞춘 30억 달러로 분명히 하였다. 동시에 상공부는 전자공업의 정상화, 새로운 단계로의 전환을 모색하였는데 이는 현실의 전자공업 수준만이 아니라 정책적인 면에서도 한 단계 높아진 수준을 보여주는 것이었다.

나아가 상공부는 9월 무역진흥확대회의 보고에서 〈그림 5-2〉에서 보듯이 1973년 중화학공업화정책선언 이후 전자공업업체 수가 급속히 증가하고 있으며 전자공업 종업원 수도 1973년에 이어 1976년부터 급등하고 있다고 밝혔다. 한국개발연구원은 1977년 경제기획원장관에게

---

29 〈첩보보고: 컬러TV브라운관 생산추진 실태〉(1977. 6. 25).
30 대통령비서실(칼생, 1977. 7. 4).
31 상공부(전제, 1977).

〈표 5-6〉 상공부의 〈전자공업의 고도화 방안〉(1977. 9)

구분	내용
목표	1. 1981년 30억 불 수출 2. 정밀전자기기 및 부품의 국산화 3. 전자기술의 국제수준화
시책	1. 노동집약 → 기술집약 2. 자주연구개발의 추진 3. 57개 품목의 중점개발 4. 최신 세계 일류기술 도입
효과	1. 부품 및 소재의 자급 2. 외화가득률 제고 3. 기술축적 4. 방위산업 육성에 기여

자료: 상공부(전자의, 1977).

〈그림 5-2〉 전자공업 제조업체 수 및 종업원 수 변화

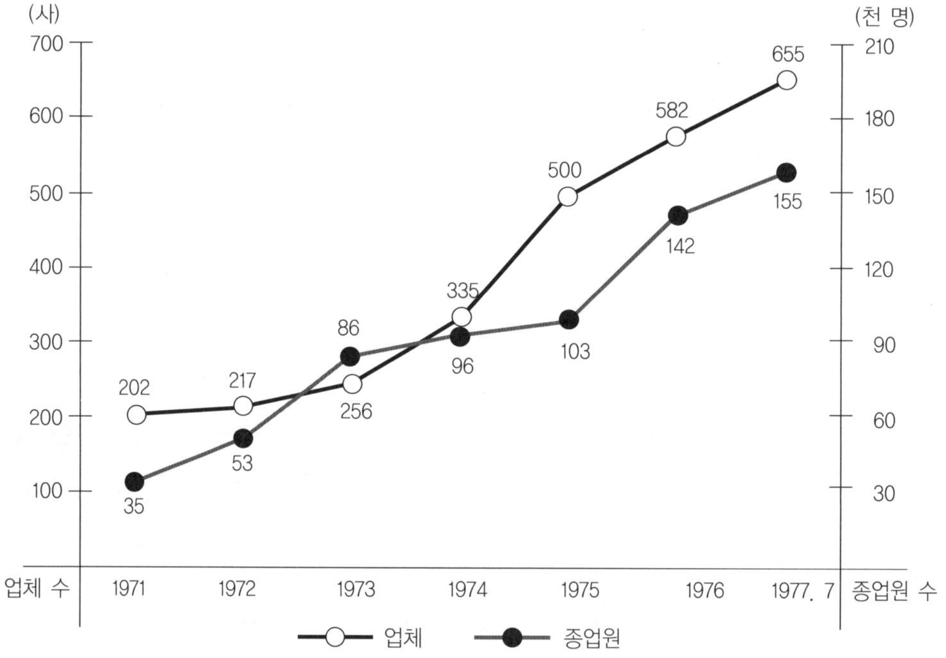

자료: 상공부(전조, 1977. 9).

보낸 답신보고서에서 1991년에는 전자공업이 제조업에서 차지하는 비중이 1975년의 4.5%에서 13.2%로 증대될 것이라고 밝혔다.32 전자공업은 섬유산업과 함께 한국의 수출주종산업으로 되

었다.[33]

이전 대통령 긴급조치(1974년)에서 TV · 냉장고 · 녹음기 값을 오히려 올려 소비를 억제하도록 한 가전제품의 고세율은 1970년대 내내 유지되었다. 물론 수출확대와 통상마찰이 나타나면서 국내 수요 억제에 대한 비판도 나타나 1977년 7월 1일부터 부가가치세 실시에 따른 세율 인하와 가전제품 일부 규격제품 최고가격 지정 고시,[34] 그리고 7월 5일 체신부고시 제386호에 따른 전화기 최고가격 고시도 있었다.[35] 그러나 여전히 냉장고 · 세탁기 40%, TV수상기 · 전축 30% 등 가전제품에 대한 특별소비세율은 높았고 고급 카메라 · 고급 시계 등 정밀기계도 고급품이라는 이유로 특별소비세가 부과되어 내수용 내구소비재에 대한 특별소비세가 지나치게 높았다.[36] 더하여 1977년 8월 12일 상공부장관이 상공부고시 제77-43호 「주요 공산품의 최고가격 지정 변경」을 고시하여 전기냉장고 · 통신케이블 · 전기세탁기 등의 최고가격을 삭제하고 적산전력계의 생산단계 최고가격을 삭제한 것에서[37] 보듯이 가격통제는 변동적인 것이었다.

정부가 가전기기에 대해 높은 세율과 내수억제정책을 계속하였던 것은 수출지향, 국내 소비격차에 따른 국민 불만 억제 등의 요인이 있었지만 여기에 가전기기의 내수를 억제시킴으로써 기업들이 산업용기기에 눈을 돌리도록 유도하고자 하는 한국 전자공업의 생산구조 문제도 있었기 때문이었다. 한국의 전자공업은 외국인투자가와 국내 투자가들의 이해 일치로 일관되게 〈표 5-7〉에서 보듯이 부품부문의 비중이 높고 기기 중에서는 가정용기기의 비중이 높았다. 그리고 이는 1977년 예측에서도 향후 현저한 개선이 어려울 것으로 〈표 5-8〉과 같이 예측되고 있었다.

〈표 5-7〉에서 보듯이 한국은 전자공업 총생산액으로 보면 1978년 23억 달러로 이미 스페인, 멕시코, 브라질 등을 앞지르고 있지만 구조를 보면 부품과 가정용기기의 비중이 높고 산업용기기의 비중이 너무 낮아 미국, 서독 등 선진국형 전자공업 구조는 물론 정상적인 발전 형태를 띠고 있던 중진국형 전자공업구조와도 다른 기형적 구조로 발전하고 있었다. 낮은 비중의 산업용기기조차도 기술집약도가 낮은 전화교환기, 트랜시버, 전탁(電卓) 및 전화기 등이 산업용기기 생산액의 67.8%를 차지하고 있었다.[38]

한국 전자공업에서 부품과 가정용기기 비중이 절대적으로 높았던 것은 두 가지 영향 때문이었다.

첫째, 한국의 전자공업에서 국제 수직적 분업 과정에 편성된 해외 주문에 의한 조립품 생

32 한국개발연구원(장기, 1977. 12), p. 101.
33 김광모 전 중화학공업추진위원회기획단 부단장(김중전, 2004. 9. 23).
34 〈관보〉(1977. 7. 1), 제7687호.
35 〈관보〉(1977. 7. 7), 제7692호.
36 〈중앙일보〉(1976. 9. 25); 〈중앙일보〉(1976. 11. 29).
37 〈관보〉(1977. 8. 18), 제7727호.
38 한국산업은행조사부(한산, 1979), 상, p. 398.

〈표 5-7〉 주요 전자공업국의 전자제품 생산구조(1978년)

(단위: 억 달러)

		가정용기기		산업용기기		부품		합계	
		생산	비중	생산	비중	생산	비중	생산	비중
선진국형	미국	93	14	442	68	114	18	649	100
	서독	29	23	65	50	35	27	129	100
	프랑스	13	15	58	67	16	18	87	100
	영국	7	10	46	67	16	23	69	100
	일본	104	35	109	36	87	29	301	100
중진국형	스페인	4	40	4	40	2	20	10	100
	멕시코	2	33	3	50	1	17	6	100
	브라질	4	36	5	46	2	18	11	100
중진국 수출특화형 전자공업	한국	10	41	2	9	11	50	23	100
	대만	9	40	2	7	11	53	22	100
	싱가포르	6	50	2	13	5	37	13	100
합계		257	19	749	55	351	26	1,357	100

자료: World Bank(KMb, 1987), p. 192; 日本電子機械工業会編(電発, 1978. 10); 한국산업은행조사부(80전, 1981), p. 230.

〈표 5-8〉 전자공업 생산구조 장기 예측(1977)

(단위: %)

	1975	1981	1986	1991
가정용기기	31	40	39	39
산업용기기	11	19	21	20
소재 및 부품	58	41	40	41

자료: 한국개발연구원(장기, 1977), p. 322.

산, 수출 비중이 크기 때문이었다. 일본은 이러한 형태를 가진 한국, 대만, 싱가포르를 "중진국 수출특화형 전자공업"이라고 명명하고 있었다.

두 번째로 한국의 전자공업 발전이 미국, 유럽형이 아닌 일본형을 선택하였고 또 영향을 받았기 때문이었다. 미국만 하여도 1976년 생산구조를 보면 부품 18.6%에 가정용기기는 14.5%에 불과하고 산업용기기가 66.9%를 차지하고 있었다. 이후 1979년까지도 미국의 생산구조는 산업용기기 비중이 66.0%를 유지하면서 부품생산 비중이 25.6%로 늘어나는 형태를 보였다.[39] 미국만이 아니라 선진공업국의 경우 산업용기기 우위의 이런 구조는 비슷하였다. 즉, 일

39 한국개발연구원(중화전, 1981), p. 52; US Department of Commerce(UIO, 1977~1981); 한국산업은행조사부(80전, 1981), p. 232.

본을 제외한 다수의 선진 공업국가들은 조립 노동력이 필요한 가정용 전자기기를 수입하고 고가, 고부가가치의 산업용 전자기기를 수출하는 구조를 유지하여 왔고 이를 확대하여 왔다. 그러나 선진공업국 중 유독 일본만 1978년 가정용기기의 비중이 35%로 중진국형 남미의 멕시코 33%, 브라질 36% 등과 유사하게 높았다. 그 결과 일본의 영향을 받은 싱가포르, 대만, 한국의 가정용기기 비중은 50%, 40%, 41%로 높았고 반면 산업용기기의 비중은 13%, 7%, 9%에 불과하였다.

이러한 발전구조상의 차이로 한국과 같은 발전도상국과 미국과 같은 선진공업국 간 무역마찰이 일어나게 되었는데, 그것은 선진공업국들 수입품이었던 발전도상국 가전제품의 가격이 계속 하락함으로써 선진국 내 가정용기기의 경쟁력이 약화되어 결국 수입규제 등 보호정책에 나서게 된 것이었다. 이러한 국제시장에서의 가전제품 가격하락과 무역마찰로 한국도 1970년대 후반 결국 산업용기기의 가동률을 높일 수밖에 없었다.[40]

왜곡된 전자공업 생산구조 하에서 1977년 가을, 1977년 전자공업 수출이 초기 계획 14억 2,000만 달러에서 하향 조정한 12억 5,000만 달러에도 미달할 것이 분명해지고 있었다. 1962년 조립 라디오 4,000달러 분을 수출한 이래 정부의 적극적인 수출정책과 기업들의 노력으로 놀라운 성장세를 보이던 전자공업 수출에 한계가 보이기 시작한 것이다. 이에 상공부는 전자공업의 신 구조, 나아가 수출과 부가가치를 높일 새로운 선도동력을 내세워야 하였고 그것은 바로 전자통신공업이었다.

1977년 9월 정부는 *ITT/BTM*사 M10CN 기종을 제1기종 교환기로 선정하였다. 최종 검토된 기업은 *ITT/BTM*사와 「富士通」(*FUJITSU*)이었는데 *ITT/BTM*사가 기술전수상 국산화 추진에 유리하고 보유기술에서도 전자공업 파급효과가 유리하다는 점과 한일 간 무역역조 문제가 고려되었다.[41] 나아가 M10CN 기종은 프랑스, 벨기에 등 유럽의 13개국에서 사용 중에 있었고 스트로저, 크로스바 같은 기계식 교환기와도 연동할 수 있는 이점이 있었다.[42] 이어 10월부터 전전자교환기 TDX의 국내 개발을 위한 연구가 KIST 부설 한국전자통신연구소에서 시작되었다. 1977년 10월 4일 박대통령은 1978년 예산 시정연설에서 1978년에는 반도체 및 컴퓨터 공업단지의 건설을 본격화하겠으며 전화교환 방식을 전자교환 시설로 개체하기 위한 기반을 구축하고 국제통신센터를 세워 국제전신전화의 자동화를 촉진하겠다고 밝혔다.[43] 10월 21일 경제기획원 투자심사위는 「삼성전자」와 미국 *GTE*사의 전전자식 사설 전화교환기(EPABX) 생산을 위한 합작투자를 인가하였는데 상공부는 합작투자 기술검토 과정에서 EPABX사업은 자유경쟁을 원칙으로 해야 한다고 지적하였다.[44] 정부인가로 전자교환기 경쟁은 기존 「금성통신」, 「동양정

40 한국정밀기기센터(한자, 1978); 국제경제연구원(전산, 1979), p. 38.
41 체신부(전책2, 1986), 2번째 자료.
42 강진구 전 삼성전자사장(1996), p. 133.
43 〈동아일보〉(1977. 10. 4); 〈조선일보〉(1977. 10. 5).
44 〈중앙일보〉(1977. 10. 27); 〈매일경제신문〉(1977. 10. 31).

밀」, 「대한전선」 3사에서 「삼성GTE통신」의 4파전으로 되었다.45 약 2년간 계속된 이들 기업간 경쟁은 당시 "전화전쟁"으로 불렸다.46

1977년 11월 15일 정부는 대통령령 제8745호로 전자통신개발추진위원회설치령을 공포하여 중앙행정기관인 위원회로서 체신부장관 하에 전자통신개발추진위원회(TDTF)를 설치하였다. 전자통신개발추진위원회는 전자교환방식 도입에 관한 제반 사항을 효과적으로 추진하기 위한 목적으로 체신부장관을 위원장으로 경제기획원차관 등 8인 이내 위원으로 구성되었는데 전자통신개발추진위원회설치령은 부칙에 1982년 12월 31일까지로 유효시한을 한정하였다.47 정부는 체신부공고 제111호로 전자통신개발추진위원장인을 〈그림 5-3〉과 같이 공고하였다.

「금성통신」과 「東洋精密」이 국영생산업체를 막기 위해 컴퓨터 생산을 위한 합작회사 「한국시스템산업(주)」을 1976년 서둘러 설립하였지만 결국 1977년 말 ESS 조립과 컴퓨터 생산은 공영 「한국전자통신」(KTC)이 맡도록 정식 결정되었다. 정부는 통신용 컴퓨터만 KTC가 생산한다고 밝혔지만 좁은 내수시장에서 통신용을 제외하고 컴퓨터를 생산한다는 것은 수지가 맞지 않는 것이었고 이에 「한국시스템산업」은 폐업하게 되었다.48

전자통신 분야의 확장 노력과 함께 정부는 최고가격 지정 해제에 보다 적극적으로 나서기 시작함으로써 자율적으로 기업투자가 촉진되도록 유도하였다. 1977년 11월 4일 상공부장관은 상공부고시 제77-53호로 에어컨·선풍기·금전등록기 등 53개 공산품의 생산 및 도매 최고가격

〈그림 5-3〉 전자통신개발추진위원장인

자료: 〈관보〉(1977. 12. 7), 제7819호.

45 〈매일경제신문〉(1977. 10. 24).
46 성의경 전 전자신문 편집국장 증언(증산, 2011), p. 532.
47 〈관보〉(1977. 11. 15), 제7800호.
48 중화학공업추진위원회기획단(한공발3, 1979), pp. 561~562.

과 전기밥솥 등 6개 공산품 생산단계 최고가격 지정을 해제하였다.[49] 가격통제 해제는 계속 이어져 1978년 1월 1일 상공부장관은 상공부고시 제77-34호(주요 공산품의 최고가격 지정) 중 일부를 개정하고 상공부고시 제77-67호(주요 공산품의 최고가격 일부 폐지)를 고시하여 최고가격 지정에서 전기밥솥·전기밥통·전기믹서·백열전구를 삭제하였다.[50] 이러한 최고가격 해제는 수출을 위해 선진 공업국가 그리고 한국에 진출하고 있는 해외 자본을 의식한 것도 주요한 원인이 되었다.

수출, 수입규제 완화를 위해 정부는 보다 적극적인 보여주기 조치에 나섰다. 1977년 11월 18일 상공부는 수입개방 요구가 높았던 회계기, 회계기부품, 오프셋인쇄기, 전기스프레이어, 컴퓨터보조기계 등을 수입자유화한다고 발표하였다.[51] 상공부는 11월 22일 상공부장관의 〈내수전자기기 및 동 부분품 제조가공용 원자재소요량 발급규정〉, 상공부고시 제77-54호와[52] 관세법 제98조 제3항 및 동법시행령 제88조 제3항에 의하여 수입하는 원자재의 소요량 증명서 발급 규정[53] 등을 시행하면서도 개방도를 높일 수밖에 없었다. 나아가 상공부장관이 발급기관에 대해 필요한 감독을 할 수 있다고 규정하면서도 수입원자재 소요량 증명서 발급을 한국전자공업진흥회장이 하도록 하여 정부 개입을 최소화하고 있다는 점을 보이고자 하였다.

1977년 무역마찰 확대 등 대내외 환경변화에 대응하고 새로운 발전동력을 만들려는 정부의 노력은 정부조직 개편으로까지 이어졌다. 1977년 12월 상공부는 새로이 정밀공업국을 만들어 기존 기계공업국의 전기공업과와 전자공업과를 그 밑으로 이동하되 전자기기과, 전자부품과, 가전제품과로 세분하였다(〈표 5-9〉 참조). 전자공업을 기계공업으로부터 분리시키고 관련 조직을 발전단계와 대내외 대응필요에 맞추어 확대, 정비한 것으로 개편안은 16일 국무회의 의결을 거쳐 1978년 1월 1일 발효되었다.[54]

1977년 12월 27일 건설부는 수도권 공장 지방분산 및 인구유입 억제책을 발표하였다. 핵심내용은 136억 2,000만 원을 투입하여 진주 및 양산 지구 115만 4,000평을 지방공업개발장려지구로 지정 개발하여 1979년까지 전자업체 등 180개 업체를 입주시킨다는 것이었다.[55] 세계시장에서는 마이크로프로세서 등 첨단부품을 응용한 컴퓨터가 보급되면서 금전등록기 등 정밀전자제품이 확산되고 있었다.

49 〈관보〉(1977. 11. 5), 제7792호.
50 〈관보〉(1978. 1. 6), 제7843호.
51 〈경향신문〉(1977. 11. 18); 〈매일경제신문〉(1977. 11. 18).
52 〈관보〉(1977. 11. 25), 제7809호.
53 〈관보〉(1977. 11. 25), 제7809호.
54 〈경향신문〉(1977. 12. 16); 〈동아일보〉(1977. 12. 16).
55 한국기계공업진흥회(한기진20, 1989), p. 790.

〈표 5-9〉 1977년 12월 16일 상공부 직제 개편(일부)

실·차관보	국	과
기업 차관보*	기획정책국*	산업정책과, 산업자금과, 산업세제과, 산업조사과, 외국인투자담당관
	중소기업국#	기업과, 자금과, 조사과, 지도과, 농가공산품, 개발과, 잡화공업과
	공업단지국#	공단관리과, 공업입지과, 공단개발과
공업 차관보*	기초공업국*	제철과#, 금속과#, 주단조품과*
	중공업국	산업기계과#, 차량과, 중전기과*, 조선과
	정밀공업국*	전자기기과*, 전자부품과*, 가전제품과*, 정밀기계과#
	화학공업국	석유화학과, 유기화학과, 무기화학과, 요업건재과*
	섬유공업국	섬유원료과, 섬유방적과, 섬유제품과
방위산업국*		방산행정과*, 방산기술과*

주: *은 새로이 개편된 것이며 #은 이동된 것임.
자료: 한국행정연구원 행정DB(2015. 1. 6~1. 7).

Ⅲ. 첨단부품과 정밀기기 개발 정책과 계획

1978년 상공부의 1981년 전자공업 수출 30억 달러의 달성과 정밀전자기기 및 부품의 국산화를 위한 전자공업 정책과 계획은 다음과 같았다.

1. 중점육성 품목 57개를 선정하여 대상업체로 126개를 지정(이미 시행)
2. 구미 인동(仁同)지역에 60만 평 규모의 제2전자기지를 조성하여 중점육성 품목 제조업체를 입주시킴(계획)
3. 세계1류 기술도입을 촉진하기 위하여 기술도입계약금의 융자제도를 확대하고 반도체 등 고도기술 품목일 경우 기술계약금의 자본전입을 허용(계획)
4. 연구개발 기능 강화의 방안으로 한국전자통신연구소 등 연구개발 기관을 확충하고 민간 연구개발 활동을 지원하기 위하여 기술개발 투자비용의 손금범위를 조정하여 현 이익금의 10%를 매출액 2%로 확대(계획)

김동규 상공부중공업차관보(1978. 1), p. 41.

정부는 1978년을 전자부품 육성의 해로 정하고 구미공업기지 단지조성비 및 공장건설비의 70%는 국민투자기금으로 집중 지원하도록 하였다.[56]

56 산업기지개발공사 공업단지부(제65, 1977. 12).

〈표 5-10〉 행정전산화 기본계획 작성 경과

연월	경과
1975. 2	행정전산화에 대한 각하 지시
1975. 7	행정전산화에 대한 기본방향 보고
1975. 8. 14	국무총리 위원장의 행정전산화 추진위원회 결성
1975. 12	행정전산화 실태조사
1976. 6~12	전문기술 분야 용역연구(한국과학원, 한국과기원)
1977. 2~3	각 기관 협의 및 조사
1977. 5	기본계획 작성
1977. 6~9	행정전산화 추진위원회 활동
1978. 2. 1	대통령 재가
1978. 12	1차 수정
1979. 12	2차 수정

자료: 총무처(행전, 1979. 12).

1978년 2월 14일 국무총리는 국무총리지시 제2호로 행정 분야에 전자계산조직을 도입하는 행정전산화기본계획 추진에 관한 지시문서를 발송하였다. 이미 1975년 대통령지시에 의해 그 해 8월 14일 국무총리를 위원장으로 하는 행정전산화추진위원회가 결성되었고 〈표 5-10〉과 같은 활동이 있었지만 실질적인 성과가 없다가 1978년 들어와 2월 1일 대통령 결재로 정부의 행정전산화기본계획이 확정된 데[57] 따른 것이다. 행정전산화기본계획은 10년을 목표기간으로 5년씩 1차(1978~1982), 2차(1983~1987)로 구분하여 계획을 추진하되 제2차 계획의 구체적 내용은 제1차 계획의 최종연도인 1982년에 수립하도록 하고 총업무를 경제기획원 등 31개 기관 94개 업무로 나누어 1차에 〈표 5-11〉의 내용으로 85개 업무를 추진하도록 하였다.[58]

이런 가운데 컬러TV의 수출이 늘어나면서 수출경쟁력과 안정성을 위해서도 내수판매가 필요하다는 의견이 계속 제시되었다. 그러나 1978년 2월 9일 김성진 문화공보부장관은 "정부는 당분간 컬러TV 방송을 허용할 생각이 없으며 이 문제를 지극히 신중하게 보는 입장"이라고 밝히면서 "컬러TV 방송을 실시하면 전력수요도 늘어나 산업발전에 나쁜 영향을 줄 뿐 아니라 물가상승 요인이 될 우려도 있다"고 밝혔다.[59] 문화공보부는 3월 7일 국회 문공위에 낸 자료에서 컬러TV 방영 및 수상기의 국내 시판에 거듭 비판적인 입장을 밝혔다.[60] 그러자 전자공업계는 전국 주요 관광호텔만이라도 컬러TV수상기 판매를 허용해 달라고 정부에 요청하

57 〈관보〉(1978. 2. 16), 제7878호.
58 총무처(행전, 1979. 12).
59 〈동아일보〉(1978. 2. 10).
60 〈동아일보〉(1978. 3. 7).

〈표 5-11〉 행정전산화 기본계획 1차 기간 계획(1978~1982)

	컴퓨터			터미널			예산 (억 원)	인원 (명)
	대	중	소	대	중	소		
1978	1	4	1	–	6	14	47.5	180
1979	2	4	4	2	5	40	56.0	220
1980	1	8	1	–	5	47	40.8	170
1981	2	6	1	2	17	146	57.2	100
1982	–	8	1	–	23	78	20.8	20
계	6	30	8	4	52	299	222.3	690

자료: 총무처(행기, 1979. 12).

고 나섰다.[61] 문제는 미국에서도 한국 컬러TV수상기의 수입이 확대되면서 "왜 자국에서 판매하지 못하는 제품을 미국이 수입해야 하는가"라는 비판이 고조되고 있다는 것이었고, 그래서 8월에는 정부가 무역마찰을 피하기 위해서라도 1979년 하반기에는 컬러TV수상기 시판을 허용할 것이라는 시판설이 확대되었다.[62]

1978년 5월 김완희 박사가 휴직하고 귀국하여 한국전자공업진흥회 초대 상근회장직을 맡았다. 기업들은 김박사의 귀국이 대통령의 의지와 관련이 있다고 보고 회장직을 요청하였고 김완희 박사 역시 이러한 제안에 대통령의 뜻과 환대가 있을 것이라고 예상하였다. 그러나 당시 대통령 수석비서관의 증언에 의하면 김완희 이용을 생각하고 있던 박대통령은 자신과 상의 없이 전자공업진흥회 상근회장직을 "불쑥" 맡은 김완희를 의아해 하고 오히려 탐탁하지 않게 생각하였다고 한다.[63] 대통령은 1978년 3월 15일 개인 서신을 보내 오원철 비서관과 잘 상의하라고 말하였지만[64] 이후 김완희를 만나지 않았다.

1978년 7월 18일 경제기획원장관은 전자제품 생산 외국인투자업체의 판매승인요령을 경제기획원고시 제20호로 고시하였다. 합작투자는 내국 판매를 100%까지 허용하고 외국인 단독투자업체가 생산한 전자제품은 수출실적의 10% 내에서 국내 판매를 허용한 것으로 주요 내용은 다음과 같다.

제4조(판매일반원칙)
1. 외국인투자업체가 생산한 전자제품을 국내 판매하고자 할 때는 국내 판매허가를 얻어야 한다.
2. 합작투자한 외국인투자업체가 생산한 전자제품은 생산전자공업수출단지를 국내 판매 허용할 수

61 〈매일경제신문〉(1978. 8. 30).
62 〈동아일보〉(1978. 8. 28); 〈매일경제신문〉(1978. 8. 29).
63 오원철 전 청와대 경제제2수석비서관 증언(1993. 8. 30).
64 박정희(김완, 1978. 3. 15).

있다.

3. 외국인이 단독투자한 외국인투자업체가 생산한 전자제품은 수출실적의 10% 범위 내에서 국내 판매를 허용할 수 있다.

…….

제7조 국내 판매를 하고자 하는 자는 허가신청서를 경제기획원장관 혹은 경상북도지사(구미수출산업공단지 내에 있는 업체)에게 제출해야 한다.

경제기획원고시 제75-4호는 폐지한다.

〈관보〉(1978. 7. 24), 제8007호.

1978년 정부는 세계적으로 발전속도가 빠르게 이루어지고 있음에도 여타 중화학공업에 비하여 낙후된 전자공업의 육성이 시급하다고 보고 있었다.65 상공부는 개별 공업의 성장에 따라 이를 반영하기 위하여 1978년 7월 26일 다시 중공업차관보, 경공업차관보 체제로 개편하면서 중공업차관보 밑에 공업별 관련국을 배치하였는데 이때 전자공업 관련 정책을 강화하여 〈표 5-12〉에서 보듯이 정밀공업국을 전자전기공업국으로 명칭을 바꾸었다. 전자전기공업국 밑에는 이전의 전자기기과, 전자부품과, 가전제품과를 유지하되 정밀기계과 대신 전기공업과를 넣었다. 즉, 중공업차관보 밑에 철강금속공업국, 기계공업국, 전자전기공업국이 만들어지고 전자전기공업국 밑에 전자기기과, 전자부품과, 가전제품과, 전기공업과의 전문 4과 체제를 갖춘 것이다. 이후 1979년 5월 14일과 1980년 2월 1일 개편에서도 이 체제는 기본적으로 유지되

〈표 5-12〉 1978년 7월 26일 상공부 직제 개편(일부)

실·차관보	국	과
기업 차관보	중소기업국	기획과*, 진흥과*, 조정과*, 지도과, 잡화공업과, 농촌공업과**, 외국인투자담당관#
	공업단지국	공업관리과**, 공업입지과, 공단개발과
	유통경제국**	유통과*, 금속과*, 물가대책과*
중공업 차관보*	철강금속공업국**	제철과#, 금속과#, 주단조품과*
	기계공업국**	산업기계과, 정밀기계과#, 차량과, 조선과
	전자전기공업국**	전자기기과, 전자부품과, 가전제품과, 전기공업과*
경공업 차관보*	화학공업국	화공계획과*, 석유화학과, 유기화학과, 무기화학과, 요업건재과
	섬유공업국	섬유원료과, 섬유방적과, 섬유제품과
방위산업국		방산행정과, 기술1과*, 기술2과*

주: * 새로이 만들어진 조직. # 이동된 조직. ** 이름이 바뀐 조직.
자료: 한국행정연구원 행정DB(2015. 1. 6~1. 7).

65 경제제2(20, 1978), p. 88.

었다.

이렇게 전자 관련 조직이 강화되고 있었던 것은 전자공업에 대한 기대감, 자신감과 동시에 향후 대응해야 할 관련 내용이 많아졌기 때문이다. 1968년 이후 세계적으로 전자공업은 높은 성장을 유지하고 있었고, 특히 일본의 1968~1978년 연평균 성장률은 19.0%로 미국 8.4%, 서독 15.7%, 영국 11.0%, 프랑스 15.5%에 비해 매우 높았다.66 이에 한국에서는 일본과 다를 이유가 없다는 한국의 전자공업에 대한 자신감과 기대감이 커지고 있었는데, 반면 해외 전자공업계에서는 일본에 이은, 일본과 닮은 한국 전자공업에 대한 경계가 커지고 있었다. 이러한 경계는 1978년 12월 1일부터 실시된 대미수출수량 규제조치 등으로 구체화되어 나타났다. 또한 한국과 유사조건을 갖추고 있던 아시아 발전도상국에서도 1978년에는 전자공업 붐이 일어나고 있어 이들 아시아국들이 현실적, 잠재적 경쟁상대로 등장하고 있었다. 그중 가장 잠재적 위협 요소가 큰 중국은 전자공업에 적극 매진하자는 운동을 벌여 중국공산당 중앙위원회는 〈紅旗〉에 "전자공업을 가속도로 발전시키며 전자과학기술의 고봉에 힘써 오르자"라는 선전까지 게재하고 있었다.67

1978년 9월 전경련은 「기업경영과 정보산업」 보고서를 발간하여 정부에 장기적인 정보산업 육성발전 방안 마련을 촉구하면서 「정보산업육성법」의 제정과 정보산업정책 수립 과정 일원화를 주장하고 나섰다. 심지어 전경련은 "기술동향이 자주 바뀌는 상용컴퓨터를 국산화하는 것은 비생산적이다. 국산제품을 기다리는 것보다는 컴퓨터를 외국에서 수입해 오는 것이 더 효율적이고 바람직하다"고 주장하였다.68 이는 전경련이 정부의 개입을 경계, 경고하고 자신들이 정보산업을 주도하겠다는 것으로 당시 상공부, 심지어 청와대의 입장을 반박하면서까지 수입판매에 우선 나서고 있던 대기업 집단의 시각을 드러내는 것이었다.69

중화학공업화 과정을 통하여 1970년대 후반 대기업들은 커진 경제력을 기초로 정부보다 정보력, 분석력의 우위를 가지게 되었고 이에 시장에서의 대정부 우위를 주장하고 또 만들어나가고 있었다. 이는 한국 산업사의 커다란 사건이며 전환이었다. 실제로 1979년 1월 과기처는 정보산업육성법을 제정하고 부품단위부터 단계적으로 컴퓨터를 국산화한다는 정보산업육성책을 발표하였는데, 이는 당분간 컴퓨터 수입을 지속하겠다는 것으로 전경련의 주장이 관철된 것이었다.

대기업들의 대정부 우위가 이루어지는 가운데 경제기획원고시 제20호에 의거해 1978년 12

66 한국개발연구원(중화전, 1981), p. 33.

67 중국공산당 중앙위원회(1978).

68 전자신문사(컴파, 1995. 12. 11~1996. 12. 12), 23.

69 당시 전경련 사무국의 Q씨는 다음과 같이 증언하였다. "수출입 주역이던 회원사들의 당면 목표는 당연히 생산성 향상에 의한 국제 경쟁력 제고였습니다. 컴퓨터 도입이 절실했던 거죠. 그런데 컴퓨터 도입을 권장하는 과기처와 달리 상공부는 수입억제와 국산화에 주된 관심을 보였습니다. 연구보고서 작성은 이 같은 극단을 돌파함으로써 회원사들의 권익을 보호한다는 취지로 시작된 것이죠." 전자신문사(컴파, 1995. 12. 11~1996. 12. 12), 23.

월 1일과 21일 경제기획원장관은 「삼성전관공업(주)」이 승인 신청한 생산제품 브라운관과 트랜지스터 및 다이오드 국내 판매를 승인하였다. 국내 판매 승인내용은 흑백브라운관 60만 개, 트랜지스터 70만 개, 다이오드 1,500만 개로 공통된 승인조건은 '판매 및 보고는 경제기획원고시 제8조에 따를 것', '제조용 원자재를 수입할 시에는 수출입 기별공고에 따라 내수용 원자재로 수입할 것'이었다.70 이후 승인조건에 따라 「삼성전관공업(주)」은 승인된 흑백브라운관 국내 판매 60만 대에 못 미치는 35만 2,764대를 1978년 12월부터 1979년 5월까지 판매하였음을 월별, 거래처별로 정리하여 1979년에 경제기획원에 보고하였다.71 1979년 11월 「한국시그네틱스」가 전자부품(집적회로) 제조를 위한 증액투자를 신청하였을 때에도 경제기획원고시 제20호에 따른다는 인가조건이 주어지는 등72 경제기획원고시 제20호는 외자기업의 국내 판매 조건으로 지속되었다.

1970년대 후반 세계전자업계는 컴퓨터를 중심으로 극소전자공업(micro electronics industry: ME)을 산업현장에 도입하는 정보통신산업의 혁명이라는 3차 산업혁명을 진행하고 있었다. 이러한 과학기술의 혁명이라는 흐름의 선두에서 이를 견인하고 있던 미국 전자공업은 1970년대 후반기에 전반기의 2~3배 성장률을 달성해 나가며 전자공업의 산업상 위치를 완전히 바꾸고 있었다. 한국 역시 1978년 10월 한국정밀기기센터가 높아진 1981년 전자공업 수출목표를 제시하는 등 의욕을 보였지만73 정부가 정한 1978년 전자부품 육성의 해는 한계적인 성과만을 거두고 있었다. 부품생산이 21.4% 늘어나면서 내수 확대를 선도하였지만 중점육성 품목이 되어야 할 반도체소자와 집적회로의 생산 신장률은 1978년 16%, 12%로 전체 부품과 전체 전자제품 증가율 32.6%에 미달하고 있었다.74

한국 전자공업은 세계의 첨단경쟁에 들어가지도 못한 채 국내외에서 문제에 부딪치고 있었다. 당장 해외부문에서 1978년 말 한국 전자공업기업체들은 미국의 컬러TV 수입규제에 따른 가동률 하락, 과잉설비 문제에 직면하였다.75 이에 따라 컬러TV용 브라운관 등 부품산업 위기도 나타났다. 수출위기가 구체화되고 있었지만 내수시장의 확대도 이루어지지 못하고 있었다. 1979년 1월 6일 경제기획원은 수출조건으로 인가한 86개 차관 및 기술도입 기업 중 「금성사」 등 컬러TV 생산 5사를 제외한 81개 업체에 대해 수출조건을 해제하고 내수판매를 자유화하였다.76 컬러TV수상기의 국내 판매 금지와 컬러TV 방영 금지는 정부 내에서조차 논란이 있음에도 대통령의 확고한 반대 때문에 계속되었다. 계속되는 기업 요구에 대통령에게 컬러TV

70 경제기획원장관(전품71, 1978. 12. 1); 경제기획원장관(전품748, 1978. 12. 21).
71 삼성전관공업주식회사 대표이사 강진구(전제, 1979. 6).
72 외자사업투자심사위원회(외투, 1979. 11).
73 중화학공업추진위원회기획단(한공발1, 1979), p. 613.
74 국무총리 기획조정실(제422산, 1979), pp. 259~260, 264.
75 〈중앙일보〉(1978. 12. 23).
76 〈동아일보〉(1979. 1. 6).

방영 건의를 한 공보부장관은 "어제 큰 일 날 뻔 했습니다. 각하께 보고 드렸더니 한번 이야기했으면 그만이지 하시면서 얼마나 격노하는지 그 자리를 겨우 빠져 나왔습니다"라고 기업에 말할 정도이었다.[77] 정부 내에서도 대통령과 중화학공업추진위원회기획단, 상공부 그리고 이외 각 정부부처 간에 미묘한 차이가 존재하고 있었다. 문제는 그러한 차이가 공개적으로 논의되고 있지 못하고 있다는 것이었다.

정부가 정책목표와 계획에서 반도체 등 첨단 전자부품과 컴퓨터 등 정밀기기 중점개발 내용을 약화시키고 있는 것은 아니었다. 1979년 1월 16일 상공부는 전략산업인 전자공업의 집중육성을 위하여 구미시 인동동 및 칠곡군 석적면 일대에 총 400억 원을 들여 1981년까지 200만 명 규모의 제3전자공업단지를 조성한다고 밝혔다.[78] 제3전자단지의 중점 대상은 반도체 및 컴퓨터 연관공업이었다. 중화학공업추진위원회기획단도 1979년 1월 중화학공업의 추진현황을 정리하면서 전자공업의 기본계획과 시책에 대해 다음과 같이 밝혔다.

【전자공업의 기본계획과 시책(중화학공업추진위원회기획단)】

1. 전자공업 기본계획
   1) 국제수준급의 부품 국산화
   2) 국제 경쟁력 있는 고급제품
   3) 정밀 전자기기 생산 체제
2. 전자공업 시책
   1) 57개 품목 전략개발
   2) 자체 연구개발 촉진
   3) 수출증대를 위한 제도 강화
   4) 품목별 육성계획 수립
   5) 노동집약 → 기술집약
   6) 자주연구개발 기반의 조성
   7) 세계 일류기술의 도입

중화학공업추진위원회기획단(중화추현, 1979. 1), p. 177.

대통령 역시 1979년 기자회견을 통해 1986년 550억 달러 수출목표는 기계, 전자, 화학공업 등의 정밀공업화, 두뇌공업화가 이루어지지 않고서는 달성할 수 없다고 밝히고 있었다.[79]

반도체와 컴퓨터 등 첨단부품, 정밀기기 개발을 위한 기술도입 등 외자 필요에 따라 투자총액은 유지하면서도 내자를 줄이는 4차 경제개발5개년계획의 부분조정도 이루어졌다. 수정된 내용을 반영한 4차 경제개발5개년계획 전자공업 부문의 투자계획은 〈표 5-13〉과 같았다.

---

77 강진구 전 삼성전자사장(1996), pp. 110~111.

78 전국경제인연합회(한경연, 1980), p. 746.

79 대통령비서실(기회, 1979).

〈표 5-13〉 4차 경제개발5개년계획 전자공업 부문 수정 투자계획(1975년 가격, 내자 · 합계는 백만 원, 외자는 천 달러)

		1977	1978	1979	1980	1981	1977~1981 합
투자 소요액	내자	28,193	35,372	42,084	49,386	57,280	212,315
	외자	45,665	58,914	70,995	84,070	98,520	358,164
합계		50,295	63,886	76,446	90,076	104,964	385,668
조달	재정	900	1,100	1,000	1,000	1,100	5,100
	투자기금	8,673	11,022	13,537	16,243	18,817	68,297
	자기자금	13,073	17,097	20,377	23,944	28,313	102,804
	금융	15,874	17,785	20,269	22,948	25,322	102,200
	차관	16,800	24,923	31,445	38,404	47,058	158,630
	외국인투자	7,519	9,957	12,487	15,192	17,842	62,997

자료: 중화학공업추진위원회기획단(한공발1, 1979), pp. 612~614.

Ⅳ. 새로운 전자공업정책 요구와 정책 한계

1979년 7월 12일 상공부는 제176차 무역진흥확대회의에서 전자제품의 수출대책을 다음과 같이 제시하였다.

1. 시장특성별 상품수출 촉진
   미국: 사무용기기 및 부품
   구주 및 중동: 가정용 전자제품
   일본: 부품, 전기제품
2. 기술자 중심 세일즈맨단 파견(9, 10월)
3. 현지법인 설립
   미국: 컬러TV
   중동: 흑백TV
4. 애프터서비스 강화
   미국: 4개소
   중남미: 2개소

상공부(품전, 1979. 7. 12).

1979년 중화학공업화정책 비판과 경제안정화 정책이 이루어지면서 일반의 예상과 달리 익명의 정부 고위 당국자는 컬러TV수상기의 시판을 당분간 허용하지 않을 방침이라고 다시 밝혔다. 8월 3일 정부관계자는 "석유위기가 몰고 온 경제 난국에 대처, 긴축경제가 강행되고 사치 및 낭비 풍조를 범국민운동으로 억제하고 있는 현재의 상황 아래서 막대한 전력소모와 사치성 소비 풍조를 조장할 우려가 있는 컬러TV 세트의 시판은 앞으로도 계속해서 허용하지 않는다는 것이 정부의 변함없는 방침"이라고 강조하였다.[80] 1979년 경제과학심의회의는 중화학공업을 선도부문과 유발부문으로 나누면서 전자공업을 선도부문으로 하였지만 '한국 중화학공업의 기반은 자본 부족과 협소한 내수시장 상태에 있어 높은 인플레이션과 임금상승, 금리로 약하다'며 중화학공업화정책을 비판하고 나섰다.[81] 심지어 정부의 재확인에도 불구하고 컬러TV 시판과 방영에 대한 논란이 계속되자 "가장 바람직한 것은 외수를 창출하는 일이며 내수해방 강요인 컬러TV의 방영은 시기에 맞지 않은 처사"라는 영향력 있는 대학의 교수 주장이 언론에 등장하고 있었다.[82] 심지어 박대통령을 비판하던 사람들 일부도 그린벨트와 컬러TV 방영 금지에 대해 칭찬을 보냈고 박대통령이 미국의 요구에 순응하지 않는 자주적인 의지가 강한 지도자라는 인식까지 갖고 있었다. 그러나 미국을 비롯한 한국 컬러TV수상기 수입 선진국들에게 한국의 컬러TV 방영 금지와 수상기 판매 금지, 총력수출화는 한국을 "독재국가," "소비억제 노동착취국가"로 보게 되는 근거가 되고 있었고 한국의 모순적인 현실과 현상으로 되고 있었다.

한국의 전자공업은 여전히 세계 기술경쟁력이 낮은 수준이었다. 1970년대 전자공업의 수입증가율은 전체 수입증가율을 앞지르고 있었다. 이에 작은 것이라도 전자공업을 간접적으로 지원할 수 있는 여러 아이디어들이 정책적으로 건의되고 시행되었다. 1970년대 말 전자게임기기 및 부품의 국내 반입이 늘어나자 정부는 이것이 사회 기강을 저해하고 범국민적인 소비절약운동에도 역행하므로 무환반입을 억제하고 수입통관이 부득이 한 경우에는 관계서류를 종합심사 후 관세청장의 사전승인을 받아 통관하라고 지시하였다.[83] 1979년 9월 15일 동력자원부는 1978년으로 완결하려던 농어촌전화(電化)사업을 1년 연장하여 2만 3,000호에 대한 전화사업을 실시한다고 밝혔다.[84] 농어촌전화사업으로 1975년 이후 가전제품 보급이 급증하여 연도별 보급률은 1970년 기준 1975년 270%, 1976년 340%, 1977년 490%, 1978년 700%가 늘어나고 있었고 1979년 조사에 의하면 한국 가정의 가전제품 보급대수는 평균 7.9대로 되고 있었다.[85] 1978년 12월 7일 상공부와 가전업계는 1977년 10월에 판매량의 4%에 불과하였던 세탁기의 농촌 판매율이 1978년 10월 1년 만에 16%로 4배 증가하였고 냉장고도 같은 기간 11%에서 26%로 2.5배 증가하였다고 밝혔다.[86] 또한 업계 요청에 따라 상공부가 주관하여 재무부 등

80 〈경향신문〉(1979. 8. 3); 〈동아일보〉(1979. 8. 3).
81 경제과학심의회의(중황, 1979. 8), p. 11.
82 〈동아일보〉(1979. 8. 24).
83 관세청(무환, 1979. 8. 31).
84 〈매일경제신문〉(1979. 9. 15).
85 〈동아일보〉(1979. 9. 6).

관계부처는 해외 근로자들의 국산 전자제품 구매에 대한 관세면제, 할인판매 등의 혜택을 주는 문제를 검토하고 외무부장관과 재무부장관, 관세청장 간의 의견교환에 나서 1980년 이를 시행하였다.[87]

그러나 1970년대 말 기술, 가격경쟁력에 의한 전자공업 발전을 보다 확실하게 촉진시킬 것을 전면 배치하고 이에 집중할 필요성이 분명해지고 있었다. 정부는 1970년대 말 통신산업 체계 정비를 가장 중요한 국가정책 과제의 하나로 선택하였다. 한국전자통신(KTC)은 교환기 기술연수 인력을 파견하였고[88] 증언에 의하면 체신부, KTRI 연구원, 부품업체 관계자들 연인원 총 300여 명이 벨기에 *BTM* 기술연수에 참가하였다.[89] 이들 인력은 한국 통신 부문에서 중심 기술인력으로 활약하였는데 한국을 경쟁국으로 미처 생각하지 않았고 제품판매를 노리던 벨기에의 이해가 있었기에 가능한 것이었다. 1979년 1월 정부는 국제전화 자동화, 전국 자동즉시통화망 구성, 시외통신망의 전전자화를 위한 시외 및 국제교환기 현대화계획(대용량 시외 전전자교환기 도입계획)을 수립하였다. 1979년 3월 KTC가 준공되고 정부는 5월에 1978년부터 이미 대통령에게 보고되고 있었던 도시용 반전자교환기 제2기종 교환기의 채택방침을 최종 결정하였다. 통신망 현대화와 전화적체 해소를 위해서도 전자교환기 생산능력 확대는 필요하였지만, 기술, 품질, 가격경쟁에 의한 발전을 촉진하고 1개 외국회사에 대한 의존을 탈피하며 다양한 선진기술과의 접촉으로 국내 전자기술 발전을 한 단계 올리기 위한 것이었다.[90] 증언에 의하면 M10CN을 독점공급한 벨기에 *BTM*은 최초 공급분의 회선단가도 140달러에서 305달러까지 올리더니 2차 공급부터는 400달러를 요구하였다.[91]

통신산업 체계 정비사업의 주무부서는 체신부이었지만 그것이 갖는 수급 면에서의 국가적 중요성으로 인해 정부 부처 다수가 정책논의에 참가하였으며 대통령 보고와 재가가 이어졌다. 우선 문제가 된 것은 통신산업 체계를 담당할 적정 업체 수 문제이었다. 2개 업체 안과 4개 업체 안이 최종 논의되었고 결국 4개 업체 안으로 정리되어 1979년 5월 15일 대통령 보고와 재가가 이루어졌다. 장단점을 포함하여 대통령 재가가 이루어진 통신산업체계 정비내용은 〈그림 5-4〉와 같다.

1979년 6월 제2기종 사업자 선정을 위한 국제입찰이 한국통신기술연구소 주관으로 두 번째로 실시되었다. 해외 5개 업체가 참여하여 「금성통신」은 독일 「지멘스」(*Siemens*)와 EWSA 기종, 「대한전선」은 일본 「富士通」와 FETEX-1001 기종, 「삼성GTE통신」은 *GTE*와 No.2EAX 기종을 제시하였고 미국 *WE*(No.1A 기종)와 일본 *NEC*는 단독 응찰하였다.[92]

---

86 〈경향신문〉(1978. 12. 7).
87 외무부장관(국제, 1980. 7. 10); 관세청(국구, 1980. 7. 16).
88 외무부장관(전체, 1978. 10. 13).
89 전자산업 50년사 편찬위원회(2009), pp. 220~221.
90 체신부(전책2, 1986).
91 강진구 전 삼성전자사장(1996), p. 142.

〈그림 5-4〉 1979년 5월 15일 대통령 재가 통신산업 체계 정비내용

		2개 업체	4개 업체
생산 체계	외국기술원 국내 업체	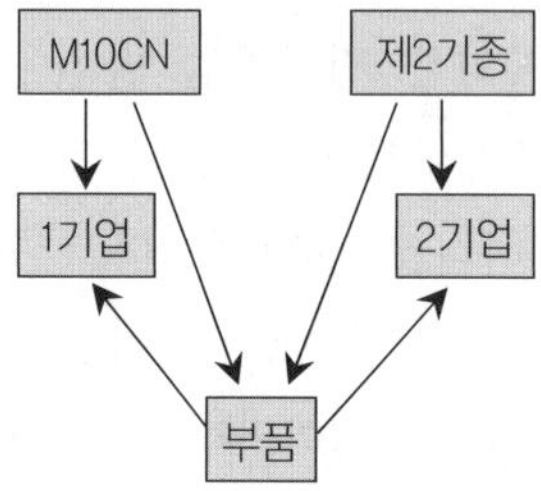	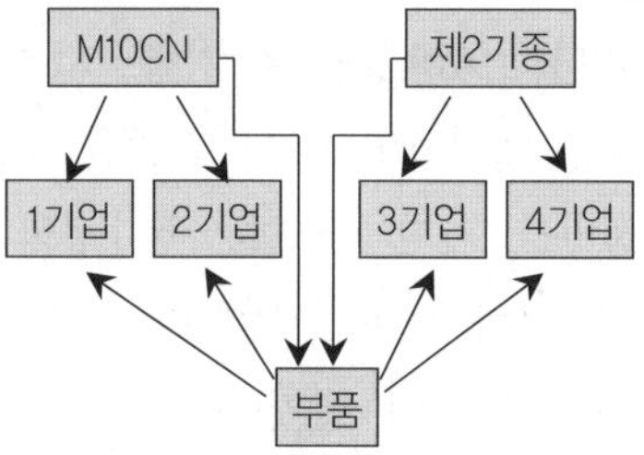
고려사항		1. 외국 기술제공회사와의 관계 간편 2. 생산업체 대형화 3. 생산설비투자 절감	1. 기술, 원가, 경영 경쟁으로 발전이 촉진될 것임. 2. 경쟁의 승자가 자연적으로 대형화될 것이므로 강력한 국제시장 진출에 훨씬 더 효과적일 것임. 3. 국내 유력 전자업체들의 획기적인 발전계기가 될 것임.
결론		4개 업체 생산체계가 바람직함.	

자료: 체신부(전정, 1980. 9).

1979년 9월 이재설 체신부장관은 국내 통신 관련 4개 업체 대표를 불러 1. 「금성통신」, 2. 「동양정밀」, 3. 「대한전선」, 4. 「삼성전자」의 순으로 「한국전자통신」(KTC) 인수의사를 타진하였다. 이 우선권의 순서는 1970년대 자동교환기와 관련하여 정부가 사업자를 선정할 때 계속 유지되었는데 그 이유를 체신부장관은 관련 업체 사장들에게 다음과 같이 밝혔다.

> 지금까지 금성통신이 우리나라 통신 산업에 제일 많이 공헌했으며 그 다음이 동양정밀이기에 그렇게 정한 것입니다. 대한전선은 체신부에 통신기기를 납품한 실적은 없으나 크로스바 교환기를 생산하여 일본에 수출하고 있으므로 세 번째로 정했습니다. 삼성전자는 최근에 이르러 미국의 *GTE* 와 합작회사를 설립해서 KIST가 개발한 사설 교환기를 제조판매하고 있기 때문에 끝자리로 정했습니다.
>
> 강진구 전 삼성전자사장(1996), p. 137.

앞의 3기업은 모두 인수의사가 없다고 밝혔고 마지막 선택순서이었던 「삼성전자」가 인수의사를 밝혔다. 그러나 대통령의 최종 승인결재는 미루어졌고 이후 4개 업체 참여가 최종 확정되면서 인수의사 확인 과정이 10월에 다시 한 번 똑같이 이루어졌다. 「삼성전자」를 제외한

92 강진구 전 삼성전자사장(1996), p. 142.

기업들은 여전히 인수를 거절하였고 결국 「삼성전자」가 KTC를 인수하도록 최종 마무리되었다.93

이후 구체적인 국내 4개 업체 참여내용과 통신산업 체계내용이 검토되었고 1979년 11월 10일 대통령에게 보고되어 결재가 이루어졌다. 그 내용은 〈그림 5-5〉와 같다. 이로써 제1기종(M10CN)은 「한국전자통신(주)」·「동양정밀(주)」, 제2기종(No.1A)은 「금성반도체(주)」·「대

〈그림 5-5〉 1979년 11월 10일 최규하 대통령 재가 통신산업 체계 정비내용

	통신산업 체계 정비내용
가. 4개 업체형	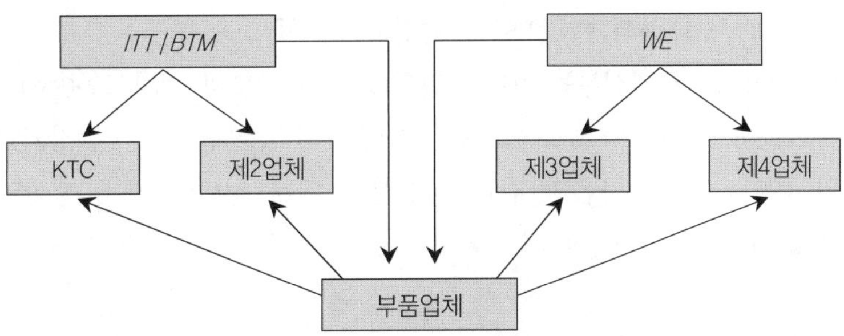 (1) 4개 업체 공히 모든 주요 통신기기를 생산하는 종합통신회사로 발전 유도 (2) 제2, 3, 4업체의 초기 교환기 생산규모 연 15~20만 회선 (3) 제2, 3, 4업체는 각각 상대 외국회사(*ITT* 및 *WE*)와의 합작회사로 또는 순수 내국인업체로 구성할 수 있음.
나. 통신산업 체계	(1) 4개 업체형 채택 – 본격적인 기술 및 운영상의 경쟁 체제 확립함(업체별 기술 및 경영능력에 따른 불균형 성장을 가능하게 함으로써 국제 경쟁력 확보 유도). – 관련 분야의 국내 유력기업을 참여하게 함으로써 통신부문의 발전은 물론 전자산업, 두뇌산업 발전의 계기가 되게 함. (2) 업체별로 종합통신기기 생산업체로 발전을 유도 – 업체별로 계열통신기기업체 통합, 흡수 – 업체별로 교환기 외 통신기기 생산을 위한 신규 투자 (3) 앞으로의 통신기술 공동개발 추진 – 시분할 전자교환기, 광통신장비, 소프트웨어 등 – 기술발전에서의 협력 및 경쟁의 적절한 조정 (4) 기존 교환기업체에 우선순위 부여
다. 회사별 참여방법	(1) 삼성지티이통신은 한국전자통신(주) 인수(KTC) (2) 동양정밀은 제1기종의 제2공장(OPC) (3) 금성통신은 제2기종의 제1공장(GSS) (4) 대한통신은 제2기종의 제2공장(TTC)

자료: 체신부(전정, 1980. 9).

93 강진구 전 삼성전자사장(1996), pp. 135~149. 강진구 사장은 똑같은 과정이 2번 있었던 것은 당시 박대통령이 삼성을 못 마땅해 했기 때문이었을 것이라고 말하였다.

한통신(주)」의 전자교환기 생산업체 4원화가 갖추어졌다. 이 체제는 1980년 10월 중화학공업 투자조정으로 2원화 체제로 될 때까지 유지되었다. 제2기종으로 No.1A 기종이 선택된 것은 (1) 기술제공, 기술수준, 안정성에서 유리하고, (2) 대용량기로 제1기종과 상호 보완이 가능하기 때문이었다.

1979년 12월 1일 전자교환시설(제1기종) 확장을 위한 벨기에 *BBL*(Banque Bruxelles Lambert) 차관 국회 동의가 이루어졌다.[94] 1979년 12월에는 제1기종 교환기 M10CN의 영동, 당산 각 1만 회선이 개통되었다.[95] 이와 함께 11월의 대용량 시외 전전자교환기 도입계획에 따라 *WE*, *GTE*, *NT*, 「지멘스」, *LME*, *PHILIPS*, *NEC*, 「富士通」 8개 해외 기업에 대한 자료 검토가 이루어져 대용량 시외 전전자교환기 기종으로 성능 및 용량이 높고 운용실적이 풍부하다는 점에서 미국 *AT&T*사(*WE* 모회사)의 No.4ESS가 결정되었다.[96]

1979년 12월 15일 체신부는 100억 달러(5조 원) 규모의 전자교환(ESS) 제2기종 생산자로 미국의 *WEI*(Western Electric International)가 7개월간의 경쟁을 거쳐 결정되었다고 공식 발표하였다.[97] 12월 19일 정부는 다음과 같이 통신산업 체계 정비에 따른 생산업체를 지정하고 초기 생산량을 통보하였다.

1. 제1기종
   삼성지티이: 한국전자통신 인수, 초기 20만 회선으로 생산량 조정
   동양정밀: 제2공장 설립, 초기 20만 회선 생산 규모
2. 제2기종
   금성통신: 제1공장 설립, 초기 30만 회선 생산 규모
   대한통신: 제2공장 설립, 초기 20만 회선 생산 규모

체신부(전정, 1980. 9).

이후 1980년대까지 정부의 교환기전자화사업은 4가지 방향에서 계속 진행되었는데 이를 정리하면 〈표 5-14〉와 같다. 소용량 교환기이었던 TDX-1 국내 개발은 낙후된 농어촌 수동식 교환기를 전면 교체하기 위한 목적으로 이루어진 것이었다.

4차 경제개발5개년계획 기간 중 57개 중점육성 개발품목의 생산공장 건설계획, 즉 6억 달러 투입으로 15억 9,100만 달러의 생산능력을 갖춘 151개 공장을 건설한다는 계획은 상공부의 4차 경제개발5개년계획 1차 확정안, 1976년 9월 27일 제96회 국회상공위원회 보고, 4차 경제개발5개년계획 최종 확정안, 그리고 1979년과 1980년 초 중화학공업추진위원회기획단

94 〈관보〉(1980. 2. 20), 제8475호.

95 정식 개통식은 1980년 4월 22일 체신의 날에 이루어졌고 이날 정부는 전자교환기시대가 개막되었다고 선언하였다. 〈매일경제신문〉(1980. 4. 22).

96 체신부(전책2, 1986).

97 〈경향신문〉(1979. 12. 15); 〈매일경제신문〉(1979. 12. 15).

〈표 5-14〉 교환기전자화사업의 내용과 진행(1970~1980년대)

구분	전자화 사업 내용	
1. 도시용 반전자교환기	제1기종 교환기	*ITT*/*BTM*사 M10CN 기종 선정(1977. 9)
	제2기종 교환기	미국 *AT&T*사 No.1A 기종 도입 결정(1979. 11)
2. 농어촌용 전전자교환기	TDX-1 국내 개발 추진	5차 경제사회발전5개년계획 중점연구과제로 선정(1981. 10)
	AXE-10 기종선정 공급	스웨덴 *LME*사 AXE-10 농어촌 기종으로 선정(1983. 2)
3. 시외용 전전자교환기	대용량 시외전자교환기 도입	미국 *AT&T* No.4ESS로 기종 결정(1979. 12)
	중용량 시외전자교환기 도입	*LME*사의 AXE-10 기종 결정(1982. 2)
4. 도시용 전전자교환기	도시용 전전자교환기 기술도입 및 실용시험	M10CN과 No.1A 후속 기종으로 실용시험 추진(1984~1986)
	TDX-10 개발 추진	제6차 5개년계획 국책과제로 개발

자료: 체신부(전책, 1987).

〈표 5-15〉 내구소비재 특별소비세율 (단위: %)

품목	기본세율
냉장고와 냉동차	28~40
TV수상기와 동 관련 제품	10~40
전기음향기기	10~25
전기, 전열가스 이용기기	28
고급시계	30
사진기 및 관련 제품	40

자료: 상공부(산지, 1982. 4); 김적교(1983).

자료까지 그대로 유지되었다.98

전자공업 관련 조세, 준조세 문제는 1970년대 말까지 왜곡된 정도 이상이었다. 필요한 부분의 조세감면은 인색하였으며 공장도 시점에서 간접세를 납부해야 하였고 관세환급, 부가가치세 정산에 따른 간접비가 과중하였다.99 이는 기업에게 선납세와 채무충당 지연에 따른 금리가중을 가져왔고 결국 금융비용의 상승으로 작용하였다. 또한 전자제품을 사치재로 간주하여 고율의 세금을 부과하였는데, 예컨대 컬러TV수상기, 냉장고, 세탁기, 비디오 등은 간접세가 생산가의 67.2% 부과되었고 여기에 시청료 등 추가부담도 부과하였다. 내수 확대를 방해하는

98 중화학공업추진위원회기획단(중화추현, 1979. 1), p. 178; 중화학공업추진위원회기획단(중화추현, 1980. 1), p. 146.
99 한국개발연구원(중화전, 1981), pp. 51, 55.

〈표 5-16〉 주요 전자제품 국내 시판가격과 수출가격

		국내 시판가격(원)		수출가격(달러/ 원)
		공장도가격	대리점 판매가격	
흑백TV	12인치	58,100~69,100	63,500~79,500	50~55/ 24,200~26,620
	14인치	68,700	79,000	58~63/ 28,072~30,492
	17인치	84,100~91,900	91,800~99,900	–
라디오카세트		35,100~70,800	42,100~85,000	38~85/ 18,392~41,140
앰프		112,000~139,000	147,500~179,000	103~108/ 49,852~52,272
튜너		95,000~104,800	123,500~134,000	75~82/ 36,300~39,688

주: 1978년과 1979년 환율 1달러=484원으로 계산함.
자료: 한국산업은행조사부(한산, 1979), 상, pp. 415~416.

가전제품의 과도한 세금 문제는 계속 지적되고 있었지만 1977년 부가가치세와 특별소비세가 도입된 이후에도 〈표 5-15〉에서 보듯이 세율이 높았고 이는 1980년대 들어서도 지속되었다.

〈표 5-16〉에서 보듯이 전자제품은 특별소비세를 비롯한 간접세가 높아 내수가격이 높았고 이에 따라 수출가와 내수가의 가격차이가 존재하였다. 국내 대리점 판매가격은 수출가격보다 흑백TV수상기(12인치)의 경우 2.6~3.0배, 라디오카세트가 2.1~2.3배, 앰프가 3.0~3.4배, 튜너 역시 3.4배 더 비쌌다. 정부의 생각은 오로지 수출을 중심으로 성장하겠다는 것이었다. 그러나 내수는 중요한 전자공업의 성장동력이며 안정판이었고 일본의 예에서 보듯이 일반소비수요 증가는 기술개발 요인이 된다.[100] 그렇기에 일본은 〈표 5-17〉에서 보듯이 제품 간접세인 물품세를 전자공업 발전 초기 단계에서 부과하지 않고 전자공업이 세계경쟁력을 가지게 되면 비로소 세율을 올려 전자공업의 경쟁력 확보를 도와주었다.

한국의 이러한 내수억제정책은 성장과 안정성 양 측면에서 분명한 한계를 가져왔고 충분히 전자산업이 더 빨리 성장할 수 있는 여지를 깎아내렸다. 심지어 TV수상기 등 가전제품에 대한 과도한 특별소비세 때문에 전자생산업체는 "전자오락기계(TV게임)에 대해서도 특별소비세 과세문의를 하면서 "본 제품은 TV와 같이 다른 영상을 수상할 수는 없음"이라고 강조할 정도이었다.[101] 1979년 7월 11일 재무부장관의 문의에 국세청은 "텔레비전수상기의 기능이 없는 전자오락게임기의 경우 특별소비세법 시행령 제1조 별표 제1종 제2류 제2호 규정에 열거되지 않은 물품"이라고 회신하였는데,[102] 국세청까지도 과도한 부가가치세가 산업발전에 문제가 되고 있음을 알고 있었다.

100 日本機械輸出組合(1979), p. 85.
101 전장식(민원서류, 1979. 7).
102 국세청(전게, 1979. 7. 19).

〈표 5-17〉 일본의 트랜지스터식 TV 경쟁력 향상을 위한 단계별 물품세율 (단위: %)

물품세 적용시기	대형	소형		
		컬러	32cm 초과 흑백	32cm 이하 흑백
1962~1966. 4. 1	0	0	0	0
1968. 4. 1	0	0	0	5
1970. 5. 1	5	5	5	10
1971. 4. 1	10	10	10	15
1972. 4. 1	20	15	15	15

주: 1) 대형은 27인치 초과이되 1973년 4월 26일까지는 21인치 이상임.
2) 소형은 27인치 이하이되 1973년 4월 26일까지는 21인치 이하임.
자료: 한국산업은행조사부(80전, 1981), p. 279.

1970년대 말까지 컬러TV 방송은 사실상 세계의 거의 모든 국가로까지 확대되고 있었다. 1954년 미국이 첫 컬러TV 방송을 시작한 이래 1960년 일본, 1967년 서독, 프랑스, 영국 등 선진공업국들이 컬러TV 방송을 시작하였고 이어 후발공업국들도 이에 동참하여 필리핀이 1966년, 대만이 1969년에 컬러TV 방송을 시작하였다. 1970년대에 들어와서는 1970년 홍콩, 1972년 말레이시아, 베네수엘라, 1973년 태국, 중국, 가봉, 모로코, 니카라과, 사우디아라비아, 그리고 1974년 나이지리아, 싱가포르, 그리고 북한까지도 컬러TV 방송을 개시하였다.[103] 1970년대 후반에 들어와서는 세계의 공업 후진지역으로까지 컬러TV 방송이 확대되어 1975년 몽골, 우간다, 1976년 파키스탄, 튀니지, 수단, 1977년 인도네시아, 수리남, 1978년 케냐, 베트남, 1979년 에티오피아, 인도, 잠비아까지도 컬러TV 방송을 시작함으로써 사실상 컬러TV 방송을 하고 있지 않은 나라는 기술수준이 절대 불가능하거나 아니면 종교적 이유를 가진 국가들만 남게 되었는데, 한국은 어느 쪽에도 해당되지 않았지만 컬러TV 방송이 허용되지 않는 거의 유일한 국가가 되고 있었다. 당연히 세계 각국은 한국이 이렇게 컬러TV를 금지하고 있는 것은 독재와 관련된 정보 확산 억제 등 정치적 이유 때문일 것이라고 생각하게 되었고 이는 한국에 대한 반감, 그리고 당연히 한국이 추구하는 수출에 대한 견제를 높이는 것으로 이어졌다.[104]

〈표 5-18〉에서 보듯이 컬러TV수상기를 생산하기 시작한 1974년부터 TV수상기 생산능력이 대폭 증대되어 총 TV수상기 생산능력은 1973년 98만 대에서 1974년 274만 9,000대로 늘어났고, 1977년 이미 컬러TV수상기가 생산능력 확장의 중심이 되어 컬러TV만으로 13만 대 생산능

103 중화학공업추진위원회기획단(한공발3, 1979), p. 444.

104 컬러TV 방송은 모든 국가에서 전자공업의 발전과 병행하여 전자공업 발전을 견인하였다. 당시 유독 한국에서 컬러TV 방송이 이루어지지 않았던 이유는 박정희의 국민감정 고려와 그에 따른 불안, 광고를 컬러TV에 뺏기지 않으려는 신문들의 노력, 해외 보도와 정보에 대한 양 방향에서의 개방 및 확산 두려움, 대통령에 대한 충성경쟁 등 복합적인 것이었다. 언제나 대통령에 대한 충성경쟁은 산업발전에 큰 장애가 되었다.

〈표 5-18〉 TV수상기 및 냉장고 생산능력 (단위: 천 대)

	TV수상기	냉장고
1970	137	34
1971	250	36
1972	369	42
1973	980	62
1974	1,397	116
1975	1,494	135
1976	2,749	313
1977	130	465
1978	660	1,250
1979	501	1,700
1980	1,150	780
1981	2,900	1,000

주: 1) TV수상기는 1970~1973년은 흑백TV, 1974~1976년은 흑백TV, 컬러TV의 합, 1977년부터는 컬러TV만임.
2) 1980년 구형 냉장고 생산 중단함.
자료: 통계청(통5, 1998).

력이 갖추어졌다. 그러나 1979년 미국 수입규제가 닥쳤을 때 내수안전장치를 갖고 있지 못하였던 한국의 컬러TV수상기 생산능력은 전년 66만 대에서 50만 1,000대로 급락할 수밖에 없었다. 1980년 컬러TV 방영과 내수판매 허용으로 다시 대폭적인 생산능력 확충이 이루어졌는데 1980, 1981년 2년간 생산능력이 5.8배 급등한 것은 그동안의 정부 내수억제정책이 잘못된 산업정책이었음을 단적으로 확인하여 주는 것이다. 냉장고는 1976년부터 수요가 늘기 시작하여 1975년 31만 3,000대의 생산능력을 갖추었고 이후 1978년 125만 대, 1979년 170만 대의 생산능력으로 대폭 확대되었다.

1970년대를 끝내면서 한국의 전자공업은 과거만이 아니라 미래의 문제점과 방향도 그대로 보여 주고 있었다. 한국무역협회가 본 1970년대 한국 전자공업의 경쟁력 위치, 정책상의 문제점을 기초로[105] 현재와 연계된 1970년대 한국 전자공업정책의 문제는 다음 네 가지로 정리 가능하다.

첫째, 모든 공업발전에 안정적이고 지속적인 성장을 담보해 줄 내수부양정책을 등한시한 실책이 있었다. 정부는 국민감정 고려 등 광고적인 전시정책으로 전자제품을 사치성 제품으로 취급하였고 컬러TV 방영 등 전자제품의 내수억제를 지속하였으며 내수지원정책에 인색하였다.

105 한국무역협회(가전, 1981), pp. 12~13.

현재도 그렇지만 당시 컬러TV는 전자기술 집약의 상징이었다. 컬러TV의 방영금지는 당연히 전자공업의 발전에 한계를 가져다주고 있었다. 이미 1977년 서독 「필립스」사는 "1977년 세계 컬러TV수상기 신규 수요는 2,600만 대에 이르고 유럽의 1978년 신규 컬러TV수상기 수요만 1,000만 대를 돌파하는 등 컬러TV수상기 수요가 가전제품 중 가장 높은 증가율을 보여 줄 것"이라고 밝히고 있었고, 서독의 수입업자도 한국이 흑백TV수상기 수출에 주력하고 있으나 조속히 컬러TV로의 전환이 필요하다고 밝히고 있었다.[106] 그러나 한국의 정책은 안정적인 컬러TV 관련 공업의 성장을 내수억제로 계속 방해하고 있었다. 생산업체들은 수출에 주력하면서도 내수라는 안전망을 갖지 못해 투자에 신중할 수밖에 없었다.

둘째, 정책지원이 수출지원에 편중되어 있었다. 1970년대 중반 1975년 한국 정책지원의 58%가 수출과 관련되어 있었다.[107] 심지어 수출을 위한 수출용 원자재 관세면제로 국내 부품 개발이 지연되는 효과까지 나타났으며 또한 수출용 원자재 면세조치에 따른 행정절차의 혼란을 초래하기도 하였다. 편중된 수출지원정책에 기반한 과도한 수출비율이 일반화되어, 세계 가정용 전자기기의 40%를 점유하며 세계 최고 수준의 수출경쟁력과 수출지향성을 가진 일본 가전업계와 비교해 보아도 〈그림 5-6〉에서 보듯이 한국의 가전제품 수출비율은 1972년 이후 1970년대 내내 일본보다 높았다. 전자제품 전체적으로도 동일하였다. 높은 수출비율로 한국의 전자공업은 해외 경기에 민감한 불안정성과 함께 산업경직성을 갖게 되었고 이는 한국 전자공업의 장기적이고 지속적인 약점으로 자리 잡았다.

셋째, 이미 소프트웨어가 컴퓨터시스템에서 가격비로 1980년대 80%로 상승할 것으로 예측되는 등[108] 전자공업의 소프트웨어 중요성이 인식되고 있었음에도 전자공업의 정책과 개발이 하드부문에 맞추어져 있었다.

넷째, 장기적인 원칙이 결여된 단기적이고 대증적 관점의 정책 개입이 자주 이루어졌다. 경제환경 변화를 반영하지 못한 인위적인 가격통제가 이루어졌고 행정지도가 빈번하였다. 〈표 5-19〉에서 보듯이 가격을 산정하는 방식이 기업과 정부는 달랐지만 정부는 다른 정책목표를 위한 수단으로까지 가격통제를 이용하였다. 여기에 계속된 미국과 세계은행의 요구로 물가안정을 위한 가격통제까지 있었다. 왜곡된 가격은 내수시장, 나아가 해외 시장에의 적기대응을 방해하였다.

1979년 대통령경제제2비서실은 중화학공업의 추진 의의를 밝히면서, "(1) 기본 원자재 공업의 육성, (2) 종합기술공업 육성, 가) 단순노동집약산업에서 기술집약산업으로 전환"을 들었는데, 여기에서 기계·전자공업을 기술집약산업으로 지명하였다.[109] 이는 진전되고 있는 현상

106 〈매일경제신문〉(1977. 11. 22).
107 한국무역협회(가전, 1981), p. 13.
108 국무총리기획조정실(중건6, 1978), p. 171.
109 경제제2(중계초, 1980).

만 아니라 향후 전자공업정책 당위성을 밝힌 것이었다.

〈그림 5-6〉 한국과 일본의 가전제품 수출비율 (단위: %)

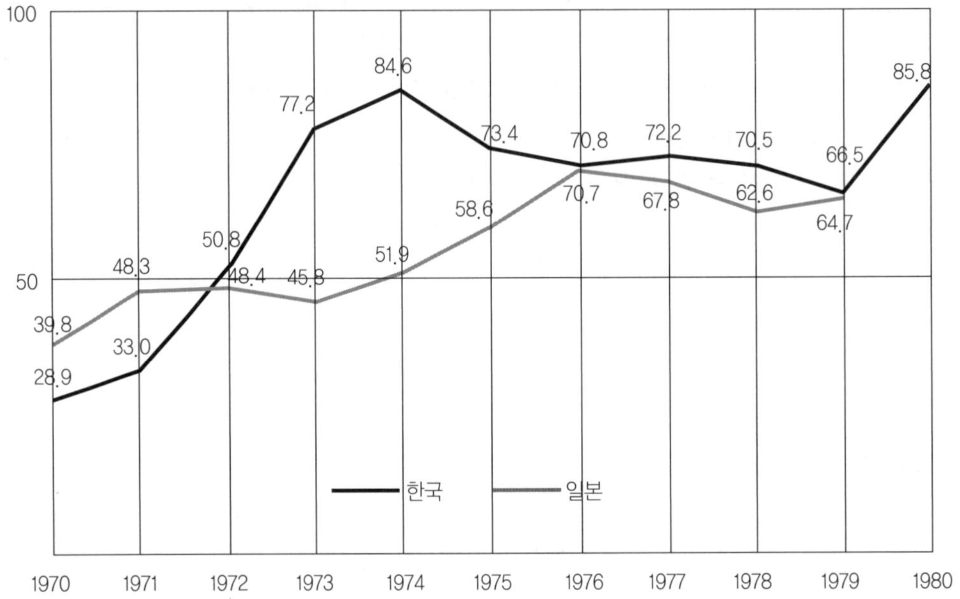

자료: 한국무역협회(가전, 1981), p. 13.

〈표 5-19〉 기업과 정부의 가격산정 차이

	기업	정부
연구개발비	최소한 설계비 소요	설정하지 않음
인건비상승률	연 22~25%	연 10%
자재비상승률	연 10~20%	사정 3개월 전 단가
이익률	연 20% 주식배당 행정지도	자기자본의 15%
기타	CRT 및 반도체 등의 수율 향상 완만	초기 국산화시의 수율 등 원가요인 고려 안 함

자료: 한국개발연구원(중화전, 1981), p. 96.

부록

〈부표 5-1〉 1970년대 전자공업의 생산, 수출목표가 나온 주요 자료와 목표 (단위: 억 달러)

	발표시기	기준	(1973) 1976	(1978) 1980	1981
전자공업진흥8개년계획	1969	수출	4		
3차 경제개발5개년계획	1972	수출	4.52		
상공부 100억 달러 수출구조 시안	1972. 12. 9	수출	(3.23)	24	
상공부 1973 전자제품 수출목표	1973. 1. 4	수출	(3)		
청와대 공업구조개편론[i]	1973. 1	수출			25[i]
중화학공업추진위원회	1973. 4	수출	8.48	24.71	
경제기획원 발표	1973. 5	생산	14.36	46.37	
		수출	8.48	24.91	
중화학공업추진위원회기획단 육성계획	1973. 6	수출			25
1973 상공부 전자공업육성(기본)계획	1973	생산능력			43
		수출	8.5		25.0
경제기획원 장기전망	1973. 12	시설능력	19.75		64.61
		수출	8.48		27.4
국무총리기획조정실	1973. 12	수출		25	1972~1981년 20배
상공부 장기전자공업진흥기본계획	1974. 1	생산			47
		수출			25
상공부 1975 전자공업건설촉진계획	1975. 3	수출	7.8[#]		
1975년 상공시책	1975. 6. 30	수출			24.71^
상공부 공장건설5개년계획	1975. 10. 9	수출			25
전자공업진흥기본계획	1976. 3. 10	수출	7.1		25
중화학공업건설촉진안	1976. 3. 16	생산능력			30,200*
상공부안	1976	수출	7.38		24.4
중화학공업추진위원회기획단(영문)	1976	생산능력	11.99	(17.61)	
전자공업육성 4차 경제개발5개년계획 초안	1976. 9. 27	생산	13.94[##,+]	23.62[+]	27.15[+]
		수출	9.5[##,+]	15.23[+]	17.0[+]
최종 4차 경제개발5개년계획	1976. 12	생산			41.3[+]
		수출			19.4[+]
유신정우회	1977	수출			30 (1986년 100, 1991년 200)
중화학공업추진위원회기획단 중화학공업추진 현황	1980	수출			1980년대 중반 90

주: 1) [i] 공업구조개편론은 "본 목표를 10개년에 달성"하도록 계획서를 작성한다고 밝힘. 대통령비서실(중선, 1973. 1. 30), p. 4.
2) *은 억 원임.
3) [#]은 1975년, [##]은 1977년 값임.
4) ^ 24.71은 기기 18.28억 달러, 부품 6.43억 달러임.

5) + 4차 경제개발5개년계획 관련 수치는 1975년 가격임.

자료: 상공부(전자진, 1969); 경제기획원(경백, 1975); 대통령비서실(중선, 1973. 1. 30); 〈중앙일보〉(1973. 1. 4); 중화학공업추진위원회(우해, 1973); 大韓民國經濟企劃院(日本, 1973. 5); 중화학공업추진위원회기획단(중화공, 1973. 6); 국무총리기획조정실(중조, 1974. 5); 한국무역연구소(1974); 경제기획원(우장, 1973); 경제기획원(경백, 1973); 국무총리기획조정실(중오, 1973); 한국기계공업진흥회(한기진20, 1989); 대한민국국회사무처(제91, 1975. 3. 13); 대한민국국회사무처(제93, 1975. 6. 30); 상공부(전자흥장, 1976. 3. 11); 한국 전자공업협동조합(전조2, 1987); 〈동아일보〉(1976. 3. 11); 〈조선일보〉(1976. 3. 12); 〈매일경제신문〉(1976. 3. 11); 대한민국국회사무처(제95, 1976. 3. 16); 한국무역협회(장전, 1976. 10); Planning Office, Heavy and Chemical Industry Promotion Council, Government of the Republic of Korea(HC, 1976); 대한민국국회사무처(제96, 1976. 9. 27); 경제기획원(제4계, 1976); 권일상 상공부공업기획국종합계획과장(1977. 1); 상공부 중공업계획반·화학 및 경공업계획반(제41, 1976); 대한민국정부(행백, 1977); 유신정우회(내한, 1978); 중화학공업추진위원회기획단(한공발1, 1979); 중화학공업추진위원회기획단(중화추현, 1980. 1).

CHAPTER 6

1980년대의 중점 발전계획과 정책

I. 시대전환과 1980년대의 기본계획 및 정책

1979년 1월 중화학공업추진위원회기획단은 1980년대의 전자공업을 〈그림 6-1〉과 같이 구상하였다. 1979년 세계 전자공업 생산량은 1,300억 달러로 추정되었는데 그중 컴퓨터 관련 제품이 500억 달러에[1] 이를 정도로 세계는 컴퓨터 관련 전자공업의 시대로 나아가고 있었고 컴퓨터는 80년대의 중심산업으로 전망되고 있었다. 1979년 대통령경제제2비서실은 1980년대의 향후 과제로 산업의 합리화, 정밀산업화, 시스템산업화, 기술혁신의 4가지 질적 개선을 들었는데 정밀산업화에서 정밀화학, 정밀전자를 거론하였다.[2] 시스템산업화는 기계, 금속, 전자, 화학

〈그림 6-1〉 1979년 1월 중화학공업추진위원회기획단이 구상한 1980년대 전자공업

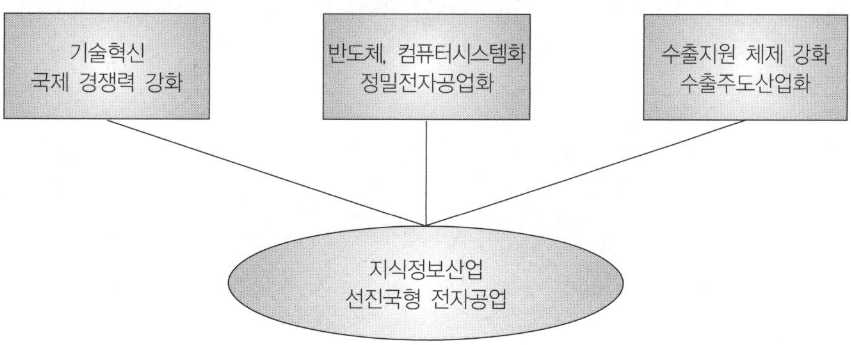

자료: 중화학공업추진위원회기획단(중화추현, 1979. 1), p. 179.

1 국무총리기획조정실(중건7, 1979), p. 155.
2 경제제2(중계초, 1980).

등의 복합산업 발전을 의미하는 것이었다.

중화학공업화정책을 주도하던 경제제2비서실은 1973년 중화학공업화정책선언 이래 추진하여 온 중화학공업 건설이 1978년 중에 1단계 사업이 완공됨으로써 소기의 목표를 달성하였다고 보았다.[3] 이에 1979년부터는 기반이 구축된 중화학공업을 고도화, 정밀화 그리고 대형화하는 2단계 사업을 추진하고자 하였다.[4] 전자공업과 관련된 구체적 내용은 다음과 같은 것이었다.

1. 국제 일류수준의 정밀전자제품 생산하여 수출전략 업종으로 육성하는 목표를 두고 육성할 것임.
2. 이를 위해 구미기지의 제2단지인 인동단지에 반도체 및 컴퓨터 관련 산업을 건설하고 있으며,
3. 또한 구미에 제3전자단지 건설에 착공하여 최첨단기술의 전자부품 국산화와 가정용·산업용 및 군수용 정밀전자기기 생산에 박차를 가함.

대통령비서실(중공현, 1979); 대통령비서실(중화학, 1979).

이러한 1980년대의 전자공업 정책과 체계도는 1980년 들어와서도 변하지 않았다. 다만 구체적인 지향점에서 지식정보산업을 삭제하고 선진국형 전자공업만으로 통일하면서 중화학공업추진위원회기획단은 선진국형 전자공업의 구체적 목표를 수출 90억 달러의 세계 5위라는 정량값으로 〈그림 6-2〉와 같이 제시하였다. 90억 달러 수출은 1979년 제5차 경제사회발전5개년계획이 끝나는 1986년 목표 값으로 제시된 것이다.[5]

이를 위한 전자공업 육성 기본방향을 1980년 1월 중화학공업추진위원회기획단은 다음(〈그림 6-2〉 다음 내용)과 같이 제시하였다.

〈그림 6-2〉 1980년 1월 중화학공업추진위원회기획단이 구상한 1980년대 전자공업

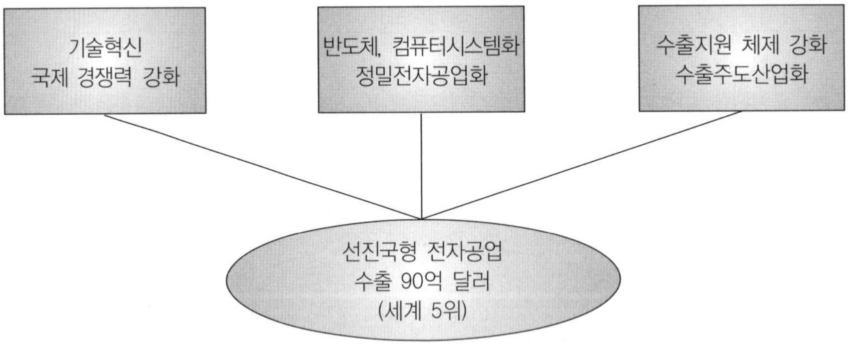

자료: 중화학공업추진위원회기획단(중화추현, 1980. 1), p. 145.

3 경제제2(8고1, 1979).
4 대통령비서실(중공현, 1979).
5 국제경제연구원(전산, 1979), p. 10.

1. 수출전략산업화
   가. 국제수준급의 부품생산
   나. 기술집약적 고급제품 생산
2. 고도정밀전자기기 생산 체제 구축
   가. 반도체 및 컴퓨터산업 중점육성
   나. 최첨단의 전자기기 생산
3. 전자공업기지의 확충
   구미 1, 2, 3 단지

중화학공업추진위원회기획단(중화추현, 1980. 1), p. 145.

1980년 4월 22일 제25일 체신의 날을 맞아 M10CN 첫 전자식교환기 개통식이 있었고 이를 맡았던 *BTM*은 〈그림 6-3〉과 같이 신문 1면에 축하광고를 실었다. *BTM*은 *ITT*의 자회사임을 알리면서 최신 전자식 전화교환시스템을 계속 확대하겠다고 밝혔다. 그러나 M10CN은 여전히 아날로그 방식의 전자식 전화교환시스템이었고 더구나 *BTM*의 경험 부족에 더하여 3만 회선이라는 체신부 요구에 맞추어 M10C를 M10CN 모델로 교체하면서 계속 고장이 발생하여 결국 1980년 말에 패키지4 소프트웨어 개발과 함께 소프트웨어 교체가 이루어졌다.[6] 이는 검토능력과 공개적 검토·비판과 적응단계 없는 기술도입이 얼마나 비용을 추가 발생시키고 불안정한 것인가를 보여 주는 것이었다.

이런 가운데 1980년 들어 석유파동의 영향이 다시 몰려왔다. 국내 경기침체와 함께 석유

〈그림 6-3〉 *BTM*의 첫 전자식교환기 개통 신문 1면 축하광고

자료: 〈경향신문〉(1980. 4. 22).

6 강진구 전 삼성전자사장(1996), p. 147.

파동의 영향으로 강화된 선진공업국의 수입규제로 1980년 전자공업 생산은 13.1% 감소하고 있었다. GDP 성장률은 -2.7%이었다.[7] 1965년 창립 이래 국내 기술진으로 가변저항기 등을 생산하며 1979년 1,500만 달러의 수출실적까지 올리던 「정풍물산(正豊物産)」 등 다수의 전자부품업체들이 국내 경기침체와 수출 부진으로 재무구조가 악화되어 정상가동의 곤란을 겪게 되었다. 결국 「정풍물산」, 「화신전자」, 「동남전기」, 「오림포스전자」, 「울트라전자」 등 안정적인 성장세를 보였던 중견기업들을 포함하여 60여 개의 중소 부품업체의 도산이 이어졌다. 다급해진 전자부품업체들은 상공부가 나서 금융기관, 금융감독원, 관세청 등에 갱생을 위한 협조를 요청해 달라는 공문을 접수하였고[8] 상공부장관은 재무부장관과 관세청장에게 협조요청을 하고 나섰다.[9] 정부와 기업이 함께 기업다짐대회를 열고 고용감축, 신규사업 억제 등 긴축경영을 도입하는 노력도 하였지만 불황은 심각해져 갔다.[10]

1980년 2차 석유파동으로 세계 교역량은 1980년 2.0% 증가에 머물러 증가율이 1979년 6.5%에서 급감하였고 한국 전자업계는 세계경제 위기에 더하여 대통령 암살 후 국내 불안요인까지 겹쳐 위기를 겪고 있었다. 12.12 쿠데타에 대한 국민 지지를 추구하던 전두환 국보위원장은 경제상황이 어려워지자 이 위기를 기회로 이용하고자 하였다. 1980년 8월 1일 정부는 전격적으로 흑백과 컬러가 가능한 미국식 NTSC 방식의 컬러TV 시판을 허용하였다. 이어 11월 8일 정부는 「경제활성화대책」(수요활성화대책)을 발표하여 컬러TV·냉장고·전열기구의 특별소비세를 30% 인하하여 28%로 낮추고 비업무용 부동산 처분 등 기업 재무구조 개선 지원, 세탁기·냉장고·컬러TV 등 내구성 소비재에 대한 수요자금융제도 시행을 발표하였다.[11] 그리고 11월 10일 이광표(李光杓) 문공부장관은 12월 1일부터 컬러TV 방송을 시작한다고 밝혔다. 이 장관은 기존 정부입장을 바꾸면서 “컬러 방송의 교육적, 사회적 영향을 고려하여 컬러 방송시간을 단계적으로 확대해 나갈 방침”이며, “최근에 제작되는 컬러TV수상기는 2, 3년 전에 제작된 수상기와 달리 과다한 전력소모를 요하지 않아 급격한 전력수요의 증가는 없을 것이며, 소비성향을 조장할 가능성이 있는 광고 방송은 컬러로 방영하지 않을 것이므로 컬러 방영을 실시한다 해서 소비성향을 크게 자극하지도 않을 것”이라는 변명을 발표하였다.[12] 한국의 컬러TV 방영과 수상기 시판 허용은 미국 언론에서 “컬러TV가 마침내 한국 시장으로 들어왔다”(Color television finally comes to South Korea market)라고[13] 보도될 정도로 오랜 논쟁거리이었다. 정부는 1981년 8월부터의 컬러TV 가격규제 철폐도 예고하였다.

7 한국은행(한국1, 1995).
8 정풍물산주식회사 대표이사(1980. 8. 7).
9 상공부장관(전제업, 1980. 8. 20).
10 전자산업 50년사 편찬위원회(2009), p. 258.
11 〈경향신문〉(1980. 11. 8); 〈매일경제신문〉(1980. 11. 8); 〈동아일보〉(1980. 11. 8).
12 〈매일경제신문〉(1980. 11. 11).
13 *Christian Science Monitor*(March 17, 1981).

가정용기기 전자공업의 새로운 전기를 가져다 준 컬러TV의 방영과 함께 1980년대 전자오락실 역시 확대되어 갔다. 경제기획원, 상공부, 내무부 등 관련 부처들은 전자오락실이 미치는 전자공업에의 긍정적 효과를 받아 들였다. 1980년 2월 전라남도지사는 대민회신에서 전자유기시설의 학교정화구역 내 영업허가와 관련된 제한규정이 없으며 전자오락실이 학교보건법 시행규칙 "노점행상 및 이와 유사한 시설"로 볼 수 없다고 답신하였다.[14] 12월 18일 보건사회부장관은 보건 1435-2217호, 전자오락실 단속 및 규제 강화 대책에서 '공원 등 대단위 오락시설에 병설하는 것을 제외하고 신규허가, 이전, 명의변경 등을 일절 금지'하였지만 상공부와 경제기획원, 지방정부 등 산업 관련 정부기관의 시각은 달랐다. 결국 보건사회부도 1982년 전자유기장 허가 관리지침에서 허가사항(명의) 변경에 대해서는 금지규정이 없다고 후퇴하였다.[15] 1980년 10월 제11회 전자전람회가 서울 잠실에서 열렸다.[16]

1981년 1월 9일 상공부는 전자공업진흥기본계획을 수립하였다. 이는 1981~1985년을 계획기간으로 하여 전자공업을 연구개발 품목, 공업화 품목 등으로 나누어 단계별로 육성하고자 하는 것이었다.[17] 1월 12일 상공부장관은 이를 상공부공고 제81-4호로 공고하였는데 그 내용은 〈표 6-1〉과 같았다.

1981년 3월 23일 체신부는 봉천, 광장 등 3개 전화국 3만 회선에 「한국전자통신」이 벨기에 *ITT·BTM*사와 기술협력으로 개발한 첫 국산 전자교환기를 설치 개통하였다.[18] 1981년 4월 13일 「전자공업진흥법」이 대폭 개정 공포되었다.[19] 이에 따라 전자공업의 고도화계획을 추진하기 위한 재원을 확보하고 운용·관리하기 위하여[20] 전자공업진흥기금이 설치됨으로써, 마침내 1969년 제정된 전자공업진흥법에서 정한 재정자금지원이 실현되었다. 전자공업진흥기금의 내용은 〈표 6-2〉와 같았다.

나아가 법률 제3436호로 전면 개정된 전자공업진흥법은 전자공업 정의에서 "전자기기 등이라 함은 전자관·반도체소자 기타 이와 유사한 부품을 사용하여 전자운동의 특성을 응용하는 기계·기구(전자계산조직을 포함한다) 및 이에 주로 사용되는 부품과 재료를 말한다"라고 하여 "전자계산조직"을 분명히 명시하였다.[21] 이로써 계속 과기처, 상공부, 체신부 등 정부부처 내 이견이 존재하며 주도권 갈등을 빚었던 컴퓨터 및 소프트웨어 등 정보 관련 정책을 상공부가 법적으로 권한을 갖고 주도할 수 있게 되었다. 1981년 공업부문계획반은 제5차 경제사회발전5

14 전라남도지사(전유, 1980. 2. 29).
15 광주시장(1982. 9. 13).
16 공보처 홍보국(제11, 1980. 10. 7).
17 전국경제인연합회(한경연, 1982), p. 846.
18 〈매일경제신문〉(1981. 3. 23).
19 상공부(새공, 1985. 10), p. 21.
20 감사원(기운, 1984).
21 법제처 국가법령정보센터(2018. 7. 31).

〈표 6-1〉 전자공업진흥을 위한 기본계획(상공부공고 제81-4호, 1981. 1. 12)

	기본계획 내용
품목분류	상품화의 단계별로 연구개발 품목, 공업화 품목, 합리화 품목으로 구분
진흥기간	1981~1985년
진흥목표	1. 가정용 전자기기는 수출주도형으로 육성 2. 산업용 전자기기는 내수주도형으로 육성 3. 반도체는 국내 핵심공업으로 육성 4. 전자부품은 수입대체형으로 육성
시책의 기본방향	1. 국내 수요의 적극 개발 2. 외국 기술도입의 적극화와 병행한 자주기술개발 체제의 확립 추진 3. 설계기술 및 실용화 기술의 창달 4. 원가절감 및 양산화를 위한 표준화 5. 제조기술의 향상, 공정의 개선, 기업경영의 합리화를 통한 국제 경쟁력의 강화 6. 원자재의 국산화 추진 7. 수요 및 관련 기술 분야의 협력 또는 적극적인 공동연구개발로 응용 확대 8. 해외 기술 동향의 적극적인 조사

자료: 〈관보〉(1981. 1. 14), 제8740호.

〈표 6-2〉 전자공업진흥기금

구분		기금의 운용과 관리내용
내용		전자공업진흥법 제6조에 의해 설치된 재정융자기금
운용, 관리	규정	상공부장관
	실운용자	1) 전자공업진흥법에 의해 한국전자공업진흥회에서 대행 2) 한국전자공업진흥회는 전자공업진흥기금 운용관리심의회를 별도 구성하여 중소기업은행을 통해 실수요자에게 융자 지원
운용계획수립과 확정		상공부장관이 매 회계연도마다 기금운용계획을 수립하여 국무회의 심의와 대통령의 승인을 얻고 이후 이 계획은 정부예산에 계상되어 국회의 심의, 의결을 거쳐 확정됨
기금재원조성		정부 및 정부 이외의 자의 출연금, 차입금 및 기금의 운용 수익금으로 조성
기금조성목표		1986년까지 150,000백만 원

자료: 상공부(전자흥, 1985).

개년계획 중 공업부문 계획(안)을 경제차관회의 안건으로 상정하면서 공업별 주요 과제와 정책 방향을 제시하였는데, 이때 전자공업과 전기기기공업을 중화학공업 분류에서 다시 따로 분리하여 정리하였다. 이런 정책적인 분류는 한국에서 1980년대 전자공업을 그만큼 중요하게 취급하였음을 보여 준다.

서석준 상공부장관은 1981년 9월 5일 구미수출산업공단에서 열린 무역진흥 월례회의

〈표 6-3〉 상공부의 1980년대 전자공업 생산, 수출의 세계 시장 점유율 목표

		1980	1986
수출	전자제품 수출	20억 달러	70억 달러
	총수출 중 비중	11.5%	13.3%
세계 위치 (점유율)	생산	1.6%	6.9%
	수출	3.3%	8.6%

자료: 상공부(981전자, 1981. 9).

대통령 보고를 통해 이제까지 저렴한 노동력을 바탕으로 양적 성장에 치우쳐 온 전자공업을 앞으로는 기술개발을 기반으로 한 질적 구조 고도화에 역점을 두고 반도체, 컴퓨터, 통신기 등 핵심전략 부문에 대해서는 기술개발을 국책사업으로 밀고 나가겠다고 밝혔다.[22] 월례회의에서 상공부는 1980년대의 한국 전자공업은 세계 5위권의 생산·수출국으로 진입할 것이라며 구체적으로 〈표 6-3〉과 같이 1986년 전자제품 수출 70억 달러, 세계점유율 8.6% 목표를 제시하였다. 1980년 1월의 중화학공업화추진위원회기획단의 1986년 수출목표액 90억 달러는 2차 석유파동 영향 등으로 70억 달러로 현실화되었다.

이와 함께 상공부는 구체적으로 〈전자공업 추진시책과 육성방안〉을 보고하였다. 우선 생산기반의 강화, 기술개발의 촉진, 내수기반의 확충, 지속적 수출증대, 지원제도의 보강을 목표로 하는 추진시책의 내용은 다음과 같았다.

【상공부 보고 전자공업 추진시책】

1. 생산기반의 강화

가. 산업용 전자부문의 확충

	1980	1982	1986
가정용 →	43% →	42% →	42%
산업용 →	12% →	13% →	20%
부품 →	45% →	45% →	38%

나. 부문 내 고도화 추진

부문별 고도화계획 수립(1982~1986)

22 〈매일경제신문〉(1981. 9. 5).

부문	고도화 대상 품목
가정용	컬러TV, VTR, VDP, 마이크로웨이브
산업용	ESS, EPABX, 팩시밀리, 오실로스코프, 컴퓨터 및 주변장치
부품	반도체, 다층PCB, 커넥터, 마이크로모터, 녹음주행기구

다. 부품 및 소재의 자급도 향상

(1) 주요 품목의 계열화 확대

가정용: 전자시계 등 5개 제품 14개 부품

산업용: 반송전화단국(端局)장치 등 2개 제품 10개 부품

(2) 주요 부품 및 소재의 중점육성

복합부품: 녹음기의 deckmech, 필터 등

기구부품: 스위치, 플러그 등

전자재료: 반도체, 자성·절연재료 등

부자재: 가스, 화공약품 등

2. 기술개발의 촉진

3. 내수기반의 확충

기본방향

(1) 내구소비재 → 민간부문 구매력 유발

(2) 산업용기기 → 정부부문 수요개발

가. 민간부문 구매력 유발

(1) 특별소비세율의 합리적 조정

대량보급 품목: 흑백TV, 카세트 등

초기 및 수출전략 품목: 마이크로웨이브, VTR 등

(2) 수요자금융제도의 확충·보완: 수요자 지원 방식으로 전환

일정 기간 현행 수요자금융 지원

장기: 신용할부판매회사 설립

나. 정부부문 수요의 적극 개발

(1) 정부부문 수요의 장단기 계획화: 통신망 현대화, 행정전산화 계획 등

(2) 수요에 대한 국산화 촉진방안 강구: 정부 각종 수요 사전협의 강화

다. 가격관리의 자율화

(1) 가격관리의 점진적 폐지

(2) 종류별, 규격별 가격의 자율화

(3) 정부구매의 납품조건 개선

가격사정 시 개발투자비 인정

대금지불지연에 따른 금리부담의 반영

4. 지속적 수출증대

5. 지원제도의 보강

내국세	기술개발 투자 촉진 수요창출 기업 재투자 기반 조성
관세	국제 경쟁력 강화 국산화 촉진
금융	장기 개발재원의 조성 수요자금융 지원 정책금융의 효율적 운용

가. 전자공업진흥기금 조성

(1) 조성규모(1982~1986): 1,500억 원

(2) 조성방법: 정부 및 민간 공동출연

(3) 지원 대상

연구개발 품목: 연구개발비

양산화 품목: 시설투자비

합리화 품목: 시설개체비(자동화)

나. 정책자금(국민투자기금 등) 지원 확대

(1) 핵심전략품목에 우선지원

(2) 지원조건의 개선(방위산업 수준)

다. 특별소비세제의 탄력적 운영

서민용 전자제품 (흑백TV, 소형 녹음기 등)	면세
	세율 대폭 인하
육성품목 (컬러TV, 냉장고 등)	세율 인하
	탄력세율 확대
신기술개발품목 (VTR, 마이크로웨이브 등)	시한부 면세
	잠정적 세율 인하

라. 관세율의 합리적 조정

역관세율 구조의 시정

현행: 원자재 > 부품 > 제품

마스크 40% IC 30% 전자교환기 10%

상공부(전자육, 1981. 9. 5).

추진시책에 이어 9월 무역진흥월례회의에서 상공부가 보고한 전자공업 육성방안은 다음과 같았다.

【상공부 보고 전자공업 육성방안】

새로운 정책기조의 정립
부문별 특성에 따른 육성
산업화 단계별 육성전략 강구

1. 새로운 정책기조의 정립

1970년대	1980년
1. 양적 성장 추구(저렴한 노동력 기반)	1. 질적 구조 고도화(기술개발 기반)
2. 전 분야 동등 지원	2. 핵심부문 집중 지원
3. 정부주도적 육성	3. 기업의 자율적 성장 유도
4. 국내 기업 간 경쟁 체제	4. 기업의 국제경쟁 체제

2. 부문별 육성방향

부문	육성방향
가정용기기	〈수출주도형〉 1. 기존 품목의 고급화 2. 신규 품목의 개발 3. 시계시장에의 적극 진출
산업용기기	〈수입대체형〉 1. 내수품목의 개발 2. 정부부문의 수요 개발
부품	〈자립자급형〉 1. 핵심부문의 자립 체제 구축 2. 품질 및 성능 향상

3. 산업화 단계별 육성전략

품목		전략
1. 도입기 품목 마이크로 컴퓨터, 컴퓨터용 반도체	→	연구개발 시작품 개발 지원
2. 성장기 품목 컬러TV, 전자교환기	→	양산화 수요개발, 시설투자
3. 쇠퇴기 품목 흑백TV, 축전기	→	합리화(국제 경쟁력 강화) 자동화 지원, 해외투자 촉진

상공부(전자육, 1981. 9. 5).

1980년대 전두환 정부의 출발과 함께 한국의 전자공업은 세계 상위권을 향한 목표수치를 높게 내걸었다. 그러나 1980년대 초 한국의 전자공업은 여전히 저임금 숙련노동에 대한 의존도가 높아 중국과 동남아시아, 남미 국가와의 장기적 경쟁우위를 자신할 수 없는 위치에 있었고 위로는 여전히 고부가가치 기술, 원천기술의 개발 미비로 미국, 일본, 유럽 등 선진 전자공업국을 추월할 수 있는 위치로 나아가고 있지 못하였다. 전자공업에서 비슷한 처지에 있던 대만은 1980년부터 전자공업 발전 10개년계획을 만들고 연평균 성장률 14.5% 유지, 부가가치율의 제고, 자립능력의 강화를 목표로 기술집약품목 개발, 투자 및 성장환경 개선, 기술수준의 향상, 마케팅 능력의 확립 등의 주요 정책을 추진하고 있었다.[23] 1980년대 초 한국 전자공업의 경쟁력은 부품의 국산화 미흡으로 인한 낮은 원가탄력성, 기술 부족, 원시적 기업경영으로 선진공업국 수준에 비해 분명히 낮았다.[24]

그럼에도 한국은 언론이 앞장선 전자공업의 생산액과 수출액 증가 찬양에 빠져 세계 선두 전자공업국가들까지 나서고 있는 체계적이고 유기적인 정부지원 체제도 갖추지 못하고 있었다. 오히려 전자공업과 관련된 정부 부처 간 과거 잘못에 대한 책임 미루기와 금융, 금리, 국산화, 가격에 대한 불협화음은 극에 달하고 있었다. 그야말로 정책과 기업전략의 부재 위기가 심화되고 있었다. 이러한 1980년대 초 한국 전자공업이 처한 문제는 다음과 같이 요약되는 것이었다.

【1980년대 초 한국 전자공업의 문제】

1. 전자공업 관계 정부부처의 불협화음

분류	상공부	경제기획원	재무부
금융	자금지원 내약	긴축 주장	통화억제
금리	금리인하	–	저축목표 달성
국산화	국산품 공급 확대	수입자유화 촉구	수요자금융 제한 속응력 있는 관세정책 결여
가격	가격자유화	물가안정	기업합리화를 외면한 원가관리준칙

2. 환율의 절하와 물가고
   (1) 외화대부에 의한 도입시설의 상환부담액 증가
   (2) 장기 안목의 연구개발 투자 불가

한국무역협회(가전, 1981. 12), pp. 15~16.

기업들의 저생산성은 심각하였다. 저생산성의 요인은 설비노후화 및 자동화 미비가 60.3%, 설비운영기술 부족이 19.1%, 설비배치 잘못이 5.9%, 기타 요인이 14.7%로 나타나 설비노후화와 기술부족이 개선되지 못하고 있음을 확인하여 주었다. 설비자동화 정도를 보면

23 상공부(전자육, 1981. 9. 5).
24 한국무역협회(가전, 1981. 12), pp. 8~10.

〈그림 6-4〉 설비개선 애로(복수응답) (단위: %)

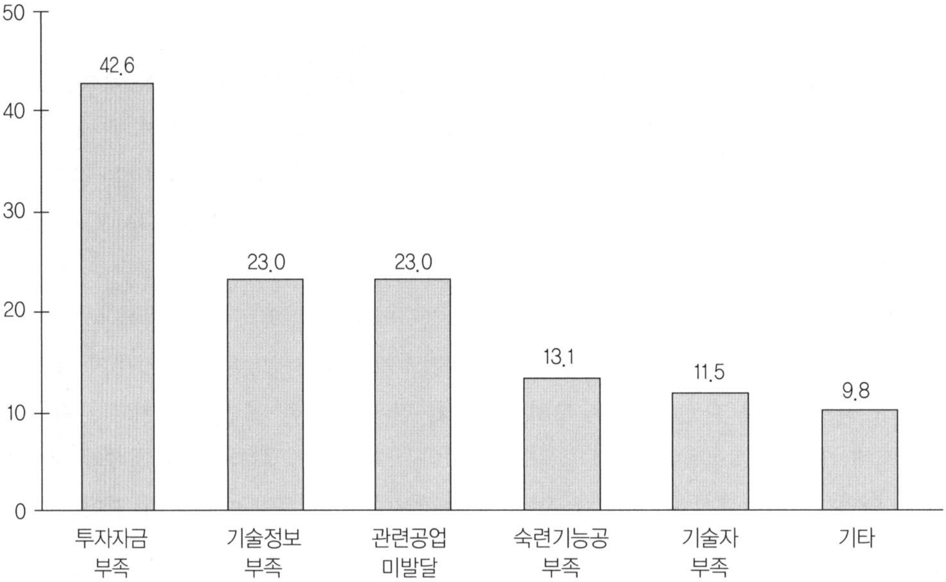

자료: 한국무역협회(가전, 1981. 12), p. 26.

자동설비가 16.4%에 불과하고 반자동설비가 47.5%, 그리고 수동설비가 36.1%에 이르고 있었다.[25] 한국개발연구원 역시 기업들의 자동화 시설투자를 위한 현 투자공제율 8/100을 대폭 확대할 필요가 있다고 제안하고 나섰다.[26] 설비개선이 이루어지지 못하고 있는 이유는 〈그림 6-4〉에서 보듯이 투자자금의 부족이 가장 큰 것이었다.

전자공업의 장기적이고 안정적인 발전을 위해 내수 확대는 필수적인 것이었다. 1980년 6월 전국경제인연합회의 국제 경쟁력 실태조사에 의하면 〈표 6-4〉에서 보듯이 가전제품 보급률은 개발기에 있는 세탁기가 19.8%, 성장기에 있는 냉장고가 45.0%, 이미 성숙기에 들어간 전기밥솥도 45.0%에 불과하여 가전제품 내수는 분명히 더 확대될 수 있었다. 문제는 내수를 억제하는 정부정책이었다.

1980년대 들어와서도 특별소비세 등 간접세 문제가 거론되었지만 개선되지 못하고 있었다. 한국의 전자공업 내수시장은 국민갈등 억제라는 정치적 논리가 계속 지배하였다. 1984년 한국산업은행의 보고에 의하면 한국 전자공업 내수시장의 중심을 이루는 가정용기기의 국내 간접세로 방위세가 세액의 30%, 부가세가 세액의 10%, 부가가치세 10% 그리고 품목별 해당

25 한국무역협회(가전, 1981. 12), p. 24.
26 한국개발연구원(중화전, 1981), p. 132.

〈표 6-4〉 가전용기기 품목별 성장단계와 보급률(1980년 6월 현재)

	개발기	성장기	도약기	성숙기
냉장고		보급률 45.0%		
세탁기	보급률 19.8%			
선풍기				보급률 94.8%
믹서		보급률 23.0%		
전기밥솥				보급률 45.0%

자료: 전국경제인연합회(한경연, 1981), p. 511.

〈표 6-5〉 1980년대 전반기 각국의 간접세 비교 (단위: %)

	한국	대만	일본	미국
	간접세(특별소비세)			
대형 컬러TV, 냉장고	67.2(40)	15	20	6~8
소형 컬러TV	50.4(28)	10	15	6~8
흑백TV	24.3(10)	10	0	−
음향기기	15.72(4)	−	10	−

자료: 한국산업은행조사부(한산, 1984), 하, p. 290.

세율의 특별소비세가 부가되었다. 이들 가전제품들은 가정필수품임에도 사치재로 분류되어 중과되었는데 내수시장 간접세는 대만, 일본, 미국 등 세계 시장에서 한국의 전자공업이 경쟁하고 있던 국가들의 간접세와 비교할 때 직접 비교가 어려울 정도로 높았다. 대표적으로 소형 컬러TV만 보아도 한국의 경우 간접세의 비중이 50.04%에 이르렀지만 대만은 10%, 일본은 15%, 심지어 미국은 6~8%에 불과하였다(〈표 6-5〉 참조).

한국 전자공업의 내수 확대에 또 하나의 큰 장애 문제는 유통구조의 낙후이었다. 특히, 투자자금의 부족에 중요한 요인이 되었던 것의 하나가 바로 이 전근대적인 한국의 유통구조이었고 이런 점에서 자금순환과 관련된 유통의 후진성은 한국 전자공업의 발전에 있어 기초적인 장애요인이었다. 일본 전자공업의 경우 공장출하 후 25일 이내에 자금 회수가 이루어지고 컬러TV수상기의 73.6%가 소비자금융을 활용하고 있었지만 한국의 경우 가전제품 판매대금은 4~6개월 후가 되어야 회수되었다. 이는 연쇄적으로 부품대금의 지불도 4~6개월 후로 만들었다. 결국 물량증가에 따라 운영자금이 비례하여 증가하고 지불이자 부담이 과대해졌고 이는 투자자금의 부족으로 연결되었다.[27] 물론 이러한 유통구조의 문제는 오래된 것이었지만 1970년대까지 수출에 총력이 주어져 있어 수정되지 못하고 1980년대 들어와서도 계속된 것이었다.

이러한 내수 확대와 유통구조의 문제를 인식한 서석준 상공부장관은 1981년 9월 5일 무역진흥월례회의 대통령 보고를 통해 이의 미래 해결책을 제시하였다. 상공부장관은 전자사업의 내수기반 확충을 위해 TV, 소형 녹음기, 냉장고, 세탁기 등의 특별소비세를 인하하고 수요자금융을 확충하기 위해 장기적으로 신용할부판매회사를 설립하겠다고 보고하였다.[28] 정부는 1981년 8월부터의 가격자유화도 예고하였다.[29]

1981년 7월 1일 경제기획원장관은 경제기획원고시 제48호로 1978년 7월 18일자 경제기획원고시 제20호, 전자제품 생산 외국인투자기업체의 판매승인 요령을 당일부로 폐지하였다.[30] 이와 함께 이날 상공부장관은 〈전자제품 생산 외국인투자업체의 판매승인 요령〉을 상공부고시 제81-24호로 고시하였다.[31]

1980년대로 들어와서도 한국 전자공업은 여전히 생산, 수출이 대만보다 크게 떨어지고 영세성을 면치 못하고 있었다. 1981년 한국 전자공업 수출액은 22억 달러로 대만의 33억 달러에 훨씬 못 미쳤고 5억 달러 이상 매출업체가 대만은 5개사이었지만 한국은 3개사에 불과하였다.[32] 그럼에도 중화학공업에 대한 과잉투자 비판이 전면적으로 확대되고 있었다.

1981년 7월 15일 대통령은 상공부 전자공업육성계획작성반이 입안하여 과학기술처장관, 체신부장관, 재무부장관, 부총리가 협조 서명한 〈전자공업육성계획〉을 결재하였다. 〈전자공업육성계획〉은 새로운 정책기조의 형성을 천명하고 1970년대의 양적 성장 추구, 전 품목 획일적 육성, 성장환경의 미비, 단기 안목의 성장, 업계이익 본위를 1980년대 각각 질적 구조의 고도화, 선별적 집중적 육성, 성장환경의 정비, 장기 안목의 자율성장, 국가 이익과 일치 유도로 전환한다고 밝혔다. 이를 위해 부문별 육성방향으로 '가전제품은 수출주도형, 산업용기기는 수입대체형, 부품은 자립·자급형으로의 육성'을 정하고 1980년대의 구체적인 전자공업의 육성시책을 〈표 6-6〉과 같이 정하였다.

〈전자공업육성계획〉은 당면조치 사항으로, 첫째 특별소비세제도의 탄력적 운용, 둘째 전자공업 육성기금의 조성 촉진, 셋째 정책금융제도의 보강을 들었다. 정부는 이미 반복되고 있는 것이었지만 서민용 전자제품은 면세 또는 세율 대폭 인하를 유도하고 육성품목은 세율인하 검토, 그리고 신기술 개발제품은 일정 기간 면세 또는 잠정 인하 세율을 적용하며 전자공업 육성기금을 1982년부터 1986년까지 1,500억 원 조성하기로 하였다. 이와 함께 반도체, 컴퓨터를 대상으로 방위산업 지원 수준의 정책금융제도를 보강하기로 하였다.[33] 1981년 구미수출산업공

---

27 한국무역협회(가전, 1981), p. 70.
28 〈동아일보〉(1981. 9. 5); 〈매일경제신문〉(1981. 9. 5).
29 Christian Science Monitor(March 17, 1981).
30 〈관보〉(1981. 7. 2), 제8879호.
31 〈관보〉(1981. 7. 1), 제8878호.
32 〈매일경제신문〉(1983. 2. 18).
33 상공부 전자공업육성계획작업반(전자, 1981. 5).

단 확장단지(제2단지) 분양가가 높아지자 상공부장관은 건설부장관에게 "이 단지가 한국 전자공업의 핵심 분야인 반도체 및 컴퓨터의 전문단지로서 이를 육성하기 위한 다각적인 지원이 요청되는 업종임을 고려할 때 공기지연 및 확장공사 등의 이유로 부담을 가중시키는 사례가 발생되어서는 안 될 것입니다"라며 공문을 발송하고 있는 것은[34] 당시 반도체, 컴퓨터 산업에 대한 정부의 정책우선순위와 인식을 보여 준다.

1982년 2월 18일 이정오 과학기술처장관은 반도체, 컴퓨터, 통신기기산업을 주도하고 있던 상공부를 의식하며 대통령 새해 업무보고에서 교육용 8비트 소형 컴퓨터 개발 및 보급계획

〈표 6-6〉 1980년대 전자공업 육성시책(1981)

구분	시책내용	
육성 체제의 재정비	산업화 단계별 육성품목 지정	세제, 금융, 각종 행정지원 연결 지원효과의 집중 극대화
	지원제도의 개선	내국세: 기술개발 투자 촉진, 수요창출 등 관세: 국제 경쟁력 강화, 국산화 촉진 등 금융: 정부·민간 공동부담, 핵심전략 기술개발 분야 등
구조의 고도화	산업용 전자부문의 확충	분야별 1982~1986년 고도화 계획 및 대상 품목 1986년 가정용 : 산업용 : 부품 = 42 : 20 : 38
	핵심 전략부문의 중점개발	국가적인 차원에서 3대 전략부문의 육성 3대 전략부문: 반도체, 컴퓨터, 통신기기
기술개발 체제의 확립	정부·민간 공동개발 체제의 구축	단기: 정부출연연구소와 민간연구소 간 정부위탁제품의 공동개발, 기술정보 교환 장기: 첨단기술제품의 공동연구 개발
	국책기술개발사업제도의 도입	대상 분야: 반도체, 컴퓨터 등 핵심기술 지원방법: 직접보조와 저리융자
	민간 기술개발 지원제도의 강화	기술개발 시설투자에 대한 투자세액 공제 기술개발을 위한 비용 지출: 손비인정, 세액공제 기술개발준비금 적립의 용이화 주요 기술연관 기자재의 관세 감면
성장추진력의 보강	내수기반의 확충	내구성소비재: 간접세율 인하, 수요자금융 지원 부품: 부품소재의 공급능력 확대 산업용기기: 정부부문 수요개발, 국산화 촉진
	지속적인 수출증대	세계 5위국의 생산, 수출국 진입 수출목표: 1986년 70억 달러 국민총생산에 대한 기여도: 1986년 2.4% 세계 시장점유율: 1986년 생산 6.9%, 수출 8.6%

자료: 상공부 전자공업육성계획작업반(전자, 1981. 5).

34 상공부장관(구단, 1981. 4. 16).

과 함께 공공기관은 국산 컴퓨터 활용을 의무화하겠다고 보고하였다.[35] 특히, 교육용 컴퓨터 사업은 컴퓨터산업 발전을 위해 대규모 수요를 창출해야 한다는 것이 강조되었고 이에 교육용 컴퓨터 보급사업에 12~13개 회사가 참여 신청을 하였지만 상공부와 과학기술처의 반목으로 사업은 지연되었다. 결국 과기처가 한국전자기술연구소(KIET)에 위임하고 KIET는 상공부에 위임하여 상공부가 「삼성전자」, 「금성사」, 「동양나이론」, 「한국상역」, 「삼보컴퓨터」 5개사를 선정하였고 각 사는 계획연도를 넘긴 1983년에야 5,000대를 고등학교, 직업훈련원 등에 보급하였다.[36] 참여희망 및 참여기업들은 교육용 컴퓨터 보급 자체에 관심이 있었던 것이 아니었고 이후의 대규모 수요시장 선점을 노리고 있었는데, 이는 삼성전자 컴퓨터사업부 과장 K씨의 증언에서도 드러난다.

> 삼성은 과기처의 계획이 교육용 컴퓨터 보급 차원 그 자체보다는 민간업계 수요창출에 더 많은 기대를 걸고 있다는 것을 읽고 있었습니다. 나중에 들은 얘기지만 다른 4사들도 과기처 납품가격은 대당 24만 원에 맞추되 실제 개발은 50만~60만 원대의 시판기종 규격을 염두에 두고 있었다는 겁니다. 그러고 보면 5사는 앞뒤를 재고 있었는데 정부 관계자들만 몰랐다는 얘기죠.
>
> 전자신문사(컴파, 1995. 12. 11~1996. 12. 12), 36.

이렇게 잘못된 목적에서 출발하여 졸속으로 추진된 보급 컴퓨터는 소프트웨어, 보조장치 부족 등으로 거의 사용되지도 못하였다. 그럼에도 이 계획은 그 자체 사업보다 「삼성전자」, 「대한전선(대우전자)」, 「금성사」 등 기업들의 컴퓨터 생산 참여를 이끌어 낸 중요한 의미를 갖게 되었다.

Ⅱ. 새로운 지원 체제 및 전략의 모색

상공부는 전자공업의 연구개발과 시설투자를 활성화하고 생산과 수출을 지속적으로 증대시키기 위한 1980년대 전자공업의 고도화 장기 발전계획과 품목별 세부 발전계획을 수립하고자 하였다. 우선 상공부는 전자공업을 1980년대의 핵심 전략산업으로 육성하기 위하여 학계·연구소·업계 전문가를 중심으로 80년대 전자공업의 시장동향 및 기술·제품개발 동향을 장기 전망하여, 이러한 변화에 대처할 수 있는 새로운 기술 및 제품개발을 촉진하고 부가가치가 높은 산업용 전자기기 중심으로 전자산업 구조를 개선하기 위한 「전자공업고도화장기계획」을

35 〈동아일보〉(1982. 2. 19).
36 한국전자기술연구소(1984. 2).

〈표 6-7〉 전자공업고도화장기계획(1982~1991)의 주요 내용

구분	주요 내용
고도화 목표	생산능력을 1982~1986년에 연평균 22%, 1987~1991년에 연평균 17%씩 올려 생산기반을 확충하고 1980년대 중반에 60~70억 달러를 수출
전자공업구조	산업용 전자기기의 비중을 현재 14%에서 1986년 24%, 1991년 31%로 높이고 부가가치율도 28%에서 1991년 34%로 높임
고용인원	전자공업 고용인원 현 24만 7,000명에서 1991년 76만 명으로 늘림
육성시책	1. 전자공업의 단계적 육성정책을 쓰기로 하고 중형 컴퓨터·유선통신기기·공업전자 부문·의료용기기·화상녹화재생기·디지털IC·소프트웨어의 7개 품목을 연구개발 대상, 전자레인지·반도체 재료 등 11개 품목을 공업화 대상 품목, 전자식계측기 등 13개 품목을 합리화 대상으로 선정 2. 연구개발 품목은 정부주도 하에 육성하고 공업화 품목은 민간주도로 육성 발전 3. 모든 전자 분야에서 외국인투자 100% 허용 4. 시설자동화 등 합리화 투자 촉진하고 이를 지원하기 위해 전자공업진흥기금 벤처캐피털을 확대 5. 연구개발을 위해 기업연구소를 현재 8개에서 1991년까지 25개로, 연구조합을 2개에서 20개 이상으로 늘릴 계획

자료: 〈매일경제신문〉(1983. 2. 18).

작성하였다.[37] 1983년 2월 18일 상공부는 1년에 걸쳐 산학연 공동으로 마련한 전자공업고도화장기계획의 내용을 공개하였다. 이전 계획보다 업계의 현실이 가미되어 객관성이 높은 계획이라고 평가받았던 전자공업고도화장기계획의 중심 내용을 정리하면 〈표 6-7〉과 같다.

전자공업고도화장기계획의 기본골격은 전자계산기 등 산업용 전자기기의 새로운 개발에 역점을 두면서 반도체 부품 및 소재 부문의 중점보강, 기존 제품의 경쟁력을 제고하는 것이었다. 이를 통해 산업용 전자기기의 비중을 〈그림 6-5〉에서 보듯이 현재 14%에서 1986년 24%, 1991년 31%로 높이고 부가가치율도 28%에서 1991년 34%로 높이며 생산능력을 1982~1986년에 연평균 22%, 1987~1991년에 연평균 17%씩 올려 생산기반을 확충한다는 것이었다.

상공부는 일관성이 부족하였던 이제까지의 전자공업정책을 반성하고 '고도화 성장계획'을 정부가 수립하면 자금지원기관이 품목별로 지원 세부 실천계획을 수립하여 지원, 관리하도록 역할을 분리함으로써 체계적인 지원 체제를 새로 정립해 나갈 것이라고 다음(〈그림 6-5〉 아래 내용)과 같이 밝혔다.

37 상공부장관(전장, 1983. 3. 4).

〈그림 6-5〉 전자공업 구조개선 목표 (단위: %)

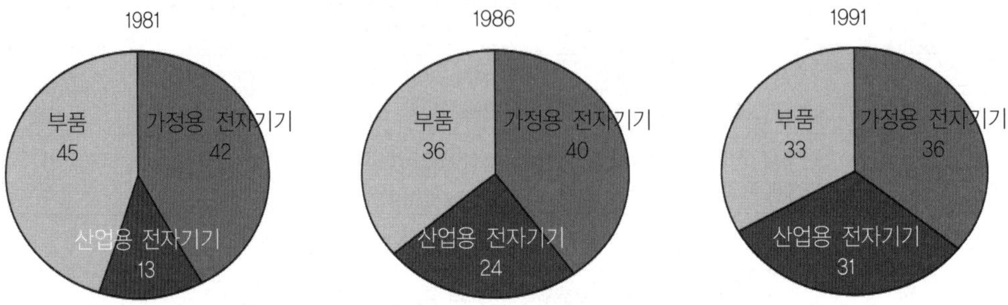

자료: 상공부(전자, 1982), p. 78.

> 한국의 전자공업이 시행착오도 없지 않았는데 그 대표적인 것이 계획과 실천이 일관성 있게 추진되지 못했다고 지적할 수 있다. 따라서 앞으로 고도의 장기계획을 내실 있게 추진하기 위해 정부가 자금지원을 필요로 하는 대상 품목과 범위의 선정, 효과적인 지원방안 등을 포함해 고도화 성장계획을 수립, 공고하게 되면 자금 면에서 지원기관이라고 할 수 있는 산업은행, 중소기업은행, 기타 중소기업진흥공단 등은 해당 품목별로 지원 세부 실천계획을 수립하여 지원하고 이에 대한 사업성과를 관리하는 체제로 추진케 함으로써 계획이 체계적으로 실행되도록 그 지원 체제를 새로 정립해 나갈 것이다.
>
> 상공부(전자, 1982), pp. 159~160.

상공부는 전자공업 수출이 1982년부터 5년간 연평균 20~25%씩 고성장을 지속해 1986년에는 65억 달러 수출로 총수출의 12.3%가 될 것이며 그 후 5년간은 상품구조의 전환을 감안하여 연평균 15~20% 성장, 1991년에는 130억 달러의 수출이 가능할 것이라고 밝혔다. 1986년 수출목표를 70억 달러에서 조금 낮추었지만 상공부는 전자공업의 고도성장이 가능할 것이며, 이에 따라 1986년 전자공업의 부가가치는 1980년 가격으로 2조 2,700억 원에 이르고 1991년에는 5조 4,000억 원이 되어 전자공업은 제조업 내 비중이 12.6%와 18.6%로 제고되면서, 한국 경제성장을 주도해 나갈 뿐만 아니라 전체 산업구조 고도화에 직접 기여할 것이라고 보았다.[38]

민간참여 및 주도 확대 추구에 발맞추어 1982년 전자공업진흥법이 개정되어 전자공업 등록업무가 지방자치단체장에게서 한국전자공업진흥회로 이관되었다.[39] 1982년 5월 상공부는 제5차 경제사회발전5개년계획 기간 중 전자공업 구조 고도화로 수출기반을 확충하기로 하고 전자계산기 및 주변기기를 핵심전략 육성품목으로 선정하여 종합적인 육성대책을 펴나가기로 하

38 상공부(전자, 1982), pp. 76~77.

39 서울특별시장(1982. 3. 17).

였다고 밝혔다. 이를 위해 상공부는 우선 경쟁력 확보가 용이하고 수요전망이 좋은 소형 전자계산기 및 주변기기 7개 품목에 대해 유형별 전문생산 체제를 확립하여 육성시켜 나가도록 하였다.[40] 상공부의 전자계산기산업 육성을 위한 전문업체 선정요강 발표 한 달 만인 6월 10일 마감까지 전문업체 신청업체 수와 신청 분야는 무려 87개사 194개 분야에 이를 정도로 기업들의 관심이 높았으나 분야별 업체 선정은 1988년 5공화국이 끝날 때까지도 이루어지지 않았다. 그럼에도 상공부의 전문업체 선정요강 발표는 「고려씨스템」, 「큐닉스」, 「한국상역」, 「한독」, 「금성반도체」, 「동양정밀」, 「금성통신」 등 대기업집단 계열 또는 중견업체들의 PC 본체 관련 부품개발에 즉각 나서게 하는 결정적인 역할을 하였다.[41]

1982년 10월 16일 상공부는 1991년까지 수출 130억 달러·부가가치 34%로 하는 1980년대 전자공업 장기육성 방안을 밝히며 1991년 세계 시장 점유율을 4.2%까지 올리겠다는 목표를 제시하였다.[42] 11월 상공부는 1986년까지 반도체 부문에서 반도체 기초소재의 자급도를 85%로 올리고, 컴퓨터 부문에서는 미니컴퓨터 기술을 자급하며, 통신기기 부문에서는 전전자식 개발과 함께 부품자급도를 80%로 올리고, 가전제품에서는 고가 신제품 개발을 촉진한다는 내용을 담은 10개 품목 중장기 발전계획을 수립하여 추진한다고 밝혔다.[43]

모든 전자 분야에서 외국인투자 100%를 허용한다는 개방 확대정책에 기초하여 1983년 5월 31일 상공부장관은 〈전자제품생산 외국인투자업체의 판매승인요령 개정〉을 상공부공고 제83-20호로 공고하였다.[44] 여기에서 우선 1981년 7월 1일 상공부고시 제81-24호 고시[45] 4조 3항 "외국인이 단독 투자한 외국인투자업체가 생산한 전자제품은 수출실적의 10% 범위 내에서 국내 판매를 허용할 수 있다"라는 규정을 10% 범위 내에서 50% 범위 내로 수정하였다. 그리고 5조 4항을 신설하여 "외국인투자의 촉진, 수입품목의 국산대체 등 필요하다고 인정할 경우에는 외국인투자업체에 대해 사업개시 후 2년간은 국내 판매에 제한을 두지 아니할 수 있다"를 삽입하고 판매승인권자를 상공부장관, 경상북도지사에서 한국전자공업진흥회장으로 변경하여 민간자율권을 확대시켰다. 개방 확대는 선진공업국의 무역장벽 강화에 대응하는 목적도 가지고 있었는데 정부는 1961년 제정 이래 유지해 온 「특정외래품판매금지법」 역시 1982년 12월 31일 법률 제3616호로 폐지하였다.[46]

정부는 전자공업고도화장기계획에서 민간중심으로 계획을 운용할 목적으로 연구개발 및 공업화 대상 국산화, 시설자동화사업에 특별저리자금을 공급하고자 하였다. 이를 위해 1981년

40 〈매일경제신문〉(1982. 5. 17).
41 전자신문사(컴파, 1995. 12. 11~1996. 12. 12), 28.
42 〈매일경제신문〉(1982. 10. 16).
43 〈매일경제신문〉(1982. 11. 13).
44 〈관보〉(1983. 5. 31), 제9453호.
45 〈관보〉(1981. 7. 1), 제8878호.
46 법제처 국가법령정보센터(2018. 7. 17).

부터 추진된 전자공업진흥기금은, 1982~1986년간 정부, 민간 50%씩 1,500억 원 모금목표에도 불구하고 1983년까지 민간기업의 출연이 전혀 이루어지지 않았다.47 1983년까지 수집된 전자공업진흥기금은 정부출연금 58억 원, 이자수입 1억 5,000만 원에 불과하였고 1983년 전자공업진흥기금의 융자승인액도 전자부품업체 신제품 개발 15개 업체 10억 원과 품질향상 12개 업체 9억 원 그리고 한국전자전람회 수상업체 5개 업체 2억 5,000만 원, 합계 21억 5,000만 원에 머물렀다.48

1984년 전자공업진흥기금의 정부예산안도 20억 원만 계상되었다. 국무회의에 상정된 전자공업 고도화계획을 추진하기 위한 1984년도 전자공업진흥기금 운용계획은 다음과 같았다.

【1984년도 전자공업진흥기금 운용계획】

1. 수입예산
   1984년도 재정자금 20억 원, 대출자금 이자수입 2억 5,000만 원
2. 지출예산
   (1) 전자부품 개발: 수출유망품목 시제품 개발 10억 원
   취약부품 품질향상 및 수입부품 국산화 지원 10억 원
   (2) 한국전자전람회의 신상품 개발업체 지원: 2억 5,000만 원
3. 운용관리기관
   한국전자공업진흥회
4. 융자취급기관
   중소기업은행
5. 융자조건
   이자율 연 6%(貸下 연 5%), 기간 5년(2년 거치 3년 균등분할 상환)

국무위원 김동휘(金東輝) 상공부장관(1983. 9).

1984년 1월 30일 금진호 상공부장관은 대통령에게 1984년 중화학공업 전자공업 업무를 다음과 같이 보고하였다.

① 올해 수출액은 작년보다 36.7% 늘어난 41억 달러로 책정
② 전자공업을 80년대 성장산업으로 육성하기 위해 세제지원 방안 마련
③ 전자공업의 주요 부문별 개발협의회를 설치해 운영
④ 전자기술인력 확보를 위해 과학기술원 및 대학의 전자·전산과 정원 증원
⑤ 올해 「삼성전자」·「금성사」·「대우전자」·「현대전자」가 종합전자공장을 건설하고 50개 이상의 중소 전문공장 신설 혹은 증설

47 〈매일경제신문〉(1984. 1. 16).
48 상공부장관(84전운, 1983. 9. 20).

⑥ 반도체 부문에서 1984년 64K램의 양산 체제를 갖추며 1985년에는 256K램의 생산이 가능하고 이밖에 산업용 30여 종류의 반도체를 계속 개발
⑦ 소형 컴퓨터를 수출산업으로 전환하고 주요 해외 기업과의 기술 및 생산 제휴를 추진하며 전자교환기 및 광통신시스템의 본격적인 생산을 통해 산업구조를 첨단기술 쪽으로 고도화
⑧ 올해 3,700억 원의 설비확충자금을 전자공업 부문에 투입
⑨ 주요 전자제품의 국내 보급을 확대하기 위해 세제개선 방안을 검토하고 있으며 콤팩트디스크 플레이어(CDP) 특별소비세율을 현행 25%에서 2.5%로 인하하는 등 주요 전자제품의 특별소비세를 점차 내림.

〈경향신문〉(1984. 1. 30); 〈동아일보〉(1984. 1. 30); 〈매일경제신문〉(1984. 1. 30).

1985년 1월 17일 상공부는 새해 업무보고를 통해 반도체·컴퓨터 등 기술집약산업의 수출을 늘리고 산업용 전자기기의 비중을 1985년 20%로 높이겠다고 밝혔다.[49] 1월 31일 상공부장관은 상공부고시 제85-3호로 〈1985년도 전자공업진흥기금 운용관리 요령〉을 고시하였는데 1985년의 기금규모는 42억 2,700만 원, 융자금리는 연 6%, 융자기간은 2년 거치, 3년 분할상환의 5년이었다.[50] 이번에도 전자공업진흥기금은 정부출연 축소와 전자업계 수출 부진, 민간출연 순연 등으로 모금계획의 10% 수준만을 조성하는 데 그쳤다.[51] 결국 전자공업진흥기금은 1986년 7월 1일부터 「공업발전법」에[52] 따른 공업발전기금으로 흡수 통합되었다.

1985년 12월 31일 상공부장관은 상공부고시 제85-24호(전자제품생산 외국인투자업체의 판매승인 요령 개정)를 고시하여 전자제품생산 외국인투자업체의 판매승인 요령 상공부공고 제83-20호(1983. 5. 31)를 폐지하였다. 새 고시는 폐지된 고시의 5조 4항(2년간 국내 판매 자유 규정)을 유지하였다. 그리고 가정용 전자제품에 한하여, ① 외국인 주식지분율이 50% 이상인 외국인투자업체는 수출실적의 100% 범위 내에서, 외국인 단독투자업체는 수출실적의 50% 범위 이내에서 국내 판매를 허용하고, ② 외국인투자업체로 외국 상표를 사용하는 업체는 수출실적의 100% 범위 내에서 국내 판매를 허용하되 ①과 충돌되는 경우 허용량이 적은 것으로 허용하도록 하였다.[53] 1986년 1월 17일 상공부장관은 〈전자제품생산 외국인투자업체의 판매승인 요령〉(상공부고시 제85-24호) 고시를 통해 상공부고시 제85-24호의 판매승인 요령 중 "50% 이상"을 "50% 초과"로 수정하였다.[54]

---

49 〈경향신문〉(1984. 1. 17); 〈매일경제신문〉(1984. 1. 17).
50 〈관보〉(1985. 1. 31), 제9955호.
51 상공부(전자흥, 1985); 감사원(기운, 1984).
52 공업발전법은 전자공업진흥법 등 7개의 개별 공업육성법을 통합하여 공업의 균형발전, 업종합리화, 공업발전기금의 설치를 골자로 만들어졌다.
53 〈관보〉(1985. 12. 31), 제10229호.
54 〈관보〉(1986. 1. 17), 제10241호.

Ⅲ. 통신산업 체계 정비와 개발

1980년대 들어와 1979년 말 대통령 최종 재가가 이루어지고 4개 생산업체 지정 및 초기 생산량 통보가 이루어진 통신산업 체계 정비정책이 본격 추진되었다.

1980년 1월 18일 국무회의 심의를 거쳐 1월 28일 전자교환시설(제1기종) 확장을 위한 벨기에 *BBL*과의 제1차 차관협정이 서명되었고[55] 2월 15일 경제기획원장관은 이를 경제기획원공고 제199호로 공고하였다(〈그림 6-6〉 참조).

1980년 2월 5일, 2월 13일 정부는 관련 국내 업체에 사업추진 및 사업계획 작성지침을 시달하였다. 2월 25일과 4월 15일 「삼성GTE」는 「삼성전자」 및 동 계열회사로, 「금성통신」은 「금성반도체」로의 생산업체 지정변경 승인이 이루어졌다. 4월 4일 삼성이 「한국전자통신(주)」을 인수하자 6월 10일, 8월 16일 정부는 제1기종 기술도입계약 수정을 지시하였다. 8월 25일 정부는 제2기종 참여업체 사업계획서를 접수하였다.[56]

제2기종 전자교환기 도입사업을 위해 1980년 5월 24일 한국통신기술연구소(KTRI) 사업분석실은 체신부에 1980년 2월 28일자 체신부 TSA안을 중심으로 1980년 5월 17일과 5월 19일에 체신부와 *WEI*(*Western Electric International*)가 심의하였던 결과를 정리하여 송부하고 법적인 사항은 따로 변호사 자문을 의뢰하겠다고 보고하였다.[57] 5월 28일 한국통신기술연구소 소장은 시내용 No.1A 전자교환기 도입에 관한 총괄공급계약서 및 총괄용역계약서 부록 초안을 보완 작성하여 체신부장관에게 송부하였다.[58] 1980년 5월 30일 체신부, KTRI 및 변호사 참석 하에 GSA에 대한 합동심의가 이루어졌고 이어 6월 4일 TSA에 대해서도 체신부안(1980. 2. 28)과 WEI안(1980. 3. 31)의 검토 결과를 같은 방법으로 합동 심의하였다. 그리고 한국통신기술연구소는 양측 변호사 간의 의견교환 내용과 체신부의 의견을 기본으로 하여 No.1A GSA 및 TSA 계약서안을 만들어 체신부 기술정책관실로 보내 체신부가 *WEI*와 최종 협상에 임하도록 하였다.[59]

1980년 No.1A ESS 사업계획 추진과 관련하여 EXIM차관 협정이 미체결 또는 다른 이유 등으로 인하여 계약이 체결되지 않을 경우 *WEI*사는 사업추진 과정에서 발생하는 비용을 100만 달러 범위 내에서 체신부에 청구할 수 있도록 예비합의서가 작성되었다. 그런데 1980년 7월 14일 *WEI*가 계약이 지연됨에 따라 추가 부담요인이 발생한다는 이유로 100만 달러를 350만 달러로 수정해 줄 것을 요청하여 왔다. 체신부는 한국통신기술연구소장에게 이를 검토하여

55 〈관보〉(1980. 2. 20), 제8475호.
56 체신부(전정, 1980. 9).
57 한국통신기술연구소 사업분석실(NE, 1980. 5. 24).
58 한국통신기술연구소 소장(각전, 1980. 5. 28).
59 한국통신기술연구소 사업분석실(NG, 1980. 6. 13).

〈그림 6-6〉 전자교환시설(제1기종) 확장을 위한 *BBL* 과의 제1차 차관협정

F I N A N C I N G   A G R E E M E N T

This AGREEMENT is made between :

- the REPUBLIC OF KOREA

  hereinafter referred to as THE BORROWER and acting
  by and through its ECONOMIC PLANNING BOARD

  on the one hand

and

- BANQUE BRUXELLES LAMBERT S.A.

  hereinafter referred to as THE BANK,
  represented by

  on the other hand

THE BORROWER and THE BANK both hereinafter referred to as THE PARTIES.

L O A N   A G R E E M E N T

This Agreement is made between :

- the REPUBLIC OF KOREA, acting by and through its ECONOMIC PLANNING BOARD
  (hereinafter referred to as the "Borrower")

on the one hand

and

- BANQUE BRUXELLES LAMBERT S.A.
  Rue de la Régence, 2
  B-1000 BRUSSELS, (Belgium)

- KREDIETBANK N.V.
  Arenbergstraat, 7
  B-1000 BRUSSELS, (Belgium)

  (as Managers)

- BANK OF MONTREAL ASIA LIMITED
  27th floor UIC Building
  5, Shenton Way
  SINGAPORE - 0106, (Republic of Singapore)

- BARCLAYS BANK INTERNATIONAL LIMITED
  54, Lombard Street
  GB-LONDON EC3P 3AH, (Great-Britain)

  (as Co-Managers)

- SFE BANKING CORPORATION LIMITED
  30, Shirley Street,
  P.O. Box 100,
  NASSAU, (Bahamas)

- MTBC & SCHRODER BANK S.A.
  Rue Guimard, 1
  B-1040 BRUSSELS, (Belgium)

- KOREA EUROPE ASSOCIATED FINANCE COMPANY S.A.
  Avenue Marnix, 24
  B-1050 BRUSSELS (Belgium)

자료: 〈관보〉(1980. 2. 20), 제8475호.

시급히 회시하여 줄 것을 요청하였다.[60] 1980년 7월 18일 *WEI* 사는 체신부(Mr. D. K. Chung, Director General of Telecommunications Engineering Office)에 1,200만 달러의 1A ESS를 L/C 지급 전에 한국으로 선적 예정이라고 알려 왔다.[61]

1980년 9월 16일 체신부는 전자교환기 생산참여업체 실태 현지 확인반을 편성하여 파견하였다. 현지 확인반의 활동기간, 구성, 활동 내용은 다음과 같았다.

【전자교환기 생산참여업체의 실태 현지 확인】

1. 일정
   1980. 9. 18 동양정밀(주), 금성통신(주), 대한통신(주)
   1980. 9. 19~9. 20 한국전자통신(주), 금성반도체(주)
2. 확인반
   가. 국보위
   나. 상공부: 전자전기공업국장, 전자부품과장
   다. 체신부
   라. 한국통신기술연구소(KTRI)
3. 확인사항
   회계감사보고서, 기존시설 현황, ESS 생산 활용가능시설, ESS 사업계획서, ESS 사업추진 현황, 세부 기술인력 현황, 업체건의사항

체신부(전생, 1980. 9).

그러나 1979년 결정된 도시용 전자교환기의 4원화 체제 추진은 지속되지 못하였다. 1980년 10월 7일 제2차 중화학공업 투자조정이 이루어졌고 제1기종(M10CN)은 「한국전자통신(주)」, 제2기종(No.1A)은 「금성반도체(주)」로 도시용 전자교환기 생산업체는 2원화되었다. 그리고 농어촌전자교환기는 「동양정밀(주)」, 기계식 PABX는 「대한통신(주)」으로 전문화되었다(〈표 6-8〉 참조). 당시 경제제2비서실, 즉 중화학공업추진위원회기획단은 중화학공업에 대한 투자는 계속되어져야 할 것이라고 주장하였지만,[62] 이미 중화학공업 투자 비판은 커져 있었다. 그러나 전자공업에서는 1980년 당시 생산능력은 25억 달러 규모이었지만 생산실적은 28억 5,000만 달러로 단순 가동률이 114%에 달하고 있어 당연히 전자공업에 대한 투자는 계속되어야 하는 것이었다. 정홍식 전 정보통신부차관의 증언에 의하면 당시 전자산업 육성방안의 기본적인 정책논리로 이런 결론이 나왔고 이것은 김재익 경제수석의 논리이기도 하여서 정부는 향후 5년 이내에 2배 이상의 투자를 이끌어 내기 위한 여러 조치를 강구하였다.[63]

60 체신부(제2전, 1980. 7. 15).
61 Managing Director, Republic of Korea, Western Electric International(DMJ1, July 18, 1980).
62 중화학공업추진위원회기획단(중화투자, 1980).
63 정홍식 전 정보통신부장관(2009), p. 253.

〈표 6-8〉 상공부의 「중화학공업투자조정안」 중 전자교환기 직권조정 내용

부문	중화학공업 조정내용
국설(局設) 전자교환기	제1기종: 「한국전자통신」이 「동양정밀(東洋精密)」 흡수 제2기종: 「금성반도체」가 「대한통신」 흡수통합
농어촌 전자교환기	「동양정밀」로 전문화
기계식 사설구내 교환기	「금성통신」·「동양정밀」의 기계식 사설구내 교환기는 유지보수용을 제외하고 생산 금지하고 「대한통신」으로 전문화
대우그룹 처리	「대한통신」 출자지분 회수, 「한국중공업」 발전설비에 투자

자료: 경제기획원(개발, 1982); 〈동아일보〉(1981. 2. 28); 상공부(자공합, 1981. 2. 28); 상공부(중조, 1980. 10. 7); 〈한국경제신문〉(1981. 3. 1).

1980년 11월 20일 제2기종 전자교환기 생산을 위한 「금성반도체」와 *AT&T* 산하 업체 *WEI* 사와의 합작 및 기술제휴계약이 체결되었다. 합작투자계약은 「금성반도체」가 56%, *WEI* 사가 44%의 비율로 투자하고 합작회사는 1981년 7월부터 생산에 착수하여 우선 3만 회선을 시험생산하고 1984년까지 총 60만 회선을 생산하여 이 중 10만 회선을 수출할 계획이었다. 「금성반도체」는 1984년까지 국산화율을 74%까지 올릴 것을 목표로 하였고 이를 위해 「금성통신」의 구미공장을 ESS 전문생산공장으로 내정하였다.[64] 1980년 12월 16일 국가보위입법회의는 전자교환시설(ESS II기종) 제2차 확장사업을 위한 미국 수출입은행 차관과 *MHTC* (*Manufacturers Hanover Trust Company*) 등 6개 은행과의 착수금 차관에 동의하였다.[65] 1980년 12월 27일 「금성반도체」는 전자교환기, 반도체사업을 위한 차관도입 사전인가를 경제기획원으로부터 받았다. 그러나 이후 미국 수출입은행 및 기타 차관은행단과의 차관조건 등에 대한 절충 및 문제점 발생으로 차관계약이 연기되다가 1981년 5월에야 「금성반도체(주)」는 ESS 제2기종 전자교환기 제조 및 설치공사를 위한 6,120만 달러의 차관계약을 체결하고 이의 인가를 경제기획원에 요청하였다.[66] 이런 가운데 1980년 12월 체신부는 「데이터통신사업육성정책」에 대한 대통령의 재가를 받았는데 그 내용은, (1) 정보의 생산·가공·저장 및 데이터 전송, (2) 컴퓨터와 주변장치 생산, (3) 통신회선 보완과 데이터통신 전용회선의 건설에 관한 것이었다.

1981년 4월 14일 조달청과 수요기관 간 합의가 이루어지고 이어 조달청은 EXIM차관에 의한 미국 *WEI* 와의 전자교환기 23만 회선, 인도조건 턴키베이스, 최종선적일 1981년 10월의 7,064만 4,333달러 수의계약을 체결하였다.[67] 계약상의 최종사용자는 체신부로 지정되었고 EXIM Credit No.6804호 총 차관액 20억 달러에서 계약금액을 충당하였다.[68] 4월 15일 조달청

64 〈매일경제신문〉(1980. 11. 21).
65 〈관보〉(1981. 12. 17), 제9017호.
66 금성반도체주식회사 대표이사(단외, 1981. 6. 10).
67 조달청장(E차, 1981. 4. 20).

장은 계약체결을 체신부장관에게 알리며 물자구매 수수료를 납부하도록 통보하였고 동시에 경제기획원장관에게도 통지하였다.69 1981년 10월 을지 1만 회선이 최초로 개통되었다.

한편 1980년 12월 정부는 중용량 시외전자교환기 도입방침을 결정하였다.70 대용량 시외전전자교환기 도입사업이 진행되면서 No.4ESS가 대용량으로 중소도시에는 비경제적이어서 17개 중심국 중소도시에 맞는 기종 필요성이 제기되었기 때문이었다. 이에 따라 1981년 3월 중용량 시외전자교환기 도입을 위한 입찰대상 회사로 *LME*, *ITT*, *NT*, *SIEMENS*, *NEC* 등이 선정되었고 7월에 이들 회사에 대한 제안서 검토가 이루어졌다. 그리고 1982년 2월 중용량 시외전자교환기로 *LME*사의 AXE-10기종이 결정되었다. 최종 선정후보이었던 *NT*사와 비교하여 가격면에서 유리하고 성능 및 용량이 더 뛰어나며 운용실적이 풍부하다는 점이 선정이유가 되었다.71

대통령령 제8745호로 설치된 전자통신개발추진위원회(TDTF)는 전자교환 방식의 기종선정 및 국산화 추진에 선도적 역할을 하였지만, 1980년대 초 업무 및 기능중복 등 다음과 같은 사유로 그 기능이 크게 활성화되지 못하였다.

1. 우리나라의 주요 기종은 M10CN, No.1A ESS로 결정이 완료됨.
2. TDTF 실무위임기관 한국전기통신연구소(KETRI)가 과기처 산하로 개편
3. 전자교환기 생산업체(한국전자통신, KTC)가 정부관리기업체에서 민영화
4. TDTF와 현 정부 조직법상 업무의 이원적 관리체계에서 오는 단점사항(중복업무 수행) 노정
5. 제2기종 및 No.4 ESS의 기종 선정, 계약체결 및 기술도입은 TDTF의 참여 없이 추진됨.
6. 체신부 정책자문위원회 발족(1981. 2. 20 체신부훈령 제2560호)

이에 1981년 2월 20일 체신부훈령 제2560호로 체신부 정책자문위원회가 발족하자 TDTF 관련 업무는 통상적인 행정기능에서 처리하고 특별사항은 정책자문위원회를 활용하는 것이 타당하다는 것으로 정부 내에서 정리되었다.72 그러나 TDTF설치령을 폐지할 경우 제1종 도입계약당사자가 TDTF이므로 *ITT/BTM*과 체결된 총괄합의서의 효력이 종료되는 문제가 있었다.73 결국 전자통신개발추진위원회는 존속될 수밖에 없었고 1988년까지 존속되었다.74 정보통신 발전에 따라 전화사업 독립 필요성이 커지자 1981년 3월 7일 정부는 법률 제3385호로 「한국전기통신공사법」을 제정 공포하였다. 1982년 1월 1일 「한국전기통신공사」(KTA)가 고정자산

68 Office of Supply, Government of the Republic of Korea(April, 1981).
69 조달청장(E계, 1981. 4. 15); 조달청장(E구, 1981. 4. 15).
70 체신부(전책, 1987).
71 체신부(전책2, 1986).
72 체신부 기술2담당관(전개, 1981. 5. 26).
73 체신부(전추, 1981. 5).
74 법제처 국가법령정보센터(2017. 5. 16).

1조 9,524억 원, 유동자산 3,526억 원 등 총 2조 4,322억 원의 자산을 체신부로부터 인수하여 출범하고 1월 4일 창립식을 가졌다.[75]

1981년 정부는 1980년 제1기종 확장을 위한 벨기에 *BBL*과의 제1차 차관에 이어 벨기에 *ITT/BTM*사(*Bell Telephone Manufacturing/ITT Industries*)로부터 Metaconta 10CN-ESS에 대한 설비 확충 지원과 노하우 그리고 기술을 확보하기 위해 추가 차관이 필요하다고 판단하였다. 이에 따라 1981년 4월 28일 제1기종 전자교환시설 확장을 위한 *BBL*과의 추가 차관협정 관련 국무회의 심의가 이루어졌고 5월 27일 협정이 서명되어(〈그림 6-7〉 참조),[76] 1981년 6월 8일 경제기획원장관은 경제기획원공고 제230호(〈전자교환시설〈제1기종〉 확장을 위한 벨지움 *BBL*과의 제1차 추가 차관협정〉)로 이를 공고하였다.[77] 추가 차관은 *BBL* 435만 달러, *Krediebank N.V.* 320만 달러, *The Wales Australia Limited* 등 4개 은행 1,275만 달러의 신디게이트론으로 이루어졌다.

이후 「한국전기통신공사」가 *BBL* 차관사업의 차수별 구매계약 및 구매계약의 차관금 인출 금액과 차관물자 도착액이 상위 없음을 계속 재무부, 체신부 등에 보고하였고 차관물자 도입

〈그림 6-7〉 전자교환시설〈제1기종〉 확장을 위한 벨기에 *BBL*과의 제1차 추가 차관협정

BETWEEN THE REPUBLIC OF KOREA ACTING BY AND THROUGH ITS ECONOMIC PLANNING BOARD AND BANQUE BRUXELLES LAMBERT S.A.

This ADDENDUM nr. 1 to the FINANCING AGREEMENT is made between :

- the REPUBLIC OF KOREA

  hereinafter referred to as THE BORROWER and acting by and through its ECONOMIC PLANNING BOARD,
  on the one hand

  and

- BANQUE BRUXELLES LAMBERT S.A.

  hereinafter referred to as THE BANK,
  on the other hand

THE BORROWER and THE BANK both hereinafter referred to as THE PARTIES.

Whereas :

1. the Government of the Republic of Korea concluded that complementary financing is necessary for the acquisition of equipment, know-how and technology pertaining to the Metaconta 10 CN-ESS from Bell Telephone Manufacturing Cy N.V. of Antwerp and from ITT Industries Belgium S.A. of Brussels, Belgium.

2. the Government of the Republic of Korea has submitted to that effect on August 19, 1980 a complementary loan application to the bank.

자료: 〈관보〉(1981. 6. 11), 제8861호.

75 〈동아일보〉(1982. 1. 4).
76 Bank Brussel Lambert(1984. 1. 31).
77 〈관보〉(1981. 6. 11), 제8861호.

현황도 보고하였다.78

1981년 5월의 차관계약 인가신청에 이어 1981년 6월 10일 「금성반도체」는 ESS 제2기 사업에 따른 체신부와의 제1차 공급계약(3만 회선, 납품완료일 1981년 12월 15일) 제품의 적기공급을 위한 설비 긴급도입 목적으로 먼저 *MHTC* 로부터 800만 달러의 단기외화자금 차입이 가능하도록 한국은행에 협조문을 발송해 줄 것을 경제기획원에 요청하였다.79 *MHTC* 는 EXIM차관단의 신용은행이었고 단기차입에는 한국은행 승인이 필요하였다. 「금성반도체」의 주장은 5월에 신청한 경제기획원 차관인가가 7월 말에야 가능할 것으로 생각되고 결국 차관자금 인출은 8월 말이 될 것이므로 시설발주 및 자금인출은 최소한 7월 초 이전에 집행되어야 1981년 말까지 전자교환기 납품이 가능하다는 것이었다. 늦어지는 경제기획원의 인가를 서둘러 달라는 의사가 포함된 것이었지만 경제기획원은 먼저 신청하여 검토 중인 장기차관계약이 인가되어야 관련 단기차관을 인가할 수 있다고 「금성반도체」와 한국은행에 통보하였다.80 차관에 대해 정부는 신중을 기하고자 하였고 기업들은 이러한 정부의 태도에 답답함을 느끼고 있었다.

1981년 10월 22일 경제기획원장관은 10월 30일의 제77회 국무회의에 전자교환시설(ESS기종) 제2차 확장사업을 위한 미국 수출입은행 차관 및 착수금 차관협정 체결 안건을 상정하였다. 1982년부터 1983년까지 시행될 전자교환시설(ESS기종) 제2차 확장사업의 내용은 〈표 6-9〉와 같았다.

1981년 10월 30일 국무회의는 1980년 12월 16일 국가보위입법회의 동의를 받은 전자교환시설(ESS II기종) 제2차 확장사업을 위한 미국 수출입은행 차관 협정을 통과시켰고, 12월 1일 2억 5,245만 달러의 차관 협정이 서명되었다. 1981년 12월 17일 재무부장관은 재무부공고 제526호로 〈전자교환시설(ESS II 기종) 제2차 확장사업을 위한 미국 수출입은행 차관〉을 공고하였다.81 이날 재무부장관은 역시 국가보위입법회의 동의와 10월 30일 국무회의 심의를 거쳐 1981년 11월 27일 서명된 전자교환시설(ESS II 기종) 제2차 확장사업을 위한 *MHTC* 등 6개 은행과의 착수금 차관협정도 재무부공고 제527호로 공고하였다.82

1981년까지 진행된 제4차 통신사업5개년계획을 통하여 전화회선은 349만 회선으로 300만 회선을 넘어섰고 증설회선 중 자동전화가 90% 이상, 196만 회선을 차지하였으며 국제통신 이원화, 행정리동 전화 개통이 이루어지고 있었다.83 이어 체신부는 제5차 경제사회발전5개년계획 기간에 240억 원의 예산과 연인원 1,350명의 인력을 투입하여 늦어도 1986년까지 TDX 양산 체제를 갖추어 보급할 계획이었다.84 그러나 이 과정에서 중요한 두 가지 충돌이 일어났다.

---

78 한국전기통신공사사장(전시, 1983. 10. 15); 한국전기통신공사사장(차물, 1983. 10. 28).
79 금성반도체주식회사 대표이사(단외, 1981. 6. 10).
80 경제기획원장관(전교, 1981. 6).
81 〈관보〉(1981. 12. 17), 제9017호.
82 〈관보〉(1981. 12. 17), 제9017호.
83 전자산업 50년사 편찬위원회(2009), p. 159.

〈표 6-9〉 전자교환시설(ESS기종) 제2차 확장사업

구분		사업내용	
목적		격증하는 통신수요에 대처한 전자교환시설의 2차 확장사업	
차주		정부	
사업주		체신부	
사업내용		시설규모 ESS(Ⅱ) 400천 회선, 시외 ESS 75천 회선	
사업기간		1982~1983	
소요자금		내자	81,000천 달러(50,162백만 원)
		외자	297,000천 달러
		총액	378,000천 달러
외자 조달	1	조달처	미국 수출입은행
		외자액	차관 252,450천 달러(85%)
		차관조건	이자율 8.375%, 3년 거치 10년 상환
	2	조달처	*Manufacturers Hanover Trust Company* 등 6개 은행
		외자액	착수금 차관 44,550천 달러 차관(15%)
		차관조건	이자율 Libor+0.625%, 3.5년 거치 6.5년 상환

자료: 경제기획원장관(국협1, 1981. 10. 22).

첫째, 청와대에서부터 시분할 전자교환기 개발을 추진하였던 오명(吳明) 비서관이 1981년 5월 체신부차관이 되면서 전자교환기 개발 프로젝트가 1981년 확정된 제5차 5개년계획에 겨우 포함되었지만 국회, 학계, 심지어 정부 내에서도 성공에 대한 의심과 반대를 계속하였다. 기득권을 가진 대기업들조차 각자가 수입한 전자교환기로 사업을 추진할 계획을 세우면서 국산 TDX의 도입이 오히려 방해가 된다고 생각하고 있었고 따라서 국산 전전자교환기 개발에 적극적이지 않았다. 결국 국회 소환 설명회까지 거치면서 1982년 2월 전기통신연구소 간부들이 각서, "전자교환기의 개발을 위해 최선을 다할 것이며 만약 개발에 실패할 경우 어떠한 처벌도 달게 받겠다"라는 내용의 소위 "TDX혈서"를 제출하고 5월에 이를 추진하던 전기통신연구소장 최순달 박사가 체신부장관으로 임명되고서야 시분할 전자교환기 개발이 제대로 추진되게 되었다.[85] 대기업들에게는 국가적 사업이라는 점을 설득하고 선점 경쟁을 유도함으로써 참여를 이끌어 내었다.

둘째, 1981년 들어 이미 진행 중인 전자교환시설 1, 2기종이 원격가입자 수용 기능이 없어 농어촌 광역화에 부적합하다는 주장과 어쨌든 도농 간의 전화공급 격차 해소와 전국 장거리전화망 자동화, 현대화가 필요하다는 주장의 충돌이 발생하여 농어촌용 전전자교환기 선정

84 〈경향신문〉(1984. 4. 25).
85 박항구 전 하이닉스반도체 부사장 증언(2011), pp. 260~262; 오명 전 부총리겸 과학기술처장관 증언(2009), p. 295.

에 대한 정책 논쟁이 일어났다. 정책 논의가 계속되다가 1981년 11월 30일 국회 논의, 동의가 이루어지고 나서야 본격적인 진행이 이루어졌고 1982년 8월 10일 제58회 국무회의 심의를 거쳐 8월 18일 중용량 시외전자교환기시설(AXE-10ESS) 확충을 위한 착수금차관협정이 서명되어 재무부는 8월 23일 이를 재무부공고 제556호로 공고하였다.[86] 착수금은 총소요외자 1억 2,000만 달러 중 1,800만 달러이었다.

1982년 4월 28일 민영 「한국데이터통신주식회사」가 1980년 12월 체신부가 작성하여 대통령의 재가를 받은 「데이터통신사업육성정책」에 따라 출범하였다. 정부는 1982년 7월 완성한 3차 시분할 전자교환기 시험기를 용인군 송전우체국에 설치하여 가입자 362명을 대상으로 시험운용을 하였다. 비록 시험운용이었지만 시분할 전자교환기로 최초 개통된 이 교환기의 이름을 TDX-1X, 즉 1번 실험기(Experiment)로 하였고 상용화할 때 X를 떼고 TDX-1로 하였다.[87] TDX-1X는 한국전기통신연구소(KETRI)가 세계에서 9번째로 개발에 성공한 것이었다.[88]

1982년 9월 21일 농어촌용 전전자식 교환기 공급방침이 결정되었다. 정부는 전전자식의 국내 개발까지 잠정수요 75,000회선은 외국 제품을 국내 조립 공급하되 전전자식 교환기 개발을 적극 병행하기로 하였다.[89] 1982년 「삼성」, 「금성」, 「동양정밀」, 「대한통신」 등 4사로 정리된 전자교환기사업은 흑자로 전환하고 있었다.[90]

No.1A ESS사업이 1982년 말부터 본격 진행되었다. 1982년 12월 1일 체신부는 전자식 교환기 완제품 도입을 국내 업체 생산으로 바꿀 것을 검토한다고 밝혔다(통솔 1602-13372). 1983년 1월 31일 체신부는 상공부에 「KTA '84 사업계획」을 통보하였고(통솔 1602-999) 2월 26일 상공부는 국내 업체의 생산이 가능하다고 통보하였다(전자 1333-231). 1983년 3월 4일 「금성반도체」 역시 같은 의견을 내었다(금반전자 83-0256).

상공부는 1984년도 No.1A ESS사업 계획 중 *AT&T* 직도입 예정물량은 7만 회선인데 체신부와의 사전협의 과정을 거쳐 이를 국내 생산 공급하도록 하자는 의견을 1983년 4월에 작성하여 5월 6일 접수하였다. 체신부는 검토를 통해 최종적으로 다음과 같이 결정하였다.

1. 경제성 및 자금조달 면에서는 다소 불리한 점은 있으나 국내 생산능력을 감안, 통신산업 육성을 위하여 국내 생산 공급토록 변경 시행하고자 함.
2. 국내 생산이 직도입에 비해 회선당 약 22달러가 고가이나 7만 회선을 국내 생산함으로 인해 후속사업인 174천 회선 생산원가 절감효과가 회선당 약 12달러 예상되어 84년도 총소요투자비는 별로 차이가 없음.

---

86 〈관보〉(1982. 8. 23), 제9222호.
87 박항구 전 하이닉스반도체 부사장 증언(2011), pp. 262~264.
88 전자신문사(컴파, 1995. 12. 11~1996. 12. 12), 39.
89 체신부(전책2, 1986).
90 〈경향신문〉(1983. 9. 13).

3. 공급시기 면: 통신공사 추진 일정 계획에 GSS의 생산납품이 1개월가량 지연 생산
4. EXIM 차관 예상 잔액은 약 800만 달러 추가될 것이며 내자조달 면에서 약 72억 원 추가부담 있음.

체신부(N1, 1983. 5. 6).

체신부는 이러한 결정을 한국전기통신공사 사장에게 통보하고 국내 생산업체「금성반도체」 제출문서의 사본을 같이 송부하였다. 현재의 관점에서 보면 국내 생산보다 수입하는 것이 경제성이나 자금조달에서 더 유리하고 국내 생산시 관련 부담과 시기지연도 예상되었지만 상공부와 체신부는 국내 생산으로 확정하였다. 체신부는 국내 생산으로 전환하면 후속사업에서 생산원가 절감효과가 작동하여 전체적인 소요투자비가 거의 같아질 것이라고 보았다.

1982년 12월 16일 국회 동의와 1983년 6월 9일 제23회 국무회의 심의 후 6월 17일 〈농어촌 전자교환기시설 도입을 위한 스웨덴 스칸디나비스카 엔스킬다 방켄(Skandinaviska Enskilda Banken)과의 차관협정〉이 서명되었다. 1983년 6월 21일 재무부장관은 이를 재무부공고 제83-28호로 공고하였다.[91] 농어촌용 전전자식 교환기는 1983년 2월 10일 스웨덴「에릭슨」(*L. M. Ericsson*)사의 AXE-10기종이 기술성 및 안정성 면에서 유리하다고 인정되어 선정되었다.[92]「에릭슨」사와의 가격협상에서 이미 시험단계에 들어가던 한국의 TDX-1X는 한국을 유리한 입장에 서게 만들었다. 1983년 9월 26일 재무부장관은 〈농어촌용전자교환기시설(AXE-10) 도입을 위한 차타드은행(외 4개 은행)과의 착수금 차관 협정(안) 체결〉을 1983년 10월 6일 제40회 국무회의에 의안번호 제641호로 상정하였다.[93] 1983년 9월「에릭슨」사와의 합작으로「동양전자통신」이 설립되었다.

1982년부터 1984년에 걸쳐 대용량 시외 전전자교환기 도입계획에 따른 총 21만 8천 회선의 공급이 서울(혜화·구로), 부산, 대구, 광주, 대전에서 완료되었고 중용량 시외전자교환기 역시 수원, 마산, 원주, 청주, 제주 등 17개 중소도시에서 총 23만 회선이 공급 완료되었다.[94] 1982년 12월 31일 정부는 전자통신개발추진위원회설치령 중 개정령, 대통령령 제11009호에 의해 전자통신개발추진위원회의 효력존속 기간을 1988년까지로 연장하였다.[95] 이때 2조 1항의 위원 8인 이내가 10인 이내로 확대되었고 3항 한국전기통신공사사장 및 한국전기통신연구소장을 당연직 위원으로 추가하였으며 3조 위원회의 직무범위를 "전자교환 방식 도입 및 개발사업"에서 "전기통신 방식의 채택 및 개발사업"으로 확대하고 전기통신에 관한 새로운 기술개발 및 관리를 범위에 추가하였다. 또한 5조 2항 신설로 위원회는 관계전문가로 구성된 실무위원

91 〈관보〉(1983. 6. 24), 제9473호.
92 체신부(전책2, 1986).
93 재무부장관(국용, 1983. 9. 26).
94 체신부(전책2, 1986).
95 법제처 국가법령정보센터(2017. 5. 16).

회를 둘 수 있도록 하였다.[96]

1982년 9월 도시용 전전자교환기 TDX 기술도입 및 실용시험의 기본방침이 결정되었는데 도시용 전전자교환기의 기술도입을 자율화하고 대용량 전자교환기 개발을 적극 추진하기로 하였다.[97] TDX 개발로 회선당 원가의 대폭적 인하가 가능하였기 때문이었다. 체신부는 1982~1986년간 TDX 개발을 적극 추진하고 지원을 강화하기로 하였고 개발자는 한국전기통신연구소, 사용자는 체신부(한국전기통신공사)로 정하였다. 1983년 7월 1일 한국전기통신공사는 TDX사업단을 구성하였고 8월 27일 한국전기통신연구소 역시 TDX개발단을 구성하여 운용에 나섰다. 전전자교환기의 상용화 공급계획도 당초 1985년 14,000회선, 1986년 60,000회선에서 1985년 24,000회선, 1986년 189,000회선으로 대폭 확대하였다.[98] 정부가 개발에 나서자 외국교환기 도입을 협상하던 팀들은 1억 5,000만 달러 물량을 1억 1,000만 달러에 계약할 수 있는 가격인하 효과를 바로 얻었는데, 절약된 4,000만 달러는 한국이 총 개발비로 책정한 240억 원(3,000만 달러)을 넘어서는 정도이었다.[99] 장기적인 비용에서는 물론이고 단기적인 비용에서도 기술도입과 함께 개발을 추구하는 것은 꼭 필요한 것이었다.

1983년 6월 전자통신개발추진위원회는 TDX-1 연구개발 참여업체의 참여원칙 및 방법을 결정하였다. 이에 따라 전자통신개발추진위원회는 한국전자공업진흥회의 추천을 받아 「금성반도체」, 「삼성반도체통신」, 「동양전자통신」, 「대우통신」의 민간업체 참여를 결정하고 이들 4개사와 연구개발 기본협약을 체결하였다. 전자통신개발추진위원회는 전기통신연구소와 통신공사 그리고 생산업체를 공동으로 참여시켜 1984년까지 개발을 끝내고 1985년에 관련 업체에 시험생산을 하도록 하고 1986년 대량 생산할 계획이었다.[100] 1984년 4월 25일 체신부는 1982년 3차 시제품의 송전우체국 설치에 이어 서대전전화국에서 국내 개발 전전자교환기 4차 시제품, 설계용량 8,000회선의 농어촌 국설 교환기 2,500회선 개통식을 가졌다.[101] 1984년 9월 민간 4개 업체는 한국전기통신연구소로부터 TDX-1 기술을 전수받아 1985년에 각 업체가 생산한 제품으로 상용시험을 실시하기로 하였다.

마침내 1986년 3월 14일 부품의 50%가 반도체 소자인 전전자교환기 TDX-1이 국내 기술로 최종 개발 배치되어 경기 가평·전곡과 전북 무주, 경북 고령 등 4개 지역에서 6,000회선씩 2만 4,000회선이 일제히 개통되었다. 한국전기통신연구소(1985년 한국전자통신연구소로 개편)가 5년간 총 229억 9,300만 원의 예산을 투입하여 개발한 것으로 계획대로 5차 5개년계획 기간인 1982~1986년간에 이루어졌다. 정부 내, 학계, 산업계의 회의와 반대에도 불구하고 TDX 개발

96 〈관보〉(1982. 12. 31), 제9330호; 국무총리 박찬긍 총무처장관(전통, 1982. 12).
97 체신부(전책, 1987).
98 체신부(전책2, 1986).
99 박항구 전 하이닉스반도체 부사장 증언(2011), p. 240.
100 〈매일경제신문〉(1983. 12. 3).
101 〈경향신문〉(1984. 4. 25); 〈동아일보〉(1984. 4. 25).

〈표 6-10〉 전전자교환기(TDX)의 국내 개발과 1986년 이후 교환기정책 계획

	시기	국내 개발 진행내용
국내 개발 진행내용	1977. 10	KIST 부설 한국전자통신연구소(KCRI)에서 연구 개시
	1982. 7	1982년 7월 농어촌소형기(500회선) 개발 및 현장 설치 (1) 경기도 용인 송전우체국에 설치, (2) 362가입자 수용 시험
	1984. 4	소형기 생산모델 실용시험(3,000회선) (1) 모교환기: 서대전 2,500회선, (2) 자교환기: 유성 500회선
	1984. 6	전자통신개발추진위원회, 업체 참여방침 결정: 금성반도체, 삼성반도체통신, 동양전자통신, 대우통신
	1984. 8	ETRI와 금성반도체·삼성반도체통신·동양전자통신·대우통신 4개사, 연구개발 기본협약 체결
	1984. 10	기술전수 계약 체결: 상용시험기 제작에 따른 업체 기술전수

	구분	교환기정책 내용	
1986년 이후 교환기정책 계획	1. 국내 개발 TDX-1 공급	1. 1986년까지 AXE-1을 발전시켜 국내 조립 공급 2. 1986년부터는 TDX-1로 농어촌 지역에 공급	
	2. 대형 TDX 개발	1. 궁극적으로 TDX-1을 발전시켜 대형기 개발 필요 2. ISDN을 대비한 계속적인 개발 필요 3. 국내 개발 기술인력 절대부족으로 4사와 공동연구개발 방안 검토 4. 적정비율의 비용부담으로 책임의식을 갖도록 검토 필요	
	3. S-1240 ALC No. 5에 대한 검토	1. 대형기 개발시까지 도시공급 전제 2. 대형기 개발 이후에는 대형기로 표준화 공급 원칙 3. 일부 물량의 경쟁적 생산도 검토 필요	
	4. 도시, 농어촌 개념의 통합	궁극적: 도시, 농어촌 개념 통합	1. 기술적, 경제적 측면에서 실익 없음 2. 용량 면에서 지역특성상 구분됨 (1) 소형기: 농어촌에 적합 (2) 대형기: 구분 필요 없음
		통합시기: TDX 대형기 실용화 이후가 적정	1. 동등한 여건 하에서 경쟁 유도 2. TDX-1은 도시지역 공급에 용량 미흡 3. 대형기 실용화 이전까지는 구분 공급 (1) 도시지역: No. 5, S-1240 병행 또는 택일 (2) 농어촌: TDX-1 공급(86년까지 AXE-10 병행)

자료: 체신부(전책2, 1986).

계획이 성공할 수 있었던 기반은 체신부(한국통신)라는 정부수요가 확보된 안정적인 정부개발자금의 조달이었다. 이는 미국의 전자공업 발전이 항상 취했던 전략적 패턴이었으며 TDX 개발은 한국에 미국 전략이 적용된 첫 사례이었다고 볼 수 있다.

이어 TDX-1을 발전시킨 TDX-1A, TDX-1B의 개발이 이어졌다. 이들은 정부연구소·정부·민간업체의 협력사업으로 개발되었는데 후자는 개발이 늦어지자 「한국전기통신공사」가 개입하

여 각사의 경쟁 체제를 도입함으로써 1987년 개발이 완료되어 1988년부터 중소도시에 보급되기 시작하였다.[102] 그리고 1987년부터는 농어촌 소용량 교환기인 TDX-1을 넘어서 종합정보통신망용 대용량 교환기 TDX-10 개발이 시작되어 1991년 11월 29일 개통되었다.[103] 이것 역시 체신부 「한국전기통신공사」 주관 하에 한국전자통신연구소(ETRI)와 4개 민간업체의 참여로 이루어졌는데, 이때도 「한국전기통신공사」는 민간기업에게 경쟁 체제를 도입해 물량을 배정하였다.

서정욱 전 과학기술부장관은 "TDX-1B를 개발하지 않았더라면 중소도시를 외국 교환기가 휩쓸었을 것이고 TDX-10을 개발하지 않았더라면 대도시에 외국 교환기가 무혈입성해서 정보통신기술 자립의 꿈은 일장춘몽이 되었을 것이다"라고 증언하고 있다.[104] 전전자교환기의 국내 개발 진행 과정과 1986년 이후 교환기정책 계획을 정리하면 〈표 6-10〉과 같다. 이러한 과정은 1996년 한국이 세계 최초 CDMA 이동전화 상용화에 성공하는 기초가 되었으며 나아가 반도체 등 한국 부품공업의 대폭적인 확장을 가져왔다. 동시에 이 과정은 한국 전자공업의 만성적이고 구조적인 문제를 해결할 컴퓨터 등 전자기기와 반도체·부품 등 전자부품의 동시 연계적 발전과 산업계·학계·연구소·정부의 협동 가능성을 확인한 것이다.

Ⅳ. 반도체 및 컴퓨터공업

1980년대 한국 전자공업정책의 중심 화두는 산업의 식량, 산업의 원료로 불리며 기술개발의 가속화로 중요성이 커지고 있는 첨단 반도체와 컴퓨터산업이었다. 이미 세계 시장에서는 1970년대에 저공해, 고부가가치의 미래 성장시장, 새로운 황금수익 알을 낳는 이 산업을 선점하고자 하는 혁신 경쟁이 이루어지고 있었고, 1980년대에 들어와서도 〈표 6-11〉에서 보듯이 일본과 유럽이 앞선 미국을 상대로 총력을 기울이고 있었다. 일본 관련 20대 기업 중 반도체만 생산하는 곳이 없을 정도로 세계 경쟁에서 도태되는 기업들은 인수·합병되어 사라졌다. 관련 기업들은 Exxon Zilog와 일본 반도체업체들에서 보듯이 적자를 겪으면서도 시설 및 연구개발 투자를 해야 했기 때문에 초기 투자부담이 컸고 또 기술혁신을 위한 장기적이고 지속적인 투자를 해야만 하였다. 초고밀도집적회로 1개 품목 개발에 1억 달러가 투입되는 등 연간 판매액의 25~35% 투자가 필요한 대규모 투자이면서도 동시에 이렇게 장기적이고 리스크가 큰 반도체 투자성격 때문에 미국을 비롯한 유럽, 일본 등 모든 선진공업국에서도 반도체산업에는

102 강진구 전 삼성전자사장(1996), pp. 154~156.
103 〈매일경제신문〉(1991. 11. 29).
104 서정욱 전 과학기술부장관 증언(2009), pp. 165~166.

〈표 6-11〉 1980년대 일본과 유럽의 반도체 및 컴퓨터 산업 전략

	산업전략
일본	제5세대 컴퓨터 개발사업의 추진 계획기간: 1982~1991(10년) 5세대 컴퓨터: 2000년대 미래형 성능: 인간 두뇌에 근접 개발방법: 세계 각국 공동참여 개발 일본 정부 보조: 1,000억 엔
유럽	국책사업의 추진 및 미·일 기술과의 연합 모색 컴퓨터산업의 보호: 미국 *IBM* 의식 반도체 자립화 정책의 추구 대미진출(합작, 기업인수) 추진 일본의 5세대 컴퓨터사업 참여 모색

자료: 상공부(전자육, 1981. 9. 5).

예외 없이 정부 개입이 이루어졌고 업계 지원책이 모색되었다.105 가장 직접적 보조인 정부 보조금만 보아도 프랑스, 일본, 영국, 서독, 대만 등에서 운용되고 있었다.106

1980년대로 들어서던 당시 한국에는 「금성반도체」, 「동양나이론」, 「한국상역」, 「동양정밀공업」, 「제일정밀공업」, 「대한전선」, 「삼보전자」, 「삼성전자공업」, 「삼성전관공업」 등이 외국사와 합작 또는 기술도입으로 미니컴퓨터 개발에 나서고 있었고 컴퓨터 관련 외국인투자기업체는 *IBM KOREA*, *FACOM KOREA*, *CONTROL DATA KOREA*, *SPERRY RAND KOREA*의 4개 업체가 있었다.107 도입된 컴퓨터만도 1967년 경제기획원의 IBM 1401 이래 1980년까지 522대에 이르고 있었고,108 2,300만 달러에 달하는 월임차료는 1981년에 1억 달러를 돌파할 것으로 예상되고 있어109 컴퓨터산업 발전은 당장 시급한 문제이었다. 문제는 기술이전으로 분업화되고 점차 일반화되고 있던 여타 전자공업과 달리 1980년대에도 여전히 컴퓨터산업은 고도화된 기술공업이고 통신망의 병행 발달이 필요하며 *IBM* 등 세계 거대기업이 시장을 지배, 견제하고 있는데다가 방대한 소프트웨어 지원과 빠른 기술혁신이 요구되어 후발공업국의 진입이 어렵다는 것이었다.110 여기에 앞서 지적하였듯이 컴퓨터산업은 초기 대규모 장기 연구개발비가 필요하였다. 결국 한국과 같은 후발공업국이 컴퓨터공업의 진입을 위해서는 미국 등 선진공업국들이 그러하였듯이 정부의 총력적인 지원이 필요한 것이었다.

105 국무총리기획조정실(중건2, 1975), p. 227; 국무총리기획조정실(중건7, 1979), p. 160; 한국개발연구원(중화전, 1981), pp. 142~146.
106 〈매일경제신문〉(1981. 6. 11).
107 전국경제인연합회(한경연, 1980), p. 515.
108 과학기술처(과기감, 1981), p. 38.
109 국무총리 기획조정실(중건7, 1979), p. 155.
110 한국개발연구원(중화전, 1981), p. 153.

그러나 한국은 현실적인 기술, 자금은 고사하고 기본통신망은 체신부, 하드웨어는 상공부, 그리고 소프트웨어는 과학기술처 등으로 관련 부처의 역할도 연계되어 있지 못하였다. 이런 객관적인 상황과 괴리 때문에 일단 가장 먼저 필요한 정책은 컴퓨터 수입제한을 과감히 풀어 나가면서 동시에 외제 선호의 정부 관련 수요부터 바꾸는 것이었다. 컴퓨터공업의 발전을 위해서는 이미 1970년대의 실패 경험이 보여주듯이, 우선 컴퓨터 붐이 필수적인 과제이었다. 다행히 한국의 경우 도시에 주거지가 군집되어 있어 충분히 빠른 수요창출이 가능한 데다 빠른 진보속도를 보이고 있는 산업부문에서도 정보처리, 전산화, 자동화 시설에 컴퓨터 지원이 필요하다는 현실의 잠재수요가 컸다. 한국이 사례로 삼을 세계 주요 선진공업국을 보더라도 산업계의 마이크로컴퓨터 채택률이 급속히 진행되고 있어, 일본의 경우 공작기계에서 마이크로컴퓨터를 부착한 NC공작기계가 전체에서 차지하는 비중이 1970년 11%에서 1979년 43%로 대폭 확대되고 있었다.[111]

정책전환과 수요창출이 이루어진다고 하여도 생산기업 측면에서의 문제가 또 있었다. 1970년대의 학습과 발전에도 불구하고 한국 기업들의 재무구조 취약과 기술부족은 여전히 심각한 문제이었다. 부품업체 「정풍물산」의 1979년 매출액 107억 원에서 지급이자액은 15억 원으로 약 14%에 달하였고 1980년 상반기도 약 12%가 이자로 지출되고 있었던[112] 현실에서 보듯이 한국의 고금리, 높은 금융비용은 대외경쟁력 측면에서 계속 발목을 잡는 것이었다. 한국의 1980년 반도체기업은 내국인업체 8개, 외국 단독투자업체 8개, 합작기업체 4개의 단순조립업체와 3개의 웨이퍼가공업체에 불과하였고 기술개발 능력 부족, 위험투자 기피, 시설·연구개발비 부담능력 취약, 기술낙후, 시설 노후화, 원자재 전량수입 의존 등의 다수 문제점을 그대로 가지고 있었다.[113]

1980년 5월 8일 상공부는 반도체 및 컴퓨터산업의 수출산업화를 위하여 국민투자기금 100억 원을 지원하기로 하였다.[114] 정부는 5차 경제사회발전5개년계획이 끝나는 1986년에는 1억 5,000만 달러의 소프트웨어 수출도 목표로 하고 있었다.[115] 6월 공업진흥청은 미니컴퓨터 중앙처리장치 등 7종의 컴퓨터 주변기기에 대한 표준설계 기준을 마련하였다.[116] 1980년 11월 과기처는 1979년 마련한 「전자계산조직 도입 심의기준」을 보완하여 「전자계산 도입 승인기준」을 발표하였는데, 이는 3년 이상 된 컴퓨터 기종, 이미 업그레이드되었거나 대체기종이 발표된 제품, 정부의 표준화 방침에 부합하지 못하는 기종을 도입금지 기종으로 정하였다.[117] 기업 요

111 한국산업은행조사부(80전, 1981), p. 219.
112 정풍물산주식회사 대표이사(1980. 8. 7).
113 상공부 전자공업육성계획작업반(반도, 1981. 5).
114 전국경제인연합회(한경연, 1981), p. 783.
115 과학기술처(과기감, 1981), p. 39.
116 〈매일경제신문〉(1980. 6. 14).
117 전자신문사(컴파, 1995. 12. 11~1996. 12. 12), 26.

구를 반영해 컴퓨터 도입을 자동승인 체제로 자유화하되 개발보다 낙후된 저가 컴퓨터의 경쟁적 도입 선호를 막고 국내 연구개발을 유도하기 위한 조치이었다. 이에 「금성반도체」는 1984년까지 반도체 및 컴퓨터 국산화율을 82%까지 올릴 것을 목표로 설정하고[118] 1984년 말 정상 가동을 목표로 구미수출산업공단에서 1980년 11월 공장건설에 들어갔다.[119]

1981년 5월 상공부 전자공업육성계획작업반은 〈반도체공업육성계획〉을 작성하여 과학기술처장관, 재무부장관, 부총리의 협조서명을 받은 후 7월 15일 대통령 결재를 받았다. 확정된 〈반도체공업육성계획〉의 핵심부분인 반도체공업의 육성대책을 정리하면 〈표 6-12〉와 같다.

〈표 6-12〉 〈반도체공업육성계획〉의 핵심부분인 반도체공업 육성대책

	육성대책 내용
기본방향	관련 공업 구조고도화를 위한 핵심 산업 및 수출주도산업으로 육성 ⇧ 육성 분야 / 육성전략 / 육성목표 웨이퍼 가공 분야 ⇨ 국가적 차원에서 육성 (LSI, VLSI) ⇨ 국제 비교우위품목으로 육성 기초소재 ⇨ 중점지원 (Silicon, Mask, Lead Frame) ⇨ 일정 기간 내 국제 경쟁력이 생길 때까지 지원 단순조립 가공 분야 ⇨ 선별지원 ⇨ 손익분기점까지 지원 * 경제단위 이하로 수요확대 전망이 계속 없다고 판단되는 품종은 수입으로 충당(예: 전용 LSI)
육성시책	1. 생산구조의 고도화 - 노동집약적(조립가공) 생산을 기술집약사업(설계생산)으로 2. 설비의 근대화 - 시설의 국제규모 3. 연구개발 체제의 확립 - 기술수준의 국제화 - 국책개발사업의 추진 4. 기초소재의 단계적 국산화 - 국제 경쟁력 향상 5. 정부지원 체제의 강화 - 자금 및 세제상의 우대지원

자료: 상공부 전자공업육성계획작업반(반도, 1981. 5).

118 〈매일경제신문〉(1980. 11. 21).

119 외자사업투자심사위원회(외전반, 1980. 12).

정부는 반도체공업 육성대책으로 기술개발 목표를 설정하고 자금을 지원하며 사업을 사후 관리할 반도체공업육성추진위원회(상공부차관 위원장으로 청와대, 경제기획원, 재무부, 문교부, 체신부, 과학기술처, 한국전자공업진흥회, KIET, 한국전자공학회 참여)를 설치하여 관련 부처인 과학기술처와 상공부, 재무부를 총괄하도록 하였다. 대통령 결재문서에는 "정보를 국가와 민간이 교환한다"는 메모가 가필되어 있는데 이는 정책상의 진일보된 유의적인 발전을 의미하는 것이었다. 국책개발과 민간개발로 이원화될 기술개발은 1981년부터 1986년까지 개발기간이 기술별로 설정되었다. 구체적인 추진방안으로 상공부는 기술개발 체제 확립, 생산설비의 근대화 및 국제규모화, 주요 기초소재의 단계적 국산화, 고급 기술인력의 확보와 함께 자금지원과 세제지원, 행정지원 방안을 제시하였다. 정부는 설비근대화자금, 기술개발자금, 일반자금의 자금지원을 방위산업 수준으로 하고 재무부 주도로 관세와 내국세도 지원하기로 하였다.[120]

1981년 7월 정부는 민간업계의 컴퓨터 국산화를 적극 지원하기 위하여 컴퓨터 국산화사업을 국책사업으로 설정하여 1986년까지 단계별로 135억 원을 연구개발자금으로 공급하기로 하였다. 정부는 효율적인 국산화 추진을 위해 30만 달러 이상의 중형 컴퓨터 국산화는 과기처가 맡아 한국전자기술연구소를 중심으로 한 민관 공동개발을 유도하고, 30만 달러 이하의 소형 컴퓨터는 상공부 전자전기공업국이 주관하여 업체를 지원할 것을 검토하였다.[121]

정부의 행정전산화 기본계획은 10년을 목표기간으로 하되 1차(1978~1982), 2차(1983~1987)로 나누어 추진하기로 되어 있었다. 행정전산화 진행과 함께 지방자치단체들은 전자계산조직 사용료 징수 조례를 갖추었다.[122] 1982년 11월 13일 상공부는 1986년까지, (1) 반도체 부문에서 소형 컴퓨터용 반도체(LSI)를 개발하고 반도체소재의 자급도를 85%로 올리며, (2) 컴퓨터 부문에서 미니컴퓨터 기술을 자급하고 마이크로컴퓨터를 수출하여 세계 제1의 터미널수출국화하고 컴퓨터 주변기기 수출산업화를 이룬다는 중장기 발전계획을 수립하여 추진한다고 밝혔다.[123] 1982년 12월, 행정정보체제(AIS) 구성, 전산통신망 구축을 중심내용으로 하는 1983년부터 1986년까지의 제2차 행정전산화 기본계획안이 만들어졌다.[124]

1983년은 한국 컴퓨터산업사에서 중요한 전환점의 의미를 갖는 해였다. 1983년 1월 5일 상공부는 컴퓨터공업을 1980년대 수출주도산업으로 육성하기 위해 컴퓨터 연구개발을 국책 연구과제로 선정하고 컴퓨터공업 육성방안을 확정하였다. 육성방안에서 상공부는, (1) 컴퓨터기술의 수입과 국산화를 연계하여 선진기술의 도입을 촉진하고 한국형 컴퓨터를 개발하며, (2) 국산화 촉진품목을 사전에 예시하여 개발 초기단계의 국산 기기에 대해서는 일정 기간 보호조치하고, (3) 부품 및 기기 시제품 개발을 위해 1983년 중 전자공업진흥기금에서 20억 원을 지

---

120 상공부 전자공업육성계획작업반(반도, 1981. 5).
121 〈매일경제신문〉(1981. 7. 1).
122 충청남도 서천군(서전, 1981. 4. 14); 대구직할시장(1982. 9).
123 〈매일경제신문〉(1982. 11. 13).
124 국무총리 박찬긍 총무처장관(제행, 1982. 12).

원하며, (4) 정보처리진흥협회를 설립하여 특수 프로그램 및 대형 프로젝트를 위탁·개발하겠다고 밝혔다.[125] 1월 28일 청와대에서 열린 1983년도 제1회 기술진흥확대회의에서 이정오 과기처장관은 1983년을 「정보산업육성의 원년」으로 하고 정부시책으로 정보산업육성법, 전산전문인력 양성 등을 추진하며, 특히 컴퓨터산업을 위한 벤처캐피탈을 적극 지원하겠다고 밝혔다.[126]

정부의 이러한 적극성과 선언은 시장규모의 제한으로 여전히 소극적이던 대기업들로 하여금 컴퓨터 관련 연구개발 투자를 확대시키는 계기가 되었다. 더군다나 「정보산업육성의 원년」 선언은 분산되어 있던 정부부처별 역할과 그로 인한 갈등이 통합되어 기업들에게 통일된 분명한 시그널을 주게 되었다는 의미를 가지고 있어 더욱 그러하였다. 1983년 3월 14일 「정보산업 육성방안」이 대통령에게 보고되었고 과기처는 컴퓨터 도입 보류, 중복도입 억제와 함께 국산 가능 부분은 도입을 대체할 방침이라며 5월에 국내 컴퓨터 실태 조사에 나선다고 밝혔다.[127] 4월에는 정보산업육성법(안)이 마련되었고 5월 상공부는 전자전기공업국에 정보기기과를 신설하였다.[128] 이어 6월 총무처는 각 행정기관별로 독자 운영되던 전산계산조직 규정을 표준화된 지침에 의해 통일 운영하고자 운영규정 정비계획안을 작성하였다.[129] 7월 청와대에 대통령 직속으로 정보산업육성위원회가 설치되었는데 과기처차관, 체신부차관, 문공부차관, 상공부차관, 청와대경제수석비서관 등 10여 명으로 구성되어 정책일관성 및 종합성을 확보하고 부처별 중복업무와 자원낭비를 방지하도록 하였다.[130] 1983년 12월 정보산업육성위원회는 대통령에게 행정전산망, 금융전산망, 교육연구전산망, 국방망, 공안망의 5대 국가기간전산망사업의 시초가 되는 「국가기간전산망계획(안)」을 보고하였다.

그러나 이런 속에서도 1984년, 총무처가 전산계산조직 운영규정 정비를 위해 운영규정을 정부 각 부처에서 수집한 결과 건설부는 1983년 12월 5일 훈령 제630호로 전자계산조직 운영규정을 제정하였지만,[131] 상공부도 전산시스템이 갖추어져 있지 못하고 전산시스템을 전제로 한 전자계산조직 운영규정이 없다고 답변하는 등 대부분의 부처들이 의견 없음으로 답하였다.[132] 정책 노력과는 별개로 첨단기술 부문에 대한 정부 자체의 대응과 변신은 느렸다. 건설부 기획관리실은 1984년 〈국토정보업무 전산화 기본계획〉을 수립하였다.[133]

더하여 1984년에 1980년대 중반의 전자공업정책 근간을 흔드는 논쟁이 일어났다. 논쟁은

---

125 〈동아일보〉(1983. 1. 6).
126 〈경향신문〉(1983. 1. 29); 〈동아일보〉(1983. 1. 29).
127 〈매일경제신문〉(1983. 3. 9).
128 〈경향신문〉(1983. 5. 24); 〈동아일보〉(1983. 5. 24).
129 총무처(정전, 1983. 6. 30).
130 〈매일경제신문〉(1983. 11. 24).
131 건설부장관(전계, 1984. 5. 2).
132 상공부장관(전산5, 1984. 5. 2).
133 건설부 기획관리실(국정, 1984).

「삼성반도체통신」과 「금성사」가 1972년 제정된 기술촉진법을 근거로 마이크로컴퓨터의 제품수입과 기술도입을 금하고 독점적 생산을 요구하는 「국산 신기술 제품 보호요청서」를 과학기술처에 제출함으로써 시작되었다. 당연히 삼성과 금성을 제외한 기업들은 반대하였는데 이때 많은 전문가들이 삼성과 금성의 신기술 보호요청을 받아들여야 한다고 의견을 내었다. 상공부는 컴퓨터산업의 다양화와 성장을 도모하기 위해서는 제품수입과 기술도입을 자유화하자는 원칙론을 고수하며 반대 입장을 분명히 하였고, 경제기획원 역시 해외 시장에 미치는 영향을 고려해 반대하였다. 그러나 1984년 7월 3일 과기처는 1년간 보호 결정을 내리고 정부 및 투자기관 등에서 우선 구매토록 조달청장에게 요청하였다.[134] 과기처의 결정은 애국심을 강조하던 전두환 대통령을 등에 업고 이루어진 것이었고 내용 정당성은 별개로 하더라도 그 과정은 변화 속 방해요소로 되고 있던 정책 최고위층들의 잘못된 정책 개입을 그대로 보여 주는 것이었다.

1985년 2월 18일 체신부는 새해 주요 업무 보고에서 통신산업진흥책으로 일정비율 국산 통신부품 수출을 의무화하는 연계수출제도를 7월부터 시행하며 중소통신기업을 선정, 연간 30억 원을 지원한다고 밝혔다.[135] 4월 8일 상공부가 확정한 컴퓨터산업 육성계획은 국산 컴퓨터의 보급을 늘리는 것이 컴퓨터산업 육성의 지름길이라고 판단하여 국산 컴퓨터 리스자금을 60억 원에서 100억 원으로 증액하고 컴퓨터산업을 중소기업 우선육성업종으로 지정하였다. 또한 전자공업진흥기금 등을 활용해 다층인쇄회로기판 등 컴퓨터 관련 부품을 연내 개발하고 이를 촉진하기 위해 공공기관 구매 시 국산화율이 높은 제품에 우선권을 주기로 하였다.[136]

1985년 5월 국가기간전산망조정위원회는 「국가기간전산망 중간보고와 행정전산망 추진계획(안)」을 마련하여 청와대에 보고하였고 1987년 2월 「행정전산망종합계획(안)」이 최종 완성되었다. 1986년 정보통신부문의 기술비약을 보여 준 한국전자전람회가 잠실(삼선동)에서 열렸고[137] 1986년 12월 31일 국회는 「전산망 보급 확장과 이용 촉진에 관한 법률 시행령」을 통과시켰다.

이런 가운데 1980년대 후반 들어 컴퓨터, 통신기기, 로봇 등 전 산업 분야에 걸쳐 응용범위가 확대되고 있었던 초고집적반도체 기술개발 필요성이 커졌다. 1990년대 주력 반도체가 될 초고집적반도체 관련 기술의 세계 수요는 1988~1993년간 264억 500만 달러로 예상되었다. 정부 역시 이미 1985년 10월 합동으로 정부, 관련 기업과 출연연구소가 모두 참가하는 초고집적반도체기술 공동개발추진협의회를 구성하고 있었다. 우선 목표는 4M DRAM 관련 기술을 정부 특정연구개발사업으로 개발하여 16M DRAM 등 차세대 기술도약의 교두보를 확보하고 국제수

134 전자신문사(컴파, 1995. 12. 11~1996. 12. 12), 40.
135 〈매일경제신문〉(1985. 2. 19).
136 〈경향신문〉(1985. 4. 8); 〈매일경제신문〉(1985. 4. 8).
137 공보처 홍보국(16, 1986. 10. 8).

지를 개선하는 것이었다. 1986년 3월 서브마이크론(submicron)급 반도체 기술 공동개발계획(안)이 수립되었고 4월 동 안에 대한 관련기관 간의 실무협의가 이루어졌다. 4월 29일 과학기술처 장관은 작성된 반도체 공동연구개발추진계획을 대통령에게 보고하였고 7월 16일 추진계획 실천방안 관계부처인 경제기획원, 상공부, 체신부, 과학기술처 간 합의가 이루어졌다. 1986년 8월 22일 대통령 결재를 받은 초고집적반도체기술 공동개발안의 공동연구개발추진계획 주요 내용은 〈표 6-13〉과 같았다. 대통령은 초고집적반도체기술 공동연구개발추진계획 보고문서의 과학기술처장관, 체신부장관, 상공부장관, 부총리의 서명 위에 서명하면서 서명 밑에 줄을 그어 "전자통신연구소장은 전 연구원의 인사권을 장악해 하며 三社는 공동운명체로서 연구소장의 지휘 하에 순응 협조해야 함"이라고 가필하였다.[138]

1987년 초까지도 반도체 부문의 불확실성이 계속되고 정부 내에서도 회의론이 나왔지만 1986년 미일반도체협정에 따른 일본의 설비축소와 1987년부터 시작된 세계적인 컴퓨터 붐을 타고 1988년 1M DRAM의 폭발적인 수요증가와 가격폭등이 나타났다. 이러한 세계 시장의 급

〈표 6-13〉 1986~1989년 초고집적반도체기술 공동연구개발추진계획(1986)

<table>
<tr><th></th><th colspan="4">공동연구개발추진계획</th></tr>
<tr><td rowspan="4">공동개발 목표</td><td colspan="4">0.8μ m 선폭의 4M DRAM 반도체 개발
– 설계, 공정, 조립 등 생산기술과 관련 기본기술 개발</td></tr>
<tr><td></td><td>제1단계</td><td>제2단계</td><td>제3단계</td></tr>
<tr><td>기간</td><td>1986. 8~1987. 3</td><td>1987. 4~1988. 3</td><td>1988. 4~1989. 3</td></tr>
<tr><td>기술</td><td>1.0μ m선폭의 1M DRAM급 반도체</td><td>1.0μ m선폭의 4M DRAM 반도체</td><td>0.8μ m선폭의 4M DRAM 반도체</td></tr>
<tr><td rowspan="4">공동개발 방법</td><td colspan="4">전자통신(연)을 총괄연구기관으로 하고 반도체연구조합, 학계가 공동 참여하는 특정연구개발사업으로 수행</td></tr>
<tr><td></td><td>관련 기업</td><td>연구기관</td><td>학계</td></tr>
<tr><td>참여 기관</td><td>반도체연구조합
(1분과조합사)
(삼성, 금성, 현대)</td><td>한국전자통신(연)</td><td>서울대 부설
반도체공동연구소</td></tr>
<tr><td>업무</td><td>1. 설계 · 생산 · 기본기술 개발수행
2. 조합사 기술 · 시설 능력 따라 개발 분담</td><td>1. 연구개발 총괄 관리
2. 설계 · 생산 · 기본기술 개발지원</td><td>1. 연구인력 지원 및 양성
2. 기본기술의 기초연구</td></tr>
</table>

자료: 경제기획원·상공부·체신부·과학기술처(초고6대통령 결재문서, 1986. 8. 22).

138 경제기획원·상공부·체신부·과학기술처(초고6대통령 결재문서, 1986. 8. 22).

변은 1974년 이후 계속된 한국 반도체의 장기간 적자를 보전하고도 일시에 흑자전환을 가져오는 계기를 만들었다. 1989년 상공부는 「반도체장비산업 종합발전계획위원회」를 구성하였다.

1990년 상공부는 주문형반도체(ASIC)산업을 2000년까지 선진국 수준으로 끌어올린다는 목표아래 육성대책을 마련하여 금융·세제상 집중지원을 하기로 하였다.[139] 1991년 경기도 평택과 충남 천안 제2공단에 반도체장비 전용 공단이 만들어져 22개 반도체 장비업체가 입주하여 생산과 연구 활동을 시작하였다.[140] 1995년 한국의 「삼성전자」, 「LG반도체」, 「현대전자」 3사의 세계 반도체 시장 점유율은 10.3%로 10%를 넘어섰다.[141]

139 〈매일경제신문〉(1990. 7. 27).
140 〈전자신문〉(2016. 9. 28).
141 강진구 전 삼성전자사장(1996), p. 244.

3

전자공업의 주요 정책들

CHAPTER 7
외자

I. 초기 외자의 내용과 외자정책

1960년 1월 1일 외국투자가 등록기업에 대한 조세감면 내용을 담은 「외자도입촉진법」이 법률 제532호로 공포, 시행되었다.[1] 5.16 후 만들어진 경제기획원은 제1차 경제개발5개년계획을 입안하면서 현실 공급병목 요인인 자본과 기술 문제를 해결해 줄 외국 자본의 무제한 도입을 허용하는 외자도입촉진법의 운용세칙을 정하였다.[2] 1962년 「금성사」와 1964년 「한영공업」의 독일 차관도입 등에 이어[3] 정부는 수출을 확대하기 위해 100% 수출조건으로 1965년 9월 22일 첫 전자공업 외국인합작사 한미합작 「중앙상역(주)」을 인가하였고 이어 1965년 12월 29일 외자도입촉진위원회는 전자부품 생산을 위한 미국 합작투자사 「고미산업」(*Komy Corporation*)의 투자사업을 승인하였다.[4] 그리고 1966년 4월 29일 「훼어차일드 쎄미콘닥터」(*Fairchild Semiconductor Ltd.*) 한국 회사가 「훼어차일드 쎄미콘닥터 홍콩(주)」으로부터 $347,000의 100% 외국인투자 도입인가를 얻어[5] 1966년 최초로 100% 외국인투자 승인까지 이루어졌다.[6]

1966년 8월 3일, 1960년 제정, 공포된 외자도입촉진법이 폐지되고 외자도입법이 법률 제

---

1 「외자도입촉진법」에서 외국인투자와 관련된 조세감면 내용은 다음과 같다.
제19조(등록기업에 대한 조세의 감면) ① 본법에 의한 외국투자가 등록기업으로서 업무가 개시된 날로부터 8년은 그 기업의 소득에 대한 과세에 있어서 소득세법 또는 법인세법 중의 감면 규정에 불구하고 다음 각호의 규정에 의하여 감면한다. 1. 기업의 업무 개시일로부터 5년은 소득세 또는 법인세를 전액 면제한다. 2. 전호의 기간 만료일로부터 2년은 소득세법 또는 법인세법의 규정에 의하여 산출한 세액의 3분의 2를 경감한다. 3. 전호의 기간만료일로부터 1년은 소득세법 또는 법인세법의 규정에 의하여 산출한 세액의 3분의 1을 경감한다. ② 전항의 규정은 지방자치단체가 부과하는 호별세, 가옥세, 어업세 및 취득세에 이를 준용한다.

2 전자산업 50년사 편찬위원회(2009), p. 79.

3 〈경향신문〉(1962. 2. 22); 〈경향신문〉(1964. 2. 26).

4 〈경향신문〉(1965. 12. 30).

5 경제기획원(전부위, 1973. 3. 24).

6 상공부(해교, 1974. 10. 19).

1802호로 제정, 공포되어 9월 3일부터 시행되었다. 이 법에서 외자란 주식 또는 지분을 인수하기 위하여 도입된 출자의 목적물 및 이에 의하여 취득한 내국지불수단 또는 자본재, 기술도입 계약에 의하여 도입된 기술, 현금차관계약에 의하여 도입된 대외지불수단과 그의 직접교환으로 취득된 내국지불수단·외환증서 또는 자본재, 자본재도입계약에 의하여 도입된 자본재로 규정되었다. 즉, 외자도입법상 외자는 차관, 외국인 직접투자 및 합작투자 그리고 기술도입을 포함하는 것이었는데 외자도입법은 한국이 감당하기 어려운 금융비용을 줄이기 위해 외국인 직접투자를 적극 유도하려는 외자유치 전략의 수정이었다. 외자는 경제기획원이 관할하였으므로 이 법의 시행관할처는 경제기획원이 되었다.

외자도입법에서 제2장 외국인투자의 배당금 송금, 출자금 회수, 외자처분제한, 외국인투자 재산 보장, 조세감면, 내국민대우, 제5장 외자도입심의위원회의 위원회 설치, 위원회 구성 등 핵심요소 관련 내용은 다음과 같다.

【외자도입법(1966. 8. 3. 공포, 법률 제1802호, 1966. 9. 3. 시행)】

제2장 외국인의 투자

제11조(배당금등의 송금) ① 외국투자가가 소유하는 주식 또는 지분으로 인하여 생기는 정당한 이익의 배당금의 대외송금은 보장된다. ② 전항의 송금에 관하여 필요한 사항은 대통령령이 정하는 바에 의한다.

제12조(출자금의 회수) ① 외국투자가는 그가 소유하는 주식 또는 지분을 매각할 수 있다. 이 경우에는 매도인과 매수인이 공동으로 경제기획원장관에게 신고하여야 한다. ② 전항의 경우에 매수인이 외국인일 때에는 제6조의 규정에 의한 인가를 받은 것으로 본다. ③ 제1항의 매각대금은 당해 기업이 영업을 개시한 날로부터 2년 후 매 1년에 출자액의 100분의 20까지 대외송금이 보장된다. 다만, 당해 기업의 청산으로 인한 분배금의 대외송금에 있어서 경제기획원장관이 허가한 때에는 그러하지 아니하다.

제13조(외자 등의 처분제한) ① 외국투자가 또는 외국인투자기업이 도입한 외자를 인가한 목적 이외에 사용하고자 할 때에는 미리 경제기획원장관의 허가를 받아야 한다. ② 외국인투자기업이 등록된 영업 이외의 업을 하고자 할 때에는 미리 경제기획원장관의 허가를 얻어야 한다.

제14조(외국인투자 재산의 보장) 외국인투자기업의 모든 재산은 법률의 정하는 바에 의하여 보장된다.

제15조(조세의 감면) ① 외국인투자기업에 대한 소득세·법인세·재산세 및 취득세의 과세는 다음 각호의 규정에 따라 감면되며 그 감면은 당해 기업의 모든 주식 또는 지분에 대한 외국투자가가 소유하고 있는 주식 또는 지분의 비율에 따른다. 1. 소득세·법인세·재산세는 당해 세법에 의한 최초과세기산일로부터, 취득세는 등록된 날로부터 5년간 부과하지 아니한다. 2. 전호의 기간만료일부터 3년간은 당해 세법의 규정에 의하여 산출된 세액의 100분의 50을 경감한다. ② 제6조의 인가를 받은 외국투자가가 이 법의 규정에 의하여 인수한 주식 또는 지분에서 생기는 이익의 배당금 및 잉여금의 분배금에 대한 과세는 다음 각호에 따라

감면한다. 1. 당해 기업이 영업을 개시한 날로부터 5년간 부과하지 아니한다. 2. 전호의 기간만료일로부터 3년간은 소득세법의 규정에 의하여 산출한 세액의 100분의 50을 경감한다. ③ 제6조의 인가에 의하여 도입된 자본재에 대한 관세 및 물품세는 부과하지 아니한다. ④ 제1항 내지 전항의 감면은 외국인투자기업 또는 외국투자가의 신청에 의하여 감면되지 아니할 수 있다.

제16조(내국민대우) 외국인투자기업과 외국투자가는 법률에서 특별히 규정한 바를 제외하고는 그 영업에 관하여 대한민국 국민과 동일한 대우를 받는다.

제5장 외자도입심의위원회

제34조(위원회의 설치) 이 법에 의한 외자도입에 관한 중요사항을 심의·결정하기 위하여 경제기획원에 외자도입심의위원회(이하 "위원회")를 둔다.

제35조(위원회의 구성) ① 위원회는 위원장 1인과 위원 17인 이내로 구성한다. ② 위원장은 경제기획원장관이 되고 위원은 재무부장관·상공부장관·농림부장관·한국은행총재·한국산업은행총재 및 경제와 법률에 관한 학식과 경험이 많은 자 중에서 대통령이 위촉하는 자가 된다. ③ 위원 중 대통령이 위촉하는 위원의 임기는 1년으로 한다. 다만, 위원이 궐원된 때에 위촉받은 위원은 전임자의 잔임기간으로 한다. ④ 위원 중 공무원이 아닌 위원도 형법 기타 다른 법률의 규정에 의한 벌칙의 적용에 있어서는 공무원으로 본다.

법제처 국가법령정보센터(2017. 6. 24).

나아가 외자도입법은 "외국인투자기업과 외국투자가는 법률에서 특별히 규정한 바를 제외하고는 그 영업에 관하여 대한민국 국민과 동일한 대우를 받는다"라고 규정하였다. 외자도입법상의 우대조치는 한국이 자금, 기술, 시장을 위해 외자유치가 필요하였기 때문이었는데 오히려 한국 기업에 대한 역차별 논란을 불러일으킬 정도이었다. 외국인투자 소요외자는 기계시설, 원자재, 현금을 모두 혹은 일부를 포함하는 것이었다.[7]

외자도입법 제정이 진행되는 가운데 「시그네틱스」(*Signetics Corporation*)가 역시 100% 외국인투자기업으로 1966년 7월 28일 외자도입촉진위원회의 승인을 받았다.[8] 승인내역은 집적회로와 다이오드 제조 목적의 167만 9,000달러의 전자회로 보세공장 건설이었다.[9] 이어 1966년 12월 23일 「오크일렉트로네틱스」(*OAK Electro/Netics Corp.*)도 튜너, TV수상기 생산 단독투자 인가를 받았다.[10] 당시 미국 기업들이 합작보다 단독투자를 원했던 이유는 일차적으로 기술보호 때문이었지만, 더하여 "미국에서 합작 대상을 조사했는데 큰 재벌일수록 부정이 많은 걸로 결론이 나 단독투자로 되었다"는 당시 「모토로라」(*Motorola Inc.*) 미국 내 관계자의 증언에서 알 수 있듯이[11] 한국 기업들의 잘못된 기업 관행도 있었기 때문이다. 이런 이유를 포함하여 1967

7 상공부장관(외고투322, 1973. 8. 21).
8 〈경향신문〉(1966. 7. 29).
9 이날 20건의 상업차관, 5건의 직·합작투자, 4건의 기술도입이 승인되었다.
10 경제과학심의회의 위원 최규남·위원 김기형(1967. 3. 3).
11 강기동 전 한국반도체공업주식회사 대표이사 증언(2한, 2014. 8. 24), p. 79.

년 외국인투자기업들은 임금 등 정보교환, 한국 정부와의 관계개선 등을 목적으로 하는 외국인투자제조자협회를 설립하자고 나섰다.[12] 이 시기 외국인투자는 한국의 저렴한 숙련노동을 이용하려는 부품생산 목적이 중심이었다.

외국인투자만이 아니라 외자도입도 계속 이루어졌는데 1966년 12월 경제기획원장관은 「동양정밀공업(주)」의 일본 「三井物産(株)」과의 어업용 통신기 및 전자장치 제조공장 건설용 자본재 도입 계약($500,000) 인가신청을 조건부로 허용하기로 하고 외자도입심의위원회에 상정하였다.[13] 1960년대 정부는 외자도입에 대한 기업의 경험과 정보 부족을 보완하기 위해 외자도입을 일일이 검증하고 관리, 감독하였다.

1967년 3월 21일 미국의 「모토로라」는 외자도입심의위원회 의결을 거쳐 전자부분품 제조를 위한 외국인투자 인가를 받아 국내에 「모토로라코리아(Motorola Korea)주식회사」를 설립하였다. 「모토로라코리아」의 외국인투자 금액은 754만 4,100달러로 1960년대 외국인투자 중 규모가 가장 컸고[14] 그 결과 1967년 외국인 직접투자액이 일시적으로 급등하였다.[15] 차관에서 합작투자로의 외자도입정책 전환에 따라 1967년 기업들의 합작투자 붐이 일어나고 있었다. 경제기획원이 1967년 7월에 대한상공회의소 등 경제단체를 통해 조사한 바에 의하면 정식으로 정부에 투자알선을 요청해 온 업체만도 70개 업체로 이 중 기술을 요하는 전기공업이 12건으로 가장 많았고 제약 10건, 농기구 7건, 전기기기 7건의 순이었다.[16] 1967년 8월 1일 외자도입심의위원회는 재일교포가 아닌 일본인 합작투자 첫 케이스인 「한국금속」과 「日本大日金屬」(49%, 39만 2,000달러)의 한일합작투자 및 기술도입을 승인하고 게르마늄 트랜지스터 공장 건설을 위한 「싸니(써니)전기공업」(곽태석)의 「三井」 359만 2,000달러 차관 도입, 「한국 OAK」와 미국 *OAK* 사와의 전자부속품 제조공장 기술도입 등을 승인하였다. 「싸니전기공업」의 차관은 연리 6%, 6개월 거치, 6년 상환의 조건으로 경북 선산에 연 5,400만 개의 트랜지스터 생산규모를 갖추는 것이었다.[17] 1967년 외국인투자기업은 10개사가 되었다.[18]

차관도입에 있어서도 정부는 기업의 무분별한 외자도입을 억제하고 기업으로 하여금 대응내자를 책임지고 마련하도록 유도하여 증자와 예치금을 의무화하고 나아가 주식을 공개하도록 하였다. 1968년 「뉴-코리아전자공업주식회사」가 전자부분품 생산공장 건설을 위해 홍콩 *Hang Yip Industrial Co.*과 300만 달러 차관계약을 맺었다. 차관은 전자기기 생산시설 구입 및 시운

12 Stokes, James E., President, Signetics Korea Co. Ltd.(1967. 6. 29).
13 경제기획원장관(어용, 1966. 12).
14 경제기획원장관(전품를, 1968. 12. 19).
15 과소 집계되어 있는 한국정밀기기센터 자료에 의해도 외국인 직접투자기업의 투자액은 1966년 371만 8,000달러, 1967년 1,386만 7,000달러, 1968년 237만 6,000달러이었다. 임휘철(1994), p. 127.
16 〈매일경제신문〉(1967. 8. 21).
17 〈매일경제신문〉(1967. 8. 2); 〈경향신문〉(1967. 8. 2).
18 서현진 전자신문 편집국 부장(2001), p. 141.

〈표 7-1〉 「뉴-코리아전자공업」 전자부분품 생산공장 건설 차관계약 내용과 차관사업 내용(1968)

<table>
<tr><th>구분</th><th colspan="3">계약 관련 내용</th></tr>
<tr><td rowspan="2">차관계약 내용</td><td colspan="2">상환조건</td><td>(1) 착수금: 없음
(2) 이자율: 연 7.5%(송금 1년 후부터 매 6개월마다 지불)
(3) 상환기간: 9년(9년째 일시불)</td></tr>
<tr><td colspan="2">지불보증</td><td>외환은행의 취소불능, 무조건 약속어음 발행
의무 불이행시 반환금(Remedies)</td></tr>
<tr><td rowspan="4">사업계획 내용</td><td rowspan="2">소요
자금</td><td>외자</td><td>시설재: $2,587,545.01, 해상운임 $150,000
원자재: $250,000, 해상운임 $12,454.99
합계 $3,000,000</td></tr>
<tr><td>내자</td><td>시설자금: 141,280,000원, 운영자금 65,510,000원
합계 206,179,000원</td></tr>
<tr><td colspan="2">생산규모</td><td>생산능력: 부분품 1일당 830,900개</td></tr>
<tr><td colspan="2">생산계획</td><td>부분품 연간 193,500,000개</td></tr>
</table>

자료: 경제기획원(전료, 1968).

전용 원자재 구입비로 사용될 예정이었다. 차관의 구체적 조건과 차관으로 이루어질 사업의 계획내용은 〈표 7-1〉과 같았다.

경제기획원은 전자부분품 생산공장 건설사업이 전자공업 발전은 물론 국제수지 개선, 고용증대 등 국민경제 발전에 기여도가 큰 사업으로서 타당성이 인정된다며 조건부 인가를 결정하고 제35차 외자도입심의위원회에 이를 상정하였다. 경제기획원이 제시한 인가조건의 주요 내용은 다음과 같았다.

【전자부분품 생산공장 건설 차관계약 인가조건 주요 내용(1968)】

1. 본 차관금으로 구입할 시설기계 및 원자재에 대한 계약을 체결하고 상공부장관의 검토를 거쳐 경제기획원장관의 승인을 받아야 한다.
2. 한국외환은행 L/G 개설 이전에 2억 원을 증자하고 경제기획원장관의 승인을 얻어야 한다.
3. 차관지불보증은 한국외환은행이 수락하는 내용으로 보증한다.
4. L/G 개설 이전에 도입외자 총액의 3%와 B/L 인도 이전에 5%를 각각 지급보증은행에 예치해야 한다.
5. 외자도입법 33조 준하여 주식을 공개하여야 한다.

경제기획원장관(전부3, 1968).

이러한 경제기획원의 차관도입에 따른 검토내용과 인가조건은 이후 보편적으로 사용되었다.

1968년 11월 7일 전자부품 제조를 위한 외국인투자(347,000달러, 100%) 및 차관계약(1,797,000달러) 인가를 받은 「훼어차일드 쎄미코어 주식회사」(*Fairchild Semikor Ltd.*)는 6% 이자를 지불하도록 되어 있었다. 이에 「훼어차일드 쎄미코어」는 우선 도입될 원금에 대해 1969년부터 매년 11월 7일에 이자를 지불하고 1971년부터는 원금 81,139.52달러도 함께 총 15회 총액 1,217,092.80달러를 균등 상환하기로 하였다.[19] 1970년까지 차관이 들어와 1970년 11월 미상환원금이 1,217,092.80달러(자본재 397,292.80달러, 현금 819,800달러)가 되었다. 「훼어차일드 쎄미코어」는 1971년 차관액 중 기도입액 외의 미도입분 자본재 도입을 포기하고 차관액 감액에 따른 계약내용 수정의 승인을 신청하였다. 이 미도입 자본재에 의해 생산될 M/C트랜지스터(군통신기용 부품)의 해외 수요시장이 미국 국방예산 감축으로 인해 감퇴될 것으로 예상되었기 때문이었다. 경제기획원은 이를 변경 승인하여 외심위에 상정보고하고 재무부장관, 상공부장관에게 통지하였다.[20] 경제기획원은 외자의 검토 및 변경 검토 과정에서 관련 상공부와 재무부 나아가 특정 기술이 관련되면 과학기술처 등의 의견도 요청하고 받았다.

1968년 12월 7일 「모토로라코리아」는 외국인투자가를 *Motorola Inc.*에서 *MIDC* (*Motorola International Development Corporation*)로 변경하는 외국인투자 변경인가를 신청하였다. 경제기획원장관은 1967년 인가된 외국인투자금 전액에 따른 권리, 의무의 일체 양도를 규정한 *Motorola Inc.* 및 *MIDC* 이사장의 결의서를 경제기획원장관에게 제출하도록 하여[21] 사후적 논란을 없앴다. 「모토로라코리아」는 약 2,300명의 종업원이 1969년 약 1,200만 달러를 수출하는 성과를 거두었다.

투자자로 변경 등록된 *MIDC*는 외국인투자 내용변경 인가(투자액 100만 달러) 및 *MIDC*와 「모토로라코리아」 간 차관계약(차관액 700만 달러) 인가를 신청하였다. 즉, 1967년 당초 설립 시 인가받은 외국인투자 754만 4,100.97달러를 800만 달러로 증액하되 외국인투자 100만 달러와 차관 700만 달러로 구분 변경하겠다는 것이었다. 이렇게 투자와 차관을 구분하려는 것은 미국 정부가 국제수지 개선을 위한 해외 투자 억제책으로 해외 직접투자 배당금에 대한 과세율을 차관공여에 의한 이자 과세율보다 고율로 하였기 때문이었다.[22] 한국의 입장에서는 이렇게 구분 변경하면 원리금 상환액이 늘어나는 것이지만 *MIDC*는 철저히 자신들의 이익을 추구하였다.

경제기획원장관은 *MIDC* 및 「모토로라코리아」 변호사 한복이 대리하여 신청한 외국인투자 내용변경 인가신청 및 *MIDC*와 「모토로라코리아」 간의 차관계약을 1970년 2월 27일 제47차 외자도입심의위원회 의결을 거쳐 조건부 인가하였다. 인가조건은, '첫째 미도입된 차관자금

---

19 Economic Planning Board KOREA · Fairchild SEMIKOR Ltd.(1969).
20 경제기획원(전부, 1971. 3. 11).
21 경제기획원장관(전품를, 1968. 12. 19).
22 경제기획원장관(전투07, 1970).

(455,899.03달러)으로 자본재를 도입하고자 할 때에는 당해 자본재의 도입 이전에 정부의 승인을 얻을 것, 둘째 차관계약 제3조에 규정하는 조기상환에 관한 조항은 삭제할 것'이었다.[23] 이는 한국 정부가 외자에 대해 마지막 외자분까지 정부가 철저히 검증하겠다는 것이었으며 또 외자도입기업 혹은 외자도입으로 설립된 기업들이 이의제기하기 어려운 불리한 조항을 정부의 강제명령으로 철회시키려는 것이었다.

1969년 7월 19일 외자도입심의위원회는 일본 「도시바(Toshiba)전기」와 재일교포 곽태석(郭泰石)의 전자부품 제조공장 합작투자, 미국 *IBM*의 전자기기 용역사업 단독투자, 미국 「홈아메리칸 R&D」사와 「민성전자공업」과의 하이브리드IC 제조사업 합작투자를 인가하였다.[24] 이에 기초하여 1969년 경제기획원장관은 전자부품 실리콘 트랜지스터 제조 수출을 위하여 「도시바전기」와 곽태석으로부터 제출된 외국인투자 인가신청(도시바 98만 달러 70%, 곽태석 42만 달러 30%, 합계 140만 달러 100%)을 "전량 수출" 조건 하에 인가하였다. 경제기획원장관은 '(1) 이는 전량 일본의 「도시바전기주식회사」에 수출하는 것으로(1970년 100만 달러 예정) 국제수지 개선에 크게 이바지 할 뿐 아니라 고도로 발달된 도시바전기의 기술을 도입함으로써 정부가 육성하고자 하는 전자공업 발전에도 기여하는 바가 크다고 봄. (2) 주무부인 상공부의 기술검토 및 경제기획원의 경제성 검토에서도 타당성이 인정되었고 본 사업이 일본의 투자유치에 지대한 영향을 미칠 것을 감안하여 인가코자 함'이라고 밝혔다.[25] 역시 상공부의 기술검토와 경제기획원의 경제성 검토가 이루어졌음을 알 수 있다. 곽태석은 이후 당시 최첨단 전자제품이었던 수정진동자를 한국에서 생산한 「싸니전자」와 「한육전자」, 「신한전자」 등 일본 전자업체의 한국 투자유치를 이끌어 낸 선구자이었다.[26]

1969년 과학기술처의 EDPS개발조정위원회 심의와 제44차 외자도입심의위원회 의결을 거쳐 10월 29일 「한국유니백주식회사」와 미국 *Univac* 간의 전자계산조직기계 도입을 위한 35만 달러의 자본재 도입 계약이 인가되었다. 그러나 「한국유니백」의 투자자 대체 요청에 따라 1970년 4월 9일 동 인가가 취소되었고 대신 이미 10만 달러의 외국인투자 인가를 얻은 바 있는 미국 *Francliff Corp.*의 「한국유니백」과의 합작투자 35만 달러 외국인투자 증액인가가 이루어졌다.[27] 미국 *Francliff Corp.*과 「한국유니백」과의 합작 증액투자 내용과 사업계획은 〈표 7-2〉와 같다. 세계적인 홍행에 이어 한국에서도 전자계산기에 대한 관심이 높아지면서 1970년 2월 5일 전자계산기 제작 조립 판매 및 임대와 전자부분품 제조사업을 위한 미국 *Universal Management System Corp.*의 외국인투자(투자금액 $2,000,000 투자비율 95%) 인가도 이루어졌다.[28]

23 경제기획원장관(전투03, 1970. 3. 13).
24 〈매일경제신문〉(1969. 7. 21).
25 경제기획원장관(전품31, 1969).
26 전자산업 50년사 편찬위원회(2009), p. 82.
27 경제기획원장관(전기용, 1970. 4).
28 경제기획원장관(전계, 1974).

〈표 7-2〉 *Francliff Corp.*과 「한국유니백」과의 합작 외국인 증액투자 내용과 사업계획(1970)

<table>
<tr><th colspan="3"></th><th>외국인 증액투자 내용</th></tr>
<tr><td colspan="3">사업목적</td><td>전자계산조직기계와 부대기기의 판매, 임대 및 용역</td></tr>
<tr><td colspan="3">외국인 자본금액</td><td>기투자분 10만 달러, 증액 35만 달러, 합계 45만 달러</td></tr>
<tr><td colspan="3">외국인투자 비율</td><td>80%</td></tr>
<tr><td colspan="3">투자방법</td><td>전액 현물투자</td></tr>
<tr><td rowspan="10">사업
계획
내용</td><td rowspan="2">소요
자금</td><td>외자</td><td>투자 45만 달러, AID 중소기업자금 10만 달러, 계 55만 달러</td></tr>
<tr><td>내자</td><td>당초 투자 12,255천 원, 증자 21,198천 원, 계 33,453천 원</td></tr>
<tr><td rowspan="3">사업
방법</td><td>방법</td><td>기인가 외국인투자분 10만 달러 포함 증액투자분 45만 달러 및 AID Loan 10만 달러, 합계 55만 달러로 도입할 Univac 전자계산기계 1시스템을 금융기관 전자계산 본부에 임대하여 용역을 제공함.</td></tr>
<tr><td>기간</td><td>임대기간 3년. 상호 합의 하에 연장할 수 있음.</td></tr>
<tr><td>임대료</td><td>월 11,742달러</td></tr>
<tr><td colspan="2">기타 사업</td><td>1. Univac 전자계산기와 동 부대장비 및 공급품의 판매
2. Univac 전자계산기의 보수 정비
3. 전항에 따르는 수출입업</td></tr>
<tr><td colspan="2">기술원조</td><td>기계의 설치, 시운전, 조작 기타 관련 제반 사항을 지도하기 위하여 Univac International에서 2명 기술자를 파견한다.</td></tr>
<tr><td colspan="2">고용계획</td><td>24명</td></tr>
<tr><td colspan="2">사업개시일</td><td>1970년 6월 1일</td></tr>
<tr><td colspan="2">배당금송금계획</td><td>외자도입법에 의해 송금 원칙으로 하나 필요에 따라 본 사업 확장을 위하여 재투자함.</td></tr>
</table>

자료: 경제기획원장관(전기용, 1970. 4).

그런데 경제기획원이 상공부에 검토를 의뢰한 결과 상공부는 부 검토 소관사항인 외자도입법 제44조의 규정에 해당되지 않는다고 회신하였다. 외자도입법 제44조(국산 공급품목)는 "제6조 또는 제17조의 인가에 의하여 도입되는 자본재 중 대통령령이 정하는 바에 따라 주무부장관의 검토를 거쳐 국내에서 적합한 물건으로 공급할 수 있다고 인정된 때에는 당해 자본재의 도입이 허가되지 아니한다"이었다.[29] 외자도입에서 상공부가 심의하는 것은 바로 국산품 공급 가능성이었다. 경제기획원은 과기처의 심의를 거쳐 처리하여야 한다고 밝혔고 과학기술처는 과기처의 EDPS 개발조정위원회의 심의를 거쳐 도입 허가된 바 있으므로 본 증액투자를 인가함이 가하다고 답변하였다.[30] 상공부와 경제기획원은 외자도입 인가에 신중을 기하고 있었다.

29 법제처 국가법령정보센터(2017. 6. 24).
30 경제기획원장관(전기용, 1970. 4).

1960년대 외국인투자기업의 투자규모를 보면 선두 「모토로라」에 이어 「삼성산요」(1969)가 600만 달러로 2번째, 「삼성NEC」(1969)가 300만 달러로 3위이었다. 100만 달러 이상 대규모 투자업체는 「훼어차일드」(1966), 「시그네틱스코리아」(1966), 「한국도시바」(1969) 등이었다. 「한국IBM」은 초기 95만 달러를 투자하였다가 1969년 380만 달러를 증자하였지만 *IBM*은 한국 내에서 공장을 건설한다는 투자인가 조건을 실행하지 않았다. 투자 분야를 보면 미국계는 집적회로, 트랜지스터 등 반도체, 컴퓨터 분야가 주축이었고, 일본계는 저항기, 축전기, 트랜스포머, 스피커 등 전자부품이 중심이었는데 1960년대 합작기업은 미국계가 7개사, 일본계가 5개사이었다.31

1970년 「금성사」는 일본 「알프스電氣」와 합작전자회사를 설립하고자 하였다. 양측은 합작투자계약이 완전히 효력을 발생하게 되는 즉시 당사자는 대한민국 법률에 의하여 주식회사로서 조직, 설립될 회사를 창설하여야 한다고 규정하고 창설될 새 회사는 「금성알프스전자주식회사」로 칭하기로 하였다.32

1970년 5월 8일 경제기획원 경제기획국장은 투자진흥관이 의뢰한 「금성알프스전자」의 전자제품 제조사업을 위한 외국인투자 인가신청 및 기술도입 계약 인가신청에 대한 경제성 검토결과를 송부하였다. 경제기획원 인가를 신청한 사업의 목적은 외국인 전문제조업체와 합작 형태로서 기술지원을 받아 전자공업의 기본부품인 스위치류, 저항기, 축전기 등을 생산하고 이를 전량 수출하는 것이었다. 경제기획원이 자체적으로 평가한 평가항목과 내용, 평가방법은 〈표 7-3〉과 같았다.

경제기획원은 평가항목을 10가지로 세분하여 항목 각각에 대해 가부를 +, ++, +++로 평가하는 3단계 평가를 시행하였다. 구체적으로 경제기획원은 외국인투자와 기술도입 인가에 따른 사업의 수급 전망, 수익성, 고용효과, 부가가치효과, 국제수지효과를 검토하였으며 특히 기존 업체와의 경합관계 등 수급 전망과 국제수지효과에 대해 상세히 평가하였다. 심지어 경제기획원은 원 심사양식에 없던 원료도입계획도 따로 평가하여 "원료도입계획: 초기에는 국내 조달이 불가능한 품목에 한정하고 있으나 3차 연도부터는 전량 국산으로 대체할 계획임"이라고 평가지에 가필하였다.33

1970년 6월 2일 「금성알프스전자(주)」는 TV튜너, 가변저항기, 가변축전기, 스위치 등의 전자부품 제조사업을 위한 외국인투자(일본 「알프스전기(주)」 투자액 $1,722,442.69, 비율 50%) 및 기술도입 계약을 인가받았다.34

정부는 전자공업을 속성 발전시키고 싶었다. 전자공업을 촉진하면서 가장 수요가 보장되

31 전자산업 50년사 편찬위원회(2009), p. 123.
32 주식회사 금성사 및 주식회사 星音社·알프스전기주식회사(1970).
33 경제기획원 경제기획국장(전제, 1970. 5. 8).
34 경제기획원(전부제, 1978. 9).

〈표 7-3〉 전자제품 제조사업을 위한 외국인투자 인가신청 및 기술도입 계약 인가신청에 대한 경제기획원의 경제성 검토 종합평가(1970)

구분	가부	의견
Ⅰ. 수급 전망	++	1. 전자공업 기본부품을 생산하여 전량 수출할 계획이며, 특히 외국인투자처와 수출계약을 체결하여 수출보장을 받고 있으므로 추진 타당하다고 사료 2. 기존 업체와의 관계: 전량 수출이므로 경합 없음 3. 제품판매(수출)계획: 1970~1972년 계획
Ⅱ. 수익성	+	투자수익률 22.1%로 비교적 양호한 편
Ⅲ. 입지조건	+	–
Ⅳ. 기술적 타당성	+	–
Ⅴ. 경영·재무 능력	+	–
Ⅵ. 고용효과	+	신규 고용 증대는 연간 약 400명(전기고용)으로 추산
Ⅶ. 부가가치효과	++	노동집약적인 사업으로 부가가치율은 29.4%로 추계됨
Ⅷ. 국제수지효과	++	전량 수출계획이나 기술료 순판매액의 1.5%를 지불해야 하므로 순외화 가득액은 1,893,000달러로 추정됨
Ⅸ. 간접효과	+	–
Ⅹ. 장기계획 관계	+	–
Ⅺ. 종합평점	++	–
종합평가	전자공업의 수출전략산업화 정책방향과 일치하며 국제수지 및 부가가치효과 등을 감안할 때 이의 추진, 타당하다고 사료됨	

자료: 경제기획원 경제기획국장(전제, 1970. 5. 8).

는 전자제품은 전자교환기이었다. 이에 정부는 세계 전자공업 첨단국이면서 같은 분단국으로서 전후 한국 원조에 호의적인 입장을 유지하여 왔던 독일로부터의 외자도입을 통해 관련 사업을 진행하고자 하였다. 1969년 6월 23일과 11월 3일 한국 정부와 서독(Federal Republic of Germany) 정부의 합의에 따라 서독 정부는 최대 1억 마르크의 장기 프로젝트 연계 자본원조를 결정하였다. 한국 정부의 전자교환기 확장 노력에 서독 정부는 한국 정부가 독일 부흥금융금고(Kreditanstalt für Wiederaufbau: KfW) 원조금을 차관으로 얻을 수 있도록 하였다. 1970년 12월 17일 서독 정부는 「부흥금융금고」를 차관제공자로, 한국 정부를 채무자로 하여 〈그림 7-1〉과 같이 차관계약을 체결하고 계약서를 작성하였다.[35] 최대 차관액을 3,000만 마르크로 하는 등 계약의 주요 내용은 다음과 같았다.

35 Kreditanstalt für Wiederaufbau and the Republic of Korea(17 Dec 1970), p. 2.

【전자교환기 확장을 위한 서독 차관계약서 주요 내용(1970)】

- 이 금액은 최대 DM30,000,000으로 한다(Article Ⅰ-(1)).
- 한국전력(KECO)에 지원한다.
- 한국 정부는 프로젝트의 완전한 자금을 확보하여야 한다.
- 차관은 KECO의 요청으로 지불된다(Article Ⅱ).
- 1973년 12월 31일까지 완전히 지불되지 않으면 독일 부흥금융금고가 추가 지불을 거절할 수 있다(Article Ⅱ).
- 정부는 미지불금에 대해 연 1/4%의 수수료를 지불해야 한다(Article Ⅲ-(1)).
- 차관은 연 3% 이자를 지불한다((Article Ⅲ-(2)).
- 6월 30일과 12월 31일 위 양 금액을 지불한다(Article Ⅲ).
- 원금은 1978년부터 6월 30일과 12월 31일에 균분 DM830,000씩 1995년 12월 31일까지 총 DM30,000,000 상환한다(Article Ⅲ-(4)).
- 지연될 경우 지연이자 연 2%를 올릴 수 있다(Article Ⅲ-(5)).
- 한국 정부는 차관이 KECO로 가도록 하되 별도의 Sub-Loan계약에 의해 차관을 사용할 경우 그 이자율은 연 5 3/4%로 한다(Article Ⅳ-(1)).

Kreditanstalt für Wiederaufbau and the Republic of Korea(17 Dec 1970).

1970년 10월 8일 전자부품 트랜스포머 제조를 위한 일본 기업의 외국인투자 인가가 이루어졌다. 투자가는 일본 「淺川電氣(株)」로 투자금액은 $32,331.07, 투자비율은 50%이었다. 경제기획원은 전량 수출조건으로 인가하였는데 이와 함께 국내 판매 시는 상공부고시 제6445호, 〈합작업체가 생산한 전자제품의 국내 판매에 관한 요령〉에 따를 것을 첨부하였다. 이 인가로 합작회사 「동양트란스포마」가 설립되어 1973년 1월 1일 영업을 개시하였고 2월 1일 외국인투자기업(No. 243) 등록을 마쳤다. 그러나 1974년 이후 경영상태 악화로 내국인 주주가 외국인 주식 전부를 매입하여 1977년 5월 4일 외국인투자기업 등록취소가 이루어졌다.[36]

초기 한국인의 저렴한 노동력을 이용하려던 외국인투자기업은 1970년대 점점 경쟁력을 잃어가고 있었고 따라서 철수하는 외국인투자가도 나타났다. 여기에는 국산화와 부가가치 제고를 추구하려던 기업, 정부의 노력이 중요한 역할을 하였다. 실제로 1971년 7월 16일 「금성포스타(주)」의 외국인투자 인가신청이 있자 이에 대해 7월 22일 경제기획원은 국산 기계장치 구입내역과 연간 총소요 원료내역 등 보완자료 제출을 요구하였다.[37] 7월 23일 「금성사」는 일본 「포스타電機(주)」를 대리하여 정부가 요구한 보완자료를 제출하였는데 그 내용은 다음(〈그림 7-1〉 아래 내용)과 같았다.

36 경제기획원 경제협력차관보(전트, 1977. 5).
37 경제기획원장관(전품15, 1971. 7. 27).

〈그림 7-1〉 전자교환기 확장을 위한 서독 차관계약서 첫 면과 최종 면(1970)

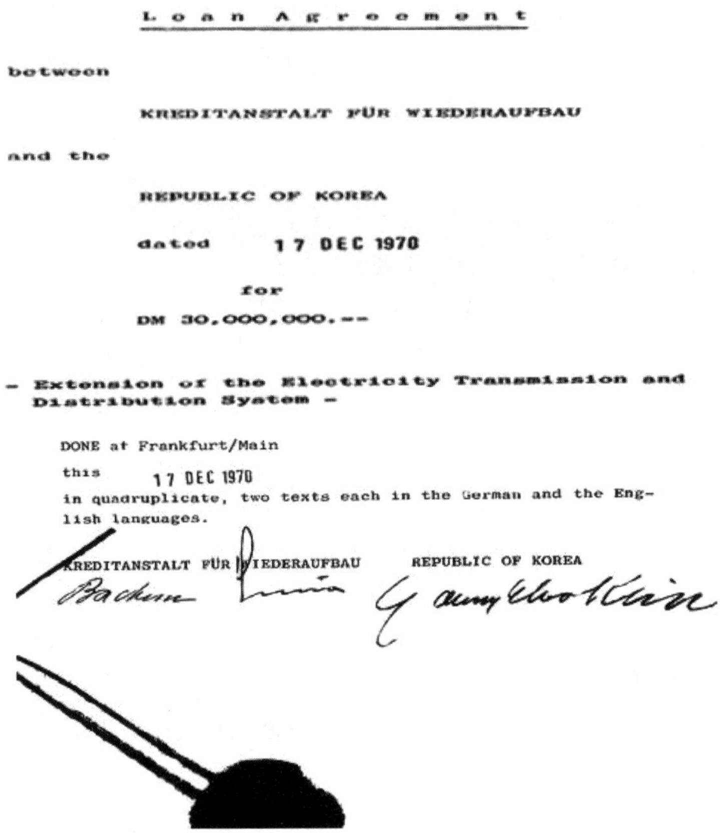

Loan Agreement

between

KREDITANSTALT FÜR WIEDERAUFBAU

and the

REPUBLIC OF KOREA

dated 17 DEC 1970

for

DM 30.000.000.--

- Extension of the Electricity Transmission and Distribution System -

DONE at Frankfurt/Main

this 17 DEC 1970

in quadruplicate, two texts each in the German and the English languages.

KREDITANSTALT FÜR WIEDERAUFBAU   REPUBLIC OF KOREA

자료: Kreditanstalt für Wiederaufbau and the Republic of Korea(17 Dec 1970).

【경제기획원 요구 외국인투자 보완자료 내용(1971)】

1. 국산 기계장치 구입분 내역: 15대, 52,179.90달러 상당
2. 운전자금 내역:

   최초 1회전 3개월 소요 운전자금 77,623천 원. 운전자금은 24,599천 원 책정되어 있음. 부족액 53,024천 원은 수출입금융 및 내국 투자가인 주식회사 금성사의 지원으로 충당할 계획임.
3. 연간 총소요 원료내역

   1차 연도 국내 조달 원자재 267,298.90달러 54%, 2차 연도 467,941.74달러 55%, 3차 연도 1,089,192달러 100%
4. 수출비율

   1차 연도 370만 개 90.2%, 2차 연도 600만 개 88.5%, 3차 연도 750만 개 88.2%
5. 배당금 송금계획: 재투자함.

주식회사 금성사 대표이사 박승찬(보자, 1971. 7. 23).

정부는 외자도입 자체를 적극 추구하던 것에서 보다 자세히 국산화 정도 및 수출비율 등 국내 산업파급효과, 그리고 운전자금 내역, 자금유출을 따지는 방향으로 나아가고 있었다. 따라서 외자도입은 다음과 같이 계속 의무화된 인가, 자본도입 상황 보고, 외자도입 물품내용 보고 과정을 통해 관리되었다.

【외자도입 보고내용(1972)】

1. 차주
   금성알프스전자주식회사 도입외자
   전기전자 통신기기 및 부분품 제조 판매
   인가번호 및 연월일
    투진 322-921(1970. 6. 2)
    ……
    투진 322-1772(1971. 8. 24)
2. 대주
   상호: Apls Electric Co., Ltd.
   국적: Japan
3. 자본도입 상황
   도입액: 1,179.78달러
   계약 또는 주식지분 인수액: 403,125달러
   선적일자 및 장소: June 5, 1971, 요코하마 일본
   도착일자 및 장소: June 9, 1971, 부산
   통관일자: Sept. 13, 1971
4. 도입물품 내용
   …….

금성알프스전자주식회사 대표이사(외도, 1972. 7. 2).

이러한 보고 과정을 통해 경제기획원 투자진흥실은 외자도입 내용을 다시 검토하면서 '인가액 390,015달러, 기도입액 377,634.67달러, 금번 도입액 1,179.78달러, 도입액 누계 378,814.45달러' 등으로 소액임에도 가필까지 해 가며 진행상황을 점검하고 감독하였다.[38]

1971년 일본 「포스타전기」는 전자부품 제조를 위한 외국인투자 인가를 신청하였다. 외국인투자액은 173,333달러, 50% 지분출자이었고 투자형태는 자본재 및 현금투자로 「금성사」와 합작하여 신회사 「금성포스타주식회사」를 설립하는 것이었다. 합작투자 사업계획은 〈표 7-4〉와 같았다.

38 금성알프스전자주식회사 대표이사(외도, 1972. 7. 2).

〈표 7-4〉 전자부품 제조를 위한 외국인투자(「금성사」와 일본 「포스타전기주식회사」) 사업계획(1971)

<table>
<tr><th>구분</th><th colspan="2">사업계획</th></tr>
<tr><td rowspan="2">소요자금</td><td>외자</td><td>자본재 $55,554.76
현금 $117,778.24: 국내 조달기계 및 운영자금
계 $173,333</td></tr>
<tr><td>내자</td><td>₩65,000,000($173,333): 건물, 토지 등 시설자금</td></tr>
<tr><td>생산계획</td><td colspan="2">품명: 스피커(라디오·TV·전축·카세트테이프레코더 등 전자제품용)
1차 연도: 4,100천 개, 3차 연도: 8,500천 개</td></tr>
<tr><td>원료조달계획</td><td colspan="2">1차 연도: 수입원자재 비중 51%
2차 연도: 수입원자재 비중 51%
3차 연도: 수입원자재 비중 0%</td></tr>
</table>

자료: 경제기획원(전부인, 1971. 8. 4).

경제기획원은 이를 인가하기로 하고 외자도입심의위원회에 이를 상정하였는데 인가와 상정 이유를 다음과 같이 밝혔다.

【경제기획원의 외국인투자 인가 및 외자도입심의위원회 상정 제안이유(1971)】

각종 스피커를 생산하여 수출하는 것으로 정부의 전자공업 개발시책과 동 수출진흥정책에 호응하여 국내 전자부품의 기술성 향상, 양산 체제의 확립 및 1,649,000달러의 외화가득(3차 연도)과 약 340명의 고용효과 등에 기여할 것이며 관계기관의 검토 결과에서도 대체로 그 타당성이 인정되어 인가코저 본 안을 상정하는 것임.

경제기획원장관(전품14, 1971. 8. 4).

1971년 8월 4일 제59차 외자도입심의위원회의 의결을 거쳐 8월 5일 경제기획원장관은 이를 다음의 인가조건으로 인가하였다.

【전자부품 제조를 위한 외국인투자 인가조건(1971)】

1. 생산품은 전량 수출하고 국내 판매 시는 상공부고시 제6445호(1971. 3. 18)의 요령에 따라야 한다.
2. 외자도입법 제13조 제1항을 위배하면 도입 당시 면제된 자본재의 관세 및 물품세를 추징한다.

경제기획원장관(전품11, 1971. 8. 5).

경제기획원장관은 이 인가사항을 상공부장관, 재무부장관, 외무부장관, 법무부장관, 한국은행총재, 국세청장, 상공부 외국인투자담당주재관, 재무부 외국인투자담당주재관, 법무부 외국인투자담당주재관, 국세청 외국인투자담당주재관에게 통지하였다.39 외국인투자가 또는 외국인투자기업이 한국의 외자유치 노력을 이용해 인가를 받은 후 외자를 인가 목적 이외에 사용하고자 하는 시도에 대해서도 경제기획원장관은 반드시 허가를 얻도록 하고 이를 위반할 시에는 관세 및 물품세를 추징하겠다는 점을 분명히 하고 있는 것이다.

1971년 11월 22일, 상공부고시 제6257호에 의거 전자부품 전문개발공장 건설자로 지정되어 각종 스위치, 가변저항기, 가변축전기, 티브이튜너 등을 수출하고 있던 외국인투자업체 「금성알프스전자」는 수출입 업무 간소화를 위한 건의서를 다음과 같이 경제기획원장관에게 제출하였다.

【외국인투자업체의 수출입 업무 간소화를 위한 건의서(1971)】

1. 외국인투자 전량 수출업체의 수출입 업무를 일원화하여 줄 것.
   각종 기계, 부품, 전용공구의 수입을 위해 수출입기별공고 및 상공부고시 공고상의 제한조치(해당기관 추천, 사전승인, 자금별 제한 AID 품목, PAC 품목)를 충족시켜야 하므로 상당한 시간이 소요됨. 또한 시설기재 수입을 위하여는 면세혜택을 받지 못하고 있음.
   현재 외국인투자에 대한 사무취급 일원화규정(대통령령 제4711호)에 의거 외자도입분에 한하여 일원화되어 있음. 따라서 외국인투자 전량 수출업체에 대하여서는 시설기재 수입 시 외자도입분과 같이 수입면세 가능토록 하여 주고 창구를 일원화하여 주어 업무집행의 신속화를 기할 수 있도록 하여 줄 것.
2. 수출용 원자재 수입 시 최소포장 단위로 인한 원자재 확보 곤란 (해결) 및 대응수출 이행기간 연장 요청.
   전자부품은 종류가 많고 원자재별 소요량이 미세함.
   수입이 가능해도 현행 이행기간은 특수한 기간을 제외하고 4개월이므로 사후관리를 기간 내에 할 수 없음.

금성알프스전자주식회사 대표이사(수업, 1971. 11. 22).

외국인투자 전량 수출업체의 수출입 업무 일원화와 수출용 원자재 수입 최소포장 단위 조정 및 대응수출 이행기간 연장 요청에 대해 경제기획원장관은 "정부는 외국인투자 유치를 위해 제도개선은 물론 적극적인 행정절차의 간소화 등 각종 행정지원을 아끼지 않고 있는 바, 특히 전자공업 수출업체의 수출입에 따른 절차의 간소화는 상공부의 전자공업진흥을 위한 외국인투자 유치와도 관련, 시급히 요청되는 것"이라고 상공부장관에게 밝혔다. 그러면서 경제기획원장관은 「금성알프스전자」의 요청이 외국인투자 유치 및 전자공업진흥을 위하여 그 타당성이 인정된다며 관계 법규 개정, 개선에 나서 우선 상공부장관의 의견을 조회하고 이런 사실을 해당사에 통보하였다.[40]

---

39 경제기획원장관(전품11, 1971. 8. 5).

40 경제기획원장관(외전, 1971. 11. 29).

1972년 8월 5일 외자도입심의위는 「한국실리콘」이 전자시계를 개발, 수출하기 위해 일본 「東京時計」와 50 : 50 합작투자계약을 맺고 9만 달러의 외자도입을 신청하자 이를 승인하였다.[41] 1972년 「한국시계공업」 역시 미국 「코로노틱」사와 합작투자를 통해 전자시계를 포함한 시계 제작 및 미국 수출에 나서기로 합의하였다.[42] 1972년 10월 12일 태완선 부총리는 국내 산업보호를 위한 외국인투자 장려업종과 제한업종을 발표하였는데 전기 및 전자기계기구는 수송장비, 합성수지, 화학제품, 비료제조업 등과 함께 적극 유치 분야로 분류되었다.[43]

1972년 말 전자공업 등록업체 268개 중 외국인 단독투자업체가 34개, 합작투자업체가 48개이었다. 전자공업체 총투자액 1억 1,200만 달러 중 이들 외국인투자업체의 투자액이 5,400만 달러로 전체의 48.2%를 차지하고 있었다.[44]

Ⅱ. 중화학공업화정책선언과 외국인투자

1973년 1월의 중화학공업화정책선언 이후 중화학공업추진위원회기획단은 6월에 〈중화학공업육성계획〉으로 1973~1981년간 중화학공업 주요 계획투자 총 소요액을 95억 9,300만 달러로 계획하고 이 중 외자를 57억 7,300만 달러로 책정하였다(〈표 7-5〉 참조). 외자는 차관자금과 외국인투자 유입자금으로 충당하되 국내 생산이 불가능하거나 시설근대화를 위해 필요한 시설재 도입과 선진기술의 확보에 주안을 두고, 내자는 개발금융 체제 강화, 자본시장 육성, 범국민적

〈표 7-5〉 중화학공업육성계획 부문별 투자소요 계획(1973~1981) (단위: 백만 달러)

구분	외자	내자	합계	구성비(%)
철강	1,502	674	2,176	22.7
비철금속	222	123	345	3.6
기계	1,049	1,137	2,186	22.8
조선	416	352	768	8.0
전자	593	599	1,192	12.4
화학	1,523	662	2,185	22.8
기타	468	273	741	7.7
합계(구성비)	5,773(60.2)	3,820(39.8)	9,593(100.0)	100.0

자료: 중화학공업추진위원회기획단(중화공, 1973), p. 15.

41 〈매일경제신문〉(1972. 8. 11).
42 〈매일경제신문〉(1972. 12. 6).
43 〈경향신문〉(1972. 10. 12); 〈매일경제신문〉(1972. 10. 12).
44 이춘화 한국정밀기기센터이사장(1973. 9), p. 26.

저축운동으로 조달하고자 하였다.[45] 공업별로 보면 기계공업, 화학공업, 철강공업에 전체 투자액의 22.8%, 22.8%, 22.7%가 투입되도록 계획되었고 다음이 전자공업으로 12.4%, 그리고 조선공업(8.0%), 비철금속공업(3.6%)의 순이었다.

외국인투자기업의 출자금 회수 혹은 매각대금의 대외송금과 외국인투자기업 관련 조세감면에 대해 마찰이 계속되자 1973년 정부는 규제를 완화하고 내용을 보다 분명하게 규정할 필요가 있었다. 이에 1973년 4월 12일(공고일 3월 12일) 법률 제2598호로 외자도입법을 전면 개정·시행하면서 이러한 필요를 반영하였다. 우선 12조 출자금 회수 조항 중 매각대금의 대외송금을 "매 1년에 출자액의 100분의 20까지 대외송금이 보장된다"를 "매 1년에 출자액 또는 매각대금의 100분의 20까지 제한할 수 있다"로 바꾸어 대외송금 규제를 완화하였다. 또한 제15조 조세감면에서 "외국인투자기업에 대한 소득세·법인세 및 당해 사업 본래의 목적으로 취득한 재산에 대한 취득세·재산세의 과세는 다음 각호의 규정에 따라 감면되며 그 감면은 조세부과 당시의 인가의 내용에 따라 당해 기업의 주식 또는 지분에 대한 외국투자가가 소유하는 주식 또는 지분의 비율에 따른다"에 더하여 "다만, 증자의 경우 조세의 감면은 증자된 분에 한한다"를 추가하여 소득세·법인세, 재산취득세·재산세 감면내용을 분명히 하고 늘어나는 증자에 따른 조세감면 문제의 마찰을 없앴다. 나아가 도입 자본재 면세 대상과 내용도 분명히 하여 "외국투자가가 제6조의 인가에 따라 도입하는 자본재 또는 외국투자가가 출자한 대외지불수단과 교환으로 외국인투자기업이 도입하는 자본재에 대한 관세·물품세·직물류세는 면제한다"라고 수정하였다.[46]

1973년 6월 경제기획원장관은 전자부품 제조사업을 위한 외국인투자, 일본 「三洋電機(株)」, 「三洋電機貿易(株)」과 「삼성전자공업(주)」 및 「삼성산요전기(電機)(주)」와의 합작투자 인가를 제78차 외자도입심의위원회에 상정하였다. 상정된 외국인투자 전자부품제조 합작사업의 내용은 〈표 7-6〉과 같다. 합작사업 인가와 관련하여 경제기획원이 낸 인가조건은 다음과 같았다.

【한일합작 전자부품 제조사업을 위한 외국인투자 인가조건(1973. 6)】

1. 본 사업의 범위는 인가품목에 한할 것이며 품목의 추가 및 변경 시는 정부의 승인을 받아야 한다.
2. 전량 수출해야 한다.
3. 전 도입 자본재와 원자재에 대해서는 도입 전 재검토를 받아야 하고 도입불가품목에 대해서는 현금을 도입하여 국내에서 조달하여야 한다.
4. 73. 6. 22자로 제출한 각서에 대해서 자본재 도입 이전에 이행한 후 경제기획원장관의 확인을 받아야 한다.

경제기획원장관(전품16, 1973. 6).

---

45 중화학공업추진위원회기획단(중화공, 1973), pp. 14~15.
46 법제처 국가법령정보센터(2017. 6. 24).

〈표 7-6〉 「삼성전자」 외국인투자 전자부품제조 합작사업 내용(1973)

구분			투자사업 내용
제품명			고압변성기, 편향코일, 튜너, 콘덴서(흑백·컬러TV용)
투자액 및 비율	외국인투자액 및 비율		三洋電機(株): $1,050,000(30%) 三洋電機貿易(株): $450,000(12.85%) 계: $1,500,000(42.85%)
	내국인투자액 및 비율		삼성전자공업(주): $1,500,000(42.5%) 삼성산요전기(주): $500,000(14.30%) 계: $2,000,000(57.15%)
	실질적인 내·외국인 지분	내국인	삼성전자공업(주): $1,500,000(42.85%) 삼성산요전기(주): $250,000(7.15%) 계: $1,750,000(50%)
		외국인	三洋電機(주): $1,050,000(30%) 三洋電機貿易(주): $450,000(12.5%) 계: $1,750,000(50%)
생산 및 판매			전량 수출: $10,815,000
국제수지효과			외화가득: $7,329,634, 가득률: 67.8%
고용인원			1,856명
위치			경기도 수원시 매탄동 314

자료: 경제기획원장관(전품16, 1973. 6).

경제기획원장관이 명시한 인가조건은 외국인투자 인가에서 일관되게 유지된 조건으로 외국인투자사업이 국내 전자공업의 육성과 성장을 방해하지 않도록 하는 것에 중점을 두어 제조 및 판매품 한정, 전액 수출, 국산 가능 자본재와 원자재 국내 조달을 유도한 것이었다. 특히, 외국인투자가들이 자사 관련 제품을 높은 가격으로 한국에 판매하는 수단으로 외국인투자를 이용하는 것을 막기 위해 정부는 항상 도입 자본재와 원자재는 도입 직전에 재검토를 받도록 하였는데, 심지어 「훼어차일드 쎄미콘닥터 한국주식회사」가 1973년 증액투자인가 신청 시 도입 자본재 명세를 구체적으로 첨부하였음에도 경제기획원은 도입 시 다시 검사를 받도록 하였다.47 어쨌든 일본 「三洋電機」, 「三洋電機貿易」과 「삼성전자공업」 및 「삼성산요전기」와의 합작투자로 삼성은 일본 「三洋電機」를 통하여 일본 전자업계 따라잡기 비용과 시간을 줄일 수 있었다.

1973년 「한국TDK(주)」는 제72차 외자도입심의위원회 의결을 얻어 1973년 3월 28일자로 페라이트코어(Ferrite Core) 및 피킹코일(Peaking Coil) 제조사업을 위한 외국인투자(외국인 「東京電

47 경제기획원장관(전품103, 1973. 3).

氣化學工業(株)」 투자 $563,239.82, 비율 51%, 내국인 「중앙전기공업(주)」 투자 $541,239.82) 및 기술도입 계약 인가를 받았다.[48] 이어 「한국TDK」는 페라이트코어 수출 486만 달러, 고용 271명을 주요 사업내용으로 「東京電氣化學工業」과 상환기간 7년(2년 거치 5년 상환), 이자율 8%의 100만 달러 차관계약도 체결하였다. 경제기획원은 인가조건으로 다음 세 가지를 요구하였다.

【「한국TDK」의 합작 외국인기업으로부터의 차관 인가조건(1973)】

1. 이자율 7%, 거치기간 3년을 포함하여 차관기간을 10년 6개월로 수정하고 자본재 도입 이전에 정부 확인을 받아야 한다.
2. 불명품, 도입 자본재 및 원자재 가격에 대하여 재검토를 받아야 한다.
3. 2조 전문(필요시 담보 및 보증인을 청구할 수 있다)을 삭제하여야 한다.

경제기획원장관(전품32, 1973).

정부는 관련 기업을 대신하여 국제기준에서 높은 이자율 8%를 1% 포인트 낮추고 거치기간과 상환기간을 1년, 3년 6개월 더 늘려 장기화하여 안정성을 높일 것을 요구한 것이다. 또한 일본 측이 불합리하게 요구한 "담보 및 보증인 청구" 조항 역시 삭제하도록 하였다. 강진구 전 「삼성전자」 사장이 1973년 사장직을 맡아 삼성을 둘러보고 몇 가지 조건과 함께 "불리하게 체결된 합작계약 때문에 만성적인 적자경영에서 허덕이고 있는 형편"이라고 밝혔던 것에서[49] 보듯이, 당시 한국 기업의 미성숙과 이를 이용한 해외 자본의 횡포로 한국 기업들은 불리한 조건에서 합작계약을 강요받고 있었다.

경제기획원은 인가조건 하 인가 의견으로 본 차관을 제79차 외자도입심의위원회에 상정하였는데 그 이유로, 첫째 해외 수요 급증에 대처하고, 둘째 수출증대, 고용효과 및 관련 전자공업에의 기여도 등을 감안할 때 본 차관이 필요하며, 셋째 주무부에서 타당성을 인정하고 있기 때문이라고 밝혔다.[50] 「한국TDK」는 1977년 생산 273만 3,119.98달러, 수출 248만 8,549.65달러를 달성하였다.[51]

1973년 6월 6일 정부는 경공업 중심의 산업정책을 중화학공업 위주로 전환함에 따르는 외자도입 방향을 발표하였다. 이어 7월 18일 경제기획원은 차관으로 도입하는 자본재 및 원자재의 가격 · 수량 · 규격 · 제작자 등을 사전에 점검하는 부실외자도입방지책을 입안 공표하였다.[52]

1973년 7월 28일 외국인투자 합작업체 「동성전자공업(주)」(충북 충주시)이 외국인투자 인가

---

48 경제기획원 경제협력차관보(전제기, 1978. 6).
49 강진구 전 삼성전자사장(1996), p. 35.
50 경제기획원장관(전품32, 1973).
51 경제기획원(기1방, 1978. 6).
52 중화학공업추진위원회기획단(한공발4, 1978), pp. 433~438.

를 신청하였다.[53] 경제기획원장관의 검토 요청에 따라 8월 21일 상공부장관은 다음과 같은 검토 회신을 보내왔다.

【「동성전자공업(주)」의 외국인투자 인가 신청 상공부장관 검토 회신(1973)】

1. 업종: 전자부품(전해콘덴서) 제조
2. 외국인투자가: 일본 주식회사 하쓰에이전기제작소
3. 신회사명: 가칭 동성전자공업주식회사
4. 상공부 검토의견
   1) 소요외자의 규모: 타당시됨.
   2) 도입물품의 가격: 자료 미비로 검토 안함.
   3) 국산 공급품목: 별첨 도입물품명세 참조.
   4) 계약조건: 종합의견 참조.
   5) 생산능력: 합당함(60,000천 개/연).
   6) 생산원가: 사업계획서 내용으로 보아 대체로 합당함.
   7) 생산계획: 합당함.
   1차 연도: 5,000천 개, 3차 연도: 61,800천 개
   8) 생산공정 및 기타 기술성: 대체로 합당시 되며 투자선에서 생산제품의 품질보장을 책임지도록 되어 있음.
   9) 국내외 시장성에서 본 생산계획: 전량 수출이며 세계 시장 점유율이 0.2%에 불과하므로 문제점 없을 것임.
   10) 원료조달계획: 투자처에서 협조될 것이며 연차적으로 국내에서 조달계획이므로 문제점 없음.
   11) 기타 의견: 구미전자공업단지에 입주 권장이 요망됨.
   12) 종합의견: 본 건 합작투자는 인정되며 다음 조건을 부할 것이 요망됨.
      (1) 인가사업 범위는 생산계획에 한함.
      (2) 수출하되 국내 판매 시 국내 판매요령에 의할 것.
      (3) 도입 자본재 가격에 대하여 재검토 받을 것.
      (4) 일문으로 된 합작투자계약서 7조(생산 및 판매)는 내용이 상이한 국문을 정본으로 할 것.
      (5) 기능공은 자체에서 양성하여 충원할 것.

상공부장관(외고투3, 1973. 8. 21).

상공부는 외자규모, 도입물품 가격, 국산 공급품목, 계약조건, 생산능력, 생산원가 및 국내·국제 생산가, 생산계획, 생산공정 및 기타 기술성, 국내외 시장성에서 본 생산계획, 원료조달계획의 10개 항목에 대해 검토하였다. 그리고 이 사례에서 보듯이 통상적인 검토내용이 아

53 동성전자공업주식회사 대표이사(1973. 8. 29).

닌 요구사항은 기타 의견과 종합의견에서 밝혔다. 즉, 상공부는 꼼꼼한 사전 검토형식과 내용을 갖추어 일차적으로 이를 적용하여 검토하면서도 매 건마다의 필요에 따른 추가 검토, 특히 예외적인 외국인투자가들의 요구에 대한 맞춤 검토를 개별적으로 하였다. 이러한 꼼꼼한 검토는 「일본신영통신공업주식회사」 투자 인가 등 다른 인가검토에서도 계속 적용되었다.54 상공부는 중화학공업화정책선언에 따라 집중화에 따른 경제적 효과를 높이기 위해 새로운 전자공업 기업체는 구미전자공업단지에 입주할 것을 권장하고 있었고, 특히 기지 가동 초기 기업들의 불확실성에 따른 입주기피에 더욱 그러하였다. 더하여 상공부는 기업책임으로 기능공을 양성할 것을 인가 전제조건으로 제시하였다. 또한 투자처의 생산제품 품질보장 책임과 연차적인 국산 원료 조달계획을 중시하고 있으며 나아가 나중에 문제가 안 되도록 계약서 항목 하나하나 불일치 항목을 지적하고 국문을 정본으로 하도록 하였다. 이러한 상공부의 인가원칙 혹은 요구내용은 기본적으로 계속 적용되었다.

「동성전자공업」은 인가 과정에서 제기된 문제에 대해 8월 29일 일단 세 가지 내용의 사전각서를 정부에 제출하였다. 각서제출 과정 역시 통상적으로 이루어지는 의무 과정의 하나이었다. 각서의 내용은 정부가 문제로 지적한 것에 대한 해결의지를 약속한 것으로 그것은, '첫째 합작투자 계약서 국문과 일문의 상이점은 국문에 일치시켜 수정하겠음, 둘째 운영자금 19,000,000원의 사용명세를 제출하겠음, 셋째 기능공은 자체 양성하고 회사에서 스카우트하지 않겠음'이었다.55 외국인투자와 관련하여 차후 분쟁점을 사전 제거하고 자금의 명세제출로 자금투명성 제고에 적극 협조하며 기능공을 자체 양성하겠다고 서약한 것이었다.

1973년 9월 28일 경제기획원장관은 일본 「하쓰에이전기제작소(주)」의 전자부품 제조를 위한 외국인투자 인가 신청(외국인투자 금액: $73,500, 비율 49%, 투자형태: 국내 「동성생사(주)」와의 합작투자, 합작투자회사명: 「동성전자공업(주)」)을 아래의 조건으로 인가하였다.

【「하쓰에이전기제작소」의 전자부품 제조를 위한 외국인투자 인가조건(1973)】

1. 사업범위는 생산계획제품에 한한다.
2. 전량 수출해야 하며 국내 판매 시 합작투자업체의 국내 판매요령에 따라야 한다.
3. 도입 자본재의 가격 및 불명품은 도입 전 재검토를 받아야 하며 도입불가로 검토된 품목 컴프레서에 대해서는 해당액을 현금으로 도입 국내에서 조달하여야 한다.
4. 소요자금 중 국내 차입금에 대해서는 추후 명세를 확정하여 정부의 확인을 받아야 한다.
5. 73. 8. 29 제출각서를 이행하고 자본재 도입 전에 경제기획원장관의 확인을 받아야 한다.

경제기획원장관(전품1223, 1973. 9).

54 상공부장관(외고투322, 1973. 8. 21).
55 동성전자공업주식회사 대표이사(1973. 8. 29).

정부가 외국인투자에 대해 지속적으로 부가하고 있는 인가조건들이 종합적으로 나타나고 있는데 그것은, 첫째 허가된 제품만 생산할 것, 둘째 전량 혹은 정한 최대량을 수출할 것, 셋째 도입 자본재는 도입 시 재검토를 받아야 하고 국산 가능한 것은 국산으로 할 것, 넷째 자금은 명세를 자세히 하여 정부 확인을 받을 것, 다섯째 승인 과정에서 제기된 문제에 대해 제출한 각서를 이행할 것이었다. 국내 산업 교란 방지와 외자계약의 정확한 실행 등 이후에도 계속 일관되게 요구된 이 인가조건 내용은 한국전자공업 발전의 주요한 정책이며 전략이었다.

1973년 9월 10일 81차 외자도입심의위원회에서 방직기계용 전자기기 생산을 위한 일본 「세-렌주식회사」 투자액 5만 달러(자본재 $25,000, 현금 $25,000), 투자비율 50%의 외국인투자 인가 보고가 있었다. 국내 투자가는 「한국세레택스(주)」로, 외국인투자는 경기도 김포군 오정(吾丁)면 구획정리 제2지구에서 방직기계용 전자기기 3차 연도 연간 17만 3,000개 생산과 전량 수출, 외화가득 31만 4,380달러(가득률 57%), 고용 100명을 목표로 하는 사업을 위한 것이었다. 역시 인가조건은 '사업범위를 생산계획제품에 한하고 전량 수출하되 국내 판매 시는 국내 판매요령에 따라야 하며 도입 자본재는 도입 전 재검토를 받아야 하고 제출각서를 이행하는 것' 등이었다. 경제기획원은 인가 이유로 "수출효과, 고용증대 및 기술향상 등 제반 효과 감안할 때 타당성이 인정"되고 "상공부에서도 타당하다"고 한 점을 들었다.56 이상의 사업계획과 상공부의 검토의견서와 정부의 종합판단, 인가 전제조건을 정리하면 다음과 같다.

【방직기계용 전자기기 생산을 위한 외국인투자사업계획 및 심의 의견(1973)】

가. 사업계획서

1. 소요자금
   외자: $50,000
   내자: $50,000(2천만 원)
   합계: $100,000(4천만 원)
2. 외자사용 내역
   시설재: $19,910
   국내 조달 원재료: $25,000
   시작용 원자재: $5,090
   계: $50,000
3. 내자사용계획
   부지 및 건물, 사무용 집기, 조립용 기구 및 시험장치, 운영자금
4. 생산계획 및 판매계획
   1973년 1차 연도: 전자기기 및 부품 22,000개 $78,500
   1975년 3차 연도: 전자기기 및 부품 173,000개 $550,700

56 경제기획원장관(방기, 1973. 9. 10).

생산능력 = 3차 연도 생산계획
생산전량 수출

5. 건설공사
1973년 8월 15일까지 완공

6. 원료조달 및 국산화계획
국산화율 1차 연도 20%, 2차 연도 40%, 3차 연도 48%

7. 고용계획 100명

8. 배당금 송금
3차 연도까지 확장을 위해 재투자 이후 송금

9. 연차별 국제수지효과
수출액: 1973년 $78,500, 1975년 $550,700
외화가득률: 1973년 43%, 1974년 51%, 1975년 57%

나. 상공부 검토의견

1) 소요외자의 규모: 대체로 인정
2) 도입물품의 가격: 자료 미비로 검토 난항
3) 국산 공급품목: 별첨 물품명세 참조
4) 계약조건: 문제점 없음
5) 생산능력: 대체로 인정됨
6) 생산원가, 생산가격: 문제점 없음
국내가격, 국제가격: 문제점 없음
7) 생산계획: 대체로 인정됨
8) 생산공정 및 기타 기술성: 종합의견 참조
9) 국내 시장성에서 본 생산계획: 투자처의 협조 하에 전량 수출이므로 문제점 없을 것임
10) 원료조달계획: 문제점 없음
11) 기타 의견: 구미전자공업단지에 입주권장이 요망됨
12) 종합의견: 본건 합작투자는 인정되며 다음 조건을 부할 것이 요망됨
(1) 인가사업 범위는 생산계획에 한함
(2) 수출하되 국내 판매 시 국내 판매요령에 의할 것(단 Automatic Lamp Switch는 전량 수출해야 한다)
(3) 도입 자본재 가격에 대하여 재검토 받을 것
(4) 투자처는 신회사에 책임지고 기술지원을 할 것
(5) 기능공은 자체에서 양성하여 충원할 것

다. 종합의견
수출효과, 고용증대, 전자업계 기술향상 등 고려할 때 사업적 타당성이 인정되며 상공부 의견도 타당하다하므로 인가

라. 전제조건
1–3. 상공부 (1)~(3)과 동일

4. "여하한 경우에도 내국인의 투자비율이 당초 인가 시 비율 이하로 내려가지 않도록 한다"는 조항을 단서로서 삽입함이 가할 것임.
5. 계약서와 정관에서 불일치 항목 수정하도록 함.
6. 상공부 기술지원은 계약서상 상기 내용과 중복되므로 필요성 없음. 공장입지는 이미 건설하였으므로 권장불가, 기능공 양성은 장기적인 기능공 확보를 위해 필요할 것임.

경제기획원(방직, 1973. 9).

외국인투자사업을 위한 사업계획서에서 항상 외자를 내자에 먼저 쓰는 것은 외자에 대한 중요성 외에도 정부의 외자에 대한 관리의지를 의미하는 것이었다. 최대한 외자로 국내 조달 원재료를 사도록 독려하였으며 내자는 설비와 운영자금으로 주로 배정하도록 하였다. 상공부는 역시 10개의 기존 고정항목을 검토하였는데, 특히 종합의견에서 타 사례와 달리 "투자처는 신회사에 책임지고 기술지원을 할 것"으로 하여 기술을 재차 강조하고 있는 것이 눈에 띈다. 기술에 대한 강조는 초기 도입자본 자체에 초점을 두던 것에서 시간이 지남에 따라 점점 더 강화되어 갔다. 또한 국내 판매를 인정하면서도 주 특정 품목에 대해서는 불허하는 등 국내 시장 교란을 가능한 막고자 하였다. 그리고 정부는 최종 요구조건에서 "여하한 경우에도 내국인의 투자비율이 당초 인가 시 비율 이하로 내려가지 않도록 한다"는 조항을 단서로서 삽입하도록 하여 내국인 50% 이상 투자비율을 지키고자 하였다. 정부는 역시 나중에 문제가 안 되도록 계약서 항목 하나하나 불일치 항목을 지적하고 있다. 50% 비율 유지 감독으로 1973년 10월 이루어진 「아남(亞南)산업」과 일본 「松下電器産業」과의 합작회사 「한국나쇼날전기(電器)」 역시 50 : 50의 합작비율로 이루어졌다.[57]

외국인투자 인가에 대한 정부의 심사, 감독은 조금씩 계속 강화되어 갔다. 1973년 「화성전자공업(주)」이 외국인투자 인가를 신청하자 정부는 제출한 사업계획이 부실하다고 판단하여 대지선정 사유서, 판매계획, 내외자 투자가의 사업개요 등의 내부 보충서를 요구하였다.[58] 이는 대전 입지를 선택한 이유, 수출과 국내 시장 교란회피 의지를 파악하기 위한 것이었다. 이러한 심사강화와 함께 경제기획원장관은 외국인투자 인가 후에도 인가사항을 재무부 투자담당주재관, 상공부 투자담당주재관, 법무부 투자담당주재관, 국세청 투자담당주재관, 관세청 투자담당주재관 등 관련 부처에 모두 통지하여 사후 감독을 강화하는 것도 계속해 나갔다.[59]

수출과 국산 부품 사용을 독려하고 외국 시설재의 도입을 줄이려는 노력은 외국인투자 감액으로도 연결되었다. 1973년 전자부품 제조사업을 위한 「삼성엔이시(주)」의 외국인투자 100만 달러 감액이 〈표 7-7〉과 같이 이루어졌다. 일본 측은 외국인투자 감액과 함께 자신들의 입지가 줄어들 것을 우려하여 감액 후에도 일본의 출자비율 50%가 유지되도록 한국 측 「삼성

57 〈매일경제신문〉(1974. 7. 27), 4면.
58 화성전자공업주식회사 대표이사(1973. 11. 16).
59 경제기획원장관(전품1223, 1973. 9).

〈표 7-7〉 전자부품 제조사업을 위한 「삼성엔이시(주)」의 감액 인가

	당초 인가 투자액	감액 승인 후 투자액
내자	「삼성전자공업주식회사」 $3,500,000(50%)	「삼성전자공업주식회사」 $2,500,000(50%)
외자	日本電機(주): $2,800,000(40%) 住友商事(주): $700,000(10%) 계: $3,500,000(50%)	日本電機(주): $2,000,000(40%) 住友商事(주): $500,000(10%) 계: $2,500,000(50%)
합계	$7,000,000	$5,000,000

자료: 경제기획원장관(전품1510, 1973. 9. 10).

전자공업」의 투자도 비례하여 줄일 것을 관철시켰다.

기업과 정부는 감액 및 감액 인가 이유로 "외국인투자분 $3,500,000 중 43%에 해당하는 1,516,000달러가 진공관 제조시설인 바, 동 제품이 국제적인 사양화 품목으로 그 수요가 감소하고 있고 생산제품 및 생산계획서의 변경과 국산화 제고에 따른 시설재 도입이 불필요하게 된 점"을 들었다.60 「삼성엔이시(주)」는 특히 TV용 CRT(브라운관)는 일부 시설을 국내에서 조달함에 따라 그 이상의 자본재 도입이 불필요하게 되어 현재 송금 투자된 250만 달러로 사업계획을 매듭지을 계획이라는 점을 분명히 하였다.61 상공부 검토의견 역시 "진공관 생산시설의 감축은 불가피한 국제 추세로 타당," "TV브라운관은 감축된 자본재를 삼성전자에서 인수받은 $230,000 상당의 설비로 충당하며 표시관은 감축되었으나 생산공정의 감소로 생산계획에는 변동이 없으므로 문제점 없을 것"이며 "감액과는 관계없이 생산공정 및 기타 기술성은 변동이 없음"이라고 밝혔다.62 정부는 감액 인가조건으로 "사용 미확정분 $14,249.30에 대하여는 구체적인 명세를 확정, 정부의 재승인을 받을 것"을 제시하여 역시 외자에 대한 최종분까지의 철저한 관리의지를 보였다. 실제로 1974년 4월 26일 「한국시그네틱스」가 시설보완용 기자재 수입을 위해 상공부장관에게 파이로미터 등 12개 품목의 수입물품 명세확인을 신청하고 민원서류의 처리기한인 5월 4일 상공부장관은 이를 확인하는 등63 자본재 도입 시마다 정부에 의한 물품명세 확인이 이루어졌다.

사후 감독의 강화에 따라 인가조건이 충족되지 못한 경우 외국인투자 인가 취소도 이루어졌다. 1970년 2월 5일 인가된 전자계산기 제작·조립·판매 및 임대와 전자부분품 제조사업을 위한 미국 *Universal Management System Corp.*의 외국인투자(투자금액 $2,000,000, 투자비율 95%)는 법 제8조 3항의 규정에 의한 외자도입 기한 1971년 8월 4일 이후까지도 외자도입이

60 경제기획원장관(전품1510, 1973. 9. 10).
61 경제기획원(전부자조, 1973. 9).
62 경제기획원(전부자조, 1973. 9).
63 상공부(수물, 1974. 5. 4).

〈표 7-8〉 제89차 외자도입심의위원회 보고 외국인투자 2건 내용(1974. 2)

사업명		전자부품 제조(증액)	전자손목시계 제조
투자가	외국인	日本壓電機(株), 東商(株)	코리아유니버설(주)
	투자국	일본	미국
	내국인	新韓電機工業(株)	(주)쿼트론코리아
투자액($)		9억 8,000만	20억
투자비율(%)		49	50
사업내용		다이나믹테이프 마이크로폰 연 600만 개	전자손목시계 연 240,000개
판매계획		전량 수출	전량 수출

자료: 경제기획원(외국보, 1974).

완료되지 못하여 인가된 사업내용을 추진하지 못하였다. 외자도입액은 1973년 2월 7일 기계 37만 6,000달러가 전부이었다. 정부는 1973년 12월 31일까지 시간을 주어 외자도입 기간을 연장해 주었지만 역시 추가 외자도입은 이루어지지 못했고 심지어 중소기업은행 4,240만 5,000원 대출에 미수이자 포함 4,563만 5,456원의 연체까지 발생하였다. 이에 정부는 1974년 외자도입법 제18조에 의거 이 인가를 취소하고 이를 제89차 외자도입심의위원회에 보고하였다.[64] 이날 1974년 2월 89차 외심위에서 인가취소와 함께 새로이 보고된 전자공업 관련 외국인투자 2건의 투자비율, 사업내용, 판매계획 등은 〈표 7-8〉과 같다.

1974년 3월 제90차 외자도입심의위원회에 상정된 전자부품제조 합작사업의 외국인투자 내용은 〈표 7-9〉와 같다. 상정된 외국인투자의 인가조건은 다음과 같이 역시 기존의 조건과 대동소이하였다.

【전자부품제조 합작사업의 외국인투자 인가조건(1974. 3)】

1. 인가사업의 범위는 생산계획제품에 한한다.
2. 도입 자본재명세($375,000)를 구분하여 제출하고 동 품목 및 가격에 대하여 도입이전에 재검토를 받아야 한다.
3. 사업계획서상 명시된 76년 유리용해공장 건설에 대하여는 정부의 승인을 받아야 한다.
4. 공장은 구미전자공업단지에 건설해야 하며 취득에 관하여 공업단지관리청장의 허가를 받아야 한다.
5. 1973. 12. 27자로 제출한 각서를 충실히 이행할 것이며 그중 2, 3, 4, 5, 6, 7, 8, 9항에 대하여는 자본재 도입 이전에 그 이행사실에 관하여 경제기획원장관의 확인을 받아야 한다.

경제기획원장관(전품153, 1974. 3).

64 경제기획원장관(전계, 1974).

〈표 7-9〉 외국인투자 전자부품제조 합작사업(1974. 3)

구분		투자사업 내용	
제품명		CRT 밸브 유리	
투자액 및 비율	외국인투자	일본 日本電氣硝子(株)	$187,500, 비율 25%
		미국 *OWENS-ILLINOIS Inc.*	$187,500, 비율 25%
		합계	$375,000, 50%
	내국인투자	한국유리공업(주) $375,000, 50%	
생산 및 판매		CRT 벌브유리 720천 개 생산/ 국내 판매(간접수출 포함)	
국제수지효과		수입대체 $2,236,000	
고용인원		86명	
위치		경북 구미전자공업단지	

자료: 경제기획원장관(전품153, 1974. 3).

한국이 점점 외국인투자에 대해 엄격한 잣대를 들이대고 있었지만 외국인투자가의 입장에서 볼 때 한국에서의 투자사업 수익률은 높았고,65 이에 정부의 간섭과 요구에도 불구하고 외국인 증액투자가 계속 이루어졌다.

외국인 단독투자 인가를 받은 *Fairchild Semiconductor Hong Kong Ltd.*는 1973년까지 4차에 걸친 증액투자를 통해 총 278만 8,800달러를 투자하였고, 다시 1974년 「훼어차일드 쎄미콘닥터 한국주식회사」의 5차 외국인 증액투자 450만 달러의 인가를 신청하였다.66 제91차 외자도입심의위원회에 상정된 본 내용과 5차에 걸친 외국인투자 증액투자 내용은 〈표 7-10〉과 같다. 이 건은 대통령의 인가처리 지시가 있었고 외자도입심의위원회의 인가를 받았다.

합작투자에서도 동일하였다. 1973년 3월 23일 일본 「雙葉電子工業(株)」은 35만 4,863달러 투자로 「세진(世進)전자(주)」의 50% 외국인투자 인가를 받았다. 이후 1976년 6월 7일 40만 달러의 외국인 증액투자 인가를 받았고 다시 1978년 1월 16일 「서울디지털(주)」과 합병하면서 70만 달러를 투자하였다(〈표 7-11〉 참조).

외국인투자에 대한 심사가 강화되면서 기업과 정부, 그리고 심지어 정부 내에서도 마찰이 일어났다. 정부 내 청와대나 상공부의 입장은 최대한 필요 외자를 도입하는 것이었지만 경제기획원의 시각은 외자도입은 필요하지만 계속되는 외자도입은 안정을 해치고 관리비용을 높인다는 것이었다. 경제기획원의 시각은 미국의 입장이 크게 영향을 미친 것이었다. 인가권한은 경제기획원에 있었으므로 결국 인가신청에 대한 인가절차도 길어지고 인가조건, 그리고 확인

65 1970년 전자제품 제조사업을 위한 외국인투자 인가 신청 및 기술도입 계약 인가 신청에 대한 경제기획원의 검토 투자수익률은 22.1%이었다. 경제기획원 경제기획국장(전제, 1970. 5. 8).

66 경제기획원장관(전품151F, 1974).

〈표 7-10〉 **전자부품 제조사업 외국인 증액투자사업(1974)**

<table>
<tr><th>구분</th><th>증액투자사업 내용</th></tr>
<tr><td>제품명</td><td>트랜지스터, 집적회로, 포토트랜지스터, LED</td></tr>
<tr><td>외국인투자가</td><td>Fairchild Semiconductor(Hong Kong)</td></tr>
<tr><td>투자액</td><td>$4,500,000, 비율 100%, 내국인투자액 없음</td></tr>
<tr><td>생산, 판매</td><td>각종 부품 1,453,145천 개 생산, 전량 수출</td></tr>
<tr><td>국제수지효과</td><td>외화가득 $26,910,221, 가득률 30%</td></tr>
<tr><td>고용인원</td><td>9,650명(현 인원에서 4,361명 추가 고용)</td></tr>
<tr><td>입지</td><td>제1공장: 관악구 신대방동(기존 입지)
제2공장: 영등포구 가리봉동</td></tr>
<tr><td>투자 현황
(달러)</td><td>
<table>
<tr><th></th><th>연월일</th><th>투자</th><th>차관</th><th>합계</th></tr>
<tr><td>최초 투자</td><td>1966. 4. 29</td><td>347,000</td><td>1,217,092</td><td></td></tr>
<tr><td>1차 증자</td><td>1970. 3. 13</td><td>109,800</td><td>-</td><td></td></tr>
<tr><td>2차 증자</td><td>1971. 10. 25</td><td>292,000</td><td>-</td><td></td></tr>
<tr><td>3차 증자</td><td>1972. 11. 8</td><td>940,000</td><td>-</td><td></td></tr>
<tr><td>4차 증자</td><td>1973. 4. 16</td><td>1,100,000</td><td>2,300,000</td><td></td></tr>
<tr><td>5차 증자</td><td>1974. 4</td><td>4,500,000</td><td></td><td></td></tr>
<tr><td colspan="2">계</td><td>7,288,800</td><td>3,517,092</td><td>10,805,892</td></tr>
</table>
</td></tr>
</table>

자료: 경제기획원(전부자제, 1974).

〈표 7-11〉 **전자부품 제조를 위한 외국인 증액투자 인가(1973~1978)**

	인가내용
회사명	세진전자(주)
사업목적	전자부품(형광문자표시관) 제조
외국투자가	일본 雙葉電子工業(株)
외국인투자 금액 및 비율	당초투자: 354,863달러, 50%(1973. 3. 23) 증액투자: 400,000달러, 80%(1976. 6. 7) 서울디지털(주)과 합병: 700,000달러, 70%(1978. 1. 16)
자본금	762,780,000원
입지	서울 구로구 가리봉동

자료: 경제기획원 경제협력차관보(증인, 1981).

이 늘어났다. 1973년 8월 16일 「동양맥주」와 합작투자로 전자회로기판 박판(laminate)과 쓰레드 실(Thread seal)을 제조하기 위한 미국 *OAK Industries*의[67] 61만 3,700달러의 외국인투자(투자비

67 *Atlantic Laminate* 의 계열회사이다.

율 60%) 및 61만 8,600달러의 차관계약 인가가 이루어졌지만[68] 「한국오크공업(주)」은 1974년 1월 28일 자본재 물품에 대해 승인을 받아야 하였고 1974년 9월 4일 도입된 외자를 보고하여야 하였다.[69]

외국인투자 인가를 놓고 정부 내 갈등이 생기자 외자도입심의위원회 의결 안건에 대해 대통령이 직접 나서 조속한 인가를 지시하는 일까지 일어났다. 1974년 4월 22일 대통령은 차관 및 외국인투자 인가신청에 대해 경제기획원장관에게 직접 원안 인가를 지시하였는데 지명된 8개 건 중에 바로 〈표 7-10〉의 「훼어차일드 쎄미콘닥터」 5차 외국인 증액투자와 일본 「日興實業」 외 1인의 컬러TV 제조를 위한 ＄800,000 증액투자건이 포함되었다.[70] 대통령으로부터 인가지시가 내려 온 사업은 국민적 관심이 높은 것이 틀림없었지만, 대통령이 외자도입 인가에까지 직접 지시를 하고 있었던 것은 당시 정부 내 정책 이견의 상황을 보여 주는 것이다. 대통령의 지시가 상공부와 대통령비서실의 입김으로 이루어졌다는 것은 확실하였고 이는 기획·결정권을 가진 경제기획원의 불만을 점점 높이고 있었다. 대통령지시 2일 후인 4월 24일 경제기획원은 「훼어차일드 쎄미콘닥터 한국주식회사」가 *Fairchild Semiconductor* (Hong Kong) *Ltd.*를 대리하여 제출한 450만 달러의 외국인 증액투자 인가신청을 "전 도입 자본재(＄4,329,851.53 상당)에 대하여 도입 이전에 가격 재검토를 받아야 한다"라는 조건으로 인가하고 이를 외무부장관, 재무부장관, 상공부장관 등에 통보하였다.[71]

1974년 8월 14일 외자도입심의위원회가 「한국나쇼날전기」의 「松下電器産業」 전자부품 52만 2,000달러 도입과 「한국반도체」의 「오버시즈 프라이비트」 전자부품 100만 달러 도입을 승인하였다.[72] 당시 한국의 전자공업은 발전 수준상 자본재 도입이 일반적이었다. 따라서 이를 이용하려는 외국 기업들의 노력이 계속되고 있었고 초기 조건과 달리 정부 인가 후 불가피한 이유를 들어 가격을 올려 받는 편법 등을 사용하면서 외국 기업들은 이익을 올리고 있었다.

한국 내 외국인투자에 대한 검증이 강화되고 정부 내 의견대립까지 존재하자 새로이 한국시장에 진입하고자 하는 외국 기업들은 기존의 우위적 입장에서 좀 더 신중해질 수밖에 없었다. 독일 회사들은 한국 기업과 전자회로기판 생산을 위한 합작투자사업을 추진하면서 기존의 동일품목 합작투자사업체인 *OAK Industries* 사의 합작사업 추진내용을 주독대사에게 문의하였다. 주독대사는 이를 외무부장관에게, 외무부장관은 경제기획원장관에게 문의를 전달하였다.[73] 외국인투자기업만이 아니라 외자를 도입하려는 국내 기업에게도 이러한 상황변화는 동일하였다. 특히, 외자 중 차관, 그중에서도 상업차관의 도입은 더욱더 감독과 정부 요구가 높아졌다.

---

68 경제기획원장관(전회, 1974. 10. 11).
69 한국오-크공업주식회사 대표이사(1974. 9. 4).
70 대통령지시에 의하여 비서실장(제91, 1974. 4. 22).
71 경제기획원장관(전품업4, 1974. 4. 24).
72 〈경향신문〉(1974. 8. 15).
73 주독대사(착G1, 1974. 10. 4); 외무부장관(전회, 1974. 10. 7).

이에 1974년 「금성사」는 상업차관 도입을 위해 청와대에 도움을 청해야 하였고 당시 방위산업 전력 증강과 수출증대를 위해 전자공업의 발전에 큰 관심을 갖고 있던 대통령은 10월 외심위가 업체 신청대로 의결해 줄 것을 지시하였다.[74] 제100차 외자도입심의위원회는 「주식회사 금성사」의 상업차관을 인가 의결하였다. 외자도입 검증이 사안 하나하나별로 진행되고 경험이 쌓이면서 1969년 이래 금지되었던 현금차관도 1974년 12월 19일 허용되었다.[75] 정부의 자신감과 함께 외국인투자가들의 신중함이 커짐에 따라 1975년 3월 3일 경제기획원은 외국인투자의 하한 규제를 대폭 완화하여 현행 전자공업 건당 10만 달러를 5만 달러로 하향하였다.[76]

이런 가운데에도 한국의 전자공업에 대한 한국 정부와 미국 정부의 높은 관심은 상호 보완적으로 작동하였다. 한국은 전자공업의 높은 수출액, 미국은 높은 투자수익성에 기초한 것이었지만 양국은 최종적으로 방위산업 연결을 동시에 추구하고 있었고, 특히 박대통령의 관심은 높았다. 1975년 미국공군우주항공방위사령부가 우주위성의 탐지 및 추적을 위한 우주심층전자지상관측소를 미국 2곳, 미국 외 3곳에 설치하면서 한국 진해를 후보지로 한국에 제안하기도 하였다.[77]

1975년 「신한전자(주)」가 수입부품 은도금세라믹디스크의 생산을 위한 자본재 및 원자재 도입을 위하여 「(株)村田製作所」와 21만 5,488.06달러 차관계약을 체결하였다. 「신한전자」는 이미 1973년 12월 28일 자기축전기 제조사업을 위하여 「村田製作所」의 37만 7,358.51달러(50%) 외국인투자 인가를 받은 회사이다. 차관도입의 사업계획과 사업효과는 다음과 같았다.

【「신한전자(주)」의 자본재·원자재 도입용 차관 사업계획과 사업효과(1975)】

1. 생산계획: 1975년부터 자기축전기 176,950천 PCS 생산하여 점차 확대
2. 판매계획: 1975년부터 직접수출 118,465천, 간접수출 54,485천 개
3. 원료조달계획
   국산화율 1975년 0%, 1976년 16.2%, 1977년 53.1%
4. 고용계획: 1975년 222명, 1976년 348명, 1977년 474명
5. 국제수지효과
   1975년 $1,415,600, 가득률 64.7%
   1977년 $2,784,800, 가득률 84.3%
6. 원리금 상환계획
   원금: 1978~1982년 $39,178 균등상환, 1983년 잔액 $19,598 상환
   이자: 1975년부터 1983년까지 $118,498.668 상환(이자액/원금=55.0%)

---

74 대통령지시에 의하여 비서실장(포종, 1974. 10. 11).
75 중화학공업추진위원회기획단(한공발4, 1978), p. 486.
76 중화학공업추진위원회기획단(한공발4, 1978), p. 494.
77 외무부(우심, 1975. 8. 12); Embassy of the United States of America(July 15, 1975).

1975~1983년간 총액 $333,986,728 원리금 상환

경제기획원장관(전품름12, 1975. 4. 30), 심의자료.

그러나 1975년 4월 14일 제107차 외자도입심의위원회에 상정된 본 건은 인가조건 내용으로 수정계약서나 또는 차관계약 내용을 수정하겠다는 각서를 먼저 제출하도록 심의 보류되었다. 사업계획에서 보듯이 중시되었던 수입 전자부품의 국산화, 국제수지 개선을 위한 차관도입이라는 명분이 있었지만 정부는 필요 외자를 위한 외자도입 자체보다 외자의 구조와 내용을 보다 철저히 개선시키고자 하였던 것이다. 정부가 각서로 요구한 계약내용 수정사항은 다음과 같았다.

【정부가 「신한전자(주)」에게 각서로 요구한 차관계약 내용 수정사항(1975)】

1. 국제금리가 하향 추세에 있는 바 고정이자율로는 연 10%가 고율이므로 이를 연 9% 이하로 조정
2. 거치기간 및 상환기간이 단기이므로 3년 거치, 5년 분할상환으로 하고 연체이자율을 연 20%에서 15.5%로 조정
3. 차관계약에서 다음 사항을 삭제 혹은 수정
   (1) 일본에 한하여 자본재를 도입토록 규제한 조항(전문 일부 삭제)
   (2) 한국 정부의 방침 변경 또는 법률 개정으로 을의 주주구성 변경 등에 의한 차주의 기간이익 상실 조항(6조 전문 삭제)
   (3) 차주와 대주 간의 수출입계약을 전제로 본 차관계약을 규제한 조항(7조 1, 2항 삭제, 11조 일부 삭제)
   (4) 대주는 차주의 외국인투자가임에도 본 차관계약으로 이중의 과도한 간섭이 우려되는 조항(97조 3, 4, 8항 및 19조 전문 삭제, 7조 9항 및 9조 수정)
   (5) 본 차관 이외의 타 채무에 대한 규제조항(7조 5항 전문 삭제)
   (6) 차관원금을 內入金으로 표시한 조항(7조 6항 수정)
   (7) 계약발효에 대한 과도한 규제 및 별도 수출입계약에 의한 본 계약 발효 규제 조항(8조 수정)
4. 차관계약서에 다음 사항을 추가 규정해야 함.
   (1) 한국 법을 준거법으로 하는 규정
   (2) 대한상사중재협회의 중재를 받도록 하는 중재규정
   (3) 본 계약 이외의 표시, 보증, 양해사항이 없다는 전체 계약 규정
   (4) 갑의 송금 불이행 등에 대한 을의 배상청구에 관한 규정
5. 차관자금의 사용용도를 규제하고 상공부 검토의견에 따라 도입 자본재 중 불명품은 재검토 승인을 받도록 함.

경제기획원장관(전품름12, 1975. 4. 30), 심의자료.

〈표 7-12〉 수입 전자부품 생산을 위한 자본재 및 원자재 도입 차관(1975)

구분	차관계약 내용
대주	(株)村田製作所
차주	新韓電子(주)
사업목적	자기축전기 제조 판매
차관액	$215,488.06
도입외자 내용	자본재 $164,939.66, 원자재 $50,548.40
상환조건	거치기간: 3년, 상환기간: 2년, 이자율: 연 10%
차관목적	도입 반제품인 은도금세라믹디스크를 자가생산하고자 함
지불보증	없음

자료: 경제기획원장관(전품를12, 1975. 4. 30).

정부의 수정요구 내용은 기존에 차관을 제공하면서 높은 수익만이 아니라 일본이 얼마나 불합리한 조항을 많이 요구하여 왔는지 보여 준다. 약자이었던 차주의 한국 기업들은 이를 적극적으로 거부하거나 바로잡을 수 없었고 이에 정부가 나서 직접 이를 바로잡고자 한 것이다. 나아가 정부는 차관비용도 최근 정보를 반영해 삭감하는 합리성을 보여 주었다. 1970년대 중반까지 이러한 정부의 권위와 정보력 우위에 의한 도입외자 검토와 수정요구는 유지되었고 강화되었다.

결국 본 건은 「신한전자(주)」가 차관계약 내용을 수정하겠다는 각서를 28일 제출하고서야 4월 30일 제108차 외자도입심의위원회에 재상정되었다. 본 차관의 구성, 상환조건 등을 정리하면 〈표 7-12〉와 같다. 경제기획원이 "생산이 이루어지면 제조원가 부담의 절감으로 국제수지효과와 원자재의 국산화 제고 및 고용증대 등"이 이루어지고 "관련 전자제품의 품질향상에도 파급효과를 가져오게 될 것으로 사업의 필요성이 인정되고 관계기관의 검토 결과도 본 차관의 타당성을 대체로 인정하고 있다"고 밝혔듯이 본 차관은 타당성을 인정받아 외자도입심의위원회를 통과하였다. 종합검토 의견은 '(1) 국제수지효과, 고용증대효과, 수익성에서 타당성 인정, (2) 원리금 상환에서도 거래은행인 중소기업은행이 별 문제없을 것으로 판단하였으며 관계기관의 의견 또한 대체로 그 필요성 인정 등 타당, (3) 상공부가 생산제품 판매를 합작투자 인가조건과 같이 하도록 요청하고 있으나 합작투자 인가 시 "국내 판매 시에는 합작업체가 생산한 전자제품의 국내 판매 요령에 의할 것"이라는 조건이 있으므로 별도 판매조건을 부여할 필요 없음'이었다.

그러나 정부는 이러한 정당성 인정 위에서도 '제출한 각서내용을 이행하고 경제기획원장관 확인을 받을 것, 차관자금의 사용은 시설재 및 원자재에 한하고 도입 자본재 중 불명품은 L/C 개설 이전에 경제기획원장관의 재검토 승인을 받을 것'을 인가조건으로 이를 인가하였다.78 이후에도 정부는 도입 자본재 명세를 받아 사전에 관계기관 협조를 얻어 아이템별로 전부 도입가, 불명 등으로 판정하여 이를 일일이 피드백하였다.[79]

정부가 외자검증을 점점 강화하고 최근의 합리적 정보를 반영함에 따라 한국 투자에의 외자수익률은 낮아질 수밖에 없었다. 1970년대 한국의 외국인투자 세제 및 인센티브를 경쟁상대국들과 비교해 정리하면 〈표 7-13〉과 같다. 외국인투자자는 법인세, 소득세를 5년 면제받았고 이어 3년간 50% 면제를 받았다. 그리고 외자도입법 제11조(배당금등의 송금)에 의해 과실송금이 보장되었으며 또한 12조에 의해 제약은 있었지만 순차적인 자본송환이 가능하였다. 또 제14조(외국인투자 재산의 보장) 규정에 따라 투자재산을 보장받았고 여기에 제15조 조세감면 규정을 통해 외국인투자기업은 취득세·재산세가 감면되었고 도입 자본재에 대한 관세·물품세·직물류세도 면제되었다.

유리한 조세감면이 있었지만 한국이 외자에 대해 더 우호적인 조건을 가지고 있었던 것은 아니었다. 한국의 법인세율은 높았다. 경쟁 대상국 대부분의 국가들이 한국처럼 5년 정도의 면세기간을 제공하고 있었다. 홍콩이 법인세·소득세 감면이나 관세감면(자유항), 가속감가상각을 하지 않았지만 원래 세율이 15%로 매우 낮았고 여기에 특별감가상각이 없다고 하지만 사실 고율의 감가상각을 인정해 거의 소득세는 무세가 되었다. 손실이월 기간 역시 무제한이고 모든 부분에서 자유로운 투자환경, 정부 수속절차의 생략 등으로 오히려 세계적으로 가장 투자환경이 좋은 나라에 속하였다. 필리핀 역시 면세가 없다고 하지만 상당한 공제제도가 있어 면세와 같은 효과를 주고 있었고 브라질, 인도도 면세 기간이 없으나 세율이 한국보다 낮았다.[80] 여기에 더하여 한국은 국내 기업 인수를 막기 위해 외국투자가가 원출자액 초과 혹은 외국인투자기업이 아닌 타 기업에 출자하고자 할 때에는 경제기획원장관에게 신고하도록 하였다. 더구나 한국은 등록 후 1년이 지나면서 법인세, 배당금 및 이익분배금을 포함하는 소득세, 로열티와 기술지원료 등이 면세 및 감면 혜택을 받게 되어 있었으나 사실 착수 및 납입 기간이 장기간인 경우가 많아 이러한 감면 기간 인센티브가 낮았다.[81] 수출업자들의 자본재와 원자재 수입 시 관세를 면제하였으나 이것도 한국 정부는 일단 관세를 징수하고 수출할 때 환급하도록 제도를 바꾸었다. 국내외에서 거론되는 한국만이 유례없는 특혜적 조치를 취하였다는 것은 잘못된 인식이다.

한국의 외국인투자 대응에서 핵심적 문제가 된 것은 바로 외국인투자가들의 소유지분 문제이었다. 특히, 미국은 이 점에 매우 집요한 비판적 태도를 보였고 결국 한국은 전자공업에서 외국인 100% 소유권을 허용하였다. 사실 소유권 100%를 주지 않으려는 노력은 형태는 다

78 경제기획원장관(전품를12, 1975. 4. 30).
79 경제기획원장관(전품를12, 1975. 4. 30), 심의자료.
80 한국무역협회(장전, 1976. 10), pp. 197~198.
81 한국무역협회(장전, 1976. 10), p. 142.

르지만 다수 국가에서 이루어졌으며 한국만의 조치도 아니었다. 브라질 이외 남미 국가들은 외국인 100% 투자를 금하고 있었다. 그러나 한국이 중화학공업화 원칙에 어긋나면서도 전자공업에서 외국인 100% 소유권을 허용한 것은 〈표 7-13〉에서 보듯이 한국이 경쟁하고 있었던 홍콩, 대만, 브라질, 싱가포르 등에서 100% 소유권을 인정하고 있었고 전자공업에서 미국의 입김이 워낙 강했기 때문이었다.

〈표 7-13〉 개발우선 수출산업 투자에 대한 외국인투자 세제 및 인센티브

	법인세, 소득세		손실이월 기간	특별 감가상각
	세율(%)	감면기간		
한국	40	5년간 면세 추가 3년 50% 감면	3년	있음
홍콩	15	0	무제한	없음
대만	25	5년[1]	3년	있음
브라질	30	0	·3~5년	있음
필리핀	35	–[2]	6년	있음
싱가포르	40	5~15년	무제한	없음
말레이시아	45	2~8년	7년	없음[3]
인도네시아	45	2~6년	6년	불명
인도	37	0	있음	없음

	과실송금	자본송금	관세면제 및 공제		소유권 허용한도
			자본재	원자재	
한국	있음	2년 후부터 연간 70%	있음	있음	100%
홍콩	있음	있음	무관세	무관세	100%
대만	있음	2년 후부터 연간 15%	있음	있음	100%
브라질	있음[4]	있음	있음	있음	100%[5]
필리핀	있음	있음	있음	있음	100%[6]
싱가포르	있음	있음	있음	있음	100%
말레이시아	있음	있음	있음	있음	100%
인도네시아	있음	면세기간 후	있음	있음	100%[7]
인도	있음	있음	있음	있음	통상 50% 이하

주: 1) [1] 5년 감면과 감가상각 기간 단축 중 하나를 선택. [2] 소득세 감면은 없으나 여러 가지 동일한 효과를 지니는 감면조치를 취할 수 있게 되어 있음. [3] 기업의 통제나 경영이 말레이시아에서만 행해지는 기업에만 허용. [4] 자본회수율을 기준으로 25~60%의 원천과세 조건. [5] 브라질 측이 51%의 주식을 소유하는 경우는 금융 · 재정 혜택 제공. [6] 수출 70% 이상이거나 BOI 등록된 경우에 한함. [7] 10~15년 내에 인도네시아 주식소유 지분율이 50% 이상을 목표로 함.
2) 자료 오류는 수정함.
자료: 한국무역협회(장전, 1976. 10); 법제처국가법령정보센터(2016. 6. 2).

Ⅲ. 차관과 외국인투자의 전개 양상과 전략적 대응

한국은 외국인투자를 통해 자금과 고용효과, 수익을 얻을 뿐만 아니라 당시 필수적이었던 기술, 세계 시장을 얻을 수 있었기에 이를 적극 유치하였다. 반면 외국인들은 한국 등 후발국 투자를 통해 저임금 기반의 고수익을 얻을 수 있었고 동시에 점점 높아지는 임금, 지대, 공해 비용 등의 생산비 상승을 회피하고 무역마찰과 보호무역을 우회해 나갈 수 있었다. 바로 이런 이유로 한국에 대한 외국인투자는 보다 낮은 비용, 지역으로 이동하고자 하는 속성을 계속 가지고 있었다.

이런 상황에서 한국은 전자공업에서의 외국인투자에 대해서는 주요한 인센티브를 제공하고 있었다. 그것은 중화학공업화정책의 기본원칙이었던 외국인 지분 50% 이내를 넘어서 100% 외국인 지분 허용 등 외국인 소유 확대 허용과 사회간접자본시설 등 기업비용을 낮추어 줄 대규모 전자공업기지의 제공이었다. 여기에 타 중화학공업과 마찬가지로 조세 및 금융상의 우대가 제공되었다. 정부가 전자공업에 대해 100% 투자까지 허용한 것은 다음에서 보듯이 창원공업기지에 입주하는 기계공업과[82] 함께 기술도입이 절대적으로 필요하다는 것이 첫 이유였다.

> 외국인투자 유치의 촉진을 위해서 합작투자인 경우 3년 이내에 50%로 내린다는 조건으로 외국인 주식지분 비율을 70%까지 인정하고 조세감면의 특전을 부여하는 등의 유리한 조건을 내걸고 있으며 기술도입이 요구되는 특수품목 제조업체에 대해서는 100% 투자까지 허용할 계획을 하고 있다. 따라서 외자유치 등 전자공업육성계획을 추진하기 위한 자금조달은 타 분야의 공업보다 더욱 용이할 것이다.
>
> 국무총리기획조정실(중오, 1973), p. 102.

특히, 창원기지에 입주하는 기계공업과 함께 전자공업이 차별적으로 100% 외국인투자가 인정된 것은 중화학공업화를 방위산업 관점에서 보던 대통령의 선호도 작용하였기 때문이었다.

그러나 정책적으로 볼 때 한국의 중화학공업 전체가 그러하였듯이 전자공업이 특별히 대외 의존적이었다고 볼 수는 없다. 이는 같은 시기, 같은 아시아에서 중화학공업화를 시행하면서 전자공업으로 성공을 거둔 대만과 비교해 보아도 바로 확인할 수 있다. 전자공업 총자본금액에서 외자계 기업의 비중을 보면 1977년 한국은 29.5%이었지만 1978년의 대만은 33.9%이었다.

1973년 7월 12일 한국수출산업공단 제3공단 내 「한국트라콘(주)」과 「日本電子興業(株)」 간 합작회사 설립계약이 조인되었다. 합작사명을 「한국트라콘(주)」으로 하고 총투자자본금 1억

---

82 재무부·한국산업은행(1993), pp. 151~152.

2,000만 원, 불입자본금 6,000만 원에 투자비율은 50 : 50으로 정하여졌다. 한국 내 판매는 「한국트라콘」이 맡고 한국 외 판매는 「日本電子興業」이 맡되 「日本電子興業」 동의가 있을 때는 시장제약을 받지 않기로 하였다.[83]

1973년 중화학공업화정책선언 이후 중화학공업화정책의 일반원칙은 외국인투자 비율을 50% 이내로 하는 것이었다. 1966년 100% 외국인투자로 인가받은 「훼어차일드 쎄미콘닥터 한국주식회사」는 1972년까지 3차에 걸쳐 증액투자에서 계속 100% 외국인투자를 유지하였는데, 문제는 중화학공업화정책선언이 이루어진 후인 1973년 3월 다시 증액투자를 위한 110만 달러의 외국인투자 100% 단독투자와 차관도입을 위한 차관계약 인가를 신청한 것이었다. 인가신청된 차관과 외국인 증액투자 사업계획 내용은 다음과 같았다.

【「훼어차일드 쎄미콘닥터 한국(주)」의 차관과 외국인 증액투자 사업계획(1973)】

1. 차관
   차관기간: 1973. 4. 1~1990. 4. 1, 17년간
   송금조건: 거치 2년, 상환기간 15년간 15회 균등분할 상환, 이자율 연 8.5%
   계약액 및 이자총액
      차관계약액: $2,300,000
      이자총액: $1,807,705.43
2. 사업계획
   가. 소요자금
      기계 및 부품: 외국인투자분 $1,100,000, 차관분 $950,000
      현금: $1,350,000
   나. 생산능력 및 생산계획(3차 연도 1975년)
      생산능력: 실리콘 트랜지스터 602,471천 개 등 총 883,552천 개
      생산계획: 실리콘 트랜지스터 547,701천 개 등 총 803,229천 개
   다. 원료조달계획
      아직 국내 조달 불가능
      부품별로 연도별로 자세히 첨부함
   라. 시설공사계획
      공장입지: 영등포구 신대방동, 가리봉동
   마. 판매계획
      3차 연도 1975년 803,229천 개
   바. 고용계획
      현재 2,821명 증자 후 5,516명(직접공원 4,778명)
   사. 국제수지효과

83 한국트라콘주식회사대표이사 朴義緖·日本電子興業株式會社代表取締役 伊藤雄次郎(1973. 7. 12).

3차 연도 1975년 판매액 $33,058,672-원료수입액 $19,115,221-원리금상환액 $348,333=$13,595,118

아. 상환계획서

차관액: $2,300,000

이자율: 잔액(unpaid balance)의 연 8.5%

가정: 모든 수입은 1973년 12월 31일까지 완료

1회: 1974년 4월 1일부터 이자 지급

3회: 1976년 4월 1일부터 원금과 이자 지급

17회: 1990년 4월 1일 원금과 이자 합계 $166,366.71

총액 원금 $2,300,000, 이자 $1,807,705.43, 합계 $4,107,705.43 완불

경제기획원(전부액, 1973. 3).

이에 대한 상공부의 기술검토 의견은 〈표 7-14〉와 같이 국내 판매허용량을 제외하고는 전량 수출할 것, 도입 자본재 도입 이전에 재검토를 받을 것 등의 조건을 붙이면 인가에 문제가 없다는 것이었다. 경제기획원 역시, (1) 100% 단독투자로 내국인투자 비율을 제고하는 정부 방침에는 상반되나, (2) 본사는 이미 100% 외국인투자 회사로 인가를 받은 바 있으며, (3) 국내 기업과 시장 면에서나 기술 면에서 직접 경합되지 않고, (4) 정부가 수출전략산업으로 지정, 육성하고 있는 전자부품사업으로 1972년에는 1,000만 달러의 수출실적을 이미 올린 바 있으며, (5) 1973년에는 2,000만 달러 이상의 수출계획을 세우고 있는 점 등을 감안하여 100%로 인가하여도 무방할 것이라며 이를 외자도입심의위원회에 상정하고자 장관에게 결재를 요청하였다.[84] 이에 외심위에서 경제기획원장관이 인가조건으로 밝힌 것은 기존의 인가조건을 벗어나지 않은 것으로, "(1) 도입 자본재는 재검토 승인을 받아야 한다. (2) 실리콘 트랜지스터는 전년도 수출실적의 10% 이내만 시판하고 잔여 제품은 전량 수출하여야 한다"의 자본재 도입 시의 재검사와 시장제한 그리고 "(3) 외자도입법 제13조를 위배하였을 때는 도입 당시 면제된 관세 및 물품세를 추징한다"는 사후적 감독과 면세금 추징의 원칙에 대한 것이었다.[85]

결국 외국인투자에 관한 지침이 공식적으로 다시 논의되었고 이에 따라 「외국인투자에 관한 일반지침」이 1973년 8월 11일 상공부에 의해 경제장관회의에 제출되어 의결된 후 9월 3일 대통령 재가가 이루어졌다.[86] 대통령 재가로 확정된 일반지침의 내용은 다음(〈표 7-14〉 아래 내용)과 같다.

84 경제기획원(전부위, 1973. 3. 24).

85 경제기획원장관(전품103, 1973. 3).

86 상공부(외인, 1974).

〈표 7-14〉 외국인 단독 증액투자에 대한 상공부의 기술검토 의견(1973. 3)

항목	의견
1. 소요외자의 규모	대체로 타당함
2. 도입물품의 가격	관련 미비로 검토 안함
3. 국산 공급품	종합의견 참조
4. 계약조건	기간 2년 거치 15년 균등상환, 8.5%
5. 생산능력	문제점 없음
6. 생산원가	대체로 인정됨
7. 생산계획	대체로 인정됨
8. 생산공정 및 기술성	문제점 없음
9. 국내 시장에서 본 생산계획	투자처에서 인수할 것이므로 문제점 없음
10. 원료조달계획	문제점 없음
11. 입지조건 및 전설공사계획	입지조건 타당시됨
12. 소요내자의 규모 및 조달 가능성	문제점 없음
13. 원리금 상환계획	가능시됨
14. 종합의견: 본 사업은 전자부품 수출사업으로서 외국인투자 인가는 인정되며 다음 조건을 부하여야 할 것임. 1) 실리콘 트랜지스터의 전년도 수출실적의 10% 이내의 국내 판매허용량을 제외하고는 전량 수출할 것. 2) 도입 자본재 및 그 가격에 대하여는 도입 이전에 재검토를 받을 것.	

자료: 경제기획원(전부액, 1973. 3).

【「외국인투자에 관한 일반지침」(1973. 9. 3)】

1. 투자비율 조정 원칙

가. 외국인투자는 내국인과 50 : 50으로 합작하는 것을 원칙으로 한다.

예외: 1) 국내 관련 업체와 경합하지 않고 기술파급효과가 큰 산업으로 전량 수출하는 사업

2) 국민경제상 극히 중요한 수출 및 수입대체용 제품을 생산 또는 유도하는 기술 및 두뇌 사업

3) 특허권 등으로 다른 외국에서도 단독투자만 하는 사업

4) 자금, 기술, 리스크 등의 이유로 내국인과의 제휴가 상당 시간 걸리는 사업

5) 투자처의 다변화를 위한 사업

6) 국제조약에 따라 예외인정이 불가피한 사업

나. 다음 업종은 내국인투자 비율이 50% 이상이어야 한다.

1) 단순 노동집약산업

2) 단순 보세가공사업

3) 국내 부존자원을 주원료로 하는 사업

4) 국내 판매를 주목적으로 하는 사업

다. 해외교포 투자는 원금과 이자를 해외로 송금하지 아니하는 조건으로 내국인 지분으로 간주한다.

라. 내국인투자자의 경영참여율을 높이기 위해 무의결권주 등을 인정할 수 있다.

2. 개발지역에 대한 규제 완화
지방공업 육성을 도모하기 위하여 경제 각의에서 결정하는 지역 및 단지에 입주하는 전기·전자 등 특수업종에 대하여는 투자비율 조정원칙을 신축성 있게 운용할 수 있다.

3. 토지이용사업에 대한 규제
농장, 골프장 등 토지이용을 주목적으로 하는 사업은 인가하지 않는다.

4. 소액투자에 대한 제한조치
가. 5만 불 이상을 원칙으로 한다.
나. 기술도입 목적 등 예외적인 경우라도 2만 불을 하회할 수 없다.

상공부(외인, 1974).

대통령 재가가 진행되는 중에 전자공업 100% 단독 외국인투자 허용조치가 만들어져[87] 1973년 8월 29일 상공부는 제7차 수출진흥확대회의에서 전자공업육성시책에 따른 외국인투자 유치를 위해 100% 단독 외국인투자를 허용한다고 보고하였다.[88] 이는 「외국인투자에 관한 일반지침」 '(1) 가의 예외' 조항과 '(2) 개발지역에 대한 규제 완화'에 따른 것이었다. 이후 상공부는 50 : 50의 예외 경우에도 3년 이내 30%, 5년 이내 50%를 내국인에게 양도해야 한다는 규정 등을 추진하였다.[89] 한편 일반지침 (1) 다의 교포 투자를 내국인 지분으로 간주하는 조항에 따라 1974년 10월 상공부는 대내 참고로 "현재 해외교포 투자분에 대한 국내 판매에 있어 외국인투자분으로 간주하여 우대하지 않고 있음(외자도입법상 외국인과 같이 조세감면의 혜택을 받고 있음). 그러나 상공부는 앞으로 해외교포 투자분에 대하여 국내 판매에 있어 내국인투자분과 동등대우를 하는 방안을 강구코자 함(74 전자공업진흥시행계획에도 명시한 바 있음)"이라고 공람하였다.[90]

1973년 10월 「필립스」사는 TV수상기, 라디오의 부품 제조공장을 한국에 설치하기 위해 약 2,000만 달러 상당의 외국인투자 인가 신청서를 경제기획원에 제출하였다. 경제기획원은 역시 도입기계의 명세서 제출을 요구하였고 11월 10일 경제기획원장관은 외국인투자 차관계약 및 기술도입 계약 인가를 위해 상공부장관에게 검토를 요청하였다.[91] 1973년 11월 19일 주화란대사 대리는 「필립스」사가 도입기계 명세서를 곧 제출하기 위해 관련 문의를 주화란대사관에 해 왔다며 외무부장관에게 긴급문의를 하여 왔는데, 그 내용은 '(1) 도입기계에 대하여 부

87 상공부(수확, 1973. 8. 28).
88 〈중앙일보〉(1973. 8. 29).
89 상공부(외국, 1974).
90 상공부(해교, 1974. 10. 19).
91 상공부장관(외기, 1973. 12. 13).

과되는 일반 수입관세, 특관세, 상품세, 기타 세금, (2) 앞 세금이 면제된 2, 3년 후 국내 판매를 할 경우 도입한 기계에 대하여 앞의 세금을 부과하는지 여부'에 관한 것이었다.92 외무부는 이를 경제기획원장관, 투자진흥국에 11월 20일 문의하였고 경제기획원장관은 외무부장관에게 보낸 답신에서 다음과 같이 3가지를 밝혔다.

1. 투자분으로 유입되는 기계에 대해서는 관세, 물품세, 직물류세는 면제되며,
2. 차관 및 기타 자금으로 도입되는 기계에 대하여도 현재로는 수출용 제품을 제조할 목적으로 도입되는 경우 관세 및 물품세는 면제됨.
3. 도입 당시 외자도입법에 의하여 면제된 위 세금은 제품을 생산 국내 판매할 경우에도 다시 부과되지 아니함.

경제기획원장관(P4, 1973. 11. 22).

그런데 상공부는 12월 13일이 되어도 경제기획원장관 요청의 내용검토를 끝내지 못하였다. 그래서 경제기획원장관에게 "인가신청 검토가 내용검토 관계로 회신이 지연됨"을 통보하였다.93 상공부의 검토는 형식적인 수준이 아니라 실질적으로 내용에 따라 꼼꼼히 이루어지고 있었다.

1973년 12월 13일 제86차 외자도입심의위원회의 의결을 거쳐 12월 31일 경제기획원장관은 다음과 같은 조건으로 「구미전자초자(주)」와 일본 「電氣硝子」와의 합작(외국인투자 금액 및 비중: 382,500달러, 보통 주식비율: 52.5%, 무의결권 상환주: 25%, 합작회사명: 구미전자초자) 및 차관계약을 인가하였다.

1. 생산제품을 전량 수출해야 하며,
2. 생산제품을 국내에서 판매하기 위해서는 합작투자업체가 생산한 전자제품의 국내 판매에 관한 요령에 따라 내국인의 투자비율(22.5%)을 3년 내에 50%로 제고하여야 한다.
3. 수입원료 중 국내 조달 가능한 품목에 대해서는 국내 조달토록 해야 한다.
4. 도입 자본재(차관분 포함)는 도입 이전에 재검토 승인을 받아야 한다.
5. 순 매상고 1%에 해당하는 액 이상을 원부자재 국산 사용 제고를 위한 국내 연구개발비로 충당 사용토록 하고 기능공은 자체에서 양성하여 충원하여야 한다.
6. 1973. 12. 10자 각서내용을 이행하여야 한다.

경제기획원장관(전공초, 1973. 12. 31).

인가조건은 내국인투자 지분율 50%로의 제고와 국산 물품 사용 제고 및 연구, 기능공 양

92 주화란대사대리(1973. 11. 19).
93 상공부장관(외기, 1973. 12. 13).

성 등이었다. 1974년 1월 9일 상공부장관은 상공부공고 7607호로 전자공업진흥기본계획을 개정 공고하고 이날부터 시행하였는데 개정 「전자공업진흥기본계획(1974~1981)」의 2. 진흥방안 (3) 외국인투자 유치에서 '합작투자 원칙, 내국인 주식지분율 제고, 특수품목 또는 기업은 단독투자 허용'의 3가지를 분명히 하였다.[94] 또한 같은 날 1월 9일 상공부장관은 상공부공고 7608호로 전자공업진흥시행계획 역시 공고·시행하였는데 '진흥방안'의 '외국인투자 유치'에서 기본계획상의 '가. 합작투자 촉진' 외에 '나. 해외교포 투자 촉진(내국인투자와 동일 대우), 다. 구미지역 투자유치단 파견, 라. 투자유치 활동의 조직화'를 전자공업진흥시행계획으로 정하였다.[95]

전자계산조직의 하드웨어용 O.S. 기술개발을 위하여 1974년 1월 29일자로 외국인투자(500,000달러, 100% 단독투자) 인가를 받은 바 있는 일본 「富士通(株)」가 FACOM 전자계산조직의 국내 수요 증가에 따라 다시 26만 9,000달러를 증액 투자하고자 인가를 신청하였다. 외국인투자기업명은 「화콤코리아(주)」이었다. 사업내용은 「화콤코리아」가 증액 투자로 실수요자가 이미 확정된 FACOM 230-25 전자계산조직 1조 및 관계 부품과 FACOM 조직의 기억장치 등 각종 처리기계를 도입하여 임대 및 보수, 유지를 위한 용역사업을 하는 것이었다. 경제기획원은 방대한 통계업무의 능률적 처리와 경영관리 기술의 개선을 위하여 컴퓨터 및 동 부속장치의 도입이 필요하고 관계 기관에서도 타당성을 인정하고 있다며 외국인투자심사위원회에 상정하였다. 경제기획원이 인가조건으로 제시한 것은 '(1) 부품 및 기타 소모품에 대해 외자도입 이전까지 과학기술처장관의 재검토 승인을 받아야 함, (2) 인가 시 제출한 각서내용에 따라 회사설립 후 3년 내에 30%, 5년 내에 50% 주식을 내국인에게 양도해야 함'이라는 공통사항 외에 '(3) 전자계산조직의 판매에 따른 수출입, 키펀칭, 프로그래밍 등의 업무를 하여서는 안 됨'으로[96] 역시 국내 시장의 교란을 차단하려는 것이었다.

1974년 4월 24일 제92차 외자도입심의위원회는 전자제품 제조를 위한 「남성흥업(南盛興業)」의 「住友商事」 40만 달러 투자(외국인투자 비율 50%, 시설규모 흑백TV 3만 5,000대, 서울)와 차관 70만 달러, *Fair Child Semiconductor, Hongkong*의 450만 달러 투자(외국인투자 비율 100%, 각종 부품 연 1,453,145천 개, 서울), 컬러TV 제조사업 증액을 위한 「日興實業」(곽태석) 80만 달러 투자(외국인투자 비율 100%, 연 8만 대, 구미공업단지)를 인가하였다.[97] 5월 25일 경제기획원에서 열린 제94차 외자도입심의위원회는 제록스복사기 제조를 위한 「同和産業(주)」의 「후지제록스」 75만 달러(외국인투자 비율 50%, 시설규모 연간 9,000대, 90% 수출) 투자, 전자부품 제조를 위한 「東亞電子公司」의 「高橋프레스(주)」 10만 달러 투자(외국인투자 비율 50%), 디지털시계 제조사업 증액을 위한 「새한정밀공업」의 일본 「코팔(주)」 12만 3,000달러(지분 49%, 시설규모 디지털시계 180만 개)

---

94 〈관보〉(1974. 1. 10), 제6645호.
95 〈관보〉(1974. 1. 10), 제6645호.
96 경제기획원(F전, 1974. 8. 31).
97 〈경향신문〉(1974. 4. 24); 〈매일경제신문〉(1974. 4. 25).

투자 등 총 17건 3,983만 5,000달러의 외국인투자도 승인하였다.[98]

1974년 7월 15일 외무부는 전자공업의 수출확대 및 토착화를 위해 외국인투자 유치 다국화를 추구하고자 하는 경제기획원 요청으로 주영국, 주독일, 주프랑스 대사에게 해당 주재국 전자업체 명단을 보내면서 현지 기업들과 접촉할 것을 지시하였다.[99] 주영대사 등은 외무부장관과 경제기획원장관에게 투자유치를 위해 *General Electrics* 등 현지 전자업체에 한국의 합작투자 방침과 투자환경을 설명하고 유치교섭을 하였다고 보고하여 왔고[100] 외무부는 이를 상공부장관에게도 알렸다.[101] 이후 영국 *GEC Telecommunications Ltd.*가 한국 체신부가 추구하고 있는 통신장비 확대 프로그램과 자사 제품이 맞지 않다고 답변해 오는 등[102] 유럽 기업 측의 답변이 있었고 이는 외무부장관과 경제기획원장관에게 통보되었으며 외무부는 이를 다시 상공부장관에게 알려주었다.[103] 그러나 외무 관료들이 총력 수출이라는 청와대의 요구에 따르면서도 이들 문제를 외교관의 역할과 관계없는 문제로 봄으로써 큰 성과를 거둘 수 없었고 이는 오늘날까지도 거의 동일하다. 이런 속에 1974년 10월 13일부터 23일까지 영국 Nichols사절단이 방한하여 '영국 자본과 경영기술이 한국의 숙련된 노동 및 다이나믹한 기업과 결합하여 국제시장에서 우수한 경쟁력이 될 수 있다. 한국이 필요한 장비를 영국으로부터 도입하는 데 적극적으로 협력한다' 등의 내용을 담은 공동성명까지 내었다.[104]

1974년 7월 20일 「(주)금성사」는 전자기기공장 신설·확장 및 부품공장 보강을 위하여 국제금융공사(IFC)와 현금차관계약 및 주식인수계약 인가를 신청하였다. 사업계획은 〈표 7-15〉, 차관계약 내용은 〈표 7-16〉과 같았다.

경제기획원은 본 건에 대한 정식계약서, 차관공여자의 국적증명서, 도입될 외자명세서가 첨부되지 않았다며 신청인에게 이의 제출을 요청함과 동시에 관계기관에 기술검토를 의뢰하였다. 그리고 경제기획원은, (1) 「금성사」가 국제 경쟁력 면에서 여전히 국제단위에 이르지 못하고 있으므로 기존의 부산공장을 구미전자공업단지로 이전확장하여 대량 생산방식에 의한 국제경쟁력을 높이고 국산화율을 제고하며 기업의 국제 규모화를 도모하기 위하여는 차관계약 및 주식인수계약의 필요성이 있다는 점과, (2) IFC는 세계은행의 자매기관으로 정부상환보증 없이 IFC가 차관을 제공하고 주식인수를 하게 됨에 따라 향후 한국 기업이 자금을 적극 유치할 수 있는 계기가 된다는 점, 그리고 (3) '관계 기관의 검토 결과 사업의 타당성이 인정된다'는 점을 들어 이를 외자도입심의위원회에 상정하였다.[105]

---

98 〈매일경제신문〉(1974. 5. 27).
99 외무부(전공, 1974. 7. 15).
100 주영대사(전부, 1974. 9. 20).
101 외무부(전2공, 1974. 9. 26).
102 GEC Telecommunications Ltd.(October 8, 1974).
103 주영대사대리(전부통, 1974. 10. 25); 외무부(전2부, 1974. 10. 31).
104 경제기획원 투자진흥국(영사, 1974. 10. 25).
105 경제기획원장관(전기제, 1974. 8).

〈표 7-15〉 「금성사」 전자제품 제조공장 신설·확장 및 보강 사업계획(1974)

<table>
<tr><th colspan="2">구분</th><th colspan="3">사업계획 내용</th></tr>
<tr><td colspan="2" rowspan="6">시설규모</td><td>라디오, 앰프, 카세트</td><td colspan="2">2,000천 대/연(기존 1,000천 대)</td></tr>
<tr><td>TV(B/W)</td><td colspan="2">500천 대/연(기존 300천 대)</td></tr>
<tr><td>컬러TV</td><td colspan="2">100천 대/연</td></tr>
<tr><td>펌프</td><td colspan="2">50천 대/연(기존 20천 대)</td></tr>
<tr><td>C.R.T</td><td colspan="2">360천 대/연</td></tr>
<tr><td>컴프레서</td><td colspan="2">50천 대/연</td></tr>
<tr><td rowspan="10">소요
자금
및
조달
방안</td><td rowspan="3">소요자금</td><td>외자</td><td colspan="2">$8,807,000(28.5%)</td></tr>
<tr><td>내자</td><td colspan="2">$22,055,000(71.5%)</td></tr>
<tr><td>합계</td><td colspan="2">$30,862,000</td></tr>
<tr><td rowspan="7">조달방안</td><td rowspan="3">외자
$8,807,000</td><td>본 차관</td><td>$7,258,000</td></tr>
<tr><td>은행차입</td><td>$250,000</td></tr>
<tr><td>자기자금</td><td>$1,299,000</td></tr>
<tr><td rowspan="4">내자
$22,055,000</td><td>본 차관</td><td>$8,742,000</td></tr>
<tr><td>IFC투자(주식인수)</td><td>$1,597,000</td></tr>
<tr><td>자기자금</td><td>$10,466,000</td></tr>
<tr><td>은행차입</td><td>$1,250,000</td></tr>
<tr><td colspan="2" rowspan="3">공장건설계획</td><td rowspan="2">입지</td><td>전자기기공장</td><td>구미공단</td></tr>
<tr><td>반도체공장</td><td>영등포 구로공단</td></tr>
<tr><td>건설기간</td><td colspan="2">1년 2개월(1975년 4월 가동 예정)</td></tr>
<tr><td colspan="2">고용효과</td><td colspan="3">5,222명 신규 고용</td></tr>
<tr><td colspan="2" rowspan="2">국제수지효과
(1976년 기준)</td><td>외화가득액</td><td colspan="2">$26,172천</td></tr>
<tr><td>수입대체액</td><td colspan="2">$82,240천</td></tr>
</table>

자료: 경제기획원(전기, 1974. 7. 20).

그런데 8월에 계약 과정에서 「금성사」는 소요자금 총액은 동일하지만 외자를 776만 2,900 달러(25.2%)로 줄이고 대신 내자를 2,309만 9,200달러(74.8%)로 늘렸다. 정부가 일관되게 바라던 것이었다. 「금성사」는 일단 신청 건 차관총액을 1,600만 달러로 유지하면서 외자 본 차관을 대폭 줄여 725만 8,000달러를 621만 5,900달러로 하고 대신 내자 본 차관과 자기자금을 대폭 늘리고 IFC 투자를 삭제하였다(〈표 7-17〉 참조). 「금성사」는 인가신청 시의 공장건설계획, 고용효과, 국제수지효과 등 사업계획은 그대로 유지하였는데 원료조달계획을 보면, 총 329억 9,700만 원 중 국내 조달을 81.7% 269억 6,200만 원으로 하여 국내 조달을 중시하였다.

석유파동에 이어 1974년 8.15 대통령 암살시도 사건으로 한일관계가 악화되고 일본의 투자가 주춤해지자 한국은 자금유치가 중요한 문제가 되었다. 마침 미국은 아시아 그리고 한국

〈표 7-16〉 전자제품 제조공장 신설·확장 및 보강 차관계약(1974)

구분	구분		차관계약 및 주식인수계약 내용
차관계약	구분		차관계약 내용
	차관처		국제금융공사(IFC)
	차관계약액 ($16,000,000)	차관A(IFC 제공)	$8,000,000
		차관B(IFC 지정자)	$8,000,000
	차관조건	거치기간	2년
		상환기간	8년(1976. 5. 1~1984. 5. 1 반년부 균등분할)
	이자율	차관A	9.75%
		차관B	LIBOR + ~~1.5%~~(가필 수정: 1.75%)
	약정수수료		차관원금 총액 중 공여되지 않은 잔액에 대하여 연 이율 1% * 지불시기: ~~IFC이사회의 의결 30일 후부터~~(가필 수정: 13,000,000불에 대하여는 1974년 7월 27일부터, 나머지 3,000,000불에 대하여는 차관B에 대한 투자참여자 투자확약이 이루어진 날로부터) 기산하여 매년 5월 1일, 11월 1일 2회 지불(최초 지불일: 1974년 11월 1일)
	수수료 (IFC의 차관참여용역에 대한 수수료)		$40,000 * 지불시기: 1974. 11(가필: 1974년 11월에 $25,000 지불하고 나머지 $15,000는 차관B 잔액에 대한 투자참여자의 투자확약이 이루어졌을 때)
	지불보증		없음
	자금인출 기간		1976년 3월 31일까지 수시 요청
	조기상환		90일 전 통보로 조기상환 가능
	계약발효 요건		IFC 이사회 투자승인 및 한국 정부 승인
주식인수 계약	구분		주식인수계약 내용
	인수자		국제금융공사(IFC)
	인수액		639,000천 원($1,597,500)
	주당 인수가격		900원 예정(액면가 500원)
	인수주식 종류 및 수		보통주식 710,000주(예정)
	총발행주식에 대한 IFC 지분율		11.45%
	납입기간		1976년 3월 31일까지 납입 완료
	* IFC 인수주식 수 및 인수가액은 신규 발행 종업원주식 청약 결과에 따라 변경될 수 있음(종업원주 발행예정 620,000주)		

자료: 경제기획원(전기, 1974. 7. 20).

에서 영향력이 커지고 있는 일본을 견제하고 있었다. 1974년 9월 16일부터 9월 19일까지 제1차 한미경제협의회 합동회의가 서울에서 열렸는데 18일 하오에 열린 석유·화학, 재정·금융, 전자·기계 등 3개 분과별 회의에서 미국 측 대표들은 최근 일본이 한국의 중화학공업 건설에 대한 투자를 주저하고 있는 데 대해 큰 관심을 나타냈다. 그러면서 미국 대표들은 한국에만 유리한 조건으로 외자가 조달될 수 없다는 점을 지적하면서 국제금융 동향에 맞춰 신축성을

〈표 7-17〉 「주식회사 금성사」 전자제품 제조공장 신설·확장 및 보강 사업계획 중 내외자 소요자금 구성 변경내용

		변경 전(1974. 7)	계약 시 변경(1974. 8)
외자 $8,807,000 → 7,762,900	본 차관	$7,258,000	6,215,900(80.1%)
	은행차입	$250,000	동일(3.2%)
	자기자금	$1,299,000	1,297,000(16.7%)
내자 $22,055,000 → 23,099,200	본 차관	$8,742,000	9,784,100(42.4%)
	IFC투자(주식인수)	$1,597,000	삭제
	자기자금	$10,466,000	12,065,100(52.2%)
	은행차입	$1,250,000	동일(5.4%)

자료: 경제기획원(전기, 1974. 7. 20); 경제기획원장관(전기제, 1974. 8).

가져야 하며 자본조달의 채널을 확대해야 한다고 강조하였다. 나아가 미국 대표들은 한국 정부의 각종 인·허가 절차와 법령규제 등을 완화 또는 간소화 해줄 것을 요청하고 구미전자공업단지 입주 외국 기업에 대한 정부지원 내지 특혜조치에 큰 관심을 보였다.[106] 물론 일본을 견제하면서도 미국의 입장을 내세운 것이었지만 구미수출산업공단은 일본과 미국의 이 견제관계를 이용하여 제1차 한미경제협의회 합동회의가 열리던 9월 17일부터 9월 25일까지 일본에 투자유치단을 파견하였다. 이후 1975년에도 5월 19일~5월 21일간 서울에서 민간 한미경제협의회 제2차 합동회의를 열고 바로 이어 6월 11일~6월 13일간 서울에서 제7회 한일민간합동경제위원회를 개최하였는데, 일본 역시 미국의 움직임을 견제하기 위해 한국 요청에 적극 호응하였다. 이러한 미국과 일본의 상호 견제를 계속 이용한 것은 한국중화학공업화의 중요한 성공요소의 하나가 되었다.

1974년 8월 제100차 외자도입심의위원회는 전자기기 제조공장 이전확장을 위해 「금성사」가 「국제금융공사(IFC)와 체결한 차관계약을, "본 차관으로 도입할 자본재 전 품목에 대해 발주 이전에 상공부장관의 재검토 승인을 받아야 하며 내국지불수단으로 사용할 차관금은 외자도입법이 규정한 사용절차에 따라야 한다"에 더하여 "차관B의 이자율 결정을 위한 별도 약정을 체결할 경우 정부의 승인을 받아야 한다"라는 인가조건으로 인가하였다. 인가 후 이자율 인상이라는 꼼수를 감시·감독하고자 한 것이었다.

1974년, 흑백TV수상기 제조사업을 위한 외국인투자와 기술도입 계약 및 차관계약이 인가되어(1972. 11. 18) 공장을 건설 가동 중인 「한국테레비(주)」로부터 컬러TV수상기 생산을 위한 증액투자와 신기술도입 계약 인가신청이 접수되었다. 이는 컬러TV 제조사업을 위한 일본 「日

106 〈매일경제신문〉(1974. 9. 19; 1974. 9. 20).

興實業(株)」과 재일교포 郭泰石으로부터의 80만 달러 외국인 단독 증액투자 인가신청(투자비율 100%)과 「東京芝浦電氣(株)」로부터의 동 제품 제조 기술도입 계약이었다. 외국인투자 증액사업과 투자계획은 〈표 7-18〉과 같았다. 이 증액투자로 「日興實業」과 郭泰石의 투자지분율은 80 : 20에서 73.6 : 26.4로 되었다. 경제기획원장관은 컬러TV수상기를 연간 18만 대 생산하여 전량 수출하는 것이고 3차 연도에 2,671만 1,000달러의 수출증대(가득률 49%)와 400여 명의 추가 고용효과 및 관련 부품공업·전자산업의 육성발전이 기대되며 관계부처(상공부·과학기술처)가 증액투자 인정을 회시하여 왔다며 이를 외자도입심의위원회에 상정하였다.

당시 교포도 외국인투자이었으므로 100% 외국인 증액투자가 되는 이 건의 인가조건은 다

〈표 7-18〉 컬러TV수상기 생산목적 외국인투자 증액사업과 투자계획(1974)

<table>
<tr><th>구분</th><th>투자와 사업계획 내용</th></tr>
<tr><td>제품명</td><td>컬러TV수상기</td></tr>
<tr><td>외국인투자가</td><td>1. 日興實業(株) 2. 교포 郭泰石</td></tr>
<tr><td>투자액</td><td>日興實業(株)과 郭泰石 각각 40만 달러, 계 80만 달러 100%</td></tr>
<tr><td>사용계획</td><td>자본재도입 $662,866.33, 현금 $137,133.67, 계 $800,000</td></tr>
<tr><td>생산 및 판매
(천 대)</td><td>컬러TV수상기 연 18만 대 생산, 전량 수출의 생산능력 및 생산계획
<table>
<tr><td></td><td></td><td>생산능력</td><td>1974</td><td>1975</td><td>1976</td></tr>
<tr><td>기투자</td><td>흑백TV</td><td>820</td><td>300</td><td>665</td><td>82</td></tr>
<tr><td rowspan="3">증액투자</td><td>컬러TV 9인치</td><td>47</td><td>14</td><td>47</td><td>47</td></tr>
<tr><td>컬러TV 13인치</td><td>58</td><td>16</td><td>58</td><td>58</td></tr>
<tr><td>컬러TV 19인치</td><td>75</td><td>–</td><td>75</td><td>75</td></tr>
<tr><td colspan="2">컬러TV수상기 계</td><td>180</td><td>30</td><td>180</td><td>180</td></tr>
</table></td></tr>
<tr><td>원료조달계획
(천 달러)</td><td>
<table>
<tr><td></td><td colspan="2">1974</td><td colspan="2">1975</td><td colspan="2">1976</td></tr>
<tr><td></td><td>기투자</td><td>증액투자</td><td>기투자</td><td>증액투자</td><td>기투자</td><td>증액투자</td></tr>
<tr><td>수입</td><td>69%</td><td>91%</td><td>46%</td><td>69%</td><td>30%</td><td>56%</td></tr>
<tr><td>국내 조달</td><td>31%</td><td>9%</td><td>54%</td><td>31%</td><td>70%</td><td>44%</td></tr>
<tr><td>계</td><td>13,882</td><td>3,332</td><td>27,523</td><td>23,989</td><td>32,145</td><td>23,343</td></tr>
</table></td></tr>
<tr><td>국제수지효과</td><td>외화가득 12,960,000달러(가득률 49%)</td></tr>
<tr><td>고용인원</td><td>400명(추가 고용인원임)</td></tr>
<tr><td>입지</td><td>경북 선산군 구미공업단지 내(기존 공장)</td></tr>
</table>

자료: 경제기획원(전제, 1974); 경제기획원장관(전품칼2, 1974).

음과 같았다.

【컬러TV수상기 생산을 위한 외국인 증액투자 인가조건(1974)】

1. 인가사업의 생산계획제품은 컬러텔레비전수상기에 한하고 기 인가된 흑백텔레비전수상기를 전량 국제시장 가격으로 수출하여야 하며 일절 국내 판매할 수 없다.
2. 「한국테레비(주)」에 대한 교포 또는 내국인투자 비율 현 26.4%를 인가일로부터 5년 이내에 50% 이상으로 제고시켜야 한다.
3. 기술도입 계약 중 착수금(1만 달러) 지불조항은 삭제하고 계약기간은 3년간으로 단축하여야 한다. 본 기술도입 계약에 따라 제공되는 기술정보와 자료 등에 관련하여 「한국테레비」가 특별히 요청하여 발생한 비용의 추가지불은 사전에 정부의 승인을 받아야 한다.
4. 전 도입 자본재에 대하여 도입 이전에 품목 및 가격의 재검토를 받아야 한다.
5. 부품의 국산화를 위한 계획을 작성하여 추후 상공부장관의 검토를 받아야 한다.
6. 74년 3월 26일자로 제출한 각서를 이행할 것이며 1, 2, 3항을 제외한 4~16항은 자본재 도입 이전에 이를 이행하고 경제기획원장관의 확인을 받아야 한다.

경제기획원장관(전품칼, 1974).

정부의 인가조건은 국내 시장 교란 방지와 100% 수출, 그리고 내국인 인정 출자비율을 50%로 올릴 것, 국산화 노력 등이었다.

해외교포를 투자지분 산정에서 한국인과 동등하게 인정함에 따라 외국인투자 처리규정과의 충돌 문제가 드러났다. 경제기획원은 문제가 된 해외교포 참여 외국인 100% 투자업체 「한국대동전자공업(주)」 및 「한국음향(주)」의 간접수출 허용에 관한 의견을 상공부에 문의하였고 상공부는 허용원칙을 정하여 허용하는 것이 타당하다고 회신하였다.107 상공부는 허용원칙을 다음과 같이 밝혔다.

해외교포가 참여한 외국인 100% 투자 전자업체 중 교포투자액 및 동 과실을 송금하지 않는 업체에 대하여 간접수출로 인정하는 것을 원칙으로 함.
단, 아래와 같은 경우는 제외하거나 제한하고자 함.
(1) 국내 시장에서 내국인 또는 합작투자 생산업체 과당경쟁이 예상되는 경우
(2) 해외교포 투자분 지분이 과소할 경우

상공부(해교, 1974. 10. 19).

한국 전자산업 발전 초기에 일본의 영향은 컸다. 재일교포의 경험과 자본도 중요하였다. 그러나 한국에 진출한 재일교포와 일본 기업은 대부분 영세자본이었다. 일본 자본의 영세성은 〈표 7-19〉에서 보듯이 한국에 투자한 기업 수로 80.6%를 차지하면서도 투자액은 59.4%인 것

107 상공부(해교, 1974. 10. 19).

에서 확인된다.

재일교포를 포함하여 1970년대 전반기까지 활발하였던 일본 전자공업의 한국 진출은 1973년 중화학공업화정책선언에 따라 진출전략이 한국 내 단순조립 수출에서 한국 내 생산·조립 수출지향으로 바뀌었지만 주로 한국의 저렴한 노동력을 이용하고자 한 것이었다. 노동집약적 공업이라는 전자공업의 산업적 특징이 반영되었지만 일본 전자기기업체의 한국 진출 동기를 조사한 〈표 7-20〉을 보면 노동력이 싸기 때문이라는 응답이 응답 수의 22.4%를 차지해 압도

〈표 7-19〉 전자산업에서의 외국 자본 투자 비중(개사, 100만 달러, 1977)

	투자기업 수(외국인업체·합작)				투자액			
	미국	일본	기타	계	미국	일본	기타	계
수·액	35	170	6	211	52	92	11	155
비중	16.6	80.6	2.8	100.0	33.5	59.4	7.1	100.0

자료: 電波新聞社編(電鑑, 1979), p. 240.

〈표 7-20〉 일본 전자공업업체(전자기기업체)의 한국 진출 동기 조사

응답순위	진출동기	응답 수	점유비
11	원재료와 부품이 싸기 때문에	2	1.1
11	원재료와 부품의 품질이 좋기 때문에	2	1.1
11	원재료와 부품의 공급이 안정적이기 때문에	2	1.1
1	노동력이 싸기 때문에	41	22.4
5	노동력이 좋기 때문에	16	8.7
2	노동력 공급이 안정적이기 때문에	20	10.9
10	한국 현지 자본과 협력이 용이하기 때문에	8	4.4
3	한국 정부의 지원	19	10.4
7	관련 메이커가 진출하였기 때문에	14	7.7
9	일본에서 수출이 곤란하기 때문에	10	5.5
4	현지 시장 확대를 위해	18	9.8
6	제3국에 수출하기 위해	15	8.2
7	일본에 수출하기 위해	14	7.7
11	로열티 수입을 위해	2	1.1
총계		183	100.0

주: 조사 대상은 54개 회사이며 복수응답임.
자료: 日本電子機械工業會電子産業國際化問題調査委員會(1980), p. 53.

적이었다. 전자부품 분야에서 1976년 「新日本無線」의 개별 반도체소자 생산 진출 등[108] 일본기업 전체의 3/4 이상이 저렴한 노동력을 한국 진출요인으로 지적하였다.[109]

일본 전자공업 기업의 한국 진출을 업종·연도별로 정리하면 〈표 7-21〉과 같다. 일본은 국내 원가상승으로 부품에 이어 가전기기의 조립까지 해외로 옮기고 있었지만[110] 한국전자공업과 기업의 성장으로 한국에는 여전히 부품생산 진출이 중심이었다. 그런데 1979년까지 한국에 진출한 일본 전자공업기업체의 진출 시기를 보면 1973년이 29.4%에 이른다. 즉, 1973년 1월 중화학공업화정책선언을 타고 일본 자본의 한국 진출이 급속히 증가하였고 석유파동 이후 급속히 감소하였다.

일본은 대만과 한국을 중심으로 싱가포르, 말레이시아 등 아시아를 일본의 세계 생산·물류기지로 이용하고자 하였고 이런 점에서 중화학공업화정책선언에 적극 호응하였지만 한국의 의도는 일본과 달랐고 따라서 시간이 지나면서 경영권, 기술이전 등 여러 면에서 한국과 일본의 마찰이 점점 높아졌다. 이 마찰은 당시 전자공업의 대표상품이었던 일본 TV수상기 생산기업의 아시아 현지 생산 확대로 이어졌다(〈표 7-22〉 참조). 일본 기업들은 자신들의 선진공업국 전자공업 추격 경험을 생각하고 그리고 한국의 중화학공업화 전략이 타 아시아 국가와는 다른 독자적 발전을 추구하는 것을 보면서 한국에 대한 기술누출, 기술이전에 주의를 기울였다. 그래서 한국 내 소비가 여전히 금지되어 있다는 이유로 일본은 향후 중심제품이 될 컬러텔레비전의 생산지로 대만, 싱가포르를 선택하고 한국을 피하고자 하였다. 결국 전략적 이해관계의 충돌이 일어났던 한일 간 마찰로 1970년대 후반 일본 전자기업의 한국 진출은 줄어들었다.

1979년 현재 주요 일본 전자기업의 한국 진출상황을 정리해 보면 〈표 7-23〉과 같다. 1979년까지 한국 진출 일본 전자공업기업의 한국 출자비율을 보면 응답 총 51개사 중 자본투자가 없는 기업이 8개 기업, 50% 이하 기업이 28개사, 50%를 초과하여 99.9%까지 투자한 기업이 3개사, 그리고 100% 투자기업이 12개사이었다.[111]

1977년 10월 21일 경제기획원 투자심사위원회는 「삼성전자」와 미국 *GTE*사의 전전자식 사설 전화교환기(EPABX) 생산을 위한 합작투자를 인가하였다. 합작투자는 삼성 : *GTE*가 51 : 49의 투자비율로 *GTE*가 54만 6,000달러를 투자하여 EPABX를 연 3만 회선, 푸시버튼 전화기 연 3만 대를 생산하는 「삼성GTE통신(주)」을 새로 설립하는 것이었다. 「삼성GTE통신」이 생산하기로 한 모델은 GTE와의 연구계약으로 KIST가 1974년부터 개발에 착수하여 1977년 5월 한국 최초로 개발완료한 시분할 구내 전자교환기 GTK-500이었다. 상공부는 합작투자 기술검토 과정에서 EPABX사업은 자유경쟁을 원칙으로 해야 한다는 점과 선진국 기술수준에의 접근이

108 末廣昭(1981), p. 56.
109 電波新聞社編(電鑑, 1981), p. 160.
110 日本長期信用銀行調査部(1978. 4. 1), pp. 64~77.
111 日本電子機械工業會電子産業國際化問題調査委員會(1980), p. 49.

〈표 7-21〉 일본 전자공업기업체의 업종별, 연도별 한국 진출

업종 구분	연도		건수
가정용기기	1960~1969		0
	1970~1974	1970	0
		1971	1
		1972	2
		1973	3
		1974	0
	1975~1979	1975	0
		1976	1
		1977~1978	0
		1979	1
	합계	1960~1979	8
전자부품	1960~1969		1
	1970~1974	1970	3
		1971	4
		1972	7
		1973	12
		1974	5
	1975~1979	1975	1
		1976	3
		1977	1
		1978	0
		1979	3
	합계	1960~1979	40
산업용기기	1960~1969		0
	1970~1974	1970~1973	0
		1974	1
	1975~1979	1975~1977	0
		1978	1
		1979	1
	합계	1960~1979	4(不明 1사 있음)
총계	1950~1969		1(1.9)
	1970		3(5.9)
	1971		5(9.9)
	1972		9(17.6)
	1973		15(29.4)
	1974		6(11.8)
	1975		1(1.9)
	1976		4(7.8)
	1977		1(1.9)
	1978		1(1.9)
	1979		5(9.9)
	계		51(100.0)+(不明 1사)

주: 전수조사가 아니라 52개 기업조사임.
자료: 日本電子機械工業會電子産業國際化問題調査委員會(1980), pp. 34, 46~48.

〈표 7-22〉 일본 TV수상기 생산기업의 아시아 현지생산(1978)

(단위: 천 대)

<table>
<tr><th colspan="2">한국</th><th colspan="2">생산(월)</th><th colspan="4">수출(연간)</th></tr>
<tr><th colspan="2" rowspan="2"></th><th rowspan="2">흑백</th><th rowspan="2">컬러</th><th colspan="2">대일수출</th><th colspan="2">대미수출</th></tr>
<tr><th>흑백</th><th>컬러</th><th>흑백</th><th>컬러</th></tr>
<tr><td rowspan="5">한국</td><td>東芝</td><td>30</td><td>–</td><td rowspan="5">104</td><td rowspan="5">–</td><td rowspan="5">1,155</td><td rowspan="5">439</td></tr>
<tr><td>三洋</td><td>35</td><td>–</td></tr>
<tr><td>소니</td><td colspan="2">10</td></tr>
<tr><td>松下</td><td colspan="2">12</td></tr>
<tr><td>계</td><td colspan="2">87</td></tr>
<tr><td rowspan="10">대만</td><td>東芝</td><td>25</td><td>15</td><td rowspan="10">29</td><td rowspan="10">–</td><td rowspan="10">3,295</td><td rowspan="10">1,481</td></tr>
<tr><td>三洋</td><td>50</td><td>7</td></tr>
<tr><td>소니</td><td>8</td><td>7</td></tr>
<tr><td>松下</td><td>20</td><td>6</td></tr>
<tr><td>日立</td><td>20</td><td>15</td></tr>
<tr><td>샤프</td><td>25</td><td>12</td></tr>
<tr><td>三菱</td><td>5</td><td>8</td></tr>
<tr><td>콜롬비아</td><td>3</td><td>3</td></tr>
<tr><td>제너럴</td><td>7</td><td>–</td></tr>
<tr><td>계</td><td>163</td><td>73</td></tr>
<tr><td rowspan="5">싱가포르</td><td>東芝</td><td>–</td><td>20</td><td rowspan="5">–</td><td rowspan="5">–</td><td rowspan="5">–</td><td rowspan="5">61</td></tr>
<tr><td>소니</td><td>2</td><td>1</td></tr>
<tr><td>日立</td><td>40</td><td>20</td></tr>
<tr><td>三洋</td><td>15</td><td>–</td></tr>
<tr><td>계</td><td>57</td><td>41</td></tr>
<tr><td rowspan="4">말레이시아</td><td>東芝</td><td>3</td><td>–</td><td rowspan="4">–</td><td rowspan="4">–</td><td rowspan="4">–</td><td rowspan="4">–</td></tr>
<tr><td>三洋</td><td>3</td><td>–</td></tr>
<tr><td>松下</td><td>3</td><td>–</td></tr>
<tr><td>계</td><td>9</td><td>0.5</td></tr>
</table>

자료: 三菱總合硏究所(日韓, 1979), p. 236.

가능한 점을 지적하였다.[112] 「삼성GTE통신」은 GTE로부터 다주파보편식 다이얼 방식 전화기(DTMF) 제조기술을 도입하기로 하였다.[113]

〈표 7-24〉에서 보듯이 1977년 한국전자공업에서 차지하는 외국인투자기업의 자본금 비중은 29.5%이었다. 당시 외국인 자본의 진출이 활발하였던 대만은 1978년 33.9%이었다. 한국전자공업에서 외국인투자가 많았던 것은 한국 정부의 전략적 노력 때문이었다. 그러나 1979년 생산액의 50.5%, 수출액의 54.5%를 외국인투자기업이 차지하여 외국인투자기업이 생산성이

112 〈중앙일보〉(1977. 10. 27).
113 〈매일경제신문〉(1977. 10. 31).

〈표 7-23〉 일본 주요 전자공업기업의 한국 진출내용(1979년)

일본 기업명	출자비율	한국 기업명(조업연도)	자본금	제휴기업(지역)
東京芝浦電氣	70	韓國電子(69)	14억 원	郭泰石
東京芝浦電氣	33	오리온電氣(74)	15억 원	대한전선그룹 등
三洋電氣 등 7사	100	한국동경실리콘(73)	20억 원	–(마산)
알프스電氣	50	금성알프스전자(70)	25억 원	금성사
伊勢電子工業	40	Korea Eclec. Display(72)	23.4만 달러	Korea Marvel
온쿄(オンキョー)	50	한국음향(73)	4.5억 원	裵善鉀 등
코팔(コパル)	49	Saehan Copal(74)	2억 원	대한전선 등
湖南精工	100	新韓一電機(69)	2.17억 원	–(부천)
산켄(サンケン)電氣	100	韓國産研(73)	9.7억 원	–(마산)
三洋電機	26.25	三星電子機器部品(73)	15억 원	삼성전자 등
三洋電氣 등 3사	100	Korea T. T.(77)	18.3억 원	–(마산)
샤프(シャープ)	50	Sharp Data(73*)	1억 원	Inter'l Data
昭和無線工業	50	東昭전자공업(74)	2.8억 원	동양정밀공업
信英通信工業	75	한국신영(72)	60만 달러	李佑奉 등 2인
新光電氣工業	50	한국신광전자(74)	1.05억 원	현지자본 50%
스타(スター)精密	100	한국스타(77)	175만 달러	–(마산)
스미다電機	100	韓國스미다전기(72)	2.01억 원	–(마산)
住友商事	20.8	南盛電器散業(77)	11.6억 원	남성, 현대종합상사
소니**	49	和信소니(73)	12.5억 원	和信産業
双信電機, 兼松江商	50	Korea Sangshin Electric(74)	1.8억 원	張鳳祥
ダイキン工業, 川鐵物産	20	汎洋냉방공업(72)	5억 원	범용전용선
田葉井製作所	49	타바이(80, 예정)	3.36억 원	서울무역, 三化工社
田淵電機	50	Korea Transfomer(73)	20.7만 달러	B. J. Kim 등
太陽誘電	100	한국태양유전(73)	23.8억 원	–(마산)
高田無線製作所	50	Korea Takada Musen Mfg(72*)	10만 달러	박씨 등
帝國通信工業	50	Korea Noble Electronic(74)	62.5만 달러	(서울)
電氣音響	50	Kores Denki Onkyo(73)	49.5만 달러	高錫英 등
東亞電子	100	한국동아(72)	50만 달러	–(인천)
東京三洋電機 등 4사	94	Korea Tokyo Electronic	15.9억 원	(마산)
東京電氣化學工業	51	한국TDK(73)	4.57억 원	중앙전기공업
東京電波	100	한국동경전파(73)	120만 달러	–(마산)
東光	100	한국동광(72)	8.1억 원	–(마산)
東洋通信機, 住友商事	50	一信동양통신기(70)	3억 원	일신산업
뉴호프(ニューホープ)實業	50	코리아뉴호프(72)	6천만 엔	(구미)
일본케미컬콘덴서	33.4	三瑩전자공업(72*)	12억 원	(성남)
日本電氣, 住友商事	35	三星電管工業(70)	30억 원	삼성전자, 일반주
日本세렌(セレン)	50	Seletex of Korea	10만 달러	한국세렌
파이오니아	50	Pioneer Electronics, Korea(74)	6억 원	롯데제과 등
포스터電機	50	Gold Star–Foster(71)	5.5억 원	금성사
富士通	100	FACOM Korea(74)	24.6억 원	–(서울)
富士通텐(テン)	100	韓國東亞(72)	1.99억 원	–(인천)
北陸電氣工業	50	韓陸電子(70)	1.8억 원	서니電機 등
星電器製造	100	Korea Hosiden(73)	12.42억 원	–(마산)
마르콘(マルコン)電子	32.7	대한마르콘(74)	5.6억 원	대한전선
山崎電氣産業	50	麗山전자(74*)	10만 달러	曺玉新
橫尾製作所	50	한국YC안테나(74)	50만 달러	許弼奭 등 3인
松下電器産業	50	한국나쇼날電器	4억 원	金向洙
日本電氣	20	金星電氣	15억 원	럭키그룹

주: 1) 자본금 10만 달러 혹은 1억 원 이상, 일본 기업 출자비율 20% 이상만 수록. 2) 자본금과 출자비율은 원칙으로 1978년 말 현재 불입자본금 기준임. 3) 조업연도의 *은 자본참여 연도임. 4) ** 판매만임.
자료: 週刊東洋經濟(1979. 12).

〈표 7-24〉 전자공업에서의 외자기업의 비중 (단위: %)

구분	국가(연도)	점유 비중
생산액비	한국(1979)	50.5
자본금액비	한국(1977)	29.5
	대만(1978)	33.9
수출액비	한국(1979)	54.5

주: 대만은 화교를 제외한 비율로 계산한 것임.
자료: 電波新聞社編(電鑑, 1980); 經濟導報社主編(1981), 1714期, 1723期; 小川雄平(1983).

더 뛰어났고 그보다 더욱더 수출중심적이었음을 알 수 있다. 즉, 외국인투자기업의 저자본금, 고수출액 비중은 한국의 선택이 만들어 낸 것이었고 한국의 전략이 성공적으로 가고 있었음을 보여 주는 것이었다.

Ⅳ. 차관과 외국인투자의 구조변화 유도와 개선 요구

정부는 전자공업 수출전략품목에 대해 100% 외국인투자를 허용하고 5년간 법인세 100% 면제와 후속 3년간 50% 면제 그리고 특별감가상각을 인정하였으며 나아가 수출을 위한 자본재와 원자재 수입에 관세를 면제해 주고 있었다. 역차별 논란도 일어났지만 그럼에도 불구하고 이는 경쟁국인 대만, 홍콩, 싱가포르 등과 비교해 우세한 유인요소가 되지 못하고 있었다. 일본 전자공업기업체의 한국 진출 동기를 보면 한국 정부의 지원 때문이라는 답변은 응답 수의 10.4%에 머물렀다.[114] 중화학공업화정책기를 통해 한국은 대만, 싱가포르, 홍콩, 말레이시아, 필리핀, 인도네시아, 태국, 인도, 이란, 이집트, 알제리, 아일랜드공화국, 브라질, 멕시코 등과 모든 면에서 경쟁을 해야 하였고 투자유치도 동일하였다.

그럼에도 불구하고 1970년대 시간이 지나면서 한국 정부의 외자검증은 점점 더 엄격해져 갔다. 여기에 가정용기기와 부품의 해외 생산 의존도가 높았던 일본 전자업계는 1970년대 중반 이후 선진공업국들의 일본 전자제품 수입규제가 강화되자 저임금의 한국, 대만 등 아시아 지역에서 행하던 직접투자를 판매처 중심의 선진공업국 직접생산으로 이동시키고 있었다. 석유파동에 따른 시장축소와 원가상승에 더하여 한국 정부의 보조가 기대가 미치지 못하였고 한국과의 갈등이 높아지면서 일본의 투자 축소와 투자 철회가 이어졌다.

1976년 7월 26일 일본 「協同通信機製造(株)」가 「동남전기공업(주)」과의 전자부품 트랜스

114 日本電子機械工業會電子産業國際化問題調査委員會(1980), p. 53.

시버 제조사업을 위한 외국인투자(투자금액 20만 달러, 투자비율 50%)를 인가받았다. 그러나 「協同通信機製造」는 출자목적물 납입 법정 만료일인 1978년 1월 25일까지 출자목적물을 납입하지 않았고 정부는 1978년 9월 30일과 1979년 9월 3일 2차에 걸쳐 사업 추진을 촉구하였지만 여전히 납입이 이루어지지 않자 1980년 9월 외자도입법 제18조 제1항 및 제2항의 규정에 의거 외국인투자 인가를 취소하였다.[115] 1977년 2월 21일 외국인투자 인가를 받은 일본 재일교포의 전자부품 레벨미터(Level Meter) 제조사업(7만 달러, 투자비율 50%) 역시 출자납입 법정 만료일인 1978년 8월 20일까지 출자목적물이 납입되지 않자 정부는 1979년 9월 3일 사업 추진을 촉구하였고,[116] 이후에도 납입이 이루어지지 않자 제110차 외자사업투자심사위원회 의결로 1980년 12월 24일 인가를 취소하였다.[117] 1973년 3월 23일 일본 「雙葉電子工業(株)」의 외국인투자 인가를 받은 후 1976년, 1978년 2차례 외국인 증액투자가 이루어진 「世進電子(주)」 역시 1981년 세계적인 경기침체 속에 1981년 7월 16일자로 1976년 증액투자 40만 달러 인가가 취소되었다.[118] 일본 도시바 계열 「미유끼전기」와 합작으로 1983년 8월 출발한 「한국미유끼전기」 역시 투자 철수로 일본 측 투자분을 한국 측이 인수하였다.[119]

투자 철회와 투자 취소는 저임금 등 원시적 형태의 이익추구에 집중했던 일본 자본과 이에 대응하고자 하였던 한국 정부와의 충돌 때문에 나타나고 있었지만, 본질적으로 외국인투자에 관한 학습과 투자환경의 변화에 따른 한국의 적극적 대응의 결과이었으므로 일본과의 관계에서만 나타난 것은 아니었다. 1978년 경제기획원 경제협력차관보는 1977년 12월 20일자로 인가한 미국 「훼어차일드 카메라 앤 인스트루먼트」(*FCIC*)의 전자부품 제조사업을 위한 12만 5,000달러의 외국인투자를 취소하고 이를 외자사업투자심사위원회에 보고하였다. 이 외국인투자는 「한국생사(주)」 60%, 「훼어차일드 쎄미콘닥터 한국(주)」 35%를 내국 투자지분으로 하고 *FCIC* 5%를 외국 투자지분으로 하여 총 250만 달러의 투자가 이루어진 것으로, 사업내용은 「훼어차일드 쎄미콘닥터 한국」의 제1공장(영등포 신길동)을 인수하여 집적회로 Tr 다이오드 및 옵토(Opto)를 생산하는 것이었다. 정부는 외국인투자 인가 후 투자실적이 없자 이를 독촉하였고 결국 미국 측이 사업 추진 의사가 없음을 통보해 옴으로써 인가를 취소한 것이다.[120]

정부는 심사와 감독을 강화하면서도 정상적인 외국인투자를 촉진하기 위하여 100% 수출 의무를 완화하고 국내 시장을 개방하였다. 외국인투자기업 「모토로라 코리아(주)」는 1968년 11월 6일 전자부품의 국내 시판 허가를 얻어[121] 이후 1976년 8월 31일까지 350만 달러의 국

115 경제기획원 경제협력차관보(전품T, 1981).
116 경제기획원 경제협력차관보(전취, 1980).
117 외자사업투자심사위원회(외취, 1980. 12).
118 경제기획원 경제협력차관보(전증, 1981).
119 金孝造 전 경인전자 부사장(1987), p. 362.
120 경제기획원 경제협력차관보(전체, 1978).
121 경제기획원장관(전품016, 1968. 11. 6).

내 판매(Local L/C 250만 달러 포함)를 달성하였다. 그런데 이 과정에서 국내 판매 원자재 수입대금 송금이 늘어나자 1976년 경제기획원과 재무부는 1974년 3월 27일자로 허가한 수입대금 송금은 1976년 8월 31일까지로 한정하고 이후 정상결제 방식에 의한 수입허가를 받지 아니한 국내 판매 원자재 대금에 대한 송금은 일절 인정하지 않기로 하였다. 물론 정부는 이를 다른 「한국시그네틱스(주)」, 「대한마이크로(주)」 등 외국인투자업체에도 동일하게 적용하였다.[122] 원래 순수 내수용 원자재의 수입은 한국전자제품수출조합 공고 제12호에 의거 외국인투자기업의 경우 수출가득액의 내국인 주식지분율의 20% 한도 내에서 수입이 가능하도록 되어 있었고 따라서 100% 외국인투자기업의 경우 원자재 수입이 불가하였다. 이에 「모토로라 코리아」 대표는 국내 시판이 허용되어 있으므로 원자재 수입불가는 모순조항이라며 국내 시판액 10% 한도 내에서 순수 내수용 원자재 수입이 가능하도록 한국전자공업진흥회장 앞으로 협조공한을 보내줄 것을 상공부장관에게 요청하였다.[123] 상공부는 100% 외국인투자기업은 수출가득액을 인정받을 수 없지만 내수용 원료 중 전자부품의 BTN에 해당되는 수입원자재는 한국전자공업진흥회가 확인한 전자제품 수출가득액의 20% 범위 내에서 수입할 수 있다고 「모토로라 코리아」에 통보하였다.[124]

1977년 1월 28일, 이미 전자부품 전해콘덴서 제조를 위하여 일본 「東和蓄電(株)」과의 외국인투자 인가(1970. 4. 18) 및 증액투자 인가(1976. 12. 31)를 받은 「동화전자공업(주)」(외국인투자 금액 $87,450, 외국인투자 비율 45%)이 투자인가 내용 변경 및 기술도입 계약인가 신청서를 제출하였다.[125] 투자변경 내용은 생산품목으로 전해콘덴서에 플라스틱 PS필름콘덴서를 추가하고 생산능력과 생산을 플라스틱 PS필름콘덴서 연간 300형 3,600만 개, 500형 3,600만 개로 하여 전량 수출한다는 것이었다. 「동화전자공업」은 이 과정에서 국내 원료 사용비율을 1977년 48.7%, 1978년 60.2%, 1979년 63.1%로 대폭 높이고 수출을 1977년 370만 달러(가득률 74.99%)에서 1979년 560만 달러(84.92%)로 상향하며 2,511명을 고용한다고 밝혔다.[126] 이는 정부의 계속된 요구사항을 반영한 것이었다.

경제기획원장관은 이의 검토를 위해 상공부 투자담당주재관, 과학기술처 투자담당주재관, 외자계약심의관에게 공문을 발송하였고[127] 동시에 투자진흥국장은 기획원 내 외자계약심의관에게도 검토를 의뢰하였다.[128] 이미 한국 내 생산을 하고 있는 외국인투자업체의 생산품목 추가이었지만 이들이 제시한 내용이 한국의 요구수준에 적절한가 다방면의 검토를 진행한 것

---

122 경제기획원장관(국내, 1976. 9. 1).
123 모토로라 코리아 주식회사 대표이사(전제9, 1976. 9. 22).
124 상공부(전제건, 1976. 9. 28).
125 동화전자공업주식회사(1977. 1).
126 경제기획원(전부자, 1977. 1. 31).
127 경제기획원장관(전품1413, 1977. 1. 31).
128 경제기획원 투자진흥국장(전부7, 1977. 1. 31).

이다.

「고려정공(주)」 역시 1973년 7월 18일 눈금판(Dial Scale) 제조를 위하여 외국인투자(「藤光樹脂(株)」 투자금액 ＄22,500, 비율 27.5%) 인가를 받은 후 1976년 4월 28일 전량 수출조건의 전탁 및 의료기용 다이얼 스케일을 추가 생산하기 위한 인가내용 변경 인가를 받았고 다시 1977년 생산제품 추가 및 수출조건 인가내용 변경을 인가 신청하였다. 기존 눈금판 외에 전면판(front panel)을 생산하고자 한 것으로 생산제품은 전량 수출하되 국내 판매 시는 경제기획원고시 제75-4호에 따르는 것으로 하였다. 「고려정공(주)」은 이 변경으로 3년차에 판매액은 100만 달러로 늘어나고 원료조달은 30만 달러 수입원료 외 20만 달러 국내 원료를 소요할 것이며 고용도 1977년 6월 현재 62명에서 158명으로 된다고 보고했다. 또한 수출액을 100만 달러로 하되 가득액을 70만 달러, 70%로 올린다고 밝혔다. 역시 한국 정부의 요구를 수용한 것이었다.[129] 이러한 전제 위에 경제기획원은 제18차 외자사업투자심사위원회에 이의 인가 이유로 두 가지를 들었다.

> 1. 제품용도가 제한되어 있어 해외 주문에 많은 제약이 존재
> 2. 수출조건도 유독 추가 품목에만 전량 수출토록 인가조건이 부가되어 있어 다종다양한 국내 수요에 응하지 못함으로써 일부 제품의 수입을 초래함.
>
> 경제기획원 경제협력차관보(전추, 1977).

내용변경 인가는 수출다변화, 다양화를 적극 장려하고 국내 판매를 인정하면서도 성장하고 있던 국내 전자공업의 수요에 응하도록 하는 것이었다. 상공부 역시 "대체로 변경신청 타당성을 인정"하되 "단 플라스틱판재를 가공한 것에 한하여 인정한다"는 의견을 제시하여 국내 시장 개방에 따른 국내 산업 보호에 여전히 주의를 기울였다. 경제기획원은 상공부 의견을 변경 인가내용에 명시하여 인가함이 가하다고 판단하였다.[130]

「화콤코리아(주)」는 전자계산조직 하드웨어용 OS 기술개발 및 임대용역사업을 위하여 1974년 1월 28일 이후 7차에 걸쳐 25억 3,686만 원의 외국인 증액투자 인가를 받았다. 그리고 다시 1977년 9월 자가 OS 개발·수출 위해 FACOM 최신 모델 16시스템 1세트를 도입하고자 84만 4,236달러 증액투자를 신청하였다.[131] 경제기획원 투자진흥국은 경제기획원장관 명의로 상공부, 과학기술처, 외국인투자담당주재관의 의견을 조회하였다. 문서 민원처리 기한이 1977년 11월 19일로 되어 있어 당시 인가답변이 약 3달 안에 이루어지도록 되어 있었던 것을 알 수 있다. 다수 관계기관이 개입하고 꼼꼼한 검토가 계속 확대되고 있음에도 3달 이내로 하였

129 경제기획원 경제협력차관보(전추, 1977), 심의자료.
130 경제기획원 경제협력차관보(전추, 1977), 심의자료.
131 상공부장관(전산3, 1977. 9. 20).

던 것은 그나마 정부가 행정상의 대응개선을 추구하고자 하였던 것이었다.

「화콤코리아(주)」는 자사에 사용하게 될 것이므로 면세를 요구하였다. 이에 경제기획원은 원내 참고를 통해 다음과 같이 관련 내용과 최종 경제기획원장관 결정내용을 공유하였다.

> 1) 자가 사용 중인 컴퓨터를 임대용으로 허가 없이 사용하거나 금번 도입하는 컴퓨터를 임대용으로 사용할 경우 도입 시 면세된 제세를 추징하여야 할 것임. 이에 대해서는 별도 각서를 받고자 함.
> 2) 현재 자사에서 사용 중인 기재의 명세와 회사의 사용계획을 제출토록 요구하였으며 1975년 7월 14일(24차 경제장관회의) 이전 혹은 경과규정 적용 여부에 대해서는 확실한 명세서를 작성, 별도로 확인하고자 함.
> 3) OS 수출실적과 증액 후의 대비표를 제출토록 하여 관계부처에 통보코저 함.
>
> 경제기획원장관(O기, 1977. 9. 2).

자사 사용 물품의 면세는 1975년 7월 14일 제24차 경제장관회의에서 결정되었지만 적용상의 문제가 계속 남아 있었다. 9월 20일 상공부장관은 "필요성은 인정되나 주무부처장관의 의견을 참조 처리함이 타당한 줄로 사료됩니다"라고 회신하였는데 물품의 제조가 아닌 문제이므로 상공부는 관련 부서가 아님을 통보한 것이다.[132] 10월 6일 과학기술처장관 역시 소요외자 규모, 도입물품 가격, 도입 자본재 또는 원자재의 외자도입법 제48조 해당 여부, 생산능력 및 생산원가, 생산공정 및 고기술성, 국내외 시장성에서 본 생산계획, 원료조달계획, 입지조건 등 8개 항목에 대해 검토에 나섰지만 적용범위 문제에 봉착했다. 결국 늦은 회신을 통해 "증액투자 844,236달러는 화콤코리아 자사용으로서 OS기술개발, 수출, 용역사업 등에 사용될 것으로 적정 규모라고 판단됨"이라는 답변 외에 대부분의 검토항목에 대해 검토 해당사항이 없다고 통보하였다.[133] 정부의 외자검토는 외자관리, 그리고 제조 측면에서의 한국전자공업의 발전과 장애에 초점을 맞추면서도 계속 외자공급 측의 편법을 감시하여야 하였다.

1977년 3월 19일 「(주)태평양금속」은 전자부품(영구주조자석 및 페라이트 파우더) 제조사업을 위하여 82만 8,157.36달러의 외국인투자(투자비율 40%) 인가를 받았다. 기존의 인가조건을 포함한 인가조건의 3항은 "공장 완공 시까지 공해방지법령에 의한 배출허용 기종에 적합하도록 공해방지시설을 갖추고 보건사회부장관의 확인을 받아야 한다"는 것이었다. 공해규정은 자주 언급되고 있었지만 보다 명확한 형태로 요구되고 있음을 알 수 있는데, 이는 정부의 외국인투자에 대한 규제강화를 의미하는 것이었다. 사실상 1970년대 후반부로 갈수록 정부의 공해정책은 오히려 약화되고 있었기 때문이었다.[134]

---

132 상공부장관(전산3, 1977. 9. 20).
133 과학기술처장관(전도, 1977. 10. 6).
134 박영구(한중과, 2012), 27장.

인가 후 「태평양금속」은 기계도입 시차, 기능공 훈련, 시장개척을 이유로 부분가동을 신청하였다. 1977년 12월 15일 경제기획원장관은 관련 부처에 "조기 가동코저 하는 공정은 공해가 전혀 없는 공정인지의 여부"를 문의하였다.[135] 12월 24일 보건사회부는 「태평양금속」이 조기 가동하고자 하는 공정은 가동 시 소음이 발생될 것이므로 공해방지법령에 의한 조치가 요망된다고 밝혀 왔다.[136]

1977년 미국 *OAK Industries Inc.*의 TV부품 제조사업을 위한 외국인투자(투자금액 $742,268, 45%, 「동성(東星)전자공업(주)」과 합작투자) 인가 신청 및 동 합작으로 설립될 가칭 「동성오크전자공업(주)」의 35만 달러 차관계약 인가 신청이 있었다.[137] 계약조건, 사업성 등 인가 심사내용과 결과는 〈표 7-25〉와 같다. 「대한전선」 계열 「동성전자공업」은 합작사 설립으로 연간 240만 개의 흑백·컬러TV용 튜너를 생산하여 500만 달러 상당을 수출할 계획이었다.[138] 경제기획원은 6월 「동성오크전자공업」의 차관계약을 다음 조건으로 인가하였다.

1. 생산전량 수출, 국내 판매 시 경제기획원고시 제75-4호에 따라야 한다.
2. 도입 자본재 선적 이전에 정부의 재검토 승인을 받아야 한다.
3. 자본재 도입 이전까지 자금조달계획 중 차관에 의한 조달계획을 국내에서 조달토록 변경계획을 작성하여 경제기획원장관의 승인을 받아야 한다.
4. 공장입지는 정부의 재검토 승인을 받아야 한다.
5. 1977. 5. 30자 각서를 이행하여야 한다.
6. 합작회사의 명칭은 외국 상호가 포함되지 않은 명칭을 사용하여야 한다.

경제기획원장관(전품1376, 1977. 6. 14).

인가조건에서 특징적인 내용은 3번-자본재도입 이전까지 자금조달계획 중 차관에 의한 조달계획을 국내에서 조달토록 하는 것과, 6번-합작회사명에 한글을 사용하도록 한 것이다. 원자재의 국내 조달 장려를 넘어 분명한 시기를 정하여 차관조달의 일부 국내 조달을 의무화하고 투자비율만이 아니라 합작회사명에서도 자주성을 강조한 것으로 1970년대 나타나고 있던 실현 가능성과 자신감을 반영하는 것이었다. 나아가 공장입지에서도 이전의 권고에서 한 걸음 나아가 경제성과 함께 공해 등의 관리에도 보다 적극적으로 나서겠다는 의지를 보이고 있다. 그리고 이러한 개선의지 때문에 이 인가문서는 상공부장관, 외무부장관, 내무부장관, 재무부장관, 법무부장관, 국세청장, 한국은행총재, 상공부 외국인투자담당주재관, 법무부 외국인투자담당주재관, 국세청 외국인투자담당주재관, 재무부 외국인투자담당주재관, 관세청 외국인투자담당주재

135 경제기획원장관(전품제, 1977. 12. 15).
136 보건사회부(전제, 1977. 12. 24).
137 경제기획원 경제협력차관보(전제를, 1978. 6. 10).
138 〈매일경제신문〉(1977. 6. 13).

〈표 7-25〉 「동성전자공업」 전자부품제조 외국인투자사업 종합심사표(1977)

심사내용									
계약 내용		검토항목							평가
	투자가	외국인	미국 *OAK Industries Inc.*						기존 투자가임
		내국인	동성(東星)전자공업(주)						
	투자액 및 내용		외국인(천 달러)			내국인(백만 원)			타당함
			기존	금회	계	기존	금회	계	
		투자액		742			907		
		기자재		742			412		
		현금					495		
		토지·건물							
	투자 조건	비율	(우선주 제외) 외 45%, 내 55%						
		판매조건	–						
		경영권	내국인						

사업성	구분	검토사항		평가
	시설규모 적정성	제품명	TV용 튜너	타당함
		시설규모	연산 240만 대	
	시장성	수급사정	–	TV의 수요증가에 따라 동 제품에 대한 수요도 증가할 것이므로 타당함
		국내 판매	단가: 3,600원, 물량: 37%	
		수출	단가: $500, 물량: 63%	

인가 조건 및 결론		
	주요 인가조건	1. 생산제품은 전량 수출하되 국내 판매 시에는 경제기획원고시 제75-4에 따라야 한다. 2. 공장입지는 정부의 재검토 승인을 받아야 한다. 3 합작회사의 명칭은 외국 상호가 포함되지 않은 명칭을 사용하여야 한다.
	결론	인가의 타당성이 인정됨.

자료: 외자사업투자심사위원회(외종, 1977. 6. 10).

관 등 거의 모든 관련기관에 송부되고 있다.[139] 이는 동시 송부된 기업에게도 정책 시그널을 주는 것이었다.

「한국시그네틱스(주)」(*Signetics Corp.*)는 1966년 7월 29일 전자부품 IC 제조사업을 위한 62만 1,457달러, 100% 외국인 단독투자의 인가를 받은 후[140] 증액된 투자인가액 167만 9,205달러를 1967년 9월 29일 47만 7,000달러로 감액 조정하고 1969년 4월 4일 다시 14만 4,457달러의 1차 증액투자, 1974년 1월 18일 57만 697달러의 2차 증액투자를 하였다.[141] 「한국시그네틱

139 경제기획원장관(전품1376, 1977. 6. 14).
140 경제기획원장관(전품109, 1977. 9).
141 경제기획원 경제협력차관보(전투, 1979. 11).

스」의 수출은 1967년 236만 달러, 1970년 589만 6,000달러에서 1972년 120만 달러로 급락하였다가 중화학공업화정책선언 이후 1973년 220만 달러, 1974년 319만 달러로 높아졌으나 다시 1975년 260만 달러로 낮아진 후 1976년 574만 5,600달러로 이전 최대수준을 회복하였다.[142] 「한국시그네틱스」는 이러한 불안정을 개선하기 위한 구조개선과 확장에 나서 1977년 IC 생산능력을 높이고 생산제품의 국내 검사공정을 확대하기 위한 104만 9,273달러의 3차 증액투자에 나섰고 11월 9일 제135차 외자도입심의위원회는 시설규모의 적정성, 시장성을 검토하고 이를 인가하였다. 이로써 외국인투자액은 62만 1,000달러에서 167만 달러로 급등하였는데 이는 전액 자본재 도입비, 즉 도입기자재 금액이었다.[143] 경제기획원은 이 증액투자가 상당한 국제수지효과를 증대시키고 또한 국내 전자 분야에 기술파급효과가 클 것이라고 보았고 상공부 등 관련 부처도 그 타당성을 인정하였다.[144]

1977년 11월 11일 경제기획원장관은 이익금 자본전입의 「한국시그네틱스」 3차 증액투자를 인가하였다.[145] 기존 3,400명 고용의 서울 염창동 공장에 제품생산용 장비, 제품검사용 장비, 관련 장비부품을 도입하게 될 증액투자로 「한국시그네틱스」의 생산능력은 연간 3억 5,000만 개에서 4억 5,000만 개로 높아지고 국내 검사공정 비율은 87%에서 98%로 상향되며 추가 고용은 없지만 생산판매량은 1981년 4억 6,800만 개로, 수출은 1981년 1억 867만 달러로 늘어나게 되었다.[146]

「한국시그네틱스」는 정부 요구에 의해 제출한 도입 자본재 명세서에 부품별로 상세하게 일련번호, 분류번호, 부품설명, 치수, 수량, 단가, 금액 등을 기록하였다. 1978년 8월 30일 140만 2,955달러 4차 증액투자로 총 5회 불입자본금 총계는 364만 4,382달러가 되었다. 그리고 1979년 11월 다시 411만 1,538.3달러의 100% 외국인 5차 증액투자가 이루어졌다. 5차 증액투자의 외자사업투자심사위원회 외국인투자사업 종합심사표는 〈표 7-26〉과 같다. 「한국시그네틱스」는 계속된 증액투자로 검사장비를 대폭 개선하고 노후화된 생산장비를 자동식으로 대체함으로써 생산제품의 품질향상과 생산능력 증대를 도모하였다.[147]

정부가 외자기업의 품질향상과 생산력 증대에 호의적이었던 것은 그만큼 높은 한국 경제에의 공헌도를 기대할 수 있었기 때문이었다. 공장가동률만 보아도 내국인기업 < 합작투자기업 < 외국인단독기업의 순으로 높아 순서대로 각각 1974년 47.1%, 50.7%, 81.9%이었고 1978년은 44.9%, 65.0%, 72.4%이었다.[148]

142 경제기획원(전부외, 1977. 9).
143 외자도입심의위원회(외증, 1977. 11. 9).
144 경제기획원장관(전품109, 1977. 9).
145 경제기획원장관(전품1, 1977. 11. 11).
146 경제기획원(전부외, 1977. 9).
147 경제기획원 경제협력차관보(전투, 1979. 11).
148 국제경제연구원(전산, 1979), p. 38.

〈표 7-26〉 외국인투자사업 종합심사표(1979)

사업명	전자부품(집적회로, IC) 제조
사업주	한국시그네틱스(주)

구분	심사내용						
투자내용		검토항목					평가
	투자가	외국인	Signetics Corporation				기존 투자가임
		내국인					
	투자액 및 내역		외국인($천)			내국인(백만 원)	외국인투자분은 전액 자본재 도입에 사용되므로 타당함
			기존	금회	계		
		투자액	3,644	4,112	7,756		
		(자본재)	3,644	4,112	7,756		
		(현금, 기타)					
	투자 조건		당초			증액 후	
		비율	외국인 100%			동일	
		판매조건	국내 판매 시 경제기획원고시 제20호 적용				
		경영권	외국인				
		기타					

구분	검토항목			평가
사업성	시설 규모	생산제품	집적회로(IC)	적정함
		생산능력	집적회로 260,000개	
	수급 상황	수요(내수, 수출)	전 2차 연도, 전 1차 연도, 1차 연도, 2차 연도	
		국내 생산		
		수급차		
	제품 가격	공장도가격	0.3297	적정함
		국내 도매가격	0.3663	
		수입가격	0.4083	
		수출가격	0.3663	
		주요 산지가격	0.4004	
	입지	서울 강서구 염창동 35		
	건설 기간	–		
	사업 효과	국제수지효과(1980년도): $24,951천 고용효과(1980년도): 500명(신규 증원)		

인가조건 및 결론		
	인가 조건	1. 도입 자본재의 재검토 2. 생산제품의 국내 판매 시 경제기획원고시 제20호에 따를 것
	결론	인가함이 가함.

자료: 외자사업투자심사위원회(외투, 1979. 11).

1978년 9월 경제기획원은 1970년 6월 2일 전자부품 제조사업을 위한 외국인투자 및 기술도입 계약 인가를 얻은 「금성알프스전자(주)」의 외국인투자가 「알프스전기(주)」가 제출한 50만 달러의 외국인 증액투자 및 2억 9,650만 원(611,340.21달러)의 출자인가 신청을 외자사업투자심사위원회에 상정하였다.[149] 출자인가 신청은 1977년 배당금 총액 20억 1,500만 원 중 이번 배당금 출자 인가신청액 5억 9,300만 원 내 외국인 출자분에 대한 것이었다.[150]

경제기획원은 상정제안 이유로 "상공부의 검토를 거쳤고 전자제품의 수출증대를 위한 해제품의 원활한 공급과 부품의 국산화율 제고와 국제 경쟁력 대처를 위한 시설 증설로서 본건 인가의 타당성이 인정"된다고 밝혔다.[151] 인가 신청된 본 사업의 계약내용, 사업성과 외자사업투자심사위원회의 평가내용 및 심사내용을 정리하면 〈표 7-27〉과 같다.

전자부품의 자체개발 체제 구축을 위해 외국인 증액투자가 필요하였지만 외국인 증액투자 후에도 무의결권 우선주를 제외하고 외국인투자 비율이 50%를 유지하도록 하여 경영권을 한국 측이 갖도록 계약이 만들어졌는데, 이는 정부와 금성사 측의 합일된 지속적 요구에 따른

〈표 7-27〉 외국인 증액투자사업 및 배당출자사업 종합심사표

<table>
<tr><th></th><th colspan="10">심사내용과 평가, 심사</th></tr>
<tr><td rowspan="11">계약 내용</td><td></td><td colspan="8">검토항목</td><td>평가</td></tr>
<tr><td rowspan="2">투자가</td><td>외국인</td><td colspan="7">일본「알프스電氣(주)」</td><td rowspan="2">기존 투자가임</td></tr>
<tr><td>내국인</td><td colspan="7">「금성사」 외</td></tr>
<tr><td rowspan="6">투자액 및 내용</td><td></td><td colspan="3">외국인(천 달러)</td><td colspan="3">내국인(백만 원)</td><td rowspan="9">50만 달러 외국인 증액투자 및 296,500천 원 배당금 출자로 기존 시설 확충 및 자체개발체제를 확립코자 하는 것으로 타당함</td></tr>
<tr><td></td><td>기존</td><td>금회</td><td>계</td><td>기존</td><td>금회</td><td>계</td></tr>
<tr><td>투자액</td><td>1,722</td><td>1,111</td><td>2,833</td><td>711</td><td>539</td><td>1,250</td></tr>
<tr><td>기자재</td><td></td><td>644</td><td></td><td></td><td></td><td></td></tr>
<tr><td>현금</td><td></td><td>247</td><td></td><td></td><td>539</td><td></td></tr>
<tr><td>토지·건물</td><td></td><td>220</td><td></td><td></td><td></td><td></td></tr>
<tr><td rowspan="3">투자 조건</td><td>비율</td><td colspan="6">(우선주 제외) 외국인 50%, 내국인 50%</td></tr>
<tr><td>판매조건</td><td colspan="6">전량 수출(경제기획원고시 20호 적용)</td></tr>
<tr><td>경영권</td><td colspan="6">내국인</td></tr>
</table>

<table>
<tr><td rowspan="4">사업성</td><td>구분</td><td colspan="2">검토사항</td><td>평가</td></tr>
<tr><td rowspan="2">시설규모의 적정성</td><td>제품명</td><td>터너 외 3</td><td rowspan="2">타당함</td></tr>
<tr><td>시설규모</td><td>82,680천 개/연</td></tr>
<tr><td>시장성</td><td colspan="2">수급사정, 국내 판매, 수출</td><td></td></tr>
</table>

<table>
<tr><td rowspan="2">인가 조건·결론</td><td>주요 인가조건</td><td>도입 자본재는 구체적인 자료를 제출하여 선적 전에 경제기획원장관의 검토 승인을 받을 것</td></tr>
<tr><td>결론</td><td>전자부품의 자체개발 체제를 위한 생산시설의 증설, 기존 시설의 개보수, 공장증축 등에 필요한 자금을 조달코자 하는 것으로 본 투자의 타당성이 인정됨</td></tr>
</table>

자료: 외자사업투자심사위원회(외전, 1978. 9).

149 경제기획원(전부제, 1978. 9).
150 경제기획원 경제협력차관보(전제위, 1978. 9).
151 경제기획원 경제협력차관보(전제위, 1978. 9).

〈표 7-28〉 종합전자기기 제조시설 도입을 위한 차관도입 사업계획(1979)

구분	사업계획 내용				
소요자금 조달	외자(백만 원)	차관 4,850+외화대부 4,500=시설자금 9,350			
	내자(백만 원)	기확보토지 112+증자 17,793+사채 18,000+기타 차입 5,418=41,323(시설자금 27,800+운진자금 13,523)			
시설규모 (개)	구분	기존	본건	계	
	냉장고	500,000	200,000	700,000	
	선풍기	450,000	150,000	600,000	
	세탁기	200,000	200,000	400,000	
	에어컨	80,000	20,000	100,000	
	앰프	400,000	300,000	700,000	
	컬러브라운관	–	660,000	660,000	

자료: 경제기획원 경제협력차관보(종전, 1979. 10).

결과이었다. 외자의 지배력 제한, 결국에는 이로 인한 외자 측의 자진철수로까지 이어진 이러한 한국의 노력과 성공은 대만 등과 비교되는 한국중화학공업화의 주요한 특징이고 성공요인이었다.

1979년 9월 「(주)금성사」는 시설 보완 및 증설로 생산성 향상을 통해 생산능력을 제고하고자 종합전자·전기기기 제조시설 도입을 위한 영국 *L'Loyds Bank International Ltd.* 로부터의 1,000만 달러 차관도입을 사전 신고하였다. 사업계획은 〈표 7-28〉과 같았는데 연 생산능력을 냉장고 70만 대, 세탁기 40만 대, 에어컨 10만 대, 컬러브라운관 66만 대로 늘리는 것이었다. 이에 대해 경제기획원은 컬러브라운관의 경우 국내 미방영, 미국 수입규제 하에서 수요 부족 및 저율 가동이 예상되고 냉장고 및 선풍기는 다소의 공급과잉이 예상되며 여타 품목은 수급상 별 문제가 없다고 평가하였다.152

경제기획원장관은 「금성사」의 차관도입 사전신고에 대해 상공부장관에게 검토를 요청하였고 상공부장관은 내수공급의 원활 및 수출증대 여력을 갖추기 위해 증설계획은 타당하다고 사료된다는 〈표 7-29〉의 검토의견서를 회신하였다. 경제기획원 경제협력차관보는 "일부 품목은 수급상 다소의 문제점이 있으나 경쟁을 통한 품질향상 및 수요 확보의 가능성을 감안하여 기업 자체에 맡기는 것이 타당할 것으로 사료되며 증자계획이 전액 실현될 경우 원리금 상환은 무난할 것이며 관계기관에서도 본건 추진의 타당성을 인정하고 있음"을 들어 외자사업투자심사위원회에 「금성사」의 차관도입계획 승인을 제안하였다. 경제기획원이 "기업 자체에 맡기는 것이 타당할 것"이라고 강조한 것은 1979년 커지고 있던 국내외로부터의 중화학공업화정책

152 경제기획원 경제협력차관보(종전, 1979. 10).

〈표 7-29〉 상공부의 「금성사」 차관도입 검토의견서

구분		검토의견
국내외 시장성	내수시장	소득증가에 따라 가전제품은 생활필수품화되고 있으며 선풍기를 제외한 주요 가전제품들은 아직 보급의 여지가 큼
	수출시장	냉장고·선풍기·세탁기·에어컨: 제품 특수성과 양산 체제의 미확립으로 수출 부진 앰프류: 고급제품은 수출시장 밝은 편 컬러TV: 대미 수출 자율규제로 불투명한 상태
생산 계획		증산계획은 연평균 39%로서 대체로 타당함 1981년 국내 판매 423,480백만 원, 수출 97,970백만 원
수익성		국내외 경기 회복되고 증설 통한 생산성 향상되면 수익성 제고될 것임
종합 의견		생산능력을 제고코자 하는 것으로 경기회복 후 내수공급의 원활 및 수출증대 여력을 갖추기 위해 동사 증설계획은 타당할 것으로 사료됨

자료: 상공부(종합, 1979. 9. 21).

비판을 염두에 둔 것이었다.

외자사업투자심사위원회 심사 결과는 〈표 7-30〉과 같이 승인이었다. 전액 시설재인 차관 1,000만 달러는 TSS가 적용되는 500만 달러와 일반 차관 500만 달러로 전자는 거치 3년에 상환 5년, 이자율 Libor+0.125%, 후자는 거치 3년에 상환 7년, 이자율 Libor+0.75%이었다. 차입시기는 1979년 10월로 정하여졌다.153

1979년 4월 19일 브뤼셀에서 체신부가 추진하는 전자교환시설 도입을 위한 *BBL*(*Banque Bruxelles Lambert*) 차관(총 3억 7,800만 달러 중 1차 1980~1981년도 2억 7,600만 달러) 사업 합의의사록이 서명되었다. 양측은 10월 30일 협의 완료 후 *BBL* 측에서 최종 차관계약서를 작성 송부하도록 하였다.154 11월 6일 *BBL* 측은 관계당국과 협의 후 몇 개 조항의 수정을 제의하였다. 1979년 11월 26일 한국은 관계관회의를 개최하여 용역비 융자 관련 조항, 즉 설치완료 통보 이전에 수행한 용역에 대해 융자가 가능하다는 조항은 한국 측에 유리하므로 수정 동의하고 최초 상환일 관련 조항의 수정 역시 큰 문제가 아니므로 수정 동의하도록 하지만 지체손금 관련 조항을 차관계약서에 추가하는 것에는 동의하지 않기로 하였다. 지체손금 관련 조항은 '77. 8. 10자 각령 제48조에 배치된 손해배상 규정 이상은 할 수 없다'는 것과 '각 구매계약에 적용될 수 있는 지체손금 총액은 구매계약액의 5%를 초과할 수 없다'는 내용이었다.155 이는 이미 구매계약에서 쟁점이 되었던 것으로 벨기에 측이 한국의 지체손금 청구를 제한하고 또 그 한도액을 정하려고 한 것이나 한국 정부는 구매계약의 구체적 조건을 차관협정에 규정하지 않기

153 경제기획원 경제협력차관보(종전, 1979. 10).
154 경제기획원(전교, 1979. 11. 27).
155 경제기획원 경협2과장(B차, 1979. 11. 26).

〈표 7-30〉 「금성사」 차관도입 사전신고 종합심사표(1979)

구분	심사내용 및 평가			
계약내용		검토항목		평가
	차주	「주식회사 금성사」		평가 타당함
	대주	영국 *L'Loyds Bank International Ltd.*		
	물자공급자	*Fuhrmeister Co., Japan Ltd.* 등		
	차관류 및 내역	차관액	10,000천 달러	타당함
		자본재	10,000천 달러	
		원자재	–	
		용역비	–	
	차관조건	착수금	–	일부 TSS제도를 적용하고 있음
		거치기간	3년	
		상환기간	5~7년	
		이자율	LIBOR+(0.125%, 0.75%)	
		수수료	관리수수료 0.75%, 약정수수료 0.5%	
사업성	구분	검토사항		평가
	시설규모	생산제품	–	
		생산능력	내수, 수출, 계	
	수급상황	수요(내수, 수출), 국내 생산, 수급차 전 2차 연도, 전 1차 연도, 1차 연도, 2차 연도		
	제품가격	공장도가격, 국내 도매가격, 수입가격, 수출가격, 주요 산지가격		
	입지	기존 공장 내		
	건설기간	1979. 1~1979. 12		
	기타 사업효과	외화가득률		
결론	승인함이 가함			

자료: 외자사업투자심사위원회(차사, 1979. 10).

로 4월 19일 합의의사록에 명시하였다는 등의 이유를 들어 이를 거부하고 통보하였다.[156]

1980년 1월 28일 전자교환시설(제1기종) 확장을 위한 *BBL*과의 제1차 차관협정이 체결되었다.[157] 1980년 6월 24일 제53회 국무회의는 경제기획원장관 제출 의안 467호 통신시설 확충을 위한 미국 수출입은행 차관협정 체결을 의결하였다.[158]

1980년 미국 *WE*사는 「금성반도체(주)」와의 합작으로 전자교환기, 반도체 및 미니컴퓨터

156 경제기획원 경협2과장(RY, 1979. 11).
157 〈관보〉(1980. 2. 20), 제8475호.
158 총무처장관(국513, 1981. 3).

제조사업을 위한 외국인투자 인가를 〈표 7-31〉과 같이 신청하였다. *WE*의 투자 비중은 44%이었고 내국인투자 비중은 금성 3사 합계 56%이었다.

〈표 7-31〉 외국인투자 계약내용

구분		투자금액(천 원)	투자비율(%)
외국인	*Western Electric* 사	6,373,400($9,805,231)	44.0
내국인	「금성통신(주)」	5,751,900	41.5
	「(주)금성사」	1,247,400	9.0
	「금성전기(주)」	762,300	5.5
	소계	7,761,600	56.0
합계		14,135,000	100.0

자료: 경제기획원 경제협력차관보(전제93, 1980. 12).

〈표 7-32〉 「금성반도체(주)」 외국인투자사업 종합심사표(1980)

	심사내용			
투자내용	항목	검토내용		
	투자가	외국인	미국 *Western Electric*사	
		내국인	「금성반도체(주)」	
	투자액 및 내역		외국인(천 달러)	내국인(백만 원)
		투자액	9,805	7,762
		(자본재)	(1,370)	(509)
		(현금)	(6,009)	(3,679)
		(기타: 토지·건물)	(2,426)	(3,574)
	투자조건	비율	외국인 44%, 내국인 56%	
		경영권	내국인	
사업성	항목	검토내용		
	시설규모	생산제품	전자교환기, 반도체, 컴퓨터	
		생산능력	내수, 수출, 계	
	수급상황	내수·수출·생산·수급차	전 2차·1차 연도, 1차·2차 연도	
	제품가격	공장도가격, 국내 도매가격, 수입가격, 수출가격, 주요 산지가격		
	입지	구미수출산업공단		
	건설기간	1980. 11~1984. 12(시공에서 정상가동 시까지)		
	사업효과	외화가득 및 대가액이 1984년에는 35,753천 달러		
결론	타당함			

자료: 외자사업투자심사위원회(외전반, 1980. 12).

경제기획원은 "통신시설의 확충, 전자사업의 발전 및 각종 사업에 대한 파급효과가 기대되고 수입대체에 의한 외화절약에 크게 기여할 것으로 사업의 필요성이 인정되며 관계기관 검토에서도 그 타당성을 인정하고 있으므로" 외자사업투자심사위원회에 인가를 제안하였다. 다만 합작회사의 사업목적 및 정관상 임대사업은 삭제하고 경제기획원장관의 검토승인을 받아야 함을 인가조건으로 제시하였다. 외자사업투자심사위원회의 종합심사표는 〈표 7-32〉와 같다. 정부는 외국인투자액 중 자본재 137만 달러를 국산 기자재 구입자금으로 승인하여 한국 측 「금성반도체」가 경영권을 갖는 것과 함께 국산 기자재를 사용하도록 유도하였다. 외자사업투자심사위원회를 거쳐 1980년 12월 29일 인가된 「금성반도체」의 전자교환기, 반도체 및 미니컴퓨터 제조사업을 위한 차관 현황과 사업계획은 〈표 7-33〉과 같았다.

1981년 5월 30일 경제기획원은 협삼 352-700 공문으로 한국산업은행총재에게 「금성반도체」의 전자교환기 및 반도체 제조시설 도입 차관계약 인가를 위한 재력조사를 의뢰하였다. 산업은행은 차주회사 측의 자료제출 지연으로 소정 기일 내 회보가 어렵다고 경제기획원에 통보하면서까지 조사에 진력을 기울였다.[159] 1981년 4월 현재 전자교환기와 반도체사업을 위한 GSS 차관 현황을 정리하면 〈표 7-34〉와 같다. 1981년 10월 29일 상공부가 국회에 낸 자료를 통해 중화학공업화정책선언의 목표기간이었던 1973년부터 1981년 당시까지 차관도입을 한 32개 주요 중화학업체를 업종별로 보면 「금성사」, 「삼성전자」, 「아남전기」 등 전자전기업체가 14개사로 가장 많았다.[160]

〈표 7-33〉 「금성반도체」의 전자제품 제조사업 차관 현황과 사업계획(1980)

구분		차관 현황과 관련 내용
회사 개요	영업범위	전자교환기(ESS), 반도체, 미니컴퓨터 제조
	자본금	13,860백만 원
	외국인투자 금액	9,805천 달러(44%)
	내국인투자 비율	금성통신 41.5%, 금성사 9%, 금성전기 5.5%(56%)
	합작투자 인가일	1980. 12. 29
차관도입 현황	1. 미니컴퓨터 제조	차관액 4,112천 달러, 1981년 4월 27일 인가
	2. 반도체 제조	차관도입 사전신고 승인, 신고액 22,462천 달러
	3. 전자교환기 제조	차관도입 사전신고 승인, 신고액 51,920천 달러 승인액 41,655천 달러, 1980년 12월 27일 승인
미 EXIM 차관 추진계획 (차관처 EXIM 및 MHTC 등 일반은행)		반도체 및 전자교환기 제조를 위한 차관계약은 1981년 5월 중 체결 예정. 차관액 61,200천 달러

자료: 한국산업은행(금반, 1981).

159 한국산업은행총재(전및, 1981. 6. 18).
160 〈동아일보〉(1981. 10. 29).

〈표 7-34〉 GSS 차관 현황(전자교환기/반도체사업)(1981. 4. 22)

<table>
<tr><th></th><th colspan="2">Tax Sparing Loan</th><th colspan="2">US Exim Loan</th></tr>
<tr><th></th><th>FEE</th><th>Down
Payment(15%)</th><th>US EXIM
(42.5%)</th><th>Co-financing
(42.5%)</th></tr>
<tr><td>차관처</td><td>MHTC
Saudi- I
R.B.C.
A.J.B.</td><td>N.W.
Japan- I
L&C
T.C.B.</td><td>US EXIM</td><td>MHTC
N.W.
Cont
Pari Bas
I.O.B.</td></tr>
<tr><td>금액($)</td><td>17,435,250</td><td>6,564,750</td><td>18,600,125</td><td>18,600,125</td></tr>
<tr><td>거치기간</td><td>4년</td><td>4년</td><td>3년</td><td>3년</td></tr>
<tr><td>상환기간</td><td>4년</td><td>4년</td><td>7년</td><td>3년</td></tr>
<tr><td>인출기한</td><td>차관계약일로부터 42개월</td><td>차관계약일로부터
42개월</td><td>1984. 4. 30</td><td>좌동</td></tr>
<tr><td>이자율</td><td colspan="2">LIBOR 변동에 따라
LIBOR 5~10%일 때: LIBOR+5/8%
If LIBOR 10(1/16)~12%: LIBOR+1/2%
If LIBOR 12(1/16)~15%: LIBOR+3/8%
If LIBOR 15(1/6)% 초과: LIBOR+1/4%</td><td>8.75%</td><td>LIBOR+7/8%</td></tr>
<tr><td>관리수수료</td><td>3/4%(flat)</td><td>3/4%(flat)</td><td>-</td><td>3/4%(flat)</td></tr>
<tr><td>Commitment fee</td><td colspan="2">1) 인출금액의 1/2%
+2) 미인출금액의 3/8%
+3) 초과인출금액의 1/2%</td><td>0.5%</td><td>1) 인출금액의 1/2%
+2) 미인출금액의 3/8%
+3) 초과인출금액의 1/2%</td></tr>
<tr><td>Agency fee</td><td>연 $5,000</td><td>연 $5,000</td><td>-</td><td>연 $5,000</td></tr>
</table>

자료: 한국산업은행(GS, 1981. 4. 22).

1970년대 전체적으로 외국인 단독투자업체의 생산 비중이 1973년 줄었다가 1974년 다시 늘어났으나 이후 1979년까지 계속 감소하였다. 내국인업체의 생산 비중은 1973년 조금 증가하였다가 1974, 1975년 계속 낮아졌고 이후 1976, 1977년 증가하였으며 1978, 1979년 큰 변동이 없었다. 합작업체의 생산 비중은 1973년 대폭 늘었다.[161] 즉, 중화학공업화정책선언과 함께 합작업체와 내국인업체의 생산 비중이 늘어났으나 다시 1974, 1975년 계속 내국인업체의 생산 비중이 줄고 외국인 단독투자업체와 합작업체의 생산 비중이 늘었다. 이후 1970년대 후반 들어 〈표 7-35〉에서 보듯이 다시 내국인업체 생산 비중이 높아지면서 외국인 단독투자업체와 합작업체의 생산 비중이 줄어 나가 1979년에는 내국인기업 생산 비중이 49.5%로 50%에 육박하였다.

1980년 생산액을 품목별로 보면 〈표 7-36〉에서 보듯이 부품부문에서 합작기업과 외국인 단독투자기업 비중이 높고 특히 후자 비중이 34%로 합작기업 38%보다 낮으나 가정용기기나

161 한국개발연구원(중화전, 1981), p. 44.

〈표 7-35〉 전자공업 투자주체별 생산 비중 (단위: %)

	1977	1978	1979
내국인기업	39.0	45.5	49.5
합작기업	28.6	27.9	25.6
외국인 단독투자기업	32.4	26.6	24.9
합계	100	100	100

자료: 국무총리기획조정실(제432산, 1980), p. 253.

〈표 7-36〉 투자주체별, 생산품목별 생산액 점유율과 총액(1980) (단위: %)

	내국인기업	합작기업	외국인기업*	총액(백만 달러)
가정용기기	76	6	18	1,148
산업용기기	38	54	8	364
부품	28	38	34	1,340

주: 1) * 외국인 단독투자업체임.
2) 가정용기기를 1,148백만 달러로 정정함.
자료: Castley, Robert(1997), p. 261.

산업용기기에서의 비중에 비해 상대적으로 매우 높다. 산업용기기에서는 합작기업이 전체의 54%, 절반 이상을 생산하고 있었는데 〈표 7-37〉은 산업용기기에서 한국전자공업의 발전을 이끈 교환기의 생산업체 합작 현황과 관련 기술도입 현황을 보여 준다. 가정용기기에서는 내국인기업이 76%로 압도적인 비중을 담당하였다.

1980년대 합작에 적극적이었던 곳은 1983년 1월 1일 럭키그룹에서 이름이 바뀐 「럭키금성」 그룹으로 「금성자판기」, 「금성반도체」, 「한국마이크로닉스」, 「금성광통신」, 「금성하니웰」, 「금성소프트웨어」, 「금성히다찌시스템」, 「한국알프스電機」, 「금성통신」 등이 1980년대에 합작인가를 받았다.162 한국의 대표적인 수출전략산업으로 된 전자공업에서의 외국인 100% 투자허용은 1980년대에도 이어졌다. 1983년 12월 2일 설립된 *Benetech Video Ltd*가 전자제품 제조사업을 위해 1985년 투자금액 3억 2,000만 원(40만 달러 상당)으로 소형TV, 콤비형TV 수상기 생산 외국인투자 인가를 신청하였는데 자본재 20만 달러, 현금 20만 달러의 100% 외국인투자이었다.163 1985년 핵심 전자부품이었던 커넥터를 국내에서 생산하기 위해 일본 「히로세전기」

162 〈경향신문〉(1981. 2. 24; 1984. 1. 19; 1986. 8. 30); 〈동아일보〉(1981. 2. 24; 1988. 10. 28); 〈매일경제신문〉(1980. 11. 21; 1980. 12. 16; 1981. 12. 23; 1983. 5. 11; 1984. 1. 19; 1984. 5. 21; 1984. 12. 5; 1985. 3. 2; 1986. 8. 14; 1986. 9. 3; 1986. 12. 17; 1987. 1. 26; 1988. 3. 31; 1988. 10. 31).
163 재무부(전자투, 1985. 1. 9).

와의 합작사 「히로세코리아」가 만들어진 것에서 보듯이 부품자금을 위한 외자도입도 이어졌다.[164] 한편, *IBM*은 1980년대에 들어와서도 1967년 외국인투자 인가 당시 공장건설 조건을 이행하지 않아 소위 '외국유명기업의 안보적 공헌'이나 '고용효과', 그리고 '기술이전'이 없다고 계속 비판을 받았다.[165] 외국인들의 한국 투자목적은 가능한 조건하에서 회수이익금을 가장 높이는 것이었고 그럼에도 한국은 이것을 스스로에게 최대한 유리하도록 적극 이용할 수 있는 전략과 체제 그리고 능력을 갖추어야 하였다.

〈표 7-37〉 교환기 생산업체 합작 및 기술도입 현황(1986년 1월 현재)

		삼성반도체통신(주)		금성반도체(주)		동양전자통신(주)	대우통신(주)
기술제공자		BTM(벨지움)		WECO(미국)		LME(스웨덴)	N.T.(캐나다)
생산공장	소재지	구미공단		구미공단		성남공단	소래
	대지(평)	58,000		38,260		4,813	11,684
	건물(평)	13,300		4,300		4,002	3,713
	연생산능력	66만회선		80만회선		50만회선	10만회선
	인원(명)	4,500		1,110		777	626
기술도입 내용		M10CN	S-1240	No.1A	No.5	AXE-10	SL-1
기술대가	선불금(천 달러)	6,215*	3,000	3,000	3,000	3,000	1,000
	경상기술료(%)	-	5~8	5	5	5	1.5~4
계약기간(연)		7	10	8	10	8	9
인가일자		78. 3. 6	82. 11. 16	80. 12	83. 1. 26	83. 9. 27	83. 6. 8
합작내용	자본금(억 원)	600		138		60	100
	합작비율	-		GSS : WECO = 56 : 44		OPC : LME = 50 : 50	-

주: * 경상기술료 형식으로 정액을 지불하였음.
자료: 체신부(전책2, 1986).

164 전자산업 50년사 편찬위원회(2009), pp. 151~152.
165 〈동아일보〉(1985. 5. 3); 〈매일경제신문〉(1985. 8. 31).

CHAPTER 8

기술인력

I. 초기 기술인력정책 내용과 성격

1959년 정부가 실시한 교환기 국제입찰에서 체신부는 독일 「지멘스」에게 전화국 직원 독일 기술연수를 조건으로 내걸었다.[1] 당장 필요한 기술인력을 얻을 수 있는 방법은 선진공업국 기업에 가서 보고 배워 오는 것밖에 없었다. 그러다가 1962년 11월 「금성사」가 라디오 수출을 시작하고 1963년 정부에 전기기기공업과가 만들어지는 등 전자공업의 태동과 함께 전국적으로 전자공업 기술인력 양성 관심이 높아졌다. 1964년 1월 1일 전주전기통신학원은 "정기 중고등학교에 진학하지 못하는 아동들에게 전기 및 통신의 기술교육을 실시하여 직업인을 양성하고자 전주전기통신학원을 모체로 제일전자고등기술학교 및 제일전자기술학교를 설치"한다며 전자기술학교 설립을 신청하였다. 제일전자기술학교 측은 현재 교사로 사용할 건물은 창고이고 1차로 3개 교실을 신축계획하고 있다고 밝혔다.

정부는 1964년 2월 17일 실태조사에 착수하고[2] 28일 제일전자기술학교 설립 인가를 결정하여 29일 인가하였다. 인가조건은 교사시설이 시설기준령에 미달될 뿐만 아니라 부적당하니 계획대로 1964년 내에 교사를 신축하라는 것이었다. 반면 제일전자고등기술학교는 현시설로는 인가할 수 없다며 서류를 반려하였다.[3] 당시 전자기술인력 양성의 첫 문제는 교육을 위한 시설 자체도 없다는 것이었다. 인가된 제일전자기술학교의 내용과 상황은 다음과 같았다.

【(사립) 제일전자기술학교 설립인가】

1. 학교 명칭: 제일전자기술학교

1 전자산업 50년사 편찬위원회(2009), p. 70.
2 관리국 문정과 행정주사보 김옥근·행정서기보 이상우(1964. 2. 18).
3 전라북도 교육위원회 교육감(제기1, 1964. 2. 28).

2. 위치: 전주시 금양동
3. 수업연한: 3년
4. 인가 학급 수: 각 학년 1학급 전 학급 3학급
5. 학생정원: 1학급당 30명씩 계 90명
6. 개교연월일: 1964년 3월 1일(인가연월일: 1964년 2월 29일)
7. 유지방법: 설립자 부담 및 학교수입으로 유지 경영함
8. 기타 사항: 학칙과 같음
9. 조건: 기술학교 운영에 수반되는 제반 시설 및 설비를 1964년도 내에 완비토록 할 것

전라북도 교육위원회 교육감(인가, 1964. 2. 29).

인력양성 필요성이 체감되면서 이외에도 UNESCO 후원을 받고 있던 인하전문대가 1964년 UNESCO의 영국인 전문가 Carr를 초빙하여 전자공학을 가르치는 2년제 프로그램을 실행하는 등[4] 1960년대 전자공업 기술인력 양성 노력이 시작되었다.

1960년대 후반 들어 외국인투자기업의 진출이 활발해지면서 전자공업 기술인력 양성에 대한 직접적인 요구가 나타났고 사회적으로도 인식이 급속히 높아졌다. 특히, 1966년 대학입시에서 서울대 수석입학자가 전자공학과 지원생이라는 사실이 언론에 일제히 보도되면서[5] 국민들의 전자공학에 대한 관심을 끌었다. 정부는 기술인력을 양성하고 전 국민적인 기능 존중 풍토를 조성하기 위해 국제기능올림픽대회에 참가하기로 하였다. 이를 위해 1966년 국제기능올림픽대회 한국위원회를 창립하고 국제기능올림픽대회 조직위원회에 정식 회원국으로 가입하였으며 1966년부터 전국기능대회를 개최하였다. 전자공업 신기술을 주도하고 있던 「금성사」는 초기 기능올림픽대회 우승을 주도하였다. 국민들의 기능교육, 기능인력에 대한 관심을 높이기 위해 당시 집권 공화당의 김종필 의장이 기능올림픽 조직위원장까지 맡았고 정부는 1967년 스페인 제16회 국제기능올림픽대회부터 이들 기능인력들의 개선 카퍼레이드를 매년 크게 벌리며 방송과 기타 언론을 동원하여 이를 광고하였다. 1966년 12월에는 대통령 지시로 국내 기술요원과 해외 진출 기술요원 확보를 위한 기술자양성계획도 마련되었다.[6]

이런 위에서 전자기능공 양성을 위해 1967년 10월 30일, 1954년 개교한 구미농업고등학교가 먼저 구미공업고등학교로 전환하였다. 나아가 보다 높은 수준의 기술인력 요구에 맞추어 1967년 12월 광운전자공과대학은 비공식 과정으로 부설 전자학교(2부)를 설립하여 전자공학과, 통신공학과, 무선통신과에 각과 40명의 2년제 과정을 시작하였다.[7] 당시 공식 학력이 인정되지 않은 비공식 과정이었던 것은 전자공업에 대한 인기가 높아 지원자가 충분히 많았고 수요

4 유엔아카이브(1964), 국가기록원 관리번호: DTC0000527.
5 〈경향신문〉(1966. 2. 11); 〈동아일보〉(1966. 2. 11).
6 〈동아일보〉(1966. 12. 9).
7 문교부(요광, 1970. 4).

처인 주요 기업들 역시 고임금노동자를 바라지 않았으며 또한 기술인력을 낮추어 보는 사회적 편견과 정부 인식도 여전히 존재하고 있었기 때문이었다. 이러한 점은 중화학공업화정책선언 이전 기술인력 공급정책이 가진 근본적 한계이었다.

전체적으로 1960년대 말까지 기술인력 공급을 위한 체계적인 제도도, 정상적인 교육기관도 작동되지 못하고 있었다. 따라서 기업들은 필요 기술인력을 확보할 수 없어 외국 기업에 직접 가서 단기교육을 받고 온 인력으로 충당할 수밖에 없었다. 1959년 체신부가 독일「지멘스」에 EMD 교환기 생산을 위해 전화국 직원 7명을 기술연수 보낸 것이나 1960년대「금성사」가 TV수상기 생산을 위해「日立製作所」에 인력을 파견한 것도 이런 이유 때문이었다.「삼성전자」 역시 1969년 1월 설립과 동시에 일본에 기술자 63명을 보냈고 이어 2차례 더 파견하여 창립 첫 해에 총 106명의 기술인력을「산요전기」에서 연수시킨 후 이들을 기술인력이면서 동시에 기술인력 교육자로 이용하였다.[8] 당장 영등포공업인협회가 1969년 12월 한국정밀기기센터(FIC) 후원으로 전자기기 배선 및 부품 과정 등에 관한 기초 기술 훈련을 실시할 정도로 기술인력 문제는 시급하였다.[9]

1969년 구미공업단지 건설로 전자부문 기능공 수요가 현저히 늘어날 것으로 예측됨에 따라 정부는 기술인력 공급에 나섰다. 정부는 부족한 기능공을 효율적으로 양성하여 산업에 투입하고자 대구전자공업고등공민학교를 경상북도 기능공양성소 전자부문 분교장으로 지정하였다. 정부는 중졸 이상 학력을 가진 연령 17~20세의 미혼여성을 대상으로 1970년 3월에 소요될 기능공 실리콘 트랜지스터 조립공 300명을 양성하고자 하였다.[10] 원호처장도 1969년 3월 1일 대구라디오티브이기술학원을 원호대상자 자녀 자활교육을 위한 위탁교육기관으로 지정하였다.[11] 이러한 기능공 양성소 지정은 기능공 공급을 늘리려는 정부의 노력과 함께 당시 전자공업의 인기가 만들어 낸 것이었다. 기업들 역시 기능인력 확보에 나서 1969년 구미공업단지에 유치될「한국도시바」 전자공장은 기능공 37명을 선발하여 10월부터 일본에서 6개월간 기술교육 후 공장에 배치한다고 밝혔다.[12]

1970년 6월 15일 구미공업단지 인근 대구에서는 전자공업 직업기술인을 양성 배출한다는 설립목적의 대구전자공업기술학교 설립이 다음과 같이 추진되었다.

【대구전자공업기술학교 설립계획】

학교 위치: 대구 북구 복현동

개교: 1971년 3월 1일

8 전자산업 50년사 편찬위원회(2009), pp. 121~122.
9 〈매일경제신문〉(1969. 12. 13).
10 경상북도지사(경기, 1969. 8. 27).
11 원호처장(1969. 3. 1).
12 〈매일경제신문〉(1969. 9. 1).

제출서류: 경비와 유지방법 예산서, 향후 3년간의 시설계획서
수업연한: 전자공업과 3년, 통신공학과 1년
입학자격: 초등학교 6년 졸업자 또는 공민학교 졸업자
편제: 전자공업과 2학급, 통신공학과 1학급, 주간 3학급, 전 학급 7학급
정원: 1학급당 50명씩 총 350명

대구전자공업기술학교(가칭) 설립자 최달곤(1970. 6. 15).

그러나 1967년 설립된 광운전자공과대학 부설 전자학교(2부)는 공식 학력이 인정되지 않는다는 것이 알려지면서 1970년 학생모집을 못하였고 남은 29명의 재적학생 중 12명은 타교로 전출, 2명은 자진 퇴학하여 재학생 2학년 15명만 남게 되었다.[13] 결국 1970년 3월 14일 광운전자공과대학 부설 전자학교는 폐교신청을 내었고 1970년 4월 5일자 폐교가 이루어졌다. 학교 폐지일은 1970년 2월 28일이었지만 학교는 잔여학생 졸업 1971년 2월 28일까지 운영하기로 하였다.[14] 전자공업 붐을 타고 설립되었고 12명의 타교 전출자 중 11명이 인천대헌전자학교로 편입하였으며 남은 재학생 15명도 광운전자공과대학에서 청강을 선택하였다는 점에서[15] 알 수 있듯이 여전히 전자기술 교육수요는 존재하고 있었음에도 공식 학력 문제 때문에 폐교에 이른 것이다. 이 사태는 기술인력의 공급 확대는 교육수요자에게 보상과 자긍심을 줄 수 있는 공인 정규 교육기관을 통하여 하는 것이 필요하다는 점을 확인하여 주었다. 이러한 시기적 실험 결과는 1973년 중화학공업화정책선언 이후 기술인력 공급정책의 중요한 기초가 되었다.

1971년 1월 21일 문교부는 전국 고교 이상 모든 학생에게 전자계산조직(EDPS) 교육을 정규과목으로 실시한다고 밝혔고 5월 3일, 1972년부터의 시행 방침을 밝혔다.[16] 나아가 정부는 기술인력 양성을 보다 빠르고 광범위하게, 체계적으로 하기 위하여 ADB차관에 의한 직업훈련원 설치사업을 추진하기로 하였다. 이를 위해 1972년 5월 19일 대한민국 정부와 아시아개발은행 간에 조약 제439호로 직업훈련원 설치를 위한 차관협정(차관번호 90-KOR(SF))이 체결, 공포되었다. 이 협정의 제4.03조 및 동 협정 부속문서 제3호에 의하여 한국 정부는 직업훈련원 설치사업을 위한 전자 분야 전문자문관으로 스웨덴 Milton D. Chin을 초청하였는데 최대한의 직업훈련원 설립 노하우를 얻기 위하여 1972년 맺은 전문자문관(전자 분야) 계약서의 주요 내용 일부는 다음과 같았다.

제2.01조 자문관은 규정된 업무지침에 따른 용역을 완수하는 날까지 정부에 고용된다. 고용기간은 달리 동의하지 않는 한 1975년 12월 31일을 넘기지 않는다.

---

13 문교부(요광, 1970. 4).
14 문교부(광전, 1970. 4. 21).
15 학교법인 광운학원 이사장(1970. 4. 9).
16 〈매일경제신문〉(1971. 1. 21); 〈경향신문〉(1971. 5. 3).

제2.02조 정부는 월 $1,600에 해당하는 일정한 보수를 자문관에게 지급한다.

제2.06조 정부의 사전승인에 의하여 정부는 자문관의 직무수행 중에 자문관에 의하여 발생한, 자문관이 부담한 모든 합당한 경비를 대한민국 통화로 지불한다. 국내 출장 시는 1일 $15 한도에서 그 실비를 한화로 지급한다.

제3.02조 자문관은 고용기간 동안 업무수행에 모든 그의 시간과 주의를 집중하여야 하며 언제나 업무지침에 따라 능률적으로 성실하게 업무를 수행하여야 한다. 자문관은 업무지침에 따른, 또는 사업의 일반적 범위 내에서 정부가 합당하게 요구하는 모든 보고와 건의를 하며 또 이를 작성하는 데 조력하고 사업을 위하여 정부와 고용주 및 기관에 대하여 언제나 협력한다. 고용기간 종료 후 자문관은 그가 작성한 보고서 또는 건의서를 명확하게 하거나 설명할 필요가 있을 때에는 합당한 기간 동안 정부와 협력을 계속한다. 그는 양자가 합의한 서식과 방법으로 그의 업무기록을 체계적이고 정확하게 기록 보존하여야 한다.

제4.03조 자문관에게 지급되는 보수는 소득세를 면세한다. 자문관이 직접 사용할 물품을 수입할 때에는 관세를 면세한다.

Asian Development Bank and Government of Republic of Korea(1972).

1973년 1월 상공부가 작성한 「전자공업장기육성방안」은 6가지 전자공업 육성 기본방침을 밝혔는데 그중 두 번째 기술향상 중 기술인력 관련 부분은 다음과 같았다.

【「전자공업장기육성방안」 육성 기본방침 중 기술향상 내 기술인력 관련 부분】

가. 품질향상 및 검사 강화

나. 고품질화 및 뉴디자인 개발

1. 설계기술자 양성

……

다. 기술자 및 기능공 확보

1. 실습교육의 확대
2. 실습장의 최소단위 공장화

상공부(전자장, 1973. 1), p. 17.

100만 달러 수출목표 달성을 위한 중화학공업 업종별 육성계획 시안으로 1972년부터 작성에 착수된 「전자공업장기육성방안」은, 기술향상의 구체적 내용으로 품질향상과 함께 설계기술자를 양성하고 기술자 및 기능공을 확보해야 하며 이를 위해 실습교육을 확대해야 한다고 명시하였다. 1970년대 초 전자공업의 노동자들은 열악한 환경에서 저임금의 장시간 단순노동에 내몰리고 있었다. "1973년 봄 오디오기기용 레벨미터를 생산하던 「정풍물산」의 여공 7명이 기숙하며 조업하던 가건물 뒤 옹벽 붕괴로 흙더미에 깔려 숨졌다. 구로공단 내의 공장들도 그러했고 구미공단이나 마산수출자유지역의 전자업체를 돌아보아도 환경은 크게 다르지 않았다.

이것이 당시 국내 전자공업의 현주소였다."[17]

Ⅱ. 중화학공업화정책선언과 기술인력정책의 구조 정형화

1973년 1월 12일 대통령의 중화학공업화정책선언 직전부터 오원철, 김광모 등 상공부 출신으로 구성된 대통령 경제제2비서실은 인력수급 문제에 주의를 집중하였다. 그리고 그 결과물로 1973년 2월 기술교육개혁의 기초가 된 〈기술교육제도개선안〉을 만들어 내었다. 당시 경제를 총괄·기획하던 경제기획원이나 교육부는 공업 기술인력 양성에까지 주의를 기울이지 못하고 있었고 이에 대통령비서실과 상공부가 먼저 나선 것이었다. 초기부터 중화학공업화정책을 주관한 청와대와 상공부가 인력 문제에 주의를 기울인 것은 산업을 직접 현장에서 보며 관리하던 상공부의 경험에서 나온 것으로, 이는 한국 중화학공업화의 주요 성공요인이 되었고 동시에 한국 중화학공업화정책의 중요한 특징을 형성하였다. 당시 이 작업을 수행하였던 김광모 경제제2비서실 비서관은 다음과 같이 증언하고 있다.

> 중화학공업화를 한다면 기술인력을 우선 만드는 것이 급선무이었다. 필수적이라고 생각하였다. 사실 이것은 매우 독자적이고 파격적인 것이었다. 경제기획원 등 당시 어느 곳도 이런 생각을 하지 않았다. 교육부는 기술자 육성교육제도를 따로 만든다는 것에 대해 반대하였다. 그래서 자체적으로 만들었고 이 결과가 경제제2비서실이 작성한 〈기술교육제도개선안〉이었다.
>
> 김광모 전 경제제2비서실 비서관 증언(2017. 8. 17).

실제로 1973년 경제기획원이 외국인투자 인가를 위해 상공부에 의견을 조회하였을 때 상공부가 인가 전제조건에 "기능공은 자체에서 양성하여 충원할 것"을 명기하자고 의견을 내었지만 경제기획원은 최종 결정의견에서 기능공 양성은 "장기적인 기능공 확보를 위해 필요할 것임"이라고 언급하는 것으로 전제조건에서 약화시켰다.[18] 이러한 인식의 차이로 이후 청와대가 추진한 현장 기술인력 학위 교육기관은 교육부와 경제기획원이 반대함으로써 결국 청와대의 부탁으로 과학기술처가 대신 맡는 편법으로 진행되게 되었다.

당연히 중화학공업화정책선언으로 1981년까지 당장 그리고 장기적으로 증가할 인력수요에 대한 인력공급은 중요한 문제이었다. 상공부가 경제제2비서실 요청으로 추정한 구미지구의 예상취업자는 10만 명이었다.[19] 경제제2비서실은 〈기술교육제도개선안〉에서 "기술교육기관은 수

17 성의경 전 전자신문 편집국장 증언(증산, 2011), pp. 445~446.
18 경제기획원(방직, 1973. 9).
19 경제제2비서실(기교, 1973. 2), p. 33.

요처인 공장 근처로 옮겨 공업의 지방분산정책과 병행하여야 한다." "중화학공업화정책으로 이룩될 기지는 교육기관의 수요처이므로 필요한 기술학교 설립이 요청된다"고 적시하였다. 또 당면대책의 첫째로 기계, 전자기능공 양성을 들고 "설립될 지방학교는 지방에 따라 특성화 또는 전문화가 요청된다"면서 전자공업의 경우 전자공업단지 주변의 금오공고,[20] 구미전자공고 그리고 경북대전자대학(개편)을 들었다.[21] 1973년 5월 1일 상공부는 우선 1973년 중에 업종별 기능공 훈련소 및 시범합숙소를 설치 운영하기로 결정하였다.[22]

상공부는 전자공업진흥기본계획(1974)에 의거하여 1981년까지의 기술인력 수요를 〈표 8-1〉과 같이 산출하였다. 상공부는 전자공업에서 1975년 12만 명 그리고 1981년 43만 명의 기술인력 수요가 있을 것으로 보았다.

과학기술처 역시 기술인력의 수요분석을 위해 연구용역을 위탁하였는데 용역보고서는 전기전자 직종의 1981년 필요 기술자를 19,200명, 기술공 수요를 42,000명으로 예상하면서, 특히 타 부문에 비교해 전기전자 부문은 기술자보다 기술공이 상대적으로 더 많이 필요할 것으로 예측하였다.[23] 한편, 유신정책심의회 조사연구위원회는 전자공업육성계획에 의한 1973~1981년

〈표 8-1〉 상공부의 전자공업 전망과 고용 전망(1972~1981)

	생산계획량(10억 원)	생산성(백만 원/인)	고용(인)
1972	83.0	1.58	52,501
1973	163.2	2.54	75,100
1974	251.8	3.07	96,300
1975	358.4	3.56	120,000
1976	489.6	3.94	151,400
1977	667.9	4.26	192,200
1978	899.0	4.50	244,600
1979	1,183.7	4.68	310,000
1980	1,507.7	4.69	374,000
1981	1,827.8	5.21	430,000

주: 노동생산성을 이용하여 기술인력 수요를 산출함.
자료: 국무총리기획조정실(중건2, 1975. 3), p. 235.

20 금오공고 설립을 위해 「한국도시바」는 구미공업기지 15만 평 중 3만 5,000평을 내어 주었다. 송태욱 전 전자정보인협회회장 증언(2011), p. 53.

21 경제제2비서실(기교, 1973. 2), pp. 31, 34.

22 중화학공업추진위원회기획단(한공발4, 1978), p. 429.

23 과학기술처(중공장, 1973), p. 215.

〈표 8-2〉 유신정책심의회 조사연구위원회의 직능별, 부문별 충원요구 인원

충원요구 인원

		직능별				
		기술자	기술공	기능공	관리, 사무	합계
직능별	1973	1,925	5,775	23,103	3,465	38,503
	1974	1,705	5,115	20,459	3,068	34,099
	1975	1,671	5,012	20,050	3,007	33,416
	1976	1,612	4,838	19,352	2,903	32,253
	1977	1,917	5,752	23,009	3,453	38,349
	1978	1,829	5,486	21,943	3,291	36,572
	1979	2,157	6,472	25,889	3,883	43,149
	1980	1,462	4,387	17,552	2,632	29,250
	1981	993	2,981	11,924	1,789	19,873
	계	15,271	45,818	183,281	27,491	305,464

		부문별			
		가정용기기	산업용기기	전자부품	계
부문별	1973	12,873	3,262	22,368	38,503
	1974	10,123	4,723	19,253	34,099
	1975	12,021	3,862	17,533	33,416
	1976	14,981	2,451	14,821	32,253
	1977	17,558	4,076	16,715	38,349
	1978	13,335	2,360	20,877	36,572
	1979	17,356	1,829	23,964	43,149
	1980	11,667	510	17,073	29,250
	1981	8,634	1,331	9,908	19,873
	계	118,548	24,404	162,512	305,464

주: 1) 전자공업육성계획에 의함.
2) 이직률을 3%로 하여 계산함.
3) 직능별에서 기타 인원이 빠져 있어 합계가 일치하지 않음.
자료: 국무총리기획조정실(중조, 1974. 5), pp. 162~163.

전자공업 직능별, 부문별 충원요구 인원을 국무총리실에 보고하면서(〈표 8-2〉 참조) 1973~1981년 기술자 15,271명, 기술공 45,818명, 기능공 183,281명, 그리고 부문별로 가정용기기에 118,548명, 산업용기기에 24,404명, 전자부품에 162,512명이 필요하다고 보고하였다. 상공부는 1970년대 후반부터 기술인력 수요가 급등한다고 본 반면 유신정책심의회 조사연구위원회는 1973년부터 바로 수요가 급등할 것이고 1980년대 들어서는 수요인력 증가량이 급감할 것으로 보았다. 수요예측상의 차이는 있었지만 전자공업에서 기능별로 기능공이 가장 많이 필요하고

기술자보다 기술공의 수요가 많을 것이며 부문별로는 전자부품·재료 인력수요가 가장 높을 것이라는 것은 공통적이었다. 전자공업에서 향후 신규 인력 30만 명 이상이 필요하다는 것은 전자공업이 고용증대 효과가 크다는 것을 보여 주는 것이었다.24

특히, 대통령의 높은 관심과 함께 현실로 다가 온 구미전자공업단지 신규 필요 기술인력은 1973년 6,600명, 1974년 18,500명, 1975년 24,000명, 1977년 15,700명으로 1977년까지 총 9만 명에 달할 것으로 예측되었다. 이에 1973년 공업단지관리청은 구미전자공업단지 입주촉진을 위한 기본계획에서 구미전자공업단지 노동력 확보대책을 단기와 장기로 나누어 〈표 8-3〉과 같이 작성하였다.

공업단지관리청의 구미전자공업단지 노동력 확보대책은 현재 인력을 구미전자공업단지로 집중시켜 활용하는 대책이었고 기본적으로 부족한 기술인력을 창출 공급하는 정책은 아니었다. 중화학공업화정책선언 당시 다수 관리, 부처들이 인력육성은 시간이 걸린다고 생각하고 있었고 이에 국무총리기획조정실은 추후 "제2전자공업단지를 지방에 건설하면 인력공급이 대단히 어려울 것이 예상되므로 서울 근교나 중·소도시 근교에 건설해야 할 것이다"라고 밝히고 있었다.25

따라서 공업단지관리청은 인력공급을 위해 중요한 것이 주택건설 및 수용이라고 보고 이 계획을 작성하였다. 공업단지관리청은 종업원기숙사, 공장 간이숙소, 직원아파트, 외국인아파트, 자가주택, 자가통근으로 나누어 우선 1973년도에 6억 1,500만 원을 투입하여 6,900명을 수용하고 1974년도에 19,030명, 1975년도에 24,590명, 1976년도에 24,980명, 1977년도에 15,900명, 총 91,400명을 수용하고자 하였다. 이를 위해 공업단지관리청은 전자공단에 건설부 주택자금에서 융자조건 연리 8%, 15년 상환의 5억 원 이상의 자금을 공급하는 데 합의하고 적절한 사업주를 추천하여 주택건설을 촉진하고자 하였다. 공업단지관리청은 종업원기숙사가 주택자금 융자 대상에 해당되지 않으므로 적용조치가 필요하다고 밝혔다.26

당연히 보다 근본적인 인력정책은 새로운 공정과 기술 도입에 따라 증가하는 기술인력 수요에 대응하는 적정 기능의 인력공급정책이 되어야 하였다. 청와대와 상공부는 중화학공업화정책선언이 이루어진 1973년부터 1981년까지 약 35만여 명의 전자공업 기술인력을 육성할 방침이었는데 이 중 핵심을 이루는 것은 약 3만 명의 기술자와 약 20만 명의 기능공이었다.27 기능공은 공업고등학교, 단기교육(공고부설), 직업훈련(노동청)으로 충당하고 기술공은 학교교육과 기능공으로부터 충당한다는 원칙도 만들어졌다.28 물론 대학을 졸업한 기술자는 공대를 육

24 국무총리기획조정실(중조, 1974. 5), p. 167.
25 국무총리기획조정실(중오, 1973), p. 107.
26 공업단지관리청(구전, 1973).
27 국무총리기획조정실(중오, 1973), pp. 103~104.
28 한국무역연구소(1974), p. 440.

〈표 8-3〉 구미전자공업단지 노동력 수요 예측 및 확보 장단기 대책

<table>
<tr><th colspan="2"></th><th>계획내용</th></tr>
<tr><td rowspan="2">수요
예측</td><td>고용
순증</td><td>
<table>
<tr><th></th><th>1972</th><th>1973</th><th>1974</th><th>1975</th><th>1976</th><th>1977</th><th>합계</th></tr>
<tr><td>고용인원</td><td>1,200</td><td>6,600</td><td>18,500</td><td>24,000</td><td>24,000</td><td>15,700</td><td>90,000</td></tr>
</table>
주: 1개 업체당 고용 300명 기준.</td></tr>
<tr><td>가동
계획</td><td>
<table>
<tr><th></th><th colspan="2">1972</th><th colspan="2">1973</th><th colspan="2">1974</th><th colspan="2">1975</th><th colspan="2">1976</th><th colspan="2">1977</th></tr>
<tr><td></td><td>입주</td><td>가동</td><td>입주</td><td>가동</td><td>입주</td><td>가동</td><td>입주</td><td>가동</td><td>입주</td><td>가동</td><td>입주</td><td>가동</td></tr>
<tr><td></td><td>(11)</td><td>7</td><td>70
(59)</td><td>29</td><td>150
(80)</td><td>94</td><td>230
(80)</td><td>174</td><td>300
(70)</td><td>250</td><td>300</td><td>300</td></tr>
</table>
주: ( ) 안은 당해 연도 입주업체.</td></tr>
<tr><td rowspan="2">확보
과제</td><td>단기
과제</td><td>1. 구미 인근 분포 노동력 흡수
① 제1차로 인근지역 노동력 흡수 – 시, 군, 면 협조
② 20km 이내
현재 취업 중 1,200명,
등록 후 대기자 3,000명
6월 말 추가 등록 가능 6,400명(100단위 이하 명확하지 않음)
12월 추가 등록 가능 5,200명(100단위 이하 명확하지 않음)
계 15,800명(100단위 이하 명확하지 않음)
③ 30km(1시간과 28분 거리 대구–구미–김천 철도) 이내로 확대하면 취업 대상 인구 214,932명 중 취업 가능 10%인 21,500명
2. 통근수단의 편의 확보
열차배차, 할인요금, 간이역 이전, 화물차량 통근이용, 자전거 통근 장려, 버스노선 확장 및 증차
3. 입주기업체 자가 간이숙소 시설 장려</td></tr>
<tr><td>장기
과제</td><td>1. 외국인 및 직원 아파트 건립
2. 종업원 기숙사 건립
3. 일반주택 건립
4. 기업체 자가 기숙사 건립
5. 주변도시형성계획 및 단계별 취락 조성
6. 동부낙동강교량 74년 내 건설완료로 단지동부 인력 흡수</td></tr>
</table>

자료: 공업단지관리청(구전, 1973).

성하여 충당하고자 하였다. 경제제2비서실은 기술교육기관은 수요처인 공장 근처로 옮겨야 한다고 생각하였다.29

이렇게 하여 만들어진 기술인력정책의 일차적 초점은 정규학교 교육을 통한 양질의 노동력 공급으로 공고와 공대교육제도를 개선하여 기술인력을 양성하는 것이었다.30 비정규학교의 교육은 여전히 교육수요자나 기업 양측에서 기피되고 있었고 또 "국내 현존 외국인회사로 하여금 반도체 및 집적회로제작 공장을 건설하도록 종용하면서 우리 기술자들을 훈련시키도록

29 경제제2비서실(기교, 1973. 2).

30 김광모 전 중화학공업추진위원회기획단 부단장(한국산, 1988), p. 257.

해야 할 것이다"라는[31] 등의 현장인력 교육도 장기적이고 대량적인 공급대책이 되지 못하고 더구나 기술이전이 회피되고 있었기 때문이었다. 정부는 정부 공인을 통해 기술인력의 자발적 의욕을 높이면서 동시에 필요한 공인된 기술수준을 확보하기 위해 1973년 12월 31일 「국가기술자격법」(National Technical Qualification Act)을 제정·공포하였다. 이는 1975년 1월부터 전기, 전자, 통신, 정보처리, 산업응용의 19개 분야에서 기술계 학교의 졸업예정자 및 직업훈련기관 이수자에게 시차를 두고 의무적으로 기술자격검정을 받도록 규정하였다.[32]

우선 중화학공업화 진행에 있어 무엇보다 기능공이 매년 부족한 실정이어서[33] 공고를 중심으로 기능공 공급정원을 늘렸다. 대통령 경제제2비서실은 다음과 같이 대책을 세웠다.

> 교육제도 개선을 위한 다음과 같은 당면과제에 대하여 시급히 대책을 수립하여 해결한다.
> 1. 기계, 전자기능공
> 구미, 마산, 부산 등지 공고를 중심으로 대폭적 인원을 양성함(73년부터 착수함)
> 2. 기계설계사
> 서울대, 부산대에서 초급설계사를 양성하기 위하여 별도 인원 모집
> 3. 교사양성
> 국립대학에서의 교사양성은 1973년부터 착수함
> 4. 인력수급 대책
> 중화학공업 육성정책에 맞는 대책을 수립하고 자격증 제도 통일화
> 5. 직업훈련
> 직업훈련교육에 대한 업무는 교육부가 관장. 단 현 중앙직업훈련소는 공고로 개편하며 기획득 자금은 문교부로 이관
> 6. 법률 및 제도 개선
> 긴급을 요하는 법률 및 제도 개선의 조속 추진
> 7. 예산확보
> 소요예산 추정이 되는대로 확보대책을 강구함(예: 청구권자금의 대폭배정 등)
>
> 경제제2비서실(기교, 1973. 2).

1970년대 기술교육 개혁방향을 포함하는 기술교육제도 개선안이 1973년 3월 17일 대통령 지시사항으로 시달되었는데 이는 당면과제로서 "구미공고를 전자공고로 개편하는 문제"를 조속히 구체안을 작성하여 국무회의에 상정 확정하도록 하였다.[34] 4월 16일 대통령비서실은 대통령의 중화학공업화정책에 따른 지시를 국무총리, 경제기획원장관, 내무부장관, 국방부장관, 문

31 국무총리기획조정실(중오, 1973), p. 105.
32 중화학공업추진위원회기획단(한공발2, 1979), pp. 546, 566.
33 중화학공업추진위원회(우해, 1973), p. 171.
34 대통령비서실(회중3대통령결재문서, 1973. 3. 20).

교부장관, 상공부장관, 건설부장관에게 발송하였다. 여기에서 대통령은 금오공고 건설시 교사용 아파트 50세대 분을 건립하여 주되 장기 저리로 지원하여 기능공 육성 교사를 우대하도록 지시하고 "문교부는 사립 기술계 대학 및 고교 이사장으로 하여금 금오공고와 같은 학교설립, 시설 및 교육방법으로 유도하기 위하여 금오공고를 견학케 할 것"을 같이 지시하였다.[35] 기술인력 양성 선도기관으로 금오공고를 지정·지원하면서 그 제도와 시설을 전국으로 확산시키고자 한 것이다.

유신정책심의회 조사연구위원회의 기능공 충원요구에 맞추어 정부는 〈표 8-4〉와 같은 종합적인 전자공업 기능공 공급계획을 세웠다. 정부는 현존 공고교육능력 연간 8,500명에 1974년 증설을 통해 1977년부터 1981년까지 연 2,300명의 기능공을 추가 공급하고 여기에 노동청에 의한 직업훈련 확대로 89,030명과 공고부설 훈련을 통해 26,660명, 합계 1981년까지 총 203,690명의 기능공을 육성, 공급할 계획이었다. 정부는 교육을 이원화하여 한편으로는 정규

〈표 8-4〉 전자공업 기능공 공급계획

	충원요구량	공고교육 (증설분: 교육부안)	단기 교육 (공고부설)	직업훈련 (노동청 계획)	합계 (e)	취업탈락 (f)	공급 가능 인원 (e-f)
1973	23,103	8,500	12,680	4,500	25,680	2,568	23,112
1974	20,459	8,500 (증설)	7,830	6,400	22,730	2,273	20,457
1975	20,050	8,500	3,370	10,400	22,270	2,227	20,043
1976	19,352	8,500	1,010	13,000	22,510	2,251	20,259
1977	23,009	10,800 (2,300)	1,770	13,000	25,570	2,557	23,013
1978	21,943	10,800 (2,300)	-	23,200	34,000	3,400	30,600
1979	25,889	10,800 (2,300)	-	24,200	35,000	3,500	31,500
1980	17,552	10,800 (2,300)	-	24,800	35,600	3,560	32,040
1981	11,924	10,800 (2,300)	-	25,600	36,400	3,640	32,760
계	183,281	88,000 (11,500)	26,660	89,030	203,690	20,369	183,321

주: 1) 충원요구량은 유신정책심의회 조사연구위원회 추계량임.
2) 공고교육 증설분은 1975년 증설의 교육부안임.
3) 합계는 증설분 포함 공고교육+단기 교육+노동청 계획 직업훈련임.
4) 취업탈락은 10%로 함.
자료: 국무총리기획조정실(중조, 1974. 5), p. 165.

35 대통령비서실(중지3대통령결재문서, 1973. 4. 10).

학교교육, 즉 공고교육을 장기 양성목표의 기능공 양성 기본방안으로 하여 기능공의 질적 향상에 중점을 두도록 하고, 다른 한편으로는 단기 속성교육을 직업훈련 중심으로 공고부설 및 직업훈련소에서 임시 긴급보충 역할로 실시하도록 기본방침을 정하였다. 정부는 공고부설 훈련생 육성은 1977년까지만 하도록 하였다. 그리고 기능공 교육내용을 재래식의 보수·조립 중심에서 정밀가공공작, 금속처리 등의 기본실기를 많이 감안한 생산위주 교육으로 전환할 것을 권장하였다.[36]

1974년 2월 21일 문교부는 전국시도교육감회의에서 1978년까지 공고를 지역특성에 맞게 육성하는 특성화계획을 밝혔는데, 1974년에는 금오공고를 포함한 5개 공고를 특성화공고로 운영한다고 밝혔다.[37] 특성화공고는 전자 등 특수공업 분야 고급 기능사를 양성하는 목적이었다.[38] 이와 함께 1974년 공업계 고등학교 전자과 입학 학생을 1973년의 주간 4,735명, 야간 900명에서 1974년 5,495명, 1,210명으로 각각 증원하였다.[39] 교육부는 1974~1976년간 전자·전기공업 부문에 44학급 확충을 계획하였는데[40] 이는 연도별 공장가동 상황과 이에 따른 예상수요에 맞춘 것이었다. 1973년 금오공고에[41] 이어 구미전자공고(구미공고)가 전자 특성화공고로 지정되었다.[42]

전문학교와 공대를 통한 기술공과 기술자 공급 증대도 추구되었다. 1973년 대학교육제도 개혁으로 이루어진 대학 전기·전자학과 학생 수 변동은 〈표 8-5〉와 같다. 정부는 기술공을 육성하는 전문, 고등전문학교에서 1974~1981년 전기통신 21학급, 전자 3학급의 추가를 계획하고[43] 우선 전자부문 입학정원을 760명에서 1974년 1,120명으로 늘리면서 기존에 없던 야간부 120명도 새로 만들었다. 이외에도 당시 대학의 보수성과 인가 문제가 있어 전기과로 학과이름을 유지한 채 전자공업을 같이 교육하거나 전자공업으로 수업내용을 전환하는 곳도 많았다.

나아가 기술자 육성을 위해 정부는 경북대학 공대를 전자중심 대학으로 전환하고 전자부품, 산업기기, 전자기기 부문으로 학과를 세분하여 신입생을 모집하도록 하였다.[44] 실제로 1973년 2월 19일 민관식(閔寬植) 문교부장관은 전국의 지방대학을 특성화하되 경북대학은 전자공업으로 전문화시켜 타도에서도 서로 유학을 다닐 수 있도록 시설을 확충시킬 방침이라고 밝혔다.[45] 경북대 공대를 전자대학으로 특성화한 것은[46] 구미에 구미전자공업기지가 있기 때문

---

36 국무총리기획조정실(중조, 1974. 5), pp. 164, 166.
37 〈경향신문〉(1974. 2. 21).
38 중화학공업추진위원회기획단(중화추현, 1979. 1), p. 294.
39 문교부(중화학교육, 1974. 3), pp. 115~117.
40 문교부(참고자료, 1973. 9. 19), p. 14.
41 한국기계공업진흥회(한기진20, 1989), p. 360.
42 문교부(구전, 1977).
43 문교부(참고자료, 1973. 9. 19), p. 46.
44 중화학공업추진위원회(우해, 1973), pp. 170~171.
45 〈중앙일보〉(1973. 2. 20).
46 대통령비서실(중선, 1973. 1. 30), p. 58.

〈표 8-5〉 **대학 전기·전자학과 1973년, 1974년 학과별 학생 수 변동** (단위: 명)

			1973년 입학생		1974년 입학생	
			주간	야간	주간	야간
전문·고등전문학교	전기	전문학교	400	0	760	160
		고등전문학교	440	0	160	0
	전자	전문학교	440	0	760	120
		고등전문학교	320	0	240	0
	합계	전문학교	2,000	0	4,240	520
		고등전문학교	2,000	0	920	0
		합계	4,000	0	5,160	520
			1973년 입학생		1974년 입학생	
			주간	야간	주간	야간
공과대학	전기전자공학과 관련학과		2,260	140	2,230	140
	합계		6,430	330	7,500	335

주: 1973년 입학생은 1974년 3월 1일 현재 2학년 학생 수로 집계한 것임.
자료: 문교부(중화학교육, 1974. 3), pp. 174~242, 247~277.

이었다.

중화학공업 중에서도 전자공업은 당시 국민들 사이에서도 성장하는 미래공업이라는 인식이 높았다. 1973년 문교부가 장항농공고를 공고로 개편하고 축산과, 농기계과를 금속과, 기계과로 개편하려고 하자 충남교육감은 농기계과를 금속과로, 축산과를 전자과로 개편해 달라고 건의하였으며 충남공고 교장은 전자과와 금속과 1학급 증설 의견을 제출하였다.[47]

인력수요 증가 그리고 국민 인식변화로 전자기술교육기관 설립도 이어졌다. 1973년 독수리표전축 제조사인 「성우전자」 사장 조명하는 11월 17일 미동(美東)전자기술학교 설립신청서를 제출하였다.[48] 교육위원회는 "본교는 전자기술교육으로 사회실업인 및 기능공 양성에 그 목적을 두고 전자수출업계에 기여함은 물론 공업 분야 기술인 양성을 위하여 전자과 기술학교를 설립코자 하는 것이므로 본건 인가함이 타당"하다고 밝혔는데,[49] 전자기능공 양성과 전자수출에의 기여라는 이 두 가지는 이후 계속 교육기관 설립과 정부인가의 핵심 이유가 되었다.

1973년 12월 19일 정부는 양주군 구리읍 인창리 미동전자기술학교 설립을 인가하고 이를

47 충청남도 교육감(1973. 5. 14).
48 의정부시 교육장 최병익(1979).
49 경기도교육위원회(1973).

의정부시 교육장과 문교부장관에게 통보하였다.[50] 인가된 미동전자기술학교 설립안은 다음과 같다.

【미동전자기술학교 설립안】

학교명: 미동전자기술학교
위치: 양주군 구리읍 인창리 487번지
수업연한: 3년
입학자격: 1. 초등학교 졸업자, 2. 공민학교 졸업자, 3. 외국에서 6년의 학교교육의 과정을 이수한 자, 4. 1, 2, 3의 동등 학력을 인정받는 자
설치학과 및 학급 수: 전자과 학년당 주간 1학급, 야간 1학급 전 6학급
학생정원: 학급당 30명씩 총 180명

경기도교육위원회 교육감(인가, 1973. 12. 19); 미동전자기술학교(칙, 1973).

1974년 미동전자기술학교가 개교하여 2월 28일 의정부시교육장은 의정부시교육청 공고 제10호로 미동전자기술학교장인 및 계인을 공고하였다.[51]

개인 전자공업 강습소도 우후죽순처럼 생겨났다. 인기를 타고 부실과 편법으로 운용되는 곳이 늘어났고 교육부는 이에 대한 지도단속을 강화하도록 교육위원회에 지시하였다. 1973년 교육위원회가 전자계산계 강습소를 조사한 결과, (1) 컴퓨터학원으로 등록해 놓고 용역, 은행·기업체의 위탁훈련을 하는 경우, (2) 시설에서 등록한 실습기재 소재지가 6km 이상 떨어져 있는 경우, (3) 특정 교육 과정에 수요가 몰리자 정원을 초과하는 경우 등이 발견되었다. 교육위원회는 개선처리 결과를 확인하고 유사사례 발생 시 의법조치하겠다는 내용을 1974년 2월 1일 문교부장관에게 통보하였다.[52]

1974년 1월 9일 상공부장관이 상공부공고 7607호로 상공부공고 제5369호를 개정하고 시행한 전자공업진흥기본계획(1974~1981)이나 당일 같이 공고된 상공부공고 7608호 전자공업진흥 시행계획은 인력육성에 대한 직접 언급이 없었다. 또한 여전히 전자공업을 위한 직업훈련소는 기본시설과 교사도 갖추지 못하고 있었다. 개선에 나선 정부는 1974년 ADB차관으로 제대로 된 직업훈련원 설치사업에 나섰다. 이를 위해 해외 전자 분야 자문관을 초빙하였는데 근무기간은 1974. 6. 26~1975. 12. 31의 1년 6개월이었으며 월급은 1,600달러, 근무 장소는 노동청과 ADB차관에 의한 직업훈련원이었다.[53] 그러나 1975년 9월 서울전자공업 사립직업훈련소는 이사장이 "공업 부문에 대한 지식이 전무할뿐더러 몸마저 노쇠하여 직무수행을 할 수 없는 실

50 경기도교육위원회 교육감(미설, 1973. 12. 19).
51 〈관보〉(1974. 5. 4), 제6741호.
52 서울특별시교육위원회 교육감(부전, 1974. 2. 1).
53 노동청장(AD, 1974. 6. 29); 대한민국노동청(1974. 3).

정"인 사람이었고 이사들 역시 "전자공업 관계 지식이 전무"할 정도로 1970년 전반기까지 전자공업 인력양성기관, 특히 사립 직업훈련기관들은 제대로 정착되지 못하고 있었다.[54] 강조되던 공장새마을운동을 중점사업으로 "원가절감을 위한 업체 자체 기술교육"이 강조되었지만[55] 기업 내 교육도 지지부진하였다. 이런 가운데 1974년 교육부가 아닌 청와대나 상공부의 개입에 의한 학교에서의 기술인력 공급 확대정책에 대한 비판과 논란도 일어났다.

1974년 10월 24일 과학기술처는 1975년부터 「국가기술자격제」를 실시할 방침이라고 밝혔다.[56] 1970년대 중반 전자공업의 발전에 따라 대학의 구성변화도 이루어졌다. 광운전자공과대학의 예에서 보듯이 전자공대가 독립대학으로 발전하고 전자공업 관련 학과 역시 전자공학과, 응용전자공학과, 통신공학과, 무선통신학과, 전기공학과 등으로 세분되었다.[57]

1975년 구미공업기지의 인력고용계획은 〈표 8-6〉과 같았다. 전자단지의 1974년 고용은 5,256명이었지만 1975년 32,200명으로 급등하고 이후 22,900명, 22,600명이 고용될 것으로 보았다.

정부는 기술자를 빨리 확보하기 위하여 해외교포 전자기술자 유치에 나섰다. 미국에만도 재미교포 14명의 전자공학 교수와 85명의 기술자 그리고 수학 중인 전자공학전공자가 39명이 있었고 그중 박사학위를 소지한 전자공학전공자도 46명이 있는 것으로 확인되었다(〈표 8-7〉 참조).

정부 예상대로 1973년 중화학공업화정책선언과 함께 전자공업 고용인원은 급등하여 〈표 8-8〉에서 보듯이 1972년 52,501명에서 1973년 85,785명이 되었고 이후 1975년 103,385명으로 10만 명을 돌파하였다. 그러나 업체 수 역시 급증하면서 업체당 고용인원은 1973년 335명을 정점으로 1975년 211명으로 줄어들었는데, 이는 1970년대 중반 이미 전자공업의 노동집약성이 약화되고 있었으며 그러면서 영세성이 개선되지 못하고 있었던 한국 전자공업의 현실을 간접

〈표 8-6〉 구미공업기지 인력고용계획 (단위: 명)

구분	1974		1975	1976	1977
	계획	실적			
전자단지	11,200	5,256	32,200	22,900	22,600
일반단지	5,600	3,434	9,700	8,300	9,100
계	16,800	8,690	41,900	31,100	31,700

자료: 국무총리기획조정실(중건2, 1975. 3), p. 259.

54 서울전자공업 사립직업훈련소 재단이사장(1975. 9. 16).
55 구미수출산업공단(구기4, 1974. 12).
56 중화학공업추진위원회기획단(한공발4, 1978), p. 481.
57 광운전자공과대학(1975).

〈표 8-7〉 1975년 현재 재미교포 전자공업 기술자 전공별, 지위별 분포 (단위: 명)

전공별	교수	기술자	수학 중
안테나·전파	1(1)	–	4
서키트 이론	2(2)	–	1
콘트롤 시스템	2(2)	15(8)	2
컴퓨터과학·엔지니어링	2(2)	8(3)	9
통신시스템	–	23(8)	3
전자광학장치	–	2(2)	4
전자물리학	5(5)	–	5
로직디자인·디지털시스템	–	13(2)	6
마그네틱 디바이스	–	7(3)	–
솔리드스테이트장치	–	12(5)	3
마이크로웨이브장치	1(1)	3(1)	–
기타	1(1)	2	2

주: ( ) 안은 박사학위 소지자.
자료: 국무총리기획조정실(중건3, 1975. 10), p. 148.

〈표 8-8〉 상공부 집계 전자업체 수 및 고용인원

	1970	1971	1972	1973	1974	1975
업체 수	184	202	217	256	335	490
고용인원	29,476	35,282	52,501	85,785	96,123	103,385
업체당 고용	160	175	242	335	287	211

자료: 한국무역협회(장전, 1976. 10), p. 34.

적으로 보여 준다.

Ⅲ. 기술인력정책의 진전과 질적 전환

1970년대 중반 세계 전자장비는 규모의 경제와 자동화 개선으로 임금과 원자재가격 상승을 상쇄하고 있었다. 1976년 노동청은 생산성 및 자동화 개선으로 〈표 8-9〉에서 보듯이 전기전자 부문 충원 기술인력이 1978년 16,600명, 1979년 17,200명이 될 것으로 예측하여 이

〈표 8-9〉 노동청 기술인력 수급계획 (단위: 천 명)

	일반기계	용접 및 배관	금속가공	전기전자
1976	11.6	15.5	9.4	8.8
1977	12.2	16.3	9.9	9.3
1978	21.5	28.8	17.4	16.6
1979	22.3	29.8	18.1	17.2
1980	23.1	30.9	18.8	17.8
1981	23.9	32.0	19.4	18.4

자료: 한국산업은행(개대, 1977), p. 394.

전의 예측값보다 낮게 보았다.

기술인력 수요증가와 함께 빠른 기술진보로 노동의 높은 질은 더욱 요구되고 있었다. 한국이 주력으로 발전시키고 있었던 가정용기기 부문에서조차도 생산종사자 중 기술공, 기술자, 과학자급의 고급 기술인력 비중이 일반적으로 27% 이상 필요로 하였지만 한국의 경우 5.6%에 불과하였고 그중에서도 연구개발 부문의 기술인력은 거의 전무하였다.[58] 문교부는 1977년 3월 「고도성장을 위한 기술인 양성」 자료를 발표하여 1977년 2급 기사의 보통기술자가 2,000명 부족할 것을 제외하고는 1981년까지 기술자 수급에 문제가 없다고 밝혔으나 국산화촉진위원회는 기계공학, 전자공학계의 대학입학 정원 배증을 요구하였다.[59] 논란 끝에 1977년 9월 3일 정부는 1978년부터 각 대학, 대학원, 한국과학원의 기계, 전자과 정원을 배로 증원하기로 결정하였다.[60] 증원된 1978년 대학 공업계 학과 총 입학정원은 1만 7,825명이 되었는데 이를 정리하면 〈표 8-10〉과 같다.

기계공학과에 이어 공업계 대학 입학정원 2위가 된 전자공학과는 2,520명으로 전체의 14.1%를 차지하였다. 전자공학은 전기공학과 1,350명보다 86.7%나 많아졌는데 이는 같은 1978년 전문학교의 입학정원에서 전기과가 전자과 4,040명보다 여전히 높았던 것과[61] 대조를 이룬다. 전자를 전기보다 더 기술적인 분야로 받아들이면서 전기보다 전자에서 기술자가 더 필요하다고 판단한 것이다. 그러나 제도적 개선에 비해 실질적인 정부지원은 여전히 미미하였는데 1978년 특성화 경북대 공대 전자계열 시설비로 지원된 금액은 2억 5,685만 9,000원에 불과하였고, 특히 이는 계획 대비로 보아도 80%에 불과하였다.[62]

58 한국개발연구원(장기, 1977. 12), p. 321.
59 국무총리기획조정실(중건5, 1977. 11), pp. 126~127.
60 한국기계공업진흥회(한기진20, 1989), pp. 789~790.
61 중화학공업추진위원회기획단(중화추현, 1979. 1), pp. 311~312.
62 국무총리기획조정실(제421종, 1979), p. 298.

〈표 8-10〉 대학 공업계 학과와 입학정원(1978)

학과	정원	학과	정원	학과	정원	학과	정원
기계공학	3,110	전기공학	1,350	화학공학	1,600	전기재료공학	40
기계설계	480	전자공학	2,520	공업화학	305	섬유공학	420
정밀기계	170	통신공학	180	식품공학	255	원자력공학	70
항공기계	40	전기제어공학	40	고분자공학	40	자원공학	240
박용기계	40	응용전자	40	미생물공학	30	산업공학	150
항공공학	80	전자재료	30	금속공학	740	공업경영	565
조선공학	190	항공통신	40	요업공학	130	산업경영	120
계측제어공학	40	항공전자	40	재료공학	170	공업교육	545

주: 기타 토목공학(1,740), 건축공학(1,640), 도시공학(30), 측지환경(60), 위생공학(80) 등이 있음.
자료: 중화학공업추진위원회기획단(중화추현, 1979. 1), pp. 313~314.

연구개발급 기술인력 비중이 낮은 데 따라 대학교육 수준을 넘어서는 고급 기술을 담당할 고급 기술자63 양성에도 관심이 높아졌다. 고급 기술자를 양성하기 위한 계획이 만들어져 한국과학원(KAIST)에 1978년 전문 석사 과정으로 산업전자공학전공이 설치되었다.64 통신공학전공 전문 석사 과정도 1979년 개설하도록 하였다.65 기업들은 고급 기술인력을 KAIST로부터 공급받았다.66

전문대학에는 기능사 2급 이상 자격증소지자에게도 입학자격을 부여하여 기능공 근로자의 진학기회를 넓혔다.67 나아가 전문대학 졸업자의 일반대학 편입도 가능하게 하였는데 1979년 1월 5일 문교부장관은 문교부고시 제422호로 전문대학 졸업생의 대학편입학 가능 동계대학 해당 학과에 전문대학 전자과, 통신과를 포함하여 이를 지정 고시하였다.68

고부가가치 기술 필요로 대학 졸업자 혹은 그 이상의 고급 기술자에 관심이 높아졌지만 1970년대 후반 기술인력의 질적 향상은 모든 부문에서 추구되었고 기능공 부문도 예외가 아니었다. 1977년 7월 1일 제60차 중화학공업추진 차관보급실무회의는 문교부의 구미전자공고 이설사업 추진계획을 61차 회의 안건으로 정하였다. 문교부는 구미전자공고를 최신시설이 갖추어진 신규 조성 반도체단지로 옮겨 정밀기능공을 육성하고자 하였다.69 구미전자공고의 이전

63 공과대학 관련 학과를 졸업하여 1~2년의 현장경험과 사내훈련을 통해 보통기술자로 되며 이들이 7~10년 경력기간을 통해 연구소 수습, 해외 훈련(신기술 습득), 대학원 교육을 받게 되면 고급 기술자(연구원 포함)로 된다. 과학기술처(중공장, 1973), p. 247.
64 중화학공업추진위원회기획단(중화추현, 1979. 1), p. 298.
65 중화학공업추진위원회기획단(중화추현, 1980. 1), pp. 267~268.
66 상공부(전자, 1982), p. 25.
67 경제기획원(경백, 1979), p. 336.
68 〈관보〉(1979. 1. 5), 제8140호.
69 중화학공업추진위원회기획단(제60차, 1977. 10).

건설계획은 〈표 8-11〉과 같았다.

1976년 3월 전자공고로 단일과 특성화 지정을 받아 1977년 9월 1일 국립으로 전환한 국립 구미전자공고는 대지 6만 5,650평의 대규모 공고로 학급 수는 주간 30학급, 야간 3학급의 33학급이었다. 이러한 구미전자공고 설립 기본사업 내용은 변화가 없었지만 1979년 추진 일정이 연기되면서 사업예산이 전부 상향되어 건설소요자금 예산은 32억 8,600만 원에서 41억 5,600만 원으로 되었다. 1978년 3월 1일 구미전자공고와 함께 부산의 동래공고가 정보기술과 2학급을 신설하면서 전자특성화공고로 지정되어 부산전자공고로 개명하였다.[70] 전국 2곳의 이 전자공고는 일반공고의 전자과에 비해 자동제어, 전자계측, 산업전자, 반도체와 컴퓨터 등에 관한 특수능력을 갖추도록 운영되며 실험실습을 통한 체험교육을 중시하였다.[71] 중화학공업화 정책선언이 이루어지기 전 1972년 전기전자공고 입학생 수는 9,370명이었지만 1970년대 말

〈표 8-11〉 구미전자공업고등학교 건설계획(1978년, 1979년 말)

<table>
<tr><th colspan="2">구분</th><th colspan="2">설립계획 내용</th></tr>
<tr><td colspan="2">설립일</td><td colspan="2">1954. 5. 18(학교 측 발표: 1954. 6. 18)</td></tr>
<tr><td colspan="2">위치</td><td colspan="2">구미기지 제2단지 반도체 및 컴퓨터 공업단지 내</td></tr>
<tr><td colspan="2" rowspan="2">규모</td><td>대지</td><td>65,650평</td></tr>
<tr><td>건물</td><td>9,071평</td></tr>
<tr><td colspan="2" rowspan="2">인원</td><td>교직원</td><td>106명</td></tr>
<tr><td>학생</td><td>학급 수 33학급(주간 30학급, 야간 3학급)</td></tr>
<tr><td colspan="2">소요예산</td><td colspan="2">3,286백만 원 → 4,156백만 원</td></tr>
<tr><td rowspan="11">건설 사업 계획</td><td rowspan="3">부지매입</td><td>사업량</td><td>건설부지 26,480평, 자연보존지 39,170평, 계 65,650평</td></tr>
<tr><td>사업예산</td><td>542백만 원 → 567백만 원</td></tr>
<tr><td>추진일정</td><td>1977~1979 → 1977~1980</td></tr>
<tr><td rowspan="2">토목공사</td><td>사업예산</td><td>271백만 원 → 587백만 원</td></tr>
<tr><td>추진일정</td><td>1978~1979 → 1978~1981</td></tr>
<tr><td rowspan="3">건축공사</td><td>사업량</td><td>실습동 2,598평 포함 9,071평</td></tr>
<tr><td>사업예산</td><td>2,352백만 원 → 2,865백만 원</td></tr>
<tr><td>추진일정</td><td>1977~1981</td></tr>
<tr><td>기타</td><td colspan="2">부대비 121백만 원 → 137백만 원</td></tr>
<tr><td rowspan="2">합계</td><td>사업예산</td><td>3,286백만 원 → 4,156백만 원</td></tr>
<tr><td>추진일정</td><td>1977~1981</td></tr>
</table>

주: →은 1979년 수정된 것으로 앞은 1978년 계획이고 뒤는 1979년 수정계획임.
자료: 중화학공업추진위원회기획단(중화추현, 1979. 1), p. 209; 중화학공업추진위원회기획단(중화추현, 1980. 1), p. 172.

70 부산전자공업고등학교(2020. 3. 15).
71 문교부(한공, 1980), p. 70.

1979년 17,170명으로 늘어났다.[72]

1977년 3월 8일 구미공업단지 야간특별학급이 편성되어 중학교 1학급, 여자상업고등학교 4학급, 전자공업고등학교 1학급 54명, 모두 369명 6학급의 합동입학식이 있었다.[73] 신입생들은 이미 구미기지에서 근무하고 있던 기능인력들로 기술과 함께 공인학력을 높여 자긍심 제고로 노동의 질을 높이고자 한 것이다. 영등포공고 특별학급 전자과에 30세의 나이로 입학한 차범진 씨는 전자기기 기능사 2급과 R/TV 기능사 2급 자격증을 획득하였다.[74] 기능교육의 질적 향상을 위해 직업훈련교사 시험과 면허도 엄격히 진행되어 직업훈련교사 면허 신청에는 자격증·면허증, 경력증명서, 졸업증명서, 직업훈련교사시험 합격증 등을 제출해야 하였다.[75] 지원자 J씨 예를 보면 그는 이론적으로 합격할 정도의 실력만이 아니라 「오리온전자(주)」에 2년 4개월 근무하고 군 경력도 송수신 정비 2년 2개월이 있는 현장전문가이었다. 또한 기능교육의 질적 향상을 위해 산학협력사업이 추진되어 1978년 전자공고 2개교가 산학협력사업의 기업체 자매결연을 맺었다.[76] 1979년에도 대통령이 공고와 자매결연을 맺은 기업체장에게 격려친서를 보내고 "80년대 중반에 선진공업국 대열에 참여하기 위해서는 우수한 기술인력 양성과 확보가 무엇보다도 시급한 당면과제"라고 언급하였다.[77] 1978년 11월 10일 노동청은 청주직업훈련원 개원에 이어 11월 중에 구미·진주·순천·전주에 직업훈련원을 개원하여 중화학공업 기능인력을 양성 공급한다고 밝혔다.[78]

정부 장려에도 불구하고 기업 스스로의 사내직업훈련이 형식만 맞추고 질적 효율성이 떨어지자 1976년 정부는 「직업훈련법」과 「직업훈련에 관한 특별조치법」을 통폐합, 「직업훈련기본법」을 제정하여 기업으로 하여금 일정 비율의 노동자들을 의무적으로 훈련시키고 미실시 기업은 직업훈련분담금을[79] 납부하도록 규정하였다. 그러나 이는 적용 대상이 300인 이상 고용기업으로 후퇴되어 1977년 2월 8일 경제 각의에서 시행령이 의결, 제정되었다.[80] 정부의 압력과 기업의 소극성에 1977년 10월 12일 한국전자공업진흥회는 공동직업훈련소를 부설기관으로 개소하였다. 한국전자공업진흥회는 직업훈련소에서 라디오·TV조립과를 비롯하여 전자관, 저항기, 콘덴서, 반도체, 전자기기, 인덕터 6개 과정에서 일반기능공의 기초훈련과 감독자를 위한 능력개발 교육을 실시하기로 하고 1977년 훈련생 523명을 선발하였다.[81] 이런 가운데 일부 국

---

72 경제제2(중계초, 1980).
73 문화공보부(대화12, 1977. 3).
74 문교부(한공, 1980), p. 127.
75 노동청 구미지방사무소(1978. 7. 6).
76 국무총리기획조정실(제421종, 1979), p. 293.
77 〈매일경제신문〉(1979. 4. 25).
78 〈동아일보〉(1978. 11. 10).
79 이는 독일, 영국, 미국, 프랑스 등 선진국 대부분이 이미 실시하고 있었기에 1973년 중화학공업화정책선언 이후 꾸준히 필요성이 제기되었지만(과학기술처(중공장, 1973), pp. 229~230) 기업 입장 때문에 입법화되지 못하고 있었다.
80 전국경제인연합회(전2사, 1983), p. 667.
81 〈매일경제신문〉(1977. 10. 12).

영기업을 포함하는 대기업들은 1970년대 여전히 국내에서의 교육이 불가능한 현실제약이나 혹은 국내 교육에 대한 불신으로 기술도입 시의 부가조건을 통해 해외 파견연수를 추구하였다. 「한국정보통신」 총괄사장이었던 김건중의 증언에 의하면 국가적 관심사업이었던 1978년 전자교환기 도입 시 기술인력 양성을 위해 우수경력사원 100여 명을 선정하여 3개월을 집중 교육한 다음 분야별로 6개월에서 1년간 해외연수를 시켰다.[82] 이들은 귀국 후 초창기 한국통신의 중요한 기술인력으로서의 역할을 수행하였다. 노동청장은 1979년 1월 4일 노동청고시 제1호, 「1979년도 사업 내 직업훈련인원 산업별 실시비율과 분담금기준액 고시」를 통해 전자 및 통신제품제조업에는 3%의 적용비율과 훈련생 1인당 분담금액 12만 4,434원을 고시하였다.[83]

1970년대 국민들의 생활수준이 높아져 정규학교 진학률이 높아지고 그런 가운데에도 여전히 학력에 대한 차별대우를 줄이지 못함으로써 비정규학교 기술교육기관에 대한 수요가 줄어들었다. 1979년 미동전자기술학교는 신입생 모집에서 1명의 지원자도 받지 못하여 폐지를 결정하였고[84] 5월 24일 의정부시 교육장은 경기도교육위원회 교육감에게 폐지인가신청서를 전달하였다.[85] 심지어 현장기술자에 대한 차별과 기피인식도 여전하였고 공대출신들마저 현장기술직으로 취업하는 비율이 낮아 1978년 전자공업 취업인력 중 대졸자 비중은 미국이 46.3%, 일본이 44.2%, 서독이 24.4%, 영국이 23.5%, 프랑스가 20.3%인 반면 한국은 17.0%에 불과하였다.[86] 현장인력 1인당 연간 아이디어 제안 수를 보면 일본은 12건인데 비해 한국은 불과 0.1건이었는데[87] 이는 한국의 현장 기술인력이 놓여 있는 위치와 이들에 대한 인식을 상징적으로 보여 준다. 반도체 등 전자공업기술이 급속히 발전함에 따라 세계 각국에서 기술직이 경영을 맡는 경향이 나타나고 있었지만[88] 한국은 여전히 기술직에 대한 차별적인 왜곡된 인식이 높았다.

중화학공업추진위원회기획단과 상공부 역시 이를 알고 있었기에 현장직 기술자에 대한 차별과 인식을 개선하기 위한 노력을 계속하였다. 3년제 기술학교 졸업자 혹은 중학교 졸업 학력자들을 위해 1~3년제 고등기술학교를 만들어 운용하고 이들 졸업생들에게 국가기술자격 기능사 2급 응시자격을 주었으며 1977년부터는 공고 졸업생과 똑같이 국가기술자격 수검의무를 부과하여 기능의 질을 높이는 것과 함께 공인성을 높였다.[89] 1978년 3월 14일 총무처 인사담당자회의는 기능직 공무원 정년연장을 논의하여 공무원 임용령 개정안이 공포되는 즉시 정년 55세 이하 기능직 공무원에 대해 3년 범위 안에서 소속장관이 근무연장을 가능하게 하였다.[90]

---

82 김건중 전 한국정보통신 총괄사장(2009), pp. 224~225.
83 〈관보〉(1979. 1. 8), 제8142호.
84 미동전자기술학교(교, 1979).
85 의정부시 교육장(미폐, 1979. 5. 24).
86 한국무역협회(가전, 1981), p. 11.
87 한국무역협회(가전, 1981), p. 22.
88 한국개발연구원(중화전, 1981), p. 142.
89 문교부(한공, 1980), p. 115.

1978년 4월 6일 경북대총장은 문교부장관에게 공무원 특별채용에 전자기사자격증 소지자를 포함시킬 수 있는지 문의하여[91] 내용상 이를 인정해 줄 것을 요청하였다. 교육부는 경북대총장에게 "전자기사 자격증은 공무원 임용 시험시행규칙 별표 2-2에 열거된 자격증이 아니므로 현재로서는 특별채용할 수 없다"면서도 현재 관계법규의 개정작업을 추진 중이라고 밝혔다.[92] 1979년 1월 9일 총무처는 1979년도 국가공무원 공채시험실시계획을 발표하였는데 기술고시에 전기 15명, 통신 20명, 4~5급 기술직에 전기 230명을 포함시켰다.[93] 체신부는 1979년 5월 1일 현재 체신부 통신기술인력 14,522명 중 임시고용직이 65.6%에 달해 통신사업 확대에 문제가 되고 있으며 임시직의 이직률이 높아 업무추진에 차질이 있고, 특히 전자교환기 설치 관련 고도의 전문기술인력이 필요하다며 대전 체신공무원교육원을 2년제 통신전문대학으로 승격한다는 방침을 세웠다.[94] 8월 정부는 9월 20~25일 제2회 4·5급 전자통신기술직 국가공무원 공개채용 시험을 실시하기로 하고 광운전자공고, 구미전자공고, 명지실업전문대, 경기공업전문대 등에 안내 공문을 보냈다.[95]

1977~1979년 기능사(craftsman)와 기술사(professional engineers)의 양성실적은 〈표 8-12〉와 같다. 이 기간 전자공업에서는 1만 8,610명의 기능사가 양성되었다. 공고의 전자과를 졸업하면 전자기기, R/TV, 무선설비 등의 기술검정에서 2급 기능사 자격을 취득할 수 있고 통신과를 졸업하면 인쇄통신, 전파통신, 무선설비, 유선설비 등에서 기능사 2급 자격증을 취득할 수 있었다.[96] 1970년대 말 약 1만 명에 달하는 컴퓨터 분야 종사자는 1981년에는 1만 5,000명, 1986

〈표 8-12〉 전기, 전자 분야 연도별 기능사, 기술사 양성실적 (단위: 명)

		1977	1978	1979	1977~1979
기능사	전기	2,066	3,506	4,994	10,566
	전자	5,706	6,256	6,648	18,610
기술사	전기	1	19	19	39
	전자	–	1	2	3
	통신	1	4	1	6

자료: 한국경영자총협회(1984), p. 416; 과학기술처(과기감, 1986), p. 340.

90 문교부(총인, 1978. 3. 14).
91 경북대학교총장(1978. 4. 6).
92 문교부(전기, 1978. 4. 13).
93 〈동아일보〉(1979. 1. 10).
94 〈매일경제신문〉(1979. 6. 26).
95 체신부(전험, 1979. 8).
96 문교부(한공, 1980), p. 61.

〈그림 8-1〉 직업훈련 연도별 훈련실적 (단위: 명)

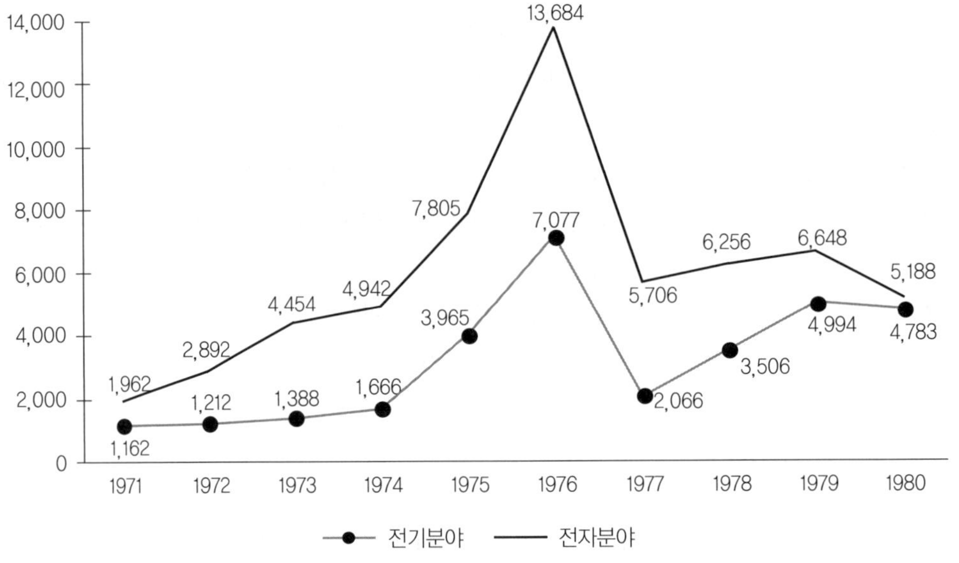

자료: 노동부 직업훈련국(1981. 4).

년에는 6만 명 수준으로 증가될 것이 예상되고 있었다.97 정부는 정부의 중화학공업화정책과 교육 개입에 대한 비판이 높아지자 시장의 자율성을 확대시킨다며 컴퓨터 관련 사설강습소 확대를 긍정적으로 허용하였다. 다만 유행을 탄 무분별한 난립을 막기 위해 교육청이 서류를 검토하고 현지출장조사를 한 후 승인하였으며,98 이후 시행령에 의한 시설설비를 6개월 이내에 갖추고 승인일로부터 6개월 이내에 사설강습소 설립인가를 받지 않으면 승인효력을 상실하도록 하였다.99

1970년대 연도별 전기, 전자로 나누어 직업훈련 실적을 정리하면 〈그림 8-1〉과 같다. 1973~1979년간 전자부문에서 4만 9,495명의 훈련생을 교육하였다.

1970년대 실험적이었던 기술인력 공급정책과 제도개혁은 한국전자공업의 급속한 발전을 이끌었다. 한국개발연구원, 한국전자기술연구소는 1980년대 중반 전자공업의 기술직, 기능직 인력이 〈표 8-13〉과 같이 급증할 것으로 예측하였다.

1981년 5월 상공부 전자공업육성계획작업반은 〈반도체공업육성계획〉을 작성하여 7월 15일 대통령 결재를 받았다. 여기에서 반도체공업 육성 추진방안으로 고급 기술인력 확보방안을

97 국무총리기획조정실(중건7, 1979), p. 155.
98 광주시교육청(사강, 1983. 9. 3).
99 광주시교육장(사설, 1983. 9).

〈표 8-13〉 한국개발연구원, 한국전자기술연구소 전자공업 인력수급 전망

		1981	1982	1984	1986
생산액(백만 달러)		4,288	5,222	8,155	12,716
생산액(달러/인)		22,892	25,639	32,161	40,343
소요인력(명)		187,314	203,674	253,568	315,197
인력증가(명)	총인원	21,601	16,360	26,404	33,048
	기술직	4,644	3,517	5,677	7,105
	기능직	14,041	10,634	17,163	21,481
	사무직	2,916	2,209	3,564	4,462

자료: 한국개발연구원(중화전, 1981), p. 172.

〈표 8-14〉 반도체공업 육성대책 추진방안: 고급 기술인력 확보방안

구분	연수 초빙 분야	확보계획(1981~1986)	비고
국내 위탁	기초기술, 응용기술	189명(22%)	일부 지원
해외 연수	회로설계, 웨이퍼 가공	97명(11%)	일부 보조
해외 유치	연구개발, 생산기술, 응용기술	23명(3%)	일부 보조
계	−	309명(100%)	−

주: 1) 총 소요인원(대졸 이상)은 873명.
2) ( ) 안은 총 소요인원 대비.
자료: 상공부 전자공업육성계획작업반(반도, 1981. 5).

〈표 8-14〉와 같이 제시하였다. 상공부에 의하면 1981년 첨단경쟁 반도체에서 연구직 비율은 0.8%, 기술직 비율은 6.5%로 낮았다.[100]

상공부는 1980년대 고용증대 및 구조고도화 목표로 〈표 8-15〉에서 보듯이 1991년 전문기술직 : 기술공 : 기능공 비율을 17 : 29 : 54로 제시하였다. 상공부는 전자공업 고용을 1991년까지 76만 명으로 늘리고 노동생산성을 증대시키기 위해 소프트웨어 요원, 연구개발 요원, 고급 세일즈 요원 등 고부가가치 기술인력 위주로 고용을 늘려나가 현재 28%인 부가가치율을 1986년까지 30%, 1991년에는 34%까지 제고할 계획이었다.[101]

삼성은 1983년 미국 실리콘밸리 현지법인을 만들어 재미한국인 박사와 현지인 32명의 연구원으로 256K DRAM 개발에 나서면서 한국에서 32명을 보내 1 대 1로 짝을 지어 개발 과정

100 산업연구원(20, 1986), p. 206.
101 상공부(전자, 1982), p. 79.

〈표 8-15〉 전자공업 고용증대 및 구조고도화 목표

구분		1981	1986	1991
고용(천 명)		247	567	760
구조 (%)	전문기술직(연구직 포함)	4.7	10.9	15
	기술공	21.8	19.9	25
	공원	57.9	52.9	47
	기타	15.6	16.3	13
	계	100	100	100

자료: 상공부(전자, 1982), p. 79.

을 배우도록 하고 이들을 기흥 반도체연구소에 배치하였다.[102] 1985년 1MD램 연구개발부터 한국의 반도체연구소가 미국 현지법인 연구소를 앞서기 시작한 것은 이때 연구개발능력 습득이 이루어졌기 때문이었다.

Ⅳ. 생산성과 기술

1970년대 한국 전자공업의 1인당 생산액을 보면 〈그림 8-2〉에서 보듯이 47.5%의 증가를 이룬 1979년을 빼면 일본과의 격차가 좁혀졌다고 보기 어렵다. 저항기와 축전기의 평균 삽입 시간이 일본은 1.2~1.5초인데 비해 한국은 3~4초로 생산성이 일본의 1/3 정도이고 부가가치로 보면 격차가 더욱 커 1인당 부가가치는 일본의 1/9에 머물고 있었다.[103] 더구나 한일전자공업의 1인당 부가가치 격차는 〈표 8-16〉에서 보듯이 오히려 1970년대 후반 확대되고 있는 것이 확인된다. 이렇게 기본적으로 한국의 노동생산성이 낮았던 것은 한국전자공업이 노동집약적 특성을 고수하고 있어 자본집약도(자본장비율)가 낮았고[104] 기술이 뒤처져 있었기 때문이다. 기술에서 뒤처진 것은 연구개발의 낙후와 함께 긴 노동시간에도 불구하고 인력의 기술습득이 뒤떨어지고 있었던 것이 주요 원인이었다.

한국의 전자공업에서 직업훈련 및 교육이 숙련도 향상에 기여한 정도를 조사한 결과 〈표 8-17〉에서 보듯이 기기업체는 57.2%로 높은 반면 부품업체는 40.0%로 낮게 평가하였다. 한국

102 강진구 전 삼성전자사장(1996), pp. 221~223.
103 과학기술처(과기감, 1981), p. 246.
104 1977년 한국의 자본집약도는 407만 7,000원인데 비해 일본은 1975년 440만 8,000엔에 이르고 있었다. 국제경제연구원(전산, 1979), p. 72.

〈그림 8-2〉 전자공업 1인당 생산액

(단위: 달러)

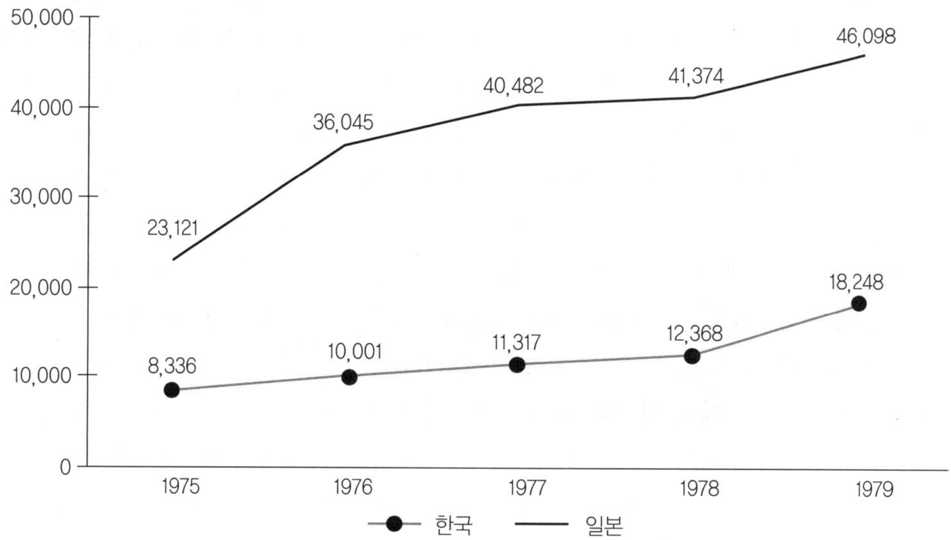

자료: 한국무역협회(가전, 1981. 12), p. 10.

〈표 8-16〉 한일 전자공업 1인당 부가가치

(단위: 달러)

	1976		1977		1978	
	부가가치	대비	부가가치	대비	부가가치	대비
한국	3,450	1	3,783	1	4,187	1
일본	21,979	6.4	27,601	7.3	37,156	8.9

자료: 과학기술처(과기감, 1981), p. 246.

〈표 8-17〉 전자공업 숙련도 향상 기여요인별 기여도 평가

	기여도 내용과 정도			
전체	작업훈련 및 교육 44.1%	실무경력 33.9%	장기근속 13.5%	기타 8.5%
기기업체	작업훈련 및 교육 57.2%	실무경력 28.6%	장기근속 7.1%	기타 7.1%
부품업체	작업훈련 및 교육 40.0%	실무경력 35.6%	장기근속 15.6%	기타 8.8%

자료: 한국무역협회(가전, 1981. 12), pp. 22~23.

부품업체들이 계열화, 전문화 미비로 기기업체보다 고급기술의 필요성이 낮았으며 또한 기업 선택에 의해 교육받은 인력이 적었던 것이다. 더하여 한국 전자공업은 저임금과 장시간 노동 그리고 사회적 편견에 따른 잦은 이동으로 기술습득의 기회가 적었다. 1970년대 말 근속연수를 보면 일본 12년에 비해 한국은 3년에 불과하였다.[105] 상공부 조사에 의하면 6개월 미만 기능공의 노동생산성을 100으로 할 때 근속연수 2~3년 기능공의 노동생산성은 114, 5년 이상 근속자의 노동생산성은 132로 나타났는데, 한국 TV생산업체 조사 결과 1979년과 1980년 퇴직률이 48.4%, 45.7%에까지 이르고 있는 것으로 나타났다.[106] 잦은 인력이동으로 인한 낮은 기술습득 기회는 낙후시설과 함께 정밀도의 저하를 가져왔고 이는 가공품질의 미흡과 생산성 하락으로 나타났다. Boston Consulting Group 조사에 의하면 컬러TV수상기의 경우 종업원 생산경험이 2배가 될 때마다 원가가 30%씩 인하되었다.[107]

1970년대 대부분의 선진공업국처럼 한국의 노동임금 상승률은 높아졌다. 한국의 임금이 기본적으로 저임금이었기 때문이기도 하였지만 증가속도는 빨라졌는데 그럼에도 일본, 대만 등과 비교해 보면 한국의 노동생산성 증가율 대비 임금 증가율은 여전히 매우 낮았다.[108] 단순 노동분배율(실질연임금/노동생산성)로 보아도 한국은 낮았다.[109] 이는 현장에서의 지속적인 인적자본 축적 동기를 낮추고 결국 장기적인 생산성에 영향을 미치고 있었다.

105 한국무역협회(가전, 1981. 12), p. 10.
106 한국산업경제기술연구원(한전, 1982), pp. 74~75.
107 한국산업은행조사부(80전, 1981), pp. 263~264.
108 International Labour Organization(ILOY, 1979~1980); 대한민국국회도서관(1979. 12. 10), p. 169.
109 通商産業大臣官房調査統計部(工産, 1980); United Nations(MBS, 1980); 加賀美充洋(1981), p. 80.

CHAPTER 9
수출

Ⅰ. 전자공업 수출정책의 성격과 초기 정책

전자공업은 부품별로 그리고 조립단계별로 요구되는 기술수준이 달라 임금수준에 맞춘 국제 분업이 추구되고 있다. 더하여 다수의 전자제품이 소형 경량이어서 국제 간 운송비용이 적게 든다는 이점 때문에 수직적 구조의 국제 분업에 기초한 주요한 세계 교역공업으로 발전하였다.

이러한 세계 전자시장의 구조에 따라 한국의 전자공업은 일찍부터 우수한 저임금 노동력에 기초한 수출지향 공업을 추구하여 이미 1962년 상공부가 동남아시아통상사절단을 파견하고 「금성사」가 이 자리에서 한국 최초의 전자공업 견본수출 계약을 성사시켰다. 같은 해 「금성사」는 1달러 130원의 환율에 달러당 25원의 장려금 도움으로[1] 미국으로의 T-703 라디오 62대를 선적함으로써 한국 전자기기 수출 1호를 달성하였다. 이후 전자공업은 자체적인 전자공업의 발전과 수출성공에 힘입어 한국의 대표적인 수출공업으로 육성되었다. 수출은 1970년대 부족한 내수를 대체하여 전자공업 발전에 필수적인 규모의 경제를 얻도록 해 주었고 장기적으로 스스로 한국전자공업의 국제 경쟁력을 키우는 가장 중요한 요소의 하나가 되었다. 이에 정부는 1960년대부터 일본 등 선진전자공업국의 선례에 따라 수출 촉진을 위한 수출소득공제, 수출금융 등 제반 정책을 실시하였다.

나아가 정부는 수출확대를 위해 〈표 9-1〉에서 보듯이 외국인 100% 단독투자도 최초 인가 1966년부터 중화학공업화정책선언 전 1972년까지 총 16개 업체에 대해 전량 수출조건부로 인가하였다. 100% 전량 수출조건은 1965년부터 「중앙상역」, 「킹전자」, 「민성전자」, 「한국도시바」, 「태일-일리노이전자」, 「삼성산요전기」, 「크라운전자공업」, 「삼성NEC」 등 1960년대 대부분의

1 육성으로 듣는 경제기적 편찬위원회(코3, 2015), p. 365.

〈표 9-1〉 외국인 100% 투자업체(외국인업체) 인가와 인가조건(1966~1972)

업체명 (인가일)	투자내용		생산 품목	인가조건 내용
	외국인	투자액		
훼어차일드쎄미코어 (1966. 4. 29)	Fairchild Camera & Instrument Corp.	2,789 (100%)	트랜지스터	전년 수출실적의 10% 범위 내 국내 판매허용
한국시그네틱스 (1966. 7. 29)	Signetics Corp.	621 (100%)	집적회로	상동
모토로라코리아 (1967. 3. 21)	Motorola Semiconductor Product Ltd.	1,000 (100%)	트랜지스터, IC	상동
콘트롤데이타코리아 (1967. 6. 17)	Control Data Far East Inc.	3,200 (100%)	기억소자	생산제품은 전량 수출
아프라이드 마그네틱스 (1968. 2. 6)	Applied Magnetics	135 (100%)	마그네틱헤드	상동
아이맥전자 (1968. 7. 19)	Kamy Corp.	432 (100%)	IC	상동
한국전자 (1969. 7. 24)	東京芝浦電氣	980(70%)	트랜지스터	전년 수출실적의 10% 범위 내 국내 판매허용
	郭泰石(교포)	420(30%)		
대한마이크로 (1970. 3. 13)	America Microsystem	340(85%)	IC	전년 수출실적의 10% 범위 내 국내 판매허용
	崔萬立(교포)	60(15%)		
에이에푸코아 코리아 (1970. 4. 30)	Alumina Ferrite Corp.	243 (100%)	페라이트코어 (메모리푸렌)	생산제품은 전량 수출
오리엔트전자 (1971. 10. 27)	Midtex Inc.	60 (100%)	水銀스위치	상동
한국롬버스공업 (1972. 6. 23)	Rhombus Industries	96 (100%)	Delay Line	상동
韓國大東電子 (1972. 8. 23)	日本大東電子産業	245 (50%)	라디오플라스틱 캐비넷, 가변저항기, 트랜스포머	생산제품은 전량 수출(간접수출 포함), 간접수출은 한국동양통신, 오리온전자공업에 한함
	모도프라스틱(교포)	245 (50%)		
韓國加美電子 (1972. 12. 19)	日本加美電子(株)	200 (100%)	變成器	생산제품은 전량 수출
한국전자부품(주) (1973. 3. 29)	大東電子産業(株)	100 (50%)	목제캐비넷	생산제품은 전량 수출(간접수출 포함), 간접수출은 한국동양통신, 오리온전자공업에 한함
	三成貿易(株)(교포)	100 (50%)		
한국음향 (1973. 8. 23)	일본 옹꼬(주)	375(50%)	스피커	생산제품은 전량 수출, 내국 수출은 한국테레비(주)에 한함
	裵善鉀(교포)	375(50%)		
한국필립스전자 (1974. 5. 28)	화란 필립스	1,100 (100%)	고정저항기, 자기축전기, 가변저항기	생산제품은 전량 수출, 국내 수출은 수출실적의 10% 범위 내 허용

주: 투자액의 ( ) 안은 외국인투자 비율임.
자료: 상공부(해교, 1974. 10. 19).

합작투자 인가에도 적용되었다.[2] 수출을 촉진하기 위해 내국신용장(Local L/C)에 의한 간접수출도 수출로 인정하였으며 트랜지스터, 집적회로 등 국내 생산이 없는 제품에 대하여 수출량의 10% 시판까지도 허용하였다.

정부는 수출을 위한 외국인투자기업들의 요구도 적극 받아들여 100% 외국인투자기업의 수출절차 간소화를 위한 '계장전결'까지 허용하였고 1970년대에도 이런 기조를 이어갔다. 1971년 경제기획원장관은 「금성알프스전자(주)」의 외국인투자 전량 수출업체의 수출입 업무 일원화와 수출용 원자재 수입의 최소포장 단위 인정 요청에 대해 관계 법규를 개정, 개선하고자 상공부장관의 의견을 조회하고 이런 사실을 해당사에 통보하였다.[3] 이런 노력 가운데 1971년 전자 및 전기제품의 수출이 전체의 7.2%를 차지하면서 수출 5대 품목으로 되었다.[4]

1972년 1월 22일 상공부는 수출특화산업과 수출전략산업 대상 품목을 결정하면서 전자제품·선박 등 향후 급속한 수출증대가 가능하고 수출산업으로서의 육성이 용이한 12개 품목을 수출전략산업으로 지정하였다. 심지어 5월 16일 상공부는 전자제품 수출진흥계획을 성안하였는데 전자제품 1976년 4억 달러 수출목표 달성을 위해 내수판매 계획량의 대폭 감축까지 고려하였다.[5] 1972년 12월 28일 상공부장관은 상공부공고 제7279호로 "73년도 수출산업 시설확충을 위한 내외자 소요액 사전신고 요령"을 공고하고 1972년 12월 29일부터 1973년 1월 8일까지 신고를 받아 신고한 자를 우선으로 지원한다고 밝혔다.[6] 이날 12월 28일 수출진흥확대회의에서 상공부는 1973년 3억 2,300만 달러, 1976년 8억 3,000만 달러, 그리고 1980년 24억 달러라는 의욕적인 전자·전기기기류 수출목표를 보고하였다.[7] 이는 대통령 경제제2비서실의 1980년대 100억 달러 수출 가능성 검증요청에[8] 대한 1973년 1월 16일 상공부의 보고 자료에서 구체적인 목표수치로 적시되었다. 보고에서 상공부는 1971년 수출 5위 품목인 전자·전기제품이 1973년에는 2위로 올라서고 1980년에는 "최고 수출품이 될 것"이라고 밝혔다.[9]

그러나 〈표 9-2〉에서 보듯이 여전히 이 시기 한국의 수출지원은 일본 등 선진공업국의 유사한 수출액 시기의 지원과 비교해 보면 낮은 수준이며 불완전한 상태이었다. 세계 각국의 세계 시장 진입과 확장을 위한 초기 수출정책은 총력적인 것이었다.

2 경제기획원장관(전부15, 1971. 5. 7).
3 경제기획원장관(외전, 1971. 11. 29).
4 상공부(주요, 1973. 1. 16).
5 중화학공업추진위원회기획단(한공발4, 1978), pp. 389, 398.
6 〈관보〉(1972. 12. 30), 제6340호.
7 오원철 전 중화학공업추진위원회기획단장(한경7, 1999), pp. 490~491.
8 김광모 전 대통령 경제제2비서실 비서관 증언(2017. 8. 17).
9 상공부(주요, 1973. 1. 16).

〈표 9-2〉 유사 수출액 시기의 한국, 일본 수출지원제도 비교

		한국	일본
단기수출금융	대출한도	88%	100%
	대출금리	6.0%	4.7%(1972년 5%)
	융자 대상	신용장	계약서, 신용장
수출기업특별상각		20~30%	30%(대만 50%)
기타 세제상 지원제도	수출소득공제 제도	50%	80%(1957~1964년 100%)
	수출계약취소준비금 제도	없음	조세면제 인정
	해외시장개척준비금 제도	없음	손금산입 인정
	중소기업해외시장개척준비금 제도	없음	면세인정
	해외시장투자손실준비금 제도	없음	손금처리
	수출교제비의 특별조치 제도	없음	손금처리

주: 유사한 수출액을 가진 시기로 한국은 1973년 1월 현재이고 일본은 1955년임.
자료: 상공부(주요, 1973. 1. 16).

Ⅱ. 중화학공업화정책선언과 수출정책

한국의 중화학공업화정책을 최상위층에서 조정하고 있던 김광모 전 대통령비서관은 "중화학공업이 내수시장에 근거를 둔 것이 아니라 수출 지향성이기에 문제였다"고 언급하였지만,[10] 중화학공업 중에서도 민간 주도성이 강하였던 조선공업과 전자공업은 더욱 그러하였다. 1973년 1월 상공부는 경제제2비서실에 보고한 「전자공업장기육성방안」을 통해 〈표 9-3〉과 같이 1980년 25억 달러 수출, 세계 시장 점유율 1.5%의 수출목표를 달성할 것이라고 밝혔다. 수출액으로는 미국 시장으로의 수출 8억 7,500만 달러가 가장 많았지만 각국 시장점유율로는 일본 시장 3.7%가 가장 높았다. 상공부는 이 수출목표를 달성할 경우 1975년, 1977년, 1978년 그리고 1980년부터 일본 수출을 추월할 것으로 보았다. 동시에 상공부는 수출 당면과제로 부품위주의 수출을 제품수출로 전환할 것을 제시하였다.[11]

동시에 「전자공업장기육성방안」은 6가지의 전자공업 육성 기본방침 중 첫 번째 방침으로 수출확대를 다음(〈표 9-3〉 아래 내용)과 같이 제시하였다.

10 김광모 전 중화학공업추진위원회기획단 부단장(한17, 2017), p. 28.
11 상공부(전자장, 1973. 1), p. 4.

〈표 9-3〉 상공부의 전자제품 수출목표와 세계 시장 점유율 목표 (단위: 백만 달러)

	수출목표와 1980년 세계 시장 점유율								
수출목표	연도	1972	1973	1974	1975	1976	1977	1978	1979	1980
	수출	1.5	3.0	4.5	6.3	8.5	11.3	14.8	19.3	25.0

세계 시장 점유율 (1980)		계	미국	일본	서구	동남아	기타
	세계 전자제품 수요	168,900	67,500	20,300	38,700	6,100	36,900
	한국 수출	2,500	875	750	375	125	375
	점유율(%)	1.5	1.3	3.7	1.0	2.0	1.0

자료: 상공부(전자장, 1973. 1), pp. 1, 3.

【「전자공업장기육성방안」 6가지 전자공업 육성 기본방침 중 수출확대】

1. 내수시장 확대로 수출기반 확고화: 컬러TV 방영조기화, 물품세 인하
2. 절차간소화: 선조치 후관리제 실시, 단일창구제 실시
3. 부품 및 재료전문공장 건설: 신규 개발에 대한 조세감면, 원자재에 대한 면세(74년 말까지 시한부), 중고시설 도입 허용

상공부(전자장, 1973. 1), p. 17.

수출 100억 달러 달성이라는 목표를 가진 중화학공업화정책선언 이후 수출정책은 더욱 체계화되고 강조, 강화되었다. 정부는 특히 전자공업에서 한국이 다른 나라에 비해 발전상의 장점을 가지고 있다고 보고 전자공업을 전략적인 수출산업으로 지정하여 이에 집중하는 발전전략을 채택하였다.[12] 언론에서도 이러한 정부의 인식을 지지하여 "전자공업은 70년대의 가장 유망한 전략 수출산업의 하나다. 세계의 전자제품 소비실적은 65년의 463억 불에서 70년에는 716억 불로 5년 동안 54.7%나 늘었다" 등의 논조가 이어졌다.[13] 전자공업의 수출확대 추구는 1970년대 민간부문과 정부에 의해 가장 일치된 지향점으로 공유되면서 진행된 정책으로 되었고 이후 오늘날까지도 한국의 정책중심, 한국인의 공유인식으로 계속되고 있으며 한국 전자공업의 장단점을 동시에 만들어 내고 있다.

상공부는 1972년 한국전자전람회에 조립 컬러TV수상기가 출품되자 1973년 수출금액을 올려 줄 고가제품 컬러TV수상기의 수출을 기업들에게 독려하였다. 이에 국내 9개사가 1973년 컬러TV의 수출을 추구하여 「한국크라운」, 「한국TV」, 「아남나쇼날」, 「삼성전자」는 8월경부터 조립생산에 의한 일본, 유럽 및 미국으로의 수출을 계획하였다.[14] 그러나 부품자급이 어려워

12 Planning Office, Heavy and Chemical Industry Promotion Council, Government of the Republic of Korea(HC, 1976), p. 81.
13 〈중앙일보〉(1973. 8. 15).
14 〈매일경제신문〉(1973. 3. 22).

1973년 내 컬러TV수상기의 생산이 가능할 것인가에 대한 회의가 제기되었고 설사 생산, 수출이 가능하다고 하여도 부품을 수입해야 하므로 부가가치상 수출이익이 없다는 점이 지적되었다.[15] 당시 정부의 시각은 부가가치보다 수출총액에 있었다.

1973년 4월 중화학공업추진위원회는 중화학공업화정책선언에 따른 정책을 설명하면서 1973~1980년 전자제품 생산액 58%의 수출계획을 〈그림 9-1〉과 같이 밝혔다. 경제기획원은 5월 중화학공업정책 발표에서 1977년 수출과 1980년 수출목표액만 11억 100만 달러에서 11억 300만 달러, 24억 7,100만 달러에서 24억 9,100만 달러로 수정하였다.

이런 총체적인 계획 하에서 정부는 9월에 구체적인 지역별, 품목별 수출계획을 〈표 9-4〉와 같이 작성하였다. 정부는 상공부가 1월에 제시한 1980년 세계 전자제품 수출시장 점유율 1.5% 목표를 낮추고 1980년 목표수출액도 낮추었지만, 장기전자공장건설계획에 따른 수정 전 수출계획에서 1980년에 미국, 일본, 유럽 등 선진시장에 86%를 수출하여 전 세계 전자제품 수출시장의 1.2%를 점유한다는 당시로서는 야심찬 계획을 정하였다. 이는 선진 일부 국가를 제외하고 당시 한국이 알려지지 않았던 현실적 제약에 어쩔 수 없는 선택이라는 측면도 있었지만, 분명히 선진시장에서의 경쟁 추구에 의한 품질향상과 지속적인 규모의 경제 추구라는 점에서 전략적으로 탁월한 선택이었다. 또한 품목별 수출계획을 보면 민생용기기 : 산업용기기 :

〈그림 9-1〉 4월 중화학공업추진위원회 전자제품 수출계획(1973) (단위: 백만 달러)

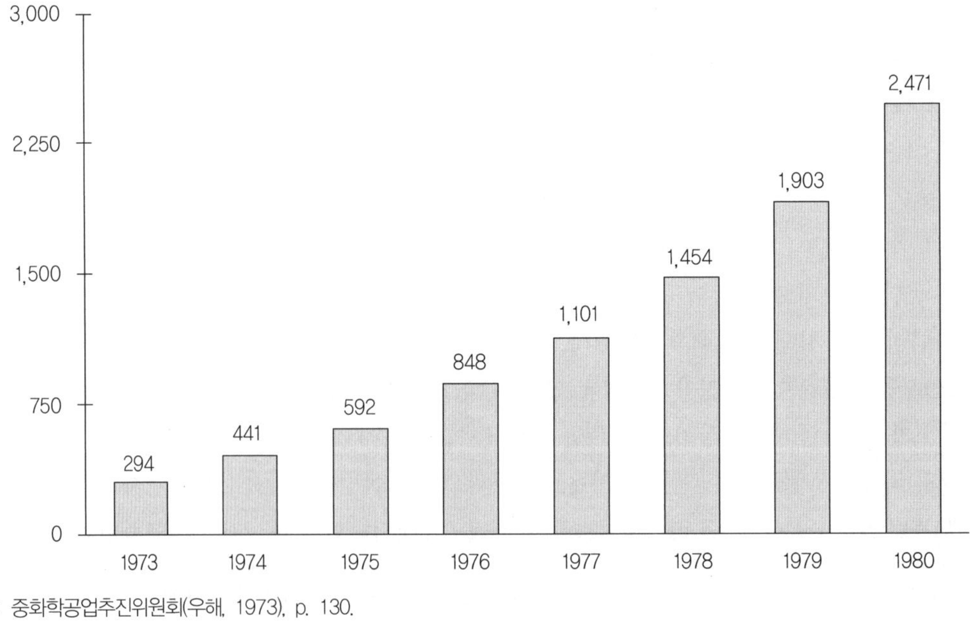

자료: 중화학공업추진위원회(우해, 1973), p. 130.

15 〈동아일보〉(1973. 3. 27).

〈표 9-4〉 지역별, 품목별 전자제품 수출계획(1973. 9) (단위: 백만 달러)

<table>
<tr><th rowspan="3"></th><th colspan="9">수출계획과 점유율</th></tr>
<tr><th rowspan="2" colspan="2"></th><th rowspan="2">1972년
한국 수출</th><th colspan="3">1975년</th><th colspan="3">1980년</th></tr>
<tr><th>총시장</th><th>점유율</th><th>수출 전망</th><th>총시장</th><th>점유율</th><th>수출 전망</th></tr>
<tr><td rowspan="6">지역별</td><td colspan="2">세계</td><td>142(100%)</td><td>113,000</td><td>0.5%</td><td>567(100%)</td><td>169,000</td><td>1.2%</td><td>2,081(100%)</td></tr>
<tr><td colspan="2">미국</td><td>85(60%)</td><td>49,170</td><td>0.7%</td><td>330(58%)</td><td>67,420</td><td>1.2%</td><td>832(40%)</td></tr>
<tr><td colspan="2">일본</td><td>19(13%)</td><td>12,130</td><td>1.1%</td><td>138(24%)</td><td>20,260</td><td>3.2%</td><td>645(31%)</td></tr>
<tr><td colspan="2">서구</td><td>9(7%)</td><td>23,320</td><td>0.2%</td><td>47(8%)</td><td>38,070</td><td>0.8%</td><td>312(15%)</td></tr>
<tr><td colspan="2">동남아</td><td>14(10%)</td><td>2,801</td><td>0.7%</td><td>20(4%)</td><td>4,320</td><td>2.4%</td><td>104(5%)</td></tr>
<tr><td colspan="2">기타</td><td>15(10%)</td><td>205,579</td><td>0.2%</td><td>32(6%)</td><td>38,930</td><td>0.5%</td><td>188(9%)</td></tr>
<tr><td rowspan="11">품목별</td><th rowspan="2" colspan="2"></th><th rowspan="2">1972년
한국 수출</th><th colspan="3">1975</th><th colspan="3">1980</th></tr>
<tr><th>시장수요</th><th>점유율</th><th>수출 전망</th><th>시장수요</th><th>점유율</th><th>수출 전망</th></tr>
<tr><td colspan="2">합계</td><td>142(100%)</td><td>113,000</td><td>0.5</td><td>567(100%)</td><td>169,000</td><td>1.2</td><td>2,081(100%)</td></tr>
<tr><td rowspan="5">민생용기기</td><td>계</td><td>35(25%)</td><td>17,379</td><td>1.5</td><td>238(42%)</td><td>24,715</td><td>5</td><td>1,311(63%)</td></tr>
<tr><td>TV</td><td>8(6%)</td><td>8,695</td><td>1.4</td><td>130(23%)</td><td>11,360</td><td>7</td><td>795(38%)</td></tr>
<tr><td>라디오</td><td>10(7%)</td><td>1,475</td><td>3</td><td>443(8%)</td><td>1,675</td><td>15</td><td>251(12%)</td></tr>
<tr><td>녹음용
앰프류</td><td>9.6(6%)</td><td>4,073</td><td>1.5</td><td>61.1(11%)</td><td>5,363</td><td>7</td><td>375(18%)</td></tr>
<tr><td>기타</td><td>7.4(6%)</td><td>3,136</td><td>0.82</td><td>25.6(5%)</td><td>8,257</td><td>3.7</td><td>309(15%)</td></tr>
<tr><td colspan="2">전자부품</td><td>103(73%)</td><td>21,319</td><td>1.4</td><td>306(54%)</td><td>31,545</td><td>1.9</td><td>604(29%)</td></tr>
<tr><td colspan="2">산업용기기</td><td>4(2%)</td><td>73,935</td><td>0.03</td><td>23(4%)</td><td>112,682</td><td>0.15</td><td>166(8%)</td></tr>
</table>

주: 수출액은 9월 장기전자공장건설계획에 따른 수정 전의 추계액임.
자료: 국무총리기획조정실(중오, 1973), pp. 98~99.

전자부품 수출비율을 1972년 25 : 2 : 73에서 1980년 63 : 8 : 29로 개선한다는 목표도 있었다. 해외 의존적 조립생산으로 비정상적으로 높았던 단순전자부품의 수출 의존도를 줄이고 민생용기기 수출 우선으로 바꾸되 산업용기기의 수출도 8%로 일단 확대한다는 것이었다. 이는 당시 한국의 현실과 나아가야 할 방향 그리고 가능성을 고려할 때 적절하고 효율적인 전략적 선택이었다. 국무총리기획조정실 역시 이제까지의 부품위주 수출을 제품수출 위주로 전환해서 1970년대 후반기에는 전자재료 및 관련 부품의 해외 의존을 완전히 탈피하고 민생용기기의 고급품화 및 신규 상품의 개발을 추진하여 수출시장의 확대를 꾀할 것이라고 밝혔다.[16]

계속되는 수출목표 제시는 다른 수출정책과 마찬가지로 다음과 같이 일본의 영향을 받은

16 국무총리기획조정실(중오, 1973), pp. 98~99.

것이었다.

일본은 通産省이 주도하고 수상 주재하에 最高輸出委員會를 두고 수출을 독려하였다. 最高輸出委員會는 통산성장관과 수출품 생산업체 대표, 무역회사 대표들이 위원으로 참석하였다. 위원회는 연간 수출목표량을 정하고 목표량 달성 가능성 여부를 검토하여 목표달성이 어려울 것으로 판단되면 적절한 조치를 건의한다. 이외에 日本貿易振興公社(JETRO)가 있어 민간수출회사들을 지원하고 보완한다.

한국무역협회(장전, 1976. 10), pp. 180~181.

그러나 단순 수출목표가 아니라 높은 수준의 수출목표 제시는 대통령비서실이 그것이 효율성이 있다고 판단하였기 때문에 만들어진 것이었다. 당시 대통령의 의중을 가장 잘 알고 있었던 김정렴 비서실장과 경제제2비서실의 김광모 전 비서관은 "한국인들은 높은 목표를 제시하면 이상할 정도로 그것을 실현하려고 엄청난 노력을 하고 실제로 불가능하다고 비판받던 목표가 실현되는 것을 보고 목표를 높게 잡았다"라고 증언하였다.[17]

한국전자공업의 수출정책은 수출이 대통령의 가장 중요한 관심사이었기에 대통령-비서실-상공부-정밀기기센터(FIC) 및 관련 협회의 수직적이고 직접적인 라인이 형성되어 추진되었다. 「정밀기기센터」는 상공부와 협력하여 현장의 수출추진기관으로 역할하며 외국 협회 및 기관과 연락업무를 담당하고 품질관리 및 국제수준 경쟁력 확보노력을 도왔다.[18]

이런 조직적 기반 위에서 수출이 지상과제로 제시되면서 수출을 위한 제반 수단이 정책적으로 강구되었다.

우선 수출시장 개척, 수출우선주의가 주요 수단으로 강조되었다. 한국 전자제품의 수출은 원자재, 부품, 그리고 조립디자인까지 해외에 의존하는 OEM 방식이거나 또는 해외 기업의 브랜드나 판매망을 통해 수출하는 방식으로 시작되었다. 1960년대와 1970년대를 통하여 해외 투자유치가 적극 추구된 가장 큰 이유 중 하나도 시장 확보이었다. 그리고 이런 방식이 지배적으로 되면서 한국 기업 스스로 시장을 개척한 경우가 적어 수출량 확대와 부가가치 제고는 근본적인 한계가 있었다. 심지어 적자수출, 출혈수출도 많았다. 따라서 새로운 시장 개척은 필수적 과제로 등장하였고, 특히 1973년 석유파동은 소수 국가로의 수출에 의존하던 다수 수출기업들에게 다음의 증언과 같이 수출다변화 필요성을 분명히 인식시켰다.

1974년 1차 석유파동으로 일본 단일판매망을 가지고 있던 우리는 평균 주문에서 75%가 감소한 주문밖에 받을 수 없는 상황으로 돌변했다. …… 일본만을 왕래하던 외골수 수출에서 벗어나 미국과

17 김정렴 전 대통령비서실장 증언(2008. 12. 22); 김광모 전 경제제2비서실 비서관 및 중화학공업추진위원회부단장 증언(2010. 2. 9).

18 한국무역협회(장전, 1976. 10), p. 35.

유럽 여러 나라를 겨냥한 마케팅에 전력을 기울이게 되었다. 1974년 가을 구라파와 미국을 향해 수출다변화 첫걸음을 내걸었다.

이승원 전 금강(金岡)전자공업사장(1987), p. 373.

이를 위해 해외 및 국내 전자전람회 참여가 적극 장려되었다. 정부는 "80년대 전자제품의 수출목표인 25억 불을 달성하기 위한 주요 시책으로서 73년도부터, 세계에서 국제적으로 이름 있는 전자전에 한국 전자제품을 전시함으로써 해외 시장을 더욱 확장시킬 수 있는 좋은 계기가 되므로, 미국 제7회 Consumer Electronics Show, 일본 제12회 전자전람회, 서독 국제라디오&TV전시회와 같은 국제전자전에 적극적으로 출품하여 소기의 성과"를 거두어 달라고 독려하였다. 그리고 상공부 주관 하에 한국정밀기기센터와 한국전자제품수출조합 및 한국전자공업협동조합의 공동개최로 출품이 추진되었다. 국내에서도 이미 1969년부터 개최된 한국전자전람회를 적극 장려하며 수출을 독려하였다. 이에 따라 1973년 10월 10일 제4회 한국전자전람회가 "1980년도 한국 전자수출 25억 달러 목표달성을 위해 외국인들에게 알린다"는 목적으로 경복궁 특별전시장에서 열렸고 대통령이 직접 나서 출품작들을 둘러보며 장려하였다.[19]

이런 정부정책에 편승하여 외국인기업들은 수출우선을 적극 내세웠고 한국 정부 역시 이를 장려하고 적극 수용하였다. 100% 단독투자 「훼어차일드 쎄미콘닥터 한국(주)」이 1973년 3월 차관계약 인가를 신청하면서 수출실적과 수출계약을 내세웠고 경제기획원은 '1973년에도 2,000만 달러 이상의 수출계획을 세우고 있다'는 점을 들어 이를 외자도입심의위원회에 상정하였다.[20] 정부는 중화학공업화의 기본원칙으로 강조하고 있던 내국인투자 비율 제고라는 자립경제의 대원칙을 깨면서까지 수출을 정책적으로 우선시하였다. 외국인투자기업들이 인가를 받기 위해 항상 우선 강조한 것이 수출실적 혹은 수출계획이었고 정부 역시 이를 요구하였다. 1973년 8월 28일 大阪 「옹꼬」는 9월에 한국에서 「코리어옹꼬」 음향회사를 설립한다고 발표하면서 자본금 3억 원을 한일 공동출자하여 11월부터 스피커를 생산하되 첫 연간 50만 개 중 25%를 일본에, 55%를 3국에 수출한다고 밝혔다.[21] 심지어 1974년 대통령 긴급조치 3호에 의한 수입물품 통관상의 애로사항 건의를 제출하면서 「마그네틱스」가 내세운 것도 1973년 2,200만 달러 수출실적과 1974년 수출목표 3,400만 달러이었는데[22] 건의는 받아들여졌다.[23]

중화학공업화정책선언 이후 정부는 1973년부터 「한국음향(주)」, 「한국전자부품(주)」, 「한국필립스전자」 같은 100% 외국인투자에 대해서 역시 100% 전량 수출조건부로 인가하였다. 나아가 이전보다 조건을 엄격히 하여 간접수출을 원칙적으로 인정하지 않도록 하고 해외교포 참

19 문화공보부(대뉴, 1973. 10. 13), 제953호.
20 경제기획원(전부위, 1973. 3. 24).
21 〈매일경제신문〉(1973. 8. 30).
22 한국시그네틱스주식회사 대표이사(대긴, 1974. 2. 12).
23 경제기획원장관(전품조, 1974. 2. 18).

여 외국인 100% 투자업체에 대해서도 외자도입법상 조세감면을 외국인과 같은 대우를 받고 있으므로 동일하게 취급하도록 하였다. 이후 상공부 요청에 의해 해외교포가 참여한 외국인 100% 투자 전자업체 중 교포투자액 및 동 과실을 송금하지 않는 업체에 대하여는 간접수출을 인정하는 것으로 완화하였지만, 이 경우도 국내 시장에서 내국인 또는 합작투자 생산업체 과당경쟁이 예상되는 경우와 해외교포 투자분 지분이 과소할 경우 제외하거나 제한하도록 하여 해외 시장 수출을 최우선으로 하였다.[24]

다음으로 수출을 늘리기 위한 핵심수단은 가격이었다. 당시 한국은 세계적인 다국적기업들과 비교해 지명도가 낮으므로 가격이 평균 30% 정도는 낮아야 할 것으로 나타났다.[25] 원가를 낮추기 위해 일차적으로 추구해야 할 것이 바로 원자재의 국산화이었다. 세계적인 전자제품 수출국으로 성장한 일본 역시 日本電子工業振興協會가 중심이 된 전자재료위원회를 조직하여 국산화를 적극 추진해 나가면서 동시에 미래 반도체 재료 등 전자재료의 개발방향을 선제적으로 만들어 나가고 있었다. 이 위원회는 해외조사전문위원회를 구성하여 1차 연도 1972년에는 미국 전자재료 연구개발 상황을 조사하고 2차 연도 1973년에는 유럽 각국의 전자재료 연구개발 상황을 조사하였으며 이를 위해 실태조사단을 유럽 5개국 24개 연구소에 파견하였고 1974년 그 결과를 보고서로 공유하였다. 물론 日本電子工業振興協會는 조사를 통해 국내 연구개발 상황도 계속 파악하여 나갔다.[26]

한국의 전자제품 재료 및 부품의 수입은 지속적이고 심각한 것이었다. 물론 분업구조 선택과 소비자 요구에 의해 선진공업국도 부품수입, 기기수출을 선택하고 있고 그래서 수출용원자재 수입에 대해 영미에서는 관세환급제도를, 독일에서는 보세공장제도를 채택하고 있지만[27] 한국은 일차적으로 기술 부족에 따른 재료·부품 수입이라는 것이 문제이었다.

수출을 위한 제반 수단이 정책적으로 만들어지는 가운데 1974년 1월 9일 상공부장관은 상공부공고 7607호로 전자공업진흥기본계획을 개정·공고하고 진흥목표의 첫 번째로 "전자제품의 수출극대화: 생산(1981) 47억 불, 수출(1981) 25억 불"을 내걸었다.[28] 이날 상공부장관은 전자공업진흥법 제5조의 규정에 의해 상공부공고 7608호로 전자공업진흥시행계획도 공고하고 시행에 들어갔는데 역시 진흥목표의 첫 번째로 "전자제품의 수출확대"를 들고 진흥방안 6번째로 "(6) 내외 수요시장의 확대 및 균형화: 가. 업체별 수출책임제 강화, 나. 수출과 시판과의 링크제 강화, 다. 해외전람회 적극 참가, 라. 음성업체의 정비"를 밝혔다.[29] 정부는 전자공업을 수출특화산업으로 책정함으로써 1981년 수출목표를 달성한다는 목표하에 계속하여 재료 및 부품

24 상공부(해교, 1974. 10. 19).
25 한국무역협회(장전, 1976. 10), p. 105.
26 국무총리기획조정실(중건5, 1977), pp. 180~181.
27 국무총리기획조정실(중건5, 1977), p. 156.
28 〈관보〉(1974. 1. 10), 제6645호.
29 〈관보〉(1974. 1. 10), 제6645호.

공업의 중점 육성, 기술도입 및 개발, 합작투자 장려 등을 적극적으로 추진하고 규모의 영세성, 기술수준의 낙후, 시장의 협소 등 현재의 취약성을 탈피하고자 하였다.[30]

석유파동은 1975년까지 영향을 미치고 있었고 수출목표는 달성되지 못하고 있었다. 1974년 구미전자단지의 수출실적 역시 계획의 62%에 머물렀고 1975년 수출계획은 3억 달러, 1976년 5억 달러, 1977년 7억 달러로 낮게 정해졌다.[31] 1975년 5월 13일 상공부 기계공업국은 전자제품 수출부진 타개방안을 다음과 같이 마련하였다.

【상공부의 전자제품 수출부진 타개방안(1975. 5. 13)】

1. 전자제품 수출부진 사유
   (1) 주요 수입국의 수요 감소: 75년 수요 미국 −31%, 일본 −28%, 홍콩 −30%
   (2) 제품가격 하락(불)

	1974년 3월 말	1975년 3월 말	%
AM/FM 라디오	11.80	11.50	97
카세트 녹음기	36.49	32.45	89
앰프	44.50	35.50	80
계산기	47.00	34.00	72

2. 전자부품 수출부진 사유
   (1) 전자기기 수요 감퇴에 따른 부품주문 감소(L/C 내도액 실적)
      전자기기: 1974년 3월 말 33,981천 달러→1975년 3월 말 31,312천 달러
      전자부품: 1974년 3월 말 26,722천 달러→1975년 3월 말 16,661천 달러
   (2) 외국인 무환수출실적 감소
      1974년 3월 말 56,462천 달러→1975년 3월 말 37,462천 달러 33% 감소

……

5. 수출제품 수출 촉진 방안
   (1) 애프터서비스 지원
      ① 기발생된 문제점 우선 해결
         해외 수리요원에 대한 해외여행 심사기준이 높아 즉시 파견 어려움
         수리용 및 불량품 수입 원자재 관세 및 물품세 부과로 수리비 과다
         수리용품의 비축제도 및 세제지원제도 미비
      ② 서비스센터 설치 지원: 뉴욕, 몬트리올, 서독 본 1975. 9. 1 설치
      ③ 현지 서비스 용역회사 활용시의 용역비 일부 보조
         * 애프터서비스 대상 품목: 라디오, 흑백TV, 녹음기류, 녹음테이프플레이어, 앰프류, 전탁, 전축, 전자시계
   (2) 세일즈맨 파견

---

30 과학기술처·산업기지개발공사(1974. 12), p. 51.
31 국무총리기획조정실(중건2, 1975. 3), p. 259.

① 파견지역: 서구, 중동, 북아프리카, 북미, 남미 등 50개국
② 파견시기: 1975년 5월 말(시카고전자전 참가 후 각자 개별 파견)
③ 파견기간: 1개월
④ 파견원 수: 16개사 23명
⑤ 경비지원: 일부 업체 대표(9명)는 輸特資金 지원하고 기타 업체(14명)는 자비
* 1975년 8월 베를린 전자전람회 참가 계기로 전기와 같이 2차 파견하고자 함

(3) 신제품 개발 지원
(4) 대일수출 촉진(별도 보고)
(5) 신시장 개척 지원(별도 보고)
(6) 해외 선전 지원
(7) 세일즈맨 양성 지원
(8) 가격경쟁력 배양 지원

상공부 기계공업국(전제, 1975. 5. 13).

판매후서비스 지원, 세일즈맨 파견, 신제품 개발 지원, 대일수출 촉진, 신시장 개척 지원, 해외 선전 지원, 세일즈맨 양성 지원, 가격경쟁력 배양 지원 등 모든 대책이 동원되었다. 1975년 5월 24일 상공부장관은 전자제품 수출부진 타개책으로 판매후서비스, 신제품 개발 지원을 다음과 같이 재무부장관에게 요청하였다.

1. 애프터서비스 지원
   가. 현지 애프터서비스 용역회사 활용을 위한 용역비 송금제도 마련
   나. 애프터서비스 및 불량품 교체용 수입원자재의 관세 및 물품세 면세
2. 신제품 개발 지원
   신제품 개발요원에 대한 갑근세 면세

상공부장관(전제세, 1975. 5. 21).

재무부 세제국장은 "애프터서비스 지원"에 대해 세제개선 시 업무에 참고하겠다는 답장을 주었지만 신제품 개발요원에 대한 갑근세 면제는 형평성을 들어 불가하다는 답변을 보내왔다. 상공부와 재무부의 입장차이는 언제나 존재하였고 이번에도 동일하였다.[32]

상공부는 1974년 수출 100만 달러 이상 기업들을 대상으로 수출실적과 1975년 수출목표를 조사하였다. 〈표 9-5〉에서 보듯이 여전히 100만 달러 이상 수출기업은 1974년 외국인 100% 투자기업이 25개, 합작기업이 25개로 외국인투자기업이 50개, 74%에 달하였고 외국인투자기업 수출액은 이보다 더 높은 77%에 달하였다. 1975년 계획 역시 합작기업과 외국인 단독투자기업의 비중이 75%에 달하고 있었다. 전체적으로 보아도 1974년 전자제품 수출 5억

32 재무부 세제국장(전자5, 1975. 6. 2).

〈표 9-5〉 1974년 수출 100만 달러 이상 기업 수출실적 및 목표

구분	업체 수	1974년 실적	1975년 목표
내국인	17	122,241천 달러	189,800천 달러
합작	25	101,465천 달러	156,800천 달러
외국인(외국인 100%)	25	291,562천 달러	411,100천 달러
합계	67	515,268천 달러	757,700천 달러

자료: 상공부 기계공업국(전제, 1975. 5. 13).

1,800만 달러 중 53%에 해당하는 2억 7,500만 달러를 외국인 단독투자기업, 수출의 21%를 합작회사들이 달성하였다. 즉, 수출의 74%를 외국인투자기업이 차지하고 내국인기업의 수출액은 26%에 불과한 1억 3,500만 달러에 그쳤다.[33]

이러한 사실은 1970년대 중반 수출정책이 외국인투자기업에 집중되어야 함을 의미하는 것이었고 나아가 장기적으로 안정적인 수출을 위해서는 내국인기업을 더 육성해야 함을 의미하는 것이었다. 1975년 490개 전자공업 가동업체 중 외국인 단독투자회사가 40개, 합작회사가 141개사, 그리고 63%인 309개사가 내국인기업체이었다. 1975년 8월 22일 경제기획원은 경제기획원고시 제75-4호로 외국인투자기업이 생산한 전자제품의 국내 판매 확대를 허용하여[34] 자본, 기술도입과 함께 외국인투자기업 확대를 통한 수출증대를 꾀하였다.

1970년대 중반까지 한국 전자공업의 수출경쟁력 우위원천은 여전히 노동비용이었다. 〈표 9-6〉에서 보듯이 전자공업 생산직의 임금과 노동생산성을 기초로 노동비용을 비교해 본 결과 한국은 0.19로 서독의 0.30, 싱가포르 0.38은 물론 미국의 0.26, 일본의 0.23보다 낮았다. 한국은 여전히 임금이 선진공업국에 비해 매우 낮아 낮은 노동생산성을 커버하고도 노동비용이 매우 낮았다.

그 결과 한국이 주력으로 삼고 있었던 가정용기기의 원가비교 우위율을 보면 〈표 9-7〉에서 보듯이 한국은 서독, 미국, 일본 대비 45~21% 우위를 가지고 있었다. 여기에 수익률까지 낮춤으로써 1970년대 중반 중심 전자제품이었던 흑백TV수상기에서 1974년 한국제의 미국 수입단가는 56달러로 일제 66달러, 대만제 58달러보다 가격쟁쟁력을 갖고 있었고 컬러TV수상기 역시 수출이 이루어진 1976년 150달러로 일제 181달러, 대만제 163달러보다 가격경쟁력을 갖는 데 성공하고 있었다.[35]

그러나 이러한 저임금, 저수익률 기반 우위는 이미 1970년대 중반 위협받고 있었다. 필리

33 한국무역협회(장전, 1976. 10), pp. 33~35.
34 〈관보〉(1975. 8. 29), 제7135호.
35 小倉靜夫(1980), pp. 547, 549.

〈표 9-6〉 전자공업 생산직 임금과 노동생산성, 노동비용(1인당 연간, 1975) (단위: 천 달러)

	임금		노동생산성		노동비용(임금/부가가치생산)
	임금액	지수	부가가치생산액	지수	
미국	9.53	1,440	36.5	1,007	0.26
일본	4.49	680	19.0	560	0.24
서독	7.58	1,140	25.1	740	0.30
싱가포르	2.17	330	5.7	170	0.38
브라질	1.92	290	12.4	360	0.17
한국	0.66	100	3.4	100	0.19

주: 1) 서독과 브라질은 전기기기 포함.
2) 일본 부가가치액은 간접세 미포함.
자료: United Nations(YID, 1977), Vol. II ; 국제경제연구원(전산, 1979).

〈표 9-7〉 가정용기기 원가비교 우위율(단위당 비용, 달러, 1975)

	가정용기기	수출용 전자부품	통신장비
서독	275(+45)	0.62(+32)	2,430(+87)
미국	260(+37)	0.61(+30)	2,260(+74)
일본	230(+21)	0.53(+13)	1,890(+45)
브라질	210(+11)	0.49(+4)	1,640(+26)
싱가포르	150(+8)	0.47(+0)	1,410(+8)
대만	185(−3)	0.47(+0)	1,240(−5)
필리핀	185(−3)	0.46(−2)	1,225(−6)
한국	190	0.47	1,300

주: ( ) 안은 한국 대비 열위율 %.
자료: 한국무역협회(장전, 1976), pp. 118~120; 한국개발연구원(섬전, 1979), p. 106.

핀, 대만, 멕시코 등이 한국을 원가 비교우위에서 앞서기 시작하고 있었고 중국은 1975년 봄 홍콩의 중국전자기기전에서 기기 151종과 부품 47종을 출품하였는데 품질에서 홍콩제품보다 우수하고 가격이 저렴한 것으로 나타났다.[36] 심지어 다국적기업의 단순조립 생산이 지배하고 있던 한국의 수출용 전자부품도 이미 싱가포르, 대만, 필리핀과의 원가 비교우위가 거의 존재하지 않거나 추월당하고 있었다. 따라서 한국은 노동집약적 전자공업의 구조를 기술집약적 전자공업의 형태로 바꾸고 고부가가치 기술의 연구개발에 나서야 하였다. 한 예로 1975년 「한국반도체공업」의 웨이퍼 페브리케이션공장은 직경 3인치 웨이퍼를 장당 6달러에 들여 와 200개의 칩을 만들고 이를 개당 6달러에 팔 수 있었다.[37] 그러나 이러한 기술개발은 시간이 필요한

36 한국무역협회(장전, 1979), p. 106.

과제이었고 또한 자금이 필요한 정책과제이었다. 1970년대 중반 정부가 선택할 수밖에 없었고 선택한 것은 우선 수출총액의 장려, 기술도입 그리고 선택과 집중이었다.

Ⅲ. 수출정책의 전환

1976년 1월 7일 상공부는 전자제품, 작업공구, 타자기, 재봉틀, 시계 등 12개 제품에 사용되는 부품의 수입을 이들 중화학공업 제품의 수출과 링크시켜 허용하는 중공업제품수출촉진대책을 마련하였다.[38] 1월 24일 상공부는 1976년 내에 22개[39] 세일즈맨단을 북미·유럽·중동 등 주요 수출국에 파견한다고 밝혔다.[40] 1976년 2월 2일 재무부는 수입원자재에 의한 수출물품 환급절차의 간소화를 위해 TV수상기, 전자계산기, 카세트라디오, 녹음기, 전축, 이어폰, 스피커, 트랜지스터 등 21개 전자제품 및 부품(238개 품목)을 관세정액환급 추가 대상 품목으로 지정고시하였다.[41] 1976년 3월 10일 상공부가 발표한 「전자공업진흥기본계획」(「전자공업진흥장기계획」)은[42] 기본목표의 첫 번째로 "수출주도형의 계속 추구"를 들고 시행계획으로 "수출입절차 간소화, 판매활동 강화를 통한 수출목표의 달성"을 강조하였다.[43] 이날 상공부는 설명을 통해 이 3차 기본계획은 1981년도 전자제품 수출목표 25억 달러를 달성하기 위한 것이라고 밝혔고,[44] 전자공업진흥기본계획에 따른 1976년 전자공업시행계획은 1976년 수출목표를 전년 대비 22.2% 증가한 7억 1,000만 달러로 설정하였다.[45] 5월 17일 정부는 제4차 경제개발5개년계획 중 기계·철강·비철금속·조선·전자의 5개 중공업 부문 연평균 수출신장률을 21.7%로 책정한 장기 수출계획을 확정 발표하였다.[46]

1976년 중반 상공부는 전자공업의 수출목표를 1976년 7억 3,800만 달러로 약간 상향하고 반면 1981년 수출목표를 24억 4,000만 달러로 약간 하향하였는데, 이는 전체 수출목표액의 각각 16%, 22%로 전자공업 수출 비중이 높아지도록 한 것이었다.[47] 그러나 1976년 9월 국회에 보고된 4차 경제개발5개년계획 1981년 수출목표 값은 〈그림 9-2〉와 같이 1975년 불변가격 17

---

37 성의경 전 전자신문 편집국장 증언(증산, 2011), p. 444.
38 〈매일경제신문〉(1976. 1. 7).
39 상공부는 3월 5일 7개 반으로 축소한다고 밝혔다.
40 〈매일경제신문〉(1976. 1. 24).
41 〈매일경제신문〉(1976. 2. 3).
42 한국전자공업협동조합(전조2, 1987), p. 74.
43 대한민국정부(경백, 1977), p. 216.
44 〈동아일보〉(1976. 3. 11).
45 〈매일경제신문〉(1976. 3. 11).
46 중화학공업추진위원회기획단(한공발4, 1978), p. 532.
47 한국무역협회(장전, 1976. 10), p. 26.

〈그림 9-2〉 **4차 경제개발5개년계획 1차 확정안 전자공업 수출(1975년 가격) 전망(1976. 9)**

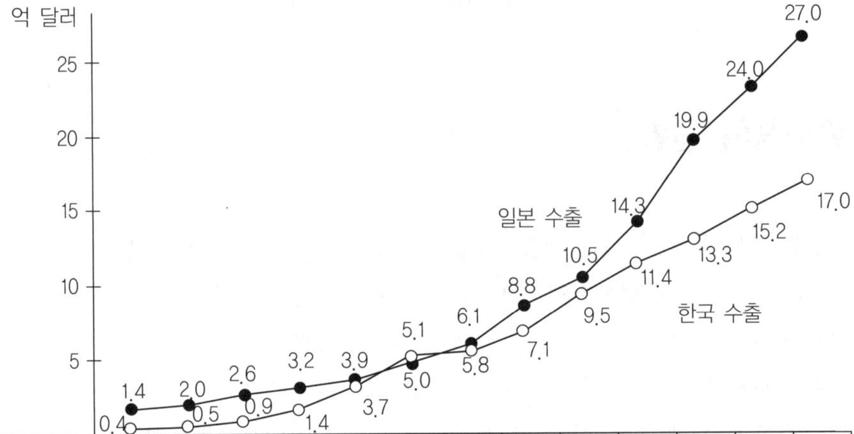

한국(연도)	1969	1970	1971	1972	1973	1974	1975	1976	1977	1978	1979	1980	1981
일본(연도)	1959	1960	1961	1962	1963	1964	1965	1966	1967	1968	1969	1970	1971

자료: 대한민국국회사무처(제96, 1976. 9. 27), 상공 제2차 보고자료; 한국산업은행조사부(한산, 1976), Ⅰ.

억 달러(경상가격으로 30억 4,900만 달러)로 상향되었고, 이는 다시 12월 최종 확정 값에서 19억 4,000만 달러로 상향 수정되어 경상가격 30억 달러를 큰 폭으로 넘겼는데 이는 1975년 이후의 세계경기 회복을 반영한 것이었다. 그러나 1970년대 후반 일본은 스태그플레이션을 극복하기 위해 고전적 제품과 첨단제품의 동시진행이라는 전방위제품의 수출확대에 나섬으로써 전자공업 수출을 크게 늘려 한국과의 격차를 벌릴 것으로 전망되는 등 세계 역시 공격적인 수출증대에 나서고 있었다.

1976년 9월 16일 장예준 상공부장관이 참석한 내년도 수출계획을 위한 전자업계 간담회에서 전자업계는 늘어나는 수출수요에 대응하여 부품의 원활한 공급이 필요하다며 전자부품 수입에 대한 관세환급제를 대폭 간소화하고 가전제품에 대한 특별소비세를 인하할 것을 요구하였다. 상공부장관은 관세환급제의 완화를 위해 관계부처와 협의하겠다고 밝혔는데, 전자업계 대표들은 원자재비축제도를 물량기준에서 금액기준으로 바꾸고 국민투자기금은 운용 대상 속에 전자 분야를 독립 책정하여 줄 것도 요구하였다.48 9월 18일 한국전자공업진흥회 회장은 현행 관세환급제가 수많은 부품과 규격으로 이루어지는 전자공업에 비용 상승 유발 등으로 국제 경쟁력을 떨어뜨리고 있다며 제도시정을 요구하고 소요량증명발급도 간소화시켜 줄 것을 요청하였다. 한 전자제품 수출업체는 환급 대상 품목이 2만 5,000품목에 달해 10명의 전담직

48 〈중앙일보〉(1976. 9. 17).

원을 따로 고용하고 있다고까지 하소연하였다.[49] 정책이 변화와 발전을 따르지 못하고 있었던 것이다. 전자공업의 수출증대를 위해 계속 열리던 한국전자전람회도 1976년이 되어서야 여의도 기계공업진흥회관 기계류종합전시장이라는 고정된 개최지를 갖게 되었다.

제3차 경제개발5개년계획 완성연도인 1976년의 전자공업 수출은 10억 달러를 초과하였고 이에 따라 1977년 초 제4차 경제개발5개년계획 첫 해인 1977년의 수출목표가 14억 2,000만 달러로 대폭 상향조정되었다. 정부는 전자공업에서 1981년 30억 달러 수출에 이어 1986년 100억 달러, 1991년 200억 달러 수출까지 생각하고 있었다.[50] 이렇게 수출정책 목표가 단축된 시간에 초과 달성되고 계속 가속도를 갖고 추진될 수 있었던 것은 수출기업들의 적극적인 참여 때문이었다. 대기업집단 기업들이 수출에 적극적이었던 것은 대만과 대비되는[51] 한국 중화학공업화에서의 주요한 특징이었다.

자신감을 얻은 정부는 기존 수출정책이 가진 한계를 타파하고 이를 새롭게 전환시키고자 하였다. 우선 중점육성품목의 선택과 집중을 통해 국산화율을 비약적으로 올리려고 하였다. 이를 위해 1978년까지 수출을 중점으로 하는 구미2전자단지를 확장하여 선택된 중점육성품목 제조 기업을 입주시키며 나아가 전자기지에 국제인증 검사기관과 수출창구, 관련 행정기관을 두고 기지 입주기업들을 위한 보세공장제 도입 등 관세환급제도를 개선하고자 하였다. 동시에 국산화를 위해 연구소를 입주시키고 해외·정부·민간 연구기관 등 국내외 기술협력을 확대하며 생산 기업들을 위한 기술인력의 안정적 공급과 함께 기지 내에서 해외 시장 정보 등 수출 정보 제공 및 수출지도도 동시에 이루어질 수 있도록 하였다. 1977년 10월 정부는 구미2단지 54만 5,000평을 수출산업공업단지로 지정하였다.[52]

1977년 9월 23일 무역진흥확대회의가 열렸고 〈그림 9-3〉 같은 전자 신제품이 보고되었다. 여기에서 전자제품 수출증대의 제약요인이 거론되었고 전자제품 1976년 수출액이 10억 3,700만 달러로 수정된 후 1977년 수출목표 12억 5,000만 달러가 보고되었다(〈표 9-8〉 참조).

이날 상공부는 현재 시점의 주요 성과로 전기전자제품의 수출계약금액, 수출계약 추진금액 등을 밝힌 후 정밀전자기기 및 부품의 국산화를 위해 정부주도 반도체, 소형 컴퓨터 등 9개와 민간주도 액정표시기, 웨이퍼 등 48개 총 육성품목 57개를 선정했다고 보고하였다.[53] 선택과 집중이었다. 구미수출산업공단 역시 제4차 경제개발5개년계획 수출목표 달성을 위해 주요 24개 품목에 관한 개발계획을 정하였는데 24개 품목은 다음과 같다.

49 〈매일경제신문〉(1976. 9. 18).
50 유신정우회(내한, 1978), p. 84.
51 佐藤幸人(1996).
52 상공부(구기, 1977. 12).
53 상공부(977무, 1977. 9. 23).

【구미수출산업공단 선정 수출주도 24개 주요 품목】

민생용: 앰프, 전자워치, VTR, 컬러TV, 전자레인지 5품목

산업용: 마이크로프로세서, 전탁, 컴퓨터단말장치, 팩시밀리, 통신기기, 전자교환기, 전자계측기, 레이저 8품목

전자부품: 자성재료, 저항재료, 유전(誘電)재료, LED, 다층프린트판, 플렉시블프린트판, 릴레이, 마이크로폰, 스피커, 휠터, 자동차용전자부품 11품목

日本長期信用銀行調査部(1978. 4. 1), p. 53.

〈그림 9-3〉 1977년 9월 무역진흥확대회의에 보고된 전자제품

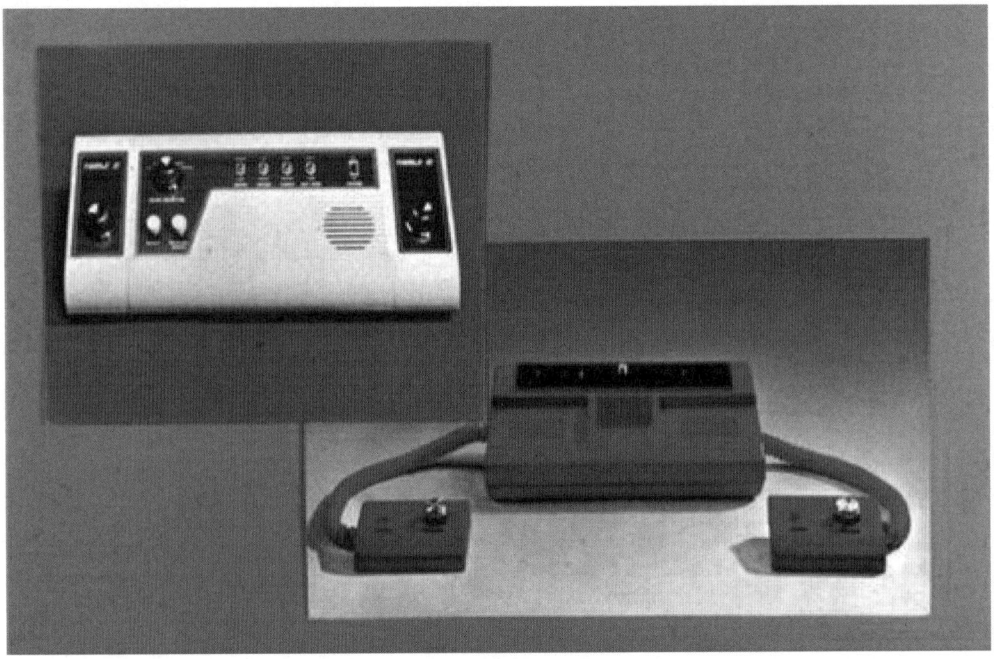

자료: 상공부(977무, 1977. 9. 23).

〈표 9-8〉 전자제품의 세계 수요와 한국 전자제품 수출 (단위: 백만 달러)

	1972	1974	1976	1977(추정)
세계 수요	88,850	101,802	119,043	132,400
수입액(A)	13,343	23,001	33,040	39,000
한국 수출(B)	142	518	1,037	1,250
비중(B/A)	1.1%	2.3%	3.1%	3.2%

자료: 상공부(977무, 1977. 9. 23).

1977년 유신정우회는 1986년 전자제품 수출을 경상가격 100억 달러, 1991년 200억 달러로 전망하고 이를 위해 선진기술의 급속한 도입, 하자 없는 품질의 고급화, 국제시장 정보의 빠른 파악과 적응성 배양, 국제 경쟁력의 강화 등이 이루어져야 한다고 제안하였다.[54]

한국의 전자제품 수출이 1976년 10억 달러를 돌파하며 급증함에 따라 세계 시장의 견제가 나타났다.

영국 정부는 1977년 1월 한국산 TV수상기의 영국 수출이 빠르게 늘어나고 있다며 TV수출 자율규제를 요청해 왔고,[55] 1977년 7월 유럽연합집행위원회(European Commission)와 합의하에 한국산 흑백TV에 수출쿼터를 부과하여 1977년 35,000대, 1978년 35,000대, 1979년 120,000대, 1985년 150,000대를 배정하였다.[56] 1977년 7월 런던 1차 협의에 이어 1978년 6월 영국 RIC(Radio Industries Council)와 한국전자공업진흥회(EIAK)의 공업자 간 자율수출규제에 대한 협의(Discussion of an inter-industry arrangement by which the Koreans would voluntarily restrain their exports to the UK)가 런던에서 시작되었다. 이는 8월의 서울협의로 이어졌지만 11월에 양측 입장차이로 협의는 결렬되었다. 한국산 TV수상기의 영국 수출은 1975년에야 시작되었고 규모도 300만 달러 정도에 불과하다는 한국 측과 규제를 요구하는 영국 측의 시각은 완전히 달랐다. 12월 31일 영국과 한국의 쿼터종결 예정은 다시 1979년 6월 30일까지의 쿼터연장으로 이어졌다.[57] 결국 1979년 6월 22일에서야 한국산 쿼터가 철폐되었다.[58] 이미 라디오류 국별 쿼터제를 실시하고 있던 프랑스 역시 1978년 1월 라디오 수출쿼터 조정을 요구하여 왔다. 한국과 프랑스는 프랑스 요구에 따라 프랑스로의 수출 라디오 대수를 20만 대로 정하였다.

무역마찰은 영국, 프랑스만의 문제가 아니었다. 1977년 미국이 일본산 컬러TV수상기 수입규제에 나서자[59] 한국은 걱정 속에서도 미국 시장으로의 수출확대를 내심 기대하였다.[60] 정부와 전자업계는 무역마찰을 최소화하고 수출을 확대하기 위해 국내외적으로 국제화, 개방화, 표준화를 내걸었다. 1977년 5월 31일 상공부는 수입자율화 폭을 확대한 하반기 수출입계획을 공고하였고[61] 11월 18일 기계류, 전자 등 300여 개 품목의 수입한도제를 철폐한 데 이어 12월 1일 수입자유화 폭을 더욱더 확대하는 1978년도 상반기 수출입 기별 공고를 발표하였다.[62] 이

---

54 유신정우회(내한, 1978), pp. 85~86.

55 〈동아일보〉(1977. 1. 29).

56 한국전자공업협동조합(전조2, 1987), pp. 177~179.

57 Department of Trade, UK(DS, 25 June 1979).

58 Department of Trade, UK(IL, 21st June 1979).

59 1977년 3월 워싱턴 미일정상회담에서 10년이나 끌어 오던 컬러TV수상기 통상마찰에 대한 일본의 대미수출 자율규제가 합의되어 1977년 5월 미일 간 「시장질서협정」(Orderly Marketing Agreement: OMA)이 이루어졌다. 그 내용은 일본산 컬러TV의 대미수출을 1977년 7월부터 1980년 6월까지 완제품 156만 대와 반제품 19만 대로 자율규제하는 것이었다. 〈경향신문〉(1977. 3. 22); 전자산업 50년사 편찬위원회(2009), p. 232.

60 〈매일경제신문〉(1977. 5. 7).

61 〈중앙일보〉(1977. 6. 1).

62 〈중앙일보〉(1977. 12. 1).

러한 한국의 노력에 1978년 1월 미국 스나이더 주한대사는 환영의 뜻까지 밝혔다.63 1978년에도 정부는 1981년 30억 달러 전자제품 수출을 이룩할 수 있도록 개발목표를 설정하고 있었고64 이에 1978년 들어서도 수입자유화 품목을 확대하는 등의 조치를 취해 나갔다.65 1978년 2월 16일 간접적 수입제한으로 전환하는 수입자유화 추진계획이 발표되었고 5월 1일에는 133개 품목이 즉시 수입자유화되었으며 5월 31일, 6월 22일, 9월 6일, 9월 12일, 12월 17일 그리고 1979년 1월 1일 계속하여 수입자유화 내지는 관세율 인하를 통한 수입확대조치가 이루어졌다.66 수입자유화 조치를 통해 흑백TV수상기, 냉장고, 선풍기 등을 수입자유화하면서 정부는 관세를 이용하여 직접적인 대규모 충격을 피하고자 하였고 이는 효과가 있었다.

그러나 미국은 1978년 한국산 컬러TV수상기의 수입이 1977년 10만 대에서 1978년 8월 말 18만 대로 증가하자 수출규제를 예고하고 나서기 시작하였다. 이에 상공부가 직접 나서 1978년 10월 한미 컬러TV수상기 수출교섭이 이루어졌으나 미국 ITC(국제무역위원회)의 일방적인 요구로 이틀간의 교섭은 다시 만나자는 내용만으로 합의 없이 끝났다.67 1978년 12월 11일 상공부 상역차관보는 미일 간, 미국·대만 간 협상방식을 따라 한미 정부 간 「시장질서협정(OMA)」 협상을 하고 귀국하여 “12월 1일부터 1980년 6월 말까지 소급적용하여 한국이 대미 수출을 자율규제하기로 결정하였고 이에 따라 1978년 컬러TV의 대미 선적이 중단된다”고 밝혔다.68 상공부는 12월 15일 미국 시장에의 수출실적 외에 생산시설과 미국 외 수출실적 등을 감안하여 미국의 컬러TV수상기 쿼터를 업체별로 배정하여 발표하겠다고 밝혔다.69 1979년 1월 17일 미국 스트라우스 무역교섭특사가 한국의 대미 컬러TV 수출대수는 1979년 2월부터 1980년 6월까지 28만 9,000대로 제한하기로 합의했다고 한미 합의내용을 공식 발표하였다.70 결국 한미 협상은 〈표 9-9〉와 같이 1978년 12월부터 1980년 6월까지 한국 컬러TV수상기의 대미 수출을 41만 1,000대로 줄이는 것으로 되었다. 1978년 미국 컬러TV수상기 시장의 점유율을 보면 일본제 33.8%, 대만제 30.0%, 한국제 8.9%이었는데71 한국이 연간 20만 대 수준, 대만이 약 40만 대 수준 쿼터를 받았으므로 비교적 선방한 것이지만 이미 한국의 1978년 미국 시장에의 컬러TV수상기 수출이 44만 대이었으므로 한국의 타격은 컸다. 그 결과 1979년 한미 정부 간 「시장질서협정(OMA)」으로 가전 3사의 컬러TV수상기 가동률은 20%까지 폭락하였고 수출액은 전년 대비 2,500만 달러가 감소한 7,200만 달러에 머물렀다. 대기업보다 영세

63 〈매일경제신문〉(1978. 1. 23).
64 산업기지개발공사(산78, 1978), pp. 333~334.
65 한국전자공업협동조합(전조2, 1987), p. 181.
66 한국개발연구원(한반, 1995), pp. 351~356; 〈조선일보〉(1978. 6. 22).
67 〈동아일보〉(1978. 10. 14).
68 〈경향신문〉(1978. 12. 12).
69 〈매일경제신문〉(1978. 12. 15).
70 〈매일경제신문〉(1979. 1. 18).
71 小倉靜夫(1980. 12), pp. 548~549.

〈표 9-9〉 한미 간 컬러TV수상기 대미 수출 자율규제 협정내용(1979. 1)

	기간	할당량(대)
1차	1978. 12. 1~1979. 1. 31	122,000
2차	1979. 2. 1~1979. 10. 31	153,000
3차	1979. 11. 1~1980. 6. 30	136,000
합계	1978. 12. 1~1980. 6. 30	411,000

자료: 한국전자공업협동조합(전조2, 1987), p. 177.

하였던 관련 부품업계의 타격은 더욱 컸다. 무역장벽은 이후 더욱 강화되어 1980년대에는 세계 각국에서 덤핑제소나 수량규제, 관세인상, 자율규제 요청 등 관세, 비관세 장벽의 수입제한 조치가 광범위하게 나타났다.72

세계 시장의 장벽이 구체화되기 시작하는 가운데 1977년 「모토로라코리아」의 수출이 9,000만 달러를 넘어섰고 한국 기업으로는 「금성사」가 5,600만 달러 수출에 성공하였다. 「삼성전자」의 수출액은 4,700만 달러이었다. 1978년 1월 전자업계는 1978년의 수출계획을 1977년보다 10% 증가한 13억 5,000만 달러로 책정하였는데 「금성사」와 「삼성전자」, 「모토로라코리아」가 1억 달러 이상의 수출목표를 정하였다. 한국 전자공업의 선두기업이었던 「금성사」는 내실 위주의 수출전략을 과감히 수정하여 유럽과 아프리카를 시장 개척 대상지로 삼았다.73 차별적 제품과 함께 시장다변화가 요구되고 있었던 것이다.

이에 대한 정부의 정책적 호응이 이루어졌다. 1978년 3월 3일 정부는 1981년 수출목표 달성을 위해 전자업계 전문화 유도, 도입 시설재 관세감면, 투자 적극지원을 발표하였다.74 무역진흥확대회의 역시 이를 강조하였다. 1978년 6월 29일 제168차 무역진흥확대회의에 이어 8월 25일 제169차 무역진흥확대회의에서 상공부는 전략수출상품 집중개발 대책을 보고하였다. 상공부는 전자제품 부품의 국산화 촉진, 전자제품 세계최신 일류기술 도입 촉진, 전자제품의 고급화 및 독자적 시장 개척에 나서고 있다고 밝혔다.75 한국전자공업은 기술, 생산성, 디자인 및 모델개발의 낙후와 함께 해외 시장의 판매망 부족과 해외 업체 의존 판매활동, 미국을 중심으로 일본, 캐나다 등에 시장이 편중된 한계를 갖고 있었다.76

국제화, 개방화, 표준화를 확대하기 위한 노력도 구체적으로 계속되었다. 1978년 9월 15일 공업진흥청장은 외무부에 부품수출 촉진을 위해 국제전기기술위원회(IEC) 전자부품 사정제도

72 日本電子機械工業會·中長期ビジョン合同委員會(1983. 12).
73 〈매일경제신문〉(1978. 1. 10).
74 한국기계공업진흥회(한기진20, 1989), p. 791.
75 상공부(9769, 1978. 8).
76 한국개발연구원(섬전, 1979), pp. 107~115.

참여에 대한 의견을 문의하였다. 이와 함께 공업진흥청은 IEC에 가입비 등 필요지불금액, 필요조건을 알아보았다.[77] 외무부는 전자부품에 관한 다국 간 품질인증제도로서 IEC에서 제정, 시행키로 된 IEC 전자부품 품질사정제도(IECQ)의 집행기관인 검증관리위원회(CMC) 및 동위원회 산하 검사조절위원회(ICC) 가입 문제에 대해, 첫째 참여함이 장기적으로 한국 전자부품의 수출 촉진에 기여할 것이라는 귀부 의견에 동의하지만, 둘째 다만 외무부 78년도 예산 및 79년도 예산에는 가입에 따른 예산이 계상되어 있지 않으므로 공업진흥청이 경제기획원 예산당국과 사전협의를 거쳐야 할 것이라고 회신하였다.[78] 1978년 10월 16일 공업진흥청은 가입신청서를 IEC에 제출하고 경제기획원 예산당국과 협의하였으나 경제기획원은 불가를 회시하였다. 이에 국제기구의 분담금 납부는 외무부가 일괄 조치한 지금까지의 방침대로 가입에 필요한 금액을 외무부가 납부조치할 수 있도록 협조하여 달라고 다시 요청하였다.[79] 최종적으로 경제기획원의 반대로 가입은 무산되었다. 그러나 상공부와 공업진흥청은 수출 촉진을 위한 노력으로 이를 계속 논의하였다.

정부부처 간 이견에 따른 수출절차 행정제도의 미비는 문제이었다. 여전히 남아 있는 수출절차 행정제도 중 심지어 이권쟁탈전의 대상이 되고 있는 구시대적인 수출추천제도, 수출용 원자재 수입 추천은 폐지되어야 하였다. 수출검사 민간 이양은 계속 주장되고 있었지만[80] 여전히 정부가 개입하고 있었다. 계속 논쟁으로 되고 있는 관세환급은 합리적 기일로 통일하고 정률제도를 채택할 필요가 있었으며 역시 합리적 선택이 가능하도록 관세율의 단순화도 필요하였다. 가장 큰 문제로 지적되고 있던 수출금융은 최소한 단기 90일에서 120일로 변경하여 환급유예 기간과 동기화가 요구되었고 수출금융금리 역시 국제경쟁제품이라는 점에서 국제금리를 고려하여 연 12%에서 9%선으로 인하할 필요가 있었다. 더하여 정부구매 규격 작성 시 치수, 형상 규제로 상품의 다양성이 저해되고 있었으며 심지어 체신부용과 수출용의 이중 모델 생산으로 수출경쟁력을 키울 수 없었다.[81] 물론 교환기 반송장치 및 동 부품의 규격이 통일되어 있지 못하는 등 규격 미통일은 규모의 경제를 억제함으로써 가격상승으로 연결되고 있었다. 전자제품 국산화 장려와 촉진정책이 시행되고 있었지만 완제품 수출시 국산화율에 따른 차등지원시책 등 국산화율 제고를 위한 정책적 배려가 부족하였다.[82] 미국의 개방 압력은 이러한 부처 간 이견의 또 하나의 주요 원인이 되었다.

이런 속에서 1978년 7월 18일 경제기획원장관은 1975년 경제기획원고시 제75-4호 외국인

77 Director, Korean National Committee of the IEC, Bureau of Standards, Industrial Advancement Administration(1978. 9. 25).
78 외무부(1전, 1978. 9. 30).
79 공업진흥청장(1전, 1978. 10. 18).
80 한국무역협회(가전, 1981), p. 50.
81 한국개발연구원(중화전, 1981), pp. 95, 98.
82 장상현 상공부기초공업국장(1982. 2), p. 50.

투자기업의 전자제품 국내 판매확대 허용에 이어 경제기획원고시 제20호로 합작투자의 내국 판매 100%까지 허용과 함께 외국인 단독투자업체에게 전자제품 수출실적의 10% 범위 내 국내 판매를 허용하였다. 세계 시장 장벽이 높아지는 가운데 국제화, 개방화 조치가 확대되어야 하였고 또 필요기술 도입과 함께 외국인투자기업 확대를 통한 수출증대가 요구되었기 때문이었다. 이런 연장선에서 최종적으로 1986년 6월 16일 상공부는 국내에서 가전제품을 생산하는 모든 외국인투자가에게 국내 판매를 전면 허용하였다.[83] 1978년 12월 11일 상공부는 전자제품을 건설중장비 · 섬유기계류 · 자동차(부품) · 선박(부품)과 함께 전략수출상품으로 중점개발한다는 1979년 수출진흥종합시책을 마련하였다.[84]

1979년 정부는 전자공업을 계속 수출전략산업으로 중점육성할 방침하에 수출목표를 1981년 30억 달러, 1986년 90억 달러로 책정하고 있었다.[85] 1978년 한국의 전자공업 수출 비중은 총수출의 10.7%로, 유사구조를 가진 일본 12.8%, 대만 14.3%에 비해 낮아 이는 여전히 한국의 전자제품 수출이 양적으로 질적으로 확대될 소지가 있음을 보여 주고 있었고,[86] 전자제품 수출은 1991년까지 실질가격 연평균 20.1%의 증가가 예상되고 있었다.[87] 1979년 6월 27일 한국전자공업진흥회는 수출단가 인상과 시장다변화로 상반기 8억 달러 수출과 연간목표 18억 달러 달성이 무난하다고 발표하고 있었다.[88] 이와 함께 수출을 대폭 증대시킬 노력의 하나로 1979년 9월 제10회 한국전자전람회를 기계공업진흥회관 내 기계류종합전시장에서 한국종합전시장(KOEX)으로 옮겨 개최하였다.[89] 중화학공업추진위원회기획단은 중화학공업화정책을 평가 정리하고 1980년대 중반의 중화학공업을 〈그림 9-4〉와 같이 예측하면서 전자제품의 수출이 90억 달러에 달해 세계 5위권에 진입할 것이라고 보았다.

〈그림 9-4〉 1980년대 중반의 중화학공업

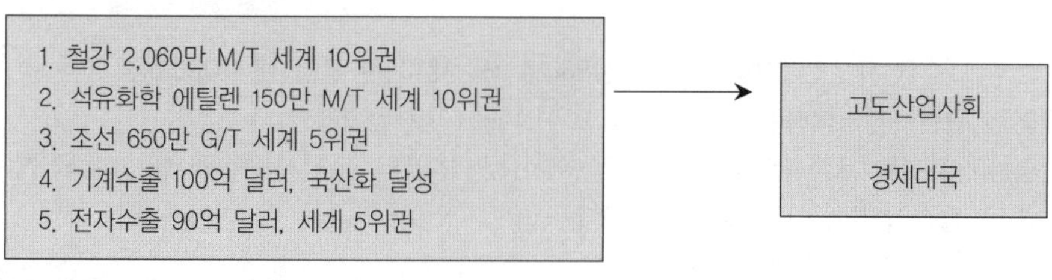

자료: 중화학공업추진위원회기획단(중화추현, 1980. 1), p. 256.

83 한국전자공업협동조합(전조2, 1987), pp. 139~140.
84 〈매일경제신문〉(1978. 12. 11).
85 한국산업은행조사부(한산, 1979), 상, p. 388.
86 한국개발연구원(중화전, 1981), p. 45.
87 〈서울경제신문〉(1979. 1. 1).
88 〈매일경제신문〉(1979. 6. 27).
89 공보처 홍보국(제10, 1979. 9. 25).

〈표 9-10〉 한국·일본의 전자제품 수출순위 (단위: 백만 달러)

		1위	2위	3위	4위	5위
한국	1978	라디오(182)	흑백TV(137)	녹음기(116)	오디오(95)	컬러TV(94)
	1979	라디오(283)	흑백TV(230)	녹음기(135)	오디오(130)	컬러TV(71)
일본	1978	녹음기(2,437)	SC(1,255)	CTV(872)	VCR(581)	흑백TV(399)
	1979	녹음기(2,672)	SC(1,237)	VCR(1,024)	CTV(932)	흑백TV(364)

주: SC: 스테레오 컴포넌트, TV: TV수상기, CTV: 컬러TV수상기.
자료: 한국무역협회(가전, 1981. 12), pp. 9~10.

이를 위해 우선 필요한 것은 기업의 연구개발투자 확대로 수출상품을 고부가가치 신규 상품으로 질적 전환하는 것이었다. 〈표 9-10〉에서 보듯이 일본과 비교해 한국의 1970년 대 말 수출구조는 노동집약적 기술을 사용하는 라디오나 흑백TV수상기가 1, 2위로 고부가가치 제품으로의 질적 전환이 필요하였다. 부가가치가 낮으면서도 논쟁을 야기하고 있었던 미국 흑백TV 수상기 수입시장만 보아도 일본은 그 비중을 1976년 31.6%에서 1979년 13.0%로 낮추었지만 한국은 오히려 그 비중을 9.6%에서 25.5%로 늘리고 있었다.[90] 일본이 고부가가치 TV로 옮겨가면서 한국은 세계 흑백TV수상기 수출수요의 1/5을 수출하고 있었다.[91]

1980년 7월 28일 제184차 무역진흥확대회의에서 상공부는 품목별 수출대책을 보고하였는데 여기에서 상반기 수출부진 품목으로 섬유류, 전자제품, 기계류를 들고 이들 수출을 위해 시장개척 활동을 배가하겠으며 공작기계, 컴퓨터응용기기 등의 신규 상품을 발굴 수출하여 1980년 전기전자제품 수출 25억 1,500만 달러를 달성하겠다고 밝혔다. 보고된 전자·전기제품 수출대책은 다음과 같다.

【전자 · 전기제품 수출대책(1980년 7월 제184차 무역진흥확대회의)】

① 컬러TV 관련 제품: 대미수출확대, 기타 지역 수출에 인센티브제 실시
② 산업용 전자제품: 트랜시버 등의 대 구주 수출 촉진, 컴퓨터 관련 제품의 국제입찰 적극 참여
③ 전선 및 중전기기의 국제입찰 적극 참여
④ 전자전람회 개최: 서울 10. 7~10. 17

상공부(품수, 1980. 7. 28).

1980년대 정부의 전자제품 수출정책은 산업용 전자제품, 특히 컴퓨터 관련 제품 수출확대로 시각이 이동하고 있었다. 전자제품의 수요가 큰 OECD 선진공업국 시장에서는 통신기기,

90 電波新聞社編(電鑑, 1979~1981).
91 Christian Science Monitor(March 17, 1981).

〈표 9-11〉 한국개발연구원, 한국전자기술연구소의 수출구조 전망 (단위: %)

	수출		수입	
	1979	1986	1979	1986
가정용기기	49	65	10	3
산업용기기	6	12	17	60
부품	45	23	73	37

자료: 한국개발연구원(중화전, 1981), p. 170.

계측기기, 컴퓨터 등의 산업용기기 부문 수요 비중이 높고 가정용기기의 비중은 10~20%로 낮았기 때문이다.92 이러한 시각 이동에 따라 한국개발연구원, 한국전자기술연구소는 수출구조 전망을 통해 1979년 전자제품 수출의 6%에 불과하였던 산업용기기 비중이 1986년에는 12%로 상승할 것이라고 전망하였다(〈표 9-11〉 참조). 동시에 시장다변화를 추구하되 미국과 유럽 시장 등 선진공업시장을 중심 시장으로 공략하고자 하였다. 세계전자제품의 수요를 보면 지역별로 전 세계 인구의 18%를 점하는 북미, 서구, 일본 등의 선진공업국이 전 세계 수요의 76%를 차지하고 있었기 때문이다.93

이와 함께 상공부는 전자제품의 국내외 판매체계를 보강하여 우리 업체의 독자적인 상표, 독자적인 해외 판매망 수출비율을 높여가도록 하였다.94 한국 전자공업의 구매자상표(buyer's brand) 의존도는 가전 3사가 약 50%, 기타가 90% 이상에 이를 정도로 높았다.95 1981년 8월 상공부는 하반기 대미 수출 컬러TV수상기 쿼터량 28만 2,500대를 기업별로 배정하면서 컬러TV수상기 수출에 대한 미국과의 마찰을 줄이고 시장다변화를 추구하기 위해, (1) 미국 이외 지역 완제품 수출실적, (2) 미국 지역 13인치 이상 쿼터품목 수출실적, (3) 개방쿼터 소진실적을 기준으로 하였다. 이에 따라 「삼성전자」 12만 5,555대(44.44%), 「금성사」 11만 2,087대(39.68%), 「대한전선」 4만 4,858대(15.88%)가 배정되었는데, 1978년 12월 이후 7만 3,000대 배정을 받았고 상반기에도 9.4% 배정을 받았던 「아남전기」는 미국 이외 지역 수출실적이 없어 하반기 배정을 받지 못하였다.96

1981년 9월 5일의 9월 월례회의에서 상공부는 〈전자공업 추진시책과 육성방안〉을 보고하면서 지속적 수출증대를 위한 추진시책을 다음과 같이 보고하였다.

92 한국산업은행조사부(80전, 1981), p. 227.
93 한국산업은행조사부(80전, 1981), pp. 226~227.
94 상공부(전자, 1982), p. 78.
95 한국무역협회(가전, 1981. 12), p. 11.
96 〈매일경제신문〉(1981. 8. 5).

【상공부의 전자공업 지속적 수출증대 시책(1981년 9월 월례회의)】

가. 시장특성별 수출증대
  (1) 미국: 컬러TV 쿼터 증량, 라디오, 녹음기 등
  (2) 구주, 중동: 가정용 전자제품, 영국 흑백TV 쿼터 증량
  (3) 동남아: 흑백TV 및 부품, 대홍콩 수출 중점
  (4) 아프리카: 카세트테이프, 축전기 등
  (5) 중남미: 트랜시버, 전자교환기 등

나. 신제품 개발 수출촉진
  (1) 세계적 신기술품목: VTR, VTR용 테이프 등
  (2) 에너지 절약품목
    냉장고(200리터): 63kw → 37kw, 컬러TV(14인치): 80w → 60w
  (3) 고도정밀품목: 마이크로웨이브, CRT터미널 등
  (4) 고가수출상품: 비디오카메라, SECAM 방식 컬러TV 등

다. 적극적인 해외 시장 개척
  (1) 플랜트 수출방식 적극 추진: 크로스바변환기, 반송장치 등 통신기기
  (2) 판매조직의 확대: 세계 주요 시장에 16개 판매법인 기설립
  (3) 세계 대형 전시회의 적극 참여
  (4) 세계 유명메이커와 장기 공급계약 체결

라. 수출보완형 해외 투자 확대

기 투자	추진 중
미국 컬러TV공장 착공 투자액 500만 달러 연산 12만 대 생산 5년 1억 달러 수출 가능	프랑스: SECAM 방식 컬러TV공장 건설 *CFT*사와 합작계약, 20개국 진출 가능
	동남아, 중남미, 미주, 서구 지역: 컬러TV, 흑백TV 부품

상공부(전자육, 1981. 9. 5).

상공부는 1981년 미국, 유럽·중동, 동남아, 아프리카, 중남미로 나누어 시장특성별 수출을 추구하고 신제품 개발 수출을 촉진하며 적극적인 해외 시장 개척과 수출보완형 해외 투자 확대를 지속적 수출증대 시책으로 제시하였다. 후발지역도 1인당 GDP 100달러, 400달러, 1,500~1,600달러 수준에서 라디오, 흑백TV·컬러TV 수상기가 본격 보급되기 시작하므로[97] 이들 시장도 주목할 필요가 있었다. 특히, 무역마찰이 심화되면서 신기술품목 수출, 수출보완형 해외 투자 확대가 적극 제시되었다. 1982년 상공부는 중소기업들의 공동 선전·판매망 구축도 추진되어야 하며 시장다변화도 안정적 시장의 확대를 위해 필요하다고 보았다.[98]

무역마찰은 1980년대에도 계속되고 커지고 있었다. 미국 전자공업 수입시장에서 한국 점

97 한국산업은행조사부(80전, 1981), p. 227.
98 상공부(전자, 1982), p. 28.

유율은 1976년 4.1%, 1980년 4.9%에서 1984년 6.6%로 높아져 1976년 12.7%에서 5.5%로 계속 낮아지고 있는 서독·프랑스·영국·이탈리아 유럽 4국의 점유율을 앞질러 한국은 일본, 대만, 홍콩 등과 함께 미국의 주목을 받지 않을 수 없었다.[99] 컬러TV수상기 대미 수출자율규제 협정은 1982년 해제되었으나 다시 1983년 10월 미국 상무성은 한국산 컬러TV수상기에 대해 「삼성전자」 3.05%, 「금성사」 3.87%, 「대우전자」 1.77%, 「한국전자」 2.04%의 덤핑예비 판정을 내렸고, 1984년 12월 「금성사」 7.74%, 「삼성전자」 12.23%, 「대우전자」 14.88%, 평균 10.65%의 최종덤핑 판정을 내렸다. 1985년 한국 전자업계는 미국 덤핑관세로 큰 타격을 받았지만 다시 1986년 7월 23일 미국 상무성은 한국산 컬러TV수상기의 대미 수출에 1.5~8.94% 덤핑관세 부과를 밝혔고 11월 7일 「삼성전자」 2.06%, 「금성사」 1.37%, 「대우전자」 3.49%의 제2차 최종덤핑률을 확정하였다.[100]

세계 전자기기 시장은 1980년 약 1,560억 달러 규모에서 연평균 10%씩 성장하여 1990년에는 약 4,240억 달러 규모에 이를 것으로 예상되고 있었고[101] 한국은 더 빠르게, 더 독자적으로 성장할 수 있는 대응전략을 찾아야 하였다.

Ⅳ. 경쟁력과 구조변화

1979년 미국 시장 한국, 대만, 일본 TV수상기 가격은 〈표 9-12〉와 같았다.

한국은 일반화된 기술을 가진 가전제품에서 대만과 같은 가격대를 가지고 있었지만 한국

〈표 9-12〉 미국 시장 TV수상기 시판가격(1979년 3월) (단위: 달러)

	한국	대만	일본(최저가격)
흑백TV 12인치(AC)	90~100	95~110	80~100
흑백TV 12인치(AC-DC)	105~115	105~115	110
흑백TV 19인치	150~160	150~160	160
컬러TV 13인치	310~320	300~330	340~350
컬러TV 19인치	350~400	350~400	380~400

주: 1) 회사들 개별 조사 값임.
2) 일본은 가장 저렴한 제품의 가격임.
자료: 한국산업은행조사부(한산, 1979), 상, p. 416.

99 United Nations(YIT, 1970~1982); United Nations(ITS, 1983~1986); 木下宗七·山田光男(1989).
100 한국전자공업협동조합(전조2, 1987), pp. 176~177.
101 日本電子機械工業會·中長期ビジョン合同委員會(1983. 12), p. 머리말.

〈표 9-13〉 한일 간 전자제품가격 비교(1979년) (단위: 달러)

제품별			판매가격	총원가	원가비교(B/A)
컬러TV수상기	20인치 리모트컨트롤	한국(A)	614.92	409.84	1.22
		일본(B)	781.81	501.15	
	14인치 포터블	한국(A)	385.85	257.15	1.10
		일본(B)	421.81	282.14	
흑백TV수상기	20인치 포터블	한국(A)	145.94	104.22	1.59
		일본(B)	258.18	165.49	
	20인치 포터블	한국(A)	109.63	78.29	1.35
		일본(B)	158.18	105.80	
라디오-TV 카세트	5인치 TV AM/FM	한국(A)	193.98	138.53	1.53
		일본(B)	317.27	212.21	
스테레오리시버	85~100 W rms	한국(A)	292.02	208.54	1.09
		일본(B)	338.63	226.51	
카세트데크	로직 컨트롤	한국(A)	286.95	204.92	0.99
		일본(B)	303.63	203.10	
플레이어	벨트 드라이브	한국(A)	144.92	103.49	0.67
		일본(B)	104.09	69.62	
스피커시스템	3-웨이 2-페어	한국(A)	304.20	217.24	0.70
		일본(B)	227.27	152.02	
시스템 스테레오	리시버 카세트 플레이어 2웨이 스피커	한국(A)	447.10	319.28	1.12
		일본(B)	536.94	359.15	
스테레오 라디오카세트 포터블	1웨이 AM/FM	한국(A)	144.92	103.49	1.17
		일본(B)	189.90	121.00	

자료: 한국무역협회(가전, 1981), p. 부속자료.

경쟁우위제품에 대한 일본의 가격인하로 일본으로부터의 가격경쟁력 도전도 받고 있었다. 주요 전자제품 가격에서 한국과 일본을 비교해 보면 〈표 9-13〉과 같았다.

한국의 가격경쟁력이 일본보다 높다고 하지만 이미 총원가에서 카세트데크, 플레이어, 스피커시스템 등은 한국이 일본보다 열위에 놓여 있고 스테레오리시버, 소형 컬러TV수상기 등에서도 그 격차가 현저히 좁혀졌다. 한국은 억제되고 있었던 내수를 늘려 일본 등 선진공업국과 같은 규모의 경제를 실현함으로써 원가경쟁력을 높일 필요가 컸다. 컬러TV수상기의 경우 생산규모가 배가될 때마다 생산비가 30%씩 다운된다고 보고되고 있었지만 1980년 한국 컬러TV수상기 생산규모는 일본의 10.1%, 대만의 90.1%이었다.[102]

102 한국무역협회(가전, 1981. 12), p. 30.

전자기기 총원가 구성내용을 보면 〈표 9-14〉에서 보듯이 한국은 제조원가가 85.6%로 일본의 65.3%에 비해 20.3%포인트나 높았다. 일본은 일반관리비 및 판매비의 비중이 높아 한국의 3배 이상인데 이는 기술향상과 신제품 개발을 위한 연구개발비, 그리고 해외 시장 개척을 위한 판매비 비중이 높기 때문이었다.

〈표 9-14〉 전자기기 부문 총원가 구성비(1977)

	한국	일본
제조원가	85.6	65.3
일반관리비 및 판매비	9.8	30.4
영업 외 비용	4.6	4.3
총원가	100.0	100.0

자료: 한국산업은행(재무, 1978); 三菱總合研究所(企業, 1978); 한국산업은행조사부(한산, 1979).

〈그림 9-5〉 한국 전자제품의 평균 원가구성과 한일 원가구성비

(단위: %)

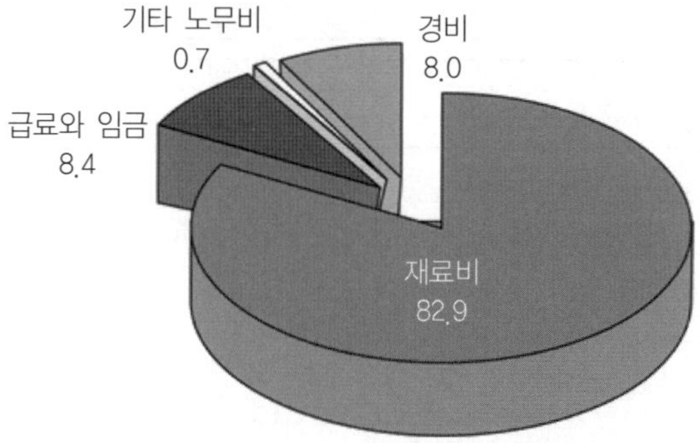

	연도	대상	원가구성비(재료비 : 노무비 : 경비)
한국	1976	전자제품	77.0 : 13.1 : 9.9
	1978	전자제품	83.1 : 8.9 : 8.0
	1979	전자제품	82.9 : 9.1 : 8.0
		가정용기기	83.1 : 8.9 : 8.9
		부품	71.1 : 17.8 : 11.1
일본	1976	가정용기기	77.4 : 14.8 : 7.8
		부품	42.8 : 33.2 : 24.0
	1977	전자제품	74.0 : 14.1 : 11.9

자료: 한국무역협회(가전, 1981); 한국전자공업협동조합(전조2, 1987); 加賀美充洋(1981).

반면 한국은 〈그림 9-5〉와 부속표에서 보듯이 재료비의 비중이 82.9%로 높아 이것이 높은 제조원가를 가져왔다. 기계공업 원가구성과 비교해 보아도 전자공업의 재료비가 5.7% 포인트나 높았으며[103] 일본과 비교해도 일본은 1977년 재료비 : 노무비 : 경비 비중이 74.0 : 14.1 : 11.9이었다. 이렇게 전자공업에서 재료비 비중이 높은 이유는 근본적으로 한국 전자공업의 부품 및 원자재 국산화율이 낮아 원자재의 대외의존도가 높았기 때문이었다.

한국의 경우 노무비 비중이 낮은 것은 여전히 한국이 공업 특성상, 종업원 구성상 그리고 후발공업국 특성상 전자공업 부문의 노동임금이 낮았기 때문이었다. 한국의 전자·전기공업 부문 임금은 제조업 평균 임금에 비해 낮았고[104] 〈그림 9-6〉에서 보듯이 전자공업에서 각국 임금수준에 가장 큰 영향을 미치는 반숙련공 월임금을 보아도 한국 전자공업은 서독, 프랑스, 미국, 영국, 일본은 물론 남미의 브라질, 멕시코보다 낮았으며 아시아의 말레이시아, 싱가포르, 홍콩보다 낮은 81달러이었다. 한국보다 낮은 곳은 대만을 제외하고는 아직 중화학공업화가 본격 진행되고 있지 않았던 필리핀, 인도네시아, 태국 정도가 있을 뿐이었다.

이러한 사실은 1970년대 중화학공업화 기간 한국 전자공업이 가진 경쟁력에 저임노동자가

〈그림 9-6〉 전자공업 반숙련공 월간임금(달러)

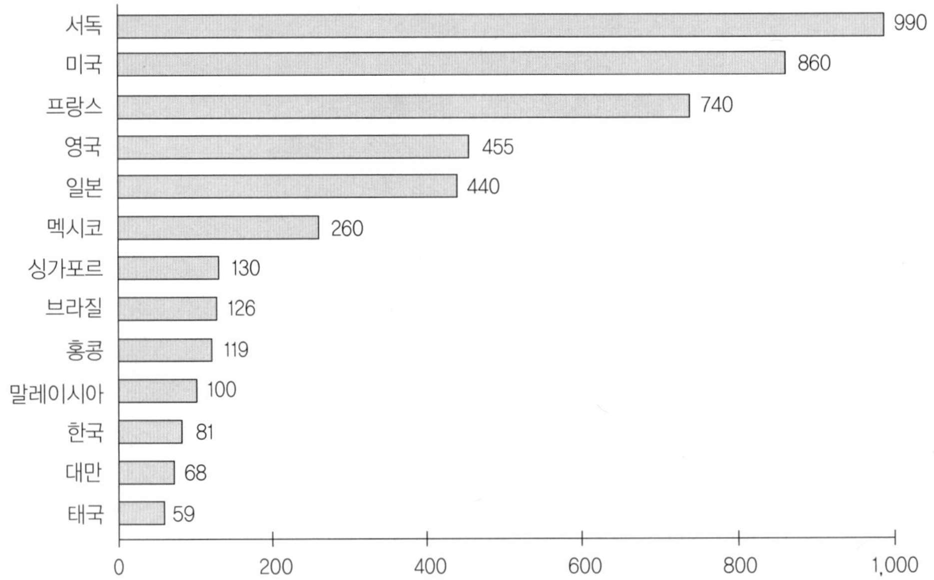

자료: 한국산업은행(개대, 1977), p. 594.

103 한국산업은행조사부(한산, 1979), 상, p. 417.

104 제조업 : 전자전기기기의 상용종업원 임금은 1977년 69,168원 : 62,223원, 1979년 119,515원 : 99,930원이었다. 한국은행(경제통, 1978~1980).

미친 기여도가 컸음을 암시해 준다. 문제는 한국의 임금이 이미 필리핀, 대만, 태국보다 높으며 시간당 임금에서 대만을 앞지른 데 이어 1978년부터는 싱가포르도 앞지르고 있다는 점에서[105] 점점 가격경쟁력 원천이 될 수 없다는 점이었다. 1970년대 말부터 심한 인력부족과 인건비 급상승으로 한국의 임금수준이 말레이시아의 임금수준도 넘어서는 등 더욱 그러하였다. 이미 1973년 1월 상공부 「전자공업장기육성방안」이 선진공업국처럼 한국 가전기기 생산도 1980~1985년에 임금상승으로 중단될 것이라던 예측이[106] 1980년대에 현실적인 우려로 다가오고 있었다.

1980년 한국의 전자제품 경쟁국이었던 대만, 홍콩, 싱가포르와 생산능력, 품질, 가격을 비교하면 〈표 9-15〉와 같다. 한국은 부품류에서는 가격경쟁력이 있었으나 기기류에서는 여전히 가격경쟁력을 갖지 못하고 있었고 1980년대 들어와 이의 해결이 모색되면서 생산능력 확대를 통해 〈표 9-16〉에서 보듯이 컬러TV수상기 수출가를 1980~1983년간 매년 내려 16.2% 인하하였다. 그러나 이는 기본적으로 내수가의 50.3~62.8%에 불과한 수출가 책정 등 출혈수출을 통해 얻은 비정상적인 것이었다. 당시 대만, 홍콩, 싱가포르의 전자공업 수출액은 29억 5,000만 달러, 23억 500만 달러, 22억 3,100만 달러로 한국과 유사한 수준으로 경쟁하고 있었고[107] 한

〈표 9-15〉 전자제품 수출경쟁국(대만, 홍콩, 싱가포르)과의 비교

<table>
<tr><th></th><th colspan="5">비교내용</th></tr>
<tr><td rowspan="3">생산능력·
품질 비교</td><td>구분</td><td colspan="2">우위</td><td colspan="2">열위</td></tr>
<tr><td>생산능력</td><td colspan="2">계측기, 녹음기,
폴리바리콘, 반도체</td><td colspan="2">라디오, 컬러TV,
컬러TV 전용부품, 축전기</td></tr>
<tr><td>품질</td><td colspan="2">카세트테이프, 계측기, 폴리바리콘</td><td colspan="2">전자관, 스위치, 스피커</td></tr>
<tr><td rowspan="7">가격 비교
(달러)</td><td>구분</td><td>품목</td><td>한국</td><td>대만</td><td>홍콩</td></tr>
<tr><td rowspan="3">고가
(기기류)</td><td>레코드 플레이어</td><td>33.8</td><td>27.8</td><td>22.6</td></tr>
<tr><td>라디오</td><td>18.0</td><td>12.6</td><td>7.6</td></tr>
<tr><td>탁상전자계산기</td><td>17.3</td><td>10.6</td><td>6.0</td></tr>
<tr><td rowspan="3">저가
(부품류)</td><td>브라운관</td><td>8.4</td><td>12.0</td><td>-</td></tr>
<tr><td>마이크로폰</td><td>0.9</td><td>1.1</td><td>2.1</td></tr>
<tr><td>세라믹축전기</td><td>0.01</td><td>0.02</td><td>0.02</td></tr>
</table>

자료: 상공부(전자육, 1981. 9. 5).

105 International Labour Organization(ILOY, 1979~1981).
106 상공부(전자장, 1973. 1), p. 2.
107 상공부(전자육, 1981. 9. 5).

〈표 9-16〉 전자기기 수출가격 변동 (단위: 달러)

	1980		1981		1982		1983	
	내수가	수출가	내수가	수출가	내수가	수출가	내수가	수출가
컬러TV수상기	369.5	185.7	282.6	177.5	280.1	167.1	306.9	155.7
흑백TV수상기	90.4	53.9	63.2	53.8	61.6	48.4	62.3	45.2
라디오	18.7	16.3	17.4	16.2	17.3	10.9	17.3	16.0
녹음기	83.4	26.3	54.2	28.2	62.9	25.2	74.7	24.8
녹음재생기	–	29.3	–	28.7	56.7	22.0	59.5	28.5
앰프	131.9	69.3	69.2	66.3	141.6	53.6	132.1	40.8
뮤직센터	–	–	180.7	106.9	206.8	71.8	190.3	62.7
전자시계	30.0	13.8	22.2	10.5	22.3	7.2	22.2	7.2

자료: 한국전자공업진흥회(전전, 1981~1985).

국은 품질 면에서 볼 때 이들 국가보다 카세트테이프, 계측기, 폴리바리콘 등에서 앞서 있었고 전자관, 스위치, 스피커 등에서 뒤져있었다.

한국 전자공업은 급속한 전자공업의 발전과 수출증가, 그리고 세계 시장의 경쟁과 견제 확대 속에서 1980년대 초 가격경쟁력과 비가격경쟁력 모두에서 여전히 〈표 9-17〉과 같은 문제점을 가지고 있었다. 1960년대와 1970년대 수출총액 위주의 수출목표 지향은 낮은 수준의 조립 부품과 기기 수출을 지속시켰고 이에 따라 생산과 수출이 늘어남에도 국제 경쟁력 진전이 정체되고 안정성을 확보하지 못하는 현상이 나타났다. 또한 수출총액 위주로 이루어진 수출정책으로 부처 간 갈등과 정책 부작용도 나타났다. 예컨대 수출용원자재 관세면제는 부품의 국산화 미흡, 중소기업의 도산, 대일무역역조 심화, 그리고 기업의 도덕적 해이를 가져와 면세를 지속해야만 하는 면세 불가피성을 만연시켰다.108

1982년 10월 16일 상공부는 1991년까지 수출 130억 달러를 달성하는 1980년대 「전자공업장기육성방안」을 마련하였다. 상공부는 전자공업제품 수출증가율을 1980년대 전반 연 20~25%, 1980년대 후반 연 15~20%로 각각 책정하여 1991년에는 세계 시장 점유율을 4.2%까지 끌어올리겠다는 계획을 세웠다.109

기업과 정부는 가격경쟁력을 위해 필수적이었던 부품국산화에서 발견되는 3가지 문제, 영세성, 중간재 해외 의존에 따른 가격인하 탄력성, 경영자 연구개발 노력 결여를 해결하기 위해 다시 공동개발과 공동생산까지 나아갔다. 상공부 기계공업국의 강력한 권고로 1983년 「금성사」, 「삼성전관」, 「오리온전기」의 브라운관 생산 3사가 공동출자하여 브라운관 필수부품이

108 한국무역협회(가전, 1981), p. 53.
109 〈매일경제신문〉(1982. 10. 16).

〈표 9-17〉 한국전자공업의 경쟁력 문제점(1980년대 초)

		문제점
가격경쟁력	노동생산성	1. 종업원의 성의 부족과 생산경험 미흡 2. 시설투자 저조 3. 빈번한 설계 변경
	VA/VE	1. 품질유지 위한 VA/VE(Value Analysis/V. Engineering) 의사 결여 2. 엔지니어링 능력의 결여 3. 판매 후 서비스비용 및 클레임의 증가 초래
	기술인력	1. 도입기술의 소화개량 미비 2. 설계인력의 등한시 3. 개발기술의 양산화 연결능력 부족
	품질향상	1. 동기기(動機器)의 빈번한 고장 2. 상품기능의 철저한 파악 부족 3. 신뢰성의 개념 부족
	부품의 국산화	1. 업체의 영세성 2. 중간재의 해외 의존으로 가격인하의 탄력성 문제 3. 경영자의 연구개발 노력 결여
비가격경쟁력	외관설계	1. 선진국 제품의 단순 모방 2. OEM 위탁자에 과도하게 의존 3. 기술 결여
	특수기능	1. 선진국의 특허공여 기피 2. 수요자의 needs 파악 불철저 3. 창의력 부족
	브랜드 이미지	1. 국제 감각이 결여된 브랜드명 2. 매력성 결여 3. 조악한 브랜드 디자인
	판매력	1. 바이어에게 과대 의존 2. 조직적인 시장 개척 노력 없음 3. 종합상사와 생산자 간 유대가 긴밀하지 못함

자료: 한국무역협회(가전, 1981. 12), pp. 17~18.

면서 전량 수입하던 섀도마스크 생산을 위한 「한국마이크로닉스」(후에 「LG마이크론」)를 설립하여 구미공단에 공장을 세웠고 이는 섀도마스크 생산 세계 1위로 성장하였다.110 이러한 노력으로 〈그림 9-7〉에서 보듯이 1980년대 국산화가 촉진되었다.

1984년 1월 4일 상공부는 1986년까지 세계 제2전자부품공급기지화를 위한 전자부품공업 확충 및 수출산업화 방안을 마련하였다.111 한국은 1980년대 중요성이 커지고 있는 전자부품 품질의 국제공신력 확보와 전자부품 수출증대, 기술개발 촉진을 위해112 IEC전자부품품질인증

110 이희종 전 한국전기공업진흥회회장 증언(2011), pp. 117~118.
111 〈매일경제신문〉(1984. 1. 14); 〈동아일보〉(1984. 1. 14).

〈그림 9-7〉 전자부품의 국산화율 변화 (단위: %)

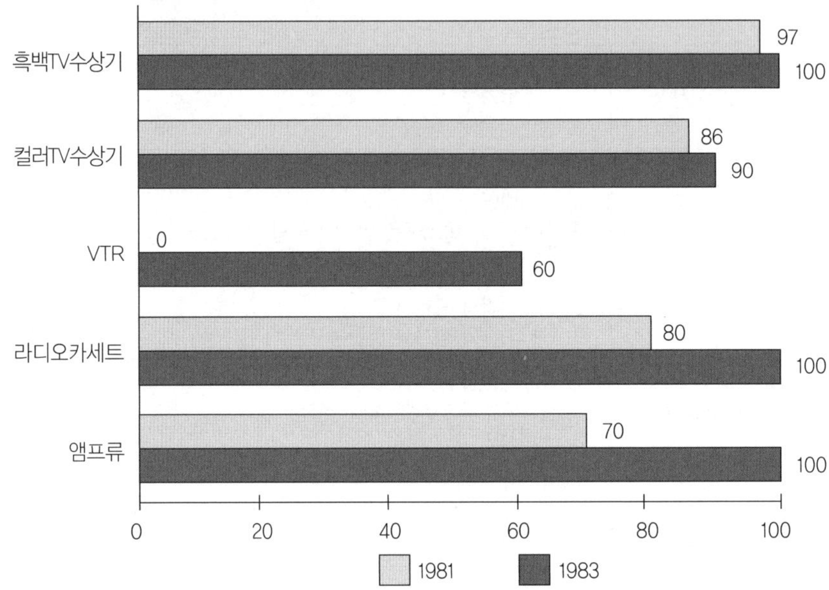

주: 1983년 국산화율은 관계회사에 문의하여 취합한 수치임.
자료: 한국전자공업진흥회(전자편, 1983); 한국전자공업진흥회(전자품, 1984); 한국산업은행조사부(한산, 1984).

제도(IEC Quality Assessment System for Electronic Component: IECQ) 가입에 노력하였고 1984년 1월 16일부터 IECQ 13번째 정식 회원국 가입을 승인받았다.[113] 이로써 전자부품 수출품의 품질이 국제적으로 공인되어 수입국의 수입검사를 면제받는 특권이 한국에도 주어지게 되었다.[114] 이는 한국 전자제품 수출확대에 획기적 전기를 마련한 것임과 동시에 단순하청부품으로 시작한 한국의 전자부품 제작기술이 마침내 국제 선진 전자공업 국가군에 의해 공인받았다는 역사적 의미, 이 두 가지 중요한 의미를 갖는 것이었다.

일본 전자업계에 비해 낮았던 생산성과 높은 불량률은, 1986년 이후 도입되기 시작하여 1990년대 초 확산된 로봇생산시스템의 성공으로 상당 부분 일본 업계와 유사한 수준을 확보하게 되었다.

112 공업진흥청(IEC, 1984. 2. 29).
113 〈매일경제신문〉(1983. 12. 22); 〈매일경제신문〉(1984. 5. 14).
114 〈경향신문〉(1983. 12. 22).

CHAPTER 10

전문화 · 계열화

I. 초기 전자공업과 전문화 · 계열화

전문화란 특정 부품을 전문적으로 생산하는 의미만이 아니라 독자적인 설계, 독자적인 상표에 의한 기업활동을 의미하며, 계열화란 기술적 측면에서 합리적 보완관계를 구성하는 것으로 기업 크기의 대소와는 관계가 없는 것이다.[1] 계열관계를 유형별로 보면 〈그림 10-1〉과 같다.

전자공업은 소재-부품-기기 그리고 결합기기로서의 시스템까지 연결되는 구조를 갖고 있다. 따라서 이를 혼자 담당할 경우 높은 기술개발비와 다액의 설비투자비가 필요하고 기술개발에서 뒤질 가능성이 커지므로 전자공업에서 계열화는 필수적일 뿐만 아니라 경쟁력을 위해

〈그림 10-1〉 전문화 · 계열화 관계의 유형

구분	유형내용
하청계열 관계	기기생산업체 —주문→ 부품생산업체 기기생산업체 ←납품— 부품생산업체
독립계열 관계 (전문화)	기기생산업체 ←구입— 시장유통기구 ←구입— 부품생산업체

자료: 한국과학기술연구소(제4전, 1976. 7), p. 369.

1 한국과학기술연구소(제4전, 1976. 7), p. 369.

서도 요구되는 것이다. 특히, 한국이 뒤떨어져 있는 소재공업은 장치공업의 성격을 가지고 있어 발전과 경쟁력 제고를 위해서는 규모의 경제가 필요하며 또 중요하다. 그러면서 한편으로 전자공업은 부품별로 그리고 중간조립, 최종조립 단계별로 요구 기술수준이 달라서 전문화·계열화가 쉽게 정착되는 특징을 갖고도 있다.

전문화·계열화의 경제적 효과는 원가절하, 전자공업 구조의 균형적 발전, 중소기업의 전문화 육성, 자본부담의 경감으로 나타나며 이를 통해 국내 가용자원의 종합적인 이용이 가능하게 된다.[2] 대기업은 계열화된 전문기업에 생산 및 관련 설비를 대여하거나 이미 사용 중인 설비를 저가에 양도할 수 있고 또 직접적은 아니더라도 설비자금의 대여 알선 및 보증을 할 수 있는데 이렇게 할 경우 대기업 스스로가 관련 모든 설비를 마련하고 유지해야 하는 비용, 특히 사용빈도와 효율성이 낮은 설비까지 구비하고 유지해야 하는 자본부담을 대폭 줄일 수 있다. 설비를 구입하고 유지하는 비용만이 아니라 관련 설비와 관계된 인력의 인건비, 그리고 공간 확보를 위한 토지 확보 및 지가부담도 절감할 수 있다. 따라서 전자공업의 전문화·계열화는 전자공업이 가지고 있는 전자공업 자체의 생산 과정상의 효율성만이 아니라 경제적으로도 자본주의가 가진 가장 큰 이점인 자원의 절약과 최대한의 효율성 제고를 가능하게 한다.

한국은 이미 1960년대 선진 전자공업국이었던 일본, 미국의 사례에서 이러한 점을 알고 있었고 이에 관련 내용이 1960년대부터 입법과 정책에서 반영되고 있었다. 대표적으로 1969년 1월 28일 공포된 전자공업진흥법은 전문화·계열화 규정을 포함하고 있었고 이어 1969년 6월 19일 전자공업진흥법 제3조 제1항 제2호·제3호 규정에 의하여 "전문화·계열화 및 양산화"와 "성능 및 품질의 개선과 생산비의 저하"를 촉구해야 할 전자기기 및 부품 65개 품목이 지정·공포되었다.[3]

1971년 1월 29일 상공부장관은 전자부품 전문개발공장 건설자의 지정 및 지원요령을 상공부고시 제6257호로 다음과 같이 고시하였다.

【전자부품 전문개발공장 건설자의 지정 및 지원요령 고시(1971. 1. 29)】

목적: 전자공업의 근대화와 수출저력을 배양

대상: 전자공업진흥법에 의해 등록한 업체. 합작기업의 경우 외국인의 주식지분율이 50%를 초과할 수 없으며 합작투자업체의 자본금은 총자산의 30% 이상이어야 하며 합작투자처는 외국의 우수업체로서 해외 시장을 갖고 있어야 한다.

지원: 1. 기계공업육성자금의 융자 및 외자대부
2. 기존 동일품목 생산업체가 외국인과 합작으로 확장할 경우에는 내수판매에 대하여 우대조치
3. 공업단지의 입주

---

2 한국과학기술연구소(제4전, 1976. 7), pp. 370~372.
3 한국정밀기기센터(전자편람, 1970), p. 16.

4. 전자공업진흥기관의 기술 및 경영 지도
5. 기타 행정지원

〈관보〉(1971. 2. 3), 제5765호.

1971년 8월 18일 상공부장관은 〈전자부품 전문개발공장 건설자의 지정 및 지원요령 중 일부개정〉을 상공부고시 제7246호로 고시하였다. 상공부는 전자부품 전문개발공장 건설자 지정신청에 한국과학기술연구소장의 추천서도 인정하고 신청자격에도 외국의 우수생산업체와 기술제휴계약을 체결한 기업 외에도 한국과학기술연구소와 기술개발계약을 체결한 자로서 한국과학기술연구소장의 추천을 받은 자를 부가하였다.4

그러나 1973년 중화학공업화정책선언이 이루어지기 이전 1960년대와 1970년대 초 한국전자공업 상태는 전문화를 거론하기에는 열악한 수준이었다. 1972년 말 현재 휴업 또는 폐업한 업체를 제외한 217개 업체를 대상으로 규모별 자본금 현황을 보면 1,000만 원 이상 5,000만 원 미만의 업체가 전체의 44.6%이었으며 자본금 500만 원 이하의 업체도 6.9%에 달하고 있었다.5 이러한 열악한 영세성은 전문화·계열화의 미비를 가져왔고 이는 다시 악순환적인 원자재공업의 발달 정체를 가져왔다.

Ⅱ. 중화학공업화정책선언과 전문화·계열화 정책

1973년 중화학공업화정책선언으로 중화학공업에 대한 정책 논의가 본격화되고 있었고 전자공업의 발전 역시 계획과 정책이 만들어지고 있었다. 1973년 5월 25일 상공부는 유형별 중소기업 육성계획에 따라 고유 중소기업형 및 전문·계열화형으로 나누어 지원하기로 한 950개 대상 품목 중 제1차로 전자기기 21개 업종을 포함한 중점육성 대상 100개 품목의 구조근대화 지표를 설정 발표하였다.6 또한 1973년 정부는 구미공업단지 확장매립을 추구하면서 '118만 평에서 장차 317만 평으로 확장되어 공장계열화를 위한 부지가 확보된다'고 밝혀 계열화의 추진을 강조하였다.7 그러나 1973년 계열화의 실질적 진전은 보이지 않았다. 무엇보다 여전히 전자공업에서의 전문화·계열화에 중요 조건인 원자재공업이 정체되어 있었고 기업 참여는 부진하였다. 이런 이유는, 첫째 한국 재료공업수준 자체가 낮았고, 둘째 다수 원자재가 소형이고 가벼워 수입용이성으로 수입이 계속되어 투자에 비해 수요가 많지 않았으며, 셋째 기업가들이

4 〈관보〉(1971. 8. 20), 제5929호.
5 이춘화 한국정밀기기센터이사장(1973. 9), p. 28.
6 〈경향신문〉(1973. 5. 25).
7 한국수자원개발공사(구미, 1973. 3).

원자재가격이 낮아 이윤이 적다고 생각하거나 원자재의 중요성에 대한 인식 자체가 부족하였기 때문이었다.[8] 전문화·계열화의 장애요인을 돌파해 줄 새로운 정책적인 강조와 수단이 필요하였다.

1974년 1월 9일 상공부장관은 상공부공고 7607호로 전자공업진흥기본계획을 개정 공고하고 이날부터 시행한다고 공고하였는데, 여기에 전문화·계열화 관련 내용을 다음과 같이 포함하였다.

【1974년 전자공업진흥기본계획(1974~1981) 전문화·계열화 관련 내용】

1. 진흥목표
   (1) 전자제품의 수출극대화: 생산(1981): 47억 불, 수출(1981): 25억 불
   (2) 부품 및 주요 재료의 자급화
   (3) 생산 및 유통구조의 정상화
   (4) 기술집약적 두뇌산업화
2. 진흥방안
   ……
   (4) 부품 및 재료의 국산화 촉진
      가. 전문화·계열화 촉진
      나. 유통구조의 개선

〈관보〉(1974. 1. 10), 제6645호.

그런데 같은 날 1월 9일 상공부장관은 상공부공고 7608호로 전자공업진흥 시행계획을 공고하였는데, 여기에서 2. 진흥방안에 (4) 부품의 자급화 촉진을 넣고 다음과 같이 정하였다.

【전자공업진흥 시행계획 중 2. 진흥방안 (4) 부품의 자급화 촉진】

가. 부품공장의 건설 촉진
나. 국산 부품의 사용 및 공급 촉진
다. 원자재 정보의 상호 교류 촉진

〈관보〉(1974. 1. 10), 제6645호.

보다 세분화된 시행계획이 제시되고 있는 것에 따른 것이라고 하지만 시행계획에서 구체적으로 전문화와 계열화를 지적하는 내용과 용어자체가 없다. 이는 정부가 그 필요성과 대의명분을 인정하면서도 여전히 전문화·계열화의 실행의지가 빈약함을 보여 주는 것이다.

정책적으로도 이렇게 전문화·계열화가 우선순위에서 소외되면서 전문화·계열화를 지탱할

---

8 국무총리기획조정실(중조, 1974. 5), pp. 174~175.

〈표 10-1〉 상공부·중소기업은행 조사 하청기업의 주요 애로점과 문제점

	애로내용과 문제점	
애로점	애로순위	애로내용
	1	대금지급의 지연
	2	경쟁과다
	3	검사제도의 엄격
	4	납기엄수
	5	시가 이하의 단가
	6	생산능력 지연
문제점	분류	문제점
	하청기업 측	1. 모기업 발주량이 다종소량 2. 장기거래가 보장되지 않음 3. Local L/C 기한이 짧음 4. 소량 거래로 L/C개설, 포장, 발송 등이 번잡 5. 지불기간이 길다 6. 검수기간이 길다
	모기업 측	1. 납품품질 불균일 2. 납기지연 3. 가격불안정

자료: 한국과학기술연구소(제4전, 1976. 7), pp. 368, 379~380.

하청기업 문제는 나아지지 않고 있었다. 상공부·중소기업은행의 1974년 조사는 하청기업의 주요 애로점과 문제점을 〈표 10-1〉과 같이 지적하고 있었다.

하청기업의 가장 큰 애로는 대금지급의 지연이었다. 이는 당시 계열 관계가 수평적 평등관계가 아닌 수직적 관계이었음을 단적으로 보여 주며 동시에 한국의 금융 불안정성과 높은 금융비용을 동시에 보여 주는 것이다. 두 번째의 애로가 경쟁과다이었는데 경쟁과다는 경쟁과다→저가 수주→기술개발 및 투자 불가→품질조악→대기업들 수입부품 선호→경쟁과다의 확대라는 악순환을 가져오고 있었다. 검사제도의 엄격이 3번째로 많은 하청기업의 애로로 지적되었는데 이는 두 가지 의미를 갖고 있었다. 그것은 과도한 공무원 개입과 통일되지 못한 절차 그리고 대응하지 못하는 한국 중소기업들의 현실을 반영하는 것이었다.

이상의 애로점과 문제점이 존재하는 현실에서 1974년 11월 1일 경제장관회의는 대기업과 중소기업을 계열화하기 위한 「중소기업계열화촉진법안」을 의결하였다. 또한 국무총리실 연구교수단은 1975년 건의에서 한국의 전자공업기업체 체질 및 규모 등을 고려할 때, 업계의 자발적인 원자재 개발은 기대하기 힘든 형편이므로 정부가 선도역할을 할 것과 전자공업 재료의 전략개발 품목은 계열화시켜 자금융자 또는 세제지원 등으로 개발을 촉진시킬 것을 건의

하였다.9

1975년 12월 31일 중소기업계열화촉진법이 법률 제2841호로 제정 시행되었고 1976년 6월 3일 중소기업계열화촉진법시행령이 대통령령 제8144호로 제정 시행되었다. 중소기업계열화촉진법 제1조는 "기업과 기업 간의 계열화의 조성을 촉진하고 도급거래의 질서를 확립함으로써 분업에 의한 상호 이익의 증진과 중소기업의 근대화를 도모하여 국민경제의 균형 있는 발전에 기여함을 목적으로 한다"라고 규정하여 계열화 촉진과 중소기업 근대화를 목적으로 분명히 하였다. 1976년 4월 23일 공업진흥청은 기계·선반·전자 등 중화학공업 분야 기술전문가 및 전문교수로 중소기업에 대한 기술지도 강화를 위한 기술지도반을 편성한다고 밝혔다.10 1976년 6월 17일 중소기업계열화촉진법 시행규칙이 상공부령 제483호로 제정, 시행되어 중소기업 도급기업체의 가동안정 기틀을 마련하였다.

중화학공업화정책선언 이후 계속된 제반 노력으로 〈표 10-2〉에서 보듯이 종업원 200인 미만 사업체 수의 비중이 1971년 83.9%에서 1976년 72.0%로 줄어들고 200인 이상 499인의 사업체 수 비중이 8.4%에서 14.5%로 상향되는 발전이 이루어졌다. 이와 함께 종업원 500인 이상 기업의 비중도 7.7%에서 13.5%로 대폭 늘었다. 전반적으로 1970년대 중반까지 한국의 전자공업은 기술, 자본축적 수준이 낮아 규모의 경제에 입각한 조립가공, 규모 확대에 나서고 있었다.

〈표 10-2〉 전자공업 종사자 규모별 사업체 수(분류번호 3832) (단위: 개)

종사자 수	1971	1976	1981
5~9	25	43	130
10~19	23	59	206
20~49	36	95	188
50~99	17	76	140
100~199	19	69	74
200인 미만 합계(비중)	120(83.9%)	342(72.0%)	738(83.0%)
200~299	12	38	43
300~499		31	46
200~499인 합계(비중)	12(8.4%)	69(14.5%)	89(10.0%)
500인 이상(비중)	11(7.7%)	64(13.5%)	62(7.0%)
합계(비중)	143(100%)	475(100%)	889(100%)

자료: 경제기획원(광통, 1973~1983).

9 국무총리기획조정실(중건2, 1975. 3), p. 230.
10 〈매일경제신문〉(1976. 4. 23).

1970년대 후반 계열화는 강조되고 있었고 나아갈 길로 지적되고 있었다.

한국이 전방위로 전자시스템 산업을 시작하는 계기가 되었던 전자교환기 국제입찰, 선정 및 개발사업에서도 정부는 1976년 12월 28일 전자교환기 본체조립은 국영 1개 업체로 하고 부품생산은 기존 국내 관련 업체를 참여시키되 부품생산을 완전 계열화하기로 결정하였다.[11] 당시 체신부는 부품공장은 대상 업체 공모로 계열화 업체를 지정한다고 밝혔다.[12] 이 시기 「경인전자」, 「광림(廣林)전자공업」, 「국제전자공업」 등 중소 전자기업들은 수입부품을 국산화하는 의미 있는 역사를 만들고 있었다. 「경인전자」 金孝造 부사장은 다음과 같이 증언하고 있다.

> 1차 목표를 부품의 국산화로 …… 하고 이를 위한 금형의 개발, 가공기계의 개발 및 도입을 추진하여 1975년 말 이를 위한 준비가 완료되었다. 1976년 중순부터 경인 자체생산에 의한 부품공급이 시작되었으며 …… 1976년 말경에는 전 도입부품의 60% 수준이 국산화가 이루어졌다. 이에 …… 부품국산화에 더욱 박차를 가하여 1977년에 전 도입부품의 85% 수준까지, 1978년도 95% 수준까지 국산화 품목을 설정하고 부품국산화와 병행하여 원자재의 국산화 노력에도 심혈을 기울였다. 또한 거래처로부터 요구하는 새로운 기종에 대해서는 처음부터 국산화를 시도하여 약 130여 종의 개발에 성공하였다. 이러한 노력의 결과 1977년부터 일기 시작한 TV게임의 폭발적인 수요에 국산제품으로 수요에 응할 수 있었다.
>
> 김효조 전 경인전자 부사장(1987), p. 363.

제4차 경제개발5개년계획에서 전자공업의 정책방향의 하나로 강조된 것도 전문화·계열화이었는데 이를 정리하면 〈표 10-3〉과 같다. 정부는 공업정책 역점방향 7가지 중 3가지로 (1) 중화학공업 건설의 계열체계 확립, (2) 적정규모화를 통한 규모 이익의 추구, (6) 중소기업의 보호와 육성을 들었다.

1977년 4월 4일 상공부장관은 상공부고시 제77-22호로 중소기업계열화촉진법 제3조의 규정에 의한 계열화 조성 기준을 고시하였다. 상공부는 고시를 통해 (1) 발주 분야의 명확화 및 발주방법의 개선에 관한 사항, (2) 도급기업체의 시설근대화, 기술향상 및 품질개선에 관한 사항, (3) 단가결정 방법, 납품의 검사방법, 기타 거래조건의 개선, (4) 기타 계열화를 위해 필요한 사항을 분명히 하였다.[13] 발주방법의 개선에는 2년 이상의 장기 위탁계약 체결, 약정서 교부, 설계서 및 시방서 명확화, 납기 적정화, 발주물품 표준화, 6개월 이상 유예기간의 거래정지 예고 등이 포함되었다. 그러나 이는 제대로 이행되지 않았다. 전문화·계열화를 위한 노력은 1970년대 후반 지속되지 못했다.

1977년 이후 석유파동의 영향이 소멸되고 경기가 호황국면으로 나아가면서 기술의 확산

---

11 체신부(전책2, 1986).

12 〈동아일보〉(1976. 12. 29).

13 〈관보〉(1977. 4. 4), 제7615호.

〈표 10-3〉 제4차 경제개발5개년계획에서의 전문화·계열화 정책내용

<table>
<tr><th></th><th colspan="2">계열화·전문화 정책내용</th></tr>
<tr><td>공업부문
정책목표</td><td colspan="2">중소기업의 건전한 육성과 지위향상을 위하여 중소기업 고유의 산업 분야를 확보하는 한편, 대기업과의 보완성을 제고하고 전문화·계열화를 촉진하여 중소기업의 존립기반을 강화하는 방향으로 추진할 것이며, 이를 위한 정책수단과 투자계획을 작성한다.</td></tr>
<tr><td>대내여건 정비</td><td colspan="2">1. 중화학공업화를 계속적으로 추진시켜야 한다. 중화학공업은 일관생산체제, 계열화를 통해 중화학공업 내부 생산구조의 균형적인 발전기반을 갖추는 것이 보다 중요하다.
2. 기업의 국제화 및 계열화를 추진시켜야 한다. 기업 간의 계열화는 효과적인 산업활동과 경기변동에의 대항력을 갖추고 전반적인 산업체질을 근대화, 증강시키기 위하여 가장 역점을 두어야 할 요건이다. 산업 간의 계열화도 필요한 것이기는 하나 기계공업 부문에서의 계열화는 당해 공업발전을 위한 하나의 필수적인 전제조건이 되는 것이다. 자본, 경영, 생산 면에서의 계열화는 우리나라 공업의 당면과제인 것이다.</td></tr>
<tr><td>공업정책역점 방향
7가지 중 3가지</td><td colspan="2">1. 중화학공업 건설의 계열체계 확립
앞으로의 중화학공업화 추진 과정에서 특히 역점이 주어질 정책방향은 계열체계의 확립이다. 중화학공업은 동일업종 내에서의 기초소재↔부품↔조립의 다단계 생산 과정을 지니든가 또는 중화학공업 내부에서의 업종 간 관련 효과가 중요시되는 성격을 지니고 있다. 따라서 단순시설뿐만 아니라 총체적인 중화학공업의 설비효율을 높이는 방향에서 공업 간, 업종 간 계열화의 확립을 위하여 정책적 고려가 가해질 것이다.
2. 적정규모화를 통한 규모 이익의 추구
6. 중소기업의 보호와 육성</td></tr>
<tr><td>육성지원시책</td><td>전자공업</td><td>전문화·계열화계획: 단일제품에 전문화하도록 유도</td></tr>
<tr><td>공업부문별
정책수단</td><td>중소기업</td><td>– 중소기업계열화촉진법을 적극 활용하고 대기업의 기술이 중소기업에 전파되도록 할 것이다.
– 관련 중소기업 전용단지 또는 업종별 집단화 단지를 조성하고 전문화·계열화를 촉진할 것이다.</td></tr>
</table>

자료: 상공부중공업계획반·화학 및 경공업계획반(제41, 1976), pp. 머리말, 24~35, 37, 40~41, 120~123, 148~149.

(spill-over) 효과와 법적, 정책적 장려에 힘입어 200인 미만 소기업의 진입이 계속 이루어졌다. 그 결과 1971년 83.9%에서 1976년 72.0%로 줄어들었던 종업원 200인 미만 사업체 수의 비중이 늘어나 〈표 10-2〉에서 보듯이 1981년 83.0%로 다시 늘어났으며 반면 200인 이상 499인의 사업체 수 비중은 10.0%로, 종업원 500인 이상 규모의 기업 비중도 7.0%로 다시 내려가 전체적으로 1970년대 영세성의 극복은 이루어지지 못하였다.

1978년 3월 말 현재 전자공업 종업원 규모별, 기기·부품별 업체 수를 정리하면 〈표 10-4〉와 같다. 1975년 바뀐 기준에 의한 종업원 300인 미만 중소기업은 부품업체의 비중이 65.4%로 가정용기기 23.8%, 산업용기기 10.9%에 비해 압도적으로 높았다. 300인 이상 기업의 경우는 가정용기기 비중이 33.3%로 높고 산업용기기의 비중은 11.1%로 중소기업과 차이가 없었으며, 특히 2,000명 이상의 대기업에서 가정용기기 업체가 41.1%로 특징적으로 높았다. 이런 점은 1970년대 한국 전자공업의 시대적 상황을 잘 보여 준다. 즉, 1970년대 한국의 전자공

〈표 10-4〉 전자공업 종업원 규모별, 부문별 업체 수(1978년 3월 말)

	총계	가정용기기	산업용기기	부품
2,000명 이상	17	7(41.1%)	2	8(47.1%)
1,000~1,999명	30	6	5	19
500~999명	62	29	7	26
300~499명	62	15	5	42
300인 이상	171	57(33.3%)	19(11.1%)	95(55.6%)
100~299명	232	55	28	149
50~99명	140	17	12	111
50명 이하	164	20	34	110
300인 미만	543	129(23.8%)	59(10.9%)	355(65.4%)
총계	707	149	93	465

자료: 한국개발연구원(섬전, 1979), p. 101.

업은 부품생산업체와 가정용기기 생산업체가 중심인 가운데 국내 대기업이 가정용기기를 중심으로 진입하여 지배하고 있었고 전체적으로는 다수의 영세한 부품업체들이 있었다. 특히, 가정용기기의 경우 대기업 집중도가 심해서 1977년 「금성사」, 「삼성전자」, 「대한전선」 등 3개 업체가 가정용기기 생산의 36%를 점하였다.[14] 한편, 한국의 경우 종업원 500~999명의 중견기업에서 전자부품업체 수가 가정용기기업체 수보다 적은 독특한 가분수 현상이 나타나고 있는데 이는 이미 1970년대 중반부터 지적되고 있었듯이 전자부품의 주요 재료인 저항재료, 유전체(誘電體)재료, 코일, 트랜스 등에서 외국인투자 대기업이나 영세기업은 있어도 중견기업은 없었고 또 존재할 기반도 없었기 때문이다.[15]

전문화·계열화의 진전은 느렸고 심지어 후퇴하고 있었다. 이에 4차 경제개발5개년계획은 기본정책 방향에서 "중소기업의 건전한 육성과 지위 향상을 위하여 중소기업 고유의 사업 분야를 확보하는 한편, 대기업과의 보완성을 제고하고 전문화·계열화를 촉진하여 중소기업의 존립기반을 강화할 것이다"라고 하여 전문화·계열화 촉진을 강조하며[16] 부문별 계획의 내용과 정책수단에서도 이를 다음과 같이 밝혔다.

> 중소기업계열화촉진법을 적극 활용하고 모기업체가 필요로 하는 부품 부속 및 반제품의 생산가공을 중소기업체가 전담하도록 유도하고 대기업의 기술이 중소기업에 전파되도록 할 것이다.
> ……

14 한국개발연구원(섬전, 1979), p. 99.
15 국무총리기획조정실(중건2, 1975. 3), p. 225.
16 국무위원 남덕우 부총리 겸 경제기획원장관(제4, 1976. 12), p. 136.

관련 중소기업 전문단지 또는 업종별 집단화 단지를 조성하고 단지 내 공동이용과 시험시설을 설치하여 제품의 평준화와 품질향상을 기하고 전문화·계열화를 촉진할 것이다.

국무위원 남덕우 부총리 겸 경제기획원장관(제4, 1976. 12), pp. 149~150.

TV수상기에서 「금성사」가 「星裝社」(장식판), 「星藝社」(목제 캐비넷), 「星鐵社」(금속가공부품), 「星窯社」, 「三陽電子」(고정저항기, 콘덴서, 각종 코일), 「금성알프스」(튜너, 가변저항기, 가변축전기, 스위치), 「금성반도체」(반도체)로부터, 「삼성전자」가 「三德電子」, 「韓陸電子」(콘덴서), 「삼성전자부품」(스위치, 편광코일, FBT, 전해콘덴서), 「삼성반도체」(C-MOS/LSI), 「삼성전관」(브라운관), 「삼성코닝」(유리소재)으로부터 그리고 「대한전선」이 계열사 「오리온전기(電氣)」 등에서 부품을 공급받듯이 일부 전자제품에서는 생산분업 체계가 이루어지고도 있었지만 그것 역시 대부분 자체 계열회사로 이루어졌다.[17] 대기업 집단은 자체 계열회사를 가지거나 혹은 품질과 제도적 요인 때문에 일본 등 해외 수입을 선호하였고, 이미 규모의 경제 최소효율규모(MES)에 도달해 있는 일본 부품업체들은 다음 증언에서 보듯이 저가, 물량공세를 퍼부어 이를 더욱 촉진시키고 지속시켰다.

국내 동박적층판(銅箔積層板) 시장에 대한 시장개척은 무척 어려웠다. 이는 국내 전자공업의 성장에 따라 동박적층판의 수요는 증가하였으나 국내 생산능력의 35배에 달하는 월 139만 매의 대량생산 능력과 안정된 자국 내 수요를 확보하고 있는 일본 업체의 가격과 물량공세 때문이었다. 더구나 수입관세제도상 완제품과 원자재의 역관세 현상은 제조원가 부담을 가중시켜 국내 업체의 가격경쟁력을 약화시키고 있었다. 이로 인한 판매 부진은 지속적인 생산을 어렵게 하였고 시장개척을 위한 염가판매는 경영적자를 누적시켰다. 이런 상황에서 동박적층판의 수입은 1975년에서 1978년까지 연평균 105%씩 급속히 증가했다. 총수입 중 99.1%가 일본으로부터의 수입이었다.

양유석 전 두산전자 대표이사전무(1987), pp. 396~397.

대기업 집단들의 선택만이 아니라 정부 역시 기초 원자재에 관세를 매겨 역관세 현상으로 오히려 대기업이 아닌 기초 원자재 수입 중견 부품업체들의 성장이 저해되었다. 그 결과 전자부품업체들의 영세성이 계속되었다. 부품 품종 수만도 흑백TV · 컬러TV수상기가 36개 · 40개, 리시버 171개, 전자시계가 15개 등으로 부품업체의 중요성이 컸지만[18] 여전히 본격적이고 실질적인 의미의 전문화·계열화는 진전되지 못하고 있었다.

이런 속에서 전문화·계열화 촉진을 위한 정책발표는 이어졌다. 정부는 1978년을 전문화·계열화를 촉진시킬 수 있는 전자부품 육성의 해로 지정하였다.[19] 1978년 3월 3일 정부는 1981

17 花房征夫(1983), pp. 49~50.
18 한국무역협회(가전, 1981), p. 78.
19 산업기지개발공사 공업단지부(제65, 1977. 12).

년 수출목표 달성을 위한 노력의 하나로 전자업계의 전문화를 유도하겠다고 밝혔다.[20] 1978년 12월 5일 상공부는 법률 제3128호로 중소기업계열화촉진법을 개정, 공포하고 1979년 2월 1일부터 시행에 들어갔다. 전문화·계열화에 주요한 계기를 만들 수 있는 법이었고 전문화·계열화 진전이 없는 점을 감안하여 위반에 대한 벌칙을 강화하였지만 역시 실행이 제대로 이루어지지 않아 기대효과를 거두지 못하였는데 이는 업계의 호응이 적었기 때문이었다.[21] 법률시행과 함께 정책적으로 계열화 특정 업종 및 계열화 지정품목이 지정되었는데 전자공업에서는 1979년 3월 24일 TV수상기 부품으로 고정저항기, 가변저항기, 고정축전기, 가변축전기, 코일, 변성기, 확성기가 지정되었다.[22]

1980년 10월 24일 상공부장관은 상공부고시 제80-27호로 전기·전자 분야 23개 업종을 대상으로 한 중소기업 근대화 계획을 고시하였다.[23] 정부는 영세성으로 인해 불량제품을 생산하는 중소기업이 상당수 존재한다고 보고 이들을 대상으로 공업진흥청·국립공업시험원이 다음과 같이 기술지도사업에 나섰다.

【중소기업 기술지도사업】

1. 목표: 품질 기준 미달제품을 생산하는 중소기업체에 대해 기술지도를 통하여 한국 공업규격의 수준에 도달할 수 있도록 하는 것
2. 품목선정: 단상유도전동기 등 12개 품목, 15개 업체 선정
3. 지도위원: 한국기계연구소, 한국전기전자시험검사소, 세기콘트롤 등 연구소, 기업 직원이 지도
4. 지도담당과: 전기과 3, 전자과 2, 전기응용기기과 9 등 총 14개 업체 지도(1개 업체 폐업)
5. 대상 품목: 단상유도전동기, 배선용차단기, 캡타이어케이블, 조광기, 전기스탠드, 차임벨, 전기그라인더, 전기다리미, 전기냄비, 전기주전자, 전기우물펌프, 송풍기 12개 품목으로 1981년도 사후관리 결과 불량품목

공업진흥청·국립공업시험원(1982).

중소기업의 기술지원 등 근대화 촉진은 중소기업 근대화 실천계획업체 승인과 중점육성 등으로 이후 계속되었다.[24] 이와 함께 전자공업협동조합에 의한 「三德電子」, 「國際電子」, 「三美企業」, 「大星電子通信」, 「중앙전자」 등의 중소전자기업체 해외 견학단 사업도 이어졌다.[25] 1981년 1월 5일 상공부는 1981년 중소기업 계열화 시책을 발표하였는데 이때 계열화 대상 업종에 전화기·냉장고·세탁기 3개 업종을 추가하였다.[26] 1982년 6월 17일 상공부는 모기업과

---

20 한국기계공업진흥회(한기진20, 1989), p. 791.
21 한국전자공업협동조합(전조2, 1987), pp. 198~199.
22 국무총리기획조정실(중건7, 1979. 10), p. 152.
23 〈관보〉(1980. 10. 24), 제8674호.
24 〈경향신문〉(1986. 3. 7); 〈매일경제신문〉(1986. 3. 7).
25 〈매일경제신문〉(1982. 6. 22).
26 〈매일경제신문〉(1981. 1. 5).

하청기업 간의 분업적 협력관계를 확대하기 위해 재봉기·전자·자동차·농기계의 부속품 분야 등 289개 품목을 계열화 대상으로 추가 고시하였다.[27]

1982년 9월 1일 구미공단 내 전자부품생산협업단지가 가동에 들어갔다. 이들은 단지 내 「금성사」, 「대한전선」 등과 계열화 체제를 갖추어 안정성과 품질향상을 기하기로 하였다.[28] 1982년 12월 31일 중소기업계열화촉진법이 다시 개정되어 1983년 4월 1일부터 시행되었다. 개정안은 중소기업계열화촉진법이 제대로 시행되지 않고 있고 계열화 진전이 느린 현실을 고려하여 다음 조를 신설함으로써 계열화촉진법의 실효성을 높이고자 하였다.

> 제13조의2(경제기획원장관에의 조치요구 등) 상공부장관은 모기업체가 제8조·제9조 제3항·제10조·제11조 또는 제13조 제1항의 규정에 위반한 사실이 있고 그 위반사실이 독점규제 및 공정거래에 관한 법률 제15조 제4호의 불공정거래행위에 해당한다고 인정할 때에는 동법 제16조의 규정에 따라 필요한 조치를 하여 줄 것을 경제기획원장관에게 요구할 수 있다.
>
> 제15조의2(중소기업계열화촉진협의회) ① 상공부장관은 모기업체와 수급기업체 간의 분쟁을 자율적으로 조정하도록 하고 계열화를 촉진하기 위하여 중소기업계열화촉진협의회(이하 "계열화촉진협의회"라 한다)를 설치한다.
>
> ② 계열화촉진협의회의 조직과 운영에 관하여 필요한 사항은 대통령령으로 정한다.
>
> 제15조의3(모기업체 단위별 수급기업체협의회) ① 특정한 모기업체와 도급거래 관계에 있는 수급기업체가 모기업체와 대등한 거래관계를 유지하고, 상호기술정보의 교환 및 공동 기술개발 등을 촉진하기 위하여 모기업체별로 그 모기업체와 도급거래 관계에 있는 수급기업체는 모기업체 단위별 수급기업체협의회(이하 "수급기업협의회"라 한다)를 구성할 수 있다.
>
> ② 제1항의 규정에 의하여 수급기업체협의회가 구성된 때에는 대통령령이 정하는 바에 따라 계열화촉진협의회에 그 구성을 신고하여야 한다.
>
> 법제처 국가법령정보센터(2018. 6. 19).

재개정안은 중소기업계열화촉진법 위반에 대한 상공부장관의 조치 요구권을 명확히 하고 계열화를 촉진하기 위하여 대통령령으로 중소기업계열화촉진협의회를 설치하며 모기업체와 도급거래 관계에 있는 수급기업체는 모기업체 단위별 수급기업체협의회를 구성할 수 있도록 하였다. 1983년 4월 29일 계열연립형공장인 구미전자공업지원협업단지의 준공식이 있었다.[29]

27 〈경향신문〉(1982. 6. 17).
28 〈매일경제신문〉(1982. 9. 13).
29 〈매일경제신문〉(1983. 4. 29).

Ⅲ. 전문화·계열화 정책의 한계와 결과

한국의 전자·전기공업 집중도는 1980년 소분류 산업별 평균 집중률 허핀달지수를 구한 〈표 10-5〉에서 보듯이 제조업 평균보다 낮았다. 이는 한국의 산업집중률이 전 산업에서 높았기 때문이지만 어쨌든 1979년 이래 다시 닥친 석유파동으로 많은 전자공업 중소기업들이 폐업

〈표 10-5〉 1980년 제조업 소분류산업별 평균 집중률 허핀달지수

산업별	단순평균	가중평균
식료품	211	190
음료품	465	211
섬유	201	101
의복	101	62
가죽, 대용가죽 및 모피제품	312	117
신발	178	138
나무 및 코르크제품	303	64
가구 및 장치물	352	130
종이 및 종이제품	177	125
인쇄, 출판 및 관련 산업	117	79
산업용 화합물	273	225
기타 화학제품	420	204
석유정제업	296	368
기타 석유 및 석탄제품	105	35
고무제품	192	147
기타 플라스틱제품	188	95
도기, 자기 및 토기	257	173
유리 및 유리제품	417	192
기타 비금속광물제품	162	84
철강산업	227	230
비철금속산업	204	118
조립금속제품	137	96
기계	284	196
전기·전자기기	215	140
운수장비	370	244
의료, 광학, 천문, 과학측정 및 제어장비	458	238
기타 제조업	205	92

자료: 통계청(KOSIS, 2011. 11. 11), TX_15201_A044.

또는 휴업했음에도 불구하고 전자·전기공업에는 다수의 소규모 전자·전기업체들이 계속 진입, 존재하고 있었기 때문이었다.

그러나 각종 정책적인 발표에도 불구하고 전자·전기공업 1971년, 1976년, 1981년 3년 생산액, 부가가치, 종사자 수의 지니계수를 측정한 결과 모두 악화되고 있었고 1976년 이후 지니계수의 악화 정도가 더 높아졌다.[30] 계열화를 통한 공생, 공영이 이루어지지 못하고 있었던 것은 계열화가 잘 되어 있다는 TV수상기 산업에서도 확인되는데 모기업 제조업체 9개, 지정계열화 품목 수급업체 186개 업체, 계열화 22개 품목이 존재하고 있었지만 내실 있는 계열화, 즉 최신 기술·시장정보 교환, 주요 부품 공동개발 등의 체제는 거의 존재하지 않았다.[31]

계열화·전문화가 크게 진전되지 못하자 전문화·계열화를 추구하기 위해서는 획기적인 전환이 필요하다는 인식이 공유되었다. 1981년 구미공단 입주업체들은 현행 300인 이하 혹은 자산 5억 원 이하의 중소기업 기준을 확대해 줄 것을 건의하였다.[32] 상공부는 1982년 한국 전자공업 문제점의 첫 번째로 "전자공업 내부구조가 취약"하다고 밝혔다. 그 내용은 품목구조와 공정구조의 취약 그리고 완제품조립 대기업과 중소부품기업 간의 상호 자율적 발전 체제가 미정립되었다는 것이었다. 상공부는 이렇게 대기업과 중소부품기업 간 상호 발전 체제가 미정립된 것은 한국 전자공업 초기에 대기업들은 부품수입-완제품조립 수출에 주력하였고 부품업체들은 부품업체대로 따로 소재를 수입하여 가공수출하는 이중구조가 형성되어 왔기 때문이며, 여기에 부품업체들이 가격경쟁력이 약화되어 수출이 어려워지자 하나의 완제품 대기업을 두고 경합을 벌여 이것이 더욱 문제를 악화시켰다고 보았다.[33] 한국의 전자공업은 일찍부터 수출총액이 우선시되었고 또한 저렴하고 우수한 기능의 노동력이 뒷받침됨에 따라 가격 면에서 국제경쟁력을 갖추게 되었다. 이에 따라 상공부 지적대로 대기업들은 수출에 주력하면서 수출용부품 수입 용이성을 기초로 수입부품에 의존하고 부품업체는 부품업체대로 수출을 지향하여 전자공업의 계열화는 정상적으로, 발전적으로 추구되지 못하였다.

〈그림 10-2〉에서 보듯이 한국의 주력 생산품이며 수출품이었던 가정용 전자기기의 원가에서 차지하는 부품비의 비중은 36.5%로 높다. 한국 전자공업 전체로 볼 때 부품공업이 생산액과 수출액에서 점하는 비중은 49%와 45%로 매우 높아[34] 부품공업은 한국의 전자공업, 한국경제 측면에서도 중요한 공업이었다.

전자부품은 다종다양하며 그 단가가 낮아 특수한 부품업체를 제외하고 대부분 부품업체는 기업규모가 완제품기업이나 소재기업에 비해 영세한 전형적인 중소기업들이라는 특징을 갖고

---

30 郭賢泰(1994), p. 236.
31 서장원·김준현·정광배·이장영·박성택·탁승호·임재열(1982), p. 56.
32 구미시(구공40, 2010), p. 827.
33 상공부(전자, 1982), pp. 22~23.
34 한국산업은행조사부(80전, 1981), p. 273.

〈그림 10-2〉 전자기기 원가 중 부품비 점유비율 (단위: %)

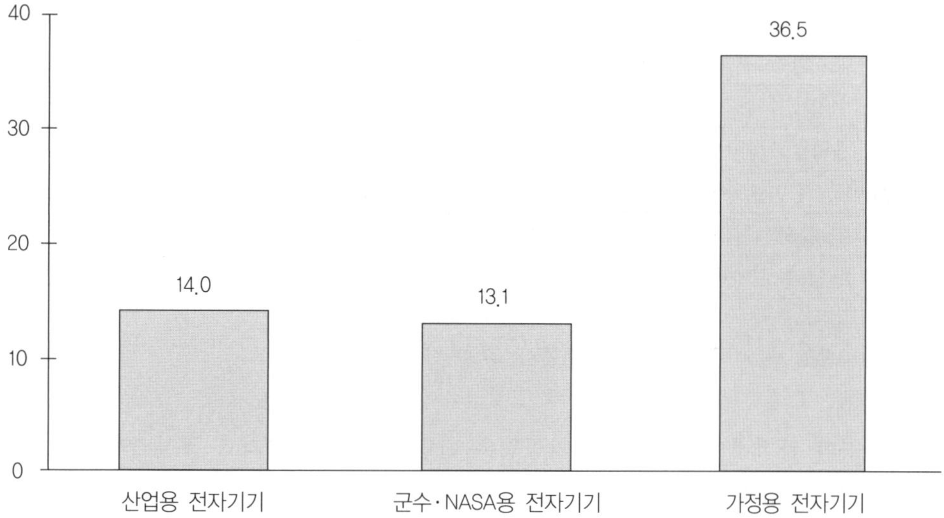

자료: 국무총리기획조정실(중건2, 1975. 3), p. 224.

〈그림 10-3〉 전문화·계열화 관점에서 본 한국 전자공업의 문제점

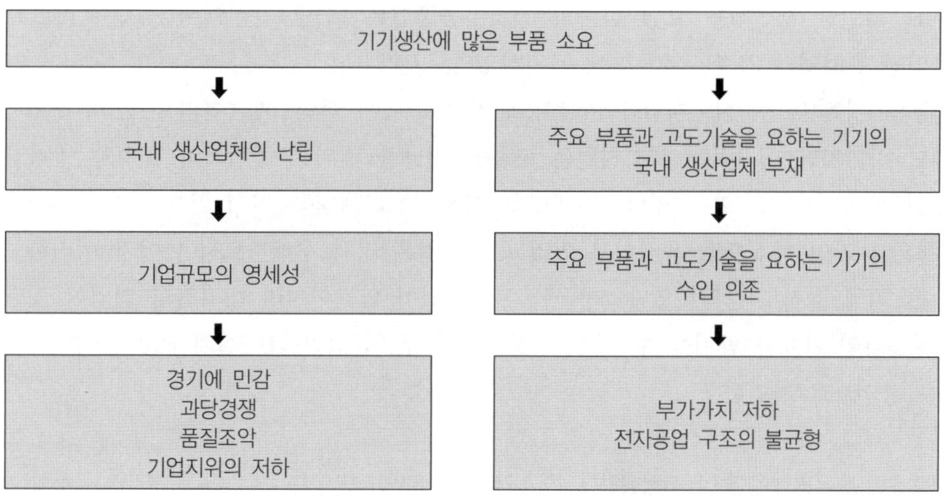

자료: 한국과학기술연구소(제4전, 1976. 7), p. 368.

있으며, 특히 절대 시장이 크지 못한 한국의 경우 전자부품기업은 더욱 그러하였다.[35] 결국

35 상공부(전자, 1982), p. 166.

〈표 10-6〉 한·미·일 전자부품사업체의 규모 및 생산성 비교

	한국	미국	일본
연도	1977	1977	1975
사업체 수(사)	339	2,800	3,620
종업원 수(명)	97,800	300,000	271,986
사업체당 종업원 수(명)	288	107	75
사업체당 출하액(천 달러)	2,636	4,545	1,629
종업원 1인당 출하액(천 달러)	9	42	22

주: 한국은 생산액임.
자료: 電波新聞社編(電鑑, 1979); 한국산업은행조사부(한산, 1979).

전문화·계열화의 관점에서 본 한국 전자공업은 난립과 영세성 그리고 품질조악으로 연결되는 문제점을 〈그림 10-3〉과 같이 갖고 있었다.

한국의 초기 전자부품공업은 저임금을 이용하려는 해외 수요용 부품생산의 비중이 컸고 따라서 전자부품공업의 고용창출효과는 높았지만 근본적으로 〈표 10-6〉에서 보듯이 한국의 전자부품공업은 투자확대를 통한 생산성 증대를 장기간 실현시키지 못하고 있었다. 그 결과 한국 전자부품사업체는 사업체당 종업원 수가 288명으로 선진공업국 미국이나 일본보다 많았으나 종업원 1인당 생산성을 보면 한국의 전자부품공업은 1인당 생산액이 9,000달러로 미국과 일본 1인당 출하액의 21.4%, 40.9%에 불과하였다.

정부의 정책은 전문화·계열화를 말하고 있었고 이에 협력업체, 협력사 등의 관계가 만들어지기도 하였지만 실질적인 행정지원은 수출을 겨냥한 해외 부품업체의 유치와 대기업 중심의 조립부문에 이루어지고 있었다. 정책 편이성을 쫓고 책임을 지지 않으려는 단기성과 우선의 정책은 대기업 중심으로 움직이고 있었고 대기업은 정책 수혜자로서 나아가 이러한 수혜를 위해 중소기업 조직도 장악하였다. 성공한 부품공업이 만들어지면 대기업의 진입이 잇달아 전문화·계열화된 관계는 발전할 수 없었고 전문화된 부품공업기업은 실패하였다. 이러한 사실들은 다음 증언으로 확인된다.

> 협동조합도 유명 대기업이 지배했었다. 중소기업 조직이었지만 어느 조합이나 대기업이 조합장을 맡고 이사진을 구성할 수밖에 없었다. 조합운용을 위한 회비부담 능력을 따져 대기업에게 자리를 내어준 것이나 다름없었던 것이다. …… 부품공업 육성책은 효과적이지 못했다. …… (70년대) 이 시기의 부품공업이란 엄청난 고통과 시련에도 불구하고 정책 지원에서는 한발 떨어져 왔다고 여겨진다. …… 대기업은 일단 믿을 수 있고 중소기업은 믿기 어렵다는 성급한 결론이 대기업 중용책을 뒷받침해 왔음은 물론이다. 이 결과 부품은 중소기업, 완제품은 대기업 영역이라는 구분이

생겼다. 그리고 한 걸음 더 나아가 부품공업이 성숙기를 맞으면 대기업이 월경해 오는 사례도 많이 생겨났다. 전자공업의 경우도 이 같은 패턴의 예외는 아니었다. 부품회사들이 정신없이 바둥거릴 때 대기업은 정부의 지명 케이스이거나 자체 영토분할 방식이거나 중요한 프로젝트를 독차지해 왔다.

배병휴 전 매일경제신문 주간(회고, 1987), p. 356.

이러한 결과 부품공업의 비중이 높음에도 불구하고 기초부품이나 기초소재의 발전이 낙후되어 이를 수입해야만 하였다. 특히, 높은 제조·가공기술을 필요로 하는 부품일수록 또 IC를 비롯한 반도체소자나 자기헤드 같은 세트의 중핵부품일수록 수입 의존도가 높고 국산 가능한 부품이라도 소재공업의 미발달로 소재 및 세부부품(piece of parts)의 대부분을 수입에 의존하여야 하였다.[36] 심지어 국내에서 국산화된 좋은 성능의 부품이라고 하여도 계열화 미비로 현장에서 조립업체들은 부품을 수입하고 있었다. 이 모든 문제점의 근원에 전문화·계열화의 미비가 있었다.

전문화·계열화 미비에 따른 현상은 부품산업과 관련된 문제만이 아니었다. 전문화·계열화 미비는 전자공업 전체에 다음의 여러 추가적 문제를 가져왔다.

1. 한국의 국제 경쟁력에 절대 필요하였던 규모의 경제 달성 제한
2. 공급병목을 가진 발전도상국으로서는 치명적이었던 중복생산 등 자원의 합리적 배분 실패
3. 높은 비용을 지불하고 있으면서도 비효율적인 기술도입의 일반화 및 중복기술 도입
4. 절대 필요하였던 자체 연구개발의 낙후
5. 비효율적인 수입의 일반화
6. 장기적인 독과점화에 따른 불균형의 확대
7. 여전히 필요하였던 양질의 고용 확대 한계

그 결과 한국인 업체의 경우 〈표 10-7〉에서 보듯이 사업체당 종업원 수와 사업체당 생산액이 201명, 272만 달러로 합작사업체의 495명, 835만 달러, 외국인 단독투자기업체의 293명, 441만 달러에 비해 규모가 영세하였고 이는 다시 경쟁력 약화로 나타날 수밖에 없었다. *Boston Consulting Group* 조사에 의하면 컬러TV수상기의 경우 생산규모가 2배가 될 때마다 원가가 30%씩 인하되고 IC와 LSI의 경우도 생산이 20% 늘 때마다 7.0%, 5.2% 원가인하가 나타났다.[37]

36 한국산업은행조사부(80전, 1981), p. 273.
37 한국산업은행조사부(80전, 1981), pp. 263~264.

〈표 10-7〉 투자처별 기업규모

	한국인 사업체	합작	외국인 단독	합계
사업체 수(개)	597	103	44	744
종업원 수(명)	120,000	51,000	47,000	218,000
사업체당 종업원 수(명)	201	495	1,068	293
사업체당 생산액(천 달러)	2,719	8,351	18,125	4,410
종업원 1인당 생산액(천 달러)	13.5	16.9	17.0	15.0

자료: 한국전자공업진흥회(전전, 1981); 한국산업은행조사부(80전, 1981).

〈표 10-8〉 업체별 부품 및 원자재 조달 현황 (단위: %)

	국내 조달	수입
전체	52.0	48.0
기기업체	64.6	35.4
부품업체	46.3	53.7

자료: 한국무역협회(가전, 1981), p. 51.

정부는 수출총액에 주력하여 이를 목표로 계속 추구하다 보니 수출을 추구하던 외국인 단독투자기업이나 합작기업들의 소재 및 부품 수입을 계속 승인하였고 심지어 국내 부품이 있음에도 이들 외국인투자기업들,[38] 나아가 한국 대기업들이 수출경쟁력을 위해 외제 소재 및 부품을 써야 한다는 주장을 받아들여 왔다. 이는 결국 계열화와 전문화의 치명적 장애로 계속되었다. 그리고 그 결과는 한국 전자공업의 장기적인 경쟁력 약점으로 연결되었다. 한국은 전자공업기기에서 세계 최고로 성장하면서도 핵심기술과 핵심부품 및 원자재는 해외에 의존하는 구조를 갖게 되었다(〈표 10-8〉 참조). 한국의 고질적인 문제, 기초부품의 불안정, 발전 정체 및 대외 의존성은 바로 전문화·계열화를 발전시키지 못한 결과이며 이는 이후에도 반성 없이 계속되어 전략 수출제품에서의 부품장애, 부품전쟁 등으로 이어졌다.

1980년대 들어와서도 자기헤드 생산업체 예에서 보듯이 수급기업은 "계열화 불이행으로 모기업으로부터 생산물량 확보, 기술정보 제공 등의 혜택을 전혀 받지 못하고 있는 실정"이었고 〈표 10-9〉에서 보듯이 업체들의 83.7%가 어음으로 대금을 회수하고 있으며 그 회수기간은 4개월에 달하고 있었다.[39] 심지어 중소기업 계열화 공동사업계획을 승인받았으면서도 물품을

38 전자공업에서 합작투자를 포함한 외국인투자기업의 원자재 수입 의존도는 1984년 70.5%, 1985년 68.1%로 1985년 전자공업 전체 수입 의존도 54.2%에 비해 매우 높았다. 김석희·배종기·윤동진(1989), pp. 133, 146.

39 한국산업경제기술연구원(주전, 1983), pp. 61~62.

〈표 10-9〉 자기헤드 생산업체의 대금결제 및 대금회수

구분		대금결제	대금회수	회수기간
A사	현금	100	20	–
	어음	–	80	4개월
B사	현금	60	10	
	어음	40	90	4개월
C사	현금	80	20	
	어음	20	80	4개월
평균	현금	80	16.7	
	어음	20	83.7	4개월

자료: 한국산업경제기술연구원(주전, 1983), p. 62.

납품하고 대금을 못 받는 중소기업 지원을 위해 1982년 1월 상공부는 자동차·전자·기계 등 6개 업종에 한하여 사용 가능한 200억 원의 중소기업 지원 회전기금을 설치하였다.[40]

전문화·계열화를 위하여 중소 전문화 업체에 대한 정책적인 연구개발 지원은 물론이고 최소한의, 그러면서 절대적으로 필요한 시설근대화에 대한 금융·세제 지원도 충분히 이루어지지 못하였다. 이렇게 정책 공언과 달랐던 정책의지 미흡·정책실행 미비와 함께 조립대기업체들의 중소 전문업체에 대한 지원 역시 미미하였다. 전자공업만의 문제는 아니지만 한국의 경우 대기업은 전략적으로 전문화·계열화보다 필수부품 수입과 그룹계열 내 혹은 자사 내 독자적 생산을 선택하였다. 따라서 한국산업은행 등 조사연구기관들은 원자재 및 부품의 국산화율 제고를 위해서도 부품업체의 전문화·계열화를 적극 추진하여 전문화 업체의 시설확충 및 기술개발에 대한 세제·금융 면의 지원을 강화하고, 국내 생산 가능 품질우수부품의 수입을 억제하면서 국산 부품 사용을 의무화하여야 하며, 국내 정밀가공기술 및 화공·기계·금속공업 등 전자부품 관련 공업의 향상이 필요하다고 주장하였다.[41] 상공부 역시 1982년 향후 투자방향 3가지 중 하나로 계열화된 부품의 국산화 개발투자를 확대시켜 나가도록 할 것이라고 밝혔다.[42]

전문화·계열화의 미비는 〈표 10-10〉에서 보듯이 1982년 컬러TV의 핵심부품으로 부품가의 40%를 차지하는 컬러브라운관의 국산화율 27%, 비디오·컴퓨터용 자기헤드의 국산화율 0% 등 열악한 부품자급 상황을 그대로 노출시켰다.

1985년 4월 8일 상공부가 확정한 컴퓨터산업 육성계획은 컴퓨터산업을 중소기업 우선 육

40 〈동아일보〉(1982. 1. 6).
41 한국산업은행조사부(한산, 1979), 상, p. 420.
42 상공부(전자, 1982), p. 156.

성업종으로 지정하였다.43 정홍식 전 정보통신부장관은 증언에서 전자공업이 연간 200억 달러 정도 수출을 달성함으로써 부품·소재 분야에서도 자체적인 규모의 경제가 발생하게 되었다고 밝혔다.44 전자전기제품 2,000억 달러 이상을 수출하는 한국은 부품·소재 분야도 충분히 전문화와 세계 최고수준이 추구 가능한 규모와 단계에 들어와 있고 그리고 산업 간, 산업 내 조화와 균형이 중요한 시기에 서 있다.

〈표 10-10〉 주요 전자부품의 국산화율(1982년)

	국산화율(%)	내용
자기헤드	5~10	오디오용: 국내 수요의 65% 수입 비디오 및 컴퓨터용: 전량 수입
스피커	55.2	–
컬러브라운관	27	–
스위치(슬라이드, 푸시 등)	38.1	금성사
스위치(키보드)	1.15	삼성전자
커넥터	65	–

자료: 한국산업은행조사부(한산, 1984), 하, p. 282.

43 〈경향신문〉(1985. 4. 8); 〈매일경제신문〉(1985. 4. 8).
44 정홍식 전 정보통신부장관(2009), pp. 254, 256.

부록

1970년대 전자공업에서의 중소기업과 대기업

전자공업에서 1970년, 1973년, 1980년 당시 종업원 수 기준 대기업의 기업 수, 출하액, 종업원 수 비중변화를 정리하면 〈부표 10-1〉과 같다.

1970년 대비 1980년 종업원 수 500명 이상의 기업 수, 출하액, 종업원 수 비중은 모두 증가하였다. 그러나 중화학공업화정책선언이 이루어진 1973년 높아진 500명 이상의 기업 수, 출하액, 종업원 수 비중은 1980년 낮아진 것을 확인할 수 있다. 바뀐 대기업의 일반적 기준인 300인 이상으로 보아도 기업 수, 출하액, 종업원 수 비중은 1973년 27.9%, 93.9%, 90.7%에서 1980년 14.5%, 84.1%, 73.7%로 낮아졌다. 1973년 중화학공업화정책선언 이후 중화학공업화정책을 통해 전문화·계열화의 발전이 이루어지지 못한 것은 중소기업의 역할 자체가 정체되었다기보다는 대기업들의 선택이 더 중요하였음을 짐작하게 한다. 끊임없는 중소기업들의 진입 확대는 한국 전자공업, 나아가 한국 산업발전의 중요한 핵이고 기초이었다.

그럼에도 불구하고 1973년 대비 1980년 대기업들의 기업 수 감소율이 출하액이나 종업원 수 감소율보다 큰 것은, 즉 중소기업들의 기업 수 비중 확대만큼 중소기업의 출하액이나 종업원 수 비중의 확대가 크지 않았던 것은 중소기업의 진입 확대에도 불구하고 다수 중소기업들이 여전히 상대적으로 규모의 영세성이 커지고 있었음을 보여 준다.

〈부표 10-1〉 종업원 수 기준 전자공업 대기업의 점유 비중 (단위: %)

구분		기업 수	출하액	종업원 수
1970	종업원 수 500인 이상	5.6	64.0	53.9
	종업원 수 200인 이상	13.4	81.7	72.7
(1973)	종업원 수 500인 이상	19.7	85.1	78.5
	종업원 수 300인 이상	27.9	93.9	90.7
1980	종업원 수 500인 이상	7.8	68.9	60.7
	종업원 수 300인 이상	14.5	84.1	73.7

자료: 임휘철(1994), pp. 113, 118.

4

전자공업의 전략: 전자공업기지와 기술

CHAPTER 11

전자공업기지 계획과 정책

I. 기지 선정과 기지 개관

1969년 1월 28일 법률 제2098호로 제정, 공포된 「전자공업진흥법」은 제11조에서 "상공부 장관은 전자기기 등의 수출을 촉진하기 위하여 필요한 때에는 전자공업단지를 조성할 수" 있도록 하고 "전자공업단지의 조성·운영에 관하여는 「수출산업공업단지개발조성법」을 준용"하도록 하였다. 1969년 3월 4일 건설부는 건설부고시 제169호로 구미도시계획준용고시를 하였고 7월 18일 경북 선산군 구미읍에서 구미공업단지 기공식이 있었다. 공사 추정 규모는 120만 평이고 1970년 완공 추정 생산규모는 65억 5,000만 원이었다.[1] 증언에 의하면 구미공업단지가 최초 거론된 것은 1966년 재일교포 곽태석이 구로에서 「싸니전기공업」을 창업하여 수정진동자를 생산하면서 1967년 2월 청와대에서 대통령에게 지원을 요청한 자리이었다고 한다.[2] 이후 구미공업단지가 공식 선정된 이유는 1969년 1월 3일 구미읍사무소에서 당시 박대통령과 개인적인 친분이 두터웠고 장택상 집안이었던 장월상(張月相) 경상북도 경영자협회 구미지부회장을 위원장으로 하는 「공단설립추진위원회」가 결성되는 등[3] 지역의 노력과 대통령 인맥, 지연 등이 작용하였기 때문이었다. 더하여 구미가 전자공업기지로 조성된 것은 당시 선택에서 경제적인 장점이 존재하고 있었기 때문이었다.

우선, 구미단지는 이미 섬유 등 대규모의 공장지역단지로 조성되어져 있었기에 추가적 기본공사를 많이 줄일 수 있었고 또 버려진 땅을 저렴한 비용으로 확장만 하면 대단위 지역을 이용할 수 있었기 때문이었다.[4] 이런 이유로 토지매입비용은 낮았고 당시 기업들이 부담할 지

1 〈매일경제신문〉(1969. 7. 18).

2 송태욱 전 전자정보인협회회장 증언(2011), pp. 52~53, 60~61; 〈스페셜경제〉(2016. 11. 18). 송태욱의 추가적 증언에 의하면 경제기획원과 한국개발연구원(KDI)은 "너무 큰 단지를 조성할 것이 아니라 여러 가지 소규모 단지를 만들어 집에서 출퇴근할 수 있도록 해주면 취업 문제도 해결되고 기숙사·통근수단 등이 해결되는데 왜 큰 단지를 조성하느냐"며 반대했다.

3 구미시(구공40, 2010), pp. 179~180.

가는 타 공업단지에 비해 낮았다. 구미기지는 낙동강변에 세워진 〈그림 11-1〉의 1단지 준공기념비에 쓰여 있듯이 "쓸모없는 낙동강변 350만 평" 범람지역에 8km의 제방을 건설하여 새로운 공업단지를 개척한[5] 새로운 약속의 땅이었다.

둘째, 구미지역은 처음 노동집약적인 섬유공장들이 들어선 이유가 되기도 하였듯이 수도권과 부산권을 제외하고는 대구를 중심으로 구미 근방에 인구가 밀집되어져 있는 지역이어서 노동력을 구하기 쉬웠다. 이는 "공해는 별로 크지 않으나 다수의 기능노동력을 소요하는 전자공업"에[6] 필수적인 요소이었다. 구미지역은 1968년 말 인구 21,359명으로 취업인구 7,713명 36.1%, 취업인구 중 1차 산업 인구 69.3%, 2차 산업 인구 3.6%, 3차 산업 인구 27.1%를 이루고 있어[7] 그 자체에서도 추가 노동력을 구할 수 있었지만 구미를 중심으로 반경 50km 내에 15~24세 노동력 인구 43만 4,000명을 갖고 있었다.[8] 이런 이유로 가장 먼저 지정된 제1단지는 구미시 중심가에서 가까운 낙동강 서안에 위치하게 되었다.

셋째, 전자공업은 특성상 정밀도를 요하는 전자부품이 염분에 노출되면 곤란하므로 해안

〈그림 11-1〉 구미공업단지 1단지 준공 기념비

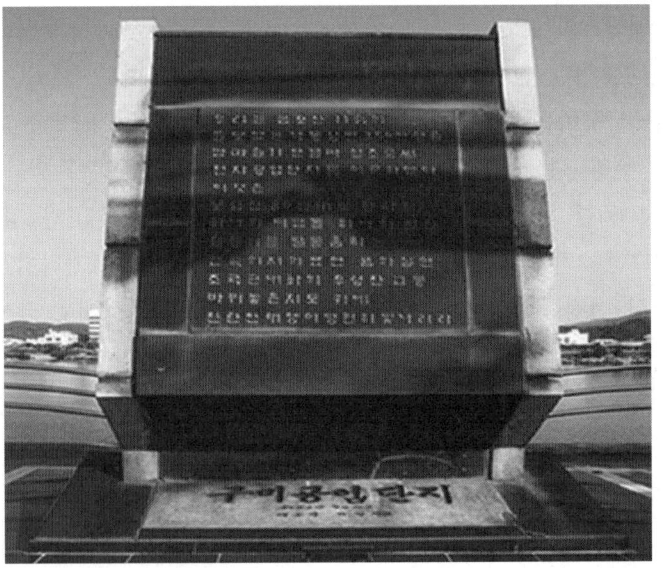

자료: 〈대구일보〉(2016. 7. 22).

4 김광모 전 경제제2비서실 비서관 및 중화학공업추진위원회부단장 증언(2010. 2. 10).
5 국무총리기획조정실(중오, 1973), p. 101.
6 중화학공업추진위원회(우해, 1973), p. 82.
7 경상북도지사(구조, 1972. 6. 22).
8 〈매일경제신문〉(1973. 7. 28); 국무총리기획조정실(중건2, 1975. 3), p. 259.

이 아닌 내륙지방이 입지에서 유리한데, 구미는 이 조건을 만족하면서도 내륙지의 한계를 극복한 경부고속도로상에 위치해 부산과 서울이 바로 연결되어 있었다. 그 결과 중화학공업기지 6개가 한국의 수출지향 및 원자재 시장 연결상 모두 임해지역이었지만 전자공업만 내륙기지 구미로 지정되었다.[9]

넷째, 구미지역은 향후 공업단지가 필수적으로 요구하는 공업용수의 공급이 자연적으로 가능한 지역이었다. 낙동강을 중심으로 그 지류인 구미천 등의 하천에서 자연적으로 풍부하고 우수한 용수의 공급이 가능하였다.

다섯째, 이외에도 고려된 것은 공업의 지방분산이라는 공업입지정책이었다.[10] 정부는 수출 선도 역할을 할 전자공업을 위한 지방공업단지를 개발하길 원했고 이에 서울·부산이 아닌 가장 큰 지역 바로 대구 근방을 낙점하였다.

이상의 이유로 전자공업단지는 다른 공업기지와 달리 상대적으로 쉽게 구미로 낙착되었다. 경상북도가 구미공단에 대한 공업개발장려지구 지정을 신청하면서 지정의 타당성으로 제시한 것도 평당 평균 260원의 저렴한 용지비, 300원의 정지비, 평당 1,000원의 조성비, 용수원 낙동강 인접의 톤당 4원 용수비, 경부선 인접의 교통편익이었고 그래서 구미는 기술적 타당성과 경제적 타당성을 갖추었다는 것이었다.[11] 정부는 전자공업진흥8개년계획을 수립하고 전국의 전자공업전문단지 예정지를 조사하였는데 한국수자원개발공사 안경모 사장은 4대강 유역조사사업 자료를 토대로 대통령에게 구미지역이 최적지라고 건의하였다.[12] 안경모 사장은 구미에 공단이 들어서는 것에 정치적 부담을 느끼던 박정희 대통령에게 앞의 이유, "전자부품은 염분에 노출되면 상하기 때문에 해안이 아닌 내륙도시가 산단으로 적합합니다"라면서 "구미는 낙동강을 끼고 있어 공장용수 공급이 쉽고 경부선 철도와 경부고속도로가 있어 물류에도 아무런 문제가 없습니다. 노동력도 충분합니다. 구미로 결정하시지요"라고 말하여 대통령에게 명분을 주었고 이에 대통령의 구미 지정 결정을 받아 내었다.[13]

지정된 경북 선산군 구미읍 구미지역은 1960년대 초기에는 당시 한국 중심산업인 섬유공업지대로 개척되었지만 1970년대 전자공업이 한국의 대표 수출산업으로 등장하고 전자공업의 중점지역으로 되면서 서서히 전자공업기지로 특성화되어 갔다. 당연히 확장되는 전자공업이 들어서기 시작하면서 기지면적은 계속 확장되어야 하였고 이에 따라 구미기지는 1970년대 제1단지, 제2단지, 제3단지로 확장되어 갔다.

1단지는 서남쪽 일반단지와 전자단지로 이루어졌는데 일반단지는 1969년 3월에 기공하여 1973년 12월에 조성공사가 완료되었고 전자단지 제1공구는 1971년 11월 3일부터 1972년 6월

---

9 경제제2(중계초, 1980), p. 7.
10 김정렴 전 대통령비서실장 증언(2008. 11. 20).
11 경상북도(공장, 1970. 6); 경상북도(공장, 1970. 8).
12 구미시(구공40, 2010), p. 176.
13 〈대구일보〉(2016. 7. 22).

20일까지, 제2공구는 1973년 2월 10일부터 1973년 9월 30일까지, 제3공구는 1973년 2월 1일부터 11월 20일까지 공사가 이루어졌다. 일반단지에 비해 전자단지 공사기간이 짧았던 것은 일반단지는 초기 입주기업들이 사실상 공사를 진행한 데 반해 전자단지는 한국전자공업공단이 체계적으로 진행하였기 때문이다. 이후 1977년 산업기지개발공사에 의해 1980년 공업단지 477만m^2의 추가 조성이 이루어졌다. 추가로 조성된 1단지 3공구는 낙동강 하천부지를 매입하여 매립한 것으로 매립은 1973년 6월 30일 완공되었다.[14] 이때부터 구미기지가 모래땅 위에 건설된 공단이라고 불렸다.

대부분 노동집약 성격의 조립중심 업종으로 구성된 1단지와 달리 낙동강 동측의 제2단지는 반도체 및 컴퓨터 단지로 개발되었다. 김정렴 전 비서실장의 증언에 의하면 국제수준급의 부품생산과 기술집약적인 고급제품을 개발하여 수출산업화한다는 전략하에 2단지 건설이 추진되었다.[15] 2단지는 1977년 4월 산업기지개발구역으로 지정된 뒤 7월에 착공되어 최종적으로 1983년 2월 조성된 지역만으로 일차 준공되었다. 미조성지는 1988년 4월 15일 조성사업이 재개되어 1990년 11월 19일 2단지 전체가 완공되었다.

낙동강 동편, 제2단지 남부와 접한 제3단지는 1979년 5월에 산업기지개발구역으로 고시되

〈그림 11-2〉 구로공업단지 1~5단지 배치도

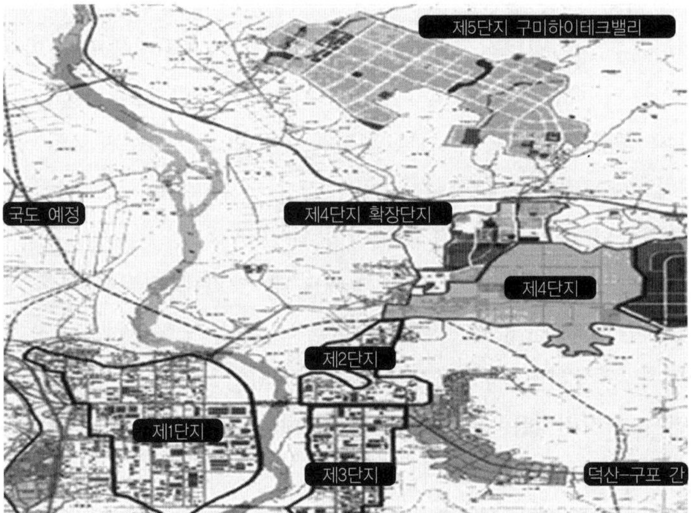

자료: 구미시(구공40, 2010), p. 8.

14 한국수자원공사(HKW, 2017. 11. 4).
15 김정렴 전 대통령비서실장(1995), p. 327.

었으나 불황과 석유파동으로 개발이 연기되어[16] 1987년에야 착공되었고 1995년 9월 11일 부산지방국토관리청 공고 제1995-131호 구미국가공업단지 제3단지(1공구) 조성사업 준공인가로 준공되었다.[17] 제4단지는 1996년 6월 산업단지개발구역으로 고시된 후 1998년 3월 착공되어 1999년 5월 14일 기공식을 거쳐 2009년 678만 5,000m^2(205만 평)가 조성 완료되었으며, 외국인 투자지역 및 전문화·계열화 단지로 육성되어 있다. 2009년 착공된 제5단지는 구미하이테크밸리로 전자·정보기기(IT), 메카트로닉스(MT), 신소재(NT) 등의 소재·미래형 산업을 중심으로 구성되었다. 구미공업단지 1~5단지 배치는 〈그림 11-2〉와 같다.

Ⅱ. 기지건설 계획, 정책 및 조직과 기구

1. 중화학공업화정책선언 이전

1969년 1월 경상북도는 구미공업단지 조성사업 실시계획에 착수하였다.[18] 그리고 동시에 1월 11일과 2월 1일 경상북도지사(선산군수)는 지역 415~200 및 지역 415~906으로 구미공업단지 도시계획 준용 및 동 실시계획 인가를 신청하였다. 건설부는 내용 검토 결과 "농공병진책의 일환으로 입지조건이 양호한 구미읍 일부에 화학섬유, 전자, 제사공장 등을 유치키 위한 공업단지를 조성코자 하는 것으로 인가함이 가"하다고 의견을 내었다. 인가 사업내용은 다음과 같았다.

【구미공업단지 조성사업 실시계획 인가(1969. 2)】

시설명: 일단의 공업단지 조성
위치: 경북 선산군 구미읍 신평동, 비산동, 광평동, 신부동 각 일부 3.52km^2
사업집행자: 선산군수
사업집행지: 선산군 3.52km^2
사업의 종류: 도시계획사업(일단의 공업단지 조성사업)
사업착수 및 준공예정: 착공 사업실시계획 인가일로부터, 준공 1969. 12.
참고: 시행 시에는 단지조성과장 협의를 요함

건설부(구도, 1969. 2).

16 김광모 전 중화학공업추진위원회기획단 부단장(한국산, 1988), p. 265.
17 〈관보〉(1995. 9. 11), 제13109호.
18 경상북도지사(구조, 1972. 6. 22).

건설부 단지조성과장은 "대통령각하 69년도 지방초도순시 후 지시사항에 의하여 지방자치단체가 추진하는 공업단지는 사전에 동 사업계획서를 사업 관련 부처 심의위원회에 상정하여 심의결정을 거쳐야 시행 확정되는 것이므로 구미공업단지조성사업도 세부적인 사업계획서가 제출되어 동 심의위원회에서 시행 여부를 심의 결정되어야 할 것"이라고 도시계획과장에게 밝혔다.[19]

1969년 3월 4일 건설부장관은 경상북도지사에게 구미공업단지 도시계획 준용인가 고시문 사본과 관계 도면을 발송하며 경북 선산군 구미읍 신평동, 비산동, 광평동, 신부동 각 일부 3.52km^{2}에 대한 일단의 공업단지 조성을 위한 구미공업단지 도시계획 준용인가를 알렸다.[20] 그리고 이날 건설부장관은 건설부고시 제169호로 이를 고시하였다.[21]

1969년 6월 3일 건설부고시 제321호로 건설부장관은 경상북도 관하 구미도시계획사업(일단의 공업용지 조성사업) 집행청 지정을 고시하였다.[22] 집행자는 경상북도지사로 고시되었지만 이후 진행은 1단지 2개 군으로 나뉘어 일반단지는 경상북도가 주체가 되어 건설이 시작되었고 전자단지는 한국전자공업공단이 주체가 되어 1969년 1월 28일 제정, 공포된 「전자공업진흥법」에 의해 건설이 시작되었다. 이원화 체계는 1973년 6월 18일 경상북도가 건설 중인 일반단지 2공구를 한국전자공업공단에 이관함으로써 통일되었다.[23]

1969년 9월 1일 건설부는 구미에 내륙공업단지를 조성한다고 발표하였다. 내용은 13억 9,000만 원을 투입하여 1969년 하반기부터 2년간 약 100만 평을 조성한다는 것으로[24] 그 내용은 〈표 11-1〉과 같았다.

1969년 9월 16일 건설부장관은 건설부고시 제544호로 선산군 구미읍 공업단지 조성사업 인가사항을 고시하였다.[25] 건설부는 1969~1971년간 120만 평(400만km^2) 구미공업단지조성사업

〈표 11-1〉 건설부 발표 구미공업단지 조성 최초안(1969. 9. 1)

구분	내용
기간	1969~1971(2년간)
총투자액	13억 9,000만 원(정부보조 5.6억 원, 지방자치단체부담 8.3억 원)
건설계획	1969년 하반기 60만 평, 1970년 40만 평 조성

자료: 중화학공업추진위원회기획단(한공발3, 1979), p. 309.

19 건설부 단지조성과장(구공, 1969. 2. 22).
20 건설부장관(구준, 1969. 3. 4).
21 〈관보〉(1969. 3. 5), 제5188호.
22 〈관보〉(1969. 6. 4), 제5265호.
23 구미시(구공40, 2010), p. 183.
24 〈경향신문〉(1969. 9. 2); 한국기계공업진흥회(한기진20, 1989), p. 775.
25 〈관보〉(1969. 9. 17), 제5351호.

실시계획 인가조건으로 다음 4가지를 들었다.

1. 공해방지에 관한 사항은 자체에서 해결토록 할 것.
2. 2차 사업 계획(1971년도 시행)은 귀도 자체사업비로 해결토록 할 것.
3. 매월 공사 진행 현황을 익월 5일까지 보고토록 할 것.
4. 관계도면을 관계인의 공람에 공할 것.

건설부(구성, 1969. 9. 16).

1969년 인가된 사업실시계획과 초기 공장배치도를 정리하면 〈표 11-2〉, 〈그림 11-3〉과 같다. 이미 재일교포 곽태석과 주일대사, 「東京芝浦電気(도시바)」가 합의하여 구미에 설립된 「한국도시바」 공장 15만 평이 자연스럽게 포함되었다.

1970년 4월 22일 상공부는 전자공업단지 조성계획을 밝혔다. 1970년 6월 27일 경상북도는 구미공업단지를 지방공업개발법 제2조 및 동시행령 제2조의 규정에 의거 지방공업개발장려지구로 지정해 줄 것을 내무부장관과 건설부장관에게 신청하였다.[26] 신청서에서 경상북도는 처음 6월에 120만 평(3,960,000m^2)으로 적었다가 8월에 300만 평(9,918,000m^2)으로 가필하여 정정하였다.[27] 여전히 서울·부산·대구의 3개 순차적 전자공업단지를 설립하자는 안이 존재했지만[28] 1970년 8월 24일 대통령이 주재한 제8차 청와대 수출진흥확대회의는 1969년 공포된 「전자공업진흥법」 제11조에 근거하여 구미지역 전자공업전문단지 조성을 결정하였다. 전자공업전

〈표 11-2〉 구미공업단지 조성사업 실시계획 인가내용(1969) (단위: 백만 원)

		내용			
사업시행자		경상북도지사			
면적		120만 평(400만m^2)			
시행기간		1969~1971			
사업비	재원별	총체	1차(1969~1970)	2차(1971)	비고
	국고	531.96	315	216.96	219.96은 지방비로 시행토록 지시함
	융자	290	290	–	
	실수요자	914.62	786	128.62	
	계	1,736.58	1,391	345.58	
공업용수		55,000m^3/일, 290백만 원 융자			

자료: 건설부(요구, 1969).

26 경상북도(구공, 1970. 6. 25).
27 경상북도(공장, 1970. 6); 경상북도(공장, 1970. 8).
28 〈동아일보〉(1970. 8. 31).

〈그림 11-3〉 구미공업단지 초기 공장배치도(1969)

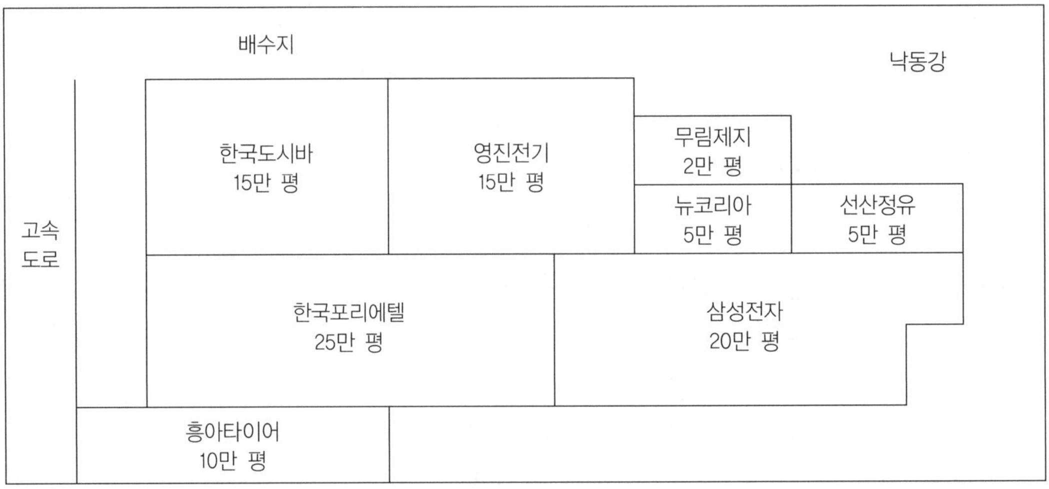

자료: 건설부(요구, 1969).

〈표 11-3〉 구미공업단지 조성사업 실시계획 변경내용

구분	계획변경 내용		
		변경 전	변경 후
사업비	총사업비	1,736,580,000원	1,655,300,000원
	1차 계획	1,391,000,000원	1,198,300,000원
	2차 계획	345,580,000원	457,000,000원
시행면적	총면적	1,200,000평	1,182,000평
시행기간	총기간	1969~1971년	1969~1971년
	1차 계획	1969~1970년	1969~1970년
	2차 계획	1971년	1971년

자료: 경상북도(구실, 1970. 10).

문단지는 15만 평 규모로 원자재비축제를 실시하도록 하고 법인설립을 위한 실무작업은 한국정밀기기센터가 맡도록 하였다.[29]

1970년 10월 15일 경상북도지사는 건설부장관에게 구미공업단지조성 실시변경계획 승인을 신청하였다.[30] 변경내용은 〈표 11-3〉과 같다. 1969년 120만 평에 대해 사업실시계획 인가를

29 한국전자공업협동조합(전조2, 1987), p. 108.
30 경상북도지사(구단조, 1970. 10. 15).

〈표 11-4〉 **구미공업단지 조성사업 실시계획 변경사업비 충당(1970)** (단위: 백만 원)

사업비	당초(1차)	변경(1·2차)
국고보조	315	590
재정융자	290	420
지방부담	–	52
실수요자	786	593
계	1,391	1,655

자료: 건설부장관(구지조4, 1978. 12. 31).

받고 1차 1969~1970년의 2개년, 2차 1971년 1개년 계획으로 구분하여 단지를 조성하기로 계획하였으나 확정측량 결과 총 1,182,000평이었고 동시에 기실시 사업량이 당초계획량에서 증감되어 사업계획을 변경하고자 하는 것이었다.[31]

1970년 10월 19일 건설부 단지조성과장은 공업단지조성 실시계획 변경 승인 요청에 대해 상하수도과장에게 의견회시를 요청하는 등[32] 관련 기관의 의견을 청취하였다. 그리고 1970년 12월 31일 건설부장관은 건설부고시 599호로 구미공업단지 조성사업 실시계획 변경을 인가 고시하였다.[33] 시행면적 1,182,000평으로 수정되며 총사업비로 변경된 사업비 충당내역은 〈표 11-4〉와 같으며 인가조건은 "국가재정형편상 2차 계획(1971)의 국고보조 불가능 시는 귀도(경상북도) 자체사업으로 바로 해결 시행토록 할 것"이었다.[34] 구미공업단지 조성사업 초기사업이 사업시행에 필요한 예산 미확보로 이를 차년도 예산으로 확보하여 잔여사업을 시행하는 등[35] 국고 부족 걱정은 현실로 나타나고 있었다.

위임을 받은 한국정밀기기센터(FIC)는 1971년 4월 30일 박승엽소장을 위원장으로 하는 '(가칭)재단법인 구미전자공업공단 설립추진위원회'를 구성하여 구미공단 조성사업을 추진하였다.[36] 상공부에 의해 '한국전자공업공단'(韓國電子工業公團)이 1971년 5월 20일 상공부인가 제178호로 설립허가 되었다.[37] 이때만 해도 지역이름을 넣는 것이 상공부에 의해서 거부되고 한국 대표의 상징성이 강조되고 있었다. 지역과 상공부의 명칭에 대한 대립은 이후에도 계속되었고 구미라는 명칭은 1974년 6월 3일에야 구미수출산업공단으로 회복되었다.[38] 구미공단의 일이 커

31 경상북도(구실, 1970. 10).
32 건설부 단지조성과장(공단, 1970. 10. 19).
33 〈관보〉(1971. 1. 4), 제5739호.
34 건설부장관(구지조4, 1978. 12. 31).
35 건설부장관(구지조3, 1972. 6. 30).
36 〈뉴스웨이〉(2016. 4. 21).
37 산업기지개발공사(산78, 1978), p. 336.
38 구미수출산업공단(업무, 1986. 9), p. 2.

지면서 구미수출산업공단은 한국정밀기기센터에서 완전 독립하였다.

한국전자공업공단은 공업단지를 1971년 10월 착공하여 단지조성사업이 궤도에 오르면 표준공장을 분양하기로 결정하였다. 표준공장은 1971년 11월에 착공하여 1972년 5월에 준공하도록 계획하였다.[39] 예정보다 늦은 1971년 11월 3일 전자단지 제1공구, 이미 있었던「한국도시바」 21만 5,000m^2 포함 85만 6,000km^2 공사가 시작되었다.[40] 상공부는 구미공단에 전자부품공장 22개, 전자기기공장 11개, 총 33개 업체가 1973년까지 입주하는 전자공업단지를 조성한다고 밝혔다.[41]

1972년 이미 전기·전자 관련 업체 27개사가 입주 중 혹은 입주수속을 밟고 있었다. 이에 공장입주에 따른 사업의 시급성을 감안하여 6월 22일 경상북도지사는 건설부장관에게 지원시설의 일부를 삭제하는 등 건설계획 2차 변경을 요청하였다.[42] 당초 1971년까지 건설예정이었던 지원시설(가로 및 배수시설)을 1971년 예산 미확보로 시행기간을 변경하는 동시에 공장입주에 따른 일부 변경이 불가피하여 전체적으로 〈표 11-5〉와 같이 변경한 것이다.

〈표 11-5〉 구미공업단지 건설계획 2차 변경(1972)

		당초	변경
1. 시행기간		1969~1971	1969~1972
2. 자금계획 (백만 원)	총사업비	1,655.3	1,695.3
	국고보조	590	590
	융자	420	290
	교부세	–	170
	지방비	52	52
	실수요자	593	593
3. 공사규모	가로축조	9.8km	11km
	가로포장	9.8km	7.9km
	하수시설	8.6km	7.7km
	하천이설	1.3km	1.3km
	관개용수	1식	1식
	용지매수	1,180천 평	1,180천 평
	공업용수	55천m^3/일	55천m^3/일
	동력	154KVA	154KVA
	통신	40회선	40회선

注: 당초 사업비가 1,665.3으로 되어 있으나 경상북도지사 신청서에 1,655.3으로 되어 있어 바로 잡음.
자료: 건설부(기구, 1972. 6. 23).

39 한국전자공업협동조합(전조2, 1987), p. 110.
40 구미시(구공40, 2010), p. 186.
41 중화학공업추진위원회기획단(한공발3, 1979), p. 312.
42 경상북도지사(구조, 1972. 6. 22).

1972년 6월 23일 건설부는 기술심사 후 구미공업단지 조성사업을 승인하였는데 승인된 구미공업단지조성사업 시행방법, 건설별 주체 내용은 다음과 같았다.

【구미공업단지 조성사업 시행방법】

용지매수: 선산군
용지시설: 경상북도
단지조성사업(토목공사): 경상북도
단지정지: 공장수요자
전기시설: 한국전력 및 실수요자
통신시설: 체신부(위탁시행)

건설부(기구, 1972. 6. 23).

1972년 11월 23일 건설부장관은 도시계획법 제25조 및 보조금관리법 제10조에 의거 경상북도지사에게 면적 1,180,000평, 시행기간을 1969~1972년에서 다시 1973년까지로 늘린 구미공업단지 조성사업 실시계획 변경을 인가하였다. 인가조건의 지시사항은 "1973년도 지방비 부담액은 계획대로 예산확보하여 잔여공사를 완공토록 할 것"이었다.[43] 건설부장관은 이를 건설부 고시 제494호로 고시하고 관보에 게재하였다.

1972년 12월 19일 청와대 구미공단 관련 회의는 제2공구 건설 등 공단확장을 결정하였다. 나아가 이날 회의에서 대통령은 1공구와 낙동강 사이의 하천 이용방안을 모색해 보도록 한국수자원개발공사사장에게 지시하였고 이는 이후 제3공구 조성으로 이어졌다.[44] 12월 20일부터 25일까지 수공은 현지조사 및 기본계획을 수립하였다.[45]

1972년 12월 26일 청와대에서 수자원개발공사 안경모 사장은 경제기획원장관, 상공부장관, 건설부장관, 비서실장, 경제제2수석비서관, 서울시건설국장이 참석한 가운데 3공구 조성을 위한 공단확장 기본계획을 대통령에게 보고하였다. 이어진 대통령 주재하의 구미공업단지 확장계획회의는 140만 5,000평을 1973년 1월부터 6월 말까지 조성단가 평당 2,980원으로 조성하고 분양단가 4,000원으로 분양할 것을 결정하였다.[46] 이날 대통령은 1980년대 초 100억 달러 수출을 위해서는 대단위 전자공업단지가 필요하다고 보고 200만 평 규모의 단지를 산업합리화 자금으로 조성할 것을 지시하였다.[47] 3공구는 동편 하천부지 포함 총 661만 2,000m^2로 이 중 462만 8,000m^2는 한국전자공업공단이 산업합리화 자금으로 건설하고 나머지 198만 4,000m^2는 경상북도가 건설하기로 결정되었다.[48]

43 건설부장관(구지조8, 1972. 11. 23).
44 구미수출산업공단(구10, 1981), pp. 65~66; 구미시(구공40, 2010), pp. 194~195.
45 산업기지개발공사(구전, 1976. 3).
46 경제제1(구미3대통령결재문서, 1973. 2).
47 구미수출산업공단(구10, 1981), pp. 65~66.

1972년 12월 29일 경상북도지사는 구미공업단지 확장사업비 기채를 다음의 내용으로 내무부장관에게 승인 신청하였다.

기채액: 700,000,000원
기채처: 한국산업은행 또는 한국전자공업공단
이자율: 8%(산업합리화 자금)
상환방법: 차입일로부터 3년 거치 5년 균등상환(이자 후불)
상환재원: 공업단지 부지 매각대금

내무부장관(구채, 1973. 1).

1972년 12월 30일 한국수자원개발공사사장은 건설부장관에게 공유수면 매립면허를 신청하였는데 매립면적은 140만 5,000평, 사업비는 32억 7,470만 원이었다. 1973년 1월 1일 한국수자원개발공사는 구미공사사무소를 설치하였다.[49]

1973년 1월 6일 상공부는 1972년 12월 26일 대통령 지시에 따라 구미전자공업단지를 현재의 15만 9,000평에서 200만 평의 대규모 전자공업센터로 확장하는 계획을 밝혔다.[50] 전자공업의 전문화·계열화를 기하고 투자환경조성 및 투자유치를 위한 것이었다.[51] 이미 기조성된 전자 및 섬유단지 118만 234평은[52] 분양 완료되어 확장이 필요하였다.

구미전자공업단지 1차 확장면적은 187만 평으로 정해졌고 경상북도가 산업합리화 자금 7억 원을 사용하여 47만 평을 건설하고 한국수자원개발공사가 역시 산업합리화 자금 22억 원과 시중금융자금 11억 원을 사용하여 140만 평을 조성하기로 하였다. 그러나 경상북도가 내무부에 기채승인을 요청하는 과정에서 당시 현행법상 산업합리화 자금은 자치단체가 융자 대상이 될 수 없음이 확인되어 경상북도는 자금지원 방안을 재강구하여야 했다.

구미공업단지 확장을 위한 대통령 지시각서에 대한 대응회의가 1973년 1월 9일 청와대 건설담당비서관실에서 청와대 건설담당비서관 및 건설부, 상공부, 경제기획원 등 관계부처 국장이 참석한 가운데 열렸다. 회의는 다음과 같이 역할 분담 및 관련 사항을 정리하고 자금지원 방안 등 기채 관련 문제 해결책을 결정하였다.

【청와대회의: 구미공업단지 확장을 위한 대통령각하 지시각서 입안(1973. 1. 9)】

가. 관련사항

1. 경상북도가 할 일

48 구미시(구공40, 2010), p. 196.
49 산업기지개발공사(구전, 1976. 3).
50 〈매일경제신문〉(1973. 1. 6).
51 국무총리기획조정실(중오, 1973), p. 195.
52 경상북도(구업, 1972).

(1) 수자원개발공사에서 시행할 확장지구 내 사유지 매수 및 지상건물 철거
(2) 철거민가 120동의 일정지역 이주 및 새마을 모범농촌 건설
2. 경상북도 산업합리화 자금 7억 원은 8.3조치에 의한 융자 대상이 될 수 없으므로 자금지원 방안을 재강구
3. 일단 경북기채 신청 7억 원은 각하지시각서 하달까지 시행 보류

나. 해결책
1. 청와대(건설당시 비서관)
구미공단 확장을 위한 대통령각하 지시각서 5안 중 경상북도의 산업합리화 자금 7억을 전자공단에 융자하고 경상북도는 전자공단으로부터 차입하여 시공할 수 있도록 각하 재가 중
2. 내무부 조치
기채승인 보류 중
대통령각하 재가 즉시 기채승인 계획임

내무부(구단, 1973).

1973년 1월 상공부는 1972년부터 준비한 「전자공업장기육성방안」을 제2비서실에 보고하였고 이는 대통령에게까지 보고되었다. 여기에서 상공부는 당면과제로 전자공업공장 및 단지 건설 방안을 구체적으로 다음과 같이 정하였다.

【「전자공업장기육성방안」의 당면과제로서의 공장 및 단지건설 방안(1973. 1)】

가. 공장건설

		대상 품목 및 공장					
		개발품		기존품		계	
		품목 수	공장 수	품목 수	공장 수	품목 수	공장 수
전자공업단지	전자부품	55	172	48	48	103	220
	전자재료	10	10	–	–	10	10
전자공업단지 및 지방공업단지	민생용기기	4	20	9	18	13	38
	산업용기기	6	12	7	7	13	19
연관공업단지 및 전자공업단지	관련공업제품	9	18	25	25	34	43
계		84	232	89	98	173	330

나. 전자공업단지 확장
1) 확장개요
위치: 현 단지 동쪽
면적: 1,661천 평(단지 동쪽 지역 1,405천 평, 단지흡수지역 256천 평)
조성기간: 73. 1~6. 30(부대시설은 9월 말까지)

사업주체: 재단법인 한국전자공업공단

총사업비: 4,836백만 원

2) 연도별 공장건설계획(공장 수)

		현황	계획				계
		1972	1973	1974	1975	1976	
공장 유치	전자기기공장	3	5	5	10	7	30
	전자부품공장	16	34	50	60	60	220
	전자재료공장	–	2	3	3	2	10
	관련 공업 공장	8	7	5	10	10	40
계		27	48	48	83	79	300

3) 확장효과(천 달러)

		1972	1973	1974	1975	1976
수출	기기	–	20,000	50,000	150,000	300,000
	부품	3,000	5,000	15,000	90,000	130,000
	계	3,000	25,000	65,000	240,000	430,000
부품 및 원자재 자급률(%)		–	20	60	80	95
고용(명)		700	8,000	25,000	60,000	100,000

상공부(전자장, 1973. 1), pp. 14~16.

구미공업단지 내 전자공업공장 건설계획은 1973년 5월 경제기획원의 공장건설(유치)계획 발표와 8월 과학기술처와[53] 한국산업은행조사부의[54] 정부계획 소개 그리고 대한준설공사 자료에서[55] 계속 사용되었다.

2. 중화학공업화정책선언 이후

1973년 1월 12일 대통령은 연두기자회견에서 중화학공업화정책선언을 다음과 같이 하였다.

정부는 지금부터 동해안·남해안·서해안 지방에 여러 가지 대단위 국제 규모의 공업단지 또는 기지를 조성해 나갈 생각입니다. …… 대단위 전자부속품생산단지도 지금 추진하고 있고 마산에 있는 수출자유지역과 같은 단지를 앞으로 제2, 제3을 더 만들어야 되겠습니다. 이런 것을 다 했을 때에 100억 달러 수출이 되는 것입니다. …… 정부는 앞으로 중공업·중화학공업정책을 선언하고

53 과학기술처(중공장, 1973. 8), p. 36.
54 한국산업은행조사부(한산, 1973), Ⅰ, p. 320.
55 대한준설공사(1973. 8), p. 15.

이 방면에 중점적인 지원과 시책을 펴나갈 것입니다.

대통령비서실(박연3, 1974), pp. 59~60.

1973년 1월 12일 이날 정부조직법 개정법률이 의안번호 제32호로 국무회의에 상정되었는데 제안이유에 '상공부장관 소속하에 공업단지관리청을 신설'한다는 것이 포함되었다.[56] 공업단지관리청 신설을 규정한 개정 정부조직법은 1973년 1월 16일부터 시행하도록 국무회의에서 심의되었고[57] 공업단지관리청은 1월 20일 출범하였다.[58]

대통령 경제제2비서실은 중화학공업화정책선언 이후 수정하여 제시한 〈중화학공업화정책선언에 따른 공업구조개편론〉에서 전자공업 육성방안으로 다음과 같이 종합 전자공업기지를 설정하도록 정하였다.

……

종합 전자기지를 설정한다.

가) 구미공업단지의 종합전자부품기지화(200만 평)

나) 구미종합기지의 확장

다) 종합전자기지와 지방공업단지 관련 공업, 종합기지와의 결합화

대통령비서실(중선, 1973. 12), p. 50.

대통령비서실은 200만 평의 종합전자부품기지를 만들고 이를 확장하여 지역공업단지와 결합화를 추구하고자 하였다.

1973년 2월 대통령비서실 경제제1수석비서관실은 대통령 지시의 실현내용과 이에 따른 일부 조정내용을 포함하여 대통령에게 건의 형식으로 구미전자공업단지 확장계획을 보고하였다. 이 문서는 비밀문서 대비경으로 분류되었으며 대통령이 2월 2일 표지에 서명함으로써 내용이 확정되었다.[59] 구미공업단지의 구획도에 나타난 단지 모습은 기존 단지 118만 평, 확장단지 140만 5,000평, 도(道) 확장단지 47만 평, 공공시설용지 10만 평이었다. 구체적으로 수정, 보고되어 확정된 주요 내용은 다음과 같다.

1. 전체 사업 규모

(1) 총사업비는 3,274백만 원에서 3,320백만 원으로 증액한다. 이는 강변도로 4차선 포장을 넣은 데 따른 증액이다.

(2) 총사업비 증가로 조성단가를 평당 2,980원에서 3,100원으로 조정한다. 그러나 분양단가는

56 법제처장(국무13312정, 1973. 1. 12); 총무처장관(정조, 1973).
57 총무처장관(정직, 1973. 1).
58 〈중앙일보〉(1973. 1. 13; 1973. 1. 20).
59 경제제1(구미3대통령결재문서, 1973. 2).

동일한 4,000원으로 한다.

2. 자금지원

33억 원 중 22억 원을 합리화 자금에서 지원하려던 계획을 전액 산업합리화 자금으로 지원하되 전자공단이 차입한다.

3. 단지 내 정리

(1) 원안대로 한국수자원개발공사가 차선가로축조 및 간선 상하수도와 전기시설을 담당한다.

(2) 새로 첨부된 단지 내 포장은 제1안과 제2안으로 작성하였다.

4. 관련 사업

(1) 대안(對岸)저수호안공사는 원안대로 1973년 본 확장공사와 병행 실시

(2) 차후 검토하기로 한 대안축제공사와 구미교(가칭) 건설은 1974년에 착공한다.

(3) 강변도로를 연장하여 고속도로와 연결하는 것은 원안대로 장차 계획 검토하기로 한다.

(4) 공원 및 외인주택 건립은 단지대안 또는 구미, 대구 간 적지에 건립계획 수립하는 원안대로 한다.

(5) 단지 내 지방도로를 철도 및 고속도로 사이에 이설하는 것도 원안대로 한다.

5. 행정지원

(1) 단지 내 민가를 이주하여 비산동에 새마을농촌을 건설한다(경상북도).

(2) 단지 내 보상업무는 경상북도가 전담하고 조기 조치한다.

6. 관리기구

경북구미상수도사업소를 구미공업단지관리사무소로 승격하여 전체 단지 관리기능을 부여한다.

7. 기타 사항

(1) 경북조성단지자금: 1972년 12월 20일 기확정된 경북 조성 47만 평(삼성전자 입주 대지를 포함한 단지남방지구)에 소요되는 자금 7억 원도 전자공단을 통하여 산업합리화 자금으로 경북도에 지원

(2) 공공시설지구 설정: 중앙유수지역 약 10만 평을 공공시설지구로 하기 위한 이용계획을 경북도가 수립 추후 보고

(3) 지방공업개발장려지구 지정: 건설부는 지방공업개발법에 의한 개발장려지구로 지정

(4) 융자금 신용대출: 전자공단에 융자하는 자금은 신용대출한다.

* 부표 1 사업비 내역(천 원)

공사비 2,561,912/ 보상비 560,700/ 관리비(사업비의 3%) 86,176/ 이자(연리 8%) 111,595, 합계 3,320,383

* 부표 2 공정계획

1. 조사측량 및 설계 1~2월
2. 용지매수 및 보상 1~4월
3. 행정사항(자금 및 행정조치) 1~2월
4. 공사

매립공사 2~6월

부대시설공사 6~9월

* 부표 3 부대시설 실시계획

수공과 전자공단이 나누어 실시한다.

경제제1(구미3대통령결재문서, 1973. 2).

1973년 2월 13일 대통령경제제1수석비서관실은 대통령 지시각서, 〈구미전자공업단지확장 지시〉를 한국수자원개발공사사장에게 다음과 같이 하달하였다.

【1973년 2월 13일 대통령 지시각서】

1972년 12월 26일 청와대회의 결정방침에 따라 다음 사항을 지시함.

1. 사업주체

지시사항

현 구미공업단지 동편 하천부지에 200만 평 규모의 공업단지를 산업합리화 자금으로 1973년 6월 말까지(부대시설은 9월 말) 조성

(1) 140만 평은 한국수자원개발공사와 한국전자공단이 역무계약을 체결 수행

(2) 잔여 59만 평은 경상북도가 조성, 소요자금은 전자공단을 통한 산업합리화 자금

2. 단지조성

공사명	시행지침
1. 강변도로	폭 20m 4차선 포장
2. 간선도로	폭 25m 7km 포장
3. 지선도로	21km 구간 우선 축조
4. 상하수도시설	우선 간선도로 및 기타 지선도로에 시행
5. 전기시설	우선 간선인입선에 해당하는 10.5km 구간 시설
6. 지하매설물	상하수도건설 및 지하매설물의 연결공사를 차후 실시
7. 단지 내 배수	유수지 및 양수장 시설

3. 산업합리화 자금의 융자

구미공단 조성에 소요되는 자금 4,411백만 원은 산업합리화 자금으로 한국전자공단에 신용대출하되

(1) 그중 3,551백만 원은 전자공단을 통하여 수자원개발공사가 집행

(2) 860백만 원은 전자공단을 통하여 경상북도가 집행

4. 부대사업

부처별	시행지침
1. 상공부	입주공장의 공원 및 외국인 사택 건립계획 수립(건설부와 협의)
2. 건설부	1. 구미공업단지를 지방공업개발법에 의한 개발장려지구로 조속 지정하고 도시계획을 재조정 2. 단지대안(對岸) 저수호안(低水護岸)을 1973년까지 완공하고 동 축제(築提)와 구미교를 1974년까지 완공
3. 경상북도	1. 단지 내 지방도로, 철도 및 고속도로 사이로 이설

	2. 단지 남북단부(端部), 풍치지구 설정 3. 단지 주변조성 위해 조경사업 실시 4. 단지 유보지역(12만 평) 부지 및 공장부지 조성 충실 5. 단지 내 사유지 매입 및 지장물 제거 6. 단지 내 주택, 신평동 방면으로 이주 지원

대통령비서실(구전, 1973. 2. 13).

대통령 지시각서는 구미공업단지 확장을 위해 동편 하천부지에 200만 평 규모의 공업단지를 산업합리화 자금으로 1973년 6월까지(부대시설 9월) 조성하되 상공부, 건설부, 경상북도가 역할을 분담하여 시행하고 단지 내외 조성과 이주민에 신경을 쓰라는 것이었다. 문제가 된 자금조달 방법도 구체적으로 적시하였다.

정부는 공업기지 건설을 전담시키기 위해 1973년 3월 3일 건설부에 중화학공업 입지개발 업무를 담당할 산업입지국을 신설하고 그 밑에 입지계획과, 단지조성과, 공업용수과, 공업항과(工業港課)를 편성하는 직제개정안을 국무회의에 상정하여 3월 6일 의결하였다.60 이에 따라 1973년 3월 14일 산업입지국이 신설되었다. 동시에 3월 경제기획원은 구미공업단지를 대규모 전자공업단지로 확장함에 따라 한국전자공업공단으로부터 수탁 받은 단지조성공사를 수행하기 위한 한국수자원개발공사의 추가경정 예산을 확보하고 이를 국무회의에 상정하여 의결하였다. 이 결과로 한국수자원개발공사의 예산은 원예산 20억 603만 3,000원에서 55억 5,741만 6,000원으로 되었다.61

1973년 3월 29일 구미공업단지 행정관리 주체 일원화 및 현장종결 행정 체제가 수립되었다. 우선 (1) 1971년 설립된 한국전자공업공단 관장단지와 경상북도 관장단지를 통합하여 구미공업단지로 단일화하고 현 한국전자공업공단을 수출산업개발공단으로 개편 추진하며, (2) 단일화된 구미공업단지의 행정관리는 공업단지관리청이 관장하고, (3) 현지에 공업단지관리청의 관리사무소를 설치하고 관계 행정업무를 위임받아 현장종결 행정을 실시하도록 하였다.62 현장종결 행정 체제의 내용은 다음과 같았다.

【구미공업단지 현장종결 행정 체제 확립(1973)】

가. 공업단지관리청 구미사무소 개설, 관장업무 위임
1. 외자도입 인가
2. 수출입 허가
3. 원자재 소요량 증명 발급
4. 건축허가

60 법제처장(국건, 1973. 3. 3); 〈경향신문〉(1973. 3. 7).
61 경제기획원장관(국안3추, 1973. 3. 7).
62 국무총리기획조정실(중오, 1973), p. 195.

5. 외국인 토지취득에 관한 사항
6. 기타 제반 정부지원 행정업무

나. 관련 지원행정기관 설치
세관, 우체국, 법무부출입국관리소, 노동청, 산재관리 및 직업안정소, 은행, 세무서, 파출소, 소방서 설치

공업단지관리청(구전, 1973).

구미공업단지확장 매립공사의 기본계획은 다음과 같이 정하여졌다.

【구미공업단지확장 매립공사 기본계획(1973)】

1. 주체
한국수자원개발공사, 경상북도

2. 조성면적 및 이용계획(평)

구분	면적	비율
기존단지	1,180,000	37.2
확장단지	1,405,000	44.2
장래계획	590,000	18.6
합계	3,175,000	100.0

3. 용도별(천 평)

구분	공장	제방	도로	유수지	합계
면적	1,092	94	121	98	1,405
비율	77.7	6.7	8.6	7.0	100.0

4. 총사업비
(1) 공사비 2,548,912,000원
(2) 매수 및 보상비 560,700,000원
(3) 합계 3,320,383,000원

한국수자원개발공사(구미, 1973. 3).

정부는 구미공업단지가 매립으로 평당 3,240원의 저렴한 공비로 118만 평에서 장차 317만 평으로 대폭 확장된다고 밝혔다. 정부는 이 확장매립사업이 공단을 조성하는 것만이 아니라 연례적인 홍수피해도 해결해 주는 다목적사업이라고 그 의의를 밝혔다.[63]

1973년 4월 중화학공업추진위원회는 구미전자공업단지에 대해 현재의 29만 4,000평에 20만 5,000평을 더 조성하여 49만 9,000평으로 확장하여 1980년대 25억 달러 수출을 달성할 수 있는 기반을 굳히며, 이를 뒷받침하기 위해 관련 공업과의 연관계열화 형성도 아울러 고려할

63 한국수자원개발공사(구미, 1973. 3).

〈표 11-6〉 중화학공업추진위원회 구미전자공업기지 계획(1973. 4)

구분	계획내용
위치	경북 선산(善山)군 구미(龜尾)
용지	기존 294,000평, 확장 205,000평, 계 499,000평
용수	낙동강 수계 55,000T/D
도로	경부고속도로
철도	경부선
동력	154KVA(공업단지 내 변전시설)

자료: 중화학공업추진위원회(우해, 1973. 4), p. 164.

수 있다고 밝혔다.[64] 중화학공업추진위원회 구미전자공업기지 계획은 〈표 11-6〉과 같았다.

대통령은 성공적인 구미전자공업단지 조성을 위해 다음과 같이 지시하였다.

> 1. 구미전자공업단지는 행정계통의 통일을 기하기 위하여 상공부 단지관리청에서 장악토록 하고 마산관리청과 같은 단일행정 창구제도를 만드는 것을 검토할 것.
> 2. 구미전자공업단지 등 지역의 합작비율을 일시에 50 : 50으로 할 것이 아니라 업종별, 지역별 특수성을 고려하여 2단계로 하는 방안을 검토할 것.
> 3. 구미전자공업단지에 외국인용 임대아파트를 상공부 예산으로 건립할 것('73년 주택공사 건조, '74년 상공부 예산 조치 인수). 본 아파트에 구미전자공업단지 전체를 위한 식당도 병설할 것.
> 4. 구미단지의 종업원용 주택지 확보를 위한 도시계획을 마련할 것. 강 건너편 인동면(仁同面) 지역을 대상으로 할 것.
> 5. 단지조성 시에 보상비 등 부족이 생긴 분에 대하여는 합리화 임금을 지원할 것.
>
> 대통령비서실(중지3대통령결재문서, 1973. 4. 10).

대통령의 지시사항은 중화학업화가 여러 공업에서 동시에 진행되고 공업기지 역시 여러 곳에서 동시에 건설되므로 행정계통의 통일을 기하기 위하여 공업단지를 상공부 단지관리청에서 장악하도록 하고 단일행정 창구제도를 만들 것을 검토하도록 한 것이었다. 건설되는 공업기지 내 합작비율도 중화학공업화에서 50 : 50의 원칙이 있었지만 이를 일률적으로 적용하지 말고 단계적으로 적용하도록 하였고 실제로 전자공업기지에서 예외적으로 적용되었다. 또 단지조성에 따른 마찰을 줄이기 위해 이주민들에게 우선적으로 일자리를 주어 합리화 임금, 즉 보상임금을 지원하도록 하였다. 이와 함께 외국인 수용책, 기술도입에도 신경을 쓰도록 하고 노동자를 위한 주택, 식당 등에 대통령이 직접 관심을 보였다.

대외비로 분류된 대통령 지시는 중화학공업 전체에 대한 지시와 금오(金烏)공고에 대한 지

64 중화학공업추진위원회(우해, 1973. 4), p. 163.

시도 있었는데, 중화학공업화 전체에 대한 지시내용은 다음의 공업기지 관련 내용을 포함하고 있었다.

1. 건설부는 기준지가 고시 대상 지역 내에 필요한 조치를 취할 것.
2. 건설부는 입지계획을 수립할 것. 소요되는 자금조달에 있어서 예산이 부족할 시 특별교부세의 사용을 신청할 것.
3. 입지조사, 입지계획, 건설공장일람표, 배치계획 작성 등 실시하여 일정표를 작성하고 긴급순위를 정하여 추진할 것. 상기 일정표는 상부의 재가를 받을 것.
4. 중화학공업추진위원회는 추진원칙과 일정표 작성이 끝난 후 내용 하나하나에 대한 문제를 검토하여 실무적으로 추진해 나갈 것.
5. 입지조성을 위한 단지매립에 있어 수자원공사가 할 수 있는 범위에 속하는 것은 수자원개발공사에 맡기도록 할 것.

대통령비서실(중지3대통령결재문서, 1973. 4. 10).

즉, 이날의 대통령 지시는 공업기지 건설에서 발생하는 갈등을 최소화하기 위한 사전적 조치와 사후적 조치를 제시하고 정책실행에서는 긴급순위를 정하여 공업별, 단계적으로 추진하라는 정책실행 방법까지를 포함하는 것이었다.

1973년 4월 이낙선 상공부장관은 〈구미공업단지 행정관리 일원화 및 현장종결 행정 체제 수립안〉을 중화학공업추진위원회에 재상정하였다. 여기에서 한국전자공업공단이 관장하는 구미공업단지와 경북이 관장하는 지방공업단지를 「구미공업단지」로 일원화하고 경북이 조성하고 있는 단지(확장분 60만 평)는 조성 후 한국전자공업공단에 관리 이관하도록 정해졌다. 일원화된 단지는 공업단지관리청이 관리하고 현지에 동 관리청 관리사무소를 1973년 7월 1일까지 설치하여 관계 행정업무를 위임받아 처리하도록 하였다. 위임업무는 외국인투자인가(경제기획원과 협의), 수출입 허가(상공부), 건축허가(시장, 군수), 외국인 토지취득에 관한 사항(내무부), 기타 행정지원 업무이었다. 더하여 투자 촉진을 위해 법무부 출입국관리사무소, 세관, 세무서 등 관계 행정기관의 출장소를 설치하게 하였다. 상공부장관은 이렇게 하는 이유 중 하나가 입주 촉진책으로 모든 행정절차를 간소화하여 현장종결 행정을 실시하도록 하기 위함이라고 밝혔다.65

1973년 4월 3일 건설부는 구미를 포함한 6개 공업단지를 중화학공업지역 기준지가 대상지역으로 공고하였다. 5월 24일 경제기획원대변인은 정부대표로 구체적인 중화학공업건설계획을 발표하였다. 여기에서 발표된 구미전자공업기지화 계획은 〈표 11-7〉과 같다.

1973년 구미기지 전자공업단지 확장계획과 자금계획은 〈표 11-8〉과 같았다.

1973년 6월 중화학공업추진위원회기획단은 〈중화학공업육성계획〉을 발표하면서 1973년 9

65 국무위원 이낙선 상공부장관(구행, 1973. 4).

〈표 11-7〉 구미전자공업기지화 계획(1973. 5)

구분	기지내용
구성지역	기성공업단지, 기지화계획 지역
총산업단지	2,581에이커
산업용수	150,000MT/D
부대조건	노동조건 양호

자료: 大韓民國經濟企劃院(日本, 1973. 5).

〈표 11-8〉 1973년 구미기지 전자단지 조성계획 (단위: 면적 천 평, 자금 백만 원)

	기존 완성	확장			합계
		1차	2차	계	
면적	259	210	1,405	1,615	1,874
자금	750	700	3,551	4,251	5,001

주: 1) 1차 단지조성은 1973년 6월 말 완료, 부대시설은 1973년 9월 말 완료.
2) 일반단지 포함 총 지정지역은 기존 97만 평, 확장 221.5만 평, 계 318만 5,000평.
자료: 공업단지관리청(구전, 1973).

월까지 150만 평의 부지 위에 구미전자공업단지를 완공하여 1976년까지 300개 전자기업체를 입주시키겠다고 밝혔다.[66] 중화학공업추진위원회기획단은 1973년 5월부터 7월까지 구미전자공업단지 등 중화학공업단지 기본계획을 마련하였다.[67] 1973년 6월 28일 국무회의는 경제기획원이 상공부와 합의하여 상정한 구미공업단지관리소 직제안을 의결하였다.[68] 그 내용은 구미전자공업단지를 집중적으로 개발, 육성하기 위해 단지 내에 현지관리소를 설치하고 관리과, 사업과, 운영과, 그리고 소장 밑에 투자홍보담당관 1인을 두는 것이었다. 의결된 구미공업단지관리소 직제안은 1973년 7월 14일 대통령령 제6769호로 공포·시행되었다.[69] 직제 제1조는 "정부조직법 제3조의 규정에 의하여 구미전자공업단지에 관한 공업단지관리청장의 소관사무를 집행하게 하기 위하여 공업단지관리청장 소속으로 구미전자공업단지에 구미공업단지관리소를 둔다"라고 규정하였다. 구미공업단지관리소는 8월 23일 개소식을 갖고 업무에 들어갔고[70] 구미공업단지관리소 직제는 1978년 7월 26일 대통령령 제9099호로 폐지될 때까지 〈표 11-9〉와 같이 개정되며 존치되었다. 1973년 8월 24일 국무회의 의결을 거쳐 출입국관리사무소 역시 9월 24

66 중화학공업추진위원회기획단(중화공, 1973. 6), pp. 74~75.
67 중화학공업추진위원회기획단(한공발3, 1979), pp. 323~324.
68 국무위원 서일교 총무처장관(구관, 1973. 6. 28).
69 〈관보〉(1973. 7. 14), 제6501호.
70 〈매일경제신문〉(1973. 8. 23; 1973. 8. 24).

〈표 11-9〉 구미공업단지관리소 직제 공포, 개정, 폐지

법령명	공포일자	법령종류	공포번호	시행일자	제정·개정
구미공업단지관리소 직제	1973. 7. 14	대통령령	제6769호	1973. 7. 14	제정
구미공업단지관리소 직제	1976. 3. 31	대통령령	제8056호	1976. 3. 31	일부 개정
구미공업단지관리소 직제	1977. 3. 12	대통령령	제8484호	1977. 3. 12	일부 개정
구미공업단지관리소 직제	1977. 9. 20	대통령령	제8698호	1977. 9. 20	타법 개정
구미공업단지관리소 직제	1978. 3. 22	대통령령	제8901호	1978. 3. 22	타법 개정
구미공업단지관리소 직제	1978. 7. 26	대통령령	제9099호	1978. 7. 26	폐지

자료: 법제처 국가법령정보센터(2017. 1. 21).

〈표 11-10〉 구미공업기지 건설 소요자금 분담방식

사업	사업비 부담
가로축조, 가로포장, 하청개수, 배수관로, 관개용수로 등 공공시설 성격을 띠고 있으면서 투하자본 회수가 어려운 부분	국고보조
공업용수와 같이 공공시설의 성격은 있으나 회수가 용이한 시설	재정융자
단지 내 정지사업, 토지매입, 단지 내 전력 및 통신시설 사업비	실수요자
전기외선공사와 같은 전력공급을 위한 기본적인 사업비	한국전력주식회사

자료: 산업기지개발공사(산78, 1978), pp. 347~348.

일 개소하였다.

1973년 경제기획원은 1973년 중화학공업화정책선언 이후 새로이 작성한 장기 전망에서 "전자공업의 집중·효율적 육성을 위하여 현재의 구미공업단지를 중심으로 187만 평 규모의 전자공업단지를 조성"하는 계획을 수립, 실시할 것이라고 밝혔다.[71] 8월 25일 정부는 구미공업단지 318만 5,000평을 지방공업개발법에 의한 지방공업개발장려지구로 지정하였다.[72] 10월 4일 대통령은 1974년 새해 예산안 국회 시정연설에서 구미공단 내에 주로 전자부품공장을 건설하여 현재의 제품조립 위주에서 부품 및 제품을 동시에 수출할 수 있도록 하겠다고 밝혔다.[73] 이에 맞추어 12월 1일 건설부장관은 「수출산업공업단지개발조성법」 제3조에 의거해 건설부공고 제115호로 구미공업단지 318만 5,000평을 구미수출산업공업단지 예정지로도 지정하였다.[74]

71 경제기획원(우장, 1973), pp. 48, 52.
72 〈관보〉(1973. 8. 29), 제6538호.
73 〈조선일보〉(1973. 10. 5).
74 〈관보〉(1973. 12. 5), 제6618호.

구미공업기지 건설 소요자금 분담방식은 〈표 11-10〉에서 보듯이 단지 내 정지사업, 토지 매입, 단지 내 전력 및 통신시설 등 수익자가 분명한 경우 기업부담으로 하고 이것이 불가능한 경우만 국고보조로 하였다. 심지어 공공시설이라도 회수가 가능하면 재정융자로 하였다. 이는 중화학공업정책을 통해 일관된 원칙으로 채택되었다.

정부는 1973년 12월 중화학공업입지 개발을 촉진하기 위해 「산업기지개발촉진법」을 제정·공포하였고[75] 산업기지 개발을 전담하기 위한 기구로 산업기지개발공사를 1974년 2월 1일 설립하였다. 정부직할공업단지, 수출자유지역, 지방공업단지, 민간공업단지로 나누어진 공업단지 중 구미공업기지를 포함하는 중화학공업기지는 상공부 직할공업단지이었다.

1974년 1월 9일 상공부공고 7607호로 개정·공고·시행된 전자공업진흥기본계획은 1974~1981년에 걸친 장기계획진흥방안에 전자공업기지 건설을 넣고 이를 위한 구체적인 방안으로 "구미전자공업단지 내 공장건설 촉진", "수출자유지역 내 공장건설 규제"를 포함시켰다.[76] 1974년 5월 17일 대통령 주재하에 열린 제16차 중화학공업추진위원회에 중화학공업기지 조성 현황이 보고·승인되었다.[77]

1974년 4월 공업단지관리청은 전자공업진흥법에 의거 조성된 구미공단을 관리, 운영하던 「한국전자공업공단」을 해산하고 이를 승계한 「구미수출산업공단」 설립, 운영을 4월 20일자로 인가하였다.[78] 이는 일반단지와 전자단지로 구분되어 있던 단지를 통합하여 내외자 입주업체의 입주를 촉진하기 위한 행정지원 체제 강화 노력이었다. 1974년 6월 3일 구미수출산업공단이 공식 출범하였다.[79]

구미 제2전자공업단지 계획은 1976년에야 구체화되었지만 노동집약적인 1단지에 이어 기술집약적인 2단지를 만들자는 계획은 이미 1973년부터 고려되고 있었다. 당시 정부의 기지건설 전략은 부존자원과 경쟁력에 맞추어 진행하는 단계적 발전전략이었으며 이는 기술전략과 연계된 것이기도 하였다. 그러나 1973년 12월 말까지도 정부는 제2단지 장소도 확정하지 못하고 있었고 다만 1975~1980년 사이에 총 300만 평의 단지를 조성할 계획만 정해 놓고 있었다. 여기에서 1976~1981년까지 200개의 전자공장을 건설하여 반도체 및 집적회로를 생산하고 이를 이용한 전자계산기, 자동제어장치 등 산업기기를 생산·수출한다는 계획이었다.[80] 이런 가운데 다가온 1차 석유파동은 에너지 저소비 업종인 반도체, 컴퓨터산업을 위한 전자단지 건설 필요성을 더 높여 주었고 따라서 2단지를 반도체 및 컴퓨터 관련 산업 육성기지로 한다는 것은 이후 계속 유지되었다.[81]

---

75 법제처장(국무13311산, 1973. 12. 12).
76 〈관보〉(1974. 1. 10), 제6645호.
77 중화학공업추진위원회기획단장(제16차, 1974. 6).
78 〈매일경제신문〉(1974. 4. 24); 창원기계공업공단(창기계발, 1989), p. 38.
79 구미수출산업공단(업무, 1986. 9), p. 2.
80 국무총리 기획조정실(중오, 1973), pp. 101, 104~105.

구미기지 확장계획만 존재하고 장소가 확정되지 못한 상태가 계속되자 도시계획에서 확장될 기지경계선의 불분명에 따른 혼선과 충돌이 일어났다. 1973년 경상북도와 공업단지관리청은 공업지역 내 일부 지역이 공업단지 용지로서 부적절하여 수도사업소, 「경북개발」 등 77,946평을 제척하고 임은동 일대 40,469평을 편입하기로 합의하였지만[82] 공업단지관리청은 공단 확장내용이 결정되지 않아 제척지구 통보 등 후속 조치를 할 수 없었고 1974년 5월 2일 기다리던 경상북도가 조치를 재촉하는 사태까지 나타났다.[83] 재촉 후에도 바로 확장계획은 통보되지 못하다가 결국 1974년 6월 공업단지관리청장은 경상북도와 공업단지관리청 간 합의된 제척과 편입 내용을 도시계획에 단순 반영하도록 경상북도지사에게 회시하였다.[84] 이를 받아 6월 28일 경상북도 지역계획과는 선산군수에게 도시계획 변경절차와 협조를 요청하였는데[85] 이때 구미공업단지관리소장에게 구미공업단지 일부 변경의 도시계획 변경을 선산군수에게 말해 추진 중에 있다는 것과 1973년 구미공업단지 확장시설 결정 시 「대한양회」 하축은 단지로 결정된 바 없음을 통보하려고 하다가 이를 결재, 발송 직전에 폐안으로 가필 처리하였다.[86] 단지경계는 문제의 소지가 많았던 것이다. 경상북도는 1974년 7월 3일 선산군수에게 속히 도시계획법이 정한 절차를 취할 것을 지시하였고,[87] 8월 8일 다시 선산군수에게 구미공업용지 전체적인 경계선이 확정되지 않아 공업단지 관리 및 업무수행에 지장이 있는 바 구미도시계획 일단의 공업용지 조성사업 시설을 도시계획법에 의거 지적승인·고시한다고 밝히고 건설부장관에게도 이를 보고하였다. 동시에 공업단지관리청장에게도 공업용지 조성사업 시설의 경계선을 확정하고 고시하였으니 참고하라고 일방 통보하였다.[88]

1975년부터 구미공업단지관리소에 대한 소관업무가 공업단지관리청에서 상공부 본부 직접 관리로 바뀌고 있었다. 1975년 구미공업단지관리소장이 사저 전화를 공적 용도로 사용하다 감사원에 적발된 문서에서 단지관리소 소관청이 공업단지관리청으로 작성되었다가 가필로 상공부로 정정된 것은 이를 보여 준다.[89] 완전히 공업단지관리청이 폐지되어 상공부 본부에 공단을 관리하는 국이 신설된 것은 1977년 3월이었다.[90]

1976년 구미수출산업공단이사장은 경상북도지사에게 구미지방공업개발장려지구 기본계획 변경을 신청하였다.[91] 경북지사는 건설부장관 승인을 요청하기 위해 공업단지관리청장에게 검

---

81 중화학공업추진위원회기획단(중화추현, 1979. 1), p. 182.
82 경상북도(구15, 1974. 6. 28).
83 경상북도(구시2, 1974. 5. 2).
84 공업단지관리청장(구시, 1974. 6. 22).
85 경상북도(구15, 1974. 6. 28).
86 경상북도 지역계획과(구시, 1974. 6).
87 경상북도(구지, 1974. 7. 3).
88 경상북도(구156, 1974. 8. 8).
89 감사원장(감처, 1975).
90 〈중앙일보〉(1977. 2. 7).
91 구미수출산업공단 이사장 박승도(구개, 1976. 4. 6).

토 및 자료수집을 요청하였다. 공업단지 조성계획 개요를 보면 총면적 314만 2,000평, 분양 가능 255만 8,000평, 용수 110,000톤/일, 전력 45,000kwH, 노동력 120,500명으로 개발할 공업 업종은 폴리에스터화학섬유공업, 방적 또는 염색공업, 전자공업, 전기기기공업, 고무공업, 제지 공업, 금속가공공업, 경기계공업, 농산물가공공업이었다.92 공업단지관리청장은 농·화학공업 업종 추가에 이의가 없었고93 이에 경상북도지사는 건설부장관에게 신청공문을 제출하였는데 이때 당초 구미수출산업공단이사장이 신청한 전자 및 가스는 전자공업의 연관공업이므로 제외하겠다고 밝혔다.94 신청은 기각되었지만(본장 III. 참조) 구미지방공업개발장려지구 기본계획의 변경절차는 구미수출산업공단이사장 → 경상북도지사 → 건설부장관(보건사회부 등 관련 기관에 확

〈표 11-11〉 구미전자공업단지확장(2단지) 계획(1976)

구분	계획내용		
목적	반도체 및 컴퓨터 관련 산업의 전자공업단지 조성		
조성면적	60만 평		
공사시행 기간	1976. 12~1978. 6(1년 6개월)		
공사비	공사비 4,800백만 원, 보상비 1,200백만 원 등 총 70억 원		
재원	자체자금 일부 및 국민투자기금		
부처별 조치	조치사항	주관	협조
	기본계획 수립	건설부	산업기지개발공사
	산업기지개발구역 지정	건설부	산업기지개발공사
	기준지가 고시	건설부	산업기지개발공사
	자금지원	재무부	상공부
	단지조성설계	산업기지개발공사	한국전자기술연구소
	단지조성	산업기지개발공사	한국전자기술연구소
	용지매수·보상·이주대책	경북	산업기지개발공사
	배후주거지 조성 및 용수공급	경북	산업기지개발공사
	유틸리티 및 Mask 공장 건설	한국전자기술연구소	상공부·과기처
	단지처분	구미수출산업공단	상공부
	통신시설	체신부	경북
	전력시설	한전	상공부

자료: 상공부(구전6대통령결재보고문서, 1976. 12).

92 경상북도지사(구기, 1976. 4. 15).
93 공업단지관리청장(구기, 1976. 5. 12).
94 경상북도지사(구획, 1976. 8. 4).

인)95 순서로 진행되었다.

1976년 12월 상공부는 구미전자공업단지 확장계획을 만들어 12월 17일 대통령 결재를 받았다.96 상공부는 2단지 입지선정 조건으로 우선 '진동이 없고 방진, 방풍, 방습, 방음 지역,' 그리고 6번째 조건으로 '공장이 은폐될 수 있는 지역'을 들었다. 이는 2단지가 반도체 및 컴퓨터 관련 산업을 입주시키기 위한 목적을 가지고 있었기 때문이었다. 이러한 조건으로 3개 후보지 중 구릉지이고 지형이 양호하고 방풍, 방진, 방음이 가능한 인동이 선택되었다. 1976년 작성된 구미전자공업단지 확장(2단지)계획은 〈표 11-11〉과 같다. 제2단지 건설은, (1) 건설부가 건설계획을 수립하고, (2) 재무부가 자금을 지원하며, (3) 경상북도가 용지매수 및 보상, 이주대책을 맡고, (4) 구미수출산업공단이 단지처분을 맡아 이루어지도록 역할이 나누어졌다. 상공부는 이들이 협조하도록 총괄하는 역할을 맡았다.

1977년 3월 29일 제21회 국무회의는 구미공업기지를 산업기지개발구역으로 지정하는 〈산업기지개발구역 지정(안)〉(의안번호 232호)을 의결하였다. "산업기지개발구역으로 지정함으로써 공업단지 및 배후 주거지의 개발과 관련 시설을 계획적이며 효율적으로 건설하려는 것"이었다. 의결된 산업기지개발구역 지정내용은 다음과 같다.

【산업기지개발구역 지정(구미공업기지, 1977)】

1. 주요 골자
   명칭: 구미공업기지
   구역면적: 3.96km^2(1,200천 평)
   위치: 경북 칠곡면 인동면의 일부 지역
2. 토지이용계획(천 평)

총면적	공업용지	연구소 · 공공건축부지	주거지	공공용지	녹지
1,200	450	50	200	100	400

3. 주요 시설계획
   도로: 개수 및 포장 4.2km
   공업용수: 3만 톤/일(기존 구미전자공업단지 용수시설의 확장)
   동력: 3만KW 공급시설(기존 구미변전소에서 154KV 인입)
   통신: 1,200회선 지하케이블 시설
   주거지 조성: 계획인구 3만 명 수용할 주거지 20만 평 조성

총무처 의정과(산개21대통령결재문서, 1977. 3. 29).

95 보건사회부장관(구지, 1976. 9. 18).
96 상공부(구전6대통령결재보고문서, 1976. 12).

이에 따라 1977년 4월 22일 구미공업기지 2단지가 건설부고시 제72호로 산업기지개발구역으로 지정되었다.[97] 산업기지개발구역 지정 후 1977년 4월 25일 건설부는 「산업기지개발촉진법 시행규칙」에 따라 구미, 창원 등 14개 산업기지를 수익징수 대상지로 지정하였다. 2km 이내에서 기지 지정 시보다 땅값이 2배 이상 올랐을 경우 도지사가 상승분의 50%를 개발이익으로 징수할 수 있도록 한 것이다.[98] 이후에도 1979년 3월 9일 내무부장관은 건설부가 작성한 구미기지개발확대지정(안)에 대해 원안대로 동의하면서 "다만 이 지역에서 발생하는 이익금이 있을 때에는 이 지역개발에 전액 투자되기를 바랍니다"라는 조건을 첨부하였는데[99] 이는 건설부가 개발이익 환수에 계속 관심을 두고 있었음을 보여 준다.

1977년 5월 24일 산업기지개발공사 사장 안경모는 구미공업기지 확장단지조성사업 실시계획 인가를 요청하였다. 실시계획 대상 내용은 단지조성 629,933평, 공장부지 553,063평, 이용면적 577,031평, 공공용지 52,902평, 도로 3,200m 신설 및 기존 도로 2,300m 확장, 사업시행기간 1977년 7월~1978년 12월 31일이었다. 이에 대해 5월 31일 건설부도시국장은 "신청지역이 현 구미도시계획상 주거지역 및 자연녹지지역이며 동 지역의 도시계획 변경은 현재 경상북도에서 조정작업을 추진 중이나 동 사업내용이 산업기지개발법 제6조에 의거 수립된 산업기지개발 기본계획 내용에 부합되는 사항이라면 당국 이견 없음"이라고 건설부 내 산업입지국장에게 회신하였다. 지역이 현재 주거지역 및 자연녹지지역이고 아직 조정계획이 확정되지 않았음에도 이견이 없다는 것인데 담당자의 이러한 회신은 당시 정부 내 실무행정 처리에서 산업기지개발이 우선순위로 되고 있었음을 보여 준다. 그러나 이는 당연히 문제가 있는 것이었고 문제가 확대되자 결국 건설부는 "기본계획이 미수립 중이므로 우선 용지보상만 시행하고 기본계획이 확정되면 이에 맞추어 실시계획 변경승인을 득한 후 사업을 실시함이 가할 것임"으로 본건을 처리하였다.[100] 1977년 6월 1일 건설부장관은 신청서를 반려하였다.[101] 산업기지개발이 우선시되고 있었지만 기본계획, 도시계획이 맞추어지고 충돌 없는 종합적인 견지에서 기지공사를 진행해야 하는 것은 당연한 것이었고 또한 그렇게 하려는 노력이 동시에 이루어지고 있었음을 알 수 있다.

1977년 6월 3일 산업기지개발공사사장은 건설부장관에게 구미공업기지 확장단지 조성사업 실시계획 승인을 다시 요청하였다. 이에 6월 8일 기안문서에서 건설부장관은 산업기지개발공사사장에게 다시 동 지구에 대한 기본계획이 수립 중에 있으므로 확정되는 대로 그에 맞추어 승인하고자 한다고 답변하였다.[102] 그러면서 계속된 산업기지개발공사 요청에 대해 6월 22일

97 건설부장관 신형식(1977. 4. 22).
98 〈동아일보〉(1977. 4. 25).
99 내무부장관(구확대, 1979. 3. 9).
100 건설부 도시국장(구확, 1977. 5. 31).
101 건설부장관(구장, 1977. 6. 1).
102 건설부장관(구단, 1977. 6. 8).

건설부장관은 상공부장관과 산림청장에게 산업기지개발공사사장이 승인요청한 구미공업기지 확장단지 조성사업에 대해 6월 27일까지 의견을 보내달라고 요청하였다. 이때 이날까지 회신 없으면 의견 없음으로 간주하겠다고 밝혔다.[103] 예상대로 1977년 7월 4일 상공부장관은 건설부장관에게 이미 전자 1333-2475(1976. 12. 21)호로 기통보한 상공부의 구미전자공업단지 확장계획(안)의 내용을 참고할 것을 언급하면서 동 기지 조성사업이 전자공업육성계획에 의하여 시행되는 것이니 동 기지 조성사업의 중요성을 감안하여 조속히 이루어지도록 협조하여 달라고 요청하였다.[104] 상공부는 수출확대를 위한 기지확장을 촉진하고자 하고 있었다.

원칙의 충돌이 있었지만 1970년대 우선순위는 공급확대 그리고 수출이었다. 상공부장관의 요청을 받은 건설부장관은 1977년 7월 19일 산업기지개발공사사장에게 승인을 통보하고 이 내용을 관보에 고시 의뢰하였다. 통보문은 〈구미공업기지 ~~확장단지~~ 조성사업 실시계획 승인〉으로 되어 있어 "확장단지"를 통보문 작성 후 가필로 삭제하고 있는데 이미 존재하는 공업기지라는 것으로 타협하여 받아들이려는 것이었다. 그러나 여전히 문제와 이론(異論)이 남아 있는 상황이었기에 건설부장관은 승인하면서도 다음의 승인조건을 걸었는데 그것은 승인 이후 필요시 즉시변경, 엄격한 관리와 시행자책임을 강조한 것이었다.

1. 긴급성을 감안하여 우선 승인하니 본기지 기본계획이 확정된 후 본 기본계획에 저촉되는 부분에 대하여는 즉시 실시계획의 변경승인을 득하여 시행할 것. 단 시행계획은 기본계획의 방향과 일치시켜야 한다.
2. 본 단지조성 구역 내의 국유림은 산림법에 의거 사업착수 전에 매입하도록 할 것.
3. 단지인도 관리비라는 비목의 별도 설정은 불허함.
4. 본 사업 준공과 동시에 공공의 이용에 필요한 시설은 국유(또는 공유)화 하여야 하며 이의 유지보수는 본 시설을 관리하는 국가 또는 지방자치단체에게 이관되기 전까지 사업시행자 부담으로 시행할 것.
5. 이주대책에 대하여는 귀사 책임 하에 실시하되 관할 지방자치단체의 장과 협의하여 시행할 것.
6. 매월 말 공정은 익월 5일까지 보고할 것.
7. 본 사업 시행시 불가피한 변경사항이 발생할 시에는 변경승인을 득한 후 시행하여야 한다.
8. 전 각호를 위반하거나 공공상 필요하다고 인정할 시는 본 승인을 취소하거나 조건을 변경 또는 추가할 수 있다.

건설부장관(구기조, 1977. 7. 19).

건설부장관이 건설부고시 제144호로 승인한 구미공업기지 2단지 조성사업 실시계획의 내용은 5월 24일 산업기지개발공사 사장이 인가를 요청한 내용 그대로이다.[105] 이 계획내용은

103 건설부장관(구장단, 1977. 6. 22).
104 상공부장관(구기조, 1977. 7. 4).
105 〈관보〉(1977. 7. 22), 제7705호.

확장단지 건설 초기계획이 제1차로 629,933평을 1976년 12월부터 1978년 6월 말까지 1년 6개월에 걸쳐 조성하도록 한 것을 1977년 7월~1978년 12월 31일로 6개월 순연시킨 것으로 용지의 매입·보상을 경상북도에 위탁하여 일괄 매수하도록 한 것이었다.[106] 1977년 7월 28일 구미전자공업기지 제2공업단지가 착공되었다. 반도체 등 57개 중점품목 신개발단지로 1979년 12월 칠곡(漆谷)군 인동(仁同)면 일대 120만 평 완공을 목표로 하였다.

이런 가운데 1977년 7월 1일 상공부는 업무처리의 신속을 기하고 책임소재를 명확히 하기 위하여, 상공부훈령 제117호(1977. 3. 16)에 의거 6월 13일 구미공업단지 관리소장이 요청한 구미공업단지관리소 자체위임 전결규정을 승인하고 7월 6일 관리소에 통보하였다. 이로써 구미공업단지관리소 과장 및 담당관은 전결권한을 가지고 업무를 처리하게 되었다.[107]

정부가 공업기지 건설과 수출지향을 추구하는 가운데 원칙과 현실 간의 갈등은 계속 등장하였다.

1977년 6월 20일 경상북도는 구미공업기지 확장에 따라 건설지구에 소재하고 있는 문화유적지 및 자연경관 보존지역에 대해 원형보존을 요청하였다. 그러나 가필된 내용을 보면 문화재 보호 요청은 긍정수용표시인 O 표시로 받아들여지고 있으나 공업단지 주변에 위치한 자연경관지 보호요청은 불가표시인 X 표시되어 받아들여지지 않고 있다.[108] 1977년 10월 20일 건설부장관은 건설부공고 제124호로 구미공업기지 2단지 인동면 구포동·임수동 일대 54만 5,000평을 수출산업공업단지로 지정하였다.[109] 이로써 구미수출산업공업단지 예정지는 현 318만 5,000평에서 372만 9,000평으로 변경되었다.[110] 1977년 12월 14일 건설부장관은 건설부고시 제247호로 구미도시계획용도지역 일부 변경 결정을 고시하였다. 공업지역을 11,297,000m^2에서 13,085,000m^2로 확대하고 주거지역과 자연녹지지역을 소폭 축소하는 것이었다.[111] 1977년 12월 16일 건설부 단지조성과장은 새로이 요청된 주거지역 지정에 대해 "지정할 경우 공업단지의 경관을 해칠 우려가 있고 기지정된 산업기지개발구역상의 주거지역 개발이 지연될 것으로 사료된다"고 회신하여 주거지역 추가확장에 난색을 표한 것도[112] 같은 맥락이었다. 1977년 12월 17일 건설부장관은 건설부공고 제143호, 구미·창원공업개발장려지구의 구역변경을 공고하였는데 구미지방공업개발장려지구는 기존 구미공단과 동일한 투자 여건을 마련하여 공장 입주를 촉진하기 위해 기지정된 318만 5,000평을 372만 9,000평으로 확대 지정한다는 내용이었다.[113]

106 산업기지개발공사(산78, 1978), pp. 348~349.
107 구미공업단지관리소장(위임, 1977. 6. 13), 상공부(구자, 1977. 7. 1).
108 경상북도(구161, 1977. 6. 20).
109 상공부(구기, 1977. 12).
110 〈관보〉(1977. 10. 24), 제7781호.
111 〈관보〉(1977. 12. 17), 제7828호.
112 건설부 단지조성과장(구49, 1977. 12. 16).
113 〈관보〉(1977. 12. 22), 제7832호.

1978년 2월 5일 1단지와 2단지가 위치한 선산군 구미읍과 칠곡군 인동면이 합쳐져 구미시로 승격되었다. 1978년 5월 1일 정부는 대통령령 제8995호로 「공업단지관리법시행령」을 개정, 공포하여 구미공업기지를 공업단지관리법의 적용을 받는 공단으로 지정하였다.[114] 1978년 5월 12일 중화학공업추진위원회기획단 상황실에서 제71차 중화학공업추진 차관보급실무회의가 열렸다. 중화학공업추진 차관보급실무회의는 산업기지개발공사의 구미공업기지 확장단지 조성현황을 보고 받고 구미확장단지(인동)의 부지조성은 산업기지개발공사가 일괄 조성하고 산개공은 제3단지에 대한 조사사업을 수행하기로 결정하였다.[115] 정부는 여타 중화학공업에 비하여 낙후된 전자공업의 육성이 시급하므로 구미기지에 추가로 제3단지를 조성하고자 하였다.[116]

1978년 6월 12일 구미공업단지관리소의 공업단지 개발 조성업무가 완료단계에 들어가고 사단법인 「구미수출산업공단」에서 동 단지의 관리업무를 취급하게 됨에 따라 상공부 협의 하에 구미공업단지관리소 직제 폐지안의 국무회의 상정이 추진되었다. 그러나 관계 기관들의 이견으로 "6월 15일 제45회 차관회의에 상정 보류 요청"이 이루어지면서 폐지안은 상정되지 못하였고 6월 19일 제46회 차관회의에 상정 요청되었으나 다시 상정 보류 요청으로 이어졌고 7월 6일 제51회 차관회의 상정 요청으로 바뀌었다.[117] 이 과정에서 구미공업단지관리소의 정원 51인 중 이사관·부이사관급 1명 등 37인은 상공부에, 고용인 3인은 공업진흥청에, 기정 1인 등 3인은 특허청에, 행정서기 1인 등 8인은 수출자유지역관리소에 각각 이체되도록 결정되었다.[118]

구미수출산업공단은 상공부장관에게 업무보고를 하도록 되어 있었다. 1978년 8월 구미수출산업공단의 업무보고를 보면 다음과 같았다.

1. 일반 현황
   연혁, 공단(公團)기구, 공단 주요 업무
2. 78년도 주요 업무 계획 및 실적
   공단(公團)운영 기본목표, 주요 업무 계획 및 실적, 78수지예산집행 현황
3. 기타 사항
   단지조성 및 입주, 단지시설, 수방대책, 소방 및 안전대책, 야간특별학급 현황, 근로자 주거대책 등

국무총리기획조정실(중건6, 1978. 11), p. 245.

1978년 구미기지에 추가로 3단지를 조성함과 아울러 내륙공업단지에도 도시형 공업의 성

---

114 국회법률정보시스템(2017. 12. 16).
115 중화학공업추진위원회기획단장(제71차, 1978. 5. 23).
116 경제제2(20, 1978), p. 88.
117 법제처장(국구관, 1978. 6. 12).
118 법제처 국가법령정보센터(2017. 1. 21).

격을 살리자는 논의가 활발해졌다. 대통령에게 보고된 중화학공업추진위원회기획단의 〈2000년대의 국토구상〉 역시 전자공업의 입지수요가 1981년 7.84km², 1991년 33.01km², 2001년 32.03km²대로 추정되므로 전자공업기지 추가 건설이 시급하다고 보고 있었는데[119] 〈2000년대의 국토구상〉이 제시한 구미기지 규모는 3단지 380만 평 추가 조성을 통한 총 755만 2,000평이었다(〈표 11-12〉 참조). 당시 원래 계획되고 있던 조성면적은 3단지 200만 평이었다.[120] 상공부 역시 1978년 10월 25일 창원·구미 등의 공업기지 조성이 늦어지면서 신규 수요를 따라가지 못해 중화학공업 용지구득난이 심화되고 있다고 발표하였다.[121] 정부는 1, 2단지 구미공업기지로는 기업의 입지 수요충족이 어려울 뿐만 아니라 배후 주거지 개발도 곤란하다고 판단하였기에 제3단지의 건설은 불가피하다고 보았다.

1978년 10월 대통령에게 보고된 1979~1980년 제3전자단지 조성을 위한 국민투자기금 소요 예정액은 동 기간 중화학공업기지 총 국민투자기금 투입액의 18.7%인 343억 원으로 1979년에 13.4%, 1980년에 86.6%가 투입되도록 계획되어 있었다.[122] 1979년 1월 16일 상공부는 200만 평 규모의 제3전자공업단지를 총 400억 원을 들여 1981년까지 조성하기로 결정하였다.[123] 이때까지도 제3단지의 위치를 지금의 제4단지 위치(〈그림 11-2〉 참조) 200만 평으로 하는 계획안이 존재하고 있었고 1979년 일단 30만 평 조성에 착수하려고 하고 있었다.[124]

1978년 7월 28일 본격적으로 공사가 착수된 후 1978년 말 현재 구미기지 제2전자단지(인동) 조성계획을 정리하면 〈표 11-13〉과 같다. 조성계획은 정밀전자공업 작업환경을 보장하기 위해 10m 폭의 차단녹지를 두어 완충지를 만들고 공업단지와 주거단지를 대별하도록 하였다. 주거단지는 순주거지 10만 5,000평, 상업지역 1,000평, 도로 1만 8,500평, 녹지지역 15만 5,500

〈표 11-12〉 2000년대 국토구상에서 밝힌 구미기지 규모(1978)

	기지규모(천 평)
1단지	3,152천 평(입주 완료)
2단지(仁同)	600천 평(조성 중, 배치가 완료될 단계에 있음)
3단지	3,800천 평(추가 조성지)
계	7,552천 평

자료: 경제제2(20, 1978), pp. 87~88.

119 경제제2(20, 1978), p. 73.
120 경제제2(중10, 1978. 10).
121 〈매일경제신문〉(1978. 10. 25).
122 대통령비서실(중결1018대통령결재문서, 1978. 10).
123 전국경제인연합회(한경연, 1980), p. 746.
124 경제제2(중기조, 1979).

〈표 11-13〉 구미기지 제2전자단지(인동) 조성계획(1978)

<table>
<tr><th colspan="2">구분</th><th colspan="3">내용</th></tr>
<tr><td colspan="2" rowspan="4">사업개요</td><td>단지규모</td><td colspan="2">630만 평</td></tr>
<tr><td>목적</td><td colspan="2">반도체 및 컴퓨터 연관산업 육성</td></tr>
<tr><td>공장 수</td><td colspan="2">28개 기본공장 및 관련 공장</td></tr>
<tr><td>총투자액</td><td colspan="2">약 2억 달러</td></tr>
<tr><td colspan="2">위치</td><td colspan="3">경북 칠곡군 인동면 일원</td></tr>
<tr><td rowspan="8">조성
면적</td><td rowspan="5">이용면적</td><td rowspan="3">공장부지
(553,063평)</td><td>공장</td><td>434,093평</td></tr>
<tr><td>연구소</td><td>53,320평</td></tr>
<tr><td>학교</td><td>65,650평</td></tr>
<tr><td>차단녹지</td><td colspan="2">23,968평</td></tr>
<tr><td>합계</td><td colspan="2">577,031평</td></tr>
<tr><td rowspan="3">공공용지</td><td>도로</td><td colspan="2">40,594평</td></tr>
<tr><td>녹지</td><td colspan="2">12,308평</td></tr>
<tr><td>합계</td><td colspan="2">52,902평</td></tr>
<tr><td rowspan="2">도로
축조</td><td>신설</td><td>3,200m</td><td colspan="2">폭 25m L=2,400m, 폭 10m L=800m</td></tr>
<tr><td>확장</td><td>2,300m</td><td colspan="2">폭 25L=2,300m</td></tr>
<tr><td colspan="2">배수시설</td><td>암거 및 관로(7,150m)</td><td colspan="2">암거 2,048m, 관로 5,102m</td></tr>
<tr><td colspan="2">사업비</td><td colspan="3">5,199백만 원</td></tr>
<tr><td colspan="2">사업기간</td><td colspan="3">1977. 7~1979. 6</td></tr>
<tr><td colspan="2">사업주체</td><td colspan="3">산업기지개발공사</td></tr>
</table>

자료: 중화학공업추진위원회기획단(중화추현, 1979. 1), pp. 182~183.

평으로 하였다.[125]

1978년까지 산업기지개발구역으로 지정된 10개 중화학공업기지는 총 7,262만 8,000평이었는데 구미공업기지 산업기지개발구역은 가장 작은 120만 평이었다. 그러나 1979년 5월 21일 건설부장관은 건설부고시 제179호로 산업기지개발구역 변경 지정을 고시하여 구미공업기지 산업기지개발구역 면적을 1977년 4월 22일 지정된 120만 평(3.96km^2)에서 430만 평(14.215km^2)으로 확대하였다.[126]

【구미공업기지 산업기지개발구역 변동(1979. 5)】

개발구역 명칭: 구미공업기지(변동 없음)

지정목적: 변동 없음

개발구역 위치 및 범위: 경북 칠곡군 석적면 및 구미시의 일부

125 산업기지개발공사(산78, 1978), p. 352.

126 건설부장관(구지조일, 1985. 7. 18).

개발구역 면적: 120만 평을 430만 평으로 함.

〈관보〉(1979. 5. 25), 제8256호.

산업기지개발구역 면적을 430만 평으로 한 것은 제3단지 310만 평을 산업기지개발구역으로 지정한 것이다. 1978년 대통령 경제제2비서실이 작성한 2000년대 국토구상에서 밝힌 구미기지 3단지 규모가 380만 평이었으므로 이것보다는 작은 것이지만 원래 논의되던 250만 평보다는 커진 것이다. 새로 지정된 산업기지개발구역 430만 평 중 198만 평은 공업단지, 124만 5,000평은 녹지, 12만 평은 연구소 및 공공건축용지로 배정되었다.[127] 1979년 8월 3일 상공부장관은 상공부공고 제79-117호로 관리 대상 공업단지 면적을 공고하였다.

1979년 9월 5일 건설부 산업입지국장은 구미도시계획구역 내 산업기지개발 기본계획안을 만들어 도시국장과 협의에 나섰다.[128] 산업입지국장은 계획의 총괄적인 조화를 위해 도시국장과의 협의를 반드시 하도록 되어 있었다. 공문 「입지 430-592」(1979. 9. 5) 및 「단지 434.1-761」(1979. 9. 7)로 산업입지국장이 협의 요청한 산업기지개발 기본계획 고시 및 확장단지 조성사업 실시계획 변경 승인에 대해 도시국장은 다음의 주요한 지침내용을 도시 430-815로 회신하였다.

1. 제2단지는 공업지역 및 준공업지역으로 이미 1977년 12월 14일 건설부고시 제247호로 결정 고시한 범위 내(공원 제외)에서 사업을 실시토록 조치하여 주시고 단지 내 도로는 본 도로(대로 3류10호선)가 지역 간 연결 주간선도로임을 감안하여 현 도시계획대로 단지 외곽 측으로 (제1의견) 연결할 수 있도록 변경 요함.
2. 제3단지는 1979년 8월 30일 이미 도시 430-773으로 회신한 대로 낙동강변의 제8호 공원은 계획에서 제외하여 주시고 이에 따른 부족 공업지역은 제2단지와 제3단지 사이에 위치한 지역을 이용하도록 하되 도로변에 폭 50m 정도의 시설녹지를 확보하여 주시기 바라며 상업지역은 배후도시 개발지역에 적정 배치할 수 있도록 조치하여 주시기 바람.
3. 배후도시건설은 자료가 없어 판단불가하나 도시계획으로 결정되어 있는 도로 및 공원은 가능한 한 현 계획대로 존치를 요하며 특히 경부고속도로변의 주거지역계획은 계획에서 제척을 요함.

건설부 도시국장(산30, 1979. 9).

도시국장은 지역 간 연결도로가 단지 내로 들어가지 않도록 현 도시계획대로 해 줄 것, 부족 공업지역은 다른 지역을 확보하고 공원을 공업단지에서 제외하고 시설녹지도 확보하여 줄 것, 주거지역계획은 제외해 줄 것을 요청하였다.

1979년 10월 17일 건설부는 건설부고시 제367호 구미산업기지개발구역 기본계획 고시로 구미기지 제3전자단지 기본계획을 고시하였다. 제3단지의 개발방향은 "경북 구미시 및 칠곡군

127 한국공단연구소(총람, 1980), pp. 154~157.
128 건설부 산업입지국장(산기고5, 1979. 9. 4).

일원을 전자, 컴퓨터, 반도체공업 육성을 위한 공업단지로 조성"하는 것이었다.[129] 10월에 발표된 기본계획고시안과 협의 논의한 9월의 기본계획고시안을 비교하면 〈표 11-14〉와 같다. 구미공업기지 산업기지개발구역 전체 면적은 1,421만 6,000m^2로 동일하되 도시국장의 요구가 반영되어 공업지역이 축소되고 녹지와 준공업지역이 늘어나고 있음을 확인할 수 있다.

1979년 11월 1일 산업기지개발공사는 건설부고시 제392호로 제3단지 조성사업에 대한 실시계획 승인을 얻었다.[130] 그러나 10.26 이후 중화학공업화정책 비판이 내외에서 커지면서 결국 11월 15일 최규하 대통령대행은 1980년 예산안 시정연설에서 구미 3단지는 언급도 하지 못하고 구미 제2전자단지 건설을 본격화하겠다고만 밝혔다.[131] 중화학공업추진위원회기획단은 1979년에 우선 3단지 이주단지 4만 평만이라도 조성하려고 하였고,[132] 늦었지만 12월 11일 제3단지 이주단지 조성공사를 착공하였다.[133] 시도는 이루어졌지만 1980년 제2차 석유파동으로 제3단지 공사는 진행되지 못하였고 심지어 2단지 공사도 완공시기가 1980년을 넘어 계속 순연되었다.

1979년 말 현재 구미기지 제2전자단지(인동), 제3전자단지의 조성계획은 〈표 11-15〉와 같았다. 중화학공업추진위원회기획단은 어떻게 하든 제2전자단지를 1980년까지 건설하고 제3단지를 병행하여 1984년까지 완공하고자 하였다.

1979년 산업기지개발구역이 확대된 기존 중화학공업기지는 구미공업기지뿐이었다. 여전히

〈표 11-14〉 구미산업기지개발구역 기본계획고시(9월 안/ 10월 발표 안)(1979)

		9월 안	10월 발표 안
토지	총면적	14,215천m^2(4,300천 평)	동일
	공업지역	6,146m^2(1,859천 평)	5,481천m^2(1,658천 평)
	주거지역	3,190m^2(965천 평)	3,167m^2(958천 평)
	준공업지역	393m^2(119천 평)	542m^2(164천 평)
	상업지역	261m^2(79천 평)	동일
	녹지	4,225m^2(1,278천 평)	4,764m^2(1,441천 평)
공업용수		낙동강 본류 취수 73,000톤/일	동일
산업기지 개발기간		1977~1984년	동일

자료: 건설부 산업입지국(기계, 1979. 9); 〈관보〉(1979. 10. 20), 제8376호.

129 건설부장관(기고24, 1979. 10. 17).
130 산업기지개발공사 사장(구제, 1984. 11. 22).
131 〈매일경제신문〉(1979. 11. 15).
132 중화학공업추진위원회기획단(중화추현, 1980. 1), p. 292.
133 중화학공업추진위원회기획단(중화추현, 1980. 7), p. 184.

〈표 11-15〉 구미기지 제2전자단지(인동), 제3전자단지 조성계획(1979년 말)

구분	조성계획				
제2전자단지	구분	이용계획 내용			
	사업개요	단지규모		1,200천 평(공업지역 580천 평)	
		목적		반도체 및 컴퓨터 연관산업 육성	
		공장 수		28개 기본공장 및 관련 공장	
		총투자액		약 2억 달러	
	조성면적	공업 지역	공장용지	494천 평	합계 580천 평 (48.3%)
			시설녹지	39천 평	
			도로	47천 평	
		주거지역		124천 평(10.3%)	
		교육 및 연구 지구		119천 평(10.0%)	
		녹지지역		377천 평(31.4%)	
	사업기간			1977. 7~1980. 12	
	사업주체			산업기지개발공사	
제3전자단지	구분	이용계획 내용			
	단지규모	3,100천 평			
	목적	1. 반도체 및 컴퓨터의 정밀전자 기기단지 2. 배후주거지 조성			
	구역 지정	1979. 5. 21			
	토지이용 계획	구분		면적	구성비
		공업 지역	공업용지	1,090천 평	합계 1,303천 평 (42%)
			시설녹지	3천 평	
			도로	148천 평	
			하천	31천 평	
			유수지	31천 평	
		주거지역		864천 평	27.9%
		상업지역		37천 평	1.2%
		녹지지역		896천 평	28.9%
	조성기간	1984년 12월 말까지			

주: 제2전자단지의 밑줄은 1978년 말과 달라진 부분.
자료: 중화학공업추진위원회기획단(중화추현, 1980. 1), pp. 151~152.

구미공업기지 산업기지개발구역은 공업별 산업기지개발구역 중 가장 작았지만 1979년까지 입주업체 수는 204개로 가장 많았다. 1978년 말과 1979년 말 중화학공업기지 산업기지개발구역 지정 현황을 총괄하여 정리하면 〈표 11-16〉과 같다.

〈표 11-16〉 중화학공업기지 산업기지개발구역 지정(1978~1979년 말) (단위: 만 평)

기지명	면적				지정일	입주 업체 수
	총면적	공업용지	주거용지	해면·기타		
구미	120.0	45	20	55	1979. 5. 21 (1977. 4. 22)	204
	430.0*	182.2*	95.8*	152.0*		
창원	1,470	645.0	470.0	355.0	1977. 12. 8	102
여천	1,334.0	551.0	315.0	468.0	1977. 12. 8	17
온산	734.0	486.0	69.0	179.0	1976. 12. 31	14
옥포(玉浦)	138.0	97.0	30.0	11.0	1977. 12. 8	1
안정(安井)	156.8	105.4	51.4	–	1974. 4. 1	–
죽도(竹島)	150.0	89.0	22.0	39.0	1977. 12. 8	1
포항	1,270.0	607.0	–	663.0	1976. 12. 31	50
울산-미포	1,390.0	1,146.0	–	244.0	1975. 6. 23	104
북평	500.0	360.0	–	140.0	1975. 12. 22	6
아산(牙山)*	30,000.0*	15,150.0*	5,300.0*	9,550.0*	1979. 12. 14	–

주: 1) 입주업체 수는 1979년 말 현재임.
2) 면적에서 구분되어 있지 않은 것은 1978년, 1979년 말 동일한 것이며 구분되어 있는 경우 앞이 1978년 값, * 표시가 있는 것이 1979년 말 값임.
3) 지정일에서 ( ) 안은 최초 지정일.

자료: 중화학공업추진위원회기획단(중화추현, 1979. 1); 중화학공업추진위원회기획단(중화추현, 1980. 7); 경제기획원(경백, 1980); 대한상공회의소 공업입지센터(1991).

〈그림 11-4〉 구미공업기지 위치와 구조(1979)

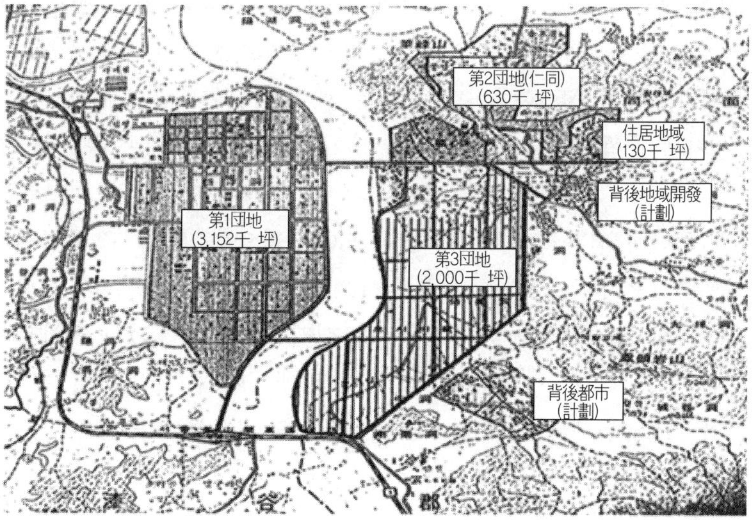

자료: 경제제2(7중, 1979. 1).

1979년 구미공업기지 1, 2, 3단지 위치와 구조는 〈그림 11-4〉와 같다. 구미 1, 2, 3단지 위치는 고정되었다.

Ⅲ. 투자·생산·수출·고용 계획과 분양·입주 정책

한국중화학공업화의 특징은 공업기지 건설, 공장건설, 투자유치, 생산, 그리고 수출의 동시 추구가 이루어졌다는 것이다. 구미기지 역시 이런 동시 진행방식이 추구되었다. 정부는 건설과 분양을 동시에 진행하기 위하여 지주의 불명 또는 부재로 소유권이 불분명한 경우에도 사후적인 처리를 전제로 분양에 나섰다. 이 경우 이 토지를 법원에 계류하고 해당 선산군으로 소유권 이전등기를 함과 동시에 기업에게 소유권을 이양하기로 되어 있었다. 이렇게 무리하게 1969년 분양 받은 토지가 결국 1986년이 되어도 정식소유권 이전이 이루어지지 못하는 사례도 발생하였다.[134] 한편, 공업기지 내에 편입된 국유지는 무상으로 귀속되더라도 지적은 사업시행자 명의로 등기되는 것이 아니라 국가 또는 지방자치단체의 명의로 보존 등기되도록 하여[135] 건설부 소유 국유지 그대로 분양되기도 하였다. 이러한 국유지의 분양 후 기업이전 역시 일부가 장기간 이루어지지 않아 문제가 되기도 하였는데, 입주기업체가 기업부지 내 국유지에 대해 경상북도지사에게 소유권 이전을 요청하자 도지사가 구미시장에 민원이 없도록 조치하기 바란다고 지시한 문서도 발견된다.[136]

1971년 2월 공단법인 설립을 위한 실무작업을 맡은 한국정밀기기센터(FIC) 박승엽 소장이 일본기계공업연합회 협력을 얻어 동경에서 투자유치설명회를 개최하여 일본 투자시찰단이 방한하였다. 이어 6월 FIC는 오사카에서 투자설명회를 개최하였고「松下電器産業」등 일본 전자업체들을 순방하였다. 이후 심의환 상공부차관도 대일투자유치를 위해 일본을 방문하였는데, 특히 대기업의 유치에 심혈을 기울였다. 한국정밀기기센터, 전자제품수출조합, 전자공업협동조합, 한국전자공업공단 등은 1972년 2월 27일부터 3월 12일까지와 3월 12일부터 4월 1일까지 각각 다시 일본과 미국에 전자공업투자유치단을 FIC 주관으로 파견하고 동경과 뉴욕에서 투자설명회도 개최하였다. 특히, 미국에는 상공부 기계공업국장과 전자공업과장이 함께 참가하였다.[137] 심지어 외국 대기업 유치를 위해 일본 측 대기업이 요구한, (1) 부품업체 동시 진출을 위한 100%투자 허용, (2) 이들 부품업체들의 국내 판매허용 두 조건까지 들어주면서「한국도시바」TV공장을 유치하였는데 이때 일본「電氣音響」합작사 설립 등 여러 일본 부품업체들이

134 한국전자주식회사(토이, 1986. 9. 23).
135 산업기지개발공사 사장 안경모(구확단, 1982. 3. 12).
136 경상북도지사(구공, 1986. 10).
137 송태욱 전 전자정보인협회회장 증언(2011), pp. 56~57, 64~65.

구미공단에 진출하였다.138

1971년부터 작성되기 시작하여 중화학공업화정책선언 이후 수정 작성된 〈중화학공업화정책선언에 따른 공업구조개편론〉에서 대통령비서실은 전자공업단지 전자제품의 계획 품목 수를 〈표 11-17〉과 같이 현재의 89개에서 추가로 84개 품목을 신규 생산하여 총 173개 품목으로 확대할 것을 계획하였다.

1973년 상공부 산하 공업단지관리청이 작성한 구미전자공업단지 입주 및 수출계획은 〈표 11-18〉과 같았다. 상공부는 1976년까지 300개 기업을 입주시키고 1977년까지 이들을 모두 가동시켜 수출 7억 달러를 달성한다는 것이었다.

1973년 5월 24일 경제기획원대변인은 중화학공업건설계획을 발표하였는데, 그중 구미공업기지 전자공업공장 건설계획 내용을 정리하면 〈표 11-19〉와 같다.

구미전자공업단지 내 공장건설계획은 300개 공장 중 77.3%에 해당하는 220개 공장을 전

〈표 11-17〉 전자공업단지 생산계획 품목 수(1973. 1) (단위: 개)

		현 생산	신규 생산	계
민생용기기		9	4	13
산업용기기		7	6	13
전자부품		48	55	103
관련 공업제품	기기계열(機器系列)	10	–	10
	부품계열	15	9	24
	전자재료	–	10	10
계		89	84	173

자료: 대통령비서실(중선, 1973. 1. 30), p. 51.

〈표 11-18〉 구미전자공업단지 신규 입주 및 수출계획 (단위: 개)

		1972	1973	1974	1975	1976	1977	합계
입주	전자업종	11	49	50	50	50	–	210
	관련 업종	–	10	30	30	20	–	90
	합계 업체 수	11	59	80	80	70	–	300
수출	수출(백만 달러)	3	29	100	300	500	700	–
	가동업체 수	7	29	94	174	250	300	–

자료: 공업단지관리청(구전, 1973).

138 송태욱 전 전자정보인협회회장 증언(2011), pp. 62~63.

〈표 11-19〉 경제기획원 발표 구미공업기지 전자공업 공장건설(유치)계획 (단위: 개)

	현황	계획				계
	72년 말 입주청약 기준	1973	1974	1975	1976	
전자기기공장	3	5	5	10	7	30
전자부품공장	16	34	50	60	60	220
전자재료공장	–	2	3	3	2	10
관련 공업 공장	8	7	5	10	10	40
계	27	48	63	83	79	300

자료: 〈조선일보〉(1973. 5. 25); 大韓民國經濟企劃院(日本, 1973. 5); 日韓經濟協會(協會報, 1973. 6. 25), No. 57.

자부품공장으로 집중하고 있는데 이는 수출증대 목표 달성을 위해 전자부품 생산의 강화에 중점을 둘 것을 분명히 하는 것이었다. 1973년 5월 에어컨의 공급능력 부족 문제가 심각해졌을 때 에어컨 제조업체인 「금성사」가 주요 부품수입원인 GE로의 부품발주 기간이 최소 10개월 걸리므로 공급능력 배가가 불가하다고 밝힐 정도로 당시 전자부품 생산능력에는 문제가 있었다.[139] 공장건설계획은 경제기획원의 1974년 『경제백서』에도 게재되었다.[140] 경제기획원은 구미전자공업단지 관련 행정수속을 간소화하여 외국인투자가에 불편이 없도록 특전을 줄 계획이라고 밝혔다.[141] 그런데 상공부 산하 공업단지관리청의 생각은 1974년까지 150개, 1975~1976년 150개 기업을 입주시키는 것이었지만 경제기획원의 개입에 의해 이 계획은 1974년까지 138개, 1975~1976년 162개로 늦추어 조정되었다. 이는 상공부와 경제기획원의 일관된 시각 차이였다. 정부는 구미전자공업단지를 수출전자제품의 부품공급지로 만들고 1981년에는 총 1,087개 전자공장에서 43억 달러 상당의 전자제품을 생산하고 25억 달러를 수출할 계획을 세웠다.[142]

1973년 5월 당시 한국의 전자공업공장은 수도권을 중심으로 분산되어 있었다. 구로동 한국수출산업공단 제2단지 12만 평에 전자·기기·광학 업종이 유치되어 있었고 주안의 수출산업공단 제5단지 22만 7,000평에도 전자·광학·기기·가발 공장이 유치되어 있었다.[143] 정부는 이들 전자공업공장 지역이 이미 수용 포화 상태에 있어 새로운 구미기지를 적극 개발하고자 하였고 또 새 전자기지 건설을 통해 기존 공단이 갖고 있는 여러 문제를 해결하여 효율성을 높이고자 하였다.

구미공업단지의 성공적 건설을 위해서는 선수금 확보를 위한 성공적인 분양이 요구되었

139 〈매일경제신문〉(1973. 5. 23).
140 경제기획원(경백, 1974), p. 90.
141 大韓民國經濟企劃院(日本, 1973. 5), p. 43.
142 국무총리기획조정실(중오, 1973), p. 103.
143 대한준설공사(1973. 8), p. 78.

다. 이에 정부는 구미전자공업단지 투자유치를 위해 가능한 모든 수단을 동원한 다음의 홍보계획을 세웠다.

【구미전자공업단지 투자유치를 위한 홍보계획】

가. 투자유치활동 체계의 일원화

나. 해외공관 공보관, KOTRA 해외주재관의 조직적 활동

다. 해외 상공인단체의 적임자를 선정 투자상담역 활용

라. 현지출장 설명회 및 직접 개별 유치 상담

1. 국내외 투자유치 설명회
2. 개별 지역별 개최
3. 국내외 상공회의소 설명회
4. 각종 업종 단체회원 개별 접촉
5. 간행물, 선전물 배포
6. 미주 및 구주지역의 입주유망업체에 대한 개별 접촉

공업단지관리청(구전, 1973).

정부와 한국전자공업공단의 적극적인 투자유치 노력에 「금성사」는 1973년 7월 27일, 연말까지 국내 최대규모 부산전자제품공장을 구미로 이전하겠다고 밝혔고144 해외 특히 일본 기업도 구미전자공업단지에 관심을 보였다.

1973년 7월 24일 국무총리 주재 중화학공업추진위원회에서 대통령을 대신하여 국무총리는 건설부 및 중화학공업추진위원회기획단이 공업기지계획에 따른 1974년도 투자계획 및 예산소요 공장설비계획 연차별 투자계획을 수립하여 보고할 것을 지시하였다.145 7월 26일 박필수 상공부 공업단지관리청 차장은 구미공업단지 확장계획을 발표하면서 구미공업단지를 전자·섬유 등 종합공업단지로 개발하며 총 지정규모 318만 5,000평의 개발계획을 확정하였다고 밝혔다.146 정부는 구미공업단지에 입주하게 될 전자공업 부문 공장건설 대상 품목을 전자공업, 연관공업, 병설공업으로 나누어 총 109개 품목을 지정하였는데 10월 31일 공단관리청이 밝힌 지정품목은 〈표 11-20〉과 같다. 정부는 전자공업을 전자부품, 전자재료와 전자기기로 나누어 전자부품은 고정저항기 등 40개(동일), 전자재료는 영구자석 등 7개(동일), 전자기기는 일반라디오 등 38개 총 85개를 지정하였다. 이는 1973년 5월 24일 경제기획원대변인이 발표한 중화학공업건설계획에 세계적으로 확산되고 있는 전자시계 1개를 추가한 것이다. 또한 연관공업은 금속가공물이 규소강판 등 5개, 화공가공물이 땜납 등 2개, 기타 3개로 10개를 지정하였는데 이

144 〈조선일보〉(1973. 7. 28).

145 중화학공업추진위원회기획단장(제10차, 1973. 7. 26).

146 〈중앙일보〉(1973. 7. 27).

〈표 11-20〉 정부 지정 구미공업단지 입주 전자공업공장건설 대상 109개 품목

구분		대상 품목
전자공업(85개 품목)	전자부품(40개)	(1) 고정저항기 (2) 가변저항기 (3) 고정축전기 (4) 가변축전기 (5) 중간주파변성기 (6) 입출력주파변성기 (7) TV용편향코일 (8) 수신용전자관 (9) 계수표시관 (10) 흑백TV브라운관 (11) 트랜지스터 (12) 다이오드 (13) 집적회로 (14) 스피커 (15) 이어폰 (16) 송수화갑 (17) 스위치 (18) 릴레이 (19) 기억소플러그 및 잭 (20) TV튜너 (21) 인쇄회로기판 (22) 수정진동자 (23) 기억소자 (24) 건전지 (25) 안테나 (26) 자기헤드 (27) 페라이트코어 (28) 전자총 (29) 헤더 (30) 송신관 (31) 마이크로웨이브관 (32) 정류관 (33) 컬러TV브라운관 (34) 정류소자 (35) 서미스터 (36) 마이크로폰 (37) 픽업 (38) 소형 모터 (39) 커넥터 (40) 자기녹음테이프
	전자재료(7개)	(1) 영구자석 (2) 페라이트마그네트 (3) 절연지 (4) 실리콘적층판 (5) 티탄산바륨 (6) 플라스틱휠립 (7) 알루미늄박
	전자기기(38개)	(1) 일반라디오 (2) 자동차용라디오 (3) 흑백TV수상기 (4) 녹음기 (5) 전축 (6) 앰프 (7) 녹음테이프플레이어 (8) 레코드플레이어 (9) 스피커시스템 (10) 컬러TV수상기 (11) 보청기 (12) 녹화기 (13) 전자레인지 (14) 전자시계 (15) 전화기 (16) 자동전화교환기 (17) 수동전화교환기 (18) 간이교환전화장치 (19) 인터폰 (20) 전신장치 (21) 반송통신장치 (22) 방송장치 (23) 무선송신기 (24) 트랜시버 (25) 탁상용전자계산기 (26) 회로시험기 (27) 레이더장치 (28) X선장치 (29) 어군탐지기 (30) 초음파전자장치 (31) 중형전자계산기 (32) 고주파장치 (33) 의료용측정기장치 (34) 계수표시측정기 (35) 오시로스코프 (36) 회로소자측정기 (37) 신호발생기 (38) 자동제어장치
연관공업제품(10개 품목)	금속가공물	(1) 규소강판 (2) 황동봉·대 (3) 인(燐)청동판 (4) 알루미늄봉 · 대 (5) 금형재료
	화공가공물	(1) 땜납 (2) 브라운관유리벌브
	기타	(1) 땜납도금동선 (2) 강심동피복석도금선 (3) 특수코일
병설공업제품(14개 품목)	전기기기	(1) 마이크로모터 (2) 전원공급장치 (3) 용접기 (4) 스위치 (5) 전기고대(납땜용) (6) 미터류 (7) 전화기용발전기 (8) 배선 (9) 코일류
	정밀기기	(1) 사무용기계 (2) 정밀측정검사분석기기 (3) 정밀금형 (4) 정밀소형나사 (5) 공구류

자료: 〈매일경제신문〉(1973. 10. 31).

는 5월 발표에서 연관공업 부문 11개에서 자기소자(磁氣素子) 1개가 빠진 것이다. 따라서 전자공업과 연관공업 전체 지정품목 수는 95개로 동일하다. 다만 정부는 5월 발표에서 포함하지 않았던 병설공업을 구체적으로 지정하여 전기기기에 마이크로모터 등 9개, 정밀기기에 공구류 등 5개, 합계 14개 품목을 포함시켜 총 109개의 품목을 지정하였다.

이들 품목을 생산, 수출할 기업의 입주를 유도하기 위해 1973년 8월 24일 국무회의는 출입국관리사무소직제를 의결하여 마산수출자유지역과 함께 구미공업단지에 출입국관리사무소를 신설하였다.147 이어 정부는 "구미전자공업단지를 조성함과 동시에 제2전자공업기지를 마련하여 외국인투자를 우선적으로 유치하고 외국인과의 합작투자를 적극 추진하는 방향으로" 나아

147 〈매일경제신문〉(1973. 8. 24; 1973. 8. 25).

가고자 하였다.[148]

정부는 저렴한 비용의 건설과 함께 생산과 수출을 앞당기기 위해 구미공업단지를 1973년 8월 25일 건설부공고 제85호로 지방공업개발장려지구로 지정하였고, 이어 12월 1일 건설부공고 제115호로 「수출산업공업단지」 예정지로 지정하였으며, 1974년 4월 20일 한국전자공업공단을 「구미수출산업공단」으로 변경 인가하였다.[149] 이런 제도적 준비 위에 1974년 구미공업기지 입주업체의 조세감면을 7년으로 연장하는 등 다음과 같은 다양한 입주유인책을 광고하고 실시하였다.

1. 저렴하게 입지가격을 5년 분할 상환 허용
2. 전력, 용수, 통신 등 사회간접시설이 갖추어져 있고 저렴하게 공급됨.
3. 세제특혜
4. 국민투자기금 특별 배정
5. 인근 풍부하고 우수한 그러면서 저렴한 노동력 확보 가능조건 갖춤.
6. 행정기관이 상주하여 편리 도모
7. 산업활동을 지원하는 각종 서비스기관과 지원기관을 갖추어 놓음.
8. 쾌적한 자연환경과 조경 속에 다양한 편의시설 구비해 놓음.
9. 동사무소, 파출소, 소방서 등도 구비함.

구미시(구공40, 2010), p. 208.

1974년 1월 9일 상공부장관은 상공부공고 7608호로 전자공업진흥시행계획을 공고하고 이날부터 시행하였다. 전자공업진흥시행계획은 진흥목표의 하나로 전자공업기지 건설 촉진을 강조하고 진흥방안으로 구미전자공업단지 외 수출자유지역 및 기타 지역 내 전자공장 건설을 규제하여 구미기지로의 집중과 규모·범위의 경제를 추구하도록 하였다.[150] 정부는 구미전자공업기지의 진흥을 위하여 내국인투자와 동일 대우를 약속하는 등 외국인투자 유치에 계속 총력을 기울였고 이를 위해 외국인투자 세제특전을 〈표 11-21〉과 같이 제공하였다.

1974년 3월 28일 중화학공업추진위원회기획단 작성보고에 의하면 〈표 11-22〉에서 보듯이 중화학공업추진위원회는 구미기지에 건설할 총 공장 300개의 건설을 1974년까지 1973년 계획한 138개에서 84개로 하향하고 대신 1975년 이후 설립공장 수를 162개에서 216개로 늘려 공장건설 시기를 늦추었다.[151] 같은 날 3월 28일 장예준(張禮準) 상공부장관은 여전히 중화학공업 건설을 계획대로 추진할 것이라며 총규모 320만 평의 구미공업단지에 1976년까지 300개 전자공장을 건설하고 1981년까지 600개 전자공장을 건설하겠다는 장기계획까지 밝히고 있었지만

148 국무총리기획조정실(중오, 1973), p. 96.
149 〈관보〉(1973. 8. 29), 제6538호; 구미수출산업공단(업무, 1986. 9), p. 2; 창원기계공업공단(창기계발, 1989), p. 38.
150 〈관보〉(1974. 1. 10), 제6645호.
151 중화학공업추진위원회기획단(한기공, 1974. 3. 28).

〈표 11-21〉 구미공업단지 외국인투자에 대한 세제특전(외자도입법)

항목	내용
1. 소득세, 법인세, 재산세, 취득세	최초 5개년 전액 면제 다음 3년간 50% 감면
2. 영업세	수출분에 대하여 전액 면제
3. 이익배당금, 잉여금의 배당금	최초 5년간 전액 면제 다음 3년간 50% 감면
4. 외국인 종사자의 근로소득세	전액 면제
5. 이익배당금 송금 원금 송금	영업 초년도부터 해외 송금 보장 영업개시 2년 후부터 해외 송금 보장
6. 자본재, 원자재	관세, 물품세, 직물류세 전액 면제

자료: 국무총리기획조정실(중오, 1973), p. 102.

〈표 11-22〉 구미전자공업단지 조성계획 및 공장건설계획(1974. 3)

구분	연차	규모 및 공장 수
단지조성계획	총 조성규모	1,874천 평
	1차 (연도) 조성규모	259천 평
	2차 (연도) 조성규모	210천 평
	3차 (연도) 조성규모	1,405천 평
공장건설계획	총 공장건설계획	300개
	1974년도 계획	84개
	1975년도 이후	216개

자료: 중화학공업추진위원회기획단(한기공, 1974. 3. 28).

석유파동의 충격을 받게 된 것이다. 당장 국내외 기업들이 구미공업기지 입주를 포기하고 있었다.

결국 석유파동에 대응하기 위해서 투자유치를 위한 보다 적극적인 대책이 모색되었다. 1974년 5월 15일 공업단지관리청장실에서 건설부주택도시국장, 재무부세제국장, 재무부상역국장, 체신부전무국장, 노동청직업훈련국장이 참석한 구미공업단지 입주 촉진 대책회의가 열렸다.[152] 6월 27일 정부는 구미공업단지 발전책을 발표하였는데 여기에서 입주 촉진을 위해 입주기업체에게, (1) 현지관리소장 허가 하에 직접 원자재 수입 허가, (2) 전자공업 외국인투자 비율 100%까지 인정, (3) 국민투자기금 지원을 할 것이라고 발표하였다.[153] 국민투자기금 지

152 공업단지관리청장(구입, 1974. 5. 14).

원액은 국민투자기금 계획액 20억 원 중 구미공단 입주업체에 배정된 10억 원으로 업체당 공장건설자금 100만 원씩 지급되었다.[154] 세제혜택에 더하여 외국인 전액투자 허용, 금지 또는 제한된 시설재 및 원자재 도입 허용, 그리고 금융 혜택까지 부여한 것이다.[155] 외국인투자에 따른 세제혜택 외에 구미공업단지가 1973년 지방공업개발장려지구로 지정됨으로써 입주기업들은 연 20% 특별감가상각을 포함한[156] 다음의 세제지원을 받았다.

【지방공업개발장려지구 입주기업 세제지원】

1. 소득세 또는 법인세: 최초 3년간 전액 면제 향후 2년간 50% 감면
2. 재산세: 5년간 면세
3. 취득세: 2년(대도시로부터 이주 경우 5년)간 면세
4. 등록세: 2년 내 1회 면세

국무총리기획조정실(중건6, 1978. 11), pp. 243~244.

정부의 이러한 투자유치, 입주유인 정책은 일부 효력을 나타내었다. 석유파동으로 입주를 기피하는 가운데에도 1974년 일부 기업들이 전자공업과 전자공업단지 입주에 대한 정책적 유인, 기회를 이용하고자 전자공업 업종을 추가하고 구미기지 입주신청서를 제출하였다. 이러한 움직임에 대응하여 공업단지관리청은 1974년 6월 29일자로 상공부장관에게 수출산업공업단지 입주기업체의 지원육성을 위하여 불가피하다고 인정될 때에는 예외적으로 전자공업 추가를 허용해 주도록 "지침" 시달을 요청하였고, 이에 상공부장관은 공업단지관리청장에게 "구미단지 내 건설원칙 가호" 말미에 "기존 시설보유자가 동 시설을 전자공장으로 활용하고자 하는 경우"를 추가하여 운용하도록 회보하였다.[157] 건설원칙 가호(예외 규정)는 "기존 공장의 부지 내에 공장확장을 하거나 계열기업의 공장을 유치 건설하는 경우"이었다. 1974년 8월 9일 베크라이트동장회로기판(銅張回路基板)을 국산화로 대체하여 생산하던 「신성(新星)기업」이 서울공장을 구미기지로 옮겨 기공식을 가지는 등[158] 이전확장 입주도 이루어졌다.

1975년 1월 대통령비서실은 187만 평 구미전자공업단지에 1977년 말까지 계획대로 300개 업체가 모두 입주하여 정상가동하게 되면, 대부분 수입에 의존하던 기초소재도 이곳에서 생산하게 되어 수입대체가 가능하고 이곳에서만 연간 4억 달러 이상의 수출이 실현될 것이며, 따라서 1976년부터는 구미기지가 소재공급기지로서는 물론이며 전자제품 수출기지로서 커다란 역할을 하게 될 것이라고 밝혔다.[159] 입주계획은 1년 순연되고 있었다. 공단은 1975년 무역거

153 한국기계공업진흥회(한기진20, 1989), p. 781.
154 구미시(구공40, 2010), pp. 341~342.
155 김광모 전 중화학공업추진위원회기획단 부단장(김중전, 2004. 9. 23).
156 〈매일경제신문〉(1973. 7. 28).
157 상공부장관(수산, 1974. 7. 18).
158 〈매일경제신문〉(1974. 8. 12).

래법에 따라 상공부로부터 수출입 허가를 취득하여 수출입허가증이 없는 입주업체들의 수출입 업무를 대행하여 주었다. 1975년 6월 27일 공업단지관리청장은 공업단지관리청공고 제22호로 수출산업공업단지 입주 전자업체의 시제품 및 시제품제작용 원자재와 제품생산용 원료·기재의 수입인정 요령을 공고하였다.[160] 1975년 6월 30일 상공부는 국회 보고를 통해 전자단지 187만 4,000평 중 가용면적 분양면적은 146만 5,000평에 달한다고 보고하였다.[161]

1976년 4월 16일 제44차 중화학공업추진 차관보급실무회의는 구미단지의 입주유치를 높이기 위해 31개 전략부품과 대규모 전자제품공장은 원칙적으로 구미전자공업단지에만 입주해야 한다는 방침을 결정하였다.[162] 1976년 11월 정부는 4차 경제개발5개년계획을 수립하면서 전자공업 부문에서 57개 중점육성품목을 밝히고 구미 인동지역 컴퓨터 관련 단지 입주업체에 시설비의 30%, 연구개발비의 70%를 지원하겠다고 밝혔다. 1976년 6월 말부터 7월에 걸쳐 한국정밀기기센터가 주선하여 이춘화 이사장 단장, 박승도 구미수출산업공단이사장 부단장의 20여 명 전자공업투자유치단이 미국, 독일, 프랑스, 일본 등을 방문하였다.[163] 1976년 구미공업단지는 비전자부문을 포함하여 56개 기업의 입주를 추진하였다.[164]

1976년 대통령 결재를 받은 2단지 계획은 〈표 11-23〉과 같았다. 2단지는 2억 달러를 투자하여 60만 9,000평 공장지역에 28개 기본공장 및 관련 공장을 입주시키고 단순히 공장시설 제공만이 아니라 기술의 일괄도입과 연구개발, 기술자 공급의 역할까지 맡도록 계획되었다. 또한 컴퓨터 및 컴퓨터 단말장치공장만이 아니라 컴퓨터 주변장치공장들도 유치하고자 하였는데 이는 중앙처리장치(CPU)를 제외한 보조기억장치, 입출력장치, 단말장치, 데이터작성장치, 매체변환장치 및 전송용장치의 컴퓨터 주변장치가 전자계산기 가격의 70%를 차지할 정도로 중요성을 가지고 있었기 때문이다.[165] 이들 관련 공장들은 1977년 4월 22일 2단지가 산업기지개발구역으로 지정됨에 따라 관세 90% 면제를 받게 되었다.[166]

1977년 5월 6일 제58차 중화학공업추진 차관보급실무회의가 중화학공업추진위원회 회의실에서 열려 구미공업기지 현황을 보고 받고 구미기지 건의사항을 처리하였다. 중화학공업추진 차관보급실무회의는, (1) 반도체단지 조성비 부담(30%)을 위해 상공부가 입주업체를 조속히 선정하고, (2) 미착공업체 건설자금 지원을 위해 상공부에서 관계 기관과 협의하며, (3) 종업원 아파트 건설을 건설부에서 적극 추진하기로 하였다.[167] 구미공업기지가 추진되면서 1977년 5

159 대통령비서실(한경, 1975), p. 85.
160 〈관보〉(1975. 7. 2), 제7087호.
161 대한민국국회사무처(제93, 1975. 6. 30), 상공 제1차, p. 15.
162 중화학공업추진위원회기획단장(제44차, 1976. 4. 23).
163 성의경 전 전자신문 편집국장 증언(증산, 2011), pp. 466~481.
164 경상북도(지개, 1976).
165 국무총리기획조정실(중건3, 1975. 10), p. 145.
166 국무총리기획조정실(중건6, 1978. 11), pp. 243~244.
167 중화학공업추진위원회기획단(제58차, 1977. 5. 7).

〈표 11-23〉 반도체 및 컴퓨터 관련 산업단지(2단지) 계획(1976)

<table>
<tr><th>구분</th><th colspan="3">계획 개념도 내용</th></tr>
<tr><td rowspan="6">구성</td><td rowspan="2">연구실</td><td colspan="2">반도체공장</td></tr>
<tr><td colspan="2">반도체 및 컴퓨터 관련 공장</td></tr>
<tr><td rowspan="2">Mask공장</td><td colspan="2">컴퓨터공장</td></tr>
<tr><td colspan="2">컴퓨터 주변장치공장</td></tr>
<tr><td rowspan="2">유틸리티</td><td colspan="2">컴퓨터 단말장치공장</td></tr>
<tr><td colspan="2">산소, 질소, 수소, 순수(純水), 발전</td></tr>
<tr><td rowspan="4">추가역할</td><td colspan="3">기술의 일괄 도입</td></tr>
<tr><td colspan="3">국내 연구개발 지도</td></tr>
<tr><td colspan="3">기술자 훈련 및 정보제공</td></tr>
<tr><td colspan="3">외국 기술자 초빙</td></tr>
<tr><td rowspan="4">계획내용</td><td>용지</td><td colspan="2">60만 평</td></tr>
<tr><td>장소</td><td colspan="2">구미전자기지</td></tr>
<tr><td>공장 수</td><td colspan="2">28개 기본공장 및 관련 공장</td></tr>
<tr><td>투자금액</td><td colspan="2">2억 달러</td></tr>
<tr><td rowspan="6">구성</td><td rowspan="5">공장지역</td><td>연구소</td><td>30,000평</td></tr>
<tr><td>공장</td><td>500,000평</td></tr>
<tr><td>도로</td><td>45,000평</td></tr>
<tr><td>녹지</td><td>34,000평</td></tr>
<tr><td>합계</td><td>609,000평</td></tr>
<tr><td>주거지역</td><td colspan="2">택지 189,000평 등 총 212,000평</td></tr>
</table>

자료: 상공부(구전6대통령결재보고문서, 1976. 12).

월 말레이시아 주택촌락개발성장관이 방문할 정도로168 해외에도 알려지고 있었다.

구미공업단지는 지방공업개발장려지구이며 동시에 수출산업공업단지로 지정되어 있었으므로 수출산업개발조성법 제16조의 규정에 의하여 입주가 가능한 업종이라도 지방공업개발법 제6조 및 동법 시행령 제11조 제2항 제1호 및 제7조 제1항 제1호 규정에 의한 입지지정업종이 아닌 경우 입주가 불가능하였다. 1976년 8월 4일 경상북도지사가 내무부장관을 경유하여 건설부장관에게 기존 9개 개발할 공업의 업종에서 농화학공업과 이와 관련된 공업 등 2개 업종을 추가하는 구미지방공업개발장려지구 기본계획 변경 승인 요청을 공해방지계획을 포함하여 제출하였다.169 이때 건설부장관은 재무부장관의 업종 추가변경에 대하여 이의 없다는 의견회신

168 공보처 홍보국(말주, 1977. 5. 17).

을 받았음에도[170] 10월 11일 경상북도지사에게 보낸 회신에서 "전자단지에는 타 업종 추가 입주가 불가능하며" 일반단지에만 가능하나 이미 일반단지에는 분양 완료되어 잔여면적이 없으므로 업종 추가가 불가하다고 밝혔다.[171] 1977년 4월 건설부장관은 지방공업개발법 제4조 제1항 규정에 의거, 개발공업업종을 전자공업·전기기기공업 포함 11개 업종에서 12개 업종으로 변경하는 구미지방공업개발장려지구 기본계획 변경을, 전자 외 1개 추가 업종은 일반단지에 한하여 입주한다는 조건으로 승인하였다.[172]

정부는 구미전자공업단지에는 어떠한 경우에도 전자공업과 관련이 없는 타 업종 추가 입주가 불가능한 원칙을 가지고 있었다. 정밀고무부품을 생산하는 「태성고무화학」이 1977년 7월 "전자공업 분야의 고무부품 전문화에 특색이 있으며 이 분야의 제조업체로서는 국내 최대의 기업체가 될 것"이라고 밝히고 전자단지에 공장입지 지정 신청서를 냈듯이,[173] 전자공업과 관련 있는 기업들의 입주는 가능하였다. 또한 「신흥목재산업」이 전자기기부품 및 목형상자 제조 품목으로 지정 제114호 전자단지 입지 지정을 받은 예에서 보듯이 복합업종도 가능하였다.[174]

이러한 타 업종 전자단지 추가 입주 불가의 원칙은 구미수출산업공단의 수차례 완화건의에도 불구하고 1980년 7월까지 유지되었다. 1980년 7월 15일 상공부장관은 상공부공고 제79-27호 구미공업단지 제2단지 입주선정 요령 개정을 승인하고 상공부공고 제80-78호로 "입주업체의 가동에 지장을 주지 않는 업종으로서 관리공단이 선정한 업체"가 입주 가능하도록 입주업종을 확대하였다.[175]

1977년 12월 9일 중화학공업추진 차관보급실무회의 제65차 회의는 다음과 같이 구미공업기지 확장단지 입주지정 요령에 대해 논의하였다.

1. 상공부에서 구미공업기지 확장단지(반도체 및 컴퓨터 단지)의 조속한 조성과 입주 촉진을 위하여 다음과 같이 입주지정 요령을 보고하였음.

구분	내용
단지규모	총 610,760평 조성 328,860평, 보류 262,030평, 녹지 19,870평
입주 대상 업종	반도체 및 컴퓨터 연관기기 전자공업 중점육성품목 및 동 관련 제품
지정절차	신청(구미관리소) → 검토(상공부) → 협의(기획단) → 입주지정(구미관리소) → 대지분양계약(구미수출공단)

169 경상북도지사 김수학(1976); 경상북도(지개, 1976).
170 재무부장관(구미2, 1976. 9. 18).
171 건설부장관(구지지, 1976. 10. 11).
172 건설부장관(구지획, 1977. 4. 28).
173 태성고무화학주식회사(1977. 7).
174 신흥목재산업주식회사 대표이사(1977. 6. 28).
175 〈관보〉(1980. 7. 15), 제8595호.

2. 구미기지 확장단지는 간선도로만 건설하고 정지는 하지 않은 상태에서 분양하여 입주자가 설치 공사에 대한 설계를 완료한 후 필요한 대로 정하도록 하되 (가) 정지는 입주자가 직접 하거나 산업기지개발공사에 위탁한다. (나) 간선도로까지 정부지원공사(전기, 수도, 전화 등)를 해 주며 관계 그림부처에서 이에 대한 건설계획을 작성하여 차기회의에 보고한다.
3. 입주희망자의 편의를 위하여 신청접수처는 구미관리소 및 상공부(공업단지국)로 함.
4. 전자공업을 앞으로의 수출전략산업으로 육성하여 부품의 국산화 및 고도 정밀전자제품의 생산을 촉진할 수 있는 적극적 지원책을 강구하기로 함.

중화학공업추진위원회기획단장(제65차, 1977. 12. 16).

중화학공업추진 차관보급실무회의는 입주신청 및 정지공사 등을 최대한 입주자 편의와 요구에 맞추도록 하고 간선도로까지 정부지원공사(전기, 수도, 전화 등)를 해 주도록 하였다. 또한 입주신청은 신청(구미관리소) → 검토(상공부) → 협의(기획단) → 입주지정(구미관리소) → 대지분양계약(구미수출산업공단)으로 하도록 하였다. 이외에 이날 협의된 확장단지 입주지정 요령은 다음과 같았다.

1. B, C단지에 일반전자 관련 업종도 입주 가능.
2. 입주지정은 상공부 구미관리소장이 함.
3. 1978년은 전자부품 육성의 해이므로 1978년에는 단지조성비 및 공장건설비의 70%는 국투기금으로 집중지원함을 홍보할 것.
4. 1978년에 주거지 용지매수를 실시할 것.
5. 공단은 차기 회의시 수도, 전화 및 전력시설계획을 보고할 것.
6. 공단은 산공과 협의하여 토지분양계획을 수립할 것.

산업기지개발공사 공업단지부(제65, 1977. 12).

2단지는 반도체 및 컴퓨터 단지로 개발되고 있었지만 B, C단지에는 일반 전자업종도 입주 가능하도록 하였다. 제2단지로 명명된 구미공업기지 확장단지는 기본계획에서 유치업종을 전자, 통신 부문과 연구소 및 교육훈련기관으로 크게 분류하여 6개 업종으로 구분하고 이에 따라 단지를 A, B, C단지로 구분하였다. 상공부는 공장대지 분양 시 시설녹지도 동시에 분양하기로 하였다.[176] 입주지정은 수출산업공업단지개발조성법에 의거 상공부 구미관리소장이 하게 되었다.

1977년 12월 22일 상공부장관은 상공부공고 제77-180호로 구미공업기지 확장단지(2단지) 입주지정 요령을 〈표 11-24〉와 같이 공고하였다. 1단지는 1977년 10월 31일 대지분양을 완료한 상태이었다. 입주신청자는 제반 신청서를 상공부 구미공업단지관리소 혹은 상공부에 제출

176 상공부(구기, 1977. 12).

〈표 11-24〉 상공부공고 제77-180호: 구미공업기지 확장단지 입주지정 요령

구분	지정 요령
단지구분	1. 구미공업기지 내 기존 단지는 제1단지, 확장단지는 제2단지로 함.
입주 대상	1. 전자공업 부문 중점육성 대상 품목 생산 지정업체(상공부공고 제77-93호에 의거) 2. 일반전자 관련 품목 생산업체, 다만 전자제품조립만 하는 업체는 제외 3. 공공기관(연구소, 학교 등) 4. 전자공업 육성을 위해 특히 필요한 업종
공장배치계획	1. A지구: 공공기관, 반도체 및 컴퓨터 연관기기 2. B, C지구: 전자공업 중점육성품목 및 전자 관련
입주지정	상공부 구미공업단지관리소 혹은 상공부에 제출 1. 신청서 2. 사업계획서 3. 대지소요내역서 및 공장건설계획서 4. 공장입지도 등 참고자료
대지분양 및 선수금	1. 입주지정일로부터 30일 이내에 구미수출산업공단과 대지분양 계약을 체결해야 함. 2. 계약 체결 시 대지대금의 30%를 선수금으로 납부해야 함.
단지조성	1. 산업기지개발공사는 기본적인 조성공사를 하고 구미수출산업공단은 입주업체에 분양 2. 입주업체는 공장용지를 직접 조성하거나 산업기지개발공사에 위탁 조성할 수 있음.
입주업체 지원	다음 지원을 받을 수 있다. 1. 대지매입비의 70%를 국민투자기금에서 융자 2. 대지조성비의 70%를 국민투자기금에서 융자 3. 공장건설자금의 우선 융자

자료: 〈관보〉(1977. 12. 22), 제7832호.

하고 입주지정일로부터 30일 이내에 대지대금의 30%를 선수금으로 납부, 구미수출산업공단과 대지분양계약을 체결하도록 하였다. 입주업체는 분양받은 대지를 직접 조성할 수도 있었고 기간도로, 하수도 등 기본시설을 건설할 산업기지개발공사에 위탁, 조성할 수도 있었다.

1978년 3월 17일 제69차 중화학공업추진 차관보급실무회의에서 구미수출산업공단이 구미기지 제2단지 분양계획을 보고하였다. 분양방법은 필지별로 분양하기로 하였으며 자연보존지가 월등히 많은 부분(B-5, C-1)에 대하여는 자연보존지가 적은 입주업체(A지구)가 매수하여 구미공고에 기부하는 방법을 채택하기로 하였다. 제2단지를 산업기지개발공사가 조성해서 분양할지 그냥 분양할지는 입주업체 희망을 종합하여 결정하기로 하였다.177

구미전자공업단지에의 입주자격은 "국내인 기업체 및 외국인과의 합작기업체로 수출전망이 확실한 전자기기 및 전자부품과 그 관련 공업체"로 다른 중화학공업기지와 마찬가지로 (1) 공장건설 총 소요자금 중 30% 이상 자기자금 부담, (2) 외국인과 합작투자 시 국내인 투자비율은 50% 이상, (3) 당해 사업에 관한 법령의 규정에 의한 허가, 인가 또는 등록을 받았거나 받을 수 있는 자격이 있는 자, (4) 건폐율이 원칙적으로 30% 이상이어야 하였다.178

177 중화학공업추진위원회기획단장(제69차, 1978. 3. 31).

〈표 11-25〉 직할공단 구미공업기지 입주절차, 관련 기관, 관련 내용(1978년 7월 말 현재)

		1단지	2단지
명칭		공업개발장려지구	공업개발장려지구, 산업기지개발구역
대상 업종		제한 없음	반도체, 컴퓨터, 전자부품
관리기관		구미수출산업공단	구미수출산업공단
신청기관		구미수출산업공단	상공부(구미관리소)
입주 선정	기관	구미수출산업공단	상공부
	처리기간	7일	25일
	입주협의	-	주무국, 중화학공업추진위원회
입주 계약	기관	구미수출산업공단	구미수출산업공단
	처리기간	30일	30일
분양 조건	분양가격	16,000원/평	14,500원/평(잠정)
	선수금(청약금)	입주 청약 시 30%	입주 계약 시 30%
	분할대금 납부방법	5년 분할상환	5년 분할상환

자료: 국무총리기획조정실(중건6, 1978. 11), pp. 243~244.

입주결정 절차는 다음과 같았다. 첫째, 희망기업체가 입주신청서를 신청기관에 내면, 둘째 선정기관이 일정 기간 동안(1단지는 7일 이내에, 2단지는 25일 이내) 주무국과 협의를 거쳐 이를 선정하고, 셋째 선정된 기업은 입주계약을 담당하는 기관인 공단과 30일 이내에 계약을 체결함으로써 입주가 결정된다.[179] 구미수출산업공단 입주계약규정에 의하면, 공단은 공장배치계획에 의거 당해 입주기업체와 상호 협의 하에 분양대지(위치 및 면적)를 선정하는데 공단은 특별한 사유가 없는 한 청약순서에 따르도록 되어 있었다. 구미공단 입주절차, 관련 기관, 관련 내용을 정리하면 〈표 11-25〉와 같다.

기업들이 입지 지정을 받기 위해서는 공장입지지정신청서 및 공장건설계획을 제출하여야 하였다. 공장건설계획은 공개되었다.[180] 입지 지정 신청에 제출할 서류는, ① 사업계획서, ② 추정대차대조표, ③ 기타 참고 및 증빙서류이었으며, 대지매매계약 체결 시 제출서류는, ① 대지분양신청서, ② 대지사용계획서, ③ 공장설계도, ④ 연차별 건설계획도, ⑤ 법인등기부등본, ⑥ 매입대지보증금불입, ⑦ 1차 연도 납입금 불입확인서 등이었다.[181] 보다 구체적으로 보면 공장입지 지정 신청 시 기업은 사업목적, 자본금, 생산품목, 공장용지 위치·면적을 밝히고 공장건설계획에 소요자금·재원, 건설공정표, 생산 관련 내용(생산시기·생산능력), 기존 동종업체와

178 한국공단연구소(총람, 1980. 3), pp. 154~157; 국무총리기획조정실(중건6, 1978. 11), p. 243.
179 국무총리기획조정실(중건6, 1978. 11), p. 242.
180 경상북도 건설도시국 지역계획과(공입, 1976).
181 한국공단연구소(총람, 1980. 3), pp. 154~157.

의 관련성을 포함한 공정개요, 수송계획, 고용계획, 용수·동력계획을 포함하도록 하였다.[182] 이 과정에서 검증도 이루어졌는데 경상북도는 공장입지 신청에 대해 수송계획의 산출기초를 제시하고 공해처리 방법 중 배출물은 구체적인 배출량을 표시하며 조경계획은 건축법 규정에 의한 식수계획을 첨부하도록 하였다.[183]

경상북도지사가 구미공업단지 개발장려지구 내 공장입지 지정 신청에 대해 지정하고 교부한 지정서를 보면 공장 착수와 공장 준공 시기를 명기하고 있고 또 지정기일 안에 공사를 착수하지 아니한 때, 제출한 건설공정표와 연도별 건축계획에 정한 공정에 공장건설이 현저히 미달될 때 등 제출사항을 위반할 시에는 지정을 해제한다는 조건을 분명히 정하고 있었다.[184] 경상북도가 공장입지 지정을 한 기준은 개발할 공업의 업종과 그 계열화 공장입지 단위 및 생산규모, 유휴노동력의 고용도, 산업구조 개선의 기여도, 타인자본 의존도 및 기존 공업과의 경합도 등이었고 또한 제출서류에 차관이자 등 차관조건, 투자비율 등 합작 또는 단독투자 조건을 기록하도록 하여 지정 시 이를 고려하였다.[185] 실제로 1977년 경상북도가 전자회사에 보낸 '구미지방공업개발장려지구 내 공장입지 지정 신청서 검토 결과 통보'를 보면 "타인 의존도가 56.5%로 과대하여 지방공업개발법시행령 제11조 제2항 제4호의 규정에 의한 기준에 부적격되므로 서류를 반려합니다"라고[186] 되어 있는 등 지정기준은 중시되었고 결정 요소로 작용하였다. 또한 입주희망자는 입주계약을 체결할 때 오수처리장, 매연 등 공해방지시설, 가로수, 식수, 가로등 및 울타리 설치에 대한 경비 부담과 입주 후 공단 내 타 업체에서 근로자를 선발하지 않겠다는 것 등을 내용으로 하는 각서도 제출해야 하였다.[187]

분양방법은 5년 연부제이며 연도별 평당 분양가는 1972년 3,000원, 1973년 3,000~4,500원, 1974년 6,600~7,200원, 1975년 8,100원, 1976년 9,000원, 1977년 11,000원 그리고 1978년 16,000원, 1979년 1단지 25,000원 2단지 20,500원으로 매년 상향되었다. 구미기지의 분양가는 인상되고 있었지만 추가 공급지가 부족해 1980년이 되면 부지를 2~3만 원 주고도 구할 수 없는 상황이었고 상가지역도 초기 평당 3,000원에서 1980년에는 평당 10만 원을 호가하였다.[188] 그러나 상공부 공업단지국이 조사한 당시 중화학공업기지 공업용지 분양가나[189] 〈표 11-26〉에서 보듯이 1979년 당시 분양되고 있던 창원, 반월, 한국공단의 분양가와 비교해 보면 구미기지의 분양가는 여전히 다른 지역에 비해 낮았다.

1978년 4월 19일 김동규(金東圭) 상공부기업차관보는 공업용지 원단위를 확정하여 밝히면

182 태성고무화학주식회사(1977. 7).
183 경상북도(구공06, 1976. 9. 22).
184 경상북도지사(구공입, 1976. 8. 23); 경상북도(구공0210, 1977. 2. 10).
185 경상북도지사(구공입, 1976. 8. 23).
186 경상북도(구공00, 1977. 2. 2).
187 국무총리기획조정실(중건6, 1978. 11), p. 241.
188 한국공단연구소(총람, 1980), pp. 154~157.
189 국무총리기획조정실(중건6, 1978. 11), p. 261.

〈표 11-26〉 제2단지 조성시기의 주요 공단 공장용지 분양가격 (단위: 평당 원)

		1973	1974	1975	1976	1977	1978	1979	1980
구미공단	1단지	3,000~4,500	6,600~7,260	8,100	9,000	11,000	16,000	25,000	완료
	2단지							20,500	28,000
창원공단	1단지		8,100	9,100	9,700	완료			
	원암					20,000	31,200	31,200	31,200
	안민					20,000	31,200	31,200	31,200
	2단지						31,200	31,200	31,200
한국공단		13,500	18,300	18,300	26,300	완료			
반월공단							30,400	35,813	61,578

자료: 구미시(구공40, 2010), p. 237.

서 과다점유분은 환수할 방침이라고 발표하였다. 상공부는 적정 공급규모를 중화학공업기지는 330만 평으로 하고 수도권에 위치한 기존 전자공장은 구미지구로 재배치할 계획이라고 밝혔다.[190] 1978년 7월 27일 입주기업의 민원처리를 공단에서 시로 이양하였다.[191]

1978년 8월 4일 상공부장관은 상공부공고 제78-99호로 상공부공고 제77-180호 구미공업기지 제2단지 입주지정 요령 개정을 공고하였는데, 개정내용은 심사강화를 위해 신청서, 사업계획서, 대지소요 내역 및 공장건설계획서, 공장입지도 등 참고서류를 상공부장관에게 제출하도록 한 것이다.[192] 그러나 1979년 3월 12일 상공부장관은 다시 상공부공고 제79-27호로 상공부공고 제78-99호를 개정하는 구미공업기지확장단지 입주선정 요령을 개정 공고하였다. 개정내용은, (1) 신청 시 참고서류를 구미수출산업공단이사장에게 제출하고 구미수출산업공단이사장은 입주 선정 시 상공부장관과 협의한다는 조항을 삽입하고, (2) 입주 선정 시 수출업체에 우선권을 부여하여야 한다는 조항을 신설하며, (3) 입주계약체결을 입주 선정일로부터 3개월 이내로 구미수출산업공단과 하도록 하였다.[193] 협의 조항은 있지만 참고서류를 구미수출산업공단이사장에게 제출(입주 선정)하도록 하여 상공부의 권한을 이양하고 더구나 30일 이내 계약체결에서 3개월 이내로 바꾸어 기업 편리를 도모하였으며 수출업체 우선권으로 수출을 강조한 것이다.

1978년 11월 구미공업기지의 1978 · 1979년 사업계획 및 목표를 정리하면 〈표 11-27〉과 같다. 구미전자단지의 1979년 수출목표는 3억 1,000만 달러이었다.

190 〈매일경제신문〉(1978. 4. 19; 1978. 4. 20).
191 구미시(구공40, 2010), p. 1048.
192 〈관보〉(1978. 8. 5), 제8018호.
193 〈관보〉(1979. 3. 13), 제8196호.

〈표 11-27〉 1978~1979년 구미공업기지 주요 사업계획 및 목표(1978년 말)

목표	구분	1978	1979년 신규 사업 계획
수출	전자	190,000천 달러	310,000천 달러
	일반	210,000천 달러	240,000천 달러
대지분양	전자	300천 평	189평
	일반	–	–
입주	전자	30개사	10개사
	일반	3개사	–
가동	전자	14개사	15개사
	일반	6개사	10개사

자료: 중화학공업추진위원회기획단(중화추현, 1979. 1), pp. 210~213.

〈표 11-28〉 구미제1전자단지 1981년 계획과 목표 (단위: 백만 달러, 명)

업종별		투자액	고용	생산	수출	내수
전자	기기	48	19,650	311	257	54
	부품	24	18,900	155	153	2
	재료	84	1,425	21	7	14
	합계	156	39,975	487	417	70
기타		344	35,025	513	383	130
합계		500	75,000	1,000	800	200
기대효과		1. 전자부품 공급원의 집중화				
		2. 기술정보의 상호 교환				
		3. 단지화로 인한 원가절하(수출의 편리, 행정관리의 일원화)				

자료: 중화학공업추진위원회기획단(중화추현, 1980. 1).

1979년 말 구미제1전자단지의 전자부문 계획과 목표는 〈표 11-28〉과 같다. 제1전자단지 1981년 목표는 1억 5,600만 달러를 투자하여 39,975명을 고용하고 4억 8,700만 달러를 생산하여 4억 1,700만 달러를 수출하는 것이었다. 동시에 정부는 주요 가전제품의 생산능력 증대 외에 전자공업의 핵심부문인 반도체와 컴퓨터산업 육성을 위하여 구미제2전자공업단지 내에 5개 반도체공장 및 6개 컴퓨터공장의 건설을 추진하였는데[194] 1975년 말, 1978년 말, 1979년 말 구미전자공업단지 단지별 투자계획과 목표를 전부 정리하면 〈표 11-29〉와 같다.

194 경제기획원(경백, 1980), pp. 216~217.

〈표 11-29〉 구미전자공업단지 투자계획과 목표(사업개요)

자료	지역	규모(면적)	건설기간	투자금액	입주, 생산, 수출
대통령비서실 발표(1975. 1)	1단지 전자단지	187만 평	–	–	1977년 말까지 300개 업체 입주/ 1978년 이후 연간 수출 4억 달러
중화학공업추진 위원회기획단 발표(1979. 1)	1단지 전자단지	187.4만 평	1971. 11~ 1973. 10	5억 달러	1981년 생산 10억 달러 수출 8억 달러
	2단지	단지조성면적 63만 평	1977. 7~ 1979. 6	2억 달러	28개 기본공장 및 관련 공장
중화학공업추진 위원회기획단 발표(1980. 1)	2단지	산업기지개발구역 120만 평 (공업지역 58만 평)	–	2억 달러	반도체 및 컴퓨터 관련 산업 육성/ 28개 기본공장 및 관련 공장

주: 1단지에는 전자단지 외에 일반단지 127.8만 평 있음.
자료: 대통령비서실(한경, 1975); 중화학공업추진위원회기획단(중화추현, 1979. 1); 건설부장관(건고245, 1979. 7. 6); 중화학공업추진위원회기획단(중화추현, 1980. 1).

Ⅳ. 대내외 환경변화와 계획 조정

박대통령 사후 1980년대 들어 석유파동의 영향과 중화학공업정책에 대한 비판이 고조되면서 중화학공업기지 건설사업 연기 움직임이 커졌다. 1980년 1월 31일 건설부장관은 건설부고시 제245호(1979. 7. 6)로 고시한 구미공업기지 확장단지(2단지) 부지조성을 위한 산업기지개발사업 실시계획 변경을 건설부고시 제33호로 다음과 같이 고시하였다.

【구미기지 제2전자단지(인동단지)의 실시계획 변경 고시】

1. 총면적
   - (1) 조성총면적: 확장단지 698,592평에서 704,273평으로 확대하고 이주단지 21,193평에서 15,158평으로 축소하여 총면적 719,785평에서 719,431평으로 변경
   - (2) 공장부지는 493,827평에서 488,684평으로 축소
   - (3) 연구소부지 53,320평에서 64,362평으로 확대
   - (4) 공공용지 59,845평에서 65,526평으로 확대
   - (5) 나머지 학교부지와 차단녹지는 감소
2. 시행기간
   - (1) 확장단지: 변동 없음
   - (2) 이주단지: 1979년 12월 31일까지에서 1980년 6월 30일까지로 변경

〈관보〉(1980. 2. 5), 제8462호.

1980년 9월 9일 다시 건설부장관은 구미공업기지 확장단지(2단지) 부지조성을 위한 산업기지개발사업 실시계획 변경을 산업기지개발촉진법 제8조에 의해 변경 승인하고 건설부고시 제274호로 고시하였다. 변경내용은 면적과 공사개요에서 변경이 없지만 사업시행 기간을 다시 다음과 같이 연기한 것이다.

확장단지 1977년 7월~1980년 12월 31일 → 1977년 7월~1981년 12월 31일
이주단지 1978년 5월~1980년 6월 30일 → 1978년 5월~1980년 12월 31일

〈관보〉(1980. 9. 12), 제8643호.

1980년 11월 11일 건설부장관은 건설부고시 제274호로 변경 고시한 구미공업기지 확장단지(이주단지) 조성사업 완공을 건설부공고 제136호로 공고하였다. 완공면적은 이주택지면적 22,388m^2 등 50,109m^{2}이었다.[195] 이주택지는 구미시에 이관하고 공공용지는 국가(건설부)에 편입하였다.

한편, 1980년 5월 9일 건설부장관은 2단지에 이어 3단지를 건설하여 중화학공업을 촉진하고 이주택지를 조성하여 이주민의 생활안정을 도모할 목적으로 건설부고시 제131호로 구미공업기지 제3단지 부지조성을 위한 산업기지개발사업 실시계획 변경을 승인 고시하였다.[196] 승인된 계획 변경의 특징은 1979년 10월부터 1981년 12월 31일까지의 실시계획 승인면적 5,623,731m^2(1,701,178평) 개발사업의 늘어나는 사업비를[197] 줄이기 위해 이자부담을 71억 3,200만 원에서 41억 2,700만 원으로 대폭 줄임으로써 오히려 사업비 총액을 611억 1,800만 원에서 585억 4,600만 원으로 축소한 것이었다. 석유파동에 따른 불황과 중화학공업정책에 대한 비판 때문에 사업비를 어떤 형태로든 줄이려는 노력이 이루어졌다.

이어 1981년 1월 23일 건설부장관은 구미공업기지 제3단지조성사업 실시계획 2차 변경 승인을 경상북도지사와 산업기지개발공사사장에게 보냈다. 2차 변경 역시 중화학공업화 비판과 함께 제기된 이주민들의 비판을 의식하여 이주단지만을 153,794m^{2}에서 170,152m^{2}로 늘려 실시계획 승인면적을 5,623,731m^{2}에서 5,640,089m^{2}로 한 것이었다.[198] 2월 2일 경상북도지사는 건설부장관의 승인 통첩을 구미시장에게 통보하였다.[199] 특혜 철폐와 개방화 요구도 높아져 1981년 2월 10일 상공부는 창원·구미·온산·여천 4개 공업기지 입주 대상 업종을 177개에서 306개 업종으로 확대하고 입주절차도 간소화하였다.[200]

---

195 〈관보〉(1980. 11. 14), 제8692호.
196 〈관보〉(1980. 5. 15), 제8545호.
197 보상비는 동일하였지만 공사비가 349억 9,500만 원 → 353억 9,300만 원, 조사비가 6억 9,900만 원 → 7억 700만 원, 관리비가 24억 4,900만 원 → 24억 7,600만 원으로 늘어나고 있었다.
198 건설부장관(구기제, 1981. 1. 23).
199 경상북도지사(구공기, 1981. 2. 2).
200 〈매일경제신문〉(1981. 2. 10).

〈표 11-30〉 전자공업부지 수급

(단위: 천 m^2)

		1980	1981	1982	1984	1986
소요부지	합계	21,774	26,194	30,518	43,173	61,091
	직접	16,129	19,403	22,606	31,980	45,253
	공용	5,645	6,791	7,912	11,193	15,838
부지증가		–372	4,324	4,324	6,934	9,896

자료: 한국개발연구원(중화전, 1981), p. 173.

〈표 11-31〉 구미공업기지 개발 현황(1982)

구분				면적
구역면적	합계			4,300천 평
	조성면적	계		719천 평
		이용면적	계	639천 평
			공장부지	489천 평
			연구소부지	64천 평
			학교부지	65천 평
			차단녹지	21천 평
		공공용지		65천 평
		이주택지		15천 평
	실시계획 승인면적 (3단지)	계		1,706천 평
		이용면적	계	1,383천 평
			공장부지	1,048천 평
			준공업지역	45천 평
			상업지역	37천 평
			주거지역	31천 평
			공공용지	222천 평
		유보지		323천 평
	잔여면적	계		1,875천 평
		2단지		481천 평
		3단지		1,394천 평

자료: 건설부 토지국장(구개, 1982. 5. 28).

공업기지 등 공장부지 공급사업의 연기와 심지어 사실상의 취소도 이어지자 현장에서는 공장부지 부족 경고가 나오기 시작하였다. 한국개발연구원도 공업부지 수요가 1980년 2,177.4

만m^2에서 1986년 6,109.1만m^2로 급속히 증가할 것으로 예상되지만 부지공급은 1980년 감소하고 1981년 늘어나지만 다시 1982년 정체되어 1984년 이후 증가하여도 1980년대 필요 공장부지가 매우 부족할 것으로 예측하였다(〈표 11-30〉 참조). 이에 1981년 7월 2일 건설부장관은 건설부고시 제274호로 고시한 구미공업기지 확장단지 조성사업 실시계획 변경을 승인하고 이를 건설부고시 제220호로 고시하였는데 비판 속에서 총면적은 2,328,175m^2로 동일하게 유지하되 공장부지를 1,401,978m^2에서 1,615,484m^2로 확장하였다.[201]

현실과 여론의 충돌이 이루어지고 있었지만 시간이 지날수록 건설연기, 공사비 삭감, 나아가 구미산업기지개발구역 축소 주장이 더욱더 강해졌다.[202] 이에 따라 국민투자기금 중 중화학공업 단지조성자금을 별도 확보하여 조성기관에 지원하던 기금의 사용도 1982년 이후 자금 소진 등의 이유로 곤란해졌다.[203] 확장 중이었던 구미공업기지는 1982년 들어와서도 〈표 11-31〉에서 보듯이 3단지가 승인 상태에서 머물러 있었고 실시계획 승인면적을 제외하고도 여전히 2단지 48만 1,000평, 3단지 139만 4,000평이 잔여면적으로 남아 있었다.

1982년 10월 21일 산업기지개발공사사장이 신청한 구미공업기지 확장단지(2단지) 조성사업 실시계획 변경이 다음과 같이 승인되었다.

1. 총면적 2,328,175m^2 → 2,274,714.6m^2로 축소
   (1) 부지면적 1,112,834m^2 → 1,048,471.9m^2로 축소
   공장부지 936,061m^2 → 961,458.3m^2로 확장
   연구소부지 동일, 학교부지 증가, 유보지 감소
   원상보존 감소, 공공용지 감소, 수도용지 감소
   (2) 시설
   도로시설 6,910m → 7,035m로 확대
   배수시설 약간 증가
2. 용도폐지될 공공시설과 신설되는 공공시설 처분계획에서 사업시행자에게 무상 양도되는 공공시설 부지에 도로, 구거, 하천, 제방, 녹지 포함 147,487m^2
3. 사업시행 기간
   1977. 7~1982. 9. 30 → 1977. 7~1982. 12. 31로 연장 변경

건설부장관(구기확, 1982. 10. 21).

이는 10월 22일 건설부고시 제378호로 고시되었는데[204] 중화학공업 비판 속에서 다시 이루어진 8번째의 2단지 사업 변경이었다. 현실과 비판을 가능한 동시에 반영해 공장부지 부족

201 〈관보〉(1981. 7. 8), 제8884호.
202 건설부 토지국장(구개, 1982. 5. 28).
203 상공부(구제3, 1986. 8).
204 〈관보〉(1982. 10. 26), 제9274호.

예측에 따른 공장부지를 늘리면서도 전체 2단지 조성면적은 줄였으며 사업시행 기간을 1982년 9월로 연기하였다가 또 다시 12월로 연기하였다. 미루고 줄이고 있는 것이다.

1983년 2월 19일 건설부장관은 건설부공고 제19호로 구미공업기지 확장단지 조성사업 준공인가를 공고하였다. 준공된 2단지 내용은 다음과 같았다.

【구미공업기지 확장단지(2단지) 조성사업 준공】

사업시행 면적: 2,274,714.6m^2

공장부지: 961,458.3m^2(공장용지: 844,343.7m^2)

연구소부지: 122,385.2m^2

학교부지[205]: 112,353.9m^2

유보지: 189,892m^2

원상보존: 661,846.4m^2

공공용지: 221,008.8m^2

수도용지: 5,770.0m^2

준공 연월일: 1983년 2월 19일

공공시설물: 관리할 구미시에 인도한다.

도로총연장: 7,035m, 교량: 1개소 외

〈관보〉(1983. 2. 23), 제9374호.

제3단지는 개발자금도 확보하지 못한 채 장기간 사업도 착수하지 못하고 산업기지 개발기간 연장만을 계속하고 있었다. 구미수출산업공단이 작성한 1984년 제3단지 상황은 다음과 같았다.

【제3단지 추진상황(1984)】

1. 사업시행 기간 연기
   당초: 1979. 10~1981. 12. 31
   연기: 1979. 10~1985. 12. 31(5차), 1986년 12월 31일까지 연기신청 중
2. 실수요자 조사
   수요신청: 12개 업체 54만 평
   개발계획: 170만 평 중 54만 평
   소요자금: 1,000억 원
3. 현안 문제
   개발자금 미확보로 사업시행난
   실수요자 토지대금 선납요구: 산업개발공사

205 합산오류를 수정함.

장기간 사업 미착수로 지주 및 시민 불만

4. 건의사항

중앙의 정책적 배려 앙망

구미수출산업공단(추진, 1984).

1984년 11월 산업기지개발공사사장은 국내외 경기침체로 인한 분양 부진으로 기지개발이 늦어지고 있다며 산업기지 개발기간이 1984년 12월 31일 종료되면 1985년부터는 일체의 사업 시행에 대한 법적 근거가 상실되므로 우선 개발기간을 1986년 말까지 연장해 줄 것을 신청하였다.[206] 건설부장관은 연장을 승인하였고[207] 1985년 1월 7일 건설부고시 제582호로 1977년부터 1984년까지 개발기간을 1986년까지로 하여 구미산업기지개발기본계획 변경을 고시하였다.[208] 이어 건설부장관은 1985년 1월 8일 건설부고시 제596호로, 이미 재차 1986년까지로 연장신청하고 있는 제3단지 조성사업 시행기간을 뒤늦게 1979년 10월부터 1984년 말까지에서 1985년 말까지로 5번째 연장 고시하였다.[209] 연기가 계속되면서 승인 고시가 신청, 승인을 따라가지 못하고 있었다.

건설사업이 계속 미루어지면서 지주들과 주민들의 불만은 커져 갔고 구미수출산업공단이 1984년 이를 지적할 만큼 상황은 심각해져 갔다.[210] 1985년 1월 구미시장은 다음과 같이 3단지 건설은 필요하고 건설을 위한 준비도 이루어졌다며 건설부장관에게 "중앙의 정책적 배려(를) 앙망"하는 보고를 올렸다.

【구미시장의 제3공업단지 개발촉구 장관 보고(1985)】

1. 3단지 개발사업 필요성
   (1) 기조성단지 분양 완료(1, 2단지 12.7km^2)
   (2) 공업단지 입주업체의 계열화 완성: 부품 공급
   (3) 공업단지 기반시설 완비
   현수요/능력: 전력 19/24만 kw/H, 공업용수 7/25만 톤/일
   (4) 제3단지 전제로 한 하수종말처리장 건설 중
   (5) 기술인력 양성 위한 교육기관 설립 및 운영 중
2. 주관
   구미수출산업공단
3. 시행기간 연기
   당초: 1979. 10~1981. 12. 31

206 산업기지개발공사 사장(구제, 1984. 11. 22).
207 장관 서명 문서에는 고시일이 12월 28일로 되어 있다.
208 산업기지개발공사 사장(구제, 1984. 11. 22); 〈관보〉(1985. 1. 7), 제9934호.
209 〈관보〉(1985. 1. 8), 제9935호.
210 구미수출산업공단(추진, 1984).

연기: 1984년 말까지의 4차 연기에 이어 1985년 12월 31일까지 5차

4. 실수요자 조사
   수요신청 12업체 54만 평
   개발계획 170만 평 중 54만 평
5. 소요자금 1,000억 원
6. 현안 문제
   (1) 개발자금 미확보로 사업시행난
   (2) 실수요자 토지대금 선납요구: 산업개발공사
   (3) 장기간 사업미착수로 지주 및 시민 불만: 1979년 5월 공단 지정 이후 재산권 행사의 제한
7. 건의사항
   중앙의 정책적 배려 앙망

구미시장(제3, 1985. 1. 18).

구미시장은 장기간 사업 미착수로 지주 및 시민 불만이 높다고 밝혔다. 개발도 안 하면서 묶여 있는 땅을 보며 주민들은 이들 잔여부지 이용을 허용하라는 목소리를 점점 높였다.

구미수출산업공단이사장은 구미상공회의소 의견 참조로 쓰레기 종말처리장 설치를 위해 구미산업기지개발구역 중 미조성지역 이용을 요청하였고 구미시장은 산업기지개발공사에 제2단지 내 쓰레기 종말처리장 조성계획을 알리고 부지협의 및 협조를 요청하였다.[211] 마침내 1985년 4월 3일 경상북도지사는 건설부고시 제179호로 고시된 구미산업기지개발구역 중 미조성지역 8만 5,000m^{2}를 구미시 쓰레기 종말처리장 용지로 사용한다며 산업기지개발구역에서 제척해 줄 것을 요구하였다.[212] 내무부장관은 협의요청한 건설부장관에게 동의를 통보하였고[213] 상공부는 경북도지사에게 유개차량 사용, 악취·소각매연의 피해 방지, 낙동강 수질오염방지만을 요구하였다. 이에 따라 건설부장관은 미조성지 관련 지역을 향후 개발계획이 없고 관계부처가 동의한다며 개발구역에서 제척하고,[214] 1985년 7월 23일 공업지역을 5.481km^2 → 5.412km^2, 녹지를 4.764km^2 → 4.748km^{2}로 하는 기본계획 변경을 건설부고시 제315호로 고시하였다.[215] 1985년 12월에도 경상북도지사는 인동향교 이전을 들어 2단지 일부의 산업기지개발구역 해제를 요청하였다.[216] 1979년 5월 구미공업기지 산업기지개발구역 면적확대 이후 약속한 주민 생활수준 향상이 아니라 오히려 재산권 행사와 생업을 방해하는 산업기지개발구역의 해제 여론도 만들어지고 있었다. 이는 정부에 큰 부담이었다.

정부는 중화학공업화정책에 대한 비판에 더하여 주민들의 불만도 커지자 산업기지개발구

211 구미시(쓰레, 1984. 7. 18).
212 경상북도지사(산해, 1985. 4. 3).
213 내무부장관(구확개, 1985. 6. 18).
214 건설부장관(구지조일, 1985. 7. 18).
215 〈관보〉(1985. 7. 23), 제10096호; 건설부장관(건고315, 1985. 7. 18).
216 경상북도지사(구축, 1985. 12. 3).

역을 계속 축소하여 나갔다. 이미 1985년 가을부터 경기는 저점을 통과하여 소위 3저 호황이 시작되는 상승국면으로 들어가고 있었음에도 정부는 합리적인 판단을 모색하려고 하지 않았다. 한국 정부의 고질적 행태이었다. 건설부는 1986년 5월 30일 구미산업기지개발구역 면적을 1,413만m^2에서 1,342만 3,000m^2로 축소하는 등 3개 산업기지개발구역 면적을 축소하고 삼천포 공업기지개발구역 지정을 폐기하였다.217 1986년 6월 경상북도지사는 건설부장관에게 구미산업기지개발구역 축소에 따른 산업기지개발 기본계획 변경자료를 제출하였는데 전략적 고려 없이 공업지역, 주거지역, 녹지 모두가 축소되었다.218 1986년 6월 5일 건설부장관은 건설부고시 제239호로 산업기지개발구역 축소(1,413만m^2 → 1,342.3만m^2)를 고시하고 이에 따라 건설부장관은 7월 29일 건설부고시 제326호로 구미산업기지개발 기본계획의 일부 변경을 고시하였다.219 상황이 변화하고 나서 뒤늦게 이를 반영하기 위해 기본계획을 다시 변경해야 하는 상황이 반복되었다. 전형적인 대증요법식 대응이었다.

상황은 어떤 진전도 없었고 일단 미루기만 하는 정부의 선택으로 3단지 건설기간은 1986년 1월 27일 건설부고시 제28호로 1년 더 연장되어 6번째 연장되었다.220 그러나 1986년에도 여전히 제3단지는 착공되지 못하고 있었고 구미기지 단지별 상황은 〈표 11-32〉와 같았다.

대책 없는 연기 및 방임 등으로 주민 불만이 정책부담으로 될 정도로 커지고 경기호전 상황변화가 후행적으로 조금씩 체감되자 비로소 1986년 8월 25일 구미기지 제3단지의 개발을 위한 관계 기관 회의가 상공부 중회의실에서 상공부, 건설부, 산업기지개발공사, 구미수출산업공단이 참석한 가운데 열렸다.221 정부관계자들은 여전히 소극적이었고 변화하는 최근 변화를 반영하지 못하는 비합리적 선택을 계속하였다. 이날 회의는 제3단지를 기업체의 입주수요에 맞추어 단계적으로 조성하기로 하고 1단계로 80만 평을 1987년에 착공하며 2단계로 85.5만

〈표 11-32〉 1986년 8월 현재 구미기지 단지별 현황

단지별	단지면적	입주업체 수, 입주업종	비고
제1단지	10.4km^2(3,152천 평)	209, 전자기기부품, 섬유 등	분양 완료
제2단지	2.3km^2(688천 평)	38, 반도체, 컴퓨터, 통신기기 등	6만 평 미분양
제3단지	5.5km^2(1,655천 평)	0, 전자, 반도체 등 예상	미조성
계	18.2km^2(5,495천 평)	247개 기업 입주	–

자료: 상공부(구제3, 1986. 8).

217 건설부장관(산86, 1986. 5. 30); 경상북도지사(구지, 1986. 6. 9).
218 경상북도지사(구주, 1986. 6. 21).
219 〈관보〉(1986. 7. 29), 제10400호.
220 〈관보〉(1986. 1. 27), 제10249호.
221 건설부(구제, 1986. 8. 25).

평을 1단계 분양 후 점진적으로 조성하기로 결정하였다.[222] 현실 긴급성에 상관없이 모든 것이 단계적이고 점진적인 진행으로 결정되었다. 결국 이날 회의 후 1년이나 지난 1987년 8월 제3단지가 착공되었다.

총 478만 3,000m^2의 제3단지는 1995년 9월 준공되었다. 1995년 12월 29일 일부 개정되어 1996년 6월 30일 법률 제5111호로 시행된 「산업입지 및 개발에 관한 법률」은 공업단지를 보다 종합적, 확장적 개념인 산업단지로 변경하였다.[223] 이어 1998년 3월 13일 실시계획이 승인되고(부산지방국토관리청고시 제1998-49호) 2009년 완공된 제4단지는 외국인투자지역 및 전문화·계열화 단지로 조성되었다.

222 상공부(구제3, 1986. 8).
223 법제처 국가법령정보센터(2018. 7. 31).

CHAPTER 12

전자공업기지 조성과 입주, 가동

Ⅰ. 매입, 보상 및 주민이주

1969년 3월 10일부터 구미공업단지 조성을 위한 용지매입이 착수되었다. 5월 28일 경상북도는 구미공업단지 조성에 따른 토지매입, 보상 및 부대경비, 공업용수의 공급을 위한 급수시설에 충당하기 위한 2억 9,000만 원의 기채를 결정하고 내무부장관에게 승인을 신청하였다.[1] 내용은 〈표 12-1〉과 같다.

경상북도는 1969년 토지매입 목표량을 100만 평으로 설정하여 토지매입비로 2억 6,026만 9,000원을 책정하고 1970년 이후 나머지 20만 평에 5,173만 1,000원, 합계 총 3억 1,200만 원을 보상하도록 계획하였다.[2] 내무부는 이를 검토하여 〈표 12-1〉의 내용으로 승인 결론을 내렸다. 내무부는 경상북도지사가 신청한 상환기간을 시작과 끝은 같게 하되 금융자금 사용을 1969년 7월부터 12월까지, 재정자금 사용을 1970년 7월부터 1988년까지로 단계적으로 나누고 1969년도 금융자금은 1970년 재정자금으로 즉시 상환하라고 지시하였다.[3] 사업을 위해 우선 금융자금으로 충당하되 재정자금으로 금융자금을 우선 상환하여 이자부담을 줄이고 상환기간을 장기로 하여 부담을 분산시키는 이 방식은 이후 모든 사업에서 기준방식이 되었다.

1973년 1월 12일 중화학공업화정책선언이 이루어지고 이어 2월 10일 구미공업단지 확장을 위한 전자공업 전문 제2공구가 착공되었다. 1973년 2월 19일 경상북도지사는 구미공업단지 확장에 따른 보상비 1억 6,000만 원의 기채 승인을 내무부에 신청하였고 내무부장관은 다음(〈표 12-1〉 아래 내용)의 내용으로 이를 승인하였다.

1 경상북도지사(기신, 1969. 5. 28).
2 산업기지개발공사(산78, 1978), p. 346.
3 내무부(구공, 1969. 6).

〈표 12-1〉 구미공업단지 조성비용 충당기채 발행내용 및 사업개요(1969)

구분	기채 발행내용 및 사업개요	
총사업비	1,390,799,000원	
기채액	290,000,000원	
상환방법	3년 거치 17년 균등 상환	
기채처	제일은행 또는 정부 지정 은행	
상환재원	국고보조 및 사업수입	
이율	연 1969년 25.2%, 1970년 이후 7.5%(정부재정자금)	
기채방법	1969년 금융자금, 1970년 이후 재정자금	
사업개요	용지매수	100만 평 260,269천 원
	공업용수	5만 톤 290,000천 원
	가로축조	8,200m 123,500천 원
	전력	25,000kw
추진계획	용지매수	5월 말(1차), 7월 말(2차)
	공업용수설계	5월 25일
	단지조성설계	7월 말
	도시계획 재조정	6월 28일 완료
	진입도로	7월 20일 완료

자료: 내무부(지채, 1969).

【구미공업단지 확장에 따른 보상비 기채 승인】

사업내용: 토지 및 지상물 보상-토지 124천 평, 가옥 41동, 영년작물 20천 주
기채액: 160,000,000원
기채처: 한국산업은행 또는 한국전자공단
이율: 연 8% 산업합리화 자금
상환방법: 3년 거치 5년간 균등 상환

내무부장관(구확, 1973. 2).

정부는 이주민을 지구 상류 사기점 부근에 집단이주시킴으로써 경제효과 파급을 유도하고 농가소득을 제고하고자 하였다.[4] 그러나 토지매수와 낮은 보상비에 반발하는 주민들이 계속 나왔다. 1973년 2월 28일 경상북도는 구미공업단지 확장사업 촉진을 위해 칠곡군수와 선산군수에게 적정한 보상업무와 원활한 이주대책 업무에 철저를 기하라고 지시하였다. 경상북도는 보상의 기초자료가 되는 토지 및 지상물건의 조사가 정확히 이루어졌는가를 자체 감사기구를

4 한국수자원개발공사(구미, 1973. 3).

통해 확인할 것과 동일 소유재산은 전 재산이 동시에 보상되도록 하여 이주에 지장이 없도록 할 것을 지시하면서 구미공업단지 조성을 위해 관계 직원 3명을 구미수도사업소에 상주시켜 도와주도록 하였다.[5]

1973년 4월 2일 한국수자원개발공사사장과 경상북도지사 간 용지매수 및 보상업무 수탁협약이 체결되었다. 관할 지방자치단체가 한국수자원개발공사(산업기지개발공사)의 용지매수와 보상업무를 대행하고 사후 정산하는 방식은 중화학공업 기지건설에서 일반적으로 채택되었다. 4월 9일 대통령의 현지시찰이 있었고[6] 보상비 갈등이 계속되고 있는 가운데 대통령은 4월 16일 서명한 〈중화학공업화정책에 따른 지시〉를 통해 국무총리와 각부 장관에게 "단지조성 시에 보상비 등 부족이 생긴 분에 대하여는 합리화 임금을 지원할 것"을 지시하였다.[7]

1973년 5월 3일 경제기획원장관은 〈투예 1211-711〉로 보상비 부족액 2억 7,000만 원의 지원방안을 한국수자원개발공사에 다음과 같이 통보하였다.

1. 한국전자공단에서 기확보한 산업합리화 자금 5,111백만 원 중에서 자체 조정하여 보상부족액에 충당
2. 전자공단은 조성될 단지를 담보로 금융자산을 대출받아 보상비로 일시 전용한 경비 충당
3. 73년도 금융자산에 대한 이자 5.5%는 국고 부담
4. 동 금융자산은 74년도에 재정자금으로 전환조치

경제기획원장관(구공, 1973. 5. 3).

보상부족액 충당을 위해 산업합리화 자금, 그리고 조성단지 담보의 금융자금 대출을 이용하되 역시 차후 재정자금으로 전환조치하는 방식이 지시되고 있음을 알 수 있다. 보상비는 보상갈등 속에 계속 늘어나 계획 5억 6,000만 원보다 3억 원 가까이 늘어나고 있었다.[8] 결국 보상액 부족이 계속 나타났다.

1973년 11월 9일 경상북도지사는 수자원개발공사사장에게 미수령 보상금 718만 6,564원의 조속한 송금을 요청하였다. 미수령액은 산정 보상금소요액 8억 5,370만 5,564원 중 잔액이었다.[9] 1973년 11월 12일 경상북도지사는 한국수자원개발공사사장에게 구미공업단지 확장용지 용지보상 업무를 인계하였고[10] 11월 22일 수자원개발공사사장은 경북지사에게 용지매수 및 보상비 기산금 최종분을 송금하였다.[11] 1974년 1월 11일 경상북도지사는 한국수자원개발공사사

5 〈매일경제신문〉(1973. 3. 1).
6 산업기지개발공사(구전, 1976. 3).
7 대통령비서실(중지3대통령결재문서, 1973. 4. 10).
8 구미문화원(2005); 구미시(구공40, 2010).
9 경상북도지사(자송, 1973. 11. 9).
10 경상북도지사(구조28, 1973. 11. 12).
11 한국수자원개발공사사장(구단, 1973. 9. 19).

장에게 1단지 3공구의 137만 4,000평 조성공사의 토지 1,209,943평과 건물 328동 보상비 8억 5,370만 5,564원을 전언통신문으로 정산 보고해 주었다.[12]

1단지 건설사업 종료 후 1976년 만들어진 2단지 실시계획은 1차로 1976년 12월부터 1978년 6월까지 1년 6개월간 60만 평 규모 면적에 대해 시행하는 것으로 다음과 같았다.

【구미공업기지 확장단지(2단지) 단계별 건설 실시계획(1976)】

1. 계획공정표

   1976년 12월부터 1977년 3월까지: 조사설계작업 및 세부설계 완성

   1977년 2월부터 11월까지: 단지조성을 위한 용지매수 및 보상 실시 계획

   1977년 5월부터 12월까지: 단지조성공사

   1977년 5월부터 1978년 6월까지: 유틸리티 및 마스크공장 설계 완성

2. 소요재원계획

   1977년 국민투자기금 20억 원 + 선수금 10억 1백만 원 = 30억 1백만 원

   1978년 국민투자기금 11억 5천만 원 + 선수금 7억 9천만 원 = 19억 4천만 원

   합계 국민투자기금 31억 5천만 원 + 선수금 17억 9천만 원 = 49억 4,100만 원

3. 계획 세부 지출내역

   항목별 사업비 내역(백만 원)

항목	소요금액	구성비(%)
단지조성사업비	2,505	50.7
용지보상비	1,750	35.4
조사비	48	1.0
관리비	195	3.9
건설이자	443	9.0
합계	4,941	100.0

4. 지가대책

   국토이용관리법에 의하여 기준지가를 고시

   용지매수 및 보상으로 대상 지역 내 용지는 경상북도가 전면 매수 또는 수용하여 보상

5. 단지인수

   정부방침에 따라 단지처분기관에 인수

6. 이주대책

   경상북도지사가 시행

7. 부처별 조치사항

12 산업기지개발공사(구전, 1976. 3).

조치사항	소관	
	주관	협조
기본계획 수립	건설부	산업기지개발공사
산업기지개발구역 지정	건설부	산업기지개발공사
기준지가 고시	건설부	산업기지개발공사
재정지원	재무부	상공부
조사설계	산업기지개발공사	한국전자기술연구소
단지조성	산업기지개발공사	한국전자기술연구소
용지매수 및 이주대책, 용수공급	경상북도	산업기지개발공사
유틸리티 및 마스크공장 건설	한국전자기술연구소	상공부, 과학기술처
단지처분	구미공단	상공부
통신시설	체신부	경상북도
전력시설	한국전력	상공부

산업기지개발공사(산78, 1978), pp. 350~351.

정부는 소요재원의 전액을 국민투자기금과 선수금으로 충당하고자 하였다. 1977년 2월부터 11월까지 실시될 용지매수 및 보상 사업비는 전체 사업비의 35.4%로 계획되었다. 용지매수 및 보상, 그리고 이주대책 나아가 용수공급까지 역시 경상북도가 맡기로 계획되었다.

2단지 매수, 보상, 이주가 시작되자 역시 민원이 이어졌고 더하여 재해비용 부담 등 예상하지 못하였던 변수까지 나타났다. 1977년 6월 3일 제59차 중화학공업추진 차관보급실무회의는 공업단지 조성에 대한 민원을 보고 받고 구미기지 조성에 따른 분묘를 보상하여 전부 이장함을 원칙으로 정하였다.13 구미공업기지 내 구미제 저수호안 재해복구사업비가 실수요자인 구미수출산업공단의 자금사정으로 지불되지 못하자 구미수출사업공단과 산업기지개발공사가 이 사업비를 확장단지 조성사업에 포함시키기로 합의하고 건설부의 승인을 받았다.14

1977년 7월 1일 제60차 중화학공업추진 차관보급실무회의에서 산업기지개발공사는 제61차 회의안건으로 〈'78공업단지 조성사업계획(안)〉을 제출하였다. 제출된 구미기지 2단지 계획안은 〈표 12-2〉와 같다. 63만 평 보상은 1977년까지 완료하고 총사업비 20억 6,700만 원 중 55.6%는 국민투자기금으로 44.4%는 선수금으로 충당하기로 하였다. 2단지 보상내역을 정리하면 〈표 12-3〉과 같다.

13 중화학공업추진위원회기획단(제59차, 1977. 6); 중화학공업추진위원회기획단(제59차중추, 1977. 6).
14 건설부(구기, 1977).

〈표 12-2〉 구미공업기지 2단지 조성사업 계획안(1977년)

	사업량(천 평)	사업비(백만 원)		
		계	국민투자기금	선수금
총계	보상 630 조성 340	4,941	3,150	1,791
1977년까지	보상 630 조성 90	2,874	2,000	874
1978년 계획	조성 250	2,067	1,150	917

자료: 중화학공업추진위원회기획단(제60차, 1977. 10).

〈표 12-3〉 구미공업기지 2단지 보상내역

구분	보상규모 및 내역		
토지	전	73,356평	220.063백만 원
	답	204,780평	737.208백만 원
	대지	8,951평	35.804백만 원
	임야 및 기타	268,828평	268.828백만 원
	기타	74,018평	74.018백만 원
	계	629,933평	1,335.926백만 원
지장물건	건물	69세대	55.2백만 원
	묘	2,300기	57.5백만 원
	지장전주(地障電柱)	1식	5백만 원
	이주비 보상	69세대	3.45백만 원
	이농비	414명	43.056백만 원
	실농보상비	222,508명	66.752백만 원
	영업권	1식	0.5백만 원
	공작물	1식	5백만 원
	기타	1식	3.616백만 원
	계		240.074백만 원
이주대책비	이주단지조성비	69세대	55백만 원
	공설묘지조성비	8,520명	15백만 원
	이주대책지원비	1식	30백만 원
	계		100백만 원
수수료	20백만 원		
관리비	54백만 원		
총보상비	1,750백만 원		

자료: 산업기지개발공사(산78, 1978), pp. 351~353.

Ⅱ. 지원시설 계획과 건설

정부는 단축된 중화학공업화를 위해 주요 공업별 공업기지를 만들고 그리고 수익자 부담에 입각하되 사회간접자본 성격을 띤 공유지원시설을 건설해 주었다. 기업진입과 압축성장을 유도하기 위한 이러한 시도는 세계 유례를 찾기 힘든 성공적인 공업화 전략이었다. 김광모 전 중화학공업추진위원회기획단 부단장 역시 이렇게 증언하고 있다.

> 항만을 만들고 도로를 만들고 전기와 용수시설을 해 주었다. 기업들은 들어오기만 하면 되었다. 기업들이 이 모든 것을 한다고 생각해 보라. 기업이 초기에 경쟁력을 갖는 것이 불가능하다. 그렇게 준비해 주고 또 제발 들어와 달라고 사정하였다. 이런 일은 세계에 없었다.
>
> 김광모 전 중화학공업추진위원회기획단 부단장 증언(2017. 8. 17).

1969년 6월 4일 내무부는 구미공업단지 공업용수 시설비 2억 9,000만 원 재정자금을 이율 연 7.5%, 상환기간 1970년 7월부터 1988년 12월까지로 승인하였다.[15] 경상북도는 1970년 5월 21일 구미공업단지 수도사업소 설치조례 승인을 신청하고 5월 30일 내무부장관에게 구미공업단지 수도사업소 정원 일반직3을 1명 외 6인, 기능직 6인, 고용인 2인, 합계 14인 승인을 신청하였다.[16]

1970년 6월 구미공업단지 공업용수 시설비 재정자금 이자율이 7.5%에서 12%로 대폭 인상되고 상환기간도 19년에서 5년 거치 5년 균등 상환으로 대폭 단축되었다.[17] 이자율을 인상하고 상환기간을 단축한 이유는 시장금리와의 큰 격차를 줄이기 위한 것으로 재무부, 건설부 장관이 공업용수시설비의 1970년도 재정자금 융자에 대해 연 12% 혹은 정부 지정 이율, 5년 거치 5년 균등상환 혹은 정부 지정 기간으로 변경 지시하였기 때문이다. 경상북도지사는 내무부장관에게 건설부장관의 융자조건에 의하여 하루속히 재정자금으로 대체함으로써 이자를 절감(현재 24~12%)할 것이고 경제기획원, 재무부, 건설부, 상공부장관에게 현재 이율인하를 건의 중(재정 1211-6435, 1970. 6. 9)에 있다고 밝혔다.[18]

1970년 11월 17일 한국전력 구미발전소가 건설되었다. 전력안정성을 높이기 위해 이후 1977년 4월 16일 제2호 변압기가 증설되었고 계속적인 수요확대로 1979년 8월 19일 제3호 변압기가 설치되어 총 전력공급 능력은 140MVA/일이 되었다. 1972년 6월 26일 대구세관 구미출장소가 설치되었다.

---

15 내무부(구6, 1970).
16 경상북도(경구, 1970. 5. 30).
17 내무부(구6, 1970).
18 경상북도지사(기신68, 1970. 6. 18).

공장입주가 현실화되면서 일부 지원시설의 변경이 뒤따랐다. 1972년 6월 30일 건설부장관은 공장 입주에 따라 경상북도지사가 신청한 도로 및 배수시설의 일부 변경 불가피성을 인정하고 보조금관리법 제10조의 규정에 의거 보조사업 내용을 변경 승인하였다.19 건설부장관의 도로 및 배수시설 일부 변경 승인에 따라 11월 23일 건설부 주택도시국장은 기획관리실장에게 구미공업단지의 예산내시를 기내시액 2억 6,675만 원에서 2억 7,500만 원으로 상향하는 1972년도 경제개발 특별회계예산 내시 변경을 요청하였다.20

1972년 12월 19일 청와대 구미공단 관련 회의는 제2공구 건설을 결정하였다. 대규모 단지 확장을 위해서는 지원시설 유치를 집중적으로 실현할 지역이 필요하였는데 1단지 중심의 2공구가 그 역할을 맡게 되었다. 정부는 3만 3,000m^2의 준공업지역을 만들어 금융기관, 통신시설, 서비스시설의 지원시설을 집중 유치하도록 하였다.21 구미공단 입주기업에 대한 금융지원을 확대하기 위하여 1973년 3월 2일 중소기업은행 구미지점, 4월 4일 외환은행 구미지점이 개점하였다.22

1973년 중화학공업화정책선언 이후 지원시설에 대한 정책적 대응이 보다 정교해지고 분명해졌다. 정부는 구미전자공업단지의 효율적 활용을 위해 전기, 상하수도 등 유틸리티, 아파트 등 주거시설, 주변도시, 행정창구 일원화 등 지원시설이 뒤따라야 함을 분명히 하였다.23 구미기지의 시설계획은 가로축조계획, 하천개수계획, 하천시설계획, 관개용수계획, 전력공급계획, 수송통신계획 등으로 구분되었다.24 대안(對岸)저수호안공사도 건설계획 원안에 포함되어 1973년 공사와 병행 실시되었다.25

1973년 6월 15일 한국수자원개발공사와 도급자 「대림산업」 간 도급액 1,020만 원의 상수도 시설공사 계약이 이루어지고 공사가 착공되었다. 공사기간은 1973년 6월 16일부터 10월 30일까지였다. 이어 7월 16일 수자원개발공사와 「대림산업」 간 도로포장공사 계약 및 착공이 있었다. 8월 3일 1단지의 경북 동북지방으로의 교통을 대폭 확대시킬 구미대교가 착공되었다. 9월 11일 대통령은 구미공단을 방문하여 강변도로 등 전반적인 지원시설을 시찰하였다. 9월 15일 하수도공사가 준공되었다. 이날 9월 15일 한국전자공업공단이사장이 수자원개발공사사장에게 진정서를 보냈는데 이는 오태(吳太)동민 44명이 고지배수로 횡단교량 가설 및 하천 호안블럭 시공을 요청하는 진정서이었다.26 수자원개발공사는 9월 19일 회신을 통해 낙동강 횡단교량 1개소 가설을 예정하고 있지만 오태동 비탈에 호안블럭 붙임은 불필요하다고 통보하였

19 건설부장관(구지조3, 1972. 6. 30).
20 건설주 주택도시국장(7경, 1972. 11. 23).
21 구미수출산업공단(구10, 1981), pp. 65~66; 구미시(구공40, 2010), pp. 194~195.
22 〈매일경제신문〉(1973. 3. 2); 〈매일경제신문〉(1973. 3. 24).
23 국무총리기획조정실(중오, 1973. 12), p. 178.
24 산업기지개발공사(산78, 1978), p. 342.
25 공업단지관리청(구전, 1973).
26 한국전자공업공단이사장(진이, 1973. 9. 15).

다.27

1973년 9월 30일 배수펌프 설치공사가 준공되었다. 그리고 10월 15일 호안블럭, 유수지, 배수펌프, 하수도공사(1공구)가 준공되었다. 이어 10월 30일 고지배수로, 전기인입시설 및 상수도공사가, 11월 10일 도로포장공사가 준공되었다.28

1973년 정부는 낙동강수를 이용할 수 있다고 낙관적으로 생각하고 있었지만29 1단지가 1,052만 9,000m^{2}의 규모로 완공되자 초기계획 3배의 용수가 필요해 용수대책이 시급한 문제로 대두되었다. 1단지 완공에 따라 1973년 12월 26일 고재일(高在一) 국세청장은 구미공업단지 세무서 증설을 발표하였다.30 1973년 12월 31일 전신전화 공단분실 역시 개통되었고 통신시설 설치에 박차가 가해졌다. 1974년 3월 24일 공단전화가 자석식에서 자동식으로 바뀌었으며 1974년 1,800회선, 1980년 8,000회선을 수용하였다.

1974년 3월 20일 구미전자공업단지 지원시설 보완을 위한 도시계획 수립 회의가 중화학공업추진위원회기획단 회의실에서 열렸다. 도시계획을 수립하여 단지 및 도시로서의 면모를 갖추고 전자공업 투자를 유치하기 위한 것이었다. 여기에서 한국전자공업공단은 건설부 등 관계기관의 협조를 받아 다음과 같은 요령에 의하여 용역사업을 시행하여 공장유치종합대책을 마련하도록 결정하였다.

1. 단지 내의 남북 통과 중앙간선도로 주변지역에 상가겸용 아파트 건설 등으로 도시형성을 유도하도록 함.
2. 낙동강변에 위치한 지역에는 고층으로 표준 독신기숙사를 마련하도록 함.
3. 단지 내 공장의 제품 및 원료수송을 위한 종합 수송대책을 마련하도록 함.

중화학공업추진위원회기획단(구공도, 1974. 3. 20).

1975년 1월 7일 김천세무서 구미지서가 개서되고 1월 10일 구미대교가 준공되었다. 그리고 10월 10일 제1회 전국공단조경경진대회에서 구미공업기지는 최우수공단상을 수상하는 등 공단 체제가 갖추어지게 되었다.

공단 체제가 갖추어지면서 중요성이 다시 부각된 것이 용수이었다. 1976년 1월 24일 경상북도지사는 구미공업단지 상수도 행정의 효율적 운용을 위해 상수도사업소의 업무계(26명 증원 필요)를 설치하는 기능 강화를 내무부에 요청하였다.31 요청은 거절되었다. 1976년 중화학공업추진위원회기획단은 먼저 공업용수와 도로(11km)에 초점을 맞춰 나가고자 하였다.32 1976년

27 한국수자원개발공사 구미공사사무소장(진정, 1973. 9. 19).
28 산업기지개발공사(구전, 1976. 3).
29 〈중앙일보〉(1973. 8. 27).
30 〈조선일보〉(1973. 12. 27).
31 내무부장관(경사, 1976. 2).
32 Planning Office, Heavy and Chemical Industry Promotion Council, Government of the Republic of Korea(HC, 1976), p.

목표로 1차 계획사업을 시행하여 1일 공업용수 5만 톤, 생활용수 5,000톤, 합계 5만 5,000톤을 공급하고 이어 1986년 목표로 2차 계획사업을 시행하여 1일 공업용수 5만 톤, 생활용수 5,000톤을 추가 공급하여 1986년까지 1일 총 공업용수 10만 톤, 생활용수 1만 톤, 합계 11만 톤을 공급할 계획이었다.[33]

용수, 도로 등 지원시설 건설이 진행되면서 외연적으로 구미공업기지 지원시설을 위한 행정지원, 연구개발 지원 그리고 배후도시 체제도 만들어졌다. 1976년 12월 30일 상공부 산하 「한국전자기술연구소(KIET)」가 「국제부흥개발은행(IBRD)」 차관으로 구미공단 내에 설립되었다. 그러나 1976년 여전히 기숙사 등 내적인 지원시설이 따라가지 못하여 66개 가동공장 1만 6,019명의 공원 중 8,369명이 평균 월급 2만 5,000원에 10개월 3~5만 원의 월세와 식비를 지급하며 급조된 방에서 연탄가스로 목숨을 잃는 위험하고 어려운 생활을 하고 있었다.[34] 1977년 5월 28일 건설부장관은 건설부고시 제90호로 구미기지 공업지역 29만 8,000m^{2}를 줄이고 단지중심에 공공시설, 임대아파트, 기타 지원시설이 들어갈 준공업지역 37만 3,000m^{2}를 확대 지정 고시하였다.[35] 공공시설은 구미수출산업공단에서, 임대아파트는 주택공사에서 건설·운용하고 기타 지원시설은 희망자를 유치하기로 하였으며 자금은 국민투자기금과 입주선수금을 활용하기로 하였지만 국민투자기금 지원기준 미달 문제와 입주 부진이 문제이었다.[36] 1977년 여전히 근로자들의 기숙사 부족 등 주거환경 문제는 심각한 수준이었다. 이를 해결할 배후도시 건설은 단지 내 주거자 3만 명, 계획지역 내 거주자 6만 4,000명, 계획구역 외 통근자 1만 6,000명, 그리고 이에 따른 제3차 산업 취업자 4,700명 인구에 대한 양호한 주거환경과 인간적인 생활권 구성을 목표로 하였다. 배후도시 3단계 건설안과 배후도시 내 지원시설 건설안 그리고 배후도시 시설기능의 구성은 〈표 12-4〉, 〈그림 12-1〉과 같았다.

구미도시계획 토지구획정리사업 등 도시계획은 경상북도와 건설부장관에게까지 협의가 이루어지며 진행되었는데[37] 배후도시 건설 역시 동일하였다. 1977년 5월 20일 김치열 내무부장관은 심각한 공해 문제가 있으니 배후도시를 철로변에서 떨어진 금오산 쪽으로 옮기라면서 주거·상업·교육지역 등 시가지 배치도를 새로 조정하고 공단과 배후도시를 연결하는 오버패스 건설비를 내무부가 지원하라고 지시하였다.[38] 1977년 3월 2일 경상북도는 구미출장소를 개소하였고 11월 9일 경상북도는 구미 배후도시 신시가지 조성계획을 확정 발표하였다.

22.

33 산업기지개발공사(산78, 1978), p. 346.

34 구미시(구공40, 2010), p. 813.

35 〈관보〉(1977. 6. 1), 제7662호.

36 구미시(구공40, 2010), pp. 231~232.

37 경상북도지사(구조형, 1979. 10. 4); 경상북도지사(구형, 1980. 3. 22); 〈관보〉(1980. 6. 2), 제8559호.

38 〈매일경제신문〉(1977. 5. 20).

〈표 12-4〉 구미공업기지 배후도시 3단계 건설계획과 도시 지원시설안(1977)

구분	단계	기간	단계내용
배후도시 3단계 건설계획안	1단계	1974~1977	생활규모 확대에 따른 도시시설 건설단계
	2단계	1978~1980	생산의 집적효과에 따른 도시시설 확충단계
	3단계	1981~1984	생산목표 달성과 도시시설의 완성

구분	기능별	시설명	규모(평)	비고
배후도시 내 지원시설 건설안	행정관리	공단, 세관, 출입국관리사무소, 전신전화국, 소방서, 공단관리청	9,600	자동 1,400회선 텔렉스 9회선
	교통운수·공급처리	버스터미널, 변전소(한전), 보세창고, 수도사업소, 컨테이너장(계획 중, 8,000평)	28,500	수전용량 154KVA
	상업업무	외환은행, 중소기업은행, 지원업체 사무실, 슈퍼마켓	4,500	-
	사회복지	공단회관, 병원, 집회소(계획 중), 전시관(계획 중), 복지센터(계획 중)	6,900	-
	교육시설	공업고등학교	1개소	금오공고
	주거시설	외국인아파트 직원용아파트	4,200 6,000	2동 72세대 8동 248세대

자료: 산업기지개발공사(산78, 1978), pp. 354~355.

〈그림 12-1〉 배후도시 시설기능의 구성

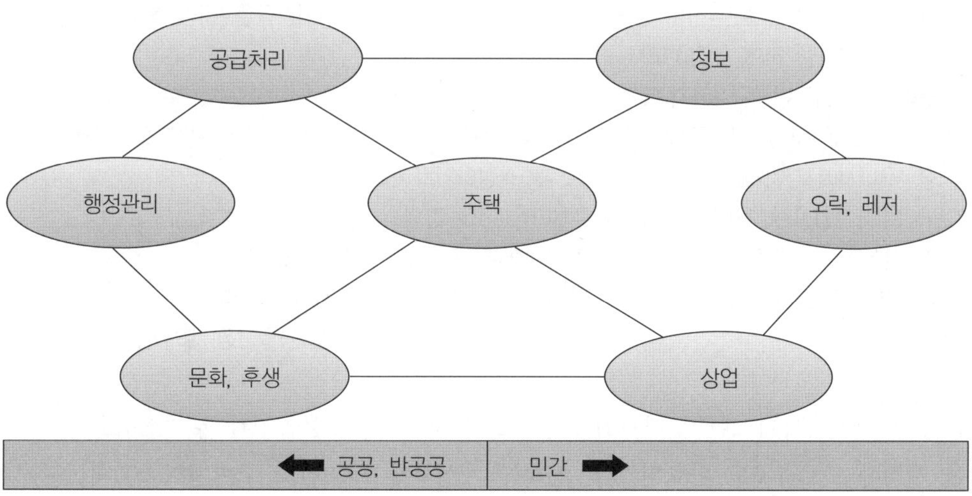

자료: 산업기지개발공사(산78, 1978), p. 359.

〈표 12-5〉 구미전자공업고등학교 이전 설립계획(1978년, 1979년 말)

구분	계획내용
위치	구미기지 제2단지 반도체 및 컴퓨터 공업단지 내
규모	대지 65,650평, 건물 9,071평
인원	학급 수 33학급(주간 30학급, 야간 3학급)
사업예산	3,286 백만 원 → 4,156백만 원(1979년 수정)
추진일정	1977~1981

자료: 중화학공업추진위원회기획단(중화추현, 1979. 1), p. 209; 중화학공업추진위원회기획단(중화추현, 1980. 1), p. 172.

1977년 7월 29일 중화학공업추진 차관보급실무회의 제61차 회의에서 교육부는 구미전자공업고등학교를 인동단지로 이설하는 사업추진계획을 보고하였다.[39] 교육부는 1979년 이전을 목표로 하였지만[40] 수정되어 1981년까지 구미기지 제2단지 반도체 및 컴퓨터 공업단지 내 총 33학급을 이전 설치하는 것으로 되었다(〈표 12-5〉 참조). 1978년 11월 18일 구미직업훈련원도 준공 및 개원하였다.

1978년 3월 17일 중화학공업추진위원회기획단 상황실에서 제69차 중화학공업추진 차관보급실무회의가 개최되어 다음과 같이 보고와 의결이 이루어졌다.

1. 구미수출산업공단, 구미기지 중심지구 건설계획 보고 받고 다음을 의결
   (1) 주택공사 및 입주업체 중심지구에도 소공원 등 복지대를 설치하도록 함.
   (2) 중심지구 고속버스터미널 건설과 전면 50m 도로를 계획대로 추진함.
   (3) 중심지구의 건설 추진도 창원준공업지역과 같이 입주업체 기능공을 위한 생활편의시설 우선건설 원칙하에 추진하도록 함.
2. 구미수출산업공단, 구미기지 제2단지 분양계획 보고
   구미기지 용수시설(1만 톤/일, 소요자금 589백만 원)은 자금소요가 너무 커 지하수 개발 가능성, 구미시에서 기채 가능성 등을 검토 후 결정하기로 함.
3. 구미수출산업공단, 구미기지 폐수종말처리장 건설 건의
   (1) 건설부의 ADB차관 구미시 전체 조사계획에 포함시켜 추진하기로 함.
   단 구미공단은 구미기지 내 공해가 발생 않도록 하는 방안 조사하도록 함.

중화학공업추진위원회기획단장(제69차, 1978. 3. 31).

1978년 상반기까지 2단지 전자기술연구소, 전자공고 등 공공기관 부지조성을 완료하였고 포장을 제외한 도로축조도 완료되었다. 전화는 체신부가 1978년도 구미지역 600회선 증설분으

39 중화학공업추진위원회기획단(제61차, 1977. 7).
40 문교부(구전, 1977).

〈표 12-6〉 1978~1979년 구미기지시설 연도별 주요 사업계획 및 목표

	1978	1979
시설계획 내용	종업원용 주거시설(1977. 12~1979. 5) 복지회관 건립(1978~1978. 12) 풀장 건설(1978. 4~1978. 12) 소공원 건설(1978. 4~1978. 9) 종합병원 건립(1977. 11~1979. 4) 남부진입로 건설(1978. 4~1978. 12) 종말하수처리장 설치(1978. 1~1978. 12)	종업원 주거시설(1978. 9~1979. 12) 복지회관 건립(1979. 1~1979. 12) 보세창고 건립(1979. 1~1979. 12) 풀장시설 보완(1979. 4~1979. 6) 아파트부대시설(1979. 4~1979. 12)

자료: 중화학공업추진위원회기획단(중화추현, 1979. 1), pp. 210~213.

로 대체하고 전력은 우선 선로증설을 통한 1단지 변전소를 활용하고 한국전력이 장기적으로 1980년 완공예정으로 변전소를 신설하기로 하였다. 용수는 건설부가 제73차 중화학공업추진차관보급실무회의에 의거 재원지원 대책을 강구하도록 하였다.41

1978~1979년 구미기지시설 주요 사업계획 및 목표는 〈표 12-6〉과 같았다.

아파트 설립계획은 1977년 말 시공계획이었으나 1년 연기되었고 복지회관 건립 역시 1979년으로 건설이 순연되었다. 전자기술연구소 건설계획 역시 1978년 수정되어 건설계획 기간이 원래의 1977~1978년에서 1978~1981년으로 연기되고 연장되었다. 275명 정원으로 상공부가 주관할 연구소 건물 자체 건설의 예산은 내자 25억 7,000만 원, 외자 1,072만 2,000달러로 책정되었다.42

1979년 경상북도지사는 구시가지와 신시가지를 연결하는 공단진입도로 확장·포장 사업비 4억 원 중 미확보분 2억 원에 대해 1979년 6월 14일 구미시장이 작성한 기채 승인 신청서를 첨부하여 내무부장관에게 신청하였다.

【공단진입도로 확장·포장사업과 사업비 기채내용(1979)】

1. 사업계획 시행기간: 1979. 5~1979. 12
2. 기채내역
   (1) 기채액: 200백만 원
   (2) 이율: 17.5%
   (3) 기채처: 대구은행
   (4) 상환기간: 1979~1984
   (5) 상환방법: 1년 거치 4년 균분상환

경상북도지사(기신78, 1979. 6. 19).

41 구미수출산업공단(구기, 1978. 7).
42 중화학공업추진위원회기획단(중화추현, 1979. 1), p. 315.

구미시장이 6월 14일 작성한 내용에는 착공일이 1979년 6월로 되어 있었으나 경상북도지사가 신청 시 5월로 수기 정정하였다. 공단진입도로 확장·포장 사업이 이미 진행되고 있다는 점을 강조하기 위한 것이다. 기채상환계획은 1979년 6월과 1980년 6월에 이자만 상환하고 이후 1980년 12월부터 6개월마다 1984년 6월까지 원리금을 상환하여 총 10회에 걸쳐 2억 원 원금(8회)과 1억 1,375만 2,000원의 이자(10회)를 상환하는 것으로 재원은 1979~1984년 지방세, 세외수입, 지방교부세, 보조금으로 충당하기로 하였다.43 구미시장은 내무부장관에게 "구미시의 정상적인 세입재원에 근거한 상환계획에 따라 기간 내에 전액을 상환하겠음. 본인이 전보된 경우에도 본 기채사업에 대하여는 행정적 책임을 지겠음"이라고 서약서를 작성하였고 이는 경상북도지사에 의해 함께 제출되었다.44 1970년대 현장 공무원들의 책임은 엄중하였으며 이러한 책임 소재의 분명함과 실질적인 책임은 1970년대 한국 경제성장의 주요한 한 요소가 되었다.

내무부장관은 경상북도지사가 신청한 구미공단 진입로 확장·포장사업비 기채를 1979년 7월 10일 승인 결재하였다. 그런데 승인 시 원금, 기채처, 이율을 신청사항대로 유지하면서도 상환방법을 1년 거치 4년 균등상환으로 하여 상환기간을 단축하였다가 다시 수기로 일시 상환으로 수정하였다. 상환재원 역시 군비로 하였다가 최종 수기로 "도비 및 시비"로 수정하여 상환능력이 높은 도와 시가 책임을 지고 상환하도록 분명히 하였다. 역시 미상환 사태를 방지하기 위한 노력이었다. 그리고 내무부장관은 재무부장관에게 협조 부탁 공문을 발송하였다.45

구미기지의 단지 도로망은 2개의 인터체인지를 통해 경부고속도로와 연결되며 2번째 남구미 IC는 1979년 6월에 준공되었다. 1979년까지 〈표 12-7〉에서 보듯이 구미공업기지 지원사업 도로는 2.8km가 건설되어 총 12km의 23.3%가 이루어졌다. 사업비는 초기 높은 사업비 비중

〈표 12-7〉 구미공업기지 건설 현황(1979년 말) (단위: 백만 원)

	전체 계획		1979년까지		진도(%)	
	사업량	사업비	사업량	사업비	사업량	사업비
지원사업 도로	12km 교량 1개소	3,330	2.8km 교량 1개소	1,530	23.3	45.9
단지조성 (사업량: 천 평)	전체 1,822	45,350	전체 700	10,100	전체 38.4	22.3
	2단지(반도체) 800		2단지 700		2단지 87.5	
	3단지 1,022		3단지 0		3단지 0	

자료: 중화학공업추진위원회기획단(중화추현, 1980. 7), pp. 345~346.

43 경상북도지사(기신78, 1979. 6. 19), 첨부 기채 승인 신청서.
44 구미수출산업공단(구기, 1979. 6. 14).
45 내무부장관(구공, 1979. 7. 11).

으로 45.9%가 소진되었다. 단지조성 사업량 진도가 38.4%이므로 도로사업이 느리게 진행되고 있음을 알 수 있는데 이는 도로가 단지조성이 끝난 후 완공되는 것으로 인식하고 있었기 때문이다.

1979년 12월 17일 구미시는 제3단지 조성에 대비한 278세대 이주민 주택단지를 조성한다고 밝혔다. 구미기지는 다른 5개 중화학공업기지와 달리 온전히 기지 자체를 위한 기지 자체 지원시설이 만들어진 경우가 없고 모두 구미시 건설계획의 일환으로 이러한 제반 지원시설이 건설되었다. 이는 구미공업기지가 갖는 특징이었는데 이런 특징으로 중화학공업추진위원회기획단과 경제제2비서관실은 1980년 기지지원시설 투자 현황을 추계하면서 구미기지를 제외하기도 하였다.[46] 중화학공업화 비판이 높던 1980년 당시 투자액을 낮춰 보이는 것이 필요하였다.

1979년 9월 26일 구미공단 내 15개과 250석의 구미순천향종합병원이 1973년 5월 개원한 구미공단병원에 이어 개원하였다. 1979년 말 구미공업기지 지원기관, 교육기관, 배후도시 내용은 〈표 12-8〉과 같다.

새로이 건설되는 3단지의 도로, 하천, 유수지시설, 배수·폐수시설 등의 시설공사기간은 1979년 10월부터 1981년 12월 31일까지로 계획되었다.[47] 1980년 구미기지는 공업용수 40,000m^3 등 70,000m^3을 공급받게 되었고[48] 1981년 50,000회선을 수용하는 금오전신전화국이 개통되었다. 기지공기 순연에 따른 시설공사 순연은 역시 사업비의 확대를 가져왔다.

1980년 6월 28일 건설부장관은 구미공업기지 확장단지(이주단지) 조성사업 준공인가 신청에 대해 미비사항을 제출하도록 하였고 이에 산업기지개발공사는 미비사항을 다음(〈표 12-8〉 지나 다음 면)과 같이 작성하여 제출하였다.

〈표 12-8〉 1979년 말 구미공업기지 지원기관, 교육기관, 배후도시

구분	시설내용
지원기관	(1) 구미수출산업공단 관리사무소 (2) 세관 (3) 법무부 출입국사무소 (4) 노동청 구미출장소 (5) 우체국 (6) 전신전화국 (7) 소방서 (8) 파출소 (9) 각급 검사소 (10) 대한주택공사 (11) 각 금융기관 (12) 의료기관(병원 2개소, 진료과목 15과, 병상 수 250석) (13) 복지회관(533평) (14) 근로여성교실(250명) (15) 금오산관광호텔
교육기관	(1) 금오공업고등학교: 기계공작, 전자, 판금용접, 금속 등 4개 학과 연간 400명 배출(1,320명) (2) 구미전자공업고등학교(국립): 전자, 통신설비, 정보기술 3개 학과 연간 600명 배출(2,160명) (3) 구미직업훈련원: 4개과 540명
배후도시	430만 평 확장지 구릉지에 인구 6만 명 수용할 수 있는 배후 주거지 조성, 슈퍼마켓·상가(2,160평)

자료: 국무총리기획조정실(제432산, 1980), pp. 449~450; 한국공단연구소(총람, 1980), pp. 154~157.

46 경제제2(중계초, 1980).
47 중화학공업추진위원회기획단(중화추현, 1980. 7), p. 185.
48 구미시(구공40, 2010), p. 207.

【구미공업기지 확장단지(이주단지) 조성사업 준공인가 신청 미비사항(1980)】

1. 조성된 토지 및 시설의 관리처분계획
   (1) 이주단지: 이주단지 용지보상비를 회수한 후 구미시에 양도한다.
   (2) 공공시설: 국가 또는 지방자치단체에 무상으로 귀속조치
   (3) 조성 전 공공용지로 용도 폐지되는 공공용지: 사업시행자인 산업기지개발공사가 국가 또는 지방자치단체로부터 무상으로 양수하여 부지에 포함시키거나 사업시행자의 재산으로 함.
2. 무상교환 대상 공공시설의 관리처분 조서

산업기지개발공사 사장 안경모(구확이, 1980. 6. 28).

지원시설 건설에서 관계기관 간 미묘한 입장 차이가 있었다. 도로건설에는 단지 내 석산도 사용되었는데 1981년 4월 대구지방국토관리청장은 구미 인동단지 진입도로 확장·포장공사를 위해 구미2단지 내 석산에서 굴재를 채취하고 석산 옆에 플랜트장을 설치하고자 건설부장관(산업입지국장)이 산업기지개발공사에 조치하여 주기를 요청하였다.[49] 이에 대해 구미수출산업공단 이사장은 "폭파진동 등으로 입주업체 조업에 지장이 있을 수 있으므로 입주업체의 동의를 얻어야 하고 플랜트장 배출 분진공해는 공업단지 관리상 불가하다"고 산업기지개발공사사장에게 통보하였다.[50] 산업기지개발공사사장은 "플랜트장 부지사용은 인접공장 가동지장으로 불가능하고 굴재채취는 1981년 9월 14일 준공예정의 단지조성 마무리공사에 지장이 없도록 채취기간을 1981년 7월 10일까지로 하며 채취원석은 현장에 적치하지 말고 즉시반출을 조건으로 허용한다"고 건설부장관에게 통보하였다.[51] 저렴한 비용으로 최단시간 건설에 매진하고 있던 지방국토관리청과 달리 수출산업공단은 입주희망 기업들의 눈치를 보아야 하였고 기업입주에 문제가 생길까봐 걱정하였는데, 산업기지개발공사는 양측의 입장을 반영하여야 하였다.

1981년 건설부장관은 구미인동단지와 구미공단 등에 상수 150,000톤/일을 공급하고자 하는 구미도시계획시설 수도(취수 및 정수시설, 배수시설)시설 건설계획을 건설부고시 제129호로 승인 고시하고 통보하였다.[52] 경상북도지사는 이를 구미시장에게 통보하였다.[53] 1982년 3월 11일 건설부장관은 건설부고시 제93호로 구미공업지역 하수처리사업 실시계획을 산업기지개발촉진법에 의해 승인 고시하였다. 1982년 11월 김상협 국무총리는 구미전자기술연구소를 시찰하였다.[54]

1985년 12월 경상북도지사는 구미시장 요청에 따라 구미공업기지 내 제2단지 인근으로 구미시 인동향교 이전을 위한 산업기지개발구역 일부 해제를 요청하였는데 문화재 보호를 이유

49 대구지방국토관리청장(석사, 1981. 4. 24).
50 구미수출산업공단이사장 박승도(구단, 1981. 5. 13).
51 산업기지개발공사사장 안경모(구확장, 1981. 5. 15).
52 건설부장관(구기용, 1981. 4. 23).
53 경상북도지사(구공4, 1981. 5. 4).
54 공보처 홍보국(김1, 1982. 11. 12).

로 산업기지개발촉진법 제5조 규정에 의해 해제를 요청한 것이었다.[55] 이는 기지구역 총면적 1,413만m^2를 1,412만 4,000m^2로 변경 요청하는 것이었다.[56] 건설부장관은 제2단지 일원은 준공 인가된 지역이므로 도시계획상 용도지역 변경을 선행하여야 하며 그렇게 하여도 공장과 향교를 같이 두는 것은 문화재 보존·관리 측면에서도 바람직하지 못하므로 향교를 다른 지역으로 이전하는 것이 좋겠다고 회신하여[57] 이전의 건설부와 상공부 입장을 유지하였다.

Ⅲ. 공업단지 조성과 분양, 입주

총력적인 수출을 위한 수출공단이 될 구미공단 조성공사가 진행되면서 1969년 7월 구미공업단지가 문을 열었고 첫 전자업체 「한국도시바」의 입주와 공장착공이 이루어졌으며 8월 19일 대지분양 업무가 시작되었다. 한국중화학공업기지의 특징인 기지조성공사와 분양, 입주, 공장건설이 동시에 진행된 것이다.

한국수자원개발공사는 1972년 12월 26일 대통령에게 보고한 기본계획에 따라 1973년 1월 2일부터 1월 24일에 걸쳐 공단건설을 위한 현지측량 및 매립설계서를 작성하였다. 그리고 1973년 1월 4일 한국전자공업공단이사장과 수자원개발공사사장은 구미전자공업단지 확장사업 역무계약을 체결하였다. 1월 28일 전자단지 매립공사분할 입찰에서 「현대건설」, 「대림산업」, 「동아건설」, 「삼부(三扶)토건」이 낙찰 받아 1973년 2월 1일 계약과 동시에 착공하여 6월 30일까지의 매립공사가 이루어졌다. 구미공사사무소 및 직원숙소는 「대림산업」이 도급 시행하였다.

1973년 4월 6일 한국수자원개발공사사장은 경상북도지사에게 기개 446-1026으로 공업단지 조성(확장)사업 허가 신청을 하였다.[58] 4월 28일 선산군수는 제3공구 조성사업(구미도시계획 일단의 공업용지조성사업)을 도시계획법에 따라 허가 고시하였다. 고시된 구미도시계획사업의 규모는 시행면적 1,762,700평이고 사업 준공일은 1973년 9월 30일이었다.[59] 5월 21일 한국수자원개발공사는 경북도지사로부터 삼각포락지 약 5,100평 조성 동의 공문을 접수하였다.[60]

1973년 6월 30일 매립공사가 준공되었다. 한국수자원개발공사 구미공사사무소장은 9월 19일 경상북도지사에게 삼각포락지 매립을 완료하였으니 소유권을 전자공단으로 이전하고 토지매입비는 기송금한 수공 보상금으로 처리해 줄 것을 요망하였다.[61] 9월 22일 한국수자원개발

55 경상북도지사(구축, 1985. 12. 3).
56 구미시장(산조, 1985. 11. 15).
57 건설부장관(구지조정, 1985. 12. 11).
58 산업기지개발공사(구전, 1976. 3).
59 한국전자공업공단이사장(공단, 1973. 5. 8).
60 경상북도지사(구구, 1973. 5. 21).
61 한국수자원개발공사 구미공사사무소장(매립, 1973. 9. 19).

공사사장은 전자공단이사장에게 매립면적 1,355,106평의 공유수면 매립 준공인가 신청을 경상북도에 할 것을 요청하였다. 11월 12일 한국수자원개발공사는 1973년 1월 4일 한국전자공업공단과의 역무계약에 의해 시행한 구미공업단지 확장 매립사업을 10월 31일자로 인계인수하고 11월 14일 구미공사사무소를 폐쇄하였다. 그러나 11월 3일 경상북도는 공유수면 매립공사 준공신청을 반송하였는데, 그 이유는 호안고가 계획 홍수위보다 0.5m 낮고 부지암을 제거하지 않았으며 줄떼 약 30%가 고사하였기 때문이었다. 11월 16일 한국전자공업공단이사장은 경북도지사와 건설부장관에게 매립면적 1,374,546평(공유수면 803,555평), 준공일 1973년 6월 30일로 하여 공유수면 매립공사 준공인가를 재신청하였다. 1973년 11월 28일 경상북도지사는 한국전자공업공단이사장에게 공유수면 매립 준공을 인가하였다.[62]

한편, 1973년 10월 4일 건설부장관은 전자공단이사장에게 추가 매립 16,551평 공유수면 매립 면허를 부여하였고 11월 7일 경북지역계획과장, 수공구미공사사무소장, 전자공단상무이사는 사업지구의 공공용지 14만 평 내에 포함되어 있는 수공 건설 삼각포락지 약 5,224평을 경상북도 토지분양 가격으로 한국전자공단에게 이양한다는 합의서를 작성하였다.[63] 10월 10일 구미공업단지 13만 평 정지공사가 1973년 12월 31일 준공예정으로 착공되었고[64] 10월 15일 경상북도는 정지공사감독관으로 지역계획과 직원 2명을 임명하여 파견하였다.[65]

1973년 11월 20일 구미공단의 전자공업기지로서의 본격적인 확장이었던 1단지 전자3공구가 10월 5일의 지정지구 완공에 이어 전 과정 완공되었다. 단지로 조성된 지역은 454만 2,000m^{2}이었다. 3공구의 건설은 자금난을 겪었는데, 원래 대통령 지시대로 산업합리화 자금이 투입되도록 계획되었으나 기금조성 부진으로 대출이 늦어졌고 마지막에는 석유파동 영향으로 기업들의 대지분양자금 유입도 정체되어 한국전자공업공단은 긴급으로 고금리 외화운영자금 4억 원을 기채할 수밖에 없었다. 여기에 〈표 12-9〉에서 보듯이 보상비가 52.8%, 3억 원 가까이 대폭 늘어났고 구미공단공사가 겹치면서 골재 등 자재 값이 2배로 폭등하였으며 3공구는 하천부지를 포함하여 범람을 막기 위한 제방, 유수지, 배수로 공사가 신중히 이루어져야 했던 것도 자금 문제를 악화시켰다.[66] 3공구 조성공사 사업비 계획과 집행액을 비교하면 〈표 12-9〉와 같았다. 3공구는 규모 면에서나 한국 3대 전자기업으로 성장한 「금성」, 「삼성」, 「대한전선」의 입주기업 면에서 보나 한국전자공업기지의 실질적인 출발을 보여 주는 것이었다. 3공구 지정지구 완공으로 1973년 10월 5일 확장단지 140만 5,000평, 도(道)확장단지 약 47만 평의 구미지구 187만 4,000평 규모 대단위 전자공업단지가 이루어졌다.[67]

62 경상북도지사(공수, 1973. 11. 28).
63 산업기지개발공사(구전, 1976. 3).
64 한일산업주식회사 대표이사 우종식(1973. 10).
65 경상북도(구정, 1973. 10. 15).
66 구미시(구공40, 2010), pp. 199~200.
67 경제기획원(경백, 1975), p. 401; 중화학공업추진위원회기획단(중화추현, 1979. 1), pp. 180, 217~218.

〈표 12-9〉 구미공단 제1단지 전자단지 제3공구 사업비 계획액·집행액 (단위: 원)

	계획		실현사업비	
	사업비	비중	사업비	비중
공사비	2,549,000,000	76.8	2,723,659,699	71.3
보상비	560,000,000	16.9	855,541,634	22.4
관리비	99,000,000	3.0	102,346,000	2.7
이자비	112,000,000	3.4	89,619,724	2.3
합계	3,320,000,000	100	3,821,000,000	100

자료: 구미문화원(2005); 구미시(구공40, 2010).

1973년 닥친 석유파동의 영향은 1974년 분명해졌다. 국내외 불황이 심화되면서 1974년 10월 말 조사 결과 분양된 곳은 초기 입주한 비전자부문을 포함하여도 여전히 분양 가능 면적의 반이 안 되는 49.7%이었고, 가동도 입주승인사업체 86개 중 33.7%인 29개 업체에 그치고 있었으며, 심지어 1974년 11월 완공된 직원 아파트 입주신청자도 26%에 머물렀다.[68] 1974년 10월 현재 구미수출산업공업단지 총면적 318만 5,000평 중 가용면적은 255만 8,000평이었고 분양면적은 146만 6,000평이었다.[69] 「한국전자」, 「韓國信英」, 「한국전파」, 「한국TV」, 「高麗電機」, 「大信電硏」 등에서의 조업단축도 이어졌다. 여기에 1974년 12.7 경제조치로 인한 산업합리화 자금, 재정자금, 대환자금, 공장대여자금 등의 기채금 지불이자 폭등 등 지출증가가 나타나 구미수출산업공단이 산업합리화 자금 1975년도 원금 45억 2,100만 원의 지불이자 5억 3,271만 원의 불입을 1975년 말까지 유보해 줄 것을 건의할 정도이었다.[70] 1975년 중순에도 전자단지 분양 가능 면적은 146만 5,000평이었지만 분양실적은 53만 4,000평에 머물러 있었다.[71] 이런 상황이 계속되자 당연히 1973년 1단지 조성공사가 끝나고 구미전자단지 조성공사 역시 1977년이 되기까지 더 이상 진척되지 못하였다.

공업단지를 건설하면서 관련 기관들이 확인하고 인가하는 과정은 관련 내용을 포함하여 꼼꼼하고 엄격하게 이루어졌고 이는 경쟁력 있는 기지건설로 이어졌다. 심지어 1975년 6월 18일까지도 구미수출산업공단 직원이 산업기지개발공사를 방문하여 삼각포락지 5,119평 시공 관련 경상북도의 최종승인 문제를 다시 협의하였는데, 산업기지개발공사가 제공한 관련 소명자료가 경상북도의 인정을 받지 못하였기 때문이었다. 1975년 7월 5일 구미수출산업공단이 다시 산업기지개발공사에 경상북도와의 사후협의사실, 실측지적도, 전경사진 등 시공 관련 보완자료

68 구미시(구공40, 2010), pp. 810~811.
69 구미공단(구전기4, 1974. 10).
70 구미수출산업공단(구기4, 1974. 12).
71 대통령비서실(중공추, 1975. 7).

를 요청하였고[72] 산업기지개발공사는 정밀증빙 요청에 대응을 못하고 애를 태웠다. 이에 8월 21일 구미수출산업공단이 다시 산업기지개발공사에 시공사실증명보완 자료의 제출을 촉구하면서 관계인을 파견하여 반증해 줄 것을 요구하였다.[73] 1975년 8월 29일에야 산업기지개발공사 사장은 구미수출산업공단이사장에게 〈삼각포락지 매립공사시공 확인〉 관련 자료를 송부하였고 구미수출산업공단이사장은 이 서류를 근거로 경상북도에 소유권 이전등기 이행을 촉구하였지만 9월 중순경 경상북도는 이것도 받아들이지 않고 경상북도, 산업기지개발공사, 구미수출산업공단 연석회의를 개최하자고 주장하였다. 결국 문제해결이 되지 않자 1976년 2월 17일 경상북도는 산업기지개발공사사장, 구미수출산업공단이사장에게 본 문제가 종결될 때까지 현장을 현상 유지하도록 보존을 요청하였고 이에 1976년 3월 11일 구미수출산업공단이사장은 문제가 되고 있는 삼각포락지 매립구역을 이미 경상북도에서 분양하였으므로 현장보존 문제는 경상북도가 협의하라고 답변하였다. 1976년 3월 14일에야 경북지사는 산업기지개발공사사장에게 구미공업단지 용지매수비 정산을 통보하고 잔액을 송금하였다.[74] 3월 19일 산개공은 이미 모든 정산을 완료하고 용지보상 업무를 한국전자공업공단에 인계완료 하였다며 용지매수비 정산집행 잔액 수령불가를 회신하였다.[75]

1977년 2단지 지정과 사업착수가 이루어지기 전 1976년 현재 구미전자단지 공업용지는 당초 경상북도가 조성한 43만 6,000평에서 1973년 한국전자공업공단이 확장한 102만 9,000평, 합계 146만 5,000평이었다.[76] 이 기간 1973년부터 1976년까지 구미공업단지 전자단지에 입지 지정된 기업들의 입지 지정내역은 〈표 12-10〉과 같았다.

1977년 5월 18일 산업기지개발공사와 구미수출산업공단은 구미공업기지 확장조성사업 협약을 체결하였다. 원래 4월 체결 예정이었지만 일자가 연기되어 계약서 역시 가필 정정되었다.[77]

산업기지개발공사와 구미수출산업공단이 맺은 확장조성사업협약은 구미수출산업공단이 반도체 및 컴퓨터 업체를 유치하기 위하여 사업비 49억 4,100만 원을 투입하여 산업기지개발공사로 하여금 구미공단 2단지를 조성공사하게 하는 것으로 계약서의 주요 내용은 다음(〈표 12-10〉 지나 다음 면)과 같았다.

72 구미수출산업공단이사장(삼매, 1975. 7. 5).
73 구미수출산업공단이사장(삼락, 1975. 8. 21).
74 산업기지개발공사(구전, 1976. 3).
75 산업기지개발공사사장(구지, 1976. 3. 19).
76 경상북도지사 김수학(1976).
77 산업기지개발공사사장 안경모(구확, 1977. 6. 3).

〈표 12-10〉 2단지 지정 이전 구미공업기지 전자단지 입지 지정내역

지정		상호	공장용지(평)	생산품목
번호	연월일			
1	1973. 11. 2	오리온전기주식회사	7,701.26	TV용 흑백브라운관
2	1973. 11. 8	오리온금속주식회사	2,819	TV용임벤드
3	1973. 11. 20	한국도시바주식회사	101,417	실리콘트랜지스터
5	1973. 11. 21	大新電研주식회사	5,000	TV용고주파코일
6	1973. 11. 21	韓光공업주식회사	2,895	형광분말
7	1973. 11. 21	한국테레비주식회사	30,000	흑백TV수상기
9	1973. 12. 7	구미전자초자주식회사	13,499	전자초자
11	1973. 12. 6	한국전기음향주식회사	3,026	TV용품
12	1973. 12. 17	주식회사大和금속	3,090	TV용부속품
57	1973. 12. 29	구미전자주식회사	16,375	카세트테이프 외
58	1973. 12. 29	한진금속공업주식회사	2,000	각종 땜납
59	1974. 1. 29	주식회사 금성사	85,701	TV용 브라운관 외
60	1974. 2. 27	한국레이렉스주식회사	3,091	전해콘덴서
61	1974. 3. 23	구미포장주식회사	3,120	스치로폼박스
62	1974. 3. 22	오리온전자주식회사	18,721	녹음기
63	1974. 3. 22	한국산우드주식회사	6,090	스피커
65	1974. 3. 23	高麗電機주식회사	3,400	필름콘덴서
70	1974. 5. 28	한국전파공업주식회사	2,000	전자기기용 부품
72	1974. 5. 28	韓國信英주식회사	7,435	각종 축전기
74	1974. 7. 23	韓國製釘주식회사	6,121	특수정
75	1974. 8. 21	韓光전기주식회사	105	자동차용 소형전구 외
76	1974. 8. 21	大亞산업주식회사	2,519	原紙 및 단보루
77	1974. 10. 29	韓國加美전자주식회사	3,000	소형 트랜스
78	1975. 1. 24	韓昌제지주식회사	2,000	각종 판지 외
80	1975. 2. 24	鷄林요업유한회사	20,000	절연기구, 위생도기
81	1975. 4. 4	午星社	3,000	스위치프레스
82	1975. 4. 4	주식회사 利京전자	5,100	콘덴서 및 케이스
83	1975. 4. 4	대한전자공업주식회사	3,000	전자계산기
85	1975. 8. 30	新星기업사	4,800	전자도면적층판
86	1975. 9. 5	宰賢공업주식회사	2,000	TV패킹
87	1975. 11. 4	금성전선주식회사	76,597	케이블 외
88	1975. 12. 15	大明산업사	3,000	전자플라스틱 외
89	1975. 12. 24	주식회사晟豊전자	3,000	카스테레오, 스피커
90	1976. 1. 6	永和共産주식회사	2,300	광학렌즈 외
91	1976. 6. 1	금성정밀공업주식회사	24,600	라디오 외
114	1976. 11. 24	신흥목재주식회사	1,000	전자기기 외
115	1976. 11. 24	信一전자주식회사	15,800	소형 모터 외
116	1976. 11. 24	IE端子공업사	1,500	단자 외
117	1976. 12. 8	韓國化成공업주식회사	1,353	전자카세트 외

자료: 경상북도(구시7, 1977).

【구미공업기지 확장조성사업 협약 계약서 주요 내용(1977)】

제1조 약 60만 평을 조성한다.

제2조 건설이자를 제외한 사업비의 70/100 상당액을 산업기지개발공사가 정부로부터 국민투자기금을 대출 사용하고 30/100 상당액과 건설이자는 법 제11조의 규정에 의거 「구미수출산업공단」이 선수금으로 부담한다.

제3조 산업기지개발공사는 건설부장관이 정하는 적정가격으로 구미수출산업공단에 양도한다.

제6조 산업기지개발공사는 용지매수 및 손실보상 업무를 경상북도지사에게 위탁 시행한다. 용지매수는 분할매수를 원칙으로 하되 불가피한 경우 전필 매수한다.

제9조 차입한 국민투자기금 채무에 따른 발생이자는 3조의 양도가격과 별도로 구미수출산업공단이 부담해야 한다.

산업기지개발공사·구미수출산업공단(1977. 5. 18).

1977년 7월 28일 구미전자공업기지 제2단지가 착공되었다. 제2단지 건설은 2단지 내 구분된 A, B, C단지 건설에서 A단지의 절토량과 B단지의 성토량을 부합시켜 공사비를 절감하면서 주위경관을 조화 있게 배열한 전원단지를 조성하고 C단지 역시 토공량을 줄여 공사비 절감을 꾀하기 위해 토량의 전성토를 맞추도록 하였다.[78] 1977년 10월 4일 새해예산안 시정연설에서 대통령은 1978년에는 추진 중인 제2단지 건설을 본격화하겠다고 밝혔다.[79]

1978년 1월 27일 건설부장관은 건설부고시 제144호(1977. 7. 19)로 고시한 구미공업기지 조성사업 실시계획을 변경 승인하고 건설부고시 제15호로 고시하였다. 1978년 9월 말 구미기지 조성상황은 〈표 12-11〉과 같았는데 1978년 10월 10일 건설부장관은 다시 건설부고시 제15호 변경 및 추가를 승인하고 건설부고시 제301호로 고시하였다. 이때 이주단지가 추가되고 공사기간이 1977년 7월부터 1978년 12월 30일까지에서 1979년 6월 30일까지로 연장되었다. 이주단지 추가분은 627m 진입도로, 1,156m 단지 내 도로 등 도로축조, 1개 교량 설치, 1,069m 배

〈표 12-11〉 구미공업기지 조성상황(1978)

구분	면적(천 평)	상황
1단지	3,152	기조성
2단지	630	조성·분양 중
3단지	2,000	미착수
계	5,782	조성, 분양, 계획

자료: 대통령비서실(중결1018대통령결재문서, 1978. 10).

78 산업기지개발공사(산78, 1978), p. 352.
79 〈조선일보〉(1977. 10. 5).

〈표 12-12〉 구미공업기지 조성사업(확장단지) 변경내용(1978) (단위: 평)

고시일			1978년 1월 27일		1978년 10월 10일		
건설부고시명			건설부고시 제15호		건설부고시 제301호		
구분			확장단지		확장단지		이주단지
			당초	변경	당초	변경	추가분
총면적			629,933	변경 없음	629,933	변경 없음	21,193
이용면적	총		577,031	변경 없음	577,031	변경 없음	7,205
이용면적	부지조성	총	553,063	변경 없음	553,063	변경 없음	7,205
이용면적	부지조성	공장부지	–	434,093	434,093	변경 없음	–
이용면적	부지조성	연구소부지	–	53,320	53,320	변경 없음	–
이용면적	부지조성	학교부지	–	65,650	65,650	변경 없음	–
이용면적	공공용지	도로	40,594	변경 없음	40,594	변경 없음	4,300
이용면적	공공용지	녹지	12,308	변경 없음	12,308	변경 없음	–
사업시행 기간			1977. 7~1978. 12. 31		1977. 7~1979. 6. 30		

자료: 〈관보〉(1978. 1. 31), 제7864호; 건설부장관(건고301, 1978. 10. 10); 〈관보〉(1978. 10. 13), 제8074호.

수시설 설치이었고 2억 달러를 투자하여 63만 평에 28개 기본공장 및 관련 공장을 건설할 계획이었다.[80] 1978년 구미공업기지 조성사업(확장단지) 변경내용을 정리하면 〈표 12-12〉와 같다. 1978년 말까지 2단지에 입주한 주요 업체는 「대한반도체」, 「금성사」, 「한국화약」, 「동양정밀」, 「대한통신」, 「선경반도체」, 「동양나이론」, 「삼성전관」, 「금성전기」, 「아남반도체」 등이었다.[81]

1979년 1월 현재 조성지는 제1단지와 제2단지 일부 28만 평을 합하여 343만 2,000평이었고 1979년 제3단지 200만 평 중 30만 평, 제2단지 잔여분 35만 평이 조성될 계획이었으며 나머지 170만 평은 1980년 이후 조성되도록 계획되었다.[82] 1979년 7월 6일 건설부장관은 건설부고시 제301호로 고시한 구미공업기지 조성사업(확장단지)에 대한 실시계획을 변경 (추가)승인하고 건설부고시 제245호로 구미기지 제2전자단지(인동단지) 실시계획을 고시하였다(〈표 12-13〉 참조). 이는 원래 동일면적 629,933평에 대해 도급으로 1976년 12월부터 1978년 6월 말까지 1년 6개월의 공사기간으로 계획되었던 것이 1978년 말, 1979년 6월 완공으로 2번 연기된 후 다시 이번에 면적이 늘고 1년 6개월 더 연기된 것이다.[83] 이러한 연기는 〈표 12-14〉에서 보듯이 대폭적인 사업비 증가를 가져왔는데 다시 1979년 9월에 이주단지 1만 8,800m^{2}가 추가되었다. 1979년 9월 15일 건설부장관은 건설부고시 제324호로 건설부고시 제245호 중 조성면적

80 중화학공업추진위원회기획단(중화추현, 1979. 1), pp. 180~183.
81 중화학공업추진위원회기획단(중화추현, 1979. 1), p. 207.
82 경제제2(7중, 1979. 1).
83 산업기지개발공사(산78, 1978), p. 348.

〈표 12-13〉 구미공업기지 확장단지(2단지) 조성사업 변경(1979)

			확장단지(평)		이주단지(평)	
			당초	변경	당초	변경
총면적			629,933	698,592	21,193	21,193
이용 면적	총		577,031	638,747	7,205	7,205
	부지 조성	총	553,063	612,797	7,205	7,205
		공장부지	434,093	494,827	–	–
		연구소별지	53,320	53,320	–	–
		학교부지	65,650	65,650	–	–
	공공 용지	도로	40,594	47,022	4,300	4,300
		녹지	12,308	12,823	–	8,655
사업시행 기간			1977. 7~1979. 6. 30	1977. 7~1980. 12. 31	1978. 5~1979. 6. 30	1978. 5~1979. 12. 3

자료: 건설부장관(건고245, 1979. 7. 6).

〈표 12-14〉 제2단지 조성사업 실시계획 변경(1977~1982)

계획시기	조성면적	사업기간	사업비	변경사유
1977. 7	2,082천m^2	1977. 7~1978. 12	4,941백만 원	–
1978. 10	2,082천m^2	1977. 7~1979. 6	5,475백만 원	이주단지 72.5천m^2 추가
1979. 7	2,309천m^2	1977. 7~1980. 12	8,023백만 원	저지대 198천m^2 추가
1979. 9	2,328천m^2	1977. 7~1980. 12	8,065백만 원	이주단지 18.8천m^2 추가
1980. 1	2,328천m^2	1977. 7~1980. 12	8,929백만 원	물가상승
1980. 9	2,328천m^2	1977. 7~1981. 12	11,326백만 원	물가상승
1982. 4	2,328천m^2	1977. 7~1982. 9	10,485백만 원	물가상승
1982. 10	2,275천m^2	1977. 7~1982. 12	10,564백만 원	–

자료: 구미시(구공40, 2010), pp. 224~225.

및 보존면적 변경 승인을 고시하였다. 변경된 내용은 조성면적을 324,161평에서 325,661평으로 1,500평 추가하고 자연보존면적을 1,500평 축소하는 것이었다.[84]

1970년대 말 구미공업기지 1, 2, 3단지 상황을 총괄하면 〈표 12-15〉와 같다.

1979년까지 기지조성 투자주체별 투자부담 내역과 구미기지 대지분양 현황은 〈표 12-16〉, 〈표 12-17〉과 같다. 구미기지 조성 투자액 부담 중 자체자금 투입 비중이 40.6%이었다. 입주기업은 「금성사」 등 13개 기업이 입주하여 대지분양률은 69%이었다(1979년 말 1단지, 2단지 입주 전자기업체 내용은 부록 참조). 그러나 1979년부터 중화학공업화정책 비판과 안정화정책, 여기에 다시 닥친 2차 석유파동으로 투자위축이 이어졌고 이는 기업들의 자금조달 곤란과 해외 기술

84 〈관보〉(1979. 9. 20), 제8354호.

〈표 12-15〉 1970년대 말 현재 구미공업기지 1~3단지 총괄

	총괄 및 확장 내용			
총괄		총면적(천 평)	공장 가능 면적(천 평)	공공용지(천 평)
	제1단지	3,152(단지조성면적)	2,441	711
	제2단지	699(단지조성면적)	638	61
	제3단지	3,100(산업기지개발구역)	1,980	2,320
	계	8,151	5,059	3,092

	단지별		조성기간	규모(천 평)	투자액
단지 확장	제1단지 (완공)	전자	1971. 11~1973. 10	1,874	5,617백만 원
		일반	1969. 3~1973. 12	1,278	2,443백만 원
		소계	1969~1973	3,152	8,060백만 원
	제2단지(조성 중)		1977. 7~1980. 12	1,200(산업기지개발구역)	7,021백만 원
	제3단지(미착수)		1980~1984	3,100(산업기지개발구역)	–

주: 1) 오류는 수정함.
2) 조성기간은 수정된 연도로 표기함.
3) 12월 11일 제3단지 이주단지 착공은 이루어짐.
자료: 한국공단연구소(총람, 1980), pp. 135, 155; 중화학공업추진위원회기획단(중화추현, 1980. 1), pp. 148, 151~152.

〈표 12-16〉 기지조성 부담주체별 투자부담액(1979년까지) (단위: 백만 원)

	국민투자기금	자체자금	합계	자체금 비중(%)
창원	47,880	35,561	83,441	42.6
여천	12,710	8,048	20,758	38.7
온산	7,386	5,402	12,788	42.2
구미	13,860	9,504	23,364	40.6
포항	500	14,031	14,531	96.5
합계	82,336	72,546	154,882	46.8

자료: 경제제2(중계초, 1980).

도입 곤란을 가져오면서 입주 지연과 공장건설 지연, 그리고 가동 지연을 가져오고 있었다. 실제로 1980년 구미제2단지 입주 16개 전자업체 중 10개 공장이 입주계약 후 1년 6개월이 지났지만 공장건설을 하지 않고 있었다.[85]

1970년대 구미공업기지 전자공업 투자주체별 투자유치 현황을 건수로 총정리하면 〈표 12-18〉과 같다. 외국인투자의 경우 단독투자보다 합작투자가 18건으로 많았으며, 특히 1976년

85 구미시(구공40, 2010), p. 826.

〈표 12-17〉 구미기지 대지분양 현황(1979년 말) (단위: 천 평)

	총면적	가용면적	분양면적	잔여면적	분양률(%)
제1단지	3,152	2,441	2,441	–	100
제2단지	1,200	639	438	201	69
제3단지	3,100	1,160	–	1,160	–
계	7,452	4,240	2,879	1,361	–

자료: 중화학공업추진위원회기획단(중화추현, 1980. 1), p. 148.

〈표 12-18〉 1970년대 구미기지 전자공업 투자주체별 투자유치 건수

	합계	내국인투자	외국인투자		
			소계	단독	합작
1972	33	22	11	6(4,444)	5(3,942)
1973	26	21	5	4(0)	1(472)
1974	22	21	1	–	1(288)
1975	14	12	2	1(48)	1(4,266)
1976	24	24	–	–	–
1977	29	26	3	–	3(1,456)
1978	23	18	5	–	5(384)
1979	16	14	2	–	2(73,840)
계	187	158	29(89,140)	11(4,492)	18(84,648)

주: ( ) 안은 투자금액으로 천 달러.
자료: 구미시(구공40, 2010), pp. 241~242, 339~340.

이후 외국인 단독투자는 없었고 투자금액으로 보아도 합작투자가 건당 470만 3,000달러로 단독투자 40만 8,000달러에 비해 11.5배나 높았다. 정부는 전자공업에서 외국인투자 유치를 위해 외국인기업이 주장해 온 100% 외국인 단독투자를 허용하였지만 그 비중은 크지 않았다.

제2단지 조성기간은 1979년에서 1980년으로 연기되고 있었고 제3단지 건설도 연기되고 있었다. 중화학공업추진위원회기획단의 의지로 산업기지개발공사는 정부의 전자, 컴퓨터 및 반도체공업 육성에 대비한 공업단지의 공급을 위하여 1979년 12월 11일 제3단지 조성사업을 시작하였고 1단계 사업으로 1980년 9월 17일까지 주거단지 조성을 완료하였지만 1979년 제2차 석유파동 이후 국내외 경기침체로 실수요자가 전무하여 용지보상조차 하지 못하고 있었다.[86]

86 산업기지개발공사사장(구제, 1984. 11. 22).

〈표 12-19〉 2단지 평당 분양가 변화 (단위: 원)

	당초 계약가	중간계약 잠정가	현 예정 통지가
책정시기	1979	1980. 9	1981. 2
조성지	14,400	20,500	28,800
차단지	14,400	20,500	28,800
자연녹지	2,500	2,800	3,230

자료: 구미공단입주업체협력회장(1981. 4. 7).

그 결과 3단지 공사는 1981년, 1984년, 1987년으로 계속 연기되었다. 연기는 이자 등 비용상승을 가져왔다.[87] 1980년까지 입주업체는 97개 전자공업 205개 기업이었다.[88]

1981년 4월 7일 「금성반도체」, 「금성전기」, 「동양나이론」, 「한국오크공업」, 「행남전자기술요업」, 「금오금속공업」 등 2단지 7개사가 사실상의 분양가 100% 인상에 대해 개선책을 찾아줄 것을 상공부장관에게 건의하였다(〈표 12-19〉 참조). "제반 여건이 불리함에도 …… 정부 유관기관의 적극적인 권유 및 유도로 입주하였으나, 1978년 입주계약 당시 부지분양가 평당 14,500원 가계약 후 …… 1981년 2월 28,800원으로 대폭 인상"되었다는 것이었다. 건의문에서 입주업체협력회장은 1단지는 현재 25,000원으로 분양되고 있는 점, 2단지가 오히려 공장부지로 활용이 불가한 차단지, 녹지 등 후보지역을 포함하여 분양된 점, 차단지와 자연녹지 등 후보지도 계속 분양가를 올리고 있는 점, 분양가 인상요인이 자신들과 하등 관계가 없는 준공 지연 또는 추가 확장공사라는 점 등을 들어 부당함을 호소하였다.

1981년 4월 16일 상공부장관은 이 건의에 대해 건설부장관에게 공문을 발송하였다. 상공부장관은 이 단지가 한국전자공업의 핵심 분야인 반도체 및 컴퓨터의 전문단지로서 이를 육성하기 위한 다각적인 지원이 요청되는 업종임을 고려할 때 공기지연 및 확장공사 등의 이유로 부담을 가중시키는 사례가 발생되어서는 안 될 것이라고 먼저 밝혔다. 그리고 동 단지의 특수성을 감안하여 분양가격의 적정화를 기할 수 있도록 산업기지개발공사로 하여금 조성공사를 조기 완공토록 함은 물론 조성사업비의 추가 조정으로 인한 업체 부담이 가중되지 않도록 필요한 조치를 취하여 줄 것을 건설부장관에게 요청하였다.[89] 기업들의 비용 인하로 생산과 수출을 독려하는 상공부와 분양가 현실화와 자금회수를 우선으로 하는 건설부의 입장 차이는 뚜렷하였다. 이런 점 때문에 분양가는 공업단지관리법 제10조의 규정에 의거 상공부장관이 별도 승인하도록 되어 있었지만[90] 산업기지개발공사가 책정하는 과정에서 마찰이 발생하고 있었던

87 1977년 건설이자율은 14%이었다. 산업기지개발공사(산78, 1978), p. 354.
88 전자산업 50년사 편찬위원회(2009), p. 144.
89 상공부장관(구단, 1981. 4. 16).

것이다. 건설부장관은 일단 1981년 4월 28일 산업기지개발공사사장에게 사업의 조속한 완공을 촉구하였다.[91] 그러나 석유파동으로 시작된 비용 상승과 분양 저조가 계속되자 결국 준공예정일이 1년이나 지난 1981년 12월 일단 공사 중단까지 이루어졌다.

이후에도 상황은 개선되지 못하였다. 중단된 조성단지 내 무주물 6필지 지적정리도 늦어져 시공자인 산업기지개발공사는 1982년 11월에야 건설부에 준공계를 제출하였다. 1983년 2월 19일 내무부장관은 18일에서 정정한 19일자로 구미공업기지 확장단지 조성사업을 준공 인가하면서 산업기지개발촉진법에 의거 단지인도가격을 단지조성가격 총사업비 105억 8,568만 28원으로 결정하였다.[92] 산업기지개발공사는 2단지 분양가를 1978년 분양 당시 평당 14,000원에서 164% 23,000원을 추가하여 37,000원으로 분양하려 한다고 밝혔다. 입주업체들은 반발하였고 건설부는 중재에 나서 다음의 설명을 제시하였다.

1. 분양가 상승의 주 요인은 사업지연으로 인한 건설이자 부담의 증가임. 당초 사업비 건설이자 443백만 원이었으나 4,063백만 원으로 증가하여 총사업비가 4,941백만 원에서 10,585백만 원으로 증가함.
2. 분양가 승인은 상공부장관이 하고 있음. 평당 분양가는 다음과 같음.
   1차 승인: 1978. 4. 24: 14,500원
   2차 승인: 1979. 9. 20: 20,500원
   3차 승인: 1980. 12. 12: 28,800원
   4차 검토 중: 37,124원(예정가격)

건설부(구기확, 1983. 4).

대통령비서실은 갈등상황을 다음과 같이 정리했는데 역시 상공부의 입장과 유사하였다.

【금성반도체 등 28개 입주업체들 반발】

공사 지연 책임은 착공당시 선수금 30%까지 징수한 시공회사에 있음에도 이 추가 부담을 전가시키려고 한다고 관계기관에 진정 등 물의를 야기시킬 동향이므로 반도체산업 육성 차원에서 관계당국의 조속한 대책강구가 요망됨.

대통령비서실(구수, 1983).

제3단지는 1979년 11월 1일 실시계획을 승인받았으나 불황, 안정화정책과 석유파동으로 입주기업체가 없어 1982년에도 사업에 착수하지 못하고 있었고 89만 4,000평의 주거단지도 미승인으로 남아 있었다. 즉, 제1단지 315만 2,000평과 제2단지 76만 6,000평은 기조성되었으나

---

90 건설부(구기확, 1983. 4).
91 건설부장관(구장단2, 1981. 4. 28).
92 내무부장관(구단, 1983. 2. 19).

제2단지 이주단지 11만 4,000평 및 제3단지 170만 평이 경기불황으로 1982년에도 방치되고 있었다.[93] 그러자 1982년 이에 대한 민원도 커지고 있었는데 내무부장관이 건설부장관에게 보낸 지방 여론, 애로 및 건의사항은 산업기지개발구역 지정 후 개발 방치된 지역에 건축, 증개축 등 제한으로 민원이 발생하고 있고 이에 조속한 공업단지 조성 또는 산업기지개발구역 해제 및 축소 요망이 있다는 것이었다.[94]

건설부장관은 내무부장관에게 처리 결과로 다음과 같이 회신하였다.

> 1. 제5차 경제사회발전5개년계획에 반영(500천 평)되어 있으므로 현 단계에서 산업기지개발구역의 해제 및 축소는 불가함.
> 2. 주거지역 내 기존 건축물의 증개축 규제완화를 위한 행위허가 업무처리 지침을 작성 시달하여 주민의 생활편익을 도모할 계획임을 회신합니다.
>
> 건설부장관(구지, 1982. 6. 21).

건설부 토지국장은 구미산업기지개발구역 내 행위규제 완화안을 작성하였다.[95] 1982년 6월 현재 건설부장관에게 보고된 구미공업단지 조성사업 추진상황은 〈표 12-20〉과 같았다. 1982년 5월 말 제2단지는 28만 8,000평이 분양되어 있었고 제3단지는 이주단지 4만 9,000평만이 조성되어 있었다.

산업기지개발공사는 국내외 경기가 매우 침체된 상태에 있고 최근 상공부의 입주업체 유치 현황 등을 감안할 때 사업 추진이 극히 어려운 실정에 있음을 들어, 1981년 말 조성 완공한 제3단지 이주단지 약 4만 9,000평을 제외한 133만 4,000평의 제3단지 조성사업을 착수하지 못하고 있었다. 이에 건설부장관이 1982년 조성사업 조기시행을 건의하자 산업기지개발공사는 "일단 구역 고시하여 놓은 지역을 해제 또는 축소 조정하였다가 경기호전에 따른 기업의 시설

〈표 12-20〉 구미공업단지 조성사업 추진 현황 (단위: 천 평, 백만 원)

	전체		1981년까지		실시계획상의 시행기간
	사업량	사업비	사업량	사업비	
제2단지	조성 419	10,485	조성 419	9,731	1977. 7~1982. 9. 30
제3단지	조성 1,383	59,362	조성 49	2,023*	1979. 10~1982. 12. 31
계	조성 1,802	69,847	조성 468	11,754	1977. 7~1982. 12. 31

주: * 국민투자기금 13억 원 포함.
자료: 산업기지개발공사사장 안경모(구조, 1982. 6. 10).

93 건설부 토지개발과장(구조, 1982. 6).
94 건설부 토지국장(구개, 1982. 5. 28).
95 건설부 토지국장(구내, 1982. 6. 21).

투자 증대로 개발구역으로 재지정하거나 확대 조성하는 것은 바람직하지 못할 것"이므로 상공부 등 관계기관의 장기적인 공업단지 조성계획 및 전망을 감안하여 우선 1983년까지는 현 구역 고시내용대로 존치하고 그 후에 개발구역의 조정 또는 해제를 검토하는 것이 바람직하다고 답변하였다.[96]

산업기지개발공사는 1982년 6월 28일에 구미공업기지 확장단지 조성사업 8차 변경 실시계획 승인을 요청하였다가 8월 19일에 조성유보지 면적을 조정하고자 서류반려를 요청하였다.[97] 결국 1983년으로 넘어가서도 아무런 조치나 진전이 없자 1983년 4월 경상북도지사는 구미산업기지개발구역 내 일부 주거지역에 대한 해제를 건설부에 건의하였고 국토계획국장은 5월 27일 토지국과 도시국에 이에 대한 의견을 요청하였다.[98] 1983년 6월 16일 토지국장은 〈의견조회에 대한 회신〉에서 "(1) 구미 황상동 지역은 현재 이주단지조성사업이 시행 중이므로 산업기지개발구역에서 제척함이 곤란하나 구포동 지역의 제척에 대해서는 이견 없음. (2) 구미공업기지 제2단지는 산업기지개발사업이 완료되어 1983년 2월 19일 준공인가를 득한 지역이므로 제2단지도 산업기지개발구역에서 제척함이 동 단지의 효율적인 관리를 가능케 하리라 사료되며 제3단지도 실수요자의 입주 전망이 없다면 관계부처와 협의하여 제척토록 동시에 검토하여 주시기 바랍니다"라고 국토계획국장에게 밝혔다.[99]

1984년 산업기지개발공사사장은 국내외 경기침체로 인한 분양 부진으로 기지개발이 늦어지자 개발기본계획상 산업기지개발 기간을 1977~1984년에서 1986년까지로 연장 변경하였다.[100] 이후 1986년부터 경기회복이 본격화되면서 비로소 1987년 4월 제3단지 조성공사가 착공되었고 이어 1988년 4월 15일 그동안 중단되어 있던 제2단지 미조성지 조성사업도 재개되어 10월 31일 1차 조성지역 완공에 이어 1990년 11월 19일 2단지 전체가 최종 완공되었다. 관리공단은 2단지 조성이 장기화됨에 따라 입주업체들이 준공 이전에도 공장건설을 할 수 있도록 허용하였고 더하여 관련 업종의 중소기업들에게도 문호를 대폭 개방하였다.[101]

Ⅳ. 기업과 공장건설 및 가동, 효과

1969년 9월 16일 건설부장관의 건설부고시 제544호 공업단지조성사업 인가 고시 이전인

96 산업기지개발공사사장 안경모(구조, 1982. 6. 10).
97 산업기지개발공사사장 안경모(구확6, 1982. 8. 19).
98 국토계획국장(산개, 1983. 5. 27).
99 토지국장(의조, 1983. 6. 16).
100 건설부장관(기획2, 1984. 12. 28).
101 구미시(구공40, 2010), pp. 229~231.

1969년 7월 구미공단이 문을 열고 「한국도시바」의 입주로 전자공업공장 건설이 시작되었다. 1970년 2월 1월 600평 규모 1공장의 기계적 준공으로 실리콘 트랜지스터 생산에 들어간 「한국도시바」 공장은[102] 이후 조성된 구미전자공단에 포함되었다.

한국전자공업공단은 국내외, 특히 일본 입주업체들의 시간 단축과 편이성 제고 희망을 고려하여 표준공장을 지어 분양하기로 하였다. 이에 1972년 2월 북쪽의 전자단지 1공구에 14개 동을 건설하여 입주와 함께 간단한 시공으로 입주가 가능하도록 하였다. 첫 표준공장 14개 동은 1972년 6월 「고려전기」, 7월 「대신전연」, 9월 「오리온전기」, 「한국신영」 그리고 1973년 4월 「한국가미전자」, 「오리온전자」, 7월 「한국전파」 등에 분양되었고 분양이 이루어지면서 1973년 1월 10일 한국전자공업공단은 입주업체들의 공장건설을 돕기 위해 공단에 「쌍용레미콘」도 입주시켰다.[103] 1973년 9월 「금성사」가 입주를 신청하였고 신청 중에 8만 5,700평을 확보하였다.[104] 「금성사」의 입주는 1973년 말까지 7개 하청계열사 이주를 가져왔고 나아가 다른 대기업과 관련 부품기업들의 입주를 촉진시켰다.

그러나 석유파동 이후 입주 움직임이 주춤해졌다. 입주를 추진하던 「삼성전자(주)」 등 다수 기업이 입주를 주저하였다. 1974년 3월 1일 구미공업단지 입주 및 가동 현황은 〈표 12-21〉과 같은데 청약 중인 기업은 8개에 불과하였다.

1974년 4월 미국의 *ITT*·「제너럴인스트루먼트일렉트로닉」·「텍사스인스트루먼트」·「디지털이퀴프먼트」·「인텔」·「GTE펜실베니아」 6개 전자회사가 전자산업 분야에서 외국인의 100% 단독투자를 허용한다는 한국 정부 방침에 따라 구미공단에 각각 단독공장을 설치할 총액 약 2,000만 달러 규모의 투자계획안을 한국 정부에 제출하였다. 이들은 컴퓨터, 고성능증폭기, TV 부품 및 반도체 등을 생산하여 전량 수출하고 일부 국내 생산이 불가능하여 수입하고 있는 품목에 대해서는 앞으로 국산이 가능할 때까지 국내 판매도 할 계획이었다. 한국 정부가 전자산

〈표 12-21〉 1974년 3월 1일 현재 구미공업단지 입주 및 가동 현황

	입주 지정			청약 중	가동 현황		
	총계획	1973년까지 실적	1974년 계획		가동	건설 중	미착공
전자단지	300	24	84	8	13	8	3
일반단지	40	54	–	–	5	32	17
합계	340	78	84	8	18	40	20

자료: 중화학공업추진위원회기획단(구공도, 1974. 3. 20).

102 〈매일경제신문〉(1970. 2. 3).
103 구미시(구공40, 2010), pp. 208~211.
104 〈매일경제신문〉(1973. 10. 1).

업 분야에서 외국인의 100% 단독투자를 허용하되 300만 달러 이상 투자하고 매년 1,000만 달러 이상을 수출하도록 권고한 데 따른 것이다. 투자신청을 낸 6개 회사의 투자 및 생산부문 수출계획액은, ①「제너럴인스트루먼트」는 400만 달러 투자에 전자제품, 800만 달러 수출, ②「디지털이퀴프먼트」는 400만 달러 투자에 컴퓨터, 1,000만 달러 수출, ③ *ITT*는 150만 달러 투자에 전자상품, 200만 달러 수출, ④「텍사스인스트루먼트」는 500만 달러 투자에 전자제품, 1,000만 달러 수출, ⑤「인텔」은 100만 달러 투자에 전자제품, 300만 달러 수출, ⑥「GTE펜실베니아」는 400만 달러 투자에 TV부품, 2,000만 달러 수출이었다.[105]

1974년 4월 17일「한진금속」은 일본「간주금속」및「안택산업」과 기술제휴 및 합작투자로 구미공단 땜납제조공장을 완공하였다. 5월 18일「금성사」는 부산공장 확장공사와 함께 구미전자공장을 착공하였다. 구미수출산업공단은 1974년 6월 현재 40여 개 업체가 입주하고 있다고 밝혔다. 1974년「금성사」의 부산 시설 일부 구미 이전과 계속적인 음향기기 등의 구미 이전 발표는 석유파동으로 주저하고 있는 기업들에게 영향을 미치고 있었다.[106] 1974년 11월 5일「오리온전기」준공식이 있었고 11월 7일「대한전자」기공식이 있었다. 12월 31일「대우전자」구미공장이 대지분양매매 계약을 체결하였다. 1974년 말 여전히 전국 전자공업체 486개 중 78%에 해당하는 372개 업체가 서울 및 그 근교에 위치하고 있었고 그 외에 경남 29개, 부산 27개, 인천 26개, 경북 19개, 충남 5개, 전남 3개, 충북과 전북에 각 2개, 제주에 1개사가 있었으며 강원도에는 전자공업체가 없었다.[107] 즉, 서울과 근교에 밀집되어 있어 현재의 문제와 함께 미래 확장성에서 문제점을 가지고 있었다. 기업 자체적으로도 국가 전체 측면에서도 이를 효율적으로 정리하는 것이 필요하였다.

1975년 경제기획원은 187만 4,000평 규모의 대단위 전자공업단지(1단지)를 조성하고 생산업체의 유치를 추진 중에 있으며 1974년 말 현재 입주가동 중인 업체는 22개이고 1975년에 21개 공장이 완공될 예정이라고 밝혔다.[108] 1975년 2월 14일 가동을 시작한「금성사」구미 TV수상기공장 준공식이 착공 13개월 만인 6월 21일 이루어졌다.「금성사」는 동양최대 생산라인으로 12초당 1대 생산능력을 갖추었으며 1981년까지 연간 120만 대 생산규모로 확장할 계획이라고 밝혔다.[109] 1975년 9월「금성전선」이 25만 1,000m^2 지정 승인을 받았고 1976년 5월 22일「금성전선」기공식이 있었다. 1976년 10월 15일 쌍용그룹이 전자업계에 본격 진출하기 위해 구미단지 내 11만 평 부지를 매입하는 계약을 체결하였다.

공장은 입주계약체결 후 6개월 이내에 착공하도록 되어 있었고 이 과정에서 기업들은 공업단지관리법 조항을 준수하도록 되어 있었다.[110] 1976년 6월 말 입주업체의 공장건설 상황과

105 〈경향신문〉(1974. 4. 10); 〈동아일보〉(1974. 4. 10).
106 외자도입심의위원회(제100주, 1974. 10).
107 국무총리기획조정실(중건2, 1975. 3), p. 260.
108 경제기획원(경백 1975), p. 401.
109 〈경향신문〉(1975. 6. 21); 〈매일경제신문〉(1975. 6. 21).

투자내역, 고용실적은 〈표 12-22〉와 같았다. 1976년 기지전입자는 이미 도시 출신자가 65%로 인구유입 성격이 완전히 바뀌었다.

1977년 5월 4일 「동국종합전자」가 입주하였고 6월 10일 「대한전선」은 구미기지 구미공장 건물기공식을 거행하였다. 「대우전자」는 1977년 9월 23일 1단지 구미공장을 기공하고 10월 20일 토목공사를 시작하였다. 1977년 11월 30일 「대한전선」은 구미기지 구미공장정밀공장을 준공하였다.

1978년 1월 30일 「대한전선」 구미공장은 연간 컬러TV수상기 50만 대 포함 150만 대 생산능력의 TV세트공장을 기계적으로 준공하고 5월 10일 준공식을 가졌다. 1978년 3월 7일 최초 공영통신업체 「한국전자통신」이 구미공단에 공장을 착공했으나 부품국산화사업이 예상을

〈표 12-22〉 구미기지 입주업체의 공장건설과 투자내역, 고용실적(1976. 6)

<table>
<tr><th>구분</th><th colspan="6">내역 및 실적(면적 천 평, 고용 명, 그 외 개)</th></tr>
<tr><td rowspan="5">전체</td><td rowspan="2">단지별</td><td rowspan="2">총면적</td><td rowspan="2">분양 가능 면적</td><td colspan="2">분양</td><td rowspan="2">잔여면적</td></tr>
<tr><td>업체 수</td><td>면적</td></tr>
<tr><td>계</td><td>3,142</td><td>2,558</td><td>136</td><td>2,133</td><td>425</td></tr>
<tr><td>전자단지</td><td>1,831</td><td>1,465</td><td>57</td><td>1,040</td><td>425</td></tr>
<tr><td>일반단지</td><td>1,311</td><td>1,093</td><td>79</td><td>1,093</td><td>0</td></tr>
<tr><td rowspan="5">입주업체
공장건설</td><td rowspan="2">구분</td><td rowspan="2">입주</td><td colspan="3">추진 현황</td><td rowspan="2">비고</td></tr>
<tr><td>가동</td><td>건설 중</td><td>미착공</td></tr>
<tr><td>계</td><td>136</td><td>66</td><td>28</td><td>42</td><td>–</td></tr>
<tr><td>전자단지</td><td>57</td><td>31</td><td>5</td><td>21</td><td>–</td></tr>
<tr><td>일반단지</td><td>79</td><td>35</td><td>23</td><td>21</td><td>–</td></tr>
<tr><td rowspan="5">투자처별
내역</td><td rowspan="2"></td><td rowspan="2">합계</td><td rowspan="2">내국인
단독투자</td><td colspan="3">외국인투자</td></tr>
<tr><td>소계</td><td>단독</td><td>합자</td></tr>
<tr><td>계</td><td>136</td><td>108</td><td>28</td><td>7</td><td>21</td></tr>
<tr><td>전자단지</td><td>57</td><td>35</td><td>22</td><td>6</td><td>16</td></tr>
<tr><td>일반단지</td><td>79</td><td>73</td><td>6</td><td>1</td><td>5</td></tr>
<tr><td rowspan="4">고용실적</td><td></td><td>가동업체 수</td><td>계</td><td>남</td><td>여</td><td>비고</td></tr>
<tr><td>계</td><td>66</td><td>16,029</td><td>4,654</td><td>11,375</td><td>–</td></tr>
<tr><td>전자단지</td><td>31</td><td>10,430</td><td>2,476</td><td>7,954</td><td>–</td></tr>
<tr><td>일반단지</td><td>35</td><td>5,599</td><td>2,178</td><td>3,421</td><td>–</td></tr>
</table>

자료: 경상북도지사 김수학(1976).

110 국무총리기획조정실(중건6, 1978. 11), p. 243.

빗나감에 따라 제2기종 도입을 추진하였다. 「금성전선」은 1978년 5월 22일 1단지 구미통신케이블공장 1차 공장 및 용동공장을 준공하고 11월에 증축공사(4,515평)에 착수하였다. 「대우전자」는 6월 22일 구미공장을 가전제품 생산으로 사업 변경하였다. 6월 29일 쌍용그룹이 투자한 「승리전자」 구미공장이 준공되었고 다음날 6월 30일 「대한전선」 구미공장 정밀공장 증축이 완공되었다. 8월 17일 「대한반도체」 기공식이 있었다. 8월 30일 「대한전선」 구미공장은 2월 20일 기공한 캐비넷공장과 3월 1일 기공한 컬러TV공장, 그리고 5월 기공한 성형공장을 준공하였다. 「금성전선」은 11월 들어 구미통신케이블공장 4,515평 증축공사에 착공하였고, 이어 12월 구미통신케이블공장의 750평 연속주조공장도 착공하였다. 「금성전선」 구미통신케이블공장의 계획 연산 규모는 기존 18,000M/T에 증설 후 20,000M/T이었다.[111] 1978년 말 이미 가동을 하고 있는 기업 외에 제1단지 주요 입주업체의 계획 공장건설 기간은 「금성전선(주)」 구미통신케이블공장 1978년 11월부터 1979년 7월까지, 「대우전자」 구미공장 1977년 10월부터 1979년 10월까지, 「대한전선」 구미공장 1977년 6월부터 1980년 12월까지이었다.[112]

1979년 경제기획원의 경제안정시책 등 중화학공업화정책 비판과 안정화정책이 강화되면서 기업들의 공장건설이 적극 이루어지지 않았고 이에 5월 25일 제2단지 공장건설촉진간담회까지 열렸다. 이날 투자사업조정위원회는 중화학공업투자조정 「5. 25 조치」를 발표하였다. 1979년 말 구미기지 내 가동 중인 전자업체는 1단지 기기공장 18개 업체, 부품공장 30개 업체, 전자연관 공장 16개 업체로 64개 업체이었고 건설 중인 업체는 1단지 13개 업체, 2단지 7개 업체이었으며 아직 공장미착공 업체가 1단지에 4개 업체, 2단지에 8개 업체가 있었다. 투자주체별로 보면 전자업종에서 한국인 기업이 71.1%, 합작기업이 24.7%, 외국인 단독투자기업이 4.1%로 외국인 단독투자기업의 비중은 낮았으며 외국인 단독투자업체 4개 중 3개가 부품업체이었다(〈표 12-23〉 참조).

가동이 본격화되기 시작하면서 구미전자단지의 경제적 효과가 뚜렷이 나타났다. 1979년 중화학공업추진위원회기획단은 구미기지 건설 효과로, (1) 전자부품 공급원의 집중화, (2) 기술정보의 상호교환, (3) 단지화로 인한 원가절하(수출의 편리, 행정관리의 일원화)를 들었다.[113] 1978년 말과 1979년 말 2단지 가동 이전 구미전자단지 1단지의 생산, 수출, 고용효과를 정리해 보면 〈표 12-24〉와 같았다. 구미기지의 고용을 보면 1971년 1,313명에 불과하였으나 1979년 39,456명(1980년 확정값)으로 늘어났으며 전체 고용의 54.3%가 전자공업에서 발생하였고, 특히 전자공업에서 여성 노동력의 비중이 58.9%로 높았다.[114]

집계기준이 일부 다른 구미시 집계에 의해 보면 중화학공업화정책선언이 이루어진 1973년

111 〈매일경제신문〉(1978. 1. 1~1978. 12. 29).
112 중화학공업추진위원회기획단(중화추현, 1979. 1), pp. 200~206.
113 중화학공업추진위원회기획단(중화추현, 1979. 1), p. 180.
114 한국공단연구소(총람, 1980), pp. 154~157.

〈표 12-23〉 구미기지 전자기업체 입주업체 업종별, 단계별 현황(1979년)

구분	업체 수 분포내용								
			1단지				2단지(인동)		
			가동 중	건설 중	미착공	소계	건설 중	미착공	소계
단계별·업종별 업체 수	전자업종	기기	18	4	–	22	2	4	6
		부품	30	8	4	42	4	4	8
		연관	16	1	–	17	1	0	1
		합계	64	13	4	81	7	8	15
	일반	섬유	85	4	2	91	–	–	–
		기타	13	2	1	16	2	–	2

구분	업체 수 분포내용				
			내국인	외국인 단독	합작
주체별·업종별 업체 수	전자업종	기기	21	1	6
		부품	34	3	14
		관련	14	–	4
		계	69	4	24
	일반	섬유	86	1	4
		기타	17	–	2
	합계		172	5	30

주: 당시 분류 차이로 기타 1개 업체가 전자부품업체로 분류되기도 함.
자료: 중화학공업추진위원회기획단(중화추현, 1980. 1), pp. 149, 155~160, 170.

부터 1979년까지의 구미공업기지 전자공업 연도별 생산과 수출은 〈그림 12-2〉와 같다.

「금성전선(주)」은 1980년 1월 구미기지 구미통신케이블공장 통신케이블 증설을 완료하고 가동에 들어갔고 이어 4월 구미통신케이블공장 연속주조설비를 완료하여 역시 가동에 들어갔다.115 1980년 2월 26일 「한국전기초자」가 준공되었다. 그러나 세계적인 불황과 중화학공업화 정책 비판에 따른 공장건설 기피가 이어지자 1979년에 이어 다시 1980년 3월 28일 제2단지 건설촉진간담회가 열렸다. 1980년 가동업체 73개의 전자업체가 약 6억 2,600만 달러를 생산하였다.116

1980년 구미기지의 수출액이 일시적으로 감소하기도 하였지만 구미기지는 수출기지로서의

115 중화학공업추진위원회기획단(중화추현, 1980. 7), p. 207.
116 구미시(구공40, 2010), pp. 169, 1050.

〈표 12-24〉 구미기지 1단지 입주업체 수, 생산, 수출, 고용

	입주업체 수, 생산, 수출, 고용 내용							
1978년			업체 수 (개)	대지 (천 평)	투자 (천 달러)	생산 (천 달러)	수출 (천 달러)	고용 (명)
	전자	기기	24	707	81,875	276,200	159,000	14,150
		부품	41	375	58,652	79,000	59,000	7,070
		관련	17	117	30,377	86,500	16,000	2,360
		소계	82	1,199	170,904	441,700	234,000	23,580
	일반		103	1,250	390,683	339,300	215,000	15,720
	합계		185	2,449	480,581	781,000	449,000	39,300

			업체 수 (개)	대지 (천 평)	생산 (천 달러)	수출 (천 달러)	고용 (명)
1979년	전자	기기	22	709	332,000	238,471	12,922
		부품	42	373	127,000	92,254	6,336
		관련	17	117	117,000	33,949	2,243
		소계	81	1,200	576,000	364,674	21,501
	일반		107	1,235	424,000	278,931	18,095
	합계		188	2,435	1,000,000	634,605	39,596

주: 1) 투자, 생산, 수출, 고용은 가동업체 실적임.
2) 1978년은 1978년 11월 말 기준이고 1979년은 연말 기준 예상실적임.
자료: 중화학공업추진위원회기획단(중화추현, 1979. 1), pp. 181~182; 중화학공업추진위원회기획단(중화추현, 1980. 1), p. 150.

역할을 확대하여 나갔다. 구미기지는 1984년 이후 다시 미국 상무성의 한국 컬러TV수상기 덤핑 판정 등 한국 전자제품에 대한 보호무역 경향이 확대되자 수출지역 다변화를 통한 안정성 확보를 적극 추진하여 1986년에는 컬러TV수상기 대미 수출 의존도를 60%로 낮추기도 하였다. 이러한 노력 속에 1988년 이후 구미기지의 생산과 수출이 급속히 늘어나 1989년 구미기지 전자부문 생산액은 50억 675만 달러로 50억 달러를 돌파하였다. 2003년 구미국가산업단지는 200억 달러 수출을 달성하였고 2005년 다시 수출 300억 달러를 돌파하였다.

〈그림 12-2〉 구미공업기지 전자공업 생산과 수출 (단위: 천 달러)

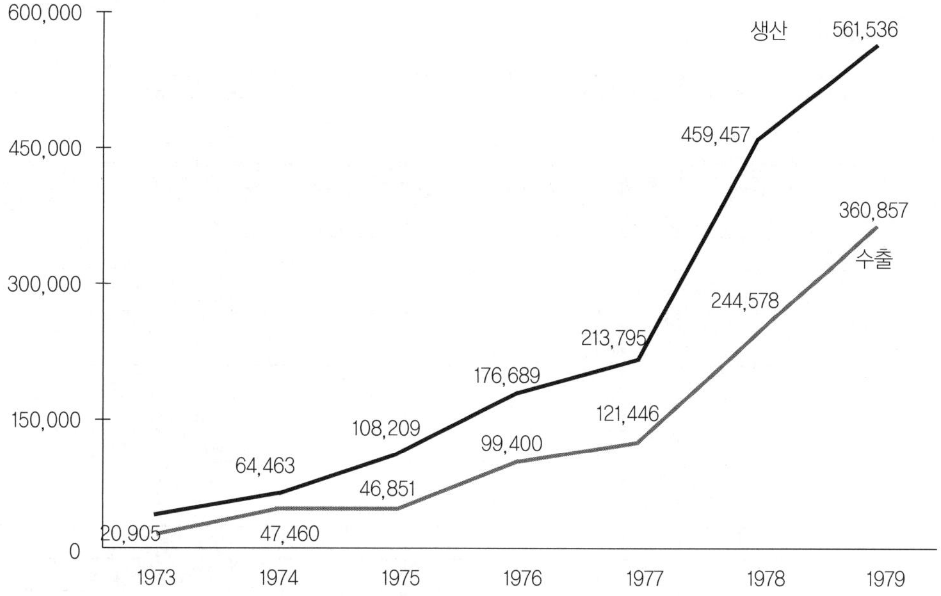

주: 중화학공업추진위원회나 상공부 집계와 분류 및 집계상 차이가 있음.
자료: 구미시(구공40, 2010), pp. 218, 347.

부록

1. 1970년대 구미수출산업공단 기업체 명단(1979년 말 현재)

	기업체명	주요 제품
1단지 전자단지	가나공사	Name plate
	경북개발(주)	–
	鷄林요업(유한)	위생도기(악세사리)
	鷄林산업(주)	양변기시트, ERP욕조
	高麗電機(주)	축전기
	구미전자공업(주)	전자부품
	구미포장(주)	포장재료
	(주)국제정밀	Micro motor
	국제통신공업(주)	전화기, 교환기
	극동산업(주)	앵글
	(주)금성사	TV, 라디오
	금성전선(주)	통신용 케이블
	금성정밀(주)	전자산업
	금성통신(주)	전화기
	기아금속공업사	볼트, 너트
	大明산업(주)	영구자석, 身邊細化
	大新電研(주)	고주파 코일
	大亞산업(주)	포장재료
	대우전자(주)	C/TV, C.R.T.
	대한전선(주)	TV모니터, C/TV
	대한전자공업(주)	전자계산기
	대한통운(주)	운수업
	大和金屬(주)	(일본 50% 합작기업)
	東國종합전자(주)	Amplifier
	東南내외무역(주)	코일안테나
	東邦테트토닉(주)	Resister
	(주)東星상사	V.T.R., 전자계측기
	東陽電子硝子(주)	Diode glass
	東日전자(주)	마그네틱 heap
	釜一산업(주)	Timerpolyment
	삼평電機(주)	전자 range
	三豊산업(주)	TV안테나
	쌍용양회공업(주)	레미콘제조
	瑞宇전자공업(주)	Amplifier
	瑞進산업(주)	방열판, TV케이스
	STC Incorporated	건전지
	瑞通레이오백(주)	특수산화은전지
	(주)星藝社	AMP, TV cares

	기업체명	주요 제품
	(주)星裝社	P.C.B. 기판
1단지 전자단지 (계속)	승리전자공업(주)	전자시계
	信成공업(주)	프레스물 bracket
	新星기업(주)	P.C.B.
	新榮공업(주)	Motor부품
	信一전자(주)	소형 D.C. motor
	新韓수지공업사	Snow box
	신흥목재산업(주)	목형상자
	亞豆산업(주)	코어변성기
	아리아악기제조(주)	AMP, 전자 오르간
	亞新통상(주)	녹음기, AMP
	I.E.端子공업사	Lead wire
	亞田통상	표면처리
	延壽전자(주)	TV 캐비닛
	永和흥산(주)	광학렌즈
	오리온금속(주)	C.T.R.용 밴드
	오리온전기(주)	C.R.T.
	오리온메카(주)	Mechanical deck
	오리온일렉트릭(코리아) 캄파니 Ltd(주)	녹음기
	五美전자광학(주)	렌즈
	(주)午星社	프레스물
	玉川공업(주)	단보루지
	울트라전자공업(주)	TV, 녹음기, 전축
	二幸電氣工業(주)	커넥터
	(주)인터페이스코리아	탄소저항기
	日星기계제작소	섬유가공기
	電磁銅센타	코어, 트랜스포머
	帝賢공업(주)	E.P. Packing
	天一社전자산업(주)	TV, AMP, 스피커, 캐비닛
	K.C.T.	운수업
	(주)코리아써키트	P.C.B.(인쇄회로기판)
	泰南電氣工業(주)	Tuner, Bracket
	泰林전자공업(주)	마이크로 MC motor
	泰成고무화학(주)	전자용고무부품
	(주)태평양금속	영구자석, 페라이트분말
	韓光電氣(주)	형광재, 자동차램프, Dumewire
	韓龜산업(주)	도자기, 완구
	韓國加美전자공업(주)	소형 트랜스포머
	한국농약(주)	제초제
	한국산우드(주)	스피커시스템
	韓國信英(주)	콘덴서
	한국I.G.모터(주)	소형 모터
	한국전기음향(주)	偏向 Yoke

	기업체명	주요 제품
1단지 전자단지 (계속)	韓國電氣硝子(주)	C.R.T.용 유리
	한국전자(주)	트랜지스터 I.C.
	한국전자통신(주)	전자교환기
	韓國製釘(주)	각종 못
	韓國中銘(주)	P.C.B.
	한국T.V.(주)	B/W TV
	韓國化成공업(주)	F.R.P.제품
	韓都공업(주)	교환기, Elevator Relay
	韓寶전자공업(주)	트랜스포머
	漢城화학공업(주)	Tuner bracket, TV case
	韓一전자공업(주)	미니 램프
	한진금속공업(주)	Solder(땜납)
	韓昌포장공업(주)	포장재료
	協友실업(주)	전자시계, 전자계산기기
	興明공업(주)	스틸콘테이너
	興亞전자(주)	전자제품
2단지 인동단지	(주)금성사	컴퓨터
	金星電氣(주)	통신기기
	金烏금속(주)	Solder wire, Solder bar
	대한반도체(주)	반도체
	대한통신공업(주)	전자통신기기
	동양나이론(주)	컴퓨터
	동양정밀공업(주)	전자교환기
	삼성전관공업(주)	진공관, 브라운관, 반도체
	亞南반도체(주)	반도체
	嶺南전자(주)	전자제품
	全一텍트로닉스(주)	키보드
	한국오크공업(주)	인쇄회로기 원판(P.C.B.원판)
	한국화약(주)	반도체

자료: 한국공단연구소(총람, 1980), pp. 508~522.

2. 구미공업기지 건설과 발전 과정(1969~2010)

연월일		내용
1969	6. 3	건설부장관, 구미도시계획사업(공업용지 조성사업) 집행청 지정 고시
	7. 18	구미공업단지, 기공식
	9. 1	건설부, 구미에 내륙공업단지 조성 밝힘
	9. 16	건설부장관, 구미읍 120만 평 구미공업단지 조성사업 인가 고시
1970	2. 1	재일교포 출신 郭泰石, 구미공단에 「한국도시바」 준공하여 첫 가동
	4. 22	상공부, 전자공업단지 조성 밝힘
	8. 24	제8차 수출진흥확대회의, 구미 전자공업전문단지 조성 방침 확정
1971	5. 20	「한국전자공업공단」, 법인설립 허가서 상공부로부터 받음
	11. 3	구미공업단지 1단지 전자단지, 조성공사 시작(1973년 10월 완공)
	12. 19	청와대 구미공단 관련 회의, 구미공단 확장 결정
1972	12. 26	청와대 구미공업단지확장계획회의, 6월까지 140만 5,000평 조성 결정
1973	1. 6	상공부, 200만 평으로 확장하는 구미전자공업단지 확장계획 확정
	3. 29	정부, 구미공업단지 행정관리 주체 일원화 및 현장종결 행정체제 수립
	4. 3	건설부, 구미공업단지를 중화학공업 기준지가 대상 지역으로 공고
	7. 26	상공부 공업단지관리청차장, 구미공업단지 확장(318만 5,000평) 발표
	8. 25	정부, 구미공업단지 318만 5,000평을 지방공업개발장려지구로 지정
	11. 20	구미공업단지 1단지 전자단지, 3공구 완공으로 완공
	12. 1	건설부장관, 구미수출산업공업단지 예정지 지정(318만 5,000평)
1974	3. 28	상공부장관, 구미공업단지에 1981년까지 600개 공장 건설 발표
	4. 20	「구미수출산업공단」, 설립과 「한국전자공업공단」 승계
	6. 3	경제장관회의, 구미공업기지 전자공업 100% 외국인투자 허용 의결
	6. 27	정부, 직접 원자재 수입 허가 등 구미수출공업단지 발전책 발표
1975	1. 10	구미대교 개통
1976	4. 16	중화학공업추진 차관보급실무회의, 기지 입주유치 강화 방침 결정
	9. 30	상공부, 1977~1981년 구미공단 공장 건설 「전자공업육성계획」 발표
	11	정부, 인동 컴퓨터 입주업체에 시설비·연구개발비 지원 밝힘
	12. 17	대통령, 상공부의 〈구미전자공업단지확장계획〉 결재
	12. 30	「한국전자기술연구소(KIET)」, 구미공단 내 설립 등기
1977	4. 22	건설부장관, 구미공업기지(2단지)를 산업기지개발구역 지정 고시
	4. 25	건설부, 구미 등 14개 산업기지를 수익징수 대상지로 지정
	7. 6	상공부, 구미공업기지관리소장에게 관리소 자체위임전결 승인 통보
	7. 28	구미전자공업기지, 제2공업단지 착공
	7. 19	건설부장관, 구미공업기지 조성사업 실시계획 승인 고시
	10. 20	건설부장관, 구미공업기지 2단지 54만 5,000평 수출산업공업단지 지정
	12. 17	건설부장관, 구미지방공업개발장려지구 372만 9,000평으로 확대
	12. 22	상공부장관, 구미공업기지 확장단지 입주 지정 요령 공고

연월일		내용
1978	5. 1	구미공업기지, 공업단지관리법의 적용을 받는 공단으로 지정됨
	5. 12	산개공, 2단지 부지 일괄 조성하고 제3단지 조사사업 수행 결정
	10. 4	박대통령, 1979년 예산 시정연설에서 제2전자단지 건설 촉진 밝힘
	10. 10	건설부장관, 2단지 조성사업 이주단지 추가와 공사기간 연장 고시
1979	1. 16	상공부, 제3전자공업단지를 1981년까지 조성하기로 결정
	5. 21	건설부장관, 제3단지 310만 평 산업기지개발구역으로 확대 지정
	7. 6	건설부장관, 제2단지 면적 늘리고(698,592평) 1년 6개월 완공 연기
	9. 15	건설부장관, 2단지 조성면적 1,500평 추가와 자연보존면적 축소
	10. 17	건설부장관, 구미기지 제3전자단지 기본계획 고시
	11. 1	건설부장관, 구미기지 제3전자단지 실시계획 승인 고시
	12. 11	구미기지 제3전자단지, 이주단지 조성공사 착공
1980	1. 31	건설부장관, 2단지 704,273평으로 확대하고 이주단지 완공 연기
	9. 9	건설부장관, 2단지 확장단지 완공 1981년 말로 1년 연기
	11. 11	건설부장관, 구미공업기지 확장단지(이주단지) 조성사업 완공 공고
1981	2. 10	상공부, 구미기지 입주 대상 업종 확대하고 입주절차도 간소화
1983	2. 19	건설부장관, 구미공업기지 확장단지(2단지) 준공 인가 공고
1985	1. 7	건설부장관, 구미산업기지개발기간을 1977~1986년으로 6번째 연기
	1. 8	건설부장관, 제3단지 조성 완공을 1985년 말까지로 1년 연장
1986	1. 27	건설부장관, 제3단지 조성 완공을 1986년 말까지로 1년 연장
	6. 5	건설부장관, 구미산업기지개발구역 축소(1,342만 3,000m^{2}됨) 고시
	12. 18	건설부장관, 구미산업기지개발 기간을 1986년에서 1991년으로 변경
1990	1. 31	구미공업단지, 제3단지 제2단계 공사 추가 조성계획 확정
1992	6. 30	구미열병합발전소, 준공
1994	9. 9	건설부, 구미 국가 공업단지 일부 지역을 해제
1995	4. 13	구미기능대학, 현판식
	9. 1	부산지방국토관리청, 제3단지(1공구) 조성사업 준공 인가
1998	3. 13	부산지방국토관리청, 제4단지 실시계획 승인
1999	5. 14	구미국가산업단지, 제4단지 건설 기공식 거행
2002	11. 6	산업자원부장관, 구미 외국인기업 전용단지 지정 고시
2005	12. 20	구미국가산업단지, 혁신클러스터추진단 발족
2007	5. 16	구미디지털전자정보기술단지 준공 및 구미전자산업진흥원 개원식
2008	10. 30	구미차세대 기반 기술연계센터, 개소
	12. 3	국토해양부, 구미국가산업단지확장단지 개발계획 고시
	12. 19	구미국가산업단지 제4단지, 부품소재 전용공단 지정
2009	9. 30	국토해양부, 구미국가산업단지(5단지)계획 승인 고시
2010	11. 4	지식경제부, 구미국가산업단지 구조고도화 계획 승인

CHAPTER 13

기술도입[1]

I. 초기 기술도입

후발공업국의 경우 기술혁신의 가장 저렴한 방법은 기술도입이다. 실제로 전자공업의 발전에서 단축의 기적을 보여 준 일본의 성공은 바로 기술도입의 성공에 기인한 것이었다. 기술의 발전단계로 보면 〈표 13-1〉에서 보듯이 기술도입 단계란 신기술 창출단계 이전의 기존 가공부문의 국내 습득단계로, 1단계 국내용 조립단계와 2단계 외국인투자 유치단계를 넘어서 기술혁신의 3단계에 해당된다. 즉, 기술도입 역시 조립 경험과 앞선 외국인 기술과의 접촉 경험이 있어야 가능하고 비로소 효율성을 가지게 된다.

한국 전자공업의 1950년대 기술도입은 금성사가 라디오 개발에 나서면서 서독 기술자 H. W. Henke와 2년 계약을 맺어 설계와 제작책임을 맡겼던 것처럼 외국 기술자를 영입하거나, 혹은 체신부가 독일 지멘스 EMD 교환기 입찰조건으로 전화국 직원 7명을 독일로 기술연수를 보낸 것처럼[2] 인력교환을 통해 이루어졌다. 1960년대 이후에도 「금성사」 기술연수팀의 「日立製作所」 파견 등이 계속되었지만 이러한 인력교환에 의한 기술도입은 현장 기술제공자의 의지와 견제로 필요 기술, 고부가가치 기술의 정상적인 도입이 불가하다는 문제점을 가진 것이었다.

이에 따라 1960년대 들어와 정식 계약을 통한 기술도입이 추진되어 1962년 「동양정밀」(OPC)은 *NEC*와 기술제휴를 맺고 100회선용 스트로저식 PABX의 독자 생산에 성공하여 이를 김포공항에 설치하였다. 여기에 자극을 받은 「금성사」는 1964년 6월 「지멘스」와 기술도입 및 350만 마르크의 차관도입계약을 하고 11월 국산화 25% 수준의 5,000회선 규모의 EMD식 교환기를 생산하여 인천전화국에 납품하였다. 1960년대 외국 전화기를 독점 공급하여 통신산업의

1 본 장의 일부는 학회지에 투고 중인 박영구(정부, 2020)를 이용하였다.

2 전자산업 50년사 편찬위원회(2009), pp. 53~54, 70.

〈표 13-1〉 기술의 발전단계

구분	단계내용
1단계	국내용 조립단계
2단계	직접 외국인투자 유치단계
3단계	기존 가공부문의 국내 습득단계: 기술도입 단계
4단계	현존 기술의 첨단부분에서 생산

자료: Michell, Tony(1988), p. 142.

선두주자이면서 3사 경쟁 체제를 유지하던 「한국통신기산업」은 1964년 9월 「日本無線(株)」과 무선기 제작을 위한 기술도입계약을 맺었고3 또 자동교환기 생산을 위한 미국 *ITT*사의 기술 도입도 추진하였지만, 체신부의 선택을 받지 못해 자동교환기 생산을 포기해야 하였다.

1960년대 통신산업 경쟁에서 결정적 역할을 한 것은 기술도입이었다. 1965년 9월 6일 「금성사」는 TV수상기 생산에 대한 정부의 인가 지연을 넘어서기 위하여 일본 「日立製作所」와 기술도입계약을 체결하여 생산을 기정사실화시킴으로써 결국 연말에 조건부 TV수상기 생산 인가를 얻어 내었고 이후 기술연수 등을 통해 1966년 국산 TV수상기를 생산하였다. 당시 일본은 자신들의 경험을 통해 볼 때 당연히 똑같이 자신들을 추격해 올 한국의 전자공업 성장을 경계하고 있었고 그래서 한국으로의 기술이전에 소극적이었으며 기술이전을 하는 경우에도 해외 수출제한 조항을 강조하여 원천적으로 경쟁을 배제하고자 하였다.

1966년 8월 3일 법률 제1802호로 외자도입법이 공포되어 9월 3일 시행됨으로써 외자도입 촉진법이 폐지되고 외자도입법이 시행되었다. 외자도입법은 제3장에서 기술도입계약에 대해 다음과 같이 규정하였다.

제17조(현금차관계약·자본재도입계약 및 기술도입계약의 인가)
① 대한민국 국민이 외국인과 현금차관계약·자본재도입계약 또는 기술도입계약을 체결한 때에는 경제기획원장관의 인가를 받아야 한다. 당해 계약을 갱신 또는 변경한 때에도 또한 같다.
② 전항의 인가에는 필요한 부관을 붙일 수 있다.
③ 제1항의 규정에 의하여 인가된 현금차관계약·자본재도입계약 또는 기술도입계약에 의한 차관금·자본재 또는 기술의 도입에 관하여는 제1항의 인가로써 그 도입허가가 있은 것으로 본다.
제18조(원리금 등의 송금) 현금차관계약에 의한 원리금, 자본재도입계약에 의한 대금 및 이자 또는 기술도입계약에 의한 대가는 인가의 내용에 따라 대외송금이 보장된다.
……
제21조(조세의 감면)

3 한국통신기산업주식회사(1970).

……

② 기술도입계약에 의하여 기술제공자에게 지불되는 대가에 대한 소득세 또는 법인세의 과세는 다음 각호의 규정에 따라 감면한다.

1. 기술을 도입한 날로부터 5년간은 부과하지 아니한다.
2. 전호의 기간만료일로부터 3년간은 당해 세법의 규정에 의하여 산출된 세액의 100분의 50을 경감한다.

③ 제1항 및 전항의 조세의 감면은 대주 또는 기술제공자의 신청에 의하여 감면되지 아니할 수 있다.

정부는 기술도입 대가에 대한 소득세 또는 법인세의 과세를 5년간 감면하고 이후 3년간 세액의 50%를 경감하도록 하여 기술도입을 촉진하고자 하였다. 이를 통해 1960년대 후반 기술도입이 늘어났다. 그러나 당시 기술도입은 도입 기업 스스로가 계속 문제를 발견하여 수정하고 심지어 취소할 정도로 여전히 많은 한계를 가지고 있었다.

1966년 「금성사」는 일본 「日立」와 기술도입계약을 맺고 1967년부터 FM수신기 생산에 착수하였다. 1966년 12월 17일 「한국통신기산업」이 「日本無線(株)」과의 기술도입 계약인가를 신청하였는데 기술도입 내용은 무전기 및 전자기기 제작을 위한 기술자의 교환 지도훈련 및 기술자료 제공이었고 계약기간은 5년이었으며 기술도입 대가는 제품가로부터 건물, 토지를 위한 비용과 운임, 보험료를 제외한 금액의 7.5%이었다.[4] 그러나 기술도입상의 문제가 발견되어 「한국통신기산업」은 영문판 미비 이유로 유보를 요청하였고 문제를 해결하지 못하여 결국 기술도입계약 인가신청서 반려를 요청함으로써 1967년 1월 17일 경제기획원은 이 기술도입 신청을 반려하였다.[5] 「한국통신기산업」은 기술도입 관련 내용을 6월에 가서야 해결하여 기술도입 인가를 받았고 이후 수입에 의존하던 무선기를 국내에서 조립생산, 정부 및 기간산업체에 납품하였지만[6] 이는 당시 기술도입의 낮은 대응수준을 보여 주는 것이었다. 1967년부터 「동남전기」, 「한국마벨」, 「천우사」는 「샤프」, *RCA*, 「필립스」로부터 기술도입을 통해 흑백TV수상기 생산을 시작하였다.[7] 이외에도 「대한전선」은 「도시바」로부터 가정용기기 기술을, 「동양정밀」은 *NEC* 외에도 「다무라전기」, 「고덴제작소」 등에서 산업용기기 기술을 도입하였는데 이들 기업들은 기자재 도입을 통해서도 체화된 기술을 도입하였다.

1967년 경제기획원장관이 해상무선장치와 전자기기 제조를 위하여 「대한전자개발(주)」과 「日本古野電機(株)」 간 기술도입계약을 인가한 조건은 다음을 포함하였다.

---

4 경제기획원(선66, 1966. 12. 22); 한국통신기산업주식회사 대표이사 정석구(1966. 12. 17).
5 경제기획원(선무, 1967. 1. 17).
6 한국통신기산업주식회사(1970).
7 전자산업 50년사 편찬위원회(2009), p. 84.

1. 계약제품의 수출제한 내용을 삭제하여 경제기획원장관의 확인을 받아야 한다.
2. 기술원조료의 표현을 The Technical Assistance Fee로 수정하여야 한다.
……
……
4. 어군탐지 이외의 전자기기 제조를 위한 신규 개발제품에 대한 시설보완계획을 작성하여 상공부 장관의 승인을 받아야 한다.

경제기획원장관(해무, 1967. 11).

정부는 모든 산업정책 목표의 첫 우선순위에 수출을 두고 있었다. 이에 정부는 당시 기술도입에서 선진공업국이 일반적으로 요구하던 수출제한에 민감하게 반응하여 제한 삭제를 기술도입의 전제조건으로 하였다. 동시에 정부는 도입기술이 관련 제품 생산과 연구개발로 이어지도록 유도하고자 하였다. 오히려 이후 약해졌지만 초기 정부의 이런 의도는 분명하였다. 이를 위해 정부가 요구한 기술도입 신청서 내용은 다음과 같았다.

가. 사업계획 내용
  1. 생산계획 및 판매계획, 2. 원료공급계획: 어군탐지기 제외 각 품목은 20%를 국내에서 조달, 3. 연차별 국산화 계획, 4. 외화 절약액, 5. 고용계획
나. 계약내용
  1. 기술도입 내용:
    생산품의 디자인의 제조조립도, 부품조립도 및 부품제작도
    한국 기술자의 파일 및 일본 기술자의 파한과 기술지도
  2. 계약기간: 5년
  3. 지불조건: 공장출하 가격에서 전제품 제조에 사용된 일본 자재의 FOB Japan 가격을 제외한 금액의 1.5%
다. 상공부 기술검토 내용
  1. 기술도입 필요성, 2. 기술 내용 및 방법, 3. 도입방법 및 계획, 4. 기술도입대가, 5. 납입기간, 6. 경제적·기술적 파급효과, 7. 타 동종 업종과의 연관성

경제기획원장관(해무2, 1967. 11).

정부는 기술도입에서 연차별 국산화 계획을 요구하였고 외화절약액과 고용계획을 중시하여 이를 제출하도록 하였다. 상공부 역시 경제적·기술적 파급효과를 검토하고 나아가 타 동종 업종과의 연관성을 검토하였다.

기술도입계약 기간도 정부는 일단 제한하고자 하였다. 기술공급자의 장기계약 추구를 방지하고 국내 기업의 국산화를 촉진하면서 필요하면 이후 보다 유리한 조건으로 도입할 수 있도록 하기 위한 것이었다. 1970년 6월 2일 「금성알프스전자(주)」의 전자부품 제조사업을 위한

외국인투자(외국인투자액 $1,722,442.69, 비율 50%) 및 기술도입계약 인가(계약제품: TV튜너·가변저항기·스위치 등, 기술료: 순매출액의 1.5%)에서도 역시 기술도입계약 기간은 보다 장기간이 필요하였음에도 일단 1975년 8월 31일까지의 5년간으로 인가되었다.[8] 그리고 이후 〈표 13-2〉에서 보듯이 1차 2~3년 연장 승인이 이루어졌고[9] 이어 1978년 8월 24일, 「일본알프스전기(주)」로부터의 스위치, 가변축전기, 가변저항기의 기술도입계약 기간을 다시 1년 더 연장하였다. 결국 총 8.3년의 기술도입 기간이 5년, 2년, 1년으로 쪼개어져 연장되며 계약되었다. 「금성알프스전자」는 외국인투자 50%로 1978년 연간 7,441만 2,000개 생산, 1977년 수출 1,648만 5,000달러를 위한 노하우 및 기술자 훈련을 위해 기술도입을 연장하였고 기술료는 순매출액의 1.5%로 계속 동일하였다.[10] 기본적으로 초기 기술도입에서는 노하우만이 아니라 기술자 훈련이 동반되도록 추구되었다.

1978년 「금성알프스전자(주)」는 2차례의 연장 위에 다시 기술도입 연장 인가를 신청하였다. 이에 정부는 기술독립 기간을 단축시키려는 노력과 함께 기술료 하향을 조건으로 연장을 인가하였다. 이는 국내 기업에 대한 압박만이 아니라 해외 기술제공자에게 당시 국내 기업이 요구할 수 없었던 기술료 하향을 정부가 대신하여 강제한 것이었다. 1978년 10월 20일 제10차 기술도입심사위원회는 「금성알프스전자(주)」의 3차 기술도입 기간 연장을 의결하였다.[11] 경제기획원은 1978년 10월 23일, 기술도입계약 기간 연장 신청을 인가하고 이를 「금성알프스전자(주)」, 재무부, 상공부, 과기처, 국세청, 관세처투자담당관, 한국은행총재 등 관계부처에 통보하였다. 이때 경제기획원은 인가조건으로 기간 연장 신청품목 중 가변저항기 및 튜너의 기술독립 계약기간을 2년(1980년 8월 31일까지) 연장하되 기술료는 순매출액의 1%로 인하할 것을 분명히 하였다.[12]

〈표 13-2〉 「금성알프스전자(주)」의 기술도입계약 기간 연장

제품	인가일	1차 연장	2차 연장	총 기술도입 기간
스위치·가변축전기·가변저항기	1970. 6. 2 (5년)	1975. 9. 1~ 1977. 8. 31(2년)	1977. 9. 1~ 1978. 8. 31(1년)	8년 3개월
튜너	1971. 3. 12 (4년)	1975. 9. 1~ 1978. 8. 31(3년)	–	7년 6개월

자료: 경제기획원(기4계변, 1978).

8 경제기획원 경제협력차관보(전제위, 1978. 9).
9 경제기획원(전부를, 1977. 11).
10 경제기획원(기4계변, 1978).
11 경제기획원 경제협력차관보(전제업, 1978. 10. 20).
12 경제기획원장관(각전, 1978. 10. 23).

Ⅱ. 기술도입제도의 체계화

정부는 기술도입을 중시하고 장려하면서도 기업이 적극 대응하지 못하고 있었던 기술료 인하와 계약기간 단축을 공식적으로 요구하고 수출과 국산화 계획을 중시하였다. 계약기간 단축은 도입기술의 성격을 파악하여야 하는 후발공업국의 입장에서는 전략적으로 반드시 필요한 것이었고, 내수시장 교란은 발전도상국 초기 전자공업의 발전을 원천적으로 봉쇄할 위험이 있는 것이기에 역시 발전도상국에게는 핵심적인 문제이었다.

1973년 5월 26일 제77차 외자도입심의위원회 의결을 거쳐 6월 18일 「한국나쇼날전기(주)」는 외국인투자 인가 및 차관계약 인가를 받았는데 외자도입심의위원회는 전량 수출, 사후 정부 재검토 승인 요구 등과 함께 기술도입은 별도 정부의 승인을 받아야 한다는 인가조건을 전제로 하였다.

> ……
>
> 3. 신회사가 설립되는 대로 차관계약에 의한 요식행위를 갖추어 정부의 확인을 받아야 하며 기술도입은 별도 정부의 승인을 받아야 한다.
>
> ……
>
> 경제기획원장관(전품150나, 1973).

외심위가 인가 당시 외자도입법시행령이 공포되지 않아 시행령이 공포된 후 정부의 승인을 받아야 한다는 조건부로 인가한 것이지만 정부는 일본 「松下電器産業(株)」으로부터의 기술도입은 정부의 별도 승인을 받도록 하여 기술도입의 보다 구체적인 내용을 확인 감독하고자 하였다. 1973년 7월 11일 외자도입법시행령이 공고되었고 기술도입은 별도 승인을 받는다는 인가조건에 따라 제출된 「松下電器産業」으로부터의 기술도입계약 내용은 〈표 13-3〉과 같았다. 역시 경제기획원은 제출받은 기술도입계약 내용 중 불공정 내용으로 볼 수 있는 ══ 으로 표시한 부분에 대해 삭제 등의 수정을 인가조건으로 요구하였다.

최종적으로 1973년 8월 20일 경제기획원장관은 「한국나쇼날전기」의 컬러TV 제조를 위한 기술도입계약을 다음의 수정한 조건으로 인가하였다.[13]

> 1. 기술도입계약 기간은 3년으로 하고 기술료는 2.5%로 하되 계약기간 연장 시는 정부의 재인가를 받아야 한다.
> 2. 회사설립 후 기술도입계약에 관한 요식행위를 갖추어 정부의 확인을 받아야 한다.
> 3. 1973년 8월 6일자 각서는 자본재 도입 이전에 이행하고 정부의 확인을 받아야 한다.
>
> 경제기획원장관(전품기, 1973. 8. 20).

13 한국전자공업협동조합(전조2, 1987), p. 110.

〈표 13-3〉 「한국나쇼날전기」 기술도입계약 내용

구분	기술도입계약 내용
기술도입자	「한국나쇼날전기주식회사」 1973년 6월 18일 투자 및 차관 인가 투자: $500,000(50%), 차관: $1,775,000
기술제공자	일본 「松下電器産業株式會社」(자본금 $175,951,000)
계약기간	~~5년~~(1973. 8. 1~~~1978~~. 7. 31)
송금조건	순판매액의 ~~3%를~~ 연 2회 송금
계약목적	컬러 및 흑백 TV, 기타 전자제품 제조를 위한 기술도입

주: ── 은 인가조건으로 수정 요구된 내용임.
자료: 경제기획원(전자, 1973).

경제기획원의 인가조건은 기술도입계약 기간을 5년에서 3년으로 단축하고 기술료 역시 3%에서 2.5%로 낮추는 것이었다. 인가조건에 의해 기술도입계약 내용이 수정되었다.

1973년 7월 12일 한국수출산업공단 제3공단 내 「한국트라콘(주)」과 「日本電子興業(株)」이 합작회사 「한국트라콘(주)」 설립계약에 조인하였다. 합작회사 설립계약은 12조에 "별도로 기술도입계약을 체결하여 정하는 조건에 의해서 쌍방의 기술자의 교류를 도모함"이라고 정하여 기술도입계약을 별도로 체결하도록 하였다.14 이에 따라 1973년 가칭 「한국트라콘(주)」의 기술도입계약이 다음과 같이 이루어졌다.

> 계약제품: 각종 콘덴서 및 반제품, 부품, 소재
> 계약내용: 노하우의 제공, 실습훈련, 지도원의 파견, 공업소유권
> 대가: 순판매고의 3%
> 소득세: 日本電子興業(株)은 대한민국 법률에 의해 부과되는 세금을 부담한다.
> 계약기간: 한국 정부 승인일로부터 만 5년간으로 한다.
>
> 日本電子興業株式會社·한국트라콘주식회사(1973. 7. 12).

기술도입계약 승인을 위해 내용을 검토해 달라는 경제기획원의 요청에 대해 상공부장관은 '콘덴서류의 합작투자업체 인가에 있어 기술료 지급의 사례가 거의 없었으나 신규 공장을 설립하는 내국인투자가 측의 필요에 따라 기 회시한 「삼화니찌콘(주)」의 기술도입에 준하여 아래 조건으로 기술도입을 인가하여도 무방할 것으로 생각'한다고 경제기획원장관에게 회신하였다.

14 한국트라콘주식회사대표이사 朴義緖·日本電子興業株式會社代表取締役 伊藤雄次郎(1973. 7. 12).

가. 기술도입 대가
순판매고의 0.5% 이내. 단 순판매고에서 투자처에 판매된 분은 제외토록 기술도입계약 6조 수정하여야 할 것임.
나. 계약기간
3년으로 수정하고 연장 필요시 정부 승인을 받을 것.
다. 기타 의견
단자 이외의 소재 생산 시 재검토를 받을 것.

상공부장관(전제사, 1973. 9. 24).

역시 기술도입 대가를 인하할 것과 계약기간을 3년으로 줄일 것을 요구하는 것이었다. 상공부장관의 조건부 인가 의견과 함께 과학기술처장관 역시 조건부 인가가 타당하다는 취지의 기술도입 검토의견서를 〈표 13-4〉와 같이 회신하였다. 과학기술처장관도 기술대가 인하와 계약기간 단축을 요구하고 나아가 전량 수출로 국내 시장 동종 충돌 방지를 요구하였는데, 특히 국산화 계획을 중시하고 국내 중소기업체와의 내수시장 충돌을 회피하도록 하였다.

1974년 당시 전자공업과 조선공업은 관련 산업이 낙후되어 있어 기술이나 부품을 해외에서 조달해야 할 산업이었고 이에 정부는 전자와 조선공업 부문의 외자도입을 적극 추진하고 있었다. 특히, 정부는 전자공업에서의 직접, 합작투자를 장려하고 또 여러 가지 혜택을 제도적으로 정비하고 있었다.[15]

한국 전자제품은 해외 원자재를 수입해 조립 및 가공한 것이 중심이었는데 실리콘웨이퍼와 같은 고도기술을 요하는 재료는 물론 자석, 세라믹, 스프링, 접점재료, 절연재료, 접착재료 등과 같은 원자재도 모두 국산화되어 있지 않은 실정이었다.[16] 한국 전자기업들이 원자재 생산에 나서지 않는 이유는 한국 재료공업의 기술수준이 낮고 국내 투자 여력이 부족하며 낮은 부품가로 이윤율이 낮은 것도 있지만 근본적으로 전자부품의 특성상 소형이며 경량이어서 수입이 용이하고 이런 이유로 내수가 많지 않았기 때문이었다. 즉, 현실적으로 기본적인 기술수준이 낮은 점도 있었지만 보다 근본적으로 국내 전자업체들이 국산 원자재를 사용하려고 하지 않았기 때문이었다.

이를 타개하기 위해 1974년 4월 한국전자공업협동조합은 콘스피커(cone speaker) 외 27개 품목의 국내 공급 가능 품목을 마산수출자유지역 단지관리청과 입주전자업체에 제시하였다.[17] 유신정책심의회 역시 정부가 우선 전자공업의 기본원자재를 선정하여 이를 생산 육성하도록 해야 한다며 이 중 중요한 것을 다음과 같이 제시하였다.

15 한국무역연구소(1974), p. 460.
16 국무총리기획조정실(중조, 1974. 5), pp. 148~149.
17 한국전자공업협동조합(전조2, 1987), p. 89.

1. 반도체 결정의 생산과 이로 인한 트랜지스터 및 다이오드의 생산
2. IC를 생산하기 위한 웨이퍼의 가공
3. 페라이트 및 자성재료의 생산
4. 마이라(mylar)를 비롯한 유전체 재료 생산
5. 저항 및 용량을 위한 세라믹의 생산

국무총리기획조정실(중조, 1974. 5), p. 154.

유신정책심의회는 이들 부품을 반드시 점진적으로 국산화하도록 해야 하며 이들 전자원자재 가운데 일부는 국내 수요만으로 시설투자를 하기 어려우므로 우선 생산에 필요한 기술도입을 위해 100% 외국인투자를 받아들여야 한다고 제시하였다.[18] 이러한 요구까지 더하여져 1974년 6월 3일 경제장관회의는 구미·창원공업기지에 입주하는 전자공업 및 기계공업에 100%

〈표 13-4〉 과학기술처장관의 축전기류 기술도입계약 인가신청 검토 의견

평가 구분	평가내용 및 평가
도입기술명	각종 축전기 제조
신청자	한국트라콘주식회사
종합의견	조건부 인가 (1) 기술대가: 순판매고의 3%, 전해콘덴서 및 동 단자는 0.5%를, 필름콘덴서는 2%를 각각 지불토록 인하할 것 (2) 계약기간: 5년간은 3년으로 단축할 것 (3) 동종 기술과의 관련성: 전량 수출케 할 것
도입필요성	특기사항 없음
기술내용 및 제공방법	전해콘덴서, 필름콘덴서 및 전해콘덴서용 단자제조를 위한 (1) 노하우 제공 (2) 특허권 실시 (3) 기술자의 상호 교환
기술도입대가 및 지불방법	순판매고의 3%를 지불하기로 되어 있으나 이미 국내에서 10여 개 기존 업체에서 본 제조기술을 확립하고 있다는 점을 감안하여 전해콘덴서 및 동 단자는 0.5%를, 필름콘덴서는 2%를 각각 지불토록 인하할 것
계약기간	5년간은 3년으로 단축할 것
경제적, 기술적 파급효과 (국산화 계획에 대한 타당성 포함)	원자재 전량 도입에 의한 가공 및 조립 위주의 제조방식은 국산화율의 본질적 향상을 기대하기 어려우므로 제품 국산화를 위한 계획이 보완되어야 할 것임
다른 동종 기술과의 관련성	국내에서 본 제품생산을 위한 기존 업체 및 소재생산을 위한 중소기업체가 허다한 실정이므로 본 도입으로 생산되는 제품은 전량 수출케 함이 타당할 것임

자료: 과학기술처장관(기청, 1973. 8. 25).

18 국무총리기획조정실(중조, 1974. 5), p. 154.

단독투자를 특례 허용하고 100만 달러 이하의 외국인투자사업 및 기술도입은 현재의 외자도입 심의위원회 심의를 생략하고 경제기획원 운영차관보 위원장의 하부 위원회인 외국인투자심사 위원회에서 전결 처리하도록 의결하였다.[19] 1974년 6월 10일 구미기지에 외국인용 아파트 72 세대가 준공되었는데[20] 이것 역시 기술도입을 위한 외국인 유치 때문이었다. 1974년 12월 26 일 법률 제2735호로 개정 공포된 조세감면규제법은 제4조의9(기술개발준비금에 대한 조세특례)에서 "외자도입법 또는 외국환관리법의 규정에 의한 기술도입계약에 의하여 기술을 도입한 자는 당해 사업연도에 지급하였거나 지급할 도입대가에 상당하는 금액의 범위 안에서 이를 필요경비 또는 손금에 산입할 수 있다"라고 규정하였다.[21] 기술도입을 촉진하고자 하는 조치이었다.

1974년 「한국테레비(주)」는 컬러TV수상기 생산을 위한 증액투자와 신기술 도입계약을 〈표 13-5〉의 내용으로 인가 신청하였다. 「한국테레비(주)」는 이미 1972년 흑백TV수상기 제조 사업을 위한 외국인투자와 기술도입계약이 인가되어 공장을 건설 가동 중이었다.

경제기획원장관은 컬러TV수상기 제조사업을 위해 「한국테레비(주)」가 「東京芝浦電氣(株)」로부터 제조기술을 도입하기 위한 기술도입계약 인가신청을 "기술도입계약 중 착수금(1만 달러) 지불조항은 삭제하고 계약기간은 3년간으로 단축하여야 한다. 본 기술도입계약에 따라 제공되는 기술정보와 자료 등에 관련하여 「한국테레비」가 특별히 요청하여 발생한 비용의 추가 지불은 사전에 정부의 승인을 받아야 한다"라는 조건으로 인가하였다.[22] 정부는 기술료, 계약기간만이 아니라 편법으로 지출되는 착수금, 기타 명목의 추가비용 지불도 통제하고자 하였다. 당시 기술도입료가 기술제공자의 이익극대화에 맞추고 정부감독을 피하기 위해 도면료, 보증금,

〈표 13-5〉 컬러TV수상기 생산을 위한 기술도입계약

구분	계약내용
계약기간	5년간
기술도입 내용	(1) 부품 및 재료에 관한 자료 (2) 시험검사자료 (3) 제조기술에 대한 기술지시서 (4) 제조설치에 대한 운전 및 취급설명서 (5) 품질관리에 관한 자료 (6) 상기에 관한 질의에 대한 회신
계약목적	컬러TV 및 기타 전자제품 제조를 위한 기술도입
송금조건	(1) 착수금: 1만 달러(인가일로부터 30일 이내 지급) (2) 기술료: 순매출액의 3% (3) 송금시기: 매회계연도 종료로부터 60일 이내

자료: 경제기획원장관(전품칼2, 1974).

19 〈동아일보〉(1974. 6. 4).
20 구미시(구공40, 2010), p. 1045.
21 법제처 국가법령정보센터(2017. 5. 16).
22 경제기획원장관(전품칼, 1974).

〈표 13-6〉 「유니온전기」 기술도입에 따른 평균국산화율 제고 계획(1974)

구분	목표 국산화율(%)				
	1973	1974	1975	1976	1977
전자개폐기	58.2	65.7	70.7	75.0	87.3
배선용차단기	45.5	53.5	62.3	67.5	79.4
전공공구	42.9	54.0	63.0	73.0	90.9

자료: 유니온전기주식회사 대표이사 최현(1974. 5. 20).

착수금, 매상고의 0.1~0.7%, 공장도가격의 1.3~3%, 지불판매액의 3%, 순매출액의 2.5~3%, 대당기술료, 기술자료대, 기술정보대, 총수입의 10%, 설계비, 국산화 비율의 1.5~3%, 제조원가의 3%, 순판매액, 본당 정액, 순수출액의 2% 등 다양하게 또 복수로 복잡하게 설정되고 있어[23] 각 기업들의 대응이 어려웠고 정부가 나서 이를 단순화할 필요가 있었다.

1974년 4월 29일 「유니온전기(電機)주식회사」 대표이사 최헌은 「三菱電機株式會社」로부터의 기술도입계약 기간 연장인가를 신청하였다. 상공부 전기공업과는 검증을 위해 (1) 기술개발 및 도입계획서, (2) 수출계획서 등 구체적 내용을 요구하였다. 이에 5월 20일 「유니온전기」는 〈표 13-6〉과 같이 "기술도입계약 기간 만료 이후 1977년부터 평균 국산화율 90% 이상 상회계획"을 포함한 세부적인 관련 내용을 별첨하여 다시 제출하였다.

1974년 5월 21일 외국인투자담당관이 「유니온전기」의 기술도입계약 기간 연장 신청에 대해 주무국의 검토의견을 물었고 5월 23일 상공부 전기공업과는 다음과 같이 재검토 결과를 회신하였다.

> 1. 기술도입 실시계획은 국산화율 제고를 위한 기술도입 및 설비확장계획이므로 타당 시 되며 품목별, 연차별 국산화율은 계획대로 제고하되 1977년도까지 완전 국산화 할 것.
> 2. 해사에서 제출된 수출계획은 반드시 이행되도록 할 것. 끝
>
> 상공부 전기공업과(기기, 1974. 5. 23).

상공부는 국산화와 수출을 강조하여 1977년까지의 완전 국산화와 수출계획 엄수를 요구하였다. 수출과 국산화가 강조되면서 1974년 7월 26일 「한국나쇼날전기」는 컬러TV수상기 미국수출 1만 대 돌파를 밝히는 자리에서 사내부품현지조달실을 설치하여 부품 국산화율을 제고할 방침을 동시에 밝히기도 하였다.[24] 1974년 12월 「유니온전기」의 기술도입 인가조건 변경에 대한 외국인투자담당관 서기관 김종우의 12월 9일 의견문의에 대해[25] 12월 12일 주무국 상공부

23 경제기획원(기술, 1974); 과학기술처(선기, 1975); 국무총리기획조정실(중건3, 1975. 10), p. 160.
24 〈매일경제신문〉(1974. 7. 27).

〈표 13-7〉 기술도입에 대한 주무국 상공부 전기공업과 검토의견

구분	검토의견
1. 기술도입의 필요성	신규 개발품목으로서의 도입이 필요함(No fuse breaker는 현재 600A까지 기술제휴되어 있음)
2. 기술도입의 내용 및 제공방법	800A No-fuse Breaker 제조기술로서 기존 시설로 서로 제작할 수 있으며 기술자 파견 및 초청에 의한 기술습득으로 문제점 없음
3. 기술도입대가·지불방법	기인가 내용과 동일함
4. 계약기간	기인가 내용과 동일함
5. 경제적, 기술적 파급효과 (국산화 계획에 대한 파급효과)	신규 개발품목으로 수입대체를 기할 수 있음
6. 다른 동종 기술과의 관련성	동 제품의 개발로 인하여 전기기계류의 대형화 개발 및 품질향상에 파급효과가 있음
7. 기타 의견	문제점 없음

자료: 상공부 전기공업과(기계, 1974. 12. 12).

전기공업과는 다시 〈표 13-7〉과 같은 검토 결과를 송부하였다. 전기공업과는 기술도입의 필요성, 기술도입 내용 및 제공방법, 기술도입 대가 및 지불방법, 계약기간, 국산화 등 파급효과, 동종 기술 관련성 등 기술도입과 관련된 6개 항목에 걸쳐 재검토하였고 이는 이후에도 정형화되어 사용되었다.

1974년 10월 「금성사」는 미국 *RCA*와 컬러TV 특허 사용계약을 하고 정부 인가를 받았다. 인가조건은 전량 수출하고 국내 판매는 상공부장관의 방침을 따른다는 것이었다.[26]

도입기술의 검토는 체계화되고 있었지만 1974년까지 총 도입기술 중 전자기기 부문의 기술도입 건수는 16.29%인 반면 금액으로는 5.52%에 불과하였다. 전자공업의 도입기술은 여전히 질적으로 뒤떨어져 있었다. 실제로 전자공업 관련 기술정보, 기술자 교류, 부품공급, 공장건설설명서 제공 등이 아니라 공업소유권 또는 특허권의 행사·양도, 상표사용 또는 제품의 판매권 허용과 관련된 기술도입은 1960년대 1건도 없었으며 그마나 1972년부터 있었으나 1972년 3건, 1973년 4건, 1974년 2건으로 기술도입이 늘어난 1973년, 1974년의 경우도 기술도입의 16.0%, 11.1%에 불과하였다.[27]

기술도입이 핵심부품이나 소재의 기술을 같이 도입하지 못 하고 여전히 완제품 조립기술 도입에 중점을 두고 있었고 또 그런 방식이 선호되어 한국의 기술도입은 기술개발로 제대로 연결되지 못하고 있었다. 기술도입이 진행되면서 점차 설계기술 도입에 관심이 옮겨가면서도

25 외국인투자담당관 서기관 김종우(1974. 12. 9).
26 이희종 전 한국전기공업진흥회회장 증언(2011), p. 111.
27 국무총리기획조정실(중건3, 1975. 10), pp. 153, 159.

역시 일반화된 기술에 관한 것이 대부분이었다. 조립기술이나 일반화된 기술을 도입한다는 것은 발전도상국의 초기 기술추격 단계에서 필요한 것이고 기술수급처 모두에게서 선택의 여지도 많지 않았다. 그러나 이러한 도입기술은 기술의 수명이 짧고 부가가치 창출에도 한계가 있으며 또한 기술도입의 다음 단계인 연구개발에도 중요한 역할을 하지 못하게 되어 기술개발을 정체시키는 반면, 금방 후발공업국 전자공업 수출업체들의 추격을 허용하게 하는 것이었다.

연도별로 보면 〈표 13-8〉에서 보듯이 기술도입이 1969년 이후 오히려 줄어들다가 1973년 중화학공업화정책선언과 함께 14건으로 늘었으나 1974년 다시 9건으로 줄어 기술도입 건수가 오히려 1960년대 말보다 축소되었다. 이는 1970년대 전반부까지도 기업들이 기술의 중요성을 인식하지 못하는 단계에 있었고 노동투입 확대 등 조립단계를 선호하고 있었으며, 기술의 중요성을 인지한다고 하여도 비싸고 얻기 어려운 기술도입보다 체화된 제품으로부터의 학습을 선호하였기 때문이었다. 기업들이 이렇게 기술, 특히 원천기술, 고부가가치 기술에 대한 중요

〈표 13-8〉 연도별 · 도입처별 · 품목별 전자기술 도입(건수)

구분: 연도별 · 도입처별 / 전자기술 도입내용

연도별 · 도입처별	1966	1967	1968	1969	1970	1971	1972	1973	1974
일본	2	7	11	6	7	7	3	12	8
미국	1	2	1	3	2	–	2	2	–
화란	–	–	1	–	–	–	–	–	1
서독	1	–	–	1	–	–	–	–	–
합계	4	9	13	10	9	7	5	14	9

구분: 연도별 · 품목별 / 전자기술 도입내용

연도별 · 품목별	일본			미국			서독			화란			합계		
	A	B	C	A	B	C	A	B	C	A	B	C	A	B	C
1966	1	1	–	1	–	–	1	–	–	–	–	–	3	1	–
1967	1	–	6	–	–	2	–	–	–	–	–	–	1	–	8
1968	5	1	5	1	–	–	–	–	–	–	1	–	6	2	5
1969	5	–	1	2	–	1	–	–	1	–	–	–	7	–	3
1970	4	1	2	2	–	–	–	–	–	–	–	–	6	1	2
1971	4	–	3	–	–	–	–	–	–	–	–	–	4	–	3
1972	2	–	1	2	–	–	–	–	–	–	–	–	4	–	1
1973	6	5	1	1	–	1	–	–	–	–	–	–	7	5	2
1974	5	3	–	–	–	–	–	–	–	1	–	–	6	3	–

주: 1) A: 부품, B: 민생용기기, C: 산업용기기.
2) 탁상용 전자계산기는 산업용기기로 계산함.
자료: 과학기술처(선기, 1975); 국무총리기획조정실(중건3, 1975. 10).

성을 인식하지 못하고 있었기에 기술도입 국가를 보면 〈표 13-8〉에서 보듯이 주로 표준기술을 알려 주던 일본에 의존하고 있었으며 1970년대 들어와 이러한 경향은 오히려 강화되고 있었다. 일본은 한국에 표준기술 이상을 주려고 하지 않았고 실제로 1973년 「한국나쇼날전기」는 컬러TV 생산을 위해 「松下電器産業」으로부터 5인의 기술자를 받았으나 곧 3명이 지도할 것이 없어 돌아가기도 하였다.[28] 품목별로 보아도 도입기술은 조립을 위한 부품 중심이었고 더구나 부가가치가 높은 산업용기기 부문은 기술도입이 늘어났던 1973, 1974년에도 그대로 정체되어 있어 문제를 분명히 드러내고 있었다. 이런 현실은 정부의 기술정책이 필요하고 나아가 중요한 선도역할을 하여야만 하는 것을 의미하였다.

1970년대 전반기까지 기업들은 조립기술 도입에 급급하여 기술도입의 선별과 지도가 요구되고 있었다. 나아가 당시 기업의 대응능력으로 볼 때 정부의 정책적 감독과 유도가 필요하였다. 정부는 이에 대응하여 중화학공업화정책선언과 함께 기술도입에 대한 정부의 정책적 지원과 검증체계를 만들고 있었지만 정부 역시 한계를 가지고 있었다. 정부이든 기업이든 도입기술을 정확히 파악하여 도입기술이 일반화된 기술이거나 단순조립 기술일 경우 도입거부 혹은 도입조건에 차이를 두는 간접적 통제에 나서야 하였지만, 당시 기업도 정부도 도입기술을 엄격히 심사할 능력 자체를 갖추지 못하고 있었던 것이 현실이었다.

Ⅲ. 기술도입 전환기 변화와 대응, 전략

1975년 4월 21일 구미수출산업공단은 일본전자기계공업회와 상호 협력각서를 교환하였다.[29] 한국의 전자공업은 여전히 기술도입에서 경로의존적인 일본 의존 외에 보다 유익한 대안을 찾지 못하고 있었는데, 기술도입이 일본에 집중된 것은 그 자체로도 불안정과 불이익을 수반하는 것이었지만 근본적으로 도입기술의 내용이 취약한 것이 문제이었다. 실제로 일본은 한국보다 훨씬 기술도입이 많았지만 그 내용이 공업소유권이나 특허권이 많았던 반면 한국은 137건 중 공업소유권이나 특허권의 비중이 6.6%인 9건에 불과하였다.[30] 나아가 일본은 핵심기술을 한국에 주는 데 인색하여 증언에 의하면, 「삼성」이 컬러TV 브라운관 수입을 위해 일본을 방문했을 때 일본 기업들은 기술제휴도 거부하고 심지어 체화된 기술의 이전을 걱정하여 제품수출도 거절하였다.[31]

이러한 상황이 일반화되고 있었던 1970년대 중반은 당연히 이제 기술도입에서의 전환이

28 〈매일경제신문〉(1974. 8. 3).
29 〈매일경제신문〉(1975. 4. 30).
30 상공부 중공업계획반·화학 및 경공업계획반(제41, 1976), pp. 134~135.
31 강진구 전 삼성전자사장(1996), pp. 101~104.

요구되는 시점이었다. 1975년 7월 29일 외자도입심의위원회는 「금성사」, 「대한전선」, 「삼성전자」의 미국 *RCA* 사 컬러TV수상기 기술도입을 인가하였다.[32] 여전히 일본으로부터의 기술도입이 압도적인 가운데에도 일본의 방해 속에서 일본을 벗어난, 미국 기술도입이 모색된 것이다.

1976년 「금성사」는 고속엘리베이터에 사용되는 전자방식의 완전무단속도제어장치 제조기술 도입 인가를 신청하였다. 경제기획원장관은 상공부와 과학기술처, 경제기획원 외자계약심의관의 검토를 받아 타당성을 인정받은 후 '현재 부품을 수입하여 조립하는 정도에서 기술도입으로 국산화율 제고 및 품질향상, 수입대체 및 기술적 파급효과도 기대'된다는 점을 들어 외자도입심의위원회에 〈표 13-9〉와 같이 기술도입 인가 안건을 상정하였다. 외자도입심의위원회 기술도입사업 종합심사 결과는 〈표 13-10〉과 같다.

〈표 13-9〉 전자방식 완전무단속도제어장치 제조기술 도입 인가 안건

구분	검토 관련 내용
제조 관련 내용	1. 창원공단 내 기존 엘리베이터 제조시설 활용 2. 1979년 연간 50대 생산 3. 전량 국내 판매 4. 원료조달 국내 원료 84%, 수입 원료 16%
공사 추진	1976년 하반기부터 정상가동 예정
고용계획	1979년 신규 70명 고용
국제수지효과	1979년 수입대체 73만 달러, 외화지출 8만 2,200달러 순대체액 64만 7,800달러
기술료	5만 달러를 한국 정부 인가일로부터 60일 이내 1만 불 지불하고 매년 1만 달러씩 4년간 지불
계약기간	인가일로부터 5년
기술자 파견·초청	파견인원은 1회 3명 이내 3개월까지, 순 훈련비를 제외한 모든 비용은 한국 측이 부담
중재	한일중재협정
종합검토 의견	반도체 기술을 적용한 전자방식의 완전무단속도제어장치로 전환코자 하는 기술을 도입하는 것으로 관계기관의 검토의견을 종합하여 다음과 같이 도입필요성이 인정됨 1) 기술도입 필요성 수요 및 국산화를 감안할 때 필요성 인정됨 2) 기술제공 방법 라이선스 실시권 허여 및 기술정보와 자료제공, 기술자 상호 교환에 의한 기술지도 및 훈련 등으로 적정함 3) 기술대가 및 계약기간 기술료, 분할 지불, 계약기간 적정할 것으로 사료됨 4) 경제적, 기술적 파급효과 국산화율 제고 및 품질향상과 수입대체 및 기술적 파급효과를 기대할 수 있음

자료: 경제기획원장관(전방, 1976. 9).

32 〈동아일보〉(1975. 7. 30).

〈표 13-10〉 기술도입사업(자동속도귀환제어장치 제조) 종합심사표(1976)

<table>
<tr><th>구분</th><th colspan="2">검토내용</th><th>평가</th></tr>
<tr><td rowspan="2">기술도입자 및 제공자</td><td>도입자</td><td>(주)금성사</td><td rowspan="2">각종 기계류 전문제조업체임</td></tr>
<tr><td>제공자</td><td>(주)日立製作所</td></tr>
<tr><td rowspan="3">기술내용</td><td>계약제품</td><td>전자방식 자동속도귀환제어장치</td><td rowspan="3">일반적인 방법임</td></tr>
<tr><td>기술내용</td><td>(1) 기술정보 및 자료
(2) 특허실시권
(3) 기술지도 및 훈련</td></tr>
<tr><td>제공방법</td><td>(1) 도면 등 제공
(2) 기술자 파견</td></tr>
<tr><td rowspan="3">기술도입 조건</td><td>선불금</td><td>–</td><td rowspan="3">적정함. 한국 정부 인가일로부터 60일 이내 10,000불 지급부터</td></tr>
<tr><td>경상기술료</td><td>$50,000(5회 분할지급)</td></tr>
<tr><td>계약기간</td><td>5년</td></tr>
<tr><td colspan="2">생산계획</td><td>50대/연</td><td>적정함</td></tr>
<tr><td rowspan="3">제품가격 (카세트용)</td><td>국내 도매가</td><td>6,751,000원($13,920)</td><td rowspan="3">타당함</td></tr>
<tr><td>수입가격</td><td>CIF $14,600</td></tr>
<tr><td>주요 산지가격</td><td>FOB $12,000</td></tr>
<tr><td>주요 인가조건</td><td colspan="3">–</td></tr>
<tr><td>결론</td><td colspan="3">제품의 품질향상 및 국산화율 제고와 수입대체 및 기술적 파급효과를 감안할 때 본 기술도입의 필요성이 인정됨</td></tr>
</table>

자료: 외자도입심의위원회(기자, 1976. 9).

1977년 1월 28일 「동화전자공업(주)」(외국인투자 금액 $87,450, 외국인투자 비율 45%)은 1970년 4월 18일 및 1976년 12월 31일의 일본 「東和蓄電(株)」과의 외국인투자 및 증액투자 인가(전해콘덴서 제조)에 이어 다시 생산품목 추가의 투자 인가내용 변경 및 기술도입계약 인가신청서를 제출하였다.33 신제품, 신기술 요구사항을 반영한 것으로 추가 기술도입계약 내용은 다음과 같았다.

계약기간: 인가일로부터 5년
기술도입대가 지불기간: 5년
기술대가료: 매상고의 3%
기술도입 내용: 플라스틱 폴리스티렌 필름콘덴서 공업소유권의 실시권 허여, 기타 기술정보 및 자료 제공
기술제공자: 富士通株式會社
기술도입자: 동화전자공업주식회사

경제기획원(전부자, 1977. 1. 31).

33 동화전자공업주식회사(1977. 1).

경제기획원장관은 이의 검토를 위해 역시 상공부 투자담당주재관, 과학기술처 투자담당주재관에게 공문을 발송하였고[34] 동시에 투자진흥국장은 기획원 내 외자계약심의관에게도 검토를 의뢰하여 정해진 인가 과정을 진행하였다.[35]

1977년 제4차 한불혼성위원회가 서울에서 6월 1일부터 3일까지 개최되었고 한국과학기술연구소는 한불혼성위원회에서 합의한 한불 양국 간 전자통신 분야 기술협력사업 추진계획서를 작성하여 프랑스국립전기통신연구소(CNET)에 송부하였다.[36] 이때 아주공과대학 지원과 문화·교육협력, 기타 교육교류가 포함되어 있어 문교부는 제4차 한불혼성위원회 합의사항 시행계획을 외무부장관에게도 제출하였다. 제출된 시행계획 중 아주공과대학 지원 관련 내용을 정리하면 〈표 13-11〉과 같다. 매년 10명씩 5년간 50명에게 최대 6년까지 주어진 프랑스 유학 및 연수 대상 중 전자부문이 10명으로 가장 많았고 전체 유학 대상자 37명 중 전자공업 분야가 27.0%이었다. 이외에도 프랑스는 교수를 파견해 기술지도에 나서고 기재지원과 학생의 프랑스 견학도 병행하였다.

〈표 13-11〉 한불혼성위원회 합의사항 시행계획 중 아주공과대학 지원

<table>
<tr><th>합의사항</th><th>시행계획</th></tr>
<tr><td>1. 유학 5년간 매년 10명
프랑스 정부 장학금/
교수지망자 3~5년/
아주공대 교수와 실습조교 6개월~1년</td><td>
<table>
<tr><th rowspan="2" colspan="2"></th><th rowspan="2">77</th><th rowspan="2">78</th><th rowspan="2">79</th><th rowspan="2">80</th><th rowspan="2">81</th><th rowspan="2">계</th><th colspan="5">체재기간별 인원(명)</th></tr>
<tr><th>1년</th><th>3년</th><th>4년</th><th>6년</th><th>계</th></tr>
<tr><td rowspan="5">조교</td><td>기계</td><td>2</td><td>2</td><td>1</td><td>1</td><td>1</td><td>7</td><td></td><td></td><td>4</td><td>3</td><td>7</td></tr>
<tr><td>전자</td><td>2</td><td>2</td><td>2</td><td>2</td><td>2</td><td>10</td><td></td><td></td><td>8</td><td>2</td><td>10</td></tr>
<tr><td>화공</td><td>4</td><td>1</td><td>1</td><td>1</td><td>1</td><td>9</td><td></td><td></td><td>6</td><td>2</td><td>8</td></tr>
<tr><td>공경</td><td>1</td><td>2</td><td>2</td><td>1</td><td>1</td><td>7</td><td></td><td></td><td>4</td><td>3</td><td>7</td></tr>
<tr><td>불어</td><td>1</td><td>1</td><td>1</td><td>1</td><td>1</td><td>5</td><td></td><td>5</td><td></td><td></td><td>5</td></tr>
<tr><td colspan="2">Post Dr</td><td></td><td>2</td><td>3</td><td>4</td><td>4</td><td>13</td><td>13</td><td></td><td></td><td></td><td>13</td></tr>
<tr><td colspan="2">계</td><td>10</td><td>10</td><td>10</td><td>10</td><td>10</td><td>50</td><td>13</td><td>5</td><td>22</td><td>10</td><td>50</td></tr>
</table>
</td></tr>
<tr><td>2. 프랑스 교수 아주공대 파견</td><td>(1) 프랑스 교수 책임자 고위기술고문 1인
(2) 각 학과(기계·전기·화학·경영)의 교수 3~4명
(3) 각 학과 조교 4명
(4) 아주공과대학장은 프랑스 교수 선발과 평가권한 가짐</td></tr>
<tr><td>3. 기재지원</td><td>기계, 전기, 화학 3개 학과를 위한 한국 측 요구 기자재의 충분한 활용이 보장된 후 공동으로 검토</td></tr>
<tr><td>4. 학생 견학 방문</td><td>한국 측 부담 아주공대 학생 3주간 프랑스 견학 방문</td></tr>
</table>

자료: 문교부(제4, 1977. 8. 6).

34 경제기획원장관(전품1413, 1977. 1. 31).
35 경제기획원 투자진흥국장(전부7, 1977. 1. 31).
36 외무부(한불, 1977. 7. 27).

1977년 9월 1일, 과학기술처는 한국과학기술연구소에 8개월간 조사 연구를 의뢰하여 중화학공업 분야 1,500개 제품을 분석한 결과 제4차 경제개발5개년계획 중 도입할 필요가 있는 기술로 기계 846건, 전기 128건, 금속 222건, 전자 247건 등 1차 1,786건을 선정 발표하고 1978년에도 중화학공업 분야의 3,000개 제품에 대한 도입필요 기술 조사 선정에 착수할 계획이라고 밝혔다.37 과기처는 선정 과정에서 지금까지 문제가 되어 온 대일편중 도입을 시정하여 미국, 영국, 서독 등 구미 쪽으로 도입처를 다변화하였다.38 일본 측은 「다이아몬드」지가 「삼성전자」의 반도체 책임자가 미국 「모토로라」 기술부장이었으며 이는 한국이 일본을 거치지 않고 미국으로부터 직접 기술도입을 하고 있음을 말해 주는 것이라고 경고하는 등39 이에 대해 촉각을 곤두세우고 있었다.

1978년부터의 장기목표로 제시된 이러한 움직임은 기술도입을 확대시키고 동시에 기술수준 한계, 기술부문 편향, 일본 편향이라는 기존 구조를 바꾸려는 정책·전략 전환의 움직임이었다. 한국무역협회의 집계에 의하면 1977년까지의 전자·전기부문 기술도입 실적은 한국이 175건이었던 데 비해 전자공업의 선두주자로 부상하였던 일본은 2,232건으로 더 낮은 발전단계에 있었던 한국의 기술도입은 절대적으로 부족하였다.40 객관적인 비교를 위해 똑같은 발전단계로 가정할 수 있는 수출 100억 달러 달성 직전 4년간 기술도입 건수를 보아도 한국은 1974~1977년간 47건에 불과하였지만 일본은 1964~1967년 169건이었다.41 또한 경제기획원과 일본 科學技術廳 등의 집계에 의하면 한국의 1970~1977년 기술도입 구성은 가정용 : 산업용 : 부품이 18.3 : 18.3 : 63.4이었는데, 1950~1977년 일본의 유사 대응 부문 전자기계 : 통신기계 : 전자통신부품의 기술도입 구성은 18.8 : 53.2 : 28.0이었다.42 즉, 한국은 조립공업의 성격이 강한 부품의 기술도입 비중이 너무 높고 동시에 고부가가치이며 비교적 신기술이 많은 산업용기기의 기술도입 비중이 너무 낮은 구조적 문제를 그대로 노정하고 있었다. 한국의 기술도입 중 산업용기기는 국내 기술수준의 저위로 기술집약도가 낮고 발전 초기단계 제품인 전화교환기, 트랜시버, 전탁 및 전화기 등에 국한되어 있었다.43

1977년 10월 18일 「금호전자(주)」가 전자공업용 소형 모터 제조를 위한 기술도입계약 인가를 신청하였다. 기술도입 인가를 신청한 사업내용은 〈표 13-12〉와 같았다. 본 사업은 시설자금 373만 달러의 외자를 포함한 37억 9,000만 원을 투입하여 생산능력 연산 6,300대의 소형 모터 공장을 건설하는 것이었고 이의 실현을 위해서는 자기자금 11억 5,800만 원, 국민투자기

37 〈경향신문〉(1977. 9. 1); 〈매일경제신문〉(1977. 9. 2).
38 〈동아일보〉(1977. 9. 1).
39 〈매일경제신문〉(1977. 7. 25).
40 한국무역협회(가전, 1981), pp. 9~10.
41 한국산업은행조사부(80전, 1981), p. 267.
42 경제기획원(기술, 1974, 1979); 한국산업은행조사부(80전, 1981); 科學技術廳(外國, 1978~1979); 국제경제연구원(전산, 1979).
43 한국산업은행조사부(한산, 1979), 상, p. 398.

〈표 13-12〉 「금호전자」의 전자공업용 소형 모터 제조사업 계획(기술도입)

	공장건설 사업내용과 효과
소요자금	시설자금 3,730천 달러의 외자를 포함한 소요자금 3,790백만 원
자금조달	자기자금 1,158백만 원, 국민투자기금 740백만 원, 외화대부 1,447백만 원, 금융기관 차입 445백만 원
생산능력	연산 6,300대의 소형 모터공장
생산계획	1차 연도: 내수 700천 대 478,695천 원 2차 연도: 5,670천 대 3,959,783천 원(수출 283만 대 1,967,160천 원) 3차 연도: 수출 3,220천 대 포함 6,300천 대 4,399,920천 원
원료조달	수입부품 1년차 151/247백만 원, 2년차 1,043/2,116백만 원, 3년차 904/2,352백만 원
공장입지	경북 구미수출산업공업단지
건설계획	1977. 10~1978. 8
고용계획	기술직 남 88명, 여 431명, 계 519명(남 117명) 포함 총 555명
국제수지 효과	1차 연도: 수입대체 733 – 대외지불액 571 = 162(천 달러) 2차 연도: 수출 4,056, 수입대체 3,066 – 대외지불 2,411 = 4,711(천 달러) 3차 연도: 5,854천 달러

자료: 경제기획원장관(전공소, 1977. 12).

금 7억 4,000만 원, 외화대부 14억 4,700만 원, 금융기관 차입 4억 4,500만 원 조달과 함께 기술도입이 필요한 것이었다.[44]

경제기획원장관은 제출된 본 사업내용에 기반하여 관련 기관의 정해진 검토 과정을 거쳐 이를 외자도입심의위원회에 심의 제안하였다. 경제기획원장관은 제안 이유에서 '현재 관련 주요 부분품을 수입, 단순조립 가공하고 있는 실정이므로 수입대체와 수출제품으로서의 품질을 고급화하기 위하여 본 기술의 도입은 필요한 것으로 사료되며 상공부, 과학기술처, 경제기획원 외자계약심의관실 등 관계기관의 검토 결과가 사업타당성을 인정하고 있으므로 이를 인가하고자 본안을 제안한다'고 밝혔다.[45] 1977년 12월 19일부터 본건을 심의한 제137차 외자도입심의위원회의 기술제공자, 기술내용, 기술도입 조건, 생산계획, 제품가격 등에 관한 기술도입사업 종합심사 결과는 〈표 13-13〉과 같았다.

1977년 12월 22일 외자도입심의위원회는 기존의 요구사항이었던 선불금 삭감과 계약기간 단축에 더하여 신기술제품을 추가 포함할 것을 인가조건에 넣어 이를 인가 의결하였다. 신기술을 포함시키려는 진보된 시각이 반영되고 있는 것이다. 정부는 초기 인가조건에 '생산된 제품의 판매가격은 상공부장관이 정하는 바에 따를 것'을 넣었으나 최종적으로 이를 삭제하여 규제를 완화함으로써 신기술 도입을 촉진시키고자 하였다.

44 경제기획원장관(전공소, 1977. 12).
45 경제기획원장관(전공소, 1977. 12).

〈표 13-13〉 기술도입사업(전자공업용 소형 모터 제조) 종합심사표(1977)

<table>
<tr><th>사업명</th><th colspan="3">전자공업용 소형 모터 제조</th></tr>
<tr><th>사업주</th><th colspan="3">금호전자(주), 대표 韓敏錫</th></tr>
<tr><th>구분</th><th colspan="2">검토내용</th><th>평가</th></tr>
<tr><td rowspan="2">기술도입자 및 제공자</td><td>도입자</td><td>「금호전자주식회사」</td><td rowspan="2">기술제공자는 소형 모터의 전문메이커로서 적정함</td></tr>
<tr><td>제공자</td><td>「(株)三協精機製作所」</td></tr>
<tr><td rowspan="2">기술내용</td><td>계약제품</td><td>카세트·라디오카세트 소형 모터</td><td rowspan="2">타당함</td></tr>
<tr><td>기술내용</td><td>1. 공업소유권 실시권 허여
2. 기술정보 및 자료 제공
3. 기술용역 제공</td></tr>
<tr><td rowspan="3">기술도입 조건</td><td>선불금</td><td>$90,000</td><td rowspan="3">동종 기술도입조건과 비교할 때 적정함</td></tr>
<tr><td>경상기술료</td><td>계약제품 1개당 $0.0232</td></tr>
<tr><td>계약기간</td><td>3년</td></tr>
<tr><td colspan="2">생산계획(1980)</td><td>카세트용모터 2,520개/연
라디오카세트모터 3,780개/연</td><td>타당시됨</td></tr>
<tr><td rowspan="3">제품가격 (카세트용)</td><td>국내 판매가</td><td>$1.35</td><td rowspan="3">국내 판매가격이 주요 산지가격보다 저렴함</td></tr>
<tr><td>수입가격</td><td>CIF $1.43</td></tr>
<tr><td>주요 산지가격</td><td>FOB $1.42</td></tr>
<tr><td>주요 인가조건</td><td colspan="3">(1) 계약인가 후 1년 이내에 전자식 Governor Motor를 계약제품에 추가할 것
(2) 선불금 $113,000를 $90,000로 감액조정하고 계약기간 5년을 3년으로 단축할 것
(3) 77. 12. 16자 각서를 이행할 것</td></tr>
<tr><td>결론</td><td colspan="3">인가조건으로 부한 사실을 제외하고는 타당시되므로 인가함이 가함</td></tr>
</table>

자료: 외자도입심의위원회(기전, 1977. 12).

1977년 12월 24일 경제기획원은 기술도입을 인가하였다. 그러나 이 시기 정부의 사전요구, 사후검증은 신기술 도입 등, 이전보다 심층적이고 엄격하게 진행되었고 그래서 「금호전자」가 외자도입법 제19조 제4항이 규정한 발효기간 1978년 6월 24일까지 인가조건을 만족한 기술도입을 발효시키지 못하는 사태가 발생하자 「금호전자」 스스로가 인가신청을 취소하기도 하였다. 「금호전자」는 기술제공처 「(株)三協精機製作所」와 원만한 기술협조가 어려워 동 사업을 중단하겠다고 밝혔고[46] 제48차 외자사업투자심사위원회는 인가를 취소하였는데 기술도입에서의 검증강화를 보여 준 사례가 된 이 전자공업용 소형 모터 제조를 위한 기술도입계약 인가와 취소 경과를 정리하면 〈표 13-14〉와 같다.

46 경제기획원 경협차관보(전소형, 1978. 7).

〈표 13-14〉 「금호전자」의 기술도입 신청과 철회 경과

시기	경과 과정
1977. 10. 18	「금호전자」, 전자공업용 소형 모터 제조기술 도입계약 인가 신청
1977. 10. 21	경제기획원, 상공부·과기처·외자계약심의관 등 기관 검토 의뢰
1977. 12. 19	외자사업투자심사위원회, 심의
1977. 12. 22	외자도입심의위원회, 조건부 인가 의결
1977. 12. 24	경제기획원, 기술도입 인가통보(발효기간: 1978년 6월 24일)
1978. 6. 13	경제기획원, 기술도입계약 발효조치 독려
1978. 6. 26	「금호전자」, 동 기술도입계약 취소 요청
1978. 7. 7	경제기획원, 「금호전자」의 동 기술도입계약 취소

자료: 경제기획원 경협차관보(전소형, 1978. 7).

1977년 「금성알프스전자(주)」는 1970년 6월 2일에 인가 받은 「일본알프스전자」와의 전자부품 제조를 위한 기술도입계약 기간을 2~3년 연장한 데 이어 다시 2차로 기술도입계약 기간을 3년간 연장하여 줄 것을 요청하였다. 「금성알프스전자」는 전자제품의 모델 다양화로 기술 습득의 애로점이 있어 동 부품의 국산화율이 약 50%된 시점에서 기술도입 기간이 만료되므로 이를 완전 국산화하기 위함이라고 밝혔다. 당시 도입기술의 응용, 적용이 매우 느리게 진행되고 있었음을 알 수 있다. 새로 신청한 기술도입 기간은 스위치, 가변축전기는 7년(5년+2년), 튜너, 가변저항기는 8년(5년+3년)이었고 로열티 1.5%(튜너는 3%)이었다.

경제기획원의 요청에 의해 이를 검토한 과학기술처는 금형기술의 개발과 대량생산 체제를 갖추어 생산원가를 절감하고 각 제품의 모델·디자인에 관한 신속한 정보를 수입함으로써 국제 경쟁력을 강화하도록 하기 위하여 3년 재연장은 타당하다고 밝혔다. 과학기술처의 입장은 개발까지 기술도입을 장려하는 것이었다. 그런데 상공부는 자체 연구개발이 없는 단순한 기술도입계약 기간 연장은 의미가 없으므로 기간이 만료된 스위치, 가변축전기는 기술도입의 미진한 부분 보완을 위하여 튜너·가변저항기의 기존 계약기간까지의 1년간만 연장 승인함이 가할 것이며 동 기간 내 기초적인 기술과 도면 등 적극적인 기술도입 수용태세를 갖추도록 해야 한다는 의견을 내었다. 상공부는 이제 한 걸음 더 나아가 연구개발과 적극적 기술수용이 부족한 기술도입을 허용하지 않으려고 한 것이다.

상공부의 의견은 달라지고 있는 정부 입장이었으며 경제기획원은 이를 받아들였다. 경제기획원은 '(1) 전자부품의 국산화를 위하여 기술도입 인가를 받은 후 7년이 경과된 현재까지 …… 국산화율을 50%밖에 달성하지 못한 것은 단순한 부품수입에 의한 조립생산을 위주로 운영된 결과이며, (2) 따라서 자체 기술개발 없이는 요청대로 기술도입 기간을 3년간 연장하더라

도 시설능력, 수요 면에서 국산화를 달성할 수 없을 것으로 사료되므로, (3) 자체 기술개발을 통한 국산화율 제고를 촉구하는 의미에서 기간 만료된 스위치·가변저항기만 1년 연장함이 타당'하다고 결론내렸다.[47] 경제기획원이 "단순한 부품수입에 의한 조립생산을 위주로 운영"하는 것을 지적하고 "자체 기술개발 없이는" 기술도입 기간을 연장하지 않겠다는 것은 이 시기 기술도입정책·전략 전환을 분명히 보여 주는 것으로, 정부의 이러한 처리는 개발보다 광고효과를 노리는 기업들의 기술도입에 경고와 인가정책 전환 신호를 주는 의의를 갖는 것이었다. 결국 사실상 허용불가의 「금성알프스」의 기술도입연장안이 제29회 외자사업투자심사위원회에 상정되었다.[48]

정부는 기술개발 없이 단순기술도입에만 계속 의존하려는 기업들의 관행 억제에 나섰다. 1970년대 중반 국내 업체들이 비디오테이프를 생산하기 위한 중간재 폴리에스텔 필름을 만드는 기술을 도입하려고 하였으나 본원기술 보유자인 영국 *ICI*와 미국의 *3M*, 「뒤퐁」에서 카르텔을 맺어 기술을 제공하지 않았다. 이미 오래전에 기술이전을 받은 일본의 「도레이」(「東洋레이온」) 역시 기술이전을 하여 주지 않았다. 그래서 「선경」과 한국과학기술연구소가 1년 연구 끝에 개발에 성공하였는데 이것을 인지한 일본 「도레이」가 「삼성」과 접촉하여 로열티 없이 저가에 기술을 팔겠다고 나섰고 삼성은 경제기획원과 상공부에 기술도입 허가를 요청하였지만[49] 과학기술처와 상공부는 이를 반대하였다.

기업들은 연구개발 없는 단순기술도입으로 제품의 설계 및 조립기술의 확보에 주력하고 발전시켜 나갈 수 있는 기초기술의 습득에 소홀하였다. 이에 따라 도입기술의 소화개량이나 응용기술의 개발능력이 발전하지 못하고 심지어 생산관리기술조차도 계속적인 연마가 안 되어 품질향상이나 원가절감에 큰 기여를 하지 못하고 있었다.[50] 정부는 인가 과정을 통해 이를 전환시키고자 하였다. 1978년 상공부는 일반화된 기술이 아니라 세계일류기술 도입을 촉진하기 위하여 기술도입 계약금 융자제도를 확대하고 반도체 등 고도기술 품목일 경우 기술계약금의 자본전입을 허용할 것이라고 밝혔다.[51]

기술도입을 기술개발로 연계시키고 신기술 도입을 장려하고자 하는 정부 움직임은 점점 더 강화되었다. 1978년 「한국전자통신(주)」은 전자교환기 생산을 위하여 벨기에의 *Bell Telephone Manufacturing Company*와 체결한 기술도입계약 인가를 신청하였다. 「한국전자통신」은 기술도입을 통해 1980년 3월까지 구미수출산업공업단지 내에 공장을 건설하여 1984년 내수용 전자교환기 197만 5,000회선을 생산함으로써 1984년 수입대체 4억 1,691만 달러, 기계·기술료 등 8,816만 8,000달러, 외화절약액 3억 2,874만 2,000달러의 국제수지 개선효과와

47 경제기획원(전부를, 1977. 11).
48 경제기획원 경제협력차관보(전제사, 1977. 11).
49 최형섭 전 상공부광무국장·KIST소장·과학기술처장관(최불, 1995), pp. 225~227.
50 상공부(전자, 1982), p. 24.
51 김동규 상공부중공업차관보(1978. 1), p. 41.

2,676명의 고용효과를 창출하겠다는 기술도입계약 인가를 〈표 13-15〉와 같이 신청하였다. 1978년 기술도입계약 내용은 달라진 한국 측 대응과 전략, 위상을 확인해 준다. 한국법을 적용하며 기술도입 내용도 기술용역을 포함한 전 범위로 되었다.

〈표 13-15〉 전자교환기 기술도입계약 내용과 관련 사업계획(1978)

<table>
<tr><th>구분</th><th colspan="2">사업계획 내용</th></tr>
<tr><td>기술공여자</td><td colspan="2">벨지움 Bell Telephone Manufacturing Company</td></tr>
<tr><td>계약제품</td><td colspan="2">전자교환기</td></tr>
<tr><td>기술도입 내용</td><td colspan="2">1. 공업소유권의 양수　　2. 공업소유권의 실시권 허여
3. 기술용역 제공　　4. 기술정보 및 자료 제공</td></tr>
<tr><td>기술도입 대가 및
지불방법
(천 달러)</td><td colspan="2"><table>
<tr><th>구분</th><th>기술대가</th><th>지불방법</th><th></th></tr>
<tr><td>로열티</td><td>4,525</td><td>5년 분할상환</td><td>정액</td></tr>
<tr><td>교육훈련비</td><td>528</td><td>5년 6개월 단위로 지불</td><td>추정</td></tr>
<tr><td>소프트웨어 패키지</td><td>2,455</td><td>3개월 단위 실비정산</td><td>정액</td></tr>
<tr><td>기술용역비</td><td>2,608</td><td>6개월 단위 실비정산</td><td>추정</td></tr>
<tr><td>서류발급비</td><td>544</td><td>6개월 단위 실비정산</td><td>추정</td></tr>
<tr><td>합계</td><td>10,660</td><td>–</td><td>–</td></tr>
</table></td></tr>
<tr><td>계약기간</td><td colspan="2">7년(정부인가일로부터)</td></tr>
<tr><td rowspan="2">기술지도 및 훈련</td><td>기술자 초청</td><td>급료, 한국 여행경비 등 일체 한국 측 부담
6인/월 이내</td></tr>
<tr><td>기술자 파견</td><td>훈련경비, 생활비 및 급료 일체 한국 부담
15인/월 이내</td></tr>
<tr><td>중재</td><td colspan="2">대한상사중재협회의 중재 규정</td></tr>
<tr><td>적용법</td><td colspan="2">한국법</td></tr>
<tr><td>기술도입으로 진행하는
사업계획
(1984년 기준)</td><td colspan="2"><table>
<tr><th>구분</th><th>사업계획 내용</th></tr>
<tr><td>생산·판매</td><td>생산: 내수용 전자교환기 1,975천 회선 생산
판매: 내수용 전자교환기 1,775천 회선 판매</td></tr>
<tr><td rowspan="2">원료조달</td><td>해외: ESS방식 전자교환기용 전자부품 등 58,656천 달러</td></tr>
<tr><td>국내: 전자부품 등 68,090백만 원(140,392천 달러)</td></tr>
<tr><td rowspan="3">국제수지효과</td><td>수입대체: 416,910천 달러</td></tr>
<tr><td>외화비용: 원료, 기계, 기술료 등 88,168천 달러</td></tr>
<tr><td>외화절약액: 328,742천 달러</td></tr>
<tr><td>고용</td><td>2,676명</td></tr>
</table></td></tr>
</table>

자료: 경제기획원 경제협력차관보(전제, 1978. 3).

〈표 13-16〉 전자교환기 기술도입계약에 대한 상공부 검토의견(1978)

구분	사업계획 내용
도입필요성	급증하는 통신수요 충족을 위해 필요함
기술내용·제공방법	타당
도입조건	계약서상에 기술료 명시해야 할 것임
파급효과	국산화 계획 및 고용계획 등 파급효과가 클 것으로 사료됨
동종 기술과의 관계	문제점 없음
생산판매계획 및 원료조달계획	체신부 의견에 따라야 할 것임
제품가격	초기에는 기계식 교환기에 비해 고가이나 장기적으로 보아 반도체공업의 발전과 더불어 가격하락이 예상됨
종합의견	본 기술도입은 필요함. 단, 가. 계약서상의 기술료를 명시할 것 나. 취소불능확인 신용장 중 확인(confirmed)을 삭제할 것

자료: 상공부장관(전제, 1978. 3. 2).

본건 인가신청에 대해 경제기획원 경제협력차관보는 "기존 낙후된 기계식 교환방식을 지양하고 전자교환 방식(Electronic Switching System)을 도입하고자 하는 것으로 정부의 중장기 통신현대화 계획에 부응될 뿐 아니라 정부의 전자공업육성시책에도 부응되고, 국내에서는 최초 도입되는 기술로 파급효과도 지대할 것으로 사료되며 관계 부처에서도 타당성을 인정한 것이므로 인가를 제안한다"고 검토 결과를 밝혔다. 체신부장관은 사업계획서의 보완을 지적한 검토의견서를 1978년 2월 25일 경제기획원장관에게 발송하였다.[52] 상공부장관은 3월 2일 계약서상 기술료를 명시할 것과 취소불능확인 신용장 중 확인(confirmed)을 삭제할 것 등 사후 문제가 될 조항을 수정하는 조건으로 기술도입 필요성을 인정한 검토의견 〈표 13-16〉을 경제기획원장관에게 발송하였다.

「한국전자통신」은 체신부가 지적한 보완사항을 이행하고 1978년 3월 2일 상공부, 외자계약심의관의 지적사항을 이행하겠다는 각서를 제출하였다. 이에 외자사업투자심사위원회는 기술도입의 타당성과 도입조건, 경제적·기술적 파급효과 각각에 대해 타당성을 인정하는 종합검토 의견을 〈표 13-17〉과 같이 내었다. 계약기간이 7년이었지만 적정하다고 판단한 것은 도입기술이 신기술이며 장기적으로 이용가치가 있음을 확인하였기 때문인데 이는 도입기술의 성격이 달라지고 있음을 보여 준다. 경제기획원은 "최초 기술도입 대가 지불 이전(단, 정부인가일로부터 6개월 이내)에 계약수정 및 보완에 관한 1978년 3월 2일자 각서내용을 이행하고 경제기획원

52 체신부장관(기계, 1978. 2. 25).

〈표 13-17〉 전자교환기 기술도입계약 종합검토 의견

구분	종합검토 의견
기술도입 필요성	종래 EMD식 및 스트로저식 교환기로는 급증하는 전화수요 충족할 수 없어 전자교환기를 기술도입에 의해 생산하는 것이 보다 효율적인 것으로 판단되므로 기술도입 필요성 인정됨
기술제공 방법	공업소유권의 실시권 허여, 기술자료 및 기술정보 제공, 전문가 지도, 기술자 훈련, 기술용역 등으로 적정함
기술도입 대가	사업의 특수성 및 시급성을 감안할 때 타당
계약기간	7년으로 적정
경제적 기술적 파급효과	도입으로 국내 통신설비 수요의 원활한 대체가 가능하며 관련 부품업계의 발전이 기대됨
조건충족	1. 체신부가 검토 시 지적한 사업계획서의 수정 보완 이행 2. 상공부 및 외자계약심의관실 검토 시 지적한 문제점인 실시권 사용료의 미확정 및 제12조 대가지불조건, 취소불능확인 신용장 중 확인조건에 대하여는 신청인이 동 문제점을 반영한 수정계약서를 체결하여 이행하겠다는 각서(1978. 3. 2)를 제출함

자료: 경제기획원 경제협력차관보(전제, 1978. 3); 체신부장관(기계, 1978. 2. 25).

장관의 확인을 받아야 한다"고[53] 인가조건을 첨부하여 기술도입을 인가하였다.

정부는 대통령령 제8958호로 1978년 4월 20일 외자도입법시행령을 개정, 공포하여 바로 시행함으로써 외자도입 행정을 개선함과 동시에 기술도입 자유화를 확대하여 기술도입을 촉진하였다. 전자 관련 기술을 도입하는 계약으로, ① 계약 혹은 대가지불 기간이 3년 이하이며 기술도입 대가가 선불금 3만 달러 이하이거나 대가지불이 정률로 3% 이하 혹은 정액으로 10만 달러 이하인 기술도입계약은 주무부장관 즉시 자동인가, ② 전자계산조직 및 방위산업에 관련된 기술도입계약과 계약기간이나 대가지불 기간이 10년을 초과하거나 대가지불 선불금이 100만 달러를 초과하거나 또는 경상기술료가 순매출액의 10%를 초과하는 계약은 관계부처에 의견조회 후 경제기획원장관이 인가, ③ 기타 기술도입은 주무부장관이 의견을 제시하지 않는 경우 경제기획원 내 기술도입심사위원회의 심사를 거쳐 경제기획원장관이 즉시 인가할 수 있도록 하였다.[54]

1978년 한국·벨기에 경제협력사업 중 최대사업인 전자교환기 생산기술도입계약 관련 전자교환기 운영부문의 기술협력사업이 진행되었다. 주벨기에 대사는 벨기에 체신부차관(개별 협력성 및 *BTM*사 간부 참여)과의 회의에서 협의된 벨기에 측의 제안과 기술자 훈련계획 등에 대해 아래와 같이 한국 정부에 알리며 정부의 방침을 문의하여 왔다.

53 경제기획원 경제협력차관보(전제, 1978. 3).
54 〈관보〉(1978. 4. 20), 제7930호.

【1978년 한국·벨기에 기술협력사업】

1. 기술협력 분야
   가. 벨지움 측 제안
      회계 및 문서처리 방법, 인력관리, 네트워크 플레이닝, 시설유지·관리, 인터내셔널 릴레이션(미확정) 등 5개 부문
   나. 이에 대해 한국 측의 구체적 요구가 있을 시 이를 반영하겠다.
2. 기술자 훈련계획
   가. 파견 연수인원
      (1) 인원 총 20명(79년 10명, 80년 10명)
      (2) 연수에 따른 벨지움 지원: 왕복여비, 의료보험, 연수 및 단체활동비 월 BF 18,000의 생활비(약 600불 수준)
      (3) 훈련기간: 6개월
      (4) 훈련장소: R.T.T.(전화 체신청)
   나. 벨지움 기술자의 한국 파견
      (1) 인원 2명
      (2) 체류기간: 1~2년
      (3) 벨지움 기술자 파견은 한국인 연수계획이 끝난 후 동 훈련 분야에 대한 지원임.

외무부장관(전체, 1978. 10. 13).

기술도입은 직접 관련 기술도입만이 아니라 현지 기술교육과 한국에의 기술자 파견을 포함하는 것이었다. 외무부는 체신부장관에게 체신부 방침을 문의하였다. 체신부는 양국 간 전자교환기 운영부문 기술협력사업의 협의를 위해 체신부 실무교섭단 일행 6명을 1978년 11월 26일부터 11월 29일까지 벨기에에 파견하였고 양국 현지 관계관회의는 다음과 같이 합의하였다.

【한국·벨기에 기술도입사업 협의내용】

참석자: 벨지움 우편성 차관 외

협의내용

1. 벨지움 정부 측은 체신부안에 대해 실현 가능한 것으로 합의하는 동시에 체신부 운영요원에 대한 훈련기간을 2개월에서 4개월로 연장 검토할 것을 동의하였음.
2. 동 기술협력사업을 1979년부터 추진할 수 있도록 양국 정부에서 필요한 절차를 밟는다는 내용의 일반적인 원칙에 관한 각서를 벨지움 체신청장관과 대사 간에 교환하기로 함.
3. 구체적 세부사항은 각서 교환 후 계속 협의하기로 함.

주벨지움 대사(전체, 1978. 11. 30).

전자교환기 체제에 따른 구체적인 기술협력사업은 이미 벨기에 측이 제시한 대로 기술훈

련생 및 운영요원의 벨기에 현지훈련과 벨기에 기술자의 한국 파견을 포함하기로 되었다.[55] 한국 측은 파견요원들의 훈련기간을 가능한 더 늘려줄 것을 요구하였는데 기술이전에 만전을 기하려는 것이었다. 1978년 12월 「대덕전자(大德電子)」는 M10CN 교환기용 인쇄회로기판(PCB)업체로 지정되어 벨기에 *ITT/BTM*사와 기술도입계약을 체결하고 기술자 연수 및 기술지도를 받았다.

「한국TDK」는 1973년 전자부품 페라이트코어 및 피킹코일 제조사업을 위해 일본 「東京電氣化學工業(株)」과의 계약기간 5년의 기술도입계약(기술료 순판매액 3%) 인가를 받았지만 5년이 지나도 동 기술을 완전 습득하지 못하여 1978년 3월 27일 같은 조건으로 소형 IFT용 부품 기술도입계약 기간을 8년으로 연장하는 기술도입계약 변경인가를 신청하였다. 기술도입 내용은 기술정보 및 자료 제공, 기술용역 제공으로 역시 용역을 포함하는 것이었다.[56] 기술도입 연장을 통해 이루고자 하는 생산계획은 페라이트코어 및 피킹코일 1년차 5억 1,368만 4,000개, 3년차 7억 2,684만 2,000개 생산이며 판매계획은 페라이트코어 및 피킹코일 전량 수출이었다.[57] 경제기획원은 '상공부, 과학기술처 등 관계기관의 검토의견이 동 기술의 습득이 극히 어려우므로 3년간의 기술도입계약 기간 연장이 필요하다는 것이므로 인가코저 한다'며 이를 외자사업투자심사위원회에 상정하였다.[58] 기술난이도가 고려되어 기술도입 연장이 인정된 것이다. 6월 12일 제45차 외자사업투자심사위원회는 연장승인을 의결하였다.[59] 동일 경제기획원장관은 「한국TDK」, 상공부장관, 국세청장, 관세청장, 한국은행총재에게 승인을 통보하였다.[60]

1978년 12월 5일 「삼성반도체(주)」는 서독 *Intermetall* 사와의 전자교환기용 반도체 부품 제조를 위한 기술도입계약을 체결하였다.[61] 대기업들이 중화학공업화 과정에서 얻은 생산경험과 세계 시장에서 얻은 경쟁경험이 기술도입에 반영되기 시작하였지만 이러한 기술도입 활용도 대기업에 편중되어 있어 전체 조화를 이룰 부품업체의 소재가공기술은 여전히 미흡하였다.[62]

1978년 세계호황 국면의 확대에 따라 중소기업들의 세계 시장 진입이 늘어나면서 이에 대한 맞춤형 기술도입이 필요하였고 또한 한국 전자공업의 전면적인 기술수준의 질적 전환을 위해서는 전자공업의 주요한 축을 이루고 있는 중소기업들의 기술수준 상향이 절실히 요구되었다. 이에 따라 1978년 12월 공업진흥청은 중소기업의 기술지도사업으로 최고경영자 교육, 중간관리자 사내표준화 교육 및 분야별 기술자·기능공 교육과 기술세미나 등을 실시하였다. 이

55 주벨기에 대사(전교, 1978. 12. 7).
56 경제기획원(기1방, 1978. 6).
57 경제기획원(전부술, 1978. 6).
58 경제기획원 경제협력차관보(전제기, 1978. 6).
59 외자사업투자심사위원회(기전6, 1978. 6. 12).
60 경제기획원장관(전품150T, 1978. 6. 12).
61 삼성반도체주식회사 대표이사 강진구(전반, 1979. 11. 21).
62 한국무역협회(가전, 1981. 12), pp. 9~10.

〈표 13-18〉 공업진흥청의 전기전자기기 분야 중소기업 기술지도

구분	관련 내용
방침	1. 기술수용 태세 확립을 위해 최고경영자 교육, 중간관리자 사내표준화 교육 실시 2. 현장실태조사를 실시하여 업체의 기술 애로사항을 파악한 후 기술지도 과제 도출 및 기술지도 실시계획을 수립 3. 전문가로 지도반을 편성하여 사내 규격 제정 및 애로사항에 대한 지도를 실시함으로써 기술의 토착화를 기하고 우수업체에 대한 행정지원의 우선
지도 대상	1. 중소기업 관련 단체로부터 취약업종 중 기술지도를 희망하는 업체로서 최고경영자 교육, 중간관리자 교육을 이수한 업체에 대하여 전문가에 의한 현장실태조사를 실시한 후 적격업체를 선정 2. 15개 업체
지도 품목	1. 레코드플레이어 2. 전기용접기 3. 버스히터용DC모터 4. 직류전동기 5. 자동차점화스위치 6. 교류전동기 7. 주파수변환기 8. 와이퍼모터·교류발전기
지도기간	1. 현장기술지도: 1978. 7. 10~1978. 12. 15(업체당 각 33~34일) 2. 사내표준화지도: 1978. 10. 31~1978. 12. 10(업체당 6일씩)
위원	지도위원은 대학교수 및 한국공업표준협회 위원 합 50인

자료: 공업진흥청(기전, 1978. 12), pp. 1~7.

와 함께 공업진흥청은 사내표준화 및 업계의 애로사항에 대한 기술지도를 위하여 관련 전문가로 구성된 기술지도반을 편성하여 현장 기술지도를 실시하고 그 지도내용을 산업계에 보급하고자 『기술지도보고서』를 발간하였다.[63] 공업진흥청의 전기전자기기 분야 중소기업 기술지도 내용은 〈표 13-18〉과 같았다. 지도 대상 품목은 레코드플레이어, 전기용접기, 버스히터용DC모터, 자동차점화스위치, 주파수변환기, 와이퍼모터 및 교류발전기 등이었다. 이 사업은 이후 계속되었다.[64]

Ⅳ. 선택적 기술도입과 기술 토착화

1979년 4월 24일 정부는 기술확보의 필요성 증대에 대응하여 대통령령 제9435호로 「외자도입법시행령」 재개정을 통해 기술도입 자유화를 확대하였다. 이는 (1) 원자력·방위산업과 관련되지 않은 기술도입계약으로서 계약기간 또는 대가의 지불기간이 10년 이하이며 기술도입 대가가, ① 선불금 50만 달러 이하이고 경상기술료가 당해 기술도입계약에 의해 생산되는 제

63 공업진흥청(기전, 1978. 12), 권두사.
64 공업진흥청(기지, 1982).

품 순매출액의 10% 이하이거나, ② 정액으로 100만 달러 이하, (2) 기술도입이 단순한 의장 또는 상표 및 특허권 이용만을 목적으로 하는 것이 아닌 경우 신청 즉시 기술도입을 자동 인가한다는 혁신적인 기술도입 자유화 조치이었다.65

1979년 과기처는 급등하는 컴퓨터 도입에 따라 「전자계산조직 도입 심의기준」을 마련하였는데 이때 심의기준에 도입 후 공급자 기술공여를 권장하는 경과조치 내용을 넣었다.66 1980년까지의 한국 전자공업에서의 기술도입을 도입국별, 부문별, 연도별로 정리해 보면 〈표 13-19〉와 같았다.

먼저 1970년대 말 그리고 1980년으로 넘어가서도 여전히 기술도입 건수가 절대적으로 적은 것이 지속되고 있음을 알 수 있다. 또한 1980년까지도 여전히 일본으로부터의 기술도입이 주류를 이루고 있는 점도 바로 확인된다. 일본에 대한 높은 의존은 지리적, 비용 면에서의 합리적 선택도 있지만 일본에 의해 전략적으로 계속 만들어지고도 있다. 부문별로 보면 1970년대 말이 되어서야 기기부문 기술도입이 부품 관련 기술도입 건수를 넘어서고 있다. 도입기술의 내용에서는 여전히 단순조립 및 가공을 위한 2차 기술 및 자료제공과 기술자 초빙, 파견훈련이 많았다.67 기술집약적인 부품과 소재의 수입의존도가 높고 정밀가공기술의 축적이 미흡하여 성장기를 지난 기술을 도입해 오다보니 후속 제품에 대한 개발능력이 확보되지 못하고 새로운 주종품의 개발이 지연되었다.68 그 결과 1980년대에 들어와 그동안 기술도입이 무분별하게 이루어진 것에 대한 반성이 이루어졌고 "기술도입의 효과는 도입기술의 수준 및 수용국

〈표 13-19〉 전자공업 기술도입 실적(기술도입 업체 수) (단위: 개)

		1966~69	1970	1971	1972	1973	1974	1975	1976	1977	1978	1979	1980	계
도입국별	일본	26	7	7	3	12	8	7	9	10	13	11	17	130
	미국	7	2	–	2	2	–	4	5	3	8	5	8	46
	서독	2	–	–	–	–	–				1	2	–	5
	스페인	1	–	–	–	–	1					–	2	4
	기타	–	–	–	–	–	–					1	2	3
부문별	가전기기	3	1	–	–	5	3	4	1	1	7	4	13	42
	산업기기	16	2	3	1	2	–	1	6	–	1	12	6	50
	부품	17	6	4	4	7	6	6	7	12	14	3	10	96
합계		36	9	7	5	14	9	11	14	13	22	19	29	188

자료: 과학기술처(선기, 1973, 1975); 경제기획원(기술, 1974, 1979, 1980); 한국산업은행조사부(80전, 1981).

65 〈관보〉(1979. 4. 24), 제8231호.
66 전자신문사(컴파, 1995. 12. 11~1996. 12. 12), 26.
67 한국산업은행조사부(한산, 1979); 한국산업은행조사부(80전, 1981).
68 상공부(전자, 1982), p. 160.

에 따라 큰 차이가 난다"는 지적까지 나타났다.[69]

적은 도입건수, 도입기술 내용, 도입부문 등 이상의 기술도입과 관련된 여러 사실들은 한국의 전자공업 초기발전에 필요하였던 기술이 로열티를 지불한 직접기술도입보다는 오히려 도입된 자본재와 상품의 체화된 기술을 응용, 발전시킴으로써 얻어지고 있었음을 간접적으로 보여 준다. 실제로 전 산업에서 한국의 기술도입 루트를 보면 직접투자, 특허기술 도입, 자본재수입 중 자본재 수입이 특허기술 도입의 1972~1976년 91.5배, 1977~1981년 대폭 개선되어도 62.0배에 이르고 있었다.[70] 한국 기업의 우선적인 선택은 체화된 기술도입이었다.[71] 그래서 기술료 지급액의 대 수출액 비율을 보아도 기술수입국인 한국이 1979년 0.59%에 불과하여 기술선진국이고 기술수출 세계 상위국인 일본, 프랑스, 서독보다도 낮았다.[72] 체화된 기술도입을 얻기 위한 목적이 가장 중요하였던 외국 용역발주를 보면 1972~1979년간 전기·전자가 95건으로 17.8%를 차지하고 있었다.[73] 용역수입 대가지불액을 보아도 동 기간 전기·전자가 13.5%를 차지하였다.[74]

하지만 발전단계상 자체 연구개발 능력이 떨어지고 연구비용을 충당하기 어려운 후발공업국으로서 직접 기술도입이 절대적으로 적은 것은 추가적인 연구개발과 자립·고부가가치 일관기술 연구개발 체계로 나아가지 못하게 됨을 의미하는 것이다. 이는 후발공업국에 치명적인 약점이라고 볼 수 있으며 한계적인 발전만을 가져다주는 것이었다.

이런 가운데에도 〈표 13-19〉에서 보듯이 1970년대 중반 이후의 기술도입 정책·전략 전환 움직임의 결과로 1978년 전자공업 기술도입 업체 수가 전년도 13개에서 22개로 급등하는 등 1970년대 말 뚜렷한 변화가 실현되고 있음을 볼 수 있다. 1973년의 기술도입 급등이 중화학공업화정책선언에 따른 영향이었다면 1978년은 기술도입에서의 양적 전환이 뚜렷이 확인되는 의미를 갖는 것이었다. 1973년의 급등은 1974년 다시 줄고 이후 4년간 도입건수가 다시 정체되는 등 기술도입의 양적 전환까지 이루지 못하였지만 1978년에 나타난 기술도입 건수 급등은 이후 1979년 19건, 1980년 29건으로 이전 시기와는 다른 단계로 이어졌다는 점에서 단계적으로 양적 전환 성격이 분명한 것이었다. 질적으로 보아도 1970년대 들어와 일본으로부터의 기술도입이 압도적이었으나 1978년 미국으로부터의 도입건수가 전년 3건에서 8건으로 급등하였고, 또한 이때부터 서독, 스페인 등 유럽으로부터의 기술도입도 이루어져 질적 전환도 확인되고 있다. 질적 전환이 요구되는 것은 기술의 질적 수준을 대변수로 보여 주는 전기·전자 기술도입료 지불이 1962~1978년간 2,603만 4,600달러로 제조업 기술도입의 12% 정도에 불과한

---

69 황성박 전 대아리드선사장(1987), p. 387.
70 한국산업기술진흥협회·한국기계공업진흥회 자료라고 밝힌 Kim, Linsu(1997), pp. 40~41.
71 관련 내용은 박영구(한중과, 2012), 22장 참조.
72 科學技術廳計画局(科技要, 1980~1984); 通商産業省(通白, 1980).
73 국무총리기획조정실(제431종, 1980), p. 170.
74 과학기술처(과기감, 1982), pp. 229~230.

것에서 단적으로 나타난다.[75]

이런 1970년대 중반부터 나타난 전환기를 거치면서 1978년 양적·질적 단계적 변화를 보인 기술도입에서 1970년대 말 내외적으로 새로운 요구가 나타났다.

우선 내적으로 전자제품의 수출품목과 수출공급 능력이 확대되는 등 수출기반이 확대되어 가고 또한 한국 중화학공업의 확대로 각종 첨단 시설재와 그 운용이 확대되어 가면서 전자공업의 신기술 지원이 요구되고 있었다. 한 예로 「현대양행」은 각종 플랜트설비 주기기들의 제조기술을 도입하여 국내 제작 공급하고 있었으나 1979년 4월 종합플랜트 건설 및 수출을 위한 플랜트 가동기술과 제어계통의 핵심전자계통 설비기술에 대한 능력배양이 시급해지면서 이 기술을 스웨덴 *ASEA* 사로부터 도입하여야 하였다. 상공부 역시 이러한 기술도입의 필요성이 인정된다며 5월 8일 외자도입법시행령 제5조 및 동시행령 제29조의 규정에 의거 이를 인가의견으로 경제기획원장관, 과학기술처장관에게 통보하고 있었다.[76] 이러한 내적 요구와 함께 외적으로는 동남아 등 타 후발공업국의 전자공업 수출능력 역시 급성장하고 있었기에 한국은 수출물량 위주의 수출에서 고부가가치 위주의 기술집약적 수출상품 구조로 모색하여 나갈 필요가 높아졌다.

이러한 국내외 시대적 변화 요구에 대응하기 위해서는 기존의 일반기술, 일반화된 수준의 기술이 아닌 선진공업국의 첨단 신기술 도입 체제로 전환하고 동시에 이를 신속히 토착화시켜 국내의 새로운 기술을 개발해야 할 필요가 커졌다. 1970년대에서 1980년대로 넘어가고 있었지만 당시 한국의 기술 축적도는 미국을 100으로 할 때 1.7 수준으로 일본 44.2, 서독 37.7에 비해 매우 뒤떨어져 여전히 기술도입의 필요성은 높았다. 기술의 특수성을 파악하지 못한 일률적인 도입조건으로 도입기술의 소화개량이 미흡하였고 핵심기술인력의 유동으로 생산 공학(production engineering) 기술도 낮았다.[77] 그러나 이러한 필요성에도 불구하고 현실은 냉혹하였다. 특히, 첨단기술인 컴퓨터와 반도체 기술에 대한 선진공업국들의 기술이전 기피가 계속되어 첨단기술에의 접근기회 자체가 차단되고 있었다. 당시 신문은 이런 현실을 그대로 싣고 있다.

> 첨단기술이라는 컴퓨터의 경우 상공부가 전자공업의 내일을 위해 「대한전선」, 「동양정밀」, 「동양전관」, 「금성전기」, 「동양나이론」 5개 업체를 전문업체로 지정, 중점 육성키로 했으나 기존 업체인 「삼성전관」과 「동양나이론」이 일본의 2차적 기술과 겨우 손을 잡았을 뿐 나머지는 기술제휴처마저 확보하지 못하고 있다. 원본기술은 미국이 움켜지고 있고 전자왕국 IBM제 컴퓨터를 돈 주고 사오는 데만 3년이 걸린다. 이 경우 기술대가가 문제가 아니라 기술 자체를 팔려고 하지 않기 때문에 정부의 「지식집약산업으로서의 전자공업 육성전략」은 출발부터 뒤틀리고 있다.
>
> 전자공업의 핵심이라는 반도체 역시 마찬가지이다. 「선경반도체」, 「한국화약」, 「아남산업」, 「금성

75 경제기획원(기술, 1979); 국제경제연구원(전산, 1979), p. 50.

76 상공부(기술6, 1978. 5. 8).

77 한국무역협회(가전, 1981. 12), pp. 9~10.

사」, 「대한반도체」 등을 전문업체로 지정했으나 기술제휴 실적이 전무하다. 「모토로라」, 「텍사스인스트루먼트」 등 미국 10대 반도체업체들이 전부 기술제공을 거부하고 있기 때문이다. 한국에 이미 진출해 있는 「훼어차일드」, 「모토로라」 등 기존 22개 업체는 모두 하청 조립공장들이고 「삼성전자」 등이 재외교포 과학자들을 유치, 흉내는 내고 있으나 그들 TV나 냉장고 제품에 들어가는 저급 반도체를 생산하는 정도다.
컬러TV의 다음 단계라는 VTR은 일본이 미국 기술의 일본화에 성공하였으나 일본은 마치 자기기술인양 한국에의 기술전수를 꺼리고 있고 최근 시판단계에 들어섰다는 국산 VTR은 품질보증이 안되어 수출은 못하고 돌파구를 내수에서 찾으려 하고 있다. 정밀기계인 광학기구의 경우는 일본의 카메라렌즈 메이커들이 똘똘 뭉쳐 기술봉쇄 연합전선을 펴고 있다.

〈동아일보〉(1979. 9. 26).

이러한 사실은 다음 해외 언론 보도에서도 지적될 정도로 한국 기업들의 딜레마였으며 결국 기업들은 간접적인 방법 외에 자체적으로 개발하는 방법을 택할 수밖에 없었다.

한 가지 문제는 외국 전자기업들이 그들의 선진기술을 조금의 방심도 없이 온 힘을 다해 지키려고 하는 것이고 그래서 삼성은 그것이 아무리 시간이 걸리더라도 결국 자체 자동설비를 개발하는 외에 방법이 없다고 보고 있다(But one problem is that foreign electronics firms jealously guard the advanced technology they have developed, so that Samsung feels it will have no alternative but develop its own automated equipment somehow, no matter how long it takes).

Christian Science Monitor (March 17, 1981).

하지만 당장 현 수준에서는 어떻게 하든 선진기술 도입이 필요하였다. 1979년 11월 15일 최규하 대통령대행은 1980년 예산 시정연설에서 반도체의 기반을 조성하며 선진기술 도입을 통해 전자기술의 국제수준화에 노력하겠다고 밝혔다.[78]

1979년 10월 24일 경제기획원 외자관리국은 「대한통신공업(주)」이 낸 전자교환기부품 제조에 관한 기술도입 인가 연장신청을 계약 변경이라고 판정하고 신청서를 반려하였다. 경제기획원이 계약 변경이므로 기술도입 변경계약 인가신청서를 제출하도록 지시한 것은 기존 방식대로 기술도입을 더 이상 인정하지 않겠다는 것으로 새로이 검증하고 기술활용 방법도 검토하겠다는 것이었다.[79]

1979년 11월 21일, 「삼성반도체(주)」는 상공부장관에게 「삼성관리 제79-816호」로 서독 *Intermetall* 사와의 전자교환기용 반도체 부품 제조를 위한 기술도입계약 인가조건 이행을 신고하였다. 인가조건에 "계약서 12조에 정한 경상기술료는 정부가 정의하는 순판매액에 따라 계산토록 관계조항 수정할 것"이 포함되었는데 「삼성반도체」는 경제기획원이 정하는 순매출액의

78 〈매일경제신문〉(1979. 11. 15).
79 경제기획원장관(기술청, 1979. 10. 24).

정의와 상이해질 수 있는 조항을 전면 삭제하였다.[80] 수정계약 내용은 다음과 같았다.

> 계약 양자는 다음을 동의한다. "위 계약의 21페이지 제12조 마지막 5절의 표현 중 총공제액에서 부가가치세와 허가자로부터 구입한 재료비를 뺀 부분이 총매출액의 10%를 초과할 수 없다"는 조항을 삭제한다.
>
> Sam Sung Semiconductor and Intermetall, Halbleiterwerk der Deutsche, ITT Industries GmbH(1979).

1979년 11월 30일 「삼성반도체」는 11월 21일 기술도입계약 인가조건 이행확인 신청과 관련하여 순판매액의 정의(12조 순판매액의 정의 중 "허가자로부터부터 제공받은 재료비")에 대한 삼성 측의 해석 및 이행각서를 상공부장관에게 제출하였다. 이행각서는 "허가자로부터 제공받은 재료비라 함은 실제 투입재료비를 의미하므로 당연히 수입재료에 부과되는 대한민국 정부(경제기획원)가 정하는 관세와 이에 따르는 제비용이 포함된 것으로 해석하며 당사의 사업계획상 허가자로부터 구입계획은 없으나 만약 구입 시에 야기되는 양사 간 해석차이는 당사의 책임하에 대한민국 정부가 정의하는 바에 의하여 상호 조정하여 다룰 것임을 서약하며 이에 각서를 제출합니다"이었다.[81] 독일 기술 제공자 측이 자신들의 재료를 판매하고 이에 따라 한국 측이 기술료 지불에서 추가 혹은 과대지불이 있을 것을 미연에 방지하고자 하는 것으로 이에 삼성 측도 차관제공자에게서 재료를 구입할 생각이 없음을 밝히고 문제가 있으면 경제기획원의 규정대로 할 것임을 서약한 것이다. 1979년 12월 1일 상공부는 「삼성반도체」의 서독 *Intermetall* 사와의 전자교환기용 반도체 부품 제조를 위한 기술도입계약 인가조건 이행을 확인하고 이를 경제기획원장관, 과학기술처장관, 기업지도관에게 통보하였다.[82]

1979년 말 「삼성반도체」의 기술도입 처리 과정은 한국이 신기술 도입에 적극 나서고 있다는 점과 함께 기술대가료를 더 받아가면서 동시에 한국의 검증과 통제를 피하려는 그간의 해외 기술제공자들의 편법에 대해 정부가 대응하고 기업 역시 수정에 나서고 있는 것을 보여준다. 이는 한국의 기술도입이 도입기술에서 한 단계 올라서고 있으며 또한 대응 정도가 정교해지고 한국 도입자의 권리가 강화되고 있음을 보여 주는 것이다.

1970년대 후반 시장주도권이 기업으로 넘어가면서 정부 역할은 축소되고 있었다. 기술도입에서의 정부 인가 역시 서서히 비효율성을 드러내기 시작하였다. 그러나 기술도입을 두고 대기업 간 경쟁과 독과점 획득을 위한 노력은 더 커지고 있었고 이는 한국 기업들의 정보력, 대응력 성장에도 불구하고 1980년대 여전히 기술도입에서 정부 인가가 계속 필요한 이유로 작

---

80 삼성반도체주식회사 대표이사 강진구(전반, 1979. 11. 21).
81 삼성반도체주식회사 대표이사 강진구(기인, 1979. 11. 30).
82 상공부(기술도13, 1979. 12. 1).

용하였다.

1980년 11월 20일 제2기종 전자교환기 생산을 위한 「금성반도체」와 *AT&T* 산하 *Western Electric* (*WE*)사와의 합작 및 기술제휴계약이 체결되었다. 기술계약은 *WE*가 ESS 제2기종인 No.1A 전자교환기 및 부품 기술을 제공하는 대신 착수금 300만 달러 외 누적 기술료가 총액 1,000만 달러에 달할 때까지 매년 매출액의 5%를 지불하는 조건으로 이루어졌다. 기술계약 중 반도체사업 분야는 별도 계약으로 하여 제품생산 개시일로부터 5년간 연 매출액의 2%를 기술사용료로 지불한다는 조건이었다.[83] 기술제공자들은 최신기술에 높은 기술료에 더하여 추가별도 기술료를 책정하고자 하였고 그만큼 신기술의 도입은 어려웠다. 한국은 기술료 총액제한과 기간제한 등으로 맞섰다. 기술도입이 필요한 기술은 제품의 기술정보, 공장의 레이아웃, 양산화 기술, VA/VE 기술, QC 기술, 기타의 관리기술 등으로 이어지는데 정부는 신기술을 얻기 위해 일차적으로 제품의 국내 생산 가능 여부를 주 인가검토 대상으로 삼았다.[84]

1981년 3월 5일 한국·벨기에 전자교환기 운영기술 협력사업과 관련하여 주벨기에 대사는 외무부를 통해 과학기술처장관에게 전달할 다음의 전문을 보내왔다.

> 벨지움 정부자금 100만 달러에 의한 전자교환기 시설운영에 관한 협력사업은 이미 보고한 바와 같이
>
> 1. 체신부 요원 10명의 벨지움 훈련과
> 2. 벨지움 측 기술자 12명의 한국 파견 지도로서
>
> 1.의 사업은 끝난 바 있음.
>
> BTM회사 관계관 통보에 의하면 위 2.의 사업을 위하여 BTM회사와 개발협력성은 기술자 선정을 완료하고 주한벨지움 대사관을 통하여 체신부와 협정체결을 추진하여 왔으나 한국 측의 구체적 언급이 없어 확보한 잔여정부자금을 전용할 우려가 있다고 함.
>
> 주벨지움 대사관은 동 사업의 성과를 보아 제2차 협력사업을 추진할 계획으로 주재국 정부인사와 접촉하고 있음을 아울러 보고함.
>
> 주벨지움대사(전교시, 1981. 3. 5).

벨기에 측이 사업 추진을 위해 기술자 선정 등 필요조치를 취했으나 동 사업에 관한 한국 측 반응이 없어 기 확보 정부자금이 전용될 우려가 있다는 것이었다. 외무부는 이 내용을 과학기술처장관과 체신부장관에 통보하였다.[85] 이는 두 가지를 보여 주는 것이었는데, 첫째 1981년 한국 정부는 중화학공업 조정, 중화학공업 비판 등에 따라 중화학공업 관련 내용을 정상적으로 수행하지 못하고 있었다. 두 번째는 한국이 이미 벨기에 기술자 파견을 중요하게 보

83 〈매일경제신문〉(1980. 11. 21).
84 한국개발연구원(중화전, 1981), pp. 56, 97.
85 외무부(한벨, 1981. 3. 10); 외무부장관(한벨전, 1981. 3. 10).

지 않고 있는 것이다. 정부와 기업의 관심은 첨단기술 도입으로 옮겨가고 있었다. 심지어 정부는 외국인 기술용역을 가능한 억제하려고 하고 있었다.

기업들의 능력과 시장주도권이 커진 상황에서 1970년대 말부터 기술도입에서의 정부 개입 한계도 분명히 드러나고 있었다. 한국개발연구원은 정부의 기술도입정책 실패로 다음 4가지를 들었다.

1. 여전히 국내 제조업 단계가 그렇게 높지 못함에도 외국인 기술용역을 억제하고 있다.
2. 국내에서 시작품(prototype model)을 개발할 경우 이를 기술개발단계의 끝, 즉 기술도입 불필요로 판단하여 기술도입을 억제하는 정책이 남용되고 있다. 양산화는 시작품 생산에 이어 엔지니어링이 결합되어야 하는데 프로토타입은 코스트, 성과 개념이 포함되어 있지 않은 것이다.
3. 신규업체 진입 시 기술도입을 신청하면 전량 수출조건으로 인가하고 있다.
4. 신규기술에 대한 정보와 지식이 부족하여 계속 사양화되거나 표준화된 기술도입이 이루어지고 있다.

한국개발연구원(중화전, 1981), pp. 103~104.

그러나 이는 모두 정부가 '기업이 타 기업과의 단기적인 경쟁 추구로 장기적인 연구개발 없이 선점위주의 기술도입에 치중하는 것'을 막고자 하는 것에서 나온 것이었다. 따라서 불가피한 면이 있었지만 그럼에도 불구하고 정부의 개입은 점점 특정 대기업 집단의 비호로 연결되고 나아가 정부가 정보력과 분석력, 대응력에서 점점 기업에 밀리면서 오히려 4번째 문제를 악화시키는 요인으로 되고 있었다. 정부의 기술도입 개입은 득실의 양면성을 갖는 문제로 되고 있었다.

기업들은 1980년대로 넘어가면서 스스로 도입기술의 선정과 조건협상에 점점 경쟁력을 가지게 되었지만 〈그림 13-1〉에서 나타난 여러 이유로 여전히 도입기술의 소화·개량에 애로를 느끼고 있었다. 기업들이 도입기술을 토착화·개량화시키지 못하는 가장 큰 문제는 자금 부족이었고 나아가 기업들은 이러한 소화·개량을 위한 연구개발 조직 등 조직체계를 제대로 갖추고 있지 못하고 있었다.

일본 경제전문가들이 공통으로 지적한 일본의 중화학공업화 고도성장기 고도성장 요인은 기술도입, 오버론, 높은 교육수준, 낮은 군사비 그리고 민간협조이었다.[86] 일본의 경우 압축된 고도성장을 위해 철저하게 기술도입을 이용하였고 나아가 민간기업체 연구소들은 1960년대 중반부터 독자모델 개발 엔지니어링이 가능하여졌지만 일관되게 이후에도 도입기술의 소화·개량에 나서고 있었다.[87] 그러나 일본이 기술도입을 계속하면서도 적극적인 토착화·개량화 그리고

86 상공부(주요, 1973. 1. 16).
87 한국개발연구원(중화전, 1981), p. 124.

〈그림 13-1〉 도입기술의 소화·개량 애로 원인 (단위: %)

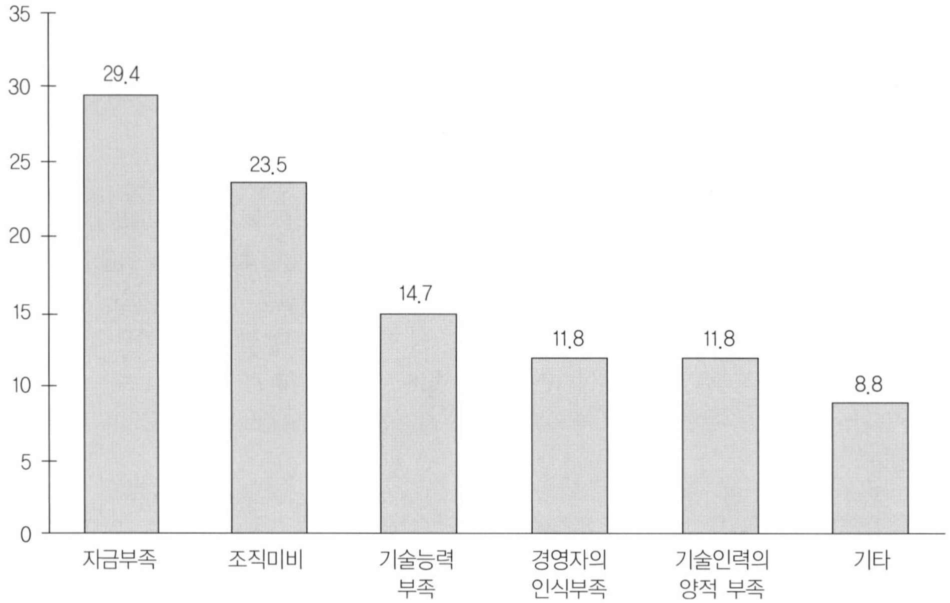

자료: 한국무역협회(가전, 1981), p. 46.

독자 개발에 나선 것은 기술도입은 결국 선진공업국들의 기피와 선택으로 한계에 봉착할 수밖에 없는 것이기 때문이었다.

일본은 선진공업국으로부터의 기술도입을 통해 선진국을 추월한 자신들의 경험을 알고 있었기에 한국에 대해 처음부터 기술이전을 회피하였다. 나아가 한국이 추격을 시작하자 선택과 기피를 점점 더 강화하였다. 1980년대 들어와 「금성사」가 VCR 개발에 나서자 일본의 특허권 교섭 주업체인 *JVC* 에서는 면회신청조차 거절하였고 「금성사」는 거의 한 달에 한 번 꼴로 *JVC* 를 찾아갔으나 만나지 못하여 일본 通産省을 우회해 만남을 요청하였지만 역시 거절당하였다.88

일본만이 아니라 한국 전자공업이 발전할수록 선진공업국들의 한국에 대한 경계심이 강화되었고 이는 기술도입에서 한계를 확대시켰다. 기술제공자들은 첨단기술을 감추거나 주려고 하지 않았고 기술구입자들을 경쟁시켜 높은 기술료를 받기도 하였다. 따라서 일본처럼 효율적인 기술도입을 꾸준히 해 나가면서도 기술도입에서 나타나는 문제를 해결하기 위해서는 기업 간, 기업과 정부, 그리고 정부 내 공동대응이 요구되었다. 이런 점에서 볼 때 한국 기업 간 기술도입 경쟁은 큰 문제이었는데 「삼성전자」와 「금성사」는 기술도입 경쟁으로 금성사가 오전

88 이희종 전 한국전기공업진흥회회장 증언(2011), pp. 124~125.

에, 삼성전자가 오후에 똑같이 네덜란드의 VDP 기술계약을 맺기도 하였고 일본의 VCR 특허기술 역시 금성과 삼성이 같은 날 오전, 오후에 경쟁적으로 기술도입계약을 체결하는 일까지 발생하였다.[89]

한국전기통신연구소는 1981년 12월 시외·국제용 ESS(No. 4ESS) 세부 기술조건과 소요량을 구체화하여 제안하였다.[90] 1982년 9월 20일 체신부, 경제기획원, 상공부가 모여 도시용 전전자교환기 기술도입 및 실용시험 기본방침을 확정하였고 1982년 11월과 1983년 1월 「한국전자통신(삼성반도체통신)」과 「금성반도체」는 각각 *ITT/BTM*, *WECI*로부터의 기술도입 인가를 받았다. 산업용 전자기기의 기술도입 건수는 1981년 5건에서 1982년 19건, 1983년 33건으로 급등하여 1982년, 1983년 전자공업 기술도입 건수는 이전 5년 건수 116건으로 늘어났다.[91] 이후 1984년 12월에 도시용 전전자교환기 시험기종 설치가 완료되었는데 도시용 전전자교환기 기술도입 및 실용시험 과정을 정리하면 〈표 13-20〉과 같다.

〈표 13-20〉 도시용 전전자교환기 기술도입과 실용시험 과정

<table>
<tr><th>구분</th><th colspan="3">도시용 전전자교환기 기술도입 및 실용시험 내용</th></tr>
<tr><td>배경</td><td colspan="3">1. 관련 산업 파급효과 및 수출 면에서 조기전환이 유리
2. 농어촌 전전자식 공급으로 도시지역도 조기 전전자화 불가피</td></tr>
<tr><td>기본방침</td><td colspan="3">1. 도시용 전전자교환기 기술도입 자율화
2. 기술도입 기종의 국내 실용시험 실시
3. 실용시험 결과 분석 후 채택 여부 결정</td></tr>
<tr><td>추진경위</td><td colspan="3">1. 1982년 9월 20일: 기술도입 및 실용시험 기본방침 확정
2. 1984년 3월 29일: 도시용 전전자교환기 실용시험 추진방침 시달
3. 1984년 8월 11일: KTA와 금성, 삼성 간에 시험계획 합의
4. 1984년 12월: 시험기종 설치 완료
No.5ESS(10,000회선): 통신센터, S-1240(2,000회선): 영동</td></tr>
<tr><td rowspan="7">기술도입
현황</td><td>기술도입자</td><td>삼성반도체(주)</td><td>금성반도체(주)</td></tr>
<tr><td>기술제공자</td><td>ITT/BTM</td><td>WECO</td></tr>
<tr><td>기종명</td><td>S-1240</td><td>No.5 ESS</td></tr>
<tr><td>계약기간</td><td>10년</td><td>10년</td></tr>
<tr><td>선불금</td><td>$300만</td><td>$300만</td></tr>
<tr><td>경상기술료</td><td>순판매액의 5%</td><td>순판매액의 5%</td></tr>
<tr><td>인가일</td><td>1982. 11. 16</td><td>1983. 1. 26</td></tr>
</table>

자료: 체신부(전책2, 1986).

89 〈매일경제신문〉(1982. 12. 8).
90 한국전기통신연구소(시, 1981. 12).
91 한국산업은행조사부(한산, 1984), 하, pp. 242, 283.

제5차 경제사회발전5개년계획기간 1982~1986년 전자공업 기술도입 건수는 492건으로 이전 5년에 비해 2.4배 증가하였고 질적 대변수가 될 수 있는 대가지불액도 6.6배 급등하였다.[92] 그러나 「삼성반도체통신」의 디지털교환방식 기술연수생에게 벨기에 *BTM* 사는 그들이 허용한 접근영역을 넘지 못하도록 철저히 제동을 걸은 예에서 보듯이[93] 첨단기술일수록 해외기업들의 기술이전 차단 노력은 커져 갔다. 세계 시장의 경쟁이 격화될수록, 한국의 전자공업이 성장할수록 기술도입 한계는 커지는 것이었고 결국 한국 전자공업 기업들은 1980년대 연구개발도 양적·질적으로 늘리기 시작하였다. 한국은 수출판매망만이 아닌 최첨단 기초기술 도입, 다원화된 기술도입을 위해 기술클러스터에 진출하고 무엇보다 기술의 토착화, 그리고 선도적 자체 연구개발, 그리고 다시 우위적 입장에서의 기술협력 혹은 보조적 기술도입으로 이어지는 선순환 체제를 구축해야 하였다.

---

92 한국전자공업진흥회·전자산업발전민간협의회(1989), p. 33.

93 강진구 전 삼성전자사장(1996), p. 153.

부록

경제개발5개년계획과 전자공업 기술도입

전자공업 기술도입은 경제개발5개년계획이 진행되면서 늘어났다. 그러나 전체적인 도입건수에서 4차 경제개발5개년계획에서도 116건으로 연평균 23.2건에 불과하였다. 부문별로 보면 2차 경제개발5개년계획 시기에는 부품의 기술도입이 60.0%를 차지하였고 3차 경제개발5개년계획에서도 부품도입이 전체의 66.0%로 이러한 경향은 변하지 않았다. 심지어 3차 5개년계획 기간인 1972~1976년간 산업용기기 관련 기술도입 건수는 2건에 불과하여 사실상 거의 없었다. 그러다가 4차 경제개발5개년계획 기간에 들어와 여전히 부품부문 기술도입이 53건, 전체의 45.7%로 가장 많았지만 비중이 반 이하로 떨어져 기기부문의 기술도입이 더 많아졌고 또한 이 시기 부품 관련 기술도 단순조립부품 관련 기술을 벗어나 좀 더 고난도의 부품에 대한 기술수요가 늘어났다.

이런 가운데 4차 경제개발5개년계획 시기에 들어와 산업용기기 부문의 기술도입이 25건으로 대폭 늘어나 21.6% 비중으로 급등하였다. 그러나 이 시기 4차 경제개발5개년계획 기간에도 여전히 가정용기기의 기술도입이 38건으로 산업용기기의 기술도입 25건보다 매우 많아 한국 전자공업의 선택경로, 나아가 1980년대 초까지 왜곡된 전자공업의 발전경로를 확인할 수 있다.

〈부표 13-1〉 전자공업 부문별 기술도입 실적 (단위: 건수)

	2차 5개년계획 1966~1971	3차 5개년계획 1972~1976	4차 5개년계획 1977~1981
전자공업	35	53	116
가정용	6	16	38
산업용	8	2	25
부품	21	35	53

자료: 한국전자공업진흥회(전자편, 1982~1983); 한국산업은행조사부(한산, 1984).

CHAPTER 14
연구개발[1]

I. 연구개발정책과 제도의 도입

전자공업은 그 자체 기술집약적 공업이면서 동시에 그 기술이 타 공업과 연관된 정도가 넓고 커서 모든 국가의 전자공업 기업들이 연구개발에 총력적으로 나서고 있다. 그러나 전자공업 기술은 기술진보 속도가 빠른 기술혁신성을 가지고 있어서 후발공업국이 따라잡기에 어려운 기술이며 심지어 선진공업국 간에도 그 속도에서 뒤지는 경우 바로 선두그룹에서 탈락되어 전자공업은 세계 중심국가의 몇 기업이 주도하게 된다.

그 결과 전자공업은 기술진보가 빠른 공업이면서 이에 따른 생산성 증가율이 높지만 동시에 연구비의 비중이 높은 공업의 하나이다. 전자공업의 가장 기초적인 소재공업 및 기초부품은 정밀도가 중요하여 첨단기술이 요구되며 이런 점에서 장기적인 연구개발이 필요하고 이에 각국의 첨단부분 경쟁은 이미 1960년대 후반부터 범국가적 차원에서 치열하게 전개되어 왔다. 예컨대 일본은 마이컴을 포함해서 대형 전산기까지의 개발을 목표로 1966년부터 첨단기술 개발전략을 세워 여기에 국립기관으로 東京大學, 電子技術總合研究所(電氣試驗所), 민간 측에서는 「日立」, 「富士通信機」, 「日本電氣」, 「三菱電機」, 「東京芝浦電氣」, *SONY* 등 대기업 부설연구소가 공동으로 참가하고 있었다. 이들은 通産省의 주도하에 역할을 나누어 「日立」을 비롯한 대기업들은 주로 연구개발비가 많이 소요되는 기술부분을 공동개발하고 「電子技術總合研究所」는 IC의 세부적인 기술개발, 그리고 「日本電信電話公社」의 연구소팀은 정보통신시스템과 전산기 회로시스템 문제를 맡아 상호 보완적이고 협조적인 첨단기술 개발에 나서고 있었다.[2] 1960년대 말 1969년 일본의 전자공업(통신·전자·계측기) 부문 연구개발비는 매출액의 2.91%로 식품공업 0.47%, 섬유공업 0.53%, 철강공업 0.63%는 물론 기계공업 1.24%, 화학공업 1.99%, 정밀기

1 연구개발과 관련하여 귀중한 증언을 하여 주신 여러분들에게 감사드린다.
2 〈한국경제신문〉(1981. 5. 30).

계공업 1.72% 등과 비교하여도 크게 높았다.[3]

전자공업에서 가장 초기단계의 기술은 우선 기능별 반제품을 도입, 이를 조립 제작함과 아울러 기능별 기기 및 부품을 연차적으로 국산화하는 것이다.[4] 1969년 1월 28일 전자공업진흥법이 공포되었고 6월 19일 전자공업진흥법 제3조 제1항 제1호의 규정에 의하여 "제조기술의 개발"을 촉구해야 할 전자기기 및 부품 51개 품목이 지정 공포되었다.[5] 그러나 중화학공업화 정책선언 이전 신제품 개발은 거의 이루어지지 못하였다. 당시 한국의 전자공업은 후발 발전도상국이 다수 그러하듯이 공업구조 변화와 수출증대라는 목표를 위해 먼저 국제 분업적인 노동집약적 해외 기술을 도입하였고 또 구조 면에서 단순조립 부문에 치중되어 있어 고부가가치 신제품을 개발해 나갈 수 있는 기반을 갖추지 못하고 있었다.[6]

중화학공업화정책선언이 있은 1973년 1월 12일 저녁 비상국무회의는 정부기구 개편을 의결하여 13일 개정된 정부조직법을 공포하였는데[7] 이때 상공부장관 소속하에 공업진흥청이 신설되어[8] 공산품의 품질향상 · 기술지도 · 기술연구개발 · 기술지원 업무를 행하게 되었다. 이어 「기술개발촉진법」이 1973년 1월 28일부터 시행되었으며[9] 나아가 1973년 2월 5일 정부는 법률 제2474호로 「기술용역육성법」을 제정하였다. 기술개발촉진법은 기업이 기술개발을 위하여 적립한 준비금 및 위탁연구비 전액의 손금산입, 국내 개발기술의 성과를 기업화하는 투자의 6% 세액공제와 시설비의 80% 융자, 시설 완전 국산화 10% 가중 세금면제 등을 시행하여[10] 기업이 기술개발의 중심이 되도록 유도하고자 하는 것이었다. 또 기술용역육성법은 과학기술진흥 기반의 조성을 위해 국내 기술진의 적극적 참여를 제도적으로 보장할 목적으로 제정되었다.[11]

그러나 상공부에 의하면 1973년 하반기 들어서도 한국의 전자공업은 가정용 전자기기 9종, 산업용 전자기기 12종, 전자부품 29종을 생산하고 있었지만 전자재료 생산은 전무한 수준이었다.[12] 〈표 14-1〉에서 보듯이 선진공업국의 경우 총 연구개발비의 약 1/4이 전기 · 전자공업 부문에서 사용되는데 비해 1973년 한국의 이 비율은 5%에 불과하였다.

1973년 9월 25일 상공부는 「장기전자공업공장건설계획」에서 1980년까지 신규 44종의 전자제품을 개발하여 1980년 전자제품 수출을 24억 9,120만 달러로 늘리겠다고 밝혔고,[13] 다시

3 국무총리기획조정실(중건2, 1975. 3), p. 256.
4 경제기획원장관(해무2, 1967. 11).
5 한국정밀기기센터(전자편람, 1970), p. 16.
6 경제기획원(경백, 1982), p. 272.
7 국무총리 김종필(정조개, 1973. 1); 〈매일경제신문〉(1973. 1. 13).
8 법제처장(국무13312정, 1973. 1. 12); 총무처장관(정조, 1973).
9 법제처 국가법령정보센터(2010. 11. 30).
10 최형섭 전 상공부광무국장 · KIST소장 · 과학기술처장관(최불, 1995), p. 225.
11 대한민국정부(행백, 1974), pp. 303~310.
12 〈동아일보〉(1973. 10. 1).
13 〈동아일보〉(1973. 9. 25); 〈매일경제신문〉(1973. 9. 25).

〈표 14-1〉 산업별 연구비 구성

	한국 (1973)	일본 (1974)	미국 (1973)	영국 (1972)	서독 (1973)	프랑스 (1969)
전 산업	100	100	100	100	100	100
제조업	87.3	91.8	96.6	97.1	95.3	91.4
전기·전자기기	5.0	25.0	25.5	26.8	29.0	24.6

자료: 電波新聞社編(電鑑, 1979); 한국산업은행조사부(한산, 1979).

〈표 14-2〉 1973년도 20만 달러 이상 수입 전자공업부품 품목

	품명	단위	수량	금액(달러)
1	플레이트(plate)	–	–	1,804,674
2	콘덴서류	–	–	1,552,402
3	트랜스(trans)류	P	7,554,617	1,127,853
4	트랜지스터	P	6,388,234	606,078
5	튜너(tuner)	P	178,834	569,879
6	저항기	–	–	352,135
7	덱(deck)	P	80,040	335,240
8	칩(chip)	P	22,850	319,725
9	패널(panel)	P	182,906	293,139
10	다이오드(diode)	–	–	284,334
11	스위치	–	–	241,173
12	CRT	P	44,560	238,593
13	PCB	–	–	215,106
14	코드(cord)	–	–	205,491
15	노브(knob)	P	21,679,147	204,942

자료: 국무총리기획조정실(중건2, 1975. 3), p. 225.

10월 1일 상공부는 개발제품 종수를 1개 더 넣어 1980년까지 45종의 신규 전자제품을 개발한다고 밝혔다.[14] 10월 25일 경제장관회의는 정부출연 연구기관을 보호·육성하기 위한 「특정연구기관육성법」을 의결하였고[15] 12월 31일 정부는 이를 법률 제2671호로 공포, 시행하였다.

중화학공업화정책선언이 이루어진 1973년 20만 달러 이상 수입되고 있던 부품은 〈표 14-2〉에서 보듯이 플레이트, 콘덴서, 트랜스, 트랜지스터, 튜너, 저항기, 덱(deck), 칩, 패널, 다

14 〈동아일보〉(1973. 10. 1).
15 중화학공업추진위원회기획단(한공발4, 1978), p. 447.

이오드, 스위치, CRT, PCB, 코드, 노브(knob) 등 25개 품목에 달하였으며, 특히 플레이트, 콘덴서, 트랜스는 100만 달러 이상 수입되고 있었다. 수입신청서에 의하면 TV수상기, 라디오, 탁상계산기 등 12종 품목의 원자재 및 재료는 347개 품목에 달하였다.[16] 이들 중 일부는 국내생산이 가능하였지만 순도가 낮고 질이 균등하지 못하며 치수가 정밀하지 못하여 신뢰도 때문에 수입되고 있었다. 1974년 한국정밀기기센터(FIC)는 현 상태가 유지되면 이들 수입원자재의 1980년 수입액이 수출목표액의 1/5인 5억 달러에 달할 것이라고 보았다.[17]

1974년 1월 9일 상공부장관은 상공부공고 7607호로 상공부공고 제5369호(전자공업진흥기본계획)를 개정 공고하고 1974~1981년 전자공업진흥기본계획을 이날부터 시행하였는데, 진흥목표의 하나로 "기술집약적 두뇌산업화"를 강조하고 진흥방안으로 "(7) 기술의 축적"을 제시하면서 관련 구체적 방안으로 "가. 자주기술개발 촉진, 나. 개발기술의 기업화 촉진, 다. 해외교포 기술자의 흡수 활용"을 들었다.[18] 또한 동일 1월 9일 상공부장관은 전자공업진흥법 제5조의 규정에 의해 상공부공고 7608호로 전자공업진흥시행계획을 공고하고 이날부터 시행하였는데 여기에서 연구개발, 기술진흥과 관련된 내용은 〈표 14-3〉과 같다. 상공부는 전자공업진흥시행계획으로서의 "기술의 축적"을 위해 기업체 연구개발 체제 확립, 산학협동 강화, 최신기술과 특허정보의 신속도입 및 활용화 추진 등을 시행하겠다고 밝혔다. 중화학공업화정책선언 이후 정부의 방침은 "선진기술의 과감한 도입과 산학협동에 의한 전문기술의 개발"이었고[19] 이것이 체계화된 것이다.

1974년 12월 19일 법률 제2678호로 개정 공포된 조세감면규제법에서 기술개발준비금에 대한 조세특례 내용이 다음과 같이 신설되었는데 이는 1974년 12월 26일 법률 제2735호로 일부 개정 공포되어 12월 7일로 소급 시행되었다.[20]

> 제4조의9(기술개발준비금에 대한 조세특례)
> ① 내국인으로서 제조업을 영위하는 자가 기술의 개발 및 혁신에 소요되는 비용에 충당하기 위하여 기술개발준비금을 필요경비 또는 손금으로 계상한 때에는 당해 사업연도의 소득금액(개인인 경우에는 당해 사업소득금액)의 100분의 5에 상당하는 금액의 범위 안에서 이를 그 사업연도의 소득금액계산에 있어서 필요경비 또는 손금에 산입한다. …….
> [본조신설 1974. 12. 19].

이로써 1974년까지 과학기술처는 기술개발촉진법, 기술용역육성법, 특정연구기관육성법을

16 국무총리기획조정실(중건2, 1975. 3), p. 225.
17 국무총리기획조정실(중조, 1974. 5), pp. 149~150.
18 〈관보〉(1974. 1. 10), 제6645호.
19 중화학공업추진위원회기획단(한공발2, 1979), p. 271.
20 법제처 국가법령정보센터(2018. 3. 5).

〈표 14-3〉 전자공업진흥시행계획 중 기술, 연구개발 관련 내용(1974. 1. 9)

	전자공업진흥시행계획 내용
1. 진흥목표	…… 3. 부품의 자급화 촉진 4. 신규 상품 및 기술개발 촉진
2. 진흥방안	…… 4. 부품의 자급화 촉진 가. 부품공장의 건설 촉진 나. 국산 부품의 사용 및 공급 촉진 다. 원자재 정보의 상호 교류 촉진 5. 품질향상 및 원가절감 가. 품질보증제도의 강화 나. 품질검사기관의 검사기능 강화 다. 품질관리 교육 강화 및 평가 실시 라. 원가절감운동 전개 마. 생산설비의 자동화 추진 …… 7. 기술의 축적 가. 기업체 연구개발 체제 확립 나. 산학협동 강화 다. 해외교포 기술자의 흡수 활용 체제 확립 라. 최신기술과 특허정보의 신속도입 및 활용화 추진 마. 전자공업도서관 설치

자료: 〈관보〉(1974. 1. 10), 제6645호.

기초로 기업, 연구계의 연구를 장려하고 상공부는 전자공업진흥시행계획으로 기업 연구개발 체제의 강화를 도모하며 공업진흥청을 이용해 기술정보 활동을 보조 관리하는 체제를 갖추게 되었다. 여기에 더하여 한국정밀기기센터는 전자공업 관련 10개 기술위원회를 설치하여 기술개발을 추구하고 한국과학기술연구소(KIST)는 1974년 전자공업 관련 19개 품목의 제품을 개발 추진하는 등 기업개발을 보조하게 되었다. 이외에 국립공업표준시험소, 전기통신연구소 등이 전자공업과 관련된 일부 연구를 하였고 1974년에는 산학협력의 연구개발을 주도할 산학협동재단도 발족하였다.[21]

그러나 1974년 33개의 전자업체가 연구개발실을 가지고 있다고 되어 있었지만 명목상 유지되는 경우가 일반적이었고 실질적인 내용에서 한국의 대부분 전자기업체는 개발 및 연구 체제를 갖추지 못하고 있었다. 대기업에서조차도 몇 사람의 품질관리기술자가 개발실 일을 대행하고 있을 뿐이었다.[22] 기업들은 장기적인 기술개발과 경쟁력보다 단기적인 이익과 규모 확장에 주력하고 있었고 더구나 1973년 석유파동이 오면서 연구개발을 포기하고 있었다. 민간연구

21 국무총리기획조정실(중건3, 1975. 10), pp. 134~135.

22 국무총리기획조정실(중조, 1974. 5), p. 152.

소가 있다고 하여도 한국이 가진 기업구조상 필요한 모기업의 지원이 절대적임에도 모기업의 지원은 미약하였다. 기업들은 기본적으로 가격경쟁력, 원가를 낮추는 것에 초점을 맞추고 있었다. 따라서 꼭 필요한 기술도 기술을 도입하거나 제품에 체화된 기술을 응용하고자 하고 있어 독자적인 기술개발의 필요성을 크게 느끼지 못하고 있었으며 산학협력이나 기업 간 협력에 의한 기술개발도 거의 추구하지 않았다. 실제로 신제품 개발은 전제품의 약 3.6%에 불과하였고, 독자적인 연구개발 능력이 떨어지거나 영세성으로 자금충당이 어렵다면 기업 간 협력도 고려할 수 있었지만 150개의 기업체를 조사한 결과 1974년에 기업 간 정보나 자료를 주고받는 곳은 2~3개 업체에 불과하였다.[23]

1975년 4월 1일부터 정부는 「수출용 원재료에 대한 관세 등 환급에 관한 특례법(관세환급특례법)」을 시행하여 수출용제품 원자재 면세제도를 바꾸어 수입 시 관세를 물고 제품수출 시 관세를 돌려주도록 하였는데, 이는 사후적 관리의 어려움 해결과 함께 국산 원자재의 개발과 사용을 촉진하기 위한 것이었다.[24] 4월 4일 정부는 정밀기계공업 및 전자공업 기술훈련, 표준교정, 시험검사, 기술개발에 필요한 업무를 수행하기 위하여 정부와 UN이 공동설립한 한국정밀기기센터 육성을 위한 한국정밀기기센터육성법을 공포하였다.[25] 심지어 1975년 5월 상공부장관은 전자제품 수출 부진 타개를 위해 신제품 개발요원에 대한 갑근세 면세조치까지 재무부에 의뢰하였다.[26] 세제국장은 과세공평원칙에 위배되는 것이므로 곤란하다고 바로 회신하였지만[27] 이 사건은 당시 상공부가 얼마나 신제품 개발을 긴박한 문제로 인식하고 있었고 또 연구개발에 나서고 있지 않던 기업들의 연구개발을 유도하고 싶었는지 보여 준다. 그럼에도 불구하고 세제국의 즉각적이고 단도직입적인 고려 불가능 회신은 1975년 여전히 신제품 개발에 대한 의의가 과소평가되고 있었던 분위기를 확인해 준다. 1975년 9월 26일 청와대와 상공부의 전자제품 신제품에 대한 관심이 높아지자 「훼어차일드」사는 반도체장비 연구용에 필요한 전자기기 50여 점(20만 달러 상당)을 KIST에 기증하였다.[28]

1975년 한국 전자공업이 달성한 주요 제품들의 국산화율과 국산화 목표연도를 기업실지조사에 의해 구한 값으로 정리하면 〈표 14-4〉와 같다. 국산화율이 높아진 가정용 전자기기에서도 냉장고와 에어컨은 1977년에, TV수상기는 1981년에야 전면적인 국산화를 목표로 하고 있었다.

1970년대 중반 여전히 기업들의 자율적이고 공격적인 연구개발 의지와 실행능력은 미약하였다. 1975년 한국 가전 3사(삼성, 금성, 대한)의 매출액 대비 연구개발비의 비중은 0.42%에 불

23 국무총리기획조정실(중건3, 1975. 10), pp. 134~135.
24 국무총리기획조정실(중건5, 1977), p. 156.
25 〈관보〉(1975. 4. 4), 제7014호.
26 상공부장관(전제세, 1975. 5. 21).
27 재무부 세제국장(전자5, 1975. 6. 2).
28 〈매일경제신문〉(1975. 9. 27).

〈표 14-4〉 한국기계공업진흥회 조사 1975년 국산화율과 국산화 목표연도

부문	국산화율	국산화 미달성 부품	전면 국산화 연도
전자식살류트스위치	82	조작바, 조정용스크루 등	1978
회로측정계	61.4	가동코일미터 등	1977
냉장고	83	온도조절장치, 압축기 등	1977
세탁기	95	진동샤프트보디	1976
에어컨	80	가스압축기, 전기식릴레이 등	1977
흑백TV수상기	88	특수저항기, 특수콘덴서 등	1981
컬러TV수상기	–	컬러브라운관	1981
컬러TV수상기	–	IC 등 부품	1977~1978
라디오	99	–	1977
테이프레코더	65	–	1977~1978
플레이어	80	–	1981
수정손목시계	–	IC, 은전지, 수정발진자 등	1981
탁상전자계산기	35	IC 등	1977
스피커	82	마그네트	1978

자료: 日本經濟新聞社(追, 1978), pp. 33~34.

과하였고 1976년 높아지고 있었지만 여전히 0.52%에 머물러 있었다.[29] 세계 대표 전자기업들의 연구개발비 비중은 높았다. *HP*는 1975년 연구개발비 8,960만 달러를 지출하여 연구개발비의 대매출액 비율이 9.1%에 이르고 있었고, 「인텔」 역시 1975년 연구개발비 1,450만 달러로 매출액의 10.6%를 연구개발에 지출하고 있었다. 이들 기업들의 이익 대비 연구개발비의 비중은 각각 51.7%와 47.1%에까지 이르고 있었다.[30] IC 등 첨단 분야 연구개발비 비중은 더욱 높아 일본 IC공업만 하여도 연구개발비 비중이 1973~1975년 매출액의 20% 전후에 달하고 있었다. 일본의 기업연구소는 도시바 1906년, TDK 1946년 4월, 마쓰시타 1953년 5월, 산요 1957년 12월, 소니 1961년 6월에 만들어졌지만 한국의 3대 가전 기업연구소는 1970년대 후반에야 만들어졌다.[31]

정부는 연구개발을 내재적으로 유도하기 위한 환경을 조성할 필요가 있었고 이에 전자제품 수입제한을 통해 국내 개발품 사용을 유도하고자 하였다. 1976년 1월 5일 한국전자제품수출조합이사장은 한국전자제품수출조합공고 제12호, 〈전자제품 수입한도액 확인요령〉으로 수입한도량을 다음과 같이 공고하였다.

29 한국개발연구원(섬전, 1979), p. 112.
30 국무총리기획조정실(중건5, 1977), p. 148.
31 한국무역협회(가전, 1981. 12), p. 12.

【전자제품 수입한도량(1976. 1. 5)】

1. 텔레비전수상기 제조용 부분품을 수입하는 경우
   (1) 내국인업체
   수출품목 BTN 85.14 Amplifier, BTN 85.15 Receiver, STN 92.11 Tape Recorder 및 Phonograph는 자가수출 가득액의 3% 범위 내, BTN 85.15 TV는 자가수출 가득액의 4% 범위 내
   (2) 외국인투자업체
   전자제품 생산 외국인투자기업의 국내 판매요령에 의한 국내 판매 승인분을 제조하는데 필요한 것으로 내국인 주식지분율에 대한 상기 가득액 범위 내로 한다.
2. 기타 품목을 수입하는 경우
   (1) 내국인업체: 20%
   (2) 외국인투자업체: 내국인 주식지분율의 20%

본 요령은 1976년 1월 5일부터 시행한다.

한국전자제품수출조합 이사장 박승찬(1976. 1. 5).

정부는 국산화를 촉진하기 위한 시책의 하나로 국산화 대상 품목을 선정하고 대상 품목의 국산화 계획을 공고한 후 이 계획에 따라 국산 불가품목을 수입하여 국산 품목을 보호하면서 동시에 국산화를 촉진하였다. 정부가 국산화를 계속 강조하면서 소비자들에게도 국산화가 중요한 이데올로기로 자리잡았다. 이에 따라 기업들도 국산화를 전면에 내걸며 정부에게만이 아니라 다음 증언에서 보듯이 소비자들의 관심과 신임을 얻기 위해서도 국산화율 제고를 광고하고 나섰다.

> 70년대 중반부터는 각사가 완제품의 국산화율을 얼마만큼 높였다는 사실로 소비자의 신임을 회복하려 애썼다. 외제의 단순복제나 저급형 판매에서 자체 모델개발과 국산 부품 조달에 관심을 쏟기 시작한 것이다.
>
> 배병휴 전 매일경제신문 주간(회고, 1987), p. 356.

1976년 3월 10일 경제기획원은 기계류 등의 국산화촉진자금으로 연내에 2,640억 원을 방출하기로 결정하였다. 또한 이날 경제기획원은 중요산업의 표준 국산화율을 제정하였다.[32] 부품국산화에 따른 국산 부품은 수입 부품에 비해 부품대금을 사전에 지불할 필요가 없고 관세를 납부하지 않으며 소량 주문이 가능하고 필요하면 생산업체의 기술지도나 사후관리, 부품교환도 쉽고 빠르게 받을 수 있는 등 다수의 경제적 이점을 갖는 것이었다. 1976년 정부는 30억 원의 기술개발자금을 확보하여 국산화 기술 연구개발 및 기업화, 국내 부존자원 개발, 국

32 중화학공업추진위원회기획단(한공발4, 1978), p. 523.

내 기술용역비, 선진기술 도입, 생산성 향상, 품질향상을 대상으로 지원하였다. 여기에는 특별감가상각 대상 업종에서 제외된 기계공업과 전자공업이 포함되었다.[33]

1976년 8월 14일 대통령 경제제2비서관실은 대통령에게 중점현안인 전자교환기 생산과 관련 전자공업 육성방안을 보고하였다. 대통령비서실은 각 부처 협조내용을 포함한 전자교환기 국산화의 필요성과 방향을 다음과 같이 보고하였다.

【전자교환기 생산과 전자공업 육성 대통령 보고(1976. 8. 14)】

가. 전자교환기 국산화의 필요성

1. 전자공업 육성의 촉진
   노동집약 → 기술집약
   민생용 → 산업용
   관련 제품의 수요확대
2. 전문화, 계열화 유도
3. 수출 촉진
   1~2년 내 생산 시 선진국과 동렬

나. 전자교환기 국산화의 방향

1. 계열공장 건설
2. 품목별 투자규모(전자공업 4차 5개년계획)

생산품목	공장 수	총 투자액(천 달러)
단결정 실리콘	1	5,000
웨이퍼	2	4,000
가공웨이퍼	6	30,000
반도체소자	2	14,000(기존 활용)
발광다이오드용 가공웨이퍼	1	3,000
발광다이오드소자	2	3,000(기존 활용)
인쇄회로기반	3	3,000(기존 활용)
리이드스위치	2	4,000
커넥터류	3	6,000
컴퓨터	2	8,000
주변장치	2	6,000(기존 교환기업체)
교환기(50만회선×2)	2	20,000
계	28	106,000

3. 추진원칙
   (1) 첫 단계로서 합작투자처의 설계기종을 국내 제작
   (2) 소요부품은 외국의 교환기업체가 거느리고 있는 계열화 업체의 기술을 KIST가 도입하

33 日本機械輸出組合(1979), p. 51.

여 국내 업체에게 공급
(3) 선진국의 설계기종을 국내 생산하면서 국내 고유기종의 설계를 위한 연구
(4) 전자교환기 국내 생산 추진을 위한 각 부처 협조
상공부: 생산계획 수립 추진, 계열공장건설(계획) 추진, 품질·신뢰성 향상
체신부: 통신망의 현대화 계획 수립, 기종 선정, 신통신 서비스 개발
KIST: 부품제조를 위한 일괄 기술도입, 국내 기술개발, 통신기술요원의 훈련 및 양성
대통령비서실(전자교, 1976. 8. 14).

1973년 중화학공업화정책선언과 함께 한국 전자공업의 발전이 가속되면서 1976년 처음으로 기술수출도 이루어졌다. 내용은 레소토왕국 2인의 5개월 기술연수 초청으로[34] 과학기술처장관이 전자 분야 훈련생을 위해 항공권을 주케냐대사관에 송부하는 것으로 전자공업 첫 기술수출이 시작되었다.[35]

1976년 10월 4일 1977년도 예산안 제출에 즈음한 시정연설문에서 대통령은 "전자공업 부문에 있어서는 조립의 형태를 탈피하여 소재 및 부품 생산으로 전환하고 고도의 기술개발을 통하여 노동집약공업에서 기술집약공업으로 발전시켜 국제 경쟁력을 강화하는 데 역점을 두겠습니다"라고 언급하였다.[36] 10월 16일부터 23일까지 제7회 한국전자전람회가 한국정밀기기센터 주최로 열려 국내 123개 업체, 해외 8개국 30개 업체, 총 153개사가 출품하였는데 10월 16일 참석한 박대통령은 독창적 전자제품 개발에 힘쓰라고 지시하였다.[37] 1976년 작성된 4차 경제개발5개년계획 기본정책 방향은 선진기술의 도입 활용과 민간기업의 연구개발 투자활동을 촉진하고 과학적 관리기법을 보급하여 생산성을 제고함으로써 경쟁력을 확보할 것이라고 밝혔다.[38] 4차 경제개발5개년계획의 부문별 계획의 내용과 정책수단에서 전자공업의 연구개발 내용은 다음과 같았다.

【제4차 경제개발5개년계획의 전자공업 연구개발 관련 계획내용과 정책수단】

최첨단 기술의 수출특화 상품을 개발하고 해외 판매활동을 강화하여 수출산업으로서 계속 육성할 것이다.
제품의 수명주기와 비교우위를 고려한 반도체 및 컴퓨터 관련 제품 등 57개 전략품목을 선정 육성할 것이며 이와 관련하여 반도체 및 컴퓨터 공업단지를 조성할 것이다.
선진기술의 도입과 기술개발을 촉진하기 위하여 반도체 및 컴퓨터 공업단지에 전자기술연구소를 건설하고 60백만 불의 제품개발 기반을 조성하여 연구활동을 지원할 것이다.
국무위원 남덕우 부총리 겸 경제기획원장관(제4, 1976. 12), pp. 138~140.

34 외무부장관(훈신, 1976. 11. 20); 과학기술처장관(케레, 1976. 12. 16).
35 과학기술처장관(레소, 1976. 12. 23).
36 대통령비서실(박연6, 1977), p. 175.
37 〈중앙일보〉(1976. 10. 16).
38 국무위원 남덕우 부총리 겸 경제기획원장관(제4, 1976. 12), p. 135.

〈그림 14-1〉 경제개발5개년계획 단계별 기술발전 과정

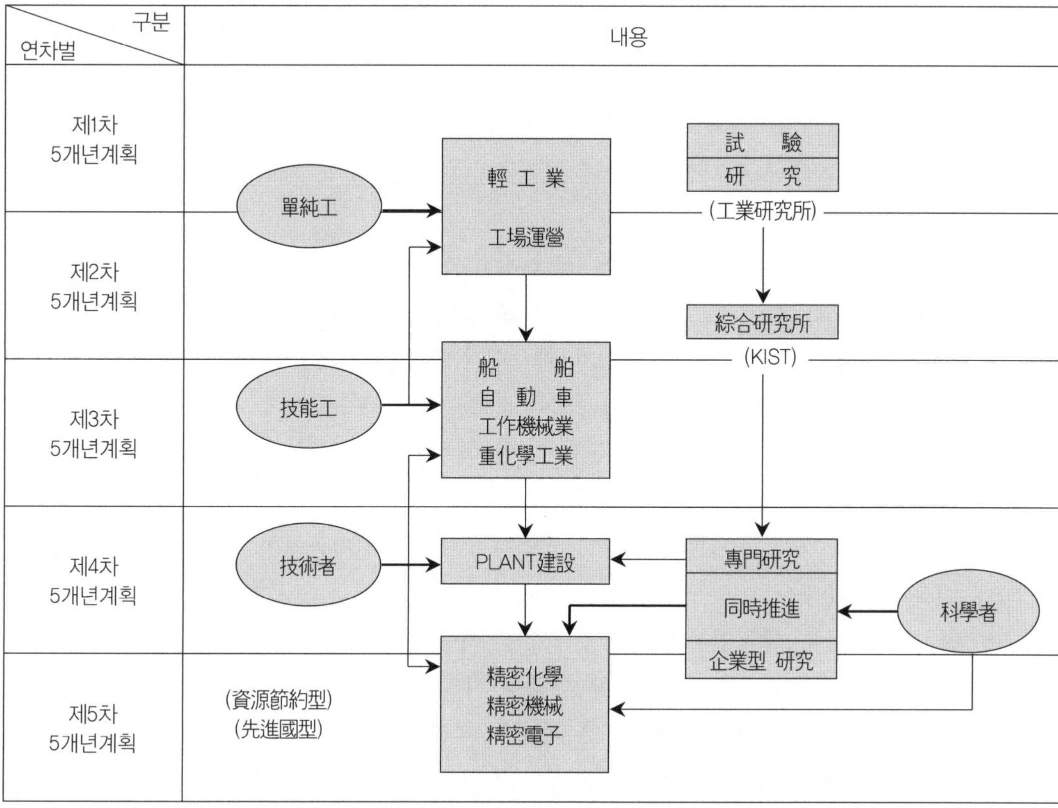

자료: 대통령비서실(대덕4대통령결재문서, 1976. 4).

정부는 1970년대 말부터 정밀전자공업, 기업형 연구로의 이행이 이루어져야 하고 4차, 5차 경제개발5개년은 본격적인 이러한 기술발전 과정이 되어야 한다고 보았고 대통령비서실은 이를 〈그림 14-1〉과 같이 대통령에게 보고하였다.

1977년 1월 12일 대통령은 연두기자회견에서 기술개발에 대해 다음과 같이 강조하였다.

> 중화학공업에 있어서도 특히 우리가 역점을 두고자 하는 것은 기술주도형의 두뇌산업을 중점적으로 육성하겠다는 것이다. …… 여기에 우리가 발맞추자면 가장 중요한 것이 기술개발에 힘을 많이 써야 하겠고, 그러기 위해서는 가능한 기술인력을 또한 많이 양성해 내야 하겠다.
> 따라서 앞으로 우리가 중점적으로 개발할 분야는 정밀화학 분야, 정밀기계, 정밀전자공업 또는 플랜트 기술용역산업과 같은 고도의 기술과 두뇌를 써서 하는 산업 분야가 될 것이다. …… 전자공업은 우리나라의 수출전략산업으로서 급속적인 성장을 해 왔다. 금년부터는 반도체 개발과 57개에

달하는 전략적인 부품을 국산화하기 위해서 여러 개의 공장이 금년부터 구미공단을 위시하여 착공될 예정이다.

박정희(대연, 1977. 1. 12).

1977년 8월 25일 금산(錦山) 제2위성통신지구국이 완공되어 통신개발에 대한 정책 관심이 높아졌다. 그럼에도 1977년 전기전자공업 기업연구비에서 정부부문 자금의 비중은 0.13%에 불과하였다.[39]

세계 시장 지향이라는 한국의 전략적 선택에서 볼 때 한국 전자기업의 연구개발 부족은 심각한 문제이었다. 왜냐하면 한국의 가장 큰 경쟁력 요소인 저렴한 인건비에 의한 이득은 시간이 지남에 따라 없어질 것이 분명하였기 때문이다.[40] 기술인력의 부족과 임금상승에 따른 문제점을 해결하기 위해서는 생산성이 향상되어 이를 상쇄, 흡수하여야 하며 그래야만 실질임금 상승과 기업이윤 그리고 소득균형 배분과 기업 재투자도 보장될 것이다.[41] 그럼에도 여전히 한국 기업들은 저렴한 인건비를 최대 기반으로 의존하면서 원자재를 도입하여 조립 생산을 우선시하고 있는 기본경쟁 체제를 유지하고 있었다. 1977년 전자공업의 원자재 해외 의존도는 43.2%에 이르고 있었다.[42]

1978년 1월 상공부 중공업차관보는 연구개발 기능 강화의 방안으로 한국전자통신연구소 등 연구개발기관을 확충하고 민간연구개발 활동을 지원하기 위하여 기술개발 투자비용의 손금범위를 현 이익금의 10%에서 매출액 2%로 확대할 계획이라고 밝혔다.[43] 1978년 상공부는 매출액 상위(300억 원) 52개 기업의 연구소 설립을 장려·지원하기로 하였다.[44] 기업들의 연구에서의 무임승차 추구는 심각하여 1978년 반도체공업에서 일본의 연구직 인력비율은 13.9%인 반면 한국의 경우 0.8%에 불과하였기 때문이다.[45] 그러나 연구소를 창립한 기업은 11개뿐이었다. 1979년 2월 럭키 허신구 사장을 초대 회장으로 민간기술연구소협의회가 만들어졌으나 정부 눈치만 보며 활동이 부진하다가 협의회는 1980년 민간기술연구소협회로 개명하고 비로소 본격적인 자체 활동을 시작하였고 1982년 조직을 한국산업기술진흥협회로 확대 개편하였다.

1978년 10월 4일 박대통령은 1979년 예산 시정연설에서 광역권 통신망을 확충하고 국제통신종합센터 건설을 촉진하겠다고 밝혔다.[46] 1978년 여전히 전자공업 기업체 연구개발비의 대 매출액 비율은 0.32%에 불과하여 절대적으로 낮았고 상대적으로 비교해 보아도 미국의

39 과학기술처(과기감, 1978).
40 경제제2(20, 1978), p. 20.
41 한국기계공업진흥회(기육1, 1979), p. 368.
42 〈동아일보〉(1977. 5. 12).
43 김동규 상공부중공업차관보(1978. 1), p. 41.
44 중화학공업추진위원회기획단(중화추현, 1980), p. 270.
45 산업연구원(20, 1986), p. 206.
46 〈조선일보〉(1978. 10. 5).

7.3%는 물론 우리와 비슷한 구조를 가지고 있었던 일본의 3.8%에 비해서도 매우 낮았다.[47] 한국정밀기기센터는 1979년 이미 1971년부터 한국전자전람회와 함께 개최하던 신모델경진대회를 「신개발품 및 신모델 경진대회」로 확대하고 상공부장관상을 대통령상으로 격상시켜 기업들의 연구개발을 자극하고자 노력하였다.

기업체 연구비 부담을 보면 〈표 14-5〉에서 보듯이 1978년 민간부문 부담률이 99.7%에 이르고 있었고 정부기관의 부담률은 0.3%에 불과하였다. 전자공업에서 선두에 있던 미국의 경우 정부가 안보 및 우주개발 명목으로 막대한 첨단 부문 전자공업 연구개발비를 공공연구기관이나 민간기업에 투입하고 있었다. 미국 정부는 기업들의 개발제품을 정부조달로 구입만 하는 것이 아니라 처음부터 위탁계약을 맺고 연구개발 단계부터 지원하고 있었다. 1979년 미국 전자공업의 연구개발비는 60억 달러로 추산되는데 이 중 45%가 정부자금에 의한 것이었다.[48] 미국 전자공업 기업들은 특별히 연구의욕이 높았다기보다는 불확실성에 따른 리스크가 높은 첨단부문에 대한 막대한 연구개발비를 정부로부터 얻을 뿐만 아니라 개발제품의 수요까지 정부부문에서 안정적으로 확보할 수 있어서 위험선호적인 연구개발에 나설 수 있었던 것이다. 이것이 바로 미국 전자공업, 오늘날까지 미국의 3대 경쟁력이자 먹거리인 IT 우위로 연결되어 나간 것이다. 실제로 미국 정부가 막대한 연구개발비를 투입하지 않은 가전기기의 경우 미국의 경쟁력은 날이 갈수록 약화되었다. 미국만이 아니라 다른 선진공업국의 경우도 VLSI(Very Large Scale IC, 초대규모 집적회로)나 컴퓨터 등 핵심 경쟁부문에서 국가보조가 이루어져 정부의 연구개발 유도가 있었지만 한국 정부의 대응은 필요성 인식수준에서 더 나아가지 못하고 있었다.[49]

기업과 달리 1970년대 정부는 당장 실현된 수출과 생산만 보지 말고 기술개발이 자체적으로 그리고 장기적으로, 나아가 기본기술 개발이 이루어지도록 유도하여야 함에도 그렇게 하지 못하였다. 기업들은 높은 자금조달비용 하에서 설비투자에만도 고전하고 있었고 위험성이 큰

〈표 14-5〉 기업체의 연구실시 기관 수 및 부담별 사용연구비(1978) (단위: 천 원)

	연구기관 수	총계	정부기관	민간부문	외국부문
전 산업	29	53,802,040	159,506	53,556,790	85,744
제조업	271	50,866,229	96,846	50,719,537	49,846
전기·전자	40	12,648,081	35,142	12,611,293	1,646

자료: 전국경제인연합회(한경연, 1980), p. 125.

47 한국개발연구원(제5차, 1980. 9), p. 269.
48 한국산업은행조사부(80전, 1981), p. 243.
49 상공부(전자, 1982), pp. 35, 62.

연구개발보다 체화된 기술을 도입하여 이를 이용하고자 하면서 연구개발 투자를 기피하고 있었다. 연구개발에 대한 장기적인 금융지원과 부담 완화, 그리고 성공기술에 의한 국산 제품에 대한 가격정책을 포함한 내수확대책 등을 실시하여야 하였지만 그렇지 못하였다. 공급병목을 가진 후발공업국의 현실이 제약조건으로 존재하고 있다고 하지만 정부에서도 기술체화된 자본재의 도입과 모방을 더욱 효율적인 것으로 받아들이고 있었다.

1970년대 말 한국 전자공업의 문제점은 생산량은 급등하였지만 전자기술 수준이 낮고 중소기업은 물론 대기업도 기술개발 체계를 갖추지 못한 채 전자기업의 경영은 근시안적이고 장기적인 미래를 내다보지 못하고 있는 것이었다.50

이렇게 연구개발이 지체되고 왜곡됨으로써 나타난 직접적인 결과가 바로 낮은 생산성과 높은 원자재 해외 의존이었다. 1970년대 한국 전자공업은 생산성이 전 부문에서 낮아 〈그림

〈그림 14-2〉 전자공업 부문별, 국별 종업원 1인당 생산성 비교

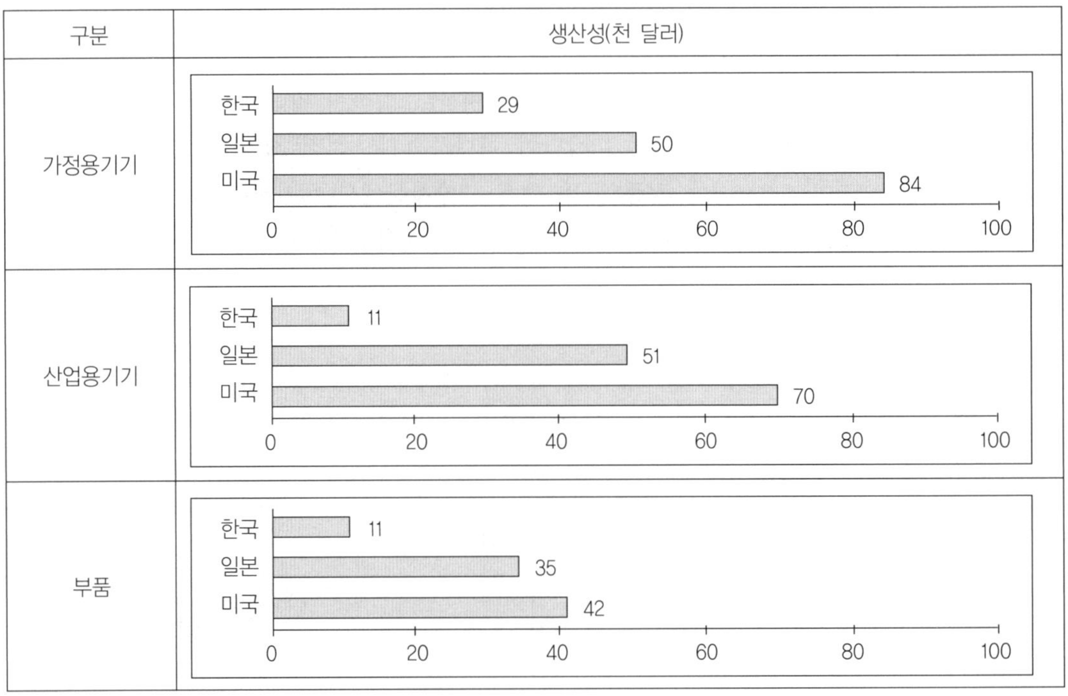

주: 1) 한국은 1979년이고 일본과 미국은 1978년임.
2) 미국과 일본의 산업용기기는 통신기기임.
3) 한국과 일본은 생산액 기준이고 미국은 출하액 기준임.

자료: 通商産業大臣官房調査統計部(工産, 1979~1980); 한국산업은행조사부(80전, 1981).

50 국무총리 기획조정실(중건7, 1979. 10), p. 151.

14-2〉에서 보듯이 1인당 생산성이 가정용기기나 부품의 경우 미국의 34.5% 26.2%, 일본의 58.0%, 31.4%이었고 특히 산업용기기는 미국의 15.7%, 일본의 21.6%에 불과하였으며 반도체 소자 등 핵심부품과 나아가 부품을 생산하는데 필요한 기초 원자재는 수입하여야 하였다.

한국 전자공업에서 연구개발비 비중이 낮았던 원인은 장기적이고 근원적인 부문에의 투자 자체가 적었던 데다가 투자 대상도 유형고정자산에 집중되어 있어 제어기술, 소프트웨어기술, 시스템기술과 연구인력 육성 등의 분야가 거의 고려되고 있지 않았기 때문이었다. 또한 대기업들의 가정용 전자기기 부문에 비해 다수를 차지하는 부품, 특히 중소부품 기업들의 연구개발 투자가 매우 부진하였기 때문이었다. 전자공업의 연계구조상 전자공업에서 중소기업들의 기술혁신은 중요하고 또 세계 선진 시장을 보면 대기업보다 중소기업에서 전자공업의 기술혁신이 많이 진행되었고 연구개발 효율성도 높았는데, 이는 대기업에서 위험기피적이며 보수적인 재무관리층의 기술가치 판단이 더 어려웠기 때문이다. 실제로 1977년 *Science Indicators* 에 의하면 1,000명 이하 기업의 연구개발비는 1,000명 이상 기업체에서 사용한 연구개발비의 25배 성과를 가져왔고 부품업체가 더 혁신적이었으며 미국의 경우 대기업의 R&D 효율은 중소기업의 1/25에 불과하였다.[51] 이러한 상황에 더하여 한국의 연구개발 관련 정책도 빠른 전자공업 기술의 발전을 따라가지 못하고 있었는데, 예컨대 전기용품 안전관리법은 다른 규제내용을

〈표 14-6〉 국산화율 및 외화가득률(금액기준, 1975, 1979) (단위: %)

	수출용				내수용	
	외화가득률		국산화율		국산화율	
	1975	1979	1975	1979	1975	1979
흑백TV수상기	52	96	39	95	88	95
컬러TV수상기	24	36	15	34	–	78.6*
라디오	64	75	52	80	99	99
녹음기	50	50	39	39	65	65
전축	56	56	43	43	80	80
탁상전자계산기	26	56	18	43	35	80
저항기	45	57	34	34	65	65
스피커	81	81	68	68	82	82
콘덴서	55	55	68	68	82	82
스위치	40	40	30	30	42	42

주: * 컬러TV의 내수용 1979년 국산화율은 1981년 19인치 수상기임.
자료: 상공부(전자성, 1975. 11); 한국전자공업협동조합(전조2, 1987); 한국전자공업진흥회(전자편, 1980); 한국산업은행조사부(80전, 1981).

51 한국무역협회(가전, 1981), pp. 41~42, 51.

가지고 있었고 KS규정은 국제기준과 달랐으며 다양화를 억제하고 있었다.

1970년대 후반 이후 전자공업 제품의 국산화율 변화를 수출용과 내수용으로 나누어 보면 〈표 14-6〉과 같다. 1975년 39%에 불과하던 수출 흑백TV수상기의 국산화율은 1979년 95%로 높아졌고 수출 탁상전자계산기의 국산화율 역시 동기간 18%에서 43%로 높아지면서 외화가득률이 각각 52%에서 96%로, 26%에서 56%로 높아졌다. 그러나 가정용 전자기기 중 난이도가 높았던 수출용 녹음기, 전축 등의 국산화율은 1970년대 후반 전혀 진전이 없이 39%와 43%에 머물러 있었고 저항기, 콘덴서, 스위치 등 핵심부품의 국산화율도 정체되어 있었다. 한국이 보다 적극적으로 기술개발에 나서 부품·소재의 국산화에 의한 생산비 인하를 추구하였다면 한국의 대외경쟁력은 훨씬 높아졌을 것이다. 한편, 1970년대 후반 주요 전자제품의 수출용과 내수용 국산화율이 다르게 발전하고 있었던 것은 한국 전자공업이 단계적인 해외 시장 접근을 시도하였으며 나아가 전자공업의 수출이 국내 소비자의 희생 위에서 이루어졌음을 보여 준다.

Ⅱ. 첨단기술과 연구개발: 컴퓨터, 반도체

1960년대 경쟁이 시작된 첨단기술 부문 경쟁은 1970년대 더욱 격화되었다. 그 대표 분야는 컴퓨터와 중심부품 반도체이었다. 이미 미국은 1950년대 컴퓨터산업 기술을 개발하여 1970년대에는 초고성능 컴퓨터 기술로 옮겨 가고 있었고 일본 역시 1960년대 컴퓨터 기술경쟁에 뛰어 들어 관련 기술입지를 굳히고 있었지만, 한국은 1970년대에도 이러한 첨단기술 경쟁에서 뒤처져 있었다(〈표 14-7〉 참조).

컴퓨터 산업기술은 반도체기술, 제어기술, 데이터전송기술, 소프트웨어기술, 시스템기술 등을 포함하는 것으로 통신기기, 산업용기기, 가정용기기, 자동차, 항공기 등 거의 모든 산업과

〈표 14-7〉 한국·일본·미국의 기술수준 위치

	한국	일본	미국
1950년대	자석식 전화기 라디오	기계식 교환기 흑백TV	컴퓨터 C-TV
1960년대	기계식 교환기 흑백TV	컴퓨터 C-TV	ESS 전자레인지
1970년대	Key 전화 C-TV	ESS VCR	초고성능 컴퓨터 데이터통신

자료: 상공부 전자공업육성계획작업반(전자, 1981. 5).

〈표 14-8〉 전자기술과 컴퓨터 성능의 발전 추이

		발전 추이							
전자기술	연도	1952	1954	1959	1966	1969	1971	1974	1981
	주요 기술	TR 실용화	TR 공업화	IC 개발	IC 생산 (일본)	LSI 개발	마이크로 프로세서	1칩 컴퓨터	32비트 마이컴

		발전 추이				
컴퓨터	연도	1964	1970	1976	1978	1980
	기종	IBM 360	1BM 370	1BM 370 Enhanced	303x	Fs
	MIPS	1/4M	2M	4M	6M	20~30M

자료: 상공부(전자, 1982), pp. 86, 115.

관련 응용서비스에 적용되는 것이었다. 1970년대 마이크로프로세서가 개발되며 컴퓨터의 기술 진보가 빨라지고 있었는데 컴퓨터의 생산성을 1970년대 말 10만 연산 기준 연산비용으로 계산하면 진공관 1.28달러, 트랜지스터 26센트인 데 비해 하이브리드 IC는 12센트, 모놀리식(Monolithic) IC는 1센트 이하로 되었다.[52]

세계 반도체 전자기술과 컴퓨터 성능의 발전 추이는 〈표 14-8〉과 같았다. 반도체기술의 발전이 트랜지스터에서 1959년 IC 개발, 10년 뒤 1969년 LSI(대규모 집적회로) 개발, 그리고 VLSI(Very Large Scale IC: 초대규모 집적회로)로 진행되면서 집적회로의 정밀도와 집적도 향상, 소형화가 이루어졌다. 이에 따라 반도체공업에서 원가하락, 불량률 감소와 효율도 상승이 실현되었고 이를 기초로 이를 사용하는 전자부품과 전자기기들의 정밀도 상승, 소형화 및 경량화, 원가하락 및 가격하락, 고기능화가 이어졌으며 나아가 다른 산업에까지도 이러한 전자화의 효과가 확대되어 나갔다.

한국에서는 1968년 10월 「동양물산」(벽산그룹)이 8 : 2 비율로 세계 2위 컴퓨터 회사인 「유니백」(*Univac*)과 합작하여 「한국유니백」을 설립하고 한국 최초의 컴퓨터 조립생산에 나섰다. 1969년 KIST가 전자식사설구내교환기(EPBX) 개발에 필수적인 미니컴퓨터를 도입하여 사용하면서 미니컴퓨터 개발에 나서 1973년 2월 KIST는 기억용량 64K의 미니컴퓨터인 국산 컴퓨터 1호, 「세종 1호」를 만들어 냈다. 이는 1972년 청와대가 극비 남북교환방문, 7.4남북공동성명 등 긴박한 정세 속에서 청와대와 중앙정보부 간 비밀유지를 위한 대통령 핫라인용 사설전자교환기(PABX) 개발 목적으로 시작한 메모콜(Memo Call) 프로젝트의 산물로 미국 데이터제너럴(DG)의 미니컴퓨터 노바01 환경을 개량한 것이었다.[53]

1975년 6월 3일 국무회의는 18개 부처 및 기관의 직제개정령을 의결하였는데 이때 과기

52 한국개발연구원(중화전, 1981), p. 154.
53 전자산업 50년사 편찬위원회(2009), pp. 183~187.

처의 정보관리실을 정보산업국으로 개편하였다.[54] 정보관리실은 1967년부터 설치된 전자계산조직개발조정위원회의 결정에 따른 실무를 담당하던 과학기술처 진흥국의 역할을 받아 1971년부터 컴퓨터산업을 제도적으로 뒷받침하기 위해 조직된 것이었다. 이미 162대의 컴퓨터가 가동되는 등 국내 컴퓨터 이용률이 높아짐에 따라 승격된 정보산업국은 정보산업계획을 세우고 컴퓨터 및 이용기술의 국산화시스템 개발, EDPS(전자계산조직)의 표준화 등 정보산업 개발을 맡게 되었다.[55] 1975년 7월 14일 임대용 컴퓨터 도입과 관련된 외국인투자 인가 방침이 이루어졌고 10월 제6회 한국전자전람회에서 대통령이 "국산화되지 않은 전자제품의 완전 국산화를 이룩할 수 있도록 정부는 과감한 정책적인 지원을 하라"고 지시하여 전자공업 구조개편 작업이 시작되었다. 상공부는 3개 핵심 분야 개발계획을 밝혔는데 여기에 반도체 부문의 웨이퍼, 페브리케이션 그리고 미니컴이 포함되었다. 이에 기존 통신기업체인 「금성통신」, 「동양정밀」, 「삼성전자」, 「금성사」, 「금성전기」, 「대한전선」, 「동양전산기술」 6개 업체가 미니컴 부문에 사업계획서를 접수하였다. 상공부는 1976년 6월까지 결정을 내리기로 하였으나 가지정만 하고 결정을 못 내렸는데 그 이유는 컴퓨터에 대한 각 기업의 집념이 강하고 경쟁이 치열하였기 때문이었다. 기업들은 전자교환기(ESS) 채택 국제입찰에서 컴퓨터 실수요자로 선정되기 위해 총력을 기울였다.[56] 당시 세계 집적회로(IC) 시장규모만도 1975년 47억 2,500만 달러에서 1980년 78억 8,000만 달러 그리고 1985년 130억 5,500만 달러로 될 것으로 예측되고 있었다.[57]

1976년 「동양전산기술」은 *KIST*의 컴퓨터국산화연구실과 함께 미국 *DEC*의 CPU에 주변기기를 붙이는 OEM 조립을 시작하였고 이 과정에서 인터페이스를 개발하는 등 컴퓨터기술의 초석을 놓는 역할을 하였다. 1976년 중소기업 *OCE*는 국산 컴퓨터 「오리콤 540」 조립 생산에 성공하였고 이러한 초기 기술축적으로 1980년 두산그룹으로 인수되었다. 「삼성전자」는 *HP*의 대리점계약으로 컴퓨터산업에 진출하였다. 1976년 12월 23일 경제기획원은 국산화촉진위원회 심의를 거쳐 1977년도 국산화 추진계획을 확정하고 컴퓨터 국산화를 추진하기로 하였다.[58]

컴퓨터산업 육성에 대해 정책적 관심이 높아지고 있는 가운데 1977년 1월 25일 컴퓨터 국산화 방안을 놓고 과학기술처와 상공부의 갈등이 있다는 내용이 컴퓨터에 대해 관심이 높았던 대통령에게 첩보되었다. 첩보내용은 다음과 같았다.

1. 상공부(산하 전자기술연구소)는 공장건설 : 응용기술 개발 구성비율을 80.5 : 19.5, 즉 기기 및 부품생산에 치중하자고 주장하고 있는 데 비해, 과학기술연구소 컴퓨터국산화실장 등 전문과학자들은 '선진국들이 응용기술 개발에 70% 투자하는 점을 들어 우선 컴퓨터 조립공장부터 건설한

54 〈동아일보〉(1975. 6. 4).
55 〈경향신문〉(1975. 6. 24).
56 중화학공업추진위원회기획단(한공발3, 1979), pp. 559~560.
57 한국무역협회(장전, 1976. 10), p. 91.
58 〈경향신문〉(1976. 12. 23); 〈매일경제신문〉(1976. 12. 23).

후 완제품 가격의 1/3~1/5 가격으로 부품을 도입하여 조립하는 과정에서 선진기술을 모방, 개발하는 것이 효과적'이라고 주장함.

2. 전문기관 간 의견대립으로 국산화 계획에 혼선이 야기되고 있어 정책적 차원의 조정정책이 요망된다 함.

1월 26일 대통령은 이를 보고 지면에 직접 확인 서명하여 비서실장에게 내려보내면서 "오원철 비서관 참조"라고 써 역시 경제제2비서실(중화학공업추진위원회기획단)이 개입하도록 하였다.[59]

대통령비서실장은 상공부와 과학기술처장관에게 관련 내용을 보고하도록 하였다. 1977년 2월 18일 과학기술처장관은 〈컴퓨터 국산화에 관한 의견〉을 비서실장에게 제출하였는데 역시 컴퓨터 국산화에 소프트웨어가 80% 비중을 차지하므로 연구개발에 주력하고 단계적으로 컴퓨터를 국산화하자고 주장하였다.[60] 이어 3월 7일 상공부장관이 〈컴퓨터 국산화 추진실태〉를 비서실장에 보고하였는데, 상공부는 제조업체들을 고려하여 컴퓨터 국산화를 하면서 연구를 진행하여 5차 경제개발5개년계획 기간 중 국내 개발모델 컴퓨터를 생산하자고 주장하였다.[61] 상공부가 한국전자기술연구소를 만들어 KIST 컴퓨터국산화연구실을 통합시킨 것도, 또 이렇게 제조업체를 고려하여 컴퓨터 국산화를 먼저 진행하자고 한 것도 당시 전자업계가 컴퓨터 국산화와 생산에 매우 적극적이었기 때문이다. 「삼성전자」는 미국 「휴렛팩커드」와 제휴하여 OEM 방식의 미니컴퓨터 생산을 추진하고 있었고 「금성전기」는 일본 *NEC*의 미니컴퓨터 생산을 계획하고 있었으며 「동양전산기술」은 이미 1975년경부터 미국 *DEC*와 합작생산 체제에 돌입하였고 이외에도 「고려시스템산업」, 「금호실업」, 「금성통신」, 「쌍용양회」, 「선경」 등이 해외 기술제휴처를 찾고 있었다.[62]

1977년 3월 8일 김광모 경제제2비서실비서관이 대통령비서실에 보고된 상공부와 과학기술처의 주장을 종합하여 상공부안에 가까운 컴퓨터 국산화 계획을 대통령에게 보고하였다. 그것은 전자공업 육성계획에 따라 국내 생산이 가능한 컴퓨터부터 국산화한다는 것으로 1977년 3월 31일까지 신청을 받아 컴퓨터 국산화를 진행하고 연구개발을 병행 발전시키는 것이었다. 대통령은 3월 12일 이를 결재하였다.[63] 일단 연구보다 생산과 수출이 중시된 것이다. 기업협의를 거쳐 결정되는 정부의 정책목표는 생산, 수출에 집중되어져 있고 기술에 대해서는 그만큼 정밀하게 고려되지 않았고 세세하게 정하여지고 있지도 않았다. 근본적으로 기술개발은 기업에서 이루어지는 것이므로 당연한 면도 있지만 이는 한국 정부의 문제점, 나아가 정책이 갖

59 〈첩보보고〉(1977. 1. 25).
60 과학기술처장관(컴퓨1, 1977. 2. 18).
61 상공부장관(컴국, 1977. 3. 7).
62 전자신문사(컴파, 1995. 12. 11~1996. 12. 12), 16.
63 대통령비서실(컴국7대통령결재문서, 1977. 3. 8).

는 한계를 보여 주는 것으로 이후에도 오늘날에도 동일하다. 언제나 강조되고 있지만 기술개발은 기업과 정부에 의해 내면적으로는 생산과 수출보다 낮은 목표위치에 있었고 이는 한국의 약점으로 계속되고 있다.

1978년 2월 4일 경제기획원은 기술도입 자동허가를 골자로 한 기술도입자유화 방안을 마련하였는데 이때 방위산업, 원자력과 함께 컴퓨터산업을 제외하였다. 컴퓨터산업의 국산화를 촉진하기 위한 것이었다. 이런 정책적 지원을 기초로 1978년 3월 「삼성전자」가 컴퓨터의 한글 모아쓰기 CRT 단말기를 최초로 개발하는 등 성과가 나타나고 있었다. 1978년 7월 10일부터 7월 13일까지 1978년도 제5차 국내외 한국 과학기술자 종합학술대회가 경제기획원, 외무부, 내무부, 상공부 후원으로 개최되었다. 대회는 전자·통신 및 우주과학기술분과 등 12개 분과로 개최되었는데 김완희 콜롬비아대 교수가 분과좌장으로 참석하였다. 이 종합학술대회는 목적 4가지 중 4번째에 "재외 고급 두뇌를 국내 중화학공업의 건설을 비롯한 기타 국가발전 대열에 적극적으로 참여시킬 수 있는 계기를 마련코자 함"이라고 밝혔다.[64] 이후에도 국내외 한국 과학기술자 종합학술대회가 계속 열려 1980년 7월 13일부터 7월 24일까지에도 제7차 대회가 동일 목적, 동일 후원으로 개최되었는데 이때 역시 12개 분과이지만 전자·전기·통신분과가 한 분과로 구성되고 우주과학분과는 기계공학·산업공학·우주과학분과로 이동하였다.[65]

반도체기술의 발전은 전자공업에 혁명을 가져오고 있었다. 반도체기술에 의한 VA/VE (value analysis/value engineering) 기법이 도입되고 자동화가 빠르게 진행되면서 모든 산업 중 거의 유일하게 전자공업에서는 명목가격의 하락이 진행되었다. 실제로 1970년대 후반 일본의 전기·전자제품 물가지수는 계속 낮아져 이 기간 식료품, 섬유제품, 철강제품, 금속제품, 수송기계, 일반기계, 화학제품 등의 움직임과 분명히 다르게 나타났다.[66] 전자공업이 가지는 급속한 기울기의 학습커브로 인해 가격하락은 가속도적으로 진행되어 기술개발에 뒤질 경우 시장에서 배제, 탈락되었고 추격조차도 어려운 상황이 만들어지고 있었다.

컴퓨터기업들의 기술개발 경쟁은 점점 치열해져 갔다. 1978년 해외 컴퓨터회사들의 이익금, 매출액 대비 연구개발비 비중은 *IBM* 28%, 6%, *DEC* 16%, 8%, *Intel* 21%, 10.4%에 이르고 있었다.[67] 1979년 말 통신기기는 예상보다 빨리 공간분할식의 사양화가 진행되었고 시분할식의 기능 다양화와 회선단가 저하가 진행되었으며 이와 함께 반도체, 컴퓨터 기술로 집약화가 진행되었다. 이를 지배하고 있었던 것은 *AT&T*, *GTE*, *ITT*, *Ericsson*, *Siemens*, *IBM*, *Xerox*, *Exxon* 등 거대기업이었다.[68]

반면 한국 기업들의 기술수준 제고를 위한 노력을 보면 〈표 14-9〉에서 보듯이 연구개발이

---

64 한국과학기술단체총연합회·재미한국과학기술자협회(1978. 7. 10).
65 한국과학기술단체총연합회(80, 1980. 7).
66 日本銀行統計局(物価, 1977~1980).
67 국무총리기획조정실(중건7, 1979), p. 160.
68 한국개발연구원(중화전, 1981), p. 161.

〈표 14-9〉 한국 기업들의 기술수준 제고 방법

	기술수준 제고 방법(부문)		
전체	외국 기술도입 21.0	기술개발 29.5	기술인력 교육 및 훈련 49.5
기기업체	외국 기술도입 21.4	기술개발 28.6	기술인력 교육 및 훈련 50.0
부품업체	외국 기술도입 19.2	기술개발 30.8	기술인력 교육 및 훈련 50.0

자료: 한국무역협회(가전, 1981), p. 46.

〈표 14-10〉 한국 반도체산업 무역수지 (단위: 백만 달러)

		1978	1980
수출	개별 소자	99	124
	IC	222	321
	합계	321	445
수입	개별 소자	43	46
	IC	44	81
	소재 및 부분품	245	332
	합계	332	459
무역수지		–11	–14

자료: 한국전자공업진흥회(전전, 1981, 1983); 관세청(무역, 1979~1982); 산업연구원(20, 1986).

아닌 기술인력 교육과 훈련, 즉 원본 기술개발이 아니라 현장에서의 2차 기술개선에 주력하고 있었다. 그 결과 〈표 14-10〉에서 보듯이 1970년대 한국의 반도체산업은 소재·부품 등 50% 정도를 수입해서 조립하는 수입유발형 산업이었고 따라서 대일무역적자를 키우는 산업이었다. 심지어 반도체산업이 발전할수록 무역수지가 악화되었다.

물리, 화학, 정밀공학, 금속, 광학 등 모든 관련 분야의 미발달에도 원인이 있겠지만 기본적으로 기술에 대한 잘못된 인식과 전략으로 한국은 첨단기술 및 소재기술에 주요 관심을 두지 않았다. 1980년까지 조립기술은 국제수준에 도달하고 있었지만 반도체에서 기초소재 웨이퍼 가공을 할 수 있는 기업은 3~4업체에 불과하였고 대부분 15년 전 생산방식을 크게 벗어나지 못하고 있어 기술수준에서 마스크 설계기술 등이 거의 전무한 편이었다. 기업들과 KDI는 필수장비인 반도체 실험시설비가 비싸 정부가 3인치 웨이퍼프로세싱 시설설치자금을 지원해야 한다고 주장하고 있을 정도이었다.[69]

〈표 14-11〉 선진공업국의 반도체, 컴퓨터 부문 국가보조사업

		미국	일본	서독	프랑스	영국
반도체	국가보조금	2억 달러	1.5억 달러	1억 달러	1.3억 달러	1.4억 달러
	개발기간	1979~1984	1976~1979	1979~1981	1977~1982	1979~1983
	지원 형태	국방성→ 생산회사	통산성→ 연구조합	정부연구소→ 생산회사	정부연구소→ 생산회사	정부→ 생산회사
	개발 체제	국방성 관할	연구조합 결성	정부연구소	Thomson-CSF, RTC사 등	INMOS (국책회사)
	개발목표 주요 내용	256k Static RAM/Beam 露光기술	FS 컴퓨터용 VLSI	기초기술/ EB·X 線露光기술	N-MOS 및 SOS기술/ EB 露光기술	64K 비트 다이나믹 RAM 개발
컴퓨터	국가보조금	134억 달러	16.6억 달러	7.4억 달러	3.3억 달러	1.1억 달러
	개발기간	1979~1984	1차: 66~72 2차: 72~76	1차: 63~71 2차: 71~75	1차: 66~70 2차: 71~75	1차: 68~71 2차: 71~75
	지원 형태	국방성→ 생산회사	통산성→ 연구조합	정부→ 특정 회사	정부→생산회사 통합체	정부→생산회사 통합체
합계		136억 달러	18.1억 달러	8.4억 달러	4.6억 달러	2.5억 달러

주: 1) 반도체는 VLSI임.
2) 이외에도 이탈리아(반도체와 컴퓨터 위주의 1980년과 1983년 전자공업 재편: 12억 달러 자금 지원), 이스라엘(인텔 자국유치: 3,000만 달러의 공장건설자금 지원) 등 주요국 국가보조사업 진행됨.
자료: 상공부(전자, 1982); 電波新聞社編(電鑑, 1981); 한국개발연구원(중화전, 1981).

그나마 앞선 기술들의 사용도 국내 한국인 기업체가 아닌 외국인투자기업에 의해 이루어지고 있었다. 물론 기업들의 1차적 책임이 있지만 정부 역시 독과점가격 사정 시 연구개발비를 고려하지 않았고 심지어 첨단기술을 가진 제품들을 과소비의 대상으로 보아 내수를 억제하는 등 연구개발을 독려하지 못하였다. 이는 미국, 일본, 서독, 프랑스, 영국 등 선진전자공업국 정부가 〈표 14-11〉에서 보듯이 1970년대 후반부터 이미 반도체와 컴퓨터에 대규모의 국가 보조를 시행하여 이 분야에의 연구개발 집중과 확대를 유도하고 있었던 것과 뚜렷이 대비되는 것이었다. 첨단기술의 초기 개발은 큰 불확실성과 막대한 비용 그리고 장기간 회임기간이 필요하므로 선진공업국 거의 모든 국가에서 정부가 관여하였다.

1970년대 하반기 거의 전 산업에서 경쟁적으로 전자화가 추구되고 있었고 전자화가 늦어지면 그것은 바로 경쟁열위, 국제시장에서의 도태를 의미하게 되었다. 전자공업의 발전은 단순한 전자공업만의 경쟁력이 아니라 모든 중공업에서 정밀도 향상, 가격하락, 신뢰도 제고, 경량화 내지 소형화 경쟁의 우위를 선도하고 있었고 이런 면에서 반도체를 기반으로 세계 시장에서 광범위하게 중공업의 경쟁력을 높여 나간 쪽이 일본이었다. 일본 정부는 먼저 1976년부터

69 한국개발연구원(중화전, 1981), pp. 147, 271.

반도체산업에서 적극적 지원에 나섰고 기업들은 정부지원 위에서 기업 간 기술연구조합을 구성하여 이를 통해 공동연구로써 전자공업에서 우위를 가지게 되었으며, 이를 기반으로 전 중공업에서 세계 우위를 확대시켜 나갔다. 이에 따라 일본의 사례를 기초로 전 세계에서 반도체 산업에 대한 정부의 육성지원이 이루어졌다. 연구개발 지원은 무역마찰의 대상이 되지 않고 있었고 선진공업국 정부는 세계 시장에서 스스로 이런 규칙을 만들고 이용하였다.

첨단기술의 선점이 바로 전체 국가경쟁력을 결정짓는 이런 개발경쟁에서 위험을 분산시켜 줄 정부를 포함한 거국적인 협력은 중요하였다. 따라서 한국도 기업들의 경영현실과 발전단계를 고려하여 불확실성이 크고 위험성이 크며 장기 연구개발이 필요한 기초기술은 정부지원 연구 혹은 정부연구소가 맡고 기업들 역시 후발성 이익을 찾아 나가면서 기초기술·첨단기술 개발을 위한 공동연구 개발 체제가 필요하였다. 동시에 연구개발을 유도하기 위한 보조금, 장기저리자금 지원 및 관련 시설재 도입에 대한 금융지원 및 관세감면, 연구개발비의 비용 인정 및 연구시설재 특별감가상각 인정이 필요하고 필요인력 공급과 육성에 대한 지원정책도 필요하였다. 그러나 한국은 공업발전 단계에서도 뒤져 있었고 후발공업국으로서의 공급병목도 가지고 있었으며 어느 선진공업국보다 위험성이 컸지만 이러한 협력 체제의 구축이 미비하였다. 1970년대 한국의 경우 여전히 반도체공업은 외국인 단독투자기업 혹은 합작기업들이 중심이 되고 있었고 생산 과정과 기술 면에서 보아도 핵심기술의 보유, 축적, 개발에는 나서지 못하고 있는 단계이었다.

Ⅲ. 연구개발과 연구소

추격해야 하는 입장이면서도 공급병목에 걸려 있는 후발공업국의 초기 발전단계에서 자금과 개발능력, 정보접근성에서 볼 때 정부연구소가 연구개발의 중심을 맡는 것은 효율적이고 선택의 여지가 없다고 볼 수 있다. 첨단기술의 경우 연구개발에 오랜 시간이 걸리고 부족한 고급 기술자를 집결시킬 필요도 존재하기 때문이며 또한 정부 차원에서 기술정보를 수집하기도 편리하기 때문이다. 이후 전자산업이 성장기에 들어가 민간부문의 독자적인 발전이 가능해지면 민간연구소의 역할이 자생적으로 커지게 된다.

1950~1960년대 전자공업 관련 연구기관을 전자공업 주요 연구과제와 함께 정리하면 〈표 14-12〉와 같다. 한국에서도 연구개발에서 가장 먼저 두드러진 정부의 역할은 정부연구소를 만든 것이었고 이는 한국 정부가 이룩한 여러 성공 중 가장 중요한 것의 하나였다고 평가할 수 있다.70

70 한국무역협회(장전, 1976. 10), p. 35.

〈표 14-12〉 1950~1960년대 전자공업 관련 연구기관

연구기관명	설립연도	주요 연구과제
국립공업연구소 전자공학실 (상공부 소속)	1957	전자부품개발공정 관리
육군기술연구소 전기물리과 (국방부 소속)	1962	구형전자통신군장비 개선
원자력연구소 전자공학연구실 (원자력청 소속)	1959	방사선계측회로 연구 원자로제어장치 연구
한국정밀기기센터 (UNESCO와 한국 정부)	1966	정책수립 통계 제공, 기술인력 양성, 해외 시장 개척
전기통신연구소 개발연구부 (체신부 소속)	1966	통신기기 및 통신방식 연구 통신기기 및 전송계통 표준화
전파연구소 (체신부 소속)	1966	전리층 관측 수정편제작 주파수 표준 유지
한국과학기술연구소 전자공학 부문	1966	전자재료 물성 연구
철도기술연구소 (철도청 소속)	1960	통신선유도장해대책 연구 자동열차정지장치 연구

자료: 한국정밀기기센터(전자편람, 1970).

한국 최초의 공공기관 연구소는 1883년 전환국에서 발족한 국립공업연구소인데 이는 1922년 중앙시험소로 불리는 등 여러 차례 변화를 겪었고 해방 후 1957년에 연구소 내 전자공학실을 만듦으로써 최초의 전자부품 개발과 품질시험 기관이 되었다.[71] 국립공업연구소(NIRI)는 1971년 당시로서는 고가이었던 25만 달러의 전자기기 품질검사 장비를 도입하는 등 국내에서 유일하였던 공산품 품질관리기구로 활동하다가 1973년 공업진흥청이 신설되면서 국립공업표준시험소로 개명되어 공업진흥청에 통합되었다.

국립공업연구소에 이어 1959년 원자력연구소 전자공학연구실, 1962년 육군기술연구소 전기물리과가 설립되었고 1966년 1월 28일 국무회의는 체신부 중앙전기통신시험소를 전기통신연구소로 개칭하고 그 기능을 강화한 「전기통신연구소직제안」을 의결하였다. 이와 함께 체신부 전파관리국 안에 전파연구소를 따로 설치하기 위한 「전파관리국 직제 중 개정의 건」을 의결하였다.[72] 1966년 한국과학기술연구소(KIST) 전자공학 부문 역시 전자공업 관련 초기 연구를 시작하였고 1967년 9월 14일 KIST는 전자계산실을 발족하였다.[73] KIST는 1969년 전자공업진흥

71 한국정밀기기센터(전자편람, 1970), p. 59.
72 〈경향신문〉(1966. 1. 28).
73 전자신문사(컴파, 1996. 1. 8).

기관으로 지정되자 공업화시험실을 신설하였다.

「재단법인 한국정밀기기센터」(FIC)는 1961년 4월 한국 정부와 UNESCO가 설치에 합의하고 양측 간 국제협정에 의하여 1966년 4월 13일 UNESCO와 한국 정부 공동사업으로 설립되었다. FIC는 1969년 전자공업진흥법에 의한 전자공업진흥기관(상공부공고 제5624호)으로 "법령에 의한 공익사업을 수행하고 있는 공공기관"임을 상공부장관이 증명한 기관이었다.[74] FIC는 인력양성을 포함한 전자공업진흥업무 외에 해외 표준규격 인증업무도 대행하였으며, 1969년부터의 한국전자전람회와 전국라디오경연대회 등도 개최하였고 전자공업진흥기관으로 지정된 후 1969년 뉴욕, 1970년 동경, 1971년 샌프란시스코와 본 등 해외 사무소를 설치하여 시장개척에도 적극 나섰다.

1969년 1월 28일 전자공업진흥법이 공포되었다. 1969년 4월 12일, 상공부는 전자공업진흥법 제10조 제2항 및 동령 제5조 제2항의 규정에 의해 상공부공고 제5264호로 NIRI, KIST, FIC 3개 기관을 전자공업진흥기관으로 지정하여 이들 지정 진흥기관으로 하여금 전자기술 개발과 품질관리, 해외 시장 개척 등의 업무를 담당하게 하였다.[75] 이후 1970년대 정부는 정부출원으로 중화학공업 전략산업별로 기계, 전자, 금속, 선박, 화공 등 전문연구소를 설립하였는데 비록 정부출원이었지만 기업의 활동에 직접 필요한 R&D 역할을 맡는다는 것에 초점을 두었고 그래서 이들을 기업형 전문연구소, 혹은 전략산업연구기관으로 명명하기도 하였다.[76] 1970~1980년대를 통하여 정부는 설립한 정부출연연구소에 수입대체 혹은 수출전략 품목 신기술 개발을 특정 연구과제로 지정해서 맡겼고 여기에서 개발된 원천기술 혹은 응용기술을 기업에 넘겨 기업들로 하여금 이를 상품화하고 나아가 수출에 나서게 하였다.[77]

1973년 5월 18일 과학기술처는 전문화된 연구기관이 집중된 연구학원도시를 건설하여 전자공업 기업에도 선진기술을 보급하고 지도하고자 하였다.[78] 5월 28일 대통령이 서명한 결재문서는 청와대나 총리실이 아닌 과학기술처가 연구학원도시 건설을 주관할 것을 분명히 하였다.[79] 1973년 11월 9일 국무회의는 「특정연구기관육성법안」을 의결하여 중화학 관계 연구기관 종합 지원 체제를 갖추었다.[80] 12월 21일 법제처장은 〈특정연구기관육성법 공포(안)〉을 제출하였다.[81]

---

74 상공부장관(공공, 1972. 12. 14).
75 〈관보〉(1969. 4. 15), 제5222호.
76 김광모 전 상공부·중화학공업추진위원회기획단 부단장 증언(2013. 4. 5); 김광모 전 중화학공업추진위원회기획단 부단장(한17, 2017), p. 235.
77 전자신문사(컴파, 1995. 12. 11~1996. 12. 12), 39.
78 과학기술처(연학3대통령보고서, 1973. 5. 18).
79 국무총리(연구3대통령결재문서, 1973).
80 한국기계공업진흥회(한기진20, 1989), p. 780.
81 법제처장(국특, 1973. 12. 21).

〈표 14-13〉 대덕연구학원도시건설 기본계획의 전자공업 관련 연구기관(1973)

	건설 및 이전기간	소요부지 (평)	건평 수 (평)	인원(명)		투자규모	
				연구원	계	내자	외자
(한국)전자통신연구소	1976~1980	27,500	5,500	227	267	4,845	3,898
(한국)전기통신연구소	1976~1978	60,600	7,800	555	605	1,357	–
국립공업표준시험소	1974~1977	27,300	3,400	203	261	763	2,000
종합기계기술연구소	1975~1980	110,000	11,000	237	311	5,763	6,844

주: 1) 투자규모는 이후 몇 차례 조정됨.
2) 투자규모 단위는 내자는 백만 원, 외자는 천 달러임.
자료: 과학기술처(대건3대통령보고문서, 1973. 12).

〈표 14-14〉 남덕우 부총리 요청 벨기에 3개 차관사업 (단위: 천 달러)

사업	총액	설비	파견사업	훈련사업
핵연료재처리가공시설사업	4,000	4,000	미정(5명)	(16명)
지방공산품검사소 설비확장사업	7,389	6,389	200	800
전기·전자시험소 설립사업	3,336	2,790	546	
			(22명)	(38명)
합계	14,725	13,179	1,546	

주: 파견사업은 벨기에인 전문가 파견사업이며 훈련사업은 한국인 기술자 훈련사업임.
자료: Ministry of Foreign Affairs, External Commerce and Cooperation for Development(SO, 1975. 7. 10).

1974년 대통령 연두순시 때 보고된 대덕연구학원도시건설 기본계획에 의하면 건설될 계열별 연구기관은 선박해양계 2개, 전자전기계 전자통신연구소·전기통신연구소 2개, 석유화학연구소 1개, 기계계 국립공업표준연구소·종합기계기술연구소 등 3개이었는데[82] 전자공업과 관련 있는 연구소 설립계획은 〈표 14-13〉과 같다. 이는 일본과 비교할 때 연구개발에서 정부의 역할이 훨씬 크도록 설계가 이루어진 것이었다. 일본은 기업연구소들이 1950년대부터 독자적인 연구개발에 나서 1960년대 중반부터는 정부연구기관과 나란히 독립 혹은 공동개발을 수행하였고 1970년대 중반부터는 첨단·기초연구를 주로 하는 정부연구기관과 역할을 분담하면서 상품화 기술을 주로 담당하였다. 전자전기계 연구소의 하나로 계획된 전자통신연구소는 1976년 건설 재검토로 수정되었고 최종 삭제되었다.[83]

1975년 6월 24일 남덕우 부총리와 벨기에 재무장관 및 경제장관과의 면담에서 3개 차관

82 이 보고서의 대통령 서명란에 1974년도 연두순시에서 사전보고 필하였다고 적혀 있다. 과학기술처(대건3대통령보고문서, 1973. 12).

83 과학기술처(대전건175, 1976. 4. 14).

사업이 제의되었는데 그중 하나가 전기·전자시험소 설립사업으로 부총리가 요구한 차관액 내역은 〈표 14-14〉와 같았다. 한국 정부는 이 사업과 관련한 기술자 훈련 및 기술자 초빙을 위한 소요자금은 기술원조로 지원해 줄 것을 7월 10일 벨기에 외무성에 요청하였다.84

1975년 7월 10일 주벨기에대사는 경제기획원장관, 상공부장관, 과학기술처장관 공유로 외무부장관에게 다음 주요 내용을 담은 전문을 보내 왔다.

> ……
>
> 2. …… 지방공산품검사소 설비확장사업과 전기·전자시험소 설립사업은 현재 공급자를 모색하고 있습니다.
>
> ……
>
> 4. …… 사업주의 이익을 최대한 보호하기 위하여 specification에 따른 제작 여부의 확인, 선적 및 인도조건 확인, 설치감독 등을 대행하는 General Inspector를 지명함으로써 사업주가 직접 관여하는 것이 가능한 바 …… 3개 회사와 접촉하였으며 …… . 의견서를 당관에 제출할 것을 약속하였습니다.
>
> ……
>
> 6. 당사자 간 교섭을 거쳐 공급계약이 체결되면 이에 따라 소요 차관재원도 확정될 것입니다.
> 7. …… 관련한 기술자 훈련 및 기술자 초빙을 위한 소요자금은 기술원조로 지원해 줄 것을 …… 요청하였음을 아울러 첨언합니다.
>
> 주벨지움대사(벨과, 1975. 7. 10).

전달받은 경제기획원장관은 교섭을 위한 전기·전자시험소 설립사업 관계자료 송부를 공업진흥청장에게 요청하였고 공업진흥청장은 외무부장관에게 지방공산품검사소 설비확장사업계획서와 전기·전자시험소 설립사업계획서를 보냈다.85 1976년 2월 한국중전기시험소 설립추진위원회가 발족되어86 12월에 재단법인 「한국전기기기시험연구소」가 설립되었다. 12월 9일 과학기술처는 제4차 5개년계획 조정위원회 제2차 회의에서 기계·조선·전자·해양·석유화학 5개 분야를 전략산업기술의 중점개발 대상으로 선정하겠다고 밝혔다.87

1976년 4월 대통령비서실에 의해 연구소 조정안이 포함된 대덕전문연구단지건설계획(조정안)이 대통령에게 보고되었다. 4월 2일 대통령이 결재한 대덕전문연구단지 건설계획 조정안은 대덕에 건설예정인 연구소 중 일반기계와 전자 부문을 각각 해당 공업기지인 창원과 구미기지 계획에 이전 통합하여 효율성을 높이도록 하였으며 그 조정의 주요 내용은 다음과 같았다.

84 Ministry of Foreign Affairs, External Commerce and Cooperation for Development(TE, 1975. 7. 10).
85 경제기획원장관(벨경, 1975. 7. 25).
86 동남지역공업단지관리공단(1996), pp. 239~243.
87 〈매일경제신문〉(1975. 12. 10).

1. 통신부문은 전기통신연구소(체신부)로 통합하여 체신부 이전계획에 따라 대덕단지에 입주하여 5개년계획으로 실시
2. 전자부문은 구미계획과 통합하여 전자업계에서 자립운용. 「금성사」 역시 구미단지에 설립을 추진 중임.
3. 전자교환연구소 신설계획은 전기통신연구소가 담당할 것인가 별도 연구소를 설립할 것인가를 재검토
4. 연구소 자금은 소관 부처 혹은 민간에서 조달 해결
5. 과학기술처는 연구개발에 대한 종합기획만 하고 업무소관에 따라 각 부처가 예산획득 등 소관 업무를 처리한다.
   통신전기연구소-체신부
   정부지원사업-건설부(체신부, 한전)
6. 건의사항

특정연구기관육성법을 입지위주에서 연구소 위주로 개정함.

대통령비서실(대덕4대통령결재문서, 1976. 4).

1976년 4월 2일 청와대에서 개최된 관계장관회의는 '대덕연구학원도시' 건설계획을 '대덕전문연구단지' 건설계획으로 조정하였다.[88] KIST가 부설 반도체기술개발센터와 컴퓨터국산화연구실을 운용하며 일부 역할을 맡고 있었지만 급속히 발전하고 있고 미래산업, 미래 경쟁력으로 등장하고 있는 반도체·컴퓨터 등 첨단전자기술 연구에 특화된 독자적인 연구소 필요성은 정부 내외에서 공감되고 있었다. 정부는 과학기술정책을 본격적으로 강조하고 실행하기 시작한 제4차 경제개발5개년계획을 작성하면서 과학기술 개발 전략을 자체 개발과 도입기술의 토착화라는 2가지 방향에서 접근하였는데 기초과학연구 등 기업과 단위연구소가 할 수 없는 대형 국책 사업은 KIST가 맡고 현장의 당면과제는 분야별 전문연구소를 새로 설립, 역할 분담 체제를 갖추고자 하였다.[89]

이에 1976년 9월 25일 경제장관간담회는 〈전자공업육성계획-반도체 및 컴퓨터 관련 산업〉을 의결하고 반도체 및 컴퓨터 관련 산업 분야의 연구소 설립을 규정하였다. 정부는 구미전자공업단지에 전자기술연구소를 건설하고 6,000만 달러의 제품개발기금을 조성하여 연구활동을 중점지원하기로 하였다.[90] 이 계획은 9월 28일 대통령 재가로 확정되어 10월 4일 대통령은 1977년 예산안 시정연설에서 전자연구소 설립을 밝혔고[91] 10월 7일 정부는 확정된 〈전자공업육성계획〉에 따라 설립될 「한국전자기술연구소」 구미공단 후보지를 조사하였다. 1976년 12월 6일 상공부는 구미공단 반도체 및 컴퓨터단지에 3만 평을 확보하여 한국전자기술연구소

88 과학기술처(대전건3822, 1976. 4. 12).
89 전자신문사(컴파, 1995. 12. 11~1996. 12. 12), 25.
90 유신정우회(내한, 1978), p. 85.
91 〈매일경제신문〉(1976. 10. 4); 〈조선일보〉(1976. 10. 5).

〈표 14-15〉 한국전자기술연구소 확정 설립계획 발표(1976년 12월 6일)

	설립계획
사업규모	대지 3만 평, 시험생산공장, 컴퓨터실, 마스크공장, 유틸리티공장
투자규모	정부출연 41억 원, 민간출연 10억 원, IBRD차관 1,100만 달러
주요 업무	반도체 및 컴퓨터 관련 산업 공단조성의 지원, 유틸리티 및 마스크공장 운영, 기술의 일괄 도입 및 국내 연구개발, 기술자 훈련, 반도체 설계 및 컴퓨터제품 설계 지도, 마스크 제작

자료: 〈매일경제신문〉(1976. 12. 6); 〈경향신문〉(1976. 12. 6); 〈동아일보〉(1976. 12 6).

를 설립한다고 밝혔다. 상공부는 한국전자기술연구소의 설립은 정부출연 41억 원, 민간출연 10억 원, IBRD차관 1,100만 달러 등 모두 106억 원을 투입하여 1977년 2월에 착공하여 1978년 6월까지 완공하도록 계획을 최종 확정하였다고 밝혔는데 확정된 설립계획은 〈표 14-15〉와 같다.

1976년 12월 23일 경제기획원은 국산화촉진위원회 심의를 거쳐 1977년도 국산화 추진 계획을 확정하여 밝혔는데 여기에서 품질의 국제수준화와 국제 경쟁력 보강을 위해서 새로운 전자교환 방식의 국산화를 추진할 「전자통신연구소」 등 9개 연구소를 설치하여 기술개발을 촉진하겠다고 밝혔다.92

마침내 1976년 12월 30일, 1976년 12월 17일 대통령이 결재한 「한국전자기술연구소 설립계획」에 따라93 상공부는 IBRD 차관으로 설립하게 될 반도체·컴퓨터 등 전자 분야 전문연구를 위한 산하 「한국전자기술연구소」(Korea Institute of Electronics Technology: KIET)를 구미공단 내에 설립 등기하였다. 한국전자기술연구소 초대 이사장에는 한국전자공업진흥회장이 겸한다는 규정에 따라 당시 「금성사」 대표이사로 1976년 2월부터 한국전자공업진흥회 초대회장을 맡고 있던 박승찬(朴勝璨)이 임명되었다. 한국전자기술연구소는 그동안 과학기술처 산하 KIST 부설 반도체기술개발센터와 컴퓨터국산화연구실의 반도체와 컴퓨터 부문 연구개발을 가져와 연구를 집중화하였다. 따라서 한국전자기술연구소의 출범은 내용 면에서 상공부를 전자공업과 함께 컴퓨터 등 정보산업의 주도기관으로 기반을 만들어 준 것이었다. 이후 정보산업의 상공부로의 법적, 형태적인 완전한 통합은 1981년 전자공업진흥법의 개정에 의해 이루어졌다.

그러나 1977년 예산 편성 시 연구소 운영경비가 반영되지 못하였고 결국 운영경비는 1977년 상공부 소관 일반회계 예비비에서 지출되어야 하였다.94 이날 1976년 12월 30일 전기 분야의 연구와 시험 등을 위한 전문연구소로 한국전기기기시험연구소(Korea Electric Research and

92 〈경향신문〉(1976. 12. 23); 〈매일경제신문〉(1976. 12. 23).
93 상공부(구전6대통령결재보고문서, 1976. 12).
94 대통령비서실(예한국전7대통령결재문서, 1977. 6. 1).

Testing Institute: KERTI)도 설립되었다. 그동안 업계에서는 대규모 시험시설이 없어 외국에 의존하였고 전기공업협동조합이 1975년도 4대 사업의 하나로 시험소 설치를 계획하는 등 전기기기시험연구소 설립은 숙원사업이었는데 이것이 실현된 것이다.[95] 이어 1976년 12월 31일 통신기술의 체계적인 연구개발과 전자교환기의 도입 및 개발 필요성이 제기되면서 한국과학기술연구소 부설의 한국전자통신연구소(KCRI)가[96] 설립되었다. 이로써 트로이카로 불린 전자공업 관련 3개 연구소, 「한국전기기기시험연구소」(KERTI), 「한국전자기술연구소」(KIET), 「한국전자통신연구소」(KCRI)(「한국통신기술연구소」(KTRI))가 1976년 말 설립되었고 이런 점에서 1976년 말은 한국전자공업의 연구개발사에서 중요한 의미를 갖고 있다.

1960년대부터 1970년대 중반까지 가장 긴급한 현안 문제는 전자교환기 도입과 개발이었다. 이에 1966년 창립된 체신부 「전기통신연구소」는 1960년대부터 전자교환기 연구에 나서고 있었는데 1974년 정부의 전자교환기 공동연구 추진방침에 따라 전기통신연구소 내에 전자교환기 연구부를 설치하여 교환기 관련 연구를 강화시켰다. 그러다가 1975년 대통령이 전자교환기를 국내 기술진으로 개발하라고 지시함에 따라 정부는 전기통신연구소의 연구개발을 중단하고 국산 교환기를 개발할 새로운 연구소를 설립하기로 결정하였다. 이 결정에 의해 1976년 만들어진 것이 KIST 내 한국전자통신연구소이었고 따라서 체신부 「전기통신연구소」는 기존의 교환기 연구 일체를 KIST 한국전자통신연구소에 넘겨주어 국산 전자교환기 개발은 KCRI가 담당하게 되었다.[97] 전기통신연구소는 1976년 12월 8일 공업진흥청공고 제1706호로 공산품 품질검사기관으로 지정되어 1977년 1월 1일부터 검사업무도 시작하였다.[98]

그런데 대통령 지시에 의해 만들어진 KCRI는 정상적인 국내 기술에 의한 연구체계를 미처 갖추지 못한 것이었다. 이에 정부는 통신망 현대화 촉진책의 일환으로 1977년 2월 전자교환기기 개발 및 통신망 연구를 담당하도록 전자통신연구소를 다시 체신부로 옮겨 설립하기로 하였다.[99] 1977년 3월 16일 정부는 대통령령 제8496호로 특정연구기관육성법시행령 중 개정령을 공포하여 한국전기기기시험연구소, 한국전자기술연구소, 한국전자통신연구소를 특정연구기관으로 지정하였다.[100] 4월 27일 체신부는 한국전자통신연구소를 옮겨갈 입지로 대덕전문연구단지를 선정하여 과학기술처에 통보하였다.[101] 1977년 전자공업의 검·교정 및 정밀도 향상을 도와 줄 한국표준연구소 운용계획도 만들어졌다. 오원철 중화학공업추진위원회기획단장은 회의적 입장이었으며 이 문서에 "1단계 사업까지만 OK. 자체 수입원에 대해서는 더 연구함"이라

95 전자신문사(컴파, 1995. 12. 11~1996. 12. 12), 25.
96 1985년 새로 만들어진 한국전자통신연구소 ETRI와는 다르다.
97 전자산업 50년사 편찬위원회(2009), pp. 102~103.
98 〈관보〉(1976. 12. 13), 제7523호.
99 대통령비서실(첩전, 1977. 9. 3).
100 〈관보〉(1977. 3. 16), 제7599호.
101 체신부(한통, 1977).

고 가필하고 서명하였다.[102]

정부는 한국전자통신연구소를 1977년 하반기 중 체신부 한국통신기술연구소로 바꾸어 독립시키기로 결정하였다. 7월 7일 체신부는 연구소 육성 5개년계획을 수립하여 경제기획원에 제출하였고 8월 7일 체신부장관은 한국통신기술연구소 정관(안)을 결재하였다. 체신부장관이 서명하여 확정된 한국통신기술연구소 설립계획의 주요 내용은 다음과 같았다.

【한국통신기술연구소 설립계획 주요 내용(1977)】

1. 정관요약
   가. 설립자: 박정희
   나. 사업내용
      1) 통신망 계획 운영 및 통신계통의 조사연구 개발
      3) 통신기술인력의 훈련 및 양성
      6) 선진통신기술의 도입 및 흡수
   다. 이사회 구성
      당연직이사: 경제기획원차관, 상공부차관, 체신부차관, 과학기술처차관
   라. 초대소장
      정관의 규정 불구하고 체신부장관의 제청으로 대통령이 임명
2. 자금계획
   1977~1981년 경상, 투자액 7,792백만 원
   1978~1981년 차관 500백만 원
   1979~1981년 민간출연 1,870백만 원
3. 사업계획
   경상비(전자기술도입사업(요원훈련 포함)+조사연구개발+행정 및 지원)+투자비

체신부(한통, 1977).

중화학공업 전문연구소가 추진되면서 담당부처 및 행정의 불일치 문제가 나타났다. 컴퓨터의 경우 소프트웨어는 과기처, 하드웨어는 상공부, 관련 통신은 체신부로 나뉘어져 있었다. 정부부처의 역할 분산은 협조가 잘 되면 전문성을 살릴 수 있는 이점이 있지만 전자공업의 연계성에도 불구하고 초기부터 해당부처의 인식 부재와 능력 부재, 무엇보다도 정부부처의 주도권 쟁탈에 따른 이기주의로 정부부처 간 협력은 제대로 이루어지지 못하였고 이는 이후에도 계속되었다.

전자기술연구소와 전자통신연구소의 주무부처가 분리되어 있고 기능이 유사한 부분이 나타남에 따라 1977년 7월 초 경제기획원, 상공부, 체신부, 과기처 등 관련 기관 협의가 이루어

---

102 한국표준연구소(운계, 1977. 6).

졌고 그 결과 전자기술연구소 업무 중 반도체 부문을 분리하여 이를 전문기관인 KIST에 이관하고 전자기술연구소와 전자통신연구소를 과기처 산하 단일 연구기관으로 통합하자는 합의가 이루어졌다. 그러나 실무절차를 협의하는 과정에서 체신부가 반발하였고 이에 통합이 이루어지지 못함으로써 전자기술 국산화 연구에 차질이 발생하였다. 경제기획원, 상공부, 과기처는 전자기술연구소가 1977~1981년 총 113억 9,500만 원의 시설재 도입이 완료된 후에도 바로 정상 기능을 발휘할 수 없고 또 반도체 전문연구가 1976년 12월 이후 장기간 정체되고 있는 점, 전자기술연구소와 전자통신연구소의 연구 분야가 유사하므로 기술인력 활용 면 등에서 통합하는 것이 타당하다고 주장하였다. 반면 체신부는 2개 연구소가 다시 과기처 산하로 통합되면 전담 업무인 체신 분야 연구기관까지 타 부처가 담당하게 된다는 이유를 들어 통합을 반대하였다.

정부 내 갈등 상황이 계속되자 1977년 9월 3일 "사소한 견해차를 조정치 못하는 것은 이해할 수 없다." "반도체 부문은 과학기술연구소에 이관하고 2개 연구소를 조속히 통합, 전자 분야 연구에 박차를 가해야 한다" 등의 과학기술연구소와 학계의 반응을 수집한 내용이 대통령에게 다시 첩보되었다.[103] 대통령은 9월 8일 이를 결재하며 서명 위에 "경제2 요참조"라고 적어 역시 경제제2비서실(중화학공업추진위원회기획단)이 관련 내용을 처리할 것을 가필하였다.

한국전자통신연구소 설치는 UN 지원으로 이루어지고 있었다. 그런데 UNDP 이사회는 한국전자통신연구소 설치 지원 승인 후 한국이 57만 달러 예산규모에서 100만 달러 규모로 사업을 수정하자 이를 제2차 계획연도(1977~1981)로 이월시켜 놓고 있었다. 그런데 전기통신 관련 국제연합 전문기구인 국제전기통신연합(ITU) 아시아지역과장이 10월 19일 주제네바대사를 만난 자리에서 '한국 정부가 구체적인 사업계획을 수립한 후에도 ITU 및 UNDP에서 검토, 승인 및 집행에 최소한 2년의 기간이 소요되므로 한국 정부에서 조속히 사업시행에 필요한 조치를 취할 것'을 희망한다고 말했다. 이 말을 들은 주제네바대사는 즉시 외무부장관에게 '지난 제1차 계획연도(1972~1976) UNDP 한국 지원액 중 60만 달러가 미집행된 바 있어 UNDP 자금의 기간 내 집행이 바람직하므로 이미 UNDP 이사회에서 승인한 제2차 연도(1977~1981) 한국 지원액 1,800만 달러의 적기 집행과 관련 본 ITU 사업도 기간 내 시행을 위한 필요조치를 취할 것'을 건의하고 동시에 ITU 사업 추진 상황도 알려달라고 전보를 보냈다. 이를 받은 외무부장관은 "과기처, 체신부에 문의. 회시할 것"이라고 가필하여 지시하였다.[104]

1977년 11월 5일 체신부장관은 체신부령 제617호로 전기통신연구소 사무분장규칙을 공포하였다.[105] 12월 9일 중화학공업추진 차관보급실무회의 제65차 회의는 구미공업기지 확장단지 입주 지정 요령을 결정하였는데 이때 보고된 연구소 관련 주거지 개발계획은 다음과 같았다.

---

103 대통령비서실(첩전, 1977. 9. 3).
104 주제네바대사(1977. 10. 19).
105 〈관보〉(1977. 11. 5), 제7792호.

【구미공업기지 확장단지 연구소 및 주거지 개발계획(안) 보고】

1. 산업기지개발공사에서 구미공업기지 확장단지에 입주하는 연구소의 외국인 과학자 및 기술자를 위한 주거지를 확보하기 위하여 소요면적 15,000평 중 10,300평은 도시계획상 공원으로 입안 중이므로 이를 주거지역으로 지정하여 줄 것을 건의하였음: 경북 선산군 입동면 임수동 일원 총 18,000평, 약 200세대
2. 반도체 및 컴퓨터 단지의 요체가 될 고급 두뇌를 유지하기 위하여는 주거지 조성이 시급하므로 상공부는 건설부에 주거지역으로서의 필요성을 건의하여 중앙도시계획위원회의 재심을 요청하기로 하였음. 현재 책정된 주거지는 상당기간이 필요하여 전자연구소 설립시기와 부합되지 않으므로 전자연구소 옆에 신거주지를 조성코자 하는 것임.

중화학공업추진위원회기획단장(제65차, 1977. 12. 16).

중화학공업추진 차관보급실무회의 제65차 회의는 '산업기지개발공사가 제안한 계획을 정부 관계부처는 협조하여 추진토록 할 것'과 '도시계획위원회에서 기통과된 공원지역은 주거지역으로 변경토록 상공부와 과학기술처는 재심 신청할 것'을 결정하였다.[106] 연구소의 성공에 중요한 요소인 고급 두뇌 유치를 위한 주거지 대책이 마련되고 있는 것이다. 구미기지 2단지 확장단지는 연구산업기지로서 그 기능을 충분히 발휘할 수 있도록 기본계획이 작성되었다.[107]

1977년 11월 24일 체신부허가번호 19호로 한국통신기술연구소(Korea Telecommunications Research Institute: KTRI) 설립허가가 이루어졌고, 12월 9일 특정연구기관육성법시행령 개정(대통령령 제8764)에 따라 KIST 부설 한국전자통신연구소가 「한국통신기술연구소」로 통합되었으며, 12월 10일 체신부 산하 재단법인 한국통신기술연구소가 박정희를 설립자로 설립 등기하였다. 상공부는 계속 통신부문과 컴퓨터, 반도체 정책 및 연구의 통합을 주장하였다. 상공부가 이를 KIET 중심으로 통합하자는 안을 냈지만 이 안은 정보산업 주도권을 놓고 대립하던 과기처와 체신부의 반대에 직면하여 성사되지 못하였다.[108]

1978년 3월 6일 외무부는 체신부와 과학기술처장관에게 주제네바 대표부 요청이 있으니 통신기술연구소 설치를 위한 사업계획서 작성 등 그간의 추진상황을 알려 달라고 요청하였다.[109] 3월 16일 과학기술처장관은 체신부로부터 한국통신기술연구소가 작성한 예비사업계획서를 받아 3월 9일자로 UNDP에 송부하여 승인을 요청하였다며 제출한 예비사업 내용과 예비사업으로 작성될 본사업 계획서 사업내용을 다음과 같이 외무부장관에게 회신하였다.

1. 예비사업
   1) 예비사업 목적: 전문가 1인을 초빙하여 본사업 계획서 및 보고서 작성을 지원하도록 함.

106 산업기지개발공사 공업단지부(제65, 1977. 12).
107 산업기지개발공사(산78, 1978), pp. 351~352.
108 전자신문사(컴파, 1995. 12. 11~1996. 12. 12), 39.
109 외무부(UD, 1978. 3. 6).

2) 사업기간: 1978. 4~6주

3) UNDP 자금 $7,500, 정부내자 480만 원

2. 본사업 계획서에 따른 수행예정 사업

1) 본사업 기간: 1978~1981년 4년간

2) UNDP 승인총액: 100만 달러

3) 집행기구: ITU(예정)

과학기술처장관(유디, 1978. 3. 16).

1978년 5월 12일 중화학공업추진 차관보급실무회의 제71차 회의에서 대덕전문연구단지 1단계 건설 현황과 2단계 계획이 다음과 같이 보고되었다.

3. 표준연구소·선박연구소·화학연구소 등 6개 연구소는 1978년 입주하고 열관리연구소·통신기술연구소 등 9개 연구소는 1978년 착공하며 과학원 등 9개 연구소는 1979년 이후 착공한다.

중화학공업추진위원회기획단장(제71차, 1978. 5. 23).

1978년 11월 한국전자기술연구소 사업기간이 1979년부터 1981년으로 순연, 연장되어 소요기기 구입액, 해외 훈련 및 전문가 초빙 경비, 부대설비 신규 도입비가 증가함에 따라 차관도입액을 당초 2,000만 달러에서 3,000만 달러로 상향하되 이자율을 7.5~8.0%로 낮춘 차관도입계획과 사업계획이 다음과 같이 작성되었다.

【1979년 한국전자기술연구소 차관도입계획과 사업계획 변경(1978. 11)】

1. 목적: 반도체 및 시스템산업 육성사업
2. 차주: 정부
3. 사업주: 한국전자기술연구소(KIET)
4. 차관처: 세계은행(IBRD)
5. 차관액: 당초 20,000천 달러 → 30,000천 달러

   이유: (1) 소요기기구입액의 증가, (2) 기술인력 연마를 위한 해외 훈련 및 전문가 초빙 경비 증가, (3) 부대설비의 신규 도입비가 예상보다 추가
6. 차관조건: 이자율 연 8.9% → 7.5~8%, 거치 3.5년 상환 13.5년
7. 예상채무액:

   원금 20,000 + 이자 17,220 = 37,200천 달러

   → 원금 30,000 + 이자 24,000 = 54,000천 달러
8. 사업내용

구분		사업내용
사업소요 자금	내자	12,500백만 원(25,000천 달러)
	외자	30,000천 달러(14,500백만 원)
	합계	55,000천 달러(27,000백만 원)
사업실시 기간		1979~1981
입지		경북 구미
사업추진 효과		1. 컴퓨터산업의 기반구축 2. 컴퓨터 수입 일부 대체사용 가능 3. 정밀기계의 자동화 4. 행정의 전산화 및 공업경영의 합리화 5. 교환기의 전자화 및 방위산업용 컴퓨터 개발 촉진
기타(경과)		제96회 정기국회(1976. 12. 16)에서 동의 받음

경제기획원장관(7공, 1978. 11).

계획 수정된 내용을 반영하여 보다 구체적인 설립계획이 상공부와 중화학공업추진위원회 기획단에 의해 1978년 연말에 만들어졌다. 이때 이미 「한국전자기술연구소」가 1978년 5월 9일 구미기지에서 기공식을 가진 것을 반영하여 사업시작 시점이 1978년도 병용되었고 수정 소요예산은 내자 137억 1,100만 원, 외자 3,040만 달러로 내외자 모두 약간씩 상향되었는데 수정된 구체적인 설립계획 내용은 〈표 14-16〉과 같다. 정부는 건설사업비로 41억 4,900만 원을 책정하였다.

1978년 9월 한국전자기술연구소 설립에 대한 IBRD 평가조사가 완료되고 11월 국회 동의가 이어졌다. 1979년 1월 세계은행 법무팀은 한국의 특정연구기관육성법 및 한국전자기술연구소 정관을 분석하여 한국전자기술연구소는, (1) 정부기관으로부터 출연금이나 무이자 차입만을 할 수 있고, (2) 정부 이외의 기관으로부터 차입을 할 수 없고 금리를 지불해야 하는 차입을 정부기관으로부터도 "할 수 없다"고 보고 이 문제에 대해 한국전자기술연구소에 회신을 요청하였다. 세계은행은 건설본부장 후보는 이력을 검토한 결과 동의한다며 최종 선정을 일임하여 왔다.[110] IBRD는 돈을 회수하는데 사후 문제가 될 소지를 분명히 문서로 확인하여 두고자 하였던 것이다. 한국전자기술연구소 주무부서인 상공부는 유권해석을 법무부에 요청하였다.[111] 이에 법무부는 "한국전자기술연구소가 권리와 의무의 주체가 되고" "특정연구기관육성법이 출연금의 지급 및 국유재산의 무상양여 대부를 할 수 있는 법적 근거를 명시한 것에 불과하고 행위능력을 제한하는 것이 아니므로" 어디든지 차입을 할 수 있다고 답변하였다.[112]

1979년 2월 IBRD와 최종 협의가 이루어졌다. 이에 따라 1979년 3월 차관협정이 체결되도

110 세계은행(전9, 1979. 1. 17).
111 상공부장관(재전, 1979. 1. 25).
112 법무부(전연, 1979. 2. 15).

〈표 14-16〉 한국전자기술연구소 수정 설립계획(1978. 12)

<table>
<tr><th colspan="2">구분</th><th colspan="2">세부 설립계획</th></tr>
<tr><td colspan="2">설립일</td><td colspan="2">1976. 12. 30(대표자 韓相準)</td></tr>
<tr><td colspan="2">위치</td><td colspan="2">구미기지 제2단지 반도체 및 컴퓨터 공업단지 내</td></tr>
<tr><td colspan="2" rowspan="2">규모</td><td>대지</td><td>69,420평(무상분양자연보존지 11,630평 미포함)</td></tr>
<tr><td>건물</td><td>5,680평</td></tr>
<tr><td colspan="2">인원</td><td colspan="2">275명</td></tr>
<tr><td colspan="2" rowspan="3">소요예산</td><td>내자</td><td>13,711백만 원</td></tr>
<tr><td>외자</td><td>30,400천 달러</td></tr>
<tr><td>합계</td><td>28,455백만 원</td></tr>
<tr><td rowspan="12">건설
사업
계획</td><td rowspan="3">대지
매입</td><td>사업량</td><td>건설부지 33,080평, 자연보존지 36,340평, 계 69,420평을 연불상환매입</td></tr>
<tr><td>사업예산</td><td>571백만 원</td></tr>
<tr><td>추진일정</td><td>1978~1981</td></tr>
<tr><td rowspan="2">토목
공사</td><td>사업예산</td><td>287백만 원</td></tr>
<tr><td>추진일정</td><td>1978~1980</td></tr>
<tr><td rowspan="3">건축
공사</td><td>사업량</td><td>5,680평</td></tr>
<tr><td>사업예산</td><td>1,472백만 원</td></tr>
<tr><td>추진일정</td><td>1978~1980</td></tr>
<tr><td>기타</td><td colspan="2">공동설비공사, 연구기본시설, 부대비, 기타</td></tr>
<tr><td rowspan="2">합계</td><td>사업예산</td><td>4,149백만 원</td></tr>
<tr><td>추진일정</td><td>1978~1981</td></tr>
</table>

자료: 중화학공업추진위원회기획단(중화추현, 1979. 1), p. 208.

록 되었다.[113] 1979년 2월 27일 제15회 국무회의는 '의안 155호 전자기술개발사업을 위한 IBRD 차관협정 체결(제15회)'을 경제기획원 원안대로 심의 의결하였다.[114] 기술훈련 및 연구개발비를 포함한 한국 정부와 세계은행 간 차관 관련 전자기술연구소 설립 총 사업내용은 다음과 같았다.

【한국 정부와 세계은행 간 차관 관련 전자기술연구소 설립 사업내용(1979)】

1. 사업목적

113 국무위원 신현확 경제기획원장관(전기, 1979. 2).
114 총무처(국무1331302, 1979. 3. 9).

(1) 반도체 설계 및 제조공정 기술의 개발
(2) 전산기 제작 및 사용기술의 개발
(3) 관련 전자산업에 대한 기술지원

2. 사업내용
(1) 연구기기 도입
(2) 기술훈련 및 전문가 초빙
(3) 연구소 건설에 따른 시설재 도입
(4) 연구개발(RD&E)

3. 사업기간
1979~1982

4. 소요자금
내자 15,467백만 원, 외자 29,000천 불, 합계 29,532백만 원

국무위원 신현확 경제기획원장관(전기, 1979. 2).

정부는 사업기간을 1년 더 연장하면서 1978년 말 계획에 비해 내자를 늘리고 외자를 약간 줄여 소요자금을 10억 7,700만 원 늘린 295억 3,200만 원으로 책정하였다. 1979년 내자를 늘리고 외자를 줄이려는 정부의 노력은 모든 외자사업에 공통으로 적용되고 있었다.

한국전자기술연구소 설립 외자 조달을 위해 정부와 IBRD 간 맺어진 차관협정 부대각서의 내용을 정리하면 다음과 같다.

【정부와 IBRD 간 차관협정 부대각서 주요 내용】

1. 차관자금의 전대(Proceeds of the Loan): 정부는 차관자금을 연구소에 전대하고 차관자금의 원리금 상환은 정부가 부담함.
2. 예산지원: 연구소 1979년 예산부족액 200만 달러는 정부가 1980년도 예산에 확보하도록 함.
3. 물자구매 방법: 차관자금으로 구입될 물자는 은행의 구매지침에 따라 연구소가 직접 구매토록 함.

Republic of Korea(RL, 1979).

한국전자기술연구소 설립을 위한 외자조달을 위해 1979년 3월 29일 정부와 IBRD 간 맺어진 차관협정서의 주요 내용은 〈표 14-17〉과 같으며 계약서 초면은 〈그림 14-3〉과 같다.

이와 함께 한국전자기술연구소와 IBRD 간 맺어진 사업협정서 주요 내용을 정리하면 다음(〈그림 14-3〉 아래, 〈그림 14-4〉 위 내용)과 같으며 사업협정서의 첫 면의 내용은 〈그림 14-4〉와 같다.

〈표 14-17〉 IBRD 차관협정서 내용 요약(1979)

구분	차관협정 주요 내용
차주	한국 정부
사업주	한국전자기술연구소
차관액	29,000,000달러
차관조건	1) 이자율 7.0% 2) 거치기간 4.5년 상환기간 10.5년 3) 약정수수료(commitment charge): 0.75%
인출마감	1983. 12. 31(closing date)
차관자금 구성내역	장비도입: 17,700천 불, 건설자문비: 250천 불, 기술도입비: 4,150천 불, 연구개발비: 5,000천 불, 예비비: 1,900천 불, 합계: 29,000천 불
주요 약정내용	1. 정부는 한국전자기술연구소가 자금 및 시설의 확보 등 사업협정서상의 제 사항을 이행할 수 있도록 하여야 함(Section3.01). 2. 정부는 본 사업에 필요한 전도자금에 충당하기 위하여 1979년 6월 30일까지 $250,000, 1980년 1월 31일까지 $250,000, 도합 $500,000를 연구소가 확보할 수 있도록 하여야 함(Section3.02(a)). 3. 정부는 연구소의 급여수준이 한국의 전자업계와 경쟁적인 수준을 유지할 수 있도록 정기적으로 이를 검토하여야 함(Section4.03(a)). 4. 정부는 본 사업이 완공될 때까지 구미공업단지의 주택 및 의료시설 등 사회기초시설이 적절히 확보될 수 있도록 필요한 조치를 취하여야 함(Section4.04).

자료: Republic of Korea and International Bank for Reconstruction and Development(L1676, 1979. 3. 29).

〈그림 14-3〉 정부와 IBRD 간 한국전자기술연구소 차관협정서

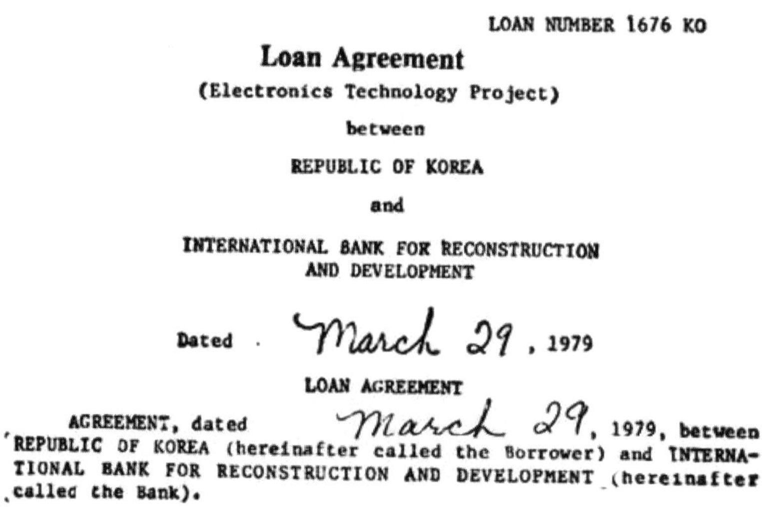

LOAN NUMBER 1676 KO

Loan Agreement

(Electronics Technology Project)

between

REPUBLIC OF KOREA

and

INTERNATIONAL BANK FOR RECONSTRUCTION AND DEVELOPMENT

Dated March 29, 1979

LOAN AGREEMENT

AGREEMENT, dated March 29, 1979, between REPUBLIC OF KOREA (hereinafter called the Borrower) and INTERNATIONAL BANK FOR RECONSTRUCTION AND DEVELOPMENT (hereinafter called the Bank).

자료: 〈관보〉(1979. 5. 2), 제8238호.

【한국전자기술연구소와 IBRD 간 사업협정서(안) 주요 내용】

1. 사업주: 한국전자기술연구소
2. 차관액: $29,000,000
3. 주요 약정내용
   1) 연구소는 기술습득 및 기술개발사업 수행에 필요한 전문가를 고용해야 함(2.02조).
   2) 연구소는 반도체 시설 전문가를 고용해야 함(2.03조(a)).
   3) 연구소는 차관자금으로 구입한 물자에 대해 보험에 가입해야 함(2.05조(a)).
   4) 연구소는 사업비와 가능한 경우에는 그에서 나오는 수익과 차관자금으로 지출된 비용, 즉 자산, 기술 및 용역에 관한 것을 정기적으로 IBRD에 보고해야 함(2.06조(b) iii).
   5) 연구소는 본 사업 수행 관련 제반 사업진도 보고서를 IBRD에 제출해야 함(2.06조(c)).
   6) 연구소는 1979년 6월 30일까지 자금관리부장을 책임자로 한 재무담당부서를 설치해야 함(3.05조).
   7) 연구소는 1982년까지 기술고문을 고용해야 함(3.06조).
   8) 연구소는 1979년 9월까지 적절한 장려금제도를 수립 실시해야 함(3.08조).
   9) 연구소는 유동자산 : 유동부채 비율을 3 : 1 이상으로 유지해야 함(4.03조(a)).
   10) 연구소는 본 사업 외에 연간 200만 달러 이상 자본지출을 못함(4.04조(a)).

International Bank for Reconstruction and Development and Korea Institute of Electronics Technology(L16P, March 29, 1979).

〈그림 14-4〉 한국전자기술연구소와 IBRD 간 사업협정서

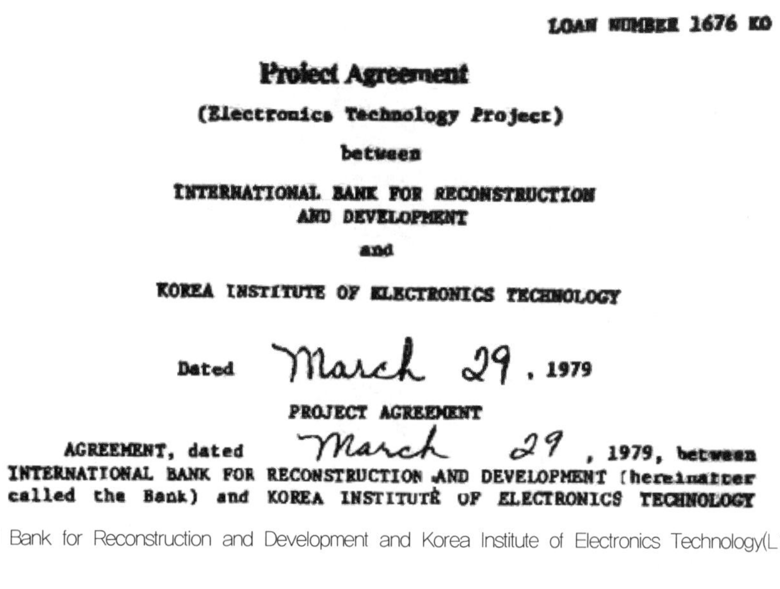

LOAN NUMBER 1676 KO

Project Agreement

(Electronics Technology Project)

between

INTERNATIONAL BANK FOR RECONSTRUCTION AND DEVELOPMENT

and

KOREA INSTITUTE OF ELECTRONICS TECHNOLOGY

Dated March 29, 1979

PROJECT AGREEMENT

AGREEMENT, dated March 29, 1979, between INTERNATIONAL BANK FOR RECONSTRUCTION AND DEVELOPMENT (hereinafter called the Bank) and KOREA INSTITUTE OF ELECTRONICS TECHNOLOGY

자료: International Bank for Reconstruction and Development and Korea Institute of Electronics Technology(L16P, March 29, 1979).

1979년 4월 28일 경제기획원장관은 전자기술개발사업을 위한 IBRD차관협정을 경제기획원 공고 제175호로 공고하였다.[115] 12월 27일 한국전자기술연구소는 구미공단으로 일부 이전하였다.

「한국정밀기기센터」는 1979년 1월 업체등록 및 전자공업 업무를 한국전자공업진흥회에 이관하였고 4월 1일 금속시험연구소와 통합하여 한국기계금속시험연구소로 되었다.[116] 전기통신연구소 역시 1979년 전기통신연구 업무를 중단하고 시험검사 업무를 전담하는 전기통신시험검사소로 개편되었다.[117] 1979년 9월 26일 건설부장관은 건설부고시 제354호로 대덕산업기지 제

〈표 14-18〉 한국전자기술연구소 수정 건설사업 추진계획(1979)

구분		세부 설립계획	
설립일		1976. 12. 30(대표자 韓相準)	
위치		구미기지 제2단지 반도체 및 컴퓨터 공업단지 내	
규모		대지	83,732평
		건물	9,209평
소요예산		내자	7,589백만 원
		외자	2,975천 달러
		합계	9,032백만 원
건설사업계획	부지매입	사업량	83,732평
		사업예산	744백만 원
		추진일정	1978~1981
	토목공사	사업예산	494백만 원
		추진일정	1978~1980
	건축공사	사업량	8,850평
		사업예산	5,470백만 원
		추진일정	1978~1981
	공동설비 및 기본시설	사업량	전기, 기계설비 등
		사업예산	653백만 원
		추진일정	1978~1981
	부대비 기타	사업량	설계, 감리 등
		사업예산	228백만 원
		추진일정	1978~1981
	합계	사업예산	7,589백만 원
		추진일정	1978~1981

자료: 중화학공업추진위원회기획단(중화추현, 1980. 1), p. 171.

115 〈관보〉(1979. 5. 2), 제8238호.
116 한국전자공업협동조합(전조2, 1987), pp. 107~108.
117 과학기술처(과기감, 1981), p. 178.

〈표 14-19〉 전문연구소 추진계획 (단위: 내자는 백만 원, 외자는 천 달러)

	건설 기간	투자		정원 (명)	주관부처
		내자	외자		
전자기술연구소(구미)	1978~1981	2,570	10,722	275	상공부
전기기기시험연구소(창원)	1978~1981	4,614	11,850	106	상공부
통신기술연구소(대덕)	1977~1981	1,773	–	250	체신부

자료: 경제제2(중계초, 1980).

2차 조성사업(한국통신기술연구소) 실시계획을 승인 고시하였다.[118]

1978년 순연되고 다시 1979년 초 조정된 전자기술연구소 설립을 위한 계획은 1979년 말 다시 1981년까지의 건설사업계획만 〈표 14-18〉과 같이 수정 보고되었다. 수정된 건설사업계획은 연구소 대지 및 건물이 커져 부지매입 사업량과 예산이 늘었고 토목공사, 건축공사 관련 예산 역시 확대되었다. 연구소 건물 확대로 건축공사 일정만도 1980년에서 1981년으로 연장되었고 건설사업 예산도 41억 4,900만 원에서 75억 8,900만 원으로 82.9%나 증가하였다.

1970년대 말 수정·보고에서 한국전자기술연구소의 예산이 전체 예산이 아니라 건설사업비 혹은 그 일부만으로 보고되는 것은 이유가 있었다. 1979년 경제가 불황으로 들어가면서 장기적이고 기초적인 연구를 먼저 포기하는 한국병이 퍼졌고 중화학공업화 관련 비판이 커지면서 관련 연구소 역시 비판의 주 대상이 되었기 때문이었다. 특히, 10.26 박대통령 사망 이후 이러한 비판은 폭발적으로 나타났다. 그래서 1980년 대통령비서실이 낸 전자공업 관련 연구소의 투자계획 역시 〈표 14-19〉에서 보듯이 건설사업비 일부만으로 축소하여 밝히고 있다. 연구소 정원 역시 1978년 275명 그대로 기록되고 있다.[119] 박대통령이 설립자로 되어 있는 통신기술연구소는 내자만으로 되어 있다. 축소, 연기 속에 이미 1977년 건설부고시 제269호(1977. 12. 28)로 1977년 12월~1978년 5월,[120] 1978년 7월 5일 건설부고시 제177호(1978. 7. 5)로 1978년 6월 30일까지로 연기된[121] 창원의 한국전기기기시험연구소 부지조성사업 시행기간도 1979년 7월 6일 건설부고시 제243호로 1980년 6월 30일로 다시 연장된 후[122] 또 다시 1981년까지로 연장되었다.

한국통신기술연구소(KTRI)는 1979년 96회선, 1980년 200회선 용량의 시분할 전자교환기 시험기를 만들었다. 1979년 한국 최초로 개발한 국설용 전자교환기는 스위치 등 극히 일부만 국

118 〈관보〉(1979. 9. 29), 제8362호.
119 중화학공업추진위원회기획단(중화추현, 1980. 1), p. 271.
120 〈관보〉(1978. 1. 6), 제7843호.
121 〈관보〉(1978. 7. 8), 제7995호.
122 〈관보〉(1979. 7. 11), 제8295호.

내에서 개발하였고 PCM 장비나 컴퓨터 등은 미국에서 사다 붙여 통화가 되도록 한 교환기이었고 이후 개발된 시험기도 주로 전자교환기 구조에 대한 이해와 개발 가능성을 확인하는 정도의 기본적인 호처리 기능 실현에 불과하였지만 이 과정에서 30여 명의 전문인력이 양성되었고 이는 후에 TDX 개발의 기초가 되었다.[123]

정부에 연구개발의 주요 책임을 미루고 가능한 무임승차하려는 기업들의 도덕적 해이가 만연한 민간연구소의 부실은 한국 기업이 갖고 있는 기본적인 문제이었다. 1970년대 말 700여 개의 연구기관 중 연구활동이 기대되는 연구소는 정부출연 연구소 16개(대덕 9, 서울 4, 구미 1, 창원 2), 정부연구소 중 극소수, 그리고 11개의 민간연구소에 불과하였다.[124] 전자공업의 경우 한국 대표 가전 3사가 1976년부터 중앙연구소 설립에 나서고 있었지만 1980년에도 여전히 독립적이고 창조적인 연구 기능이 중심이 된 전문연구소는 없었다.[125]

민간연구소의 낮은 역할은 1차적으로 기업들의 책임이 컸지만 제도적으로도 문제가 있었다. 연구소 육성을 위한 「특정연구기관육성법」은 민간연구소를 포함 대상으로 하지 않고 있었다. 이런 이유로 전경련은 현행 기술 및 공공연구소 관계법을 통합 조정하여 정부연구소와 동일한 차원에서 민간기술연구소를 육성토록 법제화 해 줄 것을 정부에 건의하기도 하였다.[126] 정부는 연구소가 수입하는 시설기자재와 원자재에 대해 보다 자유로운 수입을 허용하고 관세를 면제할 필요가 있음에도 특별히 따로 취급하지 않았다. 또한 기업체들이 민간연구소에 출연할 경우 이에 대한 조세감면도 받지 못했다.

1980년 전두환 정권은 기관 통폐합을 진행하였고 연구소도 이에 포함되었다. 1980년 11월 10일 한국전기통신연구소 설립 방침에 대한 대통령 재가가 이루어졌고 11월 13일 이정오 과학기술처장관은 정부 5개 부처 16개 이공계 출연 연구기관을 8개 단위연구소로 통합하고 이들 연구소를 모두 과기처로 이관하는 「연구개발체제 정비와 운영개선 방안」을 발표하였다. 이 장관은 체신부의 한국통신기술연구소와 상공부의 한국전자기술연구소·한국전기기기시험연구소는 한국전기통신연구소로 통합하며 한국표준연구소는 독립 운영된다고 밝혔다.[127]

1981년 1월 5일 특정연구기관육성법에 의해 정부는 대통령령 제10146호로 한국전기통신연구소를 특정연구기관으로 지정하였다. 1월 16일 한국전기통신연구소 설립허가가 이루어졌고 과학기술처의 '연구개발체제 정비와 운영개선 방안'에 따라 1981년 1월 20일 한국통신기술연구소와 한국전기기기시험연구소가 한국전기통신연구소(Korea Electrotechnology and Telecommunications Research Institute: KETRI)로 통합되었다. 세계은행은 자신들의 자금으로 만들어진 한국전자기술연구소가 사전합의 협약 위반과 함께 없어진다는 것에 반대하였고,[128] 이에 「한국전자기술연

---

123 안병성 부소장과 박항구의 증언 등. 박항구 전 하이닉스반도체 부사장 증언(2011), pp. 253~254.

124 한국개발연구원(제5차, 1980), p. 344.

125 한국산업경제기술연구원(한전, 1982), p. 73.

126 〈동아일보〉(1978. 7. 31); 〈매일경제신문〉(1978. 7. 31).

127 〈경향신문〉(1980. 11. 13); 〈동아일보〉(1980. 11. 13).

구소」(KIET)는 원형을 유지한 채로 과기처에 통합되었다.

세계은행의 반대로 단일통합을 이루지 못한 정부는 KETRI와 KIET의 소장 및 감사를 겸임시켜 행정적으로 통합하고 여기에 「출연연구소 운영개선 방안」을 만들어 컴퓨터, 반도체, 통신, 전기부문 출연연구소의 소속을 모두 과기처로 단일화하였다.129 그러나 비정상적인 기구이었던 「국가보위비상대책위원회」·「국가보위입법회의」에 의해 강제된 이러한 통합은 연구소를 과기처로 단일화한다는 명분과 효율성 제고 가능성에도 불구하고 단기간에 상명하복식으로 전개되어 현실적으로 효율성을 높일 수 없었고 융합에도 실패하였다. 1981년 7월 3일 국무회의는 과학기술처 직제를 개편하여 과학기술심의실의 과학기술심의관 8인을 폐지하고 실장 밑에 연구관리관, 종합연구조정관, 기계연구조정관, 전기전자연구조정관, 화공연구조정관, 동력자원연구조정관을 두도록 하였다.130

전두환 대통령은 1982년부터 대통령이 직접 주재하는 기술확대진흥회의를 열어 국무위원, 학계, 재계가 참석한 가운데 기술 관련 문제와 정책을 전반적으로 논의하고 해결하였는데 이 회의는 1986년까지 11번 열렸다. 1983년 5월 24일 대덕연구단지 한국전기통신연구소 준공식이 이루어졌다. 다수 증언에 의하면 지금도 그렇듯이 한국전자기술연구소는 지방에 있는 것에 대해 불만이 많았고 이에 서울로 갈 수 없다면 대전이라도 가려고 계속 로비와 주장을 하여 결국 1984년 구미연구소를 「금성반도체」에 매각하고 대덕단지에 새 연구소 건설을 시작하였다.131 이렇게 되자 과기처는 한국전기통신연구소(KETRI)와 한국전자기술연구소(KIET)의 통합을 주장하였고 12월 29일 제48차 경제장관회의는 통합을 의결하였다. 명분은 통신과 전자 분야의 통합 필요성이었다. 1985년 3월 26일 KETRI·KIET가 통합되어 한국전자통신연구소(Electronics and Telecommunications Research Institute: ETRI)가 출범하였다. 1985년까지의 한국 전자공업 관련 연구소의 연원과 발전, 통합 과정을 정리하면 〈그림 14-5〉와 같다.

한국전자기술연구소는 팩시밀리, 16비트 PC를 개발하고 전자교환기 기술을 토착화시켰다.132 그러나 처음 기대한 독자적인 최첨단기술의 확보라는 성과를 거두지는 못하였는데 이는 당시 공무원들이 컴퓨터·반도체산업에 대한 우선순위를 이해하지 못하였기 때문이었다. 정부 내 많은 결정권자들이 이들 산업에 대해 여전히 시기상조라고 보았고 따라서 세계은행과 맺은 건설비, 인건비, 전기료, 수도료, 소모품비 등을 한국 정부가 부담한다는 양자 합의에도 불구하고 대응내자 예산을 제대로 할당하지 않았다. 따라서 인건비와 자재대금 부족으로 IBRD에서 들여온 컴퓨터 기자재와 생산·실험시설이 효율적으로 사용되지 못하였고 반도체공장은 제 기능을 발휘할 수 없었다.133 KIET가 통합되어 ETRI로 출범하는 1985년까지의 한국

---

128 이용태 전 삼보컴퓨터회장 증언(2011), p. 187.
129 전자신문사(컴파, 1995. 12. 11~1996. 12. 12), 39.
130 〈동아일보〉(1981. 7. 4).
131 〈경향신문〉(1984. 4. 14).
132 구미시(구공40, 2010), p. 241.

〈그림 14-5〉 전자공업 관련 연구소의 연원과 발전, 통합 과정

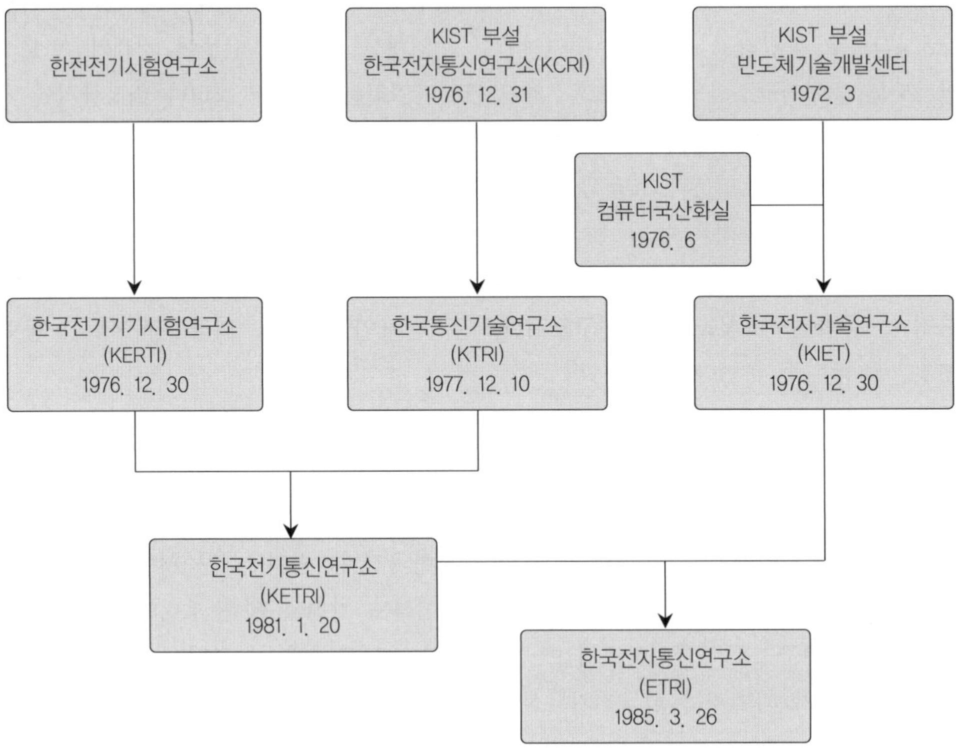

자료: 서현진 전자신문 편집국 부장(2001); 한국전자공업협동조합(전조2, 1987); 전자신문사(컴파, 1995~1996); 한국전자통신연구원(HW, 2016. 7. 7).

전자기술연구소 발전 과정을 정리하면 〈표 14-20〉과 같다. 한국전자통신연구소는 1986년 디지털 방식 전전자교환기를 개발하였고 1988년 4메가 DRAM 개발을 시작으로 국내 반도체산업을 세계 1위로 올려놓는 초석이 되었다. ETRI는 1980년대와 1990년대를 통하여 CDMA 방식 이동통신, 초고속 휴대인터넷 와이브로(WiBro), 지상파 DMB 기술을 세계 최초로 상용화하였으며 4세대 무선전송기술도 세계 최초로 개발하였다.[134] ETRI는 1992년 과기처에서 체신부로 소속이 변경되었고 1995년 체신부 부처명 변경으로 정보통신부 소속기관이 되었다.

1996년 1월 1일, 1967년 KIST 전자계산실로 출발한 KIST 부설 시스템공학연구소(SERI)는 주관부처가 과학기술처에서 정보통신부로 변경됨에 따라 ETRI 부설 기관으로 되었고 1998년 5월 25일 ETRI에 흡수 통합되었다.

133 이용태 전 삼보컴퓨터회장 증언(2011), pp. 160~164.

134 전자산업 50년사 편찬위원회(2009), p. 202.

〈표 14-20〉 한국전자기술연구소의 설립 및 발전 과정(1976~1985)

연월일		변경내용
1976	9. 25	경제장관간담회, 연구소 설립 포함 전자공업육성계획 의결
	9. 28	대통령, 전자공업육성계획 재가
	10. 7	한국전자기술연구소 구미공단 확장 후보지 조사
	12. 17	대통령, 한국전자기술연구소 설립계획 재가
	12. 30	한국전자기술연구소(KIET) 설립 등기
1977	2. 17	제1회 창립이사회 개최
	7. 13	IBRD 평가조사단 내한(Mr. Magdi Iskander 외 2명)
	10. 18	제8회 한국 전자박람회 참가
1978	3. 16	서울분사무소 이전
	4. 8	해외 연락사무소 설치 운영
	5. 9	구미 본소 기공식
	10. 15	IBRD 최종 평가조사단 내한
1979	3. 29	IBRD 협정 체결
	6. 28	IBRD 협정 발효
	12. 27	연구소를 구미공단으로 일부 이전
1980	12. 27	주무부장관을 과학기술처장관으로 하는 정관 개정
1981	4. 15	반도체 연구동 완공
	10. 24	반도체 연구시설 준공
1982	5. 15	NMOS 기술 도입
	5. 31	컴퓨터 연구동 완공
	11. 4	반도체 생산시설 가동식(32K ROM)
	12. 23	이사회, 32K ROM 생산기술개발사업 승인
1983	2. 11	『전자기술』 창간호 발간
	3. 2	32K ROM 200Die 돌파기념
	5. 25	제1회 반도체 기술직 훈련워크숍 개강
	8. 19	교육용컴퓨터 보급: 실업계 고등학교 외 5개 기관 5,000대 보급
	10. 27	국내외 한국과학기술자 학술회의
1984	2. 18	반도체 생산시설 민간이양 입찰 「대우통신(주)」과 계약 체결
	3. 3	ADB(Asian Development Bank) 조사단 내방
	3. 16	특정연구과제 기술 전수식
	5. 28	LSTTS 공정개발 완료
	11. 7	공정제어 그래픽 시스템 사업계약
1985	1. 18	경제장관간담회 의결 한국전기통신연구소와 통합 방침 접수
	3. 26	연구소 해산 의결과 통합 한국전자통신연구소로 출범
	5. 29	대덕단지로 이전 시작

자료: 한국전자통신연구원(HW, 2016. 7. 7).

Ⅳ. 1980년대 정책변화와 연구개발의 진전

1980년 1월 28일 「한국전자통신」은 국산 전자교환기를 첫 출하하였다.[135] 1970년대 후반 시작된 기술수출도 이어져 1980년 9월 「금성사」는 흑백TV수상기 생산기술을 태국에 수출하였고[136] 1980년 가봉 방송국 전자기술자 1명을 초청 훈련하는 기술연수도 이루어졌다.[137] 가전제품에 한정하여 보면 1980년 평가 품질수준은 아시아 대만, 홍콩, 싱가포르 등과 대등하거나 앞서기 시작하였다.

그러나 1980년 부가가치와 가격 면에서 여전히 한국의 전자제품은 일본 등 선진공업국에 비해 저가품 중심이었고 연구개발비 비중은 선진공업국 기업 수준과는 비교가 되지 못했다. 1980년 일본의 매출액 대비 연구개발 비율은 3.89%이었지만 한국 전자공업의 선두주자로 나서고 있던 「삼성전자」의 연구개발비도 1980년 매출액의 2.1%에 불과하였다.[138] 심지어 기초연구개발에 나서고 있지 않던 대만도 1980~1989년 전자공업10개년발전계획을 작성하여 매출액의 0.4% 수준인 연구개발비를 3%까지 대폭 확대하고 고급 기술인력을 27만 8,000명까지 확보한다는 계획을 추진하고 있었지만[139] 1980년 한국의 전자공업 연구개발 인력은 2,770명으로 종업원 대비 1.6%에 불과하였다.[140] 연구개발에 대한 기업들의 소극성으로 상공부 자료에 의하면 한국 전자공업 대표 3사 금성, 삼성, 대우가 출원한 특허건수는 실용신안 포함 1980년 156건에 불과하여 1980년 「日立製作所」 1사만의 특허출원 건수 18,000건과 극명히 대비되었다.[141]

낮은 연구개발 수준은 1980년대 초까지도 낮은 기술, 낮은 생산성, 낮은 수익 그리고 다시 낮은 경쟁력으로 연결되고 있었다.

1980년대 초에도 한국 전자공업은 여전히 부품국산화 미흡으로 인한 원자재의 해외 의존으로 낮은 원가 탄력성과 높은 원가 불안정을 겪었다. 정밀가공 등 소재가공기술과 자동화·품질향상·검사 등 생산관리기술 역시 뒤처져 있었다. 수출을 위해 설계 및 디자인, 심지어 핵심부품까지도 해외 구매자에 의존하는 경우도 존재하고 있다. 심지어 판매후서비스를 전제로 한 설계능력이 부족하여 수출시 추가부품까지 공급해야 하였다. VA/VE 기술이 뒤떨어져 부품이 과다하게 사용되었고 조립시간 역시 길었다. *Financial Times* 에 의하면 컬러TV의 경우 일본은 부품이 420개 소요되고 세트당 조립시간(man-hour/set)이 1.9이었던 데 비해 한국은 부품이 520

135 구미시(구공40, 2010), p. 1050.
136 구자학 전 금성사 사장 증언(1987), p. 378.
137 외무부(가전, 1980. 8. 14).
138 Kim, Linsu(1997), p. 143.
139 상공부(전자, 1982), p. 67.
140 한국전자공업진흥회·전자산업발전민간협의회(1989), p. 32.
141 한국산업경제기술연구원(한전, 1982), p. 73.

〈표 14-21〉 국가별 반도체 시작품 개발연도 비교

기술척도	반영 반도체 상품	미국	일본	한국
낮은 단계	진공관	1919	1928	1970
높은 낮은 단계	트랜지스터	1947	1954	1974
중간 단계	저밀도 집적회로(SSI)	1959	1966	1979
높은 중간단계	고밀도 집적회로(LSI)	1970	1972	1983
높은 단계	초고밀도 집적회로(VLSI)	1980	1980	1986

주: 한국의 1980년 이후는 목표 값임.
자료: 과학기술처(과기감, 1981), p. 247.

여 개가 소요되고 조립시간이 5.0이었다.[142]

그 결과 한국의 전자공업 경쟁력은 산업용기기는 물론이고 따라잡기에 성공하고 있다는 가정용기기에서도 카세트덱, 플레이어, 스피커시스템 등 복합기기와 고정밀기기에서는 뒤떨어져 있었다. 첨단경쟁이 가장 치열했던 반도체 경쟁력에서는 〈표 14-21〉에서 보듯이 미국과 일본은 고밀도 집적회로 단계에서 2년 차로 근접하고 초고밀도 집적회로(VLSI) 개발에서는 수준이 거의 같아지고 있었지만 한국은 여전히 선진국에 비하면 20년 이상 뒤떨어져 있었다. 1980년대 초 정부와 기업들은 제5차 경제사회발전5개년계획이 완료되는 1986년까지는 선진국 당시 수준으로 올려 VLSI를 개발해야 한다는 목표를 정하고 있었다.

1981년 5월 상공부 전자공업육성계획작업반은 〈반도체공업육성계획〉을 작성하여 과학기술처장관, 재무부장관, 부총리의 서명을 받은 후 7월 15일 대통령 결재를 받았다. 여기에서 반도체공업의 육성대책 추진방안 중 첫 번째, 세 번째인 기술개발 체제 확립, 주요 기초소재의 단계적 국산화를 다음과 같이 제시하였다.

【상공부 〈반도체공업육성계획〉 육성대책 추진방안 중 연구개발 부분(1981)】

1. 반도체공업 기술개발 체제 확립

(1) 국책개발사업과 민간개발사업으로 운영

	개발 대상	기술개발 기간	책임부담
국책개발 (기초기술)	논리소자 기억소자 마이크로프로세서	1982~1984 1982~1986 1982~1986	정부 단독 부담
민간기업 개발	Linear 디지털 광전소자	1981~1982 1982~1985 1982~1985	1. 민간주도 2. 정부 일부 지원

142 한국개발연구원(중화전, 1981), p. 55.

	개발 대상	기술개발 기간	책임부담
민간기업 개발	논리소자 기억소자 마이크로프로세서	1982 1982 1983~1984	1. 민간주도 2. 정부 일부 지원

(2) 기술개발 추진 체제

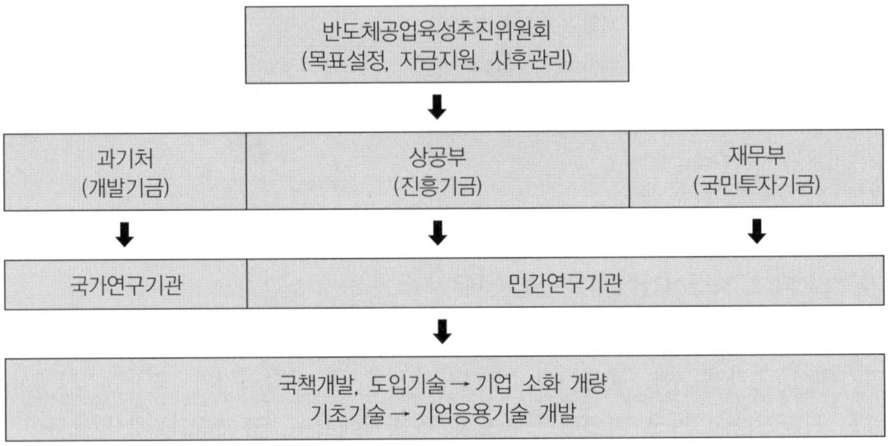

……

3. 주요 기초소재의 단계적 국산화
   (1) 실리콘: 삼척산업과 미국 *Mon Santo* 합작 추진
   (2) Mask: KIET 및 전문 생산업체 지정
   (3) Lead Frame: 전문 생산업체 지정

상공부 전자공업육성계획작업반(반도, 1981. 5).

이를 위해 상공부는 국책개발에 1982~1986년 약 200억 원을 지원하고 민간개발에 전자공업진흥기금, 국민투자기금, 기술개발(주) 자금으로 연구개발비, 기술도입료, 기술훈련비를 우선 지원하기로 하였다.[143] 1981년 9월 4일 전자계산조직개발조정위원회는 제5차 도입심의회의에서 한국은행·한국전력 등 공공기관이 신청한 *IBM*, 후지쯔, *NCR* 등의 외제 87대 CRT터미널과 64대 데이터모뎀의 도입을 전격 중단시켰는데 이 품목들이 국산화되었거나 되고 있었기 때문이다.[144]

1980년대 초 상공부가 새 발전전략을 만들고 있었지만 한국 기업의 고질병인 '장기적 관점에서의 연구개발 부재'는 여전하였다. 장기적으로 하드웨어만이 아니라 소프트웨어 연구개발도 필요하였지만 기업들의 단기 기술도입 의존으로 향후 비용의 폭등은 물론 전자산업의 장기 종속까지 충분히 예상되고 있었다. 불황기 연구개발비 삭감 역시 한국 기업들의 계속된 문제

143 상공부 전자공업육성계획작업반(반도, 1981. 5).
144 전자신문사(컴파, 1995. 12. 11~1996. 12. 12), 26.

〈표 14-22〉 전자제품 수출신장률 (단위: 억 달러, %)

		한국	일본	대만
수출액(1981)		22.5	248	33
수출증가율 (%)	1971~1981	37.8	18.1	27.4
	1979~1981	9.2	34.5	20.5

자료: 상공부(전자, 1982), p. 26.

이었다. 독일과 독일 사례를 배운 일본이 불황기에 혁신을 위한 연구개발에 적극 나섰던 반면 한국은 불황이 오면 연구개발부터 줄이고 감축에 나섰다. 이러한 차이는 불황의 영향을 더 크게, 더 오래 겪으면서 경쟁력 약화를 초래하는 한국의 구조적 취약성을 만들고 있었다. 실제로 2차 석유파동이 온 1979~1981년 한국의 전자제품 연평균 수출증가율은 9.2%로 낮아졌는데 이는 수출액이 더 많은 일본과 대만의 동기간 증가율 34.5%, 20.5%에 비해서 현저히 낮아진 것이었다(〈표 14-22〉 참조).

1981년 9월 5일 상공부는 무역진흥월례회의에서 〈전자공업 추진시책과 육성방안〉을 보고하였다. 여기에서 상공부는 전자공업 추진시책 중 기술개발 촉진에 대해 다음과 같이 밝혔다.

【상공부의 〈전자공업 추진시책과 육성방안〉 II. 추진시책(1981. 9. 5)】

II. 추진시책

…….

2. 기술개발의 촉진

가. 추진체제의 확립

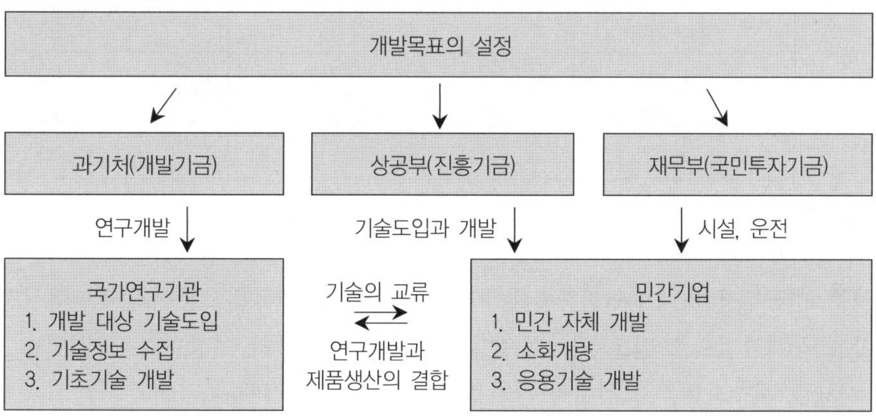

나. 핵심전략 부문의 국책개발: 반도체, 컴퓨터, 통신기

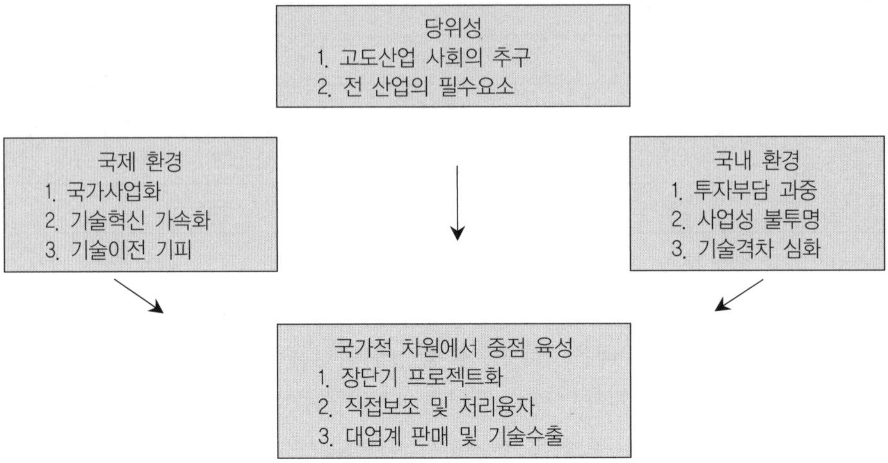

다. 민간연구개발 기반의 조성

(1) 업계 공동연구 활동 체계 확립

(2) 연구소 설립에 대한 지원 강화

국가연구사업 위탁

연구개발 투자에 대한 세제지원

(3) 공공연구기관과의 연계 강화

라. 전문연구기구의 보강

한국전기통신연구소 → 종합연구소 기능 유도

마. 고급 기술인력의 양성

(1) 전문기술자 확보: 전체 종업원의 12%(1986년)

(2) 훈련계획(1981~1986)

구분	훈련 분야	훈련인원(명)
국내 위탁	기초 및 응용기술	24,780
해외 연수	회로설계, 가공기술	13,500
해외 인력유치	연구개발, 생산 및 응용기술	120
계		38,400

상공부(전자육, 1981. 9. 5).

서석준 상공부장관은 무역진흥월례회의에서 반도체·컴퓨터·통신기 등 핵심전략 부문의 기술개발을 국책사업으로 밀고 나가겠으며 전자제품 가격관리를 종류별, 규격별로 자율화하여 기업의 신제품 개발의욕을 고취시켜 나가겠다고 보고하였다.[145]

1981년 10월 14일 상공부는 반도체공업 육성을 위한 기술개발 지원방안을 마련하였다. 상

145 〈매일경제신문〉(1981. 9. 5).

공부는 1986년 15억 달러 반도체 수출목표 아래 반도체공업 육성을 위한 기술개발 지원에 나서 1982년부터 1986년까지 정부 200억 원, 기업 500억 원의 기술개발자금을 투입하여 양품률(良品率)을 현재의 45%에서 90%로 높이고 초대형집적회로(초LSI)까지 점차 국산화하는 등 반도체 기본기술과 첨단기술을 중점개발하기로 하였다. 이를 위해 기술인력 873명을 양성, 고급인력을 현재 14명에서 309명, 전문기술인력을 64명에서 564명으로 늘릴 계획이었다. 상공부는 기본기술 및 첨단기술 분야는 국책 연구과제로, 응용기술 및 상품개발 분야는 민간기업 연구과제로 하여 공동으로 반도체기술 혁신에 나서고 기술도입료 지원, 도입절차 간소화 등으로 최첨단 선진기술을 과감히 도입하도록 할 방침이라고 밝혔다.[146] 이날 개막된 제12회 한국전자전람회에서 「금성반도체」의 미니컴퓨터가 대통령상 대상을 수상하였다.

1982년 1월 20일 과학기술처는 핵심 전략 기술의 토착화와 기업의 획기적 기술개발을 위한 특정연구개발사업계획을 확정하였다. 이 계획은 공익성이 높은 중장기 대형 연구개발이나 공통 핵심기술 등 정부가 주도해야 할 국가연구개발사업과 기업의 당면 기술개발을 위한 산업기술 연구개발사업에 1982년 140억 원을 투입하고 산업기술 연구개발에 중점을 두어 사업을 추진하는 것이었다.[147]

1982년 전자공업 부문 기업연구소는 여전히 1980년과 같은 8개에 머물렀다. 상공부는 1982년 향후 투자방향 3가지 중 하나로 기업부설 연구시설은 물론 일반 중소부품 기업들까지도 자신에게 필요한 시험연구시설, 인력개발, 기타 기술개발 투자를 크게 확충하도록 하는 데 중점을 두어 투자를 활성화시켜 나갈 것이라고 밝혔다.[148] 1982년 10월 29일 한국전기통신연구소 창원분소 대전력초고압 연구시험설비가 준공되었다. 전자공업 기업, 특히 웨이퍼 가공업체들과 정부의 인식이 맞아 떨어지면서 1982년 반도체 부문에서 매출액 대비 연구개발비의 비중은 1.2%로 1980년, 1981년 유지되던 0.6%에서 대폭 높아졌다(〈표 14-23〉 참조).[149]

과학기술처가 「정보산업육성의 원년」으로 규정함으로써 소극적이던 대기업들로 하여금 연

〈표 14-23〉 상공부 집계 반도체기업의 연구개발비/매출액 비중 (단위: 백만 원, %)

	1975	1978	1980	1982
연구개발비(A)	76	256	967	3,559
매출액(B)	51,951	118,581	167,515	296,546
A/B	0.1	0.2	0.6	1.2

자료: 산업연구원(20, 1986), p. 207.

146 〈매일경제신문〉(1981. 10. 14).
147 〈경향신문〉(1982. 1. 20).
148 상공부(전자, 1982), pp. 156, 170.
149 산업연구원(20, 1986), p. 207.

구개발 투자를 확대시키는 계기를 만들어 준 1983년, 상공부는 이에 더욱 박차를 가해 1991년까지의 전자공업 고도화 장기계획을 발표하였다. 그 주요 내용은 다음과 같았다.

【상공부 전자공업 고도화 장기계획의 주요 내용(1983)】

1. 전자공업의 단계적 육성정책을 쓰기로 하고 중형 컴퓨터, 유선통신기기, 공업전자부문, 의료용 기기, 화상녹화재생기, 디지털IC, 소프트웨어의 7개 품목을 연구개발 대상, 전자레인지, 반도체 재료 등 11개 품목을 공업화 대상 품목, 전자식계측기 등 13개 품목을 합리화 대상으로 선정
2. 연구개발 품목은 정부 주도하에 육성하고 공업화 품목은 민간주도로 육성발전
3. 연구개발을 위해 기업연구소를 현재 8개에서 1991년까지 25개로, 연구조합을 2개에서 20개 이상으로 늘릴 계획

〈매일경제신문〉(1983. 2. 18).

정책적 연구개발 장려와 연구개발 투자 확대, 그리고 바뀌고 높아진 연구개발 의지는 성과를 가져오도록 되어 있었고 실제로 가시적 성과를 가져왔다. 1970년대와 1980년대 초까지 장기간 계속된 시행착오도 그 자체 매우 중요한 밑거름이 되었다.

1983년 5월 64K D램 기술개발팀을 만든 「삼성반도체통신」은 선진공업국과 6년의[150] 시차를 두고 11월 10일 미국, 일본에 이어 세계 3번째로 64K D램 반도체 시생산까지 성공하여 한국은 VLSI(초대규모 집적회로) 시대에 진입하였다. 이어 한국은 다시 선진공업국과의 개발시차를 4년으로 단축하면서 1984년 256K D램 반도체를 개발하였으며 다시 2년을 단축하여 2년의 시차를 두고 1986년 1M D램 반도체 개발까지 성공하였다. 1984년 한국전기통신연구소(KETRI)는 전전자교환기(TDX-1) 시범 개통, 장파장 광통신시스템 개통에 성공하였고 1985년 12월 20일 한국전자통신연구소는 1984년부터 시작한 「금성전선」, 「대우통신」, 「삼성반도체통신」, 「현대전자」와 공동 LAN 개발에 성공하였다. 1985년 산업기술연구조합도 15개, 1986년 17개로 늘어났다.[151] 1987년 7월 1일 한국전자산업의 발전을 보여 주는 상징으로 전국 전화자동화 완성 기념식이 열렸다(〈그림 14-6〉 참조). 그리고 정부의 4M D램 개발공동프로젝트로 정부출연연구소인 한국전자통신연구소(ETRI)와 「삼성반도체통신」, 「금성반도체」, 「현대전자」가 공동으로 결성한 반도체연구조합이 1988년 선진공업국과 불과 1년의 시차를 두고 4M D램 반도체를 개발하였고 마침내 1990년 한국은 거의 시차 없이 16M D램 반도체 개발에 성공하였다. 컴퓨터 역시 1986년 32비트 UNIX 컴퓨터 개발 성공에 이어 1987년 6월부터 1991년 7월까지 ETRI를 주관 연구기관으로 한 산학연 공동참여로 주전산기 개발사업이 이루어졌다.

1980년대와 1990년대 초는 한국 전자공업 기업들이 비로소 본격적인 연구개발 확대에 나

150 일본이 세계 최초로 64K D램을 생산한 것은 1977년이다.

151 한국전자공업진흥회·전자산업발전민간협의회(1989), pp. 32~33.

섬으로써 반도체 등 첨단기술 경쟁 일부에서 선진공업국을 넘어서는 지점까지 추격하는 기간이었다. 반도체공업의 메모리 분야에서 1992년 한국은 64M D램을 세계 최초로 개발함으로써 새로운 반도체의 역사를 쓰면서 드디어 반도체라는 세계 첨단기술 경쟁의 한 부분에서 선두그룹으로 나섰다.

〈그림 14-6〉 전국 전화자동화 완성 기념식(1987. 7. 1)

자료: 〈중앙일보〉(2017. 10. 4).

부록

1. 1970년대 말 한국의 산업별 연구개발 관련 지수(1978~1979)

1) 연구비의 대 매출액 비율

	산업별	연구개발수행기관 수(개)	부담연구비(A) (천 원)	사용연구비(B) (천 원)	매상고(C) (천 원)	A/C (%)	B/C (%)
1978	총산업	291	55,851,053	53,802,040	8,989,781	0.62	0.60
	농림수산업	2	524,228	607,624	70,913	0.74	0.86
	광업	4	353,872	282,372	85,539	0.41	0.32
	제조업	271	52,937,556	50,866,229	7,067,532	0.75	0.72
	식료품	30	3,845,986	3,771,505	729,394	0.53	0.52
	섬유·의복	16	4,121,323	3,649,737	689,011	0.59	0.52
	펄프·제지	8	444,050	439,225	76,111	0.58	0.58
	산업용화학	83	9,552,600	9,098,972	1,895,238	0.50	0.48
	요업	17	2,413,704	2,359,633	245,688	0.98	0.96
	금속제품	37	4,931,405	4,904,806	885,545	0.56	0.55
	철강·비철금속	–	–	–	–	–	–
	일반기계	31	14,053,683	13,290,513	1,492,451	0.94	0.89
	전기·전자	40	12,870,448	12,648,081	957,505	1.34	1.32
	수송기계	–	–	–	–	–	–
	정밀기계	–	–	–	–	–	–
	기타 제조업	9	704,357	703,757	96,589	0.73	0.73
1979	총산업	305	–	59,294,756	19,105,846	–	0.62
	농림수산업	5	–	1,704,507	121,294	–	1.41
	광업	7	–	904,345	254,756	–	0.35
	제조업	280	–	54,510,620	16,759,214	–	0.33
	식료품	34	–	3,957,741	1,598,841	–	0.25
	섬유·의복	25	–	3,475,194	1,062,843	–	0.33
	펄프·제지	12	–	536,383	145,335	–	0.37
	산업용화학	80	–	12,624,512	9,857,483	–	0.13
	요업	7	–	175,471	27,405	–	0.64
	금속제품	10	–	5,466,208	986,355	–	0.55
	철강·비철금속	–	–	–	–	–	–
	비철금속	20	–	3,669,872	1,076,554	–	0.34
	일반기계	8	–	2,278,508	312,851	–	0.73
	전기·전자	37	–	16,224,321	1,068,435	–	1.52
	수송기계	10	–	1,004,810	63,492	–	1.58
	정밀기계	28	–	4,121,830	488,015	–	0.55
	기타 제조업	9	–	975,770	71,505	–	1.36
	건설업	9	–	543,607	599,424	–	2.09
	기술용역업	2	–	327,754	12,307	–	2.67
	서비스업	2	–	1,303,923	1,358,851	–	0.10

자료: 통계청(KOSIS, 2011. 11. 11), DT KBF0011.

2) 산업별 부담주체별 연구비

	산업별	연구개발수행기관 수(개)	총계 (천 원)	정부부문 (천 원)	민간부문 (천 원)	외국부문 (천 원)
1978	총산업	291	53,802,040	159,506	53,556,790	85,744
	농림수산업	2	607,624	51,090	520,636	35,898
	광업	4	282,372	–	282,372	–
	제조업	271	50,866,229	96,846	50,719,537	49,846
	식료품	30	3,771,505	–	3,723,305	48,200
	섬유·의복	16	3,649,737	–	3,649,737	–
	펄프·제지	8	439,225	–	439,225	–
	산업용화학	83	9,098,972	–	9,098,972	–
	요업	17	2,359,633	–	2,359,633	–
	철강·비철금속	–	–	–	–	–
	금속제품	37	4,904,806	–	4,904,806	–
	일반기계	40	12,648,081	35,142	12,611,293	1,646
	전기·전자	31	13,290,513	61,704	13,228,809	–
	수송기계	–	–	–	–	–
	정밀기계	–	–	–	–	–
	기타 제조업	9	703,757	–	703,757	–
	건설업	8	370,932	11,570	359,362	–
	기술용역업	4	831,513	–	831,513	–
	운수업	1	69,300	–	69,300	–
	서비스업	1	774,070	–	774,070	–
1979	총산업	305	59,294,756	64,151	58,831,921	398,684
	농림수산업	5	1,704,507	–	1,704,507	–
	광업	7	904,345	–	904,345	–
	제조업	280	54,510,620	64,151	54,047,785	398,684
	식료품	34	3,957,741	3,000	3,949,741	5,000
	섬유·의복	25	3,475,194	–	3,475,194	–
	펄프·제지	12	536,383	–	536,383	–
	산업용화학	80	12,624,512	26,501	12,596,430	1,581
	요업	7	175,471	–	175,471	–
	철강	–	–	–	–	–
	비철금속	10	5,466,208	–	5,359,760	106,448
	금속제품	20	3,669,872	200	3,429,672	240,000
	일반기계	8	2,278,508	–	2,274,508	4,000
	전기·전자	37	16,224,321	34,450	16,167,691	22,180
	수송기계	10	1,004,810	–	1,004,810	–
	정밀기계	28	4,121,830	–	4,102,355	19,475
	기타 제조업	9	975,770	–	975,770	–
	건설업	9	543,607	–	543,607	–
	기술용역업	2	327,754	–	327,754	–
	운수업	–	–	–	–	–
	서비스업	2	1,303,923	–	1,303,923	–

자료: 통계청(KOSIS, 2011. 11. 11), DT KBF0015.

3) 산업별 연구개발비의 비목, 용도

	산업별	연구실시기관 수 (개)	총계 (천 원)	인건비 (천 원)	기기장치비 (천 원)
1978	총산업	291	53,802,040	29,032,695	24,769,345
	농림수산업	2	607,624	287,533	320,091
	광업	4	282,372	184,415	97,957
	제조업	271	50,866,229	26,949,177	23,917,052
	식료품	30	3,771,505	2,355,268	1,416,237
	섬유·의복	16	3,649,737	2,029,786	1,619,951
	펄프·제지	8	439,225	214,566	224,659
	산업용화학	83	9,098,972	4,370,577	4,728,395
	요업	17	2,359,633	716,856	1,642,777
	금속제품	37	4,904,806	1,767,672	3,137,134
	비금속	–	–	–	–
	철강 및 비철금속	–	–	–	–
	일반기계	31	13,290,513	7,779,095	5,511,418
	전기·전자	40	12,648,081	7,193,256	5,454,825
	수송·정밀기계	–	–	–	–
	기타 제조업	9	703,757	522,101	181,656
	건설업	8	370,932	349,541	21,391
	운수업	1	69,300	66,000	3,300
	기술용역업	4	831,513	680,235	151,278
	서비스업	1	774,070	515,794	258,276
1979	총산업	305	59,294,756	40,180,601	19,114,155
	농림수산업	5	1,704,507	809,618	894,889
	광업	7	904,345	646,313	258,032
	제조업	280	54,510,620	36,925,624	17,584,996
	식료품	34	3,957,741	2,893,704	1,064,037
	섬유·의복	25	3,475,194	2,721,872	753,322
	펄프·제지	12	536,383	300,736	235,647
	산업용화학	80	12,624,512	6,853,665	5,770,847
	요업	7	175,471	150,296	25,175
	금속제품	20	3,669,872	2,400,798	1,269,074
	비금속	8	2,278,508	1,140,509	1,137,999
	철강·비철금속	–	–	–	–
	일반기계	28	4,121,830	2,902,873	1,218,957
	전기·전자	37	16,224,321	12,547,207	3,677,114
	수송기계	10	5,466,208	3,682,019	1,784,189
	정밀기계	10	1,004,810	596,242	408,568
	기타 제조업	9	975,770	735,703	240,067
	건설업	9	543,607	527,612	15,995
	운수업	–	–	–	–
	기술용역업	2	327,754	327,754	–
	서비스업	2	1,303,923	944,050	359,873

자료: 통계청(KOSIS, 2011. 11. 11), DT KBE0020.

4) 산업별·학위별 연구원 수(명)

		연구실시기관 수(개)	총계	박사	석사	학사	학사 이하
1978	총산업	291	4,304	37	259	3,812	196
	농수산	2	51	–	13	36	2
	광업	4	36	1	2	32	1
	제조업	271	3,983	32	227	3,531	193
	식료품	30	332	5	28	297	2
	섬유	16	197	4	19	166	8
	제지	8	37	–	–	37	–
	화학품	83	849	10	63	759	17
	요업	17	211	1	24	167	19
	철강·비철금속	–	–	–	–	–	–
	금속	37	276	3	15	236	22
	기계	31	728	4	17	684	23
	전자·전기	40	1,320	5	60	1,156	99
	수송기계	–	–	–	–	–	–
	정밀기계	–	–	–	–	–	–
	기타 제조업	9	33	–	1	29	3
	건설업	8	54	–	6	48	–
	기술용역업	4	78	1	4	73	–
	운수업	1	40	3	7	30	–
	서비스업	1	62	–	–	62	–
1979	총산업	305	4,405	47	346	3,860	152
	농수산	5	62	3	15	40	4
	광업	7	85	3	7	67	8
	제조업	280	4,058	38	312	3,571	137
	식료품	34	462	6	66	371	19
	섬유	25	238	1	10	220	7
	제지	12	40	–	2	37	1
	화학품	80	913	16	89	781	27
	요업	7	31	–	–	29	2
	철강	–	–	–	–	–	–
	비철금속	8	76	1	14	61	–
	금속	20	192	1	17	159	15
	기계	28	336	2	20	299	15
	전자·전기	37	1,211	5	69	1,094	43
	수송기계	10	175	5	22	415	6
	정밀기계	10	67	1	3	61	2
	기타 제조업	9	44	–	–	44	–
	건설업	9	79	–	3	73	3
	기술용역업	2	24	–	1	23	–
	운수업	–	–	–	–	–	–
	서비스업	2	97	3	8	86	–

자료: 통계청(KOSIS, 2011. 11. 11), DT_KBE0023.

5) 산업별 종업원 대비 연구관계 종사자 비율

		연구개발수행기관 수(개)	연구관계종사자(A) (명)	연구원(B) (명)	종업원(C) (명)	A/C (%)	B/C (%)
1978	총산업	291	9,759	4,304	520,872	1.87	0.83
	농림수산업	2	93	51	2,672	3.48	1.91
	광업	4	63	36	18,461	0.34	0.20
	제조업	271	9,192	3,983	463,050	1.99	0.86
	식료품	30	708	332	38,763	1.83	0.86
	섬유·의복	16	600	197	58,853	1.02	0.33
	펄프·제지	8	88	37	3,820	2.30	0.97
	산업용화학	83	1,659	849	94,464	1.76	0.90
	요업	17	469	211	18,663	2.51	1.13
	철강·비철금속	–	–	–	–	–	–
	금속제품	37	835	276	48,320	1.73	0.57
	일반기계	40	2,776	1,320	90,461	3.07	1.46
	전기·전자	31	1,871	728	96,345	1.94	0.75
	수송기계	–	–	–	–	–	–
	정밀기계	–	–	–	–	–	–
	기타 제조업	9	186	33	13,361	1.39	0.25
	건설업	8	92	54	10,712	0.86	0.50
	운수업	1	44	40	7,953	0.55	0.50
	기술용역업	4	180	78	1,448	12.43	5.39
	서비스업	1	95	62	16,576	0.57	0.37
1979	총산업	305	9,751	4,405	485,496	2.01	0.91
	농림수산업	5	150	62	5,567	2.69	1.11
	광업	7	148	85	21,518	0.69	0.40
	제조업	280	9,113	4,058	413,153	2.21	1.00
	식료품	34	854	462	53,756	1.59	0.86
	섬유·의복	25	783	238	77,514	1.01	0.31
	펄프·제지	12	112	40	5,361	2.09	0.75
	산업용화학	80	1,774	913	71,419	2.48	1.28
	요업	7	65	31	5,280	1.23	0.59
	철강	–	–	–	–	–	–
	비철금속	8	234	76	15,721	1.49	0.48
	금속제품	20	456	192	33,961	1.34	0.57
	일반기계	28	659	336	30,209	2.18	1.11
	전기·전자	37	2,770	1,211	67,233	4.12	1.80
	수송기계	10	1,046	175	37,163	2.81	1.21
	정밀기계	10	241	67	8,793	2.74	0.76
	기타 제조업	9	119	44	6,743	1.76	0.65
	건설업	9	117	79	13,390	0.87	0.59
	운수업	–	–	–	–	–	–
	기술용역업	2	36	24	1,210	2.98	1.98
	서비스업	2	187	97	30,658	0.61	0.32

자료: 통계청(KOSIS, 2011. 11. 11), DT KBF0030.

2. 협력과 경쟁의 반도체 신화

한국 반도체의 일본, 미국 추격전은 정부와 기업들의 공동협력에 의해 이루어졌다. 1986년 7월 정부가 4M D램 개발공동프로젝트를 마련하여 정부출연연구소인 한국전자통신연구소와 「삼성반도체통신」, 「금성반도체」, 「현대전자」가 공동으로 반도체연구조합을 결정하여 1986년 10월부터 공동연구를 시작하였다. 1988년 4M DRAM의 성공까지 협력은 순조롭게 이루어졌지만 이 단계에서 자신감을 얻은 기업들 간 견제와 경쟁이 서서히 나타나기 시작하였다.

1989년 4월 삼성이 16M D램의 국내 개발에 성공하였다고 일부 언론이 보도하였다. 공동연구에 참가한 기업들이 반발하였고 개발 자체에 대한 논란도 일어났다. 이에 5월 18일 삼성전자연구소는 기자회견을 갖고 일부 언론에 보도되었던 반도체 16MD의 국내 개발 성공은 잘못된 것이라고 해명하고 반도체 업계가 공동개발을 추진하고 있고 16MD의 국내 개발은 빨라야 오는 1991년쯤에 가능하다고 밝혔다.[152]

1990년 8월 10일 「삼성전자」는 세계 최첨단 수준의 반도체 16M D램의 시제품 개발에 성공했다고 발표하였다. 1989년 4월부터 개발에 착수하여 1년 4개월 만에 성공한 것으로 이는 일본의 「히타치」·「도시바」·*NEC* 등 3개 업체와 미국 *IBM* 등 총 4개사만이 개발에 성공한 것이었다. 삼성은 1990년 3월까지 성능과 신뢰도를 향상시켜 1991년부터 본격 양산에 들어갈 계획이라고 밝혔다.

『과학동아』 1990년 9월호는 다음과 같이 싣고 있다.

> 16메가 D램 개발은 원래 정부가 국가 차원에서 공동개발키로 하고 과기처, 상공부, 체신부가 각각 250억 원씩 총 750억 원을 투입했다. 이에 따라 전자통신연구소를 중심으로 삼성, 금성, 현대 등 반도체 3사가 지난해 4월부터 16메가 D램의 공동개발에 들어갔던 것. 그런데 공동연구팀이 오는 12월경 시제품을 내놓을 것이라던 계획을 무시하고 삼성 측이 일방적으로 제품개발을 발표해 버렸다. 삼성 측은 "미국에서 제품의 신뢰성 검사를 받는 과정에서 개발내용이 새어나가 어쩔 수 없이 발표하게 되었다"고 해명하고 있지만 "텍사스인스트루먼트 등 해외 반도체업체들로부터 특허 반덤핑 시비 등 공격을 받고 있는 입장에서 굳이 이들을 자극할 필요가 있겠느냐"는 의문도 일각에서 제기되고 있다.

152 MBC 뉴스데스크(1989. 5. 18).

5

전자공업의 발전과 성격

제15장 전자공업의 발전과 기업, 기업가단체

제16장 전자공업과 국민경제

제17장 중화학공업화정책기 한국 전자공업 발전 과정의 특징과 성격

CHAPTER 15

전자공업의 발전과 기업, 기업가단체

I. 초기 전자공업의 발전

1959년 11월 15일 「금성사」는 한국 국산 전자제품 시작을 알리는 진공관라디오 A-501을 개발하여[1] 공급하였다(〈그림 15-1〉 참조).[2] 참고 모델은 일본 「산요」(*SANYO*)이었고 부품 중 진공관, 스피커, 레지스터, 더스트코어, 볼륨컨트롤은 서독에서 수입한 것으로 제품명 A는 교류전원, 5는 진공관수, 01은 국산 1호를 의미하였는데 「금성사」는 한 달에 3,000대 생산시설을 갖추었다.[3] 라디오 생산을 위해 독일 기술자 헨케(H. W. Henke)와 2년 계약을 맺고 독일 부품을 들여왔으나 가격과 공급납기에서 문제가 생겼고 이에 「금성사」는 자체 부품개발에 나서 스위치, 세시, 노브, 트랜스 등을 자체 제작하여 부품 국산화율을 60%까지 높였다. 이는 한국의 전력사정상 50볼트 전력으로 사용 가능한 최초 전기공급식이었고 동시에 「금성사」는 당시 한국의 많은 곳에서 전력공급이 안 되었으므로 전지식 라디오도 동시에 생산하였다.

당시 무리라고 생각되었던 국산 라디오 생산에 나선 것은 금성사 윤욱현(尹煜鉉) 기획부장이 일본 통산성백서에 석유화학 또는 전자공업이 발전할 분야라고 되어 있는 것을 구인회 사장에게 보고한 것, 이미 일본 「소니」(*SONY*)가 1955년 세계 최초 휴대용 트랜지스터라디오를

1 최초 진공관 라디오의 조립은 1958년 이루어졌다. 한국정밀기기센터(전자편람, 1970); 국무총리기획조정실(중건5, 1977).

2 『전자산업 50년사』는 라디오 개발 과정에 대해 다음과 같이 밝히고 있다. 1958년 4월 구인회 사장은 윤욱현 부장이 입안한 「전자기기 생산공장 건립안」을 채택하고 라디오 생산을 위한 기본사업계획서를 작성하였다. 이어 9월에 생산시설을 비롯해 연차 생산계획, 기술요원확보 등을 골자로 하는 기본사업계획을 확정하였다. 금성사는 설립 이후 기술인력과 시설을 확충, 1959년 6월 라디오 모델을 설계하기 시작하였다. 서독 기술자 헨케와 2년 계약을 맺어 전기기기 설계와 제작책임을 맡겼으나 의견대립이 커져 헨케는 사직하였고 공채 1기생 3명 중 한 명인 김해수 주임이 설계를 맡았으며 박용귀와 최병태가 디자인을 담당하였다. 금성사 기술진은 부품 생산도 동시에 진행해 국산화율을 60%까지 높였다. 정격전압은 100V이었지만 전력 사정이 좋지 않아 50V 이하로 떨어지는 일이 잦았기 때문에 50V로도 들을 수 있도록 설계하였다. 케이스는 5가지 색상으로 하였고 중파·단파 겸용에 2접점 3회로 로터리 스위치를 달았고 이어폰을 사용할 수 있도록 하였다. 전자산업 50년사 편찬위원회(2009), pp. 53~55.

3 〈국제신보〉(1959. 11. 4).

〈그림 15-1〉 최초의 국산 라디오 A-501

자료: LG전자(2015. 12. 8).

독일에서 판매에 나선 점, 그리고 일본 라디오 제조업체들이 플라스틱 케이스를 사용하기 시작함으로써 이미 플라스틱 생산을 하고 있던 금성사에게 자신감을 준 것 등이 복합적으로 작용하였다.[4] 모두가 중요한 이유이었다.

국산 라디오 생산 이래 한국 첫 전자제품의 개발과 생산이 1960년대 왕성하게 이어졌는데 이를 정리하면 〈표 15-1〉과 같다.

1962년 이만영(李萬永) 박사가 국내 최초로 진공관 조립 소형 아날로그 전자계산기 제작·가동에 성공하고[5] 국산 전자제품 라디오의 첫 수출이 이루어지는 등 1960년대 전반기 1965년까지 라디오, 선풍기, 전축 등의 가전기기와 자동전화기, 자동교환기 등의 산업용 전자기기 그리고 트랜스, 콘덴서, 저항기 등의 부품 생산이 이루어졌다. 그러나 여전히 1965년 전자제품 수출은 라디오 138만 1,000달러, 전지 35만 4,000달러가 전자제품 총수출 179만 3,000달러의 96.8%를 차지하고 있었고 전자제품 수입액은 전지와 스피커 정도를 제외한 거의 전 부문에서 452만 8,000달러에 달하고 있었다.

1965년 전자사업체는 내국인 사업체 41개사가 있었다. 「금성사」는 「회사발전 5개년계획」을 수립해 신규 국산 제품 개발과 확장에 나섰고 「대한전선」은 냉장고, 세탁기, TV 등에 신규 진출하는 등 대기업들의 전자공업 진입과 신규 생산이 이어졌다. 이런 가운데 1965년 「금성사」는 기술제휴처인 「日立製作所」의 컨베이어시스템을 보고 돌아와 이를 직접 제작하여 도입하였고[6] 이후 이는 타 전자기업들의 생산방식으로 확산되었다.

1960년대 후반 들어 1966년 첫 TV수상기 생산이 이루어졌고 전자라는 명칭을 처음 기업

4 이희종 전 한국전기공업진흥회회장 증언(2011), p. 94.
5 〈한양대학보〉(1964. 5. 15); 행정안전부(2017).
6 이희종 전 한국전기공업진흥회회장 증언(2011), pp. 100~101.

〈표 15-1〉 1960년대 전자공업 부문별 한국의 첫 전자제품 생산

	연도	상품
전자기기	1959	진공관라디오(A-501)
	1960	트랜지스터라디오(TP-601), 선풍기(D-301), 전화기
	1961	자동전화기(GS-1), SSB 송수신기
	1962	트랜지스터시계, 스트로저식 자동교환기, 진공관 아날로그 전자계산기
	1963	적산전력계, 전축
	1964	EMD식 자동교환기
	1965	전축, 냉장고(GR-120)
	1966	인터폰, 흑백TV수상기, 멀티테스터
	1967	FM라디오, 자동차라디오, 어군탐지기
	1968	에어컨(GA-111), VHF송수신기, 이어폰
	1969	세탁기(WP-181), 시외전신전화시험기, 카세트녹음기
전자부품	1960	진공관식 단국(端局)장치, 변압기(트랜스)
	1961	선풍기모터
	1962	축전기(콘덴서)
	1963	카본필름레지스터, 금속화지
	1964	저항기, 스피커
	1965	선수 및 변성기
	1966	다이오드, 트랜지스터
	1967	집적회로(IC), 브라운관, 전해 콘덴서
	1968	뮤직센터, 가변저항기, 반고정(Semi-fixed) 저항기, 코어메모리, 컴퓨터헤드
	1969	인쇄회로기판(PCB), 헤더, B/W CRT

자료: 한국정밀기기센터(전자편람, 1970); 경제제2(전7, 1977); 〈매일경제신문〉(1970. 11. 25); 과학기술처(과기감, 1981); 한국전자공업진흥회(전자편, 1977~1985); 산업연구원(20, 1986); 박청명 전 한국TC전자 사장(1987); LG전자(H5, 2015. 3. 25).

명에 사용한 「한진전자공업」이 1967년 창업하였으며 「동남전기(東南電機)」가 「早川電機工業(샤프, Sharp Corporation)」의 기술협력으로 TV수상기 생산에 나섰다. 1967년 6월 22일 「한국시그네틱스」가 준공되어 6월 25일부터 한국에서 집적회로(IC) 조립생산이 시작되었고 이 해 1967년에 한국생산성본부와 경제기획원이 컴퓨터 후지쯔 FACOM222와 IBM1401을 한국에 도입하였다.[7] 1968년 1월 19일 「모토로라 코리아」가 정일권 국무총리 참석 하에 서울 성동구 광장동에서 공장 준공식을 갖고 생산에 들어갔다. 이는 「모토로라」의 유일한 해외 공장으로 집적회

7 한국 최초 도입 컴퓨터는 1967년 경제기획원통계국이 도입한 IBM1401로 알려져 있지만, 이주용 전 한국생산성본부 전자계산소장 증언에 의하면 한국생산성본부가 그보다 45일 정도 일찍 도입한 「후지쯔」의 FACOM222라고 한다.

로를 시험 혹은 조립하여 미국 본사로 공급하고자 하였다.[8] 1968년 3월 26일 김향수가 「아남산업(亞南産業)」을 창업하여 한국 기업 최초의 반도체사업에 착수하였다(〈그림 15-2〉 참조).[9] 이어 7월 트랜지스터용 헤더(Header) 생산회사 「뉴코리아(New Korea)전자공업」이 부평에서 설립되었다. 헤더는 케이스로 반도체라기보다는 금속공업에 가까운 부품이었는데 증언에 의하면 당시 "헤더를 사용하는 재래식 조립방식은 헤더 자체가 너무 비싸고 매우 노동집약적인 데다 이미 헤더를 안 쓰는 새로운 플라스틱 패키지가 개발되었기 때문에 사양화되기 시작한 것"으로 "그래서 사양작업을 극동지역으로 옮기는" 중이었음에도 한국이 이를 알지 못하고 성장부문으로 잘못 판단한 것이었다.[10] 더욱이 당시 한국 기업들은 특허 개념도 없어 그냥 생산만 하면 되는 것으로 생각하여 미국 「베리트론」(*Veritron*) 기술자를 데려와 공장을 건설하였는데 「베리트론」사가 특허도용으로 미국 법원에 생산중지 가처분 신청을 함으로써[11] 「뉴코리아전자」는 한국산업은행으로 넘어가 결국에는 1971년 「아남산업」에 인수되었다.[12]

「모토로라」에 근무하던 강기동 박사가 1968년 쌍용그룹과 함께 한국에서 최초, 세계적으로도 선구적인 반도체 제조공장을 건설하려던 계획은 쌍용 김성곤 회장의 3선 개헌 파동으로

〈그림 15-2〉 한국 기업 최초로 반도체사업에 나선 아남산업 모습(1968)

자료: Amkor Technology(2018. 11. 18).

8 〈매일경제신문〉(1968. 1. 20).

9 1998년 3월 26일 「아남산업」은 창업 30주년 행사를 거행하면서 「아남반도체」로 사명 변경을 공고하였다. 〈매일경제신문〉(1998. 3. 26; 1998. 3. 27).

10 강기동 전 한국반도체공업주식회사 대표이사 증언(2한, 2014. 8. 24), p. 74.

11 육성으로 듣는 경제기적 편찬위원회(코3, 2015), pp. 394~396.

12 〈동아일보〉(1971. 12. 29).

좌절되었다.[13] 상공부는 1968년 8월 23일 수출산업공업단지심의위원회를 열어 공장착수에 나선 「뉴코리아전자공업」의 인천공업단지 입주를 결정하였고,[14] 12월 14일 상공부는 부평수출공단 입주기업체인 「뉴코리아전자공업」을 수출품 생산 지정업체로 지정 공고하였다.[15] 기업설립 붐으로 1963년 27개, 1965년 41개, 1966년 53개, 1967년 64개에 불과하던 전자공업기업체는 1968년 121개로 급증하였다.[16]

첫 반도체 기업이 설립된 1968년 첫 VHF 송수신기와 이어폰이 국내에서 생산되어 새로운 전자제품 생산 시대가 열리고 있었고 동시에 교환기 생산이 2만 1,000대를 기록하는[17] 등 기존 제품의 생산도 증가하였다. 1968년 첫 산업용기기인 EMD식 교환기의 대만 수출도 이루어졌다.[18] 그 결과 제조업 내 전자공업의 고용 비중은 1.2%에 불과하였지만 생산액 비중은 4.8%로 높아졌다.[19] 이미 수출이 강조되어 총수출에서 전자공업 수출이 차지하는 비중도 4.3%로 높아졌고 세계 전자공업 총생산에서 차지하는 비중은 0.2%에 불과하였지만 세계 수출에서 차지하는 한국 전자공업의 수출액은 0.4%에 이르렀다.[20]

1969년에도 「금성사」는 한국 최초의 세탁기 WP-181을 개발하였고[21] 나아가 반도체 사업을 본격화하기 위해 5월 10일 「금성전자(주)」를 설립하였다. 1969년 통신기 회사인 「대영전자」, 실리콘트랜지스터 생산 합작회사인 「한국도시바」도 설립되었다. 이 해 「대한전선」과 「삼성전자」가 각각 「東京芝浦電気(東芝)」, 「三洋電機」와 기술제휴 아래 TV수상기 생산에 나섬으로써 한국 전자공업의 확대가 이루어졌고 「오리온전자공업」은 일본 「東京芝浦電気」와의 기술제휴로 브라운관 시제품 1호를 생산하여 국내 제조 TV수상기에 장착, TV 청취에 성공하였다.[22] 1969년에도 수출이 계속 강조되어 전자공업 총수요의 35.2%를 수입하고 있었지만 생산의 53.2%가 수출되었다.

이러한 발전 위에서 1969년 전자공업 사업체 수는 145개로 증가하여 1965년 41개에 비해 3.5배 늘어났다. 내국인 사업체가 134개사, 합작사업체가 6개사 그리고 외국인 단독투자 사업체가 4개사이었다.[23] 그러나 대기업의 진입이 이루어지고 있었던 1960년대 후반에도 전체적인 영세성은 개선되지 못하였는데, 500인 이상 사업체 수 비중이 1967년 5.2%에서 1970년 5.6%로 약간 높아졌지만 동기간 출하액 비중은 81.6%에서 64.0%로, 종업원 수 비중도 69.1%에서

---

13 강기동 전 한국반도체공업주식회사 대표이사 증언(1반, 2011), pp. 382~388.
14 〈매일경제신문〉(1968. 8. 24).
15 〈매일경제신문〉(1968. 12. 16).
16 한국산업은행조사부(한산, 1976), Ⅰ, p. 308.
17 국립영화제작소(한전, 1974).
18 한국전자공업진흥회(전자편, 1983); 한국산업은행조사부(한산, 1984), 하, p. 208.
19 한국개발연구원(제5차, 1980. 9), p. 267.
20 전국경제인연합회(한경연, 1981), p. 516.
21 LG전자(H5, 2018. 4. 22).
22 〈매일경제신문〉(1969. 4. 3); 〈매일경제신문〉(1969. 9. 1).
23 한국산업은행조사부(한산, 1976), Ⅰ, p. 308.

〈표 15-2〉 1960년대 전자공업 사업체 수와 투자주체별 생산액

구분	사업체 수와 투자처별 생산액				
		내국인	합작	외국인 단독	합계
사업체 수 (사)	1965	41	–	–	41
	1966	47	3	3	53
	1967	56	3	5	64
	1968	115	3	3	121
	1969	134(92.4)	6(4.1)	5(3.4)	145(100.0)
		내국인	합작	외국인 단독	합계
투자처별 생산규모 (백만 달러)	1968	28.5(62.1)	2.4(5.2)	15.0(32.7)	45.9(100.0)
	1969	45.7(58.1)	2.9(3.7)	30.1(38.4)	78.7(100.0)

자료: 한국산업은행조사부(한산, 1976), Ⅰ, pp. 303, 308.

53.9%로 오히려 낮아졌다.[24] 특히, 전자공업의 투자주체별 생산액 점유율을 보면 〈표 15-2〉에서 보듯이 내국인 사업체가 58.1%, 외국인 단독사업체가 38.4%, 합작사업체가 3.7%로 사업체 수와 대비해 볼 때 내국인 사업체의 영세성과 대외자본 의존성을 확인할 수 있다. 이는 1960년대 한국 전자업계가 가진 근본적인 한계이었다.

1960년대 이루어진 전자공업의 발전을 대내외적으로 광고하면서 동시에 이를 수출확대로 연계시키기 위한 한국전자전람회가 기획되어 1969년 제1회 한국전자전람회(한국전자전)가 개최되었다. 이러한 노력으로 「아남산업」이 한국 기업 최초 반도체 부품 생산 및 21만 달러 수출에 성공하는 등[25] 1970년 세계 수출시장에서 한국 전자제품의 수출 비중은 0.56%로 높아졌다.[26] 한국전자전람회는 전자공업의 기술 문제를 부각시키는 역할도 하여 1970년 트랜지스터 TV수상기가 생산되고 「한국통신기산업(주)」의 「日本無線(株)」과의 무선기 제작기술 도입 3년 연장 수정계약 등을 가져왔다.[27] 한국전자전람회는 1회부터 관람객이 10만 명을 돌파하여 높은 관심을 모았지만 1970년에는 장소를 확보하지 못해 개최되지 못한 채[28] 제2회 한국전자전이 1971년에 열렸고 이후 매년 개최되었는데 1974년까지의 1~5회 한국전자전람회를 정리하면 〈표 15-3〉과 같다(6~10회는 〈표 15-8〉 참조).

한국전자전람회와 함께 1971년부터는 부대행사로 정밀도경진대회, 정밀기능사경진대회, 신

24 경제기획원(광통, 1968~1972); 임휘철(1994), p. 113.
25 조동성(1995), p. 277.
26 산업연구원(20, 1986), p. 121.
27 한국통신기산업주식회사(1970).
28 한국전자공업협동조합(전조2, 1987), p. 144.

〈표 15-3〉 한국전자전람회 1~5회 개최내용(1969~1974)

구분		제1회	제2회	제3회	제4회	제5회
개최일시		1969.11.18~11.25	1971.7.16~7.29	1972.9.27~10.4	1973.10.10~10.17	1974.11.26~12.3
장소 및 규모		국립공보관 (360평)	동대문종합상가 (1,000평)	덕수궁석조전 (600평)	경복궁 (750평)	현대미술관 (650평)
출품 현황	국내	71개 업체	102개 업체	71개 업체	105개 업체	115개 업체
	국외	7개 업체	44개 업체	17개 업체	39개 업체	35개 업체
	합계	78개 업체	146개 업체	88개 업체	144개 업체 (정밀도: 11개사)	150개 업체 (정밀도: 47개사)
출품물 현황	기기	39종 601점	53종 1,370점	88종 2,158점	43종 3,000점	62종 2,340점
	부품	33종 20,189점	59종 21,700점	71종 42,841점	117종 47,000점	164종 39,350점
	합계	72종 20,790점	162종 23,240점	209종 45,168점	223종 50,235점	291종 41,927점
정밀도경진대회 출품물		–	50종 170점	50종 169점	63종 235점	65종 237점
참관자	외국인	567명	1,471명	2,138명	1,527명	1,094명
	내국인	107,360명	154,992명	59,889명	61,554명	78,320명
	합계	107,927명	156,463명	62,027명	63,081명	79,414명
거래상담액		–	50만 달러	$1,000만	$3,400만	$2,300만

자료: 한국전자공업협동조합(전조2, 1987), pp. 142~143.

모델경진대회(1979년부터 신개발품 및 신모델 경진대회)가 열렸다.[29] 1972년 한국전자전람회에서는 「금성사」, 「삼성전자」, 「대한전선」, 「천우사」, 「한국크라운」, 「동남전기」 6개사가 컬러TV수상기 시제품을 공개하였는데 「금성사」는 20%, 「대한전선」은 18%, 「천우사」는 35%, 「한국크라운」은 20%, 「동남전기」는 30%의 국산화를 달성하였다고 밝혔다.[30] 한국 전자제품의 대내외 광고와 관심 제고를 위해 한국전자전람회에는 대통령이 직접 참관하였다. 대통령의 참관은 기업들에게도 중요한 기회, 의미를 갖는 것이었고 대통령 자신도 전자전람회를 중시하여 1974년 8월 15일 광복절 암살사건 1년 만의 외부 행사로 1975년 전자전람회 참관을 선택하기도 하였다.

대통령각하의 전자전 참관은 우리나라 전자공업의 크나큰 활력소를 심어 주었다. 모든 기업체는

29 〈동아일보〉(1973. 3. 27).
30 〈매일경제신문〉(1972. 9. 29).

그동안 자체 개발한 신제품과 자사제품을 PR하느라고 온통 신경을 곤두세워 선의의 경쟁을 했다. 사장이 대통령에게 직접 설명드릴 기회를 갖고자 개관식 때는 아침 일찍 나와 자기 부스를 살펴보고 각하의 순시를 기다렸다. 어떤 때는 시간의 제약을 받아 그냥 지나가면 여간 불평이 심하지 않았다. …… 각하의 전자전 참관은 전자공업진흥시책에도 많은 혜택을 주었다. …… 1974년 8월 15일 광복절 식장에서의 대통령영부인 저격사건 이후 1년 만에 외부 나들이를 전자전 참관으로 시작(하였다) ……

이춘화 전 한국정밀기기센터이사장·삼성석유화학사장(1987), pp. 350~351.

전자공업에 대한 관심과 경쟁이 높아지면서 한국전자전람회에 참가하는 것만으로도 자부심과 성과를 얻을 수 있었기에 정식 참가자격을 얻지 못하면 다음 증언에서 보듯이 그냥 길바닥에 자리를 깔고 전자전에 끼어들기도 하였다.

유일한 홍보기회는 전자전람회가 있었다. 참가신청을 했으나 자리를 얻지 못했다. 나는 켄트지를 사다가 매직으로 회사 상호를 크게 써 벽에 붙이고 길바닥 한편에 자리잡아 제품을 진열하고 유객행위를 시작했다. 그때부터 오늘날까지 단 1회도 빠지지 않고 전자전에 참가했다. 많은 돈을 들이지 않고 공신력 있는 홍보를 하는 데는 이런 기회가 매우 효과 있다고 생각된다.

황성박 전 대아리드선사장(1987), pp. 386~387.

1972년 산업용 인쇄회로기판 제조사인 한일합작 「한국우라하마전자」(후에 「대덕전자」)가 설립되는 등 반도체소자와 집적회로를 비롯하여 정밀제품까지도 생산하는 기업이 늘었고 총 전자기업체는 217개사로 확충되었다. 전자제품은 전자기기 : 부품의 생산 비중이 38.8 : 61.2에서 알 수 있듯이 선진공업국의 하청부품 생산이 중심이 되어 있었고 〈그림 15-3〉에서 보듯이 특히 주문생산의 집적회로 비중이 23.5%에 달하고 있었다. 이런 가운데에도 전자제품의 수출은 1966년 700만 달러에서 1972년 1억 4,200만 달러로 20.3배 급등하여 동기간 기업 수가 1966년 라디오 중심의 단순제품공장 53개사에서 4.1배 증가한 것과[31] 비교해 질적인 성장도 함께 진행되고 있었다고 볼 수 있다. 1972년 전자제품을 수출한 기업은 내국인 회사 49사, 합작회사 31개사, 외국인 단독투자회사 24개사로 총 104개사이었는데 수출액 순위를 보면 외국인 단독투자회사 「모토로라」가 2,330만 달러, 「시그네틱스」가 1,200만 달러로 1, 2위이었고 이어 3위가 내국인업체로 집적회로 1,150만 달러를 수출한 「아남산업」이었으며 4, 5위는 「대한마이크로」 1,000만 달러, 「세미코」 980만 달러이었다. 수출액 5위까지의 수출은 모두 전자부품 수출이었고 전자기기 수출은 수출액 6위를 차지한 「삼성산요」 850만 달러이었고 「금성사」는 430만 달러를 수출하였다. 이외에 내국인기업으로 「대한전선」이 390만 달러, 「삼성전자」는

31 한국전자공업진흥회(전자편, 1977, 1980); 한국산업은행조사부(한산, 1976, 1979); 경제기획원(경백, 1971); 과학기술처(과기감, 1981).

〈그림 15-3〉 중화학공업화정책선언 직전 1972년 전자공업 생산구조 (단위: %)

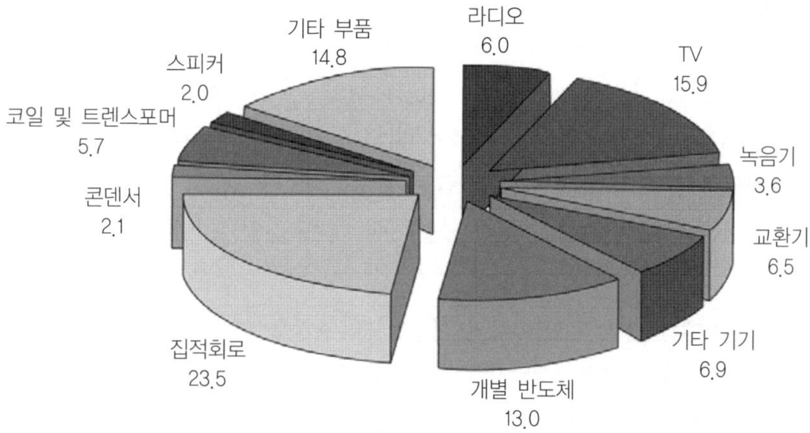

자료: 한국개발연구원(중화전, 1981), p. 40.

130만 달러를 수출하였다.32 1972년 6월 청와대의 「메모콜」 프로젝트에 의해 1973년 2월 한국 최초의 디지털컴퓨터 「세종1호」가 한국과학기술연구소에 의해 제작되었다.33

1973년 1월 중화학공업화정책선언은 전자공업의 발전에 전환점을 만들어 주었다. 가장 먼저 2월 「금성사」는 전자, 전기공장을 분리하였다.34 전자공업을 강화하고자 하는 한국 전자공업계의 상징적인 사건이었다. 중화학공업화정책선언과 함께 국내외에서 한국 전자공업에 대한 관심이 확대되어 합작사업이 활발히 진행되었다. 「화신산업」과 「소니」는 51 : 49의 합작으로 300만 달러 규모의 전자제품공장을 서울근교에 세운다고 밝혔고,35 「아남산업」은36 「松下電器産業」과 50 : 50 지분의 「한국나쇼날전기(電器)」를 1973년 10월 설립하여 1974년 3월 국내 최초 컬러TV수상기 CT-201을 OEM 생산, 본격 수출에 나섰다.37 「소니」가 이전에 한국에서 컬러TV 생산을 시도하였지만 목적인 '미국 시장 진출'을 위한 특혜관세조건, 즉 한국 내 부가가치 60% 조건을 한국이 채우지 못하여 연기된 바 있었다.38 「삼성전자」와 미국 「코닝클라스」는 합작으로 TV브라운관유리를 생산하기로 하였고 「영진공업」과 *TRW*사는 합작회사 설립으로

32 〈매일경제신문〉(1973. 1. 8).
33 「메모콜」 프로젝트는 교환기 자동제어 컴퓨터시스템의 개발이었지만 이를 위해서는 먼저 이 소프트웨어를 개발할 하드웨어 플랫폼이 필요하여 「세종 1호」가 탄생된 것이다. 전자신문사(컴파, 1995. 12. 11~1996. 12. 12), 13.
34 구자학 전 금성사 사장 증언(1987), p. 378.
35 〈중앙일보〉(1973. 1. 27).
36 증언에 의하면 「松下電器産業」이 한국에 진출할 때 한국정밀기기센터는 현대그룹을 소개하였는데 정인영 사장이 미국 *OAK*와의 TV튜너 합작생산에 실패한 경험 때문에 꺼렸고 이에 「松下電器産業」이 직접 나서 「아남산업」에 접근하였다고 한다. 송태욱 전 전자정보인협회회장 증언(2011), pp. 57~58.
37 아남전자(2018. 11. 19).
38 송태욱 전 전자정보인협회회장 증언(2011), pp. 46~47.

집적회로 생산에 나섰다.39

내국인 사업체의 진입도 확대되고 있었다. 1973년 상반기 「대한전선」, 「금성사」, 「화신산업」은 1974년부터의 컬러TV수상기 생산을 추진하였다.40 1973년 8월 31일 건설업체인 「국제실업」이 라디오, 흑백 · 컬러TV수상기, 전자계산기 등을 생산하기 위해 이미 인천시 송월동에 2만 평 대지를 확보하고 전자공업 진출계획을 밝혔다.41 1973년 공산품 물품세율 인하, 외제 유입 근절로 가전제품 수요가 급증하여 공급능력 부족이 나타나고 있었고 상공부 역시 신규 전자제품 개발과 생산을 늘리겠다고 밝히고 있어42 「대우실업」, 「대농」, 「국제실업」, 「롯데」, 「화신」, 「새한칼러」 등 다수의 대기업들이 전자공업 진입을 추구하고 있었다.43

이런 가운데 1차 석유파동이 닥쳐왔다. 이에 「삼화콘덴서」, 「한국마벨」, 「삼미기업」, 「고려전자」, 「남성흥업」, 「동남전자」 등 한국전자제품수출조합 회원사들은 국내 시장에서 국산 부품으로의 대체를 유도하고 불황 하 수출경쟁력을 제고하기 위하여 IC, 저항기, 스피커, 트랜지스터 등의 부품가격을 20% 인하하기로 결의하였다. 1973년 말부터 5개월 계속된 부품가 인하로 「금성사」, 「대한전선」 등 대기업 조립생산업체들은 석유파동의 극복에 도움을 받았다.44

석유파동으로 대기업들의 전자공업 진입계획은 계획대로 실현되지 못하였지만 중화학공업화정책선언에 이은 정책적 지원과 부품가 인하 등 불황 극복 노력이 이어지면서 전자공업 사업체 수는 1972년 217개사에서 1973년 256개사, 1974년 335개사로 급증하였고 종업원 수도 1972년 52,501명에서 1973년 85,785명, 1974년 96,100명으로 늘어났다.45 석유파동은 외국인투자자의 공포와 투자소극성을 확대시켜 투자주체별 사업체당 종업원 수를 보면 〈그림 15-4〉에서 보듯이 1973년 외국인 단독투자사업체 1,600명, 합작사업체 538명, 내국인 사업체 218명으로 외자 비중이 클수록 크고 확대되던 격차가 1974년 이후 급속히 줄어들었다.

전자공업 내국인 사업체와 외국인투자사업체의 자본주체별 자본금 총액을 보면 〈표 15-4〉와 같다. 1973년 외국인 단독투자사업체의 자본금은 전년 1,110만 달러에서 2,610만 달러로 대폭 늘어났고 합작기업의 자본금도 940만 달러에서 1,920만 달러로 늘어났지만 내국인기업의 자본금은 사업체 수 증가에도 불구하고 오히려 1972년의 5,860만 달러에서 4,890만 달러로 줄어들었다. 그 결과 1973년 사업체당 자본금 규모는 내국인 사업체 24만 달러, 합작사업체 46만 달러, 외국인 단독사업체 218만 달러로 여전히 내국인 사업체의 영세성이 종업원 규모나 자본금 규모에서 모두 확인되고 있다. 그러나 석유파동 후 1974년부터 내국인 사업체의 자본

39 〈동아일보〉(1973. 3. 14).
40 〈매일경제신문〉(1973. 3. 22).
41 〈중앙일보〉(1973. 8. 31).
42 〈매일경제신문〉(1973. 5. 23; 1973. 5. 25; 1973. 5. 30).
43 〈동아일보〉(1973. 10. 1); 〈매일경제신문〉(1974. 1. 7).
44 전자산업 50년사 편찬위원회(2009), pp. 172~173.
45 한국산업은행조사부(한산, 1976); 한국산업은행조사부(한산, 1979).

〈그림 15-4〉 전자공업 투자주체별 사업체당 종업원 수 (단위: 명)

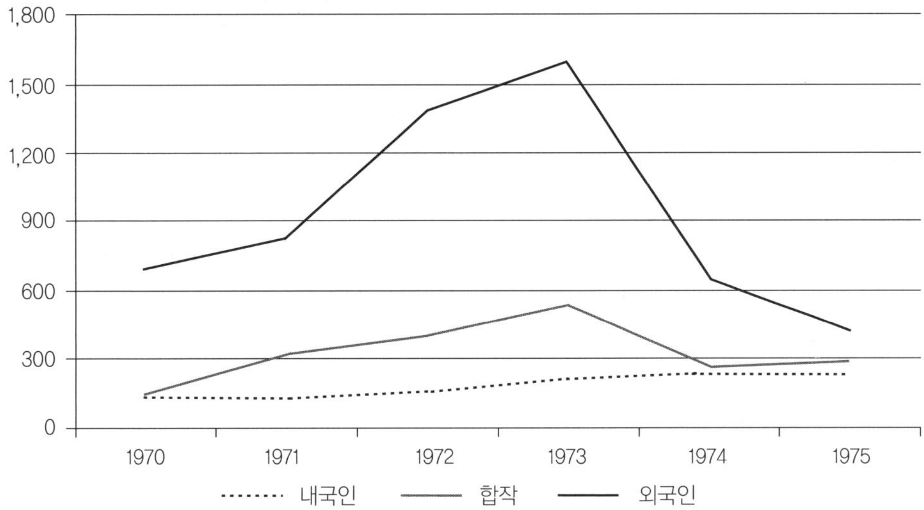

자료: 한국산업은행조사부(한산, 1976), Ⅰ, p. 308.

금이 다시 늘어났고, 특히 합작사업체의 자본금이 3,160만 달러로 급등하면서 외국인 사업체의 자본총액을 넘어섰고 이 경향은 1975년에도 이어졌다.

1974년 1월 22일 컬러TV수상기 시험 생산에 성공한 「한국나쇼날전기」는 1월 26일 컬러TV 20대를 미국에 시험 수출하였다.46 이날 1974년 1월 26일, 미국 「모토로라」 출신 강기동(姜起東) 박사가 귀국하여 예상하지 못하였던 석유파동, 물류 충격과 한국 정부의 기술타당성 검토 요구 등 몰이해를 겪으며 「한국반도체공업주식회사」(Korea Semiconductor Inc.: KSI)를 설립하였다. 강기동은 당시 한국 정부나 국내외 학자 모두 한국 전자공업의 경쟁력 부분을 해외자본에 의한 조립생산과 수출로 규정하고 있을 때 "단순조립이 무슨 반도체 생산이냐"며 한국이 웨이퍼 페브리케이션 등 독자적인 고부가가치 반도체를 만들 수 있다고 생각한 한국 반도체 공업의 선각자이며 그의 생각이 오늘날 실현되었다는 점에서 재평가가 필요한 인물이다. 「한국반도체공업」은 한국 KEMCO(Korea Engineering and Manufacturing Co.) 이훈과47 미국 *ICII(Integrated Circuit International, Inc.)*사와의 50 : 50 합작, 100만 달러 자본금으로 10월 4일 김포 요정 면에서 연간 2,000만 달러 수출목표의 반도체 집적회로 웨이퍼 생산공장을 준공하였다.48 *ICII*는 미국 기술의 유출 감시를 피하기 위하여 당시 미국 회사들이 하는 합작투자로

46 〈매일경제신문〉(1974. 8. 3), 4면.
47 이훈(李勳)은 첫 투자자 이상규(李相奎)의 아들이다.
48 〈동아일보〉(1974. 10. 4); 〈일간내외경제〉(1974. 10. 6).

〈표 15-4〉 전자공업 주체별 자본금 총액 (단위: 백만 달러)

		내국인	합작	외국인 단독	계
1970	내자	24.0	8.4	–	32.4
	외자	3.0	5.2	10.4	18.6
	합계	27.0	13.6	10.4	51.0
1971	내자	30.1	6.0	–	36.1
	외자	3.4	6.2	15.8	25.4
	합계	33.5	12.2	15.8	61.5
1972	내자	55.3	4.7	–	60.0
	외자	3.3	4.7	11.1	19.1
	합계	58.6	9.4	11.1	79.1
1973	내자	46.5	7.9	–	54.4
	외자	2.4	11.3	26.1	39.8
	합계	48.9	19.2	26.1	94.2
1974	내자	62.0	9.3	–	71.3
	외자	3.6	22.3	29.0	54.9
	합계	65.6	31.6	29.0	126.2
1975	내자	71.0	20.0	–	95.0
	외자	4.0	26.0	37.0	63.0
	합계	75.0	46.0	37.0	158.0

자료: 한국산업은행조사부(한산, 1976), Ⅰ. p. 311.

보이도록 강기동이 미국에 만든 위장회사이었다.[49] 이 공장은 당시 한국에 있던 반도체 조립 공장이 아니라 세계 일반화된 공비의 1/3로 최첨단의 3인치 웨이퍼 가공 가능 시설을 갖추어 당시 2인치 가공시설을 갖춘 반도체 선진공업국 시설수준을 넘어서는 것이었다.[50] 1974년 말 「한국반도체공업」 국내 지분 50%가 회사를 창립하고 기술을 보유한 강기동의 사전 협의 없이 삼성의 이건희에게 넘어갔다.[51] 이 해 1974년 컬러TV수상기의 생산, 수출과 함께 전자시계, CB트랜시버 생산이 시작되어 1974년 9월 「올림포스상사」는 전자손목시계 시제품 생산을 끝내고 10월부터 수출을 시작한다고 밝혔다.[52] 1974년 한국과학기술연구소는 수입하던 TV부품 튜

49 강기동 전 한국반도체공업주식회사 대표이사 증언(2한, 2014. 8. 24), pp. ⅰ, 42, 89, 101. 강기동 박사는 “삼성은 반도체 역사를 다시 쓰고 제가 시작한 반도체 역사는 지워졌습니다”라고 말하고 있다. 이 증언은 「포항종합제철」과 관련하여 이루어진 인터뷰에서 들었던 증언과 거의 동일하다.

50 삼성반도체통신(1987), p. 90.

51 강기동 전 한국반도체공업주식회사 대표이사 증언(1반, 2011), pp. 411~413.

52 〈매일경제신문〉(1974. 9. 30).

너, 편향요크, FBT를 국산화함으로써 생산원가를 10~15% 낮출 수 있게 되었다.[53]

1974년 전자기업들은 불황을 타개하기 위한 대책으로 제5회 한국전자전람회를 계기로 1975년 라디오 1,000만 대 수출 캠페인을 적극 펼치기로 하였다.[54] 1973년 300만 대를 수출한 업체들이 1978년의 목표량을 3년 앞당기려는 것이었다. 1974년 11월 26일 덕수궁 현대미술관에서 개막된 제5회 한국전자전람회는 국내 114개 업체와 36개국 외국 기업체 총 150개 업체가 참가한 가운데 12월 3일까지 개최되었다.[55] 전람회에는 266개 품목, 4만 1,600점이 출품되었고 외국인 1,000여 명 포함 총 7만 5,000명이 다녀갔다.[56] 1974년 한국전자전람회의 하이라이트는 「금성사」, 「삼성전자」, 「대한전선」 등이 개발 출품한 교육용 15인치 이상 대형 컬러 TV수상기와 「대한마이크로」, 「올림포스상사」 등이 개발하여 출품한 전자시계이었다.[57] 정밀도 경진대회 최고 대통령상인 정밀공업진흥의 탑은 1972년에 이어 다시 「금성사」가 수상하였다.[58]

1973년에 이어 1974년 역시 한국의 전자공업은 높은 성장률을 달성하였다. 1973년 전자공업의 생산액은 1972년 2억 760만 달러에서 4억 6,290만 달러로 2배 이상 급등하면서 4억 달러를 돌파한 데 이어 다시 1974년 75.8% 급등하여 8억 1,360만 달러로 8억 달러를 돌파하였다.[59] 수출에서도 「크라운전자공업」이 컬러TV 대일 수출을 발표하고[60] 「한국나쇼날전기」는 첫 컬러TV 대미수출을 이루어 고가 가전제품의 선진시장 진입 확대를 실현시켜 나갔다.

이러한 성과로 1974년 한국의 전자공업 생산은 제조업 총생산액의 5.3%를 차지하게 되었고 나아가 1976년의 전자공업 수출목표 4억 5,200만 달러 수출을 2년 앞당겨 초과하는 5억 1,800만 달러 수출을 달성하여[61] 비록 석유파동 영향이 컸지만 세계 전자공업 수출액의 2.3%를 차지하게 되었다(〈표 15-5〉 참조). 석유파동은 세계 선진공업국 기업들의 비용 상승과 함께 이들 고가제품에 대한 수요 감소를 가져왔고 나아가 한국 기업들에게는 공장자동화 투자에 적극 나설 수밖에 없도록 강제함으로써 오히려 한국 전자공업의 생산성 증대와 수출시장 점유율 확대를 가져왔다. 석유파동과 세계경제 위기는 후발공업국 한국 전자공업의 추격기회를 제공하였지만 동시에 이러한 성공에 자만하여 석유, 자원파동에 대한 근본적인 대책 마련에 나서지 않음으로써 한국은 이후 1979년 2차 석유파동에서 일본, 독일 등과 달리 가장 피해를 크게 입는 국가가 되었다.

---

53 〈동아일보〉(1974. 2. 8); 〈경향신문〉(1974. 2. 20).
54 〈매일경제신문〉(1974. 11. 20).
55 〈경향신문〉(1974. 11. 26).
56 〈매일경제신문〉(1974. 12. 4).
57 〈매일경제신문〉(1974. 11. 26); 〈매일경제신문〉(1974. 11. 29).
58 〈동아일보〉(174. 11. 26).
59 한국산업은행조사부(한산, 1976), Ⅰ, p. 303.
60 〈매일경제신문〉(1974. 6. 3).
61 경제기획원(경백, 1975), p. 400.

〈표 15-5〉 1974년 한국 전자공업의 위치

구분	지표		위치 값
국내 산업상 위치	생산	전자공업 생산액	814.0백만 달러
		전자공업 생산액/제조업 생산액	5.3%
	수출	전자공업 수출액	518.0백만 달러
		전자공업수출액/총수출액	11.6%
세계 산업상 위치	한국 전자공업 생산액/세계 전자공업 생산액		0.8%
	한국 전자공업 수출액/세계 전자공업 수출액		2.3%

자료: 한국전자공업진흥회(전자편, 1977, 1980); 경제기획원(주경지표, 1978); 한국산업은행조사부(한산, 1979); 과학기술처(과기감, 1981); 경제기획원(한연, 1977).

1973, 1974년 전자공업 수출액의 비약적 증가와 세계 시장 점유율 상승에도 불구하고 1974년 한국의 전자공업 생산구조는 민생용기기 31.8%, 산업용기기 9.5%, 부품 58.7%로[62] 여전히 독립적인 생산구조를 가지지 못한 채 국제시장의 하청생산 중심이었고 기기에서도 민생용기기가 중심이 되어 고부가가치, 고기술의 산업용기기 비중은 낮은 불균형을 보이고 있었다. 더하여 1974년 「훼어차일드 쎄미코어」가 8월에 700명의 종업원을 해고한 데 이어 조업 단축과 임금 삭감, 그리고 10월에 다시 1,810명의 해고계획을 밝히며 자진퇴직을 권장하고 나서는 등[63] 석유파동에 따른 외국인투자기업에 대한 고민도 높아졌다. 불황을 겪으면서 1974년 세계는 생산성 향상과 원가 인하라는 구조조정에 나서고 있었고, 한편으로 이는 기업의 컴퓨터 등 산업용기기 혁신 및 도입으로 이어지고 있었지만 아직 한국은 이 단계까지 따라가지 못하고 있었다.

1975년은 한국전자공업사에서 새 기원을 마련한 해였다.[64] 「한국반도체」의 강기동 박사는 "중동전쟁이 몰고 온 세계적 경제파동의 악재를 업고 미 국방기술 유출 위협을 피해 가며 불모지 한국에 첨단 반도체기술을 정착"시켜 1975년 9월 1일 상보성 금속산화막 반도체 C-MOS(metal oxide semiconductor) LSI 제품인 전자손목시계용 반도체 KS-5001의 개발 성공을 이루었다.[65] 「한국반도체」가 3,000개의 트랜지스터를 집적한 전자손목시계용 LSI칩을 생산한 것은 세계 4번째로 일본보다도 1년이나 앞선 것이며[66] 전자손목시계용 C-MOS LSI가 한국에서 공급되었다는 것은 독자적인 한국 반도체공업, 한국 정밀전자공업의 시작을 의미하는 것이었다. 1987년 『삼성반도체통신 10년사』는 KS-5001의 개발 성공을 "현재의 1메가 D램 개발에 버

62 경제기획원(경백, 1975), p. 134.
63 〈매일경제신문〉(1974. 10. 5).
64 중화학공업추진위원회기획단(한공발3, 1979), p. 536.
65 강기동 전 한국반도체공업주식회사 대표이사 증언(2한, 2014. 8. 24), p. ii.
66 성의경 전 일간내외경제기자·신산업경영원장(1987), p. 360.

금가는 획기적 사건"으로 강기동 박사의 업적을 인정하고 기록하였다.[67] 이 해 1975년에 한국 기업에 의한 회로판(wafers) 제작사업도 시작되었다. 1975년 7월 「금성사」는 미국 「하니웰」사와 기술제휴하여 1,000만 달러를 들여 1979년부터 반도체·컴퓨터산업의 중심 부품인 반도체 웨이퍼를 양산하겠다는 계획서를 상공부에 제출하였다. 이와 함께 1975년 새로운 국산 전자제품인 AM/FM 부착 카세트녹음기, 복사기 생산도 시작되었다. 1975년 4월 「삼성」은 순간수상 방식(Quick Start)의 TV수상기를 발표하였다. 가전기기의 수요확대를 견인한 것은 라디오에 이어 TV이었는데 순간수상 방식의 절전TV수상기 보급은 수요확대에 결정적 역할을 하였다. TV수상기 보급은 1972년 비공식 추계 100만 대를 넘어섰고 1974년 161만 대에 이어 1975년엔 207만 대로 껑충 뛰었다. 그 결과 1970년대 전반기만 해도 학교의 가정조사에서 TV 보유를 주요 항목으로 확인하였으나 TV 보급률의 확대로 이 항목이 사라지게 되었고 보유대수는 1977년 352만 대로 급증하였다. TV수상기는 1.9세대당 1대꼴이 되었고 1978년에 400만 대 보유를 돌파하였다.[68] 그러나 이러한 발전이 세계 시장의 추세와 달리 흑백TV수상기의 보급으로만 이루어졌는데 이는 1975년 한국전자전람회에서 대통령이 1981년 이후, 1인당 국민소득이 1,000달러를 넘어 섰을 때 컬러TV를 고려할 수 있다고 분명히 함으로써 컬러TV수상기 보급이 계속 금지되는 등 정치적 판단에 따른 것이었다.[69] 정치권의 대국민 광고를 노린 이러한 내수 억제는 TV공업 나아가 전자공업 발전 자체를 억제하였으며 이는 전자공업 발전에 정치적 요소가 장애요인으로 작용하였음을 보여 주는 것이다.

1975년 말 현재 전자공업에 도입된 외자는 차관액을 포함하여 총 196건에 1억 3,710만 달러이었다. 그런데 기기부문에 도입된 외자는 45건에 3,150만 달러이고 부품부문에 도입된 외자가 151건에 6,880만 달러로 도입외자는 부품부문에 치우쳐 있었는데 이는 외자들의 성격을 보여 준다. 외자공급 국별로는 일본이 159건에 8,040만 달러 58.7%, 미국이 31건에 4,620만 달러 24.5%로 전자공업에서 외자의 대일 의존도가 높았다.[70]

1975년 전자공업 사업체 수와 종업원 수는 385개사에 10만 3,200명으로 10만 명을 돌파하였다. 내국인 사업체 수가 252개사, 5만 9,200명으로 전체의 65.5%, 57.4%이었고 합작기업이 99개사, 2만 9,300명, 외국인 단독투자업체가 34개사 14,700명이었다. 1975년 전자공업 생산액은 1973, 1974년의 급등 이후 8억 달러대에서 정체되었는데 내국인 사업체의 생산 비중이 1974, 1975년 낮아져 1975년 내국인 사업체와 외국인 단독투자사업체의 생산이 36.3%, 37.0%로 비슷한 가운데 외국인 단독투자사업체의 생산 비중이 1위로 올라서는 역전이 이루어졌다.[71]

고부가가치 부문의 취약, 낮은 노동장비율과 낮은 임금에 더하여 한국 전자공업의 근본적

67 삼성반도체통신(1987), p. 172.
68 〈네이버캐스트〉(2011. 10. 3).
69 중화학공업추진위원회기획단(한공발3, 1979), pp. 448~450.
70 한국산업은행조사부(한산, 1976), Ⅰ, pp. 312~313.
71 한국산업은행조사부(한산, 1976), Ⅰ, p. 308.

문제점은 바로 영세성이었다. 1970년에 비해 개선되고 있었지만 종업원과 자본금 규모별 전자 업체를 보면 〈표 15-6〉에서 보듯이 1975년 종업원 1,000명 이상 사업체는 29개사로 전체 사업체의 7.5%이었고 더욱이 자본금으로 보면 자본금 10억 원 이상 사업체는 14개사로 3.6%에 불과하였다.

전자제품의 수출액은 1965년 전체 수출의 1%에 불과하였고[72] 1972년에도 1억 4,200만 달러에 머물렀지만 1975년 5억 8,200만 달러로 급증하여 총수출액의 11.8%를 점하게 되었다.[73] 전자제품의 수출품목을 보면 〈표 15-7〉에서 보듯이 1973년 50개에서 1974년 64개로, 그리고 1975년 83개로 급등하였다. 그러나 산업용기기의 수출품목은 1972년부터 1975년까지 6개, 7개, 9개, 9개로 정체되어 있었고 이는 한국 전자공업 수출의 문제점으로 존재하고 있었다. 전

〈표 15-6〉 전자공업의 종업원, 자본금 규모별 사업체 현황

		1970				1975			
		내국인	합작	외국인	계	내국인	합작	외국인	계
종업원 규모별	2,000명 이상	2	–	–	2	7	2	3	12
	2,000~1,000	2	–	2	4	12	7	3	17
	1,000~500	6	2	1	9	14	9	3	26
	500~200	18	–	3	21	24	19	3	46
	200~100	18	1	1	20	52	19	9	80
	100~50	45	1	–	46	51	23	11	85
	50명 미만	76	6	–	82	97	20	2	119
	합계	167	10	7	184	252	99	34	385
자본금 규모별	20억 원 이상	–	1	1	2	3	–	2	5
	20억~15억 원	1	–	–	1	2	1	1	4
	15억~10억 원	1	–	–	1	1	2	2	5
	10억~5억 원	–	1	2	3	4	4	8	16
	5억~1억 원	16	1	3	20	33	29	8	70
	1억~5천만 원	8	–	1	9	31	16	1	48
	5천만~1천만 원	80	2	1	83	124	47	12	183
	1천만~5백만 원	38	5	–	43	44	–	–	44
	5백만 원 이하	23	–	–	23	10	–	–	10
	합계	167	10	7	184	252	99	34	385

자료: 한국산업은행조사부(한산, 1976), Ⅰ, p. 309.

72 유신정우회(내한, 1978), p. 81.
73 한국전자공업진흥회(전자편, 1977); 한국전자공업진흥회(전전, 1981).

〈표 15-7〉 부문별 수출 대상국 및 품목, 수출 대상국 주요국 수출점유율

구분	부문별 수출내용						
부문별 수출 수출액, 대상국 수 및 품목 수 (천 달러, 개국, 개)			1971	1972	1973	1974	1975
	총계	실적	88,604	142,133	369,292	553,238	581,866
		대상국	37	37	45	64	78
		대상 품목	33	42	50	64	83
	가정용	실적	11,102	28,021	106,665	163,508	198,254
		대상국	24	23	35	52	59
		대상 품목	5	7	8	15	24
	산업용	실적	5,560	10,925	15,893	28,367	35,813
		대상국	9	13	18	24	37
		대상 품목	4	6	7	9	9
	부품	실적	71,942	103,187	246,734	361,363	347,799
		대상국	26	30	28	44	50
		대상 품목	24	29	35	40	50
수출 대상국 주요국 수출점유율 (%)			1971	1972	1973	1974	1975
	미국		56.3	60.2	55.9	59.2	44.3
	캐나다		0.3	3.7	8.3	5.0	5.0
	일본		19.1	13.6	18.2	24.7	21.6
	홍콩		7.4	9.1	6.1	4.9	4.8
	서독		1.2	2.9	3.9	5.1	5.7

자료: 한국전자공업진흥회(전자편, 1977); 한국산업은행(개대, 1977), pp. 574~575.

자제품 수출 대상국은 꾸준히 증가하여 1973년 45개국에서 1974년 64개국이 되었고 1975년 78개국이 되었다. 수출 대상국을 보면 미국 비중이 1972년 60.2%에서 1975년 44.3%로 급감하였고 일본 비중이 13.6%에서 21.6%로 높아졌다. 그 외 서독 비중이 1972년 2.9%에서 1974년 5.1%, 1975년 5.7%로 높아져 한국 전자제품 3위 수출 대상국으로 부상하였다. 수입의존도는 낮아지고 있다고 하지만 여전히 1972년 46.0%에서 1975년 38.7%로 높았다.[74]

74 과학기술처(과기감, 1981), p. 242.

Ⅱ. 1970년대 중반 이후 전자공업의 발전

상공부는 1970년대 중반 한국 전자공업의 특징을 다음과 같이 요약하였다.

> 1. 생산구조가 부품중심적 생산구조이다.
> 2. 합작투자업체와 외국인 단독투자기업의 생산과 수출 비중이 높다(1975년 생산 63.7%, 수출 73.9%).
> 3. 전체적인 부가가치가 낮다(1975년 29.1%).
> 4. 낮은 외화가득률과 부품 및 원자재의 국산화율이 낮다.
>
> 상공부 중공업계획반·화학 및 경공업계획반(제41, 1976), pp. 130~134.

1976년 6월, 1975년 2월에 설립된 「동양전산기술(주)」이 국내 최초로 중앙연산처리 능력 98KB에서 256KB까지 가능한 중대형 컴퓨터 「오리콤(ORICOM) 540」 생산에 성공하였다.[75] 그러나 「오리콤540」은 외국 부품 조립품으로 가격경쟁력이 낮아 「동양전산기술」은 컴퓨터 국산화 사업을 이어가지 못하고 후에 두산그룹으로 넘어갔다. 실패로 끝났지만 「오리콤 540」은 이후 「삼성전자」, 「금성사」, 「동양나이론」의 컴퓨터 조립 국산화를 유도하고 「금성전기」의 프린터 등 주변장치 국산화를 이끌어 내는 주요한 산업사적 의의를 남겼다. 1976년 10월 12일 「삼성전자」는 상품분류별 계산과 세금계산을 동시에 할 수 있는 기능을 갖춘 전자식 금전등록기의 개발을 끝내고 11월부터 제품을 시판한다고 발표하였고 이어 11월에는 「휴렛팩커드」사와 기술제휴로 미니컴퓨터 개발에 착수하였다고 밝혔다.[76] 이 무렵 산업용기기 첨단부문이었던 컴퓨터산업에 대한 국내 기업들의 진입열기가 높아졌는데 「금성전기」, 「금호실업」, 「대우」, 「금성통신」, 「동양정밀」, 「삼성전자」, 「벽산」, 「쌍용양회」, 「두산」 등이 해외 기업과 합작생산, 기술도입을 추진하거나 외국 기업의 대리점 사업을 통해 컴퓨터산업 진입을 시작하였다.[77]

전자공업 생산과 수출이 확대되자 국방부 등 정부는 이를 적극 광고에 이용하기 시작하였고[78] 전 국민의 전자공업에 대한 관심이 높아졌다. ADL은 한국무역협회 용역, 『한국의 전자산업 장기전망』에서 가전제품 컬러TV, VCR, 산업용기기 전자식교환기, 컴퓨터 및 주변기기 등 총 24개 품목을 장기적인 유망품목으로 지정하였고 이에 이들 품목을 생산하고자 하는 업계 시도가 이어졌다.[79]

---

75 〈매일경제신문〉(1976. 6. 16).

76 〈중앙일보〉(1976. 10. 12); 〈매일경제신문〉(1976. 11. 9).

77 전자신문사(컴파, 1995. 12. 11~1996. 12. 12), 18.

78 1976년 국방부는 대북광고에서 연간 텔레비전 100만 대, 라디오 500만 대, 녹음기 240만 대와 냉장고, 세탁기, 전축 등 70여 품목을 생산하고 있으며, 연간 생산액 8억 9,000만 달러 중 6억 달러를 수출하여 총생산액 80%를 세계 50여 개국에 수출하고 있다고 언급하였다. 또한 국방부는 남한 전자제품이 고도의 기술수준을 가지고 있고, 특히 반도체소자는 8mm평방에 8,000석이나 집적된 고밀도회로로 세계 최고 성능을 자랑하고 있다고 광고하였다. 국방부 국군심리전단(한전, 1976).

1976년 10월 16일부터 열린 한국전자전람회에서 「금성사」, 「삼성전자」, 「대한전선」, 「오림포스」, 「금호전자」 등이 경쟁적으로 국산 기술 비디오게임을 출시하였고 「민성(民星)전자」는 「모토로라」의 반도체 부품을 채용한 은행용 금전회계기를 선보였다.[80] 〈그림 15-5〉의 언론보도에서 보듯이 한국 전자전에 출품된 이들 전자 신개발품은 큰 인기를 끌었다. 일본이 「日本電子展」을 통해 전자공업 대국으로 성장하였듯이 한국 전자전은 1970년대 한국 전자공업의 발전을 유도하는 중요한 역할을 하였다. 1969~1974년의 한국 전자전(〈표 15-3〉 참조)에 이어 1975년 이후 1979년까지의 한국 전자전의 국내외 참가 현황, 출품물 현황, 거래상담액 등 주요 내용을 정리하면 〈표 15-8〉과 같다.

1971년 전자공업의 전 산업상 비중은 생산 1.5%, 수출 8.2%, 수입 4.6%이었으나 1976년 이 구성비는 생산 5.2%, 수출 13.4%, 수입 8.0%로 증가하였다.[81] 1976년 전세계전자제품 교역량(수입금액)에서 한국 전자제품 수출이 차지하는 비중은 2.7%로[82] 늘어났다. 3차 경제개발5개년계획기간 1972년부터 1976년까지 5년간 한국전자공업은 연평균 경상가격 성장률 59.4%의 고도성장을 달성하였고 이는 동기간 연평균 성장률 73.4%를 달성한 가정용 전자기기의 발전

〈그림 15-5〉 비디오게임과 금전회계기를 선보인 제7회 한국전자전람회 보도

자료: 〈매일경제신문〉(1976. 10. 18).

79 전자산업 50년사 편찬위원회(2009), p. 135.
80 〈매일경제신문〉(1976. 10. 18).
81 한국산업은행조사부(한산, 1984), 하, p. 206.
82 심장섭 한국전자공업진흥회기획이사(1982), p. 96.

〈표 15-8〉 한국전자전람회 제6~10회 개최내용(1975~1979)

구분		제6회	제7회	제8회	제9회	제10회
개최일시		1975. 10. 8~ 10. 15	1976. 10. 16~ 10. 23	1977. 10. 18~ 10. 25	1978. 10. 11~ 10. 18	1979. 9. 25~ 10. 4
장소 및 규모		장충공원 (800평)	여의도 (1,000평)	여의도 (1,600평)	여의도 (2,100평)	한국종합전시장 (2,850평)
참가 현황	국내	169개 업체	152개 업체	185개 업체	198개 업체	165개 업체
	국외	19개 업체	30개	59개	79개	49개
	합계	188개 업체 (정밀도: 36개사)	182개 업체 (정밀도: 30개사)	244개 업체 (정밀도: 38개사)	277개 업체 (정밀도: 49개사)	214개 업체
출품물 현황	기기	75종 2,800점	105종 3,080점	161종 2,798점	159종 3,700점	168종 4,250점
	부품	180종 39,300점	185종 39,700점	134종 37,427점	177종 49,900점	187종 52,500점
	합계	321종 42,346점	351종 43,003점	360종 40,475점	403종 53,855점	355종 56,770점
정밀도경진대회		66종 246점	61종 223점	65종 250점	67종 255점	–
참관자	외국인	953명	1,484명	1,754명	3,101명	4,644명
	내국인	94,882명	138,191명	115,435명	160,424명	161,206명
거래상담액		$6,100만	$10,300만	$22,400만	$32,000만	$37,200만

자료: 한국전자공업협동조합(전조2, 1987), pp. 142~143.

이 주도하였다. 산업용 전자기기의 생산액은 1971년 80억 원에서 1976년 620억 원에 이르러 연평균 성장률로 보아도 50.6%로 상대적으로 낮았다.[83] 이런 고도성장 가운데, 특히 수출이 강조되어 1976년 한국 전자공업은 1969년 3월 24일 상공부가 1차 보고한 「전자공업진흥 8개년계획」 목표인 1976년 전자부문 4억 달러를 대폭 초과한 10억 3,600만 달러 수출을 달성하였다. 1976년 12월 국세청과 상공부가 전자식 금전등록기 ECR를 보급하기 시작하자 이에 맞추어 삼성계열의 「한국반도체」는 기억소자 등 전자부품을 생산하기로 하였고, 「금성사」는 재미교포사 「코람」사에 개발을 의뢰하여 TI 마이크로프로세서 8080을 응용한 새 모델을 개발하였으며, 「대한전선」은 계열사 「새한코펠」에서 프린터를 개발하도록 준비하였다.

1977년 3월 7일 「한국전자통신」은 1980년 전자교환기 ITT MIOCN기종 조립생산 예정으로 대우빌딩에서 상공부차관이 참석한 가운데 현판식을 가졌다.[84] 기계식을 넘어 전자식교환기를 채택하게 된 것은 산업용 전자 시대를 여는 결정적 계기가 되었다. 증언은 이 과정과 의

83 상공부(전자, 1982), p. 14.
84 〈중앙일보〉(1977. 1. 27); 〈매일경제신문〉(1977. 3. 8).

의를 보여 준다.

> 1976년 전자교환기 도입 논쟁이 크게 일어 2년 동안 금성그룹을 주축으로 한 기계식 수구파와 삼성그룹을 주축으로 한 전자식 신진파 사이에 대접전을 벌이게 되었다. 결국 전자교환기를 도입키로 하고 ITT/BTM 기술을 들여다 생산을 공영 「한국전자통신」에 맡김으로써 별들의 새로운 싸움에 완충지대를 만들었다. 전자식교환기 채택은 이 땅에 산업용 전자 시대를 여는 결정적 계기가 되었다. …… 기계식보다 훨씬 정밀한 각종 부품을 필요로 하여 산업용 전자제품의 수요를 크게 자극했다. 더구나 앞으로 남은 通話路 부분마저 반도체로 대체되는 전전자식으로 이행케 되어 있으므로 전자교환기와 산업전자의 관계는 떼어서 생각하기 어려운 실정이다.
>
> 성의경 전 일간내외경제기자·신산업경영원장(1987), p. 361.

1977년 1월 「국제상사」 역시 「한진전자」를 인수하는 등 1970년대 후반 전자공업 호황에 대기업들의 전자공업 진입과 확장 의지는 "유행처럼" 번져 나갔다.

> 전자제품 업체가 최근 호황가도를 선도하자 내노라 하는 큰 기업체들은 앞을 다투어 전자업체를 신설하거나 흡수하는 것이 유행처럼 되어 있는데 이번엔 신발류가 주력인 국제상사(대표 양정모)에서 「한진전자」(대표 전영구)를 인수 ……
>
> 〈중앙일보〉(1977. 1. 27).

1970년대 후반 상장기업들은 전자공업 진출 붐을 만들고 있었고 「대성산업」이 기계공업에서 전자공업으로 투자를 전환하는 등 기업들은 정관을 고쳐 사업목적에 전자공업을 추가하고 있었다.[85] 중동건설 붐에 따른 오일달러 국내 유입은 전자제품 내수시장의 폭발적 확장을 가져와 한국 전자공업의 발전과 안정을 촉진시켰다. 1977년 6월 10일 「대한전선」은 구미기지 구미공장 건물기공식을 가졌고 7월 9일 미국 *DTS* 사와 공동개발한 전자식 금전등록기 시그마를 출하하였다.[86] 6월 25일 상공부는 소형 컴퓨터, 전자계측기, 고밀도 집적회로 등 40개 전자공업 중점육성 대상 품목 생산업체로 「금성사」, 「동양정밀공업」 등 126개 업체를 선정 발표하였다.[87] 7월 6일, 상공부로부터 컴퓨터 주변장치와 단말장치 생산업체로 지정받은 「금성전기」가 한국과학기술연구소와 공동으로 단순조립을 넘어 시스템의 설계와 제작까지 나아간 국내 최초 마이크로컴퓨터 GSCOM-80A와 자체 마이크로프로세서를 갖춘 잉크제트프린터 GS JET1200, 그리고 도트매트릭스프린터 GM 2000형 한글미니프린터 개발에 성공하여 이를 공개하는 국산 컴퓨터 발표회를 열었다.[88] 이는 대성황을 이루며 기업들과 국민들에게 컴퓨터산업

---

85 〈조선일보〉(1977. 3. 3).
86 〈매일경제신문〉(1977. 7. 9).
87 〈경향신문〉(1977. 6. 25); 〈매일경제신문〉(1977. 6. 25).
88 〈경향신문〉(1976. 7. 6); 〈매일경제신문〉(1977. 7. 8).

에 대한 관심을 높여 한국 컴퓨터산업 국산화를 앞당기는 촉진제의 역할을 하였다. 1977년 9월 23일 「대우전자」는 구미기지 제1단지 구미공장을 기공하였다. 11월 30일 「대한전선」은 구미기지 구미공장 정밀공장을 준공하였고 이어 1978년 1월 30일 구미공장 TV수상기공장을 준공하였다.[89]

1977년 10월 열린 제8회 한국전자전람회는 한국 전자공업의 전환을 보여 주었다. 기존 주요 전시품이었던 흑백TV, 라디오, 전자탁상계산기, 전자시계가 뒤로 빠지고 태양전지, 경진대회 최우수상의 「대한전선」 컬러TV수상기, 국산화 개발품 최우수상의 「금성사」 뮤직센터, 그리고 아직 정식 인가를 받지 않은 「삼성GTE통신」의 출품으로 4사 진입으로 늘어난 PABX(구내사설 교환기) 등이 중심에 등장하였다.[90] 1977년 수출목표 100억 달러 달성에 따라 88명 유공자 서훈이 1977년 12월 16일 제91회 국무회의에서 결정되었는데 이때 「금성사」 대표이사가 은탑산업훈장, 「한국티씨전자」 대표이사가 철탑산업훈장, 「삼성전자」 대표이사가 석탑산업훈장을 받았다.[91] 1977년 한국이 중화학공업화정책의 목표로 설정한 대망의 100억 달러 수출을 달성하였을 때 전자공업 비중은 11%이었다.

1977년 컬러TV수상기의 미국 수출에 가전3사가 총력전으로 나섬으로써 컬러TV수상기 대미 수출액이 1976년 780만 달러에서 1,600만 달러로 급등하였다. 전자공업 수출은 계속 강조되어 1971년 이래 수출비율(수출/생산)은 60% 이상을 유지하여 1976년 72.9%, 1977년 63.0%이었다.[92] 1977년 전자공업의 종업원 1인당 부가가치는 중화학공업화정책선언 이전 1972년에 비해 1975년 불변가격으로 19% 증가하여 제조업 전체 증가율 6%를 크게 넘어서고 있었다.[93]

한국의 전략적인 전자공업 육성과 수출 추구는 일본의 성공 사례에 착안한 바가 컸다. 1977년 전자공업의 GDP 비중을 보면 서독 1.58%, 영국 1.30%, 프랑스 1.36%, 이탈리아 1.00%, 그리고 정부의 정책적 육성지원이 있었던 미국도 2.86%이었지만 일본은 1976년에도 GDP 내 비중이 3.48%이었다.[94] 각국별 기계류 수출 내 비중을 보면 〈표 15-9〉에서 보듯이 전자공업이 포함된 전기기계의 비중이 미국, 영국, 서독, 프랑스 등 타 선진공업국과 비교해 일본이 압도적으로 높았다. 그리고 이러한 선택 위에서 일본은 전자공업으로 세계 시장에서 대성공을 거두었다. 이러한 일본을 보면서 한국은 일본과 유사한 조건을 갖추고 있다고 판단하여 전자공업을 중점 육성하였고 그 결과 전자공업의 GDP 비중은 1970년 1.26%에서 1973년 3.16%로 그리고 1977년 5.08%로 급등하였다. 청와대와 중화학공업추진 위원회기획단은 이 해 1977년에 한국은 세계 11위의 전자제품 생산국이 되었다고 평가하였다.[95]

89 중화학공업추진위원회기획단(중화추현, 1980. 7), pp. 210~211.
90 〈매일경제신문〉(1977. 10. 26).
91 국무위원 심흥선 총무처장관(영대, 1977); 총무처(국무91회, 1977. 12).
92 과학기술처(과기감, 1981), p. 242.
93 한국은행(기업, 1978); 국제경제연구원(전산, 1979), p. 43.
94 電波新聞社編(電鑑, 1979); International Monetary Fund(IFS, 1978~1980); 국제경제연구원(전산, 1979), p. 83.

〈표 15-9〉 선진공업국 각국별 기계류 수출 내 비중

(단위: %)

		미국	일본	영국	서독	프랑스
1975	일반기계	43.7	22.4	48.9	46.0	37.6
	전기기계	16.3	23.1	18.4	18.5	18.7
	수송기계	36.1	48.4	28.2	31.0	40.0
	정밀기계	4.0	6.1	4.5	4.6	3.8
	합계	100	100	100	100	100
1979	일반기계	40.7	22.4	41.8	38.5	31.2
	전기기계	18.2	26.3	16.2	17.8	17.5
	수송기계	32.3	38.8	29.0	32.1	39.8
	정밀기계	5.0	7.8	6.2	5.3	4.5
	합계	3.8	4.7	6.7	6.4	7.0

자료: 한국무역협회(무통, 1979~1982).

〈표 15-10〉 세계 주요국 전자제품 생산구조

(단위: %)

		가정용기기	산업용기기	부품	합계
미국	1974	15.5	72.9	11.6	100
	1975	12.3	78.7	9.0	100
	1976	14.5	66.9	18.6	100
	1977	15.0	66.3	18.7	100
유럽 11개국	1974	26.3	51.3	22.4	100
	1975	25.1	54.6	20.3	100
	1976	31.3	42.3	26.4	100
	1977	27.9	50.6	21.5	100
일본	1974	36.3	36.3	27.4	100
	1975	36.0	37.7	26.3	100
	1976	38.9	31.1	30.0	100
	1977	37.5	33.1	29.4	100
한국	1974	31.0	11.0	58.0	100
	1975	39.0	9.0	52.2	100
	1976	38.7	8.9	52.4	100
	1977	36.9	9.0	54.1	100

주: 유럽 11개국은 서독, 프랑스, 영국, 이탈리아, 네덜란드, 스웨덴, 스페인, 벨기에, 스위스, 덴마크, 노르웨이임.
자료: 한국전자공업진흥회(전자편, 1977); 한국정밀기기센터(한자, 1978); 電波新聞社編(電鑑, 1979).

95 김광모 전 중화학공업추진위원회기획단 부단장(김중전, 2004. 9. 23).

〈표 15-11〉 전자공업 부문별 투자주체별 생산 비중(1977)

	내국인기업	합작기업	외국인 단독투자기업	합계
가정용기기	72.8	13.2	14.0	100.0
산업용기기	50.8	35.7	13.5	100.0
부품	30.0	28.1	41.9	100.0
합계	48.7	23.1	28.2	100.0

자료: 한국개발연구원(제5차, 1980. 9), p. 268.

그러나 이러한 급속한 성장에도 불구하고 한국 전자공업이 가지고 있는 구조적 문제는 해결되지 않고 있었다. 〈표 15-10〉에서 보듯이 세계 각국의 전자공업 생산구조는 미국, 유럽의 경우 부가가치가 높은 산업용기기가 1974~1977년 50% 이상으로 중심이 되고 있고 일본 역시 가정용기기와 산업용기기의 균형이 이루어져 있다. 그러나 한국 전자공업은 유독 부품부문이 1974~1977년간 50% 이상으로 왜곡된 구조를 유지하고 있었다. 이는 1977년까지도 〈표 15-11〉에서 보듯이 한국에 진출한 외국인 단독투자기업이 중심이 되어 한국 전자공업이 세계 시장의 수직적 분업구조 하에 부가가치가 낮은 하부구조를 받치는 하청기업적 성격을 가지고 있었기 때문이며 이는 기술과 역사적 구조와 관련된 문제이었다. 1977년 내국인기업들은 가정용기기의 72.8%, 산업용기기의 50.8%를 생산하고 있었던 반면 합작기업과 외국인투자기업들은 부품의 70.0%를 생산하고 있었다.

1978년 3월 「한국전자통신」이 구미공단에 공장을 착공했으나 2만 회선의 완제품 도입과 12만 회선의 부품도입, 그리고 부품국산화사업이 모두 예상을 빗나감에 따라 제2기종 도입이 곧 추진되었다. 20년 동안 민간기업이 해 오던 통신공업을 정부주도로 역행함으로써 기종 선택에서도 큰 시행착오를 겪은 것이다.[96]

1978년 초까지만 해도 세계경기의 정체가 예측되었으나 3월 이후 내외 수요의 급신장으로 냉장고, 선풍기, 에어컨 등 일부 품목은 공급부족 현상까지 나타났다.[97] 적어도 양적으로 전자공업은 정상적인 속도를 넘어서며 성장하고 있었다. 일본의 무역마찰을 이용한 수출도 확대되고 있었다. 1978년 7월 일본 전자업체들은 미국이 한국산은 놔두고 일제 컬러TV수상기에 수입규제를 하는 것은 불공평하다며 일본 정부에 대해 적극적으로 대미 시정교섭을 벌이라고 요구했는데,[98] 이는 미국 시장에서 한국 가전제품의 확대 속도가 빨랐기 때문이었다.

1978년 10월 「금성사」는 일본에서 미국 「하니웰」과 독점총판 및 기술협력 장기계약을 체

96 중화학공업추진위원회기획단(한공발3, 1979), pp. 536~549.
97 경제기획원(경백, 1979), p. 160.
98 〈중앙일보〉(1978. 7. 21).

결하고 「하니웰 레벨 6형」 미니컴퓨터 기종의 한국 공급에 합의하였으며 기술요원을 「하니웰」에 보내 기술연수를 받게 하였다.[99] 이로써 효성그룹이 일본 「日立」과 기술제휴를 하는 등 「금성통신」, 「삼성전관」, 「동양전산기술」, 「금호실업」 등 국내 9개 업체가 컴퓨터산업에서 경쟁하게 되었다.[100] 1978년 마이크로웨이브오븐의 국내 생산이 이루어졌고 부품산업 육성으로 국산화율이 제고되어 부품국산화율이 라디오는 1973년 43%에서 1978년 85%로, TV수상기는 1973년 25%에서 1978년 87%로 상향되었다.[101]

1978년 한국의 전자공업 생산은 22억 7,100만 달러로 제조업 총생산액의 6.3%를 차지하게 되었다. 한국의 전자공업은 1968~1978년 10년 사이에 세계 전자제품 생산증가율 15.0%를 크게 상회하는 연평균 44.8%의 생산증가율을 달성한 것으로 1978년 한국은 자본주의 세계 시장 총 전자공업 생산액의 1.5% 생산국, 제10위의 전자제품 생산국으로 성장하였다.[102] 나아가 전자제품 생산액의 59.8%인 수출 13억 5,920만 달러를 달성하여 전자제품은 국내 총수출에서 차지하는 비중이 10.7%, 중화학제품 수출의 31.1%를 차지하게 되었다.[103] 한국 전자제품의 선진국 시장 진입 상징으로 떠오른 컬러TV수상기의 대미 수출은 전년 1,600만 달러에서 9,370만 달러로 폭등하며 무역마찰을 가져왔다. 미국으로의 컬러TV 수출은 한국 컬러TV 총생산량의 97%에 해당하는 것이었다.[104] 그 결과 한국은 1978년 전 세계 전자제품 교역량(수입금액)에서 한국 수출이 차지하는 비중을 2.9%로 확대시키면서 세계 10위 전자제품 수출국이 되었다(〈표 15-12〉 참조).

〈표 15-12〉 1978년 한국 전자공업의 위치

구분		지표	위치 값
국내	생산	전자공업 생산액	2,271.1백만 달러
		전자공업 생산액/제조업 생산액	6.3%
	수출	전자공업 수출액	1,359.2백만 달러
		전자공업 수출액/총수출액	10.7%
세계	생산	한국 전자공업 생산액/세계 자본주의 전자공업 생산액	1.5%, 10위
	수출	한국 전자공업 수출액/세계 전자공업 교역량(수입액)	2.9%, 10위

자료: 한국전자공업진흥회(전자편, 1980); 경제기획원(주경지표, 1978); 한국산업은행조사부(한산, 1979); 심장섭 한국전자공업진흥회기획이사(1982); 과학기술처(과기감, 1981); 경제기획원(한연, 1981).

99 〈매일경제신문〉(1978. 11. 18); 〈동아일보〉(1978. 11. 20).
100 〈경향신문〉(1978. 11. 20).
101 중화학공업추진위원회기획단(중화추현, 1980. 1), p. 147.
102 한국산업은행조사부(한산, 1979), 상, pp. 387~388.
103 문교부(한공, 1980), p. 11.
104 전자산업 50년사 편찬위원회(2009), p. 231.

그러나 1974년 제조업 총생산액의 5.3%를 차지하였지만 국내 총수출에서 차지하는 비중이 11.6%이었던 것을 고려하면 전자공업이 양적, 질적으로 발전하고 있는 가운데에도 수출에서 개선해야 할 점이 있음을 확인할 수 있다. 같은 아시아의 수출 지향적 신흥공업국가들과 비교해 보아도 한국 전자공업의 제조업 내 생산 비중 6.3%는 대만의 전기기기 포함 13.8%, 홍콩의 12.4%에 비해 낮았고 총수출 내 비중 10.7% 역시 대만의 14.3%, 홍콩의 11.7%보다 낮았다.[105] 한국은 이들 아시아 국가와 달리 다수 중화학공업화가 진행되어 대외 수출에서 전자공업에 대한 의존도가 낮았지만, 1978년 전자공업의 수출 구성을 보면 가정용기기가 48.1%, 부품이 44.3%인 데 비해 고가이었던 산업용기기가 7.5%에 불과하여 수출구조상의 문제가 있었고 부품과 함께 산업용기기의 전자공업 수출 내 비중이 전자공업 생산 내 비중보다 낮아 이 부문의 대외경쟁력도 낮았음을 알 수 있다.[106] 계속된 이러한 산업용기기의 불균형 저발전을 강화시킨 것은 외국인 단독투자기업체인데 1978년 산업용기기 총생산액 2억 1,020만 7,000달러에서 외국인 단독투자업체 생산은 12.1%에 불과하였다.[107]

1979년 전자공업의 수출구조 개선과 경쟁력 개선을 위한 노력으로 전자공업제품의 수출 고단가화와 시장다변화가 추진되었다.[108] 1979년 8월 25일 KIST 전산개발센터는 일본 「패콤」과 11월 출하의 10만 달러 첫 소프트웨어 수출계약을 체결하였다.[109] 1979년 9월 28일 제10차 아시아전자회의(AEC)와 제6차 아시아전자연맹(AEU) 총회가 한국전자공업진흥회 주최로 서울 신라호텔에서 개최되어 10월 2일까지 27개 국가 및 국제기구의 80여 명이 참석하였다.[110] 이는 한국전자공업의 성장을 보여 주는 것이기도 하였지만 이를 통한 한국의 전자공업 수출구조 개선과 기술정보 교류, 시장다변화 노력도 이루어졌다. 이와 함께 1979년 광섬유통신 시험이 이루어졌고[111] 전자교환기와 VCR 등의 전자제품 국내 생산도 시작하였다.[112] 반도체 전문기업 「아남산업」은 전자부품 업계로서는 처음으로 1979년 9월 24일 수출 1억 달러를 돌파하였다.[113]

1970년대 이루어진 한국 첫 전자제품 생산은 〈표 15-13〉과 같다. 그 결과 1979년에도 GNP 구성비를 보면 가정용 전자기기가 2.8%, 산업용 전자기기가 0.6%, 전자부품 3.2%로 여전히 산업용기기 부문이 너무 작고 전자부품의 비중이 높은 구조가 계속되었지만, 전자공업 생산에서 전자부품의 비중이 50% 이하로 떨어지는 작은 개선이 이루어지고 있었다.[114] 중화학

---

105 電波新聞社編(電鑑, 1979~1981); 小川雄平(1983), p. 191.
106 전국경제인연합회(한경연, 1980), p. 501.
107 국무총리기획조정실(중건7, 1979. 10), p. 149.
108 〈매일경제신문〉(1979. 6. 27).
109 〈매일경제신문〉(1979. 8. 25).
110 〈경향신문〉(1979. 9. 29); 〈매일경제신문〉(1979. 9. 29); 〈조선일보〉(1979. 9. 25).
111 한국전자공업협동조합(전조2, 1987), p. 460.
112 한국산업은행조사부(80전, 1981), pp. 249~250.
113 〈매일경제신문〉(1979. 9. 27).

〈표 15-13〉 1970년대 한국의 첫 전자제품 생산

	연도	상품
전자기기	1970	트랜지스터TV수상기, 스테레오 리시버
	1971	전자계산기, 카스테레오, 라디오-TV, 카세트 테이프, 화재경보기
	1973	인터폰, 레벨계(Level Meter), 잭, 헤드폰
	1974	컬러TV, 전자시계, CB트랜스시버, 마이크, 카세트덱메커니즘
	1975	라디오카세트테이프레코더, 전자복사기, TTY
	1976	비디오게임기, 콤포넌트 스테레오, 미니컴퓨터(오리콤540)
	1977	금전등록기, 소형전자교환기, EES/PABX, PCM Carrier
	1978	데이터폰, 마이크로웨이브오븐, 스테레오 카세트 레코더
	1979	라디오카세트TV, 전자교환기, VCR
전자부품	1970	하이브리드IC
	1971	진공관, Quartz Crystal, 배리스터(Varistor), 페라이트로드
	1973	Solid 저항기, 필름콘덴서, 마그네틱헤드, 형광표시판, TV튜너
	1974	마이카(Mica)콘덴서, 미니모터, 돔스피커, 페라이트코어, 요크(Yoke), 탄탈륨(Tantalum)콘덴서, 금속피막저항기, 로드안테나, 플라이백트랜스포머
	1975	반도체웨이퍼(국내 가공처리), C-MOS시계칩, 테이프원단, PCB원판
	1976	Self-Bonding Wire
	1977	Linear IC Chip CRT 유리, 페라이트 마그네트
	1978	실리콘스틸시트, Alnico마그네트, 페라이트파우더, 세라믹로드, 산화은전지, 수은전지
	1979	컬러CRT

자료: 한국정밀기기센터(전자편람, 1970); 〈매일경제신문〉(1970~1979); 경제제2(전7, 1977); 한국전자공업진흥회(전자편, 1977~1985); 산업연구원(20, 1986); 박청명 전 한국TC전자 사장(1987); LG전자(H5, 2015. 3. 25).

공업화정책선언 이전 1972년 대표적인 해외 하청기지 제품으로 한국 전자공업에서 23.5%의 가장 높은 생산점유율을 가지고 있던 집적회로의 비중은 1979년 8.8%로 대폭 하향되었다.

전자공업의 발전에 큰 영향을 미친 중화학공업화정책선언과 관련된 1970년대의 단기적 발전을 보기 위하여 정책선언이 이루어지기 전 1972년과 비교하여 1979년의 전자공업 업체 수, 생산액, 수출액, 종업원 수, 기술도입 건수, 업체당 자본금을 정리하면 〈표 15-14〉와 같다.

한국의 전자공업은 1973년 중화학공업화정책선언 이후 1970년대 말까지 생산 1,477%, 수출 1,199%, 종업원 수 430%의 큰 증가를 이루었다. 업체 수와 종업원 수 증가율에 비해 크게 높았던 이 시기 생산과 수출증가율은 전자공업의 발전이 생산성과 경쟁력 증대를 동반하여 이루어졌음을 보여 준다. 1972년과 비교하여 1979년 전자공업 주요 제품 생산능력 변화를 정리

114 전국경제인연합회(한경연, 1980), p. 510.

〈표 15-14〉 중화학공업화정책선언 이후 1970년대 한국 전자공업의 발전

구분	단위	1972(B)	1979(A)	A/B(%)
업체 수	개사	217	667	307
생산액	백만 달러	208	3,281	1,577
수출액	백만 달러	142	1,845	1,299
종업원 수	명	52,500	278,100	530
기술도입	건	57	108	189
업체당 자본금	천 달러	250	789	316

자료: 경제제2(중계초, 1980); 과학기술처(과기감, 1981).

〈표 15-15〉 중화학공업화정책선언 이후 전자공업 주요 제품 생산능력 변화

품목	단위	1972	1979	1979/1972
집적회로	1,000개	164,000	500,000	3
트랜지스터	1,000개	853,000	3,400,000	4
다이오드	1,000개	22,000	500,000	22.7
고정저항기	1,000개	155,000	5,000,000	32.2
가변저항기	1,000개	49,000	400,000	8.2
고정축전기	1,000개	251,000	5,500,000	22
가변축전기	1,000개	10,000	300,000	30
흑백TV브라운관	1,000개	–	6,000	–
흑백TV	1,000대	367	6,500	17.7
컬러TV	1,000대	–	1,700	–
라디오	1,000대	1,749	3,200	1.8
전자시계	1,000대	–	2,700	–
녹음기	1,000대	552	7,876	14
에어컨	1,000개	2	160	80
냉장고	1,000대	50	2,000	40
세탁기	1,000대	–	800	–
건전지	1,000개	67,000	230,300	3
선풍기	1,000대	500	3,000	6

자료: 경제제2(중계초, 1980).

하면 〈표 15-15〉와 같다. 이러한 생산능력 확장에 따라 이루어진 1970년대 후반 주요 전자제품 생산구성 추이를 역시 중화학공업화정책선언 직전 1972년과 비교 정리하면 〈표 15-16〉과

같다.

〈표 15-16〉 중화학공업화정책선언 이후 주요 전자제품 생산 구성 (단위: %)

		1972	1975	1979	1980
가정용기기	라디오	6.0	5.8	1.8	1.2
	흑백TV수상기	15.9	9.6	12.4	10.6
	컬러TV수상기	–	0.7	2.2	6.7
	녹음기	3.7	4.9	8.4	8.5
	앰프	–	4.4	4.7	2.7
	전자시계	–	1.2	3.4	2.6
	카스테레오	–	1.2	2.0	1.9
	기타	1.0	3.7	7.1	6.0
	소계(총액, 천 달러)	26.6 (55,300)	31.4 (270,023)	41.9 (1,374,230)	40.2 (1,147,551)
산업용기기	전화기	1.2	0.9	0.6	0.7
	교환기	6.5	5.1	2.8	3.7
	반송(搬送)장치	–	–	1.3	2.9
	전자탁상계산기	1.0	2.5	1.2	0.9
	컴퓨터 및 주변장치	–	–	–	0.3
	전자계측기	–	0.2	0.3	0.6
	기타	3.5	2.2	3.5	4.0
	소계 (총액, 천 달러)	12.2 (25,300)	10.9 (93,641)	9.7 (319,533)	12.8 (363,435)
전자부품	수상관(受像管)	2.1	1.3	1.8	2.5
	다이오드	0.2	2.5	1.1	1.2
	트랜지스터	12.8	9.4	3.7	2.9
	저항기	1.3	0.9	1.5	1.4
	축전기(콘덴서)	2.1	3.4	5.2	3.7
	집적회로	23.5	15.0	8.8	10.3
	스피커	2.0	1.0	1.4	1.2
	텔레비전튜너	1.4	1.6	2.1	2.2
	기억소자	–	1.8	0.9	0.8
	변성기	–	3.1	1.9	2.2
	기타	15.8	17.7	20.0	18.6
	소계 (총액, 천 달러)	61.2 (127,000)	57.7 (496,593)	48.4 (1,586,961)	47.0 (1,340,500)
계 (총액, 천 달러)		100.0 (207,600)	100.0 (860,257)	100.0 (3,280,724)	100.0 (2,852,486)

자료: 한국산업은행조사부(한산, 1976); 한국전자공업진흥회(전전, 1981, 1983); 한국전자공업진흥회(전자편, 1977~1983); 한국개발연구원(중화전, 1981).

가정용기기에서 1970년대 초까지 전자제품의 대명사이었던 라디오의 생산 비중은 1970년대 후반 급감하여 1979년 1.8%에 불과하게 되었다. 또 가정용기기 생산에서 가장 비중이 높은 TV수상기가 1972년 15.9%에서 1979년 14.6%로 큰 변동이 없었으나 1980년 컬러TV수상기 시판과 방송 개시로 컬러TV수상기 생산이 급증하였고 1979년 TV수상기와 녹음기 2개 물품의 생산 비중이 54.9%로 압도적이었다.

선진공업국 생산의 중심이 되어 있고 고부가가치형이면서 고도기술집약적 부문인 산업용기기의 경우 한국은 여전히 발전단계가 낮았다. 산업용기기의 경우 내수 한계가 있었고 해외 경쟁력도 높지 않아 생산 비중이 크게 늘지 못하는 가운데 전자공업 시대를 열었던 교환기는, 1970년대 후반 그 비중이 줄어들어 1975년 5.1%에서 1979년 2.8%로 되었지만 산업용기기 중 가장 높은 생산 비중을 유지하였다. 1980년 교환기의 비중이 다시 3.7%로 높아진 것은 1979년부터 생산되기 시작한 전자교환기(ESS) 때문인데 이때 정부는 전자교환기 전환정책을 적극 추진하기 시작하였다. 엄밀히 말하면 한국이 1970년대까지 생산한 교환기의 중심은 EMD식이나 크로스바식으로 신기술의 전자제품이라기보다는 기계제품에 가까웠다. 교환기 이외의 주요 산업용기기로는 반송장치와 전자탁상계산기 등이 있었다. 전체적으로 한국 전자공업은 산업용기기의 첨단기술 부문이 뒤쳐져 있어 컴퓨터 및 주변장치는 생산 비중이 1970년대까지 거의 없다가 1980년에야 전체 전자제품 생산의 0.3%로 등장하기 시작하였으며 통신기기도 송수신기를 제외하고 고도의 기술을 요하는 제품이 아니었다.[115] 1980년, 한국 최초의 국산 컴퓨터 생산업체이고 수출업체이었던 「삼보컴퓨터」가 청계천 상가에서 출발하였다.[116]

한국 진출 일본 전자기업 조사에서 100% 단독투자 일본 기업은 23.8%, 50.1% 이상 출자 기업은 29.4%이었다.[117] 일본의 한국 진출 기업 중 경영권을 가진 기업의 비중이 50%가 넘을 정도로 이처럼 한국 전자공업에 관심이 높았던 외국인투자기업들의 중심은 수출을 위한 전자부품이었고 따라서 전자부품의 생산 비중은 줄어들고 있다고 해도 1975년 57.7%, 1979년 48.4%, 1980년에도 47.0%로 가장 높았다. 부품의 중심은 집적회로이었는데 1979년 전자공업 내 생산 비중이 8.8%(부품의 18.2%)로 줄었지만 다시 LSI 등 고부가가치 고난도 기술의 집적회로 부품으로 옮겨가면서 1980년 10.3%(21.9%)로 확대되었고 중심 위치에서 밀려난 트랜지스터는 1975년 전자공업 생산액의 9.4%에서 1980년 2.9%로 줄었다. 이 밖에도 전자공업 부품 중 생산 비중이 높았던 것은 축전기(콘덴서)이었다.

이러한 한국 전자공업의 성장에도 불구하고 〈표 15-14〉에서 보듯이 기술도입건수를 보면 1979년에도 108건, 1972~1979년간 89% 증가에 그쳐 연구개발은 물론 후발공업국 초기 발전에 필수적인 기술도입을 통한 발전까지도 가능하였던 수준보다 정체되었을 가능성을 생각할 수

115 국무총리기획조정실(중건7, 1979), p. 150.
116 이용태 전 삼보컴퓨터회장 증언(2011), pp. 191~216.
117 日本電子機械工業會電子産業國際化問題調査委員會(1980), p. 49.

〈표 15-17〉 광의의 기계공업 구조(생산액) (단위: 백만 원, %)

	1972		1976		1979	
금속제품	44,745	15.5	234,660	10.9	504,812	9.6
일반기계	32,917	11.4	287,625	13.3	597,256	11.3
전기기계	115,488	40.1	977,253	45.3	2,016,344	38.2
(전자공업)	(71,601)	(24.9)	(727,817)	(33.7)	(1,092,872)	(20.7)
수송기계	85,093	29.6	564,096	26.1	1,933,096	36.6
정밀기계	9,675	3.4	95,071	4.4	229,416	4.3
합계	287,918	100.0	2,158,705	100.0	5,280,924	100.0

주: 1) 전기기계는 전자공업을 포함한 것임.
2) 일반기계는 금속공작 및 가공기계, 농업기계, 섬유기계, 원동기, 건설기계 및 운반하역기계를 합한 것임.
자료: 경제기획원(광통, 1973~1981); 송병남 한국기계공업진흥회이사1(1981).

있다. 이를 간접적으로 확인해 보기 위하여 중화학공업화정책선언이 이루어지기 전 1972년 말과 중화학공업화정책선언 이후 1976년, 그리고 1979년을 비교해 광의의 기계공업 생산액에서 전자공업이 차지하는 비중을 정리해 보면 〈표 15-17〉과 같다.

전자공업의 생산증대는 놀라운 것이었지만 중화학공업화정책선언으로 여타 기계류의 생산도 급등하여 전자공업이 광의의 기계공업 생산에서 차지하는 비중은 오히려 1970년대 후반 줄어들어 그 비중은 1976년 33.7%에서 1979년 20.7%로 되었는데, 이는 중화학공업화정책선언 이전 해인 1972년의 24.9%보다도 낮아진 것이었다. 기계류 공업에 한정하여 보면 1970년대 전자공업은 중심 공업이 아니었고 정책적으로 언급은 되고 있었지만 미국처럼 군수산업으로 발전하면서 중요성을 높이 평가받고 있지도 않았다. 한국 군부는 한국의 중화학공업화, 전자장비의 국산화를 반대하고 있었고 군용 IC의 경우에도 품질보장, 감독 및 보안 등의 이유를 내세워 미국 조립공장에서 조립하였다.[118] 전자공업은 수출주도 공업으로 1970년대 중화학공업제품 내 수출 2위로 되었지만,[119] 사실 고부가가치의 산업용기기는 기술상의 한계와 전략적 선택순위로 인해, 또 컬러TV수상기 등 다수 고부가가치 가전제품은 국민 위화감 억제라는 정책적 목적의 내수억제로 인해 발전이 정체되고 있었고 결국 1970년대 전자공업 성장은 한계를 계속 가지고 있었다.

1970년대 한국의 산업용기기는 발전의 모멘텀을 찾지 못하고 있었고 생산성이 낮은 상태를 이어갔다. 〈표 15-18〉에서 보듯이 산업용기기의 경우 종업원 1인당 생산액이 미국보다 뒤떨어져 있는 일본의 21.6%에 불과하였다. 그나마 좋다고 하는 가정용기기나 부품의 경우도 1

118 한국무역협회(장전, 1976. 10), p. 91.
119 상공부 전자공업육성계획작업반(전자, 1981. 5).

〈표 15-18〉 전자공업 부문구조별 생산성 비교

	국가	종업원 수(명)	1인당 생산액(천 달러)
가정용기기	한국	46,000	29
	일본	224,946	50
	미국	68,000	84
산업용기기	한국	28,000	11
	일본	79,465	51
	미국	130,000	70
부품	한국	144,000	11
	일본	268,958	35
	미국	480,000	42

주: 1) 한국은 1979년이고 일본과 미국은 1978년임.
2) 미국과 일본의 산업용기기는 통신기기임.
3) 미국은 출하액임.
자료: US Department of Commerce(UIO, 1979~1980); 通商産業大臣官房調査統計部(工企, 1979~1980); 한국산업은행조사부(80전, 1981).

인당 생산성이 역시 미국보다 뒤떨어져 있는 일본의 58.0%, 31.4%이었다.

1970년대 전자공업은 고도성장을 이루면서 수출을 주도하였다. 우선 성장 면에서 보면 전자공업은 1970~1979년간 연평균 성장률 46.4%를 달성하여 제조업 평균 17.8%를[120] 2.5배 이상 상회하였다. 그 결과 1979년 전자공업 생산은 세계 생산량의 1.6%를 점하며 생산액 11위를 차지하였고 수출은 1979년 세계 수출시장 점유율 3.3%로 급등하며 세계 전자제품 수출순위에서 10위 위치를 지속하게 되었다.[121] 1970년대 중화학공업화정책에 따른 한국 전자공업의 양적 성장은 오늘날 한국 전자공업의 기초를 놓았다. 많은 한계가 있었고 비판이 가능하지만 일단 "선진국형 두뇌전자공업으로 발전시키는 소지를 조성"하였다는 1980년 중화학공업추진위원회기획단의 평가는[122] 옳다고 볼 수 있다.

1980년 한국의 중화학공업은 전자를 중심으로 조선, 철강 등의 수출에서 세계 상위권에 진입하여 있었다. 정부정책도 그러하였지만 그보다 대기업집단 기업들은 일관되게 수출에 대해 적극적이었고 이는 대만과 대비되는 한국의 특징이었다.[123] 전자공업은 20억 400만 달러 수출로 세계 시장 점유율 3.3% 유지,[124] 세계 9위가 되었고 흑백TV수상기는 514만 4,000대

120 World Bank(WR, 1980~1981).
121 상공부 전자공업육성계획작업반(전자, 1981. 5).
122 중화학공업추진위원회기획단(중화추현, 1980. 1), p. 147.
123 佐藤幸人(1996), p. 205.
124 상공부(981전자, 1981. 9).

수출로 세계 1위에 올랐다.[125] 1973년 상공부가 설정한 목표가 1980년 세계 전자시장 점유율 1.5%,[126] 국무총리기획조정실이 정부 의견을 종합하여 다시 조정한 세계 수출시장 점유율 목표가 1980년 1.2%이었으므로[127] 중화학공업화정책선언 당시의 목표를 대폭 상회하여 달성한 것이다.

그러나 1980년대 들어와 전자공업의 기업 환경은 악화되고 있었다. 고금리와 중화학공업 비판 등 국내 환경만이 아니라 선진공업국의 수입규제 등 무역마찰과 내수시장 개방요구 확대, 원자재·에너지가격 폭등, 동남아시아와 중국 등 발전도상국들의 추격 그리고 국제 금융시장의 불안정 등 해외 환경까지 극도로 악화되고 있었다. 불황이 심화되고 중화학공업화 비판이 확대되면서 총력전으로 전개되던 전자교환기 국산화 사업도 비판을 받았고 「한국전자통신」(KTC)의 민영화 진전도 급물살을 타 「삼성GTE」가 1980년 3월 「한국전자통신」을 공식 인수하게 되었다. 삼성에 인수된 「한국전자통신」은 바로 4월부터 M10CN 전자식 교환기의 국내 양산에 나서 한국의 본격적인 전자교환기 시대를 열었다.

국내외 환경이 악화되면서 빠른 발전 속에 남겨지고 묻혀 있던 문제들도 드러났다. 1980년대 초 한국 전자공업의 품질 관련 요인별 상태를 보면 〈표 15-19〉에서 보듯이 다수에서 대만, 싱가포르 수준을 넘어서고 있었지만 일본 등 선진공업국 수준에 비해서는 QC, 경영자의 비전, 종업원 저임금 및 과로에 따른 사기 등에서 여전히 개선의 여지가 많았다. 기업문화가 상명하복식으로 종업원, 현장 기술인력들의 선도능력은 발휘되기 어려웠다. 아이디어 제안제도

〈표 15-19〉 한국의 품질 관련 요인별 상태

		한국	일본	대만	싱가포르
공정	시설자동화	M	S	M	M
	설계능력	S	S	거의 합작처에 의존	
	엔지니어링기술	S	S	M	M
	종업원의 성의	M	S	M	M
	종업원의 품질	S	S	M	M
	QC기법	M	S	M	M
기타	정부의 지원노력	S	S	S	S
	경영자 비전	M	S	S	M
	종업원 사기	M	S	S	M

주: S: 상위 수준, M: 개선 여지 있음.
자료: 한국무역협회(가전, 1981. 12), p. 49.

125 재무부(중육, 1981. 9).
126 상공부(전자장, 1973. 1), pp. 1, 3.
127 국무총리기획조정실(중오, 1973), p. 98.

〈표 15-20〉 제2~4차 경제개발5개년계획 생산실적 (단위: 10억 원, %)

	2차 1971년 말	3차 1976년 말	4차 1981년 말	연평균성장률		
				3차 (1972~1976)	4차 (1977~1981)	3·4차 (1972~1981)
전자공업	67	690	2,654	59.4	30.9	44.4
가정용 전자기기	17	267	1,102	73.4	32.8	51.8
산업용 전자기기	8	62	346	50.6	41.0	45.7
부품	42	361	1,206	53.7	27.2	39.8

자료: 상공부(전자, 1982), p. 14.

를 보면 1인당 제안 수가 미국 *General Electric*(1979)은 0.84건, 일본 *Sanyo*(1979)는 19.4건이었지만 한국 대기업(1980)의 경우 0.2건으로 차이가 컸다.[128]

제2차 경제개발5개년계획, 제3차 경제개발5개년계획과 제4차 경제개발5개년계획 목표연도별로 성과를 정리하면 〈표 15-20〉과 같다. 이 시기는 1973년과 1979년 2차례 석유파동과 세계적인 경제위기 그리고 1979년 이후 안정화정책과 10.26사태 등 충격적이고 비정상적인 대내외 변수가 돌출되었던 시기이며 제4차 경제개발5개년계획 목표연도인 1981년은 중화학공업화 정책의 목표연도이었다.

제3차 경제개발5개년계획이 시작되기 전 전자공업의 1971년 명목생산액 670억 원과 대비하여 1981년 생산액은 2조 6,540억 원으로 성장하였다. 제3차, 제4차 경제개발5개년계획기간(1972~1981) 중 전자공업은 연평균 44.4% 성장하였으며 이는 동기간 한국의 제조업 33.9%는 물론 일본 전자공업 21.7%, 대만 전자공업 34.4%의 연평균 성장률보다 높은 것이었다.[129] 1981년 한국 전자공업의 생산이 총 산업생산에서 차지하는 비중은 6.1%가 되어 10년 전 1971년 1.5%에 비해 4.1배, 1976년 5.2%에 비해 1.2배가 되었다.[130] 동시에 한국 전자공업은 1971년 부품이 전자공업 생산의 62.7%를 점하던 부품주도적 생산구조를 탈피하여 1981년 가정용 전자기기 1조 1,020억 원, 부품 1조 2,060억 원의 생산균형을 맞추게 되었다. 그리고 1976년 이후 낙후된 산업용 전자기기 생산의 증대를 추구하여 1976~1981년 5년간 산업용 전자기기의 성장률은 연평균 41.0%에 달하여 가정용 전자기기와 부품의 생산증가율을 넘어섰다. 실제로 산업용기기의 발전은 〈표 15-21〉에서 보듯이 정체되다가 1977년 이후 1981년까지 사설자동교환기, 전자교환기(ESS), 제2기종 전자교환기, 컴퓨터주변기기, 텔레폰레코더, CRT터미널 개발이 이루어졌고 이를 기초로 하여 1982년 고성능레이더, 텔레프린터 개발 그리고 1983

128 한국무역협회(가전, 1981. 12), pp. 9~10.

129 상공부(전자, 1982), p. 14.

130 한국산업은행조사부(한산, 1984), 하, p. 206.

〈표 15-21〉 산업용 전자기기의 주요 발전내용(1959~1983)

연도	주요 발전내용
1959	국내 최초 산업용기기 생산(Strowger식 자동교환기)
1960	자동교환기 생산
1964	EMD식 자동교환기 생산
1968	컴퓨터 도입 운용(EPB), EMD식 교환기 대만 수출
1971	전자계산기 생산
1976	컴퓨터 조립생산
1977	금전등록기 생산, 사설자동교환기 생산(EPABX)
1979	전자교환기 생산(ESS)
1980	텔레폰레코더, 컴퓨터주변기기, 인터콤, 모니터TV 개발
1981	제2기종 전자교환기 생산, CRT터미널 개발
1982	고성능레이더, 텔레프린터, 데이터디스플레이모니터, 로란리시버 개발
1983	64K DRAM 생산, 마이크로컴퓨터, 퍼스컴, 워드프로세서, 모뎀 개발

자료: 한국전자공업진흥회(전자편, 1983); 한국산업은행조사부(한산, 1984).

년 64K DRAM 생산과 퍼스널 컴퓨터, 핵자기공명단층촬영기 개발이 이어졌다. 증언에 의하면 개발 과정에서 초기 개발된 제품에 문제가 많이 발생하여 품질개선을 위한 화장식까지 한 일도 있었다.[131]

분명히 확인되는 양적 성장과 늦게 출발한 구조개선의 노력 속에서도 1981년 말 고부가가치, 고기술이 요구되는 산업용 전자기기의 생산액이 전자공업 생산액의 13.0%에 머물고 있는 등 한국의 전자공업은 여전히 많은 구조적 한계를 가지고 있었다. 그 결과의 하나로 전자공업 수출이 총수출에서 차지하는 비중 역시 1981년 10.4%로 1971년 8.2%에 비해서는 1.3배 늘어났지만 1976년 13.4%에 비해서는 오히려 줄어들었다.[132] 결국 1970년대 양적 성장을 기초로 1980년대 한국 전자공업은 질적 성장의 경로를 모색하여 나가야 하였다. 이러한 필요성을 확대시킨 것은 한국 내의 노동시장 구조변화와 함께 해외 부문의 한국 전자제품에 대한 견제이었다. 1982년 10월 16일 상공부는 1980년대 전자공업장기육성방안을 마련하여 산업용 전자공업의 비중을 1991년까지 31%로 상향하고 1991년 전자공업의 세계 시장 점유율을 4.2%까지 올리겠다고 밝혔다.[133]

131 김건중 전 한국정보통신 총괄사장(2009), p. 227.
132 한국산업은행조사부(한산, 1984), 하, p. 206.
133 〈매일경제신문〉(1982. 10. 16).

한국 업체가 만든 8비트 개인용 컴퓨터(퍼스컴)가 한국 시장에 첫 선을 보인 1983년 7월은 한국 컴퓨터산업의 본격적인 출발시점이라고 평가할 수 있다.[134] 이어 8월 27일 과학기술처의 특정연구개발사업으로 KAIST와 한국화약그룹 「고려시스템」은 워드프로세서 「명필」을 개발하고 연산 마이크로컴퓨터 3만 대, CRT터미널 4만 대를 생산할 수 있는 컴퓨터 종합생산 부평공장을 준공하여 본격 생산에 들어갔다.[135] *MS*가 프로그램 판매를 위해 가정용 퍼스널 컴퓨터 규격을 무료 공개한 MSX 컴퓨터에 대해 일본 가전업체들의 생산 진입 열풍이 나타났고 1983년 11월 한국의 가전 3사 「금성사」, 「삼성전자」, 「대우전자」 역시 MSX 컴퓨터 생산에 진입하였다. 이 해 1983년은 「삼성전자」가 반도체 산업 진출을 공개적으로 선언하고 「현대전자산업」이 반도체 시장에 진입한 해로 이런 점에서 1983년은 한국 컴퓨터만이 아니라 한국 반도체의 본격적인 출발점이었다고도 할 수 있다. 1984년 7월 「현대전자」는 이천 반도체 제1공장을 준공하였고 같은 해 10월 22일 미국 현지법인 HEA 반도체공장을 준공하였다. 그러나 *IBM*이 한국에서 1985년 16비트 개인용 컴퓨터를 판매하고 특허권, 저작권을 요구하기 시작하면서 출발부터 한국의 컴퓨터산업은 미국 기업의 방해를 견뎌내어야 하였고 반도체는 1984년 일본 기업들의 무차별적이고 연속적인 가격인하로[136] 생존 자체를 위협받아야 하였다.

이런 시련 속에서도 1980년대 중반 「금성반도체」, 「삼성전자」, 그리고 신규 진입한 「현대전자산업」과 「대우전자」, 「대우통신」의 경쟁과 선전으로 한국 전자산업을 세계에 알린 반도체와 가전기기의 국산화, 고급화 시대가 본격 시작되었고 한국 전자공업은 한 부분 한 부분 기술독립과 함께 기술수출도 진행해 나갔다. 1986년 「현대전자」는 2월 5일 미국 디스크드라이브 전문업체인 「탠던」사와 50 : 50 합작으로 디스크 드라이브 전문생산업체인 「현대마그네틱스」 설립 창립총회를 개최하고[137] 6월에 미국 현지법인 HEA 반도체 생산시설을 독일 「지멘스」사에 매각한 후[138] 10월 10일 경기도 이천 종합전자공장 1단계 준공식을 거행하였다. 1983년 10월에 착공하여 1차 준공된 현대전자 이천공장은 연산 88만 개의 반도체 웨이퍼 가공시설과 3억 6,000만 개의 반도체칩 조립공장 그리고 연산 30만 대의 퍼스널 컴퓨터 및 주변기기 생산공장을 갖추었다.[139] 1987년 11월 18일 한국의 전자산업은 100억 달러 수출을 달성하였고 이 해 전화 1,000만 회선이 달성되었다. 이러한 한국 전자공업, 반도체 공업의 성공에는 기업 자체의 노력 외에도 삼성 기흥공장과 현대 이천공장 건설을 위해 그린벨트와 농지를 공업용지로 전환하는 등의 거시적인 국민비용도 투입되었다.

한국 전자공업의 양적 성장과 함께 질적인 개선이 시작되자 해외 부문의 한국 전자제품에

134 〈동아일보〉(1985. 5. 3).
135 〈매일경제신문〉(1983. 8. 27).
136 〈매일경제신문〉(1984. 10. 15).
137 〈매일경제신문〉(1986. 2. 6).
138 〈매일경제신문〉(1986. 7. 2).
139 〈동아일보〉(1986. 10. 10).

대한 견제가 강화되었다. 한국산 컬러TV수상기에 대해 미국 상무성이 1984년 12월의 「금성사」, 「삼성전자」, 「대우전자」 평균 10.65%의 최종덤핑 판정에 이어[140] 1986년 11월 7일 다시 「삼성전자」 2.06%, 「금성사」 1.37%, 「대우전자」 3.49%, 3개사 가중평균 1.91%의 제2차 최종 덤핑마진율을 확정하였다. 1989년 1월 EC집행위원회 역시 한국 VCR에 대한 최종 덤핑마진을 「대우전자」 24.7%, 「금성사」 18.9%, 「삼성전자」 17.2%로 확정하였다. 이러한 견제에 대한 대응으로 한국 전자공업은 해외 현지 생산을 확대하여 「금성사」·「대우전자」·「삼성전자」 3사의 해외 생산규모는 1988년 7억 달러, 1989년 11억 달러로 확대되었고 해외 생산기지는 14개소에 이르렀다.

한국의 가전제품이 비교적 초기부터 대기업 중심으로 발전하여 온 것과 대조적으로 반도체, 컴퓨터 등 신 기술제품의 초기 발전에는 중소기업, 소규모 업자들의 결정적 역할이 있었다. 나아가 1990년 초반까지 국내 PC 사용 환경에 필요한 각종 소프트웨어 개발이나 외국 제품 토착화 과정은 대부분 미국과 일본 정부에게서 동양 최대의 복제 소굴로 비난받던 세운상가를 중심으로 진행되었고 여기에서 만들어진 제품들은 당시로서는 일반 PC업체들도 손댈 수 없었던 고난도 기술을 요하던 분야의 생산물이었다.[141]

1990년대 한국 전자공업은 컴퓨터 해외 수출도 성공시켜 나가는 등 1980년대 질적 개선 시도를 기초로 한 걸음 더 나아가 첨단 전자제품 부문도 세계 시장에 내놓기 시작하였다. 1994년에는 반도체 단일품목의 수출이 100억 달러를 돌파하였으며 1999년에는 이동전화 가입자 수가 2,000만 명을 넘어서서[142] 1996년부터 본격화된 CDMA 이동통신과 함께 한국은 세계 IT 강국으로 등장하였고 2000년에는 전자공업 수출이 전체 수출의 39.2%로 40%에 육박하였다. 그리고 2005년 한국 전자제품 생산은 세계 시장의 7%를 차지하였고 전자제품 수출은 1,028억 달러로 일본, 미국, 중국에 이어 4번째로 1,000억 달러를 돌파하였다.[143]

---

140 컬러TV수상기에 대해 미국 상무성은 1983년 10월 「삼성전자」 3.05%, 「금성사」 3.87%, 「대우전자」 1.77%, 「한국전자」 2.04% 예비덤핑 판정을 하였고 1984년 3월 20일 「삼성전자」·「금성사」·「대우전자」는 컬러TV 미국 수출 자율규제에 합의하였지만 미국 상무성은 1984년 12월 「금성사」 7.74%, 「삼성전자」 12.23%, 「대우전자」 14.88%, 평균 10.65%의 최종덤핑 판정을 하였다.

141 전자신문사(컴파, 1995. 12. 11~1996. 12. 12), 32. 증언은 “PC산업 초창기, 세운상가에서 명성을 날린 …… 이들이 초창기 PC산업에 공헌한 노력만을 평가한다면 이들 가운데 몇 개는 적어도 현재 국내 컴퓨터 업계 기업순위에서 10위권 내에 들어있어야 한다. 하지만 현실은 그렇지 못하다”라고 기억해야 할 역사를 말하고 있다.

142 〈매일경제신문〉(1999. 12. 28).

143 산업자원부가 발표한 ‘2005년 전자산업 수출입 실적’에 따르면, 2005년 전자산업 수출은 1,028억 달러, 수입은 565억 달러를 기록했다. 전자산업 수출액은 전체 수출액 2,847억 달러의 36.1%이었다. 품목별로는 반도체 299억 9,000만 달러, 휴대폰 188억 9,000만 달러, 가전기기 146억 7,000만 달러를 수출했으며, 무역수지는 휴대폰 186억 6,000만 달러, 컴퓨터용 모니터 54억 2,000만 달러, 반도체 42억 9,000만 달러 순으로 흑자폭이 컸다. 국가별로는 그동안 1위였던 대미수출이 환율하락과 수출경쟁 심화 등으로 19.8%나 감소한 144억 7,000만 달러에 그쳐 처음으로 중국(217억 5,000만 달러)에게 수출 1위 자리를 내주었다. 〈전남조은뉴스〉(2006. 1. 9).

Ⅲ. 기업과 기업가단체

1961년 12월 27일 공포된 「중소기업협동조합법」은 영세하였던 당시 전자공업기업들의 초기 정착에 도움을 주었다. 1961년 설립된 「경제재건촉진회」는 「한국경제인협회」로 개명하였다가 다시 1968년 전국경제인연합회로 바뀌었는데 이는 전자기업들을 포함하고 있었지만 포괄적인 기업가단체이었다. 1962년 5월 21일 「한국전기공업협동조합」이 설립되었는데 당시 전기는 전자공업을 포괄하는 것이었지만 이는 오늘날의 전자공업보다 전기공업에 더 가까운 기업가단체이었다.

전자공업에 특화된 기업가단체로 가장 먼저 출범한 것은 1962년 5월 창립한 「한국통신공업협동조합」으로 6월 30일 설립인가를 받았다. 1967년 1월 12일 「한국전자공업협동조합」이 창립되어[144] 9월 2일 한국전기전자기기시험검사소를 설립하였고 1968년 3월 18일 최초의 해외 전자공업 시찰단을 파견하였다.[145] 기업가단체들은 정부의 수출확대정책에 적극 협조하였는데 1968년 11월 27일 한국전자공업협동조합은 수출확대를 위하여 수출을 위한 전자제품 소요기준량 상향을 건의하기도 하였다.[146] 1970년 8월 12일 「한국전자제품수출조합」이 창립총회를 갖고 발족되었는데 이날 창립총회에서 삼성계열 업체들이 발기인 27명 중 생산업자 13명이 무자격자임을 내세워 창립총회 불가를 주장하고 나섰고, 상공부와 집행부 측은 유자격자인 무역등록업자가 14인이므로 수출조합법에 저촉되지 않는다고 주장하여 상공부장관의 허가 과정에서 적법 여부를 가리기로 하는 소동이 있었다.[147] 「한국전자제품수출조합」은 나뉘어 있던 수출 관련 업무를 집중시켰고 1973년 시카고 미국전자전(CES)에 참가하였다.

한국 전자공업의 부흥은 TV수상기 부문에의 기업진입으로 나타났다. 1965년 정부가 장기간 미루어 온 「금성사」의 TV수상기 기술도입과 생산을 인가하자 바로 「동남전기」와 일본 「샤프」, 「한국마벨」과 미국 *RCA*의 기술협력과 TV생산 인가요청이 이어졌고 「삼양전기」, 「천우사」, 「동신화학」, 「대한전선」, 「삼성산요」 등이 뒤를 이어 TV수상기 생산에 나섰다.[148] 1972년 3월 2일 「한국전자공업협동조합」은 상공부장관으로부터 시범협동조합으로 지정받았다.

중화학공업화정책선언과 함께 1973년 2월 「한국전자공업협동조합」과 「한국전자제품수출조합」이 사실상 운용통합을 선언하고 단일이사진을 구성하였다. 1974년 8월 3일 상공부는 「한국전자공업협동조합」에 전자제품 국산 공급 불가능 품목 확인업무를 위임하였다.[149] 1974년 이

144 〈매일경제신문〉(1967. 1. 14).
145 한국전자산업협동조합(HKEIC, 2019. 3. 22).
146 한국전자공업협동조합(전조2, 1987), p. 99.
147 〈매일경제신문〉(1970. 8. 13).
148 전자산업 50년사 편찬위원회(2009), pp. 87~88.
149 한국전자공업협동조합(전조2, 1987), p. 155.

후 석유파동의 영향으로 미국 등 한국의 주요 수출시장들이 보호주의적인 태도를 강화하고 세계 시장이 불황에 빠지면서 정부와 업계는 수출을 적극 지원할 수 있는 보다 강력한 조직을 필요로 하게 되었다. 1975년 청와대 수출진흥확대회의에서 장예준 상공부장관은 한국전자공업협동조합, 한국전자제품수출조합, 한국정밀기기센터의 전자공업진흥업무를 통합한 강력한 민간기구 설립계획을 보고하였다.[150]

상공부 방침에 따라 1976년 2월 23일 전자공업진흥단체의 통합기구 설립을 위해 한국전자제품수출조합이 조합 해체를 결의하였고 이를 이어받아 오후에 무역회관에서 한국전자공업진흥회 창립총회가 열렸다(〈그림 15-6〉 참조). 박승찬(朴勝璨) 금성사 사장을 초대회장으로 한 한국전자공업진흥회는 8월까지 한국전자제품수출조합의 업무를 승계하고 이후 한국전자공업협동조합과 한국정밀기기센터의 전자공업진흥업무까지 흡수하여 기능을 통합할 것을 목표로 하였다.[151] 1976년 4월 20일 「한국전자공업진흥회」가 상공부장관인가 제232호로 정식 출범하였다. 11월 5일 상공부는 전자공업진흥회를 전자공업진흥법 규정에 의한 전자공업진흥기관으로 지정하였다. 전기전자 부문에서 구분조차 애매하게 취급되던 전자공업은 1970년대 하반기 들어 한국 대표산업으로 부상하게 되었고 이에 따라 대규모 전자공업사업체가 다수 등장하게 되었다.

〈그림 15-6〉 한국전자공업진흥회 창립과 내용을 알린 당시 신문

電子工業振興會 발족

輸出組合 해산…業務 承繼

會長 朴勝璨씨 내정

組合업무는 변동없어

해설

업계統合機構목표

자료: 〈매일경제신문〉(1976. 2. 24).

150 전자산업 50년사 편찬위원회(2009), p. 207.
151 〈매일경제신문〉(1976. 2. 24).

1977년 내국인 사업체가 480개, 합작사가 167개, 외국인 단독투자사업체가 44개로 총 691개 전자공업 사업체가 있었고 종업원 100인 미만 사업체가 293개사로 42.4%를 차지하고 있었다. 1977년 종업원 1인당 출하액은 9,410달러로 미국 및 일본에 비해 1/2~1/5밖에 되지 않았다. 특히, 사업주체로 볼 때 내국인 사업체의 생산성이 뒤떨어져 내국인 사업체의 종업원 1인당 출하액은 6,510달러로 합작사업체와 외국인 사업체의 13,310달러, 13,030달러의 48.9%, 50.0%로 절반에도 미치지 못하였다.[152] 전자공업기업들은 생산성을 높일 수 있는 요소인 규모의 경제, 연구개발, 노동의 자본장비율, 전문화·계열화에서 모두 뒤처져 있었고 특히 내국인 사업체가 더욱 그러하였다.

1978년 6월 1일 「반도상사(半島商事)」는 1975년 설립된 「서음(瑞音)전자」 50% 지분을 인수하였다.[153] 1978년 흑백TV수상기를 놓고 가전기업들 간 가격경쟁이 촉발되었다. 1978년 말 초점의 대상이 되고 있던 전화기와 반도체 부문 3개 대표기업은 각각 「금성통신」, 「동양정밀」, 「한국전자통신」과 「삼성반도체」, 「모토로라」, 「대한반도체」로 이들 기업의 자산과 설비능력을 정리하면 〈표 15-22〉와 같다.

1979년 1월 「한국전자공업협동조합」은 중소기업인 중심으로 재구성되어 고명철 「서진전자」 사장, 김영수 「한국전자」 사장, 김홍찬 「광림전자」 사장, 유제홍 「한국코아」 사장, 고석영 「한국전기음향」 사장, 변봉덕 「중앙전자」 사장들로 새 이사진을 구성하면서 한국전자공업진흥회에서 독립을 선언하였다. 1979년 3월 1일 한국전자공업진흥회는 「한국정밀기기센터」 전자사업부를 흡수 통합하고[154] 한국전자전람회와 전자공업 업무를 이관 받았다.

1979년 한국 전자공업을 대표하는 가전 3사의 경영실적 및 재무상황을 정리하면 〈표

〈표 15-22〉 전화기·반도체 대표기업(1978년) (단위: 외자 천 달러, 기타 백만 원)

	기업	자산·투자액	설비능력
전화기	금성통신	총자산 18,129	EMD교환기 24만 회선, 전화기 60만 대
	동양정밀	총자산 27,872	ST교환기 18만 회선, 전화기 34만 대
	한국전자통신	–	전자교환기 연 66만 회선
반도체	삼성반도체	내자 2,400/외자 5,000	IC 760만 개, TR 6,000만 개
	모토로라	–	IC 2억 개
	대한반도체	내자 1,700/외자 5,000	TR 7억 6,700만 개, IC 530만 개

자료: 日韓經濟協會(急, 1979. 2).

152 한국산업은행조사부(한산, 1979), 상, p. 407.
153 〈매일경제신문〉(1978. 6. 1).
154 한국전자정보통신산업진흥회(HG, 2018. 5. 30).

〈표 15-23〉 가전 3사의 경영실적 및 재무상황(1979) (단위: 백만 원, %)

	금성사	삼성전자	대한전선
매출액	262,034	230,661	173,038
매출이익	31,953	44,367	32,568
영업이익	12,076	22,774	17,418
경상이익	1,294	11,907	3,597
세후순이익	5,716	10,586	3,136
매출액증가율	53.5	4.5	19.6
부채비율	286.3	399.3	339.8

자료: 전국경제인연합회(한경연, 1980), p. 509.

〈표 15-24〉 가정용 전기기기 기업경영 분석 (단위: %)

		1977	1978	1979
성장성	매출액증가율	35.33	71.53	52.50
	총자본증가율	43.84	77.13	61.26
수익성	매출액 경상이익률	4.50	4.35	0.96
	총자본 경상이익률	6.32	6.74	1.42
안정성	자기자본비율	19.2	19.2	20.2
	부채비율	420.7	421.4	394.0

자료: 한국은행(기업, 1980).

15-23〉과 같고 한국 전자공업을 대표하던 가정용 전기기기 부문의 기업경영 분석 주요 지표를 보면 〈표 15-24〉와 같았다. 가정용 전기기기 기업의 1979년 매출액 증가율이 52.5%, 총자본증가율이 61.3%로 성장성은 높았지만 매출액 경상이익률이 0.96%로 수익성이 낮았고 자기자본비율과 부채비율 역시 20.2%, 394.0%로 안정성이 낮았다. 한국 전자공업을 대표하던 가전 3사만 뽑아 보아도 자기자본비율, 유동비율, 경상이익률이 21.1%, 101.5%, 0.98%로 각각 일본의 43.1%, 123.9%, 6.1%에 비해 안전성과 수익성에서 모두 낙후되어 있었다.[155]

1980년대로 넘어가면서 기업경영지표는 더욱 악화되었다. 1980년 전자공업기업들의 매출액증가율은 53.8%나 대폭 떨어지고 수익성 지표인 매출액 경상이익률이 -0.7%로 심지어 적자로 나타났다. 금융비용 부담률은 5.9%에서 9.5%로 폭등하였다. 그러면서 안정성 지표인 자기

155 한국무역협회(가전, 1981. 12), p. 11.

자본비율은 악화되고 부채비율은 343%에서 466%로 치솟았다.[156] 이러한 제반 악화의 원인은 수출에 주력하던 전자공업이 임금상승, 금융비용 상승과 함께 가격경쟁력이 약화되고 더하여 2차 석유파동으로 수요감소, 시장장벽 강화 등 세계 시장 환경 악화로 타격을 받았기 때문이었다. 세계 시장의 혼란 속에서 독립적으로 성장하고 있지 못하였던 내수 역시 타격을 받았다. 1980년 11월 6일 한국전자공업진흥회는 「한국전기용품제조협회」를 흡수 통합하여 새로운 시장영역을 모색하고 1981년 4월 27일부터 30일까지 「한국전자전람회」와는 별도로 「81년 국제전자기자재전시회 및 전기용품전시회」를 마련하여[157] 수요확대를 위한 지원활동에 나섰지만 상황은 악화되고 있었다.

결국 기업들이 재고를 줄이기 위한 대대적인 할부판매에 나서면서 투자재원의 회수지연과 함께 매출채권이 증가하였고 부채비율의 대폭 상승에 따라 금융비용이 더욱 높아지는 악순환이 나타났다. 공장도 시점에서 간접세를 납부해야 하고 관세환급·부가가치세 정산에 따른 간접비 과중, 선납세액과 채무충당 지연에 따른 금리가중도 금융비용 상승으로 작용하였고 관납 후에도 대금지불 지연으로 업체는 이에 따른 금리까지 부담하여야 하였다.[158] 계속된 관행으로 기업들은 차관공여, 수출용 설비 외화대여, 국민투자기금 등 제도권 정책금융과 더하여 사금융까지 타인 자본에 크게 의존하고 있었다. 이렇게 원래 자기자본비율이 낮고 부채비율이 높았던 데다가 더욱 높아진 부채비율, 그리고 여기에 한국의 고금리와 금리상승까지 더해진 금융비용 상승으로 기업들의 안정성은 흔들렸고 이는 가격경쟁력 장애요인이 되어 전자공업에서 후발공업국의 추격을 허용할 수 있는 원인이 되고 있었다. 또한 높은 금융비용에 따른 낮은 수익성으로 기업들은 설비투자와 연구개발에 적극 나설 수도 없었고 나아가 수익을 축적하지 못함으로써 발전속도가 빨랐던 자본재의 교체를 위해 다시 은행자금을 빌려 금융비용이 계속 높아지는 악순환이 상존하였다. 1980년대 초 한국 전자업계의 설비 노후화 및 자동화 미비가 심각하여 설비투자는 필수적인 것이었다.

1980년대 들어와 나타난 이러한 기업 수익성과 안정성의 악화는 세계 시장의 문제에 크게 기인하는 것이지만, 보다 근본적으로 보면 한국 전자공업의 과도한 수출 의존과 저임금 노동집약 구조에의 의존 속에서 고부가가치 부문으로의 상품, 기술전환이 늦어지고 있었던 것에 기인하는 것이다. 동남아시아 등 후발공업국들의 진입으로 선진공업국, 중진공업국, 발전도상국의 3개 단층으로 구분되고 있는 세계 전자업계의 동향에서 한국도 빨리 선진공업국들과 같은 가전산업 개편과 컴퓨터·반도체 등 첨단기술 경쟁에 뛰어들어야 할 필요성이 커지고 있었다.

1980년대 초 당시 전자공업계의 고충은 기술개발 능력 부족, 원가상승, 그리고 기업 내·

156 상공부(전자, 1982), p. 33.
157 〈매일경제신문〉(1981. 4. 27); 〈동아일보〉(1981. 4. 28).
158 한국개발연구원(중화전, 1981), pp. 51, 56.

기업 간 적폐 등 다음과 같이 조사되고 있었다.

【전자공업 업계의 고충(1981)】

1. 신규 제품의 출현 정지
   (1) 기존 제품의 보급률 포화
   (2) 선진국 특히 일본의 기술제공 기피: VTR, 마이크로카세트
   (3) 기술개발 능력의 부족
      – 핵심부품의 해외 의존
      – 각 관련 부문 기술의 병목 편재
2. 원가상승을 억제할 수 있는 탄력성 부족
   (1) 계열업체의 취약: 가격인하 요인의 부족
   (2) 생산성 향상의 미흡
      – 자동화를 위한 자금 및 엔지니어링 능력 부재
   (3) 기술부재
      – 생산관리 기술 부족
3. 고루한 기업경영
   (1) 계열업체의 지도육성 의무 망각
   (2) 기업주의 단독 의사결정
   (3) 단기적 시각
   (4) 전문경영인에 권한 부여 기피
4. 불황 극복의 경륜 부족
   (1) 불황시 감량 경영능력과 호황시 속응력(速應力) 부족
5. 앙숙지간의 업계
   (1) 해외에서 상호 덤핑
   (2) 경쟁회사 계열회사로부터 부품 불구입

한국무역협회(가전, 1981. 12), pp. 15~16.

1982년 1월 1일 통계청은 한국전자공업진흥회를 정부 통계기관으로 지정하였다. 1982년 상공부는 1980년대 한국 전자공업의 문제점 5가지 중 하나로 기업경영 기반의 취약성을 지적하고 그 근본 원인으로, 첫째 단기적 임기응변적 경영위주로 장기 경영관 미정립, 둘째 양적 규모 확대에 치중한 나머지 기술축적 및 개발대책 미흡, 셋째 지출절감 등 소극적 경영합리화로 생산성 제고, 품질향상 등 적극적 경영합리화 소홀, 넷째 국내 경영 분야로 동종 업계 간 과다경쟁 및 협업화 의식 부족, 다섯째 기업위주의 경영으로 인력개발 및 활용 미흡, 여섯째 정부 의존적 경영으로 자기자본력 취약을 들었다.[159] 상공부는 기업 자체의 문제와 방향에 대

159 상공부(전자, 1982), pp. 22, 34.

해 구체적으로 다음과 같이 언급하였는데, 이는 이후의 기업에 대해서도 언급될 수 있는 것이었다.

> 우리 기업의 일각에서는 양적인 성장에 편중된 경영으로 방만한 투자, 배타적인 독점 지향, 단기적 이익집착, 기업주 독단의 경영 등 전근대적인 경영의 단면이 없지 않아, 생산성 제고와 품질향상을 위한 기술혁신의 정체, 불황에 따른 경영합리화의 미달, 장기 안목의 신제품 개발 지연, 우수한 중간관리층의 능력 미개발 등 우리 산업이 겪고 있는 당면과제들을 극복하기 위해서는 기업 자신의 경영전략을 쇄신해야 할 것이다.
>
> 상공부(전자, 1982), p. 188.

기업의 잘못된 관행과 경영, 전략은 생산성으로 연결되었다. 〈표 15-25〉에서 보듯이 종업원 1인당 부가가치 생산성은 1982년 산업용기기에서 한국은 미국의 24.3%에 불과하였고 가정용기기에서는 26.2% 수준이었다. 중화학공업화정책선언 10년 후 1982년 산업용 전자기기의 1인당 부가가치는 제조업의 104.6%로 제조업 평균보다 높아졌지만 전자공업 전체로는 제조업의 83.9%로 오히려 10년 전 1972년보다 상대적으로 낮아졌다. 이러한 사실들은 중화학공업화정책선언 이후 10년이 지났지만 발전 속에서도 한국 전자공업의 발전구조에 문제가 있음을 보여 주는 것이다.

〈표 15-25〉 전자공업의 노동생산성 및 부가가치율 (단위: 만 원, %)

구분			1972	1982
제조업		종업원 1인당 부가가치	92.4	824.6
		부가가치율	0.404	0.337
전자공업		종업원 1인당 부가가치	78.1	692.0
		부가가치율	0.416	0.368
산업용 전자기기	한국	종업원 1인당 부가가치	76.2	862.8
		부가가치율	0.442	0.380
	미국	종업원 1인당 부가가치	-	3,556.8
		부가가치율	-	0.606
가정용 전자기기	한국	종업원 1인당 부가가치	2천 달러	11천 달러
		부가가치율	0.389	0.338
	미국	종업원 1인당 부가가치	-	42천 달러
		부가가치율	-	0.420

주: 1) 부가가치율=부가가치액/출하액.
2) 1달러=748.80원으로 계산함.
자료: 경제기획원(광통, 1973~1984); US Department of Commerce(UIO, 1983); 한국산업은행조사부(한산, 1984).

불황의 장기화와 함께 국내 기업 간 경쟁도 높아졌다. 1982년 11월 18일 「삼성전자」가 새 VCR을 출시하며 80만 원에서 54만 5,000원으로 가격을 대폭 인하하였고 12월 4일에는 로터리형 컬러TV수상기 신기종을 내놓으면서 가격을 30만 원대에서 20만 원대로 인하한다고 발표하였다. 그러자 그날 오후 「금성사」 역시 「삼성전자」보다 3,000원 낮은 가격의 제품을 발표하였고, 이에 「삼성전자」가 다시 가격 추가 인하를 발표하는 사태가 일어났다.[160] 같은 업계에서 상대적으로 규모가 작았던 「대한전선」, 「한국테레비」, 「아남산업」, 「태광전자」 등은 당황하였다. 상공부는 12월 7일 컬러TV수상기 생산업자를 불러 의견을 들은 후 가격인하의 적정성 여부를 조사하겠다고 밝혔다.[161]

〈표 15-26〉 한국전자공업진흥회(한국전자정보통신산업진흥회) 발전 과정

시기		과정과 발전 내용
1976	2. 23	전자공업진흥단체 통합기구 설립 목적으로 무역회관에서 창립총회
	4. 20	상공부장관 인가 제232호로 정식 출범
	11. 5	상공부로부터 전자공업진흥법에 의한 전자공업진흥기관으로 지정됨
1979	3. 1	「한국정밀기기센터」 전자사업부를 흡수 통합
	9. 28	제10차 아시아전자회의(AEC)와 제6차 아시아전자연맹(AEU)총회 주최
1980	11. 6	「한국전기용품제조협회」 흡수 통합
1981	4. 27~30	「81년 국제전자기자재전시회 및 전기용품전시회」 개최
1982	1. 1	통계청, 정부통계기관으로 지정
1986	7. 1	공업발전법 제23조에 의한 사업자단체 설립근거 마련(공업 관련 법령 통폐합)
1987	12	전자수출 100억 달러 돌파 기념식 개최
1996	2. 27	한국전자산업진흥회로 변경
1999	2. 28	산업발전법 제38조에 의한 사업자단체 설립근거 마련
2006	2	전자수출 1,000억 달러 돌파 기념식 개최
	10	제1회 전자의 날 개최
2008	6	한국전자정보통신산업진흥회로 명칭 변경
2014	9. 1	국가산업발전 유공 국무총리 표창 수상
	10. 14	단체표준화 대상 산업통상자원부장관 표창 수상

자료: 〈매일경제신문〉(1976. 2. 24).; 〈경향신문〉(1979. 9. 29); 〈매일경제신문〉(1978. 6. 1); 한국전자공업협동조합(전조2, 1987); 한국전자정보통신산업진흥회(HG, 2018. 7. 31).

160 〈경향신문〉(1982. 12. 6).
161 〈매일경제신문〉(1982. 12. 8).

경쟁 격화는 기업들의 출혈을 가져왔고 대안으로 새로운 전략모색이 이루어지면서 1980년대 서서히 대기업들은 암묵적 담합을 추구하였다. 1984년 12월 21일 공정거래위원회는 「삼성전자」·「금성사」·「대우전자」 등 가전3사에 대해 컬러TV 대리점 판매가격 담합 등의 불공정거래행위를 즉각 중지하도록 시정권고조치를 내리고 사과 광고를 3개 중앙일간지에 싣도록 명령하였다.

1985년 7월, 이미 1981년 11월부터 반도체사업 타당성 검토에 착수하여[162] 1983년 2월 「현대전자산업」을 설립한 현대그룹이 반도체조립공장을 준공하였다. 「현대전자산업」은 1987년 10월 256KB D램 수출을 개시하였다.[163] 1988년 6월 22일 한국반도체장비협회가 창립총회를 갖고 설립되었고 1991년 11월 11일 한국반도체산업협회(Korea Semiconductor Industry Association)가 상공부로부터 설립인가를 받아 출범하여 12월 22일 기존 반도체장비협회를 흡수, 통합하였다.

1996년 2월 27일 한국전자공업진흥회는 「한국전자산업진흥회」로 변경되었고 다시 2008년 6월 한국전자산업진흥회는 「한국전자정보통신산업진흥회」로 명칭을 변경하였다. 국가 산업발전에 공헌한 공로로 2014년 국가 산업발전 유공 국무총리 표창을 받은 한국전자공업진흥회(「한국전자정보통신산업진흥회」)의 변화 과정을 정리하면 〈표 15-26〉과 같다. 2003년 7월 4일 한국전자회로산업협회가 창립총회를 가지고 창립되었다.[164]

Ⅳ. 개별 기업

1. 금성사(LG전자)

「LG전자」는 1958년 창업 이래 2009년까지의 발전시기를 〈표 15-27〉과 같이 분류하고 있다. 1958년 9월 「락희화학(럭키화학)」 구인회 사장은 생산시설·생산품목·생산량·기술요원 확보 등을 주 내용으로 하는 전자공업기본사업계획을 확정하고 10월 1일 한국 전자공업의 선두주자이었던 「금성사」를 설립하였다. 1959년 2월 17일 「금성사」는 자본금 1억 환 규모의 「주식회사 금성사」로 전환함으로써 기업을 공개하고 1959년 11월 국산 라디오 A-501을 개발하여 한국 전자공업 시대를 열었다. 「금성사」는 1961년 자동전화기를 생산하였고 1962년 말에는 트랜지스터라디오를 8개 모델이나 출하하여 1960년대 트랜지스터라디오 시대를 선도하였다.[165]

162 현대미포조선(현미, 2000), p. 594.
163 SK하이닉스(2018. 5. 28).
164 한국전자회로산업협회(HKP, 2018. 6. 9).

〈표 15-27〉 LG전자의 시기별 발전

연도	발전시기	주요 제품
1958~1969	창업의 시기	라디오, 전화기, 냉장고, TV
1970~1979	성장의 시기	컬러TV
1980~1988	국제화의 시기	비디오카메라, 대형 컴퓨터
1989~1994	혁신의 시기	멀티미디어 사업의 하이미디어
1995~2003	도약의 시기	CDMA 상용화, PDP TV
2004~2009	가치 창출의 시기	디지털TV, 3G LTE 무선칩

자료: LG전자(H5, 2018. 4. 22).

「금성사」는 1962년 2월 21일 서독 「후어마이스터」(*Fuhrmeister*)사 500만 마르크(125만 달러) 차관계약 체결로 외자도입법 개정 이후 첫 정부보증 없는 민간 외자유치에 성공하여 전화기, 교환시설 등을 생산하는 시설 건설에 나섰다.[166] 1962년 동남아시아통상사절단에서 한국 최초의 전자제품 견본수출계약을 체결하고 미국으로의 T-703 라디오 62대를 첫 선적한 후 1963년 미국, 유럽 지역 등 4개 지역, 5개 국가에 전자제품을 수출하였다. 1964년 3월 부산 종합전기기기공장을 완공한 후 1965년 4월 한국 최초 냉장고 GR-120, 1966년 8월 1일 국내 최초 TV 수상기 VD-191을 생산하였고 1965년 「日立製作所」 방문에서 본 컨베이어시스템을 첫 도입하여 전자공업 대량생산 체제를 갖추었다. 한국전자공업사의 국산 TV수상기 1호는 日立 기술을 도입한 국산화율 20%의 진공관 TV로 부산 온천동 공장에서 100대 출하되었는데 진공관 12개와 다이오드 5개를 채택한 19인치 최초 흑백TV이어서 191이라는 이름이 붙었다. 「금성사」는 1968년 3월 최초 에어컨 GA-111 생산에 이어 1969년 5월 한국 최초의 세탁기 WP-181을 개발하였다.[167]

1968년 「금성사」는 뉴욕에 민간업계 최초 해외 지점까지 설치하였다. 「금성사」는 1969년 2월 부산 시대를 끝내고 본사를 서울로 옮겼는데 이는 이후 한국병으로 진행된 수도권 집중의 신호탄이었다. 「금성사」는 교환기사업이 확대되자 1968년 안양 통신기기 전용공장 건설에 나섰고 1969년 반도체사업을 본격화하기 위해 「금성전자」를 설립하고 통신사업부를 「금성통신」으로 독립시켰다. 「금성사」는 1965년 「日立製作所」 방문 때 일본의 부품·소재 계열화에 감명받아 1960년대 후반 9개의 계열회사를 만들고 이들을 협력회사라고 명명하였다.[168]

1970년 「금성사」는 트랜지스터 TV수상기 VS-66S를 내보냈다. 1970년 12월 통신장비 제조

165 이희종 전 한국전기공업진흥회회장 증언(2011), p. 97.
166 〈경향신문〉(1962. 2. 22).
167 구자학 전 금성사 사장 증언(1987), p. 377; LG전자(H5, 2018. 4. 22).
168 이희종 전 한국전기공업진흥회회장 증언(2011), pp. 100~101.

업체로 「금성전기」가 「日本電氣」(*NEC*)와의 합작으로 설립되었다.[169] 1971년 7월 8일 「금성통신」은 「금성사」 53%· 서독 「지멘스」 27%· 서독해외개발공사(*DEG*) 10%· 일본 「富士電機製造」 10% 투자의 3개국 4개 회사 합작투자회사의 제1차 주주총회를 갖고 사명을 「금성통신전기(電機)」로 개칭하였다.[170] 기존 「금성전자」는 1973년 다시 「금성사」에 흡수 합병되었다. 「금성사」는 1974년 집적회로를 채택한 TV, VS-661C 개발에 성공한 후 일본 「日立製作所」와 브라운관 기술도입계약을 맺고 1978년까지 연산 100만 대 생산설비를 갖춤으로써 늦은 TV수상기 자급 생산 체제를 갖추게 되었다.[171]

1974년 국내에서 컬러TV수상기 생산이 시작되자 「금성사」 역시 미국 *RCA*와 기술제휴로 컬러TV 개발을 시작하였다. 「금성사」는 1974년부터 부산 시설 일부를 구미로 이전하기 시작하였다.[172] 1975년 6월 구미공장 준공과 함께 창원공장을 착공하였고 12월 국내 민간기업 사실상 최초의 중앙연구소를 설립하였다. 「금성사」는 1976년 11월 대지 7만 7,000평, 건평 1만 5,000평의 종합전자공장인 창원공장을 준공하였는데 창원공장은 연 냉장고 25만 대, 압축기 40만 대, 엘리베이터와 에스컬레이터 500대를 생산할 수 있는 시설을 갖추고 수출 2,800만 달러를 목표로 하였다.[173] 이로써 「금성사」는 「금성전선」(1969), 「금성전기」(1970), 「금성계전」(1974), 「금성알프스」(1970), 「금성포스타」(1971) 등 10여 개 전기·전자 계열사를 갖추고 부산공장, 구미공장, 영등포공장, 창원공장으로 생산기지를 전국으로 확대하였다.

「금성사」는 1977년 2월에 R&D 강화로 첨단제품 개발에 적극 나섰고 소형 냉장고 미국 수출에 이어 컬러TV수상기 CT-808을 개발하여 8월에 19인치 컬러TV 600대를 미국으로 첫 수출하였다.[174] 이는 일본, 미국과의 무역분쟁 결과 이루어진 3년간의 컬러TV 대미 자율규제를 이용한 공격적인 노력의 결과이었다.[175] 이와 함께 1977년 「금성사」는 ERC(금전등록기)를 순수 독자기술로 설계, 제작하는 데 성공하였다.[176]

1978년 7월 25일 「금성사」는 「아메리칸마이크로시스템즈」(*AMI*)와 자본금 1,000만 달러 규모의 반도체공장을 50 : 50 합작으로 산타클라라에 건설하기로 계약하였다.[177] 동시에 「금성사」는 1978년 8월 컴퓨터사업부를 신설하고 10월 「하니웰」과 독점총판계약을 맺어 하니웰 레블6 기종을 들여오면서 컴퓨터산업에 진입하였다.[178] 이러한 방식은 삼성이 1976년 *HP* 컴퓨터 공

169 「금성전기」는 1974년 오산공장을 준공하고 1978년 기술연구소를 설립하였다. 〈매일경제신문〉(1979. 11. 30).
170 〈매일경제신문〉(1971. 7. 8).
171 전자산업 50년사 편찬위원회(2009), p. 215.
172 외자도입심의위원회(제100주, 1974. 10).
173 〈매일경제신문〉(1976. 11. 26).
174 〈매일경제신문〉(1977. 9. 12).
175 〈동아일보〉(1977. 5. 16).
176 구자학 전 금성사 사장 증언(1987), p. 378.
177 〈매일경제신문〉(1978. 8. 4).
178 〈전자신문〉(2008. 8. 11).

급계약을 맺고 진출한 것과 같은 방식이었는데 당시 한국에서 대기업이 오히려 중소기업보다 컴퓨터에 대한 지식과 기술이 뒤떨어져 있었기 때문이었다. 「금성사」가 「삼성전자」에 비해 컴퓨터산업에의 진입이 늦어졌고 결국 뒤진 이유는 1976년 출범한 금성중앙연구소가 국산화한 전자식 출납회계기 등 전자사무기기를 마이크로컴퓨터칩을 이용하는 최첨단 컴퓨터 응용기기로 여겨 이들 사무기기를 주력 품목으로 육성하려고 하였기 때문이었다.[179]

「금성사」는 1978년 12월 13일 전자업계 단독회사로 수출 1억 달러를 돌파하였다. 수출이 확대되어감에 따라 「금성사」는 수출설비와 생산을 확장하여 나갔다(〈그림 15-7〉 참조). 1979년 9월 「금성통신」은 1976년 설립된 「대한반도체」의 증자에 참여해 지분율 44%를 확보하였고[180] 11월 「금성사」는 「서통(瑞通)그룹」으로부터 전자, 정밀, 전기 사업을 인수한 후 「대한반도체」 등 반도체사업을 통합·일원화하기 위해 「금성반도체」를 설립하였다.[181]

〈그림 15-7〉 1979년 8월의 금성사 전자제품 조립공장 전경

자료: 공보처 홍보국(131, 1979. 8. 31).

179 전자신문사(컴파, 1995. 12. 11~1996. 12. 12), 18.
180 〈매일경제신문〉(1979. 9. 13).
181 〈경향신문〉(1979. 11. 15); 〈매일경제신문〉(1979. 11. 16).

1979년 9월 「금성사」는 세계 최초의 자동컬러TV수상기 CNP-804 개발에 성공하여 한국전자전람회에 출품하고 대통령상을 수상하였다.[182] 1970년대 한국 전자공업은 TV가 중심이었고 「금성사」는 1970년대 111종의 TV 모델을 발표하였는데, 특히 「삼성전자」와의 경쟁이 격화된 1978년, 1979년에는 54종의 신 TV수상기를 집중적으로 개발하여 공개하였다. 「LG전자」에게 있어 1970년대는 계속적인 개발과 이에 기초한 세계 시장 지배력 확대를 준비하는 기간이었다.

1980년 「금성사」는 리모콘 TV수상기, CNR 842K와 2화면 TV, CNB205를 출시하고 국내 첫 전자메모리 타자기를 개발하였다. 컬러TV 방영을 계기로 「금성사」는 1980년부터 1982년까지 80여 종의 신 모델을 출시하였다. 1980년 11월 「금성반도체」는 1984년까지 반도체 및 컴퓨터 국산화율을 82%까지 올릴 것을 목표로 설정하고[183] 1984년 말 정상가동을 목표로 구미 수출산업공단에서 공장건설에 들어갔다.[184]

1980년대 들어와 「금성사」는 기술혁신과 수출구조 다변화 등을 발판으로 해외 생산기지를 만들며 첨단 기술을 갖춘 국제적인 기업으로 도약하고자 하였다.[185] 1981년 4월 7일 「금성사」는 총 500만 달러를 투자하여 미국 현장 기업 1호인 국내 최초 미국 *GSA*(*Gold Star of America Inc.*)를 설립하고 앨라배마 주정부와 컬러TV공장 건설계약을 체결하였다.[186] 이후 「삼성전자」, 「대우전자」의 해외 공장 건설이 이어졌고, 특히 미국 앨라배마주에는 현대자동차 공장까지 진출하였다.

1982년 1월 「금성사」는 국내 최초 VCR 및 컬러비디오카메라를 개발하였고 3월 컴퓨터사업에 본격 나섰으며 10월 8일 최초 해외 생산기지 앨라배마주 헌츠빌(Huntsville)에[187] 연간 12만 대 생산의 컬러TV공장을 금진호 상공부차관이 참석한 가운데 준공하였다. 「금성사」는 이 공장을 1986년에 컬러TV수상기 50만 대 생산규모로 확장하고 전자레인지, 냉장고, 선풍기 등 가전제품도 생산할 계획이었다.[188] 1983년 6월 첨단산업기지 평택공장을 기공하였고 10월 국산 1호 대형 컴퓨터 GS DPS-8/52를 생산하는 등 1984년 12월에는 드디어 매출 1조 원을 돌파하였다. 소프트웨어의 중요성이 높아짐에 따라 1985년 3월 「금성소프트웨어」가 창립되었다.[189] 1986년 한국 전자업체로서는 처음으로 금성사 평택공장 VCR 제조라인에 직교로봇을 투입하여 문제가 되었던 생산성과 불량률 문제 해결에 성과를 거두었고 이에 고무되어 1990년

---

182 〈매일경제신문〉(1979. 9. 25); 〈동아일보〉(1979. 9. 25).
183 〈매일경제신문〉(1980. 11. 21).
184 외자사업투자심사위원회(외전반, 1980. 12).
185 LG전자(H5, 2018. 4. 22).
186 〈경향신문〉(1981. 4. 8).
187 헌츠빌이 선택된 이유는 다음과 같다. 헌츠빌은 선벨트 지역이어서 에너지 면에서 유리하고 풍부한 노동력과 상대적으로 저렴한 임금, 부품조달의 편리성 등 입지조건이 적합하였다. 주정부의 장기저리 금융지원, 세제혜택, 자유무역 지역으로의 지정도 보장되었다. 여기에 주정부의 종업원들에 대한 무료 교육훈련 지원이 약속되었으며 현지의 노동조합운동이 순탄한 점도 참고가 되었다. 이희종 전 한국전기공업진흥회회장 증언(2011), p. 127.
188 〈경향신문〉(1982. 10. 8); 〈매일경제신문〉(1982. 10. 8).
189 〈매일경제신문〉(1985. 3. 2).

대 초반부터는 세탁기, TV수상기 제조라인에도 자체 개발한 로봇장비를 본격적으로 설치하였다.[190]

1980년대 중반 한국 전자공업이 기술독립을 이루면서 「금성사」는 적극 기술수출을 시작하였다. 「금성사」는 1986년 12월 인도 「그레샴」사에 세탁기 제조기술을 수출하고 태국, 인도네시아, 스페인, 터키 등에도 제조기술 수출 혹은 브랜드 수출에 나섰다.[191] 기술의 국제 선두군 진입을 위해 1985년 9월 국내 최초, 최대의 제품시험연구소를 설립한 데 이어 1987년 5월 19일 기초연구소, 가전연구소, OA연구소, 반도체연구소의 4개 연구조직을 갖춘 「금성중앙연구소」를 개포연구단지에서 준공하였다. 이로써 「금성사」는 중앙연구소를 정점으로 안양연구단지의 10개 연구소, 평택·창원·구미의 3개 지역 연구소, 미국과 일본의 2개 해외법인을 갖게 되어 기능별·지역별로 효율적인 연구체계를 갖추게 되었다.[192] 1987년 11월 25일 국내 기업 최초 유럽 현지 생산공장인 서독 보름스(Worms) 현지공장 GSE(Gold Star Europe) 준공식 및 본격 가동에 들어갔고,[193] 1989년 9월 25일부터는 영국의 전자레인지(마이크로웨이브)공장도 가동에 들어갔다.[194] 1989년 9월 16일 「금성사」 제품시험연구소는 캐나다 안전규격기관 CSA로부터 컬러TV, VCR 등 5개 가전제품에 대한 안전규격시험대행 적용업체로 승인을 받아 수출검사 기간을 3개월에서 1주일로 단축시켰다.[195]

1990년 2월 국내 최초 냉장고 생산 1,000만 대를 돌파하였고 1992년 11월 27일 구미 대형컬러브라운관공장 준공식을 가졌다.[196] 1994년 8월 「금성사」와 「금성통신」이 합병되어 1995년 1월 회사명을 「LG전자」로 변경하였다. 2000년 9월 「LG정보통신(주)」 역시 「LG전자」에 흡수되어 LG전자 통합 체제가 이루어졌다.

2. 삼성전자

1968년 6월 삼성물산의 신훈철 상무가 이병철 회장에게 「한국비료」의 공백을 메울 신사업으로 전자공업을 가장 유망한 분야라고 보고하면서, 먼저 라디오·TV 등 가정용 전자기기를 생산하고 점차 전자교환기 등 산업용 전자기기로 확대해 가자는 마스터플랜까지 제시하였다.[197] 이를 기초로 1969년 1월 13일 「삼성전자공업주식회사」가 수권자본금 6억 원으로 정식

190 〈전자신문〉(2008. 9. 8).
191 〈경향신문〉(1987. 12. 4); 〈매일경제신문〉(1987. 12. 4).
192 〈매일경제신문〉(1987. 5. 20).
193 〈동아일보〉(1987. 11. 26).
194 〈매일경제신문〉(1989. 9. 26).
195 〈매일경제신문〉(1989. 9. 16).
196 〈경향신문〉(1992. 11. 28).
197 전자산업 50년사 편찬위원회(2009), p. 119.

〈표 15-28〉 삼성전자의 시기별 발전시기 성격과 내용

시기	발전시기 성격과 내용
1969~1971년	창업기
1972~1974년	성장기반 구축기
1975~1976년	사세확장기
1977~1979년	고도성장기
1980~1982년	불황 극복 기술 개발기
1983~1985년	수출주도 성장기
1986~1989년	해외 지향 변신기
1990~1998년	2000년대를 향한 전진
1999~2003년	디지털 컨버전스 혁명의 주도
2004~2009년	초일류 기업의 기반 구축기

자료: 삼성전자(2013. 5. 4).

발족하였다. 「삼성전자」의 창립부터 2009년까지의 발전을 삼성이 정의한 시기별 특징에 따라 정리하면 〈표 15-28〉과 같다.

1969년 8월 30일 외자도입심의위원회는 「삼성전자」와 일본 「三洋電機」 및 「住友商事」와의 전자부분품 및 전자기기 제조를 위한 합작투자를 전량 수출조건으로 인가하였다.[198] 1969년 12월 4일 「삼성산요전기」가 설립되었고 1970년 11월 「삼성산요전기」는 흑백TV수상기 P-3202를 시생산하여 1971년 1월 파나마에 첫 수출하였다. 1970년 1월 20일 「삼성NEC」 역시 자본금 2억 원으로 100% 수출조건으로 출범하였다. 100% 수출조건으로 TV 생산을 승인받은 「삼성전자」는 「오리온전자공업」을 통한 TV 위탁가공 시판을 시도하였으나 1970년 1월 8일 상공부는 승인거절 의사를 밝혔다.[199] 삼성은 「삼성전자」, 「삼성산요」, 「삼성물산」에서 각각 TV 수상기 생산능력을 갖추고 있었는데 1971년 11월에야 「삼성전자」는 「삼성산요전기」가 아닌 「삼성전자」가 생산한 17인치 흑백TV를 시판한다고 밝혔고[200] 1972년부터 국내 시판용 흑백TV 생산을 개시하였다. 「삼성산요전기」 역시 수출조건을 해제 받고 1972년 내수시장에 진입하였다. 이로써 「삼성전자」, 「삼성산요전기」 간 국내 시장 경쟁이 이루어졌고 일본 「산요전기」의 부품공급가를 놓고 삼성과 「산요전기」 간 대립이 발생하였다. 강진구 전 「삼성전자」 사장의 증언에 의하면 "가전부문에서 합작 양사 간에 의견이 잘 맞지 않"아 "삼성전자가 직접 생산하

198 〈동아일보〉(1969. 9. 1).
199 〈매일경제신문〉(1969. 12. 19); 〈매일경제신문〉(1970. 1. 9).
200 〈매일경제신문〉(1971. 11. 3).

고 그룹의 해외 판매망을 활용하는 방안을 모색"하기 시작하였고 그래서 「삼성전자」는 1972년 6월 「삼성물산」 전자부와 1973년 3월 자회사 「삼성일렉트릭스」(1971. 9)를 통합하여 조직일원화를 기하였다.[201]

1973년 6월 삼성전자는 흑백브라운관 생산 수직계열화를 위해 미국 「코닝글라스웍스」(*Corning Glass Works*) 자회사인 「코닝인터내셔널」과 50 : 50 합작으로 「삼성코닝」을 설립하였다. 나아가 삼성은 1973년 8월 8일 「삼성산요전기」, 「산요전기」, 「산요전기무역」이 공동 출자한 「삼성산요파츠」를 자본금 8,100만 원, 삼성 지분 25%로 설립하였다. 「삼성산요파츠」는 10월부터 TV 4개 핵심부품 VHF 튜너, 편향코일, 고압트랜스, 전해콘덴서를 생산하였고 1974년 11월 「삼성전기파츠」로 개명하였는데 1975년 삼성의 지분은 62.5%까지 높아졌다.[202]

1973년 「삼성전자」는 「三菱」 기술협력으로 첫 자체 TV수상기인 SW-V310을 개발한 데 이어 4월에 19인치 트랜지스터식 TV, SW-T506L을 공개하였는데 이는 「금성사」에 비해 4년이 늦은 것이었지만 금성사와의 진공관 TV 개발시차 7년을 대폭 당긴 것이었다. 삼성의 추격은 「금성사」를 자극하여 1970년대 후반 TV 판매 전쟁으로 이어졌고 한국 TV산업 발전을 대폭 앞당기는 계기가 되었다.

1973년 본사를 수원으로 옮긴 「삼성전자」는 적자를 보면서도 미국 「멜코」(*Melco*)사에 흑백TV수상기 5만 2,000대 수출을 이루었고 12월에 냉장고·에어컨 동시 생산이 가능한 가전공장을 준공하였다. 이어 1974년 3월 15일 냉장고 SR-180, SR-201TD 시판을 개시하였으며[203] 5월에는 에어컨 SRA-120W 생산을 시작하였다. 1974년부터 7월 「삼성전자」는 미국 *RCA*와 특허사용계약을 맺어 컬러TV수상기 개발에 착수하였고[204] 12월에 세탁기 SEW-200W 생산을 개시하였다. 「삼성NEC」는 1974년 3월 「삼성전관」으로 되었다.

1974년 12월 6일 삼성은 「한국반도체」의 내국인 지분 50%를 50만 달러에 인수하여 반도체산업에 진입하였다. 삼성은 「한국반도체」에서 만든 C-MOS LSI 제품을 전량 홍콩, 일본, 스위스 시장에 수출하면서 「삼성전자」의 가전제품에 들어가는 반도체는 일본에서 조달하는 이원화 방식을 채택하였다. 이러한 이유에 대해 강기동 박사는 "「한국반도체」를 인수한 「삼성전자」에 강기동 박사, 즉 「한국반도체」가 C-MOS에는 전문가일지 몰라도 기본 트랜지스터는 만들 줄 모른다고 보고되었기 때문이라는 말을 들었다"고 말하고 있지만 「삼성전자」가 그러한 기본적인 사실조차 확인하지 못하고 있었다는 것은 신뢰하기 어렵다. 강기동 박사는 이미 "모토로라에서 많은 세계표준 트랜지스터를 개발해낸 지 13년이 지났지만" "그때 값이 싼 트랜지스터의 제조(나에게 이미 개발되어 있었음)를 반대"하여 생산하지 않고 있었다고 증언하였다.[205] 즉,

201 강진구 전 삼성전자사장(1996), pp. 39~40, 42.
202 서현진 전자신문 편집국 부장(2001), p. 223.
203 〈조선일보〉(1974. 3. 15).
204 〈경향신문〉(1977. 5. 6); 〈매일경제신문〉(1977. 2. 4).
205 강기동 전 한국반도체공업주식회사 대표이사 증언(2한, 2014. 8. 24), pp. ii, 59, 65.

삼성이 당시 「한국반도체」에서 트랜지스터를 만들지 않고 일본에서 전량 수입하였던 것은 일본 트랜지스터가 싸게 국제시장에 공급되고 있었기 때문이었다. 결국 삼성의 이러한 이원화가 이루어졌던 것은 반도체 개발과 설비투자를 연기하고 일단 저렴한 일본 트랜지스터를 수입하고자 하였던 삼성의 전략적 선택과, 저렴한 트랜지스터 공급으로 한국의 진입을 억제하고자 하였던 일본 반도체업체의 전략이 들어맞았기 때문이었다. 삼성이 「한국반도체」를 이용하여 흑백TV 및 오디오기기용의 트랜지스터 10여 종을 개발한 것은 1977년 6월이었다.206

「한국반도체」는 적자누적으로 1977년 12월 30일 삼성이 나머지 ICII 지분을 완전 인수함으로써 1978년 3월 2일 「삼성반도체(주)」로 개명되었다. 삼성은 전략을 바꾸어 CMOS칩 생산을 지양하고 트랜지스터, IC 등의 반도체에 집중하였다. 이후 일본은 한국의 반도체 개발 시기에 맞추어 반도체 가격을 폭락시키며 한국의 진입과 생산을 억제하는 전략을 유지하였다.

1975년 3월 「삼성산요전기」는 「삼성전기」로 변경되었다가 1977년 3월 「삼성전자」에 합병되었다.207 「삼성전자」는 1976년 8월 *HP*와 컴퓨터 공급계약을 맺고 11월에 전자사업본부 내에 컴퓨터시스템사업부를 신설하여 컴퓨터사업에 진출하였다.

1975년 4월 「삼성전자」는 순간수상 방식(Quick Start) 「이코노TV」를 발표하였다. 삼성은 당시 전력이 부족하고 전기사용료가 비쌌던 것에 착안하여 절전 20%를 대대적으로 선전하며 대성공을 거두었다. 그 결과 1976년 10월에 흑백TV수상기 생산 100만 대를 돌파하고 1978년 흑백TV 생산 400만 대도 돌파하여 최단기간 세계 1위, 내수시장 40.1% 1위에 올라섰다.208 이 과정에서 「삼성전자」는 1976년 흑백TV수상기 50만 대를 수출하는 국내 최고기록을 세웠고 SW-C3795, SW-C3762 14인치 컬러TV를 캐나다 *CSA*, 미국 *UL*, *FCC*의 안전규격시험에 합격 통과시켜 1977년 1월 24일 미국 「엠파이어」사에 3만 2,600대 수출하는 계약까지 맺었다.209 1976년 2월 절전형 냉장고 「하이콜드」를 생산하고 3월에 전자손목시계를 시판하였으며 1977년 4월 컬러TV 14인치 SW-X3761을 파나마에 수출하였다.210 1977년 7월 일본의 「다이아몬드」지는 '컬러TV에서도 한국의 추격이 시작되었다'라는 제목으로 「삼성전자」가 단독으로 컬러TV를 생산하여 미국에 수출한 것이 주목된다며 조선공업을 거쳐 머지않아 컬러TV에서도 뒤쫓기게 되었다고 지적하였다.211

1977년 10월 31일 「삼성전자」는 미국 *GTE*사와의 합작사 「삼성GTE통신(주)」을 거래소에 설립 통보하고212 12월 5일 공식 설립하였다. 1978년 4월 「삼성GTE통신(주)」은 첫 시분할식

206 강진구 전 삼성전자사장(1996), p. 198.
207 삼성전자(HW, 2018. 4. 24).
208 서현진 전자신문 편집국 부장(2001), p. 258.
209 〈경향신문〉(1977. 5. 6); 〈매일경제신문〉(1977. 2. 4).
210 〈매일경제신문〉(1977. 5. 7).
211 〈매일경제신문〉(1977. 7. 25).
212 〈매일경제신문〉(1977. 10. 31).

전자교환기를 생산하여 「삼성전자」에 납품하였다. 1978년 4월 「삼성전자」는 컴퓨터시스템부와 계측기부를 주축으로 하는 산업기기사업본부를 출범시키면서 *HP*와 분리된 독립채산제 성격의 컴퓨터 사업조직을 갖게 되었다.[213] 1978년 7월 「삼성전자」는 미국 현지법인 *SEA*를 설립하였고 1978년 12월 수출 1억 달러를 돌파하였다. 이와 함께 1978년 7월 「삼성전자」는 국산 전자레인지 개발에 성공하였다.

1979년 9월 25일 「삼성전자」는 세계에서 4번째로 VCR 개발에 성공하여 한국전자전람회에 출품하였다.[214] 증언에 의하면 VCR 개발에도 불구하고 국내 시장이 이루어지지 않아 수출을 위한 VHS 마크를 획득하고 막대한 로열티를 지불해야 했다.[215] 1979년 수출 1억 달러 탑을 수상한 「삼성전자」는 이어 1980년에는 내수용 20인치 컬러TV를 생산하고 수출 2억 달러 탑을 수상하였다.

1980년 1월 「삼성반도체」는 「삼성전자」 반도체 사업부로 되어 「삼성전자공업」에 흡수되었다. 1980년 3월 「삼성GTE」가 전자교환기 생산 「한국전자통신」을 인수하여 민영화하였다. 4월 미국 *GTE*는 시장참여 입지가 좁아지고 있다고 판단하고 「삼성GTE통신(주)」의 지분을 모두 삼성에 넘기고 한국에서 철수하였다.[216] 1982년 12월 「한국전자통신」은 「삼성전자」 반도체 사업부를 포함하여 「삼성반도체통신」으로 상호를 변경하고 1986년까지 5년간 2,000억 원을 투입하여 반도체 분야를 집중 육성하기로 하였다.[217]

1981년 5월 「삼성전자」는 흑백TV수상기 생산 1,000만 대를 돌파하였고 전자레인지 RE-705를 캐나다에 첫 수출하였으며 1981년 12월 3억 불 수출탑을 수상하였다. 1978년 12월 이후 1981년까지 대미 컬러TV 쿼터 배정에서 삼성전자는 39만 4,000대를 받아 「금성사」의 28만 7,000대, 「대한전선」의 14만 대, 「아남전기」의 7만 3,000대를 크게 앞지르게 되었다.[218] 이 과정에서 1981년 삼성은 컬러TV용 IC 개발에 성공하여 반도체의 기초를 착실히 닦고 있었다. 삼성의 반도체 성공은 흔히 언급되는 것처럼 1983년부터 갑자기 이루어진 것이 아니었으며 「한국반도체」, 1975년 전자손목시계용 반도체 KS-5001의 개발, 1977년 흑백TV용 트랜지스터 개발, 1978년 반도체 생산라인 확대를 위한 「훼어차일드」 대방동 공장 인수 그리고 1981년 컬러TV용 IC 개발 등[219] 긴 밑바탕 거름의 역사를 가진 것이었다. 1982년 6월 독일 현지 판매법인 *SEG*를 설립하고 9월 13일 최초의 포르투갈 현지 생산법인 *SEP*를 준공하여 컬러TV수상기 생산을 시작하였다.

---

213 전자신문사(컴파, 1995. 12. 11~1996. 12. 12), 18.
214 〈매일경제신문〉(1979. 9. 25); 〈동아일보〉(1979. 9. 25).
215 윤종용 삼성전자 상임고문 증언(2009), pp. 138~139.
216 박항구 전 하이닉스반도체 부사장 증언(2011), p. 250.
217 〈경향신문〉(1982. 12. 28); 〈동아일보〉(1982. 12. 28); 〈매일경제신문〉(1982. 12. 28); 〈매일경제신문〉(1982. 12. 29); 삼성전자(HW, 2010. 8. 16).
218 〈매일경제신문〉(1981. 8. 5).
219 전자산업 50년사 편찬위원회(2009), p. 356.

1983년 3월 15일 삼성은 미국 「마이크론테크놀로지」· 일본 「샤프」 기술을 도입하여 초대규모 집적회로(VLSI)사업에 투자한다고 공식 선언하였다. 삼성은 D램, S램, 마스크롬, EP롬 등의 메모리반도체 중에서 가격경쟁과 공급과잉이 존재하지만 시장규모가 크고 양산성이 큰 D램을 50% 하기로 선택하고[220] 5월에 64K D램 기술개발팀을 만든 후 6월 17일 「마이크론」과 기술도입계약을 체결하였다. 삼성은 미국 「마이크론」사에 이윤우 반도체연구소장 등 기술진을 연수 보내 D램 설계기술과 제조기술을 배웠는데 일본과 가까웠던 삼성이 일본이 아닌 미국에 간 것은 일본의 예상을 깬 것으로 한국과 미국의 전략적 선택이 이루어진 것이었다. 「삼성반도체통신」은 1983년 7월 실리콘밸리 현지법인 *Tristar Semiconductor Inc.*을 설립하여 연구개발은 미국 현지법인이 담당하고 양산은 국내에서 하는 체제를 갖추었다. 64K DRAM 기술개발팀은 40여 일 만에 미국, 일본에 이어 세계 3번째로 64K D램 조립공정 개발에 성공하고 1983년 11월 10일 시생산까지 성공하였다. 비록 「마이크론」으로부터 설계도면을 받아 시작한 것이지만 단순시간으로 계산하면 일본이 6년 걸린 것을 6개월 만에 자체 제작에 성공한 것이다. 삼성은 D램 개발이 진행되던 1983년 9월 기흥단지 64K D램용 제1공장을 착공하여 1984년 4월 2일 월 600만 개를 생산할 수 있는 VLSI공장을 준공하였다.[221] 기존 미국과 일본의 반도체공장 건설이 1년 6개월 걸리던 것을 삼성은 6개월 만에 완공하여 한국 중화학공업화에서 계속된 단기 건설기록을 또 한 번 세계에 알렸다. 준공식은 국회의장과 상공부장관이 참석한 가운데 5월 17일 이루어졌는데 삼성은 이날 1990년까지 투자규모를 현재의 6배 이상 확대해 64K D램 외에 256K, 1M D램을 생산할 수 있는 세계 최대규모의 대단위 반도체공장과 컴퓨터 및 관련 부품공장을 만들겠다고 밝혔다.[222] 삼성은 기술이전을 꺼리던 일본 업계 중 「샤프」의 최첨단 VLSI 반도체 기술을 제공받았는데 이는 「마이크론」사의 기술이전과 함께 삼성의 성공에 주요한 역할을 하였다.

1984년 2월 「삼성전자공업(주)」은 「삼성전자(주)」로 상호를 공식 변경하였다. 11월 영국 판매법인 *SEUK*를 설립하고 12월 미국 생산법인 *SSI*공장을 준공하였으며 총매출 1조 원을 달성하였다. 1984년 합작사 「삼성HP」가 설립되었다.[223]

「삼성반도체통신」은 1984년 9월 27일 20만 개의 64K D램 미국 수출 1차 선적을 완료하고[224] 이어 256K D램 개발에 성공하였다. 삼성이 64K D램을 생산하자 일본에 의한 64K D램의 가격인하가 시작되어 1985년에는 3달러 50센트 하던 64K D램이 50센트로 폭락하였다.

---

220 삼성의 D램 선택은 한국 기업 최초의 반도체사업을 착수한 「아남산업」 김향수 회장의 권유 때문이라고 다수가 증언하고 있다. 〈파이낸셜투데이〉(2018. 7. 25)에서 한종해 기자는 김향수 회장이 이병철 삼성창업주에게 "D램 산업은 삼성과 같은 대기업이 꼭 해야 하는 사업"이라고 권유하였다고 적고 있다.

221 〈동아일보〉(1984. 4. 2).

222 〈매일경제신문〉(1984. 5. 18).

223 〈매일경제신문〉(1984. 10. 8).

224 〈매일경제신문〉(1984. 9. 28).

256K D램 역시 세계 생산 80~90%를 생산하고 있던 일본의 「日本電氣」, 「日立」, 「富士通」 3사가 1984년 가격을 계속 내렸다.[225] 일본의 방해 속에서도 삼성은 1985년 7월 256K D램 시제품을 생산하였지만 「삼성반도체통신」은 반도체 부문에서 1984년 이래 적자와 위기를 겪어야 하였다. 이런 가운데에도 삼성은 세계적으로 중요성이 커지고 있는 소프트웨어산업에 적극 대응하고자 「삼성데이타시스템」을 설립하였다.[226]

1986년 4월 「삼성반도체통신」의 256K D램 양산이 개시되었다. 1985년 1메가 D램의 개발부터 미국 법인과 기흥연구소 양쪽에서 동시개발에 나서는 경쟁체제를 도입한 삼성은 1986년 7월 국내에서 1M D램 개발에 성공하였고 1987년 11월에 1M D램 양산을 시작하였다. 1986년 8월 「삼성전자」는 컬러TV 1,000만 대 생산을 돌파하고 10월 세계 최초 초소형·최경량 4mm VCR을 개발하여 대통령상을 수상하였다. 1987년 1월 「삼성전자」는 사내 기술대학원을 설립하고 5월에 미국 산타클라라와 일본 동경에 해외 연구분소를 설립하였다.

1988년 2월 삼성 기흥반도체연구소는 연구개발에 착수한 지 1년 4개월 만에 양품 4M DRAM 생산에 성공하였고 9월 「삼성전자」는 아날로그 휴대폰 SH-100을 최초로 출시하였다. 1988년 11월 「삼성전자」는 「삼성반도체통신」을 흡수 합병하여 가전·정보통신·반도체의 사업부문제를 갖춘 통합경영 체제를 출범하였다. 이달에 「삼성전자」는 최첨단 반도체 1M S램을 개발하였다.

삼성의 빠른 속도전, 몇 차례의 "퀀텀점프"(quantum jump)에[227] 기반한 추격은 결국 일본의 치밀한 방해를 점점 약화시키고 있었고, 특히 세계 경기회복에 힘입어 1987년 반도체 수요가 급등하는 반도체 경기 호황 진입으로 메모리 반도체 가격이 급등하여[228] 1988년 256M DRAM 가격은 1달러에서 12달러까지 폭등하였다. 이로써 마침내 삼성은 위기에서 벗어나게 되었다. 1988년 1,649억 원의 흑자로 메모리반도체 누적적자 1,200억 원을 일시에 넘어섰다.[229]

1989년 2월 1일 「삼성전자」는 미국 가전 수출가를 4~12% 인상하여 수출전략 전환을 꾀하였다. 한편으로 1989년 3월 「삼성전자」는 *IBM*과 반도체 제품의 설계·제조 분야에서 양사가 보유하고 있는 특허의 교환사용에 합의하였다. 5월 3일 4M D램 개발에 성공한 「삼성전자」는 최첨단 불휘발성 메모리반도체인 4메가 마스크롬 개발에 성공하여 시제품 생산에 들어갔는데, 이는 개당 가격이 9달러에 달하는 고가격 고부가가치 제품으로 세계 시장 연평균 60% 이상의 성장이 예상되는 것이었다.

「삼성전자」는 1990년 5월 세계 최초 더블데크 VCR 개발에도 성공하였고 8월에는 16M D램 시제품 개발에 성공하였다. 「삼성전자」의 매출액 대비 연구개발비의 비중은 1990년 4.2%

---

225 〈매일경제신문〉(1984. 10. 15).
226 〈매일경제신문〉(1985. 5. 8).
227 육성으로 듣는 경제기적 편찬위원회(코3, 2015), p. 400.
228 〈매일경제신문〉(1987. 11. 11).
229 강진구 전 삼성전자사장(1996), pp. 242~243.

로 되어 1980년 2.1%에서 2배가 되었다.[230] 「삼성전자」는 1989년 SCARA 타입 로봇 개발에 이어 1991년 삼성전자 구미공장의 VCR 라인을 100% 무인화 체제로 만들었다.[231]

「삼성전자」는 1992년 9월 25일 세계 최초 64메가 DRAM 개발에 성공하였다고 발표하였고 이를 기반으로 D램 시장에서 「도시바」를 제치고 매출액 세계 1위에 올랐다. 이어 1994년 8월 29일 세계 최초로 256M D램 개발을 발표하였고 1995년 S램에서도 세계 1위를 기록하였다. 1994년 「삼성전자」는 256M D램 개발을 광고하면서 한말 태극기를 사용하였는데 김광호 당시 「삼성전자」 사장은 "적어도 D램 기술에서는 한국과 일본의 관계가 구한말 이전 상태로 돌아갔다는 사실을 암시하기 위한 것이었다"고 말할 정도로[232] 256M D램 개발은 한국과 일본의 반도체가 동등한 수준에 도달하였음을 알리는 성과이었다. 1996년 「삼성전자」는 1GB DRAM을 개발하여 세계 반도체산업을 한 단계 올려놓았다. 급성장하고 있는 「삼성전자」에 대해 일본에 이어 미국 측의 견제가 이어졌지만 한국은 '한국 반도체의 성장이 일본 기업을 견제할 수 있다'는 논리로 미국의 암묵적 동의를 얻어 내며 통상마찰을 약화시켜 나갔다.

3. 대우전자

「대우실업」은 1973년 중화학공업화정책선언과 함께 전자공업 진입을 위해 「동남전자」를 인수하고 12월 창립한 「대진(大進)전자」를 독점협력공장으로 확보하면서[233] 동시에 앰프 생산을 위한 부평전자공장 건설에 나섰다.[234]

1974년 「동남전자」를 「대우전자」로 상호 변경하고 「대우전자」는 12월 31일 구미기지 구미공장 대지분양 매매계약을 체결하였다. 1975년 「주안전자(주)」, 1978년 「인우전기(주)」를 인수하였으며 1978년 6월 22일 구미공장 사업목적을 가전제품 생산으로 변경하였다.[235]

1980년 4월 대우는 「대한전선」 계열의 「대한통신공업」에 주식 50%에 해당하는 20억 원을 투자하고 「대한전선」과 합작으로 전자교환기(ESS) 사업에 진출하여 미국 *WE* 기종으로 확정된 제2전자교환기 국산화 사업에 참여하였다. 이로써 ESS에 참여한 기업은 기존 4사에서 5사로 늘어나 제1기종은 「삼성GTE통신」과 「동양정밀」, 제2기종은 「금성통신」, 「대한전선」, 그리고 대우그룹이 경쟁하게 되었다.[236]

가전부문이 국내외 시장에서 급속히 확대되자 1983년 1월 27일 「대우」는 「대한전선」의

230 Kim, Linsu(1997), p. 143.
231 〈전자신문〉(2008. 9. 8).
232 〈파이낸셜뉴스〉(2017. 10. 4).
233 〈매일경제신문〉(1974. 1. 7).
234 〈경향신문〉(1974. 1. 21).
235 중화학공업추진위원회기획단(중화추현, 1980. 7), p. 210.
236 〈매일경제신문〉(1980. 4. 14).

전자·전기 사업부문을 1,500억 원에 인수하기로 계약을 맺음으로써 가전 분야를 전면적으로 확대하였다.[237] 당시 「대한전선」은 무지개세탁기로 가전제품 시장의 강자로 인정받고 있었다. 이로써 한국 전자공업을 대표하는 가전 부문은 이미 선두다툼을 벌이고 있는 삼성·금성에 대우가 참가하는 3파전으로 발전하기 시작하였고 이들이 한국 전자공업을 이끌어 온 가전3사가 되었다. 전자부문이 확대되자 1983년 대우는 「대우전자」가 가전부문을 맡고 「대한통신공업」이 통신기기, 사무자동화기기, 컴퓨터기기, 데이터통신기기 등의 사무자동화사업을 맡도록 하여 전자공업을 2원화하였다.[238] 이와 함께 1983년 대우는 기존 계열사로 단일부품을 생산하고 있던 「대한콘덴서(콘덴서)」, 「知永社(트랜스포머)」, 「東星전자(튜너)」, 「五星전자(코일류)」를 묶어[239] 종합전자부품회사 「대우전자부품(주)」을 출범시켰고, 「대한통신공업」을 완전 인수한 후 여기에 반송기기 전문업체 「광진전자」까지 흡수하여 9월 1일 상호를 「대우통신」으로 변경하였다. 「오리온전기」는 일본 「도시바」의 34.3% 지분 문제가 있어 그대로 두었다.[240] 「대우통신」은 1984년 8월 국설교환기(TDX)개발 사업에 참여하였다.

1984년 5월 10일 「대우전자」 구미공장은 연수원을 개원하였고 이해 「대우전자」는 한국 최초로 VCR을 수출하였다. 1986년 9월 「대우통신」은 자본참여 기업인 미국 「자이모스」사와 기술도입계약을 체결하고 MOS 공정기술, 주문형 반도체 설계기술 및 제조기술을 도입하여 주문형 집적회로를 개발 공급한다고 밝혔다. 대우가 반도체사업에 본격 참여함으로써 국내 반도체 웨이퍼 가공업체는 「삼성반도체통신」, 「금성반도체」, 「현대전자」, 「한국전자」 등 5개사로 늘어났다.[241]

1987년 「대우전자」는 자회사로 「대우모터공업」을 설립하였다. 5월 28일 「대우전자」는 3.5인치 플로피디스크드라이브(FDD)를 개발하였다. 1988년 6월 13일 「대우전자」는 중국에서 중국 福建省 정부와 48 : 52 합작의 연산 20만 대 냉장고공장 기공식을 가졌다. 1989년 「대우전자」는 일본 수입제품 안전규격 관리기관인 일본통상산업청으로부터 갑종전기용품 외국사업자 등록승인을 받아 공장부문의 안전규격 T마크를 획득하였다. 이로써 「대우전자」는 컬러TV수상기, 전자레인지, 초음파가습기 등 전자응용제품을 일본 수입업자를 거치지 않고 독자적으로 수출할 수 있게 되었다.[242] 1990년 7월 11일 「대우전자」는 미국 수출 전자레인지 10만 대분의 1차분 1만 대를 선적하였다.[243]

1991년 3월 8일 「대우전자」는 VCR 생산 500만 대를 돌파하였고 1994년 다이아몬드 코팅

---

237 〈중앙일보〉(1983. 1. 27).
238 〈매일경제신문〉(1983. 6. 6).
239 〈매일경제신문〉(1983. 10. 19).
240 〈매일경제신문〉(1983. 11. 1; 1983. 7. 13; 1983. 8. 31).
241 〈매일경제신문〉(1986. 9. 29).
242 〈매일경제신문〉(1989. 9. 16).
243 〈매일경제신문〉(1990. 7. 11).

헤드드럼 VCR을 개발하였다. 1995년 미국 「제니스」(*Zenith*)를 인수하며 디지털 TV의 원천기술을 확보하고 1997년 세계 최초로 디지털방송 수신용 TV칩 세트를 개발하였다.

1997년 외환위기로 대우그룹 해체 위기와 함께 「대우전자」는 경영 위기에 빠졌다. 1998년 정부는 「대우전자」를 삼성으로 넘기는 안을 제안하였으나 삼성이 고사하였고 1999년 7월 7일 「대우전자」는 본사를 구미공장으로 이전하였다. 결국 2002년 10월 채권단은 「대우전자」의 가전사업 부문을 「대우모터공업」에 넘겼고 11월 1일 「대우모터공업」은 회사명을 「(주)대우일렉트로닉스」로 하여 종합가전회사로 새 출발함으로써 사실상 이전 「대우전자」는 해체되었다. 2006년 7월 10일 「대우전자」는 공식 청산되었다가 2018년 대유그룹 하에서 「대우전자」 회사명이 다시 사용되었는데 이때 「대우전자」는 회사의 출발을 이전 「대우전자」가 아닌 1987년 「대우모터공업」으로 밝히고 있다.[244]

244 대우전자(HD, 2018. 5. 6).

CHAPTER 16

전자공업과 국민경제

I. 총괄과 생산

한국전자공업의 1968년 이래 1980년까지의 수급상황을 내수, 수출, 생산, 수입, 수입의존도, 수출비율에서 구해 보면 〈표 16-1〉, 〈그림 16-1〉과 같다.

〈표 16-1〉 전자공업 수급 지표 (단위: 백만 달러)

	총수요	총수요		총공급		MD(%)	XR(%)
		내수	수출	생산	수입		
1968	95.9	76.4	19.5	56.1	39.8	41.5	34.8
1969	122.6	80.7	41.9	79.8	42.8	35.2	52.5
1970	188.5	133.6	54.9	106	82.5	43.8	51.8
1971	261.8	173.2	88.6	138	124	47.4	64.2
1972	384.5	242.5	142	207.5	177	46.0	68.4
1973	791	422	369	463	328	41.5	79.7
1974	1,260	742	518	814	446	35.4	63.6
1975	1,404	822	582	860	544	38.7	67.7
1976	2,271	1,234	1,037	1,422	849	37.4	72.9
1977	2,578	1,471	1,107	1,758	820	31.8	63.0
1978	3,321	1,962	1,359	2,271	1,050	31.6	59.8
1979	4,670	2,825	1,845	3,281	1,389	29.7	56.2
1980	4,312	2,308	2,004	2,852	1,460	33.9	70.3

주: MD: 수입의존도 = 수입/총수요(내수 + 수입). XR: 수출비율 = 수출 / 생산.
자료: 한국전자공업진흥회(전자편, 1977~1983); 한국전자공업진흥회(전전, 1981~1983); 한국산업은행조사부(한산, 1979); 과학기술처(과기감, 1981).

〈그림 16-1〉 전자공업 수급 (단위: 백만 달러)

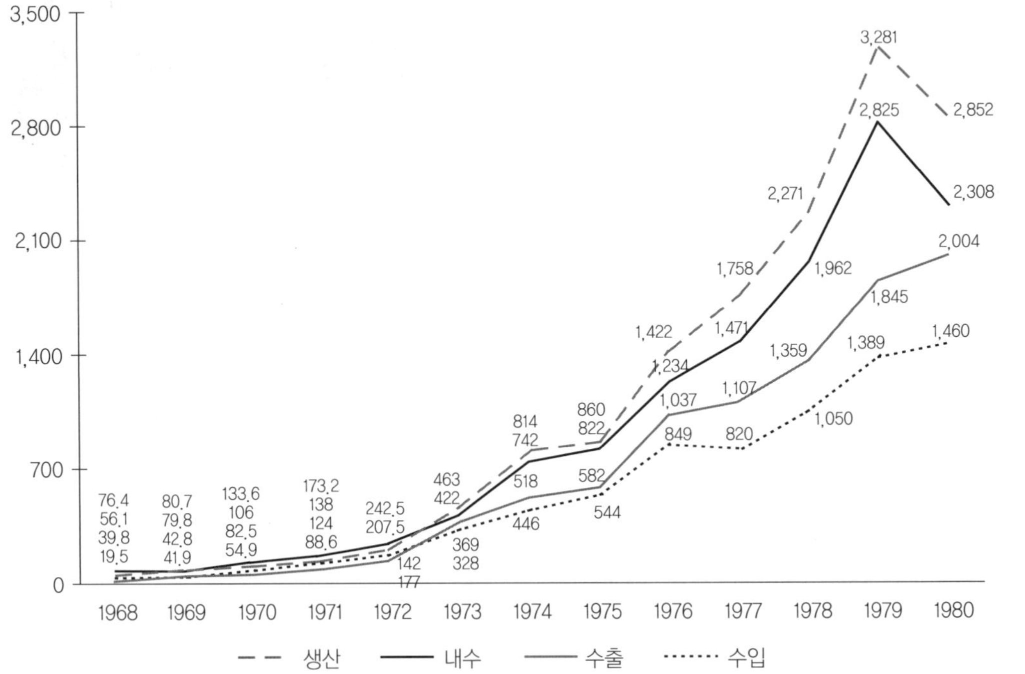

자료: 한국전자공업진흥회(전자편, 1977~1983); 한국산업은행조사부(한산, 1979); 과학기술처(과기감, 1981).

한국의 전자공업은 1968년부터 1980년까지 연평균 38.7%라는 고도성장을 이루었다. 1980년 전자공업 생산은 1968년의 50.8배인 28억 5,200만 달러가 되었고 이미 1970년대 후반 세계 자본주의 생산국의 10대 전자제품 생산국으로 발전하였다. 이는 1970년대 높은 수출비율과 수출증가율에서 확인할 수 있듯이 주로 전자공업제품의 수출증대가 주도한 것이었다. 수출비율은 1968년 34.8%에서 1973년 중화학공업화정책선언으로 79.7%까지 급등하였다가 이후 낮아진 후 1980년 다시 70.3%로 올라갔으며 동 기간 수출은 연평균 47.1% 증가하여 1968년부터 1980년까지 수입 연평균 증가율 35.0%보다 10% 포인트 이상 높았다. 전자공업의 수출은 1972년 1억 달러, 1973년 3억 달러, 1974년 5억 달러, 그리고 1980년 20억 400만 달러로 1968년의 103배로 증가하였다. 이로써 한국은 1970년대 후반 자본주의 시장경제권에서 생산과 더불어 10대 전자제품 수출 국가로 부상하였다. 총수출에서 차지하는 전자제품의 비중은 1971년 6.6%에서 1980년 11.4%로 증가하였다.[1]

한편, 이 기간 전자제품의 수입의존도는 1968년 41.5%에서 증가하여 1971년 47.4%가 되

1 한국산업은행조사부(80전, 1981), p. 250.

었다가 이후 전반적으로 계속 감소하여 1979년 29.7%까지 낮아진 후 1980년 33.9%로 높아져 여전히 높다. 1960~1970년대 높은 수입 의존은 한국의 생산구조가 저임금 노동집약적인 가정용기기와 조립부품의 생산에 치우쳐 고기술, 고가의 산업용기기와 기초 소재를 수입해야 하였기 때문이었다.

1980년 전자공업의 생산이 13.1%나 감소하고 있음에도 수출은 여전히 8.6% 늘어났다. 한국은 기업이나 정부나 가능성이 높다는 이유로 전자공업의 수출에 대한 집착이 컸었다. 그러나 수요는 국내 안정화정책과 해외부문 석유파동의 영향에 따른 경기침체로 〈그림 16-1〉에서 보듯이 내수가 전년 대비 18.3% 대폭 감소하였고 수출 역시 증가하는 가운데에도 미국 수입수요의 감소와 함께 한국 주력 수출품인 가정용기기에 대한 견제 강화로 증가율이 하향되었다.

이러한 고성장에 동반되어 한국 전자공업이 이룬 국내 제조업과 수출상의 위치변화, 수출동향 변화와 세계 시장에서의 위치 변화를 정리하면 다음과 같다.

【한국전자공업의 국내외 위치변화(1970~1980)】

1. 1970년대 전자공업에서 이룬 국내 산업상의 위치변화, 수출동향 변화

구분	변화내용				
	구분		1970	1980	1980/1970
국내 산업상의 위치	업체 수 (개사)	제조업	24,114	36,420	1.5
		전자공업	194	586	3
		비중(%)	0.8	1.6	-
	고용인원 (천 명)	제조업	861	2,183	2.5
		전자공업	29	155	5
		비중(%)	3.3	7.1	-
	생산액 (10억 원)	제조업	1,795	34,724	19.3
		전자공업	51	1,968	38.6
		비중(%)	2.8	5.7	-

구분		1970	1980
수출 동향	수출금액(백만 달러)	55	2,004
	수출상품 종류(종)	42	112
	수출 대상 국가(국가)	40	124
	미국·일본 이외 지역 수출 비중(%)	23	44

2. 경쟁국과의 수출실적 비교(백만 달러)

	한국	대만	홍콩	싱가포르
1973	369	726	445	206
1980	2,004	2,950	2,305	2,231
1980/1973	5.4	4.1	5.2	10.8

주: 싱가포르, 홍콩은 중개무역 포함.

3. 세계 전자공업에서의 위치

(1) 생산 및 수출 비중(1979)[2]

생산: 세계 11위(1.6% 점유), 수출: 세계 10위(3.3% 점유)

(2) 전자공업국으로의 지위 부상

수출유망 신기술 품목의 개발

구분	지위내용
VTR	일본, 미국, 네덜란드에 이어 세계 4번째 1980년대 최고 수출유망 품목으로 1986년 한국 수출계획 1억 달러
VTR용 테이프	미국, 일본, 서독에 이어 세계 4번째
헤드폰	1980년 세계 시장 수요 7,000천 개, 한국 수출 2,500천 개 극소형화된 신제품 개발
폴리바리콘	1980년 세계 시장 수요 120백만 개, 한국 수출 2.2백만 개 세계적 극소형 제품 개발
비디오테이프	세계 시장 연평균 30%씩 성장 한국 수출계획: 1981년 14백만 달러, 1986년 200백만 달러
흑백TV	1980년 세계 시장 수요 24,490천 대, 한국 수출 5,200천 대 100% 국산화
전자레인지	1986년 세계 시장 수요 11백만 대 한국 수출계획 1981년 10만 대(20백만 달러), 1986년 50만 대(100백만 달러)
CRT터미널 (컴퓨터 주변장치)	1980년 수출 5.6백만 달러 1981년 수출계획 11백만 달러 80% 국산화 추진

상공부(전자육, 1981. 9. 5).

제조업에서 차지하는 전자공업의 비중은 1970년 업체 수, 종업원 수, 생산액에서 0.8%, 3.3%, 2.8%이었으나 1980년 이 비중은 각각 1.6%, 7.1%, 5.7%로 대폭 높아졌다. 또한 전자공업의 수출액이 1970년 5,500만 달러에서 1980년 20억 400만 달러로 높아지면서 수출상품과 수출 대상 국가도 112종, 124개국으로 늘어났다. 1970년, 1975년, 1980년 전자공업의 총수출 내 점유율과 제조업 내 부가가치 비중을 계산하면 〈표 16-2〉와 같은데 전자제품이 총수출에서 차지하는 비중은 1970년 6.6%에서 1975년 11.4%, 1980년 11.4%로 되었고 제조업 내 부가가치 비중은 1970년 2.1%에서 1975년 5.7%로, 그리고 1980년 6.0%로 높아졌다. 1973년 중화학공업화정책선언 이후 이루어진 급속한 전자제품 수출증가는 대만, 홍콩, 싱가포르에서와 유사한 성과로 이루어졌으며 이로 인해 이들 4개국은 「아시아의 4룡」으로 불리었다. 한국은 1979년 세계 전자공업에서 생산 1.6%로 세계 11위, 수출 3.3%로 세계 10위를 유지하고 있었고 1980년 세계 자본주의국가 10대 전자제품 생산국을 유지하면서 수출에서 전자 20억 400만 달

2 상공부 전자공업육성계획작업반(전자, 1981. 5)에서 1979년으로 확인됨.

러 수출로 세계 9위로 올라서고 있었다.[3] 국내에서 뿐만 아니라 세계 시장에서도 수출점유 비중이 생산점유 비중보다 높아 한국의 전자공업이 전형적인 수출 지향형 공업이었으며 또한 수출 지향 성과가 있었음을 확인할 수 있다.

〈표 16-2〉 전자공업의 국민경제상 비중

구분		1970	1975	1980
수출 (100만 달러)	전자제품	55	582	2,004
	총수출액	835	5,081	17,505
	점유율(%)	6.6	11.4	11.4
부가가치 (10억 달러)	전자산업	12	149	674
	제조업	559	2,624	11,214
	점유율(%)	2.1	5.7	6.0

자료: 한국전자공업진흥회(한전, 1989~1991); 한국전자공업진흥회(전전, 1981, 1983, 1989).

〈표 16-3〉 전자공업의 제조업 내 생산 비중과 생산지수 변화

구분	생산액 비중, 생산지수								
생산 비중 (백만 달러)		1972	1973	1974	1975	1976	1977	1978	1979
	제조업	8,733	11,838	15,291	18,269	24,077	28,993	35,880	40,265
	전자공업	208	463	814	860	1,422	1,758	2,271	3,281
	비중(%)	2.4	3.9	5.3	4.7	5.9	6.1	6.3	8.1
생산지수									

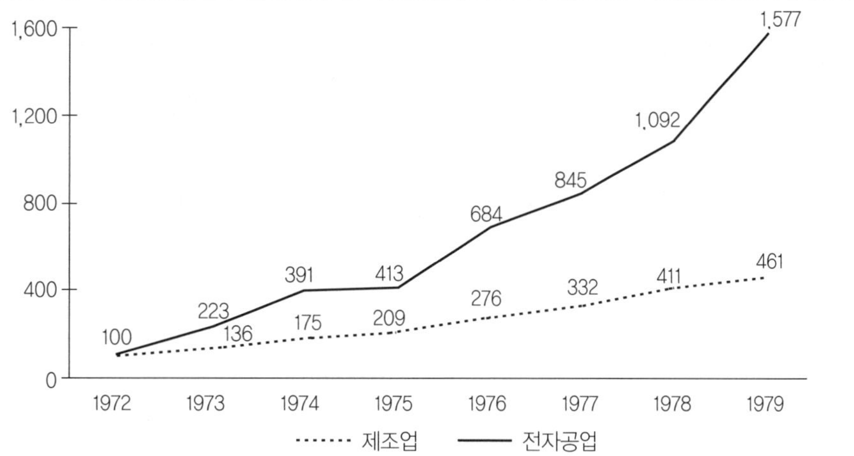

자료: 과학기술처(과기감, 1981).

3 재무부(중육, 1981. 9).

중화학공업화정책선언 이전 1972년부터 중화학공업화정책 비판이 본격화된 1979년까지 전자공업의 제조업 내 생산액 비중과 생산지수를 구해 보면 〈표 16-3〉과 같다. 1972년부터 1979년까지 연평균 성장률은 제조업 24.4%, 전자공업 48.3%로 전자공업의 성장률이 높았는데 연도별 지수변화를 보면, 전자공업의 생산증가율이 제조업 생산증가보다 높았을 뿐만 아니라 그 증가율 격차가 커지고 있음을 알 수 있다. 그 결과 1972년 전자공업의 생산액은 제조업의 2.4%에 불과하였으나 중화학공업화정책선언 이후 1973년 이 비율은 3.9%로 높아졌고 1974년 5.3%로 급등하였다. 이후 1975년 이 비율은 수출 의존도가 높았던 한국 전자공업의 특성상 석유파동의 영향을 더 받아 급락하였다가 1976년부터 다시 상승하여 1979년에는 다시 이전 연도 6.3%에서 8.1%로 급등하였다.

〈표 16-4〉 전자공업 부문별 생산 (단위: 백만 달러, %)

		전자기기			전자부품	합계
		가정용기기	산업용기기	계		
1968	금 액	12.9	6.7	19.6	24.3	43.9
	구성비	29.4	15.3	44.6	55.4	100
1970	금 액	30.4	17.4	47.8	58.5	106.3
	구성비	28.6	16.4	45.0	55.0	100.0
1971	금 액	33.4	18.4	51.8	86.2	138.0
	구성비	24.2	13.3	37.5	62.5	100.0
1972	금 액	55.3	25.3	80.6	127.0	207.6
	구성비	26.6	12.2	38.8	61.2	100
1973	금 액	135	42	177	285	463
	구성비	29.2	9.1	38.2	61.6	100.0
1974	금 액	259	76	335	479	814
	구성비	31.8	9.3	41.2	58.8	100.0
1975	금 액	270	93.6	363.6	496.6	860.2
	구성비	31.4	10.9	42.3	57.7	100.0
1976	금 액	551	126	677	745	1,422
	구성비	38.7	8.9	47.6	52.4	100.0
1977	금 액	679	185	864	894	1,758
	구성비	38.6	10.5	49.1	50.9	100.0
1978	금 액	936.2	210.2	1,146.4	1,124.7	2,271.1
	구성비	41.2	9.3	50.5	49.5	100.0
1979	금 액	1,374.2	319.5	1,693.7	1,587.0	3,280.7
	구성비	41.9	9.7	51.6	48.4	100.0
1980	금 액	1,147.6	364.4	1,512.0	1,340.5	2,852.5
	구성비	40.2	12.8	53.0	47.0	100.0

자료: 한국전자공업진흥회(전전, 1981, 1983, 1985, 1989); 한국전자공업진흥회(전자편, 1977, 1980); 한국정밀기기센터(한자, 1978).

전자공업을 가정용기기, 산업용기기, 부품의 부문별로 나누어 1968년부터 1980년까지의 생산액과 구성비를 정리하면 〈표 16-4〉와 같다. 1968년 가정용기기 : 산업용기기 : 부품의 비율이 29.4 : 15.3 : 55.4이던 것이 1972년 26.6 : 12.2 : 61.2로 되어 중화학공업화정책선언 직전까지는 부품생산 중심이 강화되고 있었다. 당시까지 한국의 경우 소재 및 설계기술이 떨어져 부품의 하청 생산에 머물고 있었고 이러한 경향은 한국인들의 우수한 조립기술과 저렴한 임금으로 강화되고 있었다. 1973년 중화학공업화정책선언 이후 수출을 지향한 가정용기기의 조립, 생산이 확대되기 시작하였다. 이후 1975년 31.4 : 10.9 : 57.7로 그리고 1979년 41.9 : 9.7 : 48.4, 1980년 40.2 : 12.8 : 47.0으로 발전하여 가정용기기의 발전이 강화되는 가운데 부품의 비중이 여전히 높지만 현저히 감소하였다.

전자공업의 가정용기기, 산업용기기, 전자부품의 부문별 특성을 보기 위하여 1970년과 1980년의 부문별 수급을 정리하고 각 부문별 무역수지, 수출비율, 자급률, 수입의존도를 구하면 〈표 16-5〉와 같다.

1970년대 선진공업국의 가전부문 경쟁력 약화에 따라 한국의 가정용기기 수출 비중이 매년 커져 1970년 26.3%에서 1980년 85.8%로 높아졌고 가정용기기의 무역수지 흑자는 8억 6,000만 달러에 달했다. 이와 함께 가정용 전자기기의 자급률도 1970년 70.4%에서 1980년 90.2%로 높아졌지만 산업용 전자기기의 자급률은 여전히 60%에 이르지 못하고 있었다. 심지어 전자부품의 경우 1970년대 후반 한국 임금수준의 상승과 발전도상국들의 진입, 경쟁에 더하여 점점 고가의 핵심기술 보유 기초소재가 이용됨으로써 오히려 자급률이 1970년 67.9%에서 1980년 55.3%로 감소하고 있었다. 1970년대 전자기기의 핵심부품은 여전히 선진국에 의존하고 있었다. 반도체공업만 보아도 웨이퍼가공업체의 생산이 1978년 2.7%, 1980년 3.3%에 불과하였고 단순조립업체의 생산이 1978년 97.3%, 1980년 96.7%에 이르고 있었다.[4] 이러한 불균형 발전의 결과 1980년 산업용기기와 부품의 무역수지 적자는 각각 1억 3,600만 달러, 1억 8,000만 달러에 달하고 있었다.

전자공업의 부문별 생산과 수출에서의 국민경제상 비중을 정리하면 〈표 16-6〉과 같다. 전자제품 생산의 전체 GNP 대비 비중을 보면 6.6%로 높아졌음에도 산업용기기는 0.6%에 불과하였고 산업용기기 수출의 총수출에서 차지하는 비중도 0.7%에 불과하여 전자제품의 높아진 비율 12.3%를 생각할 때 매우 낮았다. 산업용기기의 낙후라는 전자공업의 발전구조가 전자공업이 가진 국민경제에의 긍정적 파급효과를 크게 잠식하고 있는 것이다. 한편, 전 수출에서 차지하는 비중이 가정용 전자기기 6.1%, 전자부품 5.4%로 합계 11.5%를 점하고 있다는 것은 한국의 가정용 전자기기와 전자부품이 수출증대에 중대한 역할을 하고 있었음을 보여 주며, 특히 가정용기기의 수출이 최우선으로 추진되고 또 생산액 비중 대비로 보더라도 가장 성공하

4 산업연구원(20, 1986), p. 203.

고 있었음을 알 수 있다.

〈표 16-5〉 전자공업의 가정용기기, 산업용기기, 부품 수급 추이 (단위: 10억 원, 1980년 가격, %)

<table>
<tr><th colspan="3"></th><th>1970</th><th>1980</th></tr>
<tr><td rowspan="8">가정용 전자기기</td><td rowspan="2">공급</td><td>생산</td><td>19</td><td>697</td></tr>
<tr><td>수입</td><td>8</td><td>76</td></tr>
<tr><td rowspan="2">수요</td><td>내수</td><td>22</td><td>175</td></tr>
<tr><td>수출</td><td>5</td><td>598</td></tr>
<tr><td colspan="2">무역수지(경상가격)</td><td>−5백만 달러</td><td>860백만 달러</td></tr>
<tr><td colspan="2">수출비율(수출/생산)</td><td>26.3</td><td>85.8</td></tr>
<tr><td colspan="2">자급률(100 − 수입의존도)</td><td>70.4</td><td>90.2</td></tr>
<tr><td colspan="2">수입의존도(수입 / (생산 + 수입))</td><td>29.6</td><td>9.8</td></tr>
<tr><td rowspan="8">산업용 전자기기</td><td rowspan="2">공급</td><td>생산</td><td>11</td><td>221</td></tr>
<tr><td>수입</td><td>15</td><td>152</td></tr>
<tr><td rowspan="2">수요</td><td>내수</td><td>26</td><td>303</td></tr>
<tr><td>수출</td><td>0.2</td><td>70</td></tr>
<tr><td colspan="2">무역수지(경상가격)</td><td>−25백만 달러</td><td>−136백만 달러</td></tr>
<tr><td colspan="2">수출비율(수출/생산)</td><td>1.8</td><td>31.7</td></tr>
<tr><td colspan="2">자급률(100 − 수입의존도)</td><td>42.3</td><td>59.2</td></tr>
<tr><td colspan="2">수입의존도(수입 / (생산 + 수입))</td><td>57.7</td><td>40.8</td></tr>
<tr><td rowspan="8">전자부품</td><td rowspan="2">공급</td><td>생산</td><td>38</td><td>814</td></tr>
<tr><td>수입</td><td>18</td><td>659</td></tr>
<tr><td rowspan="2">수요</td><td>내수</td><td>28</td><td>924</td></tr>
<tr><td>수출</td><td>27</td><td>549</td></tr>
<tr><td colspan="2">무역수지(경상가격)</td><td>15백만 달러</td><td>−180백만 달러</td></tr>
<tr><td colspan="2">수출비율(수출/생산)</td><td>71.1</td><td>67.4</td></tr>
<tr><td colspan="2">자급률(100 − 수입의존도)</td><td>67.9</td><td>55.3</td></tr>
<tr><td colspan="2">수입의존도(수입 / (생산 + 수입))</td><td>32.1</td><td>44.7</td></tr>
<tr><td rowspan="8">합계</td><td rowspan="2">공급</td><td>생산</td><td>68</td><td>1,732</td></tr>
<tr><td>수입</td><td>41</td><td>887</td></tr>
<tr><td rowspan="2">수요</td><td>내수</td><td>78</td><td>1,402</td></tr>
<tr><td>수출</td><td>31</td><td>1,217</td></tr>
<tr><td colspan="2">무역수지(경상가격)</td><td>−15</td><td>544</td></tr>
<tr><td colspan="2">수출비율(수출/생산)</td><td>45.6</td><td>70.3</td></tr>
<tr><td colspan="2">자급률(100 − 수입의존도)</td><td>62.4</td><td>66.1</td></tr>
<tr><td colspan="2">수입의존도(수입 / (생산 + 수입))</td><td>37.6</td><td>33.9</td></tr>
</table>

자료: 한국전자공업진흥회(전전, 1981, 1983); 산업연구원(20, 1986), p. 126.

〈표 16-6〉 전자공업의 부문별 국민경제상 비중(1979)

(단위: 천 달러, %)

		생산		수출	
		생산액	생산/GNP	수출	수출/총수출
기기	가정용기기	1,374,230(41.9)	2.8	914,544(49.6)	6.1
	산업용기기	319,533(9.7)	0.6	110,661(6.0)	0.7
	합계	1,693,763(51.6)	3.4	1,025,205(55.6)	6.8
부품		1,586,961(48.4)	3.2	820,167(44.4)	5.4
합계		3,280,724(100.0)	6.6	1,845,372(100.0)	12.3

자료: 전국경제인연합회(한경연, 1980), p. 501.

〈표 16-7〉 산업용 전자기기의 전자공업에서의 위치

(단위: %)

	1979				1980			
	생산	수출	시판	로컬	생산	수출	시판	로컬
산업용기기	9.8	6.0	20.5	0.1	12.8	5.7	36.3	0.2
가정용기기	41.9	49.6	44.7	1.0	40.2	49.2	35.9	0.5
부품	48.4	44.4	35.0	99.0	47.0	45.1	28.0	99.3
합계	100.0	100.0	100.0	100.0	100.0	100.0	100.0	100.0

자료: 전국경제인연합회(한경연, 1981), p. 517.

1970년대 한국 전자공업에서 가장 발전한 부문은 수출을 기반으로 한 가정용 전자기기이었고 이를 기반으로 구조개선이 진행되고 있었다. 그 결과 1980년 여전히 부가가치가 높은 선진국형 전자공업 부문인 산업용 전자기기의 생산액 비중이 여타 가정용 전자기기 부문이나 전자부품 부문의 1/3에도 못 미치고 있었다. 〈표 16-7〉에서 보듯이 산업용기기 생산은 증가하고 있지만 1979년과 1980년 각각 전자공업 생산의 9.8%, 12.8%에 불과하였고 수출은 더욱 열악하여 1979년과 1980년 각각 6.0%, 5.7%로 오히려 비중이 줄고 있었다.

이러한 문제점을 객관적으로 확인해 보기 위해 한국 전자공업의 구성을 미국, 일본, 유럽과 비교해 보면 〈그림 16-2〉와 같다. 1980년 한국은 산업용기기의 비율이 12.8%로 매우 낮지만 미국, 일본, 유럽 모두 산업용기기의 비중이 가장 높고, 특히 미국, 유럽의 경우 오히려 가정용기기의 비중이 12.8%, 16.1%로 매우 낮은 차이점이 바로 확인된다.

한국의 전자공업에서 산업용기기의 비중이 예외적으로 낮았던 데에는 단기적 수출목표, 기업선호, 경쟁 가능성, 일본 발전모델의 채택 등의 여러 요인이 있었다. 이와 더불어 국내 기업, 그리고 한국 정부와 정부 투자기관들까지 국산 산업기기를 외면하고 수입기기를 선호하여

〈그림 16-2〉 전자공업의 부문별 구조 각국 비교(1980) (단위: 생산 비중 %)

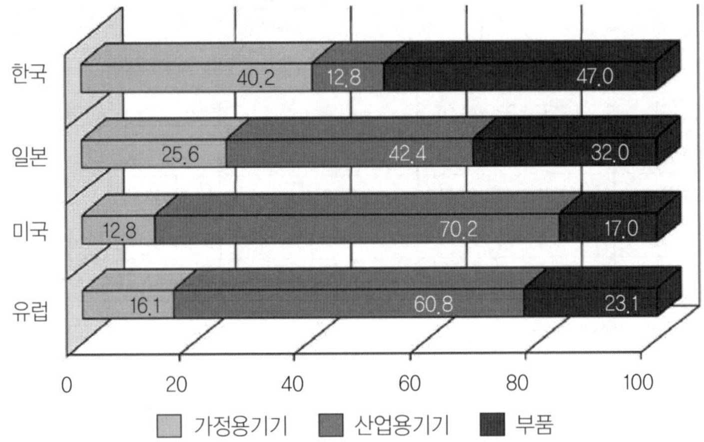

자료: Electronics(1983); 電波新聞社編(電鑑, 1982); 한국산업은행조사부(한산, 1984).

국산 산업기기는 규모의 경제를 실현시킬 내수를 확보할 수 없었고 정책적으로도 산업용기기의 수입을 부추기는 정책오류까지 존재하고 있었기 때문이었다. 앞서 비교한 미국, 일본, 유럽 등 선진전자공업국 정부의 경우 보조금 등 여러 경로를 통해 첨단부문, 고부가가치 부문의 연구개발을 지원한 반면, 한국의 정부와 정부투자기관은 오히려 산업용기기 전체 수요의 약 50%를 수입하고 더하여 대부분 산업용기기의 관세율을 부품관세율 30~40%보다 훨씬 낮은 5~20%로 책정하고 있었다.5

1980년 11월 국가보위입법회의에서 "부가가치가 낮은 가정용기기는 생산 비중이 높은 반면 부가가치가 높은 산업용기기 생산 비중은 상대적으로 낮은 실정입니다"라고 보고가 이루어지는 등6 이후에도 이는 계속 지적되었고 서서히 수정되어 나갔지만 고도기술 산업용 전자기기 취약은 한국 전자공업의 문제점으로 계속되었다.

1968~1980년 전자공업의 투자주체별 생산현황을 정리하면 〈표 16-8〉과 같다. 내국인기업 생산 비중은 1968년 65%, 1970년 67%이었으나 1972년 이후 합작기업의 비중이 높아지면서 36%까지 낮아졌다가 1970년대 말부터 저임금을 찾아 외국 자본들이 다른 발전도상국으로의 생산기지 이전을 추구하면서 투자재검토에 나서자 다시 높아지기 시작하였다. 2차 석유파동을 겪으면서 이런 경향은 더욱 두드러져 내국인기업 생산 비중은 1981년 57.5%로 높아졌다. 외국인 단독투자기업의 생산 비중은 1977년까지 30%대를 큰 변화 없이 유지하였으나 1978년부터 20%대 이하로 내려왔다.

5 상공부(전자, 1982), pp. 32, 162.
6 국가보위입법회의(1980. 11. 5), p. 7.

〈표 16-8〉 투자주체별 생산 현황

(단위: 백만 달러, %)

구분		합계	내국인	합작	외국인 단독
1968	생산	43.9	28.5	2.4	15.3
	비중	100	65	1	34
1970	생산	106.3	71.5	2.7	32.1
	비중	100	67	3	30
1971	생산	138.0	67.1	20.9	50.0
	비중	100	49	15	36
1972	생산	207.0	96.4	40.9	70.3
	비중	100	46	20	34
1974	생산	813.6	330.7	170.3	312.6
	비중	100	41	21	38
1975	생산	860.3	312.7	229.4	318.1
	비중	100	36	27	37
1976	생산	1,422.2	641.7	307.6	472.9
	비중	100	45	22	33
1977	생산	1,758	685.6	509.8	562.6
	비중	100	39	29	32
1978	생산	2,271.1	1,033.9	633.1	604.2
	비중	100	46	28	26
1979	생산	3,180.7	1,623.0	860.2	797.5
	비중	100	49	26	24
1980	생산	2,852.5	1,384.4	774.0	694.1
	비중	100	49	27	24

주: 다르게 발견되는 1977년 전자공업 투자처별 횡단면 자료수치는 오류임.
자료: 한국전자공업진흥회(전자편, 1977, 1980, 1983); 한국산업은행조사부(한산, 1979); 한국산업은행조사부(80전, 1981).

한국 전자공업 생산품목은 전략부문의 선택으로 특정 품목 집중도가 높았다. 주요 선택품목이었던 TV수상기와 집적회로(IC)의 생산 비중을 보면 1977년 25.1%, 1980년 28.1%이었다. 한국은 IC 분야 등 반도체 부문을 전략적으로 선택하였다.

Ⅱ. 투자와 고용

1973년 중화학공업화정책선언 이후 중화학공업화정책 공업별 주요 계획시설 투자액과 주요 계획시설 투자액 자체자금 비율별 회사 수를 총괄하면 〈표 16-9〉와 같다.

주요 계획시설의 공업별 투자액이지만 정책선택으로 적극적으로 육성되지 못하였던 비철금속공업을 제외하면 전자공업 시설투자액은 내자 1,964억 8,400만 원, 외자 1,505만 4,000달러, 합계 2,037억 1,000만 원으로 가장 적었다. 또한 자체자금이 1,230억 100만 원으로 시설자금의 60.4%를 차지하여 타 공업에 비해 압도적으로 높았다. 자체자금의 비율이 높았던 것은 전자공업이 먼저 출발한 공업으로 타 중화학공업에 비해 중화학공업화정책선언 이전 자본축적이 이루어지고 있었고 또 공업성격상 타 중화학공업에 비해 개별 투자규모가 작았기 때문이었다. 어쨌든 이는 전자공업이 '1973년 5월 11일 이낙선(李洛善) 상공부장관이 발표한 "중화학공업 건설원칙' 중 총투자비의 30% 이상은 자기자금"으로 한다는 원칙을[7] 가장 잘 이행하였음을 보여 준다. 개별 회사별 자체자금 비율을 보아도 전자공업은 조선공업과 함께 대표기업 모두

〈표 16-9〉 중화학공업화정책 공업별 주요 계획시설 투자액과 자체자금 비율별 회사 수(1973~1979)

투자액과 자체자금 비율별 회사 수

투자액

부문별	내자 (백만 원)	외자 (천 달러)	계 (백만 원)	자체자금 금액 (백만 원)	자체자금 비율 (%)
철강공업	601,319	1,374,939	1,268,164	593,910	46.8
비철금속공업	112,634	177,866	199,447	48,149	24.1
조선공업	150,067	120,698	208,605	75,979	36.4
화학공업	492,750	1,211,995	1,095,357	200,829	18.3
기계공업	452,394	258,120	577,521	165,175	28.6
전자공업	196,484	15,054	203,710	123,001	60.4
시설투자총액	2,006,648	3,158,672	3,552,804	1,207,043	34.0

자체자금 비율별 회사 수

	10% 이하	11~15	16~20	21~25	26~30	31~35	36~40	41~45	46~50	51~55	56~60	61% 이상	계
계	3	3	2	2	9	6	2	1	1	1	1	3	34
철강				1					1				2
비철			2		2								4
조선						3					1		4
화학	3	3			6	1						1	14
기계				1	1	2	1	1					6
전자							1			1		2	4

자료: 경제제2(중계초, 1980).

7 〈경향신문〉(1973. 5. 11); 〈매일경제신문〉(1973. 5. 12).

〈표 16-10〉 전자공업 구미 주요 전자공장 건설 투자액(1973~1979) (단위: 외자 천 달러, 기타 백만 원, 비율 %)

	내자	외자	합계	자체자금	비율
금성사	10,400	3,300	12,000	9,900	82.5
금성전선	3,100	4,365	5,200	2,020	38.8
대우전자	2,687	–	2,687	2,687	100.0
대한전선	24,000	–	24,000	12,500	52.0
합계	40,187	7,665	43,887	27,107	61.7

자료: 중화학공업추진위원회기획단(중화투자, 1980).

〈표 16-11〉 전자·전기기계 투자의 제조업 투자 내 비중변화 (단위: 10억 원, %)

	전자·전기기계	제조업	비중
1973~1976	82.1	2,054.60	4.0
1977	70.6	1,379.30	5.1
1978	132.3	2,148.10	6.2
1979	162.8	2,469.10	6.6
1980	91.4	1,867.40	4.9
1981	136	1,404.70	9.7
1982	199.7	1,600.50	12.5
1983	308	2,079.40	14.8

자료: World Bank(KD, 1984), p. 213.

가 30% 이상을 기록하였으며 나아가 36% 이상을 모두 기록한 유일한 공업이었다.

전자공업은 주요 계획사업 투자액의 96.5%를 내자로 충당하였는데 이러한 가능성을 만든 것은 자체자금 비율 60.4%에서 알 수 있듯이 초기 성장에 성공한 기업들이었다. 구미전자공업기지 주요 전자공장 건설투자액을 정리하면 〈표 16-10〉과 같다. 중화학공업화정책선언과 함께 전자공업을 수출전략산업화하기 위하여 국제수준의 부품을 생산하고 규모의 경제를 실현한다는 방침에 따라 1973년부터 1979년까지 구미기지에서 「금성사」, 「금성전선」, 「대우전자」, 「대한전선」 4개 기업의 TV, 라디오, 통신케이블, CRT, TV모니터 등의 공장건설이 추진되어 438억 8,700만 원이 투입되었다.

투자액 약 80%가 전자공업인 전자·전기기계공업의 연도별 투자액과 제조업 내 투자비중 변화를 정리하면 〈표 16-11〉과 같다. 시기적으로 1970년대 전반부에는 적극적인 외국인투자 유치로 부품조립공장에 투자가 많이 이루어졌고 1970년대 후반부에는 주로 컬러TV수상기, 전자교환기, 반도체 등에 내국인기업들의 투자가 확대되었다.

절대적인 투자규모나 상대적인 제조업 내 투자비중으로 볼 때 전자·전기기계공업에 대한 투자는 전반적으로 1980년까지 낮은 수준에 머물러 있었다. 전자·전기기계의 제조업 내 투자비중은 1973~1976년 평균 4.0%에 불과하였고 1978년, 1979년 높아지고 있었지만 6.2%, 6.6%에 머물렀으며 1980년 전체적인 제조업의 투자감소 속에 전자·전기공업 부문 투자감소는 더 커서 4.9%로 다시 떨어졌다. 1980년 국내 고정투자 증가율이 14.8% 감소하였지만 전자·전기기계공업의 고정투자는 22.1% 감소하였다.[8]

이렇게 1970년대 투자가 정체된 것은 1·2차 석유파동과 임금우위 축소, 내수억제정책 때문에 외국인투자가 새로운 투자처를 물색하는 등 한국 전자공업에 대한 외국인투자 의욕이 낮아지고 있었기 때문이지만 무엇보다 정체의 근본적인 원인은 바로 기업들의 의식이었다. 한국에 있던 국내외 전자공업기업들은 표준화된 기술을 이용한 숙련노동집약제품 수출에 주력하고 있었다. 1970년대 전자공업에서 선두주자이었던 미국, 일본 등은 연구개발 투자에 이어 첨단부문 설비투자까지 활발하였던 반면[9] 한국은 낮은 투자로 기술개발만이 아니라 고부가가치 첨단제품에서의 설비투자도 세계 일류수준과는 비교가 불가능할 정도로 뒤떨어져 있었다.

세계적인 경제위기를 가져 온 2차 석유파동의 충격은 한국 전자공업에 보다 크게 나타났다. 1980년 국내 총소비는 0.9% 감소하였지만 가전제품을 중심으로 한 전자공업제품의 소비는 21.2% 대폭 감소하였다.[10] 세계 시장에서는 이미 반도체, 컴퓨터 등 첨단전자제품에 대한 경쟁이 치열해지고 있었다. 위기에서 한국 전자공업기업들은 생존을 위한 투자에 나서야 하였고 〈표 16-11〉에서 보듯이 1981년부터 전자·전기기계의 제조업 내 투자비중은 1980년 4.9%에서 1981년 9.7% 그리고 1982년 12.5%, 1983년 14.8%로 급등하였다. 그리고 이는 한국 전자공업의 새로운 경쟁력을 만들기 시작하였다. 점점 높아진 투자확대는 분명히 가치 있는 결과를 가져왔고 이는 3저 호황으로 1980년대 후반에 나타났다.

전자공업진흥회가 집계한 전자공업의 설립주체별 업체 수 및 종업원 수를 정리하면 〈표 16-12〉와 같다. 1965년 41개에 불과하던 사업체 수는 1972년 217개사로 200개를 돌파하였고 이후 꾸준히 증가하여 1979년 744개사로 700개를 넘어섰다. 합작사 및 외국인 단독투자사업체의 비중은 계속 늘어나 1975년 34.5%까지 늘어났다가 다시 줄어들어 1979년 19.8%까지 줄어들었다. 종업원 수는 내국인 사업체의 영세성으로 합작사 및 외국인 단독투자사업체 고용비중이 1976년까지 계속 늘어 54.9%까지 늘어났다가 줄어 1979년 46.8%로 되었다. 종업원 총수는 1970년 2만 9,500명에서 계속 늘어 1978년 18만 3,635명까지 늘었다가 1979년 17만 9,784명이 되었다.

---

8 전국경제인연합회(한경연, 1981), p. 516.

9 1970년대 미국 반도체 제조업체 8사의 매출액 대비 설비투자 비율은 8.7~14.5%, 일본의 집적회로 생산기업의 매출액 대비 설비투자 비율 역시 10% 이상이었고, 특히 1973~1974년, 1976년은 21% 이상이었다. 한국개발연구원(중화전, 1981), pp. 75~76.

10 전국경제인연합회(한경연, 1981), p. 516.

직종별로 보면 1979년 전자공업에서 단순공원의 비중이 낮아졌지만 여전히 64.9%로 단순 조립이 압도적인 한국 전자공업의 모습을 보여 주고 있고, 다음이 기능공 비중이 18.4%이었으며 기술자 비중은 3.0%에 불과하였다(〈표 16-13〉 참조).

〈표 16-12〉 전자공업진흥회 집계 전자공업 설립주체별 업체 수 및 종업원 수

	업체 수				종업원 수			
	총수	내국인	합작	외국인 단독	총수	내국인	합작	외국인 단독
1965	41	41	–	–	–	–	–	–
1968	121	115	3	3	–	–	–	
1970	184	167	10	7	29,500	23,000	1,600	4,900
1971	202	172	21	9	36,300	22,100	6,700	7,500
1972	217	182	27	8	52,501	30,245	11,089	11,067
1973	256	202	42	12	85,785	44,006	22,558	19,221
1974	335	241	71	23	96,100	57,500	17,500	21,100
1975	385	252	99	34	103,200	59,200	29,300	14,700
1976	482	345	93	44	142,200	64,200	30,700	47,300
1977	526	386	96	44	151,372	73,899	42,460	27,892
1978	587	440	103	44	183,635	99,089	47,703	36,843
1979	744	597	103	44	179,784	95,621	47,658	36,505

자료: 한국산업은행조사부(한산, 1976), I, p. 308; 한국산업은행조사부(한산, 1979), 상, p. 407; 한국개발연구원(중화전, 1981), p. 39.

〈표 16-13〉 전자공업 직종별 고용

	1978		1979	
	인원(명)	비중(%)	인원(명)	비중(%)
중역	1,025	0.6	1,023	0.6
사무직	18,178	9.9	19,106	10.6
기술자	5,446	2.9	5,453	3.0
기능자	28,147	15.3	33,225	18.4
공원	126,770	69.0	116,826	64.9
기타	4,069	2.2	4,151	2.3
계	183,635	100	179,784	100

자료: 전국경제인연합회(한경연, 1980), p. 508.

〈표 16-14〉 전자공업 고용원 수와 구조

구분	고용원 수와 구조				
			1971	1981	미국(1977)
기능별 시기별	고용원 수(천 명)		34.7	247.0	1,213.0
	구조 (%)	전문기술자	6	5	15
		기술공	16	22	20
		공원	55	58	44
		기타	23	15	21

구분		생산직				비생산직	합계
		기술직	기능직	공원	소계		
부문별 1984년 4월	가정용기기	24.2	17.5	33.3	75.0	25.0	100.0
	산업용기기	15.9	28.9	34.1	78.9	17.1	100.0
	전자부품	5.0	13.6	68.5	87.1	12.9	100.0
	합계	13.3	16.9	51.9	82.1	17.9	100.0

주: 시계열 자료와 집계기관 차에 의한 종업원 수 집계 보고의 차이가 있음.
자료: 상공부(전자, 1982); 한국산업은행조사부(한산, 1984).

1980년대 들어와 구조개선이 촉진되었다. 〈표 16-14〉에서 우선 1971년과 1981년을 비교해 10년간의 변화를 보면 교육개혁과 정부의 적극적 유도에 의해 기술공·기능공의 비중이 가장 많이 늘어 16%에서 22%가 되었다. 그러나 1981년 기능공·기술공의 비중이 늘고 단순공원의 비중은 58%로 낮아지고 있지만 전문기술자의 비중은 여전히 5%이어서 미국 전자공업의 기술자 비중 15% 수준과 크게 대비된다. 이후 1981년부터의 첨단 전자제품에 대한 경쟁과 투자확대에 수반하여 1984년 기술직 비중은 13.3%로 대폭 상향되었고 단순공원 비율은 계속 하락하여 51.9%로 낮아졌다. 다만 전자부품제조사들은 기술직 5% 등 여전히 취약한 인력구조를 유지하고 있었고 또한 산업용기기가 가정용기기에 비해 기술집약적 성격이 강함에도 불구하고 기술직의 비중이 더 낮은 것은 1980년대 중반에도 한국의 산업용 전자기기 부문이 여전히 취약점을 가지고 있음을 확인해 준다.

Ⅲ. 수출과 수입

1962년 50만 달러이던 전자제품 수출은 1965년 180만 달러로 증가하였고 1967년 654만 달러 그리고 1968년 1,950만 달러로 급등하였다. 이후 1968~1980년 전자공업의 수출과 수입을 정리하면 〈그림 16-3〉과 같다.

1962년에 조립 라디오 4,000달러 분을 수출하고 1965년 총수출 내 비중 1%에 불과하였던 전자공업은[11] 1970년대 이후 한국에서 성장산업으로 가장 각광을 받는 수출주도형 산업이 되었다.[12] 1970년대 들어와 수출이 강화되면서 1971년 수출비율(수출/생산)이 전년도 51.9%에서 64.5%로 급등하였고, 특히 중화학공업화정책선언으로 수출목표가 중시되면서 수출은 1972년 생산의 68.4%에서 1973년 79.7%로 급등하였으며 이와 함께 전자공업의 무역수지가 흑자로 돌아섰다. 이후 전자공업의 무역수지 흑자가 추세적으로 확대되는 가운데 수출비율은 석유파동의 영향으로 1974년 63.6%로 낮아졌고 다시 3차 경제개발5개년계획이 끝나는 1976년 72.9%로 급등하였다가 1980년 70.3%로 되었다.[13] 이러한 변화는 수출이 대외변수 외에도 정책변수에 의해 크게 영향을 받았음을 보여 주는데 한국의 전자제품 수출비율은 1978년 미국 20.5%, 일본 44.1% 등 선진공업국에 비해서는 높았지만 대만 81.8%, 싱가포르 83.7% 등 수출 지향 아시아 국가들의 수출비율보다는 낮았다.[14] 이들 아시아 국가들의 전자제품 수출비율이 높았던 것은 수입국의 대규모 수입업자에 의한 수출이 컸기 때문이었다.

〈그림 16-3〉 전자공업의 수출과 수입 (단위: 백만 달러)

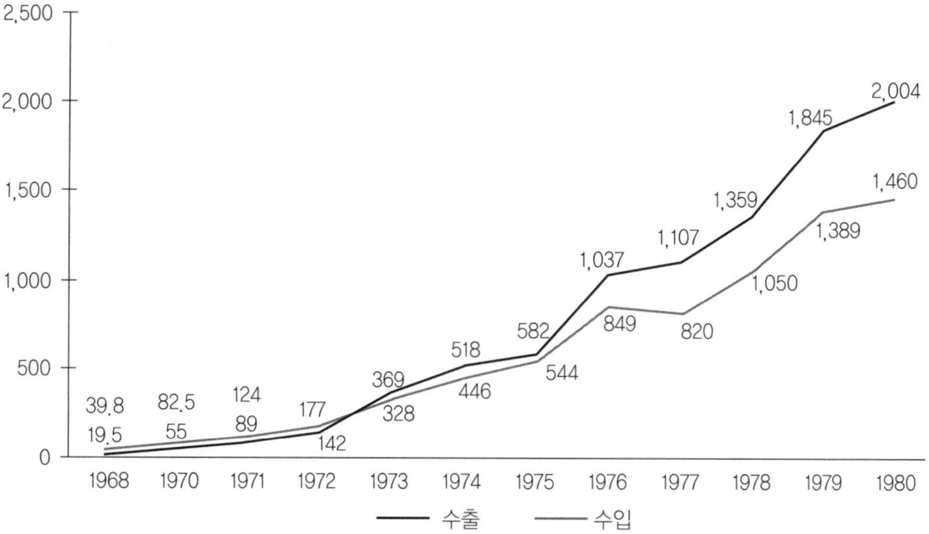

자료: 한국전자공업진흥회(전자편, 1977, 1980, 1983); 한국산업은행조사부(한산, 1979); 과학기술처(과기감, 1981).

11 김광모 전 중화학공업추진위원회기획단 부단장(김중전, 2004. 9. 23).
12 문교부(한공, 1980), p. 11.
13 한국전자공업진흥회(전자편, 1977, 1980, 1983); 한국산업은행조사부(한산, 1979); 과학기술처(과기감, 1981).
14 多伊和夫(1981); 加賀美充洋(1981); アジア經濟研究所編(發電(1981).

〈표 16-15〉 전자제품 수출액과 총수출액 내 비중 (단위: 백만 달러, %)

	1970	1972	1973	1974	1975	1976	1977	1978	1979	1980
전자제품수출액	55	142	369	518	582	1,037	1,107	1,359	1,845	2,004
총수출액	835	1,624	3,225	4,460	5,081	7,715	10,046	12,711	15,055	17,505
수출점유율	6.6	8.7	11.4	11.6	11.5	13.4	11.0	10.7	12.3	11.4

자료: 한국전자공업진흥회(전자편, 1977~1983); 한국은행(경제통, 1976~1983).

〈표 16-16〉 전자공업 수출의 부문별 구성 (단위: 백만 달러, %)

	가정용기기		산업용기기		부품		총계	
연도	금액	비율	금액	비율	금액	비율	금액	비율
1968	3.6	18	0.1	1	15.8	81	19.5	100
1971	11	12	5.6	6	72	81	88.6	100
1972	28	20	11	8	103	73	142	100
1973	104	28	18	5	247	67	369	100
1974	171	33	27	5	320	62	518	100
1975	199	34	35	6	348	60	582	100
1976	390	38	56	5	591	57	1,037	100
1977	436	39	103	9	568	51	1,107	100
1978	654	48	103	8	602	44	1,359	100
1979	915	50	111	6	820	44	1,845	100
1980	985	49	115	6	904	45	2,004	100

자료: 한국전자공업진흥회(전자편, 1977, 1980, 1983, 1985, 1987); 한국전자공업진흥회(전전, 1981, 1983, 1987~1989); 한국정밀기기센터(한자, 1978).

한국 전자공업의 수출은 1972년 1억 달러를 돌파한 후 78.2% 급등한 1976년 10억 달러를 돌파하였고 1980년 20억 달러를 넘어섰다. 전자공업 수출이 총수출에서 차지하는 비중은 1970년 6.6%에서 1973년 11.4%로 급등하였고 1976년 13.4%까지 올랐다(〈표 16-15〉 참조). 이후 1970년대 후반 타 중화학공업의 수출약진과 한국 전자공업에 대한 해외의 견제, 내수억제책, 그리고 외국인투자업체의 철수 등으로 그 비중이 낮아져 1979년 12.3%, 1980년 11.4%로 되었다.

전자공업 수출의 부문별 구성변화를 정리하면 〈표 16-16〉과 같다. 수출 전자제품 중 가정용기기의 비중이 전반적으로 증가하여 1974년 이후 30%대를 유지하다 1978년부터 비중이 크게 높아져 48%로 되면서 1위로 부상하였다. 가정용기기의 비중은 1979년에는 50%까지 올라갔다. 이는 정부, 기업들의 정책적, 전략적 선택과 함께 선진공업국들의 가전부문 경쟁력 약화에 따른 수출증대 때문이다. 한국 전자제품의 1974~1980년간 요인별 수출증가 기여율을 보면 일본, 대만과 달리 세계 수요증대나 시장구성 유리점보다는 경쟁력 강화가 더 크게 작용하였다.[15] 반면 부품의 비중은 꾸준히 낮아져 1972년 73%에서 1978년부터는 40%대로 낮아졌는데 이처럼 부품의 수출비중이 감소한 것은 선진공업국들이 한국의 인건비 증가에 따라 한국에서의 부품조립을 보다 인건비가 저렴한 타 지역으로 이전한 데 따른 것이다. 그 결과 전자제품의 수출에서 기기가 차지하는 비중이 1968년 19.0%에서 1978년 55.7%로 높아져 부품수출 중심이었던 한국의 전자공업 수출구조가 1978년을 계기로 전자기기 우위로 전환하였다.

반면 수출에서 산업용기기의 비중은 전반적으로 10% 이하로 매우 낮았고 큰 진전이 없었으며 심지어 1977년 9% 이후 1978~1980년 6%까지 더욱더 낮아지고 있다. 이는 한국 전자공업 나아가 근본적으로 한국 기계공업의 문제이었다. 고부가가치 제품은 산업용기기이었으며 이에 〈표 16-17〉에서 보듯이 미국, 서독, 프랑스 등 선진공업국의 경우 산업용기기의 수출비중이 압도적으로 높았고 한국이 추격 사례로 삼았던 일본도 산업용기기의 수출비중이 이들 국가보다 낮았지만 1978년, 1980년 18%에 이르러 한국의 8%, 6%보다 크게 높았다. 한국은 일본형을[16] 채택하고 있으면서도 일본보다 나쁜 수출구조를 가지고 있었던 것이다.

〈표 16-17〉 주요 선진공업국 전자공업의 부문별 수출구조 (단위: %)

		가정용기기	산업용기기	부품
미국	1977	5.7	62.2	32.1
	1978	5.7	62.2	32.1
	1979	4	68	28
일본	1977	58.9	14.9	26.2
	1978	53	18	29
	1980	48	18	34
서독	1976*	19.4	64.0	16.6
	1978	18	45	37
	1982	13	58	29
프랑스	1976*	7.2	61.2	31.6

주: *은 자국 기업에 의한 수출만임.
자료: 한국산업은행조사부(한산, 1979); 과학기술처(과기감, 1981); 電波新聞社編(電鑑, 1979~1983); 한국산업은행조사부(한산, 1984).

15 한국은행(우산, 1985. 6), p. 25.

16 일본을 사례로 삼았던 대만 역시 산업용기기의 수출비중이 1978년 3.6%(가정용기기 51.2%, 부품 45.2%)로 낮았다. 電波新聞社編(電鑑, 1979~1981).

〈표 16-18〉 전자제품 수출의 투자처별 구성 (단위: 백만 달러, %)

	총액		내국인기업		합작기업		외국인 단독투자기업	
	금액	비율	금액	비율	금액	비율	금액	비율
1968	19.5	100	4.0	21	1.7	8	13.8	71
1970	55.0	100	14.5	25	7.6	15	32.9	60
1971	88.6	100	24.7	28	11.1	13	52.8	60
1972	142.1	100	41.1	29	23.5	17	77.6	55
1975	581.9	100	151.8	26	134.5	23	295.6	51
1976	1,036.9	100	318.2	31	235.6	23	483.0	46
1978	1,359.2	100	525.3	39	249.9	18	584.0	43
1979	1,845.4	100	839.2	45	268.5	15	737.7	40
1980	2,003.8	100	954.1	48	300.5	15	749.2	37
1981	2,218	100	1,181	53	274	13	763	34

자료: 한국전자공업진흥회(전전, 1981); 한국전자공업진흥회(전자편, 1977~1983); 한국산업은행조사부(한산, 1979~1981).

전자제품 수출액을 투자처별로 구분하여 정리하면 〈표 16-18〉과 같다.

한국의 전자공업 수출은 발전도상국들이 그러하였듯이 해외 자본에 크게 의존하여 1980년까지 전체 수출의 50% 이상이 합작 혹은 외국인 단독투자기업에 의해 이루어졌다. 그러나 그 정도는 전반적으로 줄어들어 1968년 수출액의 71%가 외국인 단독투자기업, 8%가 합작기업에 의해 수출되었지만 1978년 이 비율은 각각 43%, 18%로 변하였고 1979년에는 내국인기업이 45%를 차지해 외국인 단독투자기업 40%를 넘어섰다. 그리고 1981년에는 외국인 단독투자기업에 의한 전자공업 수출이 34%, 합작기업이 13%를 차지하여 여전히 높았지만 이들 외자기업의 수출담당률은 47%로 반 이하로 줄고 마침내 내국인기업의 수출률이 50%를 넘어서 53%가 되었다. 1971~1981년 10년간 내국인기업의 수출 연평균 증가율은 47.2%에 달하는 높은 것이었다. 이러한 주체별 수출비중의 역전은 내국인기업의 성장이 일차적으로 진행되었고 이와 함께 저임금을 노리고 한국에 진출한 외국인투자기업들이 임금상승으로 그 진출 유인이 급속히 떨어져 시설증설 투자와 신규 투자를 줄이고 심지어 일부는 이전 또는 철수를 하였기 때문이었다.[17] 이는 전반적으로 한국의 수출이 이전의 외자 주도에서 한국인 기업 주도로 서서히 바뀌고 있음을 의미하는 것으로 앞서 보았던 가정용기기의 수출비중이 늘어나고 부품수출 비중이 줄어드는 것과 연관되어져 있는 것이다.

종합적으로 한국전자공업진흥회가 정리한 전자공업의 부문별, 투자주체별 수출액과 수출비율, 수출구성비를 보면 〈표 16-19〉와 같다. 수출비율이 높았던 곳은 한국 진출 목적상 조립수

17 상공부(전자, 1982), p. 29.

〈표 16-19〉 부문별, 투자주체별 수출액과 수출비율

		수출액(백만 달러)		수출비율(%)		수출구성비(%)	
		1979	1980	1979	1980	1979	1980
가정용기기	내국인	580	699	59.7	80.1	31.4	34.9
	합작	76	59	53.6	85.8	4.1	2.9
	외국인 단독	258	227	99.4	109.9	14.0	11.3
	합계	915	985	66.5	85.8	49.6	49.2
산업용기기	내국인	54	38	38.0	27.3	2.9	1.9
	합작	34	42	21.8	21.6	1.8	2.1
	외국인 단독	23	34	100.0	118.0	1.2	1.7
	합계	111	115	34.6	31.5	6.0	5.7
전자부품	내국인	206	217	40.3	58.1	11.2	10.8
	합작	158	199	28.1	39.1	8.6	9.9
	외국인 단독	456	488	88.7	106.4	24.7	24.4
	합계	821	904	51.7	67.5	44.5	45.1
합계	내국인	839	954	51.7	68.9	45.5	47.6
	합작	269	300	31.2	38.8	14.6	15.0
	외국인 단독	738	749	92.5	107.9	40.0	37.4
	합계	1,845	2,004	56.2	70.2	100.0	100.0

자료: 한국전자공업진흥회(전진, 1981), Vol. 1, No. 1, pp. 94~96.

출을 중시하였던 외국인 단독투자기업으로 1979년 92.5%, 1980년 107.9%이었고 이어 내국인 기업의 수출비율도 수출을 중시함에 따라 1979년 51.7%, 1980년 68.9%이었지만 합작기업은 30%대에 머물렀다. 이는 합작기업 역시 가정용기기 수출비율은 높았지만 설립목적상 합작기업은 산업용기기와 부품의 내수충당 비율이 높았기 때문이었다. 전체 투자주체와 부문을 함께 보면 내국인기업 가정용기기 수출이 전체 전자공업 수출의 30%를 넘고 있고 외국인 단독투자기업의 전자부품 수출이 1979년 24.7%, 1980년 24.4%를 차지하며 뒤를 이어 이 두 부분이 전체 수출의 55%를 넘고 있다.

한국 전자공업의 수출 대상국은 1971년 34개국에서 1980년 100개국으로 확산되었다. 전자제품의 수출국별 구성을 연도별로 정리하면 〈표 16-20〉과 같다.

한국 전자제품의 수출은 미국 시장으로부터 시작되어 1968년 미국으로의 수출은 전 전자공업 수출의 91.7%를 차지하였다. 일본으로의 수출비중은 1970년 19.9%, 1974년 23.3%까지 급등한 후 1980년 15.2% 수준으로 내려왔고 미국으로의 수출비중은 1970년 61.1%, 1976년 44.9%, 그리고 1980년 39.9%로 전반적으로 낮아지는 추세로 나타났지만 여전히 매우 높아 결

〈표 16-20〉 한국 전자제품의 수출국별 구성비 (단위: %)

	일본	홍콩	미국	캐나다	영국	서독	네덜란드	프랑스
1968	0.3	0.2	91.7	0.9	0.0	0.3	0.2	0.0
1970	19.9	10.8	61.1	0.4	0.0	0.0	0.1	0.1
1972	13.6	9.1	60.2	3.7	0.9	2.9	1.7	0.5
1974	23.3	4.6	55.5	4.6	1.5	4.8	1.4	0.9
1976	22.2	7.5	44.9	5.3	2.1	4.8	2.4	1.7
1978	15.3	6.6	51.7	2.7	1.9	5.8	1.9	2.2
1979	12.9	7.9	43.0	3.8	2.5	7.1	2.2	2.0
1980	15.2	9.2	39.9	2.7	2.7	6.1	1.4	2.5

자료: 한국산업은행조사부(80전, 1981), p. 257.

국 무역 분쟁을 유발시켰다. 수출다변화가 요구되어 홍콩, 캐나다에 이어 서독, 영국, 프랑스 등 유럽으로의 수출도 늘어났지만 여전히 1970년대 다변화는 미약하였다. 전자공업의 경우 특정 수입업체에 의존하는 비중이 다른 공업에 비해 높은 속성을 가지는데 1975년 외국 구매자 상위 4개사가 수출의 60% 이상을 차지하는 수출회사 수를 조사한 결과 전자제품에서는 응답 5개사 중 4개사가 그렇다고 대답하여 가장 많았다.18

수출상품군으로 보면 대체적으로 가정용기기 및 산업용기기는 미국에, 전자부품은 미국, 일본 양국에 수출이 집중되어 있다. 이러한 이유는 역사적인 경로 의존이 가장 큰 것이었지만 그 외에도 정치경제 및 지리적 이유, 그리고 미국과 일본의 시장개편 의도에 영향을 받은 것이었다. 구체적으로 중심 수출국가별로 중심 수출제품을 보면 수출 1위인 미국으로의 중심 수출품목은 흑백브라운관, IC, 실리콘트랜지스터, 기타 트랜지스터, 고정콘덴서(일본 이어 2위), 고정저항기(일본 이어 2위), 기타 전자관(일본 이어 2위)이었다. 한국이 일본으로 수출을 많이 하는 전자제품은 고정콘덴서, 가변콘덴서, 기타 전자관 등이었고 수출 3위이었던 홍콩으로 수출이 많은 제품은 실리콘트랜지스터(미국 이어 2위), 기타 트랜지스터(미국 이어 2위), 가변콘덴서(일본 이어 2위)이었다.19

전자공업의 부문별 주요 수출품목을 중심으로 1980년까지의 수출을 정리하면 〈표 16-21〉과 같다. 1970년 주요 수출품목은 집적회로, 개별 반도체, 라디오, 흑백TV수상기, 콘덴서, 녹음기, 브라운관, 저항기 등의 순이었지만 1979년에는 녹음기, 집적회로, 흑백TV, 개별 반도체, 컬러TV, 브라운관, 콘덴서, 라디오, 저항기 순으로 바뀌어 아직 한국은 컬러TV 방송조차 되고 있지 않았지만 녹음기와 컬러TV 수출비중이 급등하였다. 1970년대 후반 1975년 대비 1980년

18 Rhee, Yung Whee, Bruce Ross-Larsen, and Gary Pursell(1984), Appendix A, pp. 120~121.

19 三菱總合研究所(日韓, 1979. 10).

〈표 16-21〉 주요 개별 부문 수출구조 (단위: %, 천 달러)

		1975	1979	1980
가정용기기	라디오	_7.8_	2.7	1.7
	흑백TV	4.6	_12.5_	_13.5_
	컬러TV	0.8	3.9	_6.7_
	녹음기	_6.9_	_10.3_	_10.7_
	카스테레오	1.8	3.3	2.9
	앰프	_6.6_	_6.8_	3.8
	전자시계	2.1	2.8	2.7
	기타	3.5	7.3	7.2
	소계(총액, 천 달러)	34.1(198,254)	49.6(914,544)	49.2(984,877)
산업용기기	전화기	–	0.3	0.3
	교환기	0.7	0.5	0.4
	트랜시버	0.9	1.4	0.8
	탁상전자계산기(電卓)	3.5	3.0	1.3
	컴퓨터 및 주변장치	–	–	0.3
	전자계측기	0.3	0.3	0.6
	기타	0.8	0.5	2.3
	소계(총액, 천 달러)	6.2(35,813)	6.0(110,661)	5.7(114,706)
전자 부품	표시관	3.6	2.1	1.3
	다이오드	3.1	1.7	1.6
	트랜지스터	_9.5_	_5.1_	_3.9_
	저항기	1.8	0.9	1.0
	콘덴서	2.8	2.8	3.2
	집적회로	_18.0_	_15.2_	_16.0_
	스피커	1.0	1.1	1.2
	CRT	–	0.5	1.3
	텔레비전 튜너	1.2	1.2	1.4
	기억소자	2.3	1.6	1.3
	카세트테이프	0.9	1.5	1.7
	기타	15.6	10.7	11.2
	소계(총액, 천 달러)	59.8(347,799)	44.4(820,167)	45.1(904,218)
	계(총액, 천 달러)	100.0(581,866)	100.0(1,845,372)	100.0(2,003,801)

주: 1) ( ) 안은 총액으로 천 달러.
2) 밑줄 그은 품목이 전자공업 수출 5대 품목임.
자료: 한국전자공업진흥회(전자편, 1977~1983); 한국전자공업진흥회(전전, 1981~1983).

기기수출 비중은 34.1%에서 49.2%로 대폭 늘어난 가정용기기를 포함하여 40.2%에서 54.9%로 늘어나고 부품수출 비중은 59.8%에서 45.1%로 줄어들었다.

1970년대 후반 전자공업 수출 상위 5개 품목을 고르면 역시 산업용기기는 포함된 적이 한 번도 없었고 1980년에는 부품 집적회로가 1위, 가정용기기의 흑백TV수상기와 녹음기, 컬러TV가 2·3·4위, 그리고 부품의 트랜지스터가 5위를 차지하였다. 5대 주요 수출품목은 가정용기기와 부품에 집중되어 1980년 이들 5개 품목이 전자제품 수출의 50.8%로 반이 넘었으며 1975년 상위 5개 품목의 집중률 48.8%에 비해 집중도가 조금 더 높아졌음을 알 수 있다.

가정용기기에서 1975년 가장 높은 수출 내 비중을 갖고 있던 라디오는 1970년대 후반 TV수상기에 중심자리를 내주면서 1980년 1.7%로 줄어 전자제품 전체 수출 5대 품목에서 탈락하였다. TV수상기의 수출확대는 1970년대 「금성사」, 「삼성전자」 등 한국 전자공업 대표기업들의 성장기초가 되었고 한국의 중화학공업화로 흑백TV 부품의 자급도가 높아지고 우수한 노동자의 공급에 따른 불량률 저하와 생산성 증대로 수익률이 높아지자 합작회사 및 외국인 단독투자회사 16개사도 한국에서 흑백TV 생산에 참여하였다. 특히, 1975년 수출 내 비중이 0.8%에 불과하였던 컬러TV가 1979년 3.9%로 5대 품목에 포함되면서 급속히 늘어 1980년 6.7%로 급등했다. 수출 내 컬러TV 비중이 이렇게 급등하고 있는 것은 미국이 한국 컬러TV 신규 쿼터량을 1980년 7월 1일부터의 1차 연도에 43만 5,000대로 대폭 늘리고[20] 소형 컬러TV 및 반제품을 수입규제 대상에서 제외한데다가 미국 수출로 신뢰도가 높아져 중남미 지역 등에도 수출이 늘어났기 때문이다.[21] TV와 함께 2대 가전기기 수출품이었던 녹음기 역시 수출 내 비중이 늘어 1975년 6.9%에서 1979년 10.3%, 1980년 10.7%가 되었다. 산업용기기는 1975년 6.2%에서 1980년 5.7%로 오히려 줄어들고 있는 가운데 1979년 3.0%와 1.4%를 차지하였던 탁상전자계산기와 트랜시버 정도가 주요한 수출품이었고 나머지는 거의 수출이 이루어지지 못하여 비중이 매우 낮았다. 가장 비중이 높았던 탁상전자계산기도 1980년 수출 내 비중이 1.3%로 급속히 줄어들었고 트랜시버 역시 1980년 0.8%로 1% 이하로 줄어들었다. 교환기도 0.7%에서 0.4%로 감소하였다.

전자부품의 경우 집적회로의 수출 내 비중이 1975년 18.0%, 1979년 15.2%, 1980년 16.0%로 단일품목으로는 압도적으로 높았다. 집적회로는 수출조건으로 인가가 결정된 외국인 단독투자업체 「한국시그네틱스(주)」 등의 예에서 보듯이[22] 한국을 조립가공국으로 이용하고자 하였던 미국의 반도체회사들에 의해 주도되었으므로 미국으로의 수출이 중심이었다. 트랜지스터는 1975년 9.5%에서 급속히 그 비중이 줄어 1979년 5.1%, 1980년 3.9%로 떨어졌다. 그 외 주요한 수출부품으로는 1979년 그 비중이 2.8%, 2.1%이었던 콘덴서, 표시관 등이 있었는데

---

20 2차 연도에서도 역시 57만 6,000대로 늘리고 있다.

21 한국산업은행조사부(80전, 1981), pp. 256~257.

22 경제기획원(전가, 1972. 10. 25).

콘덴서는 꾸준히 1970년대 후반 그 비중을 유지하였다.

총괄적으로 제4차 5개년계획에서 반도체의 개발과 수출이 강조되었고 그 결과 1980년 22.2%, 1981년 20.6%이었던 전자제품 수출 내 반도체 비중은 1982년 29.1%로 급등하였고 부품수출 내 비중 역시 60.5%로 급등하였다.[23]

1970~1980년 10년간 한국 전자공업의 수입증가율은 연평균 33.3%로 전자공업의 대외의존적 성장을 확인할 수 있다. 1980년에도 33.9%로 여전히 전자공업의 수입의존도가 높았다. 그 이유는 수출액을 주요 목표로 추구하면서 계속 소재와 핵심부품을 수입하였고 불균형 발전으로 산업용기기가 기술적으로 낙후되어 있었기 때문이다. 그럼에도 한편으로 전자공업 수입증가율이 수출 연평균 증가율 43.3%보다 10% 포인트나 낮고 전체 총수입 연평균 증가율 35.6%보다도 낮았던 점에서 전자공업에서 나름대로 수입대체가 진행되고 있었음을 알 수 있다.

전자제품의 수입은 후발공업국으로서 어쩔 수 없는 것이었고 기술습득을 위한 효율적인 선택일 수도 있었다. 문제는 기술습득 및 개발에의 느린 응용속도 그리고 특정 국가에의 집중이라는 수입구조의 불안정성이었다.

부문별로 보면 〈그림 16-4〉에서 보듯이 1970년대 부품의 전자공업 수입 내 비중이 높았다. 전자제품 수입구성을 보면 1969년에는 산업용기기와 부품의 비중이 거의 동일하게 높아

〈그림 16-4〉 전자산업의 부문별 수입 구성비 (단위: %)

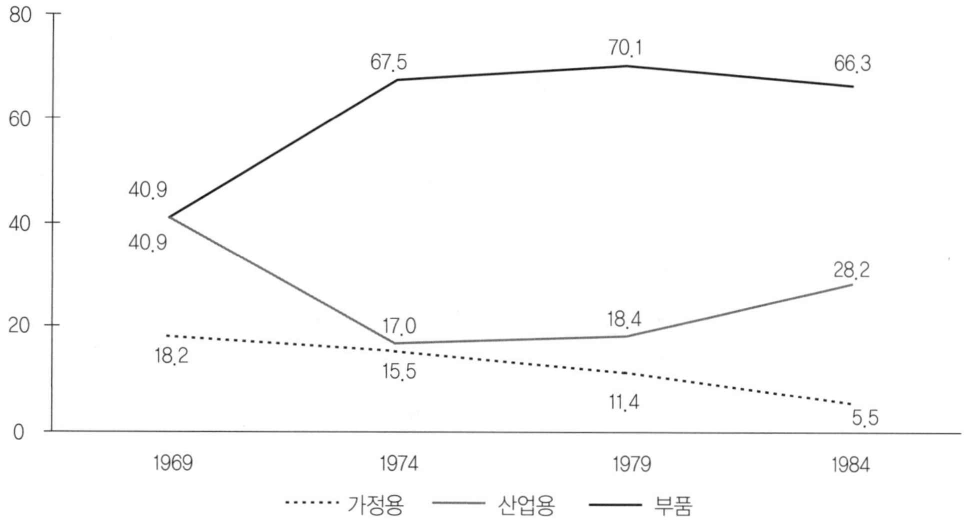

자료: 한국전자공업진흥회(전전, 1981~1987); 관세청(무역, 1971~1987).

23 산업연구원(20, 1986), p. 204.

각각 40% 이상을 차지하고 있었지만 1970년대 전반부 1974년과 후반부 1979년의 가정용기기, 산업용기기, 부품의 수입 내 비중은 15.5 : 17.0 : 67.5, 11.4 : 18.4 : 70.1로 부품의 비중이 크게 높았고 높아졌다. 1970년대 기기수입 가운데에는 산업용기기의 비중이 높았다. 1980년에도 여전히 부품수입이 10억 8,400만 달러로 전체 전자제품 수입의 74.2%를 차지해 압도적으로 높았고 수입 내 산업용기기의 비중은 17.2%로 큰 차이가 없었지만 낮아진 가정용기기 비중 8.6%의 배가 넘게 되었다.[24]

부품의 수입비중이 매우 높고 산업용기기의 수입비중이 가정용보다 높은 것에는 다음과 같은 이유가 있었다.

첫째는 수출시장을 많은 부분 해외 자본이 담당하고 있거나 혹은 구매자상표(buyer's brand)에 의한 수출이 이루어지기 때문이다. 이들 해외 자본 혹은 구매자들은 수출, 판매를 용이하게 하기 위해 해외 공인도가 높은 국가의 자재나 부품 혹은 자국, 자사 관련 부품 사용을 의무화하거나 장려하였고 이에 자재나 부품을 수입하여 생산하는 구조가 광범위하게 존재하고 있었다.[25] 둘째는 1980년 산업용기기의 수입이 2억 5,100만 달러로 여전히 한국의 전자공업이 고부가가치, 고기술 제품의 도입단계에 있으며 이 부문 기술습득 및 기술개발이 지체되고 있고 또 기술도입을 위해 부품수입을 하지 않을 수 없었기 때문이었다. 이러한 수출의 주요 축을 담당하고 있는 해외 자본 혹은 구매자들의 지정에 의한 수입과 미발전으로 대안이 없었던 불가피한 수입은 가격, 공급조건 등에서 한국에 불리하게 이루어질 수밖에 없었다.

높았던 전자공업 수입 내 부품 비중은 1980년대 들어 가정용기기의 수입품 내 비중이 현저히 감소하는 가운데 상품구조 고도화를 위한 산업용기기의 수입비중이 늘어나면서 비로소 줄어들게 되었다. 1984년 가정용기기 : 산업용기기 : 부품의 수입구성비는 5.5 : 28.2 : 66.3이 되었다.

전자공업의 문제로 고기술 부문의 산업용기기와 부품 낙후, 수출시장의 편중이 있었지만 수입 면에서 볼 때 또 하나 한국 전자공업의 문제로 존재하고 있었던 것이 대일 무역역조이었다. 일본과의 전자제품 무역역조는 1974년 257억 엔, 1978년 838억 엔으로 늘어났고, 특히 부품 무역역조는 1974년 41억 엔에서 1978년 729억 엔으로 대폭 늘어났다.[26] 국가별 수입을 보면 〈표 16-22〉에서 보듯이 전체 전자제품 수입의 79.6%를 일본, 미국 2개국에서 수입하는 편중현상이 심한 가운데에도, 특히 일본에서의 수입이 수입의 49.5%로 절반에 가까웠다.

결국 크게 보면 일본에서 더 수입하고 미국으로 더 수출하는 구조를 갖고 있었는데 일본으로부터 수입이 많은 부분은 고정저항기(카본), 기타 저항기, 컬러브라운관, IC, 실리콘트랜지

24 과학기술처(과기감, 1981), p. 245.
25 한국개발연구원(중화전, 1981), p. 50.
26 小倉靜夫(1980. 12), pp. 539~540.

〈표 16-22〉 전자공업 부문별, 국가별 수입실적(1980) (단위: 백만 달러)

	가정용	산업용	부품	계	비율
미국	5	101	333	439	30.1
일본	116	101	506	723	49.5
유럽	2	43	154	199	13.6
기타	2	6	91	88	6.8
합계	125(8.6)	251(17.2)	1,084(74.2)	1,460(100)	100.0

주: 합계의 ( ) 안은 부문별 합계 수입 비중임.
자료: 과학기술처(과기감, 1981), p. 245.

〈표 16-23〉 전자공업의 부문별 수출입, 무역수지(1980) (단위: 백만 달러)

		수출	수입	무역수지
전자기기	가정용 전자기기	985	125	860
	산업용 전자기기	115	251	–136
	전자기기 합계	1,100	376	724
전자부품		904	1,084	–180
합계		2,004	1,460	544

자료: 한국전자공업진흥회(전전, 1981, 1983); 한국전자공업진흥회(전자편, 1977, 1980, 1983); 과학기술처(과기감, 1981).

스터, 기타 트랜지스터, 트랜지스터부품, 콘덴서부품 등이었다.27 문제는 당시 일본으로부터의 수입 역시 일본 측의 회피로 기초기술, 첨단기술의 제품이 아니라는 점이었다. 한국은 기기와 부품 모든 부문에서 일본에의 의존도가 높았는데, 특히 수입 가정용기기의 경우 92.8%를 일본에서 수입하고 있었고 수입 부품도 46.7%를 일본에서 수입하고 있었다. 이는 경로의존적인 수입구조에다가 일본의 치밀한 전략과 노력도 작용하였다.

전자공업의 부문별 수출입과 무역수지를 정리하면 〈표 16-23〉과 같다.

기기와 부품 중 부품은 계속 무역수지 적자이었고 전자기기는 가정용기기의 수출 약진으로 흑자이었지만 이 중 산업용기기는 역시 계속 무역수지 적자이었다. 한국의 특화부문인 가정용기기는 흑자규모를 확대하여 나갔다. 이러한 부문별 무역수지 구조는 산업용기기의 발전이 정체되고 해외 부품에 의존하여 수출을 확대하여 가는 한국 전자공업의 구조적 특징과 한계, 역사성을 그대로 보여준다.

전자공업의 연평균 수출증가율은 1960년대 88.8%, 1970년대 47.8%, 1980년대 26.7%로 낮

27 三菱總合研究所(日韓, 1979. 10).

아졌지만[28] 1976년 10억 3,700만 달러 수출로 10억 달러를 넘어선 전자공업 수출은 1987년 111억 달러로 100억 달러를 넘어섰다. 이 과정은 2006년 전자제품 1,000억 달러 수출의 가장 중요한 기초가 되었다.

---

28 전자산업 50년사 편찬위원회(2009), p. 136.

CHAPTER 17

중화학공업화정책기 한국 전자공업 발전 과정의 특징과 성격

Ⅰ. 한국 전자공업 발전 과정의 특징과 우수점

한국이 전자공업을 전략적으로 선택한 것은 전자공업이 학습커브의 기울기가 크고 충성심이 강한 인력을 상대적으로 많이 갖고 있었던 후발공업국 한국으로서 자본 부족이라는 공급 병목을 극복하기 위해 선택할 수 있는 적합 공업이었기 때문이다. 실제로 전자공업의 성격 때문에 요소부존 조건이 한국과 비슷한 다수의 국가들이 첫 중화학공업으로 선택한 것은 전자공업이었고 이런 의미에서 전자공업은 중화학공업과 경공업의 경계에 위치하거나 심지어 경공업으로 분류되기도 한다. 이처럼 소수의 선택지밖에 가지지 못하였던 발전도상국 한국은 다른 나라가 실패할 수도 있는 상황에서도 성공을 거둘 수 있음을 초기부터 다수 실증하였다. 그리고 한국의 전자공업은 1970년대 비교적 적은 투자로 1979년에는 이미 세계 전 생산의 1.6%, 생산액 순위 11위, 세계 전자제품 수출시장 점유율 3.3%, 세계 전자제품 수출순위 10위라는 놀라운 압축 발전을 하였다. 오늘날 한국의 전자공업이 미국, 일본, 중국과 함께 4대 선진 전자공업 국가가 된 것은 바로 1970년대의 이러한 발전에 기초한 것이다.

1970년대 한국의 전자공업은 내수, 수출산업으로 동시에 각광받았지만, 특히 중화학공업화정책과 함께 수출전략화 산업으로 지정되어 정부와 기업들의 강력한 수출 추구 하에 수출이 대폭 증대되었다. 전자공업의 수출실적을 보면 중화학공업화정책선언 이전 1972년 1억 4,200만 달러에서 1979년에는 18억 4,500만 달러가 되어 전체 수출의 12.3%를 점유함으로써 전자공업은 대표 수출산업으로 성장하는데 성공하였다. 1970년대 중화학공업화정책은 전자공업의 기술발전과 경쟁력 향상의 계기를 마련해 주었으며 이를 통해 1980년대의 선진 전자공업국가 건설의 기초를 마련했다고 할 수 있다.

중화학공업화정책기를 통해 한국은 대만, 싱가포르 등 아시아 국가만이 아니라 이란, 이집트, 알제리, 아일랜드, 브라질, 멕시코 등 세계의 발전도상국과 전자공업에서 경쟁을 하였고 그리고 최종적으로 이들 국가들을 제치고 한국은 독보적인 성공을 거둔 나라라고 볼 수 있다. 성장할수록 커진 선진공업국의 견제와 발전도상국들과의 경쟁 및 추격을 견디면서 한국이 성공을 거둔 한국 전자공업의 특징과 성격은 무엇이었을까?

첫째, 전자공업은 일관되게 선진시장을 주시장으로 공략하였다. 16장 〈표 16-20〉에서 보듯이 한국은 미국, 일본, 서독 세계 3대 선진공업국 수출 비중을 1968년 92.3%, 1974년 83.6%, 1980년 61.2%로, 일본, 미국, 캐나다, 영국, 서독, 프랑스, 네덜란드 선진 7개국 수출 비중을 1968년 93.4%, 1974년 92.0%, 1980년 70.5%로 서서히 낮추면서도 높은 비중을 계속 유지하였다. 한국은 미국 시장 의존율을 1970년 61.1%에서 1980년 39.9%로 계속 줄이면서도 역시 선진 공업 시장인 유럽 시장으로의 비중을 1970년 0.2%에서 1980년 12.7%로 꾸준히 늘려나가는 방식으로 계속 선진공업국 시장을 중심시장으로 유지하였다. 이러한 세계 선진공업국 시장을 주시장으로 한 수출 추구는 안정적인 시장을 제공하고 고급기술을 계속 추구하게 함으로써 한국 전자공업의 일차적인 성공요인으로 작용하였다. 상공부의 "선진 제국의 안정된 수입수요와 경제성장에 따른 국내 수요의 급증은 내구성 소비재를 중심으로 한 한국 전자공업의 성장을 견인하였다"라는[1] 언급의 앞 중점 부분은 이를 지각한 것이다.

둘째, 한국은 전자공업의 필요충분조건인, 섬세한 가공기술을 가지고 있으며 동시에 학습커브 기울기가 크고 충성심이 강한 저임금 고기능 근로자들을 세계 어느 나라보다 많이 갖고 있었다. 중화학공업화정책이 추진되던 1970년대 여전히 한국의 전자공업 기술과 자본수준은 낮았다. 따라서 고부가가치 생산품에 있어서는 생산성이 낮았고 따라서 금액으로 평가된 전체 생산성이 낮았지만 저부가가치 전자제품의 경우 이미 1970년대 중반 일인당 생산물품 개수의 생산성에서 한국은 세계에서 가장 높은 생산성을 보이며, 심지어 역시 저부가가치 제품에서 미국보다 10% 정도 앞선 일본을 근소하나마 앞지르고 있었다. 같은 아시아 국가들의 생산물품 개수 생산성을 보면 한국과 유사한 인적자원 조건과 교육환경을 가진 대만과 홍콩도 미국에 비해 5% 정도 높은 정도이었고 필리핀, 싱가포르, 말레이시아 등은 미국과 유사한 수준을 보였으며 인도네시아, 태국, 인도는 미국의 95% 수준으로 오히려 낮았다. 일본은 한국 노동자들이 이루어 내는 이러한 사실을 경이롭게 보았고 그 원인으로 '한국 노동자들의 일본보다 낮은 평균연령과 한국 노동자들은 맡은 과업을 반드시 이행한다는 근로 윤리에 큰 이유가 있는 것 같다'고 분석하기도 하였다.[2]

셋째, 자본 등 후발공업국의 공급병목을 해소하기 위해 전자제품 중 가능성이 높은 가정용기기와 전자부품, 특히 그중에서도 가장 가능성이 높은 부문의 생산과 수출에 특화하고 이

1 상공부(전자, 1982), p. 21.
2 한국무역협회(장전, 1976. 10), p. 116.

특화된 부문의 수출에 진력하여 경쟁력을 검증받고 키워나갔다. 〈표 16-21〉에서 보듯이 1980년 TV수상기와 녹음기의 수출이 전자제품 수출의 30.9%, 부품 집적회로, 트랜지스터의 수출이 1980년 19.9%로 TV수상기를 단일품목으로 한 5대 품목의 점유율이 1975년 48.8%에서 1980년 54.6%로 높아졌다. 5대 품목에 전자제품 전체 수출의 50%가 넘는 선택과 집중을 한 것이다. 이는 한국 전자공업의 경쟁력 제고 원동력이 되었고 현재까지 한국 전자공업, 나아가 한국 수출경쟁력의 기본수단이 되고 있다.

넷째, 마지막으로 과감한 외자유치와 동시에 지속적으로 추구된 차별적인 단계적 자립화 전략을 들 수 있다. 수직적 국제 분업 질서 하에서 전자공업에 진입하고자 하였던 후발공업국들은 자본, 기술, 시장이 부족한 상황에서 저렴한 노동력을 이용하고자 하는 선진공업국의 진입목표와 요구를 받아들이지 않을 수 없었고 한국도 동일하였다. 그러나 한국은 외자를 이용해 전자공업에 진입한 발전도상국 중에서 처음부터 외자의 참여비율을 규제하려고 하였고 이를 점점 더 엄격하게 적용하고자 하였는데, 실제로 독립적인 기술수준을 갖추어 나가면 나갈수록 외자기업을 서서히 국내 시장에서 충돌 없이 퇴출시킨 국가는 한국이 거의 유일하였다. 당연히 선진국 자본은 자신들의 이익에 충실하므로 선진 자본이 진입함으로써 전자공업이 시작된 후발공업국의 장기적인 발전은 근본적으로 장애가 존재하고 있었지만, 이렇게 지속적으로 추구된 차별적인 단계적 자립화전략을 통해 한국은 이 장애를 스스로 깨고 독자적인 한국 브랜드로 세계 시장에 접근하여 성공할 수 있었다.

Ⅱ. 한국 전자공업의 역사적 문제

1. 생산과 수출구조의 취약성

상공부는 한국 전자공업 문제점의 첫 번째로 "전자공업 내부구조가 취약"하다고 밝혔다. 그 내용은 첫째, 품목구조에서 산업용기기의 비중이 낮다는 것이었다. 1980년 한국은 이 비중이 12.8%에 머물렀지만 미국은 70.2%, 유럽은 60.8% 그리고 한국이 그 구조를 배운 일본조차도 42.4%로 높았다.[3] 20세기 말 전자공업의 진보로 신경제(New Economy)를 이루었던 미국은 고가, 고부가가치의 산업용 전자기기에 집중하고 이를 생산, 수출하는 구조를 유지하여 왔다. 당연히 산업용기기가 가정용기기에 비해 기술집약적이며 부가가치가 높고 시장지배력이 높다. 시장크기만 보아도 1980년 산업용기기의 규모가 세계 전자시장의 63%를 차지하였고 이는 더

3 Electronics(1983); 電波新聞社編(電鑑, 1982); 한국산업은행조사부(한산, 1984); 通商産業大臣官房調査統計部(機械, 1980~1983).

욱 확대될 것으로 예측되고 있었지만 한국 수출상품의 산업용 전자기기 비중은 5.7%밖에 안 되었다.[4] 한국의 산업용기기 비중이 이렇게 낮은 구조를 갖게 된 것은 세계 선진공업국들의 선택에 맞춘 한국의 상대적 비교우위 선택과 미국·유럽식보다 일본식 모델의 선택 등[5] 한국의 전략적 선택 때문이었다. 둘째, 공정구조에서 부품·소재산업 구조가 취약하다는 것이다. 부품·소재산업 구조가 취약한 것은 수출목표를 단기적인 수출총액에 초점을 맞추어 왔기 때문이었다. 그 결과 산업용기기나 부품생산 증가가 전체 생산증가에 미치지 못하고 있었다.[6]

한국 전자공업이 가지고 있는 이러한 두 가지 구조적 취약성은 한국 전자공업이 해외변수 변화에 쉽고 크게 반응하는 불안정성의 원인이 되었다. 단기적으로 볼 때 투자자금과 기술의 한계라는 후발공업국의 공급병목으로 선택과 집중 그리고 단계적 발전전략은 정당화될 수 있지만 보다 장기적인 관점에서 고부가가치 산업용기기와 하이테크 부품·소재산업에 대한 투자를 확보해 나가지 못하고 있었던 것은 잘못된 것이었다. 1982년 상공부기초공업국장 역시 한국의 전자공업은 "조립부문에만 수출산업화정책에 따라 집중 투자됨으로써 불안정한 성장을 이루어 왔다"고[7] 밝혔듯이, 이는 한국 전자공업의 역사적 문제이었으며 이후에도 근본적인 개선이 이루어지지 못하였다. 나아가 현실에서 계속 나타나고 있듯이 가정용기기와 표준부품에의 수출 집중과 특정 부문에의 편중 그리고 정밀·첨단 부품·소재 수입 의존은 자연스럽게 무역분쟁을 촉발시키고 그 비용은 높다. 가정용기기와 표준부품에의 수출 집중과 특정 부문에의 편중은 한국 전자제품에 대한 적극적인 수입억제와 반한 감정을 가져오고 있고 정밀·첨단 부품·소재 수입 의존은 외국의 적극적인 한국 대응수단으로 이용되고 있다.

무역 분쟁과 관련하여 또 하나 고려해야 할 구조적 문제는 전자공업의 수출시장 편중이다. 앞서 지적하였듯이 그나마 선진공업국에 대한 집중도가 높다는 것은 한국 전자공업 발전의 견인력으로 작용하였고 또 수출시장 다변화가 서서히 추구되었지만 1981년 여전히 상위 2개국으로의 수출 비중은 64%이었고 상위 4대 시장의 비중은 80%에 달하고 있었다. 수출지역 다변화는 수출상품 고도화와 함께 한국 전자공업 수출에서 중요한 시대적 과제이다. 상품과 똑같이 수출시장의 편중은 불안정성과 함께 무역마찰 문제를 상존시키며 이는 현재에도 진행 중이다. 더하여 특정 지역에의 높은 수출 의존은 성장하고 있는 발전도상국 등 신시장 대응 제품개발과 공급노력을 약화시킴으로써 장기적인 한국 전자공업 수출의 발전을 가로막는다. 한국의 독자적인 시장개척 능력 부족은 심각하며 그 결과 시장개척 과정에서 많은 국부의 낭비를 일으키고 있다. 또한 편중화된 수출시장 구조, 특정 소수 국가에의 높은 의존도 속에서 한국은 가격, 공급조건 등에서 불리한 계약조건과 싸워야 하였고 현재도 싸우고 있다.

4 전국경제인연합회(한경연, 1981), p. 517.

5 일본은 가정용기기에 집중하여 전자기기가 세계 시장에서 차지하는 비중은 20% 수준이었지만 가정용 전자기기의 점유 비중이 40%에 달하고 있었다. 日本電子機械工業會·中長期ビジョン合同委員會(1983), 머리말.

6 국무총리기획조정실(제422산, 1979), p. 262.

7 장상현 상공부기초공업국장(1982. 2), p. 50.

2. 첨단기술 개발 노력의 미비

한국 전자공업은 중화학공업화정책기간을 통해 조립생산과 가정용기기 위주로 발전하면서 기술면에서 일본 기술에 치우쳐 있다는 문제점을 갖고 있었고,8 나아가 여전히 첨단 기술경쟁과 연구개발에서 뒤져 있다는 한계를 갖고 있었다. 그 결과 수입의존도가 높은 소재·부품·소프트웨어의 가격상승 압력과 잠재적 공급 불안정이 항상 존재하였고 이는 한국 전자기업들의 이윤과 경쟁력을 계속 제약하고 있었다.

한국의 전자기술이 일본 기술에 치우쳐 있다고 하지만 이는 일본이 한국에 기술을 주었다는 것과는 다르다. 기술은 일정 수준까지 도입이나 체화된 기술을 이용할 수 있고 한국은 이 점에서 성공하였지만 선진국 핵심기술은 철저히 보호되어 있다. 따라서 스스로 기술을 연구개발하지 않으면 선두경쟁에 합류할 수 없고 내적으로 수익률 정체와 분배 악화를 필연적으로 겪을 수밖에 없게 된다.

1970년대 말 중화학공업 제품의 성능 및 생산기술 수준은 〈표 17-1〉과 같았다. 한국의 전자·전기제품은 성능에서 27.5%만이 선진국 수준에 도달하고 있었고, 특히 정밀가공기술 수준이 낮았다. 기계공업과 함께 이는 한국 중화학공업화의 핵심 문제로 드러났다.

한국의 낮은 첨단기술 수준은 3가지의 동의적인 결과로 한국의 전자공업에 나타났는데 그것은 낮은 생산성, 출혈수출, 그리고 수출이 늘고 있지만 얻어지는 낮은 실가득액이다.

낮은 생산성과 출혈수출은 한국 전자공업의 병폐로 근로자들에의 성과분배 제한 등 한국의 큰 비용요인이 되었다. 한국은 세계 시장에서 기본적으로 고기능 노동자의 우수한 조립방

〈표 17-1〉 중화학공업 제품 성능 및 생산기술 수준(1979년) (단위: %)

		선진국 수준	선진국 수준 미달
제품 성능 수준	기계	23.1	76.9
	금속	35.7	64.3
	전기·전자	27.5	72.5
	화공	59.7	40.3
생산기술 수준	정밀가공도	16.2	83.8
	제품설계	29.1	70.9
	제품수명	32.8	67.2
	제품강도	38.9	61.1

자료: 재무부(중육, 1981. 9).

8 한국표준연구소(1978), p. 260.

〈표 17-2〉 부품·소재 수입의존도 (단위: 백만 달러)

		1971	1976	1981
수요(B)		80	655	1,195
공급	수입(A)	69	511	1,241
	시판	11	154	754
수입의존도(B/A, %)		86	77	62

자료: 상공부(전자, 1982), p. 31.

식에 입각한 경쟁을 하여 왔다. 이러한 선택으로 한국의 전자공업기업은 장기적이고 기초적인 연구개발에 나서지 않았고 경영상의 비효율성을 갖게 되어 생산성이 낮았다. 한국의 출혈수출은 오래된 것이었는데 국내외 가격차는 개선되었지만 기본적으로 최고·첨단기술 미비로 인해 세계 선두기업보다 낮은 저가의 출혈수출이 이어졌다.

수출 과정에서 얻는 낮은 실가득률 역시 한국 전자공업이 가진 상처로 남아 있었다. 수출초과의 실가득액은 1978년까지도 2억 달러 선에 머물렀으며 1979년에 와서 처음으로 5억 달러를 돌파하였는데 이것은 생산구조의 취약성과 아울러 기술수준의 낙후와 기업 영세성, 비효율적 기업운용에 그 원인이 있었다.[9] 한국은 〈표 17-2〉에서 보듯이 기초소재와 핵심부품의 수입의존도를 계속 낮추고 있었지만 기술미비로 기초소재와 핵심부품, 핵심기능을 수입에 의존할 수밖에 없었고 이에 따라 수출을 지상과제로 추구하던 한국의 전자공업은 수출과 함께 수입도 늘어나는 불량고리를 가지게 되었다. 1981년에도 한국의 기초소재와 부품에 대한 수입의존도는 62%로 높은 수준에 머물고 있었다. 핵심소재·부품, 핵심기능을 수입해 씀으로서 한국은 독자적인 설계·제품개발·제품가공, 차별적인 다양화 추구에 어려움을 겪었을 뿐만 아니라 낮은 부가가치로 혁신적인 선도적 연구개발과 분배 문제 개선을 지속적으로 추구할 수도 없었다.

3. 내수와 수출의 불균형

한국의 전자공업은 정책적으로도 기업목표에서도 수출을 지향하면서 발전해 왔다. 물론 선택의 여지가 적었던 싱가포르, 대만, 홍콩 등 동남아 일부 지역들의 수출비율에 비해 낮았지만[10] 1980년 한국의 전자공업 수출비율은 70.3%, 가정용기기의 경우 85.8%로 높았다. 총력적인 수출 지향으로 수출모델과 내수모델이 별개로 만들어지기도 하였고 수입업자의 요구와

9 국무총리기획조정실(제432산, 1980), p. 258.
10 アジア經濟研究所編(發電, 1981).

함께 스스로 내수를 등한시하여 수출용과 내수용에 질적인 차이가 있는 재료가 사용되기도 하였다. 수출을 위해 간접세를 높게 유지함으로써 내수를 억제하는 조세정책까지 도입되고 있었다.

내수확대를 통한 규모의 경제를 확보함으로써 안정성과 경쟁력을 확보하여 전자공업의 발전 원동력으로 삼는다는 것은 이론적인 합리성에서만이 아니라 경험적으로도 확인되고 실행되고 있었다. 세계 제1의 전자공업을 이루어 낸 미국 전자공업 성장의 기본요소는 정부자금을 투입한 연구개발자금의 공급과 결합된 정부구매로 6% 이내의 가격차인 경우 국산품을 구입하도록 하였다. 일본은 전후 미가대책을 기초로 내구소비재 수요를 폭발적으로 신장시켜 수출산업의 기반을 확고히 하고,[11] 반도체산업에서 미국의 경고를 무시하면서까지 정부구매를 일본제에 국한시켜 내수를 안정화, 극대화시켰다. 대만 역시 전자공업 10개년계획을 통해 관급을 모두 국산품으로 충당하기로 정한 위에 장기구매계약, 국산 고가구입을 행하면서 전자기업들의 내수를 확대시키고 기업경영의 안정화를 지원하였다.

한국 정부 역시 수출과 함께 내수확대가 필요하다는 것을 알고 있었고 그래서 일단 그 내용을 꾸준히 육성정책과 육성방안에 넣고 있었다. 문제는 부족한 재원이었고 정부는 선진공업국과 달리 전자공업에서 이를 실행할 능력이 없었다. 한국도 미국 전자기업들이 관납으로 성장하였던 것처럼 관납을 시행하였지만 관납가격은 규정되어 있었고 경직적인 가격으로 운용되었다. 관납시의 대금결제 방식은 재무부령에 의한 계약처리규정에 의해 업체의 납품 지연시 최소한 일 0.3%의 고율연체료를 부과하였고 관납 후 대금지불 지연이 계속 발생해 업체가 금리를 부담하여야 하였다.[12] 오히려 한국의 관납은 이에 매달린 기업들의 성장에 나쁜 영향을 미치기도 하였다. 한국 정부는 수요를 늘린다고 하면서도 기업에 책임을 맡기려고 하였고 내수와 수출의 충돌이 있으면 수출을 우선으로 하였다. 그리고 이는 기업들의 진입이 일찍 이루어진 조선공업과 전자공업에서 특히 그러하였다.

여기에 더하여 대통령을 포함한 정치인들의 빈부격차에 따른 갈등 억제 등 정치 논리와 대통령을 쳐다보고 있었던 일부 학계, 재계의 동조는 내수확대로 수출기반을 확고히 해야 한다는 경제적 당위성을 억누르고 있었다. 대표적으로 컬러TV는 생산규모가 2배가 되면 제조원가도 30% 인하되지만 국민 위화감·과소비 방지라는 명목으로 금지되었고 규모의 경제는 수출만으로 가능하다고 강요되었다. 내수 활성화에 대한 정부의 인식과 정책은 잘못되어 있어 가정용기기만이 아니라 수출경쟁력이 낮았던 산업용기기의 내수확대도 방임된 채로 방송망 확대 지연, 통신망의 점진적 확장정책, 경직적인 가격제도가 이어졌다. 산업용기기의 수요 80%는 어느 나라이든지 정부 및 정부투자기관에서 창출되는데 한국의 경우 통신사업, 행정면에서의

11 村手義 富士通取締役通信海外營業部長(1973. 6), p. 31.
12 한국개발연구원(중화전, 1981), p. 56.

산업용 전자기기 수요가 부족하였다.[13] 심지어 한국의 정부기관, 군 등 주요 수요처들이 국산 통신기기나 컴퓨터를 신뢰하지 않고 수입품을 선호함으로써 내수를 더욱 취약하게 만들었는데 정부기관은 부품의 관세율보다 훨씬 낮게 이들 산업용 전자기기의 관세율을 책정하고 있었다.

모든 것에 수출이 우선되었고 결국 내수확대는 충분한 실행력을 확보하지 못하고 상대적으로 경시되고 있었다. 1970년대에 이어 1980년대에도 전자제품에 대한 특별소비세, 방위세, 부가가치세 등 수요억제적이고 조세편의주의적인 고율의 간접세제 운용이 계속되었다. 한국의 가정용기기 주요 제품의 간접세율은 일본, 대만, 미국과 비교하여 절대적으로 높았다. 한국이 주요 사례로 본 일본은 신기술 제품이 생산되면 내국세를 부과하지 않음으로써 국내 시장에서 안정화 기반을 다지면서 수출경쟁에 나서도록 하였지만 한국은 이러한 사례도 받아들이지 않았다. 일본의 TR식 TV수상기 예에서 보듯이 국제 경쟁력 강화를 위해 기술개발과 상품화에 성공하거나 안정적 규모 확보를 위해 내수확대가 필요할 때 혹은 보급률이 일정 수준을 넘어 대중화될 때 특별소비세 면제나 폐지가 필요하지만 정부는 그렇게 하지 않았다. 나아가 소비자금융의 미비에 따른 생산자 책임하의 할부판매가 일반화됨으로써 기업 투자재원의 회수지연과 유동자금의 잠식 및 확보 곤란이 발생하였고 정책 부재로 인한 복잡하고 전근대적인 유통구조로 간접비가 과중하게 나타나 기업 스스로 내수를 회피하기도 하였다.

그 결과 한국은 내수가 많았던 가정용 전자제품의 내수비율도 1980년 29.8%에 불과하였고 1인당 GNP 1,200달러 전후 각국의 100인당 전화보급률을 보면 한국은 1,242달러에서 5.0대로 일본의 1,200달러 18.07대, 남아연방공화국 1,282달러에 7.77대, 싱가포르 1,338달러에 10.08대, 스페인의 1,345달러에 16.45대에 비해 매우 낮았다.[14] 그 결과 전자공업 가동률 역시 〈표 17-3〉에서 보듯이 석유파동과 안정화정책의 영향이 없었던 1978년으로 보아도 55.2%이었으며, 특히 정부의 내수억제책의 중심 대상이 된 가정용기기와 내국인투자기업의 가동률이 48.1%, 44.9%로 낮았다. 나아가 내수억제로 규모의 경제를 실현시킬 생산규모가 낮아 1980년 한국 대비 컬러TV 생산대수는 일본이 9.9배, 대만이 1.1배, 라디오카세트는 일본이 4.5배, 대만이 1.5배로 한국의 생산수준은 일본은 물론 대만에 비해서도 낮았다.[15] 1978년 컬러TV의 부품수입의존도는 CRT, IC트랜지스터, FBT 100% 등 총 72%에 달하고 있었는데[16] 이것도 컬러TV의 내수판매 지연이 큰 원인이었다.

정부의 생각은 어차피 내수가 한계적이라고 보고 수출을 중심으로 성장하겠다는 것이었지만 이러한 내수억제정책은 성장과 안정성 양 측면에서 분명한 한계를 가져왔다. 이에 한국산업은-행조사부는 80년대의 전자공업 육성전략으로 정부차원의 반도체공업 육성, 부품 및 소재

13 장상현 상공부기초공업국장(1982. 2), p. 50.
14 상공부(전자, 1982), p. 30; 한국개발연구원(중화전, 1981), pp. 110~111.
15 한국무역협회(가전, 1981. 12), p. 30.
16 三菱總合研究所(日韓, 1979), p. 235.

〈표 17-3〉 생산능력과 가동률(1978) (단위: 백만 달러, %)

		생산능력	생산액	가동률
용도별	가정용기기	1,948.3	936.2	48.1
	산업용기기	364.6	210.2	57.7
	부품	1,800.0	1,124.8	62.5
투자구분별	내국인기업	2,305.0	1,033.9	44.9
	합작기업	973.4	633.1	65.1
	외국인 단독투자기업	834.6	604.2	72.4
총계		4,113.0	2,271.1	55.2

자료: 한국산업은행조사부(한산, 1979); 한국전자공업진흥회(전자편, 1977, 1980, 1983); 한국산업은행조사부(80전, 1981).

공업의 육성, 생산구조의 개편, 기술개발 및 핵심 기술도입의 촉진, 해외 판매활동의 강화 외에 국내 시장의 개발을 들었다.[17] 1987년 전자공업협동조합 역시 다음과 같이 밝히고 있다.

> 우리나라 전자공업이 좀 더 일찍 도약의 발판에서 힘차게 뻗어 나갈 수 있었음에도 불구하고 지나친 수요억제적인 간접세제로 말미암아 국내의 수요개발이 늦추어졌고 이에 따라 대외경쟁력 배양과 관련 부품공업 발전 또한 증폭의 기회가 늦추어졌다는 면에서 볼 때 20년 전을 재조명하는 이 시점에서 매우 안타까운 정책의 단면을 보는 느낌이다. …… 지금에 있어서도 수요억제적 세제가 업계의 요망대로 해결되지 못한 상태에서 ……
>
> 한국전자공업협동조합(전조2, 1987), pp. 60~61.

이미 휴대형 전자계산기 등 여러 수출에서 경험하였듯이 한국의 지나친 수출 집착은 수입국의 수입규제와 방어의식을 강화시켜 장기적으로 오히려 수출 불안요인이 되고 있다. 나아가 내수를 경시하고 수출을 중시하는 이러한 발전전략은 안정적인 고용유지가 어려운 약점까지 한국 전자공업에 주고 있으며 세계경기에 따라 기업들에게 반복되는 위기를 가져다주고 있다.

일본과 독일 등은 수출을 지향하면서도 내수시장의 동반성장을 기본으로 설정하였지만 한국을 비롯한 대만, 싱가포르 등 아시아 전자공업 후발주자들은 불균형적인 수출 지향을 채택하였다. 대만, 홍콩, 싱가포르 등은 내수시장 규모가 작아 수출에 특화해야 하는 조건이지만 한국의 경우 이들 국가보다 내수규모가 크고 또 가정용기기 수요가 급속히 확대되어 한국 가정용 전자기기 발전의 한 축을 담당하였다. 그럼에도 정부의 반복되는 공언과 달리 계속 내수보다 수출우선으로 정책이 이루어져 이는 한국 전자공업만이 아니라 한국 경제 전체의 문제점으로 남아 있다.

17 한국산업은행조사부(80전, 1981), pp. 269~280.

4. 전문화·계열화의 부진

제4차 경제개발5개년계획을 확정하면서 정부는 한국 전자공업의 문제점으로 생산 및 제품 개발의 소홀, 생산기반의 취약, 특화상품의 미개발, 국내 시장의 협소, 대외 판매활동의 소극성과 함께 전문화·계열화의 부진을 들었다.[18] 이는 한국 전자공업의 문제점으로 앞서 지적한 구조의 문제, 기술의 문제, 내수의 문제와 함께 전문화·계열화의 문제와 연관된 것이었다.

전자공업은 계열화·전문화의 입장에서 다음의 특징이 있다.

> 1. 반도체소자, 저항기, 축전기, 인덕턴스 등 기본부품의 제조기술은 이를 사용하여 조립하는 전자기기의 종류에 관계없이 거의 동일하다.
> 2. 라디오, TV, 녹음기, 앰프 등의 가정용기기의 제조기술은 많은 공통점을 갖는다.
> 3. 산업용 전자기기의 제조기술은 부문별로 큰 차이가 없다.
>
> 국무총리기획조정실(중건7, 1979. 10), pp. 150~151.

이러한 특징은 전자공업이 기술적으로 전문화·계열화의 장점이 있고 또 가능하며 특히 자본, 기술의 공급병목을 가진 후발공업국의 발전전략으로 전문화·계열화가 필수적이라는 것을 보여 준다. 한국 전자공업이 가진 약점인 기술개발, 영세성 극복, 생산성 향상을 위해 전문화·계열화는 필요한 것이었다. 전자공업 관련 국내 금형·외장·도금 등 관련 기초공업과 응용프로그램, 비메모리 등에서 여전히 경쟁력이 취약하고 핵심부품의 품질 역시 선두수준으로 올라서지 못하고 계속 문제로 되고 있는 것도 바로 전문화·계열화의 미발전에 따른 것이었다.

그러나 한국 정부는 계속적인 정책적 광고 외에 실질적으로 전문화·계열화를 실행할 의지가 부족하였고 적극 실행하지도 않았다. 1975년 12월 31일 중소기업계열화촉진법이 법률 제2841호로 제정 시행되었고 이후 1978년과 1982년 2차례에 걸쳐 개정안이 공포되었는데 그 목적은 지켜지지 않는 중소기업계열화촉진법의 실효성을 높이기 위해 벌칙을 강화하고 필요한 조치들을 삽입하는 것이었다. 1979년 들어와 3월 23일 상공부는 중소기업 계열화 시책을 마련하여 5개 업종 41개 품목을 지정계열화 품목으로 선정하였는데 이때 전자공업에서 TV부품 6개가 지정되었다.[19] 처음 지정된 TV수상기 1개 품목의 대상 모기업은 12개사이었고 수급기업수는 40여 개 기업이었다.[20]

한국 전자공업에서 실질적이고 효율적인 계열화·전문화는 정착되지 못하고 있었는데 이는 한국 대기업집단의 선택과 관련된 것이었다. 대기업들은 가능한 자신들의 기업집단 안에서 생

---

18 상공부 중공업계획반·화학 및 경공업계획반(제41, 1976), p. 135.

19 〈경향신문〉(1979. 3. 24); 〈매일경제신문〉(1979. 3. 24).

20 한국전자공업협동조합(전조2, 1987), p. 199.

산 과정을 완료하려고 하였고 정책발표만 앞세우는 정부의 방임 아래 일본, 미국, 유럽에서 당연시되고 있는 쌍방향 설계도면 및 기술 공유를 행하지 않았으며 수직적인 하도급 관계에 의한 주문·검사·접수만을 선호하고 또 그렇게 계속 유지하고자 하였다. 원자재 및 부품 수급 기업 간 협조의식이 거의 없었고 대기업들은 같은 기업집단 내에서 공급받지 못하면 품질 및 안정성을 내세워 국내에서 공급받는 것보다 핵심부품과 필수 원재료를 해외 공급처에 의존하고자 하였다. 기초부품 하청업체와 모기업 간 계열화는 정기적인 구매계약과 자금대여로 가능하며 대기업에 예속시키는 체제는 바람직하지 않다고 지적되고 있었지만[21] 현실에서 이는 관철되지 못하였다. 또한 부문별로 보면 한국이 뒤떨어져 있는 고부가가치 산업용기기의 개발을 위해서는 대기업 자체의 전문화도 필요하였지만 혼합결합을 선호한 한국 대기업들은 이것도 받아들이지 않았다.

여기에 대기업들의 투자재원 회수지연과 자금확보의 고비용 및 곤란은 하청업체 대금지불 지연으로 연결되어 전문화·계열화에 타격을 주고 있었다. 계열화·전문화를 이용할 수 없었던 소재·부품 기업들은 대기업과 가정용기기 부문에 비해 적극적인 투자확대에 나설 수 없었다. 그 결과 "영세업체의 기술개발 전문화가 안 되고 있는 상태에서 국제 경쟁력이 우수한 전자산업 등의 해외 진출을 얼마나 기대할 수 있겠습니까?"[22]라는 지적이 1980년대에도 이어졌다.

전문화·계열화 부진은 전자산업에서 가장 기본적인 규모의 경제에 치명타를 가져왔다. 동시에 시설투자가 정상적으로 이루어지지 못하여 시설의 노후화가 한국 기업의 문제로 되었다. 한국이 늦게 출발하지 않았던 반도체공업에서도 4년이면 생산성이 저하되므로 계속적인 시설투자가 필요하였고 실제로 일본의 경우 IC업체는 1974~1980년 매출액의 21.2%, 10.5%, 21.3%, 14.1%, 18.2%, 22.4%, 22.3%를 설비투자비로 투입하였지만[23] 한국의 경우 시설대체가 어려웠다. 나아가 전문화·계열화 미비에 따라 후방연관 국산 소재 및 기자재의 대체 혹은 안정적 공급이 불가능하였고 이는 한국 전자공업의 큰 약점이 될 수밖에 없었다.

한국의 전자공업은 세계 어느 나라도 하지 못한 속도로 혁신과 성공을 이루어 왔지만 그것을 하부에서 안정적으로 뒷받침해야 할 전문화·계열화된 중소기업이 제대로 정착되지 못하고 불균형적인 기술구조와 세계 시장 충격에 취약한 생산구조를 갖게 되었다. 생산 과정이 전문화될수록, 그리고 생산 과정 참여자들의 정보·기술 협력이 높아질수록 전·후방 연관효과가 높아지고 기술혁신 효과가 높아지게 되지만 한국의 경우 기업 간 생산 과정이 개방되지 못하였고 개방된 경우도 전문적으로 분화된 위에 상호 협력관계에 의한 생산이 이루어지지 못하였다. 그 결과 한국은 전·후방 연관효과가 도달 가능한 수준보다 낮은 수준에 머물게 되었고 기술혁신과 생산성도 잠재능력에 비해 뒤쳐지게 되어 최고수준 도달과 유지 및 중국 등 후발

21 국무총리기획조정실(중건7, 1979), p. 152.
22 정경문화(1981. 5), p. 82.
23 한국산업은행조사부(80전, 1981), p. 271.

주자들 방어라는 국제 경쟁력 면에서도 불안요인을 가지게 되었다. 또 전문화·계열화가 이루어지지 못하여 이후 한국의 중소기업은 최저임금 인상 등의 시대적 변화에도 탄력적으로 대응할 수 없게 되었다.

한국 전자공업의 주력 수출품이나 중심시장에서 반복적으로 무역마찰이 일어나고 있고 이에 대한 대응으로 기술고도화와 함께 일부 현지생산을 추구할 수밖에 없는데, 이를 위해서도 안정적인 부품을 공급해 줄 전문화·계열화의 발전이 필수적이며 이렇게 하여야 국내 산업과 고용을 유지할 수 있다. 이는 오늘날에도 동일하다. 한국 전자공업은 원천기술, 부품·소재산업이 취약하고 대기업과 중소기업의 양극화 구조를 갖고 있으며 소수 품목에 과도하게 의존하면서 외부 경제에 취약하다는 약점을 가지고 있다.[24] 지금은 어떠한가? 앞으로는 어떠할 것인가?

24 전자산업 50년사 편찬위원회(2009), p. 377.

6

한국 전자공업의 전개 과정: 연표(1945~2000)와 자료

정리원칙

가. 전체 중화학공업이나 전자공업과 간접적으로 관련된 정책, 내용은 제외하고 전자공업과 직접 관련된 정책이나 내용을 중심으로 수록함.

나. 전체 내용만 있고 세부적인 내용이 수록되지 않은 것은 본 책 본문에서 자세히 언급되어 중복을 피하기 위한 것이므로 본문을 참고 바람.

다. 기록에 일자와 내용 등이 다르게 발견되는 경우 다음의 순서로 채택함.

1. 당일의 관련 공식 문서
2. 해당 관계기관의 문서 및 발표
3. 개별 기업과 관련된 경우 관련 기업의 공식 문서 및 기록
4. 당시 신문 등 당일의 언론보도
5. 공공기관의 인용자료
6. 공공기관 자료에 차이가 있는 경우 공공기관의 후년도 값으로 하되 횡단면 자료는 당시의 미시적 자료
7. 협회 등 관련 단체 공식 정리
8. 기념지 등 역사정리서
9. 기타 연구정리서

라. 기업명이나 단체명, 법률 및 협약명, 령이나 공고명, 정책과 계획명, 위원회명, 발간자료나 보고서명, 특정명 중 구분이 필요한 고유명사는 「 」으로 표시하고 영어의 경우 이탤릭체로 표시함.

마. 문서, 건의, 보고, 신문 중 구분이 필요한 것은 〈 〉으로 표시함.

바. 수정된 경우 후년도 수정된 값을 채택하는 것을 원칙으로 하되 기업자료나 보도자료라도 명백히 잘못 기록되어 있는 것은 수정함.

사. 표준어가 바뀐 경우 현재의 표준어에 따라 수정함.

아. 콤마(,)는 주체를 의미하지만 분명하게 목적물·대상인 것을 알 수 있는 경우 목적물·대상·피동주체인 경우도 있음.

CHAPTER 18

한국 전자공업의 전개와 내용, 1945~2000

I. 한국 전자공업의 태동, 1945~1972

1. 1945~1958

년	주요 내용
1946	-「조선방송협회」 기술부, 진공관 재생제조에 성공(3월) -「한국통신기산업주식회사」 전신, 「한국통신기회사」 발족(5월)
1948	- 상공부 전기국, 정부수립으로 출범(8월) - 임영신 상공장관, 공업대책으로 우선 제철·제련·화학·조선·기계공업 등의 시설을 정비하는 데 치중할 계획이라고 밝힘(10월 6일)
1949	- 체신부 중앙전기시험소, 체신부 전무국 무선시험실과 상공부 전기국 전기시험소가 통합되어 발족(3월 3일) - 상공부, 산업5개년계획 제1차 실천사업으로 기계공업 부문 시설보조비 약 60억 원을 계상하고 구체안을 기획처에 제출(4월)
1950	상공부, 『단기 4283년도판 공장·광산명부』 발행
1953	- 서울중앙전화국, 시내자동전화 개통(4월 26일) - 상공부장관, 도입기계의 설치 및 운영상황과 원료 활용상황 보고의 건 공고(8월 8일)
1954	미국 *RCA(Radio Corporation of America)*, 한국에서 20인치 TV수상기 공개 * 일본 「소니」, 세계 최초 트랜지스터라디오 생산 성공
1955	- 재무부장관, 〈기간산업 건설자금 긴급대책 요강〉 작성(5월) - 해방 10주년 기념 산업박람회(10월 1일~11월 30일)
1956	- 제1차 무선중계 정비수리기수 과정 13명, 통신전자학교 수료(2월) - *RCA* 한국지사, TV방송국 개국(HLKZ)(5월 12일) - *RCA* 텔레비전방송국, 한국 최초 TV 방송 시작(6월 16일)
1957	- 정부, 경제부흥6개년계획 수립(2월) - 상공부, 제1회 산업기술전람회 개최(10월 15일) - 상공부 소속 국립공업연구소, 전자공학실 신설

년	주요 내용
1958	–「락희화학(럭키화학)」 구인회 사장, 전자공업기본사업계획 확정(9월) –「락희화학(럭키화학)」 구인회 사장, 「금성사」 설립(10월 1일) –「금성사」, 15만 달러 분의 라디오 생산설비를 서독에서 도입(12월) – 정부, 첫 국제 교환기입찰 진행(1958~1959년)

2. 1959~1969

1959	
월, 일	주요 내용
1. 17	상공부, 〈단기 4292년도 상공부 주요 시책〉 작성
2	「한국통신기회사」, 「한국통신기산업(주)」으로 개편하고 통신기 제작 시작
2. 17	「금성사」, 전자기기 제조회사 「주식회사 금성사」로 법인체 전환
4. 8	정부, 미국 개발차관기금(DLF)과 통신시설 확장에 관한 차관 조인
11. 15	「금성사」, 국산 전자제품 1호인 진공관 라디오 「A-501」 생산
1960	
월, 일	주요 내용
1. 5	이승만 대통령, 국무회의에서 국산 라디오 대량생산에 정부가 협조하고 라디오부속품까지도 순 국산으로 충족시키도록 해야 한다고 지시
2	「금성사」, 국산 선풍기 1호 「D-301」 생산
2. 17	서울 중앙전화국, 자동교환시설 3천회선 개통
3	「금성사」, 트랜지스터라디오 6석 TP-601 개발로 트랜지스터 시대 개막
3. 8	공보실, 경기도 농어촌에 트랜지스터라디오 배부
11. 25	제13차 무역위원회, 트랜지스터라디오를 수출입품목으로 신설
12. 1	상공부장관, 선풍기·전축·레코드플레이어·라디오를 수입품목으로 발표
1961	
월, 일	주요 내용
5. 8	정부, 국산 가능 라디오부품의 수입금지 내용 공개
5. 10	정부, 「특정외래품판매금지법」을 법률 제616호로 제정·시행
5. 29	상공부장관, 공업생산품에 대한 생산신고제 실시 관련 대국민 담화
7	전화기시장, 「금성사」 진입으로 OPC·「한국통신기산업」 3사 체제 형성
11. 24	일본 15개 회사, 「韓國工業促進會社」 발족
12. 19	정부, 법률 제850호로 「관세법 및 특정외래품 판매금지법에 의한 몰수품 및 국고귀속물품에 관한 임시조치법」 제정·시행
	1962
월, 일	주요 내용
1	정부, 「통신사업 5개년계획」 시행

1962	
월, 일	주요 내용
1. 5	체신부, 15일 개국 광화문전화국 가입전화부터 국산전화기 사용 발표
2. 21	「금성사」, 전화기·교환시설 등의 생산시설 건설 위한 서독 「후어마이스터」사(*Fuhrmeister*) 500만 마르크(125만 달러) 차관 계약
4	「한국전기공업협동조합」, 설립됨
5	「한국통신공업협동조합」, 설립됨
6	「한국통신기산업(주)」, SBS 무선송수신기 개발 제작
6. 30	정부, 「한국통신공업협동조합」 설립 인가
7	「금성사」, 「골드스타」로 한국 첫 4천 달러 라디오의 동남아 수출 결정
7.14	공보부, 「농어촌 라디오 보내기 운동」 전개
8	이만영 박사, 국내 최초 진공관 소형 아날로그 전자계산기 제작·가동
8.10	정부, 생산증강책 포함한 당면종합경제시책 발표
9. 10	남양송신소, 준공됨(기공: 1960. 12. 31)
9. 12	상공부, KS규격 5개년계획 수립
10. 23	「한국케이블공업」, 서독 민간차관으로 공장기공식
11	「금성사」, 뉴욕에 한국회사 첫 해외지사 설립
11. 28	「금성사」, 라디오 「T-703」 62대 594달러에 미국 첫 수출
12	「금성사」, 「지멘스 할스케」사와 기술계약 체결하고 1964년부터 국내에 공급할 EMD식 교환기 생산 합의

1963	
월, 일	주요 내용
7. 24	박충훈 상공부장관, 상공부고시 제933호로 상공시책자문위원회 아래에 전기공업심의부문위원회를 두는 규칙 공포
9. 24	중소기업심의위원회, 업종분류에서 전기공업 · 기계공업 · 조선공업을 독립시킨 중소기업협동조합법시행령 개정안 수정 결정
10. 12	한국수출산업공단, 경제인협회 회원 25명을 주주로 창립총회 개최
11	「금성사」, 「日立製作所」와의 기술제휴로 적산전력계 국내 첫 생산
12. 11	각의, 정부부처 개편 심의 의결하여 공업제1국에 경화학과·중화학과·염관리과를 두고 공업제2국에 조선과·전업(電業)공업과·금속과를 둠

1964	
월, 일	주요 내용
1	공보부, 라디오 보유 대수 65만 9,830대 보급률 2.42%라고 밝힘
1.7	상공부차관 인솔 한국통상사절단, 한-버마통상협정 체결로 라디오·재봉틀·자동차타이어 수출한다고 밝힘
2	상공부·공보부, TV수상기 수입 불가와 허용으로 충돌
3	「금성사」, 부산 온천동 종합전기기기공장 건설로 전자제품 대량생산 체제 갖춤
3. 10	인하대팀, 국내 최초 전자계산기 시운전

1964	
월, 일	주요 내용
3. 13	정부, 수출산업공업단지(구로동) 조성에 2억 2천만 원 투입 결정
4. 1	한국전력, 무제한 송전 시작으로 전자기기공업 등 공장가동 급증
6	「금성사」, 독일 「지멘스」와 기술 및 350만 마르크 규모 차관도입계약
9	「한국통신기산업(주)」, 「日本無線(株)」과 무선기 제작 위한 기술도입계약
9. 5	경제장관회의, EMD형 7만 4,600회선의 전화가설을 위한 65년도 서독재정차관 5억 2,500만 달러를 신청하도록 의결
9. 14	정부, 「수출산업공업단지개발조성법」 공포·시행(법률 제1656호)
11	「금성사」, 국산화 25% 수준의 5천회선 규모 EMD식 자동교환기 생산

1965	
월, 일	주요 내용
2. 25	월간지 「전자기술」, 창간됨
3. 12	구로동 수출공업단지, 기공식 거행
4	「금성사」, 국내 첫 냉장고 GR-120 생산
4. 18	상공부, 기계공업자금 지원 대상으로 일반산업용 기계공업·농기구공업·전기기기공업 발표
9. 6	「금성사」, 일본 「日立製作所」와 TV수상기 생산 기술도입계약 체결
9. 22	정부, 수출을 확대하기 위해 100% 수출조건으로 첫 전자공업 외국인합작사 「중앙상역(주)」 인가
11. 8	상공부장관, 기계공업 보호육성과 기계류 국산화 촉진에 관한 중요 정책 심의·건의하기 위한 기계류국산화촉진위원회규정안을 국무회의에 제출
12. 3	미국 「코미」(*Komy Corporation*), 합작사 「고미산업(高美産業)」 설립
12. 16	국내 텔렉스, 400회선 개통
12. 29	외자도입촉진위원회, 전자부품 생산을 위한 한국 2번째 합작투자사 「고미산업」 투자사업 승인
12. 30	상공부장관, 「텔레비전수상기 부속품의 수입요령」 공고하여 1966년 하반기부터 TV수상기 생산 가능하도록 허용

1966	
월, 일	주요 내용
1. 28	국무회의, 체신부 산하 중앙전기통신시험소를 전기통신연구소로 개칭·강화한 전기통신연구소직제안 통과
4. 13	유네스코(UNESCO)·한국 정부, 공동사업으로 한국정밀기기센터 설립
4. 28	경제장관회의, 일본제 텔레비전수상기 7만 6,200대 분 부품도입을 가격과 보급방법을 준수하는 조건으로 수입허가하고 특관세 면제 의결
4. 29	경제기획원, 「훼어차일드 쎄미콘닥터」(*Fairchild Semiconductor Ltd.*) 전자공업용 부분품공장 건설을 위한 외국인투자 인가
5. 3	제58회 국무회의, 상공부장관에 의한 TV수상기 고시가격제도 의결
5. 25	상공부, 청와대회의에서 수입대체산업계획연구 보고
5. 30	경제기획원, 「훼어차일드 쎄미코어(*Semikor*)」에게 국내 시판 최초 허가
6. 8	상공부, 정밀기기 기술자 양성을 위한 한국정밀기기센터 기공

1966	
월. 일	주요 내용
7. 28	외자도입촉진위원회, 「시그네틱스」(*Signetics Corporation*)의 전자회로 보세공장 건설 직접투자(167만 9천 달러)를 전량 수출조건으로 승인
8. 1	「금성사」, 최초 국산 진공관 흑백TV수상기 1호 「VD-191」 100대 출하
10. 18	상공부, 상공부령 제173호로 전기용품 기술기준령을 공포·시행
11. 17	상공부, TV부품 수입자격 등에 관한 「상공부공고 제4036호」 공포
12. 5	박충훈 상공부장관, 전자공업을 수출산업으로 전환하고 수출특화산업으로 추가 지정·육성하여 1970년에 수출 1억 달러를 달성하겠다고 밝힘
12. 20	제2차 전기용품제조 면허심의회(상공부), 「대한전선」·「한일(韓一)전기」·「장안(長安)공업」·「동신전기(東信電機-동신금속)」 4사 제조면허 허용

1967	
월. 일	주요 내용
1. 1	정부, 제2차 경제개발5개년계획 공업화 3대 성장산업으로 합성섬유·석유화학·전기전자를 지목하고 계획 시작
1. 12	「한국전자공업협동조합」, 대한상공회의소에서 창립
1. 17	대통령, 연두교서에서 전자공업 개발에도 힘쓸 것이라고 밝힘
2. 24	한국, 국제통신위성기구에 56번째로 가입
3. 8	경제과학심의회의, 전자공업진흥법 제정건의 〈전자공업육성방안〉 가결
5. 12	상공부, 11회 우수발명상에 국산 어군탐지기 선정
5. 23	김기형 과학기술처장관, 10~15년이 소요된 선진국보다 빠른 7년 내에 전자계산기를 개발하고자 도입 체제를 연내에 완비하겠다고 밝힘
5. 25	과학기술처, 전자계산기 개발 및 활용을 위한 7개년계획 작성에 나섬
5. 30	한국전자공업협동조합 1차 임시총회, (1) 전자공업센터 설립, (2) 원자재 공동구입과 제품국산화 주력 등 전자공업 육성책 의결
6	정부, 「한국통신기산업(주)」의 「日本無線(株)」 기술도입계약 인가
6. 22	미국 「시그네틱스」 100% 출자 「한국시그네틱스(주)」, 공장 준공
6. 25	한국, 「한국시그네틱스」 공장 가동으로 집적회로(IC) 조립 생산 시작
7. 10	상공부, 상공부고시로 외자도입법에 의해 단독 혹은 합작투자 인가를 받은 전자생산업체의 수출입절차 간소화
8. 23~9. 6	충남 구봉광산 매몰광부 양창선 구출 과정 중계, 라디오 열풍 일으킴
9. 2	「한국전자공업협동조합」, 한국전기전자기기시험검사소 설립
9. 14	한국과학기술연구소(KIST), 전자계산실 발족
9. 16	미국 콜롬비아대 김완희(金玩熙) 박사, 〈전자공업진흥을 위한 건의〉를 청와대에서 대통령에게 보고
9. 20~24	일본 전자부품업계 일행 14명, 방한하여 부품업계 상호 간 제휴 논의
9. 27	전자계산조직개발조정위원회 규정, 대통령령 제3230호로 제정·공포됨
10. 3~18	「67 일본 전자쇼」(Electronics Show) 참관과 업계 시찰단, 방일
11. 20	상공부, 김완희 박사에게 전자공업진흥을 위한 조사보고 위촉
11. 21	국회 통과 물품세법 개정안, TV수상기 물품세를 30%에서 50%로 인상하고 전기세탁기·전기청소기·전화기·계산기 등을 과세 대상으로 추가

1968	
월, 일	주요 내용
1. 11	상공부, TV수상기 자유경쟁 환경이 조성되었다고 보고 TV수상기 협정가격제를 철폐할 방침이라고 밝힘
1. 19	「모토로라 코리아」, 국무총리 참석 하에 서울공장 준공식
2. 13~15	제3회 동경 한일합동경제간담회, 일본의 금후 노동력 부족에 비추어 기계·전자공업 부문 등에서의 한일가공무역 촉진에 더 주력하기로 합의
2. 14	정부, 기계공업에 24억 원의 특별장기저리자금 공급 결정
2. 28	상공부, 조선·전자·자동차공업 육성을 위한 외화 1천만 달러 및 내자 34억 원의 장기저리융자 개시
3	「금성사」, 국내 첫 에어컨 GA-111 생산
3. 1	정부, 39억 원의 기계공업육성기금 설치
3. 18	– 상공부장관, 제1차 「기계공업진흥기본계획」과 1968년 기계공업진흥시행계획 공고 – 전자공업기업들, 20일간의 방미전자공업시찰단 파견
3. 26	김향수, 「아남산업」 창업하여 한국 기업 최초의 반도체 사업 착수
4. 2	미국 수출입은행, 한국 통신인공위성 송수신소 건설 차관($368만) 승인
4. 15	김정렴 상공부장관, 절전을 위해 수입자동승인품목인 에어컨과 전기세탁기를 수입제한품목으로 돌려 수입을 제한하겠다고 발표
6	「삼성」 이병철 회장, 전자산업 인가신청서 정부에 제출하고 박대통령에게 전자산업을 수출주력산업으로 육성할 것을 건의
6. 4	상공부, 전자공업진흥법 성안
7. 2	상공부, 9억 원 예산의 전자공업 적극 육성방침 발표
7. 15	정부, 김완희 박사의 전자공업진흥을 위한 조사보고 결과 접수
7. 31	상공부, 1969년부터의 전자제품개발5개년계획 포함 전자공업진흥책 성안
8. 1	– 상공부, 전자공업센터 설립구상 발표 – 김완희 박사, 〈전자공업진흥을 위한 조사보고서〉 박대통령에게 보고 – 박대통령, 김완희 박사 보고 후 전자공업 육성을 위한 기본방향을 조속히 작성할 것과 전자공업 육성을 위한 특별법 제정 등 지시
8. 9	철도청, 전자데이터처리시스템 개발위원회 설치
8. 24	정부, 가정용냉장고·세탁기·에어컨 등 전기기기류에 대해 완제품 수입은 금지하고 부분품의 수입만 가능하게 하는 가전기기 수입요령 공고
9. 2~9. 7	한국과학기술연구소·대한전자공학회, 제1회 국제전자공업세미나 개최
9. 12	경제장관회의, 「전자공업진흥법」 의결
9. 30	한국전자공업협동조합, 외국인투자업체의 국내 시판 제한 건의 제출
10	「동양물산」(벽산그룹), 합작사 「한국유니백」 설립과 컴퓨터 조립 시작
10. 2	체신부, 수도권 통신망 확장계획(1969~1981년) 마련
11. 15	상공부, 1969년도 전자제품 수출목표가 3,800만 달러라고 밝힘
11. 27	한국전자공업협동조합, 수출을 위한 전자제품 소요기준량 상향 건의
12. 19	한국전자공업협동조합이사회, 「모토로라전자」·「天友電氣」·「三和電子」·「오리온전자」 가입 승인
12. 28	국회 본회의, 전자공업단지 조성과 전자공업육성자금 마련 등의 내용을 담은 「전자공업진흥법」 통과

1969	
월, 일	주요 내용
1	상공부, 전자공업진흥 및 전자제품 수출 촉진을 위한 자유무역지대 설정방안 검토
1. 1	상공부, TV 부속품 등 24개 품목 수입추천요령 발표
1. 13	「삼성전자공업(주)」, 정식 발족(약칭 「삼성전자」)
1. 16	대통령비서실, 상공부의 전자공업진흥기본계획을 대통령에게 보고
1. 18	한국전자공업협동조합, 「전자전기제품군납추진위원회」를 「금성사」 등 7개사로 구성하고 주월군납 등 전자제품 군납품 추진
1. 19	日本電子工業振興協會 동남아지역 전자공업화 기초조사단, 방한
1. 27	상공부, 기계공업심의회 열고 기계공업 육성과 국산화 촉진을 위해 지정한 22개 특정 기계공업 업종 중 통신기계기구의 범위를 확대
1. 28	정부, 「전자공업진흥법」 공포(법률 제2098호)
1. 30	– 상공부, 1969년 기계공업육성자금 지원을 위한 계열화업체 지정 – 경제각의, 전자공업진흥을 위해 대통령비서실 지시로 만들어진 '외국인투자 전자기업체의 육성 및 유치를 위한 조사와 대책 자료' 승인 의결
2	「금성사」 그룹본부, 부산에서 서울로 이전
2. 3	과학기술처, 1969~1971년 3년 전자계산조직(EDPS) 종합개발계획안 확정
3. 24	상공부, 1976년 전자공업 수출목표 4억 달러의 「전자공업진흥 8개년계획(1969~1976)」 작성 보고
4. 11	120명의 전자공업 관계자, 제1회 전자공업최고경영자 세미나 개최
4. 12	상공부, 전자공업진흥법에 따라 국립공업연구소(NIRI)·한국과학기술연구소(KIST)·한국정밀기기센터(FIC)를 전자공업진흥기관으로 지정
5	「금성사」, 한국 최초의 1.8kg 세탁기(모델명 WP–181) 개발
5. 8	방한 중 미국 「훼어차일드」 사장 호건, 한국전자공업 전망 밝다고 밝힘
5. 10	「금성사」, 반도체사업 본격화 위해 「금성전자(주)」 설립
5. 15	금산 위성통신지구국, 기공
5. 20	– 전자공업심의회, 상공부에서 1차 회의 개최 – 「삼성」과 일본 「三洋電機」, 「삼성산요」의 설립의정서와 그 부속문서에 최종 합의하고 수권자본금 삼성 : 三洋電機 : 住友商事 = 50 : 40 : 10으로 결정
5. 29	경상북도, 구미공업단지 조성에 따른 공업용수 급수시설과 토지매입 그리고 보상 및 부대경비 충당을 위한 기채 승인을 내무부에 신청
6. 3	건설부장관, 건설부고시 제321호로 경상북도 관하 구미도시계획사업(일단의 공업용지 조성사업) 집행청 지정 고시
6. 13	「삼성三洋電機」, 합작투자설립인가 신청서 제출
6. 14	정부, 이동공중전화차 첫 선 보임
6. 16	과학기술처, 한글기계화 표준자판을 실용적인 4벌수 타자기로 확정
6. 17	「금성사」, 일본 「東芝機械」와 기술제휴 계약
6. 19	상공부, 전자공업의 중점육성을 위한 전자공업진흥기본계획 확정 공고
6. 26~28	「삼성」 진입에 대한 언론논쟁, 격화

	1969
월, 일	주요 내용
6. 30	한국전자공업협동조합, 청와대에 보낼 〈삼성전자와 일본 三洋電機 간 합작투자에 관한 진정서〉를 57개 회원사 명의로 채택
7. 1	「한국전자공업협동조합」, 「삼성전자」·「三洋電機」 합작투자사업 반대 광고 게재
7. 3	한국전자공업협동조합, 청와대·국무총리·경제기획원장관·상공부장관에게 〈중소기업 분야를 침식하는 대단위 공장건설 조정 건의〉 제출
7. 7	김정렴 상공부장관, 전량 수출조건 붙여 「삼성전자」·「三洋電機」 합작 허가방침 밝힘
7. 14	상공부, 정책에 한국전자공업협동조합 진정서 내용 반영하겠다고 답변
7. 18	구미공업단지, 기공식
7. 21	– 「오리온전자공업」, 일본 「東京芝浦電気」와 기술제휴로 브라운관 시제품 1호를 생산하여 국내 제조 TV에 조립·시청 성공 – 건설부, 1970년 공업단지조성 대상 지역으로 광주·목포·구미·마산·여수·이리·원주·청주의 8개 지역을 확정하고 총액 6억 6천만 원 투입 결정
8. 8	한국문화방송(MBC-TV), 개국으로 3대 텔레비전 방송망 시대 열음
8. 29	김정렴 상공부장관, 노동집약산업 전자공업·주물·선박 등 5개 분야 10개 품목을 보세가공품목으로 추가할 것을 일본에 요청하였다고 밝힘
8. 30	외자도입심의위원회, 전자부분품 및 전자기기 제조를 위한 「삼성전자」와 일본 「三洋電機」·「住友商事」 합작투자를 전량 수출조건으로 인가
9. 1	건설부, 구미에 100만 평의 내륙공업단지 조성 밝힘
9. 5	일본 「東京芝浦電気(도시바)」, 지분 70%의 「한국도시바」 설립 발표
9. 9	「한국도시바(주)」, 정식 등기 마치고 본격적인 공장건설 착수
9. 16	건설부장관, 선산군 구미읍 공업단지 조성사업 인가사항 고시
9. 22	정부, 100% 수출조건으로 「삼성三洋電機」 설립 허가
11. 1	일본전자기계공업회(EIA-J) 일행 16명, 방한하여 한국 실태조사
11. 2	한국정밀기기센터, 12명 업계 대표로 전자공업기술조사단을 구성하여 미국·영국·프랑스·이탈리아·싱가포르·일본 등 해외 파견
11. 11	「금성사」 등 7개 대기업체, 이공계 실업학교 부설하기로 결정
11. 15~16	한국정밀기기센터, 전국 라디오조립 경연대회 개최
11. 24~30	한국전자업계, 대만 제1회 전자제품 전시회 참관 및 시찰
12. 4	「삼성三洋電機」, 설립됨

3. 1970~1972

	1970
월, 일	주요 내용
1. 9	상공부, 수출목표 9,200만 달러의 1970년도 전자공업진흥시행계획 확정

1970	
월, 일	주요 내용
1. 20	「삼성NEC」, 100% 수출조건으로 설립 인가되어 출범
2. 1	「한국도시바」 구미공단 1공장, 실리콘 트랜지스터 생산 시작
3	「아남산업」, 한국 기업 최초 반도체 부품 집적회로(IC) 생산 개시
3. 23~26	전자업계, 미국전기전자기술자협회(IEEE) 뉴욕전자전 첫 부품부스 운용
4. 10~20	전자업계, 동경 청해(晴海) 일본전자전에 해외 전시회 2번째 부스 운용
4. 20~22	제2회 한일협력위원회총회(서울), 일본의 전자공업 등 중화학공업을 일본에서의 확대 한계로 한국 측이 분담하는 방향 모색
4. 22	– 상공부, 전자공업단지 조성계획 밝힘 – 이낙선 상공부장관, 1971년부터 「전자공업진흥법」에 의한 특별육성자금을 기계공업육성자금과 별도로 마련한다고 발표 – 상공부장관, 전자공업수출조합의 설립 필요성을 제기하고 전자조합에 병설하는 방법을 제시
4. 24	오원철 광공업차관보, 전자공업경영자세미나에서 전자공업을 수출산업 위주로 육성하여 1975년 5억 달러 수출을 적극 지원하겠다고 밝힘
4. 27	상공부, 공산품 품질관리법시행령에 의한 품질표시 및 검사 지정 대상 품목에 전기용품 추가하여 전기용품의 판매전 사전검사 의무화
6. 2	금산위성통신지구국, 개국
6. 5	상공부, 70년도 전자공업진흥을 위한 금융지원 범위 결정
6. 6	정부, 3차 5개년계획 중 전자기기 국산화율 30%에서 80%로 높일 계획
6. 12	정부, 정부기관 구매 기계류 중 국산 대체 가능 기자재는 외자발주 중지하고 국산품으로 구매하기로 방침 정함(6월 15일 경제장관회의 의결)
6. 18	외무부, 전자제품 수출 촉진 위해 해외 공관에 해외 시장 동향조사 지시
6. 19	체신부, 제12회 전국통신경연대회 개최
6. 20	상공부, 전자공업 생산의 70%를 수출하여 4억 달러 수출하고 1976년까지 전자기기 80% 국산화 하는 제3차 경제개발5개년계획 밝힘
7	「한국정밀기기센터」, 동경사무소 개설
8	– 정부, 3차 5개년계획기간 수출 전망 밝은 전자공업 중점개발 방침 세움 – 제1차 전자제품 해외 시장 개척을 위한 전문세일즈단, 미주·중남미·유럽·동남아·일본 등 각 지역 20일 이상 체류하며 활동
8. 12	– 정부, 일본으로부터 수입제한 2차 완화 조치로 에어컨기기류·농업용기기류·선풍기부품 등 1,257품목을 수입사전승인품목에서 해제 – 「한국전자제품수출조합」, 창립총회를 갖고 발족
8. 24	제8차 수출진흥확대회의, 구미지역 전자공업전문단지 조성 방침 확정
8. 25~28	전자업계, LA 미국전자전(Wescon 70)에 전자부품 1개 부스 운영
9. 2~4	국제전기전자학술회의, 서울 KIST에서 개최됨
9. 18	일본 「今岡電子工業」, 마산수출자유지역 진출 1호 기업으로 착공
9. 29	상공부장관, 「한국전자제품수출조합」 인가
11	「삼성三洋電機」, 흑백TV수상기 P-3202 시생산

1970	
월. 일	주요 내용
11. 17	상공회의소, 500개 상사 중 47%가 전자제품 수출을 하고 있다고 발표
11. 23	이낙선 상공부장관, 전자공업의 수출증대와 합작투자 유치를 위해 합작투자업체 내수판매 허용과 물품세 인하 등 종합대책 실시 방침 밝힘
12	통신장비제조업체 「금성전기」, 「日本電氣」와의 합작으로 설립됨
12. 14	상공부, 1971~1972년 7개 부품공장건설계획(전자관계산업육성시책) 발표

1971	
월. 일	주요 내용
1	「삼성三洋電機」, 흑백TV수상기 파나마에 첫 수출
1. 5	상공부, 생산력·국산화 향상을 위한 71년 기계공업진흥시행계획 발표
1. 11	대통령, 연두기자회견에서 역점을 둘 전략수출은 전자공업이라고 함
1. 21	문교부, 고교 이상 전원 전자계산조직(EDPS) 교육 실시 밝힘
2. 1	상공부, 29개 전자부품공장 건설에 83억 원 지원 결정
2. 18	전자제품수출조합, 1971년 1억 달러 수출 위해 일본 지역에 공동판매회사 설립계획 밝힘
3. 2~4	제3회 한일민간합동경제위원회 한국, 일본 측에 전자공업 투자 기대
3. 18	상공부, 상공부고시 제6445호 〈합작투자 업체 내수판매요령〉 고시
3. 31	장거리자동전화(DDD) 방식 전화, 서울-부산 간 설치·개통됨
4	구미공단설립위원회, 박승엽 정밀기기센터소장을 위원장으로 구성됨
4. 16	제26회 국무회의, 통신시설 확장을 위한 독일 재정차관협정체결 의결
4. 23	상공부, 11개 주요 전자부품 원자재 수입업체에 임시특관세 면제 고시
5. 3	문교부, 1972년부터 고교 이상 전자계산(EDPS) 교육 시행방침 밝힘
5. 20	상공부장관, 「한국전자공업공단」 법인설립 허가
6. 15	제40회 국무회의, 통신시설 확장 위한 독일 KFW 차관협정체결 의결
6. 27	상공부, 공업2국 전자공업담당관 만듦
7. 8	「금성통신」, 「금성사」·「지멘스」·서독해외개발공사(*DEG*)·「富士電機製造」 합작사 제1차 주주총회를 갖고 사명을 「金星通信電機(주)」로 개칭
9	-「금성사」, 일본 「포스타전기(주)」와 합작 「금성포스타(주)」 설립 -「삼성일렉트릭스」, 「삼성전자」 자회사로 출범
10. 12	중앙전자계산소, UNIVAC 1106형 설치하고 업무 개시
11. 3	구미공업단지 1단지 전자단지, 1공구 조성공사 시작

1972	
월. 일	주요 내용
1. 9	상공부, 28개 부품공장 연내 완공 등 1972년 전자공업진흥시책 마련
1. 21	상공부장관, 전자제품을 수출전략산업으로 고시

1972	
월, 일	주요 내용
1. 29	상공부장관, 합작업체 생산 전자기기 등의 국내 판매 요령 개정 고시
2. 28	상공부, 탁상전화기·브라운관 등 국산 가능 기재 추가 및 수입억제 결정
3	– 한국과학기술연구소, 부설 반도체기술개발센터 설립 – 한국과학기술연구소 전자계산실, 컴퓨터 한글프로그램 개발
3. 2	상공부장관, 「한국전자공업협동조합」을 시범협동조합으로 지정
3. 31	상공부, 일본 사양산업 중 전자제품 등 수출전략업종에 대해 중소기업이 일본과 합작투자나 기술제휴를 하라고 지시
5. 10~31	상공부, 「일본사양화산업조사단」 파견하여 전자를 사양산업으로 확정
5. 16	상공부, 1976년 4억 달러 수출 목표 등 전자제품 수출진흥계획 성안
5. 26	상공부, 전자합작투자기업에 국내 판매 승인하였음을 국세청에 통보
6. 8	한국은행, 「고려전자」 등에 수출금융지원 융자자격정지 처분 내림
7. 22	관세청, 전자합작기업의 국내 시판분에 대해 조세 징수하도록 지시
8	합작사 「한국우라하마전자」(「대덕전자」 전신), 설립되어 일본 수출 위한 산업용 인쇄회로기판(Double side PCB) 생산
8. 31	상공부, 21개 전자부품공장 신 건설 등 전자제품 수출증대조치 발표
9. 5~6	정부, 제6차 한일정기각료회의에서 통신시설확장계획 자금협력 요청
9. 27	– 이낙선 상공부장관, 제3회 한국전자전람회에서 컬러TV수상기 국산화정책 밝히고 국산화율 1972년 20%·1973년 50%·1974년 70% 제시 – 「금성사」·「삼성전자」·「天友社」·「크라운전자」·「동남전기(東南電氣)」와 한국과학기술연구소, 제3회 한국전자전에 컬러TV수상기 시제품 출시
10. 12	태완선부총리, 전기·전자기계기구 제조업을 외국인투자 장려 업종으로 발표
10. 21	정부, 전자기기 포함 산업합리화 대상 업종 지정 및 자금방출계획 발표
11. 6	상공부, 전기·전자·완구 등 16개 단체를 7개 단체로 통합하도록 권고
11. 16	정부, 1974년까지 5대 중공업공장 준공하는 공업구조의 중공업화 피력
11. 28	정부, 전자기기를 특별감가상각률 80/100 업종으로 하는 등 산업합리화지정산업에 대한 특별감가상각률 적용 발표
12	「삼성전자」, 수원공장 준공
12. 5	상공부, 전자공업 외국인투자기업의 산업기기 및 부품 판매를 자유화하고 가전 내수 판매비율도 확대하여 외국인투자 확대와 토착화 유도
12. 12	심의환 상공부차관, 1980년 100억 달러 수출 달성하기 위해 전자 등 7대 핵심산업을 전략산업으로 집중육성하겠다고 밝힘
12. 19	청와대 구미공단 관련 회의, 구미공단 확장 결정
12. 21	상공부, 1973년 수출목표 23억 5천만 달러의 25%를 전자제품·선박·기계·철강·비철금속 등 중화학공업제품으로 한다는 방침 발표
12. 26	– 대통령 주재 구미공업단지확장계획회의, 평당 분양가 4,000원 등 결정 – 박대통령, 구미전자공단 확장 기본계획 보고받고 100억 달러 수출 위해 대단위 전자공업단지 필요하다며 산업합리화자금으로 조성하라고 지시

Ⅱ. 중화학공업화정책선언과 전자공업, 1973~1975

1. 1973

1973	
월, 일	주요 내용
1	- 상공부, 「전자공업장기육성방안」 만듦 - 정부, 1966년부터 실시된 TV수상기 고시가격제도 폐지 - 「대덕산업」, 인쇄회로기판(PCB) 미국보험회사단체규격(UL) 승인 취득
1. 4	- 상공부, 1973년도 전자제품 수출목표를 1972년보다 배가한 3억 달러로 책정하고 수출액 할당 - 정부, 수출실적 200만 달러 이상 전자기업체· 전자공단 및 부품전문생산업체 위해 30억 원의 산업합리화자금 우선지원 내용 담은 전자공업부문 산업합리화 방안 수립
1. 6	상공부, 구미전자공업단지를 현재의 15만 9,000평에서 200만 평의 대규모 전자공업센터로 확장하는 계획을 밝힘
1. 8	- 상공부, 자동차·TV·냉장고·에어컨·선풍기·전기세탁기 등 물품세율을 20~30% 인하하여 국내 소비 늘리고 수출경쟁력 높일 계획 밝힘 - 재무부, 상공부의 물품세율 20~30% 인하 발표를 부인함 - 상공부, 100여 개의 전자기기 및 부품공장을 새로 건설하는 등 1980년도 수출 100억 달러 달성을 뒷받침하기 위한 장기공장건설계획 마련
1. 12	대통령, 연두기자회견에서 「대단위전자부속품생산단지」 추진 중 밝힘
1. 16	상공부, 전기(電氣)공업과를 전기(電機)공업과·전자공업과로 직제개정
1. 17	건설부, 구미를 포함한 산업기지 건설계획 대통령 연두순시에서 보고
1. 30	이낙선 상공부장관, 수출진흥확대회의에서 1973년 시설투자로 전자제품 생산능력을 2억 7,800만 달러에서 6억 9,100만 달러로 확충한다고 밝힘
1. 31	이낙선 상공부장관, 전자공업 등 16개 업종 설비투자 중점지원 밝힘
2	- 「한국전자공업협동조합」·「한국전자제품수출조합」, 사실상 통합선언 - 「한국과학기술연구소」, 64K 국산디지털컴퓨터 1호 「세종 1호」 만듦 - 「금성사」, 전자·전기공장을 분리
2. 2	대통령, 경제제1비서실이 보고한 「구미전자공업단지 확장계획」 결재
2. 6	비상국무회의, 가전기기 물품세율 65~80%에서 50%로 인하하는 물품세법 개정안 의결
2. 7	상공부, *ITT*사의 한국 내 반도체 생산을 위한 시장조사에 이어 「제너럴타임」사도 한국에 전자제품 투자를 희망하고 있다고 밝힘
2. 8	남덕우 재무부장관, 기업체 가격 인하 없으면 물품세 인하 환원 밝힘
2. 12	「東芝電氣」 회장, 상공부장관 방문하고 도시바 계열 대한투자방안 협의
2. 19	민관식 문교부장관, 경북대학 전자공업 등 지방대학 특성화 방침 밝힘
2. 28	상공부, 제2차 수출진흥확대회의에서 수출산업의 시설확충을 위한 외자 지원을 늘려 전자제품을 포함한 16개 업종 등에 주겠다고 보고

1973	
월, 일	주요 내용
3	한국과학기술연구소, 상공부에 새마을 보급형 TV 생산계획 제출
3. 2	국무회의, 시내전화시설 확장 등을 위한 서독 재정차관협정 승인
3. 14	– 상공부, 미국 *ITT*· *TRW* 등 전자관계 7개 기업의 국내 진출이 확정되었고 「제너럴인스투르먼트」 등 3개 사가 진출 검토 중이라고 밝힘 – 경제기획원, 기업육성 위해 7,913.8만 달러 전화차관 추진 중 발표
3. 20	문교부장관, 기계·전자교원 양성 위한 증과·증원 내용의 국립학교설치령개정령·서울대학교설치령개정령·대학학생정원령개정령 국무회의 제출
3. 26	정부, 입지결정에 따라 구미 등 5개 대단위공업단지 조성계획 작성
3. 29	– 경제기획원장관, 전자공업을 개발하며 수출전략산업으로 육성한다는 내용을 포함한 〈1974년도 예산편성 지침(안)〉을 국무회의에 제출 – 정부, 구미공업단지 행정관리주체 일원화 및 현장종결 행정 체제 수립
4	「삼성」, 진공관식 자체모델 TV 「SW-V310」 개발에 이어 19인치형 트랜지스터 TV 「SW-T506L」 발표
4. 3	건설부, 구미기지 등을 중화학공업지역 기준지가 대상지역으로 공고
5. 5	정부, 1973년부터 1981년까지 화학·철강·기계·전자·조선 등의 부문을 정부지원 하에 집중 개발하도록 한 전략산업개발계획 마련
5. 10	정부, TCOM 도입을 위한 미국 수출입은행(EXIM) 차관 계약 체결
5. 11	상공부장관, 「중화학건설원칙」 발표
5. 16	경제기획원장관, 합작투자 50 : 50· 외국인투자 5만 달러 이상 원칙 발표
5. 17	국무총리기획조정실장, 전자 등 유신정책심의회 중화학공업 조사연구위원회 발족 발표
5. 18	정부, 전자·완구 우선 지원의 외자융자요령 공고
5. 23	가전업체들, 에어컨·냉장고 등 수요급등에 공급능력 부족 밝힘
5. 24	경제기획원대변인, 전자공업의 부품·소재 국산화 추진과 내수전자기기부문 수출산업화 내용을 포함하는 중화학공업건설계획 발표
5. 25	상공부, 유형별 중소기업 육성계획에 따른 950개 지원 대상품목 중 1차로 전자기기 21개 업종 등 중점육성 대상품목의 구조 근대화 지표 발표
5. 29	정부, 중화학공업화 관련하여 장기인력개발계획 수립 중이라고 밝힘
6	「삼성전자공업」, 「삼성코닝」 설립
6. 4	– 한국전자제품수출조합, 전자기기로 해외전자전 첫 참가(시카고CES) – 상공부 등 민관합동 26명 전자공업투자유치단, 일본·미국 방문 시작
6. 14	전자공업투자유치단, 미국에서 전자기업대표·교포학자 간담회 개최
6. 29	중화학공업추진위원회기획단, 제8차 중화학공업추진위원회에서 전자공업 1973~1981년 11억 9,200만 달러 투자 등 「중화학공업육성계획」 보고
7. 2	미국 기계공업사절단, 한미경제인간담회에서 전자·조선·기계 등 중공업 합작투자에 노력을 아끼지 않겠다고 말함
7. 5	「삼형(三螢)전자」·「第一無線(일본)」, 한국 카세트조립 합작사 설립 합의

1973	
월. 일	주요 내용
7. 20	건설부, 구미 등 5개 중화학공업단지 기준지가 고시
7. 26	상공부 공업단지관리청차장, 318.5만 평 개발 구미공업단지 확장 발표
7. 27	– 정부, 전기용품 불량 많고 1천여 기업체 중 90%가 영세규모라고 발표 – 「금성사」, 연내 국내 최대 부산전자공장을 구미로 이전한다고 밝힘
8. 17	경제기획원장관, 전자공업 생산능력 2억 8,600만 달러에서 64억 6,100만 달러로 증대 등 1972년 기준 1981년까지의 경제장기전망 발표
8. 23	공업단지관리청장, 구미공업단지관리소 개소식 갖고 업무 개시
8. 25	건설부장관, 구미공업단지 318.5만 평을 지방공업개발장려지구로 지정
8. 29	상공부, 제7차 수출진흥확대회의에서 100% 단독 외국인투자를 허용하는 전자공업 외국인투자 확대책 보고
8. 31	건설업체인 「국제실업」(대표 홍복원), 전자공업계 진출계획 밝힘
9. 16	정부, 시외자동전화를 서울–인천으로 확대
9. 25	상공부, 1973~1980년 「장기전자공업공장건설계획」 밝힘
10. 1	상공부, 장기 전자공업 육성계획에 따라 1980년 전자제품 수출 25억 달러 위해 1980년까지 45종의 신규 전자제품 개발·양산 계획 밝힘
10. 4	– 박대통령, 1974년 국회 예산안 시정연설에서 전자공업은 구미공단 내에 주로 전자부품공장을 건설하여 부품·제품 동시 수출하겠다고 밝힘 – 대통령 1974년 국회 예산안 시정연설에서 선박·기계·석유화학·전자 및 해양의 5대 전략산업 기술연구소 설립 밝힘
10. 10	KIST, 한국전자전람회에 전자식 사설구내교환기(EPABX) 첫선 보임
10. 10~17	제4회 한국전자전람회, 외국 39개 업체를 포함하여 열림
10. 12	경제기획원, 1981년까지 중화학공업 생산을 제조업의 51%로 신장시키기 위해 구미(전자기지) 등 특수 중화학공업단지를 조성한다고 발표
10. 16	국무회의, 재무부가 제출한 중화학공업 기간산업에 대해 일정 기간 법인세·영업세 등 직접세를 감면하는 조세감면규제법 개정안 의결
10. 17	「아남산업」·「松下電器産業」, 50 : 50 지분 「한국나쇼날전기(電器)」 설립
11. 1	「삼성산요파츠」, 창립(설립등기는 8월 8일)
11. 3	상공부, 전자공업을 중점육성 대상으로 한 1974년 중화학개발계획 수립
11. 9	「새한정밀」, 일본 「코파루」사와 51 : 49 합작 「새한코파루」 설립 발표
11. 20	구미공업단지, 1단지 전자단지 3공구 완공으로 1단지 전자단지 완공
12	– 「삼성전자」, 가전공장 준공으로 냉장고·에어컨 동시 생산 가능 – 「대한전선」·「마루콘전자」(일본), 51 : 49 합작으로 「대한마루콘」 설립
12. 1	건설부장관, 건설부공고 제115호 구미수출산업공업단지 예정지 지정
12. 14	정부, 법률 제2635호로 「국민투자기금법」 공포(1974년 1월 1일 시행)
12. 24	정부, 산업기지개발촉진법 공포(법률 2657호)

1973	
월, 일	주요 내용
12. 26	– 정부, 석유파동에도 전자공업은 원자재 확보 사정을 보아 가며 최대한 확장할 계획이라고 밝힘 – 고재일(高在一) 국세청장, 구미공업기지에 세무서 증설 발표

2. 1974

1974	
월, 일	주요 내용
1	「금성사」, 「日立」 기술제휴로 집적회로 채택한 TV 「VS-661C」 개발
1. 9	– 상공부장관, 상공부공고 7607호로 전자공업진흥기본계획 개정 공고 – 상공부장관, 상공부공고 7608호로 전자공업진흥시행계획 공고
1. 14	– 정부, 전자·산업기계·정밀기계 분야에 우선 지원하는 기계공업자금 350억 원 2월부터 방출 발표 – 대통령, TV·냉장고·녹음기 가격인상 포함한 「국민생활 안정을 위한 대통령 긴급조치」 발표
1. 18	대통령, 연두기자회견에서 석유파동에도 조선 · 전자 · 기계공업 등 부분적인 수정이 있을 뿐이라고 밝힘
1. 22	「한국나쇼날전기(電器)」, 컬러TV수상기 시험생산 성공
1. 26	– 「금성통신」(「지멘스」 합작), 합작기업으로 처음 기업공개 결정 – 강기동(姜起東) 박사, *ICII* (*Integrated Circuit International, Inc.*) 이름으로 KEMCO 이훈(李勳)과 50 : 50 합작의 「한국반도체」 설립
2. 4	상공부, 대통령 연두순시에서 중화학공업을 에너지 절약형으로 수정하겠다면서도 전자·조선공업은 확충하겠다고 밝힘
2. 6	일본 「富士通」, 전자계산기와 전기교환기를 생산하여 「富士通」로 재수출하기 위하여 50만 달러 전액 출자한 「화콤코리아」 설립
2. 7	경제기획원, 외국인투자 일반지침 개정하여 외국인투자의 하한선을 5만 달러에서 전자공업은 10만 달러(타 공업은 20만 달러)로 인상
2. 20	텔레비전세트·냉장고 등 공산품 15개 품목 가격, 12~54.4% 오름
3	– 「한국나쇼날전기」, 최초 컬러TV CT-201 본격 생산과 수출 – 「삼성NEC」, 「삼성전관」으로 회사명 변경
3. 2	제6회 한일민간합동경제위원회, 기계·전자 등 6개 부문 민간협력 강화 위해 합동경제위원회 아래 중화학공업전문위원회를 설치하기로 함
3. 21	재무부, 전략수출산업인 전자공업에 대한 관세감면 지원 재개
3. 24	대한상공회의소 주관 제3차 전자기계공업 투자유치조사단, 방일
3. 28	장예준 상공부장관, 조선·전자·기계공업 육성 우선 추진과 구미공업단지에 1976년까지 300개, 1981년까지 600개 전자공업공장 건설 계획 밝힘
4	– 전자공업협동조합, 국내 공급 가능 품목을 마산수출자유지역 단지관리청과 입주 전자업체에 제시 – 미국의 *ITT* 등 6대 전자회사, 전자공업 외국인 100% 단독투자 허용 정부방침에 약 2천만 달러 규모의 구미공단 투자계획안 제출

1974	
월, 일	주요 내용
4. 20	– 정부, 전자공업 수입원자재에 탄력관세 적용 및 관세율 인하 – 공업단지관리청, 「한국전자공업공단」 이은 「구미수출산업공단」 인가
4. 24	제92차 외자도입심의회, 「훼어차일드(홍콩)」 450만 달러 투자 인가
5. 4	정부, 철강·전자 등 업종별 실태조사 실시 결정
5. 25	외자도입심의위원회, 「후지제록스」 복사기 제조사업 75만 달러· 전자부품제조사업 10만 달러 외국인투자 승인
6. 2	일본 「다이에」, 합작회사 「크라운전자공업」 컬러TV 수입한다고 발표
6. 3	– 구미수출산업공단(이사장 박승도), 공식 출범 – 경제장관회의, 구미공업기지에 입주하는 전자공업에 100% 단독투자 특례 허용 등 외국인투자 업무 개선 조치 방안 의결·확정
6. 27	정부, 입주 촉진을 위해 입주 기업체에게 현지관리소장 허가 하에 직접 원자재 수입을 허가하는 등 구미수출공업단지 발전책 발표
7	「삼성전자」, 미국 RCA와 특허사용계약 맺고 컬러TV수상기 개발 착수
7. 12	「대한마루콘」, 전해콘덴서·MP콘덴서 등 각종 콘덴서 생산공장 준공
7. 23~8. 23	한국정밀기기센터, 1974년도 제1차 전자공업기술위원회 개최
8. 3	상공부, 상공부공고 제7735호로 한국전자공업협동조합이 국내 공급 불가 전자부품 수입 확인하는 제도 시행
8. 14	외자심의위원회, 「한국나쇼날전기」의 전자부품 52만 2천 달러와 「한국반도체」의 전자부품 100만 달러 외자도입 승인
8. 30	한국전자공업협동조합 등 6개 전자단체, 물품세 인하 등 세제지원 촉구
9. 16~19	제1차 한미경제협의회합동회의(서울), 전자·기계 등 3개 분과회의 진행
9. 17~25	구미수출산업공단, 일본 지역 투자유치단 파견
9. 25	정부, 흑백TV·녹음기 50~70%까지의 고율과세에서 5%p 물품세 인하
9. 26	외자도입심의위원회, 「금성사」의 IFC 현금차관·외국인투자 사업 인가
9. 31	「금성사」, 창원종합기계공업기지에 입주 선정됨
10. 4	–「한국반도체」, 김포에서 세계 최첨단 3인치 웨이퍼 생산공장 준공식 –「훼어차일드 쎄미코어」, 8월 1천 명 해고에 이어 다시 1,810명 해고
10. 25	재무부, 관세감면대상물품으로 전자공업 소자재 등 40여 품목 신규 지정
11	「삼성산요파츠」, 「삼성전기(電機)파츠」로 회사명 바꿈
11. 1	노동청, 구미지방사무소 개소
11. 26~12. 3	제5회 한국전자전람회, 총 150개 업체 참가로 개최됨
12. 6	삼성, 「한국반도체」의 내국인 지분 50%를 50만 달러에 인수
12. 20	상공부, 1980년 목표수출 기반 확충 등 1975년 전자공업진흥계획 발표
12. 27	재무부, 전자공업 포함 1975년 특별설비금융 방출계획 시달
12. 31	「대우전자」, 구미기지 내 구미공장 대지분양매매 계약

3. 1975

1975	
월, 일	주요 내용
1. 4	상공부장관, 〈합작투자업체가 생산한 전자제품의 국내 판매에 관한 요령 개정〉을 상공부고시 제10579호로 고시
2	– 체신부장관, 대통령연두순시에서 1980년 양산 교환기중장기계획 보고 – 박대통령, 체신부장관에게 전자교환기 독자기술로 개발하라고 지시
2. 14	「금성사」 구미 TV수상기 공장, 가동 시작(6월 21일 공장 준공식)
3	– 「삼성三洋電機」, 「삼성전기」로 상호 변경 – 「한국나쇼날전기」, 오디오 생산 및 수출
3. 3	경제기획원, 건당 5만 달러로 외국인투자 하한선 규제 대폭 완화
3. 13	상공부, 전자공업 수출 7.8억 달러와 부품국산화 등 175년 상공시책 국회 보고
4	「삼성전자」, 순간수상 방식(Quick Start) 「이코노 TV」 발표
4. 4	정부, 한국정밀기기센터육성법 공포
4. 21	구미수출산업공단, 일본전기기계공업회와 상호 협력각서 교환
5. 19~21	한미경제협의회 2차 합동회의(서울), 전자공업 등 4개 분과로 진행됨
6. 11~13	제7회 한일민간합동경제위원회(서울) 한국 측, 전자공업 등의 개발전략부문에 대하여 일본 측의 적극적인 기술협력 요청
6. 24	상공부장관, 전자공업진흥법시행규칙 중 개정령 공포
6. 27	공업단지관리청장, 수출산업공업단지 입주 전자업체의 시제품 및 시제품제작용 원자재와 제품생산용 원료 기재의 수입인정요령 공고
7. 16	가전제품, 방위세로 가격 일제히 상승
7. 21	상공부, 방위세 따른 가격인상을 10개 전기제품 등 일부에 한정 허용
8	– 미국 *GTE*사, 전자교환시스템 EAX No. 1 소개 후 도입 필요성 역설 – 미국 *GTE*사, 「삼성전자」와 합작으로 전자교환시스템 생산의지 밝힘 – 「아남산업」, 전자시계 생산
8. 29	– 상공부장관, 상공부고시 제10633호로 상공부고시 제6445호 폐지 – 경제기획원장관, 경제기획원고시 제75-4호 〈전자제품 생산 외국인투자기업의 국내 판매 승인요령〉 고시
9. 1	– 「한국반도체공업」, 강기동 박사 기술로 LED 전자손목시계용 반도체 KS-5001을 개발하여 한국을 세계 4번째 C-MOS LSI 생산국으로 만듦 – 「금성사」, 9월부터 TV에 자사 구미공장 생산 브라운관 부착 발표
9. 26	「훼어차일드」사, 반도체장비 연구용 전자기기를 KIST에 기증
10	상공부, 대통령 지시에 따라 전자공업 3개 핵심 분야 (1) 반도체 부문 웨이퍼, (2) 페브리케이션, (3) 미니 컴퓨터 개발계획 밝힘
10. 1~7	「금성사」 등 전자 9개 업체, 제14회 일본 전자전에 출품

1975	
월, 일	주요 내용
10. 4	박대통령, 새해예산 시정연설에서 전자공업에 대해 수출전략산업으로 계속 육성하고 선진국 신기술 도입과 국내 기술개발 노력을 병행하여 해외 시장에서 경쟁력을 계속 강화한다는 시책을 밝힘
10. 7	상공부, 「오림포스전자」·「대덕산업」·「한국반도체」 3사에 전자공업 국산화 개발공로상 상공부장관상 수여
10. 8	– 대통령, 한국전자전람회에서 "국산화되지 않은 전자제품의 완전 국산화를 이룩할 수 있도록 정부는 과감한 정책적인 지원을 하라"고 지시 – 대통령, 컬러텔레비전 방영 불가를 공개적으로 명확히 함 – 상공부, 1976~1981년 전자제품 국산화 촉진과 계열공장건설계획 발표
10. 8~15	제6회 「한국전자전람회」, 152개 업체 참가로 열림
11. 1	상공부, 1981년 수출 25억 달러 위한 「전자공업장기육성시책」 수립
11. 5	공업진흥청장, 국립표준시험소에서 행하던 수출검사를 한국정밀기기센터·한국전기기기시험검사소 및 대한화학시험검사소로 이관
11. 14	「해양전자」·「삼성전기파츠」, 창원종합기계공업기지 입주 선정됨
11. 25	정부, 1981년 수출 25억 달러 달성을 위해 특별감가상각 대상을 102개로 확대하는 전자공업 부문 세제지원 강화 결정
12	「금성사」, 중앙연구소 설립
12. 1	상공부, 자기헤드·가공웨이퍼 등 31개 전자부품 생산공장 수요자 공고
12. 9	과학기술처, 제4차 5개년계획 조정위원회 회의에서 기계·조선·전자 등 5개 분야를 전략산업기술의 중점개발 대상으로 선정
12. 31	「금성통신」·「동양정밀」·「삼성전자」·「금성사」·「대한전선」 등 7개사, 상공부 3개 핵심 분야 개발계획의 미니컴 분야에 사업계획서 접수

Ⅲ. 구조변화와 발전비용의 대두, 1976~1978

1. 1976

1976	
월, 일	주요 내용
1. 7	상공부, 부품수입과 전자제품 수출 링크의 중공업제품 수출 촉진 대책 마련
1. 26	「금성사」·「삼성전자」·「대한전선」, 1976년 TV 판매목표 100만 대 설정
1. 28	한국정밀기기센터, 전자공업진흥사업으로 부품국산화 개발 촉진과 투자유치 활동에 주력한다고 발표
2	경제장관간담회, 1975년 '독자기술로 교환기 개발하라'는 박대통령 지시에 따라 시분할방식(TDM) 전자교환기 국내 직접개발 방침 결정

1976	
월, 일	주요 내용
2. 2	재무부, TV·전자계산기·카세트라디오·녹음기·전축·이어폰·트랜지스터 등 21개 전자제품 및 238개 부품을 관세정액환급 추가 대상으로 고시
2. 23	한국전자공업진흥회, 창립총회 개최(4월 20일 인가·정식 출범)
3	KIST, 경제기획원 위임으로 전자교환기 도입을 위한 국제입찰 실시
3. 1~9. 30	정부, 1980년대에 사용할 전전자식통신망 기기의 국내 개발계획을 수립할 통신사업 조사연구사업 실시
3. 2	「삼화」, 전자제품 수출 시작하고 생산수출도 모색하고 있다고 발표
3. 4	경제각의, 「조세감면규제법시행령」 개정안 통과로 기계공업과 전자공업의 조세감면 늘림
3. 10	상공부, 「전자공업진흥기본계획」(「전자공업진흥장기계획」)과 전자공업진흥기본계획에 따른 1976년 전자공업시행계획 발표
3. 22	상공부, 1976년 농어촌 전화보급률 목표를 전년 65%에서 77%로 함
3. 29	남덕우 부총리, 한미경제협의회에서 전자·기계·화학공업 등 노동과 기술집약적인 산업 분야에 외국인투자가 증대되기를 희망한다고 밝힘
4	「삼성전자」, 컬러TV SW-C3795와 SW-C3762 14인치를 자체 개발
4. 16	제44차 중화학공업추진 차관보급실무회의, 31개 전략부품과 대규모 전자제품공장은 원칙적으로 구미단지에만 입주해야 한다는 방침 결정
4. 20	상공부, 주요 정밀전자부품의 국산화를 위하여 31개 전략개발 품목 79개 공장 60개사 실수요자 선정
4. 23	공업진흥청, 기계·전자 등 중화학공업중소기업 기술지도반 편성 밝힘
5. 15	「금성사」, 창원종합기계공업기지 내 공장 가동
5. 17	정부, 제4차 경제개발5개년계획 중 기계·철강·비철금속·조선·전자 5개 부문 연평균 수출신장률을 21.7%로 책정한 장기수출계획 확정 발표
5. 26	첫 국산 기계류전시회, 수출진흥확대회의 부대행사로 열림
6	KIST, 컴퓨터국산화실 설립
6. 3	장예준 상공부장관, 중소기계공장 민관합동 조사반과 실사반을 구성하고 육성방향에 대한 구체적인 계획을 마련· 추진한다고 발표
6. 8~7. 3	전자공업투자유치단, 미국·서독·일본에서 투자유치 활동
6. 16	「동양전산기술」, 국내 첫 중대형 컴퓨터 「오리콤 540」 조립 성공 발표
7	체신부, 1981년 100가구당 전화 6.5대 「제4차 통신사업5개년계획」 발표
7. 2	한국정밀기기센터·日韓經濟協會, 한국전자공업투자설명회(동경) 개최
8	TAN/TCC-7 방송전화단말장비, 국내에서 개발됨
8. 3	정부, 전화부족 해결 위해 1977년부터 전자식 교환방식 보급 결정
8. 13	체신부·상공부·경제기획원 등 참가 「전자교환기추진위원회」, 첫 회의
8. 25	재무부장관, 전자 등 전략산업 감면제 1981년까지 지속 세제안 밝힘
9. 15	삼양(三養)식품, 스피커 등 전자제품 월 232만 대 생산공장 준공 발표
9. 16	상공부장관, 전자업계간담회에서 관세환급제 개선 모색 의사 밝힘
9. 18	한국전자공업진흥회장, 관세환급제 개선과 소요량증명발급 간소화 요청
9. 23	「필립스」사 회장 필립스, 장예준 상공부장관 방문

1976	
월, 일	주요 내용
9. 25	– 경제장관간담회, 전자공업육성계획(반도체 및 컴퓨터 관련 산업) 통과 – 국무회의, 전자·기계·조선 등은 고관세율로 보호한 「관세법」 통과
9. 27	전자업체인 *ITT*(미국) 사장, 장예준 상공부장관 면담
9. 30	상공부, 4차 경제개발5개년계획 기간 전자공업육성계획 발표
10	비디오게임, 국내 첫 선
10. 4	대통령 새해예산안 시정연설, 조립 형태를 탈피하여 소재 및 부품생산으로 전환한다는 등의 전자공업 주요 시책과 전자연구소 설립계획 밝힘
10. 11~22	제3차 한영경제협력위원회 합동회의(서울), 제4차 경제개발5개년계획 기간 영국 기업이 전자·기계·조선 등에 적극 참여한다는 공동성명 발표
10. 12	「삼성전자」, 세금계산 기능 갖춘 전자식 금전등록기 11월 시판 발표
10. 15	쌍용그룹, 전자업계 진출 위해 구미단지 내 11만 평의 부지 매입계약
10. 16	박대통령, 한국전자전람회에서 독창적 전자제품 개발 힘쓰라고 언급
10. 16~23	제7회 한국전자전람회, 총 153개사 출품으로 개최됨
10. 23~30	서독 전자 및 기계공업 사절단, 방한
10. 26	정부, 1981년까지 정부주도 건설의 반도체·컴퓨터 등 9개 품목 생산공장을 외국인과 합작투자로 건설하면 내수시장 완전개방 방침 결정
10. 27	경제기획원장관, 1977년 수출목표 100억 달러 달성 위해 전자·기계공업 등의 수출기반 확대에 역점을 두겠다고 밝힘
11	– 정부, 4차 경제개발5개년계획 전자공업 부문에서 57개 중점육성품목과 구미 인동지역 컴퓨터 관련 단지 입주업체 시설비 30% 지원 등 밝힘 – 「금성사」, 건평 1만 5천 평의 대형 종합전자공장인 창원공장 준공 – 「삼성전자」, 전자사업본부에 컴퓨터시스템사업부 신설
11. 5	상공부, 한국전자공업진흥회를 전자공업진흥기관으로 지정
11. 9	– 정부, 장기전자공업진흥계획에 따른 반도체공단 입지를 기존 구미공단에 인접한 60만 평으로 확정하여 내년 4월에 착공한다고 발표 – 「삼성전자」, 「휴렛팩커드」사와 기술제휴로 미니컴퓨터 개발 착수
11. 29	국회, 냉장고·세탁기 40%·TV수상기·전축 30%의 특별소비세법과 중화학공업 등 중요 전략산업감면 지속의 조세감면규제법 개정안 통과
12	국세청과 상공부, 전자식 금전등록기(ECR) 보급 시작
12. 6	상공부, 한국전자기술연구소·한국기계금속시험연구소·전기기기시험연구소를 상공부 산하로 설치하기로 하고 최종 확정계획을 밝힘
12. 8	공업진흥청장, 체신부 전기통신연구소를 공산품 품질검사기관으로 지정
12. 10	금전등록기 전시회, 10여사의 전자식·기계식 시제품 출품됨
12. 17	대통령, 상공부의 〈구미전자공업단지확장계획〉과 〈한국전자기술연구소 설립계획〉 결재
12. 21	「새한정밀」, 국내 첫 개발한 40채널 CB트랜시버를 미국에 연간 18만 대(900만 달러 상당)씩 3년간 수출계약하고 1만 대 선적한다고 발표
12. 23	경제기획원, 컴퓨터 국산화 방안 등 1977년도 국산화 추진계획 밝힘

1976	
월, 일	주요 내용
12. 28	체신부, 8일 경제장관간담회를 거쳐 전자교환기 방식 확정
12. 30	– 상공부, 한국전자기술연구소(KIET)를 구미공단 내에 설립 등기 – 상공부, 한국전기기기시험연구소(KERTI)를 창원에서 설립
12. 31	한국과학기술연구소, 한국전자통신연구소(KCRI) 설립

2. 1977

1977	
월, 일	주요 내용
1	대기업들, 「국제상사」가 「한진전자」 인수하는 등 전자 호황으로 앞다투어 전자업체를 신설하거나 흡수
1. 10	상공부, 전자식 전화교환기 생산공영화에 따라 국산화 대상 품목 반도체·컴퓨터 등 13개 전자교환기부품 생산업체 선정 및 지원요령 공고
1. 12	박대통령, 연두기자회견에서 전자공업은 이제부터 반도체 개발과 57종이 넘는 전략적 부품을 국산화하겠다고 밝힘
1. 25	– 컴퓨터 국산화 관련 과학기술처·상공부 갈등, 대통령에게 첩보됨 – 체신부장관, 대통령에게 대도시·주변도시 광역통신망 만든다고 보고
1. 27	정부, 전자교환기 기술도입 및 개발과 함께 최종 조립·생산하게 될 「한국전자통신기주식회사(가칭)」를 2월 초에 설립한다고 발표
1. 28	상공부, 영국이 한국산 TV의 자율규제를 요청해 왔다고 밝힘
1. 29	「금성사」, 국내 최초 냉장고형 진공성형기(眞空成型機) 개발 성공
1. 30~2. 3	프랑스 대한전자공업협력사절단, 방한
2. 7	상공부, 제4차 경제개발5개년계획 국산화 중점육성 전자품목 57개 중 49개 분야의 54개 중점육성품목 및 생산업체 선정·지원요령 공고
2. 9	상공부, 수출전략품목의 품질고급화를 위해 기계요소·전자부품 및 금속제품에 대한 중점육성 대상 업체 선정요령 공고
2. 14	상공부, 국민투자기금에서 100억 원 전자공업육성자금 지원 확정
2. 15	「한국전자통신(주)」, 한국산업은행 전액출자로 창립총회
2. 18	과학기술처장관, 〈컴퓨터국산화에 관한 의견〉 대통령비서실장에게 제출
3	「삼성전기」, 「삼성전자」에 합병됨
3. 7	상공부장관, 〈컴퓨터국산화 추진실태〉 대통령비서실장에게 제출
3. 8	– 대통령비서실, 상공부안에 가까운 〈컴퓨터국산화계획〉 대통령 보고 – 구미공업단지, 중학교·여상·전자공고 야간 6학급 합동입학식 거행
3. 16	정부, 한국전자통신연구소를 특정연구기관으로 지정(대통령령 8496호)
3. 29	제21회 국무회의, 구미공업기지를 산업기지개발구역으로 심의 의결

1977	
월, 일	주요 내용
4. 1	한국과학기술연구소(KIST), 전자계산실을 전산개발센터로 확대 개편
4. 4	상공부장관, 한국 대기업구매사절단이 전자부품 등 미국 원자재 구매계약 가조인할 것이라고 밝힘
4. 6	상공부장관, 전자부품사 「동방전기공업(주)」 등 3사를 1977년도 새마을공장 제1차분으로 지정
4. 22	건설부장관, 구미공업기지(2단지)를 산업기지개발구역으로 지정 고시
4. 28	제14차 물가안정위원회, TV 등 157개 독과점품목 결정
5. 1	「삼성전기파츠」, 「삼성전자부품」으로 바뀜
5. 4	「동국종합전자」, 구미공업기지에 입주
5. 6	중화학공업추진 차관보급실무회의 제58차 회의, 구미기지 건의사항 처리
5. 9	기계·전자공업조사단, 차수명 상공부기계공업국장을 단장으로 방일
5. 28	건설부장관, 구미공업기지 공업지역 29만 8,000m^2를 줄이고 37만 3,000m^2를 준공업지역으로 지정 고시
6	「삼성코닝」, 흑백TV브라운관용 유리용해공장 가동
6. 4	한국기계공업진흥회, 〈기계·전자·전기제품의 중동지역 수출확대 방안 및 애로사항 건의〉 제출
6. 11	정부, 7월 부가가치세제로 TV·냉장고 등 가전 3~6.6% 가격인하 광고
6. 24	상공부, 전자공업장기진흥계획에 따라 전자공업 중점육성 대상 49개 품목 중 소형컴퓨터 등 40개 품목 126개 생산업체 지정(25일 발표)
6. 25	〈칼라TV브라운관 생산추진 실태〉, 대통령에게 첩보 보고됨
7	영국, 유럽연합집행위원회 합의하에 한국 흑백TV 수출쿼터량 배정
7. 1	상공부장관, 에어컨·전기밥솥 등의 생산·도매단계와 냉장고·텔레비전 등의 일부 규격제품 소매단계 최고가격 지정 고시
7. 5	체신부장관, 체신부고시 제386호로 전화기 최고가격 고시
7. 6	-「금성전기」, 마이크로컴퓨터·잉크제트프린터 등 국산 컴퓨터 발표회 - 상공부, 구미공업단지관리소 자체위임 전결규정 승인 통보
7. 9	「대한전선」, 미국 *DTS*사와 공동 개발한 전자식 금전등록기 출하
7. 13	한국전자기술연구소 설립을 위한 IBRD 평가조사단, 내한
7. 19	- 상공부, 영국의 수출자율규제 요구에 따라 TV수상기 수출선적 중단 - 건설부장관, 구미공업기지 조성사업 실시계획 승인 고시
7. 25	정부, 수입규제 저지 위해 상공부장관 단장 유럽민관구매사절단 8월 26일부터 유럽 8개국에 파견 결정
7. 28	구미전자공업기지, 제2공업단지 착공
7. 29	61차 중화학공업추진 차관보급실무회의, 구미전자공고 이설계획 보고됨
8. 3	「동양정밀공업」, 창원공업기지 2단지 통신기 제조공장 건설 발표
8. 12	상공부장관, 전기냉장고·전기세탁기 최고가격 지정 삭제 변경 고시
8. 25	「중앙전자공업」, 한국 최초로 인터폰의 미국 UL 승인 획득
9	정부, *ITT/BTM*사 M10CN 기종을 제1기종 교환기로 선정

1977	
월, 일	주요 내용
9. 3	정부, 1978년 대학·대학원·한국과학원의 기계과·전자과 정원 배증 결정
10. 4	대통령, 1978년 예산 시정연설에서 (1) 전자기술연구소·통신기술연구소 본격 추진과 정보산업 육성, (2) 반도체·컴퓨터 등 전략품목 계속 육성, (3) 민간연구 지원 강화와 칠곡 반도체·컴퓨터 공업단지 건설 본격화 밝힘
10. 4~23	제12회 대한민국 산업디자인 전람회, 대통령상 「한국디자인포장센터」 포터블전자미싱 등 선정하고 232종 900점 전시
10. 18~25	제8회 한국 전자전람회
10. 20	건설부장관, 구미기지 2단지 인동 54.5만 평을 수출산업공업단지 지정
10. 31	-「삼성전자」, 거래소에 *GTE*와 합작의 「삼성GTE통신(주)」 설립 통보 - 구미공업기지, 1단지 대지분양 완료
11. 4	상공부장관, 금전등록기·전기밥솥 등 59개 공산품 지정최고가격 해제
11. 5	체신부장관, 제신부령 제617호로 전기통신연구소 사무분장규칙 공포
11. 9	경상북도, 구미 배후도시 신시가지 조성계획 확정 발표
11. 15	정부, 체신부장관 소속 하에 전자통신개발추진위원회 설치
11. 24	체신부, 한국통신기술연구소(KTRI) 설립 허가
11. 30	「대한전선」, 구미기지 구미공장 정밀공장 준공
12. 9	- 제65차 중화학공업추진 차관보급실무회의, 구미공업기지 확장단지 입주 지정 요령과 연구소 및 주거지 개발계획(안) 보고받고 논의 - KIST 부설 한국전자통신연구소, 「한국통신기술연구소」로 통합됨
12. 10	체신부 「한국통신기술연구소(KTRI), 박정희를 설립자로 설립 등기
12. 14	건설부장관, 공업지역 확대 등 구미도시계획용도지역 일부 변경 고시
12. 16	상공부, 정밀공업국을 만들어 전기공업과와 전자공업과를 그 밑으로 이동하되 전자기기과·전자부품과·가전제품과로 세분(1월 1일 발효)
12. 17	건설부장관, 구미·창원지방공업개발장려지구 구역변경 공고
12. 22	상공부장관, 구미공업기지 확장단지 입주 지정 요령 공고
12. 28	건설부장관, 한국전기기기시험연구소 부지조성사업 실시계획 승인 고시
12. 29	경제기획원, 전기기계·기구제조업 실태조사의 지정통계 승인
12. 30	삼성, 「한국반도체」 *ICII* 지분(「켐코」) 완전 인수하여 100% 지배

3. 1978

1978	
월, 일	주요 내용
1	프랑스, 라디오 수출쿼터 조정 요구

1978	
월, 일	주요 내용
1. 1	상공부장관, 최고가격 지정에서 전기밥통·전기믹서·손목시계 등 삭제
1. 4	상공부, 새해 상공시책에서 기계·전자·조선을 수출산업 중점화 밝힘
1. 27	건설부장관, 구미공업기지 조성사업에 대한 실시계획 변경 승인 고시
2. 9	김성진 문화공보부장관, 컬러TV 방송을 허용할 생각이 없다고 밝힘
2. 10	정부, 외국인투자자 수출조건 완화로 기계·전자 등 전략업종 유치 추구
3	–「삼성전자」, 한글 모아쓰기 컴퓨터 브라운관(CRT) 단말기 최초 개발 –「금성전기」, 국내 최초 혼성집적회로 개발
3. 2	「한국반도체」, 「삼성반도체」로 사명 변경
3. 7	문공부, 컬러TV 방영 및 수상기 시판에 거듭 비판적 입장 밝힘
3. 16	최각규 상공부장관, 「금성사」 등에 공고설립정책 협조 당부
3. 17	제69차 중화학공업추진 차관보급실무회의, 구미기지 중심지구 건설계획과 구미기지 제2단지 분양계획 등 보고받고 논의
3. 28	한국전기기기시험연구소, 창원공업기지에서 착공
4	「삼성전자」, *HP*와 분리된 컴퓨터사업 조직인 산업기기사업본부 출범
4. 4	박대통령, 공사 졸업식에서 1980년대 중반까지 고도 전자병기 생산 밝힘
4. 8	한국전자기술연구소, 해외 연락사무소 설치 운영
4. 10	「삼성전자부품」(후에 「삼성전기」), 창원공업기지 공장 가동
4. 12	미국, 한국제 CB송수신기에 대한 관세율 인상으로 수입규제 시작
4. 20	「삼성전자부품」, 컬러TV용 튜너 독자개발 성공
4. 21	「대한전선」, 기술개발 적극화하기 위해 중앙연구소 설립한다고 발표
5. 1	– 구미공업기지, 「공업단지관리법」 적용받는 공단으로 지정됨 – 정부, 흑백TV·전기냉장고·선풍기와 냉장고 부품 등 수입자유화 발표
5. 10	「대한전선」 구미공장, 연간 150만 대 생산능력의 TV세트 공장 준공식
5. 12	제71차 중화학공업추진 차관보급실무회의, 구미확장단지(인동) 부지는 산개공이 일괄 조성하고 산개공은 제3단지 조사사업 수행하기로 결정
6. 1	「반도상사」, 1975년 설립된 「서음(瑞音)전자」 50% 지분 인수
6. 16	「풍산금속」, 전자공업용 특수합금소재 국산화 위해 「日本鑛業」과 합작 「풍산특수금속공업」 설립과 착공
6. 22	「대우전자」 구미공장, 가전제품 생산으로 사업변경
6. 29	쌍용그룹이 투자한 「승리(勝利)전자」, 구미공장 준공
7	「삼성전자」, 전자레인지 개발 성공과 미국 현지법인 SEA 설립
7. 18	경제기획원장관, 전자제품 생산 외국인투자업체 판매승인요령 고시
7. 25	–「르몽드」, 1990년대 철강·조선·자동차·전자 세계 10위 수출국 한국 전망 –「금성사」, *AMI*와 50 : 50 합작 산타클라라 반도체공장 건설 계약

1978	
월, 일	주요 내용
7. 26	상공부, 중공업차관보 밑에 전자전기(電機)공업국·제철금속국·기계공업국을 두어 전자전기공업국을 강화시키는 등 직제개편 공포
7. 27	구미시, 구미공업기지 입주기업의 민원처리를 공단에서 시로 이양
8	「금성사」, 컴퓨터사업부 신설과 미국 판매법인(LGEUS) 설립
8. 4	상공부, 구미공업단지 제2단지 입주 지정 요령 개정 공고하여 신청서·사업계획서·대지소요내역 등 서류를 상공부장관에게 제출하도록 함
8. 22	상공부, 22일부터 한미 양국의 TV 대미수출 자율규제 협상 시작 발표
8. 29	상공부, 컬러TV 설치를 일부 관광호텔에 한하여 허가
8. 30	「대한전선」 구미공장, 캐비닛공장·CTV공장·성형공장 준공
9. 4	건설부장관, 「금강산업」과 「평일전자공업」의 해외 건설업 면허 공고
9. 12	정부, 라디오·건전지·면도기·커피포트 등 9개 품목 수입자유화 조치
10	「금성사」, 최초 자모음 2벌식 한글 브라운관 단말기 GDT9720 개발
10. 4	박대통령, 1979년 예산 시정연설에서 (1) 구미 제2전자단지 건설 촉진, (2) 산업용 전자기기·전자부품 국산화, (3) 반도체·컴퓨터 등 전략품목 계속 육성, (4) 전자기술 국제수준화 추구 등 전자공업 건설 계획 밝힘
10. 10	건설부장관, 이주단지 추가 등 구미공업기지 조성사업(확장단지) 실시계획 변경 및 추가 승인 고시
10. 13	한미 컬러TV 수출교섭, 합의 없이 결렬
10. 15	한국전자기술연구소 설립을 위한 IBRD 최종 평가조사단, 내한
10. 20	상공부, 미국이 1979년부터 컬러TV 수입규제를 통보해 왔다고 밝힘
10. 21	제13차 한중경제각료회의, 기계·전자부문 경제협력 등 합의 발표
10. 25	상공부, 창원·구미 등 공업기지 조성 늦어져 용지난 심화라고 밝힘
11. 18	구미직업훈련원, 준공 및 개원(1977년 7월 1일 착공)
12	「대덕전자」, 인쇄회로기판 제조 위해 벨기에 *ITT/BTM* 기술도입계약
12. 1	미국, 한국산 컬러TV수상기 수입을 연간 약 20만 대로 규제 시작
12. 8	한미 정부, 컬러TV수상기 대미 수출 감축의 「시장질서협정(OMA)」 체결
12. 11	상공부, 전자 등을 전략수출상품으로 한 1979년 수출진흥종합시책 마련
12. 13	「금성사」, 전자업계 단독회사로 전자제품 1억 달러 수출 달성
12. 17	정부, 다이얼식전화기·전력용콘덴서 등 6개 품목 수입자유화
12. 28	정부, 내수견인으로 1978년 가전 생산 급증하였다는 조사 결과 발표

Ⅳ. 한국 전자공업의 재편과 성격, 1979~1985

1. 논쟁, 1979

1979	
월. 일	주요 내용
1	-「한국전자공업협동조합」, 한국전자공업진흥회에서 정식 독립 선언 -「금성사」, 「富士電機」 기술제휴로 음료자판기 생산
1. 8	상공부, 가전제품 생산량이 내수 폭발로 1979년 5배까지 증가 전망
1. 10	「한국전자공업협동조합」, 상공부로부터 단체수의계약품목 지정받음
1. 12	상공부, 전기용품 안전관리 및 사후관리규정 대폭 강화할 방침 밝힘
1. 16	상공부, 200만 평 규모 제3전자공업단지를 1981년까지 조성하기로 함
1. 17	한미, 한국 컬러TV 대미 수출을 1980년 6월까지 28만 9,000대 제한 합의
1. 24	상공부, 무역진흥확대회의에서 철강·비철금속·기계·조선·자동차·전자·석유화학·시멘트·도자기·섬유 등 10대 전략산업 육성계획 보고
2. 17	미국 정부, 한국에 반도체 등 37개 품목의 수입 개방과 관세율 인하를 요구하고 받아들여지지 않으면 한국 상품에 대해 보복하겠다고 통고
3. 1	한국전자공업진흥회, 「한국정밀기기센터」 전자사업부 흡수 통합
3. 5	글라이스틴 주한 미대사, 일부 전자제품 등 한국의 수출자제 요청
3. 12	상공부, 수출업체 우선권 부여 등 구미확장단지 입주선정요령 개정 공고
3. 24	상공부, 계열화 특정업종 및 계열화 지정품목으로 TV부품의 고정저항기·가변저항기·고정축전기·가변축전기·코일·변성기·확성기 지정
3. 29	정부, 한국전자기술연구소 설립을 위한 IBRD 협정 체결
4. 20	「삼성코닝」, 컬러TV브라운관 유리밸브 생산 위한 증자인가 신청
4. 24	정부, 「외자도입법시행령」 재개정(기술도입자유화 조치) 공포
4. 30	상공부, 전자부품 11개사 포함 1979년 중소기업형 전문기계공장 선정
5. 21	건설부장관, 120만 평에서 430만 평으로 확대 지정하는 구미공업기지 산업기지개발구역 변경 지정 고시
6. 27	한국전자공업진흥회, 수출단가 인상과 시장다변화로 연간 수출목표 18억 달러 달성 무난할 것이라고 발표
6. 30	한·미경제각료회담, 전자교환기시설 미국 수주 등 현안 문제 논의
7. 6	건설부장관, 총면적 확대 등 구미공업기지 조성사업(확장단지) 실시계획 변경 승인 고시
7. 10	국내스피커업체, 외제부품 의존율 50% 넘고 규격표준화 미진 밝힘
7. 12	상공부장관, 무역진흥확대회의에서 섬유·전자·기계·철강·자동차 5개 품목을 수출 주종품으로 선정했다고 보고
7. 13	정부, 에너지절약 이유로 컬러TV 방송계획 전면 백지화

1979	
월. 일	주요 내용
8. 4	「삼성전관」, 수원 컬러TV브라운관 공장의 시제품 생산 착수 발표
8. 25	KIST전산개발센터, 일본 「패콤」에 한글편집 소프트웨어 첫 수출계약
9. 12	「소니」, 합작 「화신소니」에서 1981년 7월까지 완전 철수한다고 발표
9. 15	건설부장관, 조성면적을 324,161평에서 325,661평으로 변경하는 등 구미공업기지 확장단지 조성사업 조성면적 및 보존면적 변경 승인 고시
9. 24	「아남산업」, 전자부품업계 최초로 수출 1억 달러 돌파
9. 25	-「금성사」, 세계 최초 자동컬러TV 개발과 한국 전자전 대통령상 수상 -「삼성전자」, 세계 4번째 VCR 개발 성공
9. 27	구미공업기지 15개과 250석의 구미순천향종합병원, 개원
9. 28	한국전자공업진흥회, 서울에서 제10차 아시아전자회의(AEC)와 제6차 아시아전자연맹(AEU) 총회 주최
10. 17	건설부, 구미공업기지 제3전자단지 기본계획 고시
11. 1	건설부장관, 구미공업기지 제3단지 조성 실시계획 승인 고시
11. 15	최규하 대통령대행, 1980년 예산 시정연설에서 구미제2전자단지 건설 본격화하고 반도체 기반 조성하며 전자기술 국제 수준화 하겠다고 밝힘
12. 15	체신부, 전자교환기 2기종으로 미 WEI No. 1A 기종 선정 공식 발표
12. 27	한국전자기술연구소, 구미공업기지로 일부 이전

2. 중화학공업화 비판, 축소와 중단, 1980~1982

1980	
월. 일	주요 내용
1	「삼성반도체」, 「삼성전자」에 흡수됨
1. 1	「한국나쇼날전기」, 「松下電器産業」 지분인수로 독자 TV·오디오 생산
1. 31	건설부장관, 확장단지를 704,273평으로 확대하는 등 구미공업기지 확장단지(2단지) 부지조성을 위한 산업기지개발사업 실시계획 변경 고시
2. 15	경제기획원장관, 전자교환시설(제1기종) 확장 위한 벨기에 *BBL* 1차 차관 협정 공고
2. 26	구미공업기지 「한국전기초자」, 준공
3	삼성, 국영기업 「한국전자통신」 인수
5. 8	상공부, 빈도체·컴퓨터산업 수출화에 국민투자기금 100억 원 지원 결정
5. 9	건설부장관, 공사비 확대 등 구미공업기지 제3단지 부지조성을 위한 산업기지개발사업 실시계획 변경 승인 고시
6	-공업진흥청, 7종의 컴퓨터 주변기기에 대한 표준설계 기준 마련 -한국전자공업인 방중단, 대만 방문

1980	
월, 일	주요 내용
7	「금성사」, 「日立」 기술제휴로 연산 66만 본 컬러브라운관 공장 완공
7. 15	상공부장관, 입주업종 확대 등의 내용을 담은 구미공업기지 제2단지 입주 선정요령 개정 승인 고시
7. 28	과학기술처장관, 전자계산조직 수입추천요령 공고
8. 2	가전업체, 컬러TV 시판 개시
8. 19	「국가보위비상대책위원회」, 중화학공업 투자조정(1차)에서 전자교환시스템은 업계의 자발적인 노력을 기대한다며 필요시 정부개입 경고
9	「금성사」, 태국에 국내 처음으로 흑백TV 생산기술 수출
9. 6	상공부, 연말까지 전자교환기시스템 분야 투자조정 완결 방침 밝힘
9. 9	건설부장관, 구미공업기지 확장단지(2단지) 부지조성사업기간 연장 고시
9. 13	국보위, 전자교환기 9월까지 자율조정 요구 제2차 중화학공업 투자조정
10. 6	전자업계, 유럽의 수입처 전환으로 대유럽 음향부품 수출증가 밝힘
10. 7	상공부장관, 전자교환기산업 직권조정
10. 20	상공부, 전자교환기 지정업체 기계식구내교환기 생산중단 방침 밝힘
10. 24	– 상공부장관, 전기·전자 23개 업종 대상 중소기업 근대화 계획 고시 – 공업진흥청, 700개 전기용품 제조공장 등급제 실시계획 마련
11. 6	한국전자공업진흥회, 「한국전기용품제조협회」 흡수 통합
11. 11	건설부장관, 구미공업기지 확장단지(이주단지) 조성사업 완공 공고
11. 13	정부, 냉장고·TV·소형승용차·전열기구 특별소비세 6개월 30% 인하
12	체신부, 「데이터통신사업육성정책」 대통령 재가 받음
12. 1	컬러TV, 방영 시작
12. 8	제40차 경제장관협의회, 공단 미분양 토지 분양을 촉진하기 위해 관련 중소기업 및 타 업종도 입주할 수 있도록 입주자격 완화
12. 10	– 1973년 합작회사로 설립된 「화신소니주식회사」, 폐업 – 대우그룹·쌍용그룹·현대그룹 3사, 철수 「소니」와 합작 모색
12. 27	한국전자기술연구소, 주무부 장관을 과학기술처장관으로 정관 개정

1981	
월, 일	주요 내용
1. 5	상공부, 전화기·냉장고·세탁기 추가한 1981년 중소기업 계열화 시책 발표
1. 12	– 상공부장관, 전자공업진흥법 제3조에 의한 24개 전자기기 지정 공고 – 상공부장관, 1981~1985년 전자공업진흥을 위한 기본계획 공고
1. 20	한국통신기술연구소·한국전기기기시험연구소, 한국전기통신연구소로 됨
1. 31	공업진흥청장, 수입전기용품에 대한 형식 승인요령 고시
2. 9	구미공단, 공업단지 입주업체 선정요령 공고
2. 10	상공부, 구미 등 4개 공업기지 입주 대상 확대와 입주절차 간소화

1981	
월, 일	주요 내용
2. 16	「삼보전자」, 국내 첫 퍼스널컴퓨터 SE8001 PC 개발 성공 발표
3. 7	정부, 「한국전기통신공사법」 제정 공포(법률 제3385호)
3. 14	과학기술처, 5차 경제사회발전5개년계획 미니컴퓨터 국산화 방안 마련
3. 23	체신부, 3개 전화국에 「한국전자통신」 개발 첫 국산 전자교환기 설치
4	「한국나쇼날전기(주)」, 「아남전기(電器)산업(주)」으로 사명 변경
4. 7	– 정부, 법률 제3421호로 「전기통신법」 개정 공포 – 「금성사」, 국내 최초 미국 1호 미국 *GSA* 설립하고 앨라배마 주정부와 컬러TV 공장건설 계약 체결
4. 13	정부, 법률 제3436호로 「전자공업진흥법」 개정 공포
4. 27~30	한국전자공업진흥회, 「국제전자기자재전시회 및 전기용품전시회」 개최
5	– 「삼성전자」, 흑백TV수상기 1,000만 대 생산 돌파로 세계 최고 기록 – 상공부 전자공업육성계획작업반, 〈전자공업육성계획〉 작성
7. 2	– 과학기술처장관, 전자계산조직 수입추천요령 공고 – 건설부장관, 공장부지 확장 구미공업기지확장단지조성사업 변경 승인
7. 7	상공부, 1986년까지 철강·조선·전자 등 19개 대규모 공장건설 계획
7. 15	전경련, 반도체 중심 전자공업 부문 등에 5개년 집중투자 계획
9. 4	상공부장관, 부품공업 획기적 육성과 전자·기계공업을 전략 육성하는 내용을 담은 5차 경제사회발전5개년계획 기간 전략육성사업 발표
9. 5	상공부, 9월 무역진흥월례회의 보고에서 전자공업을 1980년대 핵심전략산업으로 하는 전자공업 추진시책과 육성방안 보고
10. 14~20	제12회 한국전자전람회, 12개국 229개 업체 참가로 개최됨
10. 17	상공부, 전자공업에 51억 8천만 원 등 1982년 진흥기금 규모 확정
10. 22	상공부, 국산 컴퓨터 사용 요청
10. 24	한국전자기술연구소(KIET), 반도체 연구시설 완공
11. 16	한국전자기업들, 홍콩 제1회 국제산업박람회에 대거 출품
12. 21	정부, 「전자공업진흥법시행령」 개정령(대통령령 제10651호) 공포
12. 26	상공부, 전자·자동차 등 5개 부품산업을 수출전략산업으로 육성 밝힘
12. 30	정부, 자동차·전자 등 5개 중공업 중심 산업구조 전면개편 추진 밝힘

1982	
월, 일	주요 내용
1	상공부, 전자·기계·통신기기 등 6개 업종 중소기업 계열화공동사업계획 승인업체만 사용 가능한 200억 원 중소기업 지원 회전기금 설치
1. 1	– 「한국전기통신공사」(KTA), 자산을 체신부로부터 인수하여 출범 – 통계청, 한국전자공업진흥회를 정부통계기관으로 지정
1. 6	상공부, 공공기관의 전자기기·부품 도입시 국산화 관련 사전승인을 받도록 하는 내용을 담은 「전자공업진흥법시행령」 개정안 마련

1982	
월. 일	주요 내용
1. 11	한국산업경제기술연구원(후에 한국산업연구원), 창립됨
2. 3	상공부, 기계·전자 등 경쟁력 보유 산업 중점육성 등 대통령 업무 보고
3. 11	건설부장관, 구미공업지역 하수처리사업 실시계획 승인 고시
3. 23	상공부, 기계·전자 등 전략산업의 소재 중장기개발계획 수립하기로 함
3. 30	과학기술처, 반도체 및 컴퓨터 기술개발 11(민간 5)과제· 시스템산업기술개발 3(민간 2)과제 등 정부출연연구소와 기업체 신청과제 선정 발표
4. 1	정부, 전자부품 수출전략으로 장기베이스 국제계열화 체제 유도 방침
4. 13	과학기술처장관, 자청한 「금성반도체」 기술용역업 등록취소 공고
4. 15	한국전자기술연구소, Han-8 기술을 기업체에 전수
4. 28	「데이콤」, 민영 「한국데이터통신주식회사」로 출범
5. 31	상공부, 9인치 이하 흑백TV수상기 수입자유화 등 수출입 기별공고
6. 17	상공부, 재봉기·전자·농기계 부속품 분야 등 계열화 대상 추가 고시
7. 9	상공부, 컴퓨터산업을 전략산업으로 육성하기로 함
7. 19	상공부, 전자제품 수출 상향 등 수출산업 고도화 방침 작성
7. 30	상공부, 1982년도 전자진흥기금 운영요령 확정
8. 10	정부, 수출부진을 타개하기 위해 철강·기계·전자 등 전략산업을 중심으로 장기육성계획 수립과 세제·금융상의 지원제도 개선 추진
9	「삼성전자」, 반도체사업에 초점을 맞춘 동경정보센터 출범
9. 1	구미공업기지 전자부품 생산 협업단지, 가동에 들어감
9. 13	「삼성전자」, 포르투갈 현지 생산법인(SEP) 준공과 컬러TV 생산 시작
9. 18	과학기술처, 1983년 반도체 등 5대 핵심산업 기술개발 지원 계획
10. 8	「금성사」, 미국 앨라배마주 헌츠빌(Huntsville)에 컬러TV공장 준공
10. 16	상공부, 1991년 수출 130억 달러의 1980년대 전자공업장기육성방안 마련
11~12월	가전업체들, 가격인하 경쟁
11. 4	「한국전자기술연구소」, 반도체공장 준공·가동식과 32K기억소자 생산
11. 13	상공부, 1986년까지 공작기계·광학기계·반도체·컴퓨터 등 고부가가치산업 중점육성을 위한 중장기발전계획 수립하여 추진한다고 밝힘
12. 7	상공부, 판매가 인하경쟁에 컬러TV수상기 원가조사 실시한다고 밝힘
12. 15	무선호출 삐삐 서비스, 시작됨
12. 22	한국전자공업협동조합, 전자제품 공동전시판매장 개설
12. 23	「한국전자기술연구소」 15회 정기이사회, 32K ROM 생산기술개발사업 승인하고 가칭 「한국전자기술진흥주식회사」 법인 설립 계획 승인
12. 27	- 80년대 산업정책을 위한 관계부처협의회, 공업별 장기육성 대책 협의 - 「한국전자통신」, 「삼성반도체통신」으로 개명하고 반도체 집중 밝힘

3. 중화학공업조정 이후 전자공업의 전개, 1983~1985

1983	
월. 일	주요 내용
1. 1	럭키그룹, 「럭키금성」 그룹으로 명칭 변경
1. 4	상공부, 국제 경쟁력 위한 전자제품 원가절감 방안 추구하겠다고 밝힘
1. 5	상공부, 컴퓨터공업을 1980년대 수출주도산업으로 육성하기 위해 컴퓨터 연구개발을 국책연구과제로 선정하고 컴퓨터공업 육성방안 확정
1. 8	상공부, 음향기기산업 육성방안 마련
1. 25	상공부, 흑백TV수상기 등 18개 품목 수출자율규제 연장 실시
1. 27	대우그룹, 「대한전선」 전자·전기사업 인수계약으로 가전부문 진입
1. 28	과기처장관, 제1차 기술진흥확대회의에서 1983년을 「정보산업의 해」로 하고 5년간 2,000억 원 재정자금 투입하여 정보산업 집중육성 밝힘
2	「현대전자산업(주)」, 설립됨(약칭 「현대전자」 사용)
2. 2	정부, 전자교환기·타자기·복사기 등의 정부구매계획 예시제 3월 시행
2. 18	정부, 전자공업육성장기계획 확정
2. 19	건설부장관, 구미공업기지 확장단지 조성사업 준공인가 공고
2. 22	총무처장관, 제2차(1983~1986) 행정전산화 기본계획 시행 공문 발송
3	「삼성전자」, 퍼스널컴퓨터(SPC-1000) 생산 개시
3. 8	발명특허협회, 1982년 기계·전기통신 특허·실용신안 출원 급증 밝힘
3. 14	과기처·상공부·체신부·문교부·총무처, 대통령에게 최초 정보통신산업 종합육성대책인 「정보산업육성방안」 보고
3. 15	「삼성전자」, 초대규모집적회로(VLSI) 투자 선언하고 반도체산업 진출
4. 9	상공부, 취약 가전제품의 중소기업 생산 대기업 판로 방식 유도 방침
4. 17	상공부, 기술·특허 도입국이 일본 중심에서 다변화되고 있다고 밝힘
4. 29	국내 최초 계열연립형 공장인 구미전자공업지원협업단지, 준공식
5. 2	미국, 한국산 컬러TV 반덤핑 제소
5. 4	무역진흥월례회의 상공부장관, 전자 등 부품공업수출산업화 방안 보고
5. 9	「금성반도체」, 연구소 설립
5. 24	대덕연구단지 한국전기통신연구소, 준공식
5. 31	상공부장관, 2년간 국내 판매 허용 등 내수판매 제한 대폭 완화한 전자제품 생산 외국인투자업체의 판매승인요령 개정 고시
6. 23	- 공업진흥청, 냉장고·전기다리미의 국내 첫 업체별 품질비교 공개 - 수출 무선전화기, 국내 업체 간 경쟁으로 수출가격 계속 하락
7	「삼성반도체통신」, 실리콘밸리 *Tristar*를 *Samsung Semiconductor Inc.*로 개칭하여 현지법인 설립

1983	
월, 일	주요 내용
7. 21	「금성사」, 한국 첫 컴팩트디스크(CD) 플레이어 GCD-600 생산
8	「삼성전자부품」 무정비(MF) 콘덴서, 미국 UL 인증마크 획득
8. 3	한국산업은행, 1986년경 전자·통신기기 등을 최유망 산업으로 전망
8. 4	日本經濟新聞, 한국 정부가 일본에 전자 등 기술연수생 수용요청 보도
8. 8	상공부, 기계·전자·자동차·조선·철강 5대 전략산업을 국제 수준화 하는 공업구조 고도화에 역점을 둘 방침 밝힘
8. 19	한국전자기술연구소, 실업계 고교 등에 교육용컴퓨터 5,000대 보급
8. 23	상공부장관, 전자계산기·주변기기 및 동 부품 수입계획 확인요령 개정
8. 26	재무부, 가전제품 관세를 1988년에는 30%로 하는 등 1984년부터 5년간 관세를 단계화하는 예시제를 도입한「관세법」 개정안 확정
8. 27	KAIST와「고려시스템」, 컴퓨터 종합생산 부평공장 준공 생산 개시
9	「대우통신」, 설립됨
10	-「주식회사엘렉스」, 개인용컴퓨터「트라이젬」을 미국·캐나다에 수출 -「금성사」, 국산 1호 대형 컴퓨터 GS DPS-8/52 생산 - 미국상무성,「삼성전자」 3.05% 등 한국 컬러TV 예비덤핑 판정 - 미국, PC·소형 스피커·16mm 카메라·냉동고 등 수입자유화 요구
10. 10	상공부, 수출산업화 위해 1986년까지 음향기기산업 8개 업체 선정 지원
10. 12~17	한국전자공업진흥회, 12개국 참가 제14회 한국전자전람회 개최
11	- 정부, 컴퓨터용 대규모 IC 설계 등 1984~1986년 공업부분 주요 시책 밝힘 -「삼성전자」, VCR 자동화공장 준공
11. 10	「삼성반도체통신」, 미국·일본 이어 세계 3번째 64K D램 반도체 시생산
11. 30	「삼성전자」·「아남산업」, 수출의 날 5억 달러 탑과 2억 달러 탑 수상
12	-「대덕산업(주)」, 연성인쇄회로기판(flexible PCB) 개발·양산 -「삼성정밀」,「애플컴퓨터」 사용 가능 디스크드라이브 생산 시판 - 대통령 직속의 정보산업육성위원회,「국가기간전산망계획(안)」 보고

1984	
월, 일	주요 내용
1. 4	- 상공부장관, 기계·전자 등 고부가가치·기술집약품 수출 늘린다고 밝힘 - 상공부, 1986년까지 세계 제2 전자부품공급 기지화 위한 전자부품공업 확충 및 수출산업화 방안 마련
1. 13	「금성사」·「대우전자」·「삼성전자」, 컬러TV 출고가격 최고 5% 인하
1. 27	상공부장관, 무역진흥월례회의에서 전자·기계부품공업 수출산업화 위해 중소기업연구조합 장려와 부품공장 자금지원 등 수출입중점시책 보고
1. 30	- 금진호 상공부장관, 대통령에게 1984년 전자공업 업무 등 보고 - 공업진흥청장, 컬러TV 품질비교평가 등 1984년 주요 업무 대통령 보고 - 중소기업진흥공단이사장, 전자협동화사업지원 등 대통령에게 보고 - 특허청장, 컴퓨터프로그램 특허제도 마련하겠다고 대통령에게 보고

1984	
월, 일	주요 내용
2	– 공업진흥청, 전자 주요 품목규격을 국제수준에 맞추도록 할 방침 – 「삼성전자공업주식회사」, 「삼성전자주식회사」로 상호 공식 변경
2. 1	대우·대한전선·럭키금성·삼성, 1987년까지 광통신사업에 1천억 원 투자
2. 9	문교부, 101개 공고에 컴퓨터 배정 등 1984년 업무계획 대통령 보고
2. 18	한국전자기술연구소, 「대우통신」과 반도체 생산시설 이양계약 체결
2. 20	한국전자공업진흥회, 전자공업진흥기금 민간부담 720억 원 출연 독려
2. 29	미국, 한국산 컬러TV 최고 16.57% 덤핑 판정
3. 3	ADB(Asian Development Bank) 조사단, 한국전자기술연구소 내방
3. 5	– 진의종 국무총리, 국회에서 반도체·컴퓨터 등 첨단기술산업 분야의 자체 기술개발 방침 아래 세액공제 등 종합대책 세워나가겠다고 밝힘 – 과학기술처장관, 국회에서 소프트웨어 개발 주력 등 정책을 밝힘
3. 6	과학기술처, 반도체 및 컴퓨터 분야 등 1984년도 과학기술 특정연구개발사업 국책연구개발사업 부문 1차 확정
3. 20	「삼성전자」·「금성사」·「대우전자」, 컬러TV 미국 수출 자율규제에 합의
4	– 「금성사」, 국내 최초 16비트 비즈니스컴퓨터 개발 – 「현대전자산업」, 정보기기공장 준공
4. 1	「금성통신」, 본격적인 의료기사업을 의해 「금성의료기주식회사」 설립
4. 2	체신부, 차량전화서비스 접수 시작
4. 6	산업정책심의회, 방송용통신기기 관세경감 등 개정 관세법시행규칙 통과
4. 13	상공부, 국산 수요확대를 위한 컴퓨터 수요자금융 실시 방침
4. 18	경제기획원, 전자·통신기기 등 불공정거래 대기업 명단 공개 방침 밝힘
4. 21	경제기획원·건설부·과학기술처, 1991년까지 구미·창원·울산·포항·이리·여천 6개 공업단지에 지역산업 관련 기술도시(테크노폴리스) 건설 방침
4. 24	한국표준연구소, 라디오·TV정밀도 중진국 수준 등 정밀계측표준실태 발표
4. 25	한국전기통신연구소, 전전자교환기(TDX–1) 시범인증 개통
5. 1	– 재무부, 전축·녹음기·카세트 등 전기음향기기 특별소비세 인하 – 「삼성전자부품」, 「삼성전자」의 AC 모터 및 사출사업 인수 – 재무부, 전자공업 등 기술개발주도산업 관세감면 대상 품목을 늘림
5. 10	대우전자 구미공장, 연수원 개원
5. 17	「삼성전자」, 월 600만 개를 생산할 수 있는 VLSI공장 준공식
5. 25	삼성·현대·럭키금성·대우 4대그룹, 전자·반도체 집중투자 계획 밝힘
5. 29	구미공단, 공공시설 구미시로 이관
6	「삼성전자」, 뉴욕발명품 전시회에서 컬러TV수상기 대상 수상
6. 1	재무부, 1984년 외국인투자 전자·전기 분야에 집중되고 있다고 발표
6. 2	공조기업계, 대기업의 항온항습기 생산과 덤핑으로 도산위기 밝힘

1984	
월. 일	주요 내용
6. 4	한국과학기술원(KAIST), 전자·기계 등 산학협동 공개강좌 강화 밝힘
6. 7~8	공업진흥청, 전기·기계 분야 외국 규격 획득을 위한 관계자 교육 실시
6. 8	상공부장관, 유럽 기계·전자·조선에서 원천·첨단기술 도입할 것 밝힘
6. 22	한국전기통신연구소, 장파장 광통신시스템 개통 성공
6. 26	84서울국제방송·통신기기전시회, 6개국 23개 회사 출품으로 열림
7	「현대전자산업」, 이천 반도체 제1공장 준공
7. 25	공중데이터통신망(패킷교환망), 개통됨
8. 4	상공부, 전자·정밀기계 등 첨단산업 분야 기술개발 체계화 방침
9	「금성사」, 한국 첫 디지털 컬러TV수상기 생산
9. 11	정부·가전업계, 각각 한국산 컬러TV수상기 재심예비판정 대책 착수
9. 13	과학기술처, 국책연구개발사업 반도체 및 컴퓨터 개발 38억 원 등 413억 원 규모의 1985년도 특정 연구개발사업계획 확정
9. 25	전경련, 1998년까지 10대 성장산업으로 산업용 전자통신·가정용 전기전자·통신 등을 들음
9. 27	「삼성반도체통신」, 20만 개 64K D램 한국 최초 미국 1차 선적 완료
10. 1	– 국무회의, 내년 30억 원 전자공업진흥기금 조성으로 중소부품업체 시제품개발과 7개 전자취약부품 중소업체 지원하는 상공부계획안 의결 – 「캐논(일본)」·「롯데산업」, 합작 복사기생산회사 설립인가 신청
10. 10	「금성통신」, 핵자기 공명 컴퓨터단층 진단장치 16K EEPROM· CMOS 개발로 84 한국전자전에서 대통령 표창 수상
10. 15	일본대한수입촉진단, 한국 PC·전화기·반도체 수입 적극 검토 발표
10. 22	「현대전자산업」, 미국 현지법인 *HEA* 반도체공장 준공
10. 23	미국 *GE*, 「삼성전자」를 최우수 거래업체로 선정
10. 29	흑백TV생산업계, 동남아 특수로 공급 부족 밝힘
11	한국과학기술연구원 전산개발센터, 시스템공학센터로 체제 개편
11. 21	– 과기처장관, 기술진흥확대회의에서 1985~1991년 중장기 기술개발계획 보고 – 기술진흥확대회의, 전자 분야 6건 등 84년도 우수기술개발 선정 사례 보고
11. 22	노동부, 26개 국공립직업훈련원을 내년부터 컴퓨터·반도체 등 첨단기술 중심 직업훈련원으로 전환
11. 24	산업정책심의회, 「전자산업발전민간협의회」 설치를 위한 규정 만듦
11. 28	상공부, 중소기업 (1) 고유 업종에 헤드폰·카세트덱 등과 (2) 우선육성업종에 전기전자용도기·컴퓨터프로그램매체·자동자료처리장치 등 추가
12	– 「삼성전자」, 미국 법인 *SII* 컬러TV·전자레인지공장 준공 – 미국상무성, 한국 컬러TV 「삼성전자」 12.23% 등 평균 10.65% 최종덤핑 판정 – *IBM*, 한국 진출로 한국 컴퓨터업계 긴장
12. 21	공정거래위원회, 가전3사 불공정거래행위 즉각 중지 시정권고 조치

1985	
월, 일	주요 내용
1	「삼성반도체통신」, 256K D램 개발에 성공하여 판매용 샘플 출하 시작
1. 7	건설부장관, 구미산업기지개발 기간을 1986년까지로 6번째 연기 고시
1. 8	건설부장관, 구미공업기지 제3단지 조성사업 1985년 말까지 연장 고시
1. 9	「금성사」, 하드·소프트웨어·정보서비스 결합 복합정보시스템사업 진출
1. 11	정부, 팩시밀리 관납국산화 기준 50%로 강화해 「신도리코」 등 2사 선정
1. 15	한국은행, 전자공업에 국민투자기금 100억 원 지원 결정
1. 16	「럭키금성」 그룹, 안양 제1연구단지 준공식
1. 17	상공부, (1) 반도체·컴퓨터 등 기술집약산업 수출증가, (2) 산업용 전자기기 비중 1985년 20%로 상향, (3) 전자레인지·VCR·소형컴퓨터 등 기술집약적 전자제품 공급능력 확대 설비투자, (4) 컬러TV·전자레인지 등 수입월별 감시와 한국전자공업진흥회 수출추천제 실시 등 새해 업무 보고
2	「대덕전자」, 8층 다층 인쇄회로기판(PCB) 개발
2. 4	한국기계연구소, 인쇄회로기판용 동박막제조기술 개발 성공 발표
2. 14	「금성마이크로닉스」, 구미공업기지공장 준공식
2. 16	과학기술처, 1984년 전기·전자 기업부설연구소가 41개 1위라고 발표
2. 18	정부, 기계·전자 등 40업종의 중소기업 계열화 지정품목 고시
2. 28	VCR 생산 3사, 대미 수출 개시
3	「삼성전자」, 본체·프린터·보조기억장치 일체형 워드프로세서 시판
3. 5	정부, 전자부품의 국내 판매 관련 조항을 수출자유지역 입주업체 외에는 완전 철폐한다는 등의 내용을 담은 외국인투자 환경 개선방안 마련
3. 26	과학기술처 한국전자통신연구소(ETRI), 한국전자기술연구소(KIET)와 한국전기통신연구소(KETRI) 통합으로 출범
3. 30	한국산업기술진흥협회, 전기전자업종 1984년 기술개발 투자가 67.3% 늘어났고 매출액 대비 기술개발 투자율도 3.05%로 월등히 높다고 밝힘
4	-「금성사」, 국내 첫 레이저프린터 생산 -「삼성전자」, 생산기술연구소 준공
4. 8	상공부, 국산 컴퓨터 리스자금 증액과 중소기업 우선육성업종 지정내용을 담은 컴퓨터산업 육성계획 발표
5. 7	상공부, 2000년대 핵심역할을 할 품목으로 CNC공작기계·전자동시험계측기·퍼스컴·레이저프린터·홈팩시밀리·텔리텍스트·비디오텍스 등을 지정
5. 28	상공부, 7월부터 1년간 적용 수출입기별 공고에서 전자계산기·믹서·전기로·전기다리미·전기밥솥밥 통·컬러TV(19인치 이상)·카세트녹음기·카세트테이프·면도기·마이크로폰·고정식축전기 등을 수입자동승인품목으로 함
5. 29	한국전자통신연구소, 구미에서 대덕으로 이전 시작
6	「금성사」, 국내 첫 액정TV 생산
6. 27~29	서울국제방송·통신기기전, 「소니」·*JVC* 등 59개 유명사 참여로 열림

1985	
월, 일	주요 내용
7. 9	구미공업기지, 전자부품 전시회
8. 6	한국컴퓨터연구조합, 국내 컴퓨터 20개 업체 참가로 창립총회
8. 8	「신도리코」, 확대와 축소 줌 기능을 갖춘 복사기 개발·시판
8. 15	경제기획원, 전자공업진흥기금을 재정출연에서 재정융자로 전환 검토
9. 15	「동양정밀」, HDD 첫 미국 수출선적
10. 16	산업연구원(KIET), 한국경제를 2000년대까지 끌고 나갈 중심업종은 전자·자동차·기계 등이 될 전망이라고 발표
10. 18	– 16회 한국전자전람회, 14개국 참가하여 6일간 일정으로 시작 – 「금성사」, 세계 4번째 3.5인치 HDD 개발로 한국 전자전 대통령상 수상 – 「삼성반도체통신」, 사무용 워크스테이션 국산화로 국무총리상 수상
11. 25	「금성반도체」, 미국과 일본에 이어 3번째로 1메가비트 롬(ROM) 개발
11. 26	정부, 공업별 특별법 폐지에 따라 기계·조선·전자 등 7개 업종 합리화계획을 1986년 상반기에 수립하기로 결정
11. 30	「삼성전자부품」, 전자부품업체 최초로 수출의 날 1억 달러 탑 수상
12	일본통산성, 2000년 한국 반도체·VCR 선진국 수준에 도달 예측
12. 7	「삼성전자」, 런던에서 한국 기업 최초의 전환사채 발행
12. 10	과학기술처장관, 정부 차원에서 반도체·컴퓨터·정보통신군 추진체 만들어 추진 등 「2000년대를 향한 과학기술 발전 장기계획」 발표
12. 26	– 상공부장관, 상공부장관 확인을 한국전자공업진흥회장 확인으로 변경하는 등의 내용을 담은 전자계산기 수입계획 확인요령 개정 고시 – 전자업계, 엔화강세로 일본이 한국 전자부품을 수입하고 있다고 밝힘
12. 28	상공부, 「삼성전자부품」을 정밀기술등급 1급 공장으로 지정

V. 위기와 기회, 1986~2000

1. 3저 호황과 또 하나의 시작, 1986~1990

1986	
월, 일	주요 내용
1. 6	상공부, 외국인투자업체의 산업용 전자제품과 부품 국내 판매 완전 허용
1. 7	상공부, 1986~1988년간 1조 원 추가 투자 반도체수출산업화 육성책 발표
1. 8	정부, 기계·전자 등 7개 육성법·진흥법을 통폐합한 「공업발전법」 공포

1986	
월. 일.	주요 내용
1. 24	정인용 재무부장관, 기술개발지원은 반도체 등 첨단 분야에 집중하고 첨단산업·신소재 개발에 조세지원 확충하는 등 새해 업무 대통령 보고
1. 27	건설부장관, 구미공업기지 제3단지 조성 1986년까지로 1년 연장 고시
1. 28	상공부장관, 업계·정부 연구조합으로 메가비트급 램과 중형 컴퓨터 개발 추진과 가전제품 특별소비세 인하 등 전자공업정책 새해 업무 대통령 보고
1. 31	과학기술처장관, 전자·정보·통신 90억 원 지원 등 새해 업무 대통령 보고
2	구미공업기지, 대미 수출 의존도가 낮아지고 중남미와 동남아 지역에 대한 신시장 개척 등으로 1986년에 컬러TV수상기 273만여 대 수출 전망
2. 5	「현대전자산업」·「탠던(미국)」 50 : 50 합작 디스크 드라이브 전문생산업체 「현대매그네틱스」, 창립총회
2. 19	「중외기계」, 엑스레이투시 화물검색기 개발로 신기술보호 신청
2. 28	상공부, 전자공업 52개 품목 포함한 산업기술 수요조사 3월에 실시
3	전자부품업계, 엔화 강세로 대일 의존도 높은 부품의 국산화 추진
3. 4	노신영 총리, 전자·조선·기계 기술을 조속히 인도에 이전하겠다고 밝힘
3. 13	제1회 기술진흥심의회, 전자·정보통신·기계자동화 등을 투자 최우선 순위군에 포함시킨 「2000년을 향한 과학기술 발전 장기계획」 추진 결정
3. 14	– 상공부, 중소기업의 수입대체 위해 기계류·전자중소업체 자금지원 – 한국전기통신연구소, 전전자교환기 TDX-1을 세계 10번째로 개발·개통
3. 15	경제기획원, 중복투자 억제 위해 반도체 등에서의 신규 참여 억제 발표
3. 26	상공부장관, 152개 전자부품 등 86기계류·부품·소재개발 대상 품목 고시
3. 27~30	한국전자공업협동조합, 제1회 국제전자부품 및 생산장비전 개최
4	– 「삼성반도체통신」, 256K D램 양산 시작 – 「현대전자산업」, 반도체연구소 설립
4. 4	「금성사」, 수치제어자동프로그래밍시스템 개발·시판
4. 10	정부, 대일 의존도 높은 150개 품목 등 650개 전자부품 국산화 추진
4. 14	상공부, 향후 3년간 모기업의 전자부품업체 자본참여 25% 내 허용
4. 16	과학기술처, 제6차 계획조정위에 슈퍼미니컴퓨터 국산화와 4M D램 반도체 개발 등 제6차 경제사회발전5개년계획 과학기술 부문 계획안 제출
5. 5	상공부, 구미 등 4개 정부직할공단 최근 1년 신규 입주 활발하다고 밝힘
5. 26	한국전자통신연구소, 「삼성반도체통신」과 32비트 UNIX 컴퓨터 개발
6	「현대전자산업」, 미국 법인 HEA 반도체 생산시설을 「지멘스」사에 매각
6. 5	건설부장관, 구미기지 1,342.3만m^2로 축소 등 산업기지개발구역 변경 고시
6. 11	「금성사」, 단독투자 서독 *Worms* 유럽 법인 설립 기본합의서 서명
6. 12	상공부, 전자부품 29개 등 올해 국산화 세부 개발계획 확정
6. 16	상공부, 가전제품 생산 모든 외국인투자가에게 국내 판매 전면 허용
6. 19	대일 의존도 높은 전기전자업체, 엔화 강세로 채산성 악화

1986	
월, 일	주요 내용
6. 20	상공부, 가전제품 수출 급증과 부품 부족으로 전자부품 직수출 억제
6. 28	– 정부, 공업발전법시행령 공포하고 전자공업진흥법시행령 폐지 – 상공부, 전자부품 부족 해소책으로 13개 부품업체 선정지원 방침
7	「삼성반도체통신」, 1M D램 개발 성공
7. 1	– 정부, 「전자공업진흥법」 폐지하고 「공업발전법」 시행 – 정부, 컬러TV·전자레인지·버스·화물자동차 등 301개 품목 수입자유화
7. 2	진념경제기획원차관보, 6차 경제사회발전5개년계획 정책토론회에서 전자·기계 등 유망제조업 중심으로 성장을 이끈다는 정부전략을 밝힘
7. 9	정부, 4M D램 개발공동프로젝트 마련
7. 11	제6차 기계류 및 부품산업육성 실무위원회, 본격 개발할 품목으로 전자부품 116개· 조선용기자재 55개 품목, 합계 171개 품목 정함
7. 12	상공부, 하반기 전자부품 부족 예상에 따라 가전업계가 부품생산업체 시설투자를 지원하도록 유도하는 등 부품공급 확대방안 실시 결정
7. 14	한국전자공업진흥회, 올해 전자수출품이 고급화·고가화되어 VCR·컴퓨터·반도체 등 10대 주종품목이 수출의 74.9%라고 발표
7. 15	상공부, 전자·기계 등 주요 부문 중소기업 기능인력 병역면제 혜택 방침
7. 22	「금성반도체」, 32비트 중형 컴퓨터 개발 성공
7. 23	미국, 한국산 컬러TV에 1.5%에서 8.94%까지 덤핑마진율 판정
7. 29	건설부장관, 구미산업기지 산업기지개발 기본계획 일부 변경 고시
7. 30	한국산업기술진흥협회, 1980년대 전기·전자 기술도입 급증 밝힘
8	「삼성전자」, 컬러TV수상기 생산 1,000만 대 돌파
8. 4	과학기술처, 2000년까지 반도체·컴퓨터 등 정보산업의 비중을 GNP의 13.4%· 총수출의 28.4%로 하는 「정보산업 육성책 및 장기계획」 마련
8. 5	상공부, 전자·전기 45개 품목을 포함한 대일수입처 전환 실천대책 마련
8. 22	공업진흥청, 9월부터 전기밥솥검사 제외 등 수출검사 간소화 조치
8. 28	기계류 및 부품산업 육성실무위원회, 고출력스피커 등 국산 개발 대상품목을 추가 지정하고 장기저리 시작품 개발비 등 지원내용 확정
9. 5	과학기술처장관, 금년 제1회 기술진흥확대회의에서 2001년 세계정보산업시장 10% 점유 등 「2000년을 향한 과학기술발전 세부 실천계획」 보고
9. 8	「삼성반도체」, 세계 3번째로 256K SD램 개발
9. 25	상공부, 전자부문 시제품 개발에 70억 원· 소프트웨어 개발에 10억 원 지원하는 내용 등을 담은 1987년도 공업발전기금 운용계획 마련
9. 25~29	86 국제첨단기술 자동화기기전, 개최됨
10. 6	「삼성전자」, 세계 최초 초소형 일체형 4mm VTR로 대통령상 수상
10. 10	– 기계류 및 부품산업 육성실무위원회, 86 국산 개발 대상 추가 고시 품목 중 전자부품 6개 품목 등 개발업체 선정과 국산화 계획 확정 – 「현대전자산업」, 경기도 이천 종합전자공장 1단계 준공식 거행

1986	
월, 일	주요 내용
10. 21	「삼성전자」, 영국 빌링햄시 종합전자공장 설립계약 체결
11. 7	미국상무성, 한국 컬러TV 가중평균 1.91% 제2차 최종 덤핑마진율 확정
11. 10	상공부, 1991년까지의 대일 무역역조 개선 5개년계획 마련
11. 12	구미공업기지 코실 실리콘 공장, 준공
11. 13	상공부, 1990년까지 반도체 6,700억 원 민간투자계획 조사 결과 발표
11. 28	「한국전자」·「풍영」·「오리온일렉트릭코리아」, 1억 달러 수출탑 수상
11. 29	대한무역진흥공사, 프랑스의 한국산 전자레인지 통관 유보조치 확인
12. 17	이태섭 과학기술처장관, 1986년도 제4회 기술진흥심의회에서 내년부터 국가전산망용 컴퓨터 개발 등 9대 중점과제 추진한다고 대통령에게 보고
12. 18	건설부장관, 구미산업기지 개발기간을 1979~1986년에서 1979~1991년으로 변경하는 등 구미산업기지개발 기본계획 변경 고시
12. 31	– 정부, 「컴퓨터프로그램보호법」 제정 공포 – 국회, 전산망 보급 확장과 이용 촉진에 관한 법률시행령 통과

1987	
월, 일	주요 내용
1	「삼성전자」, 사내기술대학원 설립
1. 5	상공부, 1987년 전기전자기기 150개 품목 국산화 등 기계류·부품 및 소재 국산화 5개년계획 마련
1. 27	나웅배 상공부장관, 대통령에게 컴퓨터 등 대미 수출품 부품의 미국 내 구입과 업계·연구기관 공동 4M D램 개발 등의 신년 업무 보고
2. 5	상공부, 전자공업 꾸준히 투자증가 등 1987년 설비투자조사 결과 발표
2. 6	대한상공회의소, 원화절상 추세 가속화로 전자수출 악영향 우려
2. 26	– 「삼성전자부품주식회사」, 「삼성전기주식회사」로 개명 – 과학기술처, 「2000년대를 향한 과학기술발전장기계획」의 일환으로 1987년에 반도체·컴퓨터 등 670개 과제 연구개발 추진
2. 27	상공부, 한국이 국산화하자 일본 전자부품업체 덤핑 공세한다고 지적
3. 2	「쌍용컴퓨터」, 근거리정보통신망(LAN) 한글파일전송시스템 개발
3. 2~6. 30	2차 국산 개발 기계류·부품·소재전, 기계류 상설전시관에서 개최됨
3. 3	미국·캐나다 구매사절단, 일본 전자부품 전환구매 등 구매계획 밝힘
3. 13	기계류·부품·소재산업육성실무위원회, 올해 국산화 품목으로 반도체(4메가D램 이상)·위성지구용안테나·다관절로봇·슈퍼마이크로컴퓨터(32비트)·초대형컬러TV브라운관(20인치 이상) 등 확정
3. 14	상공부, 기계·전자·소재 등 한일산업협력 촉진방안 수립
4. 1	– 정부, 7월부터 반도체 수입개방 발표 – 구미공업기지, 제3단지 조성협약 체결
4. 9	– 「금성통신」, 100% 국산화 FDD 개발과 수출 준비 밝힘

1987	
월, 일	주요 내용
4. 9	– 공정거래위원회, 가전 3사 가격담합 등 불공정거래행위 시정명령
4. 10	「럭키소재(주)」, 실리콘웨이퍼 공장 준공식
4. 20	12차 한미통상장관회담 미국 측, 한국에 컴퓨터 등 시장개방 앞당김과 국산화 비율 요구 철폐 그리고 반도체 업계의 미국 대량 진출 억제 등 요구
4. 22~28	국제컴퓨터·사무자동화기기·통신기기 및 로봇전시회, 4국 참가로 열림
4. 27	체신부, 통신부품 국산화 전담 체제 확립과 유망 부품 및 중소기업 발굴 지원 그리고 구매예시제 시행 등 통신부품산업 전략육성방안 마련
5	「삼성전자」, 미국 산타클라라와 일본 동경에 해외 연구분소 설립
5. 4	기계류·부품 등의 국산화종합대책회의, 기술개발자금 등 자금지원 결정
5. 19	「금성사」, 기초·가전·OA·반도체 4개 연구소의 「금성중앙연구소」 준공식
5. 28	「대우전자」, 3.5인치 플로피디스크드라이브(FDD) 개발
5. 30	상공부, 미국 요구품 중심으로 7월부터 중형 컴퓨터 등 수입개방
6	「삼성전자」, 미국 반도체공장 준공
6. 5	국무회의, 냉장고·소형TV 15~30% 인하 등 가전제품 특별소비세 인하
6. 12~18	한국전기공사협회, 제3회 국제전기기자재전 개최
6. 19	상공부·무역협회, 전자공업기업의 66.6%가 설비 부족이라고 발표
6. 25	이태섭 과학기술처장관, 기술진흥확대회의에서 인공지능·초전도기술산업 등 중점 육성과 「과학산업연구개발촉진법」 제정 추진 보고
7. 1	체신부·한국전기통신공사, 전국 전화 완전자동화 기념식
7. 10	– 정부, 「텍사스인스트루먼트」의 100% 한국 단독투자 인가신청 밝힘 – 「금성사」, 인도 「칸델왈」사와 20만 달러 TV부품기술 제공계약 체결 – 「삼성전자」, 진공청소기 3만 대 영국 수출 선적으로 유럽 시장 진출
8. 5	공정거래위원회, 허위·과장광고 등 가전업계 불공정거래 시정명령
8. 13	구미공업기지, 제3단지 착공
9. 1	정수직업훈련원, 1년 전액 국비의 전자부문 야간 1급 과정 개강
9. 12	과학기술처, 초전도체개발연구협의회 구성
9. 21	미국 국제무역위원회(ITC), 「삼성반도체」 64K D램과 256K D램이 특허 침해하였다고 인정하고 미관세법 337조 불공정거래행위 위반 판정
9. 25	– 「동양정밀」, 내외부 방송기능의 간이교환기 키폰시스템 개발 발표 – 「금성반도체」, 국산 전자교환기 TDX용 경보터미널 개발 성공 발표
9. 30	전화회선, 1천만 회선 돌파
10	「삼성전자」, 영국 현지 생산법인 SEMUK 준공하고 생산 개시
10. 14	상공부, 5개 공장 자동화 분야 182개 기술개발 과제 선정
11	「삼성반도체통신」, 1M D램 양산 시작

1987	
월, 일	주요 내용
11. 7	정부, 1988년부터 반도체 신규·개체 설비투자 차관 부분적으로 허용
11. 16	상공부, 수입에 의존하던 수치제어장치의 국산화를 위해 연내 자본금 30억 원 규모의 「한국산업전자(주)」 설립 준비 중이라고 밝힘
11. 18	한국 전자산업, 100억 달러 수출 달성
11. 25	「금성사」, 서독 보름스(Worms) 현지공장 *GSE* 준공식 및 본격 가동
11. 26	창원기능대학, 전자 20명(야간) 입학정원 늘림
12. 9	기계류·부품·소재산업육성 업무보고회의, 매년 800개 품목 국산화 결정
12. 23	정부, 아산만에 460만 평 규모 전자·자동차부품·기계공장 중심의 대단위 임해공단 건설 발표
12. 29	공정거래위원회, TV수상기 부문에서 「금성사」·「대우전자」·「삼성전자」를 1988년도 시장지배적 사업자로 신규 지정 고시

1988	
월, 일	주요 내용
1. 20	과학기술처, 컴퓨터사진현상시스템·전자식클러치브레이크·고효율송풍기 등 핵심기술 43종을 신규 개발대상으로 고시
2. 9	「삼성반도체통신」·「금성반도체」·「현대전자산업」, 한국전자통신연구소와 공동으로 최첨단반도체 제품인 4메가 D램 개발 성공 밝힘
2. 24	전경련, 4월 15일부터 5월 5일까지 중국 「광주교역회」에 전자·전기·기계·화학 분야 투자조사단을 보내 합작투자 환경 조사한다고 발표
3. 14	한신경제연·중앙일보, 「신방전자」 매출액 증가 2년 연속 상장사 1위 발표
4	과학기술처, 반도체·산업로봇·의약·농약의 서남권 첨단산업 기술연구단지 개발계획 밝힘
4. 1	정부, VCR·전축 등 수입제한 해제로 공산품 사실상 전체 개방 완료
4. 8~14	국제컴퓨터·사무자동화기기·통신기기·로봇전시회, 10국 참가로 열림
4. 12	조달청, 전자제품 등 정부·정부투자기관 1988~1990년 구매 품목 예시
4. 15	– 동남아 순방 최광수 외무부장관, 말레이시아와 경제협력 활성화하기 위해 주로 지원할 분야는 전자·통신·기계·자동차산업 분야라고 밝힘 – 구미공단, 제2단지 미조성지 조성공사 착수
4. 20	관세율개편협의회, 전자제품 등 전반적인 관세율을 1993년까지 선진국과 같이 맞추는 관세율 인하책 확정
4. 25	「한국애치슨」, 전자부품용 특수화학 윤활유 생산 구미공장 준공식
5	「삼성전자」, 최첨단 메모리용 반도체 4메가 D램 국내 첫 개발
5. 17	재무부, 1993년 8%까지 낮추는 가전제품 단계적 관세율 개편안 마련
5. 25	「한국산업전자(주)」, 「대우중공업」 등 국내 5개 공작기계 전문업체와 미국 「알렌 브래들리」(*Allen Bradley*)사 합작으로 설립·창립총회
6. 7	「금성통신」, 미국 연구개발전문회사인 「폰텍」사 인수 발표

1988	
월, 일	주요 내용
6. 13	「대우전자」, 중국 복건성 정부와 48 : 52 합작으로 냉장고공장 기공식
6. 15~16	한미통신협의회, 수입통신단말기 수입절차 단순화와 1993년까지 관세율 OECD 수준으로의 대폭 인하 합의
6. 21	재무부, 전자악기류·카메라·전자손목시계 등의 관세율을 30%에서 내년에는 20%· 1993년까지는 8%로 인하하는 관세율 개편안 마련
6. 24	「금성사」, 터키 「베스텔」사와 25 : 75 합작 터키 전자레인지공장 준공식
6. 29	정부, 전자 관련 시설재 관세감면 폐지하는 「관세법」 개정안 예고
7. 6	– 안병화 상공부장관, 국회에서 반도체·전자 등 기술집약공업에는 감가상각 내용연수를 줄여 수익이 향상되도록 하겠다고 답변 – 「삼성전관」, 미국 현지법인 「삼성전관미국」(SEDAI) 설립
7. 19	「오리온전기」, 컬러CPT(브라운관) 생산 천만대 돌파
8	전자업체들, 28~33인치 대형 TV수상기 판매경쟁 확대
8. 8	「쌍용컴퓨터」, 32비트 PC 드래곤 386시리즈 2개 모델 발표
8. 19	상공부, 전자 등 43업종 1,177개 부품을 중소기업 계열화 품목으로 지정
8. 20	산업조정심의회, 반도체·컴퓨터·통신기기 등 기술집약적 미래첨단산업 관세감면을 주장하는 상공부와 반대의 재무부 의견대립으로 연기
8. 27	나웅배 부총리 주재 관계장관회의, 반도체·컴퓨터 등 첨단산업 시설재 도입에 관세감면을 지속해 주는 방안을 강구하고 반도체 16메가 D램 개발에 대해 정부합동위원회를 만들어 지원대책 세우기로 결정
9	「삼성전자」, 아날로그 휴대폰 SH-100 최초 출시
9. 9	산업정책심의회, 첨단산업 관세감면을 1991년까지 연장하되 8%인 관세율(반도체 6%)을 1989~1991년 6.75%·7.15%·7.7% 적용 합의
9. 20	상공부, 공업기반 기술 개발과제로 반도체장비·고속퍼스컴 등 129개 선정
9. 22	상공부장관, 1988기계류·부품 및 소재 개발 대상 품목 고시
9. 24	상공부, 1991년 자동차·컴퓨터·반도체·VCR·전자레인지 5대 성장상품의 수출이 수출목표 800억 달러의 22.6%를 차지할 것이라고 전망
10	「삼성전자」, 태국 현지 생산법인 *TSE* 설립하고 멕시코 현지 생산법인 *SAMEX* 공장 준공 및 생산 개시
10. 14~18	88 국제계량계측 및 시험분석기기전(KINST 88), 개최됨
10. 25	방한 유고통상사절단장, 한국 기업들과 카세트·컬러TV 합작공장 건립을 추진 중이며 「금성사」 가전제품 수입대리점 협의하였다고 밝힘
10. 25~29	88국제자동화·정밀기기전(KOPAS88), 6개국 23개 업체 참가로 개최됨
10. 26~31	「금성반도체」, 중국 북경 제4회 통신기기국제박람회에 국설전전자교환기와 사설교환기·팩시밀리 등을 출품하고 통신기기 수출에 나섬
11	「삼성전자」, 일본 이어 2번째로 1M S램 개발하고 「삼성반도체통신」을 흡수하여 가전·정보통신·반도체의 사업부문제 통합경영 체제 출범
11. 17	「한국전기초자」, 구미 컬러브라운관용 벌브유리공장 준공

1988	
월, 일	주요 내용
11. 18	상공부, 반도체 등 21업종 69개 설비 내용연수 3~5년으로 단축
12. 20	정부, EC 통상마찰로 일본 전자·자동차 부품을 EC 부품으로 수입전환
12. 23	기계류·부품·소재산업육성실무위원회, NC기기 등 메카트로닉스 분야 50개 품목과 반도체장비 분야 20개 품목 등의 국산화에 역점 두기로 함
12. 31	산업기술연구조합, 전기·전자 23개 조합 등 1988년 말 현황 발표

1989	
월, 일	주요 내용
1	EC집행위원회, 한국 VCR 「대우전자」 24.7%·「금성사」 18.9%·「삼성전자」 17.2%의 덤핑마진율 확정
1. 9	상공부, 전기전자기기 제조업종 77개 등 창업유망업종 품목 선정 발표
1. 10	– 과학기술처장관, 기계류·부품 및 소재개발기술 고시 – 상공부, 첨단기술산업 관세감면대상 업종으로 전자기계부품제조업 11개·전자기기원재료제조업 12개·산업용 전자기기제조업 8개 등 확정
1. 26	「삼성전자」, 가벼운 물건을 옮기는 운반용 무인차 국산화 성공
1. 30	한승수 상공부장관, 대미통상마찰 완화 위해 전자기기 및 부품 21억 달러 등 40억 달러 대미구매 추진과 대미사절단 파견 밝힘
2. 1	「삼성전자」, 수출채산성 위주전환으로 미국 가전 수출가 4~12% 인상
2. 17	산업정책심의회, 기술개발사업으로 (1) 기계·전자업종 국산화 시제품 개발 485억 원, (2) 자동화·정보화사업 소프트웨어 개발 50억 원, (3) 차세대 기억소자 개발 80억 원 등 올해 공업발전기금 운용계획 의결
2. 27	「삼성전자」, 중국 〈인민일보〉 해외판에 첫 광고 게재
3	– 「삼성전자」, *IBM*과 반도체 특허교환사용계약 체결 합의 – 미국 「컨슈머리포트」, 전자레인지에서 「삼성전자」·「마쓰시타」 제품을 최고 품질과 신뢰도 제품으로 선정 – 「아남산업」, 획득 AMD 반도체 공장 「Amkor 필리핀」 설립 – 중국, 「금성사」의 컬러TV 20만 대를 수입해 소련에 재수출
4	– 「코실」, 「동부전자통신」으로 상호 변경(1990년 LG그룹 「실트론」) – 「현대전자산업」, PLC 자체개발 상품화
4. 4	과학기술처, 주요 국가 주도 연구과제 16·64MD램반도체·인공지능형 컴퓨터·기계번역시스템 등 올해 특정 연구개발사업 추진계획 확정·발표
4. 12~18	국제컴퓨터·사무자동화기기·통신기기 및 로봇전시회, 7국 참가로 열림
4. 20	EC(유럽공동체) 집행위원회, 한국 컬러TV에 잠정덤핑관세 부과 결정
5	「삼성전자」·「금성전선」·「대한전선」 등 4대 광통신업체, 25% 가동률에 종합정보통신망 추진계획 조기실시와 통신사업 참여경쟁 허용 주장
5. 3	– 상공부, 1989년도 기계류·부품·소재 개발 대상으로 반도체세이퍼도장장치·TV용영상자동탐지기 포함 전자전기류 84개 품목 등 선정 – 「삼성전자」, 불휘발성 메모리반도체 4M 마스크롬 개발과 시제품 생산

1989	
월. 일	주요 내용
5. 10	상공부, 삼성그룹 전자계열사의 242개 중소기업 업종 이양 사례 밝힘
5. 13	「공산품 수급대책반」, 가전제품 증산 추진과 수출물량 내수전환 결정
6	「금성통신」 태국 법인 「스리타이골드스타」, 10만 달러 전화기 미국 수출
6. 5	재무부, 전기·전자부문 212건 1위 등 「88년 기술도입 연차보고」 발표
6. 5~15	한국전자통신연구소 TDX개발단, TDX-10 전자교환기 1·2·3호 시험 성공
6. 13	상공부장관, 간담회에서 자동차·조선·전자 등 13개 업종 집중지원 밝힘
6. 20	과기처, 한국전자통신연구소와 삼성·금성·현대 3개 반도체업체가 4메가 D램 수율 20%의 회로선폭 0.8미크론 공동개발목표 달성 발표
6. 21	상공부, 자동차·가전제품·산업용전자·전자부품 등 수출 비중 큰 13개 업종 「업종별 장단기 수출대책」 마련
7	가전 3사, 해외 생산기지 14개 올해 생산규모 11억 달러 전망
7. 1	「금성자판기」, 「금성산전」에 합병됨
7. 6	상공부, 2000년 세계 3위 전자산업국 위한 전자산업의 중장기 발전 전망 마련하고 우선 5개 주요 기술개발프로젝트 선정 중점개발 계획
7. 8	한국과학기술원팀·임피리얼대(영국) 공동연구팀, 미·일에 이어 초당 25억 회로 초고속화가 가능한 슈퍼컴퓨터 세계 3번째로 개발
7. 14	정부, 가전제품 하자 교환의무 등 소비자피해보상개정안 8월부터 시행
7. 14~23	삼성·대우·럭키금성 등, 1회 북경국제박람회에 가전제품·컴퓨터 등 전시
7. 17	「삼성전관」, 월 12만 대 모니터 생산 가천공장 준공·양산 체제 돌입
7. 18	행정개혁위원회, 과학기술처 전기연구소는 산업통상부에 이관하고 전자통신연구소는 체신부에 이관하는 「과학기술 행정체제 조정안」 확정
7. 21	상공부, 첨단산업에 기존 6개 외 레이저(광)산업 추가 지정
7. 25	상공부, 고품위 TV용 컬러브라운관 등 전자전기 40건을 1989년도 핵심공업기반기술 개발과제로 신규 확정하고 민간과 공동개발 추진
7. 27	〈日本經濟新聞〉, 「日立製作所」가 반도체 1메가비트 다이나믹램 기술을 「금성사」에 제공하여 OEM 방식 제품 구입 방침이라고 보도
8. 2	「금성사」, 20인치 멀티시스팀 컬러TV 개발하고 중동지역 수출 예정
8. 4	「삼성전자」, 삼성 : 사하그룹(태국) 49 : 51 출자의 태국 현지 공장 준공
8. 21	상공부, 1996년까지 HDTV 등 20품목 육성 뉴미디어산업육성계획 수립
8. 29	상공부, 1994년 국산화율 50%선의 반도체장비 국산화 5개년계획 수립
9	「삼성전자」, 자체 기술로 슈퍼마이크로 컴퓨터 개발
9. 1	〈차이나데일리〉, 중국 산업보호 위해 TV수상기 수입금지 실시 보도
9. 16	금성사 제품시험연구소, 캐나다 CSA로부터 컬러TV·VCR 등 5개 가전제품 안전규격시험 대행 적용업체 승인받음

1989	
월, 일	주요 내용
9. 21	KIST·「금성알프스전자」, VCR 핵심부품 자기헤드칩 코어용 망간과 아연 페라이트 단결정의 양산기술 국내 첫 개발
9. 25	「금성사」, 영국 전자레인지(마이크로웨이브)공장 가동
10	「현대전자산업」, 국내 최초 일본 PC시장 진출
10. 7~12	한국전자전람회, 15개국 참가로 열림
10. 12	상공부, 정밀전자산업 등 7개 업종 첨단산업발전 5개년계획 확정
10. 23	「원광(元光)」 등 중소전자부품업체 10사, 북경 국제전자박람회에 참가
10. 25	「삼성코닝」, 구미공장 준공식
11	「삼성전자」, 최첨단 메모리용 반도체 4M D램 양산
11. 2	정부, 1992년까지 반도체 공장용지 수요를 송탄·천안공단에 분산 계획
11. 3	「금성반도체」, 사설교환기 2종에 대해 네덜란드 국영전기통신검사소(KEMA) 형식 승인을 얻어내 EC권에 본격 진출 시작
11. 15	「럭키금성」그룹 미국 본사 건물, 뉴저지 잉글우드 클리프시에서 준공식
11. 17	미상무부, 한국 컬러TV 0.25~6.87% 덤핑마진율 4차 예비판정
12	–「삼성전자」, 32비트 퍼스널컴퓨터(PC) 시판 –「현대전자산업」, 「신흥전자」 인수하여 「현대데크시스템」 설립
12. 5	상공부, EC집행위원회 한국CD플레이어 평균 18% 덤핑마진율 판정 밝힘
12. 7	상공부, 내년부터 첨단기술 전기전자기기 대공산권 수출입 통제
12. 18	– 럭키금성그룹, 산업용전기·전자 종합기술연구소 산전기술센터 설립 –「삼성물산」, 중국 심천의 컬러TV공장 합작투자계약 체결
12. 19	미상무부, 한국 사설전화교환시스템 15.85~13.40% 최종 덤핑마진율 판정
12. 28	증권관리위원회, 「삼성전자」 해외 신주인수권부사채(BW) 발행 승인

1990	
월, 일	주요 내용
1. 3	공정거래위원회, TV·냉장고 사업자를 시장지배적 사업자로 지정 고시
1. 5	상공부, 3년 내 중형 컴퓨터 수출 가능토록 컴퓨터산업 육성하기로 함
1. 13	정부, 「공업배치 및 공장설립에 관한 법률」 제정 공포
1. 18	한승수 상공부장관, 대통령에게 산업용 전자기기 비중 26%까지 상향과 반도체·컴퓨터를 수출 주력 상품으로 육성 등의 1990년 상공부 업무 보고
1. 23	미국 국제무역위원회(ITC), 한국산 사설전화교환시스템의 덤핑이 미국 산업에 피해를 입히고 있다는 최종 판결 내림
2. 1	「삼성전자」, 최첨단 반도체인 4M 마스크롬 2월부터 양산 발표
2. 5	공업진흥청, 전자레인지·진공청소기 품질이 외제 동일 수준이라고 밝힘
2. 7	상공부, 1994년까지 3조 6,296억 원 투입 전자산업기술혁신지원대책 밝힘

1990	
월, 일	주요 내용
2. 20	「삼성물산」·「삼성전자」, 소련과 1억 달러 전자제품공장설비와 부품기술 수출 계약하고 1차분 선적 완료했다고 발표
3	미국 「톰슨 마이크로 일렉트릭」사, 「현대전자산업」이 D램 및 S램 반도체칩 8개 특허를 침해했다고 미국 국제무역위원회(ITC)에 제소
3. 2	상공부, 컴퓨터기술 낮고 전자설계기술 선진국 50% 수준이라고 밝힘
3. 6	헝가리 체신교통건설장관, 헝가리 전자교환시설 현대화 협의 방한
3. 12	「삼성전기」, 튜너 생산 1억 개 돌파
3. 14	상공부, 가전 3사가 미국 대형 냉장고 OEM 수입·판매했다고 밝힘
3. 20	공업진흥청, 전기·전자 부품류 신뢰성이 외산에 못 미친다고 지적
3. 23	– 제2차 한국·소련경제협력위원회합동회의 소련 측, 한소합작사업단 구성과 소련 경제특구에 전자 등 소비재 한국 기업 진출 적극 요망 – 럭키금성 그룹, 레닌그라드의 전자공장건설 공동사업계약 체결
4	한국전기통신공사, 서울–대전 간 1만 회선 광전송시스템 2대 입찰
4. 11	공업진흥청, 대형 컬러TV 국산 4개사 제품 「소니」와 차이 없다 발표
4. 11~17	제9회 국제컴퓨터·사무자동화기기·통신기기 및 로봇전시회, 개최됨
4. 25	EC각료이사회, 한국 소형 컬러TV에 10.2~19.6% 반덤핑관세 부과 발표
4. 26	삼성그룹, 반도체·메카트로닉스 연구 등 기흥 첨단기술연구센터 준공식
5	「삼성전자」, 소련 통신성과 1991~1995 소련 통신현대화사업 참여 합의
5. 8	EC집행위원회, 한국 자동차용 라디오 덤핑혐의 조사 시작 발표
5. 16	– 상공부, 작년부터 정부 차원에서 일본에 요구한 25인치 컬러브라운관 유리제조 등 첨단기술 이전에 대해 일본 정부 답변 없다고 밝힘 – 한국능률협회, 「삼보컴퓨터」를 최고우량기업으로 선정 발표
5. 19	상공부, 전자부품 등 1990년 기계류·부품 및 소재 개발 대상 품목 고시
6	「금성반도체」, 「금성정보통신(주)」으로 상호 변경
6. 14	「삼성전자」, 포르투갈·영국에 이어 스페인 VCR공장 준공
6. 15	「삼성전자」, 첫 동구 진출 헝가리 합작 컬러텔레비전 공장 준공
7	정부, 자동차전자시스템을 첨단산업으로 지정
7. 6	– 「삼성전자」, 논리소자 첨단 반도체 32비트 명령어 단축형 MPU 발표 – 첨단기술산업발전위원회, 자동화·정보화기기 수요자금융 확대 등 「과학 및 산업기술 발전 기본계획」 확정
8. 10	「삼성전자」, 일본·미국 이어 최첨단 16M D램 시제품 개발' 성공 발표
8. 22	상공부, 일본이 기술이전 거부한 대형 컬러브라운관 국산 개발 적극 추진
9	「금성사」, 32비트 퍼스널컴퓨터 마이티 386T 개발·시판
9. 8	「삼성전자」, 충남 아산군에서 조립전문공장용 반도체 제3공장 기공식

1990	
월, 일	주요 내용
9. 14	「삼성전자」·소련 전자부장관, 가전제품 플랜트 수출계약과 합의각서 교환
9. 18	상공부, 전자·신소재 등 7개 첨단산업기술개발과 기계·전자 등 시제품 개발사업지원 등 1991년 공업발전기금 운용계획 확정
9. 21	상공부, 전자·전기제품 수출촉진 지원방안을 업계 대표들에게 제시
9. 24	재무부, 기술도입 필요성이 큰 전자·전기·기계 기술도입 격감 밝힘
10. 5	상공부, 업체 공동연구로 1993년까지 14인치 액정표시기(LSD) 개발 계획
10. 17~22	「90 한국전자전람회」, 19개국 참가로 열림
10. 23	외자사업심사위원회, 「포철」·「삼성전자」·*MEMC* 합작 실리콘웨이퍼 제조 「포스코휼스」사 외국인투자 인가
10. 26	상공부, 전기전자부품 대일 의존도가 54.5%로 낮아졌다고 밝힘
10. 30	「금성사」, 키르키츠공화국과 컬러TV플랜트 및 부품 수출계약 체결
11	– 32개 통신 관련 업체, 한국전파산업진흥협회(회장 정몽헌) 설립 – 「아남전자(주)」, 안산공장 준공
11. 9	「삼성전자」, 브라질에 10년 동안 2억 달러 가전제품 수출계약
11. 13	EC집행위원회, 한국 오디오카세트테이프 19.4% 잠정 반덤핑관세 부과
11. 22	「삼성전자」, 일본만 개발한 새 반도체 1메가 PS램 개발 발표
11. 28	– 「삼성전기(三星電機)」, 산업용 다층미세회로기판(PCB) 전용공장 착공 – 「대덕전자」·「한일써키트」 등 기존 PCB 업체들, 붕괴 우려
12. 5	「삼성전자」, 스카라(수평다관절)형 조립용 로봇 개발·양산 착수
12. 8	「삼성전관」, 말레이시아 컬러브라운관 공장 건설 발표
12. 10	「(주)대우」·「브리티시 에어로 스페이스」, 통신위성사업 기술협력 계약
12. 17	「금성사」, 알제리 국제입찰에서 오디오 4천만 달러 수출계약 체결
12. 19	상공부, 1995년까지 핵심 반도체장비 40품목 국산화하기로 함
12. 20	「대우통신」, 이란 정부와 전전자식 교환기 TDX 이란 수출계약
12. 25	상공부, 전기전자부품 48개 등 기계류·부품·소재 개발 대상 선정 고시

2. 반복되는 위기와 기회, 1991~2000

1991	
월, 일	주요 내용
1. 10	한국전자공업협동조합, 전자부품연구원 설립 추진
3	「삼성전자」, 16M 마스크롬(Mask ROM) 개발

1991	
월. 일	주요 내용
3. 8	「대우전자」, VCR 생산 500만 대 돌파
3. 14	상공부장관, 7개 부처 장관 「제조업경쟁력강화대책」 대통령 보고에서 전자정보 등 8개 주요 업종별 경쟁력 대책 추진하겠다고 보고
3. 21	검찰, 구미공업기지 「두산전자」 페놀 대량 방류 직원 구속 영장
4	「현대전자산업」, 카메라 AZ-330과 4M D램 양산
4. 16~22	국제컴퓨터·사무자동화기기·통신기기·로봇전시회, 12국 참가로 열림
5. 31	구미수출산업공단, 생산기술연구조합 발족
6	현대그룹, 「현대자동차」·「현대중공업」·「현대전자」를 주력업체로 선정
7	「현대전자산업」, 반도체조립 생산능력 월 1억 개 돌파
7. 27	「금성사」, 국내 최초 TV수상기 생산 5,000만 대 돌파
9	「삼성전자」, 말레이시아 전자레인지(마이크로웨이브) 공장 준공
9. 20	노동부장관, 1992년도 사업 내 직업훈련 비율과 사업범위 등 고시
10	「대우통신」, 랩탑컴퓨터 PC(286, 386) 개발
10. 17~22	제22회 한국전자전람회 개최
10. 25	국산 사용 촉진 한국전자공업진흥회 국산전자부품사용촉진위원회, 첫 개최
11	-「게코전자」, 정밀온도조절기소자 국산화로 과기처장관 상패 수상 -「한국전자부품공업」, 인도네시아 합작사 「켑소닉인도네시아」 설립
11. 13	「삼성전자」, 온양 반도체공장 준공식
11. 18	「전자세라믹재료연구센터」, KAIST 대덕 캠퍼스에서 출범
11. 26	「금성사」, 소련 키르키스공화국에 수출한 전자레인지플랜트 준공식
11. 29	한국개발 대용량급 전전자교환기 TDX-10, 전국 6개 전화국에 첫 설치됨
12	-「금성사」·「삼성전기」·「대우전자부품」·「두고(斗高)전자」 등 전자부품사, 국산화 시급 품목부터 단계적으로 제품 표준화하기로 합의 - 상공부·한국전자공업진흥회, 전자전기 제품 수출 1987년 100억 달러 돌파 후 1991년 신시장 수출과 반도체 호조로 수출 200억 달러 돌파 예측
12. 6	「금성사」, 미국 최대전자유통업체 라디오쌕에 컬러TV 수출계약 밝힘
12. 9	전자업계·상공부, 세계 HDTV 개발경쟁 속에서 한국도 1993년까지 앞당겨 HDTV 개발완료하고 내년 중 HDTV 방식 정하기로 했다고 밝힘
12. 28	상공부, 중복·과잉투자 억제 위해 석유화학·전자·자동차 등 수출산업 대상 종합투자조정지침을 마련 운용하기로 했다고 밝힘

1992	
월. 일	주요 내용
1. 31	상공부장관, 간담회에서 반도체재료국산화5개년계획(1992~1996) 등 2000년 반도체 생산 253억 달러(세계 2위) 위한 장단기육성대책 추진방침 밝힘

1992	
월, 일	주요 내용
2. 23	상공부, 구미수출산업공단을 중부지역공업단지관리공단으로 개칭
3	「현대전자산업」, 미래형 첨단교환기 HDX-800 자체 개발 완료
3. 31	상공부장관, 대일무역적자 개선을 위해 전자·자동차부품 중심 한일합작생산전문공업단지 조성 추진한다고 대통령에게 보고
4. 14	체신부장관, 정보통신연구·개발에 관한 법률시행령안 입법예고
4. 16~22	국제컴퓨터·사무자동화기기·통신기기·로봇전시회, 11국 참가로 열림
4. 17	상공부장관, 한국전자공업협동조합을 전자산업민간협의회위원으로 위촉
5	-「현대전자산업」, ISDN용 사설 교환기 HNT-832 개발 -「대우통신」, 프랑스에 컴퓨터 판매법인「대우텔레콤유럽」 설립
5. 6	「삼성전자」, 일본 이어 두 번째로 4M S램 반도체 개발성공 발표
6. 30	구미공업기지 열병합발전소, 준공(준공식 10월 30일)
7	-「현대전자산업」, 첨단기술연구소 개소 -「아남산업」, 전자화상기기·반도체제조장비·카메라 등 광학사업 진출
7. 18	「삼성전자」, 중국 천진 VCR 합작 생산법인 설립계약 체결
8	「삼성전자」, 민간기업 최초 국제신용 평가 A등급 획득
8. 28	상공부, 전자분야 핵심기술을 선진국 수준으로 올리는「일렉트로-21프로젝트」의 기술개발 및 생산지원과제와 대상업체 확정 발표
9. 1	-「대우전자」·「대우통신」, 서비스부문을「대우전자서비스센터」로 일원화 - 한국전자공업협동조합, 수입처 다변화 품목 수입추천업무 개시
9. 25	「삼성전자」, 세계 최초 64M D램 시제품 개발 발표
9. 28	「현대전자산업」, 64M D램 시제품 개발성공 발표하고「삼성전자」가 3사 공동연구 후 ETRI 승인 하 시제품 발표하기로 한 약속 어겼다고 밝힘
10. 28	일본 *NEC*, 미국의 한국 반도체 임시덤핑 판정으로 미국 반도체 주문 일본으로 몰린다고 밝힘
10. 30	「삼성전자」, 민간기업 최초로 미국 채권시장 2억 달러 채권발행계약 체결
11. 27	-「금성사」, 구미 대형 컬러브라운관공장 준공식 - 대덕연구단지, 준공
12	전자수출에서 반도체·컴퓨터 등 기술집약형 비중, 처음으로 50% 넘김
12. 14	경제기획원 등 정부합동,「정보산업발전국가전략계획」 보고
12. 28	「삼성전자」, 차세대 반도체칩을 생산하는 설비를 개발하기 위해 일본 반도체설비전문 *DNS* 사와「한국 DNS」 설립한다고 밝힘

1993	
월, 일	주요 내용
1. 12	건설부장관, 구미국가공업단지개발 기본계획 변경 및 제3단지 조성사업 실시계획 1992년 말까지에서 1993년 말까지로 변경 고시

1993	
월, 일	주요 내용
2	「현대전자산업」, 자동차용 GPS 자동항법장치 세계 3번째로 개발
2. 23	「삼성전자」, 국내 최초로 일본에 차세대 반도체 기술 수출계약
3. 29	정부, 전자·기계·조선 중심으로 하도급 조사 전환·확대·강화하기로 함
3. 30	상공자원부, 6개 민간기업 컨소시엄으로 「해저케이블(주)」 설립 밝힘
4. 3	용산전자상가단지, 전자타운 일부 개장으로 6개 상가로 확장됨
4. 13	전자업계, 공동개발 멀티미디어컴퓨터 콤비PC 발표
4. 21~27	국제컴퓨터·소프트웨어·사무자동화기기·통신기기전시회, 10국 참가로 열림
5. 25~29	「국제자동화기기전시회」, 개최됨
5. 26	– 정부 신경제계획위원회, 휴대용통역기·휴먼로봇 등 21세기 미래형 복합기술 개발에 역점을 둔 「신경제5개년계획 기술개발전략」 의결 – 「삼성전자」, 러시아서 전전자교환기(TDX) 개통
6	「현대전자산업」, 「금성사」 카메라 라인 인수하고 8M 마스크롬 개발
6. 3	「삼성전자」, 16M DRAM 반도체 기흥공장 준공
7. 8	생산기술연구원·전자업체, HDTV 개발 발표회와 시제품 공개
7. 26	「삼성전자」, 중국 산동성 전자교환기 TDX 합작공장 가동
8. 19	「현대전자산업」, 미국 HDD 전문사 「맥스터」(MAXTOR) 인수 서명
8. 28	상공자원부, 전자·전기공업 부문 419개 등 「기술개발 촉진과 부품·소재의 수입대체를 위한 품목」 1,584개 선정 고시
8. 31	정부, 반도체집적회로의 배치설계에 관한 법률시행령 공포
9. 3	가전3사, 「대우전자」 공기방울세탁기Z 시판으로 첨단세탁기 경쟁
9. 22	「삼성전자」, 단일제품 최대물량 VCR 30만 대 미국 수출계약
10. 7	「현대전자산업」, 일본 「富士通」 반도체 공동생산·공동개발 합의 발표
10. 28	「삼성전자」, 16M 플래시메모리 세계 2번째 개발 발표
11. 1	「기아산업」, 아남산업 계열 「서아」 인수로 「기아전자」 설립
11. 23	「삼성전자」·「삼성전관」, 세계 최초 바이오TV 개발 발표
12	「아남산업」, 프랑스 아남산업 영업소 설립
12. 8	– 「현대전자산업」, 카오디오 1천만 대 생산 돌파 기념행사 – 김철수 상공자원부장관, 전자산업협력조사단 중국 파견 계획

1994	
월, 일	주요 내용
1. 8	江澤民 중국주석, 한중 전자·자동차 분야 협력방안 마련 지시했다고 밝힘

1994	
월, 일	주요 내용
1. 25	「현대전자산업」, 청주공단 반도체 조립공장 건립하여 5월 가동계획
2. 2	「삼성전자」, 중국 천진 전자복합단지 조성계획 밝힘
2. 28	경제기획원·외무부·재무부, 미국이 UR 이행계획서를 GATT와 한국에 전해 옴에 따라 이를 면밀히 검토하여 대응을 확정하겠다고 밝힘
3	「와이즈시스템」, 세계 최소형 전자사전·수첩 개발
3. 1	「삼성전자」·*NEC*, 차세대메모리 256M D램 이상의 공동개발 위한 기술제휴 원칙에 합의
4. 22	한일합작 반도체제조장비 생산사 「한국DNS」, 천안에서 준공식
5. 20	「삼성전자」, 일본 오디오 전문업체 「럭스」 인수계약 체결
6. 29	「금성사」, 미상무성이 「제니스」·「유니온(노조)」·「금성사」가 공동요청한 반덤핑조사(1983년 이래 11차례) 중지를 5월 23일 관보로 수락함에 따라 반덤핑관세 환급받는다고 밝힘(「대우전자」·「삼성전자」 동일)
7	한국전자통신연구소·컴퓨터4사, 멀티미디어워크스테이션 개발 완료
7. 23	「태일정밀」, 중국 하얼빈시와 전자전문공업단지 합작건설 착수
8	「아남산업」, 미국 현지법인 *Anam USA, Inc.* 설립
8. 1	「금성사」, 「금성통신」 흡수 합병 발표
8. 29	「삼성전자」, 세계 최초 256M D램 개발 성공 발표
9. 2	「현대전자산업」, 상해 반도체 조립공장 기공식
9. 9	건설부, 구미·포항·옥포 국가공업단지 일부 지역 해제
10	「현대전자산업」, 국내 최초 광통신시스템 핵심부품 송수신소자 개발
10. 12	「삼성전자」, 애니콜 브랜드로 아날로그 휴대폰 SH-770 출시
10. 17	삼성그룹과 영국 정부, 영국 전자복합생산기지 건립 영국 정부 지원 합의
10. 28	삼성그룹, 멕시코 해외전자복합생산기지 기공식
11	「금성사」, 인도네시아 종합전자생산기지 건설계획 발표
11. 10	「현대전자산업」, 미국 *AT&T GIS*사의 비메모리반도체 부문 인수
12	– 덕산(德山)그룹, 「지남전자」 인수해 「덕산전자」로 전자사업 진출 –「대우전자부품」, 중국·베트남 등 5개국 7개 해외 부품공장 설립계획
12. 28	「삼성전자」, 64M D램 세계 최초로 생산해 IBM 등에 납품했다고 밝힘

1995	
월, 일	주요 내용
1	「앰코테크놀로지」, 필리핀 P3 라구나 패키징 사업장 준공
1. 1	「금성사」, 회사명을 「LG전자」로 변경
1. 12	「금성정보통신(주)」, 「LG정보통신(주)」으로 변경

1995	
월. 일	주요 내용
2. 15	「현대전자산업」, 기업인수로 미국 비메모리 현지법인 *SYMBIOS* 설립
2. 25	「삼성전자」, 1994년 국내 제조업기업 첫 10조 매출 돌파
3	「아남산업」, 일본 현지법인 *Anam Japan, Inc.* 설립
3. 28	무역협회, EU가 한국산 중대형 컬러TV에 확정 반덤핑관세를 부과했으며 전자레인지에 곧 잠정 반덤핑관세를 물리고 모든 컬러TV와 폴리에스텔비디오필름 반덤핑재심 조사에 착수할 것이라고 밝힘
4	–「삼성전자」, 「東芝」와 64메가 플래시메모리 공동개발 합의 –「아남산업」, *Anam/Amkor Precision Machine Company Inc.* 설립
4. 4	「현대전자산업」, 세계 최초 MPEG-2 SAVI 디코더칩 개발 발표
4. 13	–「제3회 95 국제로봇 및 자동화기기전」, 부산에서 개최됨 –구미기능대학, 현판식
4. 22	「아남산업」, 「東芝」와 반도체패키징기술 공동개발 합의조인
5. 13	「LG실트론」, 실리콘웨이퍼 이천공장 현판식
5. 19	통상산업부장관, 외국인투자기업 전용공업단지 관리기본계획 고시
6. 1	「삼성전자」·「LG전자」, 주요 전자제품 가격 최고 2.5~16.7% 인하
7. 8	EU집행위원회, 한국 전자레인지에 최고 32.8% 잠정 반덤핑관세 부과
7. 18	「LG전자」, 미국 3위 컬러텔레비전 제조사 「제니스」 인수 계약
8. 8	「LG전자」, HDTV 100MHz급 IDCT 반도체칩 개발 발표
9. 1	부산지방국토관리청, 구미국가공업단지 3단지(1공구) 조성 준공 인가
9. 2	「현대전자」·KAIST, 인텔386 마이크로프로세서 호환칩 첫 개발 발표
9. 4	「대우통신」, 우즈베키스탄에 교환기 합작공장 설립계약체결 발표
10. 11	「현대전자산업」, 세계 최초 256M 싱크로너스D램 개발 발표
10. 13	「삼성전자」, 영국 윈야드 전자복합단지 준공식
10. 25	「삼성전자」, 국내 제조업체 최초 수출 100억 달러 돌파
11. 6	미국 국제무역재판소(CIT), 한국 반도체 0.22~5.15% 덤핑마진율 최종확정
11. 18	「삼성전자」, 미국에서 최초 차세대 무선통신 단말기(CDPD) 개발 발표
12. 2	해외투자심의위원회, 「삼성전자」·「현대전자」 미국 반도체투자사업 허가

1996	
월. 일	주요 내용
1. 1	KIST시스템공학연구소, 한국전자통신연구소 부설기관으로 이관됨
1. 9	「대우전자」, 멕시코에 미주 최대 규모 종합가전단지 준공식
1. 12	한국산업안전공단, 「LG전자부품」 근로자 솔벤트 중독 직업병 첫 인정

1996	
월. 일	주요 내용
2. 12	「삼성전자」· *IDC*(미)·「지멘스」, 미래공중육상이동통신시스템 개발 합의
2. 27	한국전자공업진흥회, 한국전자산업진흥회로 명칭 변경
3. 7	「아남산업」, 반도체 단일품목 누적 수출액 200억 달러 달성 밝힘
3. 8	「삼성전자」, 세계 30여 사 디지털 지상파TV 개발컨소시엄 참가 밝힘
4. 27	통일원, 삼성전자·태창·대우전자 3개 기업 대북투자사업 추가 승인
5. 23	「삼성전자」, 산업용로봇제어용 주문형 반도체 자체 기술 개발 발표
6. 5	「삼성전자」, 일본「東芝」와 초소형 플래시 메모리카드 개발 발표
6. 11	미국상무부, 미국 반덤핑 판정「삼성전자」 재심요구 수용 통보
6. 16	「삼성전자」 3개 반도체공장, 반도체가격 폭락으로 휴일 휴무
7. 8	통상산업부장관, 고선명 대용량 DVDR 상품화 지원 밝힘
7. 9	정보통신부장관, 국제전화·이동전화요금 10% 내리겠다고 대통령 보고
7. 30	LG그룹, 자카르타에서 동남아 최대 종합전자생산기지 *LGEDI* 시설 준공식
8. 18	「현대전자산업」, 중국 상하이 반도체 조립공장(*HESC*) 준공식
9. 3	정부, 제2차 정보화추진위원회를 열고 정보화 촉진 시행계획 발표
9. 5	「아남산업」, 미국 *TI*사와 기술제휴 맺고 비메모리반도체사업 진출
9. 20	「데이콤」, 전자주민카드 전산망 구축 및 개발자로 선정되었다고 발표
10. 9	정부, 5개 국가산업단지관리공단 통합 방침 결정
10. 16	-「LG마이크론」, 구미 첨단부품공장 준공 -「대우전자」, 가전업체 프랑스「톰슨멀티미디어」 인수업체로 선정됨
11. 4	「삼성전자」, 세계 최초 1G D램 개발 발표
11. 18	「LG전자」, *MS*·「컴팩」· *NEC* 공동개발 세계 최소형 휴대형 PC 공개
11. 29	통상산업부, 구미국가산업단지 관리기본계획 변경 고시
12. 5	세계화우수사례경진대회, 전자저울 89개국 수출「카스」에 대통령상

1997	
월. 일	주요 내용
1. 25	정보통신부장관, 「대한민국정보통신부와 캐나다 산업부 간의 전기통신기기·무선통신기기 및 정보기기에 대한 상호 인정 약정」 고시
1. 31	한국전자통신연구소, 한국전자통신연구원(ETRI)으로 명칭 변경
2	「아남전자(주)」, 홍콩현지법인 설립(홍콩유한공사)
2. 24	「삼성전자」, 말레이시아 세렘방공단 16만 평 규모 전자복합단지 준공
3. 7	건설교통부, 구미국가공업단지 제4단지 개발계획 변경

1997	
월. 일	주요 내용
3. 19	「삼성전자」, 중국 상해시 CDMA 장비 공급자로 최종 선정됨
4	「앰코테크놀로지」, K4 광주사업장 준공
4. 1	「LG실트론」, 대구경 실리콘웨이퍼 공장 준공식
5	「현대전자산업」, 세계 최초 SOI 기술 이용 1G SD램 개발
6. 23	「삼성전자」, 800MHz급 초고속 CPU 공정기술 개발 발표
7. 16	「아남전자」, 유럽 전기기기검사협회 전자파공식시험소 인증 받음 밝힘
8. 22	「대우전자」, 대화형 멀티미디어 표준시스템 「지니」 개발 발표
9. 28	대우그룹, 알제리에 5년 20억 달러 투자 전자·조선기계 진출계획 밝힘
10	「삼성전자」·「LG텔레콤」·「현대전자산업」, 세계 IMT-2000 표준화 참여
10. 25~29	제28회 한국전자전람회, 17개국 참여로 열림
10. 27	전자전기부품사 등 방일산업기술교류촉진단, 일본 국제로봇전 등 참관
11	「동양산전」, 인도네시아 전자·전기통신기기 부품공장 완공
11. 1	「해태전자」, 법정관리 신청
11. 1~11	한국전자공업협동조합, 대북경협 투자조사단 평양 방문
11. 3	「현대전자산업」·「三菱電機」, 싱크링크 D램 테스트칩 개발 성공 발표
11. 6	한국통신, 국산 전전자식교환기(TDX) 1천만 회선 개통 기념식
12	「현대전자산업」·KBS, 국내 최초 디지털 HDTV 방송시스템 개발
12. 4	「아남전자」, 디지털신호 분리로 색번짐 막는 신 와이드TV 시판 밝힘

1998	
월. 일	주요 내용
1. 23	「한국통신」·「삼성전자」, 러시아 *NTC* 지분인수로 러시아 유·무선통신시장 진출 밝힘
2	「현대전자산업」, 국내 최초 자동차용 비메모리 반도체 개발
2. 18	수원지검, 반도체기술을 타이완에 유출한 15명 구속 기소
3. 6	부산지방국토관리청, 구미국가산업단지 제4단지 조성계획 승인
3. 15	「현대전자산업」, 음성·문자 인식기능 갖춘 복합반도체 개발 발표
3. 20	「아남산업」, 「아남반도체」로 사명 변경(공고 26일)
3. 23	「삼성전자」, 미국 오스틴 반도체공장 본격 가동 밝힘
4. 29	「삼성전자」, 256M D램 반도체 세계 첫 생산 발표
5. 10	「현대전자산업」, 미국 오리건주 유진시 64M D램 반도체공장 가동
5. 25	한국전자통신연구원, 부속 시스템공학연구소(SERI) 흡수 통합

1998	
월, 일	주요 내용
6. 16	산업자원부장관, 구미국가산업단지 관리기본계획 변경 고시
6. 18	금감위, 「해태전자」·「신호전자통신」·「동국전자」 퇴출 대상으로 선정·공개
6. 26	「현대전자산업」, 미국 FTC 승인 거부로 미국 「심비오스」 매각계약 철회
6. 30	「현대전자산업」, 미국 비메모리 법인 *SYMBIOS* 재매각 성공 밝힘
7. 28	「동양매직」, 미국 「메이택」에 연 20만 대 전자레인지 OEM 수출 발표
8. 19	*TSR*·*IDC*, 「삼성전자」를 TFT-LCD 상반기 세계 시장 점유율 1위로 발표
9. 24	「현대전자산업」, 64M DDR 싱크로너스D램 개발 밝힘
9. 30	「대우전자」, 차세대 대형화면표시장치 TMA 공개
10. 11	제7회 한국방일산업기술교류촉진단, 일본 공장·부품산업 조사
10. 25	조흥은행, 「아남반도체」·「아남전자」 기업개선작업 대상으로 선정
10. 27	「삼성전자」, 수원공장·멕시코공장에서 세계 최초 디지털텔레비전 양산
11. 25	「현대전자산업」, 세계 최고속 150MHz 128M SD램 12월 양산 발표
12. 16	「삼성전자」, 호주 「허치슨」사에 CDMA 방식 이동통신장비 공급계약
12. 24	*ADL*, 「LG반도체」·「현대전자」 통합경영주체로 「현대전자」 적합 밝힘

1999	
월, 일	주요 내용
1. 6	청와대대변인, LG 구본무 회장이 대통령 면담 후 「현대전자산업」을 주체로 하는 반도체 통합에 합의했다고 밝힘
1. 7	-「LG전자」, 구미 평면브라운관 공장 준공식 - 경북도지사, 구미국가산업단지 개발계획 변경 고시
1. 16	「삼성전자」, 세계 최초로 램버스 D램 반도체 양산 시작 발표
1. 29	산업자원부장관, 「현대전자산업」이 「LG반도체」 100% 고용승계 발표
2. 8	「삼성전자」, DDR 방식 128메가 싱크로너스 D램 개발 발표
2. 23	조흥은행, 「아남반도체」, 워크아웃(Workout) 계획 확정
2. 28	한국전자산업진흥회, 산업발전법에 의한 사업자단체 근거 마련
3. 12	*IDC*, 1998년 한국을 메모리반도체 점유율 40.9% 세계 1위국으로 발표
3. 15	「현대전자산업」, 반도체조립 미국 자회사 *ChipPAC* 매각 발표
3. 16	전자상거래용 전자화폐 ICASH, 정식 판매 시작
3. 17	-「삼성전자」, 휴대폰 브라질 공장 완공과 생산 밝힘 - 기업구조조정위원회, 「아남전자」 워크아웃 중단 결정 발표
3. 18	국내 11개 업체, 세계정보통신기기전시회 독일 「세빗(CeBit)99」 참가

1999	
월, 일	주요 내용
4. 19	「대우그룹」 구조조정 방안, 발표됨
4. 28	「제5회 '99 국제로봇 및 자동화기기전」, 여의도에서 개최됨
5. 3	「삼성전자」, 「인텔」에 비디오인코더기술 수출한다고 밝힘
5. 14	구미국가산업단지, 제4단지 건설 기공식
5. 17	「아남반도체」, 미국 *Amkor Technology, Inc.*에 광주공장 양도
6	「아남반도체」, 필리핀 합작사 지분 *Amkor Technology, Inc.*에 매각
6. 27	「삼성전자」, 세계 최초 1기가 DDR D램 상용제품 개발성공 발표
7	「삼성전자」, 세계 최초 4M F램 개발
7. 2	「대우통신」, 「대우정밀공업(주)」 등 합병하고 자동차부품사업에 진출
7. 7	「대우전자」, 본사를 구미공장으로 이전
7. 19	산업자원부장관, 구미국가산업단지 관리기본계획 중 개정 고시
7. 26	「LG반도체」, 「현대전자산업」에 합병되어 「현대반도체(주)」로 개명
8. 3	한국전자통신연구원, 이동전화단말기 송수신 초고주파칩 개발 발표
8. 13	「대우전자」, 미국 「왈리드앨로마」에 한국 공장·법인 매각 발표
8. 23	이동전화 가입자, 2,000만 명 돌파
8. 29	「현대전자산업」, 세계 최고속 그래픽용 64M SD램 양산 착수 발표
9. 6	금감위·채권은행단, 「대우전자」·「대우통신」 은행관리 들어감
10. 1	정보통신부장관, 「정보통신기기 시험기관의 지정 및 관리 등에 관한규칙」 공포
10. 4	「삼성전자」, IMT-2000 시스템장비와 고속무선데이터휴대폰·동영상휴대폰·핵심반도체 등 전 분야 자체개발 성공했다고 발표
10. 7	「대우전자」 채권단, 「대우전자」 운영자금 5,210억 원 지원 결의
10. 13	-「삼성전자」, 1G 플래시 메모리 반도체 세계 최초 개발 -「LG정보통신」, 차세대 이동통신 IMT-2000 시스템·영상휴대전화기 시연
10. 14	「현대전자산업」, 「현대반도체」 흡수하여 통합 「현대전자산업」 출범
10. 25	전파연구소장, 「정보통신기기 시험기관의 지정 및 관리를 위한 세부운영지침(전파연구소고시 제1999-141호)」 고시
10. 31	10월 말 현재 인터넷 이용자, 정보통신부에 의해 943만 명으로 집계됨
11. 1	「아남에스엔티」, 「아큐텍반도체기술」로 사명 변경
11. 14	「삼성전자」, IEEE 발표 세계 최우수 인재양성 기업으로 선정되었다고 밝힘
11. 25	「현대전자산업」, 세계 최초 제조비 40% 절감 반도체 공정기술 개발 발표
11. 29	조흥은행, 「해태전자」 법정 관리 처리 결정 발표

1999	
월, 일	주요 내용
12. 15	미국상무부, 「현대전자산업」에 D램 반도체 10.44% 덤핑마진율 판정 고시
12. 29	한국반도체산업협회, 내년 4월 제주도 세계반도체협의회총회 개최 밝힘

2000	
월, 일	주요 내용
1. 6	구미시장, 구미 2·3차 국가산업단지 내 지원시설용지 및 도로 승인·고시
1. 13	「대우전자」, 인터넷 토털서비스 제공할 계획이라고 밝힘
1. 17	경제정책조정회의, 「2000년 경제정책방향」 확정
1. 19	「LG전자」, 멕시코 레이노사공장을 북미 디지털TV 전진기지화 계획
1. 25	「미디어링크」·한국전자통신연구원, 기가비트 이더넷 백본스위치 개발
1. 27	–「삼성전자」, 2003년까지 2700억 원 투자로 인터넷 하드웨어 생산 강화 –「LG화학」대표, 생명과학–정보전자사업본부 신설계획 밝힘
2	「현대전자산업」, 인텔개발자회의에서 미국 인텔사로부터 CMTL상 수상
2. 1	구미특허정보지원센터, 개원
2. 10	대우그룹 12개 계열사, 구조조정추진협의회 가동
2. 12	정보통신부, 정보통신 분야 벤처기업가 육성 위해 170억 원 지원 결정
2. 17	IDC재팬, 「삼성전자」·「LG필립스」 1999년 TFT–LCD매출 세계 1·2위 발표
2. 22	–한국전자산업진흥회, 기업 2000년도 전자부품 구매계획 설명회 개최 –「야후코리아」, 「야후」·「삼성전자」 전략적 제휴 체결한다고 밝힘
2. 23	「삼성전자」·「쓰리콤(미)」, CDMA 2000용 DCN시스템 공급계약 체결
3. 3	산업자원부, 전자부품 정보 인터넷 검색시스템 9일 서비스 시작 밝힘
3. 13	통일부, 남북 소프트웨어 공동개발 「삼성전자」 남북협력사업자 승인
3. 21	「삼성전자」, 28일 「워너브러더스」와 DVD 시장 전략적 제휴 조인식
3. 24	「현대전자산업」, 세계 최소형 256메가 SD램 상용제품 개발 성공 발표
3. 28	「데이터퀘스트」, 「삼성전자」 D램·S램 반도체 8년·5년 연속 세계 1위 발표
4. 4	재정경제부 등 정부합동, 「지식기반경제 발전전략」 국무회의 보고
4. 16	「LG전자」, 2003년까지 중국에 4억 3,000만 달러 투자계획
4. 19	「대우전자」, 이집트에 3억 달러 가전제품·생산설비 수출한다고 밝힘
4. 20	–「삼성전자」, 세계 최초 512M D램 반도체 개발 성공 발표 –「현대전자산업」, 「모토로라」에 스코틀랜드 반도체공장 매각한다고 밝힘
4. 21	서울대·미국연구팀, 초미세 반도체 탄소나노튜브 트랜지스터 개발
4. 23	「삼성전자」, 차세대 휴대폰 IMT–2000용 TFT–LCD 개발 성공 발표

2000	
월, 일	주요 내용
4. 30	「아남반도체」, 반도체조립사업을 미국 *Amkor Technology, Inc.*에 양도
5. 7	「삼성전자」, 256M 대용량 플래시메모리 반도체 양산 발표
5. 8	「한국전자통신연구원」·「소프트포럼」, 고속암호처리칩 개발 성공 발표
5. 13	한국, 제51회 국제과학기술경진대회 컴퓨터 부문 우승
5. 15	「삼성전자」, TFT-LCD(박막액정표시장치) 누계 생산 1,000만 개 돌파
5. 20	「LG전자」, 중국에 TV용 완전평면 브라운관 기술 수출계약
5. 21	「삼성전자」, DDR 방식 메모리 반도체 핵심기술 미국 특허 획득 발표
5. 22	정보통신부장관, 정보통신기기인증규칙 공포
5. 25	「텔슨전자」, 「모토로라」에 신제품 이동통신 단말기 공급중단 밝힘
5. 26	「LG전자」, 이스탄불에서 에어컨 합작생산법인 준공식
6. 1	– 전파연구소장, 정보통신기기 인증을 위한 세부운영지침 고시 – 「현대전자산업」, 비메모리반도체 육성으로 2003년 비중 25% 계획 발표
6. 7	– 「LG전자」, *IBM* 등 13개사와 B2B 위한 'e2open.com' 설립 합의 발표 – 산업자원부장관, 부품·소재산업 지원확대 등 「2000 산업기반기금 운용·관리요령 중 개정」 공고 – 중국, 한국의 마늘관세 인상 보복으로 한국 휴대폰 수입 금지
6. 12	「현대전자」·「동진세미켐」, 초미세공정용 아르곤 플로라이드 감광제 양산
6. 13	*S&P*, 「삼성전자」 해외 사채 신용등급을 BB에서 BBB-로 2단계 상향
6. 14	「삼성전자」·*MS*, 차세대 이동통신 단말기 공동개발 밝힘
6. 19	정보통신부장관·중국정보산업부장, IT산업 협력 합의
6. 20	– 「삼성전자」, 스페인 팔라우 삼성전자 휴대폰공장 준공식 – 「LG전자」·「메디슨」, 중국 벤처인큐베이션사업 합작법인 설립 발표
7. 3	– 「IDC재팬」, 상반기 세계 TFT-LCD 시장 「삼성전자」 점유율 1위 발표 – 「세원텔레콤」, 「맥슨전자」 인수 최종계약 체결했다고 밝힘
7. 6	「LG전자」, 멕시코 아포다카 종합가전제품 공장 기공식
7. 11~18	한국전자공업협동조합 2차 대북경협투자조사단, 평양 방문
7. 13	건설교통부장관, 개발기간 연장 등 「구미시 국가산업단지 지정 변경 및 개발계획 변경」 고시
7. 25	「LG전자」·「현대전자산업」, 반도체 공동개발·장기공급 전략적 제휴 체결
8	「현대전자산업」, 모니터사업 부문과 PDP사업 부문 분사
8. 1	「삼성전자」, 「인포호스트」 공동개발 소프트웨어로 소프트웨어사업 진출
8. 5	한국전자통신연구원, 「삼성전자」와 연구협력제휴협정 체결
8. 19	정보통신부장관, 「소프트웨어산업진흥법시행규칙」 공포
8. 27	「삼성전자」, 2000년 말까지 국내외 디지털 분야로 사업재구축 밝힘

2000	
월, 일	주요 내용
8. 29	「LG전자」, 「인텔」과 장기사업계약으로 사업협력 추진 발표
8. 30	「현대전자산업」, 미국 「램버스」 상대 특허무효소송 제기했다고 밝힘
9. 1	「LG전자」 이사회, 「LG정보통신」과의 합병절차 완료 보고
9. 4	「LG전자」, 미국·대만 PC업체 5곳을 특허권 침해로 제소했다고 밝힘
9. 7	LG그룹, 향후 전자사업을 디지털TV 중심 홈네트워크와 IMT-2000 중심 이동네트워크의 양대 축 중심으로 진행하기로 함
9. 23	한일정상회담, 정보기술 분야 협력강화 합의
9. 26	「삼성전자」, 최초 플래시메모리 128MB 스마트미디어 샘플 완성 발표
10. 3~6	2000년 한국전자전, 11개국 참가로 열림
10. 5	「LG전자」·「日立製作所」, 광스토리지 합작자회사 설립 합의서 조인
10. 18	인천지방법원, 「해태전자산업」 정리계획 인가 공고
10. 19	한국전자통신연구원, 통신속도 100배 증가 광섬유 신소재 개발 발표
10. 26	정보통신부장관, 소프트웨어 기술성 평가기준과 품질보증기준 개정 고시
10. 27	채권금융기관, 「대우전자부품(주)」, 워크아웃(기업개선작업) 졸업 결의
10. 28	「LG전자」, 중국 창사 TV브라운관 제2공장 준공식
11. 2	- 한국전자통신연구원, 초박막형 전기발광 디스플레이 세계 첫 구현 발표 - 「삼성전자」, 미국 「램버스」 특허에 포괄 로열티 지급계약 체결 밝힘
11. 6	- 「LG전자」, 29인치 완전평면 멀티미디어 브라운관 개발 발표 - 「니케이비즈니스」, 올해 「삼성전자」 순익이 소니·도시바·*NEC*·마쓰시타·히타치·후지쓰·미쓰비시 등 일본의 7개 회사 순익 웃돈다고 밝힘
11. 9	「삼성전자」, 2005년까지 인도에 2억 달러 투자한다고 발표
11. 14	- 금융감독원, 「현대전자산업」의 현대계열 분리 요구 밝힘 - 「삼성전자」, 3세대 램버스D램 양산 돌입 발표
11. 23	「현대전자산업」, 2001년 상반기 그룹분리와 연말 유동성 위기 해소 발표
11. 27	「LG전자」·「필립스」, 브라운관 합작사업 투자의향서 체결
11. 28	- 「아남전자」, 34인치 초대형 완전평면 TV수상기 출시 - 「LG전자」, 미국 「제네시스 텔레커뮤니케이션스」와 전략적 제휴 체결 - 「삼성전자」, 28인치 고해상도 TFT-LCD 개발했다고 발표
12. 4	「현대전자산업」, 초소형 256M 반도체모듈 개발했다고 발표
12. 10	「LG전자」, 이탈리아 「마르코니모바일」과 IMT-2000의 핵심기술 수출에 관한 전략적 제휴 맺었다고 발표
12. 11	「LG전자」, IMT-2000용 OLED 디스플레이 개발했다고 발표
12. 15	- 「현대전자산업」, 은행권 신디케이션에서 8,000억 원 조달 합의 밝힘 - 「삼성전자」, 「2000년 대한민국 디자인 대상」 시상식에서 「디자인 경영대상」 받음

2000	
월, 일	주요 내용
12. 27	「LG전자」, 세계 최대 29인치 와이드 디지털 TV수상기 개발 발표

자료: 19장 전자공업 자료의 참고자료; 경제기획원·국무총리기획실·상공부·통계청 등 정부부처 문서·공고 및 발간물(1950~2010); 경제과학심의회의 등 기구·기관·위원회 문서 및 회의록(1950~2000); 〈관보〉(1950~2000); 경향신문·동아일보·매일경제신문·서울경제신문·서울신문·일간내외경제·전자신문·조선일보·중앙일보·한겨레신문·한국경제신문·*The Korea Herald* 등 일간신문(1950~2000); 국가기록원(http://contents.archives.go.kr, 19); 국사편찬위원회(http://db.history.go.kr); 금성사(1985) 등 기업사지; 유니온전기주식회사 대표이사 최현(1974. 5. 20) 등 기업 문서(1950~1990); 삼성전자(HW, 2010. 8. 16~2018. 5. 28) 등 전자공업 관련 기업 웹사이트; 김광모 전 중화학공업추진위원회기획단 부단장 등 중화학공업 관련 정책 및 기업 담당자 증언 및 기고문·회고록; 대통령비서실 문서 및 대통령 결재문서(1950~1990); 구미수출산업공단 등 중화학공업 관련 기구·기관 문서 및 발간물; 국제경제연구원·한국개발원 등 정부연구소 및 민간연구소 자료 및 발간물(1950~2010); 대한민국국회사무처, 〈상공위원회 회의록〉 등 국회회의록(1953~1990); 대한상공회의소·전국경제인연합회·한국철강협회·한국기계공업(산업)진흥회, 한국자동차공업협동조합 등 협회·기업가단체 조사·보고·자료 및 발간물, 웹사이트(1950~2012); 배병휴 전 매일경제신문 주간(회고, 1987) 등 언론인 기고·발간문; 박정희대통령인터넷박물관(http://www.516.co.kr); 부산대학교 공과대학 행정실 등 국립대학 문서 및 발간자료(1960~1991); 서현진(2001); 중화학공업추진위원회 및 추진위원회기획단 보고문·문서·회의록·발간자료 및 공고(1973~1980); 청사(일지, 1984); 한국공단연구소(1980) 등 단체·기관 요람과 총람; 한국과학기술연구소(제4전, 1976) 등 정부·민간 용역 및 조사보고서; 한국산업은행·한국은행 등 금융기관 발간물 및 월보; 日本電子機械工業会編(電発, 1978) 등 한국 중화학공업과 관련되어 있었던 외국기업, 기업가단체의 사사 및 보고서; 〈日本經濟新聞〉, *The Christian Science Monitor* 등 해외 신문(1970. 1~1990. 12); 日韓經濟協會(協會報, 1963. 12~1980. 12. 31) 등 한국중화학공업과 관련된 해외 민간경제단체 자료 및 발간물(1960~2011); 日本通商産業省 등 해외 정부 정기간행물(1950~1991); 기타 자료 및 위 자료의 보다 자세한 참고자료 내용은 박영구, 『한국의 중화학공업화 연구: 과정과 내용』(해남, 2012), Ⅲ권의 34장 한국 중화학공업화 자료 참조.

CHAPTER 19
전자공업 자료

일러두기

가. 저자명 뒤 ( )은 원 자료에 있는 것이 아니고 독자의 인식과 검색 편의를 위해 붙인 인식표임.

나. 한국어 발행자료와 동양어 발행자료의 외국어 저자명은 한국어 발음순에 따라 넣었음.

다. 국내 발행이어도 외국어로 된 자료는 독자의 검색편의를 위해 II. 외국어 자료에 수록하였음.

라. 발행처 지명이 없는 자료의 경우 한국은 서울이며 일본은 東京임.

마. 외국어 동양어 자료의 저자는 독자편의를 위해 한국의 한자어 읽기, 한국어 발음순으로 배열하였음.

바. 문서번호가 있는 경우 문서명 바로 뒤에 문서번호를 기록함.

사. *은 김광모 전 중화학공업추진위원회기획단 부단장이 소장하고 있는 자료임(주요 자료 일부만 표시).

아. #은 김재관 전 상공부차관보가 소장하고 있는 자료임.

I. 한국어 자료

감사원(기운), 『기금운용관리실태 역점감사결과(전자공업진흥기금)』, 1984.

감사원장(감처), 『감사결과 처분요구』, 문서번호: 오삼 142-2348, 공업단지관리청(구미공업단지관리소) 실지 감사 결과 처리에 관한 서류, 제1안 내부결재 외, 1975.

강기동 전 한국반도체공업주식회사 대표이사 증언(1반), “증언 반도체산업,” 『내를 이뤄 바다로 가다, 증언 한국전자정보산업 개척사』, 신산업경영원, 2011, pp. 345~435.
______(2한), 『한강의 기적, 한국반도체 시작의 진실』, PDF파일, 2014. 8. 24.
강진구 전 삼성전자사장, 『삼성전자 신화와 그 비결』, 고려원, 1996.
건설부(구기), 『구미공업기지 확장단지 조성사업』, 내부결재문서, 1977.
______(구기확), 『구미공업기지 확장단지 준공지연에 따른 문제점』, 1983. 4.
______(구도), 『구미공업단지 도시계획 준용 및 동실시계획 인가』, 내부문서, 1969. 2.
______(구성), 『구미공업단지 조성 실시계획 인가』, 단지 414.2-16881, 인가안 수신: 경상북도 지사 외, 1969. 9. 16.
______(구제), 『구미제3단지 개발에 따른 관계기관회의』, 산진 28013-616, 1986. 8. 25.
______(기구), 『기술심사용지: 구미공업단지조성사업 실시계획 2차 변경 인가』, 신청자: 경상북도지사, 1972. 6. 23.
______(요구), 『요약서: 구미공업단지 조성 실시계획 인가』, 1969.
건설부 기획관리실(국정), 『국토정보업무전산화기본계획』, 1984.
건설부 단지조성과장(공단), 『공업단지조성 실시계획 변경 승인 요청』, 수신: 상하수도과장, 1970. 10. 19.
______(구공), 『구미지구 공업단지에 대한 도시계획법 준용』, 수기첨부문서, 1969. 2. 22.
______(구49), 『구미공업기지 확장단지 주거지 개발』, 단지 430-497, 수신: 입지계획과장, 1977. 12. 16.
건설부 도시국장(구확), 『구미공업기지 확장단지조성사업 실시계획 인가』, 도시430-350, 수신: 산업입지국장, 1977. 5. 31.
______(산30), 『산업기지개발 기본계획 고시 및 실시계획 승인에 따른 협의』, 도시 430-815, 수신: 산업입지국장, 1979. 9.
건설부 산업입지국(기계), 『기본계획고시(안)』, 1979. 9.
건설부 산업입지국장(산기고5), 『산업기지개발 기본계획 고시에 따른 협의』, 입지 430-592, 수신: 도시국장, 1979. 9. 4.
건설부 주택도시국장(7경) 『72년도 경제개발 특별회계 예산 내시 변경 요청』, 수신: 기획관리 실장, 1972. 11. 23.
건설부 토지개발과장(구조), 『구미공업단지 조성사업 조기시행 건의』, 장관보고서, 1982. 6.
건설부 토지국장(구개), 『구미산업기지 개발구역 축소 건의에 따른 협의』, 토개 434.1-224, 수신: 국토계획국장, 1982. 5. 28.
______(구내), 『구미산업기지 개발구역 내 행위규제 완화』, 토개 434.1-252, 1982. 6. 21.
건설부장관(건고245), 『건설부고시 제245호: 구미공업기지 확장단지 조성사업 실시계획 변경(추가) 승인』, 1979. 7. 6.
______(건고301), 『건설부고시 제301호: 구미공업기지 조성사업(확장단지) 실시계획 변경 및 추가 승인』, 1978. 10. 10.

______(건고315), 『건설부고시 제315호: 구미산업기지개발구역 및 동 개발 기본계획 변경 고시』, 1985. 7. 18.
______(구기용), 『구미공업기지 용수사업 실시계획 승인 및 고시 통보』, 상수 431-8526, 수신: 경상북도지사, 1981. 4. 23.
______(구기제), 『구미공업기지 제3단지조성사업 실시계획 2차 변경 승인』, 단지 434.1-, 수신: 산업기지개발공사사장, 1981. 1. 23.
______(구기조), 『구미공업기지 조성사업 실시계획 승인』, 단지 430-14880, 제1안 수신: 산업기지개발공사사장 외, 1977. 7. 19.
______(구기확), 『구미공업기지 확장단지 조성사업 실시계획 변경 승인』, 토개434.1-, 수신: 산업기지개발공사사장, 1982. 10. 21.
______(구단), 『구미공업기지 확장단지 조성사업 실시계획 승인 신청』, 단지430-, 수신: 산업기지개발공사사장, 1977. 6. 8.
______(구장), 『구미공업기지 확장단지 조성사업 실시계획 승인신청서 반려』, 단지 430-11326, 수신: 산업기지개발공사사장, 1977. 6. 1.
______(구장단), 『구미공업기지 확장단지 조성사업 실시계획 승인에 따른 의견조회』, 단지 430-12900, 제1안 수신: 상공부장관 외, 1977. 6. 22.
______(구장단2), 『구미공업기지 확장단지(제2단지) 조성사업 조기 준공 촉구』, 문서번호: 단지434.1-8780, 제1안 수신 산업기지개발공사사장 외, 1981. 4. 28.
______(구준), 『구미공업단지 도시계획 준용인가』, 도시 415-3395, 수신: 경상북도지사, 1969. 3. 4.
______(구지), 『구미공업단지 조성 조기시행 건의』, 토개 434.1-, 수신: 내무부장관, 1982. 6. 21.
______(구지조3), 『구미공업단지 조성사업 변경에 따른 보조사업 내용 변경 승인』, 단지 430-11101, 수신: 내부결재 및 경상북도지사, 1972. 6. 30.
______(구지조4), 『구미공업단지 조성사업 실시계획 변경 인가』, 단지 414-2059, 수신: 경상북도지사, 1978. 12. 31.
______(구지조8), 『구미공업단지 조성사업 실시계획 변경 인가』, 단지 418-20242, 수신: 경상북도지사, 1972. 11. 23.
______(구지조일), 『구미산업기지개발구역 일부 축소 및 기본계획 변경 고시』, 단지 30254-13932, 수신: 1안 내부결재, 2안 고시안, 제5안 경상북도지사 등, 1985. 7. 18.
______(구지조정), 『구미산업기지개발구역 축소조정 신청에 대한 회신』, 단지 30251-24422, 수신: 경상북도지사, 1985. 12. 11.
______(구지지), 『구미지방공업개발장려지구 기본계획 변경』, 입지 400-20164, 수신: 경상북도지사, 1976. 10. 11.
______(구지획), 『구미지방공업개발장려지구 기본계획 변경 승인』, 입지 430-8992, 수신: 제1안

내부결재 등, 1977. 4. 28.
______(기고24), 『산업기지개발 기본계획 고시』, 입지 432-24017, 수신: 경북도지사, 구미시장, 칠곡군수, 1979. 10. 17.
______(기획2), 『산업기지개발 기본계획(변경) 고시』, 단지 432-24597, 수신: (제1안) 내부결재, (제2안) 고시안 등, 1984. 12. 28.
______(산86), 『산업기지개발구역 변경 지정』, 단지 30251-10640, 수신: 경상북도지사, 경상남도지사, 1986. 5. 30.
______(전계), 『전자계산조직 운영규정 정비』, 방재 155-7949, 수신: 총무처장관, 1984. 5. 2.
건설부장관 신형식, 『건설부고시 제72호』, 1977. 4. 22.
경기도교육위원회, 『시설현황』, 미동전자기술학교, 1973.
경기도교육위원회 교육감(미설), 『미동전자기술학교 설립 인가』, 관리 1040-2312, 수신: 안1 의정부시 교육장, 안2 문교부장관, 1973. 12. 19.
______(인가), 『인가서』, 관리 1040-, 미동전자기술학교 설립자 조명하, 1973. 12. 19.
경북대학교총장, 『전자기사 자격증 소지자의 특별채용에 관한 질의』, 총무 200-429, 수신: 문교부장관, 1978. 4. 6.
경상북도(경구), 『경상북도 구미공업단지 수도사업소 정원 승인신청』, 서무150-5985, 수신: 내무부장관, 행정과장, 1970. 5. 30.
______(공장), 『공업개발장려지구 지정신청서(구미공업단지)』, 1970. 6, 1970. 8.
______(구15), 『구미 일단의 공업단지 조성사업 일부 변경 조치』, 지역 415-4869, 수신: 선산군수, 1974. 6. 28.
______(구156), 『구미 일단의 공업용지 조성사업지구 지적 승인』, 지역 415-6201, 수신: 제1안 내부결재 외, 1974. 8. 8.
______(구161), 『구미공업기지 확장에 따른 문화재 및 자연경관 보존 요청』, 문서번호: 기획 1080-161, 수신: 산업기지개발공사사장 안경모, 1977. 6. 20.
______(구공), 『구미공업단지 공업개발 장려지구 지정 신청』, 지역 430-4613, 수신: 내무부장관, 건설부장관, 1970. 6. 25.
______(구공00), 『구미공업단지 공장입지 지정』, 도시 400-740, 수신: 울트라전자공업주식회사 대표이사, 1977. 2. 2.
______(구공0210), 『구미공업단지 공장입지 지정』, 도시 400-926, 제1안 수신: 부광섬유주식회사 대표이사 외, 1977. 2. 10.
______(구공06), 『구미공업단지 공장입지 지정신청서 보완』, 도시 400-6783, 수신: 구미직물협업회회장, 1976. 9. 22.
______(구시2), 『구미공업단지 시설에 대한 협의』, 지역 415-3305, 수신: 공업단지관리청장, 1974. 5. 2.
______(구시7), 『구미공업단지 입지지정 내역』, 1977.

______(구실), 『구미공업단지 조성 실시변경 계획서』, 1970. 10.
______(구업), 『구미공업단지 조성사업 변경(2차) 계획서』, 1972.
______(구정), 『구미공업단지(13만평) 정지공사 감독관 임명』, 지역 1211-7342, 제1안 내부결재 외, 1973. 10. 15.
______(구지), 『구미도시계획 업무지시』, 지역 415-5042, 수신: 선산군수, 1974. 7. 3.
______(지개), 『지방공업개발지구 조성에 관한 기본계획 변경 승인 신청서-구미공업단지』, 1976.
경상북도 건설도시국 지역계획과(공입), 『공장 입지지정 및 공장 건설계획 등본발급』, 도시 400-4504, 1976.
경상북도 지역계획과(구시), 『구미공업단지 시설에 대한 협의』, 지역 415-, 수신: 구미공업단지 관리소장, 1974. 6.
경상북도지사(경기), 『경상북도 기능공양성소 전자부문 분교장 지정』, 공업 1332-2667, 수신: 대구전자공업고등공민학교장, 1969. 8. 27.
______(공수), 『공유수면 매립공사 준공 인가』, 치수 419-8546, 수신: 한국전자공단이사장, 1973. 11. 28.
______(구공), 『구미공단 내 국유지 소유권 이전』, 도시 30251-32290, 수신: 제1안 구미시장 외, 1986. 10.
______(구공4), 『구미공업기지 용수사업 실시계획 승인 및 고시』, 도시 442-2763, 수신: 구미시장, 1981. 5. 4.
______(구공기), 『구미공업기지 제3단지조성사업 실시계획 2차 변경 승인』, 도시 434.1-984, 수신: 구미시장, 1981. 2. 2.
______(구공입), 『구미공업단지 공장 입지지정』, 도시 400-6027, 제1안 수신: 대도직물공장 대표, 1976. 8. 23.
______(구구), 『구미공업단지 확장지구 매립면적 구획 결정』, 지역 400-4067, 수신: 한국수자원공사사장, 1973. 5. 21.
______(구기), 『구미공업단지 기본계획 변경자료 수집』, 도시400-2537, 수신: 공업단지관리청장 외, 1976. 4. 15.
______(구단조), 『구미공업단지 조성 실시 변경계획 승인 신청 보안』, 지역계획 431-5503, 수신: 건설부장관, 1970. 10. 15.
______(구조), 『구미공업단지 조성사업 실시계획 2차 변경 인가 신청』, 지역 432-1919, 수신: 건설부장관, 1972. 6. 22.
______(구조28), 『구미공업단지 확장용지 보상업무 인계』, 지역 400-8128, 수신: 한국수자원개발공사사장, 1973. 11. 12.
______(구조형), 『구미도시계획 형곡지구 토지구획정리사업에 관한 계획 결정』, 도시 443.1-7220, 수신: 구리시장, 1979. 10. 4.

______(구주), 『구미산업기지개발 기본계획자료 제출』, 도시 30250-19852, 수신: 건설부장관, 참조: 단지조성과장, 1986. 6. 21.
______(구지), 『구미산업기지개발구역 변경(해제)통보』, 도시 30250-18293, 수신: 구미시장, 1986. 6. 9.
______(구축), 『구미산업기지개발구역 축소조정 신청』, 도시 30251-34407, 수신: 건설부장관, 단지조성과장, 1985. 12. 3.
______(구형), 『구미시 형곡지구 토지구획정리사업 시행명령』, 도시 443.1-2312, 수신: 구미시장, 1980. 3. 22.
______(구획), 『구미지방공업개발 장려지구 기본계획 변경 신청』, 도시 400-5574, 수신: 제1안 내부결재, 제2안 건설부장관 등, 1976. 8. 4.
______(기신), 『기채 승인 신청』, 재정 1211-7122, 수신: 내무부장관, 1969. 5. 28.
______(기신68), 『기채 승인사항 변경 승인 신청』, 재정 1211-6863, 수신: 내무부장관, 1970. 6. 18.
______(기신78), 『기채 승인 신청』, 지방 1211-7857, 수신: 내무부장관, 1979. 6. 19.
______(산해), 『산업기지 개발구역 해제(축소) 신청』, 도시 3031-9261, 수신: 건설부장관, 1985. 4. 3.
______(자송), 『자금송금 요청』, 지역 400-8075, 수신: 한국수자원개발공사사장, 1973. 11. 9.
경상북도지사 金壽鶴, 『개발지구조성에 관한 기본계획 변경 승인 신청서』, 건설부장관 귀하, 1976.
경제과학심의회의(중황), 『중화학공업의 현황과 대책』, 1979. 8.
경제과학심의회의 사무국장 金貞武, 『전자공업육성방안』, 대통령 서명결재, 수신: 대통령 각하, 제6회 경제과학심의회의 심의의결사항 제출, 1967. 3. 9.
경제과학심의회의 위원 崔奎南· 위원 金基衡, 『전자공업육성방안』, 1967년 3월 8일 제6회 경제과학심의회의, 심의의안 제6호, 1967. 3. 3.
경제기획국장 우윤희(전부), 『전자공업용 부분품공장 건설사업에 대한 경제성 검토』, 경기투 315-696, 수신: 경제협력국장, 1966. 4. 25.
경제기획원(AID), 『AID품목(전자측정기기) 도입을 위한 KFX자금 사용합의 요청』, 국협 331-1410, 수신: 내부결재, 1970. 7. 2.
______(F전), 『FACOM 전자계산조직의 용역사업을 위한 외국인증액투자 인가신청의 외국인투자심의원회 상정』, 내부결재, 1974. 8. 31.
______(개발), 『개발연대의 경제정책-경제기획원 20년사』, 1982.
______(경백), 『경제백서』, 1970~1986, 1988~1990.
______(광통), 『광공업통계조사보고서』, 『광공업센서스보고서』, 『산업센서스보고서』, 1968~2002.
______(기1방), 『기술도입계약 변경(계약기간 연장) 인가신청 요약』, 1978. 6.

______(기4계변), 『기술도입계약 인가내용 변경신청 요약』, 1978.
______(기술), 『기술도입계약 현황』, 1974, 1979, 1980.
______(방직), 『방직기기용 전자기기 및 전자부품 제조를 위한 외국인투자 인가 심의자료』, 1973. 9.
______(선66), 『선박용 무전기 및 어업용 전자기기 제작을 위한 기술도입계약 인가신청』, 민간차관과 작성 12월 23일 장관결재 내부기안문서, 1966. 12. 22.
______(선무), 『선박용 무전기 및 어업용 전자기기 제작을 위한 기술도입계약 인가신청서 반려』, 323-156, 수신: 한국통신기산업주식회사 대표이사, 1967. 1. 17.
______(외국보), 『외국인투자(보고사항)』, 제89차 외자도입심의회, 1974.
______(외국전), 『외국인투자기업의 전자제품 통관절차』, 322-1387, 수신: Semkor 주식회사장 등, 1968. 9. 17.
______(우장), 『우리경제의 장기전망 1972-1981』, 1973. 12.
______(전가), 『전액외국인투자업체 전자부품(IC) 전량수출 인가조건 변경 승인』, 투진 322-2375, 내부결재문서, 1972. 10. 25.
______(전교), 『전자교환시설 도입을 위한 BBL차관』, 협이 351-2076, 내부결재문서, 1979. 11. 27.
______(전기), 『전자기기 제조공장 신설확장을 위한 현금차관계약 및 주식인수계약 인가 신청』, 협삼 321-1425, 내부결재문서, 1974. 7. 20.
______(전료), 『전자부분품 생산공장 건설을 위한 차관계약 인가 심의자료』, 1968.
______(전부), 『전자부분품 제조사업의 차관액 감액에 따른 차관계약의 일부 내용 변경 인가』, 투진 322-438, 수신: 안1 훼어챠일드 세미코어 주식회사 대표 외, 1971. 3. 11.
______(전부를), 『전자부품 제조를 위한 기술도입 계약기간 연장』, 내부결재문서, 1977. 11.
______(전부술), 『전자부품 제조를 위한 기술도입계약 변경(기간연장) 심의자료』, 1978. 6.
______(전부액), 『전자부품 제조를 위한 외국인증액투자 인가 및 차관계약 인가 심의자료』, 1973. 3.
______(전부외), 『전자부품 제조를 위한 외국인증액투자인가 심의자료』, 1977. 9.
______(전부위), 『전자부품 제조를 위한 외국인투자 인가 및 차관계약 인가』, 내부결재문서, 3월 26일 장관결재, 1973. 3. 24.
______(전부인), 『전자부품 제조를 위한 외국인투자 인가(내국인: 주식회사 금성사, 외국인: 일본국 포스타전기주식회사)』, 제59차 외자도입심의위원회 안건, 의안번호 제25호, 심의자료, 1971. 8. 4.
______(전부자), 『전자부품 제조를 위한 외국인투자 인가내용 변경(생산품목 추가) 및 기술도입계약 인가신청서의 검토 의뢰』, 투진관 322-214, 수신: 내부결재, 1977. 1. 31.
______(전부자제), 『전자부품 제조사업(요약)』, 1974.
______(전부자조), 『전자부품 제조사업을 위한 삼성엔이시(주)의 $1,000,000 감액 인가 보고자

료』, 1973. 9.
______(전부제), 『전자부품 제조사업을 위한 외국인증액투자 및 배당금출자 인가』, 내부결재 문서, 1978. 9.
______(전시), 『전자제품 시판허가서 재발급』, 322-973, 수신: Semikor주식회사장 등, 1968. 7. 1.
______(전자), 『전자제품 제조 기술도입계약 요약』, 1973.
______(전제), 『전자제품(칼라TV수상기) 제조사업을 위한 외국인증액투자 및 기술도입계약 전자제품 제조사업(요약)』, 1974.
______(제4계), 『제4차 경제개발5개년계획』, 1976. 12.
______(주경지표), 『주요경제지표』, 1960~1989.
______(한연), 『한국통계연감』, 1961~1963, 1966~1990.
경제기획원 경제기획국장(전제), 『전자제품 제조사업을 위한 외국인투자 인가신청 및 기술도입 계약인가 신청에 대한 경제성 검토』, 투이 315.3-430, 수신: 투자진흥관, 1970. 5. 8.
경제기획원 경제협력차관보(전제), 『전자교환기 제작을 위한 기술도입계약 인가(한국전자통신(주))』, 외자사업투자심사위원회 상정안건, 1978. 3.
______(전제93), 『전자교환기, 반도체 및 컴퓨터 제조사업을 위한 외국인투자인가』, 제109-3차 외자사업투자심사위원회 안건, 1980. 12.
______(전제기), 『전자부품 제조를 위한 기술도입계약 변경(기간연장)(한국TDK(주))』, 제45회 외자사업투자심사위원회 안건, 1978. 6.
______(전제를), 『전자부품 제조를 위한 외국인투자 인가(미국: OAK Industries Inc., 국내: 동성전자공업(주)와의 합작)』, 제11회 외자사업투자심사위원회 안건, 1978. 6. 10.
______(전제사), 『전자부품 제조사업 위한 기술도입 계약기간 연장 인가(금성알프스전자주식회사)』, 제29회 외자사업투자심사위원회 의안, 1977. 11.
______(전제업), 『전자부품 제조사업을 위한 기술도입계약 인가 내용 변경 인가(금성알프스전자주식회사)』, 제10차 기술도입심사위원회 의안, 1978. 10. 20.
______(전제위), 『전자부품 제조사업을 위한 외국인증액투자 및 배당금 출자 인가(금성알프스전자주식회사)』, 외자사업투자심사위원회 의안, 1978. 9.
______(전증), 『전자부품 제조사업을 위한 외국인증액투자 인가 취소(세진전자(주))』, 제123차 외자사업투자심사위원회 보고안건, 1981.
______(전체), 『전자부품 제조사업을 위한 외국인투자인가 취소(가칭: 한생반도체주식회사)』, 외자사업투자심사위원회 의안, 1978.
______(전추), 『전자부품(Dial Scale) 제조사업 외국인투자 인가내용(생산제품 추가 및 수출조건) 변경인가(고려정공주식회사)』, 제18차 외자사업투자심사위원회 의안, 1977.
______(전취), 『전자부품(Level Meter) 제조사업을 위한 외국인투자인가 취소(大韓電子計器(주)』, 제110차 외자사업투자심사위원회 안건, 1980.
______(전투), 『전자부품(집적회로, IC) 제조를 위한 외국인증액투자인가(한국시그네틱스(주))』,

제82차 외자사업투자심의위원회 안건, 1979. 11.
______(전트), 『전자부품(트란스포-마) 제조사업 외국인투자 인가 및 외국인투자기업 등록 취소((주)동양트란스포-마)』, 제8차 외자사업투자심사위원회, 의안번호 제3호, 1977. 5.
______(전품T), 『전자제품(Transceiver) 제조사업을 위한 외국인투자인가 취소(協同通信機(주))』, 외자사업투자심사위원회 안건, 1981.
______(종전), 『종합전자전기기기 제조시설 도입을 위한 차관도입 사전신고 승인(주식회사금성사)』, 제79차 외자사업투자심사위원회 의결 안건, 1979. 10.
______(증인), 『증액투자인가 취소 내용 요약』, 1981.
경제기획원 경협2과장(B차), 『BBL 차관교섭을 위한 관계관 회의』, 1979. 11. 26.
______(RY), 『RE YOUR TELEX OF NOV. 9 AND 16. 1979』, 수신: Mr G. Walckiers, Banque Bruxelles Lambert/INT/C/Ds, Telex 26932, 1979. 11.
경제기획원 경협차관보(전소형), 『전자공업용 소형모타 제조를 위한 기술도입계약인가 취소(금호전자주식회사)』, 제48차 외자사업투자심사위원회 안건, 의안번호 제2호, 1978. 7.
경제기획원 민간차관과(전부), 『전자공업용 부분품공장 건설을 위한 외국투자 내용변경 인가신청』, 문서번호 322, 내부결재, 1966. 11. 24.
______(전부분), 『전자공업용 부분품공장 건설을 위한 외국투자 등록에 관하여』, 문서번호 322-2338, 내부결재, 1966. 7. 18.
경제기획원 투자진흥국(영사), 『영국 Nichols 사절단 방한 결과보고』, 1974. 10. 25.
경제기획원 투자진흥국장(전부7), 『전자부품 제조를 위한 외국인투자 인가내용 변경(생산품목 추가) 및 기술도입계약 인가신청서의 검토 의뢰』, 투진관 322-, 수신: 외자계약심의관, 1977. 1. 31.
경제기획원·상공부·체신부·과학기술처(초고6대통령결재문서), 『초고집적반도체기술공동개발(안)』, 대통령 결재문서, 1986. 8. 22.
경제기획원장관(7공), 『79년도 공공차관도입계획에 대한 동의 통보』, 협총 321-1174, 수신: 건설부장관, 상공부장관 외, 1978. 11.
______(O기), 『O.S기술개발용 전자계산조직 도입을 위한 외국인증액투자 인가신청』, 투진삼 322-1751, 수신: 상공부, 과학기술처 등, 1977. 9. 2.
______(P4), 『PHILIP 전자회사의 대한투자에 관한 건』, 투진 322-4647, 수신: 외무부장관, 1973. 11. 22.
______(각전), 『각종 전자부품 제조사업을 위한 기술도입계약인가 내용변경 인가(기간연장) 통보』, 투진이 322-1970, 수신: 안1 금성알프스전자(주), 안2 재무부, 상공부, 과기처, 국세청, 관세처투자담당관, 한국은행총재, 1978. 10. 23.
______(구공), 『구미공업단지 보상부족액에 관한 관계관회의 결과 보고』, 투예 1211-711, 수신: 수자원공사사장, 1973. 5. 3.
______(국내), 『국내판매 원자재대금 송금 협조 요청』, 투진이 322-, 수신: 재무부장관, 상공부

장관, 한국은행총재, 1976. 9. 1.

______(국안3추), 『국무회의부의안건-1973년도 정부투자기관 추가 경정예산(안)』, 기예 1211-352, 제33회 국무회의 의안번호 제590호, 심의일 1973년 3월 9일, 1973. 3. 7.

______(국안4예), 『국무회의부의안건-1974년도 예산편성지침(안)』, 예총 1211.26 544(70-3037), 제40회 국무회의, 심의일 1973년 3월 30일, 1973. 3. 29.

______(국안일), 『국무회의부의안건-일반회계예비비지출(전자공업진흥을 위한 경비)』, 투예 1211-471, 수신: 국무회의의장, 제67회 국무회의 의안번호 제841호, 심의일 1969년 8월 29일, 1969. 8. 27.

______(국협1), 『국무회의안건 송부-전자교환시설(ESS기종) 제2차 확장사업을 위한 미국 수출입은행차관 및 착수금차관협정 체결』, 협이321-1298, 수신: 국무회의의장, 1981년 10월 30일 제77회 국무회의 의안번호 제1159호, 1981. 10. 22.

______(기계), 『기술도입 계약기간 연장 인가』, 외관 321-1476, 수신: 한국통신기산업주식회사, 1970. 11. 23.

______(기술청), 『기술도입인가 연장신청서 반려』, 관총 373-338, 수신: 대한통신공업(주)대표, 1979. 10. 24.

______(방기), 『방직기기용 전자기기 및 전자부품 제조를 위한 외국인투자 인가(일본국 세렌주식회사와 국내 한국세레택스주식회사와의 합작』, 제81차 외자도입심의위원회 안건, 의안번호 제40호, 1973. 9. 10.

______(벨경), 『벨지움과의 경제 및 기술협력사업 추진』, 협종 321-1317, 수신: 공업진흥청장, 1975. 7. 24.

______(어용), 『어업용 통신기기 및 전자시설을 위한 자본재도입 인가 신청(동양정밀공업주식회사)』, 제4차 외자도입심의위원회 안건, 심의번호 제15호, 1966. 12.

______(외전), 『외국인투자기업체(전자부품전량수출)의 수출입업무 간소화를 위한 건의』, 투진 322-2446, 수신: 안1 상공부장관, 안2: 금성알프스전자주식회사 대표, 1971. 11. 29.

______(전건), 『전액외국인투자업체 전자부품(IC) 전량수출조건 변경』, 외자도입심의위원회 보고안건, 1972. 10.

______(전계), 『전자계산기 및 전자부분품 제조사업을 위한 외국인투자 인가취소(외국투자가: 미국 U.M.S. Corp., 내국투자가: 대한전자공업(주))』, 제89차 외자도입심의회 안건, 문서번호 제3호, 1974.

______(전공부), 『전자공업용 부속품공장 건설을 위한 외국인투자 인가 신청』, 외자도입심의위원회 안건, 의안번호: 제3호, 1966. 12.

______(전공소), 『전자공업용 소형모타 제조를 위한 기술도입계약 인가(금호전자주식회사)』, 외자도입심의위원회 안건, 1977. 12.

______(전공초), 『전자공업용 초자제품 제조를 위한 외국인투자 인가 및 차관계약 인가』, 투진 322-5401, 수신: 구미전자초자주식회사, 1973. 12. 31.

______(전교), 『전자교환기 제조시설도입을 위한 단기외화자금차입의 건』, 협삼 352-765, 수신: 내부결재, 안1: 한국은행총재, 안2: 금성반도체(주), 1981. 6.

______(전기용), 『전자기기 용역사업을 위한 외국인증액투자 인가 및 자본재도입계약 인가 취소(미국 Frdnciff Corp.과 동양물산과의 합작투자)』, 제48차 외자도입심의위원회 안건, 의안번호 제28호, 1970. 4.

______(전기제), 『전자기기 제조공장 이전확장을 위한 차관계약 및 주식인수계약 인가(주식회사 금성사)』, 제100차 외자도입심의회 안건, 1974. 8.

______(전방), 『전자방식 자동속도귀환제어장치 제조를 위한 기술도입계약 인가((주)금성사)』, 제124-2차 외자도입심의위원회 안건, 1976. 9.

______(전부15), 『전자부문 외국인합작투자업체 시판을 위한 인가조건 변경』, 제57차 외자심의회 안건, 의안번호 제54호, 1971. 5. 7.

______(전부3), 『전자부분품 생산공장 건설을 위한 차관계약 인가(뉴-코리아 전자공업주식회사』, 제35차 외자도입심의위원회 안건, 의안번호 제2호, 1968.

______(전투), 『전자부분품 제조공장 증설을 위한 외국인투자 증액 인가 및 자본재도입 계약 인가』, 투진 322-706, 수신: 재무부장관, 상공부장관 외, 1969. 4. 14.

______(전투03), 『전자부분품 제조를 위한 외국인투자 내용변경 및 차관계약의 인가(Motorola)』, 투진 322, 수신: Motorola International Investment Corp. 및 Motorola Korea 주식회사의 신청대리인 변호사 한복, 1970. 3. 13.

______(전투07), 『전자부분품 제조를 위한 외국인투자 내용변경 및 차관계약의 인가(Motorola Int'l Development Corp.)』, 제47차 외자도입심의위원회 안건, 1970년 2월 27일 의결, 1970.

______(전투도), 『전자부분품 제조를 위한 외국인투자 증액 인가 및 자본재도입 계약 인가(미국 Signetics Corp.)』, 제38차 외자도입심위위원회 상정안건, 1969. 4.

______(전품), 『전자부분품 제조사업의 차관액 감액에 따른 차관계약의 일부 내용 변경 인가(훼어챠일드 쎄미코어 주식회사)』, 외자도입심의위원회 보고 안건, 1971.

______(전품016), 『전자부분품의 국내시판 허가』, 투진 322-1622, 수신: 모토로라코리아주식회사 사장, 1968. 11. 6.

______(전품1), 『전자부품 제조를 위한 외국인증액투자 인가』, 투진이 322-2238, 수신: 외무부장관, 내무부장관, 재무부장관 외, 1977. 11. 11.

______(전품103), 『전자부품 제조를 위한 외국인증액투자 인가 및 차관계약 인가(훼어챠일드 쎄미콘덕타 홍콩(주), 훼어챠일드 쎄미콘덕타 한국(주))』, 외자도입심의위원회 안건, 1973. 3.

______(전품109), 『전자부품 제조를 위한 외국인증액투자 인가(한국시그네틱스주식회사)』, 외자도입심의위원회 안건, 1977. 9.

______(전품11), 『전자부품 제조를 위한 외국인투자 인가』, 투진 322-1601, 수신: 상공부장관,

재무부장관 등, 1971. 8. 5.

______(전품1223), 『전자부품 제조를 위한 외국인투자 인가』, 투진 322-3773, 수신: 재무부투자담당주재관, 상공부투자담당주재관 등, 1973. 9.

______(전품1376), 『전자부품 제조를 위한 외국인투자 인가』, 투진이 322-1196, 수신: 상공부장관, 외무부장관 등, 1977. 6. 14.

______(전품14), 『전자부품 제조를 위한 외국인투자 인가(내국인: 주식회사 금성사, 외국인: 일본국 포스타전기주식회사)』, 외자도입심의위원회 안건, 의안번호 제25호, 1971. 8. 4.

______(전품1413), 『전자부품 제조를 위한 외국인투자 인가내용 변경(생산품목 추가) 및 기술도입계약 인가신청서의 검토 의뢰』, 투진관 322-, 수신: 상공부투자담당주재관, 과학기술처투자담당주재관, 1977. 1. 31.

______(전품15), 『전자부품 제조를 위한 외국인투자 인가신청에 대한 보완자료 제출』, 투진 322-1511, 수신: 상공부 외국인투자담당주재관 외, 1971. 7. 27.

______(전품150T), 『전자부품 제조사업을 위한 기술도입계약 변경 인가』, 투진이 322-1078, 수신: 안1 한국TDK(주), 1978. 6. 12.

______(전품150나), 『전자부품 제조사업을 위한 기술도입계약 인가(기술도입자: 한국나쇼날전기주식회사, 기술공여자: 일본 松下電器産業株式會社)』, 외자도입심의위원회 보고안건, 1973.

______(전품1510), 『전자부품 제조사업을 위한 삼성엔이시(주)의 $1,000,000 감액 인가(日本電機(주) 및 住友商社(주)와 국내 삼성전자공업(주)의 합작)』, 제81차 외자도입심의위원회 안건, 의안번호 제39호, 1973. 9. 10.

______(전품151F), 『전자부품 제조사업을 위한 외국인증액투자 인가(Fairchild Semiconductor (Hong Kong) Ltd. 단독투자)』, 제91차 외자도입심의위원회 안건, 1974.

______(전품153), 『전자부품 제조사업을 위한 외국인투자 인가(외국투자가: 日本電氣硝子(주), OWENS-ILLINOIS Inc., 내국 투자가: 한국유리공업(주))』, 제90차 외자도입심의위원회 안건, 1974. 3.

______(전품16), 『전자부품 제조사업을 위한 외국인투자 인가(일본국 三洋電機(株), 三洋電機貿易(주)와 삼성전자공업(주) 및 삼성SANYO電機(주)와의 합작투자』, 제78차 외자도입심의위원회 안건, 1973. 6.

______(전품31), 『전자부품 제조수출을 위한 외국인투자 인가-일본 Toshiba전기주식회사 및 재일교포 鄭泰石』, 제41차 외자도입심의위원회 안건, 의안번호 제31호, 1969.

______(전품32), 『전자부품 제조시설 확장을 위한 차관계약 인가(한국 TDK주식회사와 일본국 東京電氣化學工業(주) 사이의 차관계약)』, 제79차 외자도입심의위원회 안건, 의안번호 제2호, 1973.

______(전품71), 『전자제품 국내판매 승인』, 투진이 322-2271, 수신: 삼성전관공업(주), 1978. 12. 1.

______(전품748), 『전자제품 국내판매 승인』, 투진이 322-2448, 수신: 삼성전관공업(주), 1978. 12. 21.
______(전품기), 『전자제품 제조 기술도입계약 인가 통보』, 투진 322-3116, 수신: 제1안 가칭 한국나쇼날전기주식회사, 제2안 재무부장관 등, 1973. 8. 20.
______(전품를), 『전자제품 제조를 위한 외국인투자사업의 외국투자자 변경』, 투진 322-, 수신: Mr. Richard Weise, Motorola Inc., 한복(MIDC), 1968. 12. 19.
______(전품를12), 『전자제품 제조를 위한 차관계약 인가』, 제108차 외자도입심의위원회 안건, 의안번호 제12호, 1975. 4. 30.
______(전품사), 『전자제품 제조사업 확장을 위한 외국인증액투자 인가』, 투진 322-2234, 수신: 재무부장관, 상공부장관 외, 1971. 10. 26.
______(전품사6), 『전자제품 제조사업 확장을 위한 외국인증액투자 인가(훼어챠일드세미코어 주식회사)』, 제61차 외자도입심의위원회 상정 안건, 의안번호 제30호, 1971. 10.
______(전품업4), 『전자제품 제조사업을 위한 외국인증액투자 인가』, 문서번호: 2011, 수신: 훼어차일드쎄미콘닥터(한국)주식회사 등, 1974. 4. 24.
______(전품제), 『전자제품 제조사업을 위한 외국인투자 인가조건 이행의 건』, 투진이 322-2499, 수신: 보건사회부장관, 1977. 12. 15.
______(전품조), 『전자제품 제조용 기계 및 부품에 대한 관세면세 협조 및 통관상의 애로사항 건의』, 문서번호 801, 수신: (안 1) 재무부장관 등, 1974. 2. 18.
______(전품칼), 『전자제품(칼라TV수상기) 제조사업을 위한 외국인증액투자 및 기술도입계약 인가(외국인투자가: 日興實業(株) 및 교포 郭泰石)』, 외자도입심의위원회 안건, 1974.
______(전품칼2), 『전자제품(칼라TV수상기) 제조사업을 위한 외국인증액투자 및 기술도입계약 인가(외국인투자가: 日興實業(株) 및 교포 郭泰石) 심의자료』, 외자도입심의위원회, 1974.
______(전허9), 『전자제품의 국내시판 허가조건 일부 변경 승인』, 투진 322, 수신: 재무부장관, 상공부장관, 1969. 9. 10.
______(전회), 『전자회로기관 합작투자』, 투진이 322-4415, 수신: 외무부장관, 1974. 10. 11.
______(합생), 『합작업체가 생산한 전자제품의 국내시판을 위한 회신』, 투진이 322-198, 수신: 상공부장관, 1975. 1. 21.
______(해무), 『해상무선장치 및 전자기기 제조를 위한 기술도입계약 인가(대한전자개발주식회사)』, 제19차 외자도입심의위원회 안건, 1967. 11.
______(해무2), 『해상무선장치 및 전자기기 제조를 위한 기술도입계약 인가(대한전자개발주식회사) 심의자료』, 제19차 외자도입심의위원회, 1967. 11.
경제제1(구미3대통령결재문서), 『구미전자공업단지 확장계획』, 대비경, 2월 2일 대통령 결재문서, 1973. 2.
______(회각2), 『회의각서』, 제20호, 작성자 김동수, 1968. 8. 1.

경제제2(20), 『2000년대의 국토구상』, 대통령 보고 및 결재문서, 1978.*
______(7중), 『79년도 중화학기지 조성계획』, 1979. 1.*
______(8고1), 『80년대 고도성장을 위한 전략』, 인쇄본, 1979.*
______(전7), 『전자공업』, 1977.
______(중10), 『중화학공업 주요사업 추진현황』, 1978. 10.*
______(중4), 『중화학공업 추진계획』, 1974. 12.*
______(중계초), 『중화학공업계획 초안』, 1980.*
______(중기조), 『중화학기지 조성현황』, 1979.*
경제제2비서실(기교), 『기술교육제도 개선안』, 1973. 2.*
경향신문사, 『경향신문』, 1950. 1. 1~1999. 12. 31.
고려대학교 아세아문제연구소 일본연구실편(자료집2), 『한일관계자료집』, 제2집, 일본연구자료총서, 고려대학교출판부, 1977.
공보처 홍보국(122), 『금성라디오공장 작업광경』, 국가기록원 CET0035351, 1962. 3. 2.
______(131), 『금성사 전자제품 조립공장』, 국가기록원 CET0038091, 1979. 8. 31.
______(16), 『1986년 한국전자전람회』, 국가기록원 CET0005032, 1986. 10. 8.
______(김1), 『김상협국무총리 경북도청 및 구미전자기술연구소 시찰』, 1982. 11. 12.
______(말주), 『말레이시아 주택촌락개발성장관, 구미공업단지시찰 기념촬영』, 국가기록원 CET0073303, 1977. 5. 17.
______(제2), 『제2차 한국전자전람회』, 국가기록원 CET00229291971, 1971. 7. 16.
______(제10), 『제10회 전자전람회 참관』, 1979년 9월 25일 촬영, 국가기록원 CET0022939, 1979. 9. 25.
______(제11), 『제11회 전자전람회 참관』, 1980년 10월 17일 촬영, 국가기록원 CET0004368, 1980. 10. 7.
공업단지관리청(구전), 『구미전자공업단지 입주촉진을 위한 기본계획』, 1973.
공업단지관리청장(구기), 『구미공업단지 기본계획 변경』, 투자 1312-1572, 수신: 경상북도지사, 1976. 5. 12.
______(구시), 『구미공업단지 시설에 대한 협의』, 개발 1330-2491, 수신: 경상북도지사, 1974. 6. 22.
______(구입), 『구미공업단지 입주촉진 대책회의 개최』, 개발1330-, 수신: 건설부 주택도시국장 외, 1974. 5. 14.
공업진흥청(IEC), 『IECQ가입으로 인한 예상효과(전자부품의 국제 경쟁력 제고)』, 1984. 2. 29.
______(기전), 『기술지도보고서: 전기기기』, 기술지도 78-61, 1978. 12.
______(기지), 『기술지도보고서(전기전자 분야)』, 11-9909972-000030-01, 1982.
공업진흥청·국립공업시험원, 『기술지도보고서(전기전자 분야)』, 기술지도 No. 82-66, 1982.
공업진흥청장(I전), 『IEC 전자부품 품질사정제도 참여』, 표준 1370-9382, 수신: 외무부장관, 참

조: 국제기구국장, 1978. 10. 18.
______(전제), 『전기제품과 전자제품 분류에 대한 해석』, 기검 1333-380, 수신: 노동청장, 1977. 3. 15.
공학박사 김완희(전대통령보고), 『전자공업진흥을 위한 조사보고 요약-대통령각하께 보고요약서』, 1968. 8. 1.
과학기술처(741), 『74년도 제1차 전자계산조직개발조정위원회 개최결과 보고』, 정관 345-1034, 제1안 수신: 내부결재 외, 1974년 2월 1일 장관 결재문서, 1974. 2. 1.
______(과기감), 『과학기술연감』, 1973~1989.
______(대건3대통령보고문서), 『대덕연구학원도시 건설기본계획』, 경제2, 대비경(이), 대통령보고문서, 1973. 12.
______(대전건175), 『대덕전문연구단지 건설계획 조정에 따른 76년도 집행사업 시행계획』, 종계 342-175, 4월 14일 종합계획관실 발송문, 1976. 4. 14.
______(대전건3822), 『대덕전문연구단지 건설계획 조정에 따른 76년도 집행사업 시행계획』, 종계 342-3822, 1976. 4. 12.
______(선기), 『선진기술총람』, 1973, 1975.
______(연학3대통령보고서), 『연구학원도시건설계획(안)(제2연구단지)』, 대외비 요회수, 발표금지의 1973년 5월 18일 청와대회의 대통령보고서, 1973. 5. 18.
______(중공장), 『중화학공장건설에 따른 기술 및 인력의 수요분석과 그 개발방안』, 과학기술처, 1973. 8.
과학기술처·산업기지개발공사, 『중화학공업을 위한 신공업도시의 계획기준 및 모델설정에 관한 연구』, 과학기술처, 1974. 12.
과학기술처·총무처장관, 『전자계산조직에 관한 교육기관 지정』, 교훈 260-373, 총무 260-2100, 수신: 71~4, 21~4, 1972. 2. 29.
과학기술처장관(기청), 『기술도입계약 인가신청 검토 의견』, 관리 342-8609, 수신: 경제기획원장관, 1973. 8. 25.
______(레소), 『레소토 훈련생 초청(전자분야)』, 총괄 342-13318, 수신: 외무부장관, 참조: 경제조사과장, 1976. 12. 23.
______(유디), 『유엔디피 지원 한국통신기술연구소 사업에 대한 회신』, 국협 342-3042, 수신: 외무부장관, 1978. 3. 16.
______(전도), 『전자계산조직 도입을 위한 외국인증액투자 인가신청』, 투자 342-11738, 수신: 경제기획원장관, 참조: 투자진흥국장, 1977. 10. 6.
______(컴퓨1), 『컴퓨터 국산화에 관한 의견』, 정산 341-1811, 수신: 대통령비서실장, 1977. 2. 18.
______(케레), 『케냐 및 레소토 연수생 초청 계획』, 총괄 342-13099, 수신: 외무부장관, 참조: 경제조사과장, 1976. 12. 16.

과학동아사, 『과학동아』, 1990. 9.
관리국 문정과 행정주사보 김옥근· 행정서기보 이상우, 『복명서』, 1964. 2. 18.
관세청(국구), 『국산전자제품 구매에 대한 특혜여부 문의』, 수입 1275-1762, 수신: 외무부장관, 1980. 7. 16.
______(무역), 『무역통계연보』, 1971-2002.
______(무환), 『무환수입 전자게임기기 및 부품 통관억제』, 수입 1275-1742, 1979. 8. 31.
______(전대), 『전자제품에 대한 정액환급 대상물품 검사철저』, 예규번호 140-0-0-5, 1976.
광운전자공과대학, 『보완서류: 1975학년도 전기학위등록』, 1975.
광주시교육장(사설), 『사설강습소 설립계획 승인(대성컴퓨터학원)』, 1983. 9.
광주시교육청(사강), 『사설강습소 설립계획 승인(전자컴퓨터계)』, 사회 1071-4419, 내부결재문서 등, 1983. 9. 3.
광주시장, 『전자유기장 영업허가사항 변경에 따른 질의조복문용지』, 보건 1435-394, 1982. 9. 13.
구미공단(구전기4), 『구미전자공업기지』, 1974. 10.*
구미공단입주업체협력회장, 『구미공업단지 제2단지 공장부지 분양가 인하 건의』, 수신: 상공부장관, 1981. 4. 7.
구미공업단지관리소장(위임), 『위임전결규정 승인 요청』, 구관 130-489, 수신: 상공부장관, 1977. 6. 13.
______(합산), 『합작업체 생산 전자제품 국내판매 승인』, 구사 1310-, 수신: 오리온전기(주) 대표이사, 1977. 5. 23.
______(합생), 『합작업체 생산 전자제품 국내판매 승인』, 구사 1310-1063, 수신: 상공부장관, 국세청장, 대구세관구미출장소장, 1977. 5. 23.
구미문화원, 『구미시지』, 2005.
구미수출산업공단(구10), 『구미공단 10년사』, 1981.
______(구20), 『구미공단 20년사』, 1991.
______(구기), 『구미공업기지 현황보고』, 1978. 7*
______(구기4), 『구미기지 현황보고』, 1974. 12.*
______(업무), 『업무보고』, 1986. 9.
______(추진), 『추진상황』, 1984.
구미수출산업공단이사장(삼락), 『삼각포락지 매립공사 시공확인에 대한 촉구』, 구공관 446, 수신: 산업기지개발공사사장, 1975. 8. 21.
______(삼매), 『삼각포락지 매립사업 시공확인』, 구공관 361, 수신: 산업기지개발공사사장, 1975. 7. 5.
구미수출산업공단이사장 박승도(구개), 『구미공업개발장려지구 조성 기본계획 중 추가요청 보완』, 구공업 제221호, 수신: 경상북도지사, 1976. 4. 6.

______(구단), 『구미공업단지 제2단지 암석채취에 따른 의견 통보』, 구공기획 제377호, 1981. 5. 13.

구미시(구공40), 『구미공단 40년사(1969~2009)』, 2010.

______(쓰레), 『쓰레기 종말처리장 조성에 따른 협조』, 위생 1437-37621, 수신: 구미수출산업공단이사장, 구미상공회의소회장, 1984. 7. 18.

구미시장(산조), 『산업기지개발구역 조정(축소) 신청』, 문공 35340-1857, 수신: 경상북도지사, 1985. 11. 15.

______(제3), 『제3공업단지 개발』, 장관 보고, 1985. 1. 18.

구자경, 『오직 이 길밖에 없다』, 행림출판, 1992.

구자학(具滋學) 전 금성사 사장 증언, "회고: 가전종합사의 거보로서 30년," 『전자조합 20년사』, 한국전자공업협동조합, 1987, pp. 375~380.

국가기록원(국기), 국가기록원 웹사이트(http://theme.archives.go.kr), 2010~2020. 4. 9.

국가기록원 대통령기록관, http://pa.go.kr/portal/contents, 2019. 1. 4~1. 5.

국가보위입법회의, 『국가보위입법회의, 경제제1위원회 회의록』, 제5호, 국가보위입법회의 사무처, 1980. 11. 5.

국립영화제작소(한전), 『한국의 전자공업』, 협찬: 상공부, 국가기록원 CEN0003925, 1974.

국무위원 김동휘(金東輝) 상공부장관, 『84년도 전자공업진흥기금 운용계획(안)』, 제39회 국무회의, 의안번호 제610호, 심의일 9월 29일, 1983. 9.

국무위원 김윤기(金允基) 경제담당무임소장관, 『우리나라 기계공업 실태조사와 육성대책』, 경제장관회의안건 접수번호 제182호, 1968. 7.

국무위원 김정렴 상공부장관(전예), 『전자공업진흥을 위한 예비조사보고』, 경제장관회의 안건, 의안번호 제219호, 1968. 9.

국무위원 남덕우 부총리 겸 경제기획원장관(제4), 『제4차경제개발5개년계획(안)』, 국무회의 안건, 의안번호 제1046호, 1976. 12.

국무위원 朴贊兢 총무처장관(전통), 『전자통신개발추진위원회설치령중개정령안』, 심의번호 제1061호, 심의일 1982년 12월 24일, 1982. 12.

______(제행), 『제2차 행정전산화 기본계획안』, 제80회 국무회의 의안 제912호, 심의일 1982년 12월 9일, 1982. 12.

국무위원 서일교 총무처장관(구관), 『구미공업단지관리소 직제(안)』, 제64회 국무회의 의안, 1973. 6. 28.

국무위원 신현확 경제기획원장관(전기), 『전자기술개발사업을 위한 IBRD 차관협정체결』, 제15회 국무회의 의안번호 155호, 1979. 2.

국무위원 심흥선 총무처장관(영대), 『영예수여(현대조선중공업주식회사 대표이사 정희영 외 87명)』, 국무회의 의안번호 제1117호, 1977.

국무위원 이낙선 상공부장관(구행), 『구미공업단지 행정관리 일원화 및 현장종결 행정체제 수립안』, 중화학공업추진위원회 재상정안, 1973. 4.

국무위원 태완선 부총리 겸 경제기획원장관(14예), 『1974년도 예산편성지침(안)』, 제40회 국무회의 의안번호 제678호, 국무회의안건철(제38~41회), 1973. 3. 29.

국무총리(연구3대통령결재문서), 『연구학원도시건설계획』, 종계 341-, 5월 28일 대통령 결재문서, 1973.

______(중계), 『중앙전자계산소 소속 이관』, 국행일 100-, 1974. 3. 26.

국무총리 김종필(정조개), 『정부조직법개정법률공포(안)』, 국무회의 의안번호 제33호, 1973. 1.

국무총리기획조정실(제342산), 『제3차경제개발5개년계획 4차연도 평가보고서: 제2편 산업부문』, 평가교수단, 1976.

______(제421종), 『제4차경제개발5개년계획 2차연도 평가보고서: 제1편 종합부문』, 평가교수단, 1979.

______(제422산), 『제4차경제개발5개년계획 2차연도 평가보고서: 제2편 산업부문』, 평가교수단, 1979.

______(제431종), 『제4차경제개발5개년계획 3차연도 평가보고서: 제1편 종합부문』, 평가교수단, 1980.

______(제432산), 『제4차경제개발5개년계획 3차연도 평가보고서: 제2편 산업부문』, 평가교수단, 1980.

______(중건2), 『중화학공업 건설에 관한 연구』, 유신정책심의회 제2차 조사연구보고서, 1975. 3.

______(중건3), 『중화학공업 건설에 관한 연구』, 유신정책심의회 제3차 조사연구보고, 1975. 10.

______(중건5), 『중화학공업 건설에 관한 연구』, 유신정책심의회 제5차 조사연구보고, 1977. 11.

______(중건6), 『중화학공업 건설에 관한 연구』, 유신정책심의회 제6차 조사연구보고, 1978. 11.

______(중건7), 『중화학공업 건설에 관한 연구』, 유신정책심의회 제7차 조사연구보고, 1979. 10.

______(중조), 『중화학공업에 대한 조사연구보고서』, 유신정책심의회 조사연구보고서, 1974. 5.

______(중오), 『중화학공업의 오늘과 내일』, 1973. 12.

국무총리행정조정실(중계), 『중앙전자계산소 소속 이관』, 국행일 100-577, 수신: 품의, 국무총리결재문서, 1974. 3.

국방부 국군심리전단(한전), 『한국 전자제품, 세계 각국으로 수출!』, 국가기록원 DA0648570, 1976.

국세청(전게), 『전자게임기 특별소비세 과세대상 여부』, 소비 1265.3-1929, 수신: 재무부장관, 1979. 7. 19.

______(합생), 『합작업체 생산 전자제품 국내판매 승인』, 소비 1235-1019, 수신: 대구지방국세청장, 1977. 6.

국제경제연구원(전산), 『전자산업의 국제비교와 시장구조 분석』, 특수분야시리즈 제58호, 노성호·김준현 연구원, 1979. 11. 22.

국제신보사, 『국제신보』, 1959. 11. 4.

국토계획국장(산개), 『산업기지개발구역(변경(축소조정) 지정건의에 따른 의견조회』, 입지 432-425, 수신: 토지국, 도시국, 1983. 5. 27.

국회법률정보시스템, http://likms.assembly.go.kr/law, 2017. 12. 16.

권일상(權一相) 상공부공업기획국종합계획과장, "제4차 5개년계획 1차년도의 중화학공업의 과제, 새해 우리나라 경제의 운용방향," 『금융』 274, 1977. 1, pp. 31~37.

금성반도체주식회사 대표이사(단외), 『단기외화자금 차입의 건』, 금반업 제81-038, 수신: 경제기획원장관, 참조: 경협3과장, 1981. 6. 10.

금성사, 『금성사이십오년사』, 1985.

금성알프스전자주식회사 대표이사(수업), 『수출입업무 간소화를 위한 건의서 제출』, 수신: 경제기획원장관, 민원서류 접수번호 제2481, 1971. 11. 22.

______(외도), 『외자도입보고서』, 경제기획원장관 귀하, 1972. 7. 2.

금성전선, 『금성전선 20년사』, 1984.

김건중 전 한국정보통신 총괄사장, "통신혁신의 요람 속에서 오늘의 IT강국," 전자산업 50년사 편찬위원회, 『1959-2009년 대한민국 전자산업 50년사, 기적의 시간 50』, 한국전자정보통신산업진흥회, 2009, pp. 223~228.

김광모 전 경제제2비서실 비서관 및 중화학공업추진위원회기획단 부단장 증언, 2008. 11. 20~2020. 1. 18.

김광모 전 중화학공업추진위원회기획단 부단장(김박), "김광모 증언: 박정희대통령과 경제개발," 박정희대통령기념사업회녹음내용, www.kmkim.com, 2002. 1. 29.*

______(김중전), "김광모 증언: 중화학공업화정책과 전자공업," www.kmkim.com, 2004. 9. 23.

______(김중화선), "김광모 증언: 중화학공업화정책선언에 따른 공업구조 개편론," www.kmkim.com, 2004. 1. 28.

______(청비), 『청와대 비서관이 엮은 역사의 기록: 중화학공업에 박정희의 혼이 살아 있다』, 기파랑, 2015.

______(한17), 『한국 중화학공업 오디세이』, 알에이치코리아, 2017.

______(한국산), 『한국의 산업발전과 중화학공업화 정책』, 지구문화사, 1988.

김동규(金東圭) 상공부중공업차관보, "중화학공업의 개발방향 『특집』," 『이코노미스트』, 25, 1978. 1, pp. 38~41.

김석희·배종기·윤동진, 『국내 전자산업에 있어서의 외국인 직접투자의 효과』, 연구보고서 제172호, 산업연구원, 1989.

김시윤, "한국산업정책의 결정구조에 관한 연구: 전자산업정책에 대한 메조코프라티즘적 접근," 고려대학교 대학원 행정학과 박사논문, 1992.

김완희, 『두개의 해를 품에 안고: 한국전자산업의 대부 김완희 박사의 자전에세이』, 동아일보사, 1999.

김재관 전 상공부차관보 증언, 2009. 12. 10~2013. 4. 6.

김적교, "내수, 수출의 균형발전과 시장기반," 『한국경제의 구조문제』, 대한상공회의소, 1983, pp. 150~184.

김정렴 전 대통령비서실장, 『김정렴 회고록: 최빈국에서 선진국 문턱까지-한국경제정책 30년사』, 랜덤하우스, 2006.

______, 『한국경제정책 30년사』, 김정렴회고록, 중앙일보사, 1995.

김정렴 전 대통령비서실장 증언, 2008. 11. 20~2008. 12. 22.

김해수 전 금성사 주임, 『아버지의 라디오-국산라디오 1호를 만든 엔지니어 이야기』, 김진주 엮음, 느린걸음, 2007.

金孝造 전 京仁전자 부사장, "회고: 스위치 전문기업으로 생산 14년," 한국전자공업협동조합, 『電子조합 20년사』, 1987, pp. 362~366.

남성흥업주식회사 대표이사, 『전자제품 제조를 위한 외국인투자 인가에 관련사항』, 수신: 경제기획원장관, 1969. 11. 5.

내각사무처장(각송6210), 『각의록 송부』, 1962년 12월 31일 제108회 각의록, 133.1-, 1962. 12. 31.

내무부(구6), 『구미공업단지 공업용수 시설비 기채변경 승인』, 재정 1216-6093, 수신: 경상북도지사, 1970.

______(구공), 『구미공업단지 조성사업비 기채 승인』, 재정 1216-, 수신: 경상북도지사, 1969. 6.

______(구단), 『구미공업단지 확장(각하지시사항)』, 내부공람문서, 1973.

______(지채), 『지방채발행승인신청서 검토: 구미공업단지 조성사업비 기채(경북)』, CN9-69-4, 1969.

내무부장관(경사), 『경상북도 사과기술보급소 설치 및 구미공업단지 수도사업소 기능강화 불승인』, 지기180-1742, 수신: 경상북도지사, 1976. 2.

______(구공), 『구미공단 진입로 확장 포장사업비 기채 승인』, 재정 1211-11293, 수신: 경상북도지사, 1979. 7. 11.

______(구단), 『구미공업기지 확장단지 조성사업 준공인가』, 토개 434.1-3144, 제1안 내부결재 외, 1983. 2. 19.

______(구채), 『구미공업단지 확장사업비 기채 승인』, 재정 1216-866, 수신: 경상북도지사, 1973. 1.

______(구확), 『구미공업단지 확장에 따른 보상비 기채 승인』, 재정1216-2222, 수신: 경상북도지사, 1973. 2.

______(구확개), 『구미산업기지 개발구역 일부축소 계획(안)에 대한 의견 통보』, 지역 3025-7162, 수신: 건설부장관, 1985. 6. 18.

______(구확대), 『구미산업기지 개발구역 확대지정(안)에 대한 의견 회시』, 발전 430-3564, 수신: 건설부장관, 1979. 3. 9.

네이버, 『네이버캐스트』, 2011. 10. 3.

노동청 구미지방사무소, 『직업훈련교사면허신청서 접수서류』, 신청직종: 전자, 제출처: 노동청장 귀하, 민원서류, 1978. 7. 6.

노동부 직업훈련국, 『사업추진현황』, 1981. 4.

노동청장(AD), 『ADB사업 전자분야 자문관 고용계약 체결』, 협력 1456-8395, 수신: 경제기획원장관, 외무부장관 외, 1974. 6. 29.

『뉴스웨이』, http://news.newsway.co.kr, 2016. 4. 21.

니시노준야(西野純也), "일본모델에서 한국적 혁신으로-1970년대 중화학공업화를 둘러싼 정책과정," 『세계정치』, 제32권 제2호, 서울대학교 국제문제연구소, 2011, pp. 167~207.

대구일보사, 『대구일보』, 1962. 8. 14~1980. 12. 30.

대구전자공업기술학교(가칭) 설립자 최달곤, 『학교설립인가 신청』, 수신: 경상북도교육감, 1970. 6. 15.

대구지방국토관리청(구제), 『구미 제2공업단지 예정지내 석산 사용 계획(안)』, 1981.

대구지방국토관리청장(석사), 『석산 사용 합의 요청』, 하천 422-2135, 수신: 건설부장관, 참조: 산업입지국장, 1981. 4. 24.

대구직할시장, 『대구직할시 전자계산조직 사용료 징수 조례(공포)』, 법무 183.5-, 수신: 나-파, 1982. 9.

대우전자(HD), http://www.daewoo-elec.com/html/group_23.asp, 2018. 5. 6.

대통령 명에 의하여 경제과학심의회의 사무국장, 『전자공업육성방안』, 경사이 310-2001, 수신: 국무총리, 1967. 3. 20.

대통령비서실(구수), 『구미수출공단2단지 준공지연에 따른 문제점』, 1983.

______(구전), 『구미전자공업단지확장 지시』, 대비경(일) 440.1-24, 대통령 지시각서, 수신: 수자원개발공사사장, 1973. 2. 13.

______(기회), 『기자회견내용』, 1979.

______(대덕4대통령결재문서), 『대덕전문연구단지건설계획(조정안)』, 1976년 4월 2일 대통령 결재문서, 1976. 4.

______(박설1), 『박정희대통령연설문집』, 1최고회의편(1961년 7월~1963년 12월), 1973.

______(박연159), 『박정희대통령연설문집』, 1970, 1972, 1976, 1979.

______(박연3), 『박정희대통령연설문집』, 제10집(1973년 1월~12월), 1974.

______(박연6), 『박정희대통령연설문집』, 제13집(1976년 1월~12월), 1977.

______(박연7), 『박정희대통령연설문집』, 제14집(1977년 1월~12월), 1978.

______(박연8상), 『박정희대통령연설문집 7, 제8대편 상』, 大韓公論社, 1976.
______(보전기9대통령결재문서), 『보고서: 전자공업진흥기본계획』, 경제제1, 보고번호 제8호, 보고관 김동수, 대통령 결재문서, 1969. 1. 16.
______(부금), 『부전지: 금성사 영등포 제2공장입지 문제』, 1974. 10. 10.
______(예973대통령결재문서), 『예비비 지출재가 품의전: 1973년도 미EXIM차관 이자 및 수수료 지출』, 경제제1, 접수번호 68, 보고관 김용환, 1973년 10월 미기재일 대통령 결재문서, 1973. 10. 15.
______(예T3대통령결재문서), 『예비비 지출재가 품의전: TCOM 교육용 송신시설』, 경제제1, 접수번호 26, 보고관 정소영, 1973년 4월 20일 대통령 결재문서, 1973. 4. 19.
______(예통6대통령결재문서), 『예비비 지출재가 품의전: 통신사업조사연구비』, 경제제1, 접수번호 미기재, 보고관 李熺逸, 1976년 6월 미기재일 대통령 결재문서, 1976. 6.
대통령비서실(예한국전7대통령결재문서), 『예비비 지출재가 품의전: 한국전자기술연구소 운영경비』, 경제제1, 접수번호 미기재, 보고관 李熺逸, 1977년 6월 미기재일 대통령 결재문서, 1977. 6. 1.
______(전자6대통령결재문서), 『전자공업 육성계획-반도체 및 컴퓨터 관련산업-』, 1976년 9월 25일 경제장관간담회 통과, 9월 28일 대통령 결재문서, 1976. 9. 27.
______(전자교), 『전자교환기 생산과 전자공업 육성』, 경제2 오원철 보고, 대통령 보고서, 1976. 8. 14.
______(중결1018대통령결재문서), 『중화학공업 주요사업 추진현황』, 10월 18일 대통령 결재문서, 1978. 10.
______(중공추), 『중화학공업 추진현황』, 1975. 7.*
______(중공현), 『중화학공업의 건설현황과 전망』, 1979.*
______(중선), 『중화학공업화정책선언에 따른 공업구조개편론』, 1973. 1. 30.
______(중지3대통령결재문서), 『중화학공업화정책에 따른 지시』, 대비경(이) 310.5-10, 1973년 4월 16일 대통령 결재문서, 연대관 건설부장관, 수신처 국무총리, 경제기획원장관, 내무부장관, 국방부장관, 문교부장관, 상공부장관, 건설부장관, 1973. 4. 10.
______(중화학), 『중화학자료』, 1979.*
______(첩전), 『첩보보고: 제목: 전자분야 연구기관 종합추진실태』, 1977. 9. 3.
______(칼생), 『칼라TV생산계획』, 경제2, 대비경, 대통령 결재문서, 1977. 7. 4.
______(컴국7대통령결재문서), 『컴퓨터 국산화 계획』, 보고번호 제7호, 경제2, 보고관 金光模, 3월 12일 대통령 결재문서, 1977. 3. 8.
______(한경), 『한국경제의 어제와 오늘-경제개발계획의 추진과 성과』, 1975. 1.
______(회중3대통령결재문서), 『회의각서: 중화학공업화정책 외 3건』, 경제2, 제2호, 대비경(이), 작성관 오원철, 3월 21일 대통령 결재문서, 1973. 3. 20.
대통령 지시에 의하여 비서실장(제91), 『제91차 외자도입심의위원회 의결 안건』, 대비외

320-92, 수신: 경제기획원장관, 1974. 4. 22.
______(포종),『포항종합제철 및 제100차 외심위 의결 안건』, 대비외 320-111, 수신: 경제기획원장관, 1974. 10. 11.
대한민국국회도서관,『아시아중진국의 현상과 장래』 해외자료 제49호, 1979. 12. 10.
대한민국국회사무처(제91),『제91회 국회 상공위원회 회의록』, 1975. 3.
______(제93),『제93회 국회 상공위원회 회의록』, 1975. 6.
______(제94),『제94회 국회 상공위원회 회의록』, 1975. 9.
______(제95),『제95회 국회 상공위원회 회의록』, 1976. 3.
______(제96),『제96회 국회 상공위원회 회의록』, 1976. 9. 27.
대한민국노동청,『ADB차관 직업훈련원 설치사업을 위한 전문자문관 고용계약서』, 1974. 3.
대한민국정부(제4경),『제4차 경제개발5개년계획 1977-1981』, 1976.
______(행백),『행정백서』, 1974~1980.
대한상공회의소 공업입지센타,『공업단지현황』, 1991.
대한준설공사,『중화학공업단지 개발계획 검토보고서』, 1973. 8.
동남지역공업단지관리공단,『중화학공업의 시작과 미래: 동남공단 20년사』, 1996.
동성전자공업주식회사 대표이사,『각서』, 외국인투자인가용 경제기획원 제출서, 1973. 8. 29.
동아일보사,『동아일보』, 1946. 3. 7~1999. 12. 31.
동아일보사 여수지사 지사장,『전자유기장 허가에 대한 질의』, 여동 제23호, 수신: 부사부 환경위생국장, 1977. 4. 19.
동화전자공업주식회사,『외국인투자기업의 인가내용(생산품목 추가) 변경 및 기술도입계약 인가신청서』, 1977. 1.
럭키,『럭키 40년사』, 1987.
매일경제신문사(매경),『매일경제신문』, 1966. 3. 24~2004. 12. 29.
모토로라 코리아 주식회사 대표이사(외가),『외국인투자업체의 국내시판 허가조건 변경 요청의 건』, 모코: 업무 11-1**, 수신: 경제기획원장관, 1969. 12.
______(외국1),『외국인투자업체의 국내시판에 따른 특관세 면제 요청의 건』, 모코: 업무 11-175, 수신: 재무부장관, 1969. 12. 22.
______(전제9),『전자제품 수입한도액 확인요령에 관한 건』, 모코: 업무 9-022, 수신: 상공부장관, 참조: 전자공업과장, 1976. 9. 22.
문교부(광전),『광운전자공과대학 부설 전자학교(2부) 폐지 인가』, 대학 1040-988, 수신: 학교법인 광운학원 이사장, 협조: 과학교육국장, 기획관리실장, 1970. 4. 21.
______(구전),『구미전자공업고등학교 이설사업 추진계획』, 중화학공업추진위원회 안건, 1977.
______(요광),『요지: 광운전자공과대학 부설전자학교(2부) 폐교 인가신청』, 1970. 4.
______(전기),『전자기사 자격증 소지자의 특별채용에 관한 질의 회신』, 총무 200-10617, 수신: 경북대학교총장, 1978. 4. 13.

______(제4), 『제4차 한·불 혼성위 합의사항 시행계획 제출』, 국교 750-1975, 수신: 외무부장관, 1977. 8. 6.
______(중화학교육), 『중화학공업교육추진학교현황, 1974. 3. 1 현재』, 1974. 3.
______(참고자료), 『참고자료: 중화학공업 추진을 위한 공업기술계 인력공급계획 및 공업교육 개선방안』, 1973. 9. 19.
______(총인), 『총무처 인사담당자 회의참석 보고』, 1978. 3. 14.
______(한공), 『한국의 공업교육: 조국근대화의 기수』, 1980.
문교부장관(국설), 『국립학교설치령중 개정령(안)』, 국무회의 의안번호 제654호, 대외비, 1973. 3. 20.
______(대학), 『대학학생정원령중 개정령(안)』, 국무회의 의안번호 제655호, 대외비, 1973. 3. 20.
문화공보부(대뉴), 『대한뉴(우)스』, 877호-1207호, 국립영화제작소, 1972~1978.
______(대화12), 『대한뉴우스』, 제1125호, 국립영화제작소, 국가기록원 CEN0001038, 1977. 3.
______(박전), 『박정희대통령 전자공학박사일행 접견담화』, 국가기록원 CET0027756, 1968. 3. 13.
______(서국), 『서울국제전기전자학술회의』, 국가기록원 CET0031542, 1970. 9. 2.
______(전조), 『전자제품조립장면』, 1976. 12. 2.
______(제3), 『제3회 전자전람회』, 국가기록원 CET0022945, 1972. 9. 27.
______(제6), 『제6회 전자박람회』, 국가기록원 CET0022934, 1975. 10. 8.
______(제9), 『제9회 한국전자전람회』, 국가기록원 CET0022937, 1978.
미동전자기술학교(교), 『학교폐지인가 신청서』, 1979.
______(칙), 『학칙』, 교육위원회 제출문서, 1973.
박영구(신라), "신문의 라디오를 통해 본 1960년대 초의 한국, 한국인의 전환과 시대 의미," 『한국민족문화』, 69집, 2018. 11, pp. 431~462.
______(정부), "정부의 인가와 심사 문서를 통해 본 초기 기술도입 과정과 내용," 투고 중, 2020.
______(컬러), "컬러TV를 통해 본 1970년대 후반의 한국사회와 시대성격," 『지역과 세계』, 제43권 제2호, 2019. 8, pp. 249~273.
______(한중과), 『한국의 중화학공업화-과정과 내용』, Ⅰ, Ⅱ, Ⅲ권, 해남, 2012.
박영구·김남일, 『주요 정책기록 해설집 Ⅱ 산업편』, 국가기록원, 2015. 10.
박정희(김완), 「김완희 박사 귀하」, 박대통령 편지, 1978. 3. 15.
______(대연), 『대통령 연두기자 회견』, 1973. 1. 12, 1977. 1. 12.
박정희대통령기념사업회 박정희대통령인터넷박물관(HW), http://www.516.co.kr, 2009. 2. 1~2009. 2. 3.
박청명(朴淸明) 전 한국TC전자 사장, "회고: 전자조합 태동의 배경," 『전자조합 20년사』, 한국전자공업협동조합, 1987, pp. 431~436.

박항구 전 하이닉스반도체 부사장 증언, “증언 통신산업,” 『내를 이뤄 바다로 가다, 증언 한국 전자정보산업 개척사』, 신산업경영원, 2011, pp. 239~342.
배병휴 전 매일경제신문 주간(회고), “회고: 전자 20년의 신뢰와 사명,” 『전자조합 20년사』, 한국전자공업협동조합, 1987, pp. 354~357.
배종기·윤동진·조윤애, 『전자산업의 경쟁력과 구조 변화』, 산업연구원, 1990.
법무부(전연), 『전자기술연구소의 차입에 관한 질의』, 법무 810-3872, 수신: 상공부장관, 1979. 2. 15.
법제처 국가법령정보센터, http://www.law.go.kr, 2009. 5. 6~2018. 12. 8.
법제처장(국건), 『국무회의 부의안건 제출–건설부직제 중 개정령(안)』, 총무 133.1-202, 수신 총무처장관, 1973. 3. 3.
______(국구관), 『국무회의 부의안건 제출–구미공업단지관리소직제 폐지령안』, 총무 133.1-806, 수신: 총무처장관, 제47회 국무회의, 1978. 6. 12.
______(국국학), 『국무회의 부의안건 제출–국립학교설치령중 개정령』, 총무 133.1-283, 수신 총무처장관, 1973. 3. 20.
______(국대학), 『국무회의 부의안건 제출–대학학생정원령 중 개정령』, 총무 133.1-283, 수신 총무처장관, 1973. 3. 20.
______(국무13311산), 『국무회의 부의안건 제출–산업기지개발촉진법 공포(안)』, 총무 133.1-1397, 수신 총무처장관, 1973. 12. 12.
______(국무13311전), 『국무회의 부의안건 제출–전자공업진흥법 공포(안)』, 총무 133.1-52, 수신 총무처장관, 1969. 1. 17.
______(국무13312정), 『국무회의 부의안건 제출–정부조직법개정법률(안)』, 총무 133.1-23, 수신 총무처장관, 1973. 1. 12.
______(국특), 『국무회의 부의안건 제출–특정연구기관육성법 공포(안)』, 총무 133.1-1437, 1973. 12. 21.
보건사회부(전제), 『전자제품 제조사업을 위한 외국인투자 인가조건 이행의 건』, 환기 1438.7-18217, 수신: 경제기획원장관, 1977. 12. 24.
보건사회부장관(구지), 『구미지방공업개발장려지구 기본계획 변경에 대한 의견 회신』, 대기 1438.7-14933, 수신: 건설부장관, 1976. 9. 18.
부산전자공업고등학교, http://school.busanedu.net, 2020. 3. 15.
사공일·유훈·박영철·Leroy P. Jones, 『중화학공업추진을 위한 국가지주회사의 활용방안』, 연구조사보고 제74-04권, 한국개발연구원, 1974. 5.
산업기지개발공사(구전), 『구미전자공업단지 조성공사 경위보고서』, 1976. 3.
______(산78), 『산업기지 건설의 오늘과 내일』, 1978.
산업기지개발공사 공업단지부(제65), 『제65차 중화학공업추진 차관보급 실무회의 결과 보고』, 1977. 12.

산업기지개발공사 사장(구제), 『구미 제3단지 개발에 따른 산업기지개발기간 연장 건의』, 공공 434.1-9555, 수신: 건설부장관, 1984. 11. 22.
______(구지), 『구미공업단지 용지매수비 정산 회신』, 공사 414-1602, 수신: 경상북도지사, 1976. 3. 19.
산업기지개발공사 사장 안경모(구조), 『구미공업기지 조성사업 조기시행 건의에 따른 협의 보고』, 공계 434.1-4604, 수신: 건설부장관, 1982. 6. 10.
______(구확), 『구미공업기지 확장 조성사업 협약체결 보고』, 공사 414-3955, 수신: 건설부장관, 1977. 6. 3.
______(구확6), 『구미공업기지 확장단지 조성사업 8차 변경 실시계획서 반려 요청』, 공공 430-6598, 수신: 건설부장관, 1982. 8. 19.
______(구확단), 『구미공업기지 확장단지 조성사업 실시계획 보완』, 공공 430-1557, 수신: 건설부장관, 1982. 3. 12.
______(구확이), 『구미공업기지 확장단지(이주단지) 조성사업 준공인가 신청자료 보완』, 공일 430-6190, 수신: 건설부장관, 1980. 6. 28.
______(구확장), 『구미확장단지내 석산 사용』, 공공 430-3703, 수신: 건설부장관, 참조: 산업입지국장, 1981. 5. 15.
산업기지개발공사·구미수출산업공단, 『구미공업기지확장조성사업계약서』, 1977. 5. 18.
산업연구원(20), 『2000년을 향한 국가장기발전구상 공업부문편』, 1986.
삼성반도체주식회사 대표이사 강진구(기인), 『기술도입계약 인가조건 이행확인에 따른 각서 제출』, 관리 제79-818호, 수신: 상공부장관, 참조: 전자기기과장, 1979. 11. 30.
______(전반), 『전자교환기용 반도체부품 기술도입계약 인가조건 이행확인 신청』, 관리 제79-816호, 수신: 상공부장관, 참조: 전자기기과장, 1979. 11. 21.
삼성반도체통신, 『삼성반도체통신 10년사』, 1987.
삼성전관공업주식회사 대표이사 강진구(전제), 『전자제품 국내판매 사후 보고』, 전관발 제300호, 수신: 경제기획원장관, 참조: 투자진흥국장, 1979. 6.
삼성전자(HW), http://www.samsung.com, 2010. 8. 16~2018. 5. 28.
______, 『삼성전자 30년사』, 1999.
상공부(9769), 『1978년 8월 제169차 무역진흥확대회의 보고서』, 1978. 8.
______(977무), 『9월 무역진흥확대회의 보고서』, 1977. 9. 23.
______(981전자), 『1980년대의 전자공업』, 1981년 9월 월례회의 보고, 1981. 9.
______(구기), 『구미공업기지 확장단지 입주지정 요령』, 중화학공업추진 차관보급 실무회의 안건, 1977. 12.
______(구자), 『구미공업단지관리소 자체위임 전결규정 승인』, 행정 150-1510, 1안 장관결재 외, 1977. 7. 1.
______(구전6대통령결재보고문서), 『구미전자공업단지확장계획』, 12월 17일 대통령 결재문서,

1976. 12.
______(구제3), 『구미제3단지 조성계획』, 1986년 8월 26일 관계관회의자료, 1986. 8.
______(기술6), 『기술도입계약 인가』, 전기 1325.4-667, 수신: (제1안) 내부결재, (제2안) 주식회사 현대양행 대표 등, 1978. 5. 8.
______(기술도13), 『기술도입계약 인가조건 이행 확인』, 전자 1333-1699, 제1안 수신: 삼성반도체(주), 제2안 수신: 경제기획원장관 등, 1979. 12. 1.
______(산지), 『산업지원조세제도』, 1982. 4.
______(상백), 『상공백서』, 1965, 1987, 1989, 1990~1994.
______(새공), 『새로운 공업정책체제의 구축-"공업발전법"(안)의 취지와 내용』, 1985. 10.
______(수물), 『수입물품명세 확인 및 전자공업용 소모성 기자재 면세 추천』, 상주322-1005, 「한국시그네틱스」 관련 내부결재문서, 1974. 5. 4.
______(수확), 『수출확대회의보고』, 1973. 8. 28.
______(외국), 『외국인투자비율 조정에 관한 원칙』, 1974.
______(외인), 『외국인투자에 관한 일반지침』, 1974.
______(자공합), 『자동차공업 합리화조치의 배경』, 1981. 2. 28.
______(전자), 『전자공업 고도화 장기계획』, 1982.
______(전자반), 『전자공업 육성계획-반도체 및 컴퓨터 관련산업』, 1976년 9월 25일 경제장관간담회 통과, 9월 28일 대통령 결재서명, 1976. 9. 25.
______(전자성), 『전자공업 육성전략』, 1975. 11.
______(전자육), 『전자공업 추진시책과 육성방안』, 1981년 9월 무역진흥월례회의 보고, 1981. 9. 5.
______(전자의), 『전자공업의 고도화방안』, 1977년 9월 무역진흥확대회의 보고, 1977.
______(전자장), 『전자공업장기육성방안』, 1973. 1.*
______(전자진), 『전자공업진흥 8개년계획』, 1969. 3.
______(전자흥), 『전자공업진흥기금』, 1985, E11284.
______(전자흥장), 『전자공업진흥장기계획 발표문』, 1976. 3. 11.
______(전제), 『전자제품』, 1977년 8월 무역진흥확대회의 보고서, 1977.
______(전제건), 『전자제품 수입한도액 확인요령에 관한 건』, 전자 1333-1847, 수신: 모토로라코리아(주) 대표, 1976. 9. 28.
______(전제대), 『전자제품 수출증대 대책』, 제8차 수출진흥위원회 청와대확대회의, 보고사항, 1970. 8. 24.
______(전조), 『전자제품 제조업체 및 고용 현황』, 1977년 9월 무역진흥확대회의 보고서, 1977. 9.
______(전출), 『전자제품의 수출의존도 추이』, 1977년 9월 무역진흥확대회의 보고서, 1977. 9.
______(제8), 『제8회 한국전자전람회 개최계획』, 1977.

______(종합), 『종합전자·전기기기 제조시설 도입을 위한 차관도입 사전신고검토 회신』, 가전 1333-1363, 수신: 경제기획원장관, 1979. 9. 21.
______(주요), 『주요국의 25억불·100억불 수출과 경제환경-100억불 수출을 위한 우리의 반성』, 1973. 1. 16.*
______(중정안), 『중화학공업개발 1단계 확정안』, 1974. 3. 28.
______(중조), 『중화학공업투자조정』, 1980. 10. 7.
______(중화), 『중화학공업화장기공장건설계획(요약)』, 1973. 3. 20.
______(품수), 『품목별 수출대책』, 제184차 무역진흥확대회의 보고서, 1980. 7. 28.
______(품전), 『품목별대책-전자제품』, 1979년 7월 제176차 무역진흥확대회의 보고서, 1979. 7. 12.
______(해교), 『해외교포 참여 외국인 100% 투자 전자업체에 대한 인가조건』, 전자 1333-1832, 내부결재문서, 1974. 10. 19.
상공부 기계공업국(전제), 『전자제품 수출부진 타개 방안』, 1975. 5. 13.
상공부 전기공업과(기계), 『기술도입계약 인가조건 변경』, 전기 1333, 수신: 외국인투자담당관, 1974. 12. 12.
______(기기), 『기술도입계약기간 연장 재검토 회신』, 전기 1333, 수신: 외국인투자담당관, 1974. 5. 23.
상공부 전자공업육성계획작업반(반도), 『반도체공업육성계획』, 7월 15일 대통령 결재문서, 1981. 5.
______(전자), 『전자공업육성계획』, 5월 22일 상공부장관 결재, 7월 15일 대통령 결재문서, 1981. 5.
상공부 중공업계획반 · 화학 및 경공업계획반(제41), 『제4차경제개발5개년계획 공업계획(Ⅰ) 1977-1981』, 1976.
상공부장관(84전운), 『84년도 전자공업진흥기금 운용계획(안) 국무회의 상정 요청』, 전정 1333-1986, 수신: 국무회의의장, 1983. 9. 20.
______(AI), 『AID 품목의 KFX자금 사용 합의』, 유통(수) 1314-2872, 수신: 경제기획원장관, 1970. 6. 17.
______(공공), 『공공기관증명』, 1972. 12. 14.
______(구기조), 『구미공업기지 확장단지 조성사업계획 승인에 따른 의견 회신』, 공입 430-495, 수신: 건설부장관, 1977. 7. 4.
______(구단), 『구미공업단지 제2단지 공장부지 분양가 인하』, 공관 1331.4-293, 수신: 건설부장관, 1981. 4. 16.
______(기계), 『기계공장건설(증설 포함) 실수요자 선정 및 지원』, 상공부공고 제7552호, 1973. 10. 11.
______(선무), 『선박용 무전기 및 어업용 전자기기 제작을 위한 기술도입계약기간 연장에 관

한 검토 회보』, 공진 342-859, 수신: 경제기획원장관, 1970. 11. 9.

______(수산), 『수출산업공업단지 입주업체의 전자업종 추가』, 전자 1333-1286, 수신: 공업단지관리청, 1974. 7. 18.

______(외고투3), 『외국인투자 인가신청 검토 회신』, 상주 322-, 수신: 경제기획원장관, 참조: 투자진흥국장, 1973. 8. 21.

______(외고투322), 『외국인투자 인가신청 검토 회신』, 상주 322-, 수신: 경제기획원장관, 참조: 투자진흥국장, 가칭 한국신영주식회사 관련, 1973. 8. 21.

______(외국), 『외국인투자 인가신청 검토 회신』, 상주 322-1387, 수신: 경제기획원장관, 1971. 10. 21.

______(외기), 『외국인투자 차관계약 및 기술도입계약 인가신청 검토 지연 통보』, 상주 322-3081, 수신: 경제기획원장관, 참조: 투자진흥국장, 1973. 12. 13.

______(재전), 『재단법인 전자기술연구소의 차입에 관한 보충 질의』, 단체 130-81, 수신: 법무부장관, 1979. 1. 25.

______(전산3), 『전자계산조직 도입을 위한 외국인증액투자』, 상주 322-985, 수신: 경제기획원장관, 참조: 투자진흥국장, 1977. 9. 20.

______(전산5), 『전자계산조직 운영규정 정비』, 행정 155-880, 수신: 총부처장관, 1984. 5. 2.

______(전수출), 『전자공업 수출증진을 위한 업계 요망사항 시정조치』, 이전 1333-630, 수신: 재무부장관 외, 1969. 3. 20.

______(전업), 『전자공업 육성계획에 대한 협조』, 전자 1333-1919, 수신: 경제기획원장관, 재무부장관, 건설부장관, 1976. 10. 5.

______(전육), 『전자공업 육성전략에 관한 건』, 전자1333-2125, 수신: 관세청장, 1975. 11. 21.

______(전장), 『전자공업고도화 장기계획서 송부』, 전자1333-253, 수신: 올림픽조직위원회 위원장, 1983. 3. 4.

______(전제), 『전자교환기 제조기술도입계약 인가신청서에 대한 검토의견서』, 산업 321-, 수신: 경제기획원장관, 1978. 3. 2.

______(전제기), 『전자기기류에 대한 물품세 인하』, 전기 1333-788, 수신: 재무부장관, 1971. 3. 23.

______(전제사), 『전자부품 제조사업을 위한 외국인투자 및 기술도입계약에 대한 재검토 회신』, 상주 322-2309, 수신: 경제기획원장관, 1973. 9. 24.

______(전제세), 『전자제품 수출부진 타개를 위한 협조 의뢰』, 전자 1333-1037, 수신: 재무부장관, 1975. 5. 21.

______(전제수), 『전자제품 수출증대를 위한 조세감면』, 전기 1333-1251, 수신: 재무부장관, 1970. 9. 11.

______(전제업), 『전자제품업체 갱생을 위한 협조 요청』, 전부 1333-1096, 수신: 재무부장관, 관세청장, 1980. 8. 20.

______(컴국), 『컴퓨터 국산화 추진실태』, 전자 1333-479, 수신: 대통령비서실장, 1977. 3. 7.
______(합업), 『합작업체가 생산한 전자제품의 국내시판을 위한 관계부처 협의』, 전자 1313-103, 수신: 경제기획원장관, 1975. 1. 18.
서울경제신문사, 『서울경제신문』, 1972. 11. 5~1979. 12. 24.
서울신문사, 『서울신문』, 1958. 8. 26~1989. 12. 30.
서울전자공업 사립직업훈련소 재단이사장, 『재단법인 서울전자공업직업훈련소의 이사 선임 승인 신청』, 서전1456-912, 수신: 노동청장, 1975. 9. 16.
서울특별시교육위원회 교육감(부전), 『부실 전자계산계 강습소 지도감독 철저』, 사회 1071.3-, 수신: 문교부장관, 1974. 2. 1.
서울특별시장, 『전자공업 등록업무 이관 통보』, 상공 1333-180, 수신: 서구 1-17, 1982. 3. 17.
서장원·김준현·정광배·이장영·박성택·탁승호·임재열, 『한국 전자기기산업의 구조와 발전 방향』, 한국산업경제기술연구원, 1982.
서정욱 전 과학기술부장관 증언, "새로운 50년을 위해 남기고 싶은 이야기," 『1959-2009년 대한민국 전자산업 50년사』, 한국전자정보통신산업진흥회, 2009, pp. 162~166.
서현진 전자신문 편집국 부장, 『끝없는 혁명-한국 전자산업 40년의 발자취』, 이비컴, 2001.
성소미(成素美), 『한국전자산업 경쟁력의 실태와 전망』, 정책연구자료 91-22, 한국개발연구원, 1991. 6.
성의경(成義慶) 전 일간내외경제기자·신산업경영원장, "회고: 수출한국의 견인차-전자공업 성장 20년의 회고," 『전자조합 20년사』, 한국전자공업협동조합, 1987, pp. 358~361.
성의경 전 전자신문 편집국장 증언(증산), "증언 산업과 언론," 『내를 이뤄 바다로 가다, 증언 한국전자정보산업 개척사』, 신산업경영원, 2011, pp. 439~568.
세계은행(전9), 『전신문』, 수신: 한국전자기술연구소, 1979. 1. 17.
송병남(宋炳南) 한국기계공업진흥회이사1, 『중화학공업부문 연구자료-기계공업총량계획』, KDI 연구자료, 한국개발연구원, 1981.
송태욱 전 전자정보인협회회장 증언, "증언 1. 여명기," 『내를 이뤄 바다로 가다, 증언 한국전자정보산업 개척사』, 신산업경영원, 2011, pp. 23~88.
스페셜미디어, 『스페셜경제』, 2008. 10. 21~2016. 11. 18.
신흥목재산업주식회사 대표이사, 『등본발급신청』, 신흥구미총 11호, 수신: 경상북도지사, 참조: 도시과장, 1977. 6. 28.
심장섭(沈樟燮) 한국전자공업진흥회기획이사, "전자공업의 발전한계성 시비," 『產政研究』 34호, 한국산업정책연구소, 1982, pp. 95~97.
아남전자, http://www.aname.co.kr, 2018. 11. 19.
양유석(梁維錫) 전 斗山전자대표이사전무, "회고: 소재공업을 다진 14년," 한국전자공업협동조합, 『전자조합 20년사』, 1987, pp. 395~399.
SK하이닉스, http://www.skhynix.com, 2018. 5. 28.

LG, 『LG50년사: 1947-1997』, LG, 1997.

LG전자(H5), http://www.lge.co.kr, 2015. 3. 25~2018. 8. 8.

MBC, MBC 뉴스데스크, 1989. 5. 18.

오명 전 부총리겸 과학기술처장관 증언, "디지털혁명의 태동," 『1959-2009년 대한민국 전자산업 50년사, 기적의 시간 50』, 한국전자정보통신산업진흥회, 2009, pp. 292~297.

오원철 전중화학공업추진위원회기획단장(한경3), 『한국형 경제건설 3: 엔지니어링 어프로치』, 기아경제연구소, 1996.

______(한경7), 『한국형 경제건설 7: 내가 전쟁을 하자는 것도 아니지 않느냐』, 한국형경제정책연구소, 1999.

오원철 전 상공부 기획관리실장·청와대 경제제2수석비서관 증언, 1993. 8. 30~2007. 2. 14.

외국인투자담당관 서기관 김종우, 『기술도입계약 인가조건 변경 승인 요청』, 상주 322-, 수신: 전기공업과장, 1974. 12. 9.

외무부(I전), 『IEC 전자부품 사정제도 참여』, 국이 736-, 수신: 공업진흥청장, 1978. 9. 30.

______(UD), 『UNDP 지원 전자통신연구소 설치』, 국일 731-, 수신: 체신부, 과학기술처장관, 1978. 3. 6.

______(가전), 『가봉전자분야연수생』, 경조 764-, 수신: 과학기술처장관, 1980. 8. 14.

______(우심), 『우주심층 전자지상관측소 후보지 조사에 관한 미국측 제의』, 미일 700-391, 수신: 대통령각하, 국무총리각하, 1975. 8. 12.

______(전2공), 『전자공업 부문 투자유치』, 경협 762-, 수신처: 상공부장관, 1974. 9. 26.

______(전2부), 『전자공업 부문 투자유치』, 경협 762-, 수신처: 상공부장관, 1974. 10. 31.

______(전공), 『전자공업 부문 투자유치』, 경협 762-, 수신처: 주영, 주독, 주불대사, 1974. 7. 15.

______(한벨), 『한·벨 전자교환기 운영기술 협력사업』, 경조 764-, 수신: 과학기술처장관, 체신부장관, 1981. 3. 10.

______(한불), 『한불간의 전자 통신분야 기술협력』, 정문 750-, 수신: 주불대사, 1977. 7. 27.

외무부장관(국제), 『국산전자제품 구매에 대한 특혜여부 문의』, 통삼 764-26680, 수신: 재무부장관, 관세청장, 1980. 7. 10.

______(전체), 『전자교환기 체제에 따른 기술협력사업』, 경일 762-, 수신: 체신부장관, 1978. 10. 13.

______(전회), 『전자회로기판 합작투자』, 경협 762-42542, 수신: 경기원장관, 1974. 10. 7.

______(한벨전), 『한·벨 전자교환기 운영기술 협력사업』, 경조 764-, 수신: 과학기술처장관, 1981. 3. 10.

______(훈신), 『훈련신청서 송부』, 경조 764-, 수신: 주케냐대사, 1976. 11. 20.

외자도입심의위원회(기자), 『기술도입사업 종합심사표(사업명: 자동속도귀환제어장치 제조』, 제124-2차 외자도입심의위원회, 1976. 9.

______(기전), 『기술도입사업 종합심사표(사업명: 전자공업용 소형모타 제조(금호전자)』, 제137차 외자도입심의위원회, 1977. 12.
______(외증), 『외국인증액투자사업 종합심사표(사업명: 전자부품제조사업)』, 제135차, 1977. 11. 9.
______(제100주), 『제100차 외심위 의결안건(주식회사 금성사)』, 1974년 10월 11일 대통령 결재문서, 1974. 10.
외자사업투자심사위원회(기전6), 『기술도입사업 종합심사표(사업명: 전자부품제조사업)』, 제45차, 1978. 6. 12.
______(외전), 『외국인증액투자사업 및 배당출자사업 종합심사표(사업명: 전자부품(가변저항기, 터너 외 2)』, 1978. 9.
______(외전반), 『외국인투자사업 종합심사표(사업명: 전자교환기, 반도체 및 컴퓨터 제조』, 제109-3차 외자사업투자심사위원회, 1980. 12.
______(외종), 『외국인투자사업 종합심사표(사업명: 전자부품제조사업)』, 1977. 6. 10.
______(외취), 『외국인투자인가 취소내용 요약표(사업명: 전자부품(Level Meter) 제조)』, 제110차 외자사업투자심사위원회, 1980. 12.
______(외투), 『외국인증액투자사업 종합심사표(사업명: 전자부품(집적회로, IC) 제조)』, 제82차 외자사업투자심의위원회, 1979. 11.
______(차사), 『차관도입 사전신고 종합심사표(사업명: 종합전자전기기기 제조시설 확장)』, 1979. 10.
원호처장, 『위탁교육지관 지정증서: 대구라디오티브이기술학원』, 제구-3호, 1969. 3. 1.
유니온전기주식회사 대표이사 최헌, 『기술도입 및 수출계획서 제출』, 유업 제152호, 수신: 상공부장관, 참조: 외국인투자담당관, 1974. 5. 20.
유엔아카이브, 『UNESCO의 후원을 받고 있는 인하전문대에서 수업을 받고 있는 학생들 외』, 국가기록원 관리번호 DTC0000527, 1964.
육군제2636부대장, 『물품세 납부기간 연장 의뢰』, 경리 제80호, 수신: 재무부장관, 1970. 9. 18.
육성으로 듣는 경제기적 편찬위원회(코3), 『코리안미러클3: 숨은 기적들-중화학공업, 지축을 흔들다』, 나남, 2015.
유신정우회(내한), 『내일의 한국: 대망의 80년대』, 3판, 1978.
윤종용 삼성전자 상임고문 증언, "삼성전자 VCR 사업의 여정," 전자산업 50년사 편찬위원회, 『1959-2009년 대한민국 전자산업 50년사, 기적의 시간 50』, 한국전자정보통신산업진흥회, 2009, pp. 138~140.
의정부시 교육장(미폐), 『미동전자기술학교 폐지인가 신청서 진달』, 학무 1041.1-1037, 수신: 경기도교육위원회 교육감, 1979. 5. 24.
의정부시 교육장 최병익, 『의견서』, 1979.
이상철, "기술도입을 통한 전자교환기 생산과 투자조정, 1972-80년," 『경영사학』, Vol. 68, 한국

경영사학회, 2013, pp. 233~256.
이승원(李承元) 전 금강(金岡)전자공업사장, “회고: 프라스틱 필름 축전기 생산 18년,” 『전자조합 20년사』, 한국전자공업협동조합, 1987, pp. 371~375.
이용태 전 삼보컴퓨터회장 증언, “증언 정보산업,” 『내를 이뤄 바다로 가다, 증언 한국전자정보산업 개척사』, 신산업경영원, 2011, pp. 137~235.
이재희, “한국 자본의 성격변화 분석: 1970년대 중화학공업화를 중심으로,” 『현대사회』 6권 4호(24호), 현대사회연구소, 1986 겨울, pp. 137~152.
이춘화(李春和) 전 한국정밀기기센터이사장·삼성석유화학사장, “회고: 전자전과 전자공업,” 한국전자공업협동조합, 『전자조합 20년사』, 1987, pp. 349~353.
이춘화 한국정밀기기센터이사장, “전자공업, 중화학공업개발의 과제와 전망,” 『경협』, 106, 1973. 9, pp. 26~28.
이희종 전 한국전기공업진흥회회장 증언, “증언 가전산업,” 『내를 이뤄 바다로 가다, 증언 한국전자정보산업 개척사』, 신산업경영원, 2011, pp. 91~133.
일간내외경제신문사, 『일간내외경제』, 1973. 12~1978. 7.
日本電子興業株式會社·한국트라콘주식회사, 『기술도입계약서』, 1973. 7. 12.
임휘철(林輝喆), “자본국제화와 한국 전자산업의 발전과정에 관한 연구,” 성균관대학교 대학원 경제학과 박사학위논문, 1994.
장상현(張相鉉) 상공부기초공업국장, “중화학공업수출 무엇이 문제인가(2)-官에서 보는 견해,” 『産政硏究』 34호, 한국산업정책연구소, 1982. 2, pp. 47~51.
재단법인 한국정밀기기센터 이사장(제4), 『제4회 한국전자전람회 장소 사용』, 지도 제393호, 수신: 서울시교육위원회 교육감, 1973. 6. 5.
재무부(외특), 『외국인투자기업체가 시판하는 전자제품에 대한 특관세 부과의 문제점』, 1970.
______(전수), 『전자공업 수출진흥을 위한 업계요망사항 시정조치』, 관세 1242.415-2290, 1969. 4. 24.
______(전수33), 『전자공업 수출진흥을 위한 업계요망사항 시정조치』, 관세 1242.415-338, 수신: 기획관리실장, 1969. 4. 19.
______(전자공), 『전자공업회사들의 법인세 면제 및 감면 내용 문의』, 국조 1234-1298, 제1안 수신 외무부장관 외, 1975. 6. 20.
______(전자기), 『전자기기류에 대한 물품세 인하』, 간세 1235-550, 수신: 상공부장관, 1971. 4. 1.
______(전자발), 『전자발음흙판(Music Board) 물품세 적용 질의』, 간세 1235-113, 수신: 세관국장, 1970. 3. 19.
______(전자제), 『전자제조업 감면여부에 대한 질의』, 직세 1234-4295, 수신: 오림포스전자주식회사 대표이사, 1977. 11.
______(전자조), 『전자제조업 감면여부에 대한 질의』, 직세 1234-4397, 수신: 오림포스전자주식

회사 대표이사, 1977. 11.

______(전자출), 『전자제품 수출촉진협의회시 건의사항에 대한 조치 의뢰』, 관세 1242.415-2243, 수신: 대한무역진흥공사, 1969. 4. 23.

______(전자투), 『전자제품 제조사업을 위한 외국인투자 인가 및 조세감면 통보』, 투진 361-32, 수신: 제1안 내부결재 외, 1985. 1. 9.

______(전자품), 『전자제품에 관한 세제』, 간세 1235-207, 수신: 한국정밀기기센터소장, 1971. 2. 8.

______(전제), 『전자제품에 대한 자료』, 간세 1235-1795, 수신: 상공부장관, 1971. 11. 9.

______(중육), 『중화학공업 육성방안(주요 산업 경영합리화를 위한 금융지원 방안)』, 1981. 9.

재무부 경제기획원 주재관(국시), 『국내시판용 전자제품의 관세, 특관세 부과문제에 관한 회의』 재주 322-19, 수신: Motolora Korea Ltd. 대표자, Fairchild Semikor 대표자, 1970. 5. 21.

재무부 세제국장(전자5), 『전자제품 수출부진 타개를 위한 협조 의뢰』, 간세 1235-214, 수신: 관세국장, 1975. 6. 2.

______(전제), 『전자제품 수출증대를 위한 조세감면』, 간세 1235-392, 수신: 관세국장, 1970. 9. 26.

재무부 직세담당관, 『전자공업의 범위 질의』, 직세 1234-2009, 수신: 상공부장관 외, 1976. 8. 16.

재무부·한국산업은행, 『한국외자도입 30년사』, 1993.

재무부장관(구미2), 『구미지방공업개발지구 기본계획 변경에 대한 의견조회』, 직세 1234-2340, 수신: 건설부장관, 1976. 9. 18.

______(국용), 『국무회의안건-농어촌용전자교환기시설(AXE-10) 도입을 위한 차타드은행(외4개 은행)과의 착수금차관 협정(안) 체결』, 경협 321-3670, 수신: 국무회의장, 1983년 10월 6일 제40회 국무회의 의안번호 제641호, 1983. 9. 26.

______(물과), 『물품세 과세여부 질의』, 간세 1235-396, 수신: 성광산업양행대표, 1970. 3. 6.

______(외국6), 『외국인투자기업의 전자제품의 통관절차』, 관세 1242.3-4724, 수신: 경제기획원 장관, 참조: 투자진흥관, 1968. 9. 10.

______(전수), 『전자공업 수출진흥을 위한 업계 요망사항 시정조치』, 기획 1333-232, 수신처: 7-1, 2, 3, 1969. 4. 1.

______(중목), 『중요산업으로서의 전자공업 품목의 범위』, 직세 1264-1890, 수신: 조상문, 1980. 6. 24.

전국경제인연합회(아지), 『아세아지역 전자 및 합판산업 비교우위연구』, 전국경제인연합회 硏究資料 38, 1981.

______(전2사), 『전경련이십년사』, 1983.

______(전3사), 『전경련삼십년사」, 1991.

______(한경연), 『한국경제연감』, 1966~2000.

전남조은뉴스사, 『전남조은뉴스』, 2006. 1. 9.

전라남도지사(전유), 『전자유기장 영업허가에 대한 질의 회신』, 환경 1435-59, 수신: , 1980. 2. 29.

______(전장), 『전자유기장 허가에 대한 질의 회시』, 보건 1435-1816, 수신: 여수시장, 1977. 5.

전라북도 교육위원회 교육감(인가), 『인가문』, 전북교문 1041.1, 수신: 제일전자기술학교 설립자, 1964. 2. 29.

______(제기1), 『제일전자기술학교 설립 인가』, 1041.1, 수신: 제일전자기술학교 설립자, 문교부장관, 1964. 2. 28.

전자산업 50년사 편찬위원회, 『1959-2009년 대한민국 전자산업 50년사, 기적의 시간 50』, 한국전자정보통신산업진흥회, 2009.

전자신문사, 『전자신문』, 1991. 4. 1~2016. 9. 28.

______(컴파), "컴퓨터 파노라마," 『전자신문』, 1995. 12. 11~1996. 12. 12.

전장식(민원서류), 『전자게임기계 특별소비세 과세대상 여부 질의』, 수신: 재무부장관, 민원서류, 1979. 7.

정경문화, "특집토론(김성두, 김영우, 김적교, 송병남), 중화학공업과 정책과제," 『정경문화』, 195, 1981. 5, pp. 74~84.

정무비서실(농어), 『농어촌 전화사업 계획』, 5월 22일 대통령 결재문서, 1973. 5.

정봉길(鄭鳳吉), "한국 전자산업의 기술발전 내재화 과정에 관한 연구," 경남대학교 대학원 경영학과 박사학위논문, 1990.

정풍물산(正豊物産)주식회사 대표이사, 『회사갱생을 위한 계속적인 지원협조 의뢰의 건』, 정풍 제80-149호, 수신: 상공부장관, 1980. 8. 7.

정홍식 전 정보통신부장관, "전자산업 육성방안의 성과," 전자산업 50년사 편찬위원회, 『1959-2009년 대한민국 전자산업 50년사, 기적의 시간 50』, 한국전자정보통신산업진흥회, 2009, pp. 252~256.

조달청장(E계), 『EXIM 차관에 의한 전자교환기 계약 체결』, 외일 526.1-, 수신: 경제기획원장관, 1981. 4. 15.

______(E구), 『EXIM 차관에 의한 전자교환기 구매』, 외일 526.1-, 수신: 체신부장관, 1981. 4. 15.

______(E차), 『EXIM 차관에 의한 전자교환기 수의계약』, 외일 526.1-, 수신: 내부결재, 1981. 4. 20.

조동성, 『한국반도체의 신화』, 비룡소, 1995.

조선일보사, 『조선일보』, 1954. 1. 2~1999. 12. 31.

주독대사(착G1), 『착신전보』, GEW-1022, 수신: 외무부장관, 참조: 경기원장관, 1974. 10. 4.

주벨기에대사(전교), 『전자교환기 체제에 따른 기술협력사업』, 벨경 760-658, 수신: 외무부장관, 사본: 경제기획원장관, 체신부장관, 1978. 12. 7.
주벨지움대사(벨과),『벨지움과의 경제 및 기술협력사업 추진』, 벨기경 760-286, 수신: 외무부장관, 사본: 경제기획원장관, 상공부장관, 과학기술처장관, 1975. 7. 10.
______(전교시),『전자교환기 시설운영에 관한 협력사업』, BBW-0337, 764-, 수신: 과학기술처장관, 착신전보, 1981. 3. 5.
______(전체),『전자교환기 체제에 따른 기술협력사업』, BBW-1177, 수신: 장관, 참조: 체신부장관, 착신전보, 1978. 11. 30.
주식회사 금성사 대표이사 박승찬(보자),『보완자료 제출』, 수신: 경제기획원장관, 1971. 7. 23.
주식회사 금성사 및 주식회사 星音社, 알프스전기주식회사,『합작투자계약서(번역문)』, 1970.
주영대사(전부),『전자공업 부문 투자유치』, 영경협 19, 수신: 외무부장관, 사본: 경제기획원장관, 1974. 9. 20.
주영대사대리(전부통),『전자부문(통신시설) 투자유치』, 영경협 26, 수신: 외무부장관, 사본: 경제기획원장관, 1974. 10. 25.
주일대사(전제),『전자제품 물품세율 조사 회보』, 일경 764-0429, 수신: 외무부장관, 1971. 2. 2.
주제네바대사,『착신전보』, GVW-1025, 수신: 외무부장관, 참조: 부장, 체신부, 과기처, 1977. 10. 19.
주중대사대리,『전자제품 물품세율 조사 보고』, 중경 764-133, 수신: 외무부장관, 1971. 2. 8.
주화란대사대리, HOW-1105, 외무전보, 수신: 외무부장관, 1973. 11. 19.
중국공산당 중앙위원회,『홍기』, 제6기, 1978.
중앙일보사(중일),『중앙일보』, 1965. 9. 30~1989. 12. 28.
중화학공업추진위원회(우해),『우리나라의 중화학공업화정책(해설)』, 1973. 4.
중화학공업추진위원회기획단(구공도),『구미공업단지 도시계획』, 보고번호 제6호, 보고관 박진호(朴辰好), 기획단장과 추진위원회위원장이 서명한 중화학공업추진위원회 보고문서, 1974. 3. 20.
______(제58차),『제58차 중화학공업추진 차관보급실무회의 결과보고』, 보고관 원동진(元東鎭), 기획단장·위원장 서명문서, 1977. 5. 7.
______(제59차),『제59차 중화학공업추진 차관보급실무회의 결과보고』, 보고관 원동진(元東鎭), 6월 10일 중화학공업추진위원회위원장 서명문서, 1977. 6.
______(제59차중추),『제59차 중화학추진 차관보급회의보고』, 6월 10일 국무총리실장 서명문서, 1977. 6.
______(제60차),『제60차 중화학공업추진 차관보급실무회의 결과보고』, 보고관 원동진(元東鎭), 10월 25일 중화학공업추진위원회위원장 서명문서, 1977. 10.
______(제61차),『제61차 중화학공업추진 차관보급실무회의 결과보고』, 보고관 원동진(元東鎭), 8월 3일 중화학공업추진위원회위원장 서명문서, 1977. 7.

______(중화공), 『중화학공업 육성계획』, 1973. 6.
______(중화추), 『중화학공업 추진실적과 효과』, 1979.
______(중화추현), 『중화학공업추진현황』, 1977, 1979. 1, 1980. 1, 1980. 7.
______(중화투자), 『중화학공업투자현황』, 1980.*
______(한공발1), 『한국공업화발전에 관한 조사연구, 제1권, 중화학공업발전사』, 1979.
______(한공발2), 『한국공업화발전에 관한 조사연구, 제2권, 중화학공업정책사』, 1979.
______(한공발3), 『한국공업화발전에 관한 조사연구, 제3권, 정책결정과정의 이면사』, 1979. 7.
______(한공발4), 『한국공업화발전에 관한 조사연구, 제4권, 산업연보』, 1978. 12.
______(한기공), 『한국기계공업공단(가칭) 설립추진계획(안)에 관한 회의보고』, 보고번호 제12호, 보고관 박진호(朴辰好), 기획단장과 추진위원회위원장이 서명한 중화학공업추진위원회 보고문서, 1974. 3. 28.
______(해출), 『해외출장보고서』, 보고관 서석준 중화학공업추진위원회기획단부단장, 비서실장 결재, 1974. 4. 2.
중화학공업추진위원회기획단장(제10차), 『제10차 중화학공업추진위원회 회의각서 송부』, 정정 330-145, 수신: 경제기획원장관, 재무부장관, 문교부장관, 상공부장관, 건설부장관, 과학기술처장관, 제2무임소장관, 안경모위원, 1973년 7월 24일 국무총리 주재 중화학공업추진위원회 회의, 1973. 7. 26.
______(제16차), 『제16차 중화학공업추진위원회회의각서 송부』, 정경330-135, 수신: 경제기획원장관, 재무부장관, 문교부장관, 상공부장관, 건설부장관, 과학기술처장관, 경제담당무임소장관, 안경모위원, 정문도위원, 김만제위원, 1974년 5월 17일 대통령 주재 중화학공업추진위원회 회의 각서, 1974. 6.
______(제44차), 『제44차 중화학공업추진 차관보급실무회의록 송부』, 정정 313-100, 수신: 건설부장관, 1976. 4. 23.
______(제65차), 『제65차 중화학공업추진차관보급실무회의록 송부』, 정정 313-282, 수신: 건설부장관, 1977. 12. 16.
______(제69차), 『제69차 중화학공업추진차관보급실무회의록 송부』, 정정 313-93, 수신: 건설부장관, 1978. 3. 31.
______(제71차), 『제71차 중화학공업추진 차관보급실무회의록 송부』, 정정 313-169, 수신: 건설부장관, 1978. 5. 23.
창원기계공업공단(창기계발), 『창원기계공업공단장기발전계획』, 1989.
『첩보보고: 칼라TV브라운관 생산추진 실태』, 대통령 서명문서, 1977. 6. 25.
『첩보보고: 컴퓨터 국산화 추진 실태』, 1977년 1월 26일 대통령 서명문서, 1977. 1. 25.
체신부(N1), 『NO.1A 전자교환기 사업계획』, 통술 1602-, 제1안 수신: 내부결재, 제2안 수신: 한국전기통신공사사장, 1983. 5. 6.
______(전생), 『전자교환기 생산체계 정비』, 기술 1602-, 제1안 수신: 내부결재, 제2안 수신: 동

양정밀(주) 등, 1980. 9.
______(전정), 『전자교환기 생산체계 정비방안』, 1980. 9.
______(전책), 『전자교환기정책』, 1987.
______(전책2), 『전자교환기정책』, 2번째 자료, 1986.
______(전추), 『전자통신개발추진위원회(TDTF)』, 기조 1662-, 내부결재문서, 1981. 5.
______(전험), 『전자통신기술직 공개경쟁채용시험 실시』, 계인 225-, 수신: (1안) 청, (2안) 총무처장관 등, 1979. 8.
______(제2전), 『제2기종 전자교환기 도입사업』, 기술 1662-, 수신: 한국통신기술연구소장, 1980. 7. 15.
______(체신), 『체신통계연보』, 1963~1994.
______(한통), 『한국통신기술연구소 설립계획』, 체신부장관 서명문서, 1977.*
체신부 기술2담당관(전개), 『전자통신개발추진위원회(TDTF)』, 기조 1662-, 수신: 행정관리담당관, 1981. 5. 26.
체신부 기획관리실법무계장, 『통신자재 국산화촉진위원회 규정 개정(제1907호)』, 체기법 181.3, 1969년 1월 30일 체신부장관 결재문서, 1969. 1. 29.
체신부장관(기계), 『기술도입계약 인가신청 검토의뢰』, 체기술 1620-5098, 수신: 경제기획원장관, 1978. 2. 25.
총무처(관보), 『관보』, 제1842호-제13328호, 1957. 8. 1~1996. 6. 4.
______(국무13311709), 『국무회의 상황보고 및 회의록 송부』, 의정 133.1-1709, 제1안 수신: 대통령 각하, 제목: 국무회의 상황보고 외, 1970년 8월 18일 제62회 국무회의, 1970. 8. 20.
______(국무133128), 『국무회의 상황보고 및 회의록 송부』, 의정 133.1-2819, 제1안 수신: 대통령 각하, 제목: 국무회의 상황보고 외, 1967년 9월 19일 제66회 국무회의, 1967. 9. 22.
______(국무1331302), 『국무회의 상황보고 및 회의록 송부』, 의정 133.1-302, 제1안 수신: 대통령 외, 제목 국무회의 상황보고 외, 1979년 2월 27일 제15회 국무회의, 1979. 3. 9.
______(국무91회), 『국무회의 의사일정 및 의안배부』, 의정 133.1-, 장관결재문서, 1977년 12월 16일 제91회 국무회의 관련, 1977. 12.
______(정전), 『정부기관 전자계산조직 운영규정 정비계획』, 전산 155-346, 수신: 제1안 내부결재 외, 1983. 6. 30.
______(행기), 『행정전산화기본계획』, 1979. 12.
______(행전), 『행정전산화기본계획수정(안)』, 제2차수정안, 1979. 12.
총무처 의정과(산개21대통령결재문서), 『산업기지개발구역 지정(안)』, 제21회 국무회의 의안번호 232호, 4월 20일 대통령 결재문서, 대통령비서실 접수문서 제347호(1977. 3. 30), 1977. 3. 29.
______(통시), 『통신시설 확장을 위한 독일 KFW 차관협정체결』, 의안번호 538호, 대통령 결재

문서, 1971. 6. 15.

______(통재), 『통신시설 확장을 위한 독일재정차관협정체결』, 의안번호 360호, 대통령 결재문서, 1971. 4. 16.

총무처장관(공전1), 『공무원 전자계산조직 교육기관 재지정』, 교훈 260-1877, 1973. 9. 17.

______(공전2), 『공무원 전자계산조직 교육기관 재지정』, 교훈 260-2293, 1973. 11. 26.

______(공전9), 『공무원 전자계산조직 교육기관 재지정』, 교훈 260-987, 1974. 5. 14.

______(국513), 『국무회의 상황보고 및 회의록 송부』, 의정 133.1-513, 1980년 6월 24일 제53회 국무회의 관련, 1981년 4월 1일 발송, 국무회의록(제41-80회), 1981. 3.

______(정조), 『정부조직법개정법률(안)』, 국무회의 의안번호 제32호, 1973.

______(정직), 『정부조직법 제37조 제3항 및 제5항의 시행기일에 관한 규정(안)』, 국무회의 의안번호 제56호, 1973. 1.

최종명(崔鍾明) 상공부기획관리실장, "중화학공업육성과 그 전망," 『기능』, 6권 1호, 국제기능올림픽대회 한국위원회, 1972. 3, pp. 19~22.

최형섭 전 상공부광무국장·KIST소장·과학기술처장관(최불), 『(최형섭 회고록)불이 꺼지지 않는 연구소: 한국 과학기술 여명기 30년』, 조선일보사, 1995.

충청남도 교육감, 『중화학공업정책에 따른 학교 및 학과개편에 대한 의견서 제출』, 문서번호: 관리 1040-691, 수신: 문교부장관, 참조: 공업교육과장, 1973. 5. 14.

충청남도 서천군(서전), 『서천군 전자계산조직 사용료 징수 조례 공포』, 내무 180-547, 수신: 제1안 충청남도지사 외, 1981. 4. 14.

태성(泰成)고무화학주식회사, 『공장입지지정신청서』, 경상북도지사 귀하, 1977. 7.

토지국장(의조), 『의견조회에 대한 회신』, 토개 432-213, 수신: 국토계획국장, 1983. 6. 16.

통계청(KOSIS), KOSIS, 2011. 11. 11.

______(통5), 『통계로 본 대한민국 50년의 경제사회상 변화』, 1998.

파이낸셜뉴스, 『파이낸셜뉴스』, 2017. 10. 4.

학교법인 광운학원 이사장, 『광운전자학교 (2부) 폐교에 따르는 재학생 조치에 관한 추가 보고』, 광학 제116호, 수신: 문교부장관, 1970. 4. 9.

한국개발연구원(섬전), 『섬유·전자공업의 특성과 수급구조』, 김영봉 집필, 1979.

______(장기), 『장기경제사회발전 1977~91年-답신보고서』, 속표지 수신: 부총리겸 경제기획원장관. 제목: 장기경제사회발전의 전망에 대한 답신, 경제기획원 1976. 7. 5 요청 답신서, 1977. 12.

______(제5차), 『제5차 5개년계획 작성을 위한 경제사회정책협의회-토의자료 및 내용』, 1980. 9.

______(중화전), 『중화학공업부문 연구자료-전자공업』, 한국전자기술연구소 유영준 집필, 1981.

______(한반), 『한국경제반세기 정책자료집』, 1995.

한국경영자총협회, 『노동경제연감』, 1981~2000.
한국경제신문, 『한국경제신문』, 1979. 1. 4~1993. 2. 28.
한국공단연구소(총람), 『한국공단총람』, 1980. 3.
한국과학기술단체총연합회(80), 『1980년도 제8차 국내외한국과학기술자 종합학술대회 논문집 (1)』, 1980. 7.
한국과학기술단체총연합회 · 재미한국과학기술자협회, 『1978년도 제5차 국내외한국과학기술자 종합학술대회 논문집, 제1편: 수학, 통계 및 전산, 전자, 통신 및 우주과학기술』, 1978. 7. 10.
한국과학기술연구소(우철), 『우리나라의 철강재 장기 수급 전망』, 1973. 6.
______(전자), 『전자공학』, 1967.
______(제4전), 『제4차 경제개발5개년계획-전자부문계획』, 경제기획원 경제기획국 위촉 보고서, 10/200, 1976. 7.
______(조보전), 『조사보고서 전기기기공업』, 1967.
한국과학기술연구소 편집위원회 편, 『한국과학기술연구소 10년사: 1966-1975』, 1977.
한국과학기술연구원(K30), 『KIST 30년사: 창조적 원천기술에의 도전』, 1998.
한국기계공업진흥회(기육1), 『기계공업육성기본계획(안). 1. 총량계획』, 대외비 500/, 1979.
______(한기진20), 『한국기계공업진흥회 20년사』, 1989.
한국무역연구소, 『세계 중화학공업의 변천과 한국 중화학공업의 전망』, 1974.
한국무역협회(가전), 『가정용 전자제품의 국제 경쟁력강화를 위한 조사보고서』, 1981. 12.
______(무통), 『무역통계연보』, 『무역통계』, 『무역연감』, 『무역통계연감』, 1959, 1972~1997.
______(장전), 『장기전자공업육성방안』, 1976. 10.
한국산업경제기술연구원(가정), 『가정용 전자기기의 중장기전망』, 1983. 12.
______(주전), 『주요 전자부품산업의 현황과 육성방안』, 1983.
______(한전), 『한국 전자기기산업의 구조와 발전방향』, 1982.
한국산업은행(GS), 『GSS 차관 현황(전자교환기/반도체사업)』, 1981. 4. 22.
______(개대), 『개방체제에 대비한 산업합리화 방향』, 1977. 12.
______(금반), 『금성반도체 현안 Project』, 1981.
______(재무), 『재무분석』, 1969, 1971~1990.
______(조월), 『조사월보』, 1962. 2~1993. 12.
한국산업은행 외자금융부장, 『신조선소 건설사업계획 및 소요자금 변경』, 산외금(1) 제3-3059호, 수신: 현대건설주식회사 대표이사 정주영, 1972. 10. 30.
한국산업은행조사부(80전), 『80년대의 전략산업』, 1981.
______(한산), 『한국의 산업』, 1971, 1973, 1976, 1979, 1984.
한국산업은행총재(전및), 『전자교환기 및 반도체 제조시설 도입을 위한 차관계약 인가신청에 따른 재력조사 실시(금성반도체주식회사)』, 산기지 (2)352-999, 수신: 경제기획원장관,

1981. 6. 18.
한국수자원개발공사(구미), 『구미공업단지확장매립공사 기본계획보고서』, 1973. 3.
한국수자원개발공사 구미공사사무소장(매립), 『매립지 추가 편입』, 구미 414-417, 수신: 경상북도지사, 1973. 9. 19.
______(진정), 『진정서 회신』, 구미 125-419, 수신: 오태동동장, 1973. 9. 19.
한국수자원개발공사사장(구단), 『구미공업단지 확장매립공사 용지매수 및 보상비 기산금 송금』, 총관 414-3922, 수신: 경상북도지사, 1973. 9. 19.
한국수자원공사(HKW), http://www.kwater.or.kr, 2017. 11. 4.
한국시그네틱스주식회사 대표이사(대긴), 『대통령 긴급조치 3호에 따른 수입물품 통관상의 애로사항 건의』, 시그코 E-25, 수신: 경제기획원장관, 참조: 투자진흥국장, 1974. 2. 12.
한국오-크공업주식회사 대표이사, 『외자도입보고』, 오크 9-1, 수신: 경제기획원장관, 참조: 투자진흥국장, 1974. 9. 4.
한국은행(경제통), 『경제통계연보』, 1960~1990.
______(기업), 『기업경영분석』, 1970~1989.
______(우산), "우리나라 산업의 수출 경쟁력," 『조사통계월보』, 1985. 6, pp. 7~31.
______(통조), 『통계월보』, 23권 4호~35권 11호, 1969. 4~1981. 11. 『조사월보』, 『조사통계월보』, 36권 1호~56권 12호, 1982. 1~2002. 12.
______(한국1), 『한국은행의 통계-어제와 오늘』, 1995.
______(한국소), 『한국의 국민소득계정』, 1967. 『국민소득연보』, 1968~1974. 『한국의 국민소득』, 1975~1983. 『국민소득계정』, 1984. 『신국민계정』, 1986. 『국민계정』, 1987~1990.
한국전기공업협동조합, 『전기공업경영기반강화 종합대책 조사연구』, 1980.
한국전기통신공사사장(전시), 『전자교환시설 확충을 위한 BBL 차관』, BBL 전자교환시설 확충 차관, 수신: 재무부장관, 참고: 국고국장, 1983. 10. 15.
______(차물), 『차관물자 도입현황 보고』, BBL 전자교환시설 확충 차관, 국협 124-22068, 수신: 재무부, 체신부, 1983. 10. 28.
한국전기통신연구소(시), 『시외전자교환기 구매규격서 작성 지원사업』, 1981. 12.
한국전자공업공단이사장(공단), 『공업단지 조성사업 허가 및 고시』, 한전공 157, 수신: 한국수자원공사사장, 1973. 5. 8.
______(진이), 『진정서 이송』, 전공기획 484, 수신: 한국수자원공사사장, 1973. 9. 15.
한국전자공업진흥회(전2사), 『전자공업 20년사』, 1981.
______(전자편), 『전자공업편람』, 1977, 1980, 1983, 1985, 1987, 1989, 1991.
______(전자품), 『전자부품·소재 수입수요 조사서』, 1984.
______(전전), 『전자전기공업통계』, 1981, 1983, 1985~1989, 1991~1992.
______(전진), 『전자진흥』, 1988~2000.
______(한전), 『한국의 전자산업』, 1989~1991.

한국전자공업진흥회·전자산업발전민간협의회, 『전자산업의 중장기발전 전망』, 1989.
한국전자공업협동조합(전조2), 『전자조합 20년사』, 1987.
______(전조3), 『전자조합 30년사』, 1997.
한국전자공업협동조합 이사장 구정회, 『전자공업 수출증진 대책회의시 업계 요망사항 요약 보고』, 전자공협 제39호, 1969. 2. 4.
한국전자기술연구소, 『교육용 소형컴퓨터 개발 및 보급에 관한 연구』, 연구최종보고서 CN8255-F, 과학기술처, 1984. 2.
한국전자산업협동조합(HKEIC), http://www.keic.org, 2019. 3. 22.
한국전자정보통신산업진흥회(HG), http://www.gokea.org, 2018. 5. 30~2018. 7. 31.
한국전자제품수출조합 이사장 박승찬, 『전자제품 수입한도액 확인요령』, 한국전자제품수출조합공고 제12호, 1976. 1. 5.
한국전자주식회사(토이), 『토지소유권 이전 요청』, 한전 총404호, 수신: 경상북도지사, 1986. 9. 23.
______(한전), 『한국전자 15년사: 1969-1985』, 1985.
한국전자통신연구원(HW), https://www.etri.re.kr, 2009. 2. 1~2016. 7. 7.
______(한35), 『한국전자통신연구원 35년사(1976-2011)』, 2012. 4.
한국전자회로산업협회(HKP), http://www.kpca.or.kr, 2018. 6. 9.
한국정밀기기센터(73), 『73년 제4회 한국전자전람회 개최 개요』, 1973.
______(세로), 『세계로 뻗어가는 우리의 전자공업』, 1973.
______(전자편람), 『전자공업편람』, 1970.
______(전품), 『전자제품에 관한 세제 건의-TV를 중심으로 한 물품세-』, 1970. 12.
______(한자), 『한국전자공업통계연감』, 1978.
______(한전전), 『한국전자전람회 개최 안내』, 1973.
한국정밀기기센터소장(전제), 『전자제품에 관한 세제』, 전진 제74호, 수신: 재무부장관, 참조: 세제국장, 1971. 1. 28.
한국통신기산업주식회사, 『사업계획서(기술제휴 3년 연장)』, 1970.
한국통신기산업주식회사 대표이사 정석구, 『기술도입계약인가신청서』, 경제기획원장관 귀하, 1966. 12. 17.
한국통신기술연구소 사업분석실(NE), 『No. 1A ESS의 TSA 관련』, 제TF-13호, 수신: 체신부 기술정책관실, 1980. 5. 24.
______(NG), 『No. 1A GSA 및 TSA 계약서(안)』, 제TF-16호, 수신: 체신부 기술정책관실, 참조: 기술2과, 1980. 6. 13.
한국통신기술연구소 소장(각전), 『각종 전자교환기 및 기술도입 계약』, 지원 제4호, 수신: 체신부장관, 참조: 기술정책관, 1980. 5. 28.
한국트라콘주식회사대표이사 朴義緖·日本電子興業株式會社代表取締役 伊藤雄次郎, 『합작투자계약서』, 1973. 7. 12.

한국표준연구소,『국가표준제도의 현대화: 정밀중화학공업발전의 기반』, 정밀계측기술실태조사보고서, KSRI-7701-ITG3, 대덕, 1978. 12.

______(운계),『운용계획』, 1977. 6.*

한국행정연구원 행정DB, http://www.kipa.re.kr/administration/statistics, 2015. 1. 6~3. 13.

한양대학신문사,『한양대학보』, 1964. 5. 15.

한일산업주식회사 대표이사 우종식,『공사착공신고서』, 경상북도경리관 귀하, 1973. 10.

한종해 파이낸셜투데이 기자, "망해도 잘사는 부자들, 10. 김향수와 아남그룹,"『파이낸셜투데이』, 2018. 7. 25.

행정안전부,『전자정부 50년, 1967-2017』, 2017. 9.

현대경제일보사,『현대경제일보』, 1965. 10. 12~1979. 12. 31.

현대그룹문화실,『현대오십년사』, 상, 하, 1997.

현대미포조선(현미),『現代尾浦造船 25年史』, 2000.

현대전자산업주식회사,『현대전자 10년사』, 1994.

화성전자공업주식회사 대표이사,『외국인투자 인가신청서(전자부품)의 보충서 제출』, 화전 제2호, 수신: 상공부장관, 참조: 기계공업국장, 1973. 11. 16.

黃性博 전 大亞리드선사장, "회고: 20대 투지로 엮어낸 모험기업," 한국전자공업협동조합,『전자조합 20년사』, 1987, pp. 385~388.

훼어챠일드 쎄미코어 주식회사 대표이사,『시판용 전자제품에 대한 외화가격 인정』, 쎄미코어 제168호, 수신: 경제기획원장관, 참조: 재무부 주재관, 1970. 8. 8.

Ⅱ. 외국어 자료

加賀美充洋, "アジアの電機電子産業の国際分業と今後の展望,"『発展途上国の電機電子産業』, アジア經濟研究所, 1981, pp. 78~90.

經濟導報社主編,『經濟導報』, 1253期-2850期, 1972. 1. 12~2003. 12.

科学技術庁(科技白),『科学技術白書』, 大蔵省印刷局, 1958~2000.

______(外國),『外國技術導入年次報告』, 1978~1986.

科学技術庁計画局(科技要),『科學技術要覽』, 1978~1985.

郭賢泰, "韓國の電機電子産業の成長と産業組織の變化," 谷浦妙子編,『産業發展と産業組織の變化-自動車産業と電氣電子産業』, アジア經濟研究所, 1994, pp. 221~241.

機械工業等韓國産業長期開發計劃調査團團長山口英治, "機械工業等韓國産業長期開發計劃調査團派遣報告," 日韓經濟協會,『協會報』, No. 58, 1973. 9, pp. 9~12.

多伊和夫, “アジア中進国に対する日本の投資と産業構造の変化,” 伊藤禎一編, 『アジア中進国と日本産業: 競争と対応』, アジア経済研究所經濟協力シリ_ズ 101, アジア経済研究所, 1981, pp. 70~79.

大島清, 『總說日本經濟(3)』, 東京大學出版會, 1978.

大韓民國經濟企劃院(日本), 『韓國の重化學工業計劃』, 1973. 5.

讀賣新聞社, 『讀賣新聞』, 1971. 1~1979. 12.

東京新聞社, 『東京新聞』, 1973. 1~1979. 12.

末廣昭, “日本電機電子産業の海外投資と多国籍化戰略_アジアを中心として,” 『発展途上国の電機電子産業』, アジア經濟研究所, 1981, pp. 41~77.

毎日新聞社, 『毎日新聞』, 1971. 1~1979. 12.

木下宗七・山田光男, “地域間貿易連関構造の計量分析: 1970-84,” 『調査と資料』, No. 89, 名古屋: 名古屋大学経済学部, 1989. 3, pp. 1~104.

北岡俊明, 『世界最強企業サムスン恐るべし: なぜ 日本企業はサムスンに勝てないのか』, こう書房, 2005.

三菱總合研究所(企業), 『企業經營の分析』, 1976, 1978, 1980.

______(日韓), 『日韓両国を中心とした国際分業体制の在り方に関する調查研究』, NRS-78-15 總合研究開發機構造成研究, 1979. 10.

小倉靜夫, “アジア中進國の電子工業の進展とわが國への影響,” アジア經濟研究所編, 『アジア諸國の急速な工業化とわが國の對應』, NRC-78-22 委託研究, 總合研究開發機構, 1980. 12, pp. 529~557.

小川雄平, “アジア新興工業國の經濟發展-重化學工業化の現狀と問題點,” 奧村茂次・山崎春成編, 『現代世界經濟と新興工業國』, 大阪市立大學經濟研究所所報 第32集, 東京大學出版會, 1983, pp. 185~214.

アジア經濟研究所編(發電), 『発展途上国の電機電子産業』, 1981.

A 機械工業等韓國産業長期開發計劃調査團員, “重化學工業開發計劃の総括検討發言,” 日韓經濟委員會・日韓經濟協會, 『機械工業等韓國産業長期開發計劃調査團報告書』, 1973, pp. 9~10.

窪田光純・玄湖中・上田賢編, 『韓国電子産業資料集』, 千曲秀販売社, 1990.

日刊工業新聞社, 『日刊工業新聞』, 1971. 1~1979. 12.

日本開発銀行調査部, 『調査』, 1号-No. 262, 1973. 1~1999. 9.

日本經濟新聞社(日1産), 『日経産業新聞』, 1973. 10~1979. 12.

______(日經), 『日本經濟新聞』, 1965. 8~1990. 12.

______(追), 『追い上げるアジアの機械工業 あすのライバル』, 1978.

日本機械輸出組合, 『韓國の重機械工業及び建設業の實態と將來展望』, 1979. 3.

日本銀行統計局(物價), 『物価指数年報』, 1972~1999.

日本長期信用銀行調査部, 『高度化する韓國の産業構造-日韓國際分業の今後』, 『調査月報』, No. 156, 社内用, 1978. 4. 1.

日本電子機械工業會·中長期ビジョン合同委員會, 『家庭用電子機器の中長期展望』, 1983, 한국산업경제기술연구원 역, 1983. 12.

日本電子機械工業會電子産業國際化問題調査委員會, 『電子産業の国際化の方向とその影響に関する調査報告書』, 日本電子機械工業会, 1980.

日本電子機械工業会編(電発), 『電子産業の発展と将来展望』, 日本電子機械工業会, 1978. 10.

日韓經濟委員會·日韓經濟協會(對韓), 『對韓資本協力環境調査團調査報告書』, 1971. 2.

日韓經濟協會(急), 『急成長する韓国重化学工業』, 1979. 2.

______(協會報), 『協會報』, 通巻 No. 1-126, 1963. 12~1980. 12. 31.

電波新聞社編(電鑑), 『電子工業年鑑』, 1967~2005.

佐藤幸人, "電子産業一韓国の総合電子メ—カーと台湾のベンチャービジネスー," 服部民夫·佐藤幸人, 『韓國·臺灣の發展メカニズム』, アジア經濟研究所, 1996, pp. 197~215.

週刊東洋經濟, 『海外進出企業總覽』, 1973~1981.

中小企業金融公庫調査部·機械振興協会経済研究所, 『韓国·台湾の機械部品産業の現状と競争力: 電子機器·自動車』, 1987.

重化學工業通信社(プ輸年), 『プラント輸出年鑑』, 1979~1995.

村手義 富士通取締役通信海外營業部長, "韓國視察," 日韓經濟委員會·日韓經濟協會, 『機械工業等韓國産業長期開發計劃調査團報告書』, 1973. 6, pp. 31~34.

K 機械工業等韓國産業長期開發計劃調査團員, "重化學工業開發計劃の総括検討," 日韓經濟委員會·日韓經濟協會, 『機械工業等韓國産業長期開發計劃調査團報告書』, 1973. 6, p. 10.

通商産業大臣官房調査統計部(工企), 『工業統計表 企業編』, 37~59巻, 大蔵省印刷局, 1962~1984.

______(工産), 『工業統計表 産業編』, 28~60巻, 1953~1985.

______(機械), 『機械統計年報』, 日本機械工業会, 1960~1986.

通商産業省(通白), 『通商白書』, 通商産業調査会, 大蔵省印刷局, 1971~1999.

通商産業省機械情報産業局(電子), 『電子工業年鑑』, 電波新聞社, 1983~2000.

八幡成美, "韓国における電子·電機産業の部品調達状況とその問題点," 北村かよ子編, 『NIEs機械産業の現状と部品調達』, アジア經濟研究所, 1991, pp. 37~74.

韓國産業經濟研究所(韓通7), 『韓國の通信·電子機器工業の實態』, 韓産研 資料 24號, 1967.

______(韓通電), 『韓國通信·電子機器工業の實態と關係法令集』, 電波新聞社出版部, 1968.

花房征夫, "韓國テレビ工業の發展と生産分業體制," 『アジア經濟』, 第ＸＸⅣ巻 第12號, 1983. 12, pp. 41~55.

Acting UNC Economic Coordinator, *Dear Mr. Minister*, to The Honorable Song In Sang, Ministry of Reconstruction, Republic of Korea, Nov. 6, 1958.

Amkor Technology, https://amkor.com, 2018. 11. 18.

Asian Development Bank and Government of Republic of Korea, *Employment Contract of the Expert Consultant for the Project for Establishment of Public Vocational Training Institutes with Asian Development Bank Loan*, 1972.

Auty, Richard M., *Economic Development and Industrial Policy: Korea, Brazil, Mexico, India and China*, New York: Mansell, 1994.

Bank Brussel Lambert, *To the attention of Mr JAE-WHANG SONG-Director International Department*, 1984. 1. 31.

Barrow, Abigail A., Acquiring Technological Capabilities: The CNC Machine Tool Industry in Industrializing Countries, with Special Reference to South Korea, Ph.D. Dissertation, University of Edinburgh, 1989.

Bloom, Martin, *Technological Change in the Korean Electronics Industry*, Paris: OECD, 1992.

Castley, Robert, *Korea's Economic Miracle: The Crucial Role of Japan*, London: Macmillan Press, 1997.

Christian Science Monitor, *The Christian Science Monitor*, Boston, Mass.: Christian Science Monitor Pub. Soc., 1972~1987.

CINCREP Seoul, International Cooperation Administration(RB), *Report on Bids & Awards under OSROK Invitations*, TOICA A-155, to CINCUNG Tokyo, 1 Sep. 1955.

______(RT), *Report of Telecommunications Field Trip*, TOPSN A 87, to OEC Pusan, 1958. 11. 20.

Department of Trade, UK(DS), *Dear Mr. Strasser*, Letter to Mr. C. G. Strasser F Inst M., Chief Executive, Photopia International Ltd., 25 June 1979.

______(IL), *Import Licence, Amendment No. 43 to the Open General Import Licence, dated 13th June 1977, granted by Secretary of States, Coming into operation on 22nd June 1979*, 21st June 1979.

DFPE/IGD, AID/Washington, *Transmittal of Action Memoranda for Signed Specific Risk Investment Guaranty Contracts*, to Embassy/USAID, Korea, June 5, 1967.

Director, Korean National Committee of the IEC, Bureau of Standards, Industrial Advancement Administration, *Participation in the IEC Quality Assessment System for Electronics Components*, to General Secretary, International Electrotechnical Commission, 1978. 9. 25.

Economic Planning Board KOREA · Fairchild SEMIKOR Ltd. *Schedule for Loan Repayment*, 1969.

Electronics, New York: Mcgraw-hill, 1969~1983.

Embassy of the United States of America, *AIDE-MEMOIRE*, to the Ministry of Foreign Affairs, July 15, 1975.

Fairchild Camera and Instrument Corporation, NY, *Dear Yang*, to Director of Economic Planning Board, Korea, June 17, 1968.

Fairchild Semiconductor(HK) Ltd.(DS), *Dear Sir, The Korean Consul, Honkong*, July 10, 1970.

______(M), *Minimum Pice List*, April 1, 1969.

GEC Telecommunications Ltd., *Dear Mr. Kyung, Office of the Financial Attache, Embassy of the Republic of Korea*, October 8, 1974.

Horikane, Y., "The Political Economy of Heavy Industrialization: The Heavy and Chemical Industry(HCI) Push in South Korea in the 1970s," *Modern Asian Studies*, Vol. 39, No. 2, Cambridge University Press, 2005, pp. 369~398.

International Bank for Reconstruction and Development and Korea Institute of Electronics Technology(L16P), *Loan Number 1676 KO, Project Agreement(Electronics Technology Project)*, March 29, 1979.

International Cooperation Administration, Nomination, *Electronic Engineer(Wire Comm.), FSS-2, KOREA-280T*, Cablegram to CINCREP, SEOUL ICATO, 1955. 11. 22.

International Labour Organization(ILOY), *Yearbook of Labour Statistics*, Geneva: ILO, 1979~2000.

International Monetary Fund(IFS), *International Financial Statistics*, Washington, D.C.: International Monetary Fund, 1970~2000.

Kim, Kwang Mo, *The Odyssey of Korea's Heavy and Chemical Industry*, RH Korea, 2017.

Kim, Linsu, *Imitation to Innovation: The Dynamics of Korea's Technological Learning*, The Management of Innovation and Change Series, Boston: Harvard Business School Press, 1997.

Kreditanstalt für Wiederaufbau and the Republic of Korea, *Loan Agreement, Extension of the Electricity Transmission and Distribution System*, 17 Dec 1970.

Magaziner, Ira C. and Mark Patinkin, "Fast Heat: How Korea Won the Microwave War," *Harvard Business Review*, Vol. 67, No. 1, January-February 1989, pp. 83~92.

Managing Director, Republic of Korea, Western Electric International(DMJ1), *Dear Mr Chung*, Ref. No. M-183, to Mr. D. K. Chung, Director General of Telecommunications Engineering Office, Ministry of Communications, Repulic of Korea, July 18, 1980.

Michell, Tony, *From a Developing to a Newly Industrialised Country: The Republic of Korea, 1961-82, Employment, Adjustment and Industrialisation 6*, Geneva: International Labour Office, 1988.

Ministry of Foreign Affairs, External Commerce and Cooperation for Development(SO), *Summary of the Proposed Projects, Foreign Exchange Requirements*, July 10, 1975.

______(TE), *The Embassy of the Republic of Korea presents Its Compliments*, KMB/ECO/75009, July 10, 1975.

Office of Supply, Government of the Republic of Korea, *Re: Notice of Contract, No.1A ESS Equipment under EXIM Loan 6804, Contract No. EXIM/L-KOS-810768,-F1*, to Western

Electric International, April, 1981.

Planning Office, Heavy and Chemical Industry Promotion Council, Government of the Republic of Korea(HC), *Heavy and Chemical Industry*, Seoul, 1976.

______(HCID), *Heavy and Chemical Industry Development Plan*, Seoul, 1973. 6.

______(OP), *Opportunities to Participate in Heavy and Chemical Industry in Korea*, Seoul, 1973. 5.

Republic of Korea(RL), *Re: Loan Electronics Technology Project KO, Section 3.01 (a) and (b) and 4.05 of the Loan Agreement*, to International Bank for Reconstruction and Development, 1979.

Republic of Korea and International Bank for Reconstruction and Development(L1676), *Loan Number 1676 KO, Loan Agreement(Electronics Technology Project)*, March 29, 1979.

Rhee, Yung Whee, Bruce Ross-Larsen, and Gary Pursell, *Korea's Competitive Edge: Managing the Entry into World Markets*, World Bank Book, Baltimore: Johns Hopkins University Press, 1984.

Sam Sung Semiconductor and Intermetall, Halbleiterwerk der Deutsche, ITT Industries GmbH, *Addendum No 1 to the Contract for Technology Transfer, Manufacturing Licence, and Technical Assistance on Semiconductor-Types for Metaconta 10CN-System*, 1979.

Sciencetimes, June 25, 2018.

Smith, Charles H., Representative Director, Fairchild Semiconductor ˙Ltd., *CERTIFICATE OF CORPORATE RESOLUTION*, 1971. 8. 16.

Song, Chae-yong and Kyungmook Lee, *The Samsung Way: Transformational Management Strategies from the World Leader in Innovation and Design.*, New York: McGraw-Hill Education, 2014.

Stokes, James E., President, Signetics Korea Co. Ltd., *Establishment of a Foreign Investors Manufacturing Association*, to Foreign Investors, 1967. 6. 29.

United Nations(ITS), *International Trade Statistics Yearbook*, New York: United Nations, 1983~1993.

______(MBS), *Monthly Bulletin of Statistics*, New York: Statistical Office of the United Nations, 1970~1982.

______(YID), *Yearbook of Industrial Statistics*, New York: United Nations, 1974~1981.

______(YIT), *Yearbook of International Trade Statistics*, New York: United Nations, 1970~1982.

US Department of Commerce(UIO), *US Industrial Outlook*, Washington, D.C.: US Dept. of Commerce, 1963~1970, 1972~1974, 1976~1993.

US International Trade Commission, *Foreign Industrial Targeting and Its Effects on U.S. Industries: Phases Ⅲ, Brazil, Canada, The Republic of Korea, Mexico, and Taiwan*, USITC Publication

No. 1632, Washington: USITC, 1985.

Western Union, *Telegram OS172*, to UNC Economic Cooperation for Korea, 1958. 6. 27.

World Bank(KD), *Korea: Development in a Global Context, A World Bank Country Study*, World Bank Report No. 5102-KO, Washington D.C.: World Bank, June 1984.

______(KMb), *Korea: Managing the Industrial Transition, Volume Ⅱ, Selected Topics and Case Studies*, Washington D.C.: World Bank, 1987.

______(WBS), *World Bank Support for Industrialization in Korea, India, and Indonesia: World Bank Operations Evaluation Study*, New York: World Bank, Operations Evaluation Department, 1992.

______(WR), *World Development Report*, New York: Oxford University Press, 1978~1988, 1991.

박영구(경제학박사)

· 경제사학회 이사 및 부회장, 한국국민경제학회(한국경제통상학회) 편집위원장, 한국경제발전학회 회장단, 한국지역사회학회 이사, 한국경제연구학회 이사
· 한국경제학회 『경제학연구』, *Korean Economic Review*, 한국경상학회, 한국응용경제학회, 한국지역사회학회 편집위원
· 한국은행, 부산광역시, 부산상공회의소, 국가기록원, 통계개발원, 한국연구재단, CBS 자문교수 및 전문위원
· 게이오(慶應)대학, 동경경제대학, Emory University 객원교수
· 현재, 부산외국어대학교 경제금융학과 교수, E-mail: parkyg@bufs.ac.kr

주요 논저

"Depression and Capital Formation: The United Kingdom and Germany, 1873-96," *The Journal of European Economic History*, Vol. 12, No. 2, 1997.
"Market Division and Industrial Structure: Strategies for the Competitive Edge of the German Steel Industry in the Nineteenth Century," *The Korean Economic Review*, Vol. 15, No. 2, 1999.
『시장의 지배자들: 열강들의 성장과 퇴보, 세계경제 200년사』(정창영, 이종욱 공저), 매일경제신문사, 2001.
『근대부산의 제조업, 1900-1944: 통계와 발전』, 부산발전연구원, 2005.
『현대부산의 제조업, 1945-2000: 통계와 발전』, 부산발전연구원, 2005.
『농촌지역 노동시장과 고용기회』(이승렬, 최규성 공저), 한국노동연구원, 2007.
『한국중화학공업화연구 총설』, 해남, 2008(학술원 우수학술도서).
『한국의 중화학공업화: 과정과 내용』(Ⅰ-Ⅲ권), 해남, 2012(문화체육관광부 사회과학분야 최우수학술도서).
『한국의 중화학공업화 공업별 연구: 기계공업』, 해남, 2015(교육부장관 표창 우수연구도서).
『한국의 중화학공업화 공업별 연구: 제1차 금속공업』, 해남, 2015.
『주요 정책기록 해설집, 산업편』(김남일 공저), 국가기록원, 2015.
『한국의 중화학공업화 공업별 연구: 조선공업』, 해남, 2018.

■ **한국의 중화학공업화 공업별 연구: 전자공업**

2021년 4월 5일 초판인쇄
2021년 4월 14일 초판발행

저 자 박 영 구
발행인 노 현 철
발행처 도서출판 해남

출판등록 1995. 5. 10. 제1-1885호
주 소 서울시 마포구 마포대로8길 9, 영명빌딩 405호
전 화 739-4822 팩스 720-4823
이 메 일 haenamin30@naver.com
홈페이지 www.hpub.co.kr

ISBN 978-89-6238-154-2 93320

박영구(경제학박사)

· 경제사학회 이사 및 부회장, 한국국민경제학회(한국경제통상학회) 편집위원장, 한국경제발전학회 회장단, 한국지역사회학회 이사, 한국경제연구학회 이사
· 한국경제학회 『경제학연구』, *Korean Economic Review*, 한국경상학회, 한국응용경제학회, 한국지역사회학회 편집위원
· 한국은행, 부산광역시, 부산상공회의소, 국가기록원, 통계개발원, 한국연구재단, CBS 자문교수 및 전문위원
· 게이오(慶應)대학, 동경경제대학, Emory University 객원교수
· 현재, 부산외국어대학교 경제금융학과 교수, E-mail: parkyg@bufs.ac.kr

주요 논저

"Depression and Capital Formation: The United Kingdom and Germany, 1873-96," *The Journal of European Economic History*, Vol. 12, No. 2, 1997.
"Market Division and Industrial Structure: Strategies for the Competitive Edge of the German Steel Industry in the Nineteenth Century," *The Korean Economic Review*, Vol. 15, No. 2, 1999.
『시장의 지배자들: 열강들의 성장과 퇴보, 세계경제 200년사』(정창영, 이종욱 공저), 매일경제신문사, 2001.
『근대부산의 제조업, 1900-1944: 통계와 발전』, 부산발전연구원, 2005.
『현대부산의 제조업, 1945-2000: 통계와 발전』, 부산발전연구원, 2005.
『농촌지역 노동시장과 고용기회』(이승렬, 최규성 공저), 한국노동연구원, 2007.
『한국중화학공업화연구 총설』, 해남, 2008(학술원 우수학술도서).
『한국의 중화학공업화: 과정과 내용』(Ⅰ-Ⅲ권), 해남, 2012(문화체육관광부 사회과학분야 최우수학술도서).
『한국의 중화학공업화 공업별 연구: 기계공업』, 해남, 2015(교육부장관 표창 우수연구도서).
『한국의 중화학공업화 공업별 연구: 제1차 금속공업』, 해남, 2015.
『주요 정책기록 해설집, 산업편』(김남일 공저), 국가기록원, 2015.
『한국의 중화학공업화 공업별 연구: 조선공업』, 해남, 2018.

■ 한국의 중화학공업화 공업별 연구: 전자공업

2021년 4월 5일 초판인쇄
2021년 4월 14일 초판발행

저 자 박 영 구
발행인 노 현 철
발행처 도서출판 해남

출판등록 1995. 5. 10. 제1-1885호
주 소 서울시 마포구 마포대로8길 9, 영명빌딩 405호
전 화 739-4822 팩스 720-4823
이 메 일 haenamin30@naver.com
홈페이지 www.hpub.co.kr

ISBN 978-89-6238-154-2 93320